Jahresbibliographie
Bibliothek für Zeitgeschichte

WELTKRIEGSBÜCHEREI

Stuttgart

Jahrgang 60 · 1988

Neue Folge der Bücherschau der Weltkriegsbücherei

Bernard & Graefe Verlag Koblenz

Diese Jahresbibliographie erschien bis zum Jahrgang 31, 1959 unter dem Titel
„Bücherschau der Weltkriegsbücherei" bei der Bibliothek für Zeitgeschichte, Stuttgart

Umfang XIV, 625 Seiten

© Bernard & Graefe Verlag, Koblenz 1990

Satzherstellung: CB-Fotosatz, Leinfelden
Druck: Omnitypie, Stuttgart
Bindung: IDUPA GmbH, Owen

Printed in West-Germany
ISBN 3-7637-0128-1

INHALT

VORWORT

1990 erscheinen zwei Ausgaben der Jahresbibliographie der Bibliothek für Zeitgeschichte (BfZ). Der Grund für diese ungewöhnliche „Publikationsfreudigkeit" ist eine Verzögerung bei der Herstellung des Jahrgangs 60 (1988) der Jahresbibliographie, die durch die Umstellung der Titeleingabe auf elektronische Datenträger verursacht wurde. Hinzu kam, daß wegen der umfangreichen Titelmenge die Eingabe erst im Oktober 1989 abgeschlossen werden konnte. Wir bitten die Benutzer unserer Jahresbibliographie um Verständnis.

Die Erstellung der Jahresbibliographie 60 war wiederum das Ergebnis einer gemeinschaftlichen Leistung. Die bibliographischen Arbeiten wurden in bewährter Weise von den Bibliothekarinnen Birgit Dietrich, Helene Holm, Eva Läpple, Walburga Mück, Monika Müller, Angelika Treiber und Andrea Weiß durchgeführt; die umfangreiche Schlußredaktion besorgte Frau Dr. Hildegard Müller. Für eine zuverlässige Übertragung der Titel auf Diskette für den Fotosatz sorgten Anna Schreiner und Marlyse Scheibig; Jochen Rohwer oblag die Betreuung der teilweise komplizierten Programmierungs- und Eingabearbeiten.

Neben den im Berichtszeitraum katalogisierten Neuerwerbungen der BfZ und den ausgewerteten Zeitschriftenaufsätzen enthält die Jahresbibliographie 60 wiederum eine Reihe von Forschungs- und Literaturberichten. Gleich zwei Beiträge stammen aus der Feder des chinesischen Politikwissenschaftlers und stellvertretenden Direktors des Shanghai Institute for International Studies (SIIS), Mao Yinhuan. Die erneute internationale Isolierung der chinesischen Volksrepublik nach den schrecklichen Ereignissen auf dem „Platz des Himmlischen Friedens" im Juni 1989 macht es notwendig, sich mit der chinesischen politikwissenschaftlichen und zeitgeschichtlichen Forschung zu befassen, um auf diese Weise wieder eine kritische Beschäftigung und Auseinandersetzung mit der chinesischen Wissenschaft zu ermöglichen. Dazu mag die von Professor Yinhuan zusammengestellte Auswahlbibliographie über Studien und Dokumente zum Koreakrieg, die in der Volksrepublik China zwischen 1950 und 1986 entstanden sind, ebenso dienen, wie sein Bericht über das renommierte Shanghai Institute for International Studies.

Eine der Voraussetzungen für einen erfolgreichen Abschluß des zwischenzeitlich eingeleiteten Demokratisierungsprozeßes in den Ländern Ost- und Südosteuropas ist die Fortsetzung eines internationalen wissenschaftlichen Dialogs. Das ungarische Institut für auswärtige Politik ist eine jener Einrichtungen, die sich seit vielen Jahren für eine spürbare Verbesserung der Ost-West-Beziehungen eingesetzt haben; zugleich lieferten die dort durchgeführten Forschungen neue Erkenntnisse über die ungarische auswärtige Politik. Dr. László J. Kiss, Abteilungsleiter am Institut für Auswärtige Politik, skizziert deshalb nicht nur Verwaltungsstruktur und Arbeitsschwerpunkte dieser Forschungseinrichtung, sondern listet in einer ausführlichen Bibliographie die wichtigsten Veröffentlichungen der Wissenschaftler des Instituts auf. Mit einem Bericht des finnischen Militärhistorikers Jussi T. Lappalainen über das Institut für Kriegswissenschaft in Helsinki beschließt die Jahresbibliographie 60 ihre Vorstellungsreihe über internationale Forschungseinrichtungen und Archive, die auf den Gebieten der Erwerbungsschwerpunkte der BfZ tätig sind.

Im Literaturteil veröffentlichen wir einen Bericht der Duisburger Historikerin Angela Schwarz über die zwischen 1933 und 1945 erschienene Literatur in Großbritannien zum Thema Nationalsozialismus bzw. das nationalsozialistische Deutschland. Bereits die Vielzahl der Titel (rund 790) weist aus,

V

wie stark das Aufkommen des Nationalsozialismus in jenen Jahren die britische Öffentlichkeit und Publizistik beschäftigte.

Auch wenn Palästina nicht von den militärischen Ereignissen des Zweiten Weltkriegs direkt betroffen war, so sind dieser Krieg und seine Auswirkungen jedoch von zentraler Bedeutung, vor allem auch für die Vorgeschichte des Staates Israel. Der israelische Historiker Yoav Gelber hat die wichtigste Literatur in einer kommentierten Auswahlbibliographie zusammengestellt, wobei er insbesondere auf die Rolle der Yishuv, der jüdischen Bevölkerung in Palästina, verweist.

Die Jahresbibliographie 60 schließt mit einem Beitrag von Dr. Thomas Trumpp (Bundesarchiv Koblenz) über die fotografischen Überlieferungen von Propagandakompanien der Waffen-SS, einem umfangreichen Bildbestand, den die BfZ dem Bundesarchiv als Dauerleihgabe überlassen hat und zu dem jetzt ein Archiv-Findbuch vorliegt.

Wir hoffen, daß auch von dieser Ausgabe der Jahresbibliographie wertvolle Anregungen für die internationale zeitgeschichtliche und politikwissenschaftliche Forschung ausgehen. Das Echo der letzten Jahre hat gezeigt, daß die Jahresbibliographie in ihrer Verbindung von bibliographischem Hilfsmittel und historiographisch-dokumentarischem Informationsorgan eine nützliche und wichtige Aufgabe wahrnimmt.

Stuttgart, im April 1990

Dr. Gerhard Hirschfeld
Direktor der Bibliothek
für Zeitgeschichte

Inhaltsübersicht

Die systematischen Gruppen A-J (Allgemeiner Teil) und K (Geschichtsteil) werden bei den unter L (Länderteil) aufgeführten Staaten jeweils in gleicher Reihenfolge zur Gliederung der dort verzeichneten Titel wiederholt. Auf die Aufführung dieser Gruppen bei den einzelnen Staaten wird daher verzichtet.

Länderteil

L Länder

Hinweise zur Benutzung

Die Jahresbibliographie der Bibliothek für Zeitgeschichte verzeichnet die im Berichtsjahr katalogisierten Neuerwerbungen der Bibliothek in systematischer Gliederung. Dabei werden durchschnittlich circa 4000 selbständige und etwa ebenso viele unselbständig erschienene Veröffentlichungen, die größtenteils den 270 laufend ausgewerteten Zeitschriften entstammen, berücksichtigt.

Die systematische Verzeichnung der Titel erfolgt entsprechend der für den Sachkatalog der Bibliothek für Zeitgeschichte verwendeten Klassifikation[1], die sich in drei Hauptteile gliedert:

– einen allgemeinen Sachteil (Gruppen A-J) zur Verzeichnung der primär weder räumlich noch zeitlich gebundenen Literatur

– einen chronologischen Teil (Gruppe K, Geschichte) zur Verzeichnung der primär zeitlich gebundenen Literatur

– einen geographischen Teil (Gruppe L, Länder) zur Verzeichnung der primär räumlich gebundenen Literatur.

Die systematischen Gruppen A-L dienen darüber hinaus bei den unter **L** aufgeführten Staaten zur weiteren Gliederung der dort verzeichneten Titel. Während das Problem der Verzeichnung der sowohl zeitlich und räumlich als auch sachlich gebundenen Titel im Katalog der Bibliothek für Zeitgeschichte gegebenenfalls durch Mehrfacheinlegungen gelöst wird, kann in der vorliegenden Jahresbibliographie aus Raumgründen jeweils nur eine Eintragung erfolgen. Bei der Titelsuche sollten dabei im Zweifelsfall mehrere Sucheinstiege in den drei Teilen der Klassifikation gewählt werden. So sind z.B. bei einer Recherche nach Literatur zum Themenkomplex „Palästinenser/PLO/Palästina" die Sucheinstiege „Nah-Ost-Kriege" (Chronologischer Teil, K f 20) „Palästinenser" (Länderteil, L 020 d10) und Israel/Besetzte Gebiete (Länderteil, L 235 l 10) zu berücksichtigen. Die Wahl der verschiedenen Sucheinstiege wird durch die jedem Band vorangestellte Inhaltsübersicht erleichtert. Zur formalen Suche steht am Schluß des Bandes jeweils ein Verfasserregister zur Verfügung.

---

[1] Eine ausführliche Übersicht der Klassifikation des systematischen Katalogs findet sich in der Jahresbibliographie 1969, Jahrgang 41, Seite IX-LXXX

I
NEUERWERBUNGEN

Allgemeiner Teil

Länderteil

A Hilfsmittel

A 000 Bibliographien

American maritime history. A bibliography. Ed.: S.K.Kinnell. Santa Barbara, Calif.: ABC-Clio Information Services 1986. X,260 S.
B 61160

Beede, B.R.: Intervention and counterinsurgency: an annotated bibliography of the small war of the United States, 1898-1984. New York: Garland 1985. XVIII, 321 S.
B 57488

Brügmann, U.; Sachs, B.: Das dritte Reich. Nationalsozialismus in Deutschland, 1933-1945. 2.Aufl. Ludwigshafen: Stadtbibliothek Ludwigshafen 1985. 79 S.
Bc 6906

Cargas, H.J.: The Holocaust, an annotated bibliography. 2.ed. Chicago, Ill.: American Library Assoc. 1985. VIII, 196 S.
B 61853

Chambrun, R.de: France during the German occupation. Summaries and important selections... Stanford, Cal.: Hoover Institut 1986. VII, 52 S.
Bc 6471

Champion, B.: Advanced Weapons systems. An annot. bibliogr. of the Cruise Missile, MX missile, laser and space weapons, and Stealth technology. New York: Garland 1985. XII, 206 S.
B 58174

Chilcote, R.H.; Lutjens, S.: Cuba, 1953-1978: a bibliographical guide to the literature. Vol.1.2. White Plains, N.Y.: Kraus Internat.Publ. 1986. LXVI, 1387 S.
010370

Crenzien, B.J.: Udenrigs- sikkerheds- og forsvarspolitisk litteratur 1987. In: Militaert tidsskrift. Arg.117, 1988. No.1. S. 16-32.
BZ 4385:117

Draper, H.: The Marx-Engels register. A complete bibliogr. of Marx and Engels' individual writings. New York: Schocken Books 1985. 271 S.
B 57639:2

East, J.W.: The Campaign in East Africa, 1914-1918. A select annotated bibliography. London: Selbstverlag 1987. 55 Bl.
Bc 02153

Feinberg, R.: The Equal Rights Amendment. An annot. bibliogr.of the issues, 1976-1985. Westport, Conn.: Greenwood Press 1986. XIII, 151 S.
B 62079

Fenton, T.P.; Heffron, M.J.: Asia and pacific. A directory of resources. Maryknoll: Orbis Books 1986. XX,137 S.
B 60946

Friedman, J.R.; Sherman, M.I.: Human Rights. An international and comparative law bibliography. Westport, Conn.: Greenwood Press 1985. XXVII, 868 S.
B 58327

Giornali sindacali lombardi (1945-1984). Catalogo di fonti periodiche sindacali reperibili presse le emeroteche della CGIL lombarda. A cura di M.Meriggi. Milano: Angeli 1985. 199 S.
B 60345

Goehlert, R.U.; Hoffmeister, E.R.: The Department of State and American diplomacy. A bibliography. New York: Garland 1986. XXVIII, 349 S.
B 61215

Graf, A.: Verzeichnis der Periodika in der Hamburger Bibliothek für Sozialgeschichte und Arbeiterbewegung und der Forschungsstelle f.die Geschichte des Nationalsozialismus in Hamburg. Hamburg: Hamburger Bibl.f.Sozialgeschichte u. Arbeiterbewegung 1987. 185 S.
Bc 7463

Habtu, A.: Books on the Ethiopian revolution: a review essay. In: Socialism and democracy. 1986. No.3. S. 27-60.
BZ 4929:1986

Haines, G.K.: A Reference guide to United States Department of State special files. Westport, Conn.: Greenwood Press 1985. XLIV, 393 S.
B 59934

Hartness-Kane, A.: Revolution and counterrevolution in Guatemala. An annot. bibliogr.of materials i.the Benson Latin American Collect. Austin, Tex.: The Univ.of Texas 1984. III, 174 S.
010341

Havlice, P.P.: Oral History. A reference guide and annot. bibliography. Jefferson, N.C.: McFarland 1985. IV, 140 S.
B 58236

Herod, A.; Herod, C.C.: Afro-American nationalism. New York: Garland 1986. XVI, 272 S.
B 62090

Hofmann, R.; Röll, W.: Bibliographie der Buchenwaldliteratur. T.1. Buchenwald: Nationale Mahn- u.Gedenkstätte Buchenwald 1985. III, 132 S.
Bc 6985

Holler, F.L.: Information Sources of political sciences. Santa Barbara, Calif.: ABC-Clio Information Services 1986. 417 S.
010269

Jessup, J.E.: Balkan military history. A bibliography. New York: Garland 1986. XII, 478 S.
B 66868

Jodice, D.A.: Political risk assessment. An annot. bibliogr. Westport, Conn.: Greenwood Press 1985. XII, 279 S.
B 58332

Kinnell, S.K.: Communism in the world since 1945. Santa Barbara, Calif.: ABC-Clio Information Services 1987. 415 S.
010281

Kinnell, S.K.: Military history of the United States. An annot. bibliogr. Santa Barbara, Calif.: ABC-Clio Information Services 1986. X,331 S.
010264

Klar, J.W.: The U.S. Navy in World War II: a basic bibliography. In: Warship international. Vol.24, 1987. No.3. S. 226-238.
BZ 05221:24

Knäuper, M.; Korte, D.: Bibliographie zum Nationalsozialismus in Schleswig-Holstein. (Berichtszeitraum 1945-1985). Kiel: Neuer Malik Verl. 1987. V,156 S.
B 60759

Labaki, G.T.: The Lebanon Crisis (1975-1985). A bibliography. College Park, Md.: Univ.of Maryland 1986. 134 S.
Bc 7476

Laska, V.: Nazism, resistance [and] holocaust in world war II. A bibliography. Metuchen, N.J.: Scarecrow Pr. 1985. XXII, 182 S.
B 58042

Lawrence, R.M.: Strategic Defence Initiative. Bibliography and research guide. Boulder, Colo.: Westview Press 1987. XIII, 352 S.
B 61138

Liebe, P.I.; Borgstrøm, E.: Litteraturfortegnelse til de danske hærafdelingers, samt militære korps', institutioners, skolers, arkivers og museers historie. 4.udg. København: Det kongelige Garnisonsbibliotek 1988. 163 S.
Bc 7534

Lovett, C.C.: "We held the day in the palm of our hand": A review of recent sources on the war in Vietnam. In: Military affairs. 1987. S. 67-72.
BZ 05148:51

Marshall, C.W.: Selected Bibliography of contemporary strategic issues. Guelph, Ontario: Univ.of Ontario 1985. 285 S.
010340

Monteath, P.; Nicolai, E.: Zur Spanienkriegsliteratur. D.Literatur d.Dritten Reiches zum Spanischen Bürgerkrieg. Frankfurt: Lang 1986. 266 S.
B 61058

Naaman, A.: La Guerre Libanaise. The Lebanese war, (1975-1985). Beyrouth: Selbstverlag 1985. 196 S.
B 59040

Narkiewicz, O.A.: Eurocommunism, 1968-1986. A select bibliography. London: Mansell 1987. XXI, 188 S.
B 62557

Ofcansky, T.P.: British East Africa, 1856-1963. An annot. bibliogr. New York: Garland 1985. XXIII, 474 S.
B 59492

Otto, I.; Schmidt-Dumont, M.: Islamische Wirtschaft in Theorie und Praxis. Eine Auswahlbibliographie. Hamburg: Deutsches Übersee-Institut 1986. 98 S.
Bc 01915

Peake, L.A.: The United States in the Vietnam war, 1954-1975. A selected annot. bibliography. New York: Garland 1986. XX, 406 S.
B 58543

Pimentel, F.: Southern European Socialism: an introductory bibliography. In: Socialism and democracy. 1985. No.1. S. 47-56.
BZ 4929:1985

Rammstedt, O.: Deutsche Soziologie 1933-1945. Die Normalität einer Anpassung. Frankfurt: Suhrkamp 1986. 412 S.
B 58650

Rocca, R.G.; Dziak, J.J.: Bibliography on Soviet intelligence and security services. Boulder, Colo.: Westview Press 1985. XI, 203 S.
B 58274

Rüping, H.: Bibliographie zum Strafrecht im Nationalsozialismus. Literatur zum Straf-, Strafverfahrens- und Strafvollzugsrecht mit ihren Grundlagen und einem Anhang: Verzeichnis der veröffentl. Entscheidungen der Sondergerichte. München: Oldenbourg 1985. 218 S.
B 60084

Ruscio, A.: La première guerre d'Indochine. (1945-1954.). Paris: Harmattan 1987. 286 S.
B 62855

The Sino-Soviet conflict. A historical bibliography. Ed.J.S.Brown. Westport, Conn.: Greenwood Press 1985. XII, 190 S.
B 56908

Skidmore, G.; Spahn, T.J.: From radical left to extreme right. A bibliography of current periodicals of protest,... Metuchen, N.J.: Scarecrow Press 1987. XII, 491 S.
010381

Stamm, C.: Regionale Fest- und Gedenkschriften der deutschen Arbeiterbewegung. Bonn: Verl.Neue Gesellschaft 1987. XIX, 577 S.
B 61965

Terry, G.M.: Yugoslav history. A bibliographic index to English-language articles. Nottingham: Astra Pr. 1985. XXXII, 141 S.
Bc 7562

Tutorow, N.E.; Winnovich, K.: War Crimes, war criminals, and war crimes trials. A.annot. bibliogr.and source book. New York: Greenwood Press 1986. XX, 548 S.
B 62137

The United States and East Asia. A historical bibliography. Santa Barbara, Calif.: ABC-Clio Information Services 1985. XII, 298 S.
B 57590

3

Vielberg, I.; Laurien, I.: Politisch-kulturelle Zeitschriften in den deutschen Besatzungszonen, 1945-1949. Göttingen: Selbstverlag 1986. o.Pag.
Bc 6273

Völkel, W.: Systematische Bibliographie von Zeitungen, Zeitschriften und Büchern zur politischen und gesellschaftlichen Entwicklung der SBZ/DDR seit 1945. Bd.1.2. Opladen: Westdeutscher Verlag 1986/87. XVIII, 983; XXX, 935 S.
B 61149

Weiss, A.: Nicaragua. Bibliographie zur Geschichte und Politik. Koblenz: Bernard und Graefe 1987. S. 473-510.
Bc 7272
Bc 7273

Witherell, J.W.: Afghanistan. An American perspective. A guide to U.S. official documents and government-sponsored publ. Washington: Library of Congress 1986. XIII, 158 S.
B 60818

Woodward, D.R.; Maddox, R.F.: America and World War I. New York, N.Y.: Garland 1985. XIV, 368 S.
B 57564

A 200 Nachschlagewerke, Wörterbücher

ABC der Vereinten Nationen. Bonn: Auswärtiges Amt 1987. 62 S.
Bc 7796

Ahrens, U.; Beisel, K.: Soldaten-Ratgeber. Darmstadt: Luchterhand 1986. XVIII, 331 S.
B 59181

Asia and the Pacific. Wayne, N.J.: Avery 1985. o.Pag.
02434

Atlas for the Great War. Wayne, N.J.: Avery 1986. o.Pag.
02439

Biographical dictionary of marxism. Ed.by R.A.Gorman. London: Mansell 1986. X,388 S.
B 59255

Biographical dictionary of modern peace leaders. Ed.: H.Josephson. Westport, Conn.: Greenwood Press 1985. XXVII, 1133 S.
B 59344

The Blackwell Encyclopaedia of political institutions. Ed.by V.Bogdanor. Oxford: Blackwell 1987. XVI, 667 S.
010542

Buchner, A.: Das Handbuch der Infanterie 1939-1945. Friedberg: Podzun-Pallas-Verl. 1987. 227 S.
B 63190

Burton, B.: Top Secret. A clandestine operator's glossary of terms. Boulder, Colo.: Paladin Pr. 1986. VII, 127 S.
Bc 7082

Butler, D.; Butler, G.: British political facts 1900-1985. 6.ed. London: Macmillan 1986. XIX, 586 S.
B 61234

Carver, T.: A Marx Dictionary. Cambridge: Polity Pr. 1987. X,164 S.
B 62915

Chant, C.: A Compendium of armaments and military hardware. London: Routledge & Kegan Paul 1987. VIII, 568 S.
010411

Cowin, H.W.: Conway's directory of modern naval power 1986. London: Conway 1985. 288 S.
09822

Dictionnaire critique du marxisme. Dir.: G.Labica. 2.éd. Paris: Presses Univ.de France 1985. XVI, 1240 S.
B 58976

Dupuy, R.E.; Dupuy, T.N.: The encyclopedia of military history from 3500 B.C. to present. 2.ed. New York: Harper & Row 1986. XXV, 1524 S.
B 62321

Emory, J.M.G.: The source book of World War Two aircraft. Poole: Blandford 1986. 269 S.
B 60492

Europe and the Mediterranean. Wayne, N.J.: Avery 1985. o.Pag.
02433

Filler, L.: Dictionary of American conservatism. 2.pr. New York: Philosophical Library 1987. 380 S.
010385

Galuppini, G.: Guida ai sommergibili. Dalle origini a oggi. Milano: Mondadori 1985. 192 S.
B 61834

Gander, T.: Encyclopaedia of the modern British army. 3.ed. Wellingborough: Stephens 1986. 312 S.
B 60027

Geschichte der internationalen Arbeiterbewegung in Daten. Berlin: Dietz 1986. 868 S.
B 59101

Gresh, A.; Vidal, D.: Les cent portes du Proche-Orient. Paris: Ed.Autrement 1986. 267 S.
B 59677

Das grosse Lexikon des Dritten Reiches. Hrsg.: C.Zentner. München: Südwestverl. 1985. 686 S.
010230

Handbuch des Sanitätsmaterials der Bundeswehr. Hrsg.: H.Heidemanns. 6.Aufl. Koblenz: Bernard und Graefe 1986. 363 S.
B 58377

Handwörterbuch Internationale Organisationen. Hrsg.: U.Andersen. Opladen: Leske 1985. XX, 342 S.
B 57356

Harder, H.J.: Militärgeschichtliches Handbuch Baden-Württemberg. Stuttgart: Kohlhammer 1987. 387 S.
B 64900

Historical dictionary of the New Deal. From inauguration to preparation for war. Ed.by J.S.Olson. Westport, Conn.: Greenwood Press 1985. VIII, 611 S.
B 62051

Hogg, I.V.: The illustrated Encyclopedia of artillery. An A-Z guide to artillery techniques and equipment throughout the world. London: Paul 1987. 256 S.
010422

Jensen, O.H.: 2.[anden] verdenskrigs Hvornår skete det. 3.udg. København: Politikens Forl. 1985. 349 S.
B 58466

Jordan, J.: An illustrated Guide to modern destroyers. London: Salamander Books 1986. 151 S.
B 58534

Karpiński, J.: Polska, komunizm, opozycja. Slownik. London: Polonia 1986. 346 S.
B 60095

Knudson, R.L.: The whole spy Catalogue. An espionage lover's guide. New York: St.Martin's Press 1986. 182 S.
Bc 02340

Kohn, G.C.: Dictionary of wars. New York, N.Y.: Facts on File Publ. 1986. 586 S.
010347

Kopenhagen, W.: Lexikon Sowjetluftfahrt. Berlin: Transpress 1986. 306 S.
B 60251

Kramarae, C.; Treichler, P.A.; Russo, A.: A feminist Dictionary. Boston, Mass.: Pandora Press 1985. X,587 S.
B 60803

Kurian, G.T.: Encyclopedia of the Third World. Vol.1-3. 3.ed. New York: Facts on File 1987. 2342 S.
010614

Latin American political movements. Ed.by C.O'Maoláin. Harlow: Longman 1985. VIII, 287 S.
B 60462

Lazitch, B.; Drachkowitch, M.M.: Biographical dictionary of the Comintern. Stanford, Cal.: Hoover Institut 1986. LV, 532 S.
B 61299

5

Lexikon Rüstung, Frieden, Sicherheit. Hrsg.: D.S.Lutz. München: Beck 1987. 368 S.
B 61305

Meerendonk, M.: Basic Gurkhali Dictionary. Folkestone: Bailey a. Swinfen 1986. XI, 257 S.
Bc 6531

Meyers kleines Lexikon Politik. Hrsg.: D.C.Umbach. Mannheim: Bibliograph. Inst. 1986. 515 S.
B 60366

Payne, R.; Dobson, C.: Who's who in espionage. New York: St.Martin's Press 1984. XIV, 234 S.
B 58138

Peace Movements of the world. Ed.by A.J.Day. London: Longman 1987. VIII, 398 S.
010329

Petersen, K.A.: Vort århundredes Hvornår skete det. København: Politikens Forl. 1985. 290 S.
B 58467

Politisches Lexikon Afrika. Hrsg.: R.Hofmeier. 3.Aufl. München: Beck 1987. 530 S.
B 60882

Records relating to U-boat warfare, 1939-1940. Washington, D.C.: Nat.Arch.a Rec.Admin. 1985. XIX, 263 S.
010107

Der Reibert. Das Handbuch für d.Soldaten. Ausg. Marine. 1986/87. Herford: Mittler 1986. o.Pag.
B 58955

Répertoire des chercheurs sur la seconde guerre mondiale. Paris: IHTP 1985. 105 S.
Bc 6857

Reychler, L.; Rudney, R.: Directory Guide of European security and defense research. Leuven/Louvain: Leuven Univ.Pr. 1985. 376 S.
B 56327

Rosie, G.: The directory of international terrorism. Edinburgh: Mainstream Publ. 1986. 310 S.
B 61816

Rossi, E.E.; MacCrea, B.P.: The European political dictionary. Santa Barbara, Calif.: ABC-Clio Information Services 1985. XXII, 408 S.
B 60678

Thiriez, F.: Quatre ans après. Paris: Ed.Stock 1985. 316 S.
B 59433

Trade Unions of the world. Ed. by F.J.Harper. London: Longman 1987. VIII, 503 S.
010328

Übersetzungs-, Zuordnungs- und Abkürzungs-Verzeichnis zum Bereich Vereinte Nationen. Hrsg.: J.Krause. T.1.2. Bonn: UNO-Verl. 1984-87. 214 S; 244 S.
B 62859

Velikaja Otečestvennaja Vojna 1941-1945. Slovar – spravočnik. Red.: M.M.Kir'jan. Moskva: Voenizdat 1985. 527 S.
B 62651

Volz, H.: Überleben unter ABC-Bedingungen. Regensburg: Walhalla u.Praetoria Verl. 1985. 658 S.
B 57597

Weeks, A.L.: Brassey's Soviet and communist Quotations. Washington: Pergamon-Brassey's 1987. XXII, 387 S.
010434

Wiesenthal, S.: Le livre de la mémoire juive. Calendrier d'un martyrologe. Paris: Laffont 1986. 321 S.
010321

The World almanac of world war II. Ed.by P.Young. New York: Bison Book 1986. 514 S.
B 61901

Ziring, L.; Kim, C.I.E.: The Asian political dictionary. Santa Barbara, Calif.: ABC-Clio Information Services 1985. XX, 438 S.
B 60507

B Buch- und Bibliothekswesen

B 200 Bibliothekswesen

Baur, K.: Wenn ich so zurückdenke...
Ein Leben als Verleger in bewegter Zeit.
München: dtv 1985. 364 S.
B 57775

Rauh sind des Soldaten Wege. Zitate,
Sprichwörter u.Aphorismen... Berlin:
Militärverlag der DDR 1987. 312 S.
Bc 7238

Schivelbusch, W.: Die Bibliothek von
Löwen. E.Episode a.d. Zeit d.Welt-
kriege. München: Hanser 1988. 243 S.
B 65944

Schneider, E.: Die wichtigsten zentralen
Westforschungsinstitute der UdSSR. T.1.
Köln: Bundesinst.f.ostwiss.u.intern.
Studien 1986. 83 S.
Bc 01974

B 300 Archiv- und Museums-wesen

Abele, C.; Boberach, H.: Inventar staatlicher Akten zum Verhältnis von Staat
und Kirchen 1933-1945. Bd.1.2. Kassel:
Brüder-Grimm-Verl. 1987. 1359 S.
B 62020

Ataöv, T.: The Ottoman Archives and the
Armenian question. Ankara: Ankara
Univ. 1986. 38 S.
Bc 7242

Buchstab, G.: Die Bestände des Archivs
für christlich-demokratische Politik der
Konrad-Adenauer-Stiftung. Kurzüber-
sicht. 2.Aufl. Melle: Knoth 1986. XII,
163 S.
B 59691

Green, M.: Peace archives: a guide to
library collections of the papers of
American peace organizations...
Berkeley, Calif.: The World without War
Council 1986. IV, 66 S.
Bc 6886

Guide to the archives of the Polish Institute and Sikorski Museum. Ed.by
W.Milewski. Vol.1. London: Orbis Books
1985. 375 S.
B 59487

B 500 Institute und Gesell-schaften

German Historical Institute, London.
1976-1986. London: Selbstverlag 1986.
72 S.
Bc 6274

Jahn, W.: Zur Traditionsreihe des Militär-
geschichtlichen Forschungsamtes der
Bundeswehr. In: Militärwesen. 1988.
H.7. S. 63-69.
BZ 4485:1988

Ludvigsen, P.: Arbejdermuseet i København. In: Arbeiderhistorie. 1987. S. 259-
264.
BZ 4920:1987

Schäfer, H.: Das Haus der Geschichte der BRD. Bd.2. In: Aus Politik und Zeitgeschichte. 1988. S. 27-34.
BZ 05159:1988

Schneider, E.: Soviet foreign-policy think tanks. In: The Washington quarterly. Vol.11, 1988. No.2. S. 145-155.
BZ 05351:11

Stölzl, C.; Tafel, V.: Das Deutsche Historische Museum in Berlin. In: Aus Politik und Zeitgeschichte. 1988. S. 17-26.
BZ 05159:1988

Widmaier, B.: Die Bundeszentrale für politische Bildung. Ein Beitr. zur Geschichte staatlicher politischer Bildung in der BRD. Frankfurt: Lang 1987. 226 S.
Bc 7616

C Biographien und Memoiren

Sammel- bzw. Einzelbiographien eines Landes siehe bei dem betreffenden Land unter "Länderteil".

Große Frauen des 20.Jahrhunderts. Hrsg.: G.Popp. Würzburg: Arena-Verlag 1986. 236 S.
B 62162

Hildebrandt, R.: Von Gandhi bis Walesa. Gewaltfreier Kampf für Menschenrechte. E.Dokumentation mit 181 Fotos. Berlin:

Verl.Haus am Checkpoint Charlie 1987. 176 S.
Bc 6771

Lazitch, B.; Drachkowitch, M.M.: Biographical dictionary of the Comintern. Stanford, Cal.: Hoover Institut 1986. LV, 532 S.
B 61118

Roche, D.: Les historiens aujourd'hui. Remarques pour un débat. In: Vingtième siècle. 1986. Nr.12. S. 3-20.
BZ 4941:1986

D Land und Volk

D 000 Länderkunde, Geographie, Geopolitik

Buffer-states in world politics. Ed.by J.Chay. Boulder, Colo.: Westview Press 1986. XIV,245 S.
B 61768

Coutau-Bégarie H.: Géostratégie de L'Atlantique Sud. Paris: Presses Univ.de France 1985. 214 S.
B 58595

Keegan, J.; Wheatcroft, A.: Zones of conflict. An atlas of future wars. London: Cape 1986. XV,158 S.
B 59396

Mann B.E.: Die Zukunft der Weltmeere. E.Bericht an den Club of Rome. Wien: Europaverlag 1985. 158 S.
B 57755

The new order of the oceans. The advance of a managed environment. Ed.: G. Pontecorvo. New York: Columbia Univ.Pr. 1986. 277 S.
B 61642

O'Sullivan, P.: Geopolitics. London: Croom Helm 1986. 144 S.
B 58478

Parker, G.: Western geopolitical thought in the twentieth century. London: Croom Helm 1985. 199 S.
B 57135

D 100 Völkerkunde, Volkstum, Minoritäten

Blom, R.; Kleyn, L. de: Racisme en militarisme. Zwarte soldaten in blanke legers. Amsterdam: Kronstadt Kollektief 1986. 75 S.
Bc 6858

Dench, G.: Minorities in the open society. Prisoners of ambivalence. London: Routledge & Kegan Paul 1986. VII, 275 S.
B 60648

Ethnicity, politics, and development. Ed.by D.L.Thompson. Boulder, Colo.: Rienner 1986. X,222 S.
B 61754

Gallissot, R.: Misère de l'antiracisme. Racisme et identité nationale: le défi de l'immigration. Paris: Ed.de l'Arcantère 1985. 154 S.
B 59291

Les minorités à l'âge de l'état-nation. Paris: Fayard 1985. 320 S.
B 59424

La science face au racisme. Bruxelles: Ed. Complexe 1986. 124 S.
Bc 7236

Stone, J.: Racial Conflict in contemporary society. London: Fontana Pr. 1985. 191 S.
B 61264

D 200 Einzelne Völker und Volksgruppen

Die Araber an der Wende zum 21.Jahrhundert. Hrsg.v.G.Barthel. Berlin: Akademie-Verlag 1987. IX 246 S.
B 61606

Onwuzurike, C.A.: Black people and apartheid conflict. In: Journal of black studies. Vol.18, 1987. No.2. S. 215-229.
BZ 4607:18

Ramati, A.: And the violins stopped playing. A story of the Gypsy holocaust. New York: Watts 1986. 236 S.
B 61975

D 280 Juden, Judentum

Antisemitism world contemporary. Ed.by M.Curtis. Boulder, Colo.: Westview Press 1986. XI,333 S.
B 59494

Bauer, Y.: Essay. On the place of the Holocaust in history. In: Holocaust and genocide studies. Vol.2, 1987. No.2. S. 209-220.
BZ 4870:2

Beer, M.: Die Entwicklung der Gaswagen beim Mord an den Juden. In: Vierteljahrshefte für Zeitgeschichte. Jg.35, 1987. Nr.3. S. 403-417.
BZ 4456:35

Borne, J.: Homelands of the mind: Jewish feminism and identity politics. In: Race and class. Vol.29, 1987. No.1. S. 1-24.
BZ 4811:29

Brownfeld, A.: Anti-semitism: Its changing meaning. In: Journal of Palestine studies. Vol.16, 1987. No.3. S. 53-67.
BZ 4602:16

Buber, M.: On Zion. The History of an idea. New York: Schocken Books 1986. XXII,165 S.
B 61513

Cohen, M.: Zion and state. Nation, class, and the shaping of modern Israel. London: Blackwell 1987. 322 S.
B 62505

The courage to care. Rescuers of Jews during the Holocaust. Ed.by C.Rittner. New York: New York Univ.Pr. 1986. XVII, 157 S.
B 60688

Cremonesi, L.: Le origini del sionismo e la nascita del kibbutz (1881-1920). Firenze: Giuntina 1985. 265 S.
B 60719

Diamond, J.S.: Homeland or holy land? The "Canaanite" critique of Israel. Bloomington, Ind.: Indiana University Press 1986. XVIII, 182 S.
B 61016

Eban, A.: Das Erbe. Die Geschichte des Judentums. Frankfurt: Ullstein 1986. 399 S.
B 60055

Ehrlich, E.L.: Die Juden in der Diaspora. In: Aus Politik und Zeitgeschichte. 1988. B.16. S. 16-22.
BZ 05159:1988

Freund, W.S.: Jüdischer und islamischer Fundamentalismus: Entsprechungen, politische Konsequenzen. In: Orient. Jg.28, 1987. H.2. S. 216-228.
BZ 4663:28

Frey, R.S.; Thompson-Frey, N.: The imperative of response. The Holocaust in human context. Lanham: Univ.Press of America 1985. XIX, 165 S.
B 58343

Germans and Jews since the holocaust. The changing situation in West Germany. Ed.by A.Rabinbach. New York: Holmes & Meier 1986. VIII,365 S.
B 58875

Guillaume, P.: Droit et histoire. Paris: La Vieille Taupe 1986. 187 S.
B 61574

Halévi, I.: Auf der Suche nach dem gelobten Land. Die Geschichte der Juden... Hamburg: Junius 1986. 347 S.
B 61360

Herzl, T.: Der Judenstaat. Neudr. Augsburg: Ölbaum-Verl. 1986. 125 S.
B 59955

L'Holocauste à l'écran. Ed. A.Insdorf. Paris: Ed.du Cerf 1985. 189 S.
B 59637

I Congressi dei comunisti milanesi 1921-1983. Vol.1.2. Milano: F. Angeli 675; 820 S.
B 62378

Inbar, E.: War in Jewish tradition. In: The Jerusalem journal of international relations. Vol.9, 1987. No.2. S. 83-99.
BZ 4756:9

Isaac, J.: Genèse de l'antisémitisme. Paris: Presses Pocket 1985. 350 S.
B 59828

Judaism or zionism? What difference for the Middle East? Ed.by EAFORD & AJAZ. London: Zed Books 1986. X,285 S.
B 59375

Kalisch, S.; Meister, B.: Yes, we sang! Songs of the Ghettos and the Concentration camps. New York: Harper & Row 1985. X,160 S.
010078

Lazare, B.: L'Antisémitisme. Son histoire et ses causes. Paris: Ed.de la Vieille Taupe 1985. 199 S.
B 59723

Lehn, W.; Davis, U.: The Jewish National Fund. London: Kegan 1988. XIX,390 S.
B 58869

Lewis, B.: "Treibt sie ins Meer!". Die Geschichte des Antisemitismus. Frankfurt: Ullstein 1987. 342 S.
B 61702

Lipstadt, D.E.: Beyond belief. The American press and the coming of the Holocaust, 1933-1945. New York: The Free Pr. 1986. XI,370 S.
B 58333

Maurer, T.: Ostjuden in Deutschland 1918-1933. Hamburg: Christians 1986. 972 S.
B 62175

Meier-Cronemeyer, H.: Zur Geschichte des Zionismus. In: Aus Politik und Zeitgeschichte. 1988. B.16. S. 23-37.
BZ 05159:1988

Neustadt, A.: Israels zweite Generation. Auschwitz als Vermächtnis. Bonn: Dietz 1987. 174 S.
B 61967

O'Brien, C.C.: The Siege. The saga of Israel and zionism. London: Weidenfeld and Nicolson 1986. 798 S.
B 58725

Patai, R.: Nahum Goldmann. His missions to the Gentiles. Alabama: Univ. of Alabama Pr. 1986. XI,308 S.
B 63010

Penkower, M.N.: The emergence of zionist thought. Millwood, N.Y.: Assoc.Faculty Pr. 1986. VIII, 159 S.
B 61720

The persisting question. Sociological perspectives and social contexts of modern antisemitism. Ed.by H.Fein. Berlin: De Gruyter 1987. XIV, 430 S.
B 62225

The policies of genocide. Jew and Soviet prisoners of war in Nazi Germany. Ed.by G.Hirschfeld. London: The German Hist.Inst. 1986. XIII, 172 S.
B 62509

Seliktar, O.: New zionism and the foreign policy system of Israel. London: Croom Helm 1986. XI,308 S.
B 57675

Semenjuk, V.A.: Sovremennyj Sionizm: Kursom političeskich i voennych avantjur. Minsk: Belarus' 1986. 236 S.
B 62599

Tec, N.: When light pierced the darkness. Christian rescue of Jews in nazi-occupied Poland. New York: Oxford Univ.Pr. 1986. XIV,262 S.
B 59118

Wiesenthal, S.: Flucht vor dem Schicksal. München: Nymphenburger Verl. 1988. 288 S.
B 67191

Wistrich, R.: Der antisemitische Wahn. Von Hitler bis zum heiligen Krieg gegen Israel. München: Hueber 1987. 526 S.
B 61316

Wistrich, R.: Hitler's apocalypse. Jews and the Nazi legacy. London: Weidenfeld and Nicolson 1985. VIII, 309 S.
B 57971

Der Zionismus und seine europäischen Wurzeln. Hrsg.v.K.Schneider. Edenkoben: DIAK 1987. 120 S.
Bc 7535

E Staat und Politik

E 000 Allgemeines

E 005 Politikwissenschaft

Communication and interaction in global politics. Ed.by C.Cioffi-Revilla. Beverly Hills, Calif.: SAGE 1987. 271 S.
B 62308

Enjeux et puissances. Pour une histoire des relations internationales au XXème siècle. Paris: Publ.de la Sorbonne 1986. 412 S.
B 60221

Graham, G.: Politics in its place. A study of six ideologies. Oxford: Clarendon Press 1986. VIII, 195 S.
B 58697

Political communication research: approaches, studies, assessments. Ed.by D.L.Paletz. Norwood, N.J.: Ablex 1987. XII, 276 S.
B 62309

Political system and change. Ed.by I.Kabashima. Princeton, N.J.: Princeton Univ.Press 1986. VIII,382 S.
B 62058

Soare, C.: Războiul şi politica în epoca contemporană. Bucuresti: Ed. Militara 1986. 261 S.
B 62598

E 010 Politische Theorie

Challenges and opportunities from now to 2001. Ed.by H.F.Didsbury. Bethesda, Md.: World Future Soc. 1986. XV, 310 S.
B 61770

Cloşcă, I.: Războiul intregului popor şi dreptul international contemporan. Bucuresti: Ed. Militară 1986. 334 S.
B 62596

Dynamik der globalen Krise. Opladen: Westdeutscher Verlag 1986. 178 S.
B 60260

Fenn, R.K.: The spirit of revolt. Totowa, N.J.: Rowman & Littlefield 1986. VII, 179 S.
B 61914

Ferguson, G.: Coup d'état. A practical manual. Staatsstreich. Poole: Arms and Armour Pr. 1987. 208 S.
B 61804

Fisher, R.M.: Rhetoric and American democracy. Black protest through Vietnam dissent. Lanham: Univ.Press of America 1985. IX,303 S.
B 58342

Foreign policy and domestic consensus. Ed.by R.A.Melanson. Lanham: Univ.-Press of America 1985. VII, 201 S.
B 59088

Vogel, B.: Grundkonsens in der Politik. Ansprache vor d.Bundesrat am 6.Nov.1987. Bonn: Dt. Bundesrat 1987. 13 S.
Bc 7166

What I have learned. Thinking about the future then and now. Ed.by M.Marien. New York: Greenwood Press 1987. XV, 204 S.
B 62347

– Ideologie

Koch, B.: Streit der Ideologien im nuklear-kosmischen Zeitalter. In: IPW-Berichte. Jg.17, 1988. H.3. S. 22-27.
BZ 05326:17

Kultur des Streits. Die gemeinsame Erklärung von SPD u.SED. Köln: Pahl-Rugenstein 1988. 161 S.
Bc 7678

Manning, D.J.; Robinson, T.J.: The place of ideology in political life. London: Croom Helm 1985. 128 S.
B 54996

– Staatsstreich

Bavid, S.R.: Defending third world regimes from coup d'Etat. Lanham: Univ.Press of America 1985. 92 S.
B 58340

Malaparte, C.: Technik des Staatsstreichs. Berlin: Ed.Tiamat 1988. 195 S.
Bc 7677

– Terrorismus

Miller, R.: The literature of terrorism. In: Terrorism. Vol.11, 1988. No.1. S. 63-87.
BZ 4688:11

Roßnagel, A.: Atomterrorismus. Motive und Strategien im Licht der neuesten internationalen Diskussion. In: Zivilverteidigung. Jg.18, 1988. Nr.2. S. 5-11.
BZ 05269:18

– Ziviler Ungehorsam

Drago, A.; Mattai, G.: L'obiezione fiscale alle spese militari. Ziviler Ungehorsam. Torino: Abele 1986. 166 S.
B 60219

Laker, T.: Ziviler Ungehorsam. Geschichte, Begriff, Rechtfertigung. Baden-Baden: Nomos-Verlagsges. 1986. 330 S.
B 59548

Ziviler Ungehorsam und rechtsstaatliche Demokratie. Hrsg.: M. Stöhr. Frankfurt: Haag u.Herchen 1986. 134 S.
Bc 6984

E 011 Politische Ideen und Philosophie

– Gewalt/Gewaltlosigkeit

Albert, D.H.: People power. Applying nonviolence theory. Baltimore, Pa.: New Society Publ. 1985. 64 S.
B 58847

Anders, G.: Gewalt – ja oder nein. Eine notwendige Diskussion. Hrsg.: M.Bissinger. München: Knaur 1987. 190 S.
Bc 6810

Goldmann, K.: The concept of "Realism" as a source of confusion. In: Cooperation and conflict. Nordic journal of international politics. Vol.23, 1988. No.1. S. 1-14.
BZ 4605:23

Goss-Mayr, H.: Gewaltfreiheit – Kraft zum Widerstand. Kaiseraugst: Gewaltfreie Aktion 1986. 20 S.
Bc 6533

Keil, S.: Gewalt und Politik in unserer Zeit. Eine philosoph. Analyse des Problems der milit. Gewalt unter d. gegenwärtigen Bedingungen d.Friedenskampfes. Berlin: Militärverlag der DDR 1987. 102 S.
Bc 6690

Kemp, G.: The biology of non-violence. In: Medicine and war. Vol.3, 1987. No.3. S. 181-193.
BZ 4904':3

Komar, M.: Zmęczenie. Paris: Libella 1986. 220 S.
B 61083

Kraushaar, W.: Realpolitik als Ideologie. Von Ludwig August von Rochau zu Joschka Fischer. In: 1999. Jg.3, 1988. Nr.3. S. 79-137.
BZ 4879:3

Østerud, Ø.: Decay and revival of Détente. Dynamics of center and periphery in superpower rivalry. In: Comparative politics. Vol.23, 1988. No.1. S. 15-28.
BZ 4606:23

Park, K.H.: Reexamination of the linkage between income inequality and political violence. In: Journal of political and military sociology. Vol.14, 1986. No.2. S. 185-197.
BZ 4724:14

Seeley, R.A.: The handbook of non-violence. Westport, Conn.: Hill 1986. IX, 344 S.
B 60848

Stange, J.: Zur Legitimation der Gewalt innerhalb der nationalsozialistischen Ideologie. Frankfurt: Fischer 1987. 206 S.
Bc 7331

Vomstein, M.: Gewaltfrei kämpfen. Aus Sehnsucht nach Leben – Daniel Berrigan u. Ernesto Cardenal ringen um den revolutionären Weg. Hrsg.: Internat. Versöhnungsbund. Münster: o.V. 1986. 77 S.
D 03780

Wassermann, R.: Politisch motivierte Gewalt in der modernen Gesellschaft. In: Aus Politik und Zeitgeschichte. 1987. B.48. S. 29-37.
BZ 05159:1987

– Konflikt

Dynamic models of international conflict. Ed.by U.Luterbacher. Boulder, Colo.: Rienner 1985. XIV, 561 S.
B 58837

Harbert, J.R.: The domestic and international politics of internal conflict: a comparative analysis. Ann Arbor, Mich.: UMI 1986. XI, 479 S.
B 58169

International conflict resolution. Theorie and practice. Ed.E.E. Azar. Boulder: Wheatsheaf 1986. IX, 159 S.
B 59165

International mediation in theory and practice. Ed.S.Touval. Boulder, Colo.: Westview Press 1985. IX, 292 S.
B 61924

Milia, F.A.: El conflicto. Análisis estructural. Buenos Aires: Inst. de Publ. Navales 1985. 150 S.
Bc 6950

Spillmann, K.R.: Konfliktforschung und Friedenssicherung. In: Beiträge zur Konfliktforschung. Jg.17, 1987. Nr.4. S. 519.
BZ 4594:17

Väyrynen, R.: Third parties in the resolution of regional conflicts. In: Bulletin of peace proposals. Vol.18, 1987. No.3. S. 293-308.
BZ 4873:18

Ziegenhagen, E.A.: The regulation of political conflict. New York: Praeger 1986. XIX, 224 S.
B 62303

– Macht

Cousins, N.: The pathology of power. New York: Norton 1987. 228 S.
B 62095

Dominant powers and subordinate states. The United States in Latin America and the Soviet Union in Eastern Europe. Ed.by J.F.Triska. Durham, NC.: Duke Univ.Pr. 1986. XIV, 504 S.
B 60978

Galbraith, J.K.: Anatomie der Macht. München: Bertelsmann 1987. 255 S.
B 60967

North, R.C.; Ike, N.; Triska, J.F.: The world of superpowers: The United States, the Soviet Union, China, Japan and Western Europe. Stanford, Calif.: Nortrik Pr. 1985. IX, 277 S.
B 59072

E 012 Theorie politischer Systeme

– Demokratie

Atkinson, R.: Government against the people. The economics of political exploitation. Tyne: Compuprint 1986. 160 S.
B 61161

Boventer, G.P.: Grenzen politischer Freiheit im demokratischen Staat. D.Konzept d.streitbaren Demokratie i.e.internat. Vergleich. Berlin: Dunker u.Humblot 1985. 279 S.
B 56411

Burnheim, J.: Über Demokratie. Alternativen zum Parlamentarismus. Berlin: Wagenbach 1987. 191 S.
Bc 7427

Dahl, R.A.: Sketches for a democratic utopia. In: Scandinavian political studies. Vol.10, 1987. No.3. S. 195-206.
BZ 4659:10

Democratic capitalism? Ed.by F.E.Baumann. Charlottesville, Va.: Univ.Pr.of Virginia 1986. IX, 210 S.
B 62091

Graham, K.: The battle of democracy. Conflict, consensus and the individual. Brighton: Wheatsheaf Books 1986. IX, 261 S.
B 59405

Hadenius, A.: Democracy and capitalism: Collective action theory and structural analysis. In: Scandinavian political studies. Vol.11, 1988. No.1. S. 21-43.
BZ 4659:11

Hirst, P.Q.: Law, socialism and democracy. London: Allen & Unwin 1986. 167 S.
B 60502

I limiti della democrazia. Autoritarismo e democrazia nella società moderna. Napoli: Liguori 1985. XXIV, 435 S.
B 57737

I limiti della democrazia. Bari: Laterza 1985. XXI, 220 S.
B 57748

Ingrao, P.: Volkssouveränität und die Krise der repräsentativen Demokratie. In: Kommune. Jg.6, 1988. Nr.10 u.11. S. 39-42,59-63; S. 50-57.
BZ 05452:6

Kriele, M.: Die demokratische Weltrevolution. Warum sich die Freiheit durchsetzen wird. München: Piper 1987. 192 S.
Bc 7724

New forms of democracy. Ed.by D.Held. London: Sage Publ. 1986. 246 S.
B 61995

Papisca, A.: Democrazia internazionale, via di pace. Per un nuovo ordine internazionale democratico. Milano: Angeli 1986. 179 S.
Bc 7540

Pecora, G.: Uomini della democrazia. Napoli: Ed.Scientifiche Italiane 1986. 112 S.
Bc 7134

Transitions from authoritarian rule. Prospects for democracy. Ed.by G.O'Donnell. Baltimore, Md.: Johns Hopkins Univ.Pr. 1986. Getr.Pag.
B 61333

Zimmerman, J.F.: Participatory democracy. New York: Praeger 1986. XI, 229 S.
B 61028

– Revolution

Brandt, P.: Die bürgerliche Revolution – Genesis der Moderne. In: Sozialismus. Jg.13, 1987. Nr.10. S. 35-45.
BZ 05393:13

Bübl, W.L.: Revolution und Systemtransformation. In: Politische Vierteljahresschrift. Jg.28, 1987. Nr.2. S. 162-196.
BZ 4501:28

Lewy, G.: Pacifism and the just revolution. In: The Washington quarterly. Vol.11, 1988. No.3. S. 115-126.
BZ 05351:11

– Totalitarismus

Bracher, K.D.: Die totalitäre Erfahrung.
München: Piper 1987. 274 S.
B 60889

Soper, S.P.: Totalitarianism: a conceptual
approach. Lanham: Univ.Press of
America 1985. 155 S.
B 58345

Totalitarismus. Demokratie und Totalitarismus. Freiburg/Schweiz: Universitäts-
verl. 1987. V,90 S.
Bc 7321

E 013 Theorie der internationalen Beziehungen

Attinà, F.: Interdipendenza e accordi a
livello regionale. In: Politica internazionale. A.16, 1988. No.6. S. 19-28.
BZ 4828:16

Basler, G.; Gießmann, H.-J.: Möglichkeiten und Hemmnisse für die Verwirklichung eines umfassenden Systems internationaler Sicherheit. In: IPW-Berichte.
Jg.17, 1988. H.7. S. 11-17.
BZ 05326:17

Bernholz, P.: The international game of
power. Berlin: Mouton 1985. VII, 218 S.
B 57617

Brecher, M.; James, P.: Crisis and change
in world politics. Boulder, Colo.: Westview Press 1986. XI, 160 S.
B 61771

Brumter, C.: The North Atlantic
Assembly. Dordrecht: Nijhoff 1986.
XI,223 S.
B 59823

Burton, J.W.: Global Conflict. The
domestic sources of international crisis.
Brighton: Wheatsheaf Book 1986. XII,
194 S.
B 58624

Calvert, P.: The foreign policy of new
states. Brighton: Wheatsheaf Book 1986.
VIII, 216 S.
B 60374

Campbell, E.S.: Consultation and consen-
sus in NATO. Implementing the
Canadian article. Lanham: Univ.Press of
America 1985. XVIII, 209 S.
B 59077

Carlsnaes, W.: Ideology and foreign policy.
Problems of comparative conceptualiza-
tion. Oxford: Basil Blackwell 1986.
XI,234 S.
B 60632

Cottam, M.L.: Foreign Policy decision
making. The influence of cognition.
Boulder, Colo.: Westview Press 1986.
XIII,262 S.
B 61003

Cronin, A.K.: Great power politics and
the struggle over Austria, 1945-1955.
Ithaca, N.Y.: Cornell Univ.Pr. 1986.
219 S.
B 61037

Dankert, J.; Ersil, W.: Westeuropa in den
Ost-West-Beziehungen. Berlin: Staats-
verlag der DDR 1987. 103 S.
Bc 6869

Demichel, F.: Eléments pour une théorie
des relations internationales. Paris: Berger-Levrault 1986. 228 S.
B 61071

Dorsay, G.L.: Beyond the United
Nations. Lanham: Univ.Press of America
1986. XI, 111 S.
B 62098

Ethics and international relations. Ed.by
A.Ellis. Manchester: Manchester Univ.Pr.
1986. XIII, 232 S.
B 60631

Glucksmann, A.; Wolton, T.: Silence, on
tue. Paris: Grasset 1986. 290 S.
B 60870

Huntzinger, J.: Introduction aux relations
internationales. Paris: Ed.du Seuil 1987.
358 S.
B 62027

Krippendorf, E.: Internationale Politik. Geschichte und Theorie. Frankfurt: Campus Verlag 1987. 302 S.
B 60232

MacKinlay, R.D.; Little, R.: Global problems and world order. London: Pinter 1986. 292 S.
B 59048

Miller, L.H.: Global Order. Values and power in international politics. Boulder, Colo.: Westview Press 1985. XII, 226 S.
B 58146

Neorealism and its critics. Ed.by R.O.Keohane. New York: Columbia Univ.Pr. 1986. X,378 S.
B 62340

Persistent patterns and emergent structures in a waning century. Ed.by M. P.Karns. New York: Praeger 1986. X,311 S.
B 60783

Peterson, M.J.: The general Assembly in world politics. London: Allen & Unwin 1986. XII, 320 S.
B 60464

Role theory and foreign policy analysis. Ed.by S.G.Walker. Durham, N.C.: Duke Univ.Pr. 1987. XVI, 304 S.
B 62744

Rusi, A.: Image research and image politics in international relations – transformation of power politics in the television age. In: Cooperation and conflict. Nordic journal of international politics. Vol.23, 1988. No.1. S. 29-42.
BZ 4605:23

Smith, M.J.: Realist thought from Weber to Kissinger. Baton Rouge, La.: Louisiana State Univ.Pr. 1986. XII,256 S.
B 62683

Soroos, M.S.: Beyond sovereignty. The challenge of global policy. Columbia, S.C.: Univ.of South Carolina Pr. 1986. X,388 S.
B 60670

Spanier, J.: Games nations play. 6.ed. Washington, D.C.: Congressional Quarterly 1987. XVII, 683 S.
B 62291

Strauss, X.: L'Esprit de résistance. Paris: Fayard 1986. 236 S.
B 60873

Systemauseinandersetzung und Sicherung des Friedens. In: IPW-Berichte. Jg.16, 1987. H.12. S. 1-12.
BZ 05326:16

Theories, models, and simulation in international relations. Ed.by M.Don Ward. Boulder, Colo.: Westview Press 1985. XVI, 626 S.
B 58838

Wu, H.: Den Weltfrieden sichern und die Zusammenarbeit zu gegenseitigem Nutzen intensivieren. Bonn: Dt.Ges. f.auswärtige Politik 1987. 10 S.
Bc 7300

E 100 Innenpolitik

E 110 Verfassung und Recht

E 113 Staatsrecht/Öffentliches Recht

Alford, R.R.; Friedland, R.: Powers of theory. Capitalism, the state, and democracy. Cambridge: Cambridge Univ.Pr. 1985. XVI, 502 S.
B 58834

Arnim, H.H.von: Staatsversagen: Schicksal oder Herausforderung? In: Aus Politik und Zeitgeschichte. 1987. B.48. S. 17-28.
BZ 05159:1987

Duchacek, I.D.: The territorial dimension of politics. Boulder, Colo.: Westview Press 1986. XVI, 328 S.
B 61651

Lemos, R.M.: Rights, goods, and democracy. Newark, Del.: Univ.of Delaware Pr. 1986. 209 S.
B 61655

Levi, L.: Il federalismo. Milano: F.Angeli
1987. 117 S.
Bc 7006

Waser, R.: Die sozialistische Idee im Denken Hermann Hellers. Zur politischen
Theorie u.Praxis eines demokratischen
Sozialismus. Basel: Helbing u.Lichtenhahn 1985. 229 S.
B 59739

E 113.40 Menschenrechte

Barendt, E.: Freedom of speech. Oxford:
Clarendon Press 1985. XX, 314 S.
B 57647

Berg, F.; Flach, W.: Die Dialektik der
Menschenrechte. In: IPW-Berichte.
Jg.16, 1987. H.10. S. 28-33.
BZ 05326:16

Colard, D.: Relations internationales et
diplomatie des droits de l'homme. In:
Défense nationale. A.43, S. 85-100. Oct.
1987.
BZ 4460:43

Essays on human rights in the Helsinki
Process. Ed.by A.Bloed. Dordrecht:
Nijhoff 1985. XI,266 S.
B 59826

Forces et faiblesses des totalitarismes.
Fribourg: Ed.Univ.Fribourg 1987. 124 S.
Bc 7468

Foreign policy and human rights. Ed.by
R.J.Vincent. Cambridge: Cambridge
Univ.Pr. 1986. X,283 S.
B 60792

Hanz, M.: Zur völkerrechtlichen Aktivlegitimation zum Schutze der Menschenrechte. München: Florentz 1985. 168 S.
Bc 6789

Higgins, R.: Human Rights and foreign
policy. In: Rivista di studi politici internazionali. A.54, 1987. No.216. S. 563-580.
BZ 4451:54

Human Rights. From rhetoric to reality.
Ed.by T.Campbell. London: Blackwell
1986. 262 S.
B 60432

Human Rights and the Third World
development. Ed.by G.W.Shepherd.
Westport, Conn.: Greenwood Press 1985.
VIII, 330 S.
B 59605

Ist die Versammlungsfreiheit in der Bundesrepublik Deutschland noch gewährleistet? Hrsg.: Intern.Gesellschaft f.Menschenrecht. Frankfurt: o.V. 1987. 31 S.
D 03810

Kaufman Hevener, N.: Drafting the human
rights covenants. In: World affairs.
Vol.148, 1986. No.4. S. 233-244.
BZ 05509:148

Kristol, I.: "Menschenrechte": verborgene
Zielsetzungen. In: Europäische Rundschau. Jg.15, 1987. Nr.3. S. 59-71.
BZ 4615:15

Kuzniar, R.: Wyspecjalizowane systemy
międzynarodowej ochrony praw
człowieka. In: Przegląd stosunków międzynarodowych. 1986. No.6. S. 17-33.
BZ 4777:1986

Laws, rights and the European Convention on human rights. Ed.by J.Sundberg.
Littleton, Colo.: Rothman 1986. VII,
119 S.
Bc 7077

Menschenrechte in der Welt. 6.Aufl.
Bonn: Auswärtiges Amt 1985. 224 S.
B 57565

Propagandisten des Krieges, Hintermänner der Contra: "Internationale Gesellschaft für Menschenrechte". Hrsg.:
Arbeitskreis Nicaragua. Frankfurt: o.V.
1987. 82 S.
D 03711

Selby, D.: Human Rights. Cambridge:
Cambridge Univ.Pr. 1987. 80 S.
Bc 02085

Veatch, H.B.: Human Rights. Fact or fancy? Baton Rouge: Louisiana State Univ.Pr. 1985. XI, 258 S.
B 59514

Vincent, R.J.: Human Rights and international relations. Cambridge: Cambridge Univ.Pr. 1986. VIII, 186 S.
B 60621

Woldring, H.E.S.: Mensenrechten en vrede. Deventer: Van Loghum Slaterus 1987. 56 S.
Bc 7045

E 114 Internationales Recht

E 114.00 Allgemeines

Asylbewerber und Asylpolitik. Was wir tun können. Überlegungen – Postulate – Schritte. Luzern: Caritas 1986. o.Pag.
Bc 02111

Lerntag über Asylrecht und Asylpraxis: 1933 vs. 1985 – gemeinsam mit der Research Foundation for Jewish immigration... Hrsg.v.H.A.Strauss. Berlin: Technische Univ. 1986. 85 S.
Bc 6251

Lillich, R.B.: The human rights of aliens in contemporary international law. Manchester: Manchester Univ.Pr. 1984. XII, 177 S.
B 57681

Pauer, A.: Die humanitäre Intervention. Militärische u.wirtschaftl. Zwangsmaßnahmen zur Gewährungsleistung d.Menschenrechte. Basel: Helbing u.Lichtenhahn 1985. XV, 221 S.
B 59620

Rubin, A.P.: Extradition and "Terrorist" Offenses. In: Terrorism. Vol.10, 1988. No.2. S. 83-102.
BZ 4688:10

Schmid, K.: Probleme der Auslieferung und der Rechts- und Amtshilfe in Strafsachen in und mit Osteuropa. Köln: Bundesinst.f.ostwiss.u.intern.Studien 1986. 50 S.
Bc 01865

Zepf, B.: Asylrecht ohne "Asylanten"? Flüchtlingshilfe im Spannungsfeld von Weltflüchtlingsproblem u.Abschreckungspolitik. Frankfurt: Verl.f.Interkulturelle Kommunikation 1986. VII, 215 S.
B 61613

E 114.10 Kriegsrecht

Commentary on the additional protocols of 8 June 1977 to the Geneva Conventions of 12 August 1949. Ed.: Y.Sandoz. Geneva: Internat. Committee of the Red Cross 1987. XXXV, 1624 S.
B 62464

Finn, J.: Just war and matters of statecraft. In: The Washington quarterly. Vol.11, 1988. No.3. S. 103-113.
BZ 05351:11

Guillerm, J.: La démilitarisation de l'espace et le droit. In: Défense nationale. A.43, 1987. No.8. S. 99-109.
BZ 4460:1987

Johansen, E.M.: "Ich wollt' ich wäre nie geboren". Kinder im Krieg. Frankfurt: Fischer 1986. 360 S.
B 60282

The law of non-international armed conflict. Protocol II to the 1949 Geneva Conventions. Ed.by H.S.Levie. Dordrecht: Nijhoff 1987. XIII, 635 S.
B 62794

Mende, W.: Luftraumverteidigung und Neutralitätsrecht (II). In: Truppendienst. Jg.26, 1987. Nr.5. S. 459-463.
BZ 05209:26

Modern wars. The humanitarian challenge. London: Zed Books 1986. XI,195 S.
B 61999

Ney, M.C.: Der Einsatz von Atomwaffen im Lichte des Völkerrechts. Frankfurt: Lang 1985. XXV, 337 S.
B 61731

Schindler, D.: Moderne Entwicklungen im Kriegsvölkerrecht. In: Die Friedenswarte. Jg.66, 1986. H.3-4. S. 205-215.
BZ 4693:66

Wilson, H.A.: Humanitarian protection in wars of national liberation. In: Arms control. Vol.8, 1987. No.1. S. 36-48.
BZ 4716:8

E 114.20 Seerecht

Booth, K.: Law, force and diplomacy at sea. London: Allen & Unwin 1985. XIII, 231 S.
B 57648

Graf, F.A.: Knowing the law. In: United States Naval Institute. Proceedings. Jg.114, 1988. No.6. S. 58-61.
BZ 05163:114

Index of multilateral treaties on the law of the sea. Ed.by P.de Cesari. Milano: Giuffrè 1985. VII, 371 S.
B 58944

Jenisch, U.: Was wird aus der UN-Seerechtskonvention? In: Außenpolitik. Jg.39, 1988. Nr.1. S. 48-62.
BZ 4457:39

Lazarev, M.I.: Theoretische Fragen des modernen Seevölkerrechts. Berlin: Dunker u.Humblot 1985. 294 S.
B 56410

Müller, H.; Nobis, G.: Schutz der Zivilschiffe. Bd.1. Berlin: Verl.f.Verkehrswesen 1987. 144 S.
Bc 7813

Poolman, K.: Armed merchant cruisers. London: Cooper 1985. X,228 S.
B 60567

Prescott, J.R.V.: The maritime political boundaries of the world. London: Methuen 1985. XV, 377 S.
B 62568

Rozakis, C.L.; Stagos, P.N.: The Turkish straits. Dordrecht: Nijhoff 1987. XVIII, 200 S.
B 62779

Seeberg-Elverfeldt, N.-J.: Die Streitbeilegung im Tiefseebergbaurecht. Baden-Baden: Nomos-Verlagsges. 1986. XVI, 185 S.
B 60249

E 116 Strafrecht

The breaking of bodies and minds. Ed.by E.Stover. New York: Freeman 1985. XVI, 319 S.
B 58000

Carlson, K.: One American must die. A hostage's personal account of the hijacking of flight 847. New York: Congdon & Weed 1986. IX, 172 S.
B 62948

Christenson, R.: Political trials. Gordian knots in the law. New Brunswick: Transaction Books 1986. VIII, 303 S.
B 61814

Chronologie des principaux attentats terroristes. In: Politique étrangère. A.51, 1986. No.4. S. 987-997.
BZ 4449:51

Davis, N.J.: Abortion and legal policy. In: Contemporary crises. Vol.10, 1987. No.4. S. 373-397.
BZ 4429:10

Genocide and the modern age. Ed.by I.Wallimann. New York: Greenwood Press 1987. XVIII, 322 S.
B 62693

Hesse, G.: Niemand ist sicher. Berlin: Militärverlag der DDR 1988. 238 S.
Bc 8006

Holocaust: Myths & horrors. In: Survey. Vol.30, 1988. No.1/2. S. 240-263.
BZ 4515:30

Jacobs, P.: Auftrag: Mord. Attentäter und ihre Hintermänner. Köln: Weltkreis 1987. 206 S.
B 61684

Meysels, L.O.: Morde machen
Geschichte. Politische Gewaltakte im
20.Jahrhundert. Wien: Herold Verl. 1985.
296 S.
B 59006

Sochor, E.: Terrorism in the sky: the rhetoric and realities of sanctions. In: Terrorism. Vol.10, 1987. No.4. S. 311-327.
BZ 4688:10

Stohl, M.: Outside of a small circle of
friends: States, genocide, mass killing
and the role of bystanders. In: Journal of
peace research. Vol.24, 1987. No.2.
S. 151-166.
BZ 4372:24

Wagner, G.: Der rationale Wahn. Nuklear-
aggression und Abwehrsystem. Frankfurt:
Fischer 1987. 201 S.
Bc 7305

E 120 Regierung und Verwaltung

Blondel, J.: Government ministers in the
contemporary world. London: Sage Publ.
1985. VIII, 291 S.
B 59393

Les régimes semi-présidentiels. Dir. de
M.Duverger. Paris: Presses Univ.de
France 1986. 367 S.
B 61074

Waddington, P.A.J.; Leopold, P.: Protest,
policing and the law. London: Institute
for the study of conflict 1985. 25 S.
Bc 6152

E 130 Parlaments- und Wahlwesen

Dohm, H.: Der Frauen Natur und Recht.
Zur Frauenfrage. Neunkirch: Ala 1986.
VI, 185 S.
Bc 6841

Leonard, D.; Natkiel, R.: The economist
World Atlas of elections. London:
Hodder a.Stoughton 1987. 157 S.
010402

Parliaments and parliamentarians in
democratic politics. Ed.by E.N.Suleiman.
New York: Holmes & Meier 1986. 255 S.
B 60765

Przeworski, A.; Sprague, J.: Paper Stones.
A history of electoral socialism. Chicago:
Univ.of Chicago Pr. 1986. VI, 224 S.
B 61336

Representatives of the people? Parlia-
mentarians and Constituents in Western
Democracies. Ed.: V.Bogdanor.
Aldershot: Gower 1985. VII,310 S.
B 59129

Wahrheit statt Mehrheit? An den Grenzen d.parlamentarischen Demokratie.
Hrsg.: H.Oberreuter. München: Olzog
1986. 210 S.
B 62785

E 140 Parteiwesen

E 141 Theorie der Partei

Avril, P.: Essais sur les partis. Paris:
Librarie Générale de Droit et de Juris-
prudence 1986. 216 S.
B 59323

Duranton-Crabol, A.-M.: La 'nouvelle
droite' entre printemps et automne, 1968-
1986. In: Vingtième siècle. 1988. Nr.17.
S. 39-49.
BZ 4941:1988

Graf, R.: Nationale Identität: eine Identi-
tät für die Linke? In: Widerspruch. 1987.
H.13. S. 21-35.
BZ 4868:1987

Green, D.G.: The new Right. The counter-revolution in political, economics and
social thought. Brighton: Wheatsheaf
Books 1987. XI,238 S.
B 61268

The ideology of the new right. Ed.by
R.Levitas. Cambridge: Polity Pr. 1986.
208 S.
B 58724

Kvistad, G.O.: Between state and society: green political ideology in the mid-1980s. In: German studies review. Vol.10, 1987. No.1. S. 211-228.
BZ 4816:1987

Offerlé, M.: Les partis politiques. Paris: Presses Univ.de France 1987. 125 S.
Bc 7450

Political parties. Electoral change and structural response. Ed.by A.Ware. Oxford: Basil Blackwell 1987. 281 S.
B 63581

E 142 Allgemeine politische Richtungen

E 142.1 Konservatismus

Barry, N.P.: The new Right. London: Croom Helm 1987. 205 S.
B 62906

Nisbet, R.: Conservatism. Dream and reality. Milton Keynes: Open Univ.Pr. 1986. X,118 S.
B 60329

E 142.2 Liberalismus

Liberalismus und Sozialismus. Hrsg.: T.Meyer. Marburg: SP-Verl.Schüren 1987. 133 S.
Bc 7052

Sozialer Liberalismus. Hrsg.: K.Holl. Göttingen: Vandenhoeck u.Ruprecht 1986. 234 S.
B 58919

E 142.4 Faschismus

Britain fascism and the Popular Front. Ed.by J.Fyrth. London: Lawrence & Wishart 1985. 261 S.
B 60431

Sternhell, Z.: The 'anti-materialist' revision of Marxism as an aspect of the rise of fascist ideology. In: Journal of contemporary history. Vol.22, 1987. No.3. S. 379-400.
BZ 4552:22

Zunino, P.G.: L'ideologia des fascismo. Miti, credenze e valori nella stabilizzazione del regime. Bologna: Il Mulino 1985. 429 S.
B 58943

E 142.6 Sozialismus/Sozialdemokratie

Az Európai szociáldemokrácia nemzetközi Politikája. Mühelytanulmányok. Red.: M.Ruff. Budapest: MSZMP KB Társadalomtud Int. 1986. 248 S.
B 62605

Bensaid, D.: Stratégie et partie. Montreuil: PEC 1987. 138 S.
Bc 7577

Davis, H.; Scase, R.: Western capitalism and state socialism. Oxford: Blackwell 1985. 202 S.
B 60461

Dixon, K.: Freedom and equality. The moral basis of democratic socialism. London: Routledge & Kegan Paul 1986. 112 S.
B 60325

Dorrien, G.J.: The democratic socialist Vision. Totowa, N.J.: Rowman & Littlefield 1986. XI, 180 S.
B 62093

García Ponce, A.: Adecos, tucanes o marxistas? Una historia de la izquierda. 1959-1984. Caracas: Ed.Domingo/Fuentes 1985. 204 S.
B 62868

Geschichte der sozialistischen Arbeiter-Internationale (1923-1940). Berlin: Dt.Verl.d.Wissenschaften 1985. 352 S.
B 58559

Godio, J.: La Socialdemocracia Internacional en Argentina. Su percepción sobre el radicalismo y el peronismo. Buenos Aires: El Cid 1985. 157 S.
Bc 6926

Harnecker, M.: Reflexiones acerca del problema de la transición al socialismo. Managua: Nueva Nicaragua 1986. 132 S.
Bc 6658

Hattersley, R.: Choose freedom. The future for democratic socialism. London: Joseph 1987. XIX, 264 S.
B 61996

Jay, M.: Fin-de-siècle socialism. In: Praxis international. Vol.8, 1988. No.1. S. 1-13.
BZ 4783:8

Kurz, H.R.: Lenin in Zimmerwald. Zimmerwald: Gemeindeschreiberei 1986. 16 S.
Bc 7366

Lastawski, K.: Socjaldemokracja wobec bezpieczeństwa Europy po II wojnie światowej. Warszawa: Państwowe wydawn. naukowe 1986. 252 S.
B 60099

Mein Vaterland ist international. Internat. illustr. Geschichte d.1.Mai 1886 bis heute. Oberhausen: Asso Verl. 1986. 331 S.
010186

Molyneux, J.: Arguments for revolutionary socialism. London: Bookmarks 1987. 128 S.
Bc 7688

Molyneux, J.: The future socialist society. London: Socialist Workers Party 1986. 39 S.
Bc 7623

Nowotny, T.: Bleibende Werte – verblichene Dogmen. Die Zukunft der Sozialdemokratie. Wien: Böhlau 1985. 414 S.
B 58954

Petras, J.: Authoritarianism. Democracy and the transition to socialism. In: Socialism and democracy. 1985. No.1. S. 5-27.
BZ 4929:1985

Potthoff, H.: Der Sozialismus als säkulare Idee und historische Bewegung. In: Die neue Gesellschaft – Frankfurter Hefte. Jg.35, 1988. Nr.7. S. 628-636.
BZ 4572:35

Rosengarten, F.: Institutes, research groups, study centers. In: Socialism and democracy. 1986. No.2. S. 29-57.
BZ 4929:1986

Sigel, R.: Die Geschichte der Zweiten Internationale 1918-1923. Frankfurt: Campus Verlag 1986. 215 S.
B 60147

Sozialismus und Frieden. Humanismus in den Kämpfen unserer Zeit. 6.Philosophiekongreß der DDR vom 17. bis 19.Oktober 1984 in Berlin. Berlin: Dietz 1985. 316 S.
B 57364

Weill, C.: L'Internationale et l'autre. Les relations inter-ethniques dans la IIe Internationale (discussions et débats). Paris: Ed.de l'Arcantère 1987. 163 S.
Bc 7357

Wright, A.: Socialisms. Theories and practices. Oxford: Oxford Univ.Pr. 1986. IX, 146 S.
B 62314

E 142.7 Marxismus

Adamson, W.L.: Marx and the disillusionment of Marxism. Berkeley, Calif.: Univ.of California Pr. 1985. X,258 S.
B 58426

Analytical Marxism. Ed.by J.Roemer. Cambridge: Cambridge Univ.Pr. 1986. VIII, 313 S.
B 59052

Anderson, K.: Lenin, Bukharin, and the Marxian concepts of dialectics and imperialism: A study in contrasts. In: Journal of political and military sociology. Vol.15, 1987. No.2. S. 197-212.
BZ 4724:15

Andreucci, F.: Il Marxismo collettivo. Socialismo marxismo e circolazione delle idee dalla Seconda alla Terza Internazionale. Milano: Angeli 1986. 220 S.
B 60362

Aronowitz, S.: Theorie und sozialistische Strategie. In: Prokla. Jg.18, 1988. Nr.1. S. 148-166.
BZ 4613:18

Berg, H.von: Marxismus-Leninismus. Das Elend der halb deutschen, halb russischen Ideologie. Köln: Bund-Verl. 1986. 335 S.
B 59156

DeBardeleben, J.: The environment and Marxism-Leninism. The Soviet and East German experience. Boulder, Colo.: Westview Press 1985. XI,338 S.
B 61253

Dieng, A.A.: Le Marxisme et l'Afrique noire. Bilan d'un débat sur l'universalité du marxisme. Paris: Nubia 1985. 146 S.
Bc 7022

Doerry, T.: Marxismus und Antifaschismus. Zur theoretischen und politischen Auseinandersetzung des Marxismus, des Sozialismus und der internationalen Arbeiterbewegung mit dem Faschismus an der Macht (1920-1984). Köln: Pahl-Rugenstein 1985. 370 S.
B 63550

Dozekal, E.: Von der 'Rekonstruktion' der Marxschen Theorie zur 'Krise des Marxismus'. Köln: Pahl-Rugenstein 1985. 301 S.
B 59008

Eckelt, E.: Die Abkehr vom Marxismus. China als Modell. Herford: Busse Seewald 1986. 176 S.
B 61362

Etudier Marx. Paris: Ed.du Centre Nat.de la Recherche Scie. 1985. 199 S.
B 61312

Feenberg, A.: Lukács, Marx and the sources of critical theory. Oxford: Oxford Univ.Pr. 1986. XII, 286 S.
B 61979

Flaherty, P.A.: Lenin and the Russian Revolution. Ann Arbor, Mich.: Univ.Microfilms 1986. 629 S.
B 58816

Garegnani, P.: Marxism and economic theory today. In: Socialism in the world. Jg.11, 1987. No.59. S. 38-47.
BZ 4699:11

Geras, N.: Literature of revolution. Essays on Marxism. London: Verso 1986. XVII, 271 S.
B 60811

Giddens, A.: The Nation-state and violence. Cambridge: Polity Press 1985. VI, 399 S.
B 57712:2

Greenfeld, L.: Nationalism and class struggle: Two forces or one? In: Survey. Vol.29, 1985. No.3. S. 153-174.
BZ 4515:29

Guibert, B.: La Violence capitalisée. Essai sur la politique de Marx. Paris: Les ed.du Cerf 1986. 453 S.
B 61321

Herring, C.: Alienated politics and state legitimacy: an assessment of three neo-Marxian theories. In: Journal of political and military sociology. Vol.15, 1987. No.1. S. 17-31.
BZ 4724:15

Isaac Deutscher, historian, prophet, biographer. In: Survey. Vol.30, 1988. No.1/2. S. 33-93.
BZ 4515:30

Johnston, L.: Marxism, class analysis and socialist pluralism. A theoretical and political critique of Marxist conceptions of politics. London: Allen & Unwin 1986. 155 S.
B 60328

Kolakowski: On Marxism and beyond. In: Survey. Vol.30, 1988. No.1/2. S. 135-154.
BZ 4515:30

Kubálková, V.; Cruickshank, A.A.: Marxism and international relations. Oxford: Clarendon Press 1985. 281 S.
B 57702

Kupferberg, F.: Den paternalistiska andan. Till kritiken av den vetenskapliga socialismen. D.1-4. Aalborg: AUC 1983-85. Getr.Pag.
B 51915

Langerhans, H.: Das Buch der Abschaffungen. Bericht über nachgelassene Aufzeichnungen von Karl Korsch. In: Bochumer Archiv für die Geschichte des Widerstandes und der Arbeit. 1987. Nr.8. S. 107-119.
BZ 4698:1987

Lukes, S.: Marxism and morality. Oxford: Oxford Univ.Pr. 1987. XIII, 163 S.
Bc 7558

Mariátegui, J.C.: Defensa del marxismo. Montevideo: Librosur 1986. 96 S.
Bc 6970

Marković, L.: "Entfremdung" und "Aufhebung der Entfremdung" bei Karl Marx und der "Praxis"-Gruppe. Münster: Lit.Verl. 1987. 164 S.
Bc 7284

Marquardt, O.: Marxismens grundbegreber. København: Munksgaard 1985. 142 S.
B 58083

Marxian theory and the Third World. Ed.by D.Banerjee. New Delhi: Sage Publ. 1985. 325 S.
B 61345

Marxism and liberalism. Ed.by E.F.Paul. Oxford: Blackwell 1986. XII, 223 S.
B 60377

Marxismus. Die gescheiterte Philosophie unserer Epoche. Mainz: Hase u.Koehler 1985. 146 S.
B 57769

Marxist policies today. In socialist and capitalist countries. Ed.by E.Dowdy. St.Lucia: Univ.of Queensland Pr. 1986. VIII, 234 S.
B 63329

Müller, K.: Analytischer Marxismus: technischer Ausweg aus der theoretischen Krise? In: Prokla. Jg.18, 1988. Nr.3. S. 39-71.
BZ 4613:18

Munck, R.: The difficult dialogue. Marxism and nationalism. London: zb 1986. 184 S.
B 60463

O'malley, P.: The purpose of knowledge: pragmatism and the praxis of Marxist criminology. In: Contemporary crises. Vol.12, 1988. No.1. S. 65-79.
BZ 4429:12

Park, H.-S.: Sozialismus und Nationalismus. Grundsatzdiskussionen über Nationalismus, Imperialismus, Militarismus und Krieg in der deutschen Sozialdemokratie vor 1914. Berlin: Schelzky & Jeep 1986. III, 349 S.
B 59658

Pierson, C.: Marxist theory and democratic politics. Cambridge: Polity Press 1986. 229 S.
B 60322

Rabehl, B.: Marxismus heute. Toter Hund oder des Pudels Kern? Frankfurt: isp-Verl 1986. 95 S.
Bc 6805

Sayer, D.: The violence of abstraction. The analytic foundations of historical materialism. Oxford: Basil Blackwell 1987. XIII, 173 S.
B 62593

Sowell, T.: Marxism. Philosophy and economics. New York: Morrow 1985. 281 S.
B 58014

Vaillancourt, P.M.: When Marxists do research. New York: Greenwood Press 1986. XVII, 205 S.
B 60951

Voss, E.: Autoritärer Etatismus. Poulantzas Beitrag zur marxistischen Analyse. In: Sozialismus. Jg.13, 1987. Nr.10. S. 28-34.
BZ 05393:13

Wood, E.M.: The retreat from class. A new "true" socialism. London: Verso 1986. 202 S.
B 60321

E 142.8 Kommunismus/Bolschewismus

Alles, W.: Zur Geschichte und Politik der deutschen Trotzkisten ab 1930. Frankfurt: isp-Verl. 1987. 150 S.
B 62245

Antonian, A.: Toward a theory of Euro-communism. New York: Greenwood Press 1987. VII, 188 S.
B 62688

Bernard, J.-P. A.: La liturgie funèbre des communistes (1924-1983). In: Vingtième siècle. 1986. Nr.9. S. 37-52.
BZ 4941:1986

Bucharin, N.; Preobraschenskij, E.A.: Das ABC des Kommunismus. Zürich: Manesse-Verl. 1985. 653 S.
B 61700

Communist Politics. A reader. Ed.by S.White. London: Macmillan 1986. XII, 416 S.
B 60499

La Déclaration des 83 de l'opposition unifiée (1927). Paris: C.E.R.M.T.R.I. 1986. 75 S.
Bc 01881

Ein dritter Weg zwischen den Blöcken? Die Weltmächte, Europa u. d. Eurokommunismus. Hrsg.v.Österr. Inst.f. Internat. Politik H.Gärtner. Wien: Verl.f.Gesell.-Kritik 1985. 406 S.
B 56170

Fisera, V.C.: Communisme et intégration supranationale: la revue "La Fédération Balkanique" (1924-1932). In: Revue d' histoire moderne et contemporaine. T.34, 1987. No.3. S. 497-508.
BZ 4586:34

Founding the Communist International. Ed.by J.Riddell. New York: Pathfinder Pr. 1987. 424 S.
B 56100:4

Garver, J.W.: The origins of the Second United front: The Comintern and the Chinese communist party. In: China quarterly. 1988. No.113. S. 29-59.
BZ 4436:1988

Hallas, D.: The Comintern. London: Bookmarks 1985. 184 S.
Bc 7368

Heinzig, D.: China als regionale und globale Herausforderung der Sowjetunion. Köln: BIOst 1986. 41 S.
Bc 01863

Ignatov, A.: Psychologie des Kommunismus. Studien zur Mentalität d.herrschenden Schicht im kommunist. Machtbereich. München: Berchman 1985. 181 S.
B 58686

Komintern und Friedenskampf. Die kommunistische Internationale über die Aufgaben der Kommunisten im Friedenskampf. Berlin: Dietz 1985. 304 S.
B 58092

Komintern und revolutionäre Partei. Die Kommunistische Internationale über die revolutionäre Partei u.d.marxistisch-leninistische Weltanschauung d. Arbeiterklasse. Berlin: Dietz 1986. 320 S.
B 58301

Kommunistische Weltbewegung heute. Divergierende Positionen repräsentativer Parteien. Hrsg.: H.Timmermann. Köln: BIOst 1986. 106 S.
Bc 01871

Meyer, A.G.: Leninism. Boulder, Colo.: Westview Press 1986. 324 S.
B 61524

Monteleone, R.: Lenin: itinerario. Storico di un'idea rivolutionaria. Milano: Angeli 1986. 71 S.
Bc 7502

Russell, B.: Die Praxis und Theorie des Bolschewismus. Darmstadt: Darmstädter Blätter 1987. 273 S.
B 62813

Schumacher, H.: Der Platz der Anti-Hitler-Koalition im Ringen kommunistischer und Arbeiterparteien Europas um die dauerhafte Sicherung des Friedens (1944-1947). In: Beiträge zur Geschichte der Arbeiterbewegung. Jg.30, 1988. Nr.3. S. 291-304.
BZ 4507:30

Schwarz, P.: Marxismus gegen Maoismus. Die Politik der MLPD. Essen: Arbeiterpresse Verl. 1987. 126 S.
Bc 7829

The Stalinist legacy. Its impact on twentieth-century world politics. Ed.by T.Ali. Boulder, Colo.: Rienner 1985. 551 S.
B 59137

Tiersky, R.: Ordinary Stalinism. Democratic centralism and the question of communist political development. London: Allen & Unwin 1985. XIII, 209 S.
B 58535

Timmermann, H.: Moskau und der internationale Kommunismus: Von der Komintern zur kommunistischen Weltbewegung. Köln: Bundesinst.f.ostwiss. u. intern.Studien 1986. 51 S.
Bc 01856

E 142.9 Terrorismus/Anarchismus

"Tu was du willst". Anarchismus – Grundlagentexte zur Theorie und Praxis. Hrsg.: H.-J. Degen. Neuaufl. Berlin: Schwarzer Nachtschatten 1987. 270 S.
B 61365

Adams, J.: The financing of terror. Sevenoaks: New English Library 1986. X,293 S.
B 60564

Alexander, Y.; Suchlicki, J.: International terrorism: threats and responses. In: Terrorism. Vol.10, 1987. No.1. S. 51-81.
BZ 4688:10

The Anarchist Papers. Ed.by D.I.Roussopoulos. Montréal: Black Rose Books 1986. 175 S.
B 61429

Another Venice. Imágenes de un encuentro internacional anarquista, Venezia 1984. Montréal: Black Rose Books 1986. 110 S.
010306

Beres, L.R.: Terrorism and global security. 2.ed. Boulder, Colo.: Westview Press 1987. XVI, 156 S.
B 62236

Bremer, L.P.III: Counterterrorism strategies and programs. In: Terrorism. Vol.10, 1987. No.4. S. 337-344.
BZ 4688:10

Chomsky, N.: Pirates & [and] emperors. International terrorism in the real world. New York: Claremont 1986. 174 S.
B 61653

Clawson, P.: Why we need more but better coverage of terrorism. In: ORBIS. Vol.30, 1987. No.4. S. 701-710.
BZ 4440:30

Conflictos internacionales. Problemas políticos y estrategicos de la decada del 80. Buenos Aires: Ed.Tekné 1986. 139 S.
Bc 7194

Crenshaw, M.: Theories of terrorism. Instrumental and organizational approaches. In: The journal of strategic studies. Vol.10, 1987. No.4. S. 13-31.
BZ 4669:10

Damico, L.H.: The anarchist dimension of the liberation theology. New York: Lang 1987. XI, 213 S.
B 62220

Delli Carpini, M.S.; Williams, B.A.: Television and terrorism: Patterns of presentation and occurrence, 1969 to 1980. In: The Western political quarterly. Vol.40, 1987. No.1. S. 45-64.
BZ 4612:40

Dutter, L.E.: Ethno-political activity and the psychology of Terrorism. In: Terrorism. Vol.10, 1987. No.3. S. 145-163.
BZ 4688:1987

Fighting back. Winning the war against terrorism. Ed.by N.C.Livingstone. Lexington: Lexington Books 1987. X,268 S.
B 61636

Fighting terrorism: negotiation or retaliation? Ed.: O.Trager. New York: Facts on File 1986. 233 S.
010314

Francis, S.T.: The Soviet Strategy of terror. Washington: The Heritage Found 1985. XIV, 100 S.
Bc 7130

The future of political violence. Destabilization, disorder, and terrorism. Ed.by R.Clutterbuck. London: Macmillan 1986. XV, 206 S.
B 58658

García Salvattecci, H.: Anarquia. T.2. Lima: Okura Ed. 1986. 201 S.
B 62878

Garcin, T.: Terrorisme et médias. In: Défense nationale. A.43, 1987. Mai. S. 19-26.
BZ 4460:43

Görtzel, T.: The ethics of terrorism and reolution. In: Terrorism. Vol.11, 1988. No.1. S. 1-12.
BZ 4688:11

Government, violence and repression. An agenda for research. Ed.by M.Stohl. New York: Greenwood Press 1986. 278 S.
B 61644

Gregory, F.: Policing the democratic State. How much force? London: Institute for the study of conflict 1986. 25 S.
Bc 6268

Hydra of carnage. The international linkages of terrorism and other low-intensity operations. Lexington: Lexington Books 1986. XVII, 638 S.
B 59330

International Terrorism and international law. Ed.by K.Coates. Nottingham: Spokesman 1987. 122 S.
Bc 6816

Ivianski, Z.: The terrorist revolution. Roots of modern terrorism. In: The journal of strategic studies. Vol.10, 1987. No.4. S. 129-149.
BZ 4669:10

Krieg im Frieden? Theorien und Praktiken des Terrorismus. Bonn: Deutsches Strategie-Forum 1987. 30 S.
Bc 02155

Künzli, A.: Kannitverstan. In: L'80. Zeitschrift für Literatur und Politik. 1987. H.41. S. 74-87.
BZ 4644:1987

Laqueur, W.: Terrorismus. Die globale Herausforderung. Frankfurt: Ullstein 1987. 477 S.
B 64083

Leventhal, P.L.; Hoenig, M.M.: The hidden danger: risks of nuclear terrorism. In: Terrorism. Vol.10, 1987. No.1. S. 1-21.
BZ 4688:10

Levitt, T.M.: The Western response to State-supported terrorism. In: Terrorism. Vol.11, 1988. No.1. S. 53-62.
BZ 4688:11

Ludwikowski, R.R.: Aspects of terrorism: personal reflections. In: Terrorism. Vol.10, 1987. No.3. S. 175-187.
BZ 4688:10

Malatesta, E.: Anarchismus und Gewalt. Bern: Ed.Anares 1987. 16 S.
Bc 7582

Merari, A.; Elad, S.: The international dimension of Palestinian terrorism. Boulder, Colo.: Westview Press 1986. 147 S.
Bc 7244

Nuclear terrorism. Defining the threat. Ed.by P.Leventhal. Washington: Pergamon Brassey's 1986. VI, 218 S.
B 60844

O'Neill, M.J.: Terrorist spectaculars: should TV coverage be curbed? New York: Priority Press Publ. 1986. V,109 S.
Bc 7499

On terrorism and combating terrorism. Ed.by A.Merari. Frederick, Md.: Univ.-Publ. of America 1985. XV, 188 S.
B 58172

Oots, K.L.: A political organization approach to transnational terrorism. New York: Greenwood Press 1986. XIV, 174 S.
B 61857

Patterns of global terrorism: 1984. In: Terrorism. Vol.9, 1987. No.4. S. 409-438.
BZ 4688:9

Pfeifer, H.: Brüder des Schattens. 3.Aufl. Zürich: Übersax 1987. X,303 S.
B 64231

Post, J.M.: Rewarding fire with fire: effects of retaliation on terrorist group dynamics. In: Terrorism. Vol.10, 1987. No.1. S. 23-35.
BZ 4688:10

Rapoport, D.C.: The international world as some terrorists have seen it. A look at a century of memoirs. In: The journal of strategic studies. Vol.10, 1987. No.4. S. 32-58.
BZ 4669:10

Revel, J.-F.: Le terrorisme contre la démocratie. Paris: Hachette 1987. XLIV, 170 S.
Bc 7595

Rivers G.: Der Spezialist. Geheimaktionen gegen den Terrorismus. München: Ehrenwirth 1985. 323 S.
B 61466

Rivers, G.: Taktik gegen Terror. Zürich: Orell Füssli 1987. 213 S.
B 61397

Robbe, M.: Terror. Hintergründe, Täter, Opfer. Berlin: Dietz 1985. 78 S.
Bc 7102

Rubenstein, R.E.: Alchemists of revolution. Terrorism in the modern world. New York: Basic Books 1987. XXI, 266 S.
B 61922

Rubin, A.P.: Special report: international law association conference. In: Terrorism. Vol.10, 1987. No.3. S. 189-209.
BZ 4688:10

Saper, B.: On learning terrorism. In: Terrorism. Vol.11, 1988. No.1. S. 13-27.
BZ 4688:11

Schultz, R.H.: Can democratic governments use military force in the war against terrorism? In: World affairs. Vol.148, 1986. No.4. S. 205-215.
BZ 05509:148

Segaller, S.: Invisible armies. Terrorism into the 1990s. London: Joseph 1986. VIII, 310 S.
B 60721

Selth, A.: International terrorism and the challenge to diplomacy. In: Terrorism. Vol.10, 1987. No.2. S. 103-112.
BZ 4688:10

Stowasser, H.: Leben ohne Chef und Staat. Träume und Wirklichkeit der Anarchisten. Frankfurt: Eichborn 1986. 192 S.
B 59898

Taylor, R.W.: Terrorism and intelligence. In: Defense analysis. Vol.3, 1987. No.2. S. 165-175.
BZ 4888:3

Terrorism. How the West can win. Ed.by B.Netanyahu. New York: Farrar 1986. XV, 254 S.
B 61222

Terrorism and international order. London: Routledge & Kegan Paul 1986. 107 S.
Bc 7780

Terrorism, ideology, and revolution. Ed.by N. O'Sullivan. Boulder, Colo.: Westview Press 1986. XV, 232 S.
B 61141

Terrorismus. Gewalt mit polit. Motiv. Hrsg.: D.Schröder. München: List-Verl. 1986. 195 S.
B 60278

Vérine, S.: La coopération internationale en matière de lutte contre le terrorisme. In: Politique étrangère. A.51, 1986. No.4. S. 977-986.
BZ 4449:51

Wilkinson, P.: Terrorism and the liberal state. 2.ed. Basingstoke: Macmillan 1986. 322 S.
B 58808

E 200 Außenpolitik

Boyle, F.A.: World politics and international law. Durham, NC.: Duke Univ.Pr. 1985. 366 S.
B 58238

Chan, S.: Issues in international relations: A view from Africa. London: Macmillan 1987. VIII, 206 S.
B 62500

Détente: An evaluation. In: Survey. Vol.30, 1988. No.1/2. S. 291-318.
BZ 4515:30

Gaja, R.: Introduzione alla politica estera dell'era nucleare. Milano: Angeli 1986. 153 S.
Bc 6600

Kristol, I.: La política exterior en la era de las ideologías. In: Politica exterior. Vol.1, 1987. No.1. S. 161-175.
BZ 4911:1

Lateinamerika – Westeuropa – Vereinigte Staaten. Ein atlantisches Dreieck? Hrsg.: W.Grabendorff. Baden-Baden: Nomos-Verlagsges. 1985. 312 S.
B 58810

Moisi, D.: French foreign policy: the challenge of adaptation. In: Foreign affairs. Vol.67, 1988. No.1. S. 151-164.
BZ 05149:67

Pignon, D.: Crises et communications. In: Stratégique. A.32, 1987. No.4. S. 5-59.
BZ 4694:32

Schellhorn, K.M.: Die Analyse außenpolitischer Entscheidungen. München: Tuduv Verlagsges. 1985. XII, 554 S.
B 58997

Teoria e analisi nelle relazioni internazionali. Bologna: Il Mulino 1986. 424 S.
B 61875

E 210 Diplomatie

Diplomacy in a dangerous world. Protection for diplomats under international law. Ed.by N.Kaufman Hevener. Boulder, Colo.: Westview Press 1986. XII, 286 S.
B 61436

Duculescu, V.: Ipostaze ale diplomației. Deschisă. București: Ed.Militară 1986. 231 S.
B 60243

Gilas, J.: Interpetacja polityczna umów międzynarodowych. In: Przegląd stosunków międzynarodowych. 1986. No.6. S. 8-16.
BZ 4777:1986

Negotiating world order. The artisanship and architecture of global diplomacy. Wilmington, Del.: Scholarly Resources 1986. XXX, 265 S.
B 61015

Wozu Diplomatie? Außenpolitik in einer zerstrittenen Welt. Hrsg.: G.-K. Kaltenbrunner. Freiburg i.Br.: Herder 1987. 188 S.
Bc 6673

Zuchowicz, X.de: Le diplomate stratège. In: Défense nationale. A.43, 1987. Mai. S. 43-52.
BZ 4460:43

Zürrer, W.: Politische, wirtschaftliche, militärische Zusammenschlüsse und Pakte der Welt. 13. Aufl. Sankt Augustin: Siegler Verl.f.Zeitarchive 1987. 109 S.
Bc 02274

E 230 Sicherheitspolitik

"Schreck lass' nach". E.Ausstellung zur Sicherheitspolitik. Hrsg.: Arbeitsgemeinschaft Friedenspädagogik. München: o.V. 1986. 107 S.
D 03563

40 Jahre danach – Von der Nachkriegszeit in die Vorkriegszeit. Hrsg.: Arbeitskreis für Friedenspolitik und Friedenspädagogik. Freiburg: o.V. 1986. 104 S.
D 3598

BenMeir, Y.: National security decisionmaking: the Israeli case. Boulder, Colo.: Westview Press 1986. 158 S.
Bc 7397

Denkanstösse für eine effektive Sicherheitspolitik. Arbeitspap.e.Treffens d.Gruppe... Hrsg.: Generäle für Frieden und Abrüstung. London: o.V. 1986. 10 S.; 5 S.
D 3589

Fischer, H.: Völkerrechtliche Normenbildung und sicherheitspolitische Konzeptionen. Aktuelle Rechtsquellenprobleme u.d. Implementation gemeinsamer Sicherheit. Hamburg: IFSH 1987. VI, 137 S.
Bc 6998

Für eine neue Sicherheitspolitik. Diskussionsbeitr. vorgel.v.d.Dt.Friedens-Union. Köln: o.V. 1986. 19 S.
D 3376

Gemeinsame Sicherheit und friedliche Koexistenz. E.gemeinsamer Report d.IFSH u.des IPW... ifs 1988. 31 S.
Bc 8000

Gemeinsame Sicherheit, Idee und Konzept. Hrsg.: E.Bahr. Bd.1-2. Baden-Baden: Nomos-Verlagsges. 1986-87. 280, 310 S.
B 59970

Global Dilemmas. Ed.by S.P.Huntington. Lanham: Univ.Press of America 1985. XII, 307 S.
B 59075

International security and arms control. Ed.by E.Propper Mickiewicz. New York: Praeger 1986. XII, 171 S.
B 60979

Die Koalition der Vernunft. Hrsg.: Bundesvorstand MSB Spartakus. Bonn: o.V. 1985. 19 S.
D 3323

Lutz, D.S.: Common security – the new concept. Distinctis features and structural element of common security... Hamburg: IFSH 1986. 63 S.
Bc 6993

Lutz, D.S.: Security partnership and/or common security. Hamburg: IFSH 1986. 65 S.
Bc 6995

Reinfried, H.; Schulte, L.: Das Ende aller Sicherheit? Die nukleare Herausforderung an Politik und Strategie. Regensburg: Walhalla u.Praetoria Verl. 1985. XVI, 313 S.
B 56752

Reynolds, V.: Primate behaviour and the origins of war. In: Medicine and war. Vol.3, 1987. No.2. S. 111-116.
BZ 4904:3

Roberts, A.: Nations in arms. The theory and practice of territorial defence. 2.ed. Houndsmill, London: The MacMillan Pr. 1986. 310 S.
B 59131

Schmidt, M.; Schwarz, W.: Neue Anforderungen an Sicherheitsdenken und Sicherheitspolitik – Umfassende internationale Sicherheit als Erfordernis unserer Zeit. In: IPW-Berichte. Jg.16, 1987. H.9 u.10. S. 1-11; 6-16.
BZ 05326:16

Schmidt, M.: Neue Wege zur Sicherheit in den internationalen Beziehungen. In: Aus Politik und Zeitgeschichte. 1988. B.10. S. 11-26.
BZ 05159:1988

Semi-alignment and western security. Ed.by Nørvik. London: Croom Helm 1986. 286 S.
B 57899

Smith, B.F.: The war's long shadow. The Second World War and its aftermath, China, Russia, Britain, America. New York: Simon and Schuster 1986. 319 S.
B 61018

Stephenson, C.M.: The need for alternative forms of security: Crises and opportunities. In: Alternatives. Vol.13, 1987. No.1. S. 41-56.
BZ 4842:13

Veje til fred. Håndbog i sikkerhed og nedrustning. Red.: B.Heurlin. København: Gyldendal 1985. 366 S.
B 58446

Vizimirska, B.: Indyjskie koncepcje bezpieczeństwa międzynarodowego. In: Sprawy Międzynarodowe. R.40, 1987. No.12. S. 41-56.
BZ 4497:40

Vulnerability: small states in the global society. Report of a Commonwealth Consultative Group. London: Commonwealth Secretariat 1985. 126 S.
Bc 7775

Waterkamp, R.: Sicherheitspolitik zwischen Rüstung und Abrüstung. Geschichte – Begriffe – Probleme. Opladen: Leske + Budrich 1985. 228 S.
B 57422

Wiberg, H.: The security of small nations: challenges and defences. In: Journal of peace research. Vol.24, 1987. No.4. S. 337-363.
BZ 4372:24

E 235 Friedensbewegungen

2.Lemgoer Friedensfest 7.Dez.1985. Selbstdarst. teilnehmender Gruppen. Hrsg.: Friedensbüro Lemgo. Lemgo: o.V. 1985. 26 S.
D 3449

Bändigung der Macht. Beitr. zur Friedenspolitik. Herford: Mittler 1986. 192 S.
B 59186

Bastian, T.: Hat der Frieden eine Zukunft? Ein Rückblick auf d.Intern. Jahr d.Friedens- u.eine Perspektive. Heidesheim: IPPNW-Geschäftsstelle 1987. 20 S.
D 3567

Birckenbach, H.-M.; Sure, C.: "Warum haben Sie eigentlich Streit miteinander?" Kinderbriefe an Reagan und Gorbatschow. Opladen: Leske + Budrich 1988. 88 S.
Bc 7327

Brakelmann, G.: "Sicherung des Friedens". 2 Thesenreihen z.Kirchentag 1987 in Frankfurt. Hrsg.: Überparteil. Arbeitskr.v.Christen z.Förderung v.Frieden u.Freiheit... Bonn: o.V. 1987. 48 S.
D 3653

Brock-Utne, B.: Educating for peace. Oxford: Pergamon Press 1985. XIV, 175 S.
B 57980

Contributions of technology to international conflict resolution. Ed.by H.Chestnut. Oxford: Pergamon Press 1987. XIII, 157 S.
010326

Cox, G.: The ways of peace. A philosophy of peace as action. New York: Paulist Pr. 1986. V,211 S.
B 61217

Der erste Blockade-Prozess im Hunsrück. Hrsg.: Friedensinitiative Rhein-Hunsrück-Mosel u.Red. Hunsrück Forum. Simmern: o.V. 1987. 23 S.
D 03874

Essays in peace studies. Ed.by V.Harle. Aldershot: Avebury 1987. XIII, 209 S.
B 62590

Falk, R.: Document: Openings for peace and justice in a world of danger and struggle. In: Alternatives. Vol.13, 1988. No.1. S. 137-152.
BZ 4842:13

Fischer, D.: Die Zeitbombe entschärfen. Kriegsverhütung im Nuklear-Zeitalter. Frauenfeld: Huber 1986. 294 S.
B 60410

Frankens Friedensfreunde stellen sich vor. Selbstdarst., Arbeitsgeb., Aktionsformen, Denkanstöße... Hrsg.: Arbeitskr. Frieden u.Abrüstung im Unterbezirk Nürnberg der SPD. Nürnberg: o.V. 1985. 62 S.
D 03647

Frieden ist mehr. Naturwissenschaft, Politik und Religion auf dem Weg zum inneren Kern des Friedens. Hrsg.: I.Hofmann. Wien: Horizonte Verl. 1986. 142 S.
Bc 7509

Frieden ohne Alternative. Hrsg.v. H.Meißner. Berlin: Akademie-Verl. 1985. 239 S.
B 57457

Friedensbewegungen. Entwicklung und Folgen in der Bundesrepublik Deutschland, Europa und den USA. Hrsg.v.J.Janning. Köln: Verlag Wissenschaft und Politik 1987. 293 S.
B 61349

Friedensbewegungen in Vergangenheit und Zukunft. Vortr.zu e.Colloquium im Museum f.Hamburgische Geschichte... Hrsg.: J.Bracker. Hamburg: Museum f.Hamburgische Geschichte 1985. 126 S.
Bc 6775

Friedensforschung und Friedensbewegung. Hrsg.: A. Skuhra. Wien: WVGÖ 1985. 325 S.
B 58986

Friedensgruppen Göttingen und Umgebung. Hrsg.: Friedensbüro Göttingen. Göttingen: o.V. 1985. 39 S.
D 3466

Friedenspolitik im nuklear-kosmischen Zeitalter. Berlin: Staatsverlag der DDR 1986. 175 S.
B 61026

Galtung, J.: Det finnes alternativer! Fire veier til fred og sikkerhet. Oslo: Folkereisning mot krig 1985. 311 S.
B 56861

Gegen das Vergessen. Eure Kreuze werden unser Kreuz. Hrsg.: Gewaltfreie Aktionsgruppe kirchl. Mitarb. im Rheinland "Sumpfdotterblume". Bonn: o.V. 1986. 53 S.
D 03781

Grass, R.: Die Alternative. Verteidigung ohne Angriffswaffen. München: Heyne 1987. 198 S.
Bc 7140

Heilig, A.: Die Krefelder Initiative in der Friedensbewegung der BRD (1980-1984). In: Beiträge zur Geschichte der Arbeiterbewegung. Jg.29, 1987. Nr.3. S. 324-334.
BZ 4507:29

Hering, S.; Wenzel, C.: Frauen riefen, aber man hörte sie nicht. Die Rolle d.dt. Frauen i.d. internat. Frauenfriedensbewegung zwischen 1892 u.1933. Bd.1.2. Kassel: Archiv d.dt. Frauenbewegung 1986. 171; 129 S.
Bc 6550; Bc 02020

Heynowski, W.; Scheumann, G.; Kade, G.: Die Generäle. Berlin: Verl.d.Nation 1986. 360 S.
B 61627

How peace came to the world. Ed.by E.W.Foell. Cambridge, Mass.: The MIT Pr. 1986. XI, 257 S.
B 61798

Hübner, P.: E. Čazov – ein "ganz integrer Mann"? Köln: Bundesinst. f.ostwiss.u.intern.Studien 1985. o.S.
Bc 01847

Hughes, J.J.: World Buddhism and the peace movement. In: Bulletin of peace proposals. Vol.18, 1987. No.3. S. 449-468.
BZ 4873:18

Iljuchina, R.M.: Idejno-političeskaja evoljucija pacifizma 1917-1933 gg. In: Voprosy istorii. 1986. No.12. S. 55-73.
BZ 05317:1986

Ingrao, P.: Armement, souveraineté, démocratie. In: Socialism in the world. Jg.9, 1985. No.46. S. 49-61.
BZ 4699:9

Internationale Tagung der Historiker der Arbeiterbewegung. Arbeiterbew. u.Friedensfrage, 1917-1939. Wien: Europaverlag 1985. 514 S.
B 58682

Jäckel, E.: Krieg und Frieden im 20.Jahrhundert. Historische Betrachtungen zur Friedenssicherung. In: Ejército. A.49, 1988. No.585. S. 90-94.
BZ 05173:49

Katz, M.S.: Ban the bomb. A history of SANE, the Committee for a Sane Nuclear Policy, 1957-1985. New York: Greenwood Press 1986. XV, 215 S.
B 60766

Kinter, W.R.: The elements of peace. In: World affairs. Vol.148, 1986. No.4. S. 187-198.
BZ 05509:148

Klein, D.: Politökonomische Grundlagen für einen friedensfähigen Kapitalismus. In: IPW-Berichte. Jg.17, 1988. H.2. S. 1-9.
BZ 05326:17

Maier, L.: Das Monopolkapital und die Friedensfrage. In: IPW-Berichte. Jg.16, 1987. H.11. S. 1-12.
BZ 05326:16

Maintain life on earth. Gemeinsam leben – nicht gemeinsam sterben. Hrsg.: Intern. Ärztekongress z.Verhütung eines Atomkrieges. Köln: o.V. 1986. 47 S.
D 3402

Marsch für das Leben. Friedensmarsch '85 in Niedersachsen 20.7.-4.8.85. Hrsg.: Friedensgruppe d.Trinitatis-Gemeinde, Berlin (West). Berlin: o.V. 1985. 64 S.
D 3541

Moulton, P.P.: Ammunition for peacemakers. Answers for activists. New York: The Pilgrim Pr. 1986. XIV, 137 S.
B 61039

Müller, B.; Lunderstaedt, R.; Lariviére, A.: Peace-walk for a nuclear free Europe. Stockholm – Hamburg – Basel – Genf. Helmstadt-Bargen: o.V. 1987. 95 S.
D 03822

Pax optima rerum. Beitr.z.Friedensforschung und Friedenssicherung. Kiel: Christian-Albrechts-Univ. 1985. 209 S.
Bc 7792

Peace and war. Cross-cultural perspectives. Ed.by M.LeCron Foster. New Brunswick: Transaction Books 1986. XVIII, 369 S.
B 59590

Peace Studies: the hard questions. Ed.by E.Kaye. London: Collings 1987. 106 S.
Bc 7662

Peace together. A vision of christian pacifism. Ed.C.Barrett. Cambridge: Clarke 1987. 132 S.
Bc 7654

Peace, a dream unfolding. Ed.by P.Kome. San Francisco, Calif.: Sierra Club Books 1986. 256 S.
010379

Perspektiven. Reader zur Konferenz der Friedensbewegung am 16./17.Mai 87 in Köln. Hrsg.: Koordinierungsausschuß der Friedensbewegung. Bonn: o.V. 1987. 63 S.
D 03740

Reardon, B.A.: Sexism and the war system. New York: Teachers College Pr. 1985. XIV, 111 S.
B 58544

Rittberger, V.: Zur Friedensfähigkeit von Demokratien. Betrachtungen zur politischen Theorie des Friedens. In: Aus Politik und Zeitgeschichte. 1987. B.44. S. 1-12.
BZ 05159:1987

Rotblat, J.: Peace and disarmament. The quest for a peaceful world. In: Bulletin of peace proposals. Vol.18, 1987. No.3. S. 243-259.
BZ 4873:18

Ruddock, J.: CND Scrapbook. London: Macdonald Optima 1987. 144 S.
Bc 02318

Scherer, G.; Krahe, T.: Peace-pilgrimage zu Ehren d.internat. Gefangenen für den Frieden vom 4.3.-10.3.87. Berlin: o.V. 1987. 52 S.
D 3620

Schumann, R.: Amsterdam 1932. Der Weltkongreß gegen den imperialistischen Krieg. Berlin: Dietz 1985. 237 S.
B 58561

Shattering Europe's defense-consensus. The antinuclear protest movement and the future of the NATO. Ed.by J.E. Dougherty. Washington: Pergamon-Brassey's 1985. V,226 S.
B 58849

Sie reden vom Frieden und rüsten zum Krieg. Friedensdemagogie u.Kriegsvorbereitung in Geschichte u.Gegenwart. Hrsg.: R.Kühnl. Köln: Pahl-Rugenstein 1986. 277 S.
B 60111

Smith, P.D.: Peace offerings. To Rebakah a.Jonathan, trusting that their generation may be more effective than mine. London: Stainer and Bell 1986. 80 S.
Bc 01937

Sozialgeschichte des Antimilitarismus. Keine Frau, keinen Mann, keinen Pfennig für Staat und Krieg! Hrsg.: Graswurzelrevolution, Teilred. Berlin. Hamburg: Verl.Graswurzelrevolution 1987. 75 S.
D 03542

Teichman, J.: Pacifism and the just war. A study in applied philosophy. Oxford: Blackwell 1986. XII, 138 S.
B 60319

Thompson, E.P.: The heavy dancers. London: Merlin Pr. 1985. XII, 340 S.
B 60505

Tiedtke, S.: Die Sowjetunion, Osteuropa und die Friedensbewegung. Frankfurt: Haag u.Herchen 1986. 154 S.
Bc 6267

Tugwell, M.: A mythology of peace. Toronto: Mackenzie Inst. 1987. 30 S.
Bc 7032

Usborne, H.: Prescription for peace. The case for a minimal and neutral federation of middleworld nations ('minifed'). Evesham: 'Minifed' promotion group 1985. VII, 120 S.
Bc 6537

Videnskab og krig – medspil eller modspil? Bidrag fra 1.Intern.Fredsuniv. Red.: W.Kahlig. Århus: Forl.Klim 1985. 175 S.
B 58054

Vredes doncilie. Voor het behoud van vrede en natuur. Amsterdam: Ochtendblad Trouw 1987. 68 S.
Bc 6725

Waller, D.C.: Congress and the nuclear freeze. An inside look at the politics of a mass movement. Armherst: Univ.of Massachusetts Pr. 1987. XIX, 346 S.
B 62887

Was tun? Workcamps 1987 im Christlichen Friedensdienst. Hrsg.: cfd – Christl. Friedensdienst. Frankfurt: o.V. 1987. 35 S.
D 3565

Weder Kochtopf noch Stahlhelm. Frauen kämpfen für den Frieden. Hrsg.: Frauen gegen Militarismus. Nürnberg: o.V. 1986. 15 S.
D 03653

West European pacifism and the strategy for peace. Ed.by P.van den Dungen. Basingstoke: Macmillan 1985. VIII, 218 S.
B 58351

Wettig, G.; Petersen, P.; Hines, J.G.: Sicherheit über alles! Krieg und Frieden in Sowjetischer Sicht. Köln: Markus 1986. 238 S.
B 61479

Wiltsher, A.: Most dangerous women. Feminist peace campaigners of the great war. London: Pandora 1985. XVI, 263 S.
B 60569

World peace and the developing countries. Annals of Pugwash 1985. Ed.by J.Rotblat. Houndmills: MacMillan Pr. 1986. XIX, 272 S.
B 60640

Young, N.J.: The peace movement, peace research, peace education and peace building. In: Bulletin of peace proposals. Vol.18, 1987. No.3. S. 331-349.
BZ 4873:18

E 250 Internationale Organisationen

Dengg, S.: Deutschlands Austritt aus dem Völkerbund und Schachts "Neuer Plan". Zum Verhältnis von Außen- u. Außenwirtschaftspolitik in d. Übergangsphase von d. Weimarer Republik zum Dritten Reich (1929-1934). Frankfurt: Lang 1986. 480 S.
B 61057

Franck, T.M.: Judging the World Court. New York, N.Y.: Priority Pr. Publ. 1986. VII, 112 S.
Bc 7500

Weber, H.: Vom Völkerbund zu den Vereinten Nationen. Bonn: Dt. Ges.f.d. Vereinten Nationen 1987. 186 S.
Bc 6921

E 253 Vereinte Nationen

Agata, R.de: Alle Origini delle Nazioni Unite. Roma: Ed.Il Bagatto 1986. 106 S.
Bc 6681

Allaf, M.: The UN Crisis: a crisis in global multilateralism? Bonn: Europa Union Verl. 1986. 23 S.
Bc 7111

Alston, P.: Out of the Abyss: the challenges confronting the New U.S. committee on economic, social and cultural rights. In: Human rights quarterly. Vol.9, 1987. No.3. S. 332-381.
BZ 4753:9

Bertrand, M.: Refaire l'ONU! Un programme pour la paix. Genève: Ed.ZOE 1986. 126 S.
B 59295

La Bulgarie et la Sociéte des Nations. Genf: o.V. 1986. VIII, 894 S.
B 60539

La Charte des Nations Unies. Commentaire article par article sous la direction de Jean-Pierre Cot. Paris: Ed.Economica 1985. XVI, 1553 S.
010323

Degville, L.I.: United Nations Forces in Northeast Asia United Nations Command. Their Missions, command structures and roles in regional security. In: Defence force journal. 1987. No.65. S. 40-48.
BZ 4438:1987

Dore, I.I.: The international mandate system and Namibia. Boulder, Colo.: Westview Press 1985. XVII, 230 S.
B 61923

Escher, R.: Friedliche Erledigung von Streitigkeiten nach dem System der Vereinigten Nationen. Zürich: Schulthess Polygraph. Verl. 1985. 185 S.
B 58685

Finger, S.M.: The United Nations and international terrorism. In: The Jerusalem journal of international relations. Vol.10, 1988. No.1. S. 12-43.
BZ 4756:10

Finley, B.: The structure of the United Nations General Assembly. An organizat. approach to its work, 1974-1980s. Bd.1.2. White Plains, Wy: UniPub 1988. XIX, 474 S; VI, 475-1051 S.
010561

Franck, T.M.: Nation against nation. What happened to the U.N. dream and what the U.S. can do about it. New York: Oxford Univ.Pr. 1985. VIII, 334 S.
B 58040

Haas, E.B.: Why we still need the United Nations. The collective management of international conflict, 1945-1984. Berkeley, Calif.: Inst.of Intern. Studies 1986. IX, 103 S.
Bc 6709

Hagemann, H.: Der Einfluss der Gruppe der 77 [G 77] auf die Beschlüsse der Vereinten Nationen – dargest. am Beisp.: Souveränität über natürliche Ressourcen. Münster: Lit Verl. 1987. 639 S.
B 61966

Die Internationale Seeschiffahrtsorganisation. Berlin: Staatsverlag der DDR 1987. 233 S.
B 62472

Kontakte zwischen den Mitgliedstaaten der Vereinten Nationen und Südafrika. New York: Vereinte Nationen 1987. 29 S.
Bc 7700

Kötter, W.: Die UNO und die Abrüstung. Berlin: Staatsverlag der DDR 1988. 109 S.
Bc 8013

Lankosz, K.: Tekst z San Francisco. Jego interpretacja poprzez stosowanie. Praktyka Narodów Zjednoczonych i zmiany w Karcie NZ. In: Przegląd stosunków międzynarodowych. 1986. No.6. S. 35-45.
BZ 4777:1986

Die Leistungsfähigkeit des VN-Systems: politische Kritik und wissenschaftliche Analyse. Hrsg.: K.Dicke. Bonn: Dt. Ges.f.d.Vereinten Nationen 1987. 135 S.
Bc 7568

Lichtenstein, C.M.: China in the U.N.: The case of Kampuchea. In: World affairs. Vol.149, 1986. No.1. S. 21-24.
BZ 05509:149

Materski, W.: Współpraca polski i zsrr w onz w kwestii rozbrojenia (1946-1971). In: Z dziejów rozwoju państw socjalistycznych. Vol.1, 1983. No.1. S. 45-67.
BZ 4874:1

The Nature of United Nations bureaucracies. Ed.by D.Pitt. London: Croom Helm 1986. XVII, 199 S.
B 60488

Northedge, F.S.: The league of nations. Its life and times, 1920-1946. Leicester: Leicester Univ.Pr. 1986. X,342 S.
B 61155

Soffer, O.: Les Nations Unies au Moyen-Orient. Procès-verbal d'une faillite. Paris: Presses Univ.de France 1985. 238 S.
B 58597

Steele, D.: The Reform of the United Nations. London: Croom Helm 1987. 191 S.
B 61997

Tunnicliff, K.H.: The United Nations and the mediation of international conflict. Ann Arbor, Mich.: Univ.Microfilms 1986. VI, 349 S.
B 58414

Unser, G.: Die UNO. Aufgaben u.Strukturen d.Vereinigten Nationen. 3.Aufl. München: Beck 1985. XIX, 271 S.
B 58948

Valdivieso, E.S.: El tema antártico en las Naciones Unidas. In: Estudios internacionales. Jg.20, 1987. No.79. S. 342-351.
BZ 4936:20

Williams, D.: The specialized agencies and the United Nations. The system in crisis. London: Hurst 1987. XVI, 279 S.
B 62922

E 300 Kolonialpolitik

Aggressivität und Friedensfähigkeit des heutigen Imperialismus. In: IPW-Berichte. Jg.17, 1988. H.9. S. 11-19.
BZ 05326:17

Andersen, M.: Imperialismus ékonomi. Roskilde: Roskilde Univ. 1985. 180 S.
B 58057

Berberoglu, B.: The internationalization of capital. Imperialism and capitalist development on a world scale. New York: Praeger 1987. XXI, 223 S.
B 61748

Feuer, L.: Imperialism and the anti-imperialist mind. Buffalo, N.Y.: Prometheus Books 1986. VI, 265 S.
B 60853

Grimal, H.: La décolonisation de 1919 à nos jours. Bruxelles: Ed. Complexe 1985. 359 S.
B 57132

Issledovanija po istorii germanskogo imperializma načala XX veka. Red.: B.A. Ajzin. Moskva: Nauka 1987. 258 S.
B 62642

Weiss, R.; Mayer, H.; Martin, A.: Afrika den Europäern! Von der Berliner Kongokonferenz 1884 ins Afrika der neuen Kolonisation. 2.Aufl. Wuppertal: Hammer 1985. 223 S.
010085

Zechlin, E.: Überseegeschäfte. Aufsätze aus den Jahren 1935-1964. Hrsg.: I.Buisson. Hamburg: Buske 1986. XXIII, 214 S.
B 59060

F Wehrwesen

F 000 Wehr- und Rüstungs-politik

F 005 Allgemeines

Bonk, H.; Reinecke, R.: Rüstungspolitik und Arbeiterklasse. Der destruktive Charakter d.imperialist. Rüstungsproduktion u.seine gesellschaftl. Folgen. Berlin: Dietz 1986. 299 S.
B 61604

Bühl, W.L.: Zwischen Kalkül und Katastrophe: Systemtheoretische Überlegungen zur Dynamik des Krieges (2 Teile). In: Zeitschrift für Politik. Jg.34, 1987. H.3. S. 233-248.
BZ 4473:34

Connell, J.: Illusion Sicherheit. Die Grenzen d.High-Tech-Rüstung. Frankfurt: Ullstein 1987. 350 S.
B 62178

Connell, J.: The new Maginot Line. London: Secker a.Warburg 1986. IX, 308 S.
B 59847

Cordesman, A.H.: The nuclear balance. In: Armed forces. Vol.6, 1987. No.8. S. 365-373.
BZ 05378:6

Diel, P.F.: Arms race and the outbreak of war 1816-1980. Ann Arbor, Mich.: UMI 1986. X,230 S.
B 58503

Les forces armées dans une société en mutation. Quelques problèmes juridiques. Bruxelles: Selbstverlag 1986. 582 S.
B 61615

Handbuch zur Ökonomie der Verteidigungspolitik. Hrsg.: G.Kirchhoff. Regensburg: Walhalla u.Praetoria Verl. 1986. X,1211 S.
B 62444

Hochrüstung – ein Ausdruck kultureller Fehlentwicklung. Hrsg.: Ökumenische Initiative Eine Welt. o.O.: Bocholt-Barlo 1985. 20 S.
D 03483

Ironclad to Trident. 100 years of defence commentary. Brassey's 1886-1986. Ed.by B.Ranft. London: Brassey's Defence Publ. 1986. XXII, 407 S.
B 60731

Jöhr, W.A.: Zum Rüstungswettlauf in der Nachkriegsepoche. Die Circuli vitiosi (Teufelskreise) der nuklearen Aufrüstung der Supermächte. Bern: Haupt 1987. 72 S.
Bc 7051

Neuman, S.G.: Arms and superpower influence: lessons from recent wars. In: ORBIS. Vol.30, 1987. No.4. S. 711-729.
BZ 4440:30

Nye, J.S.; Lynn-Jones, S.M.: International security studies. A report of a conference on the state of the field. In: International security. Vol.12, 1988. No.12. S. 5-27.
BZ 4433:12

The strategic dimension of military manpower. Ed.by G.D.Foster. Cambridge, Mass.: Ballinger 1987. XV, 240 S.
B 62271

Thee, M.: Military technology, military strategy and the arms race. London: Croom Helm 1986. 139 S.
B 57676

Welsh, I.: Deterrence of defence. Lancaster: Richardson Inst.f. Conflict a. Peace Research 1987. 40 S.
Bc 8004

F 010 Abrüstung und Rüstungskontrolle

F 011 Abrüstung

Abrüstung und internationale Sicherheit. Chronik der Ereignisse Juli bis Dezember 1987. In: IPW-Berichte. Jg.17, 1988. H.3. S. 57-64.
BZ 05326:17

Abrüstung von unten. Die Pflugschar-bewegung in den USA und in Europa. Hrsg.: W.Sternstein. Stuttgart: o.V. 1986. 95 S.
D 3534

Asada, M.: Confidence-building measures in East Asia. A Japanese perspective. In: Asian survey. Vol.28, 1988. No.5. S. 489-508.
BZ 4437:28

Avoiding war in the nuclear age. Confidence-building measures for crisis stability. Ed.by J.Borawski. Boulder, Colo.: Westview Press 1986. XV, 234 S.
B 59599

Confidence-building measures and international security. Ed.by R.B. Byers. New York: Inst.for East-West Security Studies 1987. VIII, 156 S.
Bc 7497

Cosido, I.: Los foros actuales de control de armamento. In: Ejército. A.44, 1988. No.580. S. 84-89.
BZ 05173:44

The denuclearisation of the oceans. Ed.by R.B.Byers. London: Croom Helm 1986. 270 S.
B 57686

Disarmament ... nuclear swords or unilateral ploughshares? London: Papermac 1987. VII, 108 S.
Bc 7376

Disarmament and world development. Ed.by M.Graham. Oxford: Pergamon Press 1986. XIII, 306 S.
B 59271

Drell, S.D.; Johnson, T.H.: Managing strategic weapons. In: Foreign affairs. Vol.66, 1987/88. No.5. S. 1027-1043.
BZ 05149:66

End the arms race: fund human needs. Proceedings of the 1986 Vancouver Centennial Peace and Disarmament Symposium. Ed.by T.L.Perry. Vancouver: Soules 1986. 336 S.
B 62288

Frei, D.: Perceived images. U.S. and Soviet assumptions and perceptions in disarmament. Totowa, N.J.: Rowman & Allanheld 1986. XVII, 323 S.
B 61908

Huebner, W.: Friedensmacht Sowjetunion. Berlin: Militärverlag der DDR 1987. 62 S.
Bc 7037

Jonsson, L.: Sovjetunionen och Väst-europa. In: Fred och säkerhet. 1986/87. S. 154-164.
BZ 4877:1986/87

Kaiser, R.: Vor Beginn der Verhandlungen über konventionelle Rüstungskontrolle in Europa. In: Blätter für deutsche und internationale Politik. Jg.33, 1988. Nr.9. S. 1098-1110.
BZ 4551:33

Kapur, R.K.: The postwar disarmament negotiations (1946-1963). Ann Arbor, Mich.: Univ.Microfilms 1986. 410 S.
B 58817

Lamers, K.: Konventionelle Abrüstung in Europa. In: Aus Politik und Zeitge-schichte. 1988. B.18. S. 12-20.
BZ 05159:1988

Meisner, H.: Nukleare Abrüstung – Auswirkungen auf die maritime Strategie. In: Marine-Forum. Jg.63, 1988. Nr.1/2. S. 2-7.
BZ 05170:63

Meyer, B.: Der weite Weg zur konventionellen Stabilität in Europa. In: Mediatus. Jg.8, 1988. Nr.5. S. 3-8.
BZ 05506:8

Ortiz Marina, R.D.: Los acuerdos de control de armamentos (1945-1987). In: Ejército. A.44, 1988. No.580. S. 90-95.
BZ 05173:44

Prystrom, J.: Der Jaruzelski-Plan. In: Blätter für deutsche und internationale Politik. Jg.33, 1988. S. 606-613.
BZ 4551:33

Rüstung und Abrüstung. Argumente u.Fakten. Berlin: Hövener 1987. 31 S.
D 03870

Seaborg, G.T.; Loeb, B.S.: Stemming the tide. Arms control in the Johnson years. Lexington: Lexington Books 1987. XXI, 495 S.
B 62771

Ter Haar, B.; Klerk, P.de: Verification of non-production: Chemical weapons and nuclear weapons compared. In: Arms control. Vol.8, 1987. No.3. S. 197-212.
BZ 4716:8

Vertrauensbildende Massnahmen und Europäische Abrüstungskonferenz. Analysen, Dokumente und Vorschläge. Hrsg.: H.G. Brauch. Gerlingen: Bleicher 1986. 584 S.
B 60476

Weihmiller, G.R.: U.S. – Soviet Summits. An account of East-West diplomacy at the top, 1955-1985. Lanham: Univ.Press of America 1986. XV, 211 S.
B 60577

Wie kann der Abrüstungsprozeß weitergeführt werden? In: IPW-Berichte. Jg.17, 1988. H.3. S. 1-13.
BZ 05326:17

Wieczorek, W.: Spór o losy pokoju. Radziecko-amerykańskie rozmowy rozbrojeniowe 1980-1985. In: Kraje socjalistyczne. T.3, 1987. No.1-2. S. 23-44.
BZ 4956:3

World disarmament. An idea whose time has come. Ed.by R.Huzzard. Nottingham: Spokesman 1985. 238 S.
B 57669

F 012 Rüstungskontrolle

F 012.1 Allgemeines

Adelman, K.L.: Arms control and human rights. In: World affairs. Vol.149, 1986/87. No.3. S. 157-162.
BZ 05509:149

Arms Control. The American dilemma. Ed.by W.R.Kintner. Washington, D.C.: The Washington Inst. 1987. XV, 356 S.
B 66210

Arms control and disarmament in outer space. Ed.by N.Mateesco Matte. Montreal: McGill Univ. 1985. VIII, 203 S.
Bc 6584

Arms Control and the arms race. New York: Freeman 1985. VIII, 228 S.
Bc 02307

Barker, J.P.: Improving prospects for compliance with arms-control treaties. In: Survival. Vol.29, 1987. No.5. S. 430-449.
BZ 4499:29

Blackwill, R.D.: Conceptual problems of conventional arms control. In: International security. Vol.12, 1988. No.12. S. 28-47.
BZ 4433:12

Boysen, S.: Konventionelle Rüstungskontrolle vom Atlantik bis zum Ural. In: Aus Politik und Zeitgeschichte. 1987. B.44. S. 19-27.
BZ 05159:1987

Carnesale, A.; Haass, R.N.: Lessons learned from superpower arms control. In: The Washington quarterly. Vol.10, 1987. No.3. S. 29-45.
BZ 05351:10

Coffey, J.W.: Arms-control dialogue. In: Defense analysis. Vol.3, 1987. No. 3. S. 225-231.
BZ 4888:3

Conflict and arms control. An uncertain agenda. Ed.by P.R.Viotti. Boulder, Colo.: Westview Press 1986. XV, 320 S.
B 58911

Eksterowicz, A.J.: Contemporary strategic arms control and disarmament in the 1980s: new approaches or old ideas. Ann Arbor, Mich.: UMI 1986. VII, 353 S.
B 58496

Engberg, K.: Har rustningsbegränsning någon framtid? Amerikanska perspektiv. In: Fred och säkerhet. 1986/87. S. 179-196.
BZ 4877:1986/87

Fairbanks, C.H.; Shulsky, A.N.: From "arms control" to arms reduction: The historical experience. In: The Washington quarterly. Vol.10, 1987. No.3. S. 59-73.
BZ 05351:10

Garnett, J.C.: The risks associated with unverfiable arms control treaties. In: Arms control. Vol.7, 1986. No.3. S. 240-270.
BZ 4716:7

Gärtner, H.: Handbuch zur Rüstungskontrolle. Positionen ausgewählter Länder. Wien: Braumüller 1987. 217 S.
B 62234

Imai, R.: Arms control and disarmament today: a Japanese view. In: Japan review of international affairs. Vol.1, 1987. S. 25-40.
BZ 4926:1

Kaiser, K.: Die Kontrolle konventioneller Rüstung in Europa. Problematik und Ziele. In: Europa-Archiv. Jg.42, 1987. Nr.22. S. 635-644.
BZ 4452:42

Kamp, K.-H.: Die westliche Verhandlungsposition in den künftigen Gesprächen über konventionelle Rüstungskontrolle in Europa. In: Beiträge zur Konfliktforschung. Jg.17, 1987. Nr.3. S. 5-16.
BZ 4594:17

Kampelman, M.M.: Negotiating with the Soviet Union. In: World affairs. Vol.148, 1986. No.4. S. 199-203.
BZ 05509:148

Kaufman, J.P.: US-Soviet arms control and politics. In: Arms control. Vol.8, 1987. No.3. S. 278-294.
BZ 4716:8

Klein, P.: Das sozialistische Abrüstungskonzept im Rahmen eines umfassenden Sicherheitssystems. In: IPW-Berichte. Jg.17, 1988. H.4. S. 1-7.
BZ 05326:17

Leitenberg, M.: Rüstung und Sicherheitspolitik. Baden-Baden: Nomos-Verlagsges. 1986. 294 S.
B 60347

Leitenberg, M.: United States-Soviet strategic arms control: The decade of Détente 1970-1980, and a look ahead. In: Arms control. Vol.8, 1987. No.3. S. 213-264.
BZ 4716:8

Lewis, W.H.: The prevention of nuclear war. A United States approach. Boston, Mass.: Oelgeschlager, Gunn & Hain 1986. VIII, 103 S.
B 60686

Menos, D.: World at risk. The debate over arms control. Jefferson, N.C.: McFarland 1986. VIII, 133 S.
Bc 6606

Mutz, R.: Rüstungskontrolle und Menschenrechte. In: Aus Politik und Zeitgeschichte. 1987. B.44. S. 13-18.
BZ 05159:1987

The nuclear freeze: a strategic assessment. Toronto: Canadian Inst.of Strategic Studies 1986. 38 S.
Bc 6880

Nuclear strategy, arms control and the future. Ed.by P.E.Haley. Boulder, Colo.: Westview Press 1985. XIX, 372 S.
B 58424

Pfeiffer, K.W.: Arms control and counter-vailing US nuclear strategy. Ann Arbor, Mich.: UMI 1986. VI, 206 S.
B 58514

Proceedings of the workshop. Scientific Aspects of the verification of arms control treaties. Ed.H.Spitzer. Pt.1.2. Hamburg: ISFH 1987. 129; 133-260 S.
Bc 7001

The race for security. Arms and arms control in the Reagan years. Ed.by R.T.Scott. Lexington: Lexington Books 1987. XIX, 297 S.
B 61900

Schaefer, H.W.: Nuclear Arms Control. The process of developing positions. Washington, D.C.: National Defense Univ.Pr. 1986. 105 S.
Bc 7070

Senghaas, D.: Der harte Kern des Problems. Zu den augenblicklichen Schwierigkeiten der Rüstungskontrollpolitik. In: Die neue Gesellschaft – Frankfurter Hefte. Jg.34, 1987. Nr.9. S. 835-840.
BZ 4572:34

Shulsky, A.N.: Intelligence and arms control policy. In: Comparative strategy. Vol.6, 1987. No.2. S. 145-164.
BZ 4686:6

Sloan, S.R.: Conventional arms control in Europe. In: SAIS review. Vol.7, 1987. No.2. S. 23-35.
BZ 05503:7

Superpower Arms Control. Setting the record straight. Ed.by A.Carnesale. Cambridge, Mass.: Ballinger 1987. X, 380 S.
B 64890

Technology, strategy, and arms control. Ed.by W.F.Hanrieder. Boulder, Colo.: Westview Press 1986. X,162 S.
B 59076

Thränert, O.: Rüstungssteuerung und Gradualismus. Möglichkeiten u.Grenzen e.alternativen Sicherheitspolitik. München: Tuduv Verlagsges. 1986. 611 S.
B 62422

Vigor, P.H.: The Soviet view of disarmament. Basingstoke: Macmillan 1986. VII, 189 S.
B 58910

Von der Rüstungskontrolle zur Abrüstung. Zum Stand der Genfer Verhandlungen nach Rejkjavik. Frankfurt: HSFK 1987. VI, 54 S.
Bc 02029

Wettig, G.: Soviet attitudes toward arms control. Köln: Bundesinst.f.ostwiss.u.intern.Studien 1986. 36 S.
Bc 01849

F 012.2 Nonproliferation

Blocking the spread of nuclear weapons. American and European perspectives. New York: Council on Foreign Relations 1986. X, 153 S.
B 59820

Donnelly, W.H.: Nonproliferation policy of the United States in the 1980s. In: SAIS review. Vol.7, 1987. No.2. S. 159-179.
BZ 05503:7

Grabendorff, W.: La política nuclear y de no-proliferación de Brasil. In: Estudios internacionales. Jg.20, 1987. No.80. S. 520-568.
BZ 4936:20

Hoekema, J.T.: Niet-verspreiding van kernwapens. In: Internationale spectator. Jg.42, 1988. Nr.2. S. 71-78.
BZ 05223:42

Limiting nuclear proliferation. Ed.by J.C.Snyder. Cambridge, Mass.: Ballinger 1985. XXXVII, 363 S.
B 59082

Molander, R.C.; Nichols, R.: Who will stop the bomb? A primer on nuclear proliferation. New York, N.Y.: Facts on File Publ. 1985. X,150 S.
B 58836

Non-proliferation: the why and wherefore. Ed.by J.Goldblat. Stockholm: SIPRI 1985. XI, 343 S.
B 57492

Nuclear non-proliferation and global
security. Ed.by D.B.Dewitt. London:
Croom Helm 1987. X, 283 S.
B 60244

Nuclear non-proliferation: an agenda for
the 1990s. Ed.by J.Simpson. Cambridge:
Cambridge Univ.Pr. 1987. XVI, 237 S.
B 64254

The nuclear suppliers and nonproliferation. International policy choices. Ed.by
R.W.Jones. Lexington: Lexington Books
1985. XV, 249 S.
B 58281

Ramberg, B.: Global nuclear Energy
risks. The search for preventive medicine.
Boulder, Colo.: Westview Press 1986. XV,
128 S.
B 58278

Snyder, J.C.: The non-proliferation
regime: managing the impending crisis.
In: The journal of strategic studies. Vol.8,
1985. No.4. S. 9-27.
BZ 4669:8

Strategic consequences of nuclear pro-
liferation in South Asia. Ed.by N.Joeck.
London: Cass 1986. 109 S.
B 61263

F 012.3 ABC-waffenfreie Zone

Bennett, G.C.: The new abolitionists. The
story of nuclear free zones. Elgin, Ill.:
Brethren Pr. 1987. XI, 239 S.
B 62740

Chemical weapon free zones? Ed.by
R.Trapp. Oxford: Oxford Univ.Pr. 1987.
X,211 S.
010262

Dokumentation zum Internationalen
Treffen für atomwaffenfreie Zonen vom
20.bis 22.Juni 1988 in Berlin (DDR). In:
Blätter für deutsche und internationale
Politik. 1988. Nr.8. S. 1007-1016.
BZ 4551:1988

Edwards, G.E.: SPD-SED Initiatives for
chemical and nuclear weapon Free Zones
in Central Europe. In: Journal of
communist studies. Vol.3, 1987. No.2.
S. 154-160.
BZ 4862:3

Europa. Giftfaß oder chemiewaffenfrei?
Hrsg.: K.Lohs. Köln: Pahl-Rugenstein
1986. 180 S.
B 59300

Europa atomwaffenfrei! Vorschläge,
Pläne, Perspektiven. Hrsg.: U.Albrecht.
Köln: Pahl-Rugenstein 1986. 260 S.
B 60144

Heyne, D.: Kernwaffenfreie Zonen als
Beitrag zur allgemeinen Abrüstung. In:
IPW-Berichte. Jg.17, 1988. H.6. S. 13-17.
BZ 05326:17

Klick, D.J.: A Balkan nuclear weapon-
free zone: Viability of the regime and
implications for crisis management. In:
Journal of peace research. Vol.24, 1987.
No.2. S. 110-124.
BZ 4372:24

Mirek, H.: Voraussetzungen, Entwicklung
und Probleme regionaler Kernwaffenfrei-
heit in Lateinamerika. Saarbrücken:
Breitenbach 1986. VIII, 550 S.
B 62413

Nowak, J.M.: Plan zmniejszania zbrojeń i
zwiększania zaufania w Europie Srodkowej. In: Sprawy Międzynarodowe. R.40,
1987. No.12. S. 7-24.
BZ 4497:40

Power, P.F.: The South Pacific nuclear-
weapon-free zone. In: Pacific affairs.
Vol.59, 1986. No.3. S. 455-475.
BZ 4450:59

Putensen, G.; Leis, M.: Das Konzept einer
kernwaffenfreien Zone in Nordeuropa.
In: IPW-Berichte. Jg.16, 1987. H.9.
S. 12-18.
BZ 05326:16

Wanke, F.: Kernwaffenfreie Zonen und
die Freiheit des Offenen Meeres. In:
Militärwesen. 1988. H.2. S. 42-48.
BZ 4485:1988

F 012.4 Einzelne Rüstungs-Kontroll-verhandlungen

– ABM-Vertrag

Bulkeley, R.; Brauch, H.G.: Anti-Ballistic Missile Treaty and world security. Mosbach: AFES Pr. 1988. 105 S.
Bc 7794

Docke, B.: Raketenabwehr und Rüstungskontrolle. Der Streit um den ABM-Vertrag. In: Blätter für deutsche und internationale Politik. Jg.32, 1987. Nr.10. S. 1337-1351.
BZ 4551:32

Durch, W.J.: The Future of the ABM Treaty. London: International Inst.for Strategic Studies 1987. 80 S.
Bc 6746

Garthoff, R.L.: Policy versus the law. The reinterpretation of the ABM Treaty. Washington, D.C.: Brookings Inst. 1987. X, 117 S.
Bc 7986

Lin, H.: New Weapon Technologies & the ABM Treaty. Washington: Pergamon-Brassey's 1988. XVIII, 95 S.
Bc 7966

Nunn, S.: The ABM reinterpretation issue. In: The Washington quarterly. Vol.10, 1987. No.4. S. 45-57.
BZ 05351:10

Sofaer, A.D.: The ABM treaty: legal analysis in the political cauldron. In: The Washington quarterly. Vol.10, 1987. No.4. S. 59-75.
BZ 05351:10

– INF-Verhandlungen

Adelman, K.L.: Why an INF agreement makes sense. In: World affairs. Vol.149, 1986/87. No.3. S. 143-149.
BZ 05509:49

Arai, H.: Le Japon face au traité sur les FNI. In: Politique étrangère. A.53, 1988. No.1. S. 123-126.
BZ 4449:53

Bastian, T.von: Elemente eines abrüstungspolitischen Gesamtkonzepts. INF-Abkommen, NATO-Gipfel und Perspektiven der Friedensbewegung. In: Blätter für deutsche und internationale Politik. Jg.33, 1988. Nr.4. S. 463-472.
BZ 4551:33

Berkhof, G.C.: Het verdrag van Washington: stap vooruit of sprong in het duister? In: Internationale spectator. Jg.42, 1988. Nr.4. S. 242-249.
BZ 05223:42

Berkowitz, B.D.: An INF treaty discredits arms control and promotes conflict. In: ORBIS. Vol.32, 1988. No.1. S. 119-126.
BZ 4440:32

Borklund, C.W.: Preventing nuclear war: is Western strategy changing again? In: The journal of social, political and economic studies. Vol.12, 1987. No.4. S. 443-464.
BZ 4670:12

Davis, L.E.: Lessons of the INF treaty. In: Foreign affairs. Vol.66, 1988. No.4. S. 720-734.
BZ 05149:66

Davydov, Y.: L'option double zéro et le sort de l'Europe. In: Politique étrangère. A.53, 1988. No.1. S. 73-78.
BZ 4449:53

Le défi du double zéro. In: Défense nationale. A.44, 1988. No.2. S. 19-37.
BZ 4460:44

Eekelen, W.F.van: De plussen en minnen van het INF-verdrag. In: Internationale spectator. Jg.42, 1988. Nr.2. S. 65-70.
BZ 05223:42

Gaffney, F.: The INF Treaty and its shadows over the start negotiations. In: Strategic review. Vol.16, 1988. No.2. S. 33-42.
BZ 05071:16

Gasteyger, C.: Europa nach dem INF-Abkommen. In: Aus Politik und Zeitgeschichte. 1988. B.10. S. 3-10.
BZ 05159:1988

Heisbourg, F.: Après le Traité. Aggiornamento pour une alliance. In: Politique étrangère. A.53, 1988. No.1. S. 143-151.
BZ 4449:53

Der INF-Vertrag. In: Blätter für deutsche und internationale Politik. Jg.33, 1988. Nr.1u.2. S. 107-119; S. 238-241.
BZ 4551:33

Klein, J.: Portée et signification du traité de Washington. In: Politique étrangère. A.53, 1988. No.1. S. 47-63.
BZ 4449:53

Magenheimer, H.: Der vorgesehene Abbau von Mittelstreckenwaffen (INF). In: Österreichische militärische Zeitschrift. Jg.26, 1988. Nr.2. S. 160-166.
BZ 05214:26

McCain, J.: Konsequenzen aus dem INF-Vertrag für die Rüstungskontrolle. In: Europa-Archiv. Jg.43, 1988. Nr.10. S. 259-268.
BZ 4452:43

Mellor, D.: L'accord sur les euromissiles: le point de vue britannique. In: Politique étrangère. A.53, 1988. No.1. S. 101-106.
BZ 4449:53

Neild, R.; Boserup, A.: Beyond inf: a new approach to nonnuclear forces. In: World policy journal. Vol.4, 1987. No.4. S. 605-620.
BZ 4822:4

Paolini, J.: Histoire d'une négociation. In: Politique étrangère. A.53, 1988. No.1. S. 27-46.
BZ 4449:53

Pascual, J.R.: El Tratado INF: una incógnita para Europa. In: Ejército. A.44, 1988. No.580. S. 78-83.
BZ 05173:44

Perle, R.: Le traité sur les FNI et la sécurité occidentale. In: Politique étrangère. A.53, 1988. No.1. S. 65-72.
BZ 4449:53

Protocole sur les inspections relatives au Traité entre les Etats-Unis d'Amérique et l'Union des Républiques Socialistes Soviétiques sur l'élimination de leurs missiles à portée intermédiaire et à plus courte portée. In: Politique étrangère. A.53, 1988. No.1. S. 203-214.
BZ 4449:53

Racine, B.: La France et les FNI. In: Politique étrangère. A.53, 1988. No.1. S. 79-91.
BZ 4449:53

Raven, W.von: Welche Waffen werden bleiben? Nach der Stunde Null. In: Europäische Wehrkunde. Jg.36, 1987. Nr.9. S. 491-494.
BZ 05144:36

Rühl, L.: L'Allemagne fédérale et l'accord sur les FNI. In: Politique étrangère. A.53, 1988. No.1. S. 93-99.
BZ 4449:53

Sardo, M.: La doppia opzione zero e la risposta flessibile. In: Rivista militare. 1988. No.2. S. 15-30.
BZ 05151:1988

Soutou, G.-H.: L'accord INF, le problème stratégique allemand et la France. In: Défense nationale. A.44, 1988. No.6. S. 39-46.
BZ 4460:44

Touraine, M.: Le retrait des FNI soviétiques: offensive diplomatique ou mutation stratégique? In: Politique étrangère. A.52, 1987. No.3. S. 699-672.
BZ 4449:52

– MBFR

Blacker, C.D.: Negotiating security: the MBFR experience. In: Arms control. Vol.7, 1986. No.3. S. 215-240.
BZ 4716:7

Yost, D.S.: Beyond MBFR: The Atlantic to the Urals gambit. In: ORBIS. Vol.31, 1987. No.1. S. 99-134.
BZ 4440:31

– SALT/START

Aldridge, R.C.: START nach Moskau. Zwischenbilanz der Verhandlungen über strategische Abrüstung. In: Blätter für deutsche und internationale Politik. 1988. Nr.8. S. 946-953.
BZ 4551:1988

Coma, M.: Los acuerdos SALT. In: Ejército. A.44, 1988. No.580. S. 50-58.
BZ 05173:44

Keller, R.C.: Violating the treaty that never was. In: United States Naval Institute. Proceedings. Jg.113, 1987. No.8. S. 34-40.
BZ 05163:113

May, M.M.; Bing, G.F.; Steinbruner, J.D.: Strategic arsenals after start. The implications of deep cuts. In: International security. Vol.13, 1988. No.1. S. 90-133.
BZ 4433:13

Paul, M.: Zur START-Politik der Reagan-Administration: Rüstungsverlagerung durch "Deep Cuts"? In: Beiträge zur Konfliktforschung. 1988. Nr.1. S. 5-37.
BZ 4594:1988

F 012.5 Verifikation

Rowell, W.F.: Arms control verification. A guide to policy issues for the 1980s. Cambridge, Mass.: Ballinger 1986. XVII, 167 S.
B 60842

Verifying a nuclear freeze. Ed.by R.Harrison. Leamington Spa: Berg Publ. 1986. IX, 207 S.
B 58936

F 020 Militärbündnisse

F 021 NATO

F 021.1 Allgemeines

Abshire, D.M.: La Alianza Atlántica: su vitalidad. In: Politica exterior. Vol.1, 1987. No.1. S. 101-114.
BZ 4911:1

Adapting NATOS's deterrent posture. Ed.by R.G.Lugar. Washington, D.C.: CSIS 1985. VII, 88 S.
Bc 7084

Baylis, J.: NATO strategy: the case for a new strategic concept. In: International affairs. Vol.64, 1988. No.1. S. 43-59.
BZ 4447:64

Bernard, V.: La NATO dopo l'accordo sugli euromissili. In: Rivista militare. 1988. No.3. S. 14-25.
BZ 05151:1988

Biddle, S.D.: The European conventional balance: A reinterpretation of the debate. In: Survival. Vol.30, 1988. No.2. S. 99-121.
BZ 4499:30

Bonnet, A.: Les Figures d' Arlequin. La nouvelle donnée stratégique en Europe. Versailles: Ed.de l'ARC 1986. 138 S.
B 61954

Borawski, J.: Toward conventional stability in Europe? In: The Washington quarterly. Vol.10, 1987. No.4. S. 13-29.
BZ 05351:10

Boyer, Y.; Ruiz, P.D.: La stratégie de riposte adaptée dans une Europe sans armes nucléaires à portée intermédiaire. In: Politique étrangère. A.53, 1988. No.1. S. 135-152.
BZ 4449:53

Brie, A.: Will der Westen Abrüstung? In: IPW-Berichte. Jg.17, 1988. H.4. S. 8-15.
BZ 05326:17

Brody, R.I.: Strategic Defences in NATO strategy. London: International Inst.for Strategic Studies 1987. 45 S.
Bc 7165

Brunner, D.: Va-t-on éliminer les fusées nucléaires eurostratégiques? In: Revue militaire suisse. A.132, 1987. No.7-8. S. 333-340.
BZ 4528:132

Calleo, D.P.: Beyond American Hegemony. The future of the Western alliance. New York: Basic Books 1987. XII, 288 S.
B 64867

Charles, D.: NATO looks for arms control loopholes. In: Bulletin of the atomic scientists. Vol.43, 1987. No.7. S. 7-12.
BZ 05542:43

Chipman, J.: NATO and out of area insecurity. In: Estrategia. 1987. No.3. S. 129-142.
BZ 4898:1987

Codevilla, A.; Bouchey, F.: Bringing out the worst in European politics. In: Strategic review. Vol.16, 1988. No.1. S. 14-23.
BZ 05071:16

Cohen, E.A.: Toward better net assessment. Rethinking the European conventional balance. In: International security. Vol.13, 1988. No.1. S. 50-89.
BZ 4433:13

Cowie, C.A.; Williams, R.B.M.: NATO-Pläne für die schnelle Heranführung von Verstärkungen: die Rolle der Zivilluftfahrt. In: NATO-Brief. Jg.35, 1987. Nr.3. S. 28-31.
BZ 05187:35

Dalla Rosa, E.: DRAGON HAMMER 1987: anatomia di un'esercitazione. In: Rivista italiana difesa. A.6, 1987. No.7. S. 62-71.
BZ 05505:6

Däniker, G.: Null-Lösung aus Schweizer Sicht: bedeutend, begrüssenswert, bedenklich. In: Allgemeine Schweizerische Militärzeitschrift. Jg.153, 1987. Nr.7/8. S. 429-432.
BZ 05139:153

Dean, J.: Alternative difference: answer to NATO's central front problems? In: International affairs. Vol.64, 1988. No.1. S. 61-82.
BZ 4447:64

Dean, J.: Military security in Europe. In: Foreign affairs. Vol.66, 1987. No.1. S. 22-40.
BZ 05149:66

Dean, J.: Will negotiated force reductions build down the NATO-Warsaw Pact confrontation? In: The Washington quarterly. Vol.11, 1988. No.2. S. 69-84.
BZ 05351:11

Defending Europe. Options for security. Ed.: P.Derek. Philadelphia, Pa.: Taylor u.Francis 1985. XX, 351 S.
B 59097

The defense of Western Europe. Ed.by L.H.Gann. London: Croom Helm 1987. o.Pag.
B 61969

Diehl, P.F.: NATO's conventional inferiority. In: Global affairs. Jg.2, 1987. Nr.4. S. 42-56.
BZ 05553:2

Doctrine, the alliance and arms control. Ed.by R.O'Neill. London: Macmillan 1986. 232 S.
B 61278

Dunn, L.A.: Considerations after the INF Treaty. In: Survival. Vol.30, 1988. No.3. S. 194-209.
BZ 4499:30

Evolving European defense policies. Ed.by C.McArdle Kelleher. Lexington: Lexington Books 1987. X,340 S.
B 61517

Facer, R.L.L.: Conventional forces and the NATO strategy of flexible response. Issues and approaches. Santa Monica, Calif.: Rand Corp. 1985. XI, 109 S.
Bc 7390

Fighting Allies. Tensions within the Atlantic Alliance. Ed.by W.Goldstein. London: Brassey's Defence Publ. 1986. VIII, 235 D.
B 60390

Forster, M.: Airland Battle 1986. Das Ziel bleibt Abschreckung. In: Europäische Wehrkunde. Jg.36, 1987. Nr.12. S. 670-672.
BZ 05144:36

The Future of European defence. Ed.by F.Bletz. Dordrecht: Nijhoff 1986. XI, 130 S.
Bc 6479

George, J.L.: The "Two-track" dilemma in the start negotiations. In: Strategic review. Vol.16, 1988. No.1. S. 35-46.
BZ 05071:16

Goetze, B.Z.: NATO Strategy after Reykjavik: challenges and opportunities. In: Canadian defence quarterly. Vol.17, 1987. No.2. S. 43-53.
BZ 05001:17

Hanning, H.: NATO. Our guarantee of peace. London: Brassey's Defence Publ. 1986. IX, 56 S.
Bc 6815

Heisbourg, F.: Can the Atlantic alliance last out the century? In: International affairs. Vol.63, 1987. No.3. S. 413-423.
BZ 4447:63

Herrero, M.: Hacia una teoría de los desafios fuera de zona en la Alianza Atlántica. In: Politica exterior. Vol.1, 1987. No.1. S. 77-88.
BZ 4911:1

Kaiser, K.: Le débat sur la stratégie de l'OTAN après Reykjavik. In: Politique étrangère. A.51, 1986. No.4. S. 1055-1067.
BZ 4449:51

Kamp, K.-H.: Die Aussichten für eine Verstärkung der konventionellen Streitkräfte des westlichen Bündnisses. In: Europa-Archiv. Jg.41, 1986. Nr.24. S. 709-716.
BZ 4452:41

Kardel, H.: Hitlers Verrat an der Großdeutschen Wehrmacht. Neue Betrachtungen zu neuen "Nachrüstungen". Hrsg.: Aktion Bürger Recht. Hamburg: o.V. 1986. 16 S.
D 3460

Killebrew, R.B.: Conventional defense and total deterrence. Assessing NATO's strategic options. Wilmington, Del.: Scholarly Resources 1986. XIV, 159 S.
B 59218

Kohr, H.-U.; Radbruch, H.E.: Systematic evaluation of the NATO Defense College experience. München: Sozialwiss.Inst.d.Bundeswehr 1987. 113 S.
Bc 7548

Krauss, M.B.: How NATO weakens the West. New York: Simon and Schuster 1986. 271 S.
B 61017

Lauenstein, H.-J.: Zur Militärdoktrin der NATO. In: Militärwesen. 1988. H.7. S. 57-62.
BZ 4485:1988

Lindhardt, B.F.: Allied Command. Baltic approaches – a survey. Copenhagen: The Information a.Welfare Service of the Danish Defence 1987. 39 S.
Bc 6711

Mans, R.: Europe: Stop arguing and collaborate! In: The army quarterly and defence journal. Vol.117, 1987. No.1. S. 14-23.
BZ 4770:117

McArdle Kelleher, C.: Managing NATO's tactical nuclear operations. In: Survival. Vol.30, 1988. No.1. S. 59-78.
BZ 4499:30

Meier, E.-C.: Deutsch-amerikanische Sicherheitsbeziehungen und NATO-Doppelbeschluß. D.Auswirkungen NATO-interner Interessendivergenzen auf d.Nuklearpolitik d.Bündnisse. Bd.1.2. Rheinfelden: Schäuble 1986. 298, 299-612 S.
B 62179

Meinungsbildungs- und Entscheidungsprozeß der Bundesregierung bezüglich der SDI. Hrsg.: Bürgerinitiative Frieden aktiv sichern. Karlsruhe: o.V. 1986. o.Pag.
D 03805

Metzschke, H.: Die Aufrechterhaltung eines günstigen operativen Regimes auf dem Seeschauplatz. In: Militärwesen. 1988. H.7. S. 24-31.
BZ 4485:1988

Méller, é.J.: Global tides, the Atlantic alliance and the European imperative. In: Strategic review. Vol.15, 1987. No.2. S. 39-48.
BZ 05071:15

Nathan, J.A.: How's the strategy playing with the Allies? In: United States Naval Institute. Proceedings. Jg.114, 1988. No.8. S. 57-62.
BZ 05163:114

NATO in the 1980s. Challenges and responses. Ed.by L.P.Brady. New York: Praeger 1985. XI, 274 S.
B 59257

Null-Lösung: Abrüstung oder Umrüstung? Zürich: Schweizerischer Friedensrat 1987. 41 S.
Bc 7507

Nunn, S.S.: Herausforderungen und Chancen der NATO: drei Wege zum Erfolg. In: NATO-Brief. Jg.35, 1987. Nr.3. S. 3-10.
BZ 05187:35

Park, W.: Defending the West. A history of NATO. Brighton: Wheatsheaf Books 1986. X,242 S.
B 59485

Pay, D.J.: The US Navy and the defence of Europe. In: Naval forces. Vol.9, 1988. No.2. S. 18-25.
BZ 05382:9

Pay, D.J.: The US Navy and the defence of Europe. In: Naval forces. Vol.9, 1988. No.17. S. 28-35.
BZ 05382:9

Payne, K.B.; Berkowitz, M.J.: Anti-tactical missile defense, allied security and the INF treaty. In: Strategic review. Vol.16, 1988. No.1. S. 24-34.
BZ 05071:16

Pelt, J.: Geen SDI op AUSA-congres en-Tentoonstelling. In: Militaire spectator. Jg.156, 1987. No.5. S. 195-205.
BZ 05134:156

Rasmussen, P.J.: Den maritime situation i BALTAP området. In: Tidsskrift for sovaesen. Arg.157, 1986. No.6. S. 265-278.
BZ 4546:157

Record, J.; Rivkin, D.B.: Defending post-INF Europe. In: Foreign affairs. Vol.66, 1988. No.4. S. 735-754.
BZ 05149:66

Reusch, J.; Wolf, N.: Null-Lösung. Zwischenbilanz und Perspektiven europäischer Sicherheit. Frankfurt: Zentrum f.Marxistische Friedensforschung 1987. 56 S.
Bc 7618

Richardson, R.C.: NATO challenge and opportunities. In: The journal of social, political and economic studies. Vol.12, 1987. No.4. S. 375-383.
BZ 4670:12

Rogers, B.: New strategy for NATO. In: Defence update. 1987. No.82. S. 23-31.
BZ 05538:1987

Rogers, B.W.: Arms control and NATO deterrence. In: Global affairs. Jg.3, 1988. Nr.1. S. 23-40.
BZ 05553:3

Schulze-Marmeling, D.: Die NATO. Anatomie e.Militärpaktes. Göttingen: Verl.die Werkstatt 1987. 270 S.
B 61204

Schulze-Marmeling, D.: NATO-Strategie zum Golfkrieg. In: AIB-Dritte-Welt-Zeit-schrift. Jg.18, 1987. Nr.11. S. 8-16.
BZ 05283:18

Sea Link 86. Ed.by C.W.Weinberger. o.O.: NATO 1986. 53 S.
Bc 02055

Shilling, D.M.: Europe's conventional defence: Solid progress but challenges remain. In: Survival. Vol.30, 1988. No.2. S. 122-133.
BZ 4499:30

Silvestri, S.: La sécurité de l'Europe occidentale entre le nucléaire et le conventionnel. In: Politique étrangère. A.53, 1988. No.1. S. 107-121.
BZ 4449:53

Sloan, S.R.: NATO's Future. Towards a new transatlantic bargain. London: Macmillan 1986. XIX, 241 S.
B 59132

Snyder, J.: Limiting offensive conventional forces. Soviet proposals and Western options. In: International security. Vol.12, 1988. No.12. S. 48-77.
BZ 4433:12

Strategiediskussion. NATO-Strategie im Wandel – alternative Sicherheitskonzepte – strategische Defensive. Hrsg.: H.Bühl. Herford: Mittler 1987. 430 S.
B 62106

Der Streit um die NATO-Strategie. (Versch.Beitr.). In: Blätter für deutsche und internationale Politik. Jg.33, 1988. Nr.3. S. 278-307.
BZ 4551:33

The thirteenth American-German Conference on NATOS's strength and challenges, western relations with the Soviet Union and the other countries of Eastern Europe. Freiburg: Rombach 1986. 259 S.
B 59041

Vels, R.J.van: Operatieve kunst in de Central Region. In: Militaire spectator. Jg.157, 1988. No.4. S. 157-169.
BZ 05134:157

Voigt, D.D.: Konventionelle Stabilisierung und strukturelle Nichtangriffsfähigkeit. In: Aus Politik und Zeitgeschichte. 1988. B.18. S. 21-34.
BZ 05159:1988

Voigt, K.D.von: FOFA im Kreuzfeuer der Kritik. Die Wandlungen eines NATO-Konzepts. In: Europäische Wehrkunde. Jg.36, 1987. Nr.12. S. 664-669.
BZ 05144:36

Wege zu einem lebensnotwendigen Dialog. Vorschläge für ein sicherheitspolitisches Gesamtkonzept der NATO. In: Blätter für deutsche und internationale Politik. 1988. Nr.7. S. 844-862.
BZ 4551:1988

Weinberger, C.: La OTAN, factor decisico de la estrategia occidental. In: Politica exterior. Vol.1, 1987. No.3. S. 44-52.
BZ 4911:1

Wilke, W.: NATO will aggressive Militärstrategie beibehalten und Kurs der Hochrüstung fortsetzen. In: Militärwesen. 1988. H.9. S. 56-63.
BZ 4485:1988

Williams, G.L.; Williams, A.L.: The European defence initiative. Europe's bid for equality. London: Macmillan 1986. XI, 242 S.
B 59143

Wintex Cimex. Die geheimen Kriegsspiele d. NATO. Hrsg.: Kontaktstelle f.gewaltfreie Aktion... Stuttgart: o.V. 1986. 58 S.
D 03589

F 021.2 NATO-Streitkräfte

The blue helmets. A review of United Nations peace-keeping. New York: UN 1985. VI, 350 S.
B 62238

Constraints on strategy. The economics of western security. Ed.by D.B.H.Denoon. Washington: Pergamon-Brassey's 1986. X,254 S.
B 62952

Ekström, B.: Militaer stabilitet i Europa sett med svenske éyne. In: Norsk militært tidsskrift. Arg.158, 1988. No.1. S. 1-11.
BZ 05232:158

The Future of NATO-Forces. A transatlantic conference... Cambridge: Inst.for foreign policy analysis 1987. IX, 40 S.
Bc 6504

Gervasi, T.: Moskaus Übermacht. Eine amerikanische Legende. Hamburg: Spiegel-Verl. 1986. 189 S.
B 58077

Grist, R.D.: Airmobile forces in Central Europe. In: RUSI journal. Vol.133, 1988. No.1. S. 41-48.
BZ 05161:133

Haubold, D.: Bestand und Entwicklungs-tendenzen der Marinehubschrauber der NATO-Staaten und Frankreichs. In: Militärwesen. 1988. H.8. S. 65-70.
BZ 4485:1988

Heuvel, C.van den; Tuyn, J.van: The 25th anniversary NATO Tiger Meet. London: Osprey 1986. 127 S.
Bc 01939

Huitfeldt, T.: Militär balans i Europa – norska perspetkiv på ett svenskt projekt. In: Fred och säkerhet. 1986/87. S. 98-121.
BZ 4877:1986/87

Jackson, R.: NATO Air Power. Novato, Calif.: Presidio Pr. 1987. 146 S.
010367

Martin, L.: Before the Day after. Can NATO defend Europe? Feltham: Newnes Books 1985. 159 S.
B 57202

NATO's maritime Flanks: problems and prospects. Ed.: H.F. Zeiner-Gundersen. Washington: Pergamon-Brassey's 1987. XII, 125 S.
Bc 7494

NATO's maritime Strategy: issues and developments. Washington: Pergamon-Brassey's 1987. XII, 85 S.
Bc 7438

Naval Forces and western security. Ed.: F.J.West. Washington, D.C.: Pergamon Brassey's 1987. XI, 63 S.
Bc 7742

Nielsen, K.V.: Den militaere magtbalance 1987-88. In: Militaert tidsskrift. Arg.117, 1988. No.1. S. 3-15.
BZ 4385:117

Price, A.: Air Battle Central Europe. London: Sidgwick & Jackson 1986. 192 S.
B 63743

Streitkräftevergleich 1987. NATO-War-schauer Pakt. In: Wehrtechnik. Jg.19, 1987. Nr.9. S.I-XVI.
BZ 05258:19

Thomas, N.: NATO armies today. Colour plates by Ron Volstad. London: Osprey 1987. 64 S.
Bc 02362

US Military Aircraft directory. NATO 1987. Ed.by M.G.Jennings. 4. Aufl. o.O.: La Paix Internationale 1986. 185 S.
B 61865

Wendt, J.C.; Brown, N.: Improving the NATO force planning process. Lessons from past effort. Santa Monica, Calif.: Rand Corp. 1986. XVI, 42 S.
Bc 7401

F 021.3 NATO-Regionen

Archer, C.: Greenland and the Atlantic Alliance. Aberdeen: Centre for Defence Studies 1985. 66 S.
Bc 02123

Batista Gonzalez, J.: Significacion terrestre de la integracion de Espana en la OTAN. In: Ejército. A.49, 1988. No.581. S. 6-12.
BZ 05173:49

Borkenhagen, F.H.U.: Der europäische Pfeiler der westlichen Allianz. In: Aus Politik und Zeitgeschichte. 1988. B.18. S. 35-45.
BZ 05159:1988

Central America and the western alli-ance. Ed.by J.Cirincione. New York: Holmes & Meier 1985. XIX, 238 S.
B 58024

Clawson, R.W.; Rubin, M.R.: L'image soviétique de la participation française à l'OTAN: 1984-1986. In: Stratégique. 1987. No.33. S. 73-96.
BZ 4694:1987

Coridass, A.: Der Auslandseinsatz von Bundeswehr und Nationaler Volksarmee. Frankfurt: Lang 1985. XLIV, 190 S.
B 57724

Cremasco, M.: Der NATO-Abschnitt Südeuropa. In: Österreichische militärische Zeitschrift. Jg.26, 1989. Nr.3. S. 226-233.
BZ 05214:26

Critchley, H.: Den militaere og strategiske situasjon i nord. In: Norsk militært tidsskrift. Arg.158, 1988. No.9. S. 3-11.
BZ 05232:158

Europa i NATO – solidaritet og styrke. Politiske og militære synspunkter på Eurogruppen. København: Forsvarets Oplysnings- og Velfærdstjeneste 1986. 24 S.
Bc 6282

Held, K.; Muñoz, E.: La OTAN quiere la guerra. Las pruebas y la conclusión. Madrid: M.Arranz 1985. 118 S.
Bc 6960

Herrero, M.R.de Minón: Contribución de Espana a la seguridad europea. In: Politica exterior. Vol.2, 1988. No.5. S. 51-69.
BZ 4911:2

Huitfeldt, T.: NATO's nothern Security. London: Institute for the study of conflict 1986. 24 S.
Bc 6168

Hunt, G.D.: Reinforcing the NATO North Flank: the Canadian experience. In: Canadian defence quarterly. Vol.16, 1987. No.4. S. 31-38.
BZ 05001:16

López de la Torre, S.: Espana y la OTAN: pasado, presente y futuro. In: Politica exterior. Vol.1, 1987. No.1. S. 115-132.
BZ 4911:1

Nailor, P.: The Western alliance, the Western Alliance, the Southern Atlantic and the Soviet challenge. In: Estrategia. 1987. No.3. S. 109-116.
BZ 4898:1987

Nassauer, O.: Maritime strategy – Die Ruhe im Norden ist vorbei. In: Mediatus. Jg.7 u.8, 1987/88. Nr.11 u.1. S. 3-6.
BZ 05506:7/8

Odena, E.: Contra la OTAN. Madrid: Ed.Vanguardia 1986. 94 S.
Bc 6961

Ortega, A.: El Purgatorio de la OTAN. Elementos para un debate. Madrid: El Pais 1986. 273 S.
B 62875

Parzymies, S.: Francja i RFN a zachodnio-europejska współpraca wojskowa. In: Sprawy Międzynarodowe. R.40, 1987. No.7-8. S. 41-62.
BZ 4497:40

Pruijs, A.: De verdediging van de Noord-flank is meer dan de verdediging van Noord-Noorwegen. In: Militaire spectator. Jg.156, 1987. No.6. S. 240-249.
BZ 05134:156

Richey, G.: Britain's strategic role in NATO. London: Macmillan 1986. X,174 S.
B 61282

Rühl, L.: The nuclear balance in the central region and strategic stability in Europe. In: NATO's sixteen nations. Vol.32, 1987. No.5. S. 18-25.
BZ 05457:32

Snyder, J.C.: Defending the fringe. NATO, the Mediterranean, and the Persian Gulf. Boulder, Colo.: Westview Press 1987. XXI, 149 S.
B 62304

Streitkräftevergleich 1987. NATO-Warschauer Pakt. In: Wehrtechnik. Jg.19, 1987. Nr.9. S.I-XVI.
BZ 05258:19

Szczepanik, K.: Ewolucja funkcji Włoch w ramach południowej flanki NATO. In: Sprawy Międzynarodowe. R.41, 1988. No.4. S. 93-108.
BZ 4497:41

Thatcher, M.: Sobre la Alianza Atlántica, Gorbachov, Gibraltar. In: Politica exterior. Vol.1, 1987. No.3. S. 6-14.
BZ 4911:1

Vaessen, J.J.: De vreemdste grens van Europa. In: Militaire spectator. Jg.156, 1987. No.8. S. 334-344.
BZ 05134:156

Woerner, M.: Alemania, primera línea de la defensa europea. In: Politica exterior. Vol.1, 1987. No.1. S. 89-100.
BZ 4911:1

F 022 Warschauer Pakt

Alexiev, A.; Johnson, A.R.: East European Military Reliability. An émigrébased assessment. Santa Monica, Calif.: Rand Corp. 1986. XIX, 102 S.
Bc 7399

Kugler, R.L.: Warsaw Pact Forces and the Conventional Military Balance in Central Europe: Trends, Prospects, and Choices for NATO. In: The Jerusalem journal of international relations. Vol.8, 1987. No.2-3. S. 15-47.
BZ 4756:8

The machinery of destruction. Ed.N. Flynn. New York, N.Y.: Arco Publ. 1985. 66 S.
010296

Simon, J.: Warsaw Pact forces. Problems of command and control. Boulder, Colo.: Westview Press 1985. XV, 246 S.
B 58147

Uschakow, A.; Frenzke, D.: Der Warschauer Pakt und seine bilateralen Bündnisverträge. Analyse u.Texte. Berlin: Berlin Verl. 1987. 418 S.
B 60062

Warschauer Pakt. Streitkräftepotential. Stärke – Gliederung – Bewaffnung – Stationierung. Bielefeld: IAP Publ.Ges. 1986. 28 S.
Bc 02009

F 023 Sonstige Militärbündnisse

Bley, B.: Zur Krise im ANZUS-Pakt und einigen regionalen Auswirkungen. In: Militärwesen. 1988. H.6. S. 67-73.
BZ 4485:1988

F 030 Internationale Streitkräfte

MacQueen, N.: National politics and the peacekeeping role: Ireland and the United Nations Operations in the Congo. In: War and society. Vol.6, 1988. No.1. S. 93-112.
BZ 4802:6

Thakur, R.C.: International Peacekeeping in Lebanon. United Nations authority and Multinational Force. Boulder, Colo.: Westview Press 1987. XIII, 356 S.
B 62320

F 040 Waffenhandel

Fisas Armengol, V.: El comercio de armamentos en el Mediterráneo. In: Revista CIDOB d'Afers internacionals. 1986. No.8. S. 87-99.
BZ 4928:1986

Klare, M.T.: The arms trade: changing patterns in the 1980s. In: Third world quarterly. Vol.9, 1987. No.4. S. 1257-1281.
BZ 4843:9

Klare, M.T.: Secret operatives, clandestine trades: the thriving black market for weapons. In: Bulletin of the atomic scientists. Vol.44, 1988. No.4. S. 15-24.
BZ 05542:44

Marketing security assistance. New perspectives on arms sales. Ed.by D.J.Louscher. Lexington: Lexington Books 1987. XII, 238 S.
B 61985

Neuman, S.G.: Arms, aid and the superpowers. In: Foreign affairs. Vol.66, 1987/88. No.5. S. 1044-1066.
BZ 05149:66

Roth, J.: Makler des Todes. Waffenhändler packen aus. Hamburg: Rasch und Röhring 1986. 223 S.
B 58584

Rüstungsexport – ein todsicheres Geschäft. Katalog z.Ausstellung. Hrsg.: Projektgruppe "Rüstungsexport" im Kommunikationszentrum. 2.Aufl. Idstein: o.V. 1985. 65 S.
D 03869

Timmermann, K.R.: Öl ins Feuer. Internationale Waffengeschäfte im Golfkrieg. Zürich: Orell Füssli 1988. 343 S.
B 67382

F 050 Krieg und Kriegführung

F 051 Allgemeines

Les armes de demain. Ed.: R.S.Friedman. Paris: Bordas 1986. 208 S.
010232

Die Bedeutung der Logistik für die militärische Führung von der Antike bis in die neueste Zeit. Herford: Mittler 1986. 258 S.
B 59669

Bellamy, C.: The future of land warfare. London: Croom Helm 1987. XV, 326 S.
B 62564

Clausewitz and modern strategy. Ed.by M.I.Handel. London: Cass 1986. 324 S.
B 61081

Dyer, G.: War. New York: Crown Publ. 1985. XII, 272 S.
B 58286

Escalation and intervention. Multilateral security and its alternatives. Ed.by A.R.Day. Boulder, Colo.: Westview Press 1986. X, 181 S.
B 61009

Felber, A.-E.: "Burgduell-87". Erstes computergestütztes Kriegsspiel an der Ther-Mil.ak. In: Österreichische militärische Zeitschrift. Jg.26, 1988. Nr.4. S. 306-313.
BZ 05214:26

Gehmert, M.: Militärdoktrin und Theorie der Kriegskunst. In: Militärwesen. 1988. H.7. S. 3-8.
BZ 4485:1988

Guerra elettronica e comunicazioni radio. In: Rivista militare della Svizzera italiana. A.59, 1987. No.2. S. 84-96.
BZ 4502:59

Guthardt, K.; Dörnenburg, H.: Elektronischer Kampf. Histor. Entwicklung mit Beisp. aus 8 Jahrzehnten. Heidelberg: Hüthig 1986. 236 S.
B 60403

Häggman, B.: Political Warfare. The missing link in the defence of the West. London: Ukrainian Central Information Service 1986. 40 S.
Bc 7675

Houweling, H.W.; Siccama, J.G.: The risk of compulsory escalation. In: Journal of peace research. Vol.25, 1988. No.1. S. 43-56.
BZ 4372:25

Hybel, A.R.: The logic of surprise in international conflict. Lexington: Lexington Books 1986. XII, 179 S.
B 61639

Kam, E.: Failing to anticipate war. The why of surprise attack. Ann Arbor, Mich.: Univ.Microfilms 1986. XI, 606 S.
B 58412

Krogt, J.van der: Materieelogistiek in bedrijf. In: Militaire spectator. Jg.156, 1987. No.4. S. 139-148.
BZ 05134:156

Lepingwell, J.W.R.: The laws of combat? In: International security. Vol.12, 1987. No.1. S. 89-134.
BZ 4433:12

Manwaring, M.; Herrick, R.M.: A threat-oriented strategy for conflict control. In: Military review. Vol.67, 1987. No.7. S. 3-18.
BZ 4468:67

Perla, P.P.: War games, analyses and exercices. In: Naval War College review. Vol.40, 1987. No.2. S. 44-52.
BZ 4634:40

Pinto Cebrián, F.: La geografia y la guerra. Un analisis de sus relaciones. Madrid: Serv.de Publ. EME 1986. 166 S.
Bc 6935

Risk preference in military decision making: An empirical study. In: Journal of political and military sociology. Vol.15, 1987. No.2. S. 245-261.
BZ 4724:15

Rjabow, F.: Probleme der Kriegsflotte und der Seekriegskunst im Werk von Friedrich Engels. In: Marx-Engels-Jahrbuch. Jg.10, 1987. S. 235-271.
BZ 4445:10

Sandrart, H.-H. von: Operative Führung über die Gefechtstaktik hinaus. In: Europäische Wehrkunde. Jg.36, 1987. Nr.9. S. 503-505.
BZ 05144:36

Showalter, D.: Goltz and Bernhardi: the institutionalization of originality in the Imperial German Army. In: Defense analysis. Vol.3, 1987. No.4. S. 305-318.
BZ 4888:3

Simmons, J.: Winning wars. The spiritual dimension in military art. Lanham: Univ.-Press of America 1986. XV, 96 S.
B 61512

Soziale Verteidigung. Der gewaltfreie Weg. Hrsg.: Intern. Versöhnungsbund, Gruppe Münster. 4.Aufl. Münster: o.V. 1987. 49 S.
D 03779

Suvanto, P.: Marx und Engels zum Problem des gewaltsamen Konflikts. Helsinki: SHS 1985. 255 S.
B 62262

Tromp, H.: In Staat van oorlog. Amsterdam: Contact 1986. 167 S.
B 62796

Vasquez, J.A.: The steps to war: toward a scientific explanation of correlates of war findings. In: World politics. Vol.40, 1987. No.1. S. 108-145.
BZ 4464:40

F 052 Arten des Krieges

– Atomkrieg

"Would the insects inherit the earth?" And other subjects of concern to those who worry about nuclear war. Ed.: J.C.Greene. Washington: Pergamon Professional Publ. 1988. XVII, 78 S.
Bc 02369

Abt, C.C.: A strategy for terminating a nuclear war. Boulder, Colo.: Westview Press 1985. XII, 253 S.
B 58425

Atomkrieg aus Versehen. Dokumente und Materialien. Red.: P.Barth. 3.Aufl. Starnberg: Forschungsinst.f.Friedenspolitik 1986. o.Pag.
Bc 01880

Bracken, P.: Do we really want to eliminate the chance of accidental war? In: Defense analysis. Vol.4, 1988. No.1. S. 81-89.
BZ 4888:4

Cohen, S.T.: We can prevent World War III. Ottawa: Jameson Book 1985. 129 S.
B 58013

DeLeon, P.: Rethinking nuclear conflict: strategic implications of a nuclar winter. In: Defense analysis. Vol.3, 1987. No.4. S. 319-336.
BZ 4888:3

Dotto, L.: Planet earth in jeopardy. Environmental consequences of nuclear war. Chichester: Wiley 1986. VII, 134 S.
B 62949

Einen Tag danach wird es nicht geben. Die verheerenden Auswirkungen e.Atomkrieges auf Mensch u.Umwelt. Hrsg.: Umweltschutzgruppe der Solinger Naturfreunde... Solingen: o.V. 1986. 31 S.
D 3578

Environmental consequences of nuclear war. Ed.by A.B. Pittock. Bd.1.2. Chichester: Wiley 1986. XL, 359; XXXVIII, 521 S.
B 60798

Esmein, C.: L'hiver nucléaire. In: Stratégique. Jg.37, 1988. No.1. S. 99-128.
BZ 4694:37

Fateful visions. Avoiding nuclear catastrophe. Ed.by J.S.Nye. Cambridge, Mass.: Ballinger 1988. 299 S.
B 66859

Greene, O.; Percival, I.; Ridge, I.: Nuclear Winter. The evidence and the risks. Cambridge: Polity Pr. 1985. 216 S.
Bc 7668

Greene, O.; Longman, A.: Nuclear winter; uncertainties, scientific consensus, and the SCOPE-ENUWAR Report. In: Medicine and war. Vol.3, 1987. No.3. S. 161-170.
BZ 4904:3

Hawks, doves, and owls. An agenda for avoiding nuclear war. Ed.: G.T. Allison. New York: Norton 1985. XII, 282 S.
B 58153

Kortunov, V.: Der dritte Weltkrieg? Moskau: Verl. Progress 1985. 213 S.
Bc 5619

Letzte Hilfe. Die medizinischen Auswirkungen eines Atomkrieges. Hrsg.: E.Chivian. Neckarsulm: Jungjohann 1985. XIV, 316 S.
B 57153

Levi, B.G.; Hippel, F.N.von; Daugherty, W.H.: Civilian casualties from "Limited" nuclear attacks on the UdSSR. In: International security. Vol.12, 1988. No.3. S. 168-189.
BZ 4433:12

London under attac. The report of the Greater London Area War Risk Study Commision. Ed.: R.Clarke. Oxford: Blackwell 1986. IX, 397 S.
B 60606

The long darkness. Psychological and moral perspectives on nuclear winter. Ed.by L.Grinspoon. New Haven: Yale Univ.Pr. 1986. VII, 213 S.
B 60579

Luttwak, E.N.: An ermerging postnuclear era? In: The Washington quarterly. Vol.11, 1988. No.1. S. 5-15.
BZ 05351:11

MacNamara, R.S.: Blundering into desaster. New York: Pantheon Books 1986. 212 S.
B 62097

Martel, W.C.; Savage, P.L.: Strategic nuclear War. What the superpowers target and why. New York: Greenwood Press 1986. XX, 249 S.
B 59523

The nuclear dilemma and the just war tradition. Ed.by W.V.O'Brien. Lexington: Lexington Books 1986. 257 S.
B 61128

Nuclear war, nuclear proliferation and their consequences. Ed.by S.A.Khan. Oxford: Clarendon Press 1986. XII, 483 S.
B 60367

Nuclear winter and national security; implications for future policy. Washington: US Governm.Pr.Off. 1986. XIII, 76 S.
Bc 8020

Nuclear winter, deterrence and the prevention of nuclear war. Ed.by P.C.Sederberg. New York: Praeger 1986. X,200 S.
B 60781

Rotblat, J.: Strahlungswirkungen beim Einsatz von Kernwaffen. Berlin: Berlin-Verl. 1986. 208 S.
B 60007

Sabin, P.A.G.: The third world war scare in Britain. A critical analysis. London: Macmillan 1986. XIV, 191 S.
B 60467

Smoker, P.: Accidental nuclear winter: implications for deterrence. In: Current research on peace and violence. Vol.11, 1988. No.1-2. S. 2-13.
BZ 05123:11

Strategic war termination. Ed.by S.J.Cimbala. New York: Praeger 1986. XVII, 227 S.
B 60834

Sulla Guerra nucleare. Dichiarazione sulle conseguenze dell'impiego delle armi nucleari. Milano: Jaca Book 1986. 43 S.
Bc 7106

Thompson, J.A.: Nukleare Bedrohung. Psychologische Dimension atomarer Katastrophen. München: Psychologie-Verl.-Union 1986. 290 S.
B 59679

Thompson, J.A.: Psychological aspects of nuclear war. Chichester: Psychological Soc. 1985. IX, 127 S.
Bc 7967

Verantwortung statt Resignation. Atomare Bedrohung und Gesundheit. 2.Aufl. München: Inst.f.Psychologie u.Friedensforschung 1985. 67 S.
Bc 7299

– Begrenzter Krieg

Benzoni, A.: Guerre e ambizioni egemoniche nelle aree periferiche. In: Politica internazionale. A.16, 1988. No.6. S. 29-37.
BZ 4828:16

Neue Aussichten für die Lösung "regionaler Konflikte"? In: Blätter für deutsche und internationale Politik. Jg.33, 1988. Nr.4. S. 403-419.
BZ 4551:33

– Chemisch-biologischer Krieg

Conflict termination and military strategy. Coercion, persuasion, and war. Begrenzter Krieg. Ed.by S.J.Cimbala. Boulder, Colo.: Westview Press 1987. XII, 196 S.
B 62287

Douglass, J.D.; Livingstone, N.C.: America the vulnerable. The threat of biological and chemical warfare. Lexington: Lexington Books 1987. XVI, 204 S.
B 61757

Douglass, J.D.: The challenges of biochemical warfare. In: Global affairs. Jg.3, 1988. Nr.1. S. 156-169.
BZ 05553:3

Haldane, J.J.: Ethics and biological warfare. In: Arms control. Vol.8, 1987. No.1. S. 24-35.
BZ 4716:8

Meeteren, F.J.A. van: Geneeskundige behandeling bij chemische oorlogvoering. In: Militaire spectator. Jg.156, 1987. No.6. S. 258-262.
BZ 05134:156

Sims, N.A.: Morality and biological warfare. In: Arms control. Vol.8, 1987. No.1. S. 5-23.
BZ 4716:8

Trapp, R.; Lange, W.: Giftkrieg. Ein Warnbuch vor den Folgen chemischer Waffen. Leipzig: Urania- Verl. 1987. 111 S.
Bc 7736

– Guerillakrieg/Counterinsurgency

Assefa, H.: Mediation of civil wars. Approaches and strategies – the Sudan conflict. Boulder, Colo.: Westview Press 1987. XII, 234 S.
B 61894

Buchsbajew, A.: Toward a theory of guerrilla warfare. A case study of the Ukrainian nationalist underground in the Soviet Union and communist Poland. Ann Arbor, Mich.: Univ.Microfilms 1986. VII, 399 S.
B 58394

Fernandez Salvatteci, J.: Terrorismo y guerra sucia en el Peru. 2.ed. o.O.: Fernandez Salvatteci 1986. 112 S.
Bc 6659

Heydte, F.A.Frhr.von der: Der moderne Kleinkrieg als wehrpolitisches und militärisches Phänomen. Wiesbaden: Böttinger Verl. 1986. XXVIII, 280 S.
B 59973

Joffe, E.: "People's war under modern conditions": a doctrine for modern war. In: China quarterly. 1987. No.112. S. 555-571.
BZ 4436:1987

Kearsley, H.J.: Maritime terrorism – wave of the future? In: Naval forces. Vol.8, 1987. No.4. S. 82-89.
BZ 05382:8

Rosen, S.: Conventional combat and the nuclear balance. In: The journal of strategic studies. Vol.10, 1987. No.1. S. 36-61.
BZ 4669:10

Townshend, C.: Britains's civil wars. Counterinsurgency in the twentieth century. London: Faber and Faber 1986. 220 S.
B 60580

– Krieg im Weltraum

"SDI" und UNO-Jahr des Friedens 1986. Hrsg.: W.Popp. Dortmund: Pädagogische Arbeitsstelle 1986. 104 S.
Bc 6173

Batscheider, T.: Star wars: Das Ende der Abschreckung? Zur Rückführung einer aktuellen Streitfrage auf ihre grundsätzliche Bedeutung. Hamburg: IFSH 1987. II, 145 S.
Bc 6999

Clerc, J.-P.; Torcète, P.: Le duel USA-URSS dans l'espace. Paris: Ed.Autrement 1986. 190 S.
B 60865

Din, A.M.; Diezi, J.: L'après-guerre nucléaire. Lausanne: Ed.Payot 1986. 173 S.
B 60769

Dinter, E.: Nie wieder Verdun. Überlegungen zum Kriegsbild der 90er Jahre. Herford: Mittler 1985. 164 S.
B 57314

Kade, G.: Vom Nutzen des Sternenkrieges. Legenden u.Wirklichkeit. Köln: Pahl-Rugenstein 1987. 217 S.
B 62068

Kleinwächter, L.; Kubiczek, W.: Realismus und Vernunft kontra Weltraumrüstung. Berlin: Staatsverlag der DDR 1987. 127 S.
Bc 6987

Leadership on the future battlefield. Ed.J.G.Hunt. Washington: Pergamon-Brassey's 1985. XIV, 349 S.
B 59938

Rousopoulos, D.I.: The coming of World War III. Vol.1. Montréal: Black Rose Books 1986. 299 S.
B 62237

Schnyder, H.: Wie überlebt man den dritten Weltkrieg? Prophetische Mahnungen an die Menschheit. 3.Aufl. Göttingen: Hesemann 1986. 239 S.
B 66948

SDI oder "Krieg der Sterne"? Diskussionsbeiträge zur strategischen Verteidigungsinitiative. Bonn: Bonner Friedensforum 1986. 158 S.
Bc 6170

The star wars history. From deterrence to defence: the American strategic debate. London: BBC Publ. 1986. 154 S.
B 62935

Verpoorten, C.; Vidal-Huber, J.-J.: L'autre guerre des étoiles. Nivelles: Ed.Havaux 1986. 231 S.
B 62383

Weltraumrüstung, Strategie, Widersprüche, Alternativen. Zur Auseinandersetzung mit den "Sternenkriegs"-Plänen der USA. Berlin: Staatsverlag der DDR 1987. 191 S.
Bc 6735

F 053 Strategie

F 053.1 Allgemeines

Baucom, D.R.: Historical framework for the concept of strategy. In: Military review. Vol.67, 1987. No.3. S. 3-13.
BZ 4468:67

Contemporary strategy. Ed.: J.Baylis. Vol.1.2. 2.ed. New York: Holmes & Meier 1987. X,326 S. ; IX, 209 S.
B 61783

François, C.: Le nouvel ordre stratégique. In: Stratégique. 1987. No.4. S. 95-117.
BZ 4694:1987

Hill, J.R.: Maritime strategy for medium powers. London: Croom Helm 1986. 247 S.
B 58346

Howard, Sir M.: Avskrekking i fremtiden. In: Norsk militært tidsskrift. Arg.157, 1987. No.6. S. 1-9.
BZ 05232:157

The international politics of deterrence. Ed.by B.Buzan. London: Pinter 1987. XXIV, 205 S.
B 62512

Ist der Frieden noch zu retten? Die Abschreckung und ihre Alternativen. Hrsg.: J.Tatz. Frankfurt: Athenäum 1986. 301 S.
B 59781

Klein, B.S.: After strategy: the search for a post-modern politics of peace. In: Alternatives. Vol.13, 1988. No.3. S. 293-318.
BZ 4842:13

Krause, C.: Strukturelle Nichtangriffsfähigkeit im Rahmen europäischer Entspannungspolitik. Bonn: Friedrich-Ebert-Stiftung 1987. 42 S.
Bc 02158

Luttwak, E.N.: Strategy. The logic of war and peace. Cambridge, Mass: The Belknap Pr.of Harvard Univ.Pr. 1987. XII, 283 S.
B 63201

Lutz, D.S.: On the theory of structural inability to launch an attack. Hamburg: Inst.f.Friedensforschung u.Sicherheitspolitik 1988. 109 S.
Bc 7611

Lutz, D.S.: Zur Theorie struktureller Angriffsunfähigkeit. Genesis, Definition und Kriterien... Hamburg: Inst.f.Friedensforschung u.Sicherheitspolitik 1987. 105 S.
Bc 7317

Neise, V.: Die sicherheitspolitische und militärische Zusammenarbeit zwischen der BRD und Frankreich. In: IPW-Berichte. Jg.17, 1988. H.6. S. 18-24.
BZ 05326:17

Orme, J.: Deterrence failures. A second look. In: International security. Vol.11, 1987. No.4. S. 96-124.
BZ 4433:11

Poirier, L.: Les voix de la stratégie. Généalogie de la stratégie militaire. Paris: Fayard 1985. 488 S.
B 58770

Pope, S.: Diversion: an unrecognized element of intelligence? In: Defense analysis. Vol.3, 1987. No.2. S. 133-151.
BZ 4888:3

Püschel, M.: Die militärpolitische Zusammenarbeit zwischen Frankreich und der BRD seit dem Ende der siebziger Jahre. In: Militärgeschichte. Jg.27, 1988. Nr.3. S. 252-262.
BZ 4527:27

Rudoy, D.W.; Reznikoff, M.; Geisinger, K.F.: The psychological impact and developmental implication of the threat of nuclear war on adolescents. In: Medicine and war. Vol.3, 1987. No.2. S. 77-91.
BZ 4904:3

Russett, B.: Deterrence in theory and practice. In: The Jerusalem journal of international relations. Vol.8, 1987. No.2-3. S. 215-234.
BZ 4756:8

Salmon, J.D.: Can non-violence be combined with military means for national defense? In: Journal of peace research. Vol.25, 1988. No.1. S. 69-80.
BZ 4372:25

Strategie für den Frieden. Beitr.zur Sicherheitspolitik. Hrsg.: G.Hubatschek. Herford: Busse Seewald 1986. 362 S.
B 59876

Theilmann, A.: Die Diskussion über militärische Defensivkonzepte. Entwicklungen, Inhalte, Perspektiven. Hamburg: IFSH 1986. 75 S.
Bc 6994

Warusfel, B.; Follea, P.: Contribution à une réflexion sur les stratégies indirectes. In: Stratégique. 1987. No.4. S. 39-72.
BZ 4694:1987

Zagare, F.C.: The dynamics of deterrence. Chicago, Ill.: The Univ.of Chicago Pr. 1987. XIII, 194 S.
B 61821

F 053.2 Nuklearstrategie

Bastian, T.: Abschied von der atomaren Abschreckung. Angst führt nicht zum Weltfrieden. In: Blätter für deutsche und internationale Politik. Jg.32, 1987. Nr.9. S. 1196-1205.
BZ 4551:32

Carasales, J.C.: La disuasion nuclear y el tercer mundo. In: Revista de la Escuela de Defensa Nacional. 1986. No.34. S. 13-22.
BZ 4388:1986

Child, J.W.: Nuclear war. The moral dimension. New Brunswick: Transaction Books 1986. 197 S.
B 60073

Glaser, C.L.: The implications of reduced vulnerability for security in the nuclear age. Ann Arbor, Mich.: UMI 1986. VIII, 255 S.
B 58316

Goldberg, A.C.: Offense and defense in the postnuclear system. In: The Washington quarterly. Vol.11, 1988. No.2. S. 57-67.
BZ 05351:11

Halperin, M.H.: Nuclear fallacy. Dispelling the myth of nuclear strategy. Cambridge, Mass.: Ballinger 1987. XIV, 173 S.
B 62731

Jervis, R.; Lebow, R.N.; Stein, J.G.: Psychology and deterrence. Baltimore, Md.: Johns Hopkins Univ.Pr. 1985. X,270 S.
B 59232

Lutz, D.S.: Towards a methodology of military force comparison. An intro to some aspects of an instrument of security polity. Baden-Baden: Nomos-Verlagsges. 1986. 255 S.
B 58135

MacNamara, R.S.: Blindlings ins Verderben. Der Bankrott der Atomstrategie. Reinbek: Rowohlt 1986. 157 S.
Bc 6582

Nuclear deterrence. Ethics and strategy. Ed.by R.Hardin. Chicago, Ill.: The Univ.of Chicago Pr. 1985. 394 S.
B 57992

Nuclear weapons, the peace movement and the law. Ed.: J.Dewar. Houndmills: MacMillan Pr. 1986. XIX, 255 S.
B 59130

Nye, J.S.: The role of strategic nuclear systems in deterrence. In: The Washington quarterly. Vol.11, 1988. No.2. S. 45-56.
BZ 05351:11

Powik, G.: Militärstrategische Parität – gleich nukleare Abschreckung. Berlin: Dietz 1987. 124 S.
Bc 6829

Quester, G.H.: The future of nuclear deterrence. Lexington: Lexington Books 1986. XIV, 333 S.
B 59223

Reinfried, H.; Schulte, L.: Ausstieg aus der Nuklearstrategie? Chancen und Risiken für die Sicherheit Europas. Herford: Mittler 1987. 264 S.
B 62777

Rumble, G.: The politics of nuclear defence. A comprehensive introduction. Cambridge: Polity Press 1985. XI, 285 S.
B 59149

Sabin, P.A.G.: Shadow or substance? Perceptions and symbolism in nuclear force planning. London: International Inst.for Strategic Studies 1987. 72 S.
Bc 6745

Schuchman, D.: Nuclear strategy and the problem of command and control. In: Survival. Vol.29, 1987. No.4. S. 336-359.
BZ 4499:29

Schulz, J.J.: Bluff and uncertainty: deterrence and the "Maybe States". In: SAIS review. Vol.7, 1987. No.2. S. 181-194.
BZ 05503:7

Vick, A.J.: Command and control vulnerability in prolonged nuclear conflict. Ann Arbor, Mich.: Univ.Microfilms 1986. XIV, 189 S.
B 58410

Wilkening, D.; Watman, K.: Strategic defenses and first-strike stability. Santa Monica, Calif.: Rand Corp. 1986. XVII, 65 S.
Bc 7384

F 053.3 Einzelne strategische Konzepte

– SDI/BMD

Broad, W.J.: Krieg der Sterne. SDI. Zürich: SV International 1986. 280 S.
B 59670

Carton, A.: L'initiative de défense stratégique et l'Europe. La défense aérienne élargie. In: Stratégique. A.32, 1987. No.4. S. 147-186.
BZ 4694:32

Daalder, I.H.: The SDI challenge to Europe. Cambridge, Mass.: Ballinger 1987. XVI, 185 S.
B 63000

Freedman, L.: Strategic defence in the nuclear age. London: International Inst. for Strategic Studies 1987. 72 S.
Bc 7023

Garthoff, R.L.: Refocusing the SDI debate. In: Bulletin of the atomic scientists. Vol.43, 1987. No.7. S. 44-50.
BZ 05542:43

Gray, C.S.: The transition from offense to defense. In: The Washington quarterly. Vol.9, 1987. No.3. S. 59-72.
BZ 05351:9

Guha, A.-A.: Schild oder Waffe? Die strategische Verteidigungsinitiative SDI u.d.Folgen für Europa. München: Heyne 1986. 205 S.
B 60275

Guide to the strategic defense initiative. Ed.by R.H.Buenneke. Arlington, Va.: Pasha Publ. 1986. 380 S.
010287

Kampelman, M.: SDI and arms control – an extended ABM treaty. In: NATO's sixteen nations. Vol.32, 1987. No.3. S. 16-23.
BZ 05457:32

Looney, R.E.; Frederiksen, P.C.: Economic environments and Third World arms production. In: Defense analysis. Vol.3, 1987. No.1. S. 80-81.
BZ 4888:3

López de la Torre, S.: Balance sobre la iniciative de Defensa Estratégica (SDI). In: Politica exterior. Vol.1, 1987. No.4. S. 57-93.
BZ 4911:1

Osch, A.G.D. van: SDI: bedreiging voor de veiligheid van West-Europa? In: Militaire spectator. Jg.157, 1988. No.2. S. 59-70.
BZ 05134:157

Pianta, M.: Gli inganni tecnologici delle
"guerre stellari". In: Politica internazionale. A.16, 1988. No.4-5. S. 95-103.
BZ 4828:16

Rothenburg, A.Graf von; Wäsche, R.: SDI.
Aufbruch zu e.neuen Dimension d.
Sicherheit? Informationen, Argumente,
Bewertungen. Bonn: Osang 1986. 222 S.
B 60341

SDI – Falle für Westeuropa. Politik, Wirtschaft u.Wissenschaft im Schatten d.Welt-
raumrüstung. Hrsg.: D.Engels. Köln:
Pahl-Rugenstein 1987. 345 S.
B 63024

SDI oder "Krieg der Sterne"? Diskussionsbeiträge z.Strategischen Verteidigungsinitiative. Hrsg.: Ulf-Gundo Sanders. Bonn: o.V. 1986. 158 S.
D 3372

Soofer, R.M.: SDI and deterrence: a
Western European perspective. In: Com-
parative strategy. Vol.7, 1988. No.1.
S. 17-38.
BZ 4686:7

Steinberg, G.M.: SDI and organizational
politics of military R & D. In: Armed
forces and society. Vol.13, 1987. No.4.
S. 579-598.
BZ 4418:13

The strategic defense initiative. New perspectives on deterrence. Ed.by D.G.Dall-
meyer. Boulder, Colo.: Westview Press
1986. XI, 112 S.
Bc 6608

Strategic implications of SDI for France
and West Germany. In: RUSI journal.
Vol.132, 1987. No.2. S. 51-56.
BZ 05161:132

Weinrod, W.B.: Strategic defense and the
ABM treaty. In: The Washington
quarterly. Vol.9, 1987. No.3. S. 73-87.
BZ 05351:9

F 053.4 Operative Konzepte

Atkeson, E.B.: The operational level of
war. In: Military review. Vol.67, 1987.
No.3. S. 28-36.
BZ 4468:67

Bolt, W.J.; Jablonsky, D.: Tactics and the
operational level of war. In: Military
review. Vol.67, 1987. No.3. S. 2-19.
BZ 4468:67

Campbell, C.: Airland Battle 2000.
Twickenham: Hamlyn 1986. 188 S.
010358

F 054 Taktik/Truppenführung/Manöver

Beaumont, R.: The nerves of war: emerging issues in and references to command
and control. Washington, D.C.: AFCEA
Intern.Pr. 1986. V,89 S.
Bc 7095

Bellmann, M.: Handbuch für Übung und
Einsatz. Eine Sammlung v.Grundlagen,
Fakten u.Hilfsmitteln im Bereich d.
Taktik. 2.Aufl. Regensburg: Walhalla
u.Praetoria 1987. XIV, 317 S.
Bc 7453

Blair, B.G.: Strategic command and control. Redefining the nuclear threat.
Washington, D.C.: The Brookings Inst.
1985. XIV,341 S.
B 61903

Borg-Neervoort, M.T.: C3I- de achilleshiel
van de NAVO-strategie. In: Internationale spectator. Jg.42, 1988. Nr.2. S. 109-
116.
BZ 05223:42

Gerner, M.H.: Leadership at the operational level. In: Military review. Vol.67,
1987. No.6. S. 26-35.
BZ 4468:67

Heerde, R.J.A.T.van: Factoren van invloed
op het gevechtsveldgedrag. In: Militaire
spectator. Jg.156, 1987. No.4 u.5. S. 149-
154; 206-212.
BZ 05134:156

Johansson, U.H.: Informationsproblema-
tik i militära elektroniksystem. In:
Tidskrift i sjöväsendet. Arg.150, 1987.
No.1. S. 45-54.
BZ 4494:150

The mechanized battlefield. A tactical
analysis. Ed.by J.A.English. Washington:
Pergamon-Brassey's 1985. XIV, 188 S.
010002

Nye, R.H.: The challenge of command. Reading for military excellence. Wayne, N.J.: Avery 1986. IX, 187 S.
B 61784

Popp, D.J.: Night fighter's handbook. Boulder, Colo.: Paladin Pr. 1986. VIII, 64 S.
Bc 02166

U.S. Military installations in NATO's southern region. Report. Washington: U.S.Government Print. Off. 1986. XII, 415 S.
B 60817

Welsh, I.: Technological imperatives, human fallibility and C3I. In: Current research on peace and violence. Vol.11, 1988. No.1-2. S. 40-47.
BZ 05123:11

Westwood, J.T.: Il poteniale di C3I ed EW della NATO e del patto di Varsavia: la sfida continua. In: Rivista italiana difesa. A.6, 1987. No.7. S. 17-26.
BZ 05505:6

Wissekerke, F.J.D.C. Egter van: Het vaste team als basiseenheid in het gevecht. In: Militaire spectator. Jg.156, 1987. No.4. S. 155-167.
BZ 05134:156

F 055 Geheimer Nachrichtendienst/ Spionage/Abwehr

Agoston, T.: Blunder! How the U.S. gave away Nazy supersecrets to Russia. New York: Dodd, Mead & Co. 1985. XVI, 166 S.
B 57830

Andreassen, K.: Cryptology and the personal computer with programming in BASIC. Laguna Hills, Calif.: Aegean Park Pr. 1986. 157 S.
010636

Beesly, P.: Who was the third man at Pyry? In: Cryptologia. Vol.11, 1987. Nr.2. S. 78-80.
BZ 05403:11

Bennett, R.: World War II Intelligence: the last 10 years' work reviewed. In: Defense analysis. Vol.3, 1987. No.2. S. 103-117.
BZ 4888:3

Bennett, R.: World War II Intelligence: The last 10 years' work reviewed. In: Defense analysis. Vol.3, 1987. No.2. S. 103-117.
BZ 4888:3

Beschloss, M.R.: MAYDAY. Eisenhower, Khrushchev and the U-2 affair. New York: Harper & Row 1986. XVI, 494 S.
B 61498

Bloch, G.: Enigma avant Ultra. Enigma before Ultra. In: Cryptologia. Vol.12, 1988. Nr.3. S. 178-184.
BZ 05403:12

Bloch, G.: Enigma before Ultra. Polish work and the French contribution. In: Cryptologia. Vol.11, 1987. Nr.3. S. 142-155.
BZ 05403:11

Boyd, C.: Significance of MAGIC and the Japanese ambassador to Berlin: the crucial months after Pearl Harbor. In: Intelligence and national security. Vol.2, 1987. No.2. S. 302-319.
BZ 4849:2

Bundy, W.P.: Some of my wartime experiences. In: Cryptologia. Vol.11, 1987. Nr.2. S. 65-77.
BZ 05403:11

Carlisle, S.: Pattern words: nine-letters in length. Laguna Hills, Calif.: Aegean Park Pr. 1986. 164 S.
010666

Carlisle, S.: Pattern words: three-letters to eight-letters in length. Laguna Hills, Calif.: Aegean Park Pr. 1986. V,134 S.
010638

Chor, B.-Z.: Two issues in public-key cryptography. RSA bit security and a new knapsack type system. Cambridge, Mass.: The MIT Pr. 1986. 78 S.
B 61796

Clarke, W.F.: Bletchley Park 1941-1945.
In: Cryptologia. Vol.12, 1988. Nr.2.
S. 90-97.
BZ 05403:12

Clarke, W.F.: Government code and
cypher school. Its foundation and development with special reference to its naval
side. In: Cryptologia. Vol.11, 1987. Nr.4.
S. 219-226.
BZ 05403:11

Codebreaking and signals intelligence.
Ed.by C.Andrew. London: Cass 1986.
137 S.
B 60609

Currer-Briggs, N.: Some of Ultra's poor
relations in Algeria, Tunisia, Sicily and
Italy. In: Intelligence and national security. Vol.2, 1987. No.2. S. 274-290.
BZ 4849:2

Decock, P.: La Dame Blanche, 1916-1918.
In: Revue belge d'histoire militaire.
Jg.27, 1987. No.3. S. 217-226.
BZ 4562:27

Ellison, C.M.: A solution of the Hebern
messages. In: Cryptologia. Vol.12, 1988.
Nr.3. S. 144-158.
BZ 05403:12

Erskine, R.: From the archives. U-boat
HF WT signalling. In: Cryptologia.
Vol.12, 1988. Nr.2. S. 98-106.
BZ 05403:12

Erskine, R.; Weierud, F.: Naval enigma.
M4 and its rotors. In: Cryptologia.
Vol.11, 1987. Nr.4. S. 235-244.
BZ 05403:11

Faligot, R.; Kauffer, R.: KGB objectif
Pretoria. Lausanne: Favre 1986. 186 S.
B 61182

Ferris, J.: The British "Enigma": Britain,
signals security and cipher machines,
1906-1946. In: Defense analysis. Vol.3,
1987. No.2. S. 153-163.
BZ 4888:3

Friedman, W.F.: The index of coincidence
and its applications in cryptanalysis.
Laguna Hills, Calif.: Aegean Park Pr.
1987. 95 S.
010637

Friedman, W.F.; Callimahos, L.D.: Military
cryptanalytics. P.1.2. Laguna Hills, Calif.:
Aegean Park Pr. 1985. VIII, 465 S; IX,
658 S.
010639

Gerolymatos, A.: Espionage and treason.
A study of the proxenia in political and
military intelligence... Amsterdam:
Gieben 1986. 140 S.
B 58684

Gleason, A.M.; Penney, W.F.; Wyllys, R.E.:
Elementary course in probabilitiy for the
cryptanalyst. Laguna Hills, Calif.:
Aegean Park Pr. 1985. Getr.Pag.
010642

Gouazé, L.Y.: Needles and haystacks. The
search for Ultra in the 1930s. In: Cryptologia. Vol.11, 1987. Nr.2. S. 85-92.
BZ 05403:11

Handel, M.: The politics of intelligence.
In: Intelligence and national security.
Vol.2, 1987. No.4. S. 6-46.
BZ 4849:2

Hardie, B.: The Potus-Prime connection.
Two notes. In: Cryptologia. Vol.11, 1987.
Nr.1. S. 40-46.
BZ 05403:11

Hiley, N.: The strategic origins of room
40. In: Intelligence and national security.
Vol.2, 1987. No.2. S. 245-273.
BZ 4849:2

Intelligence and international relations
1900-1945. Ed.by C.Andrew. Exeter:
Univ.of Exeter 1987. X,314 S.
B 62257

The Intelligence war. Ed.: W.V.Kennedy.
London: Salamander 1987. 224 S.
010592

Intelligence: policy and process. Ed.by
A.C.Maurer. Boulder, Colo.: Westview
Press 1985. XI, 401 S.
B 58280

Jacquard, R.: La guerre du mensonge.
Histoire secrète de la désinformation.
Paris: Plon 1986. 308 S.
B 61185

Kahl, W.: Spionage in Deutschland heute.
München: Ed.Meyster 1986. 280 S.
B 58185

Kneitel, T.: Guide to embassy [and] espio-
nage communications. Commack, N.Y.:
CRB Research 1986. 96 S.
Bc 02175

Koudelka, E.R.: Counter Intelligence, the
conflict, and the conquest. Guilderland,
N.Y.: Ranger Publ. 1986. V,149 S.
Bc 8066

Kramish, A.: Der Greif. Paul Rosbaud,
der Mann, der Hitler's Atompläne scheitern ließ. München: Kindler 1987. 351 S.
B 61391

Kruh, L.: Stimson, the black chamber,
and the 'gentlemen's mail' quote. In:
Cryptologia. Vol.12, 1988. Nr.2. S. 65-89.
BZ 05403:12

Kuzaczuk, W.: Im Banne der Enigma.
Berlin: Militärverlag der DDR 1987.
244 S.
B 62103

Langie, A.: Cryptography. A study on
secret writings. Laguna Hills, Calif.:
Aegean Park Pr. 1985. 192 S.
010641

Levite, A.: Intelligence and strategic sur-
prises. New York: Columbia Univ.Pr.
1987. XIII, 220 S.
B 61881

Listening to the enemy. Key documents
on the role of communications intelligence in the war with Japan. Ed.:
R.H.Spector. Wilmington, Del.:
Scholarly Resources 1988. XII, 285 S.
010565

Mache, W.: Geheimschreiber. In: Cryptologia. Vol.10, 1986. Nr.4. S. 230-247.
BZ 05403:10

Macpherson, N.A.: The compromise of
U.S.Navy cryptanalysis after the battle of
Midway. In: Intelligence and national
security. Vol.2, 1987. No.2. S. 320-323.
BZ 4849:2

The military intelligence community.
Ed.by G.W.Hopple. Boulder, Colo.:
Westview Press 1986. XIII, 298 S.
B 58018

Parrish, T.D.: The Ultra Americans. The
U.S. role in breaking the NAZI codes.
New York: Stein and Day 1986. 338 S.
B 61657

Piekalkiewicz, J.: Weltgeschichte der Spionage. Agenten, Systeme, Aktionen.
München: Südwest-Verl. 1988. 568 S.
010550

Pincher, C.: The secret offensive. London:
Sidgwick & Jackson 1985. 314 S.
B 57555

Pope, S.: Diversion: An unrecognized element of Intelligence? In: Defense analysis. Vol.3, 1987. No.2. S. 133-151.
BZ 4888:3

Richelson, J.T.; Ball, D.: The ties that
bind. Intelligence cooperation between
the UKUSA countries... London: Allen
& Unwin 1985. XVI, 402 S.
B 59148

Salicath, C.P.: Alien submarines in
Swedish waters: The method of counting
as a political instrument. In: Cooperation
and conflict. Nordic journal of international politics. Vol.22, 1987. No.1. S. 49-
55.
BZ 4605:22

Santoni, A.: Il primo Ultra Secret. L'influ-
enza delle delle decrittazioni britanniche
sulle operazioni navali della guerra 1914-
1918. Milano: Mursia 1985. 415 S.
B 57376

Schick, J.S.: With the 849th SIS, 1942-45. In: Cryptologia. Vol.11, 1987. Nr.1. S. 29-39.
BZ 05403:11

Strategic and operational deception in the Second World War. Ed.: M.I.Handel. London: Cass 1987. 348 S.
B 63100

Treverton, G.F.: Covert action and open society. In: Foreign affairs. Vol.65, 1987. No.5. S. 995-1014.
BZ 05149:65

Tuck, J.: High-Tech espionage. New York: St.Martin's Press 1986. 211 S.
B 62307

Unheimlich zu Diensten. Medienmißbrauch durch Geheimdienste. Hrsg.: E.Jürgens. 2. Aufl. Göttingen: Steidl 1987. 174 S.
B 61484

Vermaat, J.A.E.: Industriele en militaire spionage door SU en DDR. In: Militaire spectator. Jg.156, 1987. No.11. S. 473-489.
BZ 05134:156

Wark, W.K.: "Great investigations": The public debate on Intelligence in the US after 1945. In: Defense analysis. Vol.3, 1987. No.2. S. 119-132.
BZ 4888:3

Wark, W.K.: The ultimate enemy. British intelligence and Nazi Germany, 1933-1939. London: Tauris 1985. 304 S.
B 57650

Warner, P.: The secret Forces of World War II. London: Granada Publ. 1985. X,245 S.
B 61265

Whitaker, P.; Kruh, L.: From Bletchley Park to Berchtesgaden. In: Cryptologia. Vol.11, 1987. Nr.3. S. 129-141.
BZ 05403:11

Wozu Geheimdienste? Kundschafter-Agenten-Spionage. Hrsg.v.G.-K. Kaltenbrunner. Freiburg/Br.: Herder 1985. 190 S.
Bc 6806

Yost, G.: Spy-tech. London: Harrap 1985. XIII, 281 S.
B 57551

F 055.9 Einzelne Spione/Fälle

Bar-Zohar, M.: Arrows of the almighty. New York, N.Y.: Macmillan 1985. 228 S.
B 57965

Bergh, H.van: Der Fall Tiedge. Aus den Akten des Untersuchungsausschusses. Berg: Türmer-Verl. 1987. 163 S.
B 64088

Hennessy, P.; Townsend, K.: The documentary spoor of Burgess and Maclean. In: Intelligence and national security. Vol.2, 1987. No.2. S. 291-301.
BZ 4849:2

Kneece, J.: Family Treason. The Walker spy case. Briarcliff Manor, N.Y.: Stein and Day 1986. 240 S.
B 61610

Kostov, V.: Der bulgarische Regenschirm. Wien: Verl.Jugend u.Volk 1987. 215 S.
B 62216

Mader, J.: An geheimer Front. Bericht über Richard Sorge. Köln: Pahl-Rugenstein 1987. 560 S.
B 62348

Manne, R.: The Petrov affair. Politics and espionage. Sydney: Pergamon 1987. XIII, 310 S.
B 62536

Moss, N.: Klaus Fuchs. The man who stole the atom bomb. London: Grafton Books 1987. 216 S.
B 63034

Pacepa, I.M.: Red Horizons. London: Heinemann 1988. XVII, 446 S.
B 65131

Paillole, P.: Notre espion chez Hitler. Paris: Laffont 1985. 285 S.
B 57857

Pujol, J.; West, N.: Operation Garbo. The personal story of the most successful double agent of World War II. New York: Random House 1985. 205 S.
B 62480

Williams, R.C.: Klaus Fuchs, atom spy. Cambridge, Mass.: Harvard Univ.Pr. 1987. VI, 267 S.
B 65723

F 100 Landmacht/Heer/ Landstreitkräfte

African Merc Combat Manual. Boulder, Colo.: Paladin Pr. 1986. III, 203 S.
Bc 02165

Becker, E.: Gewußt wie. Tips für Militär-kraftfahrer und Instandsetzungsspeziali-sten. Berlin: Militärverlag der DDR 1987. 91 S.
Bc 7454

Behrens, R.R.: The art of dazzle camouflage. In: Defense analysis. Vol.3, 1987. No.3. S. 233-243.
BZ 4888:3

Boonyapratuang, S.: Military control in Southeast Asia. A comparative study. Ann Arbor, Mich.: Univ.Microfilms 1986. II, 198 S.
B 60072

Braun, M.: Rationale Akteure und institu-tionelle Regelungen in Militärorganisatio-nen. München: Sozialwiss.Inst.d.Bundes-wehr 1985. 16, III, 164 S.
B 58602

Dahl, C.: Kjente og ukjente soldater. Om soldatholdninger og atferd i litteraturen og i virkeligheten med utgangspunkt i Väinö Linna's roman "Ukjent soldat". In: Norsk militært tidsskrift. Arg.157, 1987. No.7. S. 23-31.
BZ 05232:157

Davis, C.L.; Taylor, R.D.: The effects of military service on political participation: the case of long-term soldiers. In: Jour-nal of political and military sociology. Vol.15, 1987. No.1. S. 89-103.
BZ 4724:15

Dumbsky, W.: Die deutschen Festungen von 1871 bis 1914: Strategische Bedeu-tung und technische Entwicklung. Frank-furt: Lang 1987. 180 S.
Bc 7575

Foss, C.F.: Jane's armoured personnel carriers. London: Jane's Publ. 1985. 216 S.
010504

Guest, T.: Military shelters – a European survey. In: Military technology. Vol.11, 1987. No.7. S. 26-35.
BZ 05107:11

Humble, R.; Scollins, R.: The soldier. New York: Crescent Books 1986. 228 S.
010365

Il potere militare nelle società contempo-ranee. Ed.: G.Pasquino. Bologna: Il Mulino 1985. 346 S.
B 60707

Keegan, J.; Holmes, R.; Gau, J.: Soldiers. A history of men in battle. New York: Viking 1986. 288 S.
010137

Kim, Y.M.: The political economy of mili-tary rule. A comparative study of Brazil, South Korea, Peru and Egypt. Ann Arbor, Mich.: Univ.Microfilms 1986. III, 393 S.
B 60130

Lutz, K.: Der Herr sandte mir keinen Engel. Leitfaden für e.Legionär. Schaffhausen: Meili 1985. 154 S.
B 63046

Mangum, S.L.; Ball, D.E.: Military skill training: some evidence of transferability. In: Armed forces and society. Vol.13, 1987. No.3. S. 425-441.
BZ 4418:13

Mockler, A.: The new mercenaries. London: Corgi Books 1986. 494 S.
B 62503

Rapoport, A.: Wem nützt der permanente Kriegszustand; Die parasitäre Rolle des Militärestablishments in Ost u.West. Darmstadt: Verl.Darmstädter Blätter 1985. 31, 9 S.
Bc 01721

Rosignoli, G.: The illustrated encyclopedia of military insignia of the 20th century. London: St.Paul 1987. 224 S.
010104

Royl, W.: Zusammenhang zwischen allgemeiner Moralpädagogik und Charaktererziehung in der Ausbildung zum Offizier des Heeres. E.Beitr.zur Militärpädagogik. Neubiberg: Selbstverlag 1987. 265 S.
09824

Souyris- R.A.; Le Marec, G.: Guide des ordres et décorations de la résistance et de la libération. 2ème guerre mondiale. Paris: Préal 1985. 171 S.
010143

Stahlmann, J.: Feldm. Anlagen in Stahlbeton. Bauformen. Nürnberg: Interessengemeinschaft f.Befestigungsanlagen beider Weltkriege 1985. 126 S.
Bc 6952

Vega, G.: La infanteria cambio, evolución o adaptación. In: Defensa. A.11, 1988. No.122. S. 12-17.
BZ 05344:11

War, morality, and the military profession. Ed.by M.M.Wakin. Boulder, Colo.: Westview Press 1986. XIII, 521 S.
B 61148

Zabecki, D.T.: Field artillery in the 1980s. Bennington, Vt.: Weapons and Warfare Pr. 1986. 39 S.
Bc 02142

F 200 Seemacht/Marine/ Seestreitkräfte

Bolton, D.: Submarine warfare. In: RUSI journal. Vol.132, 1987. No.3. S. 19-23.
BZ 05161:132

Brauzzi, A.; Giorgerini, G.: Le Marine militari nello scenario strategico mondiale. In: Rivista marittima. A.121, 1988. No.7. S. 35-67.
BZ 4453:121

Coutau-Bégarie, H.: Une limitation des armements navals est-elle possible? In: Défense nationale. A.44, 1988. No.2. S. 63-77.
BZ 4460:44

Daniel, D.C.: Anti-submarine warfare and superpower strategic stability. Basingstoke: Macmillan 1986. 1986.
B 58532

Dybeck, C.G.: Sjökrigets villkor och lagar. In: Tidskrift i sjöväsendet. Arg.151, 1988. No.1. S. 45-51.
BZ 4494:151

Gray, C.S.: Maritime strategy, geopolitics, and the defense of the west. New York, N.Y.: National Strategy Information Center 1986. VIII, 85 S.
Bc 6754

Grove, E.: The future of sea power. In: Naval forces. Vol.7, 1987. No.2. S. 12-28.
BZ 05382:7

Handler, J.: Waging submarine warfare. In: Bulletin of the atomic scientists. Vol.43, 1987. No.7. S. 40-43.
BZ 05542:43

Hastings, S.A.: A maritime strategy for 2038. In: United States Naval Institute. Proceedings. Jg.114, 1988. No.7. S. 30-48.
BZ 05163:114

Hewish, M.: Sensoren für die U-Abwehr. In: Internationale Wehrrevue. Jg.20, 1987. Nr.8. S. 1081-1090.
BZ 05263:20

Hughes, W.P.: Fleet tactics. Theory and practise. Annapolis, Ma.: Naval Inst.Pr. 1986. XVI, 316 S.
B 61457

Jordan, R.S.: The maritime strategy and the Atlantic Alliance. In: RUSI journal. Vol.132, 1987. No.3. S. 45-54.
BZ 05161:132

Kärcher, T.: Die Londoner Seekriegs-rechtsdeklaration von 1909. Stuttgart: Selbstverlag 1987. Getr.Pag.
B 63929

Lefèbvre, D.: Stratégie navale et sécurité européenne. In: Nouvelle revue maritime. 1987. No.405. S. 34-41.
BZ 4479:1987

Liberal Fernandez, A.: La inteligencia como recuro y servidumbre. In: Revista general de marina. T.214, 1988. April. S. 533-544.
BZ 4619:214

Lind, W.S.: The maritime strategy 1988. In: United States Naval Institute. Proceedings. Jg.114, 1988. No.2/1020. S. 61.
BZ 05163:114

Lutz, D.S.; Müller, E.; Pott, A.: Seemacht und Sicherheit. Beitr. z. Diskussion maritimer Rüstung u.Rüstungskontrolle. Baden-Baden: Nomos-Verlagsges. 1986. 213 S.
B 60215

Masson, P.: De la mer et de sa stratégie. Paris: Tallandier 1986. 405 S.
B 59412

The naval arms race. New York: UN 1986. VIII, 100 S.
Bc 02046

Naval History. The sixth symposium of the U.S. Naval Academy. Ed.: D.M. Masterson. Wilmington, Del.: Scholarly Resources 1987. XV, 358 S.
010553

New aspects of naval history. Selected papers from the 5th Naval History Symposium. Ed.: Department of History, U.S. Naval Academy. Baltimore, Md.: The Nautical and Aviation Publ.Comp.of America 1985. 213 S.
B 61801

Peppe, K.: Acoustic showdown for the SSNs. In: United States Naval Institute. Proceedings. Jg.113, 1987. No.1013. S. 32-35.
BZ 05163:113

Potter, E.B.; Nimitz, C.W.; Rohwer, J.: Seemacht. Eine Seekriegsgeschichte von der Antike bis zur Gegenwart. Herrsching: Pawlak 1986. XX, 1201 S.
010158

Prawitz, J.: Marin rustningskontroll. In: Fred och säkerhet. 1986/87. S. 197-213.
BZ 4877:1986/87

Ranger, R.: Learning from the naval arms control experience. In: The Washington quarterly. Vol.10, 1987. No.3. S. 47-58.
BZ 05351:10

Resing, D.C.: Mine countermeasures in coastal harbors: a force planner's dilemma. In: Naval War College review. Vol.40, 1987. No.2. S. 53-62.
BZ 4634:40

Stefanick, T.: Strategic antisubmarine Warfare and naval strategy. Lexington: Lexington Books 1987. XXIV, 390 S.
B 65722

Truver, S.C.: Weapons that wait... and wait... In: United States Naval Institute. Proceedings. Jg.114, 1988. No.2/1020. S. 31-35.
BZ 05163:114

F 300 Luftmacht/Luftwaffe/ Luftstreitkräfte

Alberts, D.J.: Le tattiche aria-aria, le innovazioni tecnologiche e i caccia del futuro. In: Rivista italiana difesa. A.6, 1987. No.7. S. 50-61.
BZ 05505:6

Bergot, E.: 11e Choc. Paris: Presses de la Cité 1986. 313 S.
B 62208

Black, J.: Between NATO and the Warsaw Pact: the challenges of self-defence. In: RUSI journal. Vol.132, 1987. No.3. S. 9-12.
BZ 05161:132

Brown, N.: The future of air power. London: Croom Helm 1986. 309 S.
B 59756

Cannet, I.R.M.: Luftgefechte zwischen Hubschraubern. In: Interavia. Jg.43, 1988. Nr.9. S. 871-874.
BZ 05184:43

The future of air power. Ed.by J.R. Walker. London: Ian Allen 1986. 99 S.
Bc 7363

Lucas, L.: Out of the blue. The role of luck in air warfare, 1917-1966. London: Hutchinson 1985. 317 S.
B 60428

Militärischer Tiefflug. Hintergründe – Auswirkungen – Gegenwehr. Hrsg.: Bundeskoordinationsstelle der Tieffluggegner. Biebelheim: o.V. 1987. 51 S.
D 3639

Myers, G.E.: The swords of Armageddon: a discussion of the strategic mystique. In: Defense analysis. Vol.3, 1987. No.1. S. 21-33.
BZ 4888:3

Otto, K.-H.: Flakartillerie. Gestern – heute. Berlin: Militärverlag der DDR 1987. 32 S.
Bc 7823

Saw, D.: The tactical defence of airfields. In: Military technology. Vol.11, 1987. No.8. S. 18-29.
BZ 05107:11

Stainer, J.: Prospects for air Power. In: RUSI journal. Vol.132, 1987. No.3. S. 3-8.
BZ 05161:132

Walker, J.R.: Air-to-ground operations. London: Brassey's Defence Publ. 1987. XI, 152 S.
010405

Wragg, D.W.: Airlift. A history of military air transport. Novato, Calif.: Presidio Pr. 1986. 159 S.
010369

F 400 Zivilverteidigung/ Zivilschutz/Sanitätswesen

Abi-Saab, R.: Droit humanitaire et conflits internes. Origines et évolution de la réglementation internationale. Geneve: Inst. Henry-Dunant 1986. o.Pag.
B 61829

Crosby, T.L.: The impact of civiliian evacuation in the second world war. London: Croom Helm 1986. 176 S.
B 58086

Fischer, H.: Der Einsatz von Nuklearwaffen nach Art 51 des I.Zusatzprotokolls zu den Genfer Konventionen von 1949. Berlin: Dunker u.Humblot 1985. 267 S.
B 56018

Kasten, M.; Popp, W.: Bunkerrepublik Deutschland. Zur Strategie der inneren Militarisierung. Dortmund: Weltkreis Verlag 1986. 214 S.
B 58667

Moskop, J.C.: Civil defence against nuclear attack: an evaluation of one local plan. In: Medicine and war. Vol.3, 1987. No.3. S. 145-159.
BZ 4904:3

Oberließen, F.-J.: Zivilverteidigung. Unbekannte Militarisierung? Frankfurt: Haag u.Herchen 1987. 110 S.
Bc 6588

Schmitt, W.: Die zivile Verteidigung im Rahmen der Sicherheits- und Verteidigungspolitik. Bonn: Osang Verl. 1986. 61 S.
Bc 6791

F 500 Wehrtechnik/Kriegstechnik

F 501 Allgemeines

Department of Defense Material Organizations. In: National defense. Vol.72, 1987. No.431. S. 81-112.
BZ 05186:72

Emerging technologies and military doctrine. A political assessment. Ed.by F.Barnaby. New York: St.Martin's Press 1986. XXI, 328 S.
B 63036

Lemmens, J.M.G.: Defensie, technologie en beleid. In: Militaire spectator. Jg.156, 1987. No.7. S. 291-299.
BZ 05134:156

Lemmens, J.M.G.: Wetenschappelijk onderzoek voor Defensie. In: Militaire spectator. Jg.156, 1987. No.5. S. 185-194.
BZ 05134:156

Rüstungsforschung. Geschichte – Struktur – Tendenzen. Tübingen: Arbeitskreis Kriegsforschung 1985. 164 S.
Bc 7291

Schwarz, A.: Rüstungsforschung – sinkende Effektivität und Konkurrenzfähigkeit. In: IPW-Berichte. Jg.16, 1987. H.10. S. 34-40.
BZ 05326:16

Spitzer, H.: Läßt sich die Rüstungsdynamik steuern? In: S und F. Jg.5, 1987. Nr.4. S. 247-254.
BZ 05473:5

Weston, D.; Gummett, P.: The economic impact of military R & D: hypotheses, evidence and verification. In: Defense analysis. Vol.3, 1987. No.1. S. 63-76.
BZ 4888:3

F 510 Waffentechnik

Artillery rocket systems: a unique market. In: Military technology. Vol.11, 1987. No.9. S. 22-31.
BZ 05107:11

Hogg, I.: The weapons that changed the world. New York: Arbor House 1986. 159 S.
010346

Jenkins, C.: Man-portable air defence systems – light but effective. In: Military technology. Vol.11, 1987. No.7. S. 38-51.
BZ 05107:11

Lenaerts, J.: Technological and operational prospects for medium-calibre automatic cannons. In: Military technology. Vol.11, 1987. No.7. S. 52-72.
BZ 05107:11

Schear, J.A.; Nye, J.S.: Addressing Europe's conventional instabilities. In: The Washington quarterly. Vol.11, 1988. No.3. S. 45-55.
BZ 05351:11

Steadman, N.: Small arms – little and large. In: Defence. Vol.18, 1987. No.8. S. 467-472.
BZ 05381:18

Turner, J.: Arms in the 80s. New developments in the global arms race. London: Taylor u.Francis 1985. X,118 S.
Bc 01984

Wirtgen, R.: Geschichte und Technik der automatischen Waffen in Deutschland. T.1. Herford: Mittler 1987. 183 S.
010357

F 511 Heereswaffen

Bishop, C.; Drury, I.: Combat guns.
Twickenham: Temple Press 1987. 286 S.
010587

Greener, W.W.: The gun and its develop-
ment. 9.ed. London: Arms and Armour
Pr. 1986. XX, 804, XXVI S.
B 62504

Die Handfeuerwaffen des österreichischen Soldaten. Hrsg.: P.Krenn. Graz:
Akademische Druck- u.Verlagsanstalt
1985. 121 S.
B 57793

Heinrich, D.; Tiezel, B.: Die Selbstlade-
und automatischen Handfeuerwaffen.
Herford: Mittler 1986. 388 S.
B 62105

Hogg, I.V.; Week, J.H.: Military small
arms of the 20th century. 5.ed. North-
field, Ill.: DBI Books 1985. 303 S.
010486

Hostettler, E.: Hand- und Faustfeuer-
waffen der Schweizer Armee von 1842 bis
heute. Zürich: Buch-Vertriebs-GmbH
1987. 128 S.
Bc 7341

Lewis, J.: The gun digest book of assault
weapons. Northbrook, Il.: DBI Books
1986. 256 S.
010294

Long, D.: Assault pistols, rifles and sub-
machine guns. Boulder, Col.: Paladin Pr.
1986. VII, 142 S.
010354

Markham, G.: Guns of the elite. Special
forces firearms, 1940 to the present.
London: Arms and Armour Pr. 1987.
184 S.
010503

Stevens, R.; Ezell, E.C.: The black rifle.
M16 retrospective. Toronto: Collector
Grade 1987. 400 S.
010524

F 512 Marinewaffen/Seekriegswaffen

Anti-ship missiles of the 21st century. In:
Maritime defence. Vol.12, 1987. No.5.
S. 147-150.
BZ 05094:12

Breemer, J.: Mine warfare: the historical
setting. In: Naval forces. Vol.9, 1988.
No.17. S. 36-43.
BZ 05382:9

Compton-Hall, R.: Re-emergence of the
Midgets. In: Military technology. Vol.11,
1987. No.10. S. 39-46.
BZ 05107:11

Daniel, D.C.; Zelikow, P.D.: Superpower
SW developments and the survivability of
strategic submarines. In: The journal of
strategic studies. Vol.10, 1987. No.1.
S. 5-35.
BZ 4669:10

Drechsler, A.: Entwicklungstrends von
Minenjagdsystemen der Flotten kapitali-
stischer Staaten. In: Militärwesen. 1988.
H.2. S. 55-60.
BZ 4485:1988

Fieldhouse, R.: Nuclear weapons at sea.
In: Bulletin of the atomic scientists.
Vol.43, 1987. No.7. S. 19-23.
BZ 05542:43

George, J.L.: La componente subacquea
della "Triade". Quali prospettive per il
piú efficace strumento di dissuasione
degli Stati Uniti? In: Rivista marittima.
A.121, 1988. No.7. S. 21-34.
BZ 4453:121

Harboe-Hansen, H.: Close-in weapon
systems. In: Maritime defence. Vol.12,
1987. No.7. S. 220-228.
BZ 05094:12

Lindström, B.: Teknik för styrda undervat-
tensvapensystem. In: Tidskrift i sjöväsendet. Arg.150, 1987. No.3. S. 169-180.
BZ 4494:150

Mannhardt, J.: Guns for shipborne anti-
missile defence: possibilities and limitations. In: Military technology. Vol.11,
1987. No.12. S. 17-27.
BZ 05107:11

Preston, A.: Don't forget the gun. The re-emergence of the naval gun. In: Defence. Vol.18, 1987. No.10. S. 623-627.
BZ 05381:18

Principles of naval weapons systems. Ed.by D.R.Frieden. 2.ed. Annapolis, Ma.: Naval Inst.Pr. 1986. IX, 607 S.
010178

Schiffner, M.; Dohmen, K.-H.; Friedrich, R.: Torpedobewaffnung. Berlin: Militärverlag der DDR 1987. 264 S.
B 62589

Tengstrand, G.: Torpedtekniken idag. In: Tidskrift i sjöväsendet. Arg.150, 1987. No.2. S. 79-104.
BZ 4494:150

F 513 Luftkriegswaffen

Bonsignore, E.: LAMS, MSAM & Co: shaping the future of Western air defences. In: Military technology. Vol.11, 1987. No.10. S. 20-31.
BZ 05107:11

Rauschert, M.: Die britischen und US-amerikanischen Brandbomben des 2.Weltkriegs aus deutscher Sicht. Bonn: Selbstverlag 1986. 266 S.
010295

Toro Tassara, R.: Sistemas antiaéreos en el campo táctico. In: Revista armas y servicios del ejército. 1987. No.40. S. 14-25.
BZ 4443:1987

Wanstall, B.: Antiradar-Flugkörper gegen die feindliche Luftabwehr. In: Interavia. Jg.42, 1987. Nr.9. S. 929-931.
BZ 05184:42

F 515 ABC-Waffen

Armanet Armanet, P.: La zona desnuclearizada latinoamericana en la perspectiva de la cooperación regional. In: Estudios internacionales. Jg.20, 1987. No.77. S. 19-38.
BZ 4936:20

Atoms for peace. An analysis after thirty years. Ed.by J.F.Pilat. Boulder, Colo.: Westview Press 1985. XVI, 299 S.
B 58292

L'Aventure de la bombe. De Gaulle et la dissuasion nucléaire (1958-1969). Paris: Plon 1985. 380 S.
B 58777

Ball, H.: Justice downwind. America's atomic testing program in the 1950s. New York: Oxford Univ.Pr. 1986. XVIII, 280 S.
B 62326

Barnaby, F.: The nuclear arsenal in the Middle East. In: Journal of Palestine studies. Vol.17, 1987. No.1. S. 97-106.
BZ 4602:17

Bertell, R.: Estimates of uranium and nuclear radiation casualties attributable to activities since 1945. In: Medicine and war. Vol.4, 1988. No.1. S. 27-36.
BZ 4904:4

Blakeway, D.; Lloyd-Roberts, S.: Fields of thunder. Testing Britain's bomb. London: Allen & Unwin 1985. 243 S.
B 59371

Boyer, P.: By the bomb's early light. American thought and culture at the dawn of the atomic age. New York, N.Y.: Pantheon Books 1985. XX, 440 S.
B 59109

Chemical Warfare. Progress and problems in defensive capability. Washington, D.C.: U.S General Accounting Off. 1986. 112 S.
Bc 01929

Chemische Kampfstoffe und Schutz vor chemischen Kampfstoffen. 2.Aufl. Berlin: Militärverlag der DDR 1985. 420 S.
B 58471

Cheshire, L.: The light of many suns. The meaning of the bomb. London: Methuen 1985. 138 S.
B 59372

Cleave, W.R.van; Cohen, S.T.: Nuclear weapons, policies, and the test ban issue. New York: Praeger 1987. XIII, 104 S.
B 62761

Craig, P.P.; Jungerman, J.A.: Nuclear arms race. Technology and society. New York: McGraw-Hill 1986. XV, 461 S.
B 59116

Cube, A.von; Neuberger, G.; Sieker, E.: Das Ende des Nuklearzeitalters. Berlin: Dietz 1987. 288 S.
B 61318

Dahl, R.A.: Controlling nuclear weapons. Syracuse, N.Y.: Syracuse Univ.Pr. 1985. IX, 113 S.
B 58418

Delf, G.: Humanizing hell! The law v. nuclear weapons. London: Hamish Hamilton 1985. 367 S.
B 57554

Dosch, W.: Chemische Waffen – Abrüstung verpaßt? In: Mediatus. Jg.8, 1988. Nr.6. S. 3-10.
BZ 05506:8

Edwards, A.J.C.: Nuclear weapons, the balance of terror, the quest for peace. Basingstoke: Macmillan 1986. XVII, 275 S.
B 59266

Esposito, L.; Schear, J.A.: The command and control of nuclear weapons. A workshop report of the Aspen Inst.or Humanistic Studies. Queenstown, Md.: Aspen Inst. 1985. V, 29 S.
Bc 02086

Ethics, deterrence, and national security. Washington, D.C.: Pergamon 1985. XVI, 95 S.
B 58358

Fetter, S.: Stockpile confidence under a nuclear test ban. In: International security. Vol.12, 1988. No.3. S. 132-167.
BZ 4433:12

Freedman, L.: Arms control. Management or reform? London: Routledge & Kegan Paul 1986. 102 S.
Bc 6665

Freedman, L.: The price of peace. Living with the nuclear dilemma. London: Firethorn Pr. 1986. XIV, 288 S.
B 61258

Freeman, J.P.G.: Britain's nuclear arms control policy in the context of Anglo-American relations, 1957-68. Basingstoke: Macmillan 1986. XVI, 317 S.
B 59367

Gaffney, M.: Prisoners of fear: a retrospective look at the Israeli nuclear program. In: American Arab affairs. 1987. No.22. S. 75-96.
BZ 05520:1987

Gardner, P.F.: Tuna poaching and nuclear testing in the South Pacific. In: ORBIS. Vol.32, 1988. No.2. S. 249-262.
BZ 4440:32

Garrett, J.M.: Nuclear weapons for the battlefield: Deterrent or fantasy? In: The journal of strategic studies. Vol.10, 1987. No.2. S. 168-188.
BZ 4669:10

Gayler, N.: Der Ausweg: eine allgemeine Kernwaffenvereinbarung. In: Ejército. A.49, 1988. No.585. S. 85-90.
BZ 05173:49

Geissler, E.: Biologische Waffen – Der stille Tod. In: Mediatus. 1988. Nr.3. S. 3-8.
BZ 05506:1988

Geneste, M.: L'atome en réserve? Le principe de Gorbatchev et la bombe à neutrons. In: Défense nationale. A.43, 1987. No.12. S. 57-70.
BZ 4460:43

Gorbačev, M.S.: Das Moratorium. Der Generalsekretär des ZK d.KPdSU zum Problem d. Einstellung der Nukleartests. Moskau: APN-Verl. 1986. 211 S.
Bc 6181

Gregory, S.: The command and control of British tactical nuclear weapons. In: Defense analysis. Vol.4, 1988. No.1. S. 39-51.
BZ 4888:4

Griffiths, P.: Nuclear weapons: the last great debate? London: Edward Arnold 1987. VIII, 119 S.
Bc 02195

Haar, B.T.; Boter, H.; Verweij, A.: Verification of non-production of chemical weapons – An adequate system is feasible. In: NATO's sixteen nations. Vol.32, 1987. No.5. S. 46-51.
BZ 05457:32

Hemsley, J.: The Soviet bio-chemical threat: the real issue. In: RUSI journal. Vol.133, 1988. No.1. S. 15-22.
BZ 05161:133

Herken, G.: Counsels of war. New York: Knopf 1985. XVI, 407 S.
B 57944

Hippel, F.N.von; Feiveson, H.A.; Paine, C.E.: A low threshold nuclear test ban. In: International security. Vol.12, 1987. No.2. S. 135-151.
BZ 4433:12

Hotier, J.-L.: L'interdiction des armes chimiques et biologiques: Mythe ou réalité? (1re partie). In: Stratégique. 1987. No.2. S. 69-103.
BZ 4694:1987

Iobal, P.C.: India's nuclear goals and policy. In: Regional studies. Vol.5, 1987. No.2. S. 26-35.
BZ 4890:5

Jastrow, R.: SDI. So werden Atomwaffen überflüssig. Herford: Busse Seewald 1986. 181 S.
B 58576

Jones, R.W.: Strategic consequences of nuclear proliferation in South Asia: outlook from the United States. In: The journal of strategic studies. Vol.8, 1985. No.4. S. 28-39.
BZ 4669:8

Jones, V.C.: Manhattan, the army and the atomic bomb. Washington: Center of Military History 1985. XX, 660 S.
010308

Kaiser, R.von: "Schutzforschung" statt Verbotskontrolle. In: Blätter für deutsche und internationale Politik. Jg.33, 1988. Nr.2. S. 195-205.
BZ 4551:33

Knelman, F.H.: Reagan, god, and the bomb. Buffalo, N.Y.: Prometheus Books 1985. VII, 343 S.
B 58840

Lebow, R.N.: Nuclear crisis management. Ithaca, N.Y.: Cornell Univ.Pr. 1987. 226 S.
B 61654

Lifton, R.J.: The future of immortality and other essays for a nuclear age. New York: Basic Books 1987. X,305 S.
B 61928

Lohs, K.; Uschner, M.: Für ein chemiewaffenfreies Europa. Berlin: Dietz 1986. 210 S.
Bc 7235

Lübben-Pistofidis, I.: Israels Atombomben "im Keller". In: AIB-Dritte-Welt-Zeitschrift. Jg.19, 1988. Nr.3. S. 14-17.
BZ 05283:19

MacDermott, J.: The killing winds. The menace of biological warfare. New York: Arbor House 1987. XIII, 322 S.
B 62945

MacPherson, M.C.: Time-bomb. Fermi, Heisenberg, and the race for the atomic bomb. New York: Dutton 1986. XIII, 316 S.
B 60947

Martin, L.: The changing face of nuclear warfare. London: Daily Telegraph 1987. 155 S.
Bc 02190

Massenvernichtungsmittel – Wirkung und Schutzmassnahmen. Red.: W.Badin. Wien: Inst.f. strat. Grundlagenforschung 1987. 141 S.
Bc 01951

Matthée, V.: Die Neutronenwaffe zwischen Bündnis- und Innenpolitik. Eine Studie über die Verknüpfung nationaler u. allianzinterner Willensbildungsprozesse. Herford: Mittler 1985. 235 S.
B 55650

Miall, H.: Nuclear weapons. Who's in charge? Houndmills: Macmillan Pr. 1987. XI, 167 S.
B 63035

Nuclear deterrence. New risks, new opportunities. Ed.by C.McArdle Kelleher. Washington: Pergamon-Brassey's 1986. X, 238 S.
B 61334

Nuclear Weapons and the future of humanity. The fundamental questions. Ed.by A.Cohen. Totowa, N.J.: Rowman & Allanheld 1986. XII, 496 S.
B 63018

Nuclear weapons databook. Ed.by T.B.Cochran. Vol.1-3. Cambridge, Mass.: Ballinger 1984-1987. XIX, 342 S; XIV, 223 S; XV, 132 S.
09617

Nye, J.S.: Nuclear ethics. New York, N.Y.: Free Pr. 1986. XIII, 162 S.
B 61040

Potter, W.C.: The strategic consequences of nuclear proliferation in South Asia for the Soviet Union. In: The journal of strategic studies. Vol.8, 1985. No.4. S. 40-48.
BZ 4669:8

Preventing nuclear war. Ed.by B.M.Blechmann. Bloomington, Ind.: Indiana University Press 1985. 197 S.
B 57946

A reassessment of potential adversaries to U.S. nuclear programs. Santa Monica, Calif.: Rand Corp. 1986. XI, 29 S.
Bc 7483

Remiro Brotóns, A.: Armas nucleares y territorio español. In: Politica exterior. Vol.1, 1987. No.3. S. 112-134.
BZ 4911:1

Remiro Brotóns, A.: Armas nucleares y territorio español. In: Politica exterior. Vol.1, 1987. No.3. S. 112-134.
BZ 4911:1

Rhodes, R.: The making of the atomic bomb. New York: Simon and Schuster 1986. 886 S.
B 61630

Roßnagel, A.: Atomterrorismus. In: Zivilverteidigung. 1988. Nr.1. S. 10-16.
BZ 05269:1988

Robinson, D.: Just testing. London: Collins Harvill 1985. 204 S.
B 60465

Security vs. survival. The nuclear arms race. Ed.by T.C.Smith. Boulder, Colo.: Rienner 1985. 195 S.
B 57979

Sims, N.A.: International organization for chemical disarmament. Oxford: Oxford Univ.Pr. 1987. XI, 158 S.
010361

Smith, J.: Clouds of deceit. The deadly legacy of Britain's bomb tests. London: Faber and Faber 1985. 176 S.
B 60520

Spector, L.S.: The new nuclear nations. New York: Vintage Books 1985. XIV, 367 S.
B 59108

Streich, J.: Stoppt die Atomtests! Reinbek: Rowohlt 1987. 157 S.
Bc 6718

Stringer, H.: Deterring chemical warfare: U.S. policy options for the 1990s. Washington: Pergamon-Brassey's 1986. XII, 76 S.
Bc 6972

Sutter, R.: The strategic consequences of nuclear proliferation in South Asia for China. In: The journal of strategic studies. Vol.8, 1985. No.4. S. 49-56.
BZ 4669:8

Tellis, A.J.: Nuclear arms, moral questions, and religious issues. In: Armed forces and society. Vol.13, 1987. No.4. S. 599-622.
BZ 4418:13

Thee, M.: The pursuit of a comprehensive nuclear test ban. In: Journal of peace research. Vol.25, 1988. No.1. S. 5-15.
BZ 4372:25

Thiel, H.: Kernwaffenteststopp – notwendiger Schritt zur nuklearen Abrüstung. Berlin: Staatsverlag der DDR 1987. 95 S.
Bc 7469

Thinking about nuclear weapons. Analyses and prescriptions. Ed.by F.Holroyd. London: Croom Helm 1985. 409 S.
B 57687

Torquemada, J.: Las Armas nucleares. Madrid: IEPALA 1985. 182 S.
B 60092

Tsipis, K.: Understanding nuclear weapons. London: Wildwood House 1985. 342 S.
B 59384

Verification and arms control. Ed.by W.C.Potter. Lexington: Lexington Books 1985. XIII, 266 S.
B 58415

Walters, R.W.: South Africa and the bomb. Responsibility and deterrence. Lexington: Lexington Books 1987. XIV, 176 S.
B 61410

Wertsch, J.W.: Modes of discourse in the nuclear arms debate. In: Current research on peace and violence. Vol.10, 1987. No.2-3. S. 102-112.
BZ 05123:10

Wilcox, R.K.: Japan's secret war. New York: Morrow 1985. 236 S.
B 58015

F 518 Raketen/Raketenabwehr/ Lenkwaffen

Der Abbau der Mittelstreckenflugkörper. Eine Bürgerinformation. Bonn: Bundesminister der Verteidigung 1988. 39 S.
Bc 02380

Altfeld, M.F.; Cimbala, S.J.: Trident II for prompt counterforce?: a critical assessment. In: Defense analysis. Vol.3, 1987. No.4. S. 349-359.
BZ 4888:3

Belmonte Hernandez, V.: Canones para carros de combate. In: Ejército. A.49, 1988. No.583. S. 18-26.
BZ 05173:49

Bertin, L.: The impact of cruise technology. Toronto: Canadian Inst.of Strategic Studies 1987. 33 S.
Bc 7996

Birtles, P.; Beaver, P.: Missile systems. Shepperton: Allan 1985. 126 S.
B 61164

Chayes, A.H.: Managing the politics of mobility. In: International security. Vol.12, 1987. No.2. S. 154-162.
BZ 4433:12

Cullington, G.: Anti-tactical ballistic missile defence: the debate reborn. In: RUSI journal. Vol.132, 1987. No.2. S. 23-28.
BZ 05161:132

Dougherty, R.E.: The value of ICBM modernization. In: International security. Vol.12, 1987. No.2. S. 163-172.
BZ 4433:12

Enders, T.: Raketenabwehr als Teil einer erweiterten NATO-Luftverteidigung. St.Augustin: Konrad-Adenauer-Stftg. 1986. 106 S.
Bc 02159

Der erste Marschflugkörper der Welt. Projekt "Fernfeuer". In: Flugrevue. 1988. Nr.8. S. 345-348.
BZ 05199:1988

Flugkörper und Lenkraketen. D.Ent-
wicklungsgesch. d.deutschen gelenkten
Flugkörper vom Beginn dieses Jahrh. bis
heute. Hrsg.: T. Benecke. Koblenz:
Bernard und Graefe 1987. 377 S.
010216

Gander, T.J.: The 40 mm Bofors gun.
Wellingborough: Stephens 1986. 128 S.
B 58089

Gottemoeller, R.E.: Land-attack Cruise
Missiles. London: International Inst.for
Strategic Studies 1987/88. 56 S.
Bc 7334

Gray, C.S.: ICBMs and deterrence: the
controversy over prompt launch. In: The
journal of strategic studies. Vol.10, 1987.
No.3. S. 285-309.
BZ 4669:10

Hautefeuille, R.: Constructions spéciales.
Paris: Selbstverlag 1985. 313 S.
010131

Hicks, D.A.: ICBM modernization. Con-
sider the alternatives. In: International
security. Vol.12, 1987. No.2. S. 173-181.
BZ 4433:12

Hoffmans, D.W.; Pasman, H.J.: Trends in
de ontwikkeling van antitank geleide
wapens en munities. In: Militaire spectator. Jg.156, 1987. No.7. S. 304-315.
BZ 05134:156

Joxe, A.: Tribulations du "Garde-Paix".
MX "Peace-Keeper", un ICBM améri-
cain en quête de stratégie. Paris:
CIRPES 1986. 181 S.
Bc 6782

Lenaerts, J.: Automatic grenade launchers
and their role. In: Military technology.
Vol.11, 1987. No.10. S. 48-53.
BZ 05107:11

Lodal, J.M.: SICBM Yes, HML No. In:
International security. Vol.12, 1987. No.2.
S. 182-186.
BZ 4433:12

MacInnes, C.: Trident. The only option.
London: Brassey's Defence Publ. 1986.
XV, 235 S.
B 60524

Parrott, B.: The Soviet Union and ballistic
missile defense. Boulder, Colo.: Westview
Press 1987. XII, 121 S.
Bc 6885

Rogers, M.E.: Countering coastal defense
cruise missiles. In: United States Naval
Institute. Proceedings. Jg.113, 1987.
No.9. S. 49-65.
BZ 05163:113

Rühl, L.: Mittelstreckenwaffen in Europa:
Ihre Bedeutung in Strategie, Rüstungs-
kontrolle u.Bündnispolitik. Baden-
Baden: Nomos-Verlagsges. 1987. 408 S.
B 62129

Schroeer, D.: Directed-energy weapons
and strategic defence: a primer. London:
International Inst.for Strategic Studies
1987. 69 S.
Bc 6744

Sommer, D.: Kampf in der Tiefe. Wenn
die Drohnen stechen können. In: Europäische Wehrkunde. Jg.36, 1987. Nr.9.
S. 506-508.
BZ 05144:36

Soofer, R.M.: Development of a multi-
regional antitactical ballistic missile
(ATBM) defense system. In: Global
affairs. Jg.2, 1987. Nr.4. S. 20-41.
BZ 05553:2

Steadman, N.: The big shots. In: Defence.
Vol.18, 1987. No.10. S. 615-620.
BZ 05381:18

Strategic defenses. Ballistic missile
defense technologies. Anti-satellite
weapons, countermeasures, and arms
control. Princeton, N.J.: Princeton Univ.-
Press 1986. IX, 146 S.
010136

Thomas, D.: The shrinking bandolier. The
case for caseless ammunition. In:
NATO's sixteen nations. Vol.32, 1987.
No.4. S. 80-85.
BZ 05457:32

Unbemannte Fluggeräte für Kampf- und Aufklärungszwecke. In: Internationale Wehrrevue. Jg.20, 1987. Nr.9. S. 1197-1204.
BZ 05263:20

Unmanned aircraft: deployment, missions, tactics. In: Military technology. Vol.11, 1987. No.9. S. 60-69.
BZ 05107:11

Wright, B.; Murphy, J.: Soviet missiles. Brookline, Mass.: Inst.f. Def. a. Disarmament Studies 1986. XVII, 699 S.
010273

F 520 Fahrzeugtechnik/Militärfahrzeuge

Dunstan, S.: British combat vehicles today. London: Arms and Armour Pr. 1986. 72 S.
Bc 01965

Fletcher, D.: War cars. British armoured cars in the First World War. London: HMSO Publ. 1987. 97 S.
Bc 02360

Wiersch, B.: VW-Kübelwagen und VW-Schwimmwagen. Entwicklung, Erprobung, Fertigung. Friedberg: Podzun-Pallas-Verl. 1987. 48 S.
Bc 02069

F 521 Landfahrzeuge/gepanzerte Fahrzeuge

Dupouy, A.: Les engins de la victoire. Les fronts de l'Est et d'Extrême-Orient, 1941-1945. Grenoble: Selbstverlag 1986. 96 S.
Bc 02163

Fernandez Mateos, F.: Presente y futuro de los carros ligeros. In: Ejército. A.44, 1988. No.580. S. 96-105.
BZ 05173:44

Fletcher, R.: What future for the MICV? In: Military technology. Vol.11, 1987. No.10. S. 56-67.
BZ 05107:11

Flume, W.: PUMA: la versatilitá è il mio mestiere. In: Rivista italiana difesa. A.6, 1987. No.10. S. 64-69.
BZ 05505:6

Forty, G.: M 4 Sherman. Poole: Blandford 1987. 160 S.
010332

Frank, R.: Krupp-Kraftwagen im Kriege. Die legendäre Krupp-Protze und andere. Friedberg: Podzun-Pallas-Verl. 1987. 48 S.
Bc 02181

Graff, H.: MBT main armament, today and tomorrow. In: Military technology. Vol.11, 1987. No.7. S. 18-25.
BZ 05107:11

Hilmes, R.: Main battle tanks. London: Brassey 1987. VII, 130 S.
010408

Hunnicutt, R.P.: Patton. A history of the American main battle tank. Vol.1. Novato, Calif.: Presidio Pr. 1984. 464 S.
010383

Katz, S.M.: Modern Israeli tanks and combat vehicles. London: Arms and Armour Pr. 1987. 72 S.
Bc 02215

Panther-Fibel. Hrsg. am 1.Juli 1944 v.Generalinspekteur d.Panzertruppen. Osnabrück: Munin 1987. 64 S.
Bc 02364

Perrett, B.: Hitler's Panzers. The years of aggression. London: Arms and Armour Pr. 1987. 64 S.
Bc 02216

Pickering, W.L.: The tank: a combat system for the 21st Century. In: Canadian defence quarterly. Vol.17, 1987. No.2. S. 24-32.
BZ 05001:17

Po, E.: Un Ariete per l'Esercito Italiano. In: Rivista italiana difesa. A.7, 1988. No.7. S. 50-63.
BZ 05505:7

Po, E.; Miller, S.: La propulsione nei mezzi corazzati. In: Rivista italiana difesa. A.6, 1987. No.9. S. 22-39.
BZ 05505:6

Scheibert, H.: Die Panzer IV-Familie. Friedberg: Podzun-Pallas-Verl. 1987. 48 S.
Bc 02006

Scheibert, M.: SPz Marder und seine Varianten Roland – TH 301 – Tür u.a. Friedberg: Podzun-Pallas-Verl. 1987. 48 S.
Bc 02098

Soviet tanks. In: Defence update. 1987. No.82. S. 36-41.
BZ 05538:1987

Die Tiger-Fibel. Hrsg.: v.Generalinspekteur d.Panzertruppen. Osnabrück: Munin 1987. 44 S.
Bc 02365

Zaloga, S.J.: The M2 Bradley infantry fighting vehicle. London: Osprey Publ. 1986. 48 S.
Bc 01964

Zaloga, S.J.; Loop, J.W.: Soviet tanks and combat vehicles 1946 to the present. London: Arms and Armour Pr. 1987. 228 S.
010540

Zaloga, S.J.; Meisner, A.: US mechanized firepower today. London: Arms and Armour Pr. 1987. 70 S.
Bc 02239

F 522 Seefahrzeuge/Schiffstechnik

Beck, R.: Entwicklungen im Marineschiffbau und bei Unterwasserwaffen. In: Marine-Rundschau. Jg.84, 1987. Nr.4. S. 211-223.
BZ 05138:84

Breyer, S.: Enzyklopedie des sowjetischen Kriegsschiffbaus. Bd 1. Herford: Koehler 1987. 144 S.
010362

Chesneau, R.: The world's aircraft carriers, 1914-1943. London: Arms and Armour Pr. 1986. 64 S.
Bc 01971

Corlett, R.: 'Alfa' – the first fly-by-wire submarine? In: Maritime defence. Vol.12, 1987. No.7. S. 237-240.
BZ 05094:12

Cosentino, M.: Le costruzioni navali di Stati Uniti e Unione Sovietica. Analisi comparativa e prospetti (1975-2000). In: Rivista marittima. A.121, 1988. S. 37-60.
BZ 4453:121

Cosentino, M.: I minisommergibili da lavoro e ricerca scientifica Applicazioni militari e civili. In: Rivista marittima. A.121, 1988. No.4. S. 33-49.
BZ 4453:121

Cosentino, M.: Le unita'subacquee per trasporti speciali. In: Rivista marittima. A.120, 1987. No.8/9. S. 59-69.
BZ 4453:120

Daniel, R.J.: Submarine design. In: Naval forces. Vol.8, No.3. S. 1934.
BZ 05382:8

David, F.: Übersetztechnik. Brücken, Fähren, Schwimmwagen. Berlin: Militärverlag der DDR 1986. 22 S.
Bc 6205

Donko, W.: Die Atom-Kreuzer der U.S. Navy. E. wichtige Komponente moderner Seemacht. Koblenz: Bernard und Graefe 1987. 133 S.
010355

Fock, H.: Kriegsschiffbau in Europa. In: Marine-Rundschau. Jg.85, 1988. Nr.1. S. 8-17.
BZ 05138:85

Friend, B.: Landing craft through the ages (Teil 1). In: Warship. Jg.46, 1988. No.46. S. 32-47.
BZ 05525:46

Garrison, P.: CV: carrier aviation. Rev.ed. Novato, Calif.: Presidio Pr. 1987. 101 S.
Bc 02342

Handler, J.; Arkin, W.M.: Nuclear warships and naval nuclear weapons: a complete inventory. Washington, D.C.: Greenpeace 1988. 93 S.
Bc 02361

Hill, J.R.: Anti-submarine warfare. Annapolis, Ma.: Naval Inst.Pr. 1985. 112 S.
B 61456

Kalkofen, H.; Rosentreter, R.: U-Boot-Abwehrschiffe. 2.Aufl. Berlin: Militärverlag der DDR 1988. 32 S.
Bc 7965

Köhl, F.; Rössler, E.: Vom Original zum Modell: U-Boot-Typ XXI. Koblenz: Bernard und Graefe 1988. 64 S.
Bc 02405

Lakowski, R.: U-Boote. Zur Geschichte einer Waffengattung der Seestreitkräfte. Berlin: Militärverlag der DDR 1985. 354 S.
B 58100

Lambert, A.: Battleships in transition. The creation of the steam battlefleet 1815-1860. London: Conway Maritime Pr. 1985. 161 S.
B 60265

Largess, R.: Airships at Sea. In: Warship. Jg.44, 1987. S. 194-203.
BZ 05525:44

Majonica, R.: Ein Seehund aus Eisen. Freiburg: Herder 1987. 119 S.
010279

McBride, K.: The diadem class cruisers of 1893. In: Warship. Jg.44, 1987. S. 210-216.
BZ 05525:44

Miller, D.; Miller, C.: Modern naval combat. London: Salamander Books 1986. 208 S.
010169

Mine countermeasures. In: Navy international. Vol.93, 1988. No.6. S. 280-286.
BZ 05105:93

Muir, M.: The Iowa class battleships. Iowa, New Jersey, Missouri a.Wisconsin. Poole: Blandford 1987. 160 S.
010331

Musicant, I.: U.S. Armored cruisers. A design and operational history. Annapolis, Ma.: Naval Inst.Pr. 1985. XV, 240 S.
010598

Preston, A.: Mine countermeasures vessels – hull forms examined. In: Defence. Vol.18, 1987. No.8. S. 459-466.
BZ 05381:18

Ross, A.: The destroyer "The Sullivans". London: Conway 1988. 119 S.
010554

Rössler, E.: Geschichte des deutschen U-Boot-Baus. Bd 1-2. 2.Aufl. Koblenz: Bernard und Graefe 1986-87. 278; XII, 279-550 S.
010151

Smith, B.: PBM Mariner in action. Inluding the Martin P5M Marlin, JRM Mars a.P6M SeaMaster. Carrollton, Tex.: Squadron/Signal Publ. 1986. 58 S.
Bc 02370

Sola Costell, F.G.de: Vuelven los dirigibles navales? In: Revista general de marina. T.214, 1988. S. 173-186.
BZ 4619:214

Sprimont, R.: Ubåtsutveckling med eller utan svensk profil? In: Tidskrift i sjöväsendet. Arg.150, 1987. No.1. S. 21-35.
BZ 4494:150

Sweetman, B.: Flugzeugträger und Seeluftstreitkräfte in den 90er Jahren. In: Internationale Wehrrevue. Jg.21, 1988. Nr.2. S. 149-156.
BZ 05263:21

Tellis, A.J.: Aircraft carriers and the Indian navy: Assessing the present, discerning the future. In: The journal of strategic studies. Vol.10, 1987. No.2. S. 141-167.
BZ 4669:10

Thomsen, G.: Rohrwaffen mit flüssigen Treibstoffen. In: Soldat und Technik. Jg.31, 1988. Nr.8. S. 470-476.
BZ 05175:31

Treadwell, T.C.: Submarines with wings. The past, present and future of aircraft-carrying submarines. London: Conway Maritime Pr. 1985. XIV, 121 S.
B 57531

Tritten, J.J.: Withholding & attacking SSBNS. In: Naval forces. Vol.9, 1988. No.2. S. 44-51.
BZ 05382:9

Unwin, C.L.R.: The airship revival and Canadian operators. In: Canadian defence quarterly. Vol.16, 1987. No.4. S. 39-44.
BZ 05001:16

Wessling, M.: Landungsschiffe. Berlin: Militärverlag der DDR 1987. 32 S.
Bc 7457

F 523 Luftfahrzeuge/Luftfahrttechnik

F 523.1 Flugzeuge

Althoff, W.F.: Airships. In: United States Naval Institute. Proceedings. Jg.114, 1988. No.1. S. 57-64.
BZ 05163:114

Cooper, E.; Shaker, S.: Age of the vertical riser. Vol.5, 1987. No.9. S. 12-19, S. 70.
BZ 05545:5

Dabrowski, H.-P.: Überschalljäger Lippisch P 13a und Versuchsgleiter DM-1. Friedberg: Podzun-Pallas-Verl. 1986. 48 S.
Bc 01882

Gething, M.J.: Tankers in the sky. In: Defence. Vol.18, 1987. No.8. S. 479-482.
BZ 05381:18

Gunston, B.: Fighter 2000. Die Kampfflugzeuge der Zukunft. Friedberg: Podzun-Pallas-Verl. 1987. 160 S.
Bc 6980

Gunston, B.: Warplanes of the future. London: Salamander Books 1985. 207 S.
09944

Kaczkowski, R.: Lotnictwo w działaniach na morzu. Warszawa: Wydawn.MON 1986. 255 S.
B 62609

MacAllister, C.: Military aircraft today. London: Batsford 1985. 168 S.
B 61262

McFarland, S.L.: The evolution of the American strategic fighter in Europe, 1942-44. In: The journal of strategic studies. Vol.10, 1987. No.2. S. 189-230.
BZ 4669:10

Modern combat aircraft. Ed.: J.Daniels. London: Collins 1986. 240 S.
Bc 7569

Ponomarev, A.N.: Militärflugzeuge. Technische Tendenzen. Berlin: Militärverlag der DDR 1987. 199 S.
B 62622

Richardson, D.: Kampfflugzeuge, heute und morgen. Stuttgart: Motorpresse-Verl. 1985. 208 S.
010319

Saw, D.: Light combat aircraft: a recurring trend. In: Military technology. Vol.11, 1987. No.10. S. 68-78.
BZ 05107:11

Sweetman, B.: Falcon Eye, Hyperschallgleiter und andere Neuheiten auf der AFA. In: Interavia. 1987. Nr.11. S. 1165-1166.
BZ 05184:1987

Turner, M.; Mason, F.: Luftwaffe Aircraft. Twickenham: Newnes Books 1986. 159 S.
010399

Whitford, R.: Design for air combat. London: Jane 1987. 224 S.
010586

Wilshere, K.B.: I caccia per gli anni '90. In: Rivista italiana difesa. A.6, 1987. No.10. S. 52-63.
BZ 05505:6

– Einzelne Typen

Arados Mehrzweck-Kampfflugzeuge. Die deutsche "Mosquito". In: Flugrevue. 1988. Nr.1 u.3. S. 217/1-220/1: 225/3-228/3.
BZ 05199:1988

BAC Lightning F Mk 6 Cutaway Drawing Key. In: Air international. Vol.34, 1988. No.6. S. 284-289; 307.
BZ 05091:34

Die bahnbrechenden Konstruktionen im Flugzeugbau. Eines der besten der US Navy (1). Flüsternder Tod. In: Flugrevue. 1987. Nr.10. S. 205/10-208/10.
BZ 05199:1987

Bell, D.: A10 Thunderbolt II. London: Arms and Armour Pr. 1986. 72 S.
Bc 01944

Blasel, W.L.: ME 108 Taifun, ME 109 Gustav. Die abenteuerliche Geschichte d.MBB-Traditionsflugzeuge. Herford: Mittler 1987. 95 S.
010356

Borgiotti, A.; Gori, C.: Il Savoia Mrchetti S.M. 79 1935-1945. Modena: Mucchi 1984. 319 S.
010320

Bowyer, M.J.F.: The Spitfire 50 years on. Wellingborough: Patrick Stephens 1986. 144 S.
B 58088

Braybrook, R.: Supersonic fighter development. Sparkford: Haynes 1987. 208 S.
010396

Brookes, A.: Avro Vulcan. London: Allan 1985. 128 S.
B 60529

Chartres, J.: Avro Shackleton. London: Allan 1985. 112 S.
B 60457

The classic Heinkel. In: Air international. Vol.33, 1987. No.2. S. 76-81; 93-94.
BZ 05091:33

The classic Heinkel. Part two from first to second generation. In: Air international. Vol.33, 1987. No.3. S. 128-136.
BZ 05091:33

The classic Heinkel. The second generation. In: Air international. Vol.33, 1987. No.4. S. 177-187.
BZ 05091:33

Cross, R.: The bombers. New York, N.Y.: Bantam Pr. 1987. 224 S.
010400

Cummings, B.: Thirty years and still counting. In: Air international. Vol.34, 1988. No.4. S. 180-188.
BZ 05091:34

Dassault's Mid-life Mirage. In: Air international. Vol.34, 1988. No.3. S. 121-129, 154-155.
BZ 05091:34

Eyermann, K.H.: MiG-Flugzeuge. Einzelne Typen. Berlin: Transpress Verlag 1986. 192 S.
B 61355

FATAN... the Chinese gamble. In: Air international. Vol.35, 1988. No.1. S. 7-14.
BZ 05091:35

Foster, P.R.: F-104 Starfighter. London: Arms and Armour Pr. 1987. 64 S.
Bc 02092

Future fighter aircraft. Views from the top. In: Military technology. Vol.12, 1988. No.6. S. 14-40.
BZ 05107:12

Godfrey, D.: Expanding markets for the Dash 8. In: Air international. Vol.34, 1988. No.2. S. 59-67.
BZ 05091:34

The Gripen ... an ambitions "Jack of all Trades". In: Air international. Vol.33, 1987. No.5. S. 224-230.
BZ 05091:33

Hardy, M.J.: Hawker Hunter. Yeovil: Haynes 1985. 56 S.
010224

Hardy, M.J.: Sea, sky and stars. London: Arms and Armour Pr. 1987. 160 S.
010537

Harrison, W.: Swordfish at war. Shepperton: Allan 1987. 128 S.
010583

Hervorragende Flugeigenschaften und ihre Gutmütigkeit zeichnen die Aero L-39 aus. In: Flugrevue. 1988. Nr.8. S. 88-90.
BZ 05199:1988

Holder, W.G.: The B-1 Bomber. Blue Ridge Summit, Pa.: Tab Books 1986. VI, 89 S.
Bc 01870

Imrie, A.: Fokker fighters of World War One. London: Arms and Armour Pr. 1986. 64 S.
Bc 01966

Jackson, P.: Five and fifty... Variations on the Mirage Theme. In: Air international. Vol.35, 1988. No.2. S. 59-68.
BZ 05091:35

Jackson, P.: Mirage. Shepperton: Allan 1985. 128 S.
B 60562

Jackson, R.: The Hawker Hurricane. London: Blandford Press 1988. VII, 160 S.
010576

Kinzey, B.: A-6 Intruder. Pt.1. Blue Ridge Summit, Pa.: TAB Books 1987. 72 S.
Bc 02042

Lloyd, A.T.: B-47 Stratojet. Blue Ridge Summit, Pa.: Tab Books 1986. 72 S.
Bc 01814

Marauder. Mr.Martin's mean machine. In: Air international. Vol.34, 1988. No.1. S. 22-29, 49.
BZ 05091:34

Mason, F.K.: Hawker Hurricane. Bourne End: Aston 1987. 256 S.
010579

Miller, J.: Convair B-58. Arlington, Tex.: Aerofax Publ. 1985. 136 S.
Bc 02016

Moser, S.: Flieg weiter, Ju-52! Die erstaunliche Geschichte eines Flugzeugveteranen. Glattbrugg: Beobachter 1986. 102 S.
010083

Nakajimas Meisterstück. Steife Brise. In: Flugrevue. 1988. Nr.9. S. 349-352.
BZ 05199:1988

Northrop F-89. Scorpion with a nuclear sting. In: Air international. Vol.35, 1988. No.1. S. 44-50.
BZ 05091:35

Nowarra, H.J.: Die JU 52. Flugzeug und Legende. Stuttgart: Motorbuch-Verl. 1986. 222 S.
B 59490

Nowarra, H.J.: Junkers Ju 52 (252 und 352). – Vor, im und nach dem Kriege. Friedberg: Podzun-Pallas-Verl. 1988. 48 S.
Bc 02312

O'Leary, M.: Mustang. A living legend. London: Osprey Publ. 1987. 127 S.
Bc 02289

Pacific Predator... the Aichi Type 99. In: Air international. Vol.33, 1987. No.6. S. 285-290.
BZ 05091:33

Peacock, L.: B-1B Bomber. Einzelne Typen. London: Osprey Publ. 1987. 48 S.
Bc 02320

Peacock, L.: F-14 Tomcat. London: Osprey Publ. 1986. 48 S.
Bc 02377

Peacock, L.: F/A-18 Hornet. London: Osprey Publ. 1986. 48 S.
Bc 01913

Pelletier, A.: Bell P-39 "Airacobra". Dessins de l'auteur. Rennes: Ed.Ouest-France 1986. 159 S.
B 59827

Philpott, B.: Meteor. Wellingborough:
Stephens 1986. 257 S.
B 58807

A plus for the Corsair. In: Air international. Vol.33, 1987. No.2. S. 61-65,
84-93.
BZ 05091:33

Price, A.: Spitfire at war. 1.2. London:
Allan 1974/85. 160, 119 S.
06893

Rapier, B.J.: Halifax at war. Shepperton:
Allan 1987. 127 S.
010580

Redemann, H.: Einmal volltanken bitte:
Die strategische Rolle des Tanker/Trans-
porter KC-10A Extender. In: Flugrevue.
1988. Nr.7. S. 46-50.
BZ 05199:1988

Redemann, H.: Erster Zweimot-Jäger der
RAF Wirbelwind. In: Flugrevue. 1988.
Nr.7. S. 341-344.
BZ 05199:1988

Redemann, H.: Kampfstier mit deutschen
Hörnern. In: Flugrevue. 1988. Nr.10.
S. 94-98.
BZ 05199:1988

Redemann, H.: Militärluftfahrt: Jüngste
Version der Aermacchi MB.339. In: Flug-
revue. 1988. Nr.9. S. 26-29.
BZ 05199:1988

Rimell, R.: Spitfire. Supermarine spitfire
MK V. Chipping Ongar: Linewrights
Publ. 1985. 32 S.
Bc 02246

Robinson, R.: Hawker Hunter in Color.
Carrollton, Tex.: Squadron/Signal Publ.
1986. 32 S.
Bc 02167

Saab J 29 Tunnan. Fliegende Tonne. In:
Flugrevue. 1988. Nr.2. S. 221/2-224/2.
BZ 05199:1988

Schwarz, K.: Frankreich entwickelt den
Jäger Rafale D. Erfolg im Alleingang?
In: Flugrevue. 1988. Nr.8. S. 8-15.
BZ 05199:1988

Schwarz, K.: Superfighter wird gebaut. In:
Flugrevue International. 1988. Nr.4.
S. 8-11.
BZ 05198:1988

Scorpion with a nuclear sting. Northrop
F-89. In: Air international. Vol.35, 1988.
No.2. S. 86-92.
BZ 05091:35

A second string arrow... ...The FIAT
G.50. In: Air international. Vol.34, 1988.
No.5. S. 251-259.
BZ 05091:34

Sikhoi Fencer. In: Air international.
Vol.33, 1987. No.3. S. 111-115, 151.
BZ 05091:33

Spick, M.: F-15 Eagle. London: Osprey
Publ. 1986. 48 S.
Bc 01912

Spick, M.: Modern fighting aircraft F-14
Tomcat. London: Salamander Books
1985. 64 S.
02444

Sturtivant, R.: Britain's military training
aircraft. Sparkford: Haynes 1987. 255 S.
010581

Sukhoi Flagon. In: Air international.
Vol.34, 1988. No.1. S. 16-21, 50-52.
BZ 05091:34

Sukhoi Flanker. In Soviet Service- 21. In:
Air international. Vol.35, 1988. No.2.
S. 69-76.
BZ 05091:35

Sweetman, B.: Modern fighting aircraft
MiGs. London: Salamander Books 1985.
64 S.
02442

Sweetman, B.: Der überlebensfähige
Bomber. In: Internationale Wehrrevue.
Jg.20, 1987. Nr.8. S. 1013-1020.
BZ 05263:20

Tupolev Backfire. In: Air international.
Vol.34, 1988. No.6. S. 267-275.
BZ 05091:34

Vickers Warwick. The Good-Samaritan
bomber. In: Air international. Vol.34,
1988. No.3. S. 134-140.
BZ 05091:34

Welling, W.: Extending the big deal: the
F-16 improvement program. In: NATO's
sixteen nations. Vol.32, 1987. No.4.
S. 68-74.
BZ 05457:32

Zweites Eisen im Feuer. In: Flugrevue
International. 1988. Nr.4. S. 229-232.
BZ 05198:1988

F 523.2 Hubschrauber

Beaver, P.: Attack helicopters. London:
Arms and Armour Pr. 1987. 144 S.
010441

Carey, K.: The helicopter. An illustr.
history. Wellingborough: Stephens 1986.
224 S.
B 58805

Europe's EH 101 emerges. In: Air international. Vol.33, 1987. No.5. S. 277-284.
BZ 05091:33

Everett-Heath, J.: British military helicopters. London: Arms and Armour Pr.
1986. 224 S.
B 59398

Fichtmüller, C.-P.: Hubschrauber und
internationale Kooperation. In: Wehrtechnik. Jg.20, 1988. Nr.8. S. 49-50.
BZ 05258:20

Horner, J.: Helicopters and high technology. In: Military technology. Vol.11,
1987. No.10. S. 80-91.
BZ 05107:11

Innecco, D.: Elicotteri. Attualità del com-
battimento aria/aria. In: Rivista militare.
1988. No.3. S. 48-56.
BZ 05151:1988

Lambert, M.: Panzerabwehrhubschrauber
für jedes Budget. In: Interavia. Jg.42,
1987. Nr.9. S. 921-926.
BZ 05184:42

Munson, K.; Lumsden, A.: Combat helicopters since 1942. Poole: Blandford
Press 1986. o.Pag.
010539

Myers, C.: The Mi-24 "Hind". A potent
adversary. In: Armor. Jg.96, 1987. No.2.
S. 8-14.
BZ 05168:96

Polte, H.-J.: Hubschrauber. Geschichte,
Technik, Einsatz. Herford: Mittler 1986.
128 S.
010087

Redemann, H.: Dicker Brummer. In:
Flugrevue. 1988. Nr.2. S. 94-97.
BZ 05199:1988

Schwarz, K.: Neue Strategie gegen die
übermächtige sowjetische Hubschrauber-
Flotte. Der richtige Dreh. In: Flugrevue.
1988. Nr.3. S. 8-14.
BZ 05199:1988

The still sprightly Seasprite. In: Air international. Vol.34, 1988. No.2. S. 68-74.
BZ 05091:34

Szentesi, G.: Katonai Helikopterek. Budapest: Zrinyi Katonai Kiadó 1986. 63 S.
Bc 6347

Zaloga, S.J.; Balin, G.J.: Anti-Tank helicopters. London: Osprey 1986. 48 S.
Bc 02319

Zugschwert, J.: Attack helicopters. Tactics
and technologies. In: NATO's sixteen
nations. Vol.32, 1987. No.5. S. 53-60.
BZ 05457:32

F 550 Nachrichtentechnik/Elektronik

Bergen, J.D.: United States army in Vietnam. Military communications. A test for
technology. Washington: Center of
Military History 1986. XIX, 515 S.
010226

Castioni, L.C.: I radar industrali italiani.
Ricerche, ricordi, considerazioni per una
loro storia. In: Storia contemporanea.
A.18, 1987. Nu.6. S. 1221-1265.
BZ 4590:18

Conference proceedings of electronics for national security. Asia '85...17-19 Jan.1985. Singapore. Geneva: Interavia 1985. 441 S.
09879

Copley, G.R.: Forging the shield: intelligence management in the developing world. In: Defense and foreign affairs. Vol.15, 1987. No.12. S. 14-21.
BZ 05097:15

Din, A.M.: The strategic implications of directed-energy technologies. In: Defense analysis. Vol.3, 1987. No.1. S. 35-50.
BZ 4888:3

Friedman, N.: Sensing in the deep: sonar. In: NATO's sixteen nations. Vol.32, 1987. No.4. S. 76-79.
BZ 05457:32

Heldt, S.: Militärisches Nachrichtenwesen. Berlin: Militärverlag der DDR 1987. 32 S.
Bc 7456

Hénin, P.: Les télécommunications militaires. In: Défense nationale. A.43, 1987. Mai. S. 143-155.
BZ 4460:43

Militarisierte Informatik. Hrsg.v. J.Bickenbach. Marburg: Bund demokratischer Wissenschaftler 1985. XI, 211 S.
Bc 7354

Müller, K.: Laser technology: military lasers become eye-safe. In: Military technology. Vol.11, 1987. No.7. S. 78-85.
BZ 05107:11

Neale, I.: AEW and naval operations. In: Naval forces. Vol.8, 1987. No.3. S. 92-97.
BZ 05382:8

Otto, K.-H.: Funkmeßtechnik. Berlin: Militärverlag der DDR 1986. 32 S.
Bc 6693

Pengelley, R.; Hewish, M.: Der 24-Stunden-Kampftag. In: Internationale Wehrrevue. Jg.20, 1987. Nr.8. S. 1101-1105.
BZ 05263:20

Streetly, M.: Warngeräte. Unentbehrlich für Kampfflugzeuge und Kampfhubschrauber. In: Interavia. Jg.43, 1988. Nr.9. S. 889-893.
BZ 05184:43

Sweetman, B.: Gefechtsfeldüberwachung. Bodenbildradar für die Gefechtsfeldüberwachung. In: Internationale Wehrrevue. Jg.20, 1987. Nr.9. S. 1183-1191.
BZ 05263:20

Thomer, E.: Nachtsichtgeräte zum Kampf rund um die Uhr. In: Europäische Wehrkunde. Jg.36, 1987. Nr.8. S. 453-454.
BZ 05144:36

Wellers, F.: Les lasers à électrons libres en URSS. In: Défense nationale. A.44, 1988. No.4. S. 143-153.
BZ 4460:44

Worden, S.: Lasers for defense. In: NATO's sixteen nations. Vol.32, 1987. No.3. S. 52-56.
BZ 05457:32

F 560 Raumfahrttechnik

Aldridge, E.C.: The myths of militarization of space. In: International security. Vol.11, 1987. No.4. S. 151-156.
BZ 4433:11

Anti satellite weapons and U.S. military space policy. Lanham: Univ.Press of America 1986. XII, 42 S.
B 61708

Bond, P.: Heroes in space. From Gagarin to Challenger. Oxford: Basil Blackwell 1987. X,467 S.
B 62956

Brauch, H.G.; Fischbach, R.: Militärische Nutzung des Weltraums. E. Bibliogr. Berlin: Berlin-Verl. 1988. 293 S.
B 67830

Burrows, W.E.: Deep black. Space espionage and national security. New York: Random House 1986. XXI, 401 S.
B 61750

Colino, R.R.: The U.S. space programm. An international viewpoint. In: International security. Vol.11, 1987. No.4. S. 157-164.
BZ 4433:11

Dahlitz, J.: Preventing space weapons. In: Journal of peace research. Vol.25, 1988. No.2. S. 109-114.
BZ 4372:25

Garwin, R.L.: National security – space policy. In: International security. Vol.11, 1987. No.4. S. 165-173.
BZ 4433:11

Giacchino, L.F.: The U.S. space program: a study of nonincremental policy. Ann Arbor, Mich.: UMI 1986. 251 S.
B 58497

Hobbs, D.: An illustrated guide to space warfare. London: Salamander Books 1986. 155 S.
B 59139

International space Policy. Ed.by D.S.Papp. New York: Quorum Books 1987. VII, 323 S.
B 65443

Kerby, W.: The impact of space weapons on strategic stability and the prospects for disarmament. Hamburg: IFSH 1986. 42 S.
Bc 6992

Lee, C.: War in space. London: Hamilton 1986. 242 S.
B 60526

Luest, R.: Die Zukunft der europäischen Raumfahrt. Melle: Knoth 1987. 30 S.
Bc 6865

MacConnell, M.: Challenger. A major malfunction. Garden City, N.Y.: Doubleday 1987. XV, 269 S.
B 62100

MacDougall, W.A.: The heavens and the earth. A political history of the space age. New York: Basic Books 1985. XVIII, 555 S.
B 58071

Mark, H.: The future of NASA and the U.S. enterprise in space. In: International security. Vol.11, 1987. No.4. S. 174-177.
BZ 4433:11

Matsunaga, S.M.: The Mars Project. Journeys beyond the cold war. New York: Hill and Wang 1986. XIX, 215 S.
B 61241

Michaud, M.A.G.: Reaching for the high frontier. The American pro-space movement, 1972-84. New York: Praeger 1986. XXVI, 435 S.
B 62301

Murray, B.: "Born Anew" versus "Born Again". In: International security. Vol.11, 1987. No.4. S. 178-182.
BZ 4433:11

Neutrale Weltraumpolitik? Die Schweiz und die europäische Weltraumagentur. Red.: P.Hug. Zürich: Schweizer Friedensrat 1988. 50 S.
Bc 7940

Peebles, C.: Guardians. Strategic reconnaissance satellites. Novato, CA.: Presidio 1987. VIII, 414 S.
010560

Satellites for arms control and crisis monitoring. Ed.by B.Jasani. Oxford: Oxford Univ.Pr. 1987. XV, 176 S.
B 61994

Space weapons and international security. Ed.by B.Jasani. Oxford: Oxford Univ.Pr. 1987. XVI, 366 S.
B 62535

Stares, P.B.: The militarization of space. U.S. policy, 1945-1984. Ithaca, N.Y.: Cornell Univ.Pr. 1985. 334 S.
B 61904

Trento, J.J.: Prescription for disaster. New York: Crown Publ. 1987. 312 S.
B 62947

Weltraumwaffen. Neue Qualität der Rüstung – Neuorientierung der Friedensbewegung? Hrsg.: C.Butterwegge. Hamburg: VSA-Verl. 1985. 149 S.
B 60281

G Wirtschaft

G 000 Grundfragen der Wirtschaft/Weltwirtschaft

Altvater, E.: Nationale Wirtschaftspolitik unter Bedingungen globaler "finanzieller Instabilitäten" zu Fritz Scharpf's "angebotspolitischen Keynesianismus". In: Prokla. Jg.18, 1988. Nr.3(72). S. 121-136.
BZ 4613:18

Dependency theory and the return of high politics. Ed.by M.A.Tétreault. New York: Greenwood Press 1986. XII, 270 S.
B 60756

The future of Africa and the new international economic order. Ed.by R.I. Onwuka. London: Macmillan 1986. X,326 S.
B 62571

Garraty, J.A.: The great depression. San Diego, Cal.: Harcourt Brace Jovanovich 1986. X, 292 S.
B 61660

Heininger, H.: Ökonomische Sicherheit, Weltwirtschaft und Weltfrieden. Zu Grundfragen eines Konzepts internationaler ökonomischer Sicherheit. In: IPW-Berichte. Jg.16, 1987. H.8. S. 1-8.
BZ 05326:16

Lewis, A.W.: Racial conflict and economic development. Cambridge, Mass.: Harvard Univ.Pr. 1985. VI, 134 S.
B 58748

Nishihara, M.: East Asian security and the trilateral countries. A report to the trilateral commission. New York: New York Univ.Pr. 1985. XI, 111 S.
B 59524

Pilling, G.: The crisis of Keynesian economics. A marxist view. London: Croom Helm 1986. VIII, 171 S.
B 58629

Putnam, R.D.; Bayne, N.: Hanging together. Cooperation and conflict in the seven-power summits. London: Sage 1987. X,293 S.
B 66065

Zur Wirtschaftslage imperialistischer Länder. Jahresbericht 1988. In: IPW-Berichte. Jg.17, 1988. H.8. S. 21-44.
BZ 05326:17

G 100 Volkswirtschaft

Betz, K.: "Kapital" und Geldkeynesianismus. In: Prokla. Jg.18, 1988. Nr.3(72). S. 93-116.
BZ 4613:18

Bidet, J.: Place des catégories juridicopolitiques dans la théorie du mode de production capitaliste. In: Socialism in the world. Jg.11, 1987. No.58. S. 69-85.
BZ 4699:11

Capitalism and democracy: Schumpeter revisited. Ed.by R.D.Coe. Notre Dame, Ind.: Univ.of Notre Dame Pr. 1985. IX, 190 S.
B 58287

Cartelier, J.; Vroey, M.De: Der Regulationsansatz: ein neues Paradigma? In: Prokla. Jg.18, 1988. Nr.3(72). S. 72-92.
BZ 4613:18

Ebert, K.H.: Die "Pflicht zur Entwicklung in der Dritten Welt". Das ungelöste Problem d. internationalen Entwicklungszusammenarbeit. Frankfurt: Metzner 1988. 87 S.
Bc 02322

Foley, D.K.: Understanding capital. Marx's economic theory. Cambridge, Mass.: Harvard Univ.Pr. 1986. VIII, 183 S.
B 62704

Foster, J.B.: The theory of monopoly capitalism. An elaboration of Marxian political economy. New York: Monthly Review Pr. 1986. 280 S.
B 60983

Franičević, V.: From the socialist political economy to its criticism. In: Socialism in the world. Jg.11, 1987. No.58. S. 86-101.
BZ 4699:11

Gilpin, R.; Gilpin, J.M.: The political economy of international relations. Princeton, N.J.: Princeton Univ.Press 1987. XVI, 449 S.
B 63378

Global resources and international conflict. Environmental factors in strategic policy and action. Ed.by A.H. Westing. Oxford: Oxford Univ.Pr. 1986. XII, 280 S.
B 61863

Hecker, R.: Zur Entwicklung der Werttheorie von der 1. zur 3.Auflage des ersten Bandes des "Kapitals" von Karl Marx (1987-1883). In: Marx-Engels-Jahrbuch. Jg.10, 1987. S. 147-196.
BZ 4445:10

Heinrich, M.: Was ist die Werttheorie noch wert? Zur neueren Debatte um das Transformationsproblem und die Marxsche Werttheorie. In: Prokla. Jg.18, 1988. Nr.3(72). S. 15-38.
BZ 4613:18

MacDollar macht uns alle zu Genießern. Hrsg.: Voilà. Aktionszentrum 3.Welt Osnabrück. Osnabrück: o.V. 1987. 18 S.
D 3627

Maes, B.: Ontwikkelingshulp aan de alarmbel. Een andere kijk op het fenomeen. Amersfoort, Leuven: Uitgeverij acco 1986. 103 S.
Bc 6602

Magdoff, H.; Sweezy, P.M.: Stagnation and the financial explosion. New York: Monthly Review Pr. 1987. 208 S.
B 62984

Marx, K.; Engels, F.: Briefe. Briefwechsel. Berlin: Dietz 1985. 615 S.
B 58468

Meyers, R.: Hilfe zur Selbsthilfe oder Hilfe zum Untergang? Neuere Konzeptionen der Entwicklungspolitik und ihre Kritiker. In: Beiträge zur Konfliktforschung. Jg.17, 1987. Nr.3. S. 17-32.
BZ 4594:17

Modern capitalism. Ed.by P.L.Berger. Lanham, Md.: Hamilton Pr. 1987. IX, 306 S; 375 S.
B 65845; B 62286

Morss, E.R.; Morss, V.A.: The future of Western development assistance. Boulder, Colo.: Westview Press 1986. XIII, 115 S.
Bc 6689

Multinational corporations and the Third World. Ed.by C.J. Dixon. London: Croom Helm 1986. XII, 200 S.
B 60819

Nove, A.: Socialism, economics and development. London: Allen & Unwin 1986. 243 S.
B 60515

Pack, S.J.: Reconstructing Marxian economics. Marx based upon a Sraffian commodity theory of value. New York: Praeger 1985. VII, 163 S.
B 60616

The political economy of corporatism. Ed.by W.Grant. London: Macmillan 1985. XIV, 274 S.
B 58628

Rethinking socialist economics. A new agenda for Britain. Ed.by P.Nolan. Cambridge: Polity Press 1986. VIII, 373 S.
B 60372

Richards, A.: Development and modes of production in marxian economics: a critical evaluation. Chur: Harwood Academic Publ. 1986. VII, 151 S.
Bc 7097

Schoof, P.: Die bilaterale Entwicklungshilfe und ihre Verteilungskriterien. E. politikwissenschaftlich-statistische Aggregatdatenanalyse zur regionalen Entwicklungshilfevergabe der USA, Großbritanniens, Frankreichs u.d.Bundesrepublik Deutschland im Zeitraum von 1960-1980. Frankfurt: Lang 1985. X, 393 S.
B 56956

Timberlake, L.: Krisenkontinent Afrika. Der Umweltbankrott, Ursachen u.Abwendung. Wuppertal: Hammer 1985. 268 S.
B 59157

The value dimension. Marx versus Ricardo and Sraffa. Ed.by B.Fine. London: Routledge & Kegan Paul 1986. 239 S.
B 62545

Willoughby, J.: Capitalist imperialism, crisis and the state. Chur: Harwood Academic Publ. 1986. VIII, 93 S.
Bc 7083

G 300 Industrie

Bullis, L.H.; Mielke, J.E.: Strategic and critical materials. Boulder, Colo.: Westview Press 1985. XIV, 303 S.
B 59110

The chemical industry and the projected chemical weapons conventions. Proc.of a SIPRI/Pugwash Conf. Vol.1.2. Oxford: Oxford Univ.Pr. 1986. XIX, 147 S; XIX, 233 S.
010089

Harf, J.E.; Trout, B.T.: The politics of global resources. Population, food, energy, and environment. Durham, NC.: Duke Univ.Pr. 1986. XVIII, 314 S.
B 61166

Helmreich, J.E.: Gathering rare ores. The diplomacy of uranium acquisition, 1943-1954. Princeton, N.J.: Princeton Univ.Press 1986. XIV, 303 S.
B 61409

Marton, K.: Multinationals, technology, and industrialization. Implications and impact in third world countries. Lexington: Lexington Books 1986. XIII, 304 S.
B 61294

Mikdashi, Z.: Transnational oil. Issues, policies and perspectives. London: Pinter 1986. 184 S.
B 58702

Rensburg, W.C.J. van: Strategic minerals. Vol.1.2. Englewood Cliffs.: Prentice-Hall 1986. XVI, 552 S. ; XIII, 362 S.
010114

G 380 Rüstungsindustrie

Aktion Umrüstung. Aktion UNIMOG II im UNO-Friedensjahr... Bonn: Service Civil International 1986. 39 S.
D 03776

Bontrup, H.-J.: Preisbildung bei Rüstungsgütern. Köln: Verlag Wissenschaft und Politik 1986. 247 S.
B 60141

Dietl, W.: Waffen für die Welt. Die Milliardengeschäfte der Rüstungsindustrie. München: Droemer Knaur 1986. 335 S.
B 59546

Engelhardt, K.; Fiedler, H.; Peter, H.: Der Militär-Industrie-Komplex unter dem Druck der Realitäten. In: IPW-Berichte. Jg.17, 1988. H.1. S. 20-26.
BZ 05326:17

Gill, S.; Law, D.: Reflections on military-industrial rivalry in the global political economy. In: Millenium. Journal of international studies. Vol.16, 1987. No.1. S. 73-86.
BZ 4779:16

Lock, P.: Die Krise der Rüstungsindustrie. Glanz und Elend einer kleinen, aber feinen Branche. In: S und F. Jg.5, 1987. Nr.4. S. 220-226.
BZ 05473:5

Lock, P.: Rüstungsprozesse und Weltmarktintegration. Fallbeispiele. Frankfurt: Haag u.Herchen 1987. 188 S.
Bc 7442

Rüstung und soziale Sicherheit. Hrsg.: R.Steinweg. Frankfurt: Suhrkamp 1985. 448 S.
B 55921

Transferts d'armements et conflits locaux. Les ventes d'armes. Paris: Institut français de polémologie 1986. 171 S.
Bc 6772

Very nice work if you can get it. The socially useful production debate. Ed.by C.Allum. Nottingham: Spokesman 1985. 214 S.
B 58905

Zivile Alternativen für die Rüstungsindustrie. Hrsg.: K.Schomacker. Baden-Baden: Nomos-Verlagsges. 1986. 174 S.
B 59879

G 390 Energiewirtschaft

Arndt, H.; Schulz, J.: Die Internationale Atomenergieorganisation. Berlin: Staatsverlag der DDR 1986. 393 S.
B 58325

Das Ende des Atomzeitalters? E.sachl.-krit. Dokumentation. Hrsg.: A.Hermann. München: Moos 1987. 383 S.
B 62435

Gruhl, H.: Der atomare Selbstmord. 2.Aufl. München: Herbig 1986. 190 S.
B 59625

Hatch, M.T.: Politics and nuclear power. Energy policy in Western Europe. Lexington, Ky.: Univ.Pr.of Kentucky 1986. XI, 219 S.
B 59859

Neues Denken im Atomzeitalter. E.Text d.Ausschusses "Kirche und Gesellschaft" b.Bund d.Evang. Kirchen d.DDR. Hrsg.: Aktion Sühnezeichen, Ohne Rüstung Leben, Versöhnungsbund. Berlin: o.V. 1987. 32 S.
D 3605

Roßnagel, A.: Die unfriedliche Nutzung der Kernenergie. Gefahren der Plutoniumwirtschaft. Hamburg: VSA-Verl. 1987. 160 S.
Bc 7114

Safety second. The NRC and America's nuclear power plants. Ed.by M.Adato. Bloomington, Ind.: Indiana University Press 1987. 194 S.
B 62345

Semeria, M.: Les risques concernant les besoins énergétiques. In: Défense nationale. A.43, 1987. No.8. S. 65-91.
BZ 4460:43

Shwadran, B.: Middle East oil crises since 1973. Boulder, Colo.: Westview Press 1986. XV, 254 S.
B 61529

Splieth, B.: Plutonium. Der giftigste Stoff der Welt. Reinbek: Rowohlt 1987. 166 S.
Bc 6764

Stellpflug, J.: Der weltweite Atomtransport. Reinbek: Rowohlt 1987. 158 S.
Bc 7295

Strategic minerals and international security. Ed.: U.Ra'anan and C.M.Perry. Washington: Pergamon 1985. VIII, 90 S.
B 58884

G 400 Handel

Cutler, R.M.: Harmonizing EEC-CMEA relations: never the twain shall meet? In: International affairs. Vol.63, 1987. No.2. S. 260-270.
BZ 4447:63

Economic relations with the Soviet Union. American and West German perspectives. Ed.by A.E.Stent. Boulder, Colo.: Westview Press 1985. XVIII, 182 S.
B 61096

Freiberg, P.; Nitz, J.; Zapf, H.-U.: Ost-West-Wirtschaftsbeziehungen in der zweiten Hälfte der 80er Jahre. In: IPW-Berichte. Jg.16, 1987. H.11. S. 21-26.
BZ 05326:16

Gustafson, T.: Soviet negotiating strategy. The east-west gas pipeline deal, 1980-1984. Santa Monica, Calif.: Rand Corp. 1985. IX, 45 S.
Bc 7381

Hanson, P.: Western economic statecraft in east-west relations. Embargoes, sanctions, linkage, economic warfare, and détente. London: Routledge & Kegan Paul 1988. 85 S.
Bc 7653

Hufbauer, G.C.; Schott, J.J.: Economic sanctions reconsidered: history and current policy. Washington, D.C.: Inst.f. International Economics 1985. XVI, 753 S.
B 58041

Jacobsen, H.-D.: Die Ost-West-Wirtschaftsbeziehungen als deutsch-amerikanisches Problem. Baden-Baden: Nomos-Verlagsges. 1986. 341 S.
B 59897

Jentleson, B.W.: Pipeline politics. The complex political economy of the East-West energy trade. Ithaca, N.Y.: Cornell Univ.Pr. 1986. 263 S.
B 61247

Pale, K.: Österreich als Drehscheibe im Ost-West-Handel. In: Europäische Rundschau. Jg.15, 1987. Nr.2. S. 29-33.
BZ 4615:15

Sokoloff, G.: Economy of détente. The Soviet Union and Western capital. Leamington, Spa.: Berg 1987. 250 S.
B 62242

Trade, technology and Soviet-American relations. Ed.by B.Parrott. Bloomington, Ind.: Indiana University Press 1985. XVII, 394 S.
B 57947

The utility of international economic sanctions. Ed.by D.Leyton-Brown. London: Croom Helm 1987. 320 S.
B 60247

Wörmann, C.: Osthandel als Problem der Atlantischen Allianz. Erfahrungen aus dem Erdgas-Röhren-Geschäft m.d.UdSSR. Bonn: Europa Union Verlag 1986. 243 S.
B 58423

G 500 Verkehr

Clubb, O.: KAL flight 007: the hidden story. Sag Harbor, N.Y.: Permanent Press 1985. 174 S.
B 58156

Dallin, A.: Black Box. KAL 007 and the superpowers. Berkeley, Calif.: Univ.of California Pr. 1985. XII, 130 S.
B 58428

Johnson, R.W.: Shootdown. The verdict on KAL 007. London: Chatto & Windus 1986. XVI, 335 S.
B 59270

Nagel, R.: Hobby und Historik. Gefechtskennung auf deutschen Kriegsschiffen im ersten Weltkrieg. Vaterstetten: Selbstverlag 1986. 40 Bl.
Bc 01956

Sapiro, L.S.: Schnelle Schiffe. Berlin: Militärverlag der DDR 1985. 143 S.
B 57133

G 600 Finanzen/ Geld- und Bankwesen

Abizadeh, S.; Yousefi, M.: Political parties, deficits, and the rate of inflation: A comparative study. In: The journal of social, political and economic studies. Vol.11, 1986. No.4. S. 393-411.
BZ 4670:11

Bogdanowitz-Bindert, C.A.: The debt crisis: the Baker Plan revisited. In: Journal of Interamerican studies and world affairs. Vol.28, 1986. No.3. S. 33-46.
BZ 4608:28

Cohen, B.J.: In whose interest? International banking and American foreign policy. New Haven: Yale Univ.Pr. 1986. XI, 347 S.
B 61778

Hoelz, M.: "Eine Mordmaschine läßt sich nur bekämpfen". Eine Stellungnahme der Autonomen. In: Blätter des iz3w. 1988. Nr.151. S. 19-23.
BZ 05130:151

Horowitz, I.L.: The "Rashomon" effect: ideological proclivities and political dilemmas of the IMF. In: Journal of Interamerican studies and world affairs. Vol. 27, 1985-86. No.4. S. 37-56.
BZ 4608:27

Miller, M.: Coping is not enough! The international debt crisis and the roles of the World Bank and International Monetary Fund. Homewood, Ill.: Jones-Irwin 1986. XIII, 268 S.
B 62766

Petersmann, H.G.: Financial assistance to developing countries: the changing role of the World Bank and International Monetary Fund. Bonn: Europa Union Verlag 1988. 123 S.
Bc 8047

Roth, W.: Der Internationale Währungsfonds und die Verschuldungskrise der Dritten Welt. In: Blätter für deutsche und internationale Politik. Jg.32, 1987. Nr.8. S. 1043-1054.
BZ 4551:32

Stiles, K.W.: Argentina's bargaining with the IMF. In: Journal of Interamerican studies and world affairs. Vol.29, 1987. No.3. S. 55-85.
BZ 4608:29

Westphalen, J.: Das internationale Schuldenmanagement vor neuen Aufgaben. In: Europa-Archiv. Jg.42, 1987. Nr.24. S. 701-708.
BZ 4452:42

G 700 Technik/Technologie

Booß-Bavnbek, B.; Bohle-Carbonell, M.: Machbarkeit nichtbeherrschbarer Technik durch Fortschritte in der Erkennbarkeit der Natur. In: Marxistische Studien. Jg.13, 1987. Nr.2. S. 81-104.
BZ 4691:13

Botta, G.: Il progetto Eureka per rilanciare le ambizioni europee. In: Politica internazionale. A.16, 1988. No.4-5. S. 104-111.
BZ 4828:16

Finne, K.N.: Igor Sikorsky: the Russian years. Ed.: J.Bobrow. Washington, D.C.: Smithsonian Inst.Pr. 1987. 223 S.
010527

Fralin, F.; Livingston, J.: The indelible image. Photographs of war, 1846 to the present. New York: Abrams 1985. 254 S.
010079

Kerbrech, R.P.; Williams, D.I.: Cunard white star liners of the 1930s. London: Conway 1988. 127 S.
010555

Kleincomputer in der Bibliotheksarbeit, (Auskunft, Bibliographie, Erwerbung). Ref.e. Fortbildungsveranst. AG biblioth. Verbände... Hrsg.: H.Habermann. Berlin: Dbi 1988. 90 S.
Bc 02293

Leisewitz, A.: Wissenschaftlich-technische Revolution und deformierte Produktivkraftentwicklung. In: Marxistische Studien. Jg.13, 1987. Nr.2. S. 9-32.
BZ 4691:13

Pechmann, A.von: Technischer Fortschritt – Umbruch im Weltbild? In: Marxistische Studien. Jg.13, 1987. Nr.2. S. 33-51.
BZ 4691:13

Science, technology and the labour process. Marxist studies. Ed.by L.Levidow. London: CSE Books 1981-85. V,207 S; V, 232 S.
B 57711

Stock, W.: High technology. Amerikanische Vorherrschaft und globalstrategische Absichten der USA. Köln: Pahl-Rugenstein 1986. 244 S.
B 58707

Technological change and workers' movements. Ed.: M.Dubofsky. Beverly Hills, Calif.: SAGE 1985. 272 S.
B 58746

Technology and work. East-West comparison. Ed.by P.Grottings. London: Croom Helm 1986. 304 S.
B 58533

Teller, E.: Better a shield than a sword. Perspectives on defense and technology. New York: The Free Pr. 1987. XIV, 257 S.
B 66201

Thyssen, O.: Teknokosmos – om teknik og menneskerettigheder. København: Gyldendal 1985. 268 S.
B 58450

H Gesellschaft

H 100 Bevölkerung und Familie

Braungart, R.G.: Moderate-extreme and left-right sources of youth politics: a typology. In: Journal of political and military sociology. Vol.14, 1986. No.2. S. 199-213.
BZ 4724:14

Brown, M.E.: The production of society. A Marxian foundation for social theory. Totowa, N.J.: Rowman & Littlefield 1986. X, 163 S.
B 61916

Chudaverdjan, V.C.: Sovremennye al'ternativnye Dviženija. Molodez Zapada i "novyj" irracionalizm. Moskva: Mysl' 1986. 148 S.
Bc 5935

Eisenstadt, S.N.; Roniger, L.; Seligman, A.: Centre Formation, protest movements, and class structure in Europe and the United States. London: Pinter 1987. 187 S.
B 61992

Frankel, B.: The post-industrial utopians. Cambridge: Polity Press 1987. XI, 303 S.
B 62017

Jänicke, M.: Staatsversagen. Die Ohnmacht der Politik in d.Industriegesellschaft. München: Piper 1986. 227 S.
B 59954

Kriesi, H.: Neue soziale Bewegungen: auf der Suche nach ihrem gemeinsamen Nenner. In: Politische Vierteljahresschrift. Jg.28, 1987. Nr.3. S. 314-334.
BZ 4501:28

Ligt, B.de: De Intellectuelen en de moderne oorlog. Bergen: Anarchistische Uitgaven 1986. 76 S.
Bc 6859

Lofland, J.: Protest. Studies of collective behavior and social movements. New Brunswick: Transaction Books 1985. XII, 349 S.
B 57238

Towards a just world peace. London: Butterworths 1987. 403 S.
B 63066

Vogler, C.M.: The nation state. The neglected dimension of class. Aldershot: Gower 1985. 212 S.
B 59134

Volkszählung '87. Boykottieren und sabotieren. Hrsg.: Café "Nix da". Düsseldorf: o.V. 1987. 23 S.
D 03828

Ziebura, G.: Über das Chamäleonhafte linker Intellektueller. In: Prokla. Jg.18, 1988. Nr.1. S. 19-32.
BZ 4613:18

H 130 Frauenfrage/Frauenbewegung

Bashevkin, S.B.: Toeing the lines. Women and party politics in English Canada. Toronto: Univ.of Toronto Pr. 1985. XVIII, 222 S.
B 58034

Befreites Land – befreites Leben? Frauen in Befreiungsbewegungen und Revolutionen. Hrsg.: E.Laudowicz. Köln: Pahl-Rugenstein 1987. 300 S.
B 62069

Chafetz, J.S.; Dworkin, A.G.: Female revolt. Women's movements in world and historical perspective. Totowa, N.J.: Rowman & Allanheld 1986. X,260 S.
B 62745

Eisler, R.: Human rights: toward an integrated theory for action. In: Human rights quarterly. Vol.9, 1987. No.3. S. 287-308.
BZ 4753:9

Elshtain, J.B.: Women and war. New York: Basic Books 1987. XVI, 288 S.
B 61889

Feminist challenges. Social and political theory. Ed.by C.Pateman. Sydney: Allen & Unwin 1986. X,215 S.
B 61739

Fraisse, G.: Du bon usage de l'individu féministe. In: Vingtième siècle. 1987. Nr.14. S. 45-54.
BZ 4941:1987

Frau als Ware. Frauenhandel, Zwangsehe, Scheinehe. Hrsg.: VIA – Verband der Initiativgr. in d.Ausländerarbeit – Regionalverband Nord. Hamburg: o.V. 1986. 153 S.
D 03749

Mappen, E.: Helping women at work. The women's industrial council, 1889-1914. London: Hutchinson 1985. 134 S.
Bc 7960

Marshall, C.; Florence, M.S.; Ogden, C.K.: Militarism versus feminism: writings on women and war. London: Virago Pr. 1987. X,178 S.
Bc 7340

Pieroni Bortolotti, F.: La donna, la pace, l'Europa. L'associazione internazionale delle donne dalle origini alla prima guerra mondiale. Milano: Angeli 1985. 335 S.
B 60346

Saywell, S.: Women in war. New York: Viking 1985. X,324 S.
B 61974

Wilson, E.; Weir, A.: Hidden agendas. Theory, politics, and experience in the women's movement. London: Tavistock 1986. IX, 227 S.
B 63241

Women. A world report. London: Methuen 1985. 376 S.
B 62917

The women's encampment for a future of peace and justice. Images and writings. Philadelphia, Pa.: Temple Univ.Pr. 1987. X,108 S.
B 61631

H 200 Stand und Arbeit

H 214 Arbeiterbewegung/Gewerkschaften

Arbeiterklasse – gibt's die noch? Hrsg.: P.Fleissner. Wien: Verl.f.Gesellschaftskritik 1985. 246 S.
B 57784

Baglioni, G.: La Politica sindacale nel capitalismo che cambia. 2.ed. Bari: Laterza 1987. 207 S.
B 60710

Baudrillard, J.: Le miroir de la production ou l'illusion critique du matérialisme historique. Paris: Ed.Galilée 1985. 187 S.
B 60762

Burawoy, M.: The politics of production. Factory regimes under capitalism and socialism. London: Verso 1985. 272 S.
B 57665

Confrontation, class consciousness, and the labor process. Studies in proletarian class formation. Ed.by M.Hanagan. New York: Greenwood Press 1986. VIII, 261 S.
B 60757

Internationale Tagung der Historiker der Arbeiterbewegung. Konfessionelle, liberale und unternehmensabhängige Arbeiterbewegung ... Wien: Europaverlag 1985. 509 S.
B 58680

Labor-owned firms and workers' cooperatives. Ed.by S.Jansson. Aldershot: Gower 1986. IX, 162 S.
B 59374

Mastropaolo, A.: Sviluppo politico e parlamento nell'Italia liberale. Un'analisi a partire dai meccanismi della rappresentanza. In: Passato e presente. 1986. No.12. S. 29-93.
BZ 4794:1986

Miṣcarea muncitoreasca internaţionala in anii 1919-1923. Faurirea partidelor comuniste. In: Anale de istorie. A.33, 1987. No.5. S. 99-123.
BZ 4536:33

Reissig, R.; Berg, F.: Arbeiterbewegung und demokratische Alternative. Berlin: Dietz 1986. 233 S.
B 58469

Roth, K.: Die verlorene Unschuld – Umweltpolitik und Gewerkschaften. In: Blätter für deutsche und internationale Politik. Jg.33, 1988. Nr.4. S. 450-462.
BZ 4551:33

Terjesen, E.A.: Begrenset solidaritet eller solidaritet uten grenser? Internasjonalisme og internasjonal solidaritet i arbeiderbevedelsen gjennom 100 år. In: Arbeiderhistorie. 1987. S. 7-40.
BZ 4920:1987

Touraine, A.: Social movements: participation and protest. In: Scandinavian political studies. Vol.10, 1987. No.3. S. 207-222.
BZ 4659:10

Trade Unions and the economic crisis of the 1980s. Ed.by W.Brierley. Aldershot: Gower 1987. X, 210 S.
B 61792

Uisk, A.: Syndikalismus – eine Ideenskizze. Hrsg.: Libertäres Forum Berlin. Berlin: o.V. 1985. 37 S.
D 3308

Der Weltgewerkschaftsbund. Ausgew. Dokumente 1965-1985. Berlin: Tribüne 1986. 743 S.
B 60122

H 220 Arbeit und Arbeitsprobleme

Peter, L.: Neue Formen der Rationalisierung. In: Marxistische Studien. Jg.13, 1987. Nr.2. S. 143-163.
BZ 4691:13

Schumm-Garling, U.: Neue Technik und Rationalisierung von Angestelltenarbeit. In: Marxistische Studien. Jg.13, 1987. Nr.2. S. 164-180.
BZ 4691:13

Streik – Widerstand gegen Kapital und Kabinett. Frankfurt: Nachrichten-Verl.-Ges. 1985. 331 S.
B 58669

H 300 Wohlfahrt und Fürsorge

Refugees and world politics. Ed.by E.G.Ferris. New York: Praeger 1985. XIV, 224 S.
B 59258

Vertreibung und Exil. Lebensformen – Lebenserfahrungen. Hrsg.: T.Stammen. München: Schnell & Steiner 1987. 143 S.
B 66019

H 500 Gesundheitswesen

Amendt, G.: Der große Bluff. Die Drogenpolitik der USA. Eine Reportage. Hamburg: Konkret Lit.-Verl. 1987. 112 S.
Bc 7120

H 510 Umweltschutz

Abschied vom Wahn der Naturbeherrschung. Stabilisierung der Biosphäre – ein anderes Konzept für den Umgang mit der Natur. In: Blätter für deutsche und internationale Politik. 1988. Nr.8. S. 938-945.
BZ 4551:1988

Dyson, J.; Fitchett, J.: Sink the rainbow!
An enquiry into the 'Greenpeace Affair'.
London: Gollancz 1986. 192 S.
B 60916

Gärtner, E.: Die Stabilisierung der Bio-
sphäre. Über die Aufgaben der Ökologie
vom Standpunkt des Marxismus. In:
Marxistische Studien. Jg.13, 1987. Nr.2.
S. 52-67.
BZ 4691:13

The green alternative. Guide to good
living. Ed.by P.Bunyard. London:
Methuen 1987. XV, 368 S.
B 62575

Lecomte, C.: Coulez le Rainbow Warrior!
Paris: Messidor/ Ed.sociales 1985. 169 S.
B 59276

Leipert, C.: Grundfragen einer ökologisch
ausgerichteten Wirtschafts- und Umweltpolitik. In: Aus Politik und Zeitgeschichte. 1988. B.27. S. 29-37.
BZ 05159:1988

Luccioni, X.: L'affaire Greenpeace. Une
guerre des médias. Paris: Payot 1986. IV,
302 S.
B 61230

Oschlies, W.: "Europas ökologisch meist-
bedrohtes Land?" Umweltzerstörung in
Polen. Köln: Bundesinst.f.ostwiss.u.in-
tern.Studien 1986. III, 89 S.
Bc 01890

Rainbow-Warrior. The French attempt to
sink Greenpeace. London: Hutchinson
1986. 302 S.
B 60570

Red and green. A new politics of the
environment. Ed.by J.Weston. London:
Pluto Pr. 1986. 181 S.
B 65647

H 600 Sport und Spiel

Die Olympiade Berlin 1936 im Spiegel
der ausländischen Presse. Hrsg.:
J.Bellers. Münster: Lit.-Verl. 1986. 361 S.
B 59200

Rodenberg, K.: Seoul 1988: Süd-Koreas
schwierige Spiele. In: Europa-Archiv.
Jg.42, 1987. Nr.13. S. 379-386.
BZ 4452:42

J Geistesleben

J 100 Wissenschaft

Assoun, P.-L.: L'école de Francfort. Paris: Presses Univ.de France 1987. 127 S.
Bc 7449

Dinter, E.: Held oder Feigling. Die körperlichen u. seelischen Belastungen des Soldaten im Krieg. 2.Aufl. Herford: Mittler 1986. 182 S.
B 60028

Feldchirurgie. Von einem Autorenkollektiv... Berlin: Militärverlag der DDR 1986. 467 S.
B 60383

Fotion, N.; Elfstrom, G.: Military ethics. Guidelines for peace and war. Boston, Mass.: Routledge & Kegan Paul 1986. VII, 311 S.
B 59381

Gabriel, R.A.: No more heroes. Madness and psychiatry in war. New York: Hill and Wang 1987. 179 S.
B 62656

Giddens, A.: A contemporary critique of historical materialism. Vol.2. Cambridge: Polity Press 1985. VI, 399 S.
B 57712

Haldane, J.J.: Defense policy, the just war and the intention to deter. In: Defense analysis. Vol.3, 1987. No.1. S. 51-61.
BZ 4888:3

Hauber, P.; Hoelzinger, J.; Wernicke, J.: Plutonium. Med. Folgen e.Atomwaffen-Unfalles. Hrsg.: Sektion Bundesrepublik Deutschland der Intern. Ärzte f.d.Verhütung des Atomkrieges (IPPNW). 3.Aufl. Heidesheim: o.V. 1987. 15 S.
D 3636

Hauber, P.; Hoelzinger, J.: Plutonium. Med. Folgen e.atomaren Pershing-II-Unfalles. Hrsg.: Sekt. BRD Deutschland der Internat.Ärzte f.d.Verhütung des Atomkrieges. 2.Aufl. Heidesheim: o.V. 1985. 10 S.
D 3458

Heilbron, J.L.: The dilemmas of an upright man. Max Planck as spokesman for German science. Berkeley, Calif.: Univ.of California Pr. 1986. XIII, 238 S.
B 63015

Innere Militärmedizin. Von einem Autorenkollektiv ... Berlin: Militärverlag der DDR 1985. 423 S.
B 58091

Internationale Ärzte zur Verhütung des Atomkrieges – IPPNW. Beschreibung und geschichtl. Abriß. o.O.: o.V. 1985. 6 S.
D 3401

Jogschies, R.: Betrifft: Ärzte gegen den Atomkrieg. Ein Portr.d.Friedensnobelpreisträgers. München: Beck 1986. 134 S.
B 59559

Just war theory in the nuclear age. Ed.by J.D.Jones. Lanham: Univ.Press of America 1985. XXI, 214 S.
B 58337

Krankenpflege im Kriegsfall. Die Verhandlungen des deutschen Episkopats mit der Reichsregierung 1936 bis 1940. Hrsg.: N.M.Borengässer. Bonn: Borengässer 1987. XXII, 105 S.
Bc 7332

Kriegsideologie – Gewaltkult gegen Frieden und Freiheit. Berlin: Militärverlag der DDR 1987. 95 S.
Bc 7470

Kunze, A.C.; Voitel, A.R.: Tägliche Gefähr-
dung durch radioaktive Strahlung. Fragen
und Antworten. Hrsg.von d.Hamburger
Ärzteinitiative gegen Atomenergie. Hamburg: o.V. 1986. 24 S.
D 3588

Marx analysed. Philosophical essays on
the thought of Karl Marx. Ed.by
G.E.Panichas. Lanham: Univ.Press of
America 1985. XXIII, 308 S.
B 58370

Meeker, B.F.; Segal, D.S.: Soldier's perceptions of conflict likelihood: the effects of
doctrine and experience. In: Journal of
political and military sociology. Vol.15,
1987. No.1. S. 105-115.
BZ 4724:15

Prioreschi, P.: Man and war. New York,
N.Y.: Philosophical Library 1986. XX,
339 S.
B 62096

Psychological reactions to the nuclear
war threat. In: Medicine and war. Vol.4,
1988. No.1. S. 3-16.
BZ 4904:4

Roth, K.H.: Die Modernisierung der
Folter in den beiden Weltkriegen. In:
1999. Jg.2, 1987. Nr.3. S. 8-75.
BZ 4879:2

Wells, C.: The UN, UNESCO and the
politics of knowledge. Basingstoke:
Macmillan 1987. XVIII, 281 S.
B 62493

J 200 Kunst

Hippen, R.: Satire gegen Hitler. Kabarett
im Exil. Zürich: pendo-Verl. 1986. 179 S.
B 59899

Kämpfer, F.: "Der rote Keil". D.politische
Plakat i.Theorie u.Geschichte. Berlin:
Mann 1985. 323 S.
B 57576

Kuehn, H.: Auf den Barrikaden des muti-
gen Wortes. Die polit. Redekunst v.Ferdi-
nand Lassalle u.Otto v.Bismarck... Bonn:
Verl.Neue Gesellschaft 1986. 196 S.
B 60061

Kultur gegen Krieg. Hrsg.v.H.-J. Häßler.
Köln: Pahl-Rugenstein 1986. 202 S.
B 58587

Laue, T.H.von: Die Ausbreitung der
"westlichen" Kultur als Weltrevolution
betrachtet. In: Beiträge zur Konfliktforschung. 1987. Nr.2. S. 5-26.
BZ 4594:1987

On literature and revolution. In: Survey.
Vol.30, 1988. No.1/2. S. 332-372.
BZ 4515:30

Schweizer, G.: Abkehr vom Abendland.
Östliche Traditionen gegen westliche
Zivilisation. Hamburg: Hoffmann und
Campe 1986. 327 S.
B 58079

Spielmann, J.: Denkmal: Emanzipation
oder Identität? In: Niemandsland. Jg.1,
1987. H.2. S. 70-84.
BZ 05555:1

J 400 Presse/Publizistik/
Massenmedien

Alov, G.; Viktorov, V.: Aggression im
Äther. Der psychologische Krieg. Zeug-
nisse, Fakten, Dokumente. Berlin:
Militärverlag der DDR 1987. 143 S.
Bc 8011

Ernst, J.: The structure of political communication in the United Kingdom, the
United States and the Federal Republic
of Germany. Frankfurt: Lang 1988. 176 S.
Bc 7767

Finková, D.; Petrová, S.: The militant
poster, 1936-1985. Prague: International
Organization of Journalists 1986. 143 S.
Bc 02196

Gysegem, M.van: De Auteur-Fotograaf als ooggetuige in de Spaanse Burgeroorlog. In: Revue belge d'histoire contemporaine. Vol.18, 1987. No.3-4. S. 865-884.
BZ 4431:18

Il Film del 1945. Dall'occupazione alla liberazione. Recensioni di 188 film. Torino: Assessprato per la Cultura 1985. 121 S.
Bc 02056

Mercer, D.; Mungham, G.; Williams, K.: The fog of war. The media on the battlefield. London: Heinemann 1987. XVI, 413 S.
B 62939

Periodicals on and about the left. In: Socialism and democracy. 1986. No.2. S. 59-66.
BZ 4929:1986

Propaganda, persuasion and polemic. Ed.: J.Hawthorn. London: Arnold 1987. XIV, 176 S.
B 63033

Pütter, K.: Rundfunk gegen das "Dritte Reich". Deutschsprachige Rundfunkaktivitäten im Exil 1933-1945. München: Saur 1986. 388 S.
B 59795

Roth, P.: Die internationale Journalistenorganisation (IOJ) in Prag als Träger sowjetischen Einflusses. Köln: Bundesinst.f.ostwiss.u.intern.Studien 1987. IV, 95 S.
Bc 02148

Soley, L.C.; Nichols, J.S.: Clandestine Radio Broadcasting. A study of revolutionary and counterrevolutionary electronic communication. New York: Praeger 1987. XIV, 384 S.
B 62297

J 500 Schule und Erziehung

68 – Bruch und Kontinuität. (Versch. Beitr.). In: Widerspruch. Jg.8, 1988. H.15. S. 4-105.
BZ 4868:8

Cohn-Bendit, D.: Nous l'avons tant aimée, la révolution. Paris: Barrault 1986. 191 S.
010231

Fraser, R.: 1968. A student generation in revolt. London: Chatto & Windus 1988. 370 S.
B 65676

Hantsche, I.: Geschichte im Schulbuch – das Schulbuch in der Geschichte. In: Aus Politik und Zeitgeschichte. 1987. B.39. S. 39-53.
BZ 05159:1987

Pöggeler, F.: Mit Schulbüchern Politik machen. In: Aus Politik und Zeitgeschichte. 1987. B.39. S. 3-16.
BZ 05159:1987

Stein, G.: Schulbücher und der Umgang mit ihnen – sozialwissenschaftlich betrachtet. In: Aus Politik und Zeitgeschichte. 1987. B.39. S. 29-38.
BZ 05159:1987

The student revolt of the 1960s. In: Survey. Vol.30, 1988. No.1/2. S. 264-290.
BZ 4515:30

Witsch-Rothmund, F.J.: Politische Parteien und Schulbuch. In: Aus Politik und Zeitgeschichte. 1987. B.39. S. 17-28.
BZ 05159:1987

J 600 Kirche und Religion

Ethics and defence. Power and responsibility in the nuclear age. Ed.by H.Davis. New York: Blackwell 1986. X, 296 S.
B 60573

Falk, R.: Religion and politics: verging on the postmodern. In: Alternatives. Vol.13, 1988. No.3. S. 379-394.
BZ 4842:13

J 610 Christentum

Hanson, E.O.: The catholic church in world politics. Princeton, N.J.: Princeton Univ.Press 1987. X, 485 S.
B 62736

Krims, A.: Karol Wojtyla. Papst und Politiker. Köln: Pahl-Rugenstein 1986. 314 S.
B 58646

Musselli, L.di: I rapporti chiesa-stato e la questione del concordato dalla liberazione alla costituente. In: Il politico. A.52, 1987. No.4. S. 621-639.
BZ 4541:52

Spieker, M.: Die Versuchung der Utopie. Zum Verhältnis von Glaube und Politik in der Befreiungstheologie. In: Aus Politik und Zeitgeschichte. 1987. B.49. S. 29-38.
BZ 05159:1987

Zucht & (und) Ordnung schaffen wir Herr, zu Deiner Freude Dir. Hrsg.: Volksfront Köln. Köln: GNN-Verl. 1987. 32 S.
D 3561

J 620 Islam

An-Na'im, A.A.: Religious minorities under Islamic law and the limits of cultural relativism. In: Human rights quarterly. Vol.9, 1987. No.1. S. 1-18.
BZ 4753:9

Argumosa Pila, J.: El pasado remoto. Antecedentes históricos. In: Ejército. A.49, 1988. No.583. S. 30-44.
BZ 05173:49

Castano, J.: Le Péril islamique. Pérols: Selbstverlag 1986. 153 S.
Bc 6909

Charnay, J.P.: L'Islam et la guerre. Paris: Fayard 1986. 354 S.
B 62438

Ilbert, R.: Le 15ème siècle de l'Hégire. In: Vingtième siècle. 1988. Nr.17. S. 3-19.
BZ 4941:1988

Islam v političeskoj žizni stran sovremennogo Bližnego i Srednego Vostoka. Erevan: Izdatel'stvo an Armjanskoj SSR 1986. 229 S.
B 62640

The islamic impulse. Ed.by B.Freyer-Stowasser. London: Croom Helm 1987. 329 S.
B 61617

Piscatori, J.P.: Islam in a world of nationstates. Cambridge: Cambridge Univ.Pr. 1986. VIII, 193 S.
B 61272

Radicalismes islamiques. Ed.: O.Carré. Vol.1.2. Paris: Ed.l'Harmattan 1985/86. 256, 181 S.
B 61063

Repolitisierung des Islam. Eine Auseinandersetzung mit Bassam Tibi. In: Blätter des iz3w. 1988. Nr.147. S. 20-23.
BZ 05130:1988

Shi'ism, resistance, and revolution. Ed.by M.Kramer. Boulder, Colo.: Westview Press 1987. X,324 S.
B 62281

K Geschichte

K 0 Allgemeine Geschichte/ Geschichtswissenschaft

Adelman, J.R.: Revolution, armies, and war. A political history. Boulder, Colo.: Rienner 1985. XII, 268 S.
B 59519

Blänsdorf, A.: Die deutsche Geschichte in der Sicht der DDR. E.Vergleich mit d. Entwicklung in der BRD Deutschland und in Österreich seit 1945. In: Geschichte in Wissenschaft und Unterricht. Jg.39, 1988. H.5. S. 263-290.
BZ 4475:39

Brühl, R.: Zu einigen aktuellen Aufgaben der militärgeschichtlichen Forschung. In: Militärgeschichte. Jg.26, 1987. Nr.5. S. 515-526.
BZ 4527:26

Carr, E.H.: What is history? The George Macaulay Trevelyan Lectures delivered in the Univ. of Cambridge... 2.ed. London: Macmillan 1986. XLIV, 154 S.
B 58626

La Cosa, J.de: Revolución en la marina! Montevideo: o.V. 1986. 64 S.
Bc 7247

Gellhorn, M.: The Face of war. 3.ed. London: Virago Pr. 1986. XIX, 292 S.
B 59354

Geschichtswissenschaft in der Bundesrepublik Deutschland. Institutionen der Forschung und Lehre. Hrsg.: R.Vierhaus. Göttingen: Verband der Historiker Deutschlands 1985. 107 S.
Bc 8025

Holmes, R.: Acts of war. The behavior of men in battle. New York, N.Y.: Macmillan 1985. XII, 436 S.
B 58727

Joes, A.J.: From the barrel of a gun. Armies and revolutions. Washington: Pergamon-Brassey's 1986. XIII, 225 S.
B 62696

Kunkel, W.: Geschichte als Prozeß? Historischer Materialismus od.Marxist. Geschichtstheorie. Hamburg: VSA-Verl. 1987. 392 S.
B 58365

Linse, U.: Die wiedergefundene Erinnerung. Zur Archäologie der Zeitgeschichte. In: Geschichte in Wissenschaft und Unterricht. Jg.39, 1988. H.7. S. 427-430.
BZ 4475:39

Luard, E.: War in international society. A study in international sociology. London: Tauris 1986. 486 S.
B 60103

Ra'anan, U.; Shultz, R.H.: Oral history: a neglected dimension of Sovietology. In: Strategic review. Vol.15, 1987. No.2. S. 58-70.
BZ 05071:15

Revisionismus in der Zeitgeschichte. Kongress-Protokoll 1987. Berg: Ges.f. freie Publ. 1988. 135 S.
Bc 7637

Shirer, W.L.: 20th century journey. A memory of a life and the times. Bd.1.2. Toronto: Bantam Books 1985. 510, XI, 654 S.
B 61982

La Storiografia militare italiana negli ultimi venti anni. Milano: Angeli 1985. 238 S.
B 56962

Zeitgeschichte und politisches Bewußtsein. Hrsg.: B.Hey. Köln: Verlag Wissenschaft und Politik 1986. 254 S.
B 60146

K 2 Geschichte 1815-1914

K 2 e Politische Geschichte

Abel, C.A.: Controlling the big stick: Theodore Roosevelt and the Cuban crisis of 1906. In: Naval War College review. Vol.40, 1987. No.3. S. 88-98.
BZ 4634:40

Randall, P.E.: There are no victors here! A local perspective on the treaty of Portsmouth. Portsmouth, N.H.: Portsmouth Marine Soc. 1985. XI, 105 S.
B 61539

Schöllgen, G.: Das Zeitalter des Imperialismus. München: Oldenbourg 1986. 253 S.
B 65297

K 2 f Kriegsgeschichte

Bond, B.: War and society in Europe, 1870-1970. 2.ed. London: Fontana Pr. 1986. 256 S.
B 62580

Hayrhornthwaite, P.J.: The Boer War. London: Arms and Armour Pr. 1987. 68 S.
Bc 02302

Infante Díaz, F.: Presencia de la iglesia en la Guerra del Pacifico. Santiago: Estado Mayor General del Ejército 1986. 247 S.
B 62843

Ratković, B.: Komandovanje u Bojevima na planini Babuni, Kod Kičeva i alinaca (Bakarno Gumno) 1912. In: Vojnoistorijski glasnik. God.37, 1986. No.3. S. 165-195.
BZ 4531:37

Rohwer, J.: International naval cooperation during the "Boxer"-rebellion in China 1900/01. In: Revue internationale d'histoire militaire. 1988. No.65. S. 79-96.
BZ 4454:1988

Santoni, A.: The responsibility of the Russian admirals in the Battle of Tsushima. In: Revue internationale d'histoire militaire. 1988. No.65. S. 153-160.
BZ 4454:1988

Sater, W.F.: Chile and the war of the Pacific. Lincoln, Neb.: Univ. of Nebraska Pr. 1986. 343 S.
B 61503

Westwood, J.N.: Russia against Japan, 1904-05. A new look at the Russo-Japanese War. Houndmills: Macmillan 1986. IX, 183 S.
B 58659

Wetzel, D.: The Crimean War: a diplomatic history. New York: Columbia Univ.Pr. 1985. VIII, 255 S.
B 59352

Wituch, T.: Od Trypolisu do Lozanny. Polityka Włoch wobec Turcji i Bliskiego Wschodu w latach 1912-1922. Warszawa: Państwowe Wydawn.Naukowe 1986. 264 S.
B 59989

K 3 Geschichte 1914-1918

K 3 a Gesamtdarstellungen

David, D.: The 1914 Campaign, August – October, 1914. Turnbridge Wells: Spellmount 1987. 183 S.
010443

Historia de la Primera Guerra Mundial.
Santiago: Academia de Guerra 1986.
447 S.
010352

The Marshall Cavendish illustrated
Encyclopedia of World War. Ed.:
P.Young. Bd.1-12. New York: Marshall
Cavendish 1986. 3628 S.
010603

Owen, E.: 1914. Glory departing.
London: Buchan & Enright 1986. 192 S.
B 62543

Wilson, T.: The myriad faces of war.
Britain and the great war, 1914-1918.
Cambridge: Polity Press 1986. XVI,
864 S.
B 60908

K 3 c Biographien/Kriegserlebnisse

Audoin-Rouzeau, S.: A travers leurs jour-
naux. 14-18. Les combattants des tran-
chées. Paris: Colin 1986. 223 S.
B 62071

Burgoyne, G.A.: The Burgoyne diaries.
London: Harmsworth Publ. 1985. 249 S.
B 60440

Home, A.: Diary of a World War I cavalry
officer. Turnbridge Wells: Costello 1985.
222 S.
B 60439

Laffin, J.: On the western Front. Soldiers'
stories from France and Flanders, 1914-
1918. Gloucester: Sutton 1985. 277 S.
B 61415

Löns, H.: Leben ist Sterben, Werden,
Verderben. D. verschollene Kriegstage-
buch. Hrsg.: K.H.Janßen. Kiel: Orion-
Heimreiter 1986. 94 S.
B 59671

Mestrallet, A.: Souvenirs et feuilles de
route d'un poilu de la Grande Guerre
1914-1918. Paris: La Pensée universelle
1986. 231 S.
B 62817

Royle, T.: The kitchener Enigma. London:
Joseph 1985. X,436 S.
B 60620

K 3 e Politische Geschichte

Bereit zum Krieg. Kriegsmentalität im
Wilhelminischen Deutschland, 1890-1914.
Beitr. z.hist. Friedensforschung. Hrsg.:
J.Dülffer. Göttingen: Vandenhoeck
u.Ruprecht 1986. 230 S.
B 59965

Dangl, V.: Vojensko-diplomatické pozadie
prípravy prvej svetovej vojny po sarajevs-
kom atentáte. In: Historie a vojenstvi.
1987. No.3. S. 70-96.
BZ 4526:1987

East Central European society in World
War I. Ed.: B.K. Király. New York:
Columbia Univ.Pr. 1985. XI, 623 S.
B 61776

Herwig, H.H.: Clio deceived. Patriotic
self-censorship in Germany after the
Great War. In: International security.
Vol.12, 1987. No.2. S. 5-44.
BZ 4433:12

Klinkert, W.: Verdediging van de zidgrens
1914-1918. In: Militaire spectator. Jg.156,
1987. No.5. S. 213-219.
BZ 05134:156

Shanafelt, G.W.: The secret enemy:
Austria-Hungary and the German alli-
ance, 1914-1918. New York: Columbia
Univ.Pr. 1985. XI, 272 S.
B 58009

Spraul, G.: Betrachtungen über den
Umgang mit Zitaten. In: Geschichte in
Wissenschaft und Unterricht. 1987. H.5.
S. 296-305.
BZ 4475:1987

Travers, T.: A particular style of command. Haig and GHQ, 1916-1918. In:
The journal of strategic studies. Vol.10,
1987. No.3. S. 363-376.
BZ 4669:10

Weintraub, S.: A stillness heard around the world. The end of the Great War: November 1918. New York: Truman Talley Books 1985. 467 S.
B 58252

K 3 f Militärische Geschichte

Coffman, E.M.: The war to end all wars. The American military experience in World War I. London: Univ. of Wisconsin Press 1986. XIV, 412 S.
B 63023

Gebele, H.: Die Probleme von Krieg und Frieden in Großbritannien während des Ersten Weltkrieges. Regierung, Parteien u. Öffentl. Meinung in d. Auseinandersetzung über Kriegs- u. Friedensziele. Frankfurt: Lang 1987. X, 490 S.
B 62373

Revolution und Heer. Auswirkungen der großen sozialistischen Oktoberrevolution. ...Dokumente. Hrsg.: A.Kästner. Berlin: Militärverlag der DDR 1987. 79 S.
Bc 7227

K 3 f 10 Allgemeines und Landkrieg

Haber, L.F.: The poisonous cloud. Chemical warfare in the First World War. Oxford: Clarendon Press 1986. XIV, 415 S.
B 57969

Londres, A.: Si je t'oublie Constantinople... Paris: Union Générale d'Editions 1985. 352 S.
B 59892

Maclean, P.: Control and cleanliness: German-Jewish relations in occupied Eastern Europe during the First World War. In: War and society. Vol.6, 1988. No.2. S. 47-69.
BZ 4802:6

Nenninger, T.K.: Tactical dysfunction in the AEF, 1917-1918. In: Military affairs. Vol.51, 1987. No.4. S. 177-181.
BZ 05148:51

Témoignages. La Haute-Sûre dans les feux des guerres 1914-1918 et 1940-1945. Arlon: Les presses de l'avenir 1985. 184 S.
Bc 7337

Wippermann, W.: Die Geschichte des "Reichs-Ehrenmals Tannenberg". In: Niemandsland. Jg.1, 1987. 1987. S. 58-69.
BZ 05555:1

K 3 f 20 Seekrieg

K 3 f 20.0 Allgemeines

Burt, R.A.: British destroyers in World War I. London: Arms and Armour Pr. 1986. 64 S.
Bc 01945

Coles, A.: Slaughter at sea. The truth behind a naval war crime. London: Hale 1986. 220 S.
B 60427

Greger, R.: Der Untergang des russischen Schlachtschiffes Imperatrica Marija. In: Marine-Forum. Jg.62, 1987. Nr.10. S. 336-340.
BZ 05170:62

Kurz, K.-P.: Wo der Seeadler träumt. Aus einem Reisebericht zur Insel Mopelia. In: Marine-Forum. Jg.62, 1987. Nr.10. S. 353-355.
BZ 05170:62

Simpson, M.: Admiral William S. Sims, US Navy and Adm. Sir Lewis Bayly, Royal Navy: an unlikely friendship and Anglo-American cooperation, 1917-1919. In: Naval War College review. Vol.41, 1988. No.2/322. S. 66-80.
BZ 4634:41

Wilson, M.: Baltic assignment. British submariners in Russia 1914-1919. London: Cooper 1985. XII, 243 S.
B 60455

Yerxa, D.A.: The United States Navy in Caribbean waters during World War I. In: Military affairs. Vol.51, 1987. No.4. S. 182-187.
BZ 05148:51

Young, A.B.F.: With the battle cruisers. Annapolis, Ma.: Naval Inst.Pr. 1986. XX, 295 S.
B 61459

K 3 f 25 Seeschlachten/Seegefechte

Lochner, R.K.: Kampf im Rufiji-Delta. D. Ende d. kleinen Kreuzers "Königsberg". Die deutsche Marine u. Schutztruppe im Ersten Weltkrieg in Ostafrika. München: Heyne 1987. 446 S.
B 62386

Vat, D. van der: The ship that changed the world. The escape of the Goeben to the Dardanelles in 1914. London: Hodder a.Stoughton 1985. 252 S.
B 60415

Vat, D.van der: The grand scuttle. The sinking of the German fleet at Scapa Flow in 1919. Annapolis, Ma.: Naval Inst.Pr. 1986. 240 S.
B 61455

K 3 f 30 Luftkrieg

Bramson, A.: Master Airman. A biogr. of air vice-marshall Donald Bennett. Shrewsbury: Airlife Publ. 1985. 166 S.
B 57649

Cooper, M.: The birth of independent air power. British air policy in the First World War. London: Allen & Unwin 1986. XIX, 169 S.
B 62520

Graves, T.: Ace of aces – the red baron or Raymond Collishaw? In: World War II investigator. Vol.1, 1988. No.8. S. 7-14.
BZ 05557:1

Imrie, A.: German air aces of World War I. London: Arms and Armour Pr. 1987. 64 S.
Bc 02090

Liddle, P.H.: The airman's War 1914-18. Poole: Blandford 1987. 226 S.
010538

Meijering, P.H.: Signed with their honour. The story of chivalry in air warfare, 1914-45. Edinburgh: Mainstream Publ. 1987. 184 S.
B 61947

Rimell, R.L.: World War I in the air. London: Arms and Armour Pr. 1988. 64 S.
Bc 02354

Steel, D.: The actions of the Australian flying corps, First AIF, on the Western Front 1916-1918. In: Defence force journal. 1987. No.65. S. 49-57.
BZ 4438:1987

Valguarnera, G.: La prima Battaglia d'Inghilterra (3ª parte). In: Rivista aeronautica. A.63, 198. No.3. S. 2-7.
BZ 05154:63

K 3 i Geistesgeschichte

Kreutz, B.: Militärseelsorge im Ersten Weltkrieg. D. Tagebuch d. kathol. Feldgeistlichen... Mainz: Matthias-Grünewald-Verl. 1987. XCII, 210 S.
010313

MacKernan, M.: Padre. Australian Chaplains in Gallipoli and France. London: Allen & Unwin 1986. XV, 190 S.
B 61346

Möser, K.: Kriegsgeschichte und Kriegsliteratur. Formen der Verarbeitung des Ersten Weltkrieges. In: Militärgeschichtliche Mitteilungen. Jg.40, 1986. Nr.2. S. 39-52.
BZ 05241:40

Reeves, N.: Official British film propaganda during the First World War. London: Croom Helm 1986. XIII, 288 S.
B 63607

Ward, L.W.: The motion picture goes to war. The U.S. government film effort during World War I. Ann Arbor, Mich.: UMI 1985. XV, 176 S.
B 59086

K 3 k Kriegsschauplätze

Bullock, D.L.: Allenby's war. The Palestine-Arabian campaigns, 1916-1918.
Poole: Blandford 1988. 160 S.
010534

Campbell, J.: Jutland. An analysis of the fighting. Annapolis, Ma.: Naval Inst.Pr.
1986. 439 S.
B 62244

Cheyne, G.Y.: The last great battle of the Somme. Beaumont Hamel 1916. Edinburgh: Donald 1988. VII, 152 S.
Bc 7626

Della Santa, J.: 1er juillet 1916, l'enfer de la Somme. In: Revue militaire suisse.
A.133, 1988. No.7-8. S. 314-345.
BZ 4528:133

Farwell, B.: The great war in Africa, 1914-1918. New York: Norton 1986. 382 S.
B 62094

Gliddon, G.: "When the barrage lift". A topographical history a. commentary on the battle of the Somme 1916. Norwich: Gliddon Books 1987. XVII, 478 S.
B 65601

Holt, T.; Holt, V.: The Somme. Sandwich: T & V Holt Assoc. 1986. 72 S.
Bc 7627

Koslow, A.: Auswirkungen der Oktoberrevolution auf deutsche Truppen in der Ukraine und am Don 1918. In: Militärgeschichte. Jg.27, 1988. Nr.1. S. 12-20.
BZ 4527:27

Lichem, H.von: Der Tiroler Hochgebirgskrieg, 1915-1918, im Luftbild. Die altösterreichische Luftwaffe. Innsbruck: Steiger 1985. 311 S.
B 59066

Liddle, P.H.: Gallipoli 1915. Pens, pencils and cameras at war. London: Brassey's 1985. XIX, 157 S.
010394

Löbel, U.: Ein Versuch zur Lösung des Durchbruchproblems im ersten Weltkrieg. Die Brussilow-Offensive von 1916. In: Militärgeschichte. Jg.26, 1987. Nr.5.
S. 553-566.
BZ 4527:26

Morgan, W.A.: Invasion on the ether: Radio intelligence at the battle of St.Mihiel, September 1918. In: Military affairs. Vol.51, 1987. No.2. S. 57-61.
BZ 05148:51

Sulzbach, H.: Zwischen zwei Mauern. 50 Monate Westfront. Berg a.See: Vowinkel-Verl. 1986. 287 S.
B 62452

K 4 Geschichte 1919-1939

K 4 e Politische Geschichte

Banyard, P.: The rise of the dictators, 1919-1939. London: Watts 1986. o.Pag.
010442

Bouillon, J.; Vallette, G.: Munich 1938.
Paris: Colin 1986. 229 S.
B 62397

Ceplair, L.: Under the shadow of war.
Fascism, antifascism, and marxists, 1918-1939. New York: Columbia Univ.Pr. 1987.
XII, 261 S.
B 64815

Fataliev, M.B.: Proekt "Pakta četyrech deržav" i Turcija. In: Novaja i novejšaja istorija. 1987. No.1. S. 55-71.
BZ 05334:1987

Kárný, M.: Logika Mnichova. K politice hitlerovského Némecka vuči Československu od Mnichova k "Protektorátu Čechy a Morava". In: Ceskoslovenský casopis historický. R.33, 1987. No.3.
S. 371-403.
BZ 4466:33

Kühnrich, H.: Der deutsch-sowjetische Nichtangriffsvertrag vom 23.August 1939 aus der zeitgenössischen Sicht der KPD.
In: Militärgeschichte. Jg.26, 1987. Nr.5.
S. 527-547.
BZ 4527:26

Leonhard, W.: Der Schock des Hitler-Stalin-Paktes. Erinnerungen aus d. Sowjetunion, Westeuropa u. USA. Freiburg: Herder 1986. 220 S.
B 59552

Mühleisen, H.: Annehmen oder Ablehnen? In: Vierteljahrshefte für Zeitgeschichte. Jg.35, 1987. Nr.3. S. 419-481.
BZ 4456:35

Rapallo – Modell für Europa? Friedl. Koexistenz u. internat. Sicherheit heute. Hrsg.: U.Hörster-Philipps. Köln: Pahl-Rugenstein 1987. 365 S.
B 61367

Rumpel, H.: Die Friedensfrage am Ende des Ersten Weltkrieges. Erlangen-Nürnberg: Friedrich-Alexander-Univ. 1987. 25 S.
Bc 7071

Sevost'janov, G.N.: Mjunchen i diplomatija SŠA. In: Novaja i novejšaja istorija. 1987. No.4. S. 177-199.
BZ 05334:1987

Walworth, A.: Wilson and his peacemakers. American diplomacy at the Paris peace conference, 1919. New York: Norton 1986. XIII, 618 S.
B 61566

Wendt, B.J.: "Appeasement"-Politik und kollektive Sicherheit in Europa. Mythen und Realitäten des Münchner Abkommens. In: Blätter für deutsche und internationale Politik. 1988. Nr.8. S. 967-975.
BZ 4551:1988

White, S.: The origins of detente. The Genoa conference and Soviet-Western relations, 1921-1922. Cambridge: Cambridge Univ.Pr. 1985. XV, 255 S.
B 59391

Zuk, G.: Resource scarcities and foreign conflict of major powers, 1925-1939. Ann Arbor, Mich.: Univ.Microfilms 1986. VIII, 184 S.
B 58212

K 4 f Kriegsgeschichte

K 4 f 465 Chaco-Krieg

Echeguren, A.: Relatos de la guerra del Chaco. o.V.: Asunción 1986. 131 S.
Bc 7181

K 4 f 473 Spanischer Bürgerkrieg

"... Dass Friede und Glück Europas vom Sieg der Spanischen Republik abhängt". Schweizer im Span. Bürgerkrieg. Hrsg.: H.Spiess. Zürich: Limmat Verl. 1986. 213 S.
B 59927

Alcofar Nassaes, J.L.: Los bombardeos de Barcelona de Marzo de 1938. In: Defensa. A.11, 1988. No.119. S. 59-64.
BZ 05344:11

Alonso Baquer, M.: La campana de 1938: un proposito de nivel politico. In: Ejército. A.49, 1988. No.582. S. 53-63.
BZ 05173:49

Bernecker, W.L.: Der Spanische Bürgerkrieg. Mat. u. Quellen. 2.Aufl. Frankfurt: Vervuert 1986. 230 S.
B 60135

Bloch, J.-R.: Spanien '36. Berlin: Aufbau-Verl. 1986. 197 S.
Bc 6798

Cockburn, C.: Cockburn in Spain. Despatches from the Spanish Civil War. Ed.by J.Pettifer. London: Lawrence & Wishart 1986. 208 S.
B 61744

David, E.: La condition juridique des volontaires belges pendant la Guerre d'Espagne (1936-1939). In: Revue belge d'histoire contemporaine. Vol.18, 1987. No.1-2. S. 39-80.
BZ 4431:18

Documents sur la révolution espagnole (1936-1939). Paris: C.E.R.M.T.R.I. 1985. 72 S.
Bc 01885

Doorslaer, R.van: Die internationale Brigaden: de Vrijwilligers uit Belgie een status quaestionis. In: Revue belge d'histoire contemporaine. Vol.18, 1987. No.1-2. S. 159-163; 165-185.
BZ 4431:18

Eeckhout, T.: De hulp aan republikeins Spanje uitgaande van de B.W.P. afdeling gent-eeklo, meer specifiek de opvang der spaanse kinderen. (1936-1939). In: Revue belge d'histoire contemporaine. Vol.18, 1987. No.1-2. S. 243-274.
BZ 4431:18

Es klingt ein Ton wie geschliffener Stahl. Lieder und Gedichte aus dem Spanischen Bürgerkrieg, 1936-1939. Hrsg.: S.Christink. München: Hanser 1986. 192 S.
B 58652

Foubert, B.: De Spaanse burgeroorlog in Katholiek Vlaanderen Onderzocht in de Periodieke Pers (1936-1939). In: Revue belge d'histoire contemporaine. Vol.18, 1987. No.3-4. S. 753-777.
BZ 4431:18

Für Spaniens Freiheit. Österreicher an der Seite der Spanischen Republik 1936-1939. E. Dokumentation. Hrsg.: B.Galanda. Wien: Österr. Bundesverlag 1986. 462 S.
B 59883

Fyrth, J.: The signal was Spain. The Spanish aid movement in Britain, 1936-39. London: Lawrence & Wishart 1986. 344 S.
B 61811

Gerassi, J.: The premature antifascists. North American volunteers in the Spanish Civil War 1936-39. New York: Praeger 1986. XIII, 275 S.
B 61124

Görling, R.: "Dinamita cerebral". Politischer Prozeß u. ästhet. Praxis im Spanischen Bürgerkrieg. (1936-1939). Frankfurt: Vervuert 1986. 574 S.
B 60271

Graham, F.: The battle of Jarama, 1937. The story of the British battalion of the international Brigade's baptism of fire in the Spanish War. Newcastle upon Tyne: Selbstverlag 1987. 76 S.
Bc 7961

Gubern, R.: 1936-1939. La Guerra de España en la pantalla. De la propaganda a la historia. Madrid: Filmoteca Española 1986. 199 S.
010407

Györkei, J.: Legenda valóság tragédia. A nemzetközi brigádok történetéböl. Budapest: Zrinyi Katonai Kiadó 1986. 246 S.
B 63788

Haugaard Jeppesen, B.: Håbets Pris. Spansk borgerkrigsmyte i romankunst. København: Rhodos 1985. 123 S.
B 58064

Haycraft, J.B.: Messerschmitts over Spain. 2. ed. Bennington, Vt.: Weapons a. Warfare Pr. 1986. 21 S.
Bc 02134

Hoffmann, R.: Der Spanische Bürgerkrieg. Manuskript z. 6-tlg. Fernsehserie... München: Tele-Manuskriptdienst 1986. 112 S.
Bc 7062

Howard, V.; Reynolds, M.: The Mackenzie-Papineau battalion. The Canadian contingent in the Spanish Civil War. Ottawa: Carleton Univ.Pr. 1986. XIV, 285 S.
B 61564

Kol'cov, M.E.: Spanisches Tagebuch. 3.Aufl. Berlin: Militärverlag der DDR 1986. 543 S.
B 59103

Landauer, H.: Weg und Blutzoll der österreichischen Spanienkämpfer in den Jahren 1939-1945. In: Jahrbuch: Dokumentationsarchiv des österreichischen Widerstandes. 1988. S. 148-162.
BZC17:1988

Little, D.: Malevolent Neutrality. Ithaca, N.Y.: Cornell Univ. 1985. 290 S.
B 57986

Macdonald, N.: Homage to the Spanish exiles. Voices from the Spanish Civil War. New York: Insight Books 1987. 358 S.
B 63835

Malizia, N.: Ali nella tragedia di Spagna (1936-1939). Modena: Mucchi 1986. 187 S.
010452

Marias, D.J.: El cincuentenario de la Guerra Civil Española. In: Revista de la Escuela de Defensa Nacional. 1986. No.35. S. 101-114.
BZ 4388:1986

Marriman, M.; Lerude, W.: American commander in Spain. Robert Hale Marriman and the Abraham Lincoln Brigade. Reno, Nev.: Univ. of Nevada Pr. 1986. XIII, 255 S.
B 61419

Morrow, F.: Revolution und Konterrevolution in Spanien. Essen: Gervinus Verl. 1986. 252 S.
B 60338

Mortera, A.: La Bateria de Punta Galea. In: Defensa. A.10, 1987. No.111. S. 51-55.
BZ 05344:10

No pasaran. Sie werden nicht durchkommen! Bonn: Juso-Bundessekretariat 1986. 108 S.
Bc 7061

Österreicher im Spanischen Bürgerkrieg. Interbrigadisten berichten üb. ihre Erlebnisse 1936-1945. Hrsg.: A.Peter. Wien: Österr. Bundesverlag 1986. 336 S.
B 59884

Paechter, H.: Espagne 1936-1937. Paris: Spartacus 1986. 235 S.
B 60866

Palacio, L.: 1936. La Maldonne espagnole. Ou la guerre d'Espagne comme répétition générale du deuxième conflit mondial. Toulouse Ceder: Ed.Privat 1986. III, 490 S.
B 60770

Pelliccia, A.: L'esperienza della guerra di Spagna e il dibattito dottrinario. In: Rivista aeronautica. A.64, 1988. No.3. S. 7-13.
BZ 05154:64

Preston, P.: The Spanish Civil War, 1936-39. London: Weidenfeld and Nicolson 1986. VIII, 184 S.
010398

Salas Larrazabal, R.; Salas Larrazabal, J.M.: Historia general de la Guerra de España. Madrid: Ed.Rialp 1986. 435 S.
010423

Der Spanische Bürgerkrieg. Eine Bestandsaufnahme von M. Tunón de Lara. Frankfurt: Suhrkamp 1987. 707 S.
B 63888

Der spanische Bürgerkrieg. Literatur u. Geschichte. Hrsg.: G.Schmigalle. Frankfurt: Vervuert 1986. 246 S.
B 60134

Spanish Front. Writers on the civil war. Ed.by V.Cunningham. Oxford: Oxford Univ.Pr. 1986. XXXIII, 388 S.
B 60619

Talon, V.: Agosto 1937. El ejercito vasco y la rendición de Santoña. In: Defensa. A.10, 1987. No.112-113. S. 132-139.
BZ 05344:10

Temime, E.: La Guerre d'Espagne commence. Bruxelles: Ed.Complexe 1986. 156 S.
Bc 7774

Ventín Pereira, J.A.: La guerra de la radio. 1936-1939. Barcelona: Ed.Mitre 1986. 269 S.
B 63881

Vilar, P.: Kurze Geschichte zweier Spanien. Der Bürgerkrieg 1936-1939. Berlin: Wagenbach 1987. 142 S.
Bc 7296

Warneńska, M.: Zwierciadło z Toledo. Warszawa: Min. Obrony Narodowej 1985. 332 S.
B 59477

Zum spanischen Bürgerkrieg. Hrsg.:
W.Schröter. Tübingen: Tübinger Termine
Verl. 1986. 66 S.
Bc 02005

K 4 f 490 Sonstige Kriege

Chiang, W.: Der chinesisch-japanische
Krieg, 1937-1945. Wie mein Vater
Tschiang Kaischek die Japaner besiegte.
Osnabrück: Biblio Verl. 1986. VIII,
129 S.
B 59021

Dobson, C.; Miller, J.: The day we almost
bombed Moscow. The Allied war in Russia, 1918-1920. London: Hodder a.Sto-
ughton 1986. 288 S.
B 59486

Filat'ev, D.V.: Katstrofa belogo diženija v
Sibiri 1918-1922. Paris: Ymca-press 1985.
142 S.
Bc 6392

Goglia, L.: Storia fotografica dell'Impero
fascista, 1935-1941. Spa: Laterza 1985.
302 S.
B 59923

Graždanskaja Vojna i inostrannaja voen-
naja intervencija v Srednej Azii. Red.: Š.
Tašliev. Ašchabad: Ylym 1986. 283 S.
B 63061

Nzabakomada-Yakoma, R.: L'Afrique Centrale insurgée: la guerre du Kongo-Wara
(1928-1930). Paris: Harmattan 1986.
190 S.
B 61077

Pelliccia, A.: La regia aeronautica nella
guerra d'Etiopia. In: Rivista aeronautica.
A.63, 1987. No.3. S. 106-113.
BZ 05154:63

Pennell, C.R.: A country with a government and a flag. The Rif War in
Marocco, 1921-1926. Wisbech: Menas Pr.
1986. XIV, 270 S.
B 61887

Plotnikov, I.F.: Geroičeskaja Epopeja
Ural'skoj partizanskoj armii Bljuchera.
Ufa: Bašk. kn.izd-vo 1986. 400 S.
B 63060

Počs, K.J.: "Sanitarnyj Kordon": Pribal-
tijskij region i Pol'ša v antisovetskich pla-
nach anglijskogo i francuzskogo imperializma 1921-1929 gg. Riga: Zinatne 1985.
174 S.
B 58491

Rochat, G.: L'impiego dei gas nella guerra
d'Etiopia. 1935-36. In: Rivista di storia
contemporanea. A.17, 1988. No.1. S. 74-
109.
BZ 4812:17

Ros, H.S.: I was on board Panay. In:
United States Naval Institute. Pro-
ceedings. Jg.113, 1987. No.1018. S. 70-79.
BZ 05163:113

Tamura, T.: The fate of the Chinese torpedo gunboat Fei Ting. In: Warship international. Vol.24, 1987. No.2. S. 190-192.
BZ 05221:24

Zimina, V.D.: Krach monarchičeskoj
kontrrevoljucii na severo-zapade Rossii
(1917-1920 gg). In: Voprosy istorii. 1987.
No.7. S. 31-44.
BZ 05317:1987

K 5 Geschichte 1939-1945

K 5 a Allgemeine Werke

Aga-Rossi, E.: L'Italia nella sconfitta: politica interna e situazione interazionale
durante la seconda guerra mondiale.
Napoli: Ed. Scientifiche Italiane 1985.
485 S.
B 60703

Brown, A.: Modern warfare. From 1939
to the present day. London: Orbis Publ.
1985. 288 S.
010392

Campbell, C.: World War II fact-book.
London: Macdonald 1985. 340 S.
B 60434

Chmara, N.: Aktuelle Aspekte bürgerlicher Verfälschungen der Geschichte des
zweiten Weltkrieges. In: Militärgeschichte. Jg.27, 1988. Nr.3. S. 231-239.
BZ 4527:27

Colloque international org. par les Instituts d'histoire des Universités de Neuchâtel et de Berne... Neuchâtel: Le Passé présent 1985. 397 S.
B 61476

Hills, C.A.R.: The Second World War. London: Batsford Academic a. Educational 1985. 72 S.
B 61261

Lucas, J.: World War II through German eyes. London: Arms and Armour Pr. 1987. 192 S.
010516

Marolz, J.: Die Entwicklung der Verteidigung ab 1900. In: Österreichische militärische Zeitschrift. Jg.26, 1988. Nr.3. S. 211-218.
BZ 05214:26

Michel, H.: La Seconde Guerre Mondiale. Paris: Presses Univ.de France 1987. 127 S.
Bc 7784

Miquel, P.: La seconde Guerre Mondiale. Paris: Fayard 1986. 645 S.
B 60871

Nejedlý, M.: Osvobozenecká mise Sovetské armády v Evrope. In: Historie a vojenstvi. R.36, 1987. No.4. S. 61-81.
BZ 4526:36

Pierre, M.; Wieviorka, A.: La seconde Guerre mondiale. Paris: Casterman 1985. 69 S.
010526

Robertson, J.; MacCarthy, J.: Australian war strategy, 1939-1945. A documentary history. St. Lucia: Univ. of Queensland Pr. 1985. LVIII, 464 S.
B 58132

Samsonov, A.M.; Ržeševskij, O.A.: O korennom perelome vo vtoroj mirovoj vojne. In: Voprosy istorii. 1987. No.4. S. 70-81.
BZ 05317:1987

K 5 c Biographien und Kriegserlebnisse

K 5 c 10 Biographien

Babadžanjan, A.C.: Hauptmarschall der Panzertruppen A. Ch. Babadshanjan. Hauptstoßkraft. Berlin: Militärverlag der DDR 1985. 261 S.
B 57458

Danchev, A.: Very special relationship. Field-marshal Sir John Dill and the Anglo-American alliance, 1941-44. London: Brassey's Defence Publ. 1986. XV, 201 S.
B 61991

Dennis, P.: Troubled Days of peace. Mountbatten and South East Asia Command, 1945-46. Manchester: Manchester Univ.Pr. 1987. XI, 270 S.
B 64419

Jodl, L.: Jenseits des Endes. Der Weg des Generaloberst Alfred Jodl. Neuaufl. München: Langen Müller 1987. 381 S.
B 61711

Paul, W.: Panzer-General Walther K. Nehring. Eine Biogr. Stuttgart: Motorbuch Verl. 1986. 222 S.
B 60408

Reuth, R.G.: Erwin Rommel. Des Führers General. Mit 12 Abb. München: Piper 1987. 159 S.
Bc 7026

Teyessier, A.: Le Général Vuillemin, chef d'état-Major Général de l'Armée de l'Air (1938-1939): Un haut responsable militaire face au danger allemand. In: Revue historique des armées. 1987. No.167. S. 104-113.
BZ 05443:1987

K 5 c 20 Kriegserlebnisse

Borie, F.: Libre quand même, (1939-1945). Mémoires de guerre des aspirants dans la tourmente. Saint-Etienne: Selbstverlag 1986. 174 S.
Bc 7312

Braach, E.: Wenn meine Briefe Dich erreichen könnten. Aufzeichnungen aus d. Jahren 1939-195. Frankfurt: Fischer 1987. 244 S.
B 62384

Burg, J.: Malgré-nous. A 18 ans en Russie. Document-récit. Sarreguimines: Pierron 1985. 216 S.
B 61474

Burtscher, H.: Die politisch Unzuverlässigen. Dokumente. Tagebuchaufzeichn. 1933-1946. Bludenz: Selbstverlag 1985. 439 S.
B 63073

Busch, W.: Geborgen in unsichtbaren Händen. Erlebnisbericht aus dem Zweiten Weltkrieg. Metzingen: Brunnquell Verl. 1985. 48 S.
Bc 7798

Carrington, C.: Soldier at bomber command. London: Cooper 1987. XV, 240 S.
B 61950

Chan, W.: Burma. The untold story. Novato, Calif.: Presidio Pr. 1986. XI, 138 S.
B 61786

Dalton, H.: The second World War Diary of Hugh Dalton, 1940-45. Ed.by B.Pimlott. London: Cape 1986. XLIII, 913 S.
B 60416

Ertl, H.: Als Kriegsberichterstatter, 1939-1945. Innsbruck: Steiger 1985. 272 S.
B 59019

Foley, C.: Commando extraordinary. Poole: Arms and Armour Pr. 1987. 250 S.
B 61745

Fuchs, H.: Wer spricht von Siegen. Der Bericht über unfreiwillige Jahre in Rußland. München: Knaus 1987. 190 S.
B 60696

Gross, H.: Als Kriegsberichter im Einsatz. Mit Marseille und Helbig am Feind im Kampf ums Mittelmeer. Hrsg.: K.D.Waschkowitz. Leoni am Starnberger See: Druffel 1987. 250 S.
B 66808

Guéguen, E.-R.: Volontaire. Paris: Grasset 1986. 334 S.
B 59434

Kapel, R.S.: Un rabbin dans la tourmente. (1940-1944.) Dans les camps d'internement et au sein de l'Organisation Juive de Combat. Paris: Ed.du Centre 1986. 220 S.
B 58985

Lavrinenkov, V.D.; Belovol, N.N.: Kolokola pamjati. Kiev: Politizdat Ukrainy 1986. 376 S.
B 61665

Leinbaugh, H.P.; Campbell, J.D.: The men of company K. The autobiogr. of a World War II rifle company. New York: Morrow 1985. 318 S.
B 61902

Lykov, I.S.: In bedrohlicher Stunde. Berlin: Militärverlag der DDR 1987. 335 S.
B 62588

Mina, R.S.: I prigionieri dell'isola dimenticata. Rodi 1942-1945. Milano: Todariana Ed. 1985. 223 S.
B 60702

Mitchinson, N.: Among you taking notes... The wartime diary of ... 1939-1945. Ed.by D.Sheridan. Oxford: Oxford Univ.Pr. 1986. 350 S.
B 60729

Mycikov, M.I.: Konec "Tajfuna". Kiev: Izd. Politiceskoj Lit. Ukrainy 1985. 240 S.
B 60732

Ordioni, P.: Tout commence à Alger 40-44. Paris: Editions Albatros 1985. o.Pag.
B 58639

Owen, D.L.: The desert my dwelling place. 2.ed. London: Arms and Armour Pr. 1986. 271 S.
B 60657

Stefaniak, V.: Freiheit ist eine große Sache. Erinnerungen e. internierten Polen. Zürich: Simon Verl. 1985. IV, 221 S.
B 58886

Stiller, M.: En Mai 40 j'avais ans. Liège: Ed.Dricot 1985. 309 S.
B 59632

Thurnher, E.: In der Hölle von Millerowo. Tagebuchaufzeichn. e. Gebirgsjägers. Graz: Stocker 1986. 203 S.
B 59875

Tvorcy pobedy: ot rjadovogo do maršala. Moskva: Sov. Rossija 1987. 320 S.
B 62970

Tyler, H.: One of the D-Day dodgers. London: Regency Pr. 1986. 101 S.
Bc 7676

Wagner, G.: Priestersoldat in Hitlers Wehrmacht und in Stalins Roter Armee. Paderborn: Schöningh 1985. 50 S.
Bc 6250

Wartime memories. A collection of personal memories of the Second World War. Ed.by D.E. Pullen. Braunton: Merlin Books 1986. 162 S.
Bc 7622

West, K.J.: An' it's called a Tam-o' -Shanter. Braunton: Merlin Books 1985. 238 S.
B 60809

Woods, R.: Special commando. The wartime adventures of Lt-Col Robert Wilson, DSO and Bar. London: Kimber 1985. 191 S.
B 60618

Zwerenz, G.: "Soldaten sind Mörder". Die Deutschen u. d. Krieg. München: Knesebeck & Schuler 1988. 430 S.
B 65671

K 5 e Politische Geschichte

K 5 e 10 Vorgeschichte des Krieges

Bell, P.M.H.: The origins of the Second World War in Europe. London: Longman 1986. X,326 S.
B 59212

Carr, W.: Poland to Pearl Harbor. The making of the Second World War. London: E. Arnold 1985. 183 S.
B 56449

Furnia, A.H.: The advent of World War II: diplomacy and war in Europe from Munich to Compiègne. Vol.1. Rockville, Md.: Printing Images 1986. IX, 561 S.
B 62018

Mallia-Milanes, V.: The origines of the Second World War. London: Macmillan 1987. X, 142 S.
Bc 7574

The origins of the Second World War reconsidered. The A.J.P. Taylor debate after twenty-five years. Ed.by G.Martel. London: Allen & Unwin 1986. 276 S.
B 62475

Overy, R.J.: The origins of the Second World War. London: Longman 1987. VII, 129 S.
Bc 7246

K 5 e 20 Politischer Verlauf des Krieges

Alisova, L.P.: Proval plana i strategii "Blickriga" na sovetsko-germanskom fronte. In: Voprosy istorii. 1987. No.5. S. 22-49.
BZ 05317:1987

Baciu, N.: Verraten und verkauft. Die tragischen Fehler Churchills und Roosevelts in Osteuropa. München: Universitas Verl. 1986. 331 S.
B 57427

Beaulac, W.L.: Franco. Silent ally in World War II. Carbondale, Ill.: Southern Illinois Univ.Pr. 1986. 233 S.
B 61487

Die Befreiungsmission der Sowjetunion im Zweiten Weltkrieg. Moskau: Akademie d.Wissenschaften d.UdSSR 1985. 166 S.
Bc 5305

Bolech Cecchi, D.: Non bruciare i ponti con Roma. Roma: Giuffrè 1986. IX, 527 S.
B 62135

Expansionsrichtung Nordeuropa. Dokumente zur Nordeuropapolitik d. faschist. deutschen Imperialismus 1939-1945. Hrsg.: M. Menger. Berlin: Dt.Verl.d. Wissenschaften 1987. 211 S.
B 63111

Gietz, A.: Die neue Alte Welt. Roosevelt, Churchill und die neue Nachkriegsordnung. München: Fink 1986. 548 S.
B 62212

Jacobsen, M.; Levine, R.; Schwabe, W.: Contingency plans for war in Western Europe, 1920-1940. Santa Monica, Calif.: Rand Corp. 1985. XXI, 190 S.
Bc 7391

Main Front. Soviet leaders look back on World War II. London: Brassey's 1987. XVI, 330 S.
B 63964

Neulen, H.W.: Europa und das 3. Reich. Einigungsbestrebungen im deutschen Machtbereich 1939-45. München: Universitas Verl. 1987. 466 S.
B 62469

Roesch, W.: Bedrohte Schweiz. Die deutschen Operationsplanungen gegen die Schweiz im Sommer/Herbst 1940 und die Abwehrbereitschaft der Armee im Oktober 1940. Frauenfeld: ASMZ 1986. 96 S.
Bc 02045

Schwedische und schweizerische Neutralität im Zweiten Weltkrieg. Hrsg.: R.L. Bindschedler. Basel: Helbing u. Lichtenhahn 1985. 451 S.
B 57616

The secret history of World War II. The Ultra-secret wartime letters and cables of Roosevelt, Stalin, and Churchill. New York, N.Y.: Richardson and Steirman 1986. VII, 277 S.
B 61041

Smith, G.: American diplomacy during the Second World War, 1941-1945. 2.ed. New York, N.Y.: Knopf 1985. IX, 201 S.
Bc 7096

Tyrell, A.: Großbritannien und die Deutschlandplanung der Alliierten 1941-1945. Frankfurt: Metzner 1987. XIX, 678 S.
B 64028

K 5 e 22 Kriegskonferenzen

Buhite, R.D.: Decisions at Yalta. Wilmington, Del.: Scholarly Resources 1986. XVII, 156 S.
B 61724

Jałta wczoraj i dziś. Wybór publicystyki 1944-1985. London: Polonia 1985. 231 S.
B 60187

Mayle, P.D.: Eureka Summit. Agreement in principle and the big three at Teheran, 1943. Newark, Del.: Univ. of Delaware Pr. 1987. 210 S.
B 61656

Myers, H.P.: The Kotov affair and the road to Yalta. In: Military affairs. Vol.51, 1987. No.4. S. 188-192.
BZ 05148:51

Pavlowitch, S.K.: The Balkan union agreement of 1942. In: Storia delle relazioni internazionali. A.3, 1987. No.1. S. 99-118.
BZ 4850:3

Riemer, R.: Die Anti-Hitler-Koalition. München: Studienzentrum f. Ost-West-Probleme 1986. 152 S.
Bc 6795

Suja, S.: Svědectvi němých dubu. Z diplomatických archivu "Velké trojky" o založeni OSN. Praha: Mladá fronta 1985. 210 S.
B 58483

K 5 f Militärische Geschichte

K 5 f 10 Landkrieg und Allgemeines

Hogg, I.V.: Great land battles of World War II. London: Blandford Press 1987. 192 S.
010271

K 5 f 16 Truppengeschichte

Andreyev, C.: Vlassov and the Russian liberation movement. Soviet reality and émigré theories. Cambridge: Cambridge Univ.Pr. 1987. XIV, 251 S.
B 60909

Bloch, C.: Zaciąg Ochotniczy W Argentynie do Polskich siłZbrojnych w II Wojnie Swiatowej. In: Wojskowy przegląd historyczny. R.32, 1987. No.2. S. 60-80.
BZ 4490:32

Caballero Jurado, C.: Foreign volunteers of the Wehrmacht, 1941-45. London: Osprey Publ. 1985. 40 S.
Bc 01910

Caballero Jurado, C.: Los ultimos de la division azul: el Batallon Fantasma. In: Defensa. A.10, 1987. No.114. S. 58-63.
BZ 05344:10

Ceva, L.: La strategia militare di Hitler, il Mediterraneo e il pensiero ipotetico. In: Storia contemporanea. A.18, 1987. Nu.6. S. 1513-1528.
BZ 4590:18

Chant, C.: The Encyclopedia of codenames of World War II. London: Routledge & Kegan Paul 1986. 344 S.
B 63679

Fey, W.: Panzerkampf im Bild. Panzerkommandanten berichten. Osnabrück: Munin Verl. 1987. 415 S.
010590

Friedrich, I.: Zur Geschichte der rumänischen Freiwilligendivision "Tudor Vladimirescu". In: Militärgeschichte. Jg.27, 1988. Nr.3. S. 286-295.
BZ 4527:27

Kennett, L.: G.I. The American soldier in World War II. New York: Scribner's 1987. XI, 265 S.
B 62681

Kreuter, S.: Kommandounternehmen im Zweiten Weltkrieg. In: Österreichische militärische Zeitschrift. Jg.25, 1987. Nr.4. S. 337-347.
BZ 05214:25

Lefèvre, E.; Mabire, J.: La LVF. T.1. Paris: Fayard 1985. 690 S.
B 57061

Lotti, S.: Internati e POW italiani in Gran Bretagna. In: Rivista di storia contemporanea. A.17, 1988. No.1. S. 110-118.
BZ 4812:17

Macdonald, J.: Great battles of World War II. London: M. Joseph 1986. 191 S.
010348

Macksey, K.: Military errors of World War II. Poole: Arms and Armour Pr. 1987. 252 S.
B 61646

Sorge, M.K.: The other price of Hitler's war. German military and civilian losses resulting from World War II. New York: Greenwood Press 1986. XX, 175 S.
B 61795

Wever, B.de: Oostfronters. Vlamingen in het Vlaams Legioen en de Waffen SS. Tielt en Wesp: Lannoo 1985. 178 S.
B 61064

Wood, A.: War in Europe, 1939-1945. London: Longman 1987. IX, 114 S.
Bc 6978

K 5 f 20 Seekrieg

Bertrand, M.: Commandos de la mer. "Sous-marins de poche", "Torpilles humaines", "Hommesgrenouilles" (1940-1945). A l'esprit d'héroisme et de sacrifice des marins, qui s'est manifesté dans tous les camps. Paris: Ed. Maritimes et D'outre'Mer 1985. 426 S.
B 58764

Erskine, R.: U-boats, homing signals and HFSF. In: Intelligence and national security. Vol.2, 1987. No.2. S. 324-335.
BZ 4849:2

Golovko, A.G.: Zwischen Spitzbergen und Tiksibucht. Berlin: Militärverlag der DDR 1986. 253 S.
B 59198

Hamilton, J.: War at sea. 1939-1945.
Poole: Blandford 1986. 271 S.
010189

Hough, R.: The greatest crusade. Roosevelt, Churchill, and the naval wars. New
York: Morrow 1986. 274 S.
B 61882

Kriegstagebuch der Seekriegsleitung
1939-1945. Hrsg.: W. Rahn. T.1-3.
Herford: Mittler 1988. o.Pag.
B 66387

Macksey, K.: Commando strike. The story
of amphibious raiding in World War II.
London: Cooper 1985. XVI, 227 S.
B 57441

Miller, V.J.: Analysis of Japanese submarine losses to allied submarine in
World War II. Bennington, Vt.: Weapons
and Warfare Pr. 1986. 26 S.
Bc 02144

Piekalkiewicz, J.: Seekrieg, 1939-1945.
Poole: Blandford 1987. 353 S.
010403

Schmoeckel, H.: Menschlichkeit im Seekrieg? Herford: Mittler 1987. 272 S.
B 60557

K 5 f 21 Seestreitkräfte/Flotten

Breuer, W.B.: Devil boats. The PT war
against Japan. Novato, Calif.: Presidio
Pr. 1987. XIV, 229 S.
B 61850

Jones, G.P.: Submarines versus U-boats.
London: Kimber 1986. 224 S.
B 62523

Kemp, P.J.: British submarines of World
War II. London: Arms and Armour Pr.
1987. 64 S.
Bc 02284

Kemp, P.: The Russian convoys, 1941-
1945. London: Arms and Armour Pr.
1987. 64 S.
Bc 02191

Klenck, W.: Wer das Schwert nimmt ...
Erleben im Luft- u. Seekrieg. 1940-1945.
München: Universitas Verl. 1987. 667 S.
B 62215

Martino, E.; Nani, A.: La nave da battaglia nel secondo conflitto mondiale. Un'eclisse definitiva? In: Rivista italiana difesa.
A.6, 1987. No.8. S. 72-87.
BZ 05505:6

Milner, M.: North Atlantic run. Annapolis, Ma.: Naval Inst.Pr. 1985. XI,
326 S.
B 58002

Pfitzmann, M.: U-Boot Gruppe Eisbär.
Einsatz vor Kapstadt. Rastatt: Moewig
1986. 159 S.
B 60288

Steigleder, H.: Die Baltische Flotte im
Großen Vaterländischen Krieg. In: Militärwesen. 1988. H.1. S. 51-56.
BZ 4485:1988

Stern, R.C.: The US navy in World War II,
1941-1942. London: Arms and Armour
Pr. 1987. 68 S.
Bc 02193

Warner, P.; Seno, S.: The Coffin boats.
Japanese midget submarine operations in
the Second World War. London: Cooper
1986. XII, 206 S.
B 65660

K 5 f 26 Einzelne Schiffe

Breyer, S.: Schlachtschiff "Scharnhorst".
Friedberg: Podzun-Pallas-Verl. 1987.
46 S.
Bc 02182

Enright, J.F.; Ryan, J.W.: Shinano! The
sinking of Japan's secret supership. New
York: St.Martin's Press 1987. XVIII,
250 S.
B 62735

Gordon, E.: HMS Pepperpot! The Penelope in World War II. London: Hale
1985. 222 S.
B 60608

Miller, J.G.: The battle to save the Houston. October 1944 to March 1945. 2.pr. Annapolis, Ma.: Naval Inst.Pr. 1986. XII, 226 S.
B 60312

Müllenheim-Rechberg, B. Frhr.von: Schlachtschiff Bismarck. Ein Überlebender in seiner Zeit. Neuausg. Frankfurt: Ullstein 1987. 431 S.
B 62849

Musicant, I.: Battle ship at war. San Diego, Cal.: Harcourt Brace Jovanovich 1986. XI, 364 S.
B 61650

Scanlon, V.: U.S.S. Spadefish (SS-411) in World War Two. Bennington, Vt.: Weapons and Warfare Pr. 1986. 24 S.
Bc 02138

Schultz, D.P.: The last battle station: the story of the USS Houston. New York: St.Martin's Press 1985. 271 S.
B 57447

Winton, J.: Carrier glorious. The life and death of an aircraft carrier. London: Cooper 1986. 253 S.
B 64417

K 5 f 30 Luftkrieg

Bong, C.; O'Connor, M.: Ace of aces. The Dick Bong story. Mesa, Ariz.: Champlin Museum Pr. 1985. XIII, 152 S.
Bc 02079

Crosley, R.M.: They gave me a seafire. Shrewsbury: Airlife 1986. 271 S.
B 60102

Devlin, G.M.: Silent wings. The story of the glider pilots of World War II. London: Allen 1986. XXII, 410 S.
B 59502

Dienewald, J.: Die Luftunterstützung bei Verteidigungsoperationen im Großen Vaterländischen Krieg. In: Militärwesen. 1988. H.1. S. 37-44.
BZ 4485:1988

Halpenny, B.B.: Fight for the sky. Wellingborough: Stephens 1986. 224 S.
B 60056

Judd, D.: Avenger from the sky. London: Kimber 1985. 204 S.
B 60617

Kelly, T.: Hurricane and Spitfire pilots at war. London: Kimber 1986. 222 S.
B 62540

Lang, J.von: Krieg der Bomber. Dokumentation einer deutschen Katastrophe. Frankfurt: Ullstein 1986. 272 S.
B 59068

Laughlin, C.P.: US airborne forces of World War Two. London: Arms and Armour Pr. 1987. 72 S.
Bc 02089

Merode, W.de: Deux Evasions d'un pilote de chasse. 1941: Bruxelles – Londres. 1941-1943: Saint-Omer – Londres. Bruxelles: Ed. J.M. Collet 1986. 61 S.
Bc 7759

Mikić, V.: Avijacija okupatorskih sila i kvislinške NDH u Četvrtoj neprijateljskoj ofanzivi (Jan.-März 1943). In: Vojnoistorijski glasnik. God.37, 1986. No.3. S. 11-37.
BZ 4531:37

Sakaida, H.: Winged Samurai. Mesa, Ariz: Champlin Fighter Museum Pr. 1985. 159 S.
Bc 02077

Saward, D.: Victory denied. London: Buchan & Enright 1985. 376 S.
B 61648

Schopis, H.: Als wir vom Himmel fielen. Erlebnis im 2.Weltkrieg. Hamburg: Dt. Literatur-Verl. 1986. 160 S.
Bc 6803

Shores, C.: Duel for the sky. Poole: Blandford 1985. 205 S.
010267

Sims, E.H.: Zielgebiet Weltmeere. Dok. d. Einsätze im Zweiten Weltkrieg. Stuttgart: Motorbuch Verl. 1988. 258 S.
B 66384

Smith, P.C.: Into the assault. Famous dive-bomber aces of the Second World War. London: Murray 1985. VIII, 223 S.
B 60652

Visani, G.: Un Pilota qualunque. Milano: Mursia 1985. 261 S.
B 60342

K 5 f 64 Kriegsgefangene/Internierte/ Deportierte

K 5 f 64.1 Kriegsgefangene

Alpini, A.: Baracca otto. I giorni della fame. Cuneo: L'Arciere 1985. 222 S.
B 59282

Aslanow, A.: Von der Wolga an die Ruhr. Begegnungen mit Deutschen in Krieg und Frieden. Köln: Pahl-Rugenstein 1987. 174 S.
Bc 7035

Clarke, H.V.: Twilight liberation. Australian prisoners of war between Hiroshima and home. Sydney: Allen & Unwin 1985. XII, 165 S.
B 59406

Conti, F.G.: I prigionieri di guerra italiani, 1940-1945. Bologna: Il Mulino 1986. 467 S.
B 60014

Crawley, A.: Escape from Germany. London: her Majesty's Stat. Off. 1985. 351 S.
B 60446

Deschamps, S.V.: L'encagé. Paris: Ed. France-Empire 1985. 317 S.
B 59840

Diesener, G.: Die Propagandaarbeit des Nationalkomitees "Freies Deutschland" im Jahre 1943. In: Beiträge zur Geschichte der Arbeiterbewegung. Jg.30, 1988. Nr.4. S. 514-525.
BZ 4507:30

DioGuardi, R.: Roll out the barrel... the tanks are coming. The liberation of Santo Tomas internment camp. Bennington, Vt.: Weapons and Warfare Pr. 1986. 13 S.
Bc 02143

Dunlop, E.E.: The war diaries of Weary Dunlop. Java and the Burma-Thailand railway, 1942-1945. Wheathampstead: Lennard 1987. XXIII, 400 S.
010426

Durand, Y.: La vie quotidienne des prisonniers de guerre dans les Stalags, les Oflags et les kommandos. 1939-1945. Paris: Hachette 1987. 305 S.
B 62116

Erdmann, H.: Für Wahnsinn erlitten sie Unendliches. Ein junger Mensch im 2. Weltkrieg. Eichstätt: Sales 1985. 474 S.
B 60012

Gillet, E.: Histoire des sous-officiers et soldats belges prisonniers de guerre, 1940-1945. In: Revue belge d'histoire militaire. Jg.27, 1987. No.3. S. 227-243.
BZ 4562:27

Hinze, R.: Rückkämpfer 1944. Eine Studie. Neustadt: Selbstverlag 1988. 137 S.
Bc 7261

Hoffman, J.H.: German field Marshals as war criminals? A British embarrassment. In: Journal of contemporary history. Vol.23, 1988. No.1. S. 17-35.
BZ 4552:23

Jelienta, S.: Zbrodnie Wehrmachtu na Jeńcach Polskich W 1939 R. In: Wojskowy przeglad historyczny. R.32, 1987. No.4(122). S. 77-91.
BZ 4490:32

Kerr, E.B.: Surrender and survival. New York: Morrow 1985. 356 S.
B 57956

Marazzi, C.O.: Appunti di prigionia dell'internato militare italiano 2-4193 (1943-1945). Como: Cesare Nani 1985. 86 S.
Bc 7610

Mattiello, G.; Vogt, W.: Deutsche Kriegsgefangenen- und Internierten-Einrichtungen 1939-1945. Bd.1.2. Koblenz: Selbstverlag 1986. 335 S.
010334

Nava, A.: Jesau 1943-1945. Memorie di un internato militare italiano in Prussia Orientale. Asso: Biblioteca comunale di Asso 1985. 150 S.
Bc 6601

Pape, R.: Boldness be my friend. The classic escape story of World War II. London: Panther Books 1985. 420 S.
B 60604

Pocock, J.W.: The diary of a prisoner of war... 1940-1945. Southhampton: Selbstverlag 1985. 40 S.
Bc 7146

Rough ride from Trier. Ed.by A.Ward. T.1.2. Sheffield: A.Ward 1987. 76; 76 S.
Bc 7155

Salim, L.: Prisoners at Kota Cane. Ithaca, N.Y.: Cornell Univ. 1986. IV, 112 S.
Bc 02176

Schenck, E.G.: Woina Plenni. T.1. Stokkach: Verl. Bavarian Connection 1985. 470 S.
B 59032

Tolstoy, N.: The minister and the massacres. London: Hutchinson 1986. XXII, 442 S.
B 60485

K 5 f 64.2 Internierte

Arthur, A.: Deliverance at Los Banos. New York: St.Martin's Press 1985. XIV, 287 S.
B 58011

Christgau, J.: "Enemies". World War II alien internment. Ames, Iowa: Iowa State Univ. Pr. 1985. XI, 187 S.
B 58155

Dubicki, T.: Ewakuacja internowanych żołnierzy Polskich Z Rumunii na Bliski Wschód. In: Wojskowy przeglad historyczny. R.32, 1987. No.4(122). S. 54-67.
BZ 4490:32

I militari italiani internati dai tedeschi dopo l'8 settembre 1943. Atti del convegno... a Firenze il 14 e 15 nov. 1985... Firenze: Giunti 1986. 214 S.
B 62128

Teczarowska, D.: Deportation into the unknown. Braunton: Merlin Books 1985. 178 S.
Bc 7147

K 5 f 64.4 Konzentrationslager

Albertus, H.: Verbrechen an Kindern und Jugendlichen im KZ Buchenwald und der Kampf der illegalen antifaschistischen Widerstandsorganisation um ihre Rettung. 4. Aufl. Buchenwald: NMG Buchenwald 1985. 76 S.
Bc 6244

Boas, J.: Boulevard des misères. The story of transit camp Westerbork. Hamden, Conn.: Archon Books 1985. XI, 169 S.
B 58295

Bouery, R.: Les chiens verts. Guerre et captivité 1939-1945. Brioude: Ed. Watel 1986. 131 S.
Bc 7945

Busch-Waldeck, R.: Der Todesmarsch (2.4.1945- 14.4.1945). In: Jahrbuch: Dokumentationsarchiv des österreichischen Widerstandes. 1988. S. 121-137.
BZC17:1988

Choumoff, P.S.: Les assassinats par gaz à Mauthausen et Gusen. Camps de concentration nazis en territoire autrichien. Paris: Amicale des déportés de Mauthausen 1986. 63 S.
Bc 7634

Delbo, C.: La mémoire et les jours. Paris: Berg 1985. 138 S.
B 58973

Durlacher, G.L.: Streifen am Himmel. Geschichten aus Krieg und Verfolgung. Reinbek: Rowohlt 1988. 113 S.
Bc 7722

Francès-Rousseau, P.: Intact aux Yeux du monde. Recit. Paris: Hachette 1987. 171 S.
B 62437

Frankel, N.: Auschwitz. Campo de exterminio. Prisionero No.161040 (sobreviviente). 2.ed. México: Edamex 1986. 114 S.
Bc 6591

Frei, N.: Wir waren blind, ungläubig und langsam. Buchenwald, Dachau und die amerikanischen Medien im Frühjahr 1945. In: Vierteljahrshefte für Zeitgeschichte. Jg.35, 1987. Nr.3. S. 385-401.
BZ 4456:35

Freund, F.: "Berauscht von Freiheit". Die Befreiung des KZ Ebensee. In: Jahrbuch: Dokumentationsarchiv des österreichischen Widerstandes. 1988. S. 55-85.
BZC17:1988

Haulot, A.: Mauthausen – Dachau. Bruxelles: Le Cri/Vander 1985. 170 S.
B 57030

Hoffmann, K.-H.: Am Eismeer verschollen. Erinnerungen aus der Haftzeit in faschistischen Strafgefangenenlagern in Nordnorwegen. Berlin: Dietz 1988. 189 S.
Bc 7806

Jeden Moment war dieser Tod. Interviews m. jüdischen Frauen, die Auschwitz überlebten. E. Dokum. Hrsg.: D. Fürstenberg. Düsseldorf: Schwann 1986. 178 S.
B 59039

Kárný, M.: "Vernichtung durch Arbeit". Sterblichkeit in den NS-Konzentraionslagern. In: Beiträge zur Nationalsozialistischen Gesundheits- und Sozialpolitik. 1987. Nr.5. S. 133-185.
BZ 4837:1987

Kárný, M.: Theresienstadt und Auschwitz. In: 1999. Jg.3, 1988. Nr.3. S. 9-26.
BZ 4879:1988

Meier, C.: 40 Jahre nach Auschwitz. Deutsche Geschichtserinnerung heute. München: Dt. Kunstverl. 1987. 95 S.
Bc 6733

Michel, H.: Oranienburg – Sachsenhausen. KZ-Erinnerungen u. Hungermarsch in d. Freiheit e. politischen Gefangenen. Eupen: Grenz-Echo-Verl. 1985. 456 S.
B 60335

Perz, B.: Die Errichtung eines Konzentrationslagers in Wiener Neudorf. In: Jahrbuch: Dokumentationsarchiv des österreichischen Widerstandes. 1988. S. 88-116.
BZC17:1988

Shelach, M.: Sajmiste, an extermination camp in Serbia. In: Holocaust and genocide studies. Vol.2, 1987. No.2. S. 243-260.
BZ 4870:2

Sobolewicz, T.: Wytrzymałem więc jestem. Katowice: Śląsk 1986. 239 S.
Bc 6990

Totenbuch Theresienstadt. Damit sie nicht vergessen werden. Hrsg.: M.Steinhauser. Wien: Junius Verl. 1987. Getr. Pag.
010239

Wagner, C.: Geboren am See der Tränen. Berlin: Militärverlag der DDR 1987. 415 S.
B 63056

Ziegler, J.: Mitten unter uns. Natzweiler-Struthof: Spuren eines Konzentrationslagers. Hamburg: VSA-Verl. 1986. 271 S.
B 58989

K 5 g Wirtschaftsgeschichte

Herbert, U.: Fremdarbeiter. Politik und Praxis des "Ausländer-Einsatzes" in d. Kriegswirtschaft d. Dritten Reiches. Berlin: Dietz 1985. 494 S.
B 56937

K 5 i Geistesgeschichte

Abaleo, C.: Misfatto nazista a Cefalonia. (L'acqui e gli esse-esse). Roma: Ed. Italiane di Letteratura e Scienze 1986. 101 S.
Bc 7131

Amishai-Maisels, Z.: The complexities of witnessing. In: Holocaust and genocide studies. Vol.2, 1987. No.1. S. 123-147.
BZ 4870:1987

Cole, R.: The other 'Phoney War': British propaganda in Neutral Europe, September-December 1939. In: Journal of contemporary history. Vol.22, 1987. No.3. S. 455-479.
BZ 4552:1987

Duesel, H.H.: Die Flugblätter des Nationalkomitees "Freies Deutschland". Bad Aibling: Selbstverlag 1987. 59 S.
Bc 02063

Gedichte deutscher kriegsgefangener Offiziere in Jugoslawien. Für die Lagerkameraden gesammelt v. Ehrhard Vogel. o.O.: o.V. 1988. 57 Bl.
Bc 7740

Mittler, W.: ANZAC TATTOO. E. Reise durchs Niemandsland. Percha a. Starnberger See: R.S.Schulz 1987. 217 S.
B 62431

Schuster, E.: Die Leidenschaft, am Leben zu bleiben. Wiesbaden: Limes Verl. 1987. 170 S.
B 61464

Smit, J.; Baruch, J.: Oorlog met de tekenpen. Verzet van jongeren in het Gooi, 1940-45. Amsterdam: Rijksmuseum 1987. 96 S.
Bc 7164

Stüllein, W.: Der grosse Orlog. T.1.2. Mainz: Selbstverlag o.J. 60; 36 S.
Bc 7921

Washburn, P.S.: A question of sedition. The federal government's investigation of the black press during World War II. Oxford: Oxford Univ.Pr. 1986. IX, 296 S.
B 60612

K 5 k Kriegsschauplätze

K 5 k 10 Osteuropa/Ostsee

Hervieux, P.: Air power. Soviet destroyers v the Luftwaffe 6 October 1943. In: Warship. Jg.46, 1988. No.46. S. 27-30.
BZ 05525:46

K 5 k 11 Polenfeldzug 1939-1944

Szubański, R.: Działania Powietrzne Nad Wielkopolska W 1939 R. In: Wojskowy przeglad historyczny. R.33, 1988. No.1. S. 80-97.
BZ 4490:33

Zaloga, S.; Madej, V.: The Polish campaign 1939. New York, N.Y.: Hipocrene Books 1985. 195 S.
B 57607

K 5 k 11.40 Besatzungszeit und Widerstand

Borodziej, W.: Terror i polityka. Policja niemiecka a polski ruch oporu w GG 1939-1944. Warszawa: Inst.Wydawn.Pax 1985. 246 S.
B 62631

Chłopi w obronie Zamojszczyzny. Sesja popularnonaukowa w 40 rocznicę walk Batalionów Chłopskich Zamość, 2-3 II 1983 r. Red.: J. Gmitruk. Warszawa: Ludowa Spółdzielnia Wydawn. 1985. 234 S.
B 59472

Fotografien aus dem Warschauer Getto. Hrsg.: U.Keller. Berlin: Nishen 1987. 193 S.
Bc 6642

Grygiel, J.: Związek Walki Zbrojnej Armia Krajowa w obwodzie Zamojskim 1939-1944. Warszawa: Państwowe Wydawn.Naukowe 1985. 532 S.
B 59527

Madajczyk, C.: Die Okkupationspolitik Nazideutschlands in Polen 1939-1945. Berlin: Akademie-Verlag 1987. XIII, 702 S.
B 63118

Markiewicz, J.: Paprocie zakwitły krwią partyzantów. O wielkich bitwach w Puszczy Solskiej w czerwcu 1944 roku. 2. Wyd. Lublin: Wydawnictwo Lubelskie 1987. 282 S.
B 62633

Nazarevicz, R.: Poslka Partia Robotnicza w ocalaniu Ludności zydowskiej w Polsce. In: Z pola walki. R.31, 1988. No.1(121). S. 106-118.
BZ 4559:31

Pernal, M.: Akcja Kedywu "Jula" na Podkarpaciu w Kwietniu 1944 R. In: Wojskowy przeglad historyczny. R.32, 1987. No.2. S. 129-148.
BZ 4490:32

Przybysz, K.; Wojtas, A.: Bataliony Chłopskie. Bd. 1.2. Warszawa: Ludowa Spółdzielnia Wydawn 1985. 295: 384 S.
B 57047

Walichnowski, T.: Rozmowy z Leistem hitlerowskim starostą Warszawy. Warszawa: Państwowe Wydawn.Naukowe 1986. 155 S.
Bc 6586

Zając, S.: W Poblizu siedziby Hansa Franka. Partyzancki front. Warszawa: Czytelnik 1986. 358 S.
B 60355

K 5 k 12 Ostfeldzug 1941-1945

K 5 k 12.00 Allgemeine Werke

Bartov, O.: The Eastern Front, 1941-1945, German troops and the barbarisation of warfare. Houndmills: MacMillan Pr. 1985. XVI, 214 S.
B 59227

Battles Hitler lost and the Soviet marshalls who won them. New York, N.Y.: Richardson and Steirman 1986. 223 S.
010291

Behaeghel, M.: Veldpost naar Vlaanderen. Antwerpen: Uitgev. De Roerdomp, Brecht 1985. 94 S.
B 61477

Benz, W.: Der Rußlandfeldzug des Dritten Reiches: Ursachen, Ziele, Wirkungen. Frankfurt: Haag u.Herchen 1986. 222 S.
B 62428

La campagne de Russie. Glarus: Colomb 1985. 142 S.
010300

Casu, G.: Un Sardo nella steppa russa, 1941-43. Oristano: S'Alvure 1985. 53 S.
Bc 7631

Hinze, R.: Das Ostfront-Drama 1944. Stuttgart: Motorbuch Verl. 1987. 455 S.
B 61198

Itogi diskussii o strategičeskich operacijach Velikoj Otečestvennoj vojny 1941-1945 gg. In: Voenno-istoričeskij zurnal. 1987. No.10. S. 9-24.
BZ 05196:1987

Karpov, V.: Rußland im Krieg. 1941-1945. Hrsg.: C.Schofield. Zürich: SV internat. 1988. 253 S.
010697

Loskutov, Ju. K.: Vtorye ešelony v nastupatel'nych operacijach. In: Voenno-istoričeskij zurnal. 1987. No.12. S. 11-20.
BZ 05196:1987

Nesvadba, F.: Osvobozenecké posláni Sovětského svazu a Československo. In: Historie a vojenstvi. 1987. No.2. S. 22-63.
BZ 4526:1987

Oberländer, T.: Der Osten und die Deutsche Wehrmacht. Sechs Denkschriften a.d.J. 1941-1943 gegen d. NS-Kolonialthese. Asendorf: Mut-Verl. 1987. 143 S.
Bc 7245

Para, K.R.J.: Lessons to be derived from the Wehrmacht's experience in the East 1943-1945. In: RUSI journal. Vol.132, 1987. No.3. S. 61-68.
BZ 05161:132

Rotundo, L.: The road to Stalingrad revisited. In: RUSI journal. Vol.132, 1987. No.2. S. 57-65.
BZ 05161:132

Rotundo, L.: War plans and the 1941 Kremlin Wargame. In: The journal of strategic studies. Vol.10, 1987. No.1. S. 84-97.
BZ 4669:10

Stoeckli, F.: Vormarschgeschwindigkeiten sowjetischer Verbände im Zweiten Weltkrieg und Überlegungen für heute. In: Österreichische militärische Zeitschrift. Jg.26, 1988. Nr.4. S. 333-336.
BZ 05214:26

Streit, C.: Es geschah Schlimmeres, als wir wissen wollen. Der Fall Barbarossa. In: Blätter für deutsche und internationale Politik. 1987. S. 1287-1300.
BZ 4551:32

Žagala, V.M.: Rasčiščaja Put' pechote... Moskva: Voenizdat 1985. 222 S.
B 60936

Zins, A.: Die Operation Zitadelle. Die militärgeschichtl. Diskussion u. ihr Niederschlag im öffentl. Bewußtsein als didakt. Problem. Frankfurt: Lang 1986. XI, 312 S.
B 61061

K 5 k 12.02 Kampfhandlungen in einzelnen Gebieten/Orten

Ben-Arie, K.: La chute de Brest-Litovsk (1941). In: Revue d'histoire de la deuxième guerre mondiale et des conflits contemporains. A.37, 1987. No.146. S. 71-96.
BZ 4455:37

Bentzien, H.: Festung vor dem Sturm. Berlin: Militärverlag der DDR 1986. 170 S.
B 59105

Beyer, W.R.: Stalingrad. Unten, wo das Leben konkret war. Frankfurt: Athenäum 1987. 83 S.
Bc 6811

Cejka, E.: Obklíčeni německych vojsk u Stalingradu. In: Historie a vojenstvi. R.36, 1987. No.6. S. 41-63.
BZ 4526:36

Dąbkowski, T.: Misja wyzwoleńcza Związku Radzieckiego w wojnie światowej. In: Kraje socjalistyczne. T.1, 1985. No.1-4. S. 33-63.
BZ 4956:1

Haupt, W.: Das war Kurland. Friedberg: Podzun-Pallas-Verl. 1987. 231 S.
B 63930

Ignatovič, E.A.: Zenitnoe Bratstvo Sevastopolja. Kiev: Politizdat Ukrainy 1986. 262 S.
B 61663

Ivanovskij, E.F.: Vydajuščaja pobeda Sovetskoj Armii. In: Voenno-istoričeskij zurnal. 1987. No.11. S. 44-53.
BZ 05196:1987

Jukes, G.: Hitler's Stalingrad decisions. Berkeley, Calif.: Univ.of California Pr. 1985. XI, 266 S.
B 58367

Krockow, C.Graf von: Die Stunde der Frauen. Ber. a. Pommern 1944-1947. Nach e. Erz. v. L.Fritz-Krockow. Stuttgart: DVA 1988. 256 S.
B 65666

Krüger, D.: Militärische Ereignisse im April/Mai 1945 zwischen Haff und Müritz. Neubrandenburg: Historisches Bezirksmuseum 1985. 80 S.
Bc 7302

Lange, K.F.: Zwei Schritte bis zum Massengrab. (Selektion im Schloßpark Posen.). Mühlheim a.d. Ruhr: Selbstverlag 1987. 105 S.
Bc 6682

Michalev, S.N.: Iz opyta nastupatel'nych operacii na Pravoberžnoj Ukraine v načale 1944 goda. In: Voenno-istoričeskij zurnal. 1987. No.3. S. 19-25.
BZ 05196:1987

Niepold, G.: Panzeroperationen "Doppelkopf" und "Cäsar". Kurland Sommer '44. Herford: Mittler 1987. 152 S.
B 64143

Petrov, V.S.: Kanoniere. Berlin: Militärverlag der DDR 1986. 340 S.
B 59197

Sawicki, T.: Bittwa W Operacyjnym Obs-
zarze Warszawy. In: Wojskowy przeglad
historyczny. R.32, 1987. No.1(119).
S. 166-180.
BZ 4490:32

K 5 k 12.04 Besetzte Gebiete/Widerstand/
Partisanen 1941-1945

Asmolov, A.N.: Die Front im Hinterland.
Berlin: Militärverlag der DDR 1987.
331 S.
B 63055

Berger, S.: Die unvergeßlichen sechsein-
halb Jahre meines Lebens, 1939-1945.
Frankfurt: R.G.Fischer 1985. 260 S.
B 56685

Cohen, A.: The Halutz resistance in
Hungary 1942-1944. New York: Columbia
Univ.Pr. 1986. VII, 277 S.
B 61450

Cséfalvay, F.: Koordinácia bojovej cinnosti
partizánov na Slovensku s oslobodzova-
cími vojskami Sovietskej armády. In:
Historie a vojenstvi. R.36, 1987. No.5.
S. 14-30.
BZ 4526:36

Gituljar, I.L.: O čem šelestjat dubravy.
Kiev: Politizdat Ukrainy 1985. 215 S.
B 60734

Eine Schuld, die nicht erlischt. Dokumente üb. dt. Kriegsverbrechen in der
Sowjetunion. Köln: Pahl-Rugenstein
1987. 427 S.
B 61232

Walzl, A.: Kärnten 1945. Vom NS-Regime
zur Besatzungsherrschaft im Alpen-
Adria-Raum. Klagenfurt: Univ. Verl.
Carinthia 1985. 367 S.
B 57615

K 5 k 20 Nordeuropa/Nordsee/Nordmeer

K 5 k 22 Nordfeldzug 1940

Herman, B.: De Illegale. To Holger
Danske saboterer fortæller. Lynge: Bogan
1985. 237 S.
B 58464

Holm, T.H.: 1940-igjen? Oslo: Forsvars-
museet 1987. 87 S.
Bc 6905

Nilsen, K.A.: Vermißt über Lesja. Die
dramatische Geschichte der im April 1940
in den Bergen Norwegens abgeschosse-
nen He 111. Stuttgart: Motorbuch Verl.
1986. 159 S.
B 59786

Sunde, H.I.: Tyskernes Lyngenstilling. En
del av krigshistorien i Norge. In: Norsk
militært tidsskrift. Arg.157, 1987. No.12.
S. 1-13.
BZ 05232:157

K 5 k 23 Finnland und Lappland 1941-
1945

Skvirskij, L.S.: Karel'skij front v 1941
godu. In: Voprosy istorii. 1987. No.6.
S. 73-93.
BZ 05317:1987

K 5 k 30 Westeuropa/Atlantik

K 5 k 30.2 Seekrieg im Westen

Brecht, H.; Loewe, L.: "...gegen Enge-
land". U-Bootkrieg im Nordatlantik.
Hamburg: NDR 1987. 80 Bl.
Bc 02057

Frank, H.: Schnellboote im Einsatz vor
der englischen Küste 1943/44. In: Marine-
Rundschau. Jg.84, 1987. Nr.4. S. 224-
228.
BZ 05138:84

Hillsdon, S.: Jersey. Occupation remembered. Norwich: Jarrold Colour Publ.
1986. 143 S.
Bc 7149

Jurens, W.J.: The loss of H.M.S. Hood –
A re-examination. In: Warship inter-
national. Vol.24, 1987. No.2. S. 122-161.
BZ 05221:24

K 5 k 30.3 Luftkrieg im Westen

Bak, L.: Het vuur van de vergelding.
Baarn: Uitgev. Hollandia 1986. 202 S.
B 62436

Beck, E.R.: Under the bombs. The Ger-
man home front, 1942-1945. Lexington,
Ky.: Univ.Pr.of Kentucky 1986. XI, 252 S.
B 59600

The Blitz then and now. Ed.: W.G.Ram-
sey. Vol.1.2. London: Battle of Britain Pr.
1987/88. 336, 656 S.
10541

The Blitz then and now. Ed.: W.G. Ram-
sey. London: Battle of Britain Pr. 1987/
88. 336, 656 S.
010541

Eckel, W.: Saarbrücken im Luftkrieg,
1939-1945. Saarbrücken: Saarbrücker
Druckerei u.Verl. 1985. 224 S.
B 59001

Gelb, N.: Scramble. A narrative history of
the battle of Britain. San Diego, Cal.:
Harcourt Brace Jovanovich 1985. XVII,
348 S.
B 58396

Hailsham at war, 1939-41. Ed.by G. Fare-
brother. Brighton: Centre for Continuing
Education 1986. 86 S.
Bc 7970

Lauer, H.: Zweibrücken, 14. März 1945,
20.08 – 20.25 Uhr. Planung, Verlauf u.
Folgen des Luftangriffs... 3. Aufl. Zweibrücken: Selbstverlag 1986. 74 S.
Bc 02358

Rimell, R.L.: Air war over Great Britain,
1914-1918. London: Arms and Armour
Pr. 1986. 64 S.
Bc 02040

Rowe, P.M.; Rabey, I.: When bombs fell.
The air-raids on Cornwall during the
Second World War. St.Columb: Weekes
1987. VIII, 60 S.
Bc 7812

Taylor, E.; Kessler, L.: The York Blitz
1942. The Baedeker raid on York, April
29th, 1942. York: The Ebor Pr. 1986.
40 S.
Bc 02187

Vander Klaauw, B.; Rynhout, B.M.: De
Luchtoorlog boven Nederland, 1940-
1945. Amsterdam: De Bataffsche Leeuw
1985. 96 S.
Bc 01883

Whiting, C.: Britain under fire. The
bombing of Britain's cities 1940-1945.
London: Century 1986. 160 S.
010194

K 5 k 32 Westfeldzug 1940

Bascou, A.: Ceux de l'honneur et ceux de
l'ombre. Nimes: Ed. Camariguo 1986.
122 S.
Bc 6553

Canaud, J.; Bazin, J.-F.: La Bourgogne
dans la 2nde guerre mondiale. Rennes:
Ouest france 1986. 316 S.
B 62150

Collier, R.: Dünkirchen. Operation
Dynamo. Bayreuth: Hestia 1987. 360 S.
B 61361

Glover, M.: The fight for the Channel
ports. Calais to Brest 1940. A study in
confusion. London: Cooper 1985. XV,
269 S.
B 60447

Kieser, E.: "Unternehmen Seelöwe". Die
geplante Invasion in England 1940.
Esslingen: Bechtle 1987. 336 S.
B 61467

Pitois-Dehu, M.-A.: L'Aisne dans la guerre
1939-1945. Le Coteau: Horvath 1986.
158 S.
B 62441

K 5 k 33 Besetzter Westen/Widerstand 1940-1944

Beraud, H.: Bataille des Alpes. Album mémorial. Juin 1940-1944/45. Bayeux: Ed. Heimdal 1987. 477 S.
010387

Boissieu, A. de: La libération de Strasbourg par la 2ème DB du général Leclerc. In: Revue militaire suisse. A.133, 1988. No.1. S. 11-30.
BZ 4528:133

Dostert, P.: Luxemburg zwischen Selbstbehauptung und nationaler Selbstaufgabe. Die dt. Besatzungspolitik u. d. Volksdeutsche Bewegung 1940-1945. Luxemburg: Impr. Saint-Paul 1985. 267; 309 S.
B 61181

Schuttevâer, H.: Mementopnamen uit 1914-1918 en 1940-1945. Lochem: Lovink 1987. 71 S.
Bc 6923

Stahlmann, J.; Grasser, K.: Atlantikwall Dänemark, Stützpunkt-Grupppe Løkken. Nürnberg: Selbstverlag 1987. 236 S.
B 62882

Die untergetauchte Kamera. Fotografie im Widerstand, Amsterdam 1940-1945. Berlin: Nishen 1987. 30 S.
Bc 7527

– Belgien

Bikar, A.: La campagne de 1940 en Belgique. Les événements dans le sud de la province du Luxembourg. In: Revue belge d'histoire militaire. Jg.27, 1988. No.6. S. 437-474.
BZ 4562:27

Geet, W.van: De Rijkswacht tijdens de bezetting. 1940-1944. Antwerpen: De Nederlandsche Boekhandel 1985. 238 S.
B 61835

Henau, A.; Wyngaert, M. van der: Belgie op de bon. Leuven: acco 1986. 264 S.
B 61475

Neuman, H.: Avant qu'il ne soit trop tard. Portraits de résistants. Altenhoff, Burgers, Ewalenko, Leclercq [u.a.]. Paris-Gembloux: Ed.Duculot 1985. 183 S.
B 57851

Puttemans, J.: De bezetter Buiten. Beknopte historiek van het onafhankelijkheidsfront nationale verzetsbeweging, 1941-1945. Almere: Nioba 1987. 112 S.
Bc 6866

Vrouwen in de repressie. 1944-1945. Gent: Federatie Vlaamse Vrouwengroepen 1985. 76 S.
Bc 7756

– Frankreich

Bédarida, F.: L'histoire de la résistance: lectures d'hier, chantiers de demain. In: Vingtième siècle. 1986. Nr.11. S. 75-89.
BZ 4941:1986

Billaud, R.; Billaud, M.-M.: Occupation et résistance en Bretagne, 1940-1945. Les mémoires du Commandant Gilles. 2.éd. Mayenne: Impr.de la Manutention 1986. XXI, 300 S.
B 63564

Breton, A. le: 2 Sous d'amour. Paris: Vertiges 1986. 671 S.
B 60716

Chauney, M.: Chalons-sur-Saône dans la guerre 1939/1945. Le Coteau: Horvath 1986. 109 S.
B 62440

Cheyron, J.: Souvenirs albenassiens de la Seconde Guerre Mondiale. Avant-propos de Pierre Limagne. Largentiere: Humbert 1985. 26 S.
Bc 7758

Couture, C.P.: En Seine-Maritime de 1939 à 1945. Mont-Saint-Aignam: Centre reg. de doc. péd. 1986. 108 S.
010440

Estager, J.: Ami, entends-tu... Paris: Messidor 1986. 285 S.
B 64958

Eychenne, E.: Les Portes de la liberté. Le franchissement clandestin de la frontière espagnole dans les Pyrénées-Orientales de 1939 à 1945. Toulouse: Ed.Privat 1985. 284 S.
B 56977

Fry, V.: Auslieferung auf Verlangen. Die Rettung deutscher Emigranten in Marseille 1940/41. München: Hanser 1986. 345 S.
B 58575

Guidet, T.: Qui a tué Yann-Vari Perrot? Enquête sur une mort obscure. Brasparts: Beltan 1986. o.Pag.
Bc 7326

Guillaume, R.: Les larmes du Bois d'Arsot. Récit d'une bataille. Nice: Selbstverlag 1986. 181 S.
B 58941

Halty, D.: Cambo sous l'occupation allemande. 1940-1944. Cambo: Impr. San Juan 1985. 197 S.
B 60920

Huguen, R.: Par les nuits les plus longues. Réseaux d'évasion d'aviateurs en Bretagne 1940-1944. Rennes: Ouest France 1986. 508 S.
B 62108

Larocque, M.; Gérard, G.: Mémorial de l'occupation allemande, de la Résistance et de la libération du Val d'Oise et ses environs 1940-1944. Argenteuil: Assoc. Nat. des anciens Combattants de la Résistance 1986. 226 S.
B 61025

Lépine, A.: Cerfontaine en mai 1940. Cerfontaine: Musée de Cerfontaine 1986. 120 S.
Bc 02118

Mabire, J.: La bataille des Alpes. Maurienne novembre 1944 – mai 1945. Paris 1945. Paris: Presses de la Cité 1986. 317 S.
B 62203

Maloire, A.: Estivareilles 1944. Le Coteau: Ed. Horvarth 1986. o.Pag.
Bc 7342

Perrault, G.: Paris sous l'occupation. Paris: Belfond 1987. 347 S.
010428

Philippe, D.: Es begann in der Normandie. Eine französische Kindheit im Zweiten Weltkrieg. München: dtv 1986. 274 S.
Bc 6765

Pichavant, R.: Clandestins de l'Iroise. Bd.1-3. Douarnenez: Ed.Morgane 1982-86. 425; 526; 444 S.
B 61956

Postel-Vinay, A.: Eine junge Französin im Krieg. In: Dachauer Hefte. Jg.3, 1987. H.3. S. 77-100.
BZ 4855:3

Sérézat, A.: Et les Bourbonnais se levèrent. Témoignage et contribution à l'histoire de la résistance dans l'Allier. 2.éd. Nonette: Ed. Créer 1986. o.Pag.
B 61694

Surdez, D.: La Guerre secrète aux frontières du Jura. 1940-1944. 2e ed. Porrentruy: Ed.Transjuranes 1985. 127 S.
B 59551

Sweets, J.F.: Choices in Vichy France. The French under Nazi occupation. Oxford: Oxford Univ.Pr. 1986. X,306 S.
B 59252

Taege, H.: Wo ist Abel? Weitere Enthüllungen u. Dok. zum Komplex Tulle u. Oradour. Lindhorst: Askania 1985. 287 S.
B 58385

Taupes Rouges contre SS. Paris: Ed. Messidor 1986. 248 S.
B 61194

– Jugoslawien

Ivanković, M.: Jugosloveni u antifašističkom pokretu i pokretu otpora u Francuskoj 1933-1945. In: Vojnoistorijski glasnik. God.37, 1986. No.3. S. 127-136.
BZ 4531:37

K 5 k 34 Invasion im Westen 1944

Auger, J.; Mornet, D.: La reconstruction de Caen. Rennes: Ouest-France 1986. 143 S.
B 62151

Breuer, W.B.: Death of a NAZI Army. New York: Stein and Day 1985. 312 S.
B 58854

Dufresne, M.: Normandie Août 1944. Heurs et malheurs d'une fin de campagne. In: Revue historique des armées. 1987. No.3. S. 97-110.
BZ 05443:1987

Gachignard, C.: La Rochelle, "poche" de l'Atlantique, août 1944 – mai 1945. La Rochelle: Rumeur des Ages 1987. 127 S.
010427

Golley, J.: The day of the Typhoon. Flying with the RAF tankbusters in Normandy. Wellingborough: PSL 1986. 216 S.
B 57495

Günther, H.: Das Auge der Division. Die Aufklärungsabt. d. SS-Panzer-Grenadier-Division "Götz von Berlichingen". 2.Aufl. Preuß. Oldendorf: Schütz 1985. 365 S.
B 59535

Hoyt, E.P.: The invasion before Normandy. The secret battle of Slapton Sands. New York: Stein and Day 1985. 212 S.
B 58188

Lattre de Tassigny, J.de: Reconquérir, 1944-1945. Paris: Plon 1985. 380 S.
B 59413

Meyer, H.: Von der Invasion bis zur Kapitulation. Preuss. Oldendorf: Schütz 1987. 351 S.
B 63994

Pallud, J.-P.: Ardennes, 1944: Peiper and Skorzeny. London: Osprey Publ. 1987. 64 S.
Bc 02194

Shulman, M.: Defeat in the West. Rev.ed. London: Secker and Warburg 1986. XX, 376 S.
B 60421

Tooley: Operation Quicksilver. Romford: Henry 1988. 64 S.
Bc 7803

Tout, K.: Tanks, advance! Normandy to the Netherlands, 1944. London: Hale 1987. 215 S.
B 62481

Whiting, C.: Ardennes. The secret war. New York: Stein and Day 1985. 227 S.
B 58039

Whiting, C.: Operation Northwind. The unknown battle of the Bulge. London: Cooper 1986. X,198 S.
B 59389

K 5 k 35 Endkampf um Westdeutschland/ Kapitulation

Borows, S.D.: Clarke of St. Vith. Brigadier General Bruce C.Clarke's combat command "B" of the Seventh Armored Division at the Battle of St. Vith, Belgium, Ardennes Campaign… Ann Arbor, Mich.: UMI 1986. VI, 120 S.
B 60105

Breuer, W.B.: Storming Hitler's Rhine. The allied assault: February-March 1945. New York: St.Martin's Press 1985. XIX, 308 S.
B 58154

Brückner, J.: Kriegsende in Bayern 1945. Der Wehrkreis VII und die Kämpfe zwischen Donau und Alpen. Freiburg: Rombach 1987. 308 S.
B 62583

Gennen, E.: Wie der Krieg zu Ende ging. Ber. u. Dok. üb.d. Ardennen-Offensive in der Altgemeinde Burg Reuland. St.Vith: Aktuell Verl. 1985. 151 S.
010283

Kurowski, F.: Endkampf um das Reich 1944-1945. Hitlers letzte Bastionen. Friedberg: Podzun-Pallas-Verl. 1987. 424 S.
B 63192

Palm, R.: Die Brücke von Remagen. Der Kampf um den letzten Rheinübergang – dramat. Stück deutscher Zeitgeschichte. Bern: Scherz 1985. 318 S.
B 54777

Whiting, C.: Bounce the Rhine! London: Guild Publ. 1985. XIV, 191 S.
B 58536

K 5 k 36 Besetztes Deutschland

Baha, N.: Die Rückkehr zur Demokratie. Delmenhorster Kommunalpolitik unter brit. Besatzung 1945-46. Delmenhorst: Rieck 1987. 140 S.
Bc 7787

Befreit – besiegt – ein Neuanfang. Hamburg, 3.Mai 1945. Hamburg: Behörde f. Schule u. Berufsbildung 1985. 60 S.
Bc 02237

Botting, D.: In the ruins of the Reich. London: Allen & Unwin 1985. VIII, 248 S.
B 59580

Braas, G.: Die Entstehung der Länderverfassungen in der Sowjet. Besatzungszone Deutschlands 1946/47. Köln: Verlag Wissenschaft und Politik 1987. 539 S.
B 66785

Brülls, K.: Neubeginn oder Wiederaufbau? Gewerkschaftsjugend in der brit. Zone, 1945-1950. Marburg: Verl. Arbeiterbew. u. Gesellschaftswiss. 1985. 384 S.
B 58741

Dastrup, B.L.: Crusade in Nuremberg. Military occupation, 1945-1949. Westport, Conn.: Greenwood Press 1985. XI, 159 S.
B 58851

Farquharson, J.: 'Emotional but influential': Victor Gollancz, Richard Stokes and the British Zone of Germany, 1945-49. In: Journal of contemporary history. Vol.22, 1987. No.3. S. 501-519.
BZ 4552:22

Die Gefesselten. Deutsche Frauen in sowjetischen Konzentrationslagern in Deutschland. Hrsg.: H. Taege. München: Askania 1987. 172 S.
Bc 7444

Köhler, R.: Die Zusammenarbeit der SED mit der SMAD bei der antifaschistisch-demokratischen Erneuerung des Hochschulwesens (1945-1949). Berlin: Zentralinst. f. Hochschulbildung 1985. 245 S.
B 57482

Krieger, W.: General L.D.Clay und die amerikanische Deutschlandpolitik 1945-1949. Stuttgart: Klett-Cotta 1987. 560 S.
B 62352

Mai, G.: Der alliierte Kontrollrat in Deutschland 1945-1948. In: Aus Politik und Zeitgeschichte. 1988. B.23. S. 3-14.
BZ 05159:1988

Manz, M.: Stagnation und Aufschwung in der französischen Besatzungszone, 1945-1948. Hrsg.: W.Abelshauser. Ostfildern: Scripta Mercaturae Verl. 1985. 130 S.
Bc 7222

Nawratil, H.: Die deutschen Nachkriegsverluste unter Vertriebenen, Gefangenen und Verschleppten. München: Herbig 1986. 112 S.
Bc 6766

OMGUS Gesamtregister zu OMGUS: Ermittlungen gegen die Deutsche Bank. OMGUS: Ermittlungen gegen die I.G.Farben. OMGUS: Ermittlungen gegen die Dresdner Bank. Hrsg.v. d. Hamburger Stiftung f. Sozialgeschichte d. 20. Jahrhunderts. Nördlingen: Greno 1987. 94 S.
Bc 7867

Ostrogorskij, V.M.: Krieg und Menschlichkeit. Moskau: APN-Verl. 1986. 66 S.
Bc 6613

Schubert, A.: Das Ende des Zweiten Weltkrieges im Coburger Land. Mit e. Rückblick auf die Vorgeschichte des Krieges. Coburg: Riemann 1985. 304 S.
B 57774

Ulsamer, W.: Bewegte Tage einer kleinen
Stadt vor und nach dem Einmarsch der
Amerikaner 1945. E. Beitr. zur Zeit-
gesch. d. Stadt Spalt. Spalt: Heimat-
verein 1987. 99 S.
Bc 02240

Woller, H.: Gesellschaft und Politik in der
amerikanischen Besatzungszone. Die
Region Ansbach und Fürth. München:
Oldenbourg 1986. 347 S.
B 60148

Zank, W.: Wirtschaft und Arbeit in Ost-
deutschland. 1945-1949. Probleme d.
Wiederaufbaus in d. Sowjet. Besatzungszone Deutschlands. München: Oldenbourg 1987. 214 S.
B 61737

K 5 k 40 Mittelmeerraum

K 5 k 40.2 Seekrieg im Mittelmeer

Jori, G.: Retroscena tecnici di una battaglia navale e delle altre in Mediterraneo
(1940-43). In: Rivista italiana difesa. A.6,
1987. No.7. S. 92-94.
BZ 05505:6

Nassigh, R.: Tolone 27 Novembre 1942. Il
dramma della flotta francese nella
seconda guerra mondiale. In: Rivista
marittima. A.121, 1988. No.1. S. 95-108.
BZ 4453:121

Puddu, F.M.: L'impresa di Alessandria.
Antefatti e conseguenze in retrospettiva.
In: Rivista marittima. A.120, 1987.
No.12. S. 67-80.
BZ 4453:120

Smith, P.C.: Who sank the HELLE? In:
World War II investigator. Vol.1, 1988.
No.5. S. 25-30.
BZ 05557:1

Stawson, J.: Hitler's blind spot. In: World
War II investigator. Vol.1, 1988. No.5.
S. 12-17.
BZ 05557:1

K 5 k 40.3 Luftkrieg im Mittelmeer

Shores, C.; Cull, B.; Malizia, N.: Air War
for Yugoslavia, Greece and Crete, 1940-
41. London: Grub Street 1987. V, 445 S.
B 63954

K 5 k 41 Südosteuropa/Balkanfeldzug 1941

K 5 k 41.7 Besetzter Balkan/Widerstand 1941-1944

– Griechenland

Fleischer, H.: Im Kreuzschatten der
Mächte. Griechenland 1941-1944. (Okku-
pation – Resistance – Kollaboration.
B.1.2. Frankfurt: Lang 1986. 819 S.
B 60715

Fourtouni, E.: Greek women in resistance.
Journals – oral histories. New Haven,
Conn.: Thelphini Pr. 1986. o.Pag.
B 65748

Higham, R.D.S.: Diary of a disaster. The
British aid to Greece 1940-1941. Lexington, Ky.: Univ.Pr.of Kentucky 1986. X,
269 S.
B 61127

Kipuros, D.: In den Reihen der Demokratischen Armee Griechenlands für die
Befreiung der Heimat. In: Militärgeschichte. Jg.27, 1988. Nr.3. S. 276-285.
BZ 4527:27

Vukmanović, S.: How and why the
people's liberation struggle of Greece met
with defeat. 2nd ed. London: Merlin Pr.
1985. XI, 144 S.
B 59489

– Italien

Angelini, A.: La resistenza a Pontremoli.
Le Brigate Berette nelle retroviie della
linea "Gotica". Parma: Battei 1985. 86 S.
Bc 6624

Biegański, W.: Ankona. Warszawa: Ksiazk
i Wiedza 1986. 194 S.
Bc 6326

Boldrini, A.: Diario di Bulow. Pagine di lotta partigiana, 1943-1945. 2.ed. Milano: Vangelista 1985. 351 S.
B 62119

Coalova, S.: Un partigiano a Mauthausen. La sfida della speranza. Cuneo: L'Arciere 1985. 178 S.
B 59296

Conti, A.; Ardizzone, G.: Una storia poco conosciuta. La Resistencza dei soldati slovacchi in Italia. Cuneo: L'Arciere 1987. XIII, 164 S.
Bc 7541

De Napoli, D.; Ratti, A.; Bolognini, S.: La resistenza monarchica in Italia (1943-1945). Napoli: Guida ed. 1985. 227 S.
B 61073

Franzosi Zane, E.: Partigiani in casa mia. Milano: Ed. Virgilio 1984. 160 S.
B 58760

Furno, L.: Il drago e il sagro. Romanzo. Roma: Lucarini 1985. 206 S.
B 57407

Le Goyet, P.: La campagne d' Italie. Une victoire quasi inutile. Paris: Nouvelles Ed. Latines 1985. 302 S.
B 59635

L'idea d'Europa nel movimento di liberazione 1940-1945. Roma: Bonacci 1986. 247 S.
B 62816

Koschat, M.: Die Kooperation österreichischer Widerstandskämpfer mit der friulanischen Partisanendivision "Osoppo-Friuli" im Jahre 1944. In: Zeitgeschichte. Jg.15, 1988. Nr.7. S. 282-292.
BZ 4617:15

Levreri, C.: Il partito d'Azione in Alessandria. Alessandria: Orso 1986. 147 S.
Bc 7859

Lewis, L.: Echoes of resistance. British involvement with the Italian partisans. Tunbridge, Wells: Costello 1985. 143 S.
B 61162

Magnanini, G.: I Giovani ed il fronte della Gioventù a Reggio Emilia nella lotta per l'indipendenza, la libertà e un avvenire migliore (Settembre 1943 – aprile 1945). Reggio Emilia: Ed. Nouva Libreria Rinascita 1985. 42 S.
Bc 7531

Mastrogiovanni, S.: Un protestante nella resistenza. Ristampa. Torino: Claudiana 1985. 203 S.
B 57375

Morello, L.; Toaldo, G.: Il rastrellamento del Grappa (20-26 settembre 1944). Due testimonianze... Venezia: Marsilio 1986. 155 S.
B 61877

Okęcki, S.: Współdziałanie Włoskiego i Francuskiego ruchu oporu w Alpach Nadmorskich. In: Wojskowy przeglad historyczny. R.32, 1987. No.1(119). S. 152-165.
BZ 4490:32

Palazzeschi, V.: Mara. Dall'antifascismo alla reistanza con la 22a brigata "Lanciotto". Milano: La Pietra 1986. 132 S.
Bc 8033

Piangatelli, G.: Tempi e vicende della resistenza a San Severino Marche. Macerata: A.N.P.I. 1985. 127 S.
Bc 6716

Rima, A.: L'area del Verbano nel secondo conflitto mondiale. Ricordi e considerazioni di un ufficiale dell'esercito svizzero. Intra: Alberti ed. per la Società dei Verbanisti 1985. 29 S.
Bc 6680

Scalpelli, A.: Il generale e il politico. La disarmonia del potere nel comando piazza di Milano (1943-1945). Milano: Angeli 1985. 189 S.
B 58934

Walzl, A.: Kapitulationskonzepte im Alpen-Adria-Raum 1945. In: Militärgeschichtliche Mitteilungen. Jg.40, 1986. S. 71-84.
BZ 05241:40

– Jugoslawien

Branković, S.: O Ustanku u Valjevskom kraju 1941. In: Vojnoistorijski glasnik. God.37, 1986. No.3. S. 65-95.
BZ 4531:37

Branković, S.: Vrednosti Narodnooslobodilačke Borbe U Jugoslaviji (1941-1945). In: Vojnoistorijski glasnik. God.37, 1986. No.2. S. 11-42.
BZ 4531:37

Bulat, R.: Deseti Korpus "Zagrebački" NOV i POJ. Zagreb: Globus 1985. 398 S.
B 61668

Dapčević, P.: Ogledi iz vojne misli. Beograd: Vojnoizdavacki i novisnki centar 1986. 261 S.
B 61666

Dvadeseta romanijska NOU Brigada. Red.: R. Kadenić. Beograd: Vojnoizdavački zavod 1985. 638 S.
B 62647

Ferenc, T.: Ljudska Oblast na Slovenskem 1941-1945. Bd.1.2. Ljubljana: Borec 1987. 684; 334 S.
B 62601

Ivetić, V.: Oslobadanje Politickih Zatvorenika i interniraca iz italijanskih Zatvora i logora u Jugosl. u vreme i Posle kapitulacije italije sept. 1943. In: Vojnoistorijski glasnik. God.38, 1987. No.2-3. S. 93-111.
BZ 4531:38

Karasijević, D.: Peti Korpus NOVJ. Beograd: Vojnoizdavački zavod 1985. 326 S.
B 62648

Kostić, U.: Oslobodenje Bihaća Marta 1945. In: Vojnoistorijski glasnik. God.37, 1986. No.2. S. 105-120.
BZ 4531:37

Lah-Boris, B.: Artilerija 9. korpusa. Ljubljana: Partizanska knjiga 1985. 349 S.
B 61727

Leković, M.: Titova Odluka U Jednom Od Prelomnih Perioda Nor-a. In: Vojnoistorijski glasnik. God.38, 1987. No.1. S. 155-180.
BZ 4531:38

Mikić, V.: Neprijateljska Avijacija u Operaciji "Svarc"- Petoj Neprijateljskoj Ofanzivi. In: Vojnoistorijski glasnik. God.38, 1987. No.2-3. S. 43-64.
BZ 4531:38

Morača, M.: Peta krajiška Divizija. Beograd: Vojnoizdavački zavod 1985. 347 S.
B 62649

Ortona, E.: Diario sul Governo della Dalmazia (1941-1943). In: Storia contemporanea. A.18, 1987. Nu.6. S. 1365-1403.
BZ 4590:18

Pršić, M.: Dejstva 1 Korpusa nov 1 po Hrvatske od 20.Januara do 22. Februara 1943. Godine. In: Vojnoistorijski glasnik. God.38, 1987. No.2-3. S. 65-91.
BZ 4531:38

Rapajić, N.; Kolar-Dimitrijević, M.: Kongres priivrednih stručnjaka Hrvatske. (Otočac, 15-17. XII – Čazma, 20-22.I. 1944. Prilog istraživanju ekonomike oslobodenih krajeva... Zagreb: Inst. za hist. 1985. 252 S.
B 59153

Schlarp, K.H.: Wirtschaft und Besatzung in Serbien 1941-1944. Wiesbaden: Steiner 1986. VIII, 443 S.
B 60545

Stepancic, M.: Organizacija Opskrbe Organa nop i Partizanske Vojske u Ljubljni, Dolenjskoj i Notranjskoj prve Godine Nor. In: Vojnoistorijski glasnik. God.37, 1986. No.2. S. 121-151.
BZ 4531:37

Višnjić, P.: Druga proleterska i Peta udarna divizija u Užičkom kraju u proleće 1944. In: Vojnoistorijski glasnik. God.37, 1986. No.3. S. 97-125.
BZ 4531:37

Vukčević, S.: Borbe i otpori u okupiranim gradovima Jugoslavije 1941-1945. Beograd: Vojnoistorijski inst. 1985. 229 S.
B 58717

– Kreta

Clemmesen, M.H.: Kampene ved Maleme i maj 1941 – og nogle tanker på grundlag af deres forléb. In: Militaert tidsskrift. 1987. S. 180-192.
BZ 4385:116

Jacquier, P.: La bataille de Crète, ou l'importance de l'homme dans la bataille. In: Revue historique des armées. 1987. No.167. S. 114-124.
BZ 05443:1987

Kiriakopoulos, G.: Ten days to destiny. The Battle for Crete, 1941. New York: F. Watts 1985. 408 S.
B 58383

K 5 k 42 Afrika

Breuer, W.B.: Operation Torch. The Allied gamble to invade North Africa. New York: St.Martin's Press 1986. XV, 272 S.
B 60858

Daillier, P.: Terre d'affrontements. Le Sud-Tunisien. La ligne Mareth et son étrange destin. Paris: Nouvelle Ed. Latines 1985. 247 S.
B 56842

Gordon, J.W.: The other Desert War. British special forces in North Africa, 1940-1943. New York: Greenwood Press 1987. XII, 241 S.
B 62679

Gudgin, P.: Panzer Armee Afrika. Tripoli to Tunis. London: Arms and Armour Pr. 1988. 64 S.
Bc 02355

Moreau, J.: Les derniers jours de Darlan. Paris: Pygmalion 1985. 291 S.
B 58766

Schroetter, H.: Panzer rollen in Afrika vor. M. Rommel von Tripolis bis El Alamein. Wiesbaden: Limes Verl. 1985. 190 S.
B 57601

Wassilieff, A.: Un pavillon sans tache. De l'armistice au sabordage de la vérité. Paris: Grasset 1986. 334 S.
B 60869

K 5 k 44 Südeuropa 1943-45

K 5 k 44.7 Besatzungszeit und Widerstand

Andreani, G.: L'operazione Brassard. In: Rivista militare. 1987. No.4. S. 122-129.
BZ 05151:1987

Cousine, A.: Les combats du Belvédère et de l'Abate. 25 janv.-3 févr. 1944. In: Revue militaire suisse. A.133, 1988. No.2. S. 58-79.
BZ 4528:133

Ellwood, D.W.: Italy 1943-1945. New York: Holmes & Meier 1985. XII, 313 S.
B 61782

Farran, R.: Operation Tombola. 2nd ed. London: Arms and Armour Pr. 1986. 256 S.
B 60722

Graham, D.; Bidwell, S.: Tug of war. The battle for Italy, 1943-1945. London: Hodder a.Stoughton 1986. 445 S.
B 59370

McAndrew, W.J.: Fire or movement? Canadian tactical doctrine, Sicily – 1943. In: Military affairs. Vol.51, 1987. No.3. S. 140-145.
BZ 05148:51

Sui Muri della Valsesia, settembre 1943 – aprile 1945. Catalogo della mostra. Borgosesia: Instituto per la storia della resistenza in prvincia di Vercelli 1986. 145 S.
Bc 7528

Whiting, C.: The long March on Rome. The forgotten war. London: Century Hutchinson 1987. 160 S.
010327

K 5 k 50 Ostasien/Pazifik

K 5 k 50.1 Landkrieg

Allen, L.: Burma. The longest war, 1941-45. London: Dent 1986. XVII, 686 S.
B 62510

Binnerts, C.: "Alles is in orde, heren...!" Een dagboek van het eiland Flores uit het jaar 1943. 's-Gravenhage: Minerva 1988. 86 S.
Bc 7959

Breuer, W.B.: Retaking the Philippines. America's return to Corregidor and Bataan, October 1944- March 1945. New York: St.Martin's Press 1986. XVIII, 284 S.
B 61214

Dower, J.W.: War without mercy. Race and power in the Pacific War. New York, N.Y.: Pantheon Books 1986. XII, 399 S.
B 60746

Flisowski, Z.: Burza nad Pacyfikiem. Poznań: Wydawn.Poznańskie 1986. 573 S.
B 59061

Gailey, H.A.: Howlin' Mad [versus] vs. the Army. Conflict in command. Saipan 1944. Novato, Calif.: Presidio Pr. 1986. C, 278 S.
B 60584

Hesse d'Alzon, C.: La présence militaire française en Indochine, (1940-1945). Contribution en guise de préambule à l'étude des guerres d'Indochine. Vincennes: Service Historique de l'Armée de Terre 1985. III, 375 S.
010257

Hoyt, E.P.: Japan's war. The great Pacific conflict, 1853 to 1952. New York: McGraw-Hill 1986. XII, 514 S.
B 60839

Kan, W.C.: Wim Kan. Burmadagboek 1942-1945. Red.: F.Rühl. 2. ed. Amsterdam: Uitgev. De Arbeiderpers 1986. 268 S.
B 62067

Lauret, J.-C.: Forces spéciales en Birmanie 1944. Paris: Presses de la Cité 1986. 283 S.
B 62201

Lunt, J.: A hell of licking. The retreat from Burma, 1941-42. London: Collins 1986. 318 S.
B 60537

Ross, B.D.: Iwo Jima. Legacy of valor. New York: Vanguard Pr. 1985. XV, 376 S.
B 58250

Weggel, O.: Geschichte und Gegenwartsbezug. In: China aktuell. Jg.16, 1987. Nr.12. S. 944-961.
BZ 05327:16

K 5 k 50.2 Seekrieg

Antier, J.-J.: La bataille des Philippines. Leyte 1944. Paris: Les Presses de la cité 1985. 287 S.
B 58778

Glenton, B.: Mutiny in Force X. London: Hodder a.Stoughton 1986. 237 S.
B 59368

Hammel, E.: Guadalcanal. Starvation island. New York: Crown 1987. XXXI, 478 S.
B 62690

The Japanese Navy in World War II. In the words of former Japanese Naval Officers. Ed.: D.C.Evans. 2. ed. Annapolis, Ma.: Naval Inst.Pr. 1986. XXI, 568 S.
B 60254

Labrousse, H.: La strategie japonaise dans l'Ocean Indien pendant la 2e Guerre Mondiale. In: Nouvelle revue maritime. 1987. No.406. S. 16-23.
BZ 4479:1987

Marolz, J.: Die Entwicklung der Verteidigung ab 1900. Zweiter Weltkrieg: Midway 1942. In: Österreichische militärische Zeitschrift. Jg.26, 1988. Nr.4. S. 342-333.
BZ 05214:26

Porter, R.B.; Hammel, E.: ACE! A marine night-fighter pilot in World War II. Pacifica: Pacifica Pr. 1985. 278 S.
B 63043

K 5 k 50.3 Luftkrieg

Am Himmel über China. 1937-1940. Erinnerungen sowjet. freiwilliger Flieger. Berlin: Militärverlag der DDR 1986. 284 S.
B 59529

Beauchamp, G.: Mohawks over Burma. Earl Shilton: Midland Counties Publ. 1985. 311 S.
B 61353

Boer, P.: Holkema & Warendorf 1987. XI, 299 S.
010353

Flanagan, E.M.: The Los Baños Raid. The 11th Airborne jumps at dawn. Novato, Calif.: Presidio Pr. 1986. XI, 276 S.
B 60586

Holmes, C.A.: A sky gunner's battle for wake. In: Naval history. Vol.1, 1987. No.1/1. S. 49-54.
BZ 05544:1

Innes, D.J.: Beaufighters over Burma. No.27 Squadron, RAF, 1942-45. Poole: Blandford 1985. 128 S.
B 60680

K 5 k 55 Japan

Bernstein, B.J.: Ike and Hiroshima. Did he oppose it? In: The journal of strategic studies. Vol.10, 1987. No.3. S. 377-389.
BZ 4669:10

Bonacina, G.; Bonetti, R.: I giorni dell'apocalisse. 6-9 agosto 1945. Milano: Mursia 1985. 151 S.
B 58779

Braun, K.O.: Pearl Harbor in neuer Sicht. Wie F.D. Roosevelt die USA in den zweiten Weltkrieg führte. Frankfurt: Ullstein 1986. 133 S.
Bc 6717

Gander, T.J.: The Fukuryu. Japanese suicide divers and the defence of Japan, 1945. In: World War II investigator. Vol.1, 1988. No.4. S. 10-15.
BZ 05557:1

Gow, I.: Okinawa 1945. Gateway to Japan. Garden City: Doubleday 1985. 224 S.
B 57924

Krahulec, P.: Sieben Legenden über Hiroshima. Antworten aus d. Gesch. Fragen an d. Gegenwart. Reinheim: Verl. Jugend u. Pol. 1986. 243 S.
B 60413

Kurzman, D.: Day of the bomb. Countdown to Hiroshima. New York: McGraw-Hill 1986. XIV, 546 S.
B 59117

Lütkehaus, L.: Das Lehrstück Hiroshima und Nagasaki. In: Die neue Gesellschaft – Frankfurter Hefte. Jg.34, 1987. Nr.9. S. 829-834.
BZ 4572:34

Mintz, F.P.: Revisionism and the origins of Pearl Harbor. Lanham: Univ.Press of America 1985. IX, 145 S.
B 58861

Nagai, T.: The Bells of Nagasaki. Wheathampstead: Clarke 1987. XXIII, 118 S.
Bc 7971

Razgrom japonskogo militarizma vo vtoroj mirovoj vojne. Moskva: Voenizdat 1986. 381 S.
B 61387

K 6 Geschichte seit 1945

K 6 e Politische Geschichte

The American military mission in the Allied Control Commission for Bulgaria, 1944-1947. History and transcripts. Ed.: M.M.Boll. New York: Columbia Univ.Pr. 1985. IX, 334 S.
B 57448

Amin, S.: La crise du système mondial: intégration ou déconnexion? Guerre ou paix? In: Socialism in the world. Jg.9, 1985. No.46. S. 18-48.
BZ 4699:9

Aron, R.: Die letzten Jahre des Jahrhunderts. Stuttgart: DVA 1986. 275 S.
B 58309

Berridge, G.R.: International politics. States, power and conflict since 1945. Brighton: Wheatsheaf Books 1987. XII, 228 S.
B 62012

Buehl, W.L.: Das Ende der amerikanisch-sowjetischen Hegemonie? München: Olzog 1986. 309 S.
B 60279

Cohn-Bendit, D.: Wir haben sie so geliebt, die Revolution. Frankfurt: Athenäum 1987. 255 S.
010726

Dos Santos, T.: Capitalism in crisis, the international power structure and peace. In: Socialism in the world. Jg.9, 1985. No.46. S. 78-103.
BZ 4699:9

García Márquez, G.: Zwischen Karibik und Moskau. Journalistische Arbeiten 1955-1959. Köln: Kiepenheuer & Witsch 1986. 202 S.
B 61304

Histoire du viengtième siècle. Le second 20e siècle. T.1.2. Paris: Hatier 1985. 318; 514 S.
B 58631

Maurer, G.; Gruber, F.: Die 40 Jahre nach 45. Krisen und Hoffnungen. Linz: Oberösterreichische Nachrichten 1985. 40 S.
Bc 01917

Minc, A.: Le syndrome finlandais. Paris: Ed.du Seuil 1986. 232 S.
B 60942

Tétreault, M.A.: Regimes and liberal worlds orders. In: Alternatives. Vol.13, 1988. No. 1. S. 5-25.
BZ 4842:13

The World Order: Socialist perspectives. Ed.by R. Bush. Cambridge: Polity Press 1987. IX, 301 S.
B 62577

K 6 e 10 Internationale Beziehungen seit 1945

Gupta, M.G.: Foreign policies of major world powers. Shahganj: Y.K.Publ. 1986. XV, 412 S.
B 59707

K 6 e 20 Internationale Probleme seit 1945

A world in crisis? Geographical perspectives. Ed.by R.J. Johnston. Oxford: Basil Blackwell 1986. VIII, 308 S.
B 58137

K 6 e 22 Nachkriegsprozesse/Wiedergutmachung

Cairncross, A.: A country to play with. Level of industry negotiations in Berlin, 1945-46. Gerrards Cross: Smythe 1987. 72 S.
Bc 7157

Cairncross, A.: The price of war. British policy on German reparations, 1941-1949. Oxford: Blackwell 1986. X, 249 S.
B 61275

Casamayor: Nuremberg. 1945. La guerre en procès. Paris: Stock 1985. 201 S.
B 58761

Fishman, J.: Long knives and short memories. The Spandau prison story. London: Souvenir Pr. 1986. 474 S.
B 60813

Heintzeler, W.: Was war mit IG Farben? Der Nürnberger Prozeß und der Fernsehfilm "Väter und Söhne". Herford: Busse Seewald 1987. 94 S.
Bc 7292

Hudemann, R.von: Anfänge und Wiedergutmachung. In: Geschichte und Gesellschaft. Jg.13, 1987. H.2. S. 181-216.
BZ 4636:13

Kempner, R.M.: SS im Kreuzverhör. Die Elite, die Europa in Scherben schlug. Nördlingen: Greno 1987. 380 S.
B 62049

Körber, U.: Die Wiedergutmachung und die "Zigeuner". In: Beiträge zur nationalsozialistischen Gesundheits- und Sozialpolitik. Jg.6, 1988. Nr.6. S. 165-175.
BZ 4837:6

Lehner, D.: Du sollst nicht falsch Zeugnis geben. Berg a.See: Vowinckel-Verl. 1987. 112 S.
Bc 7861

Licht in den Schatten der Vergangenheit. Zur Enttabuisierung der Nürnberger Kriegsverbrecherprozesse. Hrsg.: J.Friedrich. Frankfurt: Ullstein 1987. 176 S.
Bc 7725

Lottman, H.R.: The people's anger. Justice and revenge in post-liberation France. London: Hutchinson 1986. 332 S.
B 61948

MacMillan, J.: Five men at Nuremberg. London: Harrap 1985. 424 S.
B 57694

Man, P.; Dan, U.: Capturer Eichmann. Paris: Edition 1987. 305 S.
B 61958

Mulisch, H.: Strafsache 40/61. Eine Reportage üb. den Eichmann-Prozeß. München: Hanser 1987. 175 S.
Bc 7216

Nowak, K.: Sterilisation und "Euthanasie" im Dritten Reich. Tatsachen und Deutungen. In: Geschichte in Wissenschaft und Unterricht. Jg.39, 1988. H.6. S. 327-341.
BZ 4475:39

Politik als Verbrechen. 40 Jahre "Nürnberger Prozesse". Hrsg.: M.Hirsch. Hamburg: VSA-Verl. 1986. 231 S.
B 59693

Pritchard, R.J.; Zaide, S.M.: The Tokyo War Crimes Trial. Vol.1-5. New York: Garland 1981-87. Getr. Pag.
010625

Richthofen, B. Frhr von: Als Zeuge in Nürnberg. Kiel: Arndt 1987. 254 S.
B 62809

Rullmann, H.P.: Der Fall Demjanjuk. 2.Aufl. Struckum: Verl. f. ganzheitl. Forschung u. Kultur 1987. 239 S.
B 64079

Schuldig. Das Urteil gegen Adolf Eichmann. Hrsg.: A.W.Less. Frankfurt: Athenäum 1987. VI, 335 S.
B 61203

Théolleyre, J.-M.: Procès d'après-guerre. "Je suis partout", René Hardy, Oradour-sur-Glane, Oberg et Knochen. Paris: Le Monde 1985. 221 S.
B 60944

The Tokyo War Crimes Trial. An intern. Symposium. Ed.: C.Hosoya. Tokyo: Kodansha Intern. 1986. 226 S.
010374

K 6 e 25 Gebietsfragen

Wajda, S.: Współpraca PRL-NRD w dziedzinie zwalczania zanieczyszczania wód Odry i Nysy Łuzyckiej. In: Przeglad zachodni. R.42, 1986. No.3-4. S. 114-122.
BZ 4487:42

K 6 e 26 Ost-West-Konflikt/Kalter Krieg/ Entspannungspolitik

Die "Süddimension" des Ost-West-Konfliktes. Das Engagement der Supermächte in Krisen u. Kriegen d. Dritten Welt. Hrsg.: R.Hamann. Baden-Baden: Nomos 1986. 267 S.
B 59675

Before the point of no return. An exchange of views on the cold war, the Reagan doctrine, and what is to come. Ed.by L.Wofsy. New York: Monthly Review Pr. 1986. 146 S.
B 61718

Birckenbach, H.-M.: Die Überwindung von Feindschaft im Ost-West-Konflikt – zur politischen Psychologie einer Streitkultur. Hamburg: Inst.f.Friedensforschung u.Sicherheitspolitik 1988. 83 S.
Bc 7999

Čap, J.: "Après eux le déluge?" A propos de la politique de l'imperialisme. Prague: Agence de Presse Orbis 1985. 92 S.
Bc 6867

Carraciolo, L.: Alba di guerra fredda. Roma: Laterza 1986. 322 S.
B 61698

East West tensions in the Third World. Ed.: Marshall D. Shulman. New York: Norton 1986. 243 S.
B 61340

Ehmke, H.: A second phase of detente. In: World policy journal. Vol.4, 1987. No.3. S. 363-382.
BZ 4822:4

European détente. Case studies of the politics of East-West relations. Ed.by K. Dyson. London: Pinter 1986. XI, 279 S.
B 59265

Flores, M.di: Gli Stati Uniti e il "sistemas Ideologico" della guerra fredda. In: Italia contemporanea. 1987. No.169. S. 103-114.
BZ 4489:1987

Greiner, B.: Politik am Rande des Abgrunds? Die Außen- u. Militärpolitik d. USA im Kalten Krieg. Heilbronn: Distel Verl. 1986. 163 S.
B 59922

Harbutt, F.J.: The Iron curtain. Churchill, America, and the origins of the cold war. Oxford: Oxford Univ.Pr. 1986. XIV, 370 S.
B 61254

Kahn, H.W.: Der Kalte Krieg. Bd.1. Köln: Pahl-Rugenstein 1986. 416 S.
B 58515

Kennan, G.F.: La contención, entonces y ahora. In: Politica exterior. Vol.1, 1987. No.3. S. 169-174.
BZ 4911:1

Kokoschin, A.: Militärpolitische Aspekte der Sicherheit in den Ost-West-Beziehungen. In: Aus Politik und Zeitgeschichte. 1987. B.45/87. S. 45-53.
BZ 05159:1987

Larson, D.W.: Belief and inference. The origins of American leader' cold war ideology. Vol.1.2. Ann Arbor, Mich.: Univ.Microfilms 1986. XII, 692 S.
B 58240

Lippmann, W.: La guerra fría. In: Politica exterior. Vol.1, 1987. No.3. S. 153-168.
BZ 4911:1

Lundestad, G.: Øst, Vest, Nord, Sør; Hovedlinjer i internasjonal politik 1945-1985. Oslo: Universitetsforlaget 1985. 276 S.
B 56863

Pimlott, J.; Mather, I.: The cold war. London: Watts 1987. 62 S.
010421

Proektor, D.; Rühe, V.; Voigt, K: Mehr Vertrauen, weniger Waffen. Stuttgart: Verlag Bonn aktuell 1987. 224 S.
B 61538

Rostow, W.W.: De cómo terminar la guerra fría. In: Politica exterior. Vol.1, 1987. No.3. S. 190-213.
BZ 4911:1

Savigear, P.: Cold war or détente in the 1980s. The international politics of American-Soviet relations. Brighton: Wheatsheaf Books 1987. XII, 196 S.
B 60815

Schaller, M.: The American occupation of Japan. The origins of the cold War in Asia. Oxford: Oxford Univ.Pr. 1985. XII, 351 S.
B 58865

Szczesny, H.: Schlachten des kalten Krieges. Wege u. Ziele imperialistischer Politik. Berlin: Verlag Neues Leben 1987. 212 S.
Bc 7471

Targ, H.R.: Strategy of an empire in decline: Cold War II. Minneapolis, Minn.: MEP Publ. 1986. 294 S.
B 62292

Wall, I.M.: Les accords Blum-Byrnes. La modernisation de la France et la Guerre Froide. In: Vingtième siècle. 1987. Nr.13. S. 45-62.
BZ 4941:1987

K 6 e 27 Nord-Süd-Konflikt

Greinacher, N.; Boff, C.: Umkehr und
Neubeginn. Der Nord-Süd-Konflikt als
Herausforderung an die Theologie u.d.
Kirche Europas. Freiburg/Schweiz: Ed.
Exodus 1986. 71 S.
Bc 7304

Guillou, M.: Une politique africaine pour
la France. Paris: Ed. Albatros 1985.
135 S.
B 59633

Kennan, G.F.: La contención, entonces y
ahora. In: Politica exterior. Vol.1, 1987.
No.3. S. 169-174.
BZ 4911:1

Krasner, S.D.: Structural conflict. The
Third World against global liberalism.
Berkeley, Calif.: Univ.of California Pr.
1985. IX, 363 S.
B 58519

K 6 e 30 Ereignisse/Konferenzen

Ardia, D.: Londra, Parigi 1947: L'Europa
tra Mosca e Washington. In: Storia delle
relazioni internazionali. A.3, 1987. No.2.
S. 295-341.
BZ 4850:3

Ayache, G.: Considérations sur les som-
mets américano-soviétiques. In: Politique
étrangère. A.52, 1987. No.4. S. 951-961.
BZ 4449:52

Ben Khedda, B.: Les accords d'Evian.
Paris: Publ.-Opu 1986. 119 S.
B 59842

Die Berlin-Regelung. Bonn: Gesamtdt.
Institut 1986. 40 S.
Bc 02060

Cable, J.: The Geneva Conference of 1954
on Indochina. Basingstoke: Macmillan
1986. XII, 179 S.
B 59510

Cotter, D.R.: The emerging INF agree-
ment: a case of strategic regression. In:
Strategic review. Vol.15, 1987. No.3.
S. 11-19.
BZ 05071:15

Dalbavie, P.: Une interprétation clause-
witzienne de l'accord Reagan-Gorbatchev
de décembre 1987. In: Défense nationale.
A.44, 1988. Nr.4. S. 43-53.
BZ 4460:44

Geheimbericht der Südtiroler Delegation
zur Pariser Konferenz 1946. Hrsg.: F.
Ermacora. Wien: Amalthea 1987. 271 S.
B 62402

Giessmann, H.-J.: Der Vertrag von
Washington – Bedeutung und Schluß-
folgerungen für das Ringen um Sicherheit
durch Abrüstung. In: Militärwesen. 1988.
H.4. S. 3-11.
BZ 4485:1988

Grewe, W.G.: Gipfeldiplomatie seit
Roosevelt und Stalin. Melle: Knoth 1987.
39 S.
Bc 6864

Haley, P.E.: "You could have said yes":
Lessons from Reykjavik. In: ORBIS.
Vol.31, 1987. No.1. S. 75-97.
BZ 4440:31

Helms, W.: Nach dem Genfer Abkommen. Trümpfe der Nationalen Aussöh-
nungspolitik. In: AIB-Dritte-Welt-Zeitschrift. Jg.19, 1988. Nr.6. S. 5-11.
BZ 05283:19

Kertesz, S.D.: The last European Peace
Conference: Paris 1946 – conflict of
values. Lanham: Univ.Press of America
1985. XII, 192 S.
B 59582

Krüger, P.: Versailles. Deutsche Außenpolitik zwischen Revisionismus und Friedenssicherung. München: dtv 1986.
225 S.
Bc 6911

Marshall, B.D.: France and the INF nego-
tiations: an "American Munich"? In:
Strategic review. Vol.15, 1987. No.3.
S. 20-30.
BZ 05071:15

Melchionni, M.G.: Lo spirito dei trattati di Roma. In: Rivista di studi politici internazionali. A.56, 1987. No.2. S. 213-224.
BZ 4451:56

Die Ostverträge. 2.Aufl. Bonn: Gesamtdt. Institut 1986. 35 S.
Bc 02058

Palladino, G.: Dopi il vertice di Venezia. In: Rivista di studi politici internazionali. A.54, 1987. No.3. S. 355-398.
BZ 4451:54

Pons Alcoz, J.A.: El tratado de Bruselas: origen del sistema defensivo Europeo. In: Ejército. A.44, 1988. No.580. S. 6-13.
BZ 05173:44

Reykjavik and beyond. Deep reductions in strategic nuclear arsenals and the future direction of arms control. Washington: National Academy Press 1988. VIII, 70 S.
Bc 7987

Ritter, K.: Politische Perspektiven nach dem Washingtoner Gipfeltreffen vom Dezember 1987. In: Europa-Archiv. Jg.43, 1988. Nr.1. S. 1-8.
BZ 4452:43

Sharp, J.M.: After Reykjavik: arms control and the allies. In: International affairs. Vol.63, 1987. No.2. S. 239-257.
BZ 4447:63

Sloan, S.R.: NATO after Reykjavik. In: National defense. Vol.71, 1987. No.428. S. 65-72.
BZ 05186:71

Voorde, H. van de: Westeuropese of westerse Veiligheid? Amerika, Europa en Rusland in de schaduw van Reykjavik. Antwerpen: Internationale Vredesinformatiedienst 1987. 63 S.
Bc 7473

Yost, D.S.: The Reykjavík summit and European security. In: SAIS review. Vol.7, 1987. No.2. S. 1-22.
BZ 05503:7

K 6 e 31 Potsdamer Konferenz

Alperovitz, G.: Atomic diplomacy. Hiroshima and Potsdam. The use of the atomic bomb and the American confrontation with Soviet power. New York: Viking Penguin 1985. XI, 427 S.
B 58233

Benz, W.: Potsdam 1945. Besatzungsherrschaft u. Neuaufbau im Vier-Zonen-Deutschland. München: dtv 1986. 271 S.
B 60113

K 6 e 35 KSZE/Folgetreffen

Berg, R.; Rotfeld, A.-D.: Building security in Europe. New York: Institute for East-West Security Studies 1986. III, 181 S.
Bc 7498

Birnbaum, K.E.: Efter Stockholm: ESK-processen som ram för samarbete mellan öst och väst i Europa. In: Fred och säkerhet. 1986/87. S. 214-223.
BZ 4877:1986/87

Bruns, W.: Bilanz und Perspektiven des KSZE-Prozesses. In: Aus Politik und Zeitgeschichte. 1988. B.10. S. 27-38.
BZ 05159:1988

Ghebali, V.-Y.: La conférence sur la sécurité et la coopération en Europe à l'ère Gorbatchev. In: Défense nationale. A.43, 1987. Octobre. S. 63-83.
BZ 4460:43

Die KSZE. Konferenz über Sicherheit und Zusammenarbeit in Europa. 2. Aufl. Bonn: Gesamtdt. Institut 1986. 83 S.
Bc 02059

K 6 e 36 KVAE

Aasland, M.: Stockholm-konferansen (KNE) om tillits- og sikkerhetsskapende tiltak. In: Norsk utenrikspolitisk arbok. 1986. S. 49-66.
BZ 4695:1986

Borawski, J.; Weeks, S.; Thompson, C.E.:
The Stockholm agreement of September
1986. In: ORBIS. Vol.30, 1987. No.4.
S. 643-662.
BZ 4440:30

Sardo, M.: Le misure di Stoccolma per
raforzare la fiducia e la sicurezza in
Europa. In: Rivista militare. 1987. No.4.
S. 32-39.
BZ 05151:1987

Schirmeister, H.: Vertrauensbildung als
Sicherheitsfaktor. In: IPW-Berichte.
Jg.17, 1988. H.3. S. 14-21.
BZ 05326:17

Tunberger, J.: Perspektiv på Stockholms-
dokumentet. In: Fred och säkerhet.
1986/87. S. 165-178.
BZ 4877:1986/87

K 6 f Kriegsgeschichte

K 6 f 00 Allgemeines

Guzzetta, F.R.: Le guerre di dopoguerra.
Catania: Selbstverlag 1986. o.Pag.
010298

Die Kriege nach dem Zweiten Weltkrieg
bis 1984. Daten und erste Analysen.
Hrsg.: K.J. Gantzel. München: Weltforum Verl. 1986. XII, 335 S.
B 59971

K 6 f 10 Kriege in Asien

K 6 f 11 Indochina 1946-1954

Bergot, E.: Commandant [Roger] Vanden-
berghe. Le pirate du Delta. Paris: Ed.
Pygmalion 1985. 327 S.
B 58768

Bergot, E.: Gendarmes au combat. Paris:
Presses de la Cité 1985. 268 S.
B 62149

Boissenot, A.: La condition militaire.
Montpellier: Ed. Africa Nostra 1985.
95 S.
Bc 7343

Heimann, B.: Krieg in Vietnam, 1946-
1954. Die Aggression des französischen
Imperialismus in Indochina. Berlin:
Militärverlag der DDR 1987. 107 S.
Bc 6826

Mio, T.: Another perspective on the Indochina problem. In: Japan review of international affairs. Vol.1, 1987. No.2.
S. 207-226.
BZ 4926:1

Muelle, R.: Bérets rouges en Indochine.
La demi-brigade SAS, février 1946 – juin
1948. Paris: Presses de la Cité 1986.
333 S.
B 62204

Peelizzari, V.: Vietnam senza memoria.
Firenze: Vallecchi 1985. 215 S.
B 60593

Porter, G.: Kambodia: Sihanouk's initia-
tive. In: Foreign affairs. Vol.66, 1988.
No.4. S. 809-826.
BZ 05149:66

Rice-Maximin, E.F.: Accommodation and
resistance. The French Left, Indochina
and the Cold War, 1944-1954. New York:
Greenwood Press 1986. XI, 175 S.
B 61505

Teulieres, A.: L'Indochine. Guerres et
paix. Paris: Lavauzelle 1985. 302 S.
B 56864

K 6 f 12 Korea 1950-1953

Alexander, B.R.: Korea. The first war we
lost. New York: Hippocrene Books 1986.
XV, 558 S.
B 60672

Anders, R.M.: The atomic bomb and the
Korean War: Gordon Dean and the issue
of civilian control. In: Military affairs.
Vol.52, 1988. No.1. S. 1-6.
BZ 05148:52

Appleman, R.E.: East of Chosin. Entrap-
ment and break-out in Korea, 1950. College Station, Tx.: Texas A&M Univ.Pr.
1987. XVI, 399 S.
B 62664

Foot, R.: The wrong war. American policy and the dimensions of the Korean conflict, 1950-1953. Ithaca, N.Y.: Cornell Univ. 1985. 290 S.
B 58372

Grey, J.: Commonwealth prisoners of war and British policy during the Korean War. In: RUSI journal. Vol.133, 1988. No.1. S. 71-77.
BZ 05161:133

Hallion, R.P.: The naval air war in Korea. Baltimore, Md.: The Nautical and Aviation Publ.Comp.of America 1986. XII, 244 S.
B 60789

Hopkins, W.B.: One bugle no drums. The Marines at Chosin Reservoir. Chapel Hill, N.C.: Algonquin Books 1986. XIV, 274 S.
B 61401

Hoyt, E.P.: The bloody Road to Panmunjom. New York: Stein and Day 1985. 320 S.
B 57449

Hwang, B.-M.: Misperception and the causes of the Korean War. In: Revue internationale d'histoire militaire. 1988. No.65. S. 197-210.
BZ 4454:1988

MacDonald, C.A.: Korea: the war before Vietnam. Basingstoke: Macmillan 1986. XVII, 330 S.
B 63579

Ohn, C.-I.: The Korea War of 1950-1953: U.S. joint chiefs of staff and US strategy. In: Revue internationale d'histoire militaire. 1988. No.65. S. 211-241.
BZ 4454:1988

Pariseau, J.: La participation des forces armées canadiennes à la Guerre de Corée. In: Canadian defence quarterly. Vol.17, 1987. No.2. S. 55-60.
BZ 05001:17

Pike, D.; Ward, B.: Losing and winning: Korea and Vietnam as success stories. In: The Washington quarterly. Vol.10, 1987. No.3. S. 77-85.
BZ 05351:10

Robertson, W.G.: Counter-attack on the Naktong, 1950. Fort Leavenworth, Kan.: Combat Studies Inst. 1985. XIII, 135 S.
B 62341

Thomas, N.; Abbott, P.: The Korean War, 1950-53. London: Osprey Publ. 1986. 48 S.
Bc 01909

K 6 f 13 Vietnam 1957-1975

Angelucci, E.; Pinto, P.: The American combat aircraft and helicopters of the Vietnam War. Poole: Blandford 1987. 94 S.
02437

The army at war. Ed.by M.Casey. Boston, Mass.: Boston Publ.Comp. 1987. 192 S.
010563

Arnold, J.R.: Artillery. Toronto: Bantam Books 1987. 158 S.
Bc 7992

Bell, D.: Vietnam warbirds in action. London: Arms and Armour Pr. 1986. Getr.Pag.
B 59397

Berry, F.C.: Sky soldiers. Toronto: Bantam Books 1987. 158 S.
Bc 7713

Brennan, M.: Brennan's war. Vietnam 1965-69. Novato, Calif.: Presidio Pr. 1985. VII, 275 S.
B 62699

Cecil, P.F.: The Air Force Ranch Hand Project in Southeast Asia. Operations and consequences. Ann Arbor, Mich.: Univ.Microfilms 1986. VIII, 327 S.
B 58405

Cecil, P.F.: Herbicidal warfare. The Ranch Hand project in Vietnam. New York: Praeger 1986. XIII, 289 S.
B 63249

Chang, P.: The Sino-Vietnamese conflict and its implications for ASEAN. In: Pacific affairs. Vol.60, 1987-88. No.4. S. 629-648.
BZ 4450:60

Cutler, T.J.: God be here. In: United States Naval Institute. Proceedings. Jg.114, 1988. No.4/1022. S. 80-83.
BZ 05163:114

Dear America. Letters home from Vietnam. Ed.by B.Edelman. New York: Norton 1985. 316 S.
B 57942

Dorr, R.F.: Air war Hanoi. London: Blandford Press 1988. 190 S.
010584

Dougan, C.; Fulghum, D.: The fall of the South. Boston, Mass.: Boston Publ. Comp. 1985. 191 S.
010244

Doyle, E.; Maitland, T.: The aftermath, 1975-85. Boston, Mass.: Boston Publ. Comp. 1985. 192 S.
010245

Doyle, E.; Lipsman, S.; Maitland, T.: The North. Boston, Mass.: Boston Publ. Comp. 1986. 192 S.
010338

Duić, M.: Der Vietnam-Krieg (II). In: Truppendienst. Jg.26, 1987. Nr.3. S. 221-232.
BZ 05209:26

Duić, M.: Der Vietnam-Krieg (IV). In: Truppendienst. Jg.26, 1987. Nr.5. S. 468-477.
BZ 05209:26

Ewing, M.: Khe Sanh. Toronto: Bantam Books 1987. 158 S.
Bc 7991

Fischer, J.; Stone, R.: Images of war. Boston, Mass.: Boston Publ. Comp. 1986. 192 S.
010339

Flags into battle. Ed.by M.Casey. Boston, Mass.: Boston Publ. Comp. 1987. 192 S.
010564

Forbes, J.; Williams, R.: Riverine Force. Toronto: Bantam Books 1987. 158 S.
Bc 7989

Frey-Wouters, E.; Laufer, R.S.: Legacy of a war. The American soldier in Vietnam. Armonk, N.Y.: Sharpe 1986. XXXV, 434 S.
B 61855

Get, D.: Lessons learned in Vietnam: PLA. In: Military review. Vol.67, 1987. No.7. S. 20-29.
BZ 4468:67

Gibson, J.W.: The perfect war. Technowar in Vietnam. Boston, Mass.: The Atlantic Monthly Pr. 1986. VIII, 523 S.
B 61764

Goodman, A.E.: The search for a negotiated settlement of the Vietnam war. Berkeley, Cal.: University of California 1986. X, 123 S.
Bc 7486

Grant, Z.: Over the beach. New York: Norton 1986. 311 S.
B 61120

Hallin, D.C.: The "uncensored War". The media and Vietnam. Oxford: Oxford Univ.Pr. 1986. VIII, 285 S.
B 60665

Havens, T.R.H.: Fire across the sea. Princeton, N.J.: Princeton Univ.Press 1987. 329 S.
B 62089

Johnson, R.W.: Phoenix/Phung Hoang: a study of wartime intelligence management. Ann Arbor, Mich.: UMI 1987. XI, 496 S.
B 62712

Jung, P.: Vietnam. Amerikas Verbrechen gegen die Menschheit. o.O.: Afra Verl. 1988. o.Pag.
Bc 8088

Jury, M.: The Vietnam photo Book. New York: Vintage Books 1986. 160 S.
Bc 02076

Kahin, G.M.: Intervention. How America became involved in Vietnam. New York: Knopf 1986. XII, 550 S.
B 60843

Komer, R.W.: Bureaucracy at war. U.S. performance in the Vietnam conflict. Boulder, Colo.: Westview Press 1986. XVIII, 174 S.
B 59115

Krepinevich, A.F.: The army and Vietnam. 2.pr. Baltimore, Md.: Johns Hopkins Univ.Pr. 1986. XVIII, 318 S.
B 60840

Lipsman, S.; Weiss, S.: The false peace, 1972-74. Boston, Mass.: Boston Publ. Comp. 1985. 191 S.
010246

Mahler, M.D.: Ringed in steel. Armored cavalry, Vietnam 1967-68. Novato, Calif.: Presidio Pr. 1986. X, 214 S.
B 61022

Mangold, T.; Penycate, J.: Tunnel warfare. Toronto: Bantam Books 1987. 158 S.
Bc 7990

Marolda, E.J.: The war in Vietnam's shallows. In: Naval history. Vol.1, 1987. No.1/1. S. 12-22.
BZ 05544:1

Meyerson, J.D.: Images of a lengthy war. Washington: U.S.Government Print. Off. 1986. XII, 225 S.
010248

Nguyen, T.H.; Schecter, J.L.: The Palace file. New York: Harper & Row 1986. XIV, 542 S.
B 61734

Nolan, K.W.: Death valley. The summer offensive, I Corps, August 1969. Novato, Calif.: Presidio Pr. 1987. XI, 324 S.
B 62724

Nurses in Vietnam. The forgotten veterans. Ed.: D.Freedman. Austin, Tex.: Texas Monthly Pr. 1987. XIII, 164 S.
B 62733

Sanders, S.W.: Central America and Vietnam: the true parallels. In: Strategic review. Vol.15, 1987. No.2. S. 19-26.
BZ 05071:15

Schuck, P.H.: Agent Orange on trial. Mass toxic disasters in the court. Cambridge, Mass.: Belknap Pr.of Harvard Univ.Pr. 1986. IX, 347 S.
B 61532

Small, M.: Influencing the decision makers: The Vietnam experience. In: Journal of peace research. Vol.24, 1987. No.2. S. 185-198.
BZ 4372:24

Stanton, S.L.: The rise and fall of an American army. U.S. ground forces in Vietnam, 1965-1973. Novato, Calif.: Presidio Pr. 1985. XVII, 411 S.
B 58290

Summers, H.G.: Vietnam war almanac. New York, N.Y.: Facts on File Publ. 1985. X, 414 S.
B 59256

Thayer, T.C.: War without fronts. The American experience in Vietnam. Boulder, Colo.: Westview Press 1985. XXVII, 276 S.
B 59604

Truong, N.T.: Memoires d'un Vietcong. Paris: Flammarion 1985. 345 S.
B 58675

Turley, G.H.: The Easter offensive. Vietnam 1972. Novato, Calif.: Presidio Pr. 1985. XIV, 344 S.
B 57983

Turley, W.S.: The second Indochina War. A short political and military history, 1954-1975. Boulder, Colo.: Westview Press 1986. XVII, 238 S.
B 61435

Turner, K.J.: Lyndon Johnson's dual war. Vietnam and the press. Chicago, Ill.: Univ.of Chicago Pr. 1985. IX, 358 S.
B 58158

Turner, R.F.: Myths and realities in the Vietnam debate. In: World affairs. Vol.149, 1986. No.1. S. 35-47.
BZ 05509:149

Valentine, D.; Manzione, E.: The raid on Hon Me. In: National reporter. Vol.10, 1987. No.3. S. 16-26.
BZ 05447:10

Vietnam and America: a documented history. Ed.by M.E.Gettleman. New York: Grove Pr. 1985. XVI, 524 S.
B 58294

Vietnam in remission. Ed.by J.F.Veninga. College Station, Tex.: Texas A&M Univ.Pr. 1985. XII, 142 S.
B 58033

Vietnam: the naval story. Ed.by F.Uhlig. Annapolis, Ma.: Naval Inst.Pr. 1986. 515 S.
B 61458

A war remembered. Ed.by S.Weiss. Boston, Mass.: Boston Publ.Comp. 1986. 192 S.
010567

Zumbro, R.: Tank sergeant. Novato, Calif.: Presidio Pr. 1986. VIII, 196 S.
B 61945

K 6 f 14 Afghanistan 1979-1989

Afghanistan – Ein Volk stirbt. Hrsg.: R.Gnauck. Planegg: Promultis Verl. 1986. 150 S.
B 62451

Afghanistan: eight years of Soviet occupation. Washington: United States Dept. of State 1987. 24 S.
Bc 02189

Afghanistan: seven years of Soviet occupation. Washington: US Dept. of State, Bureau of Publ. Affairs 1986. 19 S.
Bc 01927

Augenzeugen unerwünscht. Afghanistan – 7 Jahre und ihre Folgen. Schweizer dokumentierten den Völkermord. Bern: Verl. SOI 1986. 100 S.
Bc 7786

Bures, A. de; Chaligny, J.M.: Le défi afghan. L'URRS en échec. Paris: Bureau Int. Afganistan 1986. 309 S.
B 61229

Carrel, L.F.: Das innere Gefüge der sowjetischen Streitkräfte in Afghanistan. In: SAMS-Informationen. Jg.11, 1987. Nr.2. S. 101-117.
BZ 4820:11

Chelerias, A.: Afghanistan: huit ans de guerre. In: Défense nationale. A.44, 1988. No.2. S. 89-107.
BZ 4460:44

Collins, J.J.: The Soviet invasion of Afghanistan. A study in the use of force in Soviet foreign policy. Lexington: Lexington Books 1986. XV, 195 S.
B 59331

Gibbs, D.: Does the UdSSR have a 'Grand strategy'? Reinterpreting the invasion of Afghanistan. In: Journal of peace research. Vol.24, 1987. No.4. S. 365-379.
BZ 4372:24

Golman, M.E.: President Carter and Afghanistan. A reassessment of American responses in 1980 to the Soviet invasion. In: Revue d'études palestiniennes. 1987. No.23. S. 557-582.
BZ 4817:1987

Harris, E.D.: Sverdlovsk and yellow rain. Two cases of Soviet noncomplicance? In: International security. Vol.11, 1987. No.4. S. 41-95.
BZ 4433:11

Heinrich, A.: Afghanistan: über den Tag danach und die Rückkehr zur Entspannung. In: Blätter für deutsche und internationale Politik. Jg.33, 1988. Nr.6. S. 694-706.
BZ 4551:33

Klass, R.: Afghanistan: the accords. In: Foreign affairs. Vol.66, 1987/88. No.5. S. 922-945.
BZ 05149:66

Kothny, E.; Dayani, K.: Alarm beim KGB. Bundeswehr-Major am Hindukusch. Böblingen: Tyke Verl. 1986. 222, 32 S.
B 60881

Leitenberg, M.: United States foreign policy and the Soviet invasion of Afghanistan. In: Arms control. Vol.7, 1986. No.3. S. 271-294.
BZ 4716:7

Lessing, D.: The wind blows away our words and other documents relating to the Afghan resistance. New York: Vintage Books 1987. 171 S.
Bc 7938

Martino, E.: Una soluzione per l'Afghanistan. In: Affari esteri. A.19, 1987. No.74. S. 249-255.
BZ 4373:19

Masqsudi, J.: Der islamische Widerstand in Afghanistan. In: Blätter des iz3w. 1988. Nr.147. S. 50-53.
BZ 05130:1988

McCormick, K.: The evolution of Soviet military doctrine. Afghanistan. In: Military review. Vol.67, 1987. No.7. S. 61-72.
BZ 4468:67

Pressespiegel 1985. Gesellschaft für Menschenwürde, Befreiung und Humanität. Winterbach: o.V. 1985. 40 S.
D 03656

Quintana Pali, S.: Afganistán. Encrucijada estratégia del Asia Central. México: Univ. Nac. Aut. de México 1986. 37 S.
Bc 7170

Rubinstein, A.Z.: Speculations on a national tragedy. In: ORBIS. Vol.30, 1987. No.4. S. 589-608.
BZ 4440:30

Sahibzada, E.M.: The impact of the Soviet intervention in Afghanistan on Pakistan and the region. Ann Arbor, Mich.: UMI 1986. VII, 289 S.
B 58318

Sechs Jahre Krieg und Besetzung in Afghanistan. Öffentl. Anhörung d. Ausw. Ausschusses d. dt. Bundestages am 18. u.19. März 1986. Bonn: Dt. Bundestag 1986. 300 S.
B 63079

Sikorski, R.: Moscow's Afghan war. Soviet motives and western interests. London: Inst. for European Defence a. Strategic Studies 1987. 57 S.
Bc 7795

Stahel, A.A.: Afghanistan 1986-1987. Internationale strategische Lage und Sowjetisierung Afghanistans. In: Allgemeine Schweizerische Militärzeitschrift. Beilage, 1987. Nr.12. S. 1-24.
BZ 05139:1987

Strmecki, M.: Gorbachev's new strategy in Afghanistan. In: Strategic review. Vol.15, 1987. No.3. S. 31-42.
BZ 05071:15

Wasmus, H.: "Wir können diese Möglichkeit nicht ausschließen". In: Blätter des iz3w. 1987. Nr.146. S. 3-7.
BZ 05130:1987

Wheeler, C.G.: The forces in conflict. Afghanistan. In: Military review. Vol.67, 1987. No.7. S. 54-60.
BZ 4468:67

Zonis, M.: Middle East responses. In: ORBIS. Vol.30, 1987. No.4. S. 609-635.
BZ 4440:30

K 6 f 19 Sonstige Kriege in Asien

Chang, P.: Kampuchean conflict. The continuing stalemate. In: Asian survey. Vol.27, 1987. No.7. S. 748-763.
BZ 4437:27

Ganguly, S.: The origins of war in South Asia. Indo-Pakistani conflicts since 1947. Boulder, Colo.: Westview Press 1986. X,182 S.
B 61013

Hoffenaar, J.: De Indonesische kwestie (1945-1949). In: Militaire spectator. Jg.156, 1987. No.4. S. 172-179.
BZ 05134:156

Kroef, J.M.van der: Dynamics of the Cambodian conflict. London: Institute for the study of conflict 1986. 26 S.
Bc 6160

Nolan, K.W.: Into Laos. The story of Dewey Canyon II/ Lam Son 719; Vietnam 1971. Novato, Calif.: Presidio Pr. 1986. XV, 388 S.
B 61020

Pawns of war. Cambodia and Laos. Ed.by A.R.Isaacs. Boston, Ma.: Boston Publ. 1987. 192 S.
010566

Pratt, J.C.: The Laotian fragments. New York: Avon Books 1985. 240 S.
B 061650

Simatupang, T.B.: Het laatse Jaar van de Indonesische vrijheidsstrijd 1948-1949. Kampen: Kok 1985. 234 S.
B 57730

Weiss, J.: The PRC occupation of Tibet. In: The journal of social, political and economic studies. Vol.12, 1987. No.4. S. 385-399.
BZ 4670:12

K 6 f 20 Kriege im Nahen und Mittleren Osten

K 6 f 21 Arabisch/israelische Kriege seit 1948

Asher, J.; Hammel, E.: Duel for the Golan. The 100-hour battle that saved Israel. New York: Morrow 1987. 288 S.
B 62002

Atlas of the Arab-Israeli wars, the Chinese civil war, and the Korean war. Ed.T.E.Griess. Wayne, N.J.: Avery 1986. 37 S.
010382

Flint, R.K.; Kozumplik, P.W.; Waraksa, T.J.: The Arab-Israeli wars, the Chinese civil war, and the Korean war. Wayne, N.J.: Avery Publ. 1987. XV, 130 S.
010380

Gaunson, A.B.: The Anglo-French clash in Lebanon and Syria, 1940-45. Houndmills: MacMillan Pr. 1987. XI, 233 S.
B 60565

Gawrych, G.W.: The Egyptian high command in the 1973 War. In: Armed forces and society. Vol.13, 1987. No.4. S. 535-559.
BZ 4418:13

Miller, A.D.: The Arab-Israeli conflict, 1967-1987: a retrospective. In: The Middle East journal. Vol.41, 1987. No.3. S. 349-360.
BZ 4463:41

Saunders, H.H.: The other walls. The politics of the Arab-Israeli peace process. Washington, D.C.: American Enterprise 1985. XIX, 179 S.
B 61382

Tibi, B.: Naher Osten – nach dem Sechs-Tage-Krieg 1967 begann eine neue Epoche. In: Beiträge zur Konfliktforschung. Jg.17, 1987. Nr.4. S. 69-98.
BZ 4594:17

K 6 f 22 Suezkrise 1956

Adamthwaite, A.: Suez revisited. In: International affairs. Vol.64, 1988. No.3. S. 449-464.
BZ 4447:64

Gaujac, P.: Suez 1956. Paris: Charles-Lavauzelle 1986. o.Pag.
010429

Heikal, M.H.: Cutting the lion's tail. Suez through Egyptian eyes. London: Deutsch 1986. XIV, 238 S.
B 62920

K 6 f 23 Golfkrieg Iran-Irak 1980-

Ahlers, D.: Kadissiya Saddam: Der unverstandene Krieg des Irak mit dem Iran. In: Europäische Wehrkunde. Jg.37, 1988. Nr.7. S. 386-393.
BZ 05144:37

Angrand, J.; Rabier, C.J.: Les superpuissances et la guerre du Golfe: stratégies et enjeux. In: Défense nationale. A.44, 1988. Nr.1. S. 95-109.
BZ 4460:44

Bos, H.H.: Iran-Irak, oorlog zonder einde? In: Militaire spectator. Jg.156, 1987. No.11. S. 457-472.
BZ 05134:156

Braun, U.: The Iran-Iraq war: its regional and international dynamics. In: Orient. Jg.27, 1986. H.4. S. 606-628.
BZ 4663:27

Brauzzi, A.: Operacione Golfo: primo ciclo. In: Rivista marittima. A.121, 1988. No.3. S. 13-28.
BZ 4453:121

Carus, S.; Bermudez, J.S.: Iran's growing missile forces. In: Jane's defence weekly. Vol.10, 1988. No.3. S. 126-131.
BZ 05465:10

Chapin, S.R.: Countering guerrillas in the Gulf. In: United States Naval Institute. Proceedings. Jg.114, 1988. No.1. S. 65-69.
BZ 05163:114

Chardin, P.: Regards sur le conflit Irak-Iran. In: Défense nationale. A.43, 1987. Oct. S. 55-62.
BZ 4460:43

Chubin, S.: La conduite des opérations militaires dans le conflit Iran-Irak. In: Politique étrangère. A.52, 1987. No.2. S. 303-316.
BZ 4449:52

Cordesman, A.H.: Western seapower enters the Gulf. In: Naval forces. Vol.9, 1988. No.2. S. 26-34.
BZ 05382:9

Cordesman, A.: Iran-Iraq war and the West. In: Jane's defence weekly. Vol.8, 1987. No.6. S. 281-283.
BZ 05465:8

Corneli, A.: La guerra del Golfo. In: Rivista marittima. A.120, 1987. No.8/9. S. 9-16.
BZ 4453:120

Cosentino, M.: La guerra di Mine. In: Difesa oggi. A.12, 1988. No.5. S. 150-155.
BZ 05119:12

Dornoch, A. von: Iran's violent diplomacy. In: Survival. Vol.30, 1988. No.3. S. 252-266.
BZ 4499:30

Ekbal, K.: Islam und Nationalismus – Vereinbarkeit oder Antagonismus? In: Blätter des iz3w. 1987. Nr.146. S. 54-58.
BZ 05130:1987

Ferdowsi, M.A.: Ursprünge und Verlauf des iranisch-irakischen Krieges. E. Beitr. über den Zusammenhang von Kolonialismus u. Kriegen in der Dritten Welt. Starnberg: Forschungsinst.f.Friedenspolitik 1985. 58 S.
Bc 01878

Five war zones. The views of local military leaders. Washington: Pergamon-Brassey's 1986. VII, 184 S.
B 61819

Garçon, J.: La France et le conflit Iran-Irak. In: Politique étrangère. A.52, 1987. No.2. S. 357-366.
BZ 4449:52

Gholamasad, M.; Schuckar, M.: Das verborgene Leiden der Frauen und Kinder im iranisch-irakischen Krieg. Hrsg.: Autonome Iranische Frauenbewegung im Ausland. Frankfurt: o.V. 1986. 62 S.
D 3455

González Vega, J.: La destrucción de dos plataformas iraníes por EE.UU.? Un nuevo supuesto de represalia armada lícita? In: Revista CIDOB d'Afers internacionals. 1988. No.12/13. S. 95-109.
BZ 4928:1988

Graham, J.: The Iran-Iraq- eight years on. In: NATO's sixteen nations. Vol.32, 1987. No.7. S. 16-20.
BZ 05457:32

Guazzone, L.: Gulf co-operation councils: The security policies. In: Survival. Vol.30, 1988. No.2. S. 134-148.
BZ 4499:30

Guerra Canada, S.: Conflicto Iran – Irak. Algunas ensenanzas militares. In: Ejército. A.49, 1988. No.583. S. 60-74.
BZ 05173:49

Gunboat diplomacy in the Gulf. In: Defence. Vol.19, 1988. No.1. S. 13-16.
BZ 05381:19

Hanks, R.J.: The Gulf war and US staying power. In: Strategic review. Vol.15, 1987. No.4. S. 36-43.
BZ 05071:15

Hippler, J.: US-Politik im Golfkrieg. In: Blätter des iz3w. 1987. Nr.146. S. 22-30.
BZ 05130:1987

Hottinger, A.: Der Dauerkrieg zwischen Irak und Iran. Die Belastungsfähigkeit beider Regimes. In: Europa-Archiv. Jg.43, 1988. Nr.6. S. 141-150.
BZ 4452:43

Innecco, L.: Iran – Irak. Un Conflitto anomalo. In: Rivista militare. 1987. No.6. S. 20-32.
BZ 05151:1987

Iran – Irak. "Bis die Gottlosen vernichtet sind". Hrsg.: A.Malanowski. Reinbek: Rowohlt 1987. 184 S.
Bc 6524

Iran – Irak, das wahre Gesicht des Krieges. E. Dok. zu polit. Hintergründen u. rechtl. Aspekten. Hrsg.: Generalkonsulat der Islamischen Republik Iran Hamburg. Hamburg: o.V. o.J. 35 S.
D 3618

Jacobs, G.: Gulf War. New directions? In: Navy international. Vol.93, 1988. No.3. S. 140-143.
BZ 05105:93

Karsh, E.: Military power and foreign policy goals: the Iran-Iraq war revisited. In: International affairs. Vol.64, 1988. No.1. S. 83-95.
BZ 4447:64

Lerch, W.G.: Der Golfkrieg. Ereignisse, Gestalten, Hintergründe. München: Piper 1988. 159 S.
Bc 7446

Machado, R.C.: Navegaçao nos Golfos Persico e de oma antes e durante a guerra. In: Revista maritima brasileira. A.107, 1987. No.10-12. S. 115-127.
BZ 4630:107

Maull, H.W.: Die Internationalisierung des Golf-Krieges. In: Europa-Archiv. Jg.42, 1987. Nr.19. S. 533-542.
BZ 4452:42

McDonald, W.: The Convoy mission. In: United States Naval Institute. Proceedings. Jg.114, 1988. No.5-1023. S. 36-44.
BZ 05163:114

Militaris, V.: Stalemate in the Gulf War: Iran-Iraq 1985-1987. In: The army quarterly and defence journal. Vol.117, 1987. No.2. S. 171-187.
BZ 4770:117

Nirumand, B.: Der Golfkrieg im achten Jahr. In: Blätter für deutsche und internationale Politik. Jg.33, 1988. Nr.3. S. 364-369.
BZ 4551:33

Nonnenman, G.: Iraq, the Gulf States & the war. A changing relationship 1980-1986 and beyond. London: Ithaca Pr. 1986. 216 S.
B 61049

O'Rourke, R.: The tanker War. In: United States Naval Institute. Proceedings. Jg.114, 1988. No.5/1023. S. 30-35.
BZ 05163:114

Presente inmediato. La actualidad en el Golfo. In: Ejército. A.49, 1988. No.583. S. 46-59.
BZ 05173:49

Ramazani, R.K.: The Iran-Iraq War and
the Persian Gulf Crisis. In: Current
history. Vol.87, 1988. No.526. S. 61-64.
BZ 05166:87

Sahebjam, F.: Je n'ai plus de larmes pour
pleurer. Paris: Grasset 1985. 259 S.
B 58763

Salamé, G.: Les pétromonarchies du
Golfe et la guerre du Chatt-el-Arab. In:
Politique étrangère. A.52, 1987. No.2.
S. 367-380.
BZ 4449:52

Schütt, P.: ...Wenn fern hinter der Türkei
die Völker aufeinanderschlagen. Bericht
e. Reise in den Iran. Köln: Weltkreis
Verl. 1987. 209 S.
Bc 7139

Segal, D.: The Iran-Iraq war. A military
analysis. In: Foreign affairs. Vol.66, 1987/
88. No.5. S. 946-963.
BZ 05149:66

Vlahos, M.: The attack on the Stark. The
Stark Report. In: United States Naval
Institute. Proceedings. Jg.114, 1988.
No.5/1023. S. 63-67.
BZ 05163:114

Zahrai, M.M.: The origins and the causes
of the Iranian-Iraqi war. Ann Arbor,
Mich.: UMI 1986. VI, 371 S.
B 58152

Zur Lage am Persischen Golf. In: Österreichische militärische Zeitschrift. Jg.26,
1988. Nr.2. S. 168-174.
BZ 05214:26

K 6 f 24 Libanonkrieg 1975-

Evrom, Y.: War and intervention in
Lebanon. The Israeli-Syrian deterrence
dialogue. London: Croom Helm 1987. X,
246 S.
B 62478

Flor, R.: Israels Libanon-Feldzug 1982.
Wien: Inst.f. strat. Grundlagenforschung
1987. 252 S.
010113

Hammel, E.M.: The root. The Marines in
Beirut August 1982 – February 1984. San
Diego, Cal.: Harcourt, Brace, Jovanovich
1985. XXVIII, 448 S.
B 58397

Khalidi, R.: Under Siege: P.L.O. decision-
making during the 1982 war. New York:
Columbia Univ.Pr. 1986. IX, 241 S.
B 57994

Lambeth, B.S.: Moscow's lessons from the
1982 Lebanon air war. Santa Monica,
Calif.: Rand Corp. 1984. XI, 46 S.
Bc 7489

Man, I.: La tragedia del Libano. In:
Affari esteri. A.19, 1987. No.74. S. 191-
204.
BZ 4373:19

Rabinovich, I.: The war for Lebanon,
1970-1985. Ithaca, N.Y.: Cornell Univ.
1985. 262 S.
B 57931

Seelye, T.W.: The tragedy of Lebanon. In:
NATO's sixteen nations. Vol.32, 1987.
No.7. S. 22-27.
BZ 05457:32

Weinberger, N.J.: Syrian intervention in
Lebanon. The 1975-76 civil war. Oxford:
Oxford Univ.Pr. 1986. IX, 367 S.
B 61751

Yaniv, A.: Dilemmas of security. Politics,
strategy, and the Israeli experience in
Lebanon. Oxford: Oxford Univ.Pr. 1987.
XII, 355 S.
B 63009

K 6 f 30 Kriege in Afrika

K 6 f 31 Algerienkrieg 1954-62

Fleury, G.: Bérets verts en Algérie. Paris:
Albatros 1986. 170 S.
B 62174

Forestier, J.: Une gueule cassée en
Algerie. Paris: Saurat 1987. 138 S.
Bc 7797

Haroun, A.: La 7e Wilaya. La guerre du FLN en France 1954-1962. Paris: Ed.du Seuil 1986. 522 S.
B 59653

Loustau, H.-J.: Guerre en Kabylie, 1956-1961. Paris: Michel 1985. 247 S.
B 57143

Vidal-Naquet, P.: Une fidélité têtue. La résistance française à la Guerre d'Algérie. In: Vingtième siècle. 1986. Nr.10. S. 3-18.
BZ 4941:1986

K 6 f 32 Sonstige Kriege in Afrika

Ein Ende der Kämpfe am Aouzou-Streifen? In: Blätter des iz3w. 1987. Nr.143. S. 17-21.
BZ 05130:1987

Jacobs, D.: The brutality of nations. New York: Knopf 1987. 383 S.
B 62300

Klinghoffer, A.J.: The Angolan War: a study in regional insecurity. In: The Jerusalem journal of international relations. Vol.8, 1987. No.2-3. S. 142-159.
BZ 4756:8

Lippert, A.: The human costs of war in Western Sahara. In: Africa today. Vol.34, 1988. No.3. S. 47-59.
BZ 4407:34

Marinas Romero, G.: La guerra Del Sahara. In: Ejército. A.49, 1988. No.585. S. 34-40.
BZ 05173:49

Matthies, V.: Der Ogadenkrieg zwischen Somalia und Äthiopien von 1977/78. In: Afrika-Spektrum. Jg.22, 1987. Nr.3. S. 237-253.
BZ 4614:22

Ruf, W.: Die Bedeutung des Westsahara-Konflikts für die Sicherheit im westlichen Mittelmeer. In: Afrika-Spektrum. Jg.21, 1987. Nr.3. S. 287-296.
BZ 4614:21

Smith, T.K.: Human rights and the Western Saharan war. In: Africa today. Vol.34, 1988. No.3. S. 61-73.
BZ 4407:34

Templer, C.R.: Guns against tanks: the Battle of Medenine, March 1943. In: The army quarterly and defence journal. Vol.117, 1987. No.1. S. 80-83.
BZ 4770:117

Thompson, C.B.: Challenge to imperialism. The frontline states in the liberation of Zimbabwe. Harare, Zimbabwe: Zimbabwe Publ. House 1985. 322 S.
B 58939

K 6 f 40 Kriege in Amerika

Challis, D.S.: Counter-insurgency success in Malaya. In: Military review. Vol.67, 1987. No.3. S. 56-69.
BZ 4468:67

Payne, D.W.: How the Sandinistas turned the tide: a chronicle of the "peace process". In: Strategic review. Vol.15, 1987. No.4. S. 11-26.
BZ 05071:15

K 6 f 44 Falkland-Krieg 1982

Adams, V.: The media and the Falklands campaign. London: Macmillan 1986. X, 224 S.
B 59754

Danet, D.: L'arme économique et la guerre des Malouines. In: Défense nationale. A.43, 1987. Oct. S. 101-114.
BZ 4460:43

Falklands armoury. Ed.by M.Dartford. Poole: Blandford 1985. 104 S.
010195

The Falklands War. Lessons for strategy, diplomacy, and international law. Ed.by A.R.Coll. Boston, Mass.: Allen & Unwin 1985. XIV, 252 S.
B 57510

Ferreira Vidigal, A.A.: Conflito no Atlântico Sul. Commentários e reflexôes. In: Revista maritima brasileira. A.108, 1988. No.1/3. S. 33-83.
BZ 4630:108

Fraga, J.A.: Malvinas. Evolucion del conflicto entre 1982 y 1987. Jg.3, 1986. Nr.8. S. 48-81.
BZ 4893:3

Gil Ruiz, S.: Ataque al HMS' Invincible'. In: Ejército. A.49, 1988. No.585. S. 113-119.
BZ 05173:49

Girrier, R.P.: Lessons from the Falklands war: implications for U.S. naval policy in NATO Northern flank maritime operations. Ann Arbor, Mich.: UMI 1986. IX, 110 S.
B 58192

King, D.E.: Intelligence failures and the Falklands. In: Intelligence and national security. Vol.2, 1987. No.2. S. 336-340.
BZ 4849:2

Magiati, D.: Otan bruchatai o giraios leontas i Argonautiki ekstratera sta Falklands. In: Nautiké epitheorésis. Jg.126, 1987. Nr.447. S. 181-230.
BZ 4395:126

Maia Frutuoso, R.A.: O Aoçio de saúde naval britanico na campanha das Malvinas. In: Revista maritima brasileira. 1987. No.3. S. 93-107.
BZ 4630:1987

Middlebrook, M.: Operation Corporate. The Falklands War, 1982. London: Viking 1985. 430 S.
B 57527

Orsolini, M.H.: Conflicto Malvinas apreciacion de inteligencia. In: Revista argentina de Estudios Estrategicos. Jg.3, 1986. No.8. S. 82-112.
BZ 4893:3

Paranhos, M.C.de Campos: A crise das Malvinas EM 1982 e a Posiçao Norte-Americana. In: Revista maritima brasileira. A.107, 1987. No.4-6. S. 67-73.
BZ 4630:107

Perkins, R.: Operation Paraquat. The battle for South Georgia. Chippenham: Picton Publ. 1986. 255 S.
010284

Pinheiro, L.: A omissao pragmática. A diplomacia brasileira na guerra das Malvinas. In: Politica e estratégia. A.4, 1986. No.4. S. 587-604.
BZ 4921:4

Ruiz Moreno, I.J.: Comandos en acción. El Ejército en Malvinas. Buenos Aires: Emecé 1986. 458 S.
B 63884

Tarso Lamarck, P.de: A funçáo logística saúde no conflito das Malvinas – Argentna e Reino Unido, Liçóes uteis para o Brasil. In: Revista maritima brasileira. 1987. No.3. S. 83-92.
BZ 4630:1987

Thompson, J.: No picnic. 3 Commando Brigade in the South Atlantic: 1982. London: Cooper 1985. XVIII, 201 S.
B 60807

Train, D.H.: El conflicto "Malvinas". In: Revista de la Escuela de Defensa Nacional. 1986. No.35. S. 11-21.
BZ 4388:1986

Train, H.D.: An analysis of the Falkland/Malvinas Islands campaign. In: Naval War College review. Vol.51, 1988. No.1. S. 33-50.
BZ 4634:51

Tulchin, J.: La guerra de la Malvinas de 1982: un conflicto inevitable que nunca debió haber ocurrido. In: Estudios internacionales. Jg.20, 1987. No.78. S. 192-209.
BZ 4936:20

Tulchin, J.S.: A guerra das Malvinas: conflito inevitavel que nunca deveria ter ocorrido. In: Politica e estratégia. A.4, 1986. No.4. S. 605-622.
BZ 4921:4

The unnecessary war. Proceedings of the Belgrano enquiry, november 7/8th 1986. Nottingham: Spokesman 1988. 184 S.
Bc 7613

Vaux, N.: March to the South Atlantic. 42 Commando, Royal Marines, in the Falklands War. London: Buchan & Enright 1987. 261 S.
B 62552

Vidigal, A.A.F.: Conflito no Atlântico Sul. In: Revista maritima brasileira. A.107, 1987. No.10-12. S. 9-50.
BZ 4630:107

K 6 f 46 Grenada-Invasion 1983

Arthur, S.: Grenada and East Caribbean security. London: Institut for the study of conflict 1985. 24 S.
Bc 6154

Coll, A.R.: Why Grenada was important. In: Naval War College review. Vol.40, 1987. No.3. S. 4-18.
BZ 4634:40

Davidson, S.: Grenada. A study in politics and the limits of international law. Aldershot: Avebury 1987. XII, 196 S.
B 60797

Grenada and Soviet-Cuban policy: internal crisis and U.S.-OECS intervention. Ed.by J.Valenta. Boulder, Colo.: Westview Press 1986. XXII, 512 S.
B 58546

Landaburu, F.G.C.: Las lecciones de Grenada. Sus ensenanzas Político – militares. In: Ejercito Argentino. 1986. No.480. S. 95-105.
BZ 4631:1986

Nitoburg, E.L.; Fetissow, A.S.; Jakowlew, P.P.: Licht und Schatten über Grenada. Hintergründe der USA-Aggression. Berlin: Militärverlag der DDR 1987. 205 S.
Bc 6694

Pastor, R.A.: Does the United States push revolutions to Cuba? The case of Grenada. In: Journal of Interamerican studies and world affairs. Vol.28, No.1. S. 1-34.
BZ 4608:28

L Länder

L 020 Naher und Mittlerer Osten

L 020 d Land und Volk

Baylson, J.C.: Territorial allocation by imperial rivalry. The human legacy in the Near East. Chicago, Ill.: Univ.of Chicago Pr. 1987. XI, 138 S.
Bc 7492

Briemberg, M.: Sand in the snow: images of the Middle East in Canadian English-language literature and commentary. Kingston, Ont.: NECEF Publ. 1986. 66 S.
Bc 02316

Konzelmann, G.: Allahs neues Weltreich. Der Kampf um die arabische Einheit. 2.Aufl. München: Herbig 1986. 494 S.
B 58581

Porath, Y.: In search of Arab unity. 1930-1945. London: Cass 1986. 376 S.
B 61870

Rondot, P.: Les minorités dans le Proche-Orient. In: L'Afrique et l'Asie modernes. 1987. No.152. S. 16-29.
BZ 4689:1987

L 020 d 10 Palästinenser/PLO

A'idun. "Wir werden zurückkehren". Reisebericht u. Interviews zum palästinensischen Widerstand. Hamburg: Theorie u. Praxis Verl. 1986. 155 S.
B 61583

AbuKhalil, A.: Internal contradictions in the PFLP: decision-making and policy orientation. In: The Middle East journal. Vol.41, 1987. No.3. S. 361-378.
BZ 4463:41

Aswad, W.al: Ich hoffe, meine Tochter geht den gleichen Weg wie ich. Eine Palästinenserin berichtet v. Befreiungskampf im Ghaza-Streifen. Hamburg: Verl. Libertäre Assoziation 1987. 61 S.
Bc 7833

Baumgarten, H.: The PLO, its struggle for legitimacy, and the question of a Palestinian State. In: The Jerusalem journal of international relations. Vol.9, 1987. No.3. S. 99-114.
BZ 4756:9

Freiheit – wie meine ich das? Veranstaltung. Dok.-Film über Alltag u. Widerstand in palästinensischen Flüchtlingslagern im Libanon. Wiesbaden: o.V. 1987. 11 S.
D 03745

Kesteman, F.: Mourir pour la Palestine. Lausanne: Favre 1985. 234 S.
B 58930

Kirisci, K.: The PLO and world politics. A study of the mobilization of support for the Palestinian cause. London: Pinter 1986. XI, 198 S.
B 60643

Mallison, S.V.; Mallson, W.T.: The changing U.S. position on Palestinian self-determination and the impact of the Iran-contra scandal. In: Journal of Palestine studies. Vol.16, 1987. No.3. S. 101-114.
BZ 4602:16

Mishal, S.: The PLO under Arafat. Between gun and olive branch. New Haven: Yale Univ.Pr. 1986. XVI, 190 S.
B 61439

Moughrabi, F.: The international consensus on the Palestine question. In: Journal of Palestine studies. Vol.16, 1987. No.3. S. 115-133.
BZ 4602:16

Nasser, M.S.: PLO-Theorie und Praxis. Versuch e. krit. Analyse. Frankfurt: Verl.f. Akademische Schriften 1985. 259 S.
B 59005

Nasser, S.: Die PLO zwischen Konsens und Dissens (1982-1985/86). In: Zeitschrift für Politik. Jg.34, 1987. H.4. S. 433-438.
BZ 4473:34

Sahliyeh, E.F.: The PLO after the Lebanon war. Boulder, Colo.: Westview Press 1986. XII, 268 S.
B 59230

Schiller, D.T.: A battlegroup divided. The Palestinian Fedayeen. In: The journal of strategic studies. Vol.10, 1987. No.4. S. 90-108.
BZ 4669:10

Schneider, U.: Land ist unser Leben. Galiläische Dörfer im Nahostkonflikt. Frankfurt: Lang 1986. XXXIV, 512 S.
B 62372

Shadid, M.; Seltzer, R.: Political attitudes of Palestinians in the West Bank and Gaza strip. In: The Middle East journal. Vol.42, 1988. No.1. S. 16-32.
BZ 4463:42

Steinberg, M.: Arafat's PLO: the concept of self-determination in transition. In: The Jerusalem journal of international relations. Vol.9, 1987. No.3. S. 85-98.
BZ 4756:9

Tarbush, M.: Reflections of a Palestinian. Washington, D.C.: American-Arab Affairs 1986. X,97 S.
Bc 7129

Wolf, M.: Zwischen Attentat und UNO. Zur Geschichte des palästinensischen Widerstandes. Berlin: Militärverlag der DDR 1985. 431 S.
B 58099

L 020 e Staat und Politik

Carter, J.: The blood of Abraham. Boston, Mass.: Houghton Mifflin 1985. XX, 257 S.
B 57943

Joyaux, F.: La nouvelle question d'Extrême-Orient. Vol.1. Paris: Payot 1985. 398 S.
B 58928

The Middle East after the Israeli invasion of Lebanon. Ed.by R.O.Freedman. Syracuse, N.Y.: Syracuse Univ.Pr. 1986. XVIII, 363 S.
B 61632

The Middle East Reader. Ed.by M.Curtis. New Brunswick: Transaction Books 1986. XX, 485 S.
B 61813

L 020 e 10 Innenpolitik

Ben Dor, G.: Stateness and ideology in contemporary Middle Eastern politics. In: The Jerusalem journal of international relations. Vol.9, 1987. No.3. S. 10-37.
BZ 4756:9

Kedourie, E.: The nation-state in the Middle East. In: The Jerusalem journal of international relations. Vol.9, 1987. No.3. S. 1-9.
BZ 4756:9

Mellah, F.: De l'unité arabe. Essai d'interprétation critique. Paris: Ed.L'Harmattan 1985. 224 S.
B 58634

L 020 e 20 Außenpolitik

Golan, G.: Gorbachev's Middle East strategy. In: Foreign affairs. Vol.66, 1987. No.1. S. 41-57.
BZ 05149:66

Halliday, F.: Gorbachev and the "Arab Syndrome": Soviet policy in the Middle East. In: World policy journal. Vol.4, 1987. No.3. S. 415-442.
BZ 4822:4

Irani, G.E.: The papacy and the Middle East. Notre Dame, Ind.: Univ. of Notre Dame Pr. 1986. XI, 218 S.
B 61530

Ismael, T.Y.: International relations of the contemporary Middle East. Syracuse, N.Y.: Syracuse Univ.Pr. 1986. X, 290 S.
B 61289

Miller, A.D.: Changing Arab attitudes. In: ORBIS. Vol.32, 1988. No.1. S. 69-81.
BZ 4440:32

The powers in the Middle East. The ultimate strategic arena. Ed.by B.Reich. New York: Praeger 1987. VIII, 351 S.
B 60990

Regional security in the third world. Case studies from Southeast Asia and the Middle East. Ed.by M.Ayoob. London: Croom Helm 1986. 284 S.
B 59057

Superpower involvement in the Middle East. Dynamics of foreign policy. Ed.by P.Marantz. Boulder, Colo.: Westview Press 1985. IX, 301 S.
B 57916

Viorst, M.: The impact of the American media on U.S. Middle East policy. In: American Arab affairs. 1987. No.21. S. 122-126.
BZ 05520:1987

Walt, S.M.: The origins of alliances: superpower and regional diplomacy in the Middle East, 1955-1979. Ann Arbor, Mich.: UMI 1986. VI, 559 S.
B 58151

L 020 f Wehrwesen

Gross Stein, J.: Extended deterrence in the Middle East. American strategy reconsidered. In: World politics. Vol.39, 1987. No.3. S. 326-352.
BZ 4464:39

Hottinger, A.: Der "Aufstand" der Araber in den besetzten Gebieten. In: Europa-Archiv. Jg.43, 1988. Nr.11. S. 299-310.
BZ 4452:43

The Middle East in global strategy. Ed.by A.Braun. Boulder, Colo.: Westview Press 1987. XIV, 274 S.
B 63934

Wright, N.: The Middle East and North Africa. In: Naval forces. Vol.7, 1987. No.2. S. 126-139.
BZ 05382:7

L 020 g Wirtschaft

Ali, S.R.: Oil, turmoil, and Islam in the Middle East. New York: Praeger 1986. 238 S.
B 61913

The Government and politics of the Middle East and North Africa. Ed.by D.E. Long. 2.ed. Boulder, Colo.: Westview Press 1986. XI, 479 S.
B 62232

Gumpel, W.: Der RGW und die Länder des Mittleren Ostens. In: Politische Studien. Jg.38, 1987. Nr.295. S. 531-539.
BZ 4514:38

Tuma, E.H.: Economic and political change in the Middle East. Palo Alto, Calif.: Pacific Books 1987. 236 S.
B 62725

Women in the Middle East. London: Zed Books 1987. 98 S.
Bc 7257

L 020 k Geschichte

L 020 k 1 Nah-Ost-Konflikt

Aker, F.: October 1973. Hamden, Conn.:
Archon Books 1985. 185 S.
B 58001

Aldeeb, S.: Frieden in Palästina. St.
Sulpice: Ges. zum Wiederaufbau von
Emmaus 1987. 15 S.
Bc 6762

Bassiouni, C.: Reflections on the Arab-
Israeli peace process and its future pro-
spects. In: American Arab affairs. 1987.
No.21. S. 47-63.
BZ 05520:1987

Ben-Rafael, E.: Israel-Palestine. A guer-
rilla conflict in international politics. New
York: Greenwood Press 1987. X, 230 S.
B 62758

Brecher, M.; James, P.: International crises
in the Middle East, 1929-1979. In: The
Jerusalem journal of international relations. Vol.9, 1987. No.2. S. 1-42.
BZ 4756:9

Brown, L.C.: The Middle East: Patterns
of change 1947-1987. In: The Middle East
journal. Vol.41, 1987. No.1. S. 26-39.
BZ 4463:41

Carter, J.: Middle East Peace: new oppor-
tunities. In: The Washington quarterly.
Vol.10, 1987. No.3. S. 5-14.
BZ 05351:10

Duclos, L.-J.: Le conflit israélo-arabe et
la manipulation des tiers. In: L'Afrique et
l'Asie modernes. 1987. No.155. S. 38-62.
BZ 4689:1987

Dupuy, T.N.; Martell, P.: Flawed victory.
The Arab-Israeli conflict and the 1982
war in Lebanon. Fairfax, Va.: Hero
Books 1986. XV, 247 S.
B 61567

Farra, M.el: Years of no decision. London:
KPI 1987. XI, 222 S.
B 61973

Gainsborough, J.: The Arab-Israeli Con-
flict. A politico-legal analysis. Aldershot:
Gower 1986. XXXV, 345 S.
B 60101

Gazit, S.: The third way: the way of "No
solution". In: The Jerusalem quarterly.
1987. No.43. S. 87-101.
BZ 05114:1987

Giniewski, P.: Perspectives de la paix
israélo-arabe. In: Défense nationale.
A.44, 1988. No.8. S. 123-131.
BZ 4460:44

Gysling, E.: Zerreißprobe in Nahost.
Menschen, Schicksale, Traditionen.
Zürich: Benziger 1986. 306 S.
B 59793

Haselkorn, A.: Arab-Israeli conflict: impli-
cations of mass destruction weapons.
In: Global affairs. Jg.3, 1988. Nr.1.
S. 120-137.
BZ 05553:3

Khalidi, W.: Toward peace in the holy
land. In: Foreign affairs. Vol.66, 1988.
No.4. S. 771-789.
BZ 05149:66

Khunaizi, T.B.: The political impact of the
Arab-Israeli conflict on the stability of
the Middle East. Ann Arbor, Mich.:
Univ.Microfilms 1986. IV, 251 S.
B 58208

Lange, M.: Die Rolle Jordaniens in der
politischen Entwicklung der Nahost-
Region. Bochum-Querenburg: Ruhr-
Univ. 1987. 216 S.
Bc 02291

Linde, G.: Minen auf der Straße zum
Frieden: Moskau auf Partnersuche in
Mittelost. Köln: Bundesinst.f.ostwiss.u.
intern.Studien 1986. 38 S.
Bc 01853

Mallison, T.W.; Mallison, S.V.: The
Palestine problem in international law
and world order. Harlow: Longman 1986.
XVI, 564 S.
B 58477

The Middle East. 6.ed. Washington, D.C.: Congr. Quarterly 1986. 317 S.
010315

Der Nahostkonflikt – Gefahr für den Weltfrieden. Dokumente v. d. Jahrhundertwende bis zur Gegenwart. Berlin: Staatsverlag der DDR 1987. 301 S.
B 61624

Quandt, W.B.: Camp David. Peacemaking and politics. Washington, D.C.: Brookings Inst. 1986. XVI, 426 S.
B 61339

Shemesh, M.: In the wake of the Six-Day war: the Arab arena. In: The Jerusalem quarterly. 1987. No.43. S. 102-121.
BZ 05114:1987

Steinbach, U.: Kein Weg aus der Krise: der Nahe Osten in den achtziger Jahren. In: Außenpolitik. Jg.38, 1987. Nr.3. S. 270-286.
BZ 4457:38

Toward Arab-Israeli peace. Report of a study group. Washington: The Brookings Institution 1988. XIV, 42 S.
Bc 7975

Wright, R.B.: Sacred rage. The crusade of modern Islam. New York: Linden Pr. 1985. 315 S.
B 58436

L 030 Entwicklungsländer/ Dritte Welt

L 030 a Allgemeines

12th annual Third World conference proceedings. Vol.1.2. o.O.: Selbstverlag 1986. V, 700 S.
010489

Benoist, A. de: Europe, Tiers Monde, même combat. Paris: Laffont 1986. 250 S.
B 59830

Randall, V.; Theobald, R.: Political change and underdevelopment. A critical introduction to Third World politics. Houndmills: MacMillan Pr. 1985. IX, 219 S.
B 60642

Wolf-Phillips, L.: Why 'Third World': origin, definition and usage. In: Third world quarterly. Vol.9, 1987. No.4. S. 1311-1327.
BZ 4843:9

L 030 e Staat und Politik

Amen, T.G.: Third World solidarity and the non-aligned nations movement. Ann Arbor, Mich.: Univ.Microfilms 1986. II, 325 S.
B 58196

Amin, S.: Democracy and national strategy in the periphery. In: Third world quarterly. Vol.9, 1987. No.4. S. 1129-1156.
BZ 4843:9

Braveboy-Wagner, J.A.: Interpreting the Third World. Politics, economics, and social issues. New York: Praeger 1986. IX, 357 S.
B 60993

Bredo, W.: U.S. Security: potential of land reform policy support in the Third World. In: Journal of political and military sociology. Vol.14, 1986. No.2. S. 277-290.
BZ 4724:14

David, S.R.: Third World coups d'état and international security. Baltimore, Ma.: The John Hopkins Univ. 1987. XI, 191 S.
B 61763

Décolonisations et nouvelles dépendances. Modèles et contre-modèles idéologiques et culturels dans le Tiers-Monde. Hrsg.: C.Coquery-Vidrovitch. Lille: Presses Univ.de Lille 1986. 282 S.
B 61957

Diamond, L.; Lipset, S.M.; Linz, J.: Building and sustaining democratic government in developing countries: some tentative findings. In: World affairs. Vol.150, 1987. No.1. S. 5-19.
BZ 05509:150

Emerging powers. Defense and security in the Third World. Ed.by R.W.Jones. New York: Praeger 1986. XVI, 436 S.
B 62537

Heinz, W.S.: Menschenrechte in der Dritten Welt. München: C.H.Beck 1986. 157 S.
B 58570

Kühnhardt, L.: Ideologiebildung in der Dritten Welt. In: Vierteljahrshefte für Zeitgeschichte. Jg.35, 1987. Nr.4. S. 661-675.
BZ 4456:35

Matthies, V.: Krieg und Frieden in der Dritten Welt. In: Aus Politik und Zeitgeschichte. 1988. B.7-8. S. 3-14.
BZ 05159:1988

Nohlen, D.: Mehr Demokratie in der Dritten Welt. In: Aus Politik und Zeitgeschichte. 1988. B.25-26. S. 3-18.
BZ 05159:1988

Papp, D.S.: Soviet perceptions of the developing world in the 1980s. The ideological basis. Lexington: Lexington Books 1985. XIII, 176 S.
B 58363

Politische Systeme in Entwicklungsländern Asiens und Afrikas. Berlin: Staatsverlag der DDR 1988. 157 S.
Bc 7998

Rangel, C.: Third World Ideology and Western reality. Manufacturing political myth. New Brunswick: Transaction Books 1986. XIII, 180 S.
B 61774

The rise and fall of democracies in Third World societies. Ed.: V.H. Sutlive. Williamsburg, Va.: College of William a. Mary, Dept. of Anthropology 1986. XXIV, 253 S.
B 62053

The Soviet Union and the Third World. The last three decades. Ed.by A.Korbonski. Ithaca, N.Y.: Cornell Univ.Pr. 1987. XVI, 317 S.
B 64038

Sozialistische Orientierung national befreiter Staaten. Grundprobleme, Hauptprozesse. Berlin: Staatsverlag der DDR 1985. 217 S.
B 58095

Thomas, C.: In search of security. Boulder, Colo.: Rienner 1987. 228 S.
B 61634

Transition and development. Problems of Third World socialism. Ed.by R.R.Fagen. New York: Monthly Review Pr. 1986. 352 S.
B 61717

L 030 f Wehrwesen

Deger, S.: Military expenditure in Third World countries. The economic effects. London: Routledge & Kegan Paul 1986. X, 288 S.
B 59379

Hussain, F.; Tol, R. van: Third World naval construction. In: Naval forces. Vol.8, 1987. No.3. S. 70-83.
BZ 05382:8

The implications of Third World military industrialization. Sowing the serpents' teeth. Ed.by J.E. Katz. Lexington: Lexington Books 1986. 327 S.
B 60588

Kang, M.G.: Toward an alternative theoretical framework for analyzing military intervention in politics in Third World countries. In: Asian perspective. Vol.11, 1987. No.2. S. 332-342.
BZ 4889:11

Looney, R.E.: Determinants of military expenditures in developing countries. In: Arms control. Vol.8, 1987. No.3. S. 295-324.
BZ 4716:8

Mullins, A.F.: Born arming. Development and military power in new states. Stanford, Calif.: Stanford Univ.Pr. 1987. XVI, 147 S.
B 62709

Ross, A.L.: Dimensions of militarization in the Third World. In: Armed forces and society. Vol.13, 1987. No.4. S. 561-578.
BZ 4418:13

Varas, A.: Gasto militar y desarrollo. Vol.1. Santiago de Chile: FLACSO 1986. o.Pag.
Bc 02204

Wolf, C.; Webb, K.W.: Developing cooperative forces in the Third World. Lexington: Lexington Books 1987. VIII, 232 S.
B 62767

Wolpin, M.D.: Militarization, internal repression and social welfare in the Third World. London: Croom Helm 1986. 247 S.
B 58479

L 030 g Wirtschaft

Aktionshandbuch dritte Welt. Hrsg.: BUKO (Bundeskongreß entwicklungspolit. Aktionsgr.). Wuppertal: P.Hammer 1986. 288 S.
B 59586

Arms-production in the Third World. Ed.by M.Brzoska. London: Taylor u.Francis 1986. XVIII, 391 S.
B 58694

Bideleux, R.: Communism and development. London: Methuen 1985. X, 315 S.
B 57968

Brzoska, M.; Lock, P.: Rüstungsproduktion und Nuklearindustrie in der Dritten Welt. Frankfurt: Haag u.Herchen 1987. X, 167 S.
Bc 7571

Elende Schuld – unverschuldetes Elend. Verschuldung u. Verelendungspolitik als Herausforderung an d. bundesdt. Solidaritätsbewegung. Hrsg.: Bundeskongreß Entwicklungspolitischer Aktionsgruppen. Hamburg: o.V. 1987. 170 S.
D 03823

Faaland, J.; Parkinson, J.R.: The political economy of development. London: Pinter 1986. X,265 S.
B 59058

Harris, N.: The end of the Third World. Newly industrializing countries and the decline of ideology. London: Tauris 1986. 231 S.
B 60726

Kannapin, K.: Die Entwicklungsländer und das Problem der ökonomischen Sicherheit. In: IPW-Berichte. Jg.17, 1988. H.5. S. 10-16.
BZ 05326:17

Political and economic pluralism in the Third World. Ed.: K.W.Brown. Hillsdale, Mich.: Hillsdale College Pr. 1986. IX, 102 S.
Bc 6706

Ross, A.L.: Security and self-reliance. Military dependence and convential arms production in development countries. Vol.1.2. Ann Arbor, Mich.: Univ.Microfilms 1986. XII, 677 S.
B 58241

Schui, H.: Die Schuldenfalle. Schuldenkrise und Dritte-Welt-Politik d. USA. Köln: Pahl-Rugenstein 1988. 182 S.
Bc 7358

Schuldenkrise. In der Dritten Welt tickt eine Zeitbombe. Frankfurt: isp-Verl. 1987. 124 S.
Bc 6517

Schuldenkrise. Bezahlt wird nicht. In: AIB-Dritte-Welt-Zeitschrift. Jg.19, 1988. Nr.3. S. 17-52.
BZ 05283:19

Zur Lage der Entwicklungsländer in der kapitalistischen Weltwirtschaft. In: IPW-Berichte. Jg.17, 1988. H.6. S. 1-12.
BZ 05326:17

L 030 h Gesellschaft

Jayawardena, K.: Feminism and nationalism in the Third World. London: Zed Books 1986. 269 S.
B 60791

Sen, G.; Grown, C.: Development, crises, and alternative visions. The world women's perspectives. New York: Monthly Review Pr. 1987. 116 S.
B 63008

Witvliet, T.: Befreiungstheologie in der Dritten Welt. Eine Einf.: Black Power, Karibik, Südamerika, Südafrika u. Asien. Hamburg: E.B.-Verl. Rissen 1986. 153 S.
B 59028

Wöhlcke, M.: Der unterentwickelte Fortschritt. Umweltzerstörung und Ressourcenplünderung in der Dritten Welt. In: Blätter für deutsche und internationale Politik. Jg.33, 1988. Nr.10. S. 1203-1214.
BZ 4551:33

Women, work, and ideology in the Third World. Ed.by H.Afshar. London: Tavistock Publ. 1985. XVII, 265 S.
B 58621

L 040 Neutrale und nicht-gebundene Staaten

Die friedenserhaltenden Operationen im Rahmen der Vereinten Nationen. Der Beitr. der neutralen Staaten Europas. Hrsg.: E.Reiter. Wien: Verl. Berichte u. Informationen 1985. 83 S.
Bc 6738

Kardelj, E.: The historical roots of non-alignment. Ed.by N.A.Stavrou. 2.ed. Lanham: Univ.Press of America 1985. X, 99 S.
B 60684

Kim, I.S.: Zur Erweiterung und Weiterentwicklung der Süd-Süd-Zusammenarbeit. Pyongynag: Verl. f. Fremdsprachige Lit. 1987. 14 S.
Bc 7012

Matthies, V.: Die Blockfreien. Ursprünge, Entwicklung, Konzeptionen. Opladen: Leske + Budrich 1985. 166 S.
B 59020

The neutral democracies and the new cold war. Ed.by B.Sundelius. Boulder, Colo.: Westview Press 1987. XI, 245 S.
B 61898

Sincere, R.E.: The role of neutral states in the international political system. In: Global affairs. Jg.3, 1988. Nr.1. S. 138-155.
BZ 05553:3

Singham, A.W.; Hune, S.: Non-alignment in an age of alignments. London: Zed Books 1986. XII, 420 S.
B 60510

Werthern, H.K.von: Die Außenpolitik neutraler Staaten in Europa und ihr Beitrag zur Entspannung. Hamburg: IFSH 1987. 49 S.
Bc 7002

Will, G.: Blockfreiheit und Sozialismus: Das Beispiel Vietnam. Köln: BIOst 1987. 57 S.
Bc 02052

L 058 Islamische Staaten

Halliday, F.: 'Islam' and Soviet foreign policy. In: Journal of communist studies. Vol.3, 1987. No.1. S. 37-52.
BZ 4862:3

Klaff, R.: Islam und Demokratie. Zur Vereinbarkeit demokratischer u. islamischer Ordnungsformen... Frankfurt: Lang 1987. 158 S.
Bc 7766

Piscatori, J.: International relations of the Asian Muslim states. Lanham: Univ.Press of America 1986. IX, 41 S.
B 61210

Shi'ism and social protest. Ed.by J.R.I. Cole. New Haven: Yale Univ.Pr. 1986. X, 325 S.
B 60982

Taheri, A.: Holy terror. The inside story of Islamic terrorism. London: Hutchinson 1987. 313 S.
B 61862

Waardenburg, J.: The rise of Islamic states today. In: Orient. Jg.28, 1987. H.2. S. 194-215.
BZ 4663:28

L 060 Commonwealth-Staaten

Pocock, T.: East and west of Suez. The retreat from Empire. London: The Bodley Head 1986. 208 S.
B 60489

Sanders, H.E.R.: Is Britain indispensable to the Commonwealth? In: The Round table. 1987. No.303. S. 366-377.
BZ 4796:1987

L 100 Europa

L 101 Nordeuropa

Ausland, J.C.: Nordic security and great powers. Boulder, Colo.: Westview Press 1986. XIII, 202 S.
B 61769

Brundtland, A.O.: Den nordiska balansen anno 1987. In: Fred och säkerhet. 1986/87. S. 36-46.
BZ 4877:1986/87

Dalsjö, R.: Tungt vägande kritik? En granskning av kritik mot teorin om nordisk balans. In: Militärhistorisk tidskrift. 1987. S. 131-185.
BZC2:1987

Deterrence and defense in the North. Ed.by J.J.Holst. Oslo: Norwegian Univ.Pr. 1985. 244 S.
B 59394

Hakovirta, H.: The Nordic neutrals in Western European integration: current pressures, restraints and options. In: Cooperation and conflict. Nordic journal of international politics. Vol.22, 1987. No.4. S. 265-273.
BZ 4605:22

Holm, H.-H.: Economy in flux – security suspended. Foreign economic relations and security policy for nordic NATO. In: Cooperation and conflict. Nordic journal of international politics. Vol.22, 1987. No.4. S. 255-264.
BZ 4605:22

Hveem, H.: Small countries under great pressure. The politics of national vulnerability during international restructuring. In: Cooperation and conflict. Nordic journal of international politics. Vol.22, 1987. No.4. S. 193-208.
BZ 4605:22

Logue, J.: Restraining the governors: The Nordic experience with limiting the strong state. In: Scandinavian political studies. Vol.11, 1988. No.1. S. 45-67.
BZ 4659:11

The military buildup in the High North. Ed.by S.Jervell. Lanham: Univ.Press of America 1986. 159 S.
B 62052

Nordic defense. Comparative decision-making. Ed.by W.J.Taylor. Lexington: Lexington Books 1985. XXI, 218 S.
B 57953

Sjöstedt, G.: Nordic and world economic-political cooperation: competition, adaptation or participation? In: Cooperation and conflict. Nordic journal of international politics. Vol.22, 1987. No.4. S. 209-226.
BZ 4605:22

L 103 Osteuropa

Ionescu-Stehl, I.: Potemkins Nachfahren. Stuttgart: Verlag Bonn aktuell 1987. 187 S.
B 62131

Pidec, N.: Est-Ouest: qui change quoi? In: Politique étrangère. A.52, 1987. No.3. S. 671-681.
BZ 4449:52

Reißmüller, J.G.: Die vergessene Hälfte.
Osteuropa und wir. München: Langen
Müller 1986. 223 S.
B 59762

L 103 d Land und Volk

Nationalitätenprobleme in Südosteuropa.
Hrsg.: R.Schönfeld. München: Olden-
bourg 1987. 308 S.
B 64007

L 103 e Staat und Politik

Baechler, G.; Rix, C.: Sicherheitspolitische
Differenzierungsprozesse: Wandel der
Rolle des Militärischen in den "Ost-Ost-
Beziehungen". Hamburg: Inst.f.Friedens-
forschung u.Sicherheitspolitik 1987. 53 S.
Bc 7600

Brucan, S.: Political reform in the socialist
system. In: World policy journal. Vol.4,
1987. No.3. S. 515-526.
BZ 4822:4

Bruehl, R.: Gemeinsame Verantwortung
für den Frieden – historische Lehre und
aktueller Auftrag. Vortr. v.Generalmajor
Prof.Dr. Brühl... Starnberg: o.V. 1987.
V S.
D 03809

Changing dimensions of East-West rela-
tions. Proceedings of an international
conference held in Milan, Italy. Ed.:
A.Lynch. New York, N.Y.: Inst. f. East-
West Security Studies 1987. IX, 123 S.
Bc 7496

Die Haltung der Sowjetunion gegenüber
freien demokratischen und geheimen
Wahlen in Deutschland nach 1945 – ver-
gleichend dargestellt. Köln: Heymann
1988. V,138.
Bc 7681

Hazan, B.A.: The East European political
System. Instruments of power. Boulder,
Colo.: Westview Press 1985. XVI, 396 S.
B 58916

Hirszowicz, M.: Coercion and control in
communist society. The visible hand of
bureaucracy. Brighton: Wheatsheaf
Books 1986. VII, 226 S.
B 58698

Johnson, A.R.: The impact of Eastern
Europe on Soviet policy toward Western
Europe. Santa Monica, Calif.: Rand
Corp. 1986. XV, 79 S.
Bc 7403

Koseski, A.: Rewolucje Ludowo-Demo-
kratyczne W Polsce i innych Krajach
Europy Srodkowej i Południowo-Wschod-
niej (1944-1948). In: Z dziejów rozwoju
państw socjalistycznych. Vol.2, 1984.
No.1-4. S. 5-24.
BZ 4874:2

Kuss, K.-J.: Gerichtliche Verwaltungs-
kontrolle in den sozialistischen Staaten.
In: Osteuropa-Info. Jg.15, 1987. Nr.72.
S. 24-39.
BZ 4778:15

Leadership and succession in the Soviet
Union, Eastern Europe and China.
Ed.by M.McCauley. London: Macmillan
1986. XIII, 256 S.
B 59047

Menschenrechte im Osten. Beitr. zur
Lage der deutschen Volksgruppen in Ost-
und Südosteuropa. Bonn: Bundesarbeits-
gemeinschaft für dt. Ostkunde im Unterricht 1986. 96 S.
Bc 6663

Prospects for change in socialist systems.
Challenges and responses. Ed.by C.J.
Bukowski. New York: Praeger 1987.
149 S.
B 62996

Reform und Wandel in Südosteuropa.
Hrsg.: R.Schönfeld. München: Olden-
bourg 1985. 313 S.
B 60022

Security implications of nationalism in
Eastern Europe. Ed.by J.Simon.
Boulder, Colo.: Westview Press 1986.
XVI, 327 S.
B 58246

Sobell, V.: The reconciliation between China and Eastern Europe. In: The Washington quarterly. Vol.10, 1987. No.2. S. 99-109.
BZ 05351:10

L'URSS et l'Europe de l'Est. Paris: La Doc. française 1986. 258 S.
B 61213

Volgyes, I.: Politics in Eastern Europe. Chicago, Ill.: Dorsey Pr. 1986. XVII, 368 S.
B 61977

Die Weiterentwicklung der Ost-West-Beziehungen. Ein wissenschaftl. Symposium... Bonn: Europa Union Verlag 1988. III, 43 S.
Bc 8046

Wettig, G.: Die kleineren Warschauer-Pakt-Staaten in den Ost-West-Beziehungen. Köln: Bundesinst.f.ostwiss.u.intern. Studien 1985. 46 S.
Bc 01844

L 103 f Wehrwesen

Vego, M.: East European navies. In: Naval forces. Vol.7, 1987. No.2. S. 114-125.
BZ 05382:7

L 103 g Wirtschaft

The economies of Eastern Europe and their foreign economic relations. Colloquium. 9-11 April 1986. Bruxelles: Ed.Philip Joseph 1987. 363 S.
B 61989

Gomulka, S.: Growth, innovation and reform in Eastern Europe. Brighton: Wheatsheaf Books 1986. X, 305 S.
B 58627

Loś, M.: The double economic structure of communist societies. In: Contemporary crises. Vol.11, 1987. No.1. S. 25-58.
BZ 4429:11

Meier, C.: Beherrschung der modernen Schlüsseltechnologie. Das "RGW-Komplexprogramm 2000". In: Beiträge zur Konfliktforschung. 1988. Nr.1. S. 39-60.
BZ 4594:1988

Strihafka, M.: Tendencje zmian struktury produkcji przemysłu krajów RWPG w latach 1960-1980. In: Przegląd stosunków międzynarodowych. 1986. No.6. S. 59-70.
BZ 4777:1986

Wallace, W.V.; Clarke, R.A.: Comecon, trade and the West. London: Pinter 1986. XI, 176 S.
B 60658

Wasiak, K.: Polityczne aspekty uczestnictwa Niemieckiej Republiki Demokratycznef w RWPG. In: Sprawy Międzynarodowe. R.40, 1987. No.12. S. 24-40.
BZ 4497:40

L 103 h Gesellschaft

Arbeiterbewegung und Arbeiterdichtung. Red.: A.Hasenöhrl. München: Verl. Die Brücke 1987. 112 S.
Bc 7417

Equality and inequality in Eastern Europe. By P.Kende. Leamington, Spa: Berg 1987. 422 S.
B 62269

Matejko, A.J.: Comparative work systems. Ideologies and reality in Eastern Europe. New York: Praeger 1986. XX, 237 S.
B 59338

Szelényi, I.: Möglichkeiten und Grenzen des Projekts einer neuen Klasse in Osteuropa. In: Prokla. Jg.18, 1988. Nr.1. S. 94-124.
BZ 4613:18

Trade Unions in communist states. Ed.by A.Pravda. London: Allen & Unwin 1986. XIII, 281 S.
B 61352

Women, state, and party in Eastern Europe. Ed.by S.L.Wolchik. Durham, NC.: Duke Univ.Pr. 1985. XIV, 453 S.
B 60752

L 103 k Geschichte

Berend, I.T.: The crisis zone of Europe. An interpretation of East-Central European history in the first half of the twentieth century. Cambridge: Cambridge Univ.Pr. 1986. VIII, 106 S.
B 60624

Lovenduski, J.; Woodall, J.: Politics and society in Eastern Europe. Basingstoke: Macmillan 1987. XIII, 474 S.
B 63597

L 104 Südosteuropa/Balkan

Benton, K.: The plight of the Baltic States. London: Institute for the study of conflict 1985. 22 S.
Bc 6157

Boev, I.L.: Balkanite v globalnata politika na SAŠt 1945-1975. Sofija: Nauka i izkustvo 1986. 368 S.
B 62039

Ciachir, N.: Istoria popoarelor din Sud-Estul Europai in epoca moderna 1789-1923. Bucuresti: Ştiinţifică 1987. 403 S.
B 63098

Manousakis, G.M.: Unruhiger Balkan – eine Bestandsaufnahme. In: Beiträge zur Konfliktforschung. 1987. Nr.2. S. 67-86.
BZ 4594:1987

Vizulis, I.J.: Nations under duress. The Baltic States. Port Washington, N.Y.: Associated Faculty Pr. 1985. VI, 209 S.
B 59085

L 107 Westeuropa

L 107 e Staat und Politik

Dialog der Gegensätze. Hrsg.: J.v.Ferenczy. Wien: Neff 1985. 216 S.
B 59618

Lepszy, N.; Woyke, W.: Belgien, Niederlande, Luxemburg. Politik – Gesellschaft – Wirtschaft. Opladen: Leske + Budrich 1985. 222 S.
B 57413

Opposition in Western Europe. Ed.by E.Kolinsky. London: Croom Helm 1987. 400 S.
B 62483

Les pays d'Europe occidentale. Ed.: A.Grosser. Paris: Documentation française 1986. 275 S.
B 62023

Pinder, J.: Die Europäische Gemeinschaft in den 90er Jahren. In: Europa-Archiv. Jg.42, 1987. Nr.18. S. 507-516.
BZ 4452:42

Power in Europe? Great Britain, France, Italy and Germany in a postwar world 1945-1985. Ed.by J.Becker. Berlin: Walter de Gruyter 1986. VIII, 583 S.
B 59775

Schmidt, M.; Schwarz, W.: Das gemeinsame Haus Europa-Realitäten, Herausforderungen, Perspektiven. In: IPW-Berichte. Jg.17, 1988. H.9 u.10. S. 1-10; S. 1-11.
BZ 05326:17

Westeuropa. Politische und militärische Integration. 2.Aufl. Berlin: Staatsverlag der DDR 1985. 333 S.
B 58557

L 107 e 10 Innenpolitik

45 Jahre Ringen um die Europäische Verfassung. Dokumente 1939-1984. Von d. Schriften d. Widerstandsbewegung bis zum Vertragsentwurf d. Europäischen Parlaments. Hrsg.: W.Lipgens. Bonn: Europa Union Verlag 1986. 750 S.
B 62806

Bernhard, J.; Lehmann, T.: Den europæiske menneskerettighedskonvention belyst gennem menneskerettighedskommissionens og -domstolens praksis. København: Gad 1985. 190 S.
B 58453

Council of Europe. Directorate of human rights. Human Rights of aliens in Europe. Dordrecht: Nijhoff 1985. X, 474 S.
B 56781

Cromme, F.: Verfassungsvertrag der Gemeinschaft der Vereinigten Europäischen Staaten. Ein realistischer Entwurf. Delmenhorst: Rieck 1987. 84 S.
Bc 6784

Gerdes, D.: Regionalismus in Westeuropa. Wie die Wissenschaft mit der Wirklichkeit Schritt zu halten versucht. In: Der Bürger im Staat. Jg.37, 1987. H.2. S. 71-75.
BZ 05147:37

Kinsky, F. Graf: Föderalismus: ein Weg aus der Europakrise. Bonn: Europa Union Verlag 1986. 160 S.
Bc 6900

Luebbert, G.M.: Social foundations of political order in interwar Europe. In: World politics. Vol.39, 1987. No.4. S. 450-478.
BZ 4464:39

Niekerk, B.van: The cloistered virtue. New York: Praeger 1987. XXVIII, 399 S.
B 62233

Steiner, J.: European democracies. London: Longman 1986. X,276 S.
B 61851

Vornbäumen, A.: Dynamik in der Zwangsjacke. Die Präsidentschaft im Ministerrat der Europäischen Gemeinschaft... Bonn: Europa Union Verlag 1985. 125 S.
Bc 6982

L 107 e 13 Parlamente und Wahlen

Bulmer, S.; Wessels, W.: The European Council. Decision-making in European politics. Basingstoke: Macmillan 1987. XII, 174 S.
B 61949

Direct elections to the European parliament 1984. Ed.by J. Lodge. London: Macmillan 1986. XXI, 287 S.
B 58700

Les élections européennes de juin 1984. Une élection européenne ou dix élections nationales. Paris: Publ. de la Sorbonne 1986. 251 S.
B 60714

Holland, M.: Candidates for Europe. The British experience. Aldershot: Gower 1986. VIII, 210 S.
B 59046

Kremaier, F.: Das Europäische Parlament der EG und die Parlamentarische Versammlung des Europarates. München: Florentz 1985. VIII, 250 S.
B 57783

Rutschke, G.: Die Mitwirkung der Fraktionen bei der parlamentarischen Willensbildung im Europäischen Parlament im Vergleich zu den Parlamenten der Mitgliedstaaten. Frankfurt: Lang 1986. XX, 281 S.
B 61838

Tacke, W.: Meinungsumfragen vor der Europawahl 1989. Melle: Knoth 1987. 22 S.
Bc 7443

Ten European elections. Campaigns and results of the 1979/81 first direct elections to the European Parliament. Ed.by K.Reif. Aldershot: Gower 1985. VII, 223 S.
B 59267

L 107 e 14 Parteien

L' origine dei partiti nell'Europa contemporanea 1870-1914. Bologna: Il Mulino 1985. 394 S.
B 57720

Agozino, A.C.: Euroterrorismo. La violencia en la confrontación este-oeste. Buenos Aires: Tekné 1986. 151 S.
Bc 7231

Beyne, K.von: Right-wing extremism in post-War Europe. In: West European politics. Vol.11, 1988. No.2. S. 1-18.
BZ 4668:11

Evrigenis, D.: Untersuchungsausschuß "Wiederaufleben des Faschismus und Rassismus in Europa". o.O.: o.V. 1985. 184 S.
B 59595

Falter, J.W.; Schumann, S.: Affinity towards right-wing extremism in Western Europe. In: West European politics. Vol.11, 1988. No.2. S. 96-113.
BZ 4668:11

The Future of social democracy. Problems and prospects of social democratic parties in Western Europe. Ed.by W.E.Paterson. Oxford: Clarendon Press 1986. XIX, 324 S.
B 60392

Kédros, A.: Les Socialistes au pouvoir en Europe (1981-1985). Paris: Plon 1986. 403 S.
B 59422

Kirby, D.: War, peace and revolution. International socialism at the crossroads, 1914-1918. Aldershot: Gower 1986. IX, 310 S.
B 59385

Marcou, L.: The impossible ally: a survey of Western Communism in the 1980s. In: Journal of communist studies. Vol.3, 1987. No.1. S. 71-80.
BZ 4862:3

Marcus, J.: A socialist defense strategy for Europe. In: The Washington quarterly. Vol.10, 1987. No.4. S. 79-97.
BZ 05351:10

Marxist local governments in Western Europe and Japan. Ed.by B. Szajkowski. London: Pinter 1986. XV, 216 S.
B 59480

Poguntke, T.: Grün-alternative Parteien: eine neue Farbe in westlichen Parteiensystemen. In: Zeitschrift für Parlamentsfragen. Jg.18, 1987. Nr.3. S. 368-382.
BZ 4589:18

Pombeni, P.: Introduzione alla storia dei partiti politici. Bologna: Il Mulino 1985. 395 S.
B 60591

The Popular front in Europe. Ed.by H.Graham. New York: St.Martin's Press 1987. VII, 171 S.
B 62337

Puhl, D.: Gegen Faschismus und Rassismus in Europa. Brüssel: Sozialistische Fraktion des Europ. Parlaments 1986. 32 S.
Bc 7714

Radice, G.; Radice, L.: Socialists in the recession. The search for solidarity. Basingstoke: Macmillan 1986. VII, 172 S.
B 60379

Teló, M.: La Socialdemocrazia europea nella crisi degli anni trenta. Milano: Angeli 1985. 335 S.
B 59289

Die westeuropäische Guerilla. In: Österreichische militärische Zeitschrift. Jg.25, 1987. Nr.4. S. 330-336.
BZ 05214:25

L 107 e 20 Außenpolitik

Carmoy, G.de; Story, J.: Western Europe in world affairs. Continuity, change, and challenge. New York: Praeger 1986. XX, 220 S.
B 60995

Corm, G.: L'Europe et le Moyen-Orient. In: L'Afrique et l'Asie modernes. 1987. No.152. S. 3-15.
BZ 4689:1987

De Porte, A.W.: Europe between the superpowers. The enduring balance. 2nd ed. New Haven: Yale Univ.Pr. 1986. XVI, 256 S.
B 62293

Deschamps, L.: The SDI and European security interests. Paris: The Atlantic Inst. for Intern. Affairs 1987. 64 S.
Bc 6817

Gaias, I. di: L'Unione Europea e la cooperazione politica dopo Lussemburgo. In: The Jerusalem quarterly. 1986. No.39. S. 208-220.
BZ 05114:1986

Gaus, G.: Berlin in Germany: foundation of Europe's peace? In: International affairs. Vol.63, 1987. No.3. S. 439-447.
BZ 4447:63

Gerlach, H.: Europa braucht Polen. Begegnungen – Gespräche – Reflexionen. Frankfurt: Fischer 1987. 175 S.
Bc 7270

Grabendorff, W.: Die Beziehungen der Europäischen Gemeinschaft zu Lateinamerika. Eine Politik ohne Illusionen. In: Europa-Archiv. Jg.42, 1987. Nr.22. S. 645-654.
BZ 4452:42

Greilsammer, I.; Weiler, J.: Europe's Middle East dilemma: the quest for a unified stance. Boulder, Colo.: Westview Press 1987. XII, 156 S.
Bc 7406

Jaquillard, C.: Manifeste pour la révolution ouest-européenne. Paris: Favre 1987. 57 S.
Bc 7757

Jordan, R.S.; Feld, W.J.: Europe in the balance. The changing context of European international politics. London: Faber and Faber 1986. 338 S.
B 58699

Kramer, H.: Der türkische EG-Beitrittsantrag und der "griechische Faktor". In: Europa-Archiv. Jg.42, 1987. Nr.21. S. 605-614.
BZ 4452:42

Lay, F.: Il dialogo politico tra la Comunità Europea e gli Stati Terzi. In: Rivista di studi politici internazionali. A.56, 1987. No.2. S. 179-199.
BZ 4451:56

Linden, R.van der: De EG en China: een wederzijdse uitdaging. In: Internationale spectator. Jg.42, 1988. Nr.5. S. 302-307.
BZ 05223:42

Magenheimer, H.: Zur Konstellation der Mächte in Europa 1937/38. In: Österreichische militärische Zeitschrift. Jg.26, 1988. Nr.2. S. 107-117.
BZ 05214:26

Reifenberg, J.: Rücken die beiden Seiten des Atlantiks auseinander? In: NATO-Brief. Jg.34, 1986. Nr.5. S. 3-10.
BZ 05187:34

Rüdig, W.: Peace and ecology movements in Western Europe. In: West European politics. Vol.11, 1988. No.1. S. 26-39.
BZ 4668:11

Rühe, V.: Perspektiven der Friedenssicherung in Europa. In: Europa-Archiv. Jg.42, 1987. Nr.23. S. 675-682.
BZ 4452:42

Salvadori, M.L.: L'Alternativa dell'Europa. Quarant' anni dopo Yalta. Roma: Laterza 1985. 133 S.
B 59304

Schulz, E.: Relations between the two Europes. In: The Jerusalem journal of international relations. Vol.8, 1987. No.2-3. S. 65-82.
BZ 4756:8

Tomkys, R.: European political cooperation and the Middle East: a personal perspective. In: International affairs. Vol.63, 1987. No.3. S. 425-437.
BZ 4447:63

Winter, W.: Giving up the white man's burden? Western relations with a free South Africa. In: Third world quarterly. Vol.9, 1987. No.2. S. 450-467.
BZ 4843:9

L 107 e 21 Sicherheitspolitik

Benjowski, K.; Schwarz, W.: Militärische Aspekte der Sicherheit in Europa. In: IPW-Berichte. Jg.16, 1987. H.11. S. 13-20.
BZ 05326:16

Bertram, C.: Aufgaben und Perspektiven der Sicherheitspolitik Westeuropas in den neunziger Jahren. In: Aus Politik und Zeitgeschichte. 1988. B.18. S. 3-11.
BZ 05159:1988

Bertram, C.: Europe's security dilemmas. In: Foreign affairs. Vol.65, 1987. No.5. S. 942-957.
BZ 05149:65

Chabaud, J.: L'Europe de la défense est-elle née à Reykjavik? In: Défense nationale. A.43, 1987. No.12. S. 35-50.
BZ 4460:43

Däniker, G.: Zur Sicherheitslage europäischer Kleinstaaten. Vaduz: VPBank 1987. 39 S.
Bc 7683

Dean, J.: Watershed in Europe. Dismantling the East-West military confrontation. Lexington: Lexington Books 1987. XVI, 286 S.
B 61218

Ethics and European security. Ed.: B.Paskins. London: Croom Helm 1986. 199 S.
B 59167

Euromilitarismus. Zur Bedeutung der "Europäisierung der Sicherheitspolitik". Red.: V.Böge. Bonn: Die Grünen 1985. 223 S.
B 57460

Fabijański, A.: Pzamilitarne aspekty bezpieczeństwa europejskiego. In: Sprawy Międzynarodowe. R.41, 1988. No.2. S. 43-58.
BZ 4497:41

Fesefeldt, J.: New uncertainties brought about by new weapons technology in the European context. In: Conflicts, options, strategies in a threatened world. o.O.: o.V. 1985. S. 21-32.
Bc 5446

Joffe, J.: Peace and populism. Why the European anti-nuclear movement failed. In: International security. Vol.11, 1987. No.4. S. 3-40.
BZ 4433:11

Kollektive Sicherheit in und für Europa – Eine Alternative. Hrsg.: D.S. Lutz. Baden-Baden: Nomos-Verlagsges. 1985. 396 S.
B 57622

Kruzel, J.: Neutralitet, alliansfrihet och Europas framtida säkerhet. In: Fred och säkerhet. 1986/87. S. 47-74.
BZ 4877:1986/87

Northern Europe: security issues for the 1990s. Ed.by P.M.Cole. Boulder, Colo.: Westview Press 1986. XII, 160 S.
Bc 6882

Perspektiven europäischer Sicherheitspolitik. Hrsg.: H.-G. Pöttering. Bonn: Europa Union Verlag 1986. 44 S.
Bc 6920

Rychłowski, B.: Europa w koncepcji powszechnego systemu bezpieczeństwa. In: Sprawy Międzynarodowe. R.41, 1988. No.4. S. 7-28.
BZ 4497:41

Schlotter, P.: Konzepte und Perspektiven der sicherheitspolitischen Zusammenarbeit in Westeuropa. In: Die neue Gesellschaft – Frankfurter Hefte. Jg.34, 1987. Nr.11. S. 999-1005.
BZ 4572:34

Schwarz, S.; Hüttel, C.: Westeuropa und der gesamteuropäische Prozeß der Sicherheit und Zusammenarbeit. In: IPW-Berichte. Jg.17, 1988. H.1. S. 13-19.
BZ 05326:17

Senghaas, D.: Die Zukunft Europas. Probleme d. Friedensgestaltung. Frankfurt: Suhrkamp 1986. 272 S.
B 58880

Sicherheitspolitische Zusammenarbeit und Kooperation der Rüstungswirtschaft in Westeuropa. Beitr. u. Diskussionsber. d. Tagung d. Arbeitskreises Europ. Integration in Ludwigshafen... Hrsg.: L.Brock. Baden-Baden: Nomos 1986. 307 S.
B 62427

Sommer, T.: European security problems. In: The Jerusalem journal of international relations. Vol.8, 1987. No.2-3. S. 48-64.
BZ 4756:8

Sørensen, G.: Peace and security in Europe: The context for Denmark's choices. In: Cooperation and conflict. Nordic journal of international politics. Vol.21, 1986. No.4. S. 219-240.
BZ 4605:21

Stärkung der konventionellen Abschrekkung in Europa. Bericht d. Sonderausschusses. Baden-Baden: Nomos-Verlagsges. 1985. 180 S.
B 57252

Symonides, J.: Status quo i zmiana międzynarodowa a bezpieczeństwo Europy. In: Sprawy Międzynarodowe. R.40, 1987. No.7-8. S. 15-26.
BZ 4497:40

Ten Years after Helsinki. The making of the European security regime. Ed.by K.Möttölä. Boulder, Colo.: Westview Press 1986. X, 184 S.
Bc 7712

Williams, P.: West European security after Reykjavik. In: The Washington quarterly. Vol.10, 1987. No.2. S. 37-47.
BZ 05351:10

Wyllie, J.H.: European security in the nuclear age. Oxford: Blackwell 1986. IX, 186 S.
B 59135

L 107 e 30 EG

Berg, H.von: Die Europäische Gemeinschaft aus östlicher Sicht. Melle: Knoth 1988. 19 S.
Bc 7835

Carstens, K.: Politische Überlegungen zur Europäischen Gemeinschaft. Melle: Knoth 1986. 23 S.
Bc 6269

Coffey, P.: The European economic community and Brazil – a new dimension in co-operation. Glasgow: Inst. of Latin American Studies 1987. 34 S.
Bc 02296

Daltrop, A.: Politics and the European community. 2nd ed. London: Longman 1986. X, 212 S.
Bc 6497

Die Deutschen Länder und die Europäischen Gemeinschaften. Hrsg.: R.Hrbek. Baden-Baden: Nomos-Verlagsges. 1986. 294 S.
B 60315

Donovan, R.J.: The second victory. The Marshall plan and the postwar revival of Europe. New York: Madison Books 1987. 128 S.
010529

Dost, A.; Hölzer, B.: Der politische Mechanismus der EG. Berlin: Staatsverlag der DDR 1986. 320 S.
B 59150

European Union. The European Community in search of a future. Ed.by J.Lodge. London: MacMillan Pr. 1986. XVIII, 239 S.
B 60437

George, S.: Politics and policy in the European Community. Oxford: Clarendon Press 1985. XI, 205 S.
B 57658

Gerbet, P.: La naissance du Marché Commun. Bruxelles: Ed.Complexe 1987. 189 S.
Bc 7448

Köhler, V.: Die Entwicklungspolitik der Europäischen Gemeinschaft. In: Europa-Archiv. Jg.42, 1987. Nr.24. S. 709-714.
BZ 4452:42

Maher, D.J.: The tortuous path. The course of Ireland's entry into the EEC 1948-1973. Dublin: Inst. of Public Administration 1986. XVI, 419 S.
B 60901

Mohn, R.; Weidenfeld, W.: Strategien und Optionen für die Zukunft Europas. Ziele u. Konturen eines Projekts. Gütersloh: Bertelsmann 1988. 23 S.
Bc 7715

Neumann, N.; Schwarz, S.: Probleme und Perspektiven der Integration in der EG. In: IPW-Berichte. Jg.17, 1988. H.10. S. 28-36.
BZ 05326:17

Probleme und Perspektiven europäischer Einigung. Hrsg.: L.Albertin. Köln: Verlag Wissenschaft und Politik 1986. 132 S.
Bc 6897

Rhein, E.: Die Europäische Gemeinschaft und das Mittelmeer. In: Europa-Archiv. Jg.41, 1986. Nr.22. S. 641-648.
BZ 4452:41

Schramm, H.: Die Einbeziehung Berlins in die Europäische Gemeinschaft. Unt. d. Berücksichtigung d. Viermächte-Abkommens über Berlin v. 3.9.1971. Frankfurt: Lang 1986. XII, 173 S.
B 60019

Sharp, P.: Small state foreign policy and international regimes: the case of Ireland and the European Monetary System and the Common Fisheries Policy. In: Millenium. Journal of international studies. Vol.16, 1987. No.1. S. 55-72.
BZ 4779:16

Weidenfeld, W.: 30 Jahre EG. Bilanz der europäischen Integration. Bonn: Europa Union Verlag 1987. 144 S.
Bc 6919

L 107 e 40 Europäische Integration

Froment-Meurice, H.: Europa als eine Macht. Köln: Verlag Wissenschaft und Politik 1986. 222 S.
B 59307

Main de Boissière, J.-B.: Du marché commun à l'Europe politique. In: Défense nationale. A.44, 1988. No.4. S. 55-73.
BZ 4460:44

Der Marshall-Plan und die europäische Linke. Hrsg.: O.N.Haberl. Frankfurt: Europ. Verlagsanst. 1986. 659 S.
B 60020

Rodriguez Santafe, S.: España y la Union Europea Occidental. In: Ejército. A.49, 1988. No.583. S. 10-17.
BZ 05173:49

Schneider, H.: Rückblick für die Zukunft. Konzeptionelle Weichenstellungen für die Europäische Einigung. Bonn: Europa Union Verlag 1986. 140 S.
Bc 6790

L 107 f Wehrwesen

Baechler, G.; Statz, A.: EDI. European Defence Initiative. Hamburg: IFSH 1986. II, 106 S.
Bc 6996

Bebler, A.: Neue Technologien und die Verteidigung europäischer sozialistischer Staaten. In: Österreichische militärische Zeitschrift. Jg.26, 1989. Nr.3. S. 218-226.
BZ 05214:26

Bellamal, A.: L'Europe après la signature de l'accord de démantèlement des FNI. In: Stratégique. Jg.37, 1988. No.1. S. 5-23.
BZ 4694:37

Better use of European defence resources. Eurogroup-Seminar 1986. Copenhagen: Ministry of Defence 1986. 52 S.
Bc 01906

The conventional defense of Europe: new technologies and new strategies. Ed.: A.J.Pierre. New York: New York Univ.Pr. 1986. XII, 185 S.
B 59811

Davis, W.A.: Regional Security and anti-tactical ballistic missiles: political and technical issues. Washington: Pergamon-Brassey's 1986. XII, 54 S.
Bc 7409

Faringdon, H.: Confrontation. The strategic geography of NATO and the Warsaw Pact. London: Routledge & Kegan Paul 1986. VIII, 354 S.
B 60378

Kamp, K.-H.: Perspektiven konventioneller Rüstungskontrolle in Europa. In: Außenpolitik. Jg.38, 1987. Nr.4. S. 331-344.
BZ 4457:38

Laboor, E.: Sowjetunion und sozialistische Gemeinschaft im Kampf um Abrüstung in Europa, 1917-1985. Berlin: Dietz 1986. 318 S.
B 58556

Mann, J.-J.: Die Bedeutung der transatlantischen Seeverbindungswege für Europa. In: Marine-Rundschau. Jg.84, 1987. Nr.3. S. 130-134, 189.
BZ 05138:84

Martin, L.: Armées et arsenaux en Europe. Le plus formidable système d'armes au monde. o.O.: Ed. autrement 1986. 151 S.
Bc 01960

Modeling and analysis of conventional defense in Europe. Assessment of improvement options. Ed.by R.K.Huber. New York: Plenum Pr. 1986. VIII, 215 S.
B 60786

Rallo, J.C.: Defending Europe in the 1990s. The new divide of high technology. London: Pinter 1986. XXIX, 136 S.
B 60391

Ruehle, M.: Anti-missile defense in Europe and the ABM treaty. In: Strategic review. Vol.15, 1987. No.2. S. 49-57.
BZ 05071:15

Strátegies navales et défense de l'Europe (T.2). In: Défense nationale. A.43, 1987. No.8. S. 93-98.
BZ 4460:43

Symonides, J.: Perspektywy rozbrojenia europejskiego po spotkaniu w Reykjaviku. In: Sprawy Międzynarodowe. R.40, 1987. No.5. S. 7-22.
BZ 4497:40

Till, G.: Maritime power: The European dimension. In: Naval forces. Vol.7, 1987. No.2. S. 88-104.
BZ 05382:7

Tornetta, V.: Deterrenza e sicurezza in Europa. In: Rivista di studi politici internazionali. A.54, 1987. No.216. S. 515-526.
BZ 4451:54

Die Verteidigung Mitteleuropas. Kräfte – Bedingungen – Optionen. Bielefeld: IAP-Dienst 1986. 16 S.
Bc 02012

Zur Finanzierung der europäischen Verteidigung. Referate – Vorschläge. Mannheim: Fachhochschule des Bundes, FB Bundeswehrverwaltung 1986. VII, 202 S.
Bc 6687

L 107 g Wirtschaft

Blinken, A.: Ally versus ally. America, Europe, and the Siberian pipeline crisis. New York: Praeger 1987. IX, 193 S.
B 64035

Borchardt, K.; Buchheim, C.: Die Wirkung der Marshallplan-Hilfe in Schlüsselbranchen der Deutschen Wirtschaft. In: Vierteljahrshefte für Zeitgeschichte. Jg.35, 1987. Nr.3. S. 317-347.
BZ 4456:35

Europe at the crossroads. Agendas of the crisis. Ed.by S.A.Musto. New York: Praeger 1985. XXIV, 342 S.
B 59336

Kik, K.: Nowe ruchy społeczne w Europie Zachodniej. In: Sprawy Międzynarodowe. R.40, 1987. No.11. S. 89-102.
BZ 4497:40

Mansholt, S.L.: Beschränkung der landwirtschaftlichen Produktion. In: Europa-Archiv. Jg.42, 1987. Nr.15. S. 429-436.
BZ 4452:42

Mischlich, R.: Une mission secrète à Bonn. Lausanne: Fondation Jean Monnet pour l'Europe 1986. 69 S.
Bc 02147

Nunnenkamp, P.: Die wirtschaftlichen Beziehungen zwischen Industrie- und Entwicklungsländern. In: Aus Politik und Zeitgeschichte. 1987. B.38. S. 20-34.
BZ 05159:1987

Perspektiven der Wirtschaftsentwicklung imperialistischer Länder im Jahre 1988. In: IPW-Berichte. Jg.17, 1988. H.1. S. 1-12.
BZ 05326:17

Ravenhill, J.: Collective clientelism. The Lomé conventions and north-south relations. New York: Columbia Univ.Pr. 1985. XXI, 389 S.
B 0059021

Scharpf, F.W.: Sozialdemokratische Krisenpolitik in Europa. Frankfurt: Campus Verlag 1987. 358 S.
B 62021

Therborn, G.: Arbeitslosigkeit. Strategien u. Politikansätze in den OECD-Ländern. Hamburg: VSA-Verl. 1985. 188 S.
B 57805

Wala, M.: Die innenpolitische Durchsetzung des Marshall-Planes: Eliten und die öffentliche Meinung. In: Zeitgeschichte. Jg.15, 1987. Nr.3. S. 112-132.
BZ 4617:15

L 107 h Gesellschaft

Barnouin, B.: The European labour movement and European integration. London: Pinter 1986. 172 S.
B 60911

Boggs, C.: Social movements and political power. Emerging forms of radicalism in the West. Philadelphia, Pa.: Temple Univ.Pr. 1986. XVI, 288 S.
B 62099

Bromberger, B.; Mausbach, H.: Feinde des Lebens. NS-Verbrechen an Kindern. Köln: Pahl-Rugenstein 1987. 317 S.
B 61618

Joint action for jobs: a new internationalism. Ed.by K.Coates. Nottingham: New Socialist/Spokesman 1986. 232 S.
B 59378

Marrus, M.R.: The unwanted. European refugees in the twentieth century. Oxford: Oxford Univ.Pr. 1985. XII, 414 S.
B 57982

The new women's movement. Feminism and political power in Europe and the USA. Ed.by D.Dahlerup. London: SAGE 1986. 254 S.
B 62515

Strübel, M.: Umweltpolitik in Europa – Möglichkeiten und Grenzen. In: Aus Politik und Zeitgeschichte. 1988. B.27. S. 15-28.
BZ 05159:1988

Vallance, E.; Davies, E.: Women of Europe. Women MEPs and equality policy. Cambridge: Cambridge Univ.Pr. 1986. XII, 180 S.
B 58703

Veen, H.-J.: Westeuropas Gewerkschaften im Umbruch. Niedergang, Organisationsmacht oder neue Beweglichkeit? In: Beiträge zur Konfliktforschung. 1988. Nr.1. S. 61-75.
BZ 4594:1988

Winzer, F.: Emigranten. Geschichte der Emigration in Europa. Frankfurt: Ullstein 1986. 181 S.
B 59560

Women, state and revolution. Essays on power and gender in Europe since 1789. Ed.by S.Reynolds. Brighton: Wheatsheaf Books 1986. XVI, 190 S.
B 61344

L 107 i Geistesleben

Europäische Literatur gegen den Faschismus. Hrsg.: T.Bremer. München: Beck 1986. 255 S.
B 59832

Western broadcasting over the iron curtain. Ed.by K.R.M. Short. London: Croom Helm 1986. 274 S.
B 61807

L 107 k Geschichte

Deák. L.: Zápas o strednú Európu 1933-1938. Politicko-diplomatické vztahy. Bratislave: Veda Vydavatel'stvo SlovenskejAkadémie Vied 1986. 287 S.
B 61588

Pearce, M.L.: The twentieth century.
London: Bell & Hyman 1986. 95 S.
Bc 02299

Taverne, W.C.A.: Wat niemand schunt te
weten. J.H. Retinger en het streven naar
een verenigd Europa. Hoogeveen:
Horizont 1987. 67 S.
Bc 02303

Verosta, S.: Kollektive Maßnahmen der
Mächte des Europäischen Konzerts
(1890-1913). Wien: Verl. d.Österreichi-
schen Akademie der Wissenschaften
1986. S. 182-200.
Bc 6783

Wiskemann, E.: Europe of the dictators.
1919-1945. 14.impr. London: Fontana Pr.
1985. 287 S.
B 60451

L 110 Einzelne Staaten Europas

L 111 Albanien

Artisien, P.: Albania at the crossroads. In:
Journal of communist studies. Vol.3,
1987. No.3. S. 231-249.
BZ 4862:3

Biberaj, E.: Albania between East and
West. London: Institute for the study of
conflict 1986. 26 S.
Bc 6167

Grulich, R.: Albanien – seit 20 Jahren das
erste atheistische Land der Welt. In:
Südosteuropa. Jg.36, 1987. Nr.11/12.
S. 728-738.
BZ 4762:36

Lange, K.: Innenpolitische Aspekte der
albanischen Sicherheitspolitik. In: Aus
Politik und Zeitgeschichte. 1988. B.6.
S. 34-38.
BZ 05159:1988

Nowak, J.R.: Z ZródełPrzemian Ludowo-
demokratycznych w Albanii. In: Z dziejów rozwoju państw socjalistycznych.
Vol.1, 1983. No.2. S. 45-65.
BZ 4874:1

Oschlies, W.: Albanien: Bonns neuer Part-
ner in Europas "Wetterecke". In: Aus
Politik und Zeitgeschichte. 1988. B.6.
S. 24-33.
BZ 05159:1988

Reuter-Hendrichs, I.: Grundzüge der alba-
nischen Außenpolitik (1945-1987). In:
Südosteuropa. Jg.36, 1987. Nr.11/12.
S. 709-717.
BZ 4762:36

Robyns, G.: Geraldine of the Albanians.
The authorized biography. London:
Muller, Blond & White 1987. 220 S.
B 62544

Tončić-Sorinj, L.: Albanien – Größe und
Tragik der Skipetaren. Melle: Knoth
1988. 31 S.
Bc 7834

Zanga, L.: Nearly half a century of Alba-
nian communist history. In: Südosteuropa. Jg.36, 1987. Nr.11/12. S. 691-697.
BZ 4762:36

L 119 Belgien

L 119 c Biographien

– Degrelle
Léon Degrelle. Persiste et signe. Interviews... Paris: Ed.Jean Picollec 1985.
444 S.
B 59314

– Eck van
Eck, L.van: Zo was het in Dachau. 2.dr.
Leuven: Libertas 1985. 238 S.
B 61688

– Leopold II
Vangroenweghe, D.: Rood rubber. Leoold
II en zijn Kongo. Brussel: Elsevier 1985.
351 S.
B 57060

– **Vandervelde**

Polasky, J.L.: The insider as outsider: Emile Vandervelde and the Spanish Civil War. In: Revue belge d'histoire contemporaine. Vol.18, 1987. No.1-2. S. 343-355.
BZ 4431:18

L 119 e 10 Innenpolitik

Balace, F.: La droite belge et l'aide de Franco. In: Revue belge d'histoire contemporaine. Vol.18, 1987. No.3-4.
S. 505-689.
BZ 4431:18

Beule, N.de: Met de loupe op zoek naar de belgische trotskisten in den spannse arena. In: Revue belge d'histoire contemporaine. Vol.18, 1987. No.1-2. S. 399-417.
BZ 4431:18

Craeybeckx, J.: Die Spaanse Burgeroorlog in de Socialistische Syndicale Pers. Een Steekproef. In: Revue belge d'histoire contemporaine. Vol.18, 1987. No.1-2.
S. 357-392.
BZ 4431:18

Hoore, M. de: Les libéraux belges face à la Guerre Civile Espagnole. In: Revue belge d'histoire contemporaine. Vol.18, 1987. No.1-2. S. 447-464.
BZ 4431:18

Kommuniqué der vier gefangengesetzten militanten Kommunisten. Hrsg.: Gefangene aus den CCC – Cellules Communistes Combattantes... Brüssel: o.V. 1986. 6 S.
D 03622

Miroir, A.: La Franc-maçonnerie et la Guerre d'Espagne (1936-1939). In: Revue belge d'histoire contemporaine. Vol.18, 1987. No.1-2. S. 481-495.
BZ 4431:18

Musin-Flagothier, L.: Le P.O.B. liégeois et la Guerre d'Espagne. In: Revue belge d'histoire contemporaine. Vol.18, 1987. No.1-2. S. 314-341.
BZ 4431:18

Ruys, M.: De Belgische crisis. In: Internationale spectator. Jg.42, 1988. Nr.4. S. 234-241.
BZ 05223:42

Saelens, C.: Le P.O.B. et la reconnaissance de Burgos: rupture ou continuité? In: Revue belge d'histoire contemporaine. Vol.18, 1987. No.1-2. S. 291-313.
BZ 4431:18

L 119 e 20 Außenpolitik

Denuit-Smoerhausen, C.: La Belgique au Comité de non-intervention en Espagne. In: Revue belge d'histoire contemporaine. Vol.18, 1987. No.1-2. S. 15-38.
BZ 4431:18

NATO's Northern allies. The national security policies of Belgium, Denmark, the Netherlands, and Norway. Ed.by G.Flynn. Totowa, N.J.: Rowman & Allanheld 1985. XVIII, 294 S.
B 58347

Salmon, J.: La reconnaissance du gouvernement de Burgos. In: Revue belge d'histoire contemporaine. Vol.18, 1987. No.1-2. S. 125-155.
BZ 4431:18

Woyke, W.: Erfolg durch Integration. Die Europapolitik der Benelux-Staaten von 1947-1969. Bochum: Studienverl. Brockmeyer 1985. VIII, 419 S.
B 59026

L 119 f Wehrwesen

Champagne, J.P.: L'infanterie. Historiques, traditions et insignes distinctifs des unités de l'Infanterie belge, 1940-1985. Alon: Everling 1986. 224 S.
B 62594

Le Manuel de la defense nationale. Bruxelles: Service de l'Information du Ministère de la Défense nationale 1987. 199 S.
Bc 7479

Vincineau, M.: La Guerre civile espagnole. Les exportations belges d'armes. In: Revue belge d'histoire contemporaine. Vol.18, 1987. No.1-2. S. 81-123.
BZ 4431:18

L 119 i Geistesleben

Grognard, C.: "Une guerre religieuse et patriotique". In: Revue belge d'histoire contemporaine. Vol.18, 1987. No.3-4. S. 691-724.
BZ 4431:18

Huysseune, M.: Spaanse affiches en muurpanelen in de Belgische Pers. In: Revue belge d'histoire contemporaine. Vol.18, 1987. No.3-4. S. 781-800.
BZ 4431:18

Kesteloot, C.: La tradition de la Guerre d'Espagne dans la presse clandestine (1940-1944). In: Revue belge d'histoire contemporaine. Vol.18, 1987. No.1-2. S. 465-480.
BZ 4431:18

Lambrecht, J.: Karikaturen over de Spaanse Burgeroorlog in de belgische Dagbladpers /17.7.1936-30.3.1939). In: Revue belge d'histoire contemporaine. Vol.18, 1987. No.3-4. S. 801-864.
BZ 4431:18

Nyckees, R.: De Belgische Persfotografie en de Spaanse Burgeroorlog. In: Revue belge d'histoire contemporaine. Vol.18, 1987. No.3-4. S. 885-907.
BZ 4431:18

Sauvage, P.: Le groupe de la "Cité Chrétienne" face à la Guerre d'Espagne. In: Revue belge d'histoire contemporaine. 1987. S. 725-752.
BZ 4431:18

Smolski, G.: L'U.L.B. devant la Guerre d'Espagne. In: Revue belge d'histoire contemporaine. Vol.18, 1987. No.1-2. S. 419-446.
BZ 4431:18

L 119 k Geschichte

Barra J.-M.: Oorlogskroniek Leffinge 1914-1918. Leffinge: Heemkring Graningate 1985. 340 S.
B 61844

Doorslaer, R.van: Poolse vrijwilligers uit Belgie in de internationale brigaden. In: Revue belge d'histoire contemporaine. Vol.18, 1987. No.1-2. S. 215-241.
BZ 4431:18

Huyse, L.: De gewapende vrede. Politiek in België na 1945. Leuven: Kritak 1986. 122 S.
Bc 6780

Morelli, A.: Les Italiens de Belgique face à la Guerre d'Espagne. In: Revue belge d'histoire contemporaine. Vol.18, 1987. No.1-2. S. 187-214.
BZ 4431:18

Schepens, L.: Brugge bezet. 1914-1981. 1940-1944. Tielt: Lannoo 1985. 367 S.
010270

L 123 Bulgarien

L 123 c Biographien

– Chadziev
Chadžiev, G.: Michail Gerdžikov. Makedonoodrinskoto nacional-revoljucionno osvoboditelno dviženie i nacionalnija vupros. Sidnej: Naš put 1985. 53 S.
Bc 6225

– Dymitrow
Turłakowa-Dymitrowa, T.: Georgi Dymitrow i Bałkańska Federacja Komunistyczna w Latach 1920-1931. In: Z pola walki. R.30, 1987. No.4. S. 19-37.
BZ 4559:30

– Kirkov
Birman, M.A.: Georgij Kirkov 1867-1919. Stranicy žizni i dejatel'nosti bolgarskogo revoljucionera. In: Novaja i novejšaja istorija. 1987. No.3. S. 106-128.
BZ 05334:1987

– Mitev
Mitev, J.: Izbrani Proizvedenija. Sofija: Voenno izdatelstvo 1986. 345 S.
B 62040

L 123 e Staat/ Politik

Bell, J.D.: The Bulgarian communist party from Blagoev to Zhivkov. Stanford, Cal.: Hoover Institut 1986. XII, 202 S.
B 59238

Höpken, W.: "Perestrojka" auf bulgarisch. Sofia und die Reformpolitik Gorbacevs. In: Südosteuropa. Jg.36, 1987. Nr.10. S. 619-645.
BZ 4762:36

Markow, M.: Bulgarien – aktuelle Probleme und Aufgaben des sozialistischen Aufbaus. In: Konsequent. Jg.17, 1987. H.3. S. 59-65.
BZ 4591:17

Znamierowski-Rakk, E.: Proces debułgaryzacji tracji zachodniej po i wojnie swiatowej. In: Dzieje najnowsze. R.19, 1987. No.3. S. 3-22.
BZ 4685:19

L 123 f Wehrwesen

Breyer, S.: Im Schatten des "großen Bruders" – Die Marinen Bulgariens und Rumäniens heute. In: Marine-Rundschau. Jg.84, 1987. Nr.4. S. 229-233.
BZ 05138:84

Kotsch, E.: Dokumente zur ersten Etappe der sozialistischen Umgestaltung der Streitkräfte in Bulgarien (Sept. 1944 – Mai 1945). In: Militärgeschichte. Jg.26, 1987. Nr.5. S. 448-456.
BZ 4527:26

Wlachow, J.: Die untrennbare Einheit von Patriotismus und Internationalismus in der Bulgarischen Volksarmee. In: Militärgeschichte. Jg.27, 1988. Nr.1. S. 50-56.
BZ 4527:27

L 123 h Gesellschaft

Oschlies, W.: Bulgariens Bevölkerung Mitte der 80er Jahre. Eine demographische u. sozialpolit. Skizze. Köln: Bundesinst.f.ostwiss.u.intern.Studien 1986. III, 56 S.
Bc 01861

Oschlies, W.: Schwefelstaub auf Rosenblüten. Umweltsorgen in Bulgarien. Köln: Böhlau 1987. 173 S.
Bc 7115

Vuznikvane razvitie i zalez na oportjunizma v bulgarskoto rabotničesko dviženie 1891-1948. Red.: G.Radev. Sofija: Partizdat 1986. 697 S.
B 61671

L 123 k Geschichte

Dimiitrov, I.: La Bulgarie et l'agression italienne contre la Grèce. In: Revue d'histoire de la deuxième guerre mondiale et des conflits contemporains. A.37, 1987. No.146. S. 55-69.
BZ 4455:37

Friedrich, W.-U.: Bulgarien und die Mächte 1913-1915. E. Beitr. zur Weltkriegs- u. Imperialismusgeschichte. Stuttgart: Steiner Verl. 1985. XXII, 453 S.
B 60546

L 125 Dänemark

Westphal, V.: Dänemark. Ein polit. Reisebuch. Hamburg: VSA-Verl. 1987. 286 S.
B 62425

L 125 c Biographien

– Algreen-Petersen

Algreen-Petersen, C.: Beretninger fra modstandskampen. 3.opl. København: Politikens Forl. 1985. 295 S.
B 58465

– Andersen

Laursen, P.: Hvidsten-gruppen som Barner Andersen oplevede den. 2.opl. Gjerlev: Hellas 1985. 128 S.
B 58459

– Bohr

Christmas-Møller: Niels Bohr og atomvåbnet. København: Vindrose 1985. 246 S.
B 58059

Rozental, S.: Erindringer om Niels Bohr.
København: Gyldendal 1985. 135 S.
B 58448

– Fuglsang
Fuglsang, V.: Som jeg husker det. Aalborg: Aalborghus 1985. 178 S.
B 58456

– Hamilton
Hamilton, R.: Det knuste mig aldrig.
København: Lademann 1985. 208 S.
B 58457

– Hartling
Hartling, P.: Otte År i FNs flyftninearbejde. Erindringer 1978-1985. København: Gyldendal 1985. 170 S.
B 58452

– Jensen
Jensen, S.A.: SS-frivillig. Sværdborg fortæller. Lynge: Bogan 1985. 190 S.
B 58463

– Juncker
Juncker, F.: Men morsomt har det været.
2.opl. København: Gyldendal 1985.
423 S.
B 58451

– Moldt
Moldt, A.P.: Natbomber. Slaget om Europa som en dansker oplevede det i invasionssommeren 1944. København: Gyldendal 1985. 134 S.
B 58449

– Petersen
Anarki og arbejderhistorie. Festskrift for Carl Heinrich Petersen. Red.: K.Petersen. København: Tiderne Skifter 1985.
259 S.
B 58058

– Scherfig
Hans Scherfig – forfatteren, maleren og kommunisten. Red.: N.Frederiksen.
København: Tiden 1985. 179 S.
B 58458

– Toldstrup
Laursen, P.: Europas bedste nedkastningschef- Toldstrup. Gjerlev: Hellas 1985.
128 S.
B 58460

L 125 e Staat und Politik

Borre, O.: Some results from the Danish 1987 election. In: Scandinavian political studies. Vol.10, 1987. No.4. S. 345-355.
BZ 4659:10

Callesen, G.: Über die Verbreitung der Werke von Marx und Engels in Dänemark. In: Marx-Engels-Jahrbuch. Jg.10, 1987. S. 339-378.
BZ 4445:10

Eliassen, K.A.; Pedersen, M.N.: Skandinaviske politiske Institutioner og politisk adfaerd 1970-1984. En komment. bibliografi. Odense: Odense Univ.Pr. 1985.
158 S.
B 66241

Larsen, H.: Fra liberalisme til radikalisme. Københavns liberale vælgerforening 1883-1908. Odense: Odense Universitetsforl. 1985. 165 S.
B 58055

Nissborg, A.: Danmark mellan Norden och väst. Stockholm: Almqvist & Wiksell 1985. 151 S.
B 65617

Party systems in Denmark, Austria, Switzerland, The Netherlands, and Belgium.
Ed.: H.Daalder. London: Pinter 1987.
XIII, 372 S.
B 62576

Tamm, D.: Retsopgøret efter besættelsen.
Bd.1.2. 2.opi. København: Jurist- og økonomforbundets Forl. 1985. 827 S.
B 58461

Thomas, A.H.: The 1987 Danish election.
In: West European politics. Vol.11, 1988.
No.2. S. 114-118.
BZ 4668:11

L 125 f Wehrwesen

Bjerg, H.C.: Ligaen. Den danske militære efterretningstjeneste 1940-1945. Bd.1.2.
København: Gyldendal 1985. 333, 314 S.
B 58447

Clemmesen, M.H.: Udviklingen i Danmarks forsvarsdoktrin fra 1945 til 1969. Rapport til det 20.nordiske historikermøde i Reykjavik 1987. In: Militärhistorisk tidskrift. 1987. S. 7-81.
BZC2:1987

Forsvarets rolle. Red.: P.E.Tranberg. København: Forsvarets Oplysnings- og Velfæfdstjeneste 1987. 104 S.
Bc 6281

Rode, E.: Søværnets luftforsvar nu og i fremtiden. In: Tidsskrift for sovaesen. Arg.157, 1986. No.6. S. 279-295.
BZ 4546:157

Scarpitta, A.: Il sistema difensivo danese. In: Difesa oggi. A.12, 1988. No.6. S. 214-221.
BZ 05119:12

Schöttler, H.: Dänemarks Verteidigungsanstrengungen im Frieden – Schutz im Krieg? In: Zivilverteidigung. Jg.18, 1988. Nr.2. S. 39-45.
BZ 05269:18

L 125 h Gesellschaft

Andersen, H.; Weber, L.: Magtens mange Mænd. København: Fremad 1985. 157 S.
B 58455

Fagbevægelse, stat og kommuner. Politisering af beskæftigelse og faglig politik. Red.: H.Jørgensen. Aalborg: Aalborg Universitetsforlag 1985. 430 S.
B 58061

Finnemann, N.O.: I Broderskabets Aand. Den socialdemokratiske arbejderbevægelses historie 1871-1977. København: Gyldendal 1985. 445 S.
B 58060

Gammelgaard, A.: Ungeladene Gäste. Ostdeutsche Flüchtlinge in Dänemark 1945-1949. Leer: Rautenberg 1985. 207 S.
B 57585

L 130 Deutschland/Bundesrepublik Deutschland

L 130 a Allgemeines

Ardagh, J.: Germany and the Germans. London: Hamilton 1987. IX, 478 S.
B 63728

Gaus, G.: Die Welt der Westdeutschen. Kritische Betrachtungen. Köln: Kiepenheuer & Witsch 1986. 237 S.
B 62130

L 130 b Buch- und Bibliothekswesen

Schutzwürdige Literatur im Leihverkehr. Hrsg.: Dt. Bibliotheksinstitut. Berlin: o.V. 1986. 70 S.
D 3315

L 130 c Biographien

Gaus, G.: Zur Person. Von Adenauer bis Wehner. Portr. in Frage u. Antwort. Köln: Kiepenheuer & Witsch 1987. 310 S.
B 61961

Henscheid, E.: Erledigte Fälle. Bilder deutscher Menschen. Frankfurt: Zweitausendeins Verl. 1986. 179 S.
B 60739

Nayhauss, M. Graf von: Bonn vertraulich. Bergisch-Gladbach: Lübbe 1986. 240 S.
B 61314

Die Wahl-Bekanntschaften. 15 Portr. von Leuten, auf die es ankommt. Hrsg.: H.Riehl-Heyse. München: Kindler 1986. 176 S.
B 60168

Wider den Krieg. Große Pazifisten von Immanuel Kant bis Heinrich Böll. Hrsg.: C.Rajewsky. München: Beck 1987. 478 S.
B 61319

– Abendroth
Römer, P.: Recht und Demokratie bei Wolfgang Abendroth. Marburg: Verl. Arbeiterbew. u. Gesellschaftswiss. 1986. 44 S.
Bc 6723

– **Adenauer**

Adenauer, K.: Briefe über Deutschland, 1945-1951. Berlin: Siedler 1986. 117 S.
B 58653

Adenauer, K.: Werke, Ausz. Maximen für die Gegenwart. Hrsg.: K.O.Skibowski. Bergisch-Gladbach: Bastei Lübbe 1987. 126 S.
Bc 6809

Koerfer, D.: Kampf ums Kanzleramt. Erhard u. Adenauer. Stuttgart: DVA 1987. 894 S.
B 63026

Köhler, H.: Adenauer und die rheinische Republik. Der erste Anlauf 1918-1924. Opladen: Westdeutscher Verlag 1986. 287 S.
B 58959

Konrad Adenauer und der deutsche Bundestag. Hrsg.: H.Buchheim. Bonn: Bouvier 1986. 143 S.
Bc 6916

Poppinga, A.: Konrad Adenauer. Eine Chronik in Daten, Zitaten und Bildern. Bergisch-Gladbach: Lübbe 1987. 159 S.
B 61445

Schwarz, H.P.: [Konrad] Adenauer. Bd.1. 2.Aufl. Stuttgart: DVA 1986. 1018 S.
B 62134

Sternburg, W.von: Adenauer. E. deutsche Legende. Frankfurt: Athenäum 1987. 240 S.
B 61201

Weiss, F.R.von: Kriegsende und Neuanfang am Rhein. Konrad Adenauer in d. Berichten d. Schweizer Generalkonsuls Franz-Rudolph von Weiss, 1944-1945. Hrsg.: H.J. Küsters. München: Oldenbourg 1986. 258 S.
B 59896

– **Albertz**
Albertz, H.: "Ein radikaler Demokrat möchte ich schon sein". E.Gespräch m. H.W. Schwarze. Berlin: Argon Verl. 1986. 60 S.
Bc 7124

– **André**
Priewe, J.: Begegnung mit Etkar André. E. Lebensbild. Berlin: Dietz 1986. 270 S.
B 60386

– **Barbie**
Andel, H.J.: Kollaboration und Résistance. "Der Fall Barbie". München: Herbig 1987. 208 S.
B 64653

Poirot-Delpech, B.: Monsieur Barbie n'a rien à dire. Paris: Gallimard 1987. 157 S.
B 57237

Sanchéz, G.; Reimann, E.: Barbie in Bolivien. Köln: Pahl-Rugenstein 1987. 212 S.
B 63047

– **Barschel**
Waterkantgate. Die Kieler Affäre. E. Spiegel-Dok. Hrsg.: J. Bölsche. Göttingen: Steidl Verl. 1987. 271 S.
B 64636

– **Barzel**
Barzel, R.: Im Streit und umstritten. Anmerkungen zu Konrad Adenauer, Ludwig Erhard und den Ostverträgen. Frankfurt: Ullstein 1986. 235 S.
Bc 59617

– **Baudissin, W. Graf von**
Baudissin, W.Graf von: Friedensforschung und Sicherheitspolitik. Zum 80jähr. Geb. d.Gründungsdirektors des IFSH. Hamburg: IFSH 1987. 70 S.
Bc 6997

Im Dienst für Frieden und Sicherheit. Festschrift für Wolf Graf von Baudissin. Baden-Baden: Nomos-Verlagsges. 1985. 392 S.
B 56686

– **Bebel**
Gemkow, H.: August Bebel. 2.Aufl. Leipzig: Biograph. Inst. 1986. 109 S.
B 60381

– **Bek-gran**
Linse, U.; Rohrwasser, M.: Der Mann, der nicht B. Traven war. In: Bochumer Archiv für die Geschichte des Widerstandes und der Arbeit. 1987. Nr.8. S. 75-98.
BZ 4698:1987

– Berber
Berber, F.: Zwischen Macht und Gewissen. Lebenserinnerungen. Hrsg.:
I.Strauß. München: Beck 1986. 239 S.
B 58732

– Bergstässer
Bergstässer, L.: Befreiung, Besatzung, Neubeginn. Tagebuch d. Darmstädter Regierungspräsidenten 1945-1948. Hrsg.: W.Mühlhausen. München: Oldenbourg 1987. 415 S.
B 60231

– Bloch
Bloch, P.: Zwischen Hoffnung und Resignation. Als CDU-Politiker in Brandenburg 1945-1950. Köln: Verlag Wissenschaft und Politik 1986. 190 S.
B 59003

– Blüm
Ein echter Blüm. Eine kleine Sammlung heiterer Skizzen. Hrsg.: H.F.Brall. Frankfurt: Umschau Verl. 1985. 65 S.
B 57861

– Bölkow
Ludwig Bölkow und sein Werk – Ottobrunner Innovationen. Hrsg.: K.von Gersdorff. Koblenz: Bernard und Graefe 1987. 334 S.
010297

– Bonhoeffer
Dietrich Bonhoeffer. Sein Leben in Bildern u. Texten. Hrsg.: E.Bethge. München: Kaiser 1986. 239 S.
010067

– Bracher
Kühnhardt, L.: "Wissenschaft für die Demokratie". In: Zeitschrift für Politik. Jg.34, 1987. H.2. S. 107-121.
BZ 4473:34

– Brandt
Brandt, W.: Die Abschiedsrede. Berlin: Siedler 1987. 92 S.
B 62123

Lorenz, E.: Willy Brandt i Norge. In: Arbeiderhistorie. 1987. S. 113-129.
BZ 4920:1987

Willy Brandt – 50 Jahre Klassenzusammenarbeit im Interesse des Imperialismus. Essen: Arbeiterpresse Verl. 1987. 38 S.
Bc 7769

– Braun
Best, E.: Im Sog der Zeit. Die Jugendjahre des Jochen Braun, 1920 bis 1945. Koblenz: Görres-Verl. 1985. 351 S.
B 60477

Paul, G.: Max Braun. E. polit. Biographie. St.Ingbert: Röhrig 1987. 268 S.
B 62867

– Brodhäcker
Brodhäcker, L.: Reise mit unbekanntem Ziel. Ulrichstein: K. Brodhäcker 1986. 179 S.
B 62450

– Broszat
Broszat, M.: Nach Hitler. Der schwierige Umgang mit unserer Geschichte. Hrsg.: H.Graml. München: Oldenbourg 1986. 326 S.
B 59893

– Brüning
Der Reichskanzler H.Brüning. Das Brüning-Bild in der zeitgeschichtl. Forschung. Red.: F. Matuszczyk. Münster: Presseamt 1986. 90 S.
Bc 6284

– Buchheim
Merten, K.-F.; Baberg, K.: Wir U-Bootfahrer sagen: "Nein! So war das nicht!". Eine "Anti-Buchheim-Schrift". Großaitingen: Reiss Verl. 1986. 136 S.
B 59621

– Carl
Carl, W.: Unter dem Schwert des Damokles. Erlebte Zeitgeschichte. Ein deutsches Schicksal. Wickede: Hutters Verl. 1985. 556 S.
B 59306

– Carstens
Hanns Martin Schleyer-Preis 1986 und 1987. Verleihung an ...Karl Carstens... Köln: Bachem 1987. 108 S.
Bc 7733

– Clausewitz

Aron, R.: Sur Clausewitz. Bruxelles: Ed.Complexe 1987. 188 S.
Bc 6452

Romer, J.-C.: Quand l'Armée Rouge critiquait Clausewitz. In: Stratégique. 1987. No.33. S. 97-111.
BZ 4694:1987

– Darré

Bramwell, A.: Blood and soil. Richard Walther Darré and Hitler's "Green party". Abbotsbrook: The Kensal Pr. 1985. VIII, 288 S.
B 62016

– Dehler

Klingl, F.: "Das ganze Deutschland soll es sein!" – Thomas Dehler und die außenpolit. Weichenstellungen der fünfziger Jahre. München: Olzog 1987. 405 S.
B 62783

– Diehl

Diehl, G.: Ferne Gefährten. Erinnerungen an eine Botschaft in Japan. Frankfurt: Societäts-Verl. 1987. 391 S.
B 63467

– Dirks

Seiterich-Kreuzkamp, T.: Links, frei und katholisch – Walter Dirks. E.Beitr. zur Gesch. d. Katholizismus d. Weimarer Republik. Frankfurt: Lang 1986. X,469 S.
B 60077

– Dohm

Meißner, J.: Mehr Stolz, Ihr Frauen! Hedwig Dohm – eine Biographie. Red.: T.Kornbichler. Düsseldorf: Schwann 1987. 128 S.
Bc 6761

– Dohnanyi

Vernunft riskieren. Klaus von Dohnanyi z. 60.Geb. Hrsg.: P.Glotz. Hamburg: Christians 1988. 364 S.
B 66807

– Dönitz

Steinert, M.G.: Die alliierte Entscheidung zur Verhaftung der Regierung Dönitz. In: Militärgeschichtliche Mitteilungen. Jg.40, 1986. S. 85-99.
BZ 05241:40

– Dregger

Dregger, A.: Der Vernunft eine Gasse. Politik für Deutschland. Reden und Aufsätze. München: Univ. Verl. 1987. 217 S.
B 60741

– Ebert

Maser, W.: Friedrich Ebert. Der erste deutsche Reichspräsident. Eine polit. Biographie. München: Droemer Knaur 1987. 320 S.
B 61357

– Ehard

Dr. Hans Ehard, 1887-1980. E. Ausstellung des Bayerischen Hauptstaatsarchivs. München: Bayerisches Hauptstaatsarchiv 1987. 107 S.
Bc 02351

– Erhard

Laitenberger, V.: Ludwig Erhard. Der Nationalökonom als Politiker. Göttingen: Muster-Schmidt Verl. 1986. 242 S.
B 60310

– Filbinger

Filbinger, H.: Die geschmähte Generation. München: Univ. Verl. 1987. 364 S.
B 62828

Klönne, A.: Eine "geschmähte Generation"? Wie Hans Filbinger Remedur schaffen will. In: Blätter für deutsche und internationale Politik. 1988. Nr.7. S. 824-833.
BZ 4551:1988

– Fischer

Fischer, H.J.: Erinnerungen. T.1.2. Ingolstadt: Zeitgeschichtl. Forschungsstelle 1984/85. 190, 285 S.
09995

– Florin

Florin, W.: Gegen den Faschismus. Reden u. Aufsätze. Berlin: Dietz 1986. 216 S.
B 59800

– Frank

Frank, N.: Der Vater. Eine Abrechnung. München: Bertelsmann 1987. 282 S.
B 62821

– Fretter-Pico

Fretter-Pico, M.: Die Jahre danach. Erinnerungen 1945-1984. Osnabrück: Biblio-Verl. 1985. XI, 180 S.
B 59576

– Fugger

Jacobeit, S.: Elsa Fugger. Das Leben einer Widerstandskämpferin. In: Dachauer Hefte. Jg.3, 1987. H.3. S. 205-220.
BZ 4855:3

– Furtwängler

Prieberg, F.K.: Kraftprobe. Wilhelm Furtwängler im Dritten Reich. Wiesbaden: Brockhaus 1986. 495 S.
B 57580

– Gärtner

Gärtner, G.; Kramer, A.: Einer blieb da. Als deutscher Kriegsgefangener auf d. Flucht vor d. FBI. München: Universitas Verl. 1986. 256 S.
B 59554

– Gerstein

Katthagen, A.: Kurt Gerstein – eine deutsche Passion in der Hitlerzeit. Hagen: Selbstverlag 1985. 23 S.
Bc 02082

Roques, H.: Die "Geständnisse" des Kurt Gerstein. Leoni am Starnberger See: Druffel 1986. 196 S.
B 62032

– Glotz

Glotz, P.: Kampagne in Deutschland. Polit. Tagebuch 1981-1983. Hamburg: Hoffmann und Campe 1986. 317 S.
B 62132

– Goebbels

Bucher, P.: Goebbels und die Deutsche Wochenschau. In: Militärgeschichtliche Mitteilungen. Jg.40, 1986. S. 53-70.
BZ 05241:40

Fröhlich, E.: Joseph Goebbels und sein Tagebuch. In: Vierteljahrshefte für Zeitgeschichte. Jg.35, 1987. Nr.4. S. 489-522.
BZ 4456:35

Goebbels, J.: Die Tagebücher von... Sämtliche Fragmente. Interimsregister. 1987. 351 S. Hrsg.: E.Fröhlich. T.1-5. München: Saur 1987. 654, V,764; V,682; V,741; 351 S.
B 63141:1,1-5

Malanoswki, W.: "Meine Waffe heißt Adolf Hitler" Tagebücher des Joseph Goebbels (Teil I-IV). In: Der Spiegel. Jg.41, 1987. Nr.36-39. S. 152-172; 200-220; 182-205; 110-129.
BZ 05140:41

Singer, H.-J.: Michael oder der leere Glaube. In: 1999. Jg.2, 1987. Nr.4. S. 68-79.
BZ 4879:2

Wykes, A.: Joseph Goebbels. D. Reichspropagandaminister. Rastatt: Moewig 1986. 159 S.
B 60263

– Gollwitzer

Frei sagen, was Recht ist. Brigitte Gollwitzer, 1922 bis 1986. Red.: J.Böhme. Berlin: Aktion Sühnezeichen 1986. 72 S.
Bc 01953

– Göring

Elst, A.ver: Hermann Goering. Ijzeren ikaros. Het duitse luchtwapen doorheen twee wereldoorlogen. Antwerpen: De Vlijt 1987. 105 S.
Bc 02382

Overy, R.J.: Hermann Göring. Machtgier und Eitelkeit. München: Heyne 1986. 475 S.
B 60289

Swearingen, B.E.: The mystery of Hermann Goering's suicide. San Diego, Cal.: Harcourt Brace Jovanovich 1985. XVI, 253 S.
B 58023

– Gradl
Gradl, J.B.: Deutschland als Aufgabe. Politik und Nationalpädagogik. Reden, Essays u. Interviews, 1975-1985. Hrsg.: C.Hacke. Köln: Verlag Wissenschaft und Politik 1986. 199 S.
B 58582

– Gustloff
Ludwig, E.; Chotjewitz, P.O.: Der Mord in Davos. Texte z. Attentatsfall David Frankfurter – Wilhelm Gustloff. Herbstein: März 1986. 223 S.
B 58108

– Hamm-Brücher
Schilling, H.von: Wag zu sein wie Daniel! Hildegard Hamm-Brücher: E.Einzelkämpferin als Vorbild? Krefeld: la fleur Verl. 1987. 149 S.
Bc 6907

– Handwerker
Otto Handwerker. (1877-1947). Würzburg: Univ.-bibl. 1987. XI, 142 S.
Bc 7420

– Hartung
Hartung, B.: Durch Licht und Finsternis. 1904 bis 1985. Ein Arzt erzählt sein Leben. Vechta: Vechtaer Dr.u. Verl. 1986. 443 S.
B 60411

– Heß
Heß. Coburg: Nation Europa-Verl. 1987. 50 S.
Bc 02154

Heß, R.: Briefe, 1908-1933. Hrsg.: W.R.Heß. München: Langen Müller 1987. 439 S.
B 61303

Irving, D.: Rudolf Heß – ein gescheiterter Friedensbote? Graz: Stocker 1987. 479 S.
B 63129

Rudolf Heß. Märtyrer des Friedens. 46 Jahre Gefangener der Unmenschlichkeit. Hrsg.v.d. Bürgerinitiatie gegen Kriegsschuld- u. antideutsche Greuellügen. Stade: o.V. 1986. 20 S.
D 3611

Schwarzwäller, W.: Rudolf Heß. D. Stellvertreter. München: Delphin Verl. 1987. 271 S.
B 63136

– Hennig
Hennig, J.M.: Vom Kaiserreich zum Dritten Reich. Weg einer Jugend. Nürnberg: Preußler 1986. 244 S.
B 59624

– Heuschele
Heuschele, O.: Zwischen Blumen und Gestirnen. Gerabronn: Hohenloher Dr.u. Verl.Haus 1985. 127 S.
B 58813

– Hildebrandt
Hildebrandt, D.: Was bleibt mir übrig. Zeichnungen v.D.Hanitzsch. München: Kindler 1986. 315 S.
B 59792

– Hitler
El diario ilustrado de Hitler. Bogota: Educar Ed. 1985. 182 S.
09351

Harris, R.: Selling Hitler. New York, N.Y.: Pantheon Books 1986. 402 S.
B 61883

Kontroversen um Hitler. Hrsg.: W.Wippermann. Frankfurt: Suhrkamp 1986. 305 S.
B 62443

Lambert, M.: Un peintre nommé Hitler. Paris: Ed.France-Empire 1986. 217 S.
B 61186

Matanle, I.: Hitler. Eine Dokumentation in Bildern. Bindlach: Gondrom 1987. 176 S.
010431

Požar, P.: Sporazum Hitler Staljin. Zagreb: Stvarnost 1986. 281 S.
B 60929

Spence, R.; Spence, P.: Struwwelhitler.
Eine engl. Struwwelpeter-Parodie
a.d.Jahre 1941. Hrsg.: K.Riha. 2.Aufl.
Köln: iLV 1986. 95 S.
B 59926

Thormeyer, A.-D.: Leutnant des Heeres
bei Hitler, September 1941 – April 1943.
o.O.: o.V. o.J. 59 S.
Bc 7478

Zitelmann, R.: Hitler. Selbstverständnis
eines Revolutionärs. Hamburg: Berg
1987. X, 485 S.
B 61225

– Hornung
Hornung, G.: Schrimm, Schroda,
Bomst... Kein Roman. 2.Aufl. Leer:
Rautenberg 1986. 181 S.
B 60875

– Hupka
Für unser Schlesien. Festschrift f.
Herberty Hupka. Hrsg.: H.Neubach.
München: Langen Müller 1985. 347 S.
B 58606

Hupka, H.: Schlesisches Credo.
München: Langen Müller 1986. 349 S.
B 62194

– Jacob
Knobloch, H.: "Meine liebste Mathilde".
Das unauffällige Leben der Mathilde
Jacob. Berlin: Arsenal 1986. 243 S.
B 58323

– Just-Dahlmann
Just-Dahlmann, B.; Just, H.: Die Gehilfen.
NS-Verbrechen und die Justiz nach 1945.
Frankfurt: Athenäum 1988. 326 S.
B 65299

– Käber
Lubowitz, F.: Wilhelm Käber. Regierung
und Opposition. Kiel: Neuer Malik Verl.
1986. 86 S.
Bc 7324

– Kalbitzer
Kalbitzer, H.: Widerstehen oder mit-
machen. Eigensinnige Ansichten u. sehr
persönl. Erinnerungen. Hamburg: VSA-
Verl. 1987. 153 S.
Bc 7801

– Katte
Katte, M.von: Schwarz auf weiß. Erinnerungen e. Neunzigjährigen. Berlin: Siedler 1987. 210 S.
B 62801

– Kautsky
Gilcher-Holtey, I.: Das Mandat des Intellektuellen. Karl Kautsky und die Sozialdemokratie. Berlin: Siedler 1986. 330 S.
B 59870

Kautsky, K.: Karl Kautsky und die Sozialdemokratie Südosteuropas. Korrespondenz 1883-1938. Hrsg.: G.Haupt. Frankfurt: Campus Verlag 1986. 649 S.
B 59790

– Kessel
Eberhard Kessel. Ansprachen gehalten
anläßl. d. akadem. Trauerfeier des Fachbereichs 16... Mainz: Johannes-Guten-
berg-Univ. 1986. 28 S.
Bc 6248

– Koch
Koch, F.: Oldenburg 1945. Erinnerungen
e. Bürgermeisters. 2.Aufl. Oldenburg:
Holzberg 1985. 152 S.
B 55885

– Kofler
Kofler, L.: "Die Kritik ist der Kopf der
Leidenschaft". Aus d. Leben e. marxist.
Grenzgängers. E. Gespräch anläßl. seines
80. Geb. Hamburg: VSA-Verl. 1987.
122 S.
Bc 6561

– Kohl
Bundeskanzler Dr. Helmut Kohl zur
deutsch-jüdischen Frage in Verbindung
mit der Rolle des Leo-Baeck-Inst. Hrsg.:
R.Vogel. Bonn: Selbstverlag 1986. 35 S.
Bc 01955

Henscheid, E.: Helmut Kohl. Biographie
einer Jugend. Zürich: Haffmans 1985.
222 S.
B 57288

Der Kohl/Goebbels-Skandal. Dok.:
Newsweek-Interview u. weiteres. Hrsg.:
Die Friedensliste. Bonn: o.V. 1986. 11 S.
D 03648

Kühn, V.; Walter, G.: Ich bejahe die Frage rundherum mit Ja. Einführung in die Kanzlersprache. Hamburg: Rasch und Röhring 1985. o.Pag.
B 57573

– Krause-Brewer
Krause-Brewer, F.: Vom Brahmsee bis Shanghai. Begegnungen mit Leuten von Format. München: Knaus 1987. 267 S.
B 60695

– Kröhnke
Kröhnke, F.: Zweiundsiebzig. Das Jahr, in dem ich sechzehn wurde. Frankfurt: Materialis Verl. 1987. 94 S.
Bc 7511

– Kühn
Kühn, H.: "Stets auf dem Weg, niemals am Ziel". Reden und Aufsätze 1932 bis heute. Bonn: Verl.Neue Gesellschaft 1987. XX, 399 S.
B 61302

– Küster
Küster, I.: Es ist genug! Überlebens-Erinnerungen einer Pazifistin. Hamburg: Buntbuch Verl. 1986. 107 S.
Bc 7119

– Lafontaine
Lafontaine, O.: Das Westbündnis nach Doppelnull. Europäische Sicherheitspolitk. In: Die neue Gesellschaft – Frankfurter Hefte. Jg.34, 1987. Nr.11. S. 976-982.
BZ 4572:34

– Landauer
Cantzen, R.: Wider den Dampfmaschinensozialismus. In: L'80. Zeitschrift für Literatur und Politik. 1987. H.41. S. 34-50.
BZ 4644:1987

Landauer, G.: Gustav Landauer im "Sozialist". Aufsätze über Kultur, Politik u. Utopie (1892-1899). Hrsg.: R.Link-Salinger. Frankfurt: Suhrkamp 1986. 376 S.
B 61306

– Lehfeldt
Lehfeldt, W.: Gut Lehfelde. Eine deutsche Geschichte 1932-1950. Wiesbaden: Limes 1986. 231 S.
B 60339

– Liebknecht
Liebknecht, W.: Gegen Militarismus und Eroberungskrieg. Aus Schriften und Reden. Berlin: Dietz 1986. 283 S.
B 58555

– Loeser
Loeser, F.: Sag nie, du gehst den letzten Weg. Ein deutsches Leben. Köln: Bund-Verl. 1986. 235 S.
B 61308

– Löwenthal
Löwenthal, G.: Ich bin geblieben. Erinnerungen. München: Herbig 1987. 397 S.
B 64226

– Löwith
Löwith, K.: Mein Leben in Deutschland vor und nach 1933. E. Bericht. Stuttgart: Metzler 1986. XVI, 160 S.
B 58739

– Luxemburg
Luxemburg, R.: Politische Schriften. Hrsg.: O.K.Flechtheim. Frankfurt: Athenäum 1987. 587 S.
B 61701

– Mackinnon
Mackinnon, M.: The naked years. Growing up in Nazi Germany. London: Chatto & Windus 1987. VII, 304 S.
B 62484

– Mann
Mann, G.: Erinnerungen und Gedanken. Eine Jugend in Deutschland. Frankfurt: Fischer 1986. 575 S.
B 59626

– Marcuse
Roth, R.: Rebellische Subjektivität. Herbert Marcuse u. d. neuen Protestbewegungen. Frankfurt: Campus Verlag 1985. 338 S.
B 56957

– Marx
Draper, H.: Karl Marx' theory of revolution. Vol.1-3. New York: Monthly Review Pr. 1977-86. 748, 757, 462 S.
B 62988

Draper, H.: The Marx-Engels chronicle. A day-by-day chronology of Marx and Engels' life and activity. Vol.1.2. New York: Schocken Books 1985. XXII, 297: XXX, 271 S.
B 57639

Elster, J.: Making sense of Marx. Cambridge: Cambridge Univ.Pr. 1985. XV, 556 S.
B 57697

Gemkow, H.: Karl Marx' letzter Aufenthalt in Deutschland. Als Kurgast in Bad Neuenahr 1877. Wuppertal: Marx-Engels-Stiftung 1986. 82 S.
Bc 7053

Guarneri, E.: Karl Marx. Le grandi polemiche. Palermo: Mazzone 1987. 175 S.
B 62144

Little, D.: The scientific Marx. Minneapolis, Minn.: Univ. of Minnesota Pr. 1986. XII, 244 S.
B 61706

Mader, N.: Philosophie als politischer Prozeß. Karl Marx und Friedrich Engels – ein Werk im Werden. Köln: Pahl-Rugenstein 1986. 319 S.
B 60298

Marx, K.: A reader. Ed.: J.Elster. Cambridge: Cambridge Univ.Pr. 1986. VI, 345 S.
B 60474

Marx... ou pas? Réflexions sur un centenaire. Paris: Études et Documentation internationales 1986. 340 S.
B 59676

Oakley, A.: Marx's critique of political economy. Intellectual sources and evolution. Vol.1.2. London: Routledge & Kegan Paul 1984-85. XIV, 266: X,342 S.
B 56421

Page, L.R.: Karl Marx and the critical examination of his work. London: The Freedom Ass. 1987. 150 S.
Bc 8005

Riemer, N.: Karl Marx and prophetic politics. New York: Praeger 1987. XIII, 163 S.
B 61747

Sherover-Marcuse, E.: Emancipation and consciousness. Dogmatic and dialectical perspectives in the early Marx. Oxford: Blackwell 1986. VIII, 211 S.
B 60317

Suchting, W.A.: Marx and philosophy. Three studies. Basingstoke: Macmillan 1986. XX, 133 S.
B 58965

– Mauss
Aust, S.: Mauss. Ein deutscher Agent. Hamburg: Hoffmann und Campe 1988. 388 S.
B 64593

– Mengele
Astor, G.: The "last" Nazi. The life and times of Dr. Joseph Mengele. London: Weidenfeld and Nicolson 1985. XII, 305 S.
B 59373

Posner, G.L.; Ware, J.: Mengele. The complete story. London: Queen Anne Pr. 1986. XIX, 364 S.
B 60442

– Mennecke
Mennecke, F.: Friedrich Mennecke. Innenansichten e. medizinischen Täters im Nationalsozialismus. Bd. 1.2. Hamburg: Hamburger Inst. für Sozialforschung 1987. 1721 S.
B 62065

– Mertes
Alois Mertes zur Erinnerung. Ansprachen und Nachrufe. Hrsg.: P. Jenninger. Kevelaer: Butzon u. Bercker 1986. 79 S.
Bc 6752

– Michael, Prinz von Preußen
Michael, Prinz von Preußen; Weth, G.A.: Ein Preußenprinz zu sein. München: Langen Müller 1986. 245 S.
B 60071

– Michels
Michels, R.: Masse, Führer, Intellektuelle.
Politisch-soziolog. Aufsätze 1906-1933.
Frankfurt: Campus 1987. 310 S.
B 60894

– Niemoeller
Michael, R.: Theological myth, German
antisemitism and the holocaust: the case
of Martin Niemoeller. In: Holocaust and
genocide studies. Vol.2, 1987. No.1.
S. 105-122.
BZ 4870:2

– Niemöller
Karnick, H.; Richter, W.: Niemöller. Was
würde Jesus dazu sagen? Eine Reise
durch e. protestant. Leben. Frankfurt:
Röderberg 1986. 166 S.
B 59950

– Noske
Wette, W.: Gustav Noske. E. polit. Biogra-
phie. Düsseldorf: Droste 1987. 876 S.
B 63530

– Ossietzky
Carl von Ossietzky. Republikaner ohne
Republik. Hrsg.: H.Donat. Bremen:
Donat u. Temmen 1986. 112 S.
Bc 6210

– Papen von
Adams, H.M.; Adams, R.K.: Rebel
patriot. A biography of Franz von Papen.
Santa Barbara: McNally and Loftin 1987.
513 S.
010312

– Pechtold
Pechtold, F.: Der Pimpf. Eine Familie
erlebt den Krieg im Kölner Land und in
Coburg. Sulzbach/Taunus: Selbstverlag
1987. 128 S.
Bc 7412

– Pieck
Pieck, W.: Im Kampf um den Frieden.
Ausgew. Reden und Schriften, 1918-1959.
Berlin: Dietz 1985. 462 S.
B 58554

– Plenge
Schildt, A.: Ein konservativer Prophet
moderner nationaler Integration. In:
Vierteljahrshefte für Zeitgeschichte.
Jg.35, 1987. Nr.4. S. 523-570.
BZ 4456:35

– Pohrt
Pohrt, W.: Zeitgeist, Geisterzeit.
Kommentare u. Essays. Berlin: Ed.
Tiamant 1986. 174 S.
B 59912

– Raabe
Raabe, F.: Berlin – Lubichow und zurück.
Bilder einer bedrohten Jugend, 1939-
1949. München: Don Bosco Verl. 1986.
227 S.
B 58572

– Rabe von Pappenheim
Rabe von Pappenheim, F.K.: Erinnerungen
des Soldaten und Diplomaten 1914-1955.
Osnabrück: Biblio-Verl. 1987. 312 S.
B 64592

– Rathenau
Rathenau, W.: Kritik der dreifachen
Revolution. Apologie. Nördlingen:
Greno 1987. 140 S.
Bc 7271

– Rau
Bickerich, W.; Leinemann, J.; Leyendecker,
H.: Bruder Johannes. Herausforderer
Rau. Reinbek: Rowohlt 1986. 219 S.
B 57567

Filmer, W.; Schwan, H.: Johannes Rau.
Düsseldorf: Econ 1986. 404 S.
B 58742

– Reuter
Schwenger, H.: Ernst Reuter. Ein Zivilist
im Kalten Krieg. München: Piper 1987.
107 S.
Bc 7041

– Rommel
Zavala Verdugo, C.: El mariscal Erwin
Rommel. Santiago: Estado Mayor
General del Ejército 1986. 119 S.
Bc 02119

– Rosenstock-Huessy
Bossle, L.: Das Wirken von Eugen Rosenstock-Huessy an der Universität Breslau. Politische Studien In: Politische Studien. Jg.38, 1987. Nr.295. S. 540-545.
BZ 4514:38

– Schallenberger
Schallenberger, E.H.: Zur Auseinandersetzung mit Politik und Zeitgeschichte. Beitr. aus 25 Jahren. Königstein: Hain bei Athenäum 1985. XXI, 138 S.
B 58687

– Scheel
Nachdenken über gestern und morgen. Neue Jahresgespräche mit d. Bundespräsidenten Walter Scheel, Karl Carstens und Richard von Weizsäcker m. A.-L. Edingshaus. München: Piper 1986. 138 S.
Bc 6721

– Schiltes
Laqueur, E.Z.; Breitmann, R.: Der Mann, der das Schweigen brach. Frankfurt: Ullstein 1986. 304 S.
B 59869

– Schleifstein
Schleifstein, J.: Der Intellektuelle in der Partei. Gespräche. Marburg: Verl. Arbeiterbew. u. Gesellschaftswiss. 1987. 184 S.
Bc 7419

– Schmid
Hirscher, G.: Carlo Schmid und die Gründung der Bundesrepublik. E. polit. Biographie. Bochum: Studienverl. Brockmeyer 1986. IV, 411 S.
B 64115

– Schmidt
Kardel, H.: Von Barmbek bis Bergedorf – Helmut Schmidt. Hrsg.: Arbeitsring Gedankenfreiheit. Hamburg: o.V. o.J. 18 S.
D 3461

Schmidt, H.: A grand strategy for the West. The anachronism of national strategies in an interdependent world. New Haven: Yale Univ.Pr. 1985. XVIII, 159 S.
B 57435

Schmidt, H.: Menschen und Mächte. Berlin: Siedler 1987. 474 S.
B 63091

Schmidt, H.: Die nüchterne Leidenschaft der praktischen Vernunft. Die Abschiedsreden des Bundeskanzlers a.D. Berlin: Röll 1988. 71 S.
Bc 7729

– Schmitt
Taubes, J.: Ad Carl Schmitt. Gegenstrebige Fügung. Berlin: Merve Verl. 1987. 80 S.
Bc 6734

– Schröder
Knütel, R.; Schwarz, H.P.; Schröder, G.: Jurist und Politiker. Ansprachen anläßl. des goldenen Doktorjubiläums v.Dr. Gerhard Schröder... Bonn: Bouvier Verl. H. Grundmann 1985. 39 S.
Bc 7615

Schröder, G.: Der Herausforderer... im Gespräch m. P.Gatter. München: Kindler 1986. 143 S.
B 58589

Schröder, H.: "Olle Icke" erzählt. Über Widerstand, Strafdivision und Wiederaufbau. Berlin: Verl.f. Ausbildung u. Studium i.d. Elefanten Pr. 1986. 188 S.
B 59692

– Schuierer
Duschinger, O.: Unbestechlich. Hans Schuierer. E. Leben für d. Bürger u. gegen d. WAA. Burglengenfeld: Lokal Verl. 1986. 304 S.
B 60365

– Schulenburg, Graf v.d.
Sommer, E.F.: Botschafter Graf Schulenberg. Der letzte Vertreter des Dt. Reiches in Moskau. Asendorf: Mut Verl. 1987. 150 S.
Bc 7110

– Schwerin, Gräfin zu
Schwerin, E. Gräfin zu: Kormorane, Brombeerranken. Erinnerungen an Ostpreußen. München: Langen Müller 1986. 291 S.
B 59905

– Späth

Filmer, W.; Schwan, H.: Lothar Späth.
Düsseldorf: Econ 1987. 363 S.
B 62217

Späth, L.: Eine echte Späthlese. Hrsg.:
H.Reuther. Bonn: Ed. transcontact 1986.
71 S.
B 60139

– Stahlberg

Stahlberg, A.: Die verdammte Pflicht.
Erinnerungen 1932-1945. Berlin: Ullstein
1987. 447 S.
B 63025

– Stein

Böhm, W.: Im Schatten von Golgota.
2.Aufl. Freising: Kyrios-Verl. 1987. 88 S.
Bc 6792

Stein, R.: Vom Wehrmachtsstraflager zur
Zwangsarbeit bei Daimler-Benz. In:
1999. Jg.2, 1987. Nr.4. S. 20-51.
BZ 4879:2

– Steinbuch

Steinbuch, K.: Schluß mit der ideologi-
schen Verwüstung. Plädoyer für die
brachliegende Vernunft. Herford: Busse
Seewald 1986. 206 S.
B 60050

– Strauss

Franz Josef Strauss. Erkenntnisse, Stand-
punkte, Ausblicke. Hrsg.: K.Carstens.
München: Bruckmann 1985. 604 S.
B 57588

– Stresemann

Jenke, M.: Bonn – besser als Weimar?
Gustav Stresemann als Beispiel – in der
Bundesrepublik wäre er nur ein Außen-
seiter. Göttingen: Jenke 1985. 176 S.
B 59622

– Thälmann

Maur, H.: Ernst-Thälmann-Gedenkstät-
ten. Historische Stätten der Erinnerung
u. des Gedenkens an... Berlin: Verl.
Junge Welt 1986. 78 S.
Bc 8034

Przybylski, P.: Mordsache Thälmann.
Berlin: Militärverlag der DDR 1986.
239 S.
B 59124

Wimmer, R.; Wimmer, W.: Kampf dem
Faschismus. Thälmann 1929-1933. Frankfurt: Verlag Marxistische Blätter 1986.
355 S.
B 58097

– Troeger

Troeger, H.: Interregnum. Tagebuch d.
Generalsekretärs d. Länderrats der
Bizone 1947-1949. Hrsg.: W.Benz.
München: Oldenbourg 1985. 211 S.
B 60203

– Vogels

Romeyk, H.: Alois Vogels (1887-1964). In:
Geschichte im Westen. Jg.2, 1987. H.2.
S. 179-190.
BZ 4865:2

– Wachenfeld

Wachenfeld, S.: Maisbrot und Rübenkraut.
Düsseldorf: Droste 1985. 148 S.
B 58949

– Wallmann

Wallmann, W.: Regierungswechsel und
Kontinuität im demokratischen Bundes-
staat. Ansprache v.d.Bundesrat am
15.Mai 1987. Bonn: Bundesrat 1987.
13 S.
Bc 6603

– Weber

Küttler, W.; Hauer, F.: Max Weber – Wir-
kung, Werk Methode. In: Zeitschrift für
Geschichtswissenschaft. Jg.35, 1987.
Nr.8. S. 675-697.
BZ 4510:35

– Wehner

Der Onkel. Herbert Wehner im Gesprächen u. Interviews. Hrsg.: K.Terjung.
Hamburg: Hoffmann und Campe 1986.
287 S.
B 58253

Scholz, G.: Herbert Wehner. Düsseldorf:
Econ Verl. 1986. 387 S.
B 58968

– Weizsäcker von
Eine Rede und ihre Wirkung. Die Rede
d. Bundespräsidenten Richard von
Weizsäcker vom 8.Mai 1985 anläßl. d.
40.Jahrestages d. Beendigung d. Zweiten
Weltkrieges. Berlin: Röll 1986. 191 S.
B 60300

Hill, L.E.: The genesis and interpretation
of the memoirs of Ernst von Weizsäcker.
In: German studies review. Vol.10, 1987.
No.3. S. 443-480.
BZ 4816:10

Schulze, H.R.; Wördehoff, B.: Richard von
Weizsäcker. E. dt. Präsident. München:
Bertelsmann 1987. 263 S.
010406

Staatsbesuche. M.d. Bundespräsidenten
unterwegs. Hrsg.: H.Reuther. Bonn: Ed.
transcontact 1986. o.Pag.
010139

Weizsäcker, K.F.von: Bewußtseinswandel.
München: Hanser 1988. 476 S.
B 65665

Weizsäcker, R.von: Grundkonsens und
Orientierung. Reden des Bundespräsidenten... Hamburg: Landeszentrale f.
polit. Bildung 1988. 185 S.
Bc 7746

Weizsäcker, R.von: Reden und Interviews.
T.1. Bonn: Presse- u. Informationsamt d.
Bundesregierung 1986. 452 S.
B 59059

– Witt
Witt, H.: Ein Leben für die Seefahrt.
Erinnerungen des Kapitäns zur See...
Isenbüttel: Aurora Verl. 1986. 119 S.
Bc 6840

– Wörner
Wörner, M.: Frieden in Freiheit. Beitr. z.
Sicherheits- u. Verteidigungspol.
Koblenz: Bernard und Graefe 1987.
260 S.
B 62969

L 130 d Land und Volk

Das Dritte Reich und die ukrainische
Frage. Dokumente 1934-1944. Hrsg.:
W.Kosyk. München: Ukrainisches Inst.
1985. 227 S.
B 59763

Schröder, D.: Die Elbe-Grenze. Rechts-
fragen u. Dokumente. Baden-Baden:
Nomos-Verlagsges. 1986. 97 S.
B 59550

L 130 d 10 Minoritäten

– bis 1945

Gilsenbach, R.: Die Verfolgung der Sinti –
ein Weg, der nach Auschwitz führte. In:
Beiträge zur Nationalsozialistischen
Gesundheits- und Sozialpolitik. Jg.6,
1988. Nr.6. S. 11-41.
BZ 4837:6

Gilsenbach, R.: Wie Lolitschai zur Doktor-
würde kam. In: Beiträge zur Nationalsozialistischen Gesundheits- und Sozialpolitik. Jg.6, 1988. Nr.6. S. 101-134.
BZ 4837:6

Hörling, H.: Das Deutschlandbild in der
Pariser Tagespresse vom Münchner
Abkommen bis zum Ausbruch des II.
Weltkrieges. Quantitative u. qualitative
Analyse. Frankfurt: Lang 1985. 251 S.
B 57396

Pinn, I.: Die "Verwissenschaftlichung"
völkischen und rassistischen Gedanken-
gutes am Beispiel der Zeitschrift "Volk
und Rasse". In: 1999. Jg.2, 1987. Nr.4.
S. 80-95.
BZ 4879:2

Zabel, H.: Verschwiegen – vergessen –
verdrängt. Altes u. Neues vom Heimatverein. Handlanger des Nationalsozialismus? Frankfurt: Haag u.Herchen 1986.
92 S.
Bc 7135

– nach 1945

Ackermann, M.: Der begrenzte Blick. In: Deutschland-Archiv. Jg.20, 1987. Nr.8. S. 822-833.
BZ 4567:20

Farbe bekennen. Afro-deutsche Frauen auf den Spuren ihrer Geschichte. Hrsg.: K.Oguntoye. Berlin: Orlanda Frauenverl. 1986. 243 S.
B 59152

Gegen die Verfolgung kurdischer Organisationen in NRW! Hrsg.: Landesvorstand der Volksfront NRW. Köln: o.V. 1987. 23 S.
D 3568

Geteiltes Land – halbes Land? Essays über Deutschland. Frankfurt: Ullstein 1986. 240 S.
B 60284

Liman, S.: Polacy w Hamburgu w latach 1946-1975. In: Przeglad zachodni. R.41, 1985. No.1. S. 47-61.
BZ 4487:41

Pozorny, R.: Volk ohne Grenzen. Deutsches Land in fremder Hand. München: DSZ-Verl. 1986. 192 S.
B 58548

Rassenmythos und Sozialwissenschaften in Deutschland. E. verdrängte Kapitel sozialwiss. Wirkungsgeschichte. Hrsg.: K. Klingemann. Opladen: Westdeutscher Verlag 1987. 395 S.
B 62802

Scharf, W.: Das Bild der Bundesrepublik Deutschland in den Massenmedien der DDR. E. empir. Unters. von Tageszeitungen, Hörfunk u. Fernsehen. Frankfurt: Lang 1985. o.Pag.
B 56952

Winter, M.: Kontinuität in der deutschen Zigeunerforschung und Zigeunerpolitik. In: Beiträge zur Nationalsozialistischen Gesundheits- und Sozialpolitik. Jg.6, 1988. Nr.6. S. 135-152.
BZ 4837:6

L 130 d 20 Juden

– bis 1945

Abrams, A.: Special treatment. The untold story of Hitler's third race. Secaucus, N.J.: Lyle Stuart 1985. 261 S.
B 58069

Bankier, D.: Hitler and the policy-making process on the Jewish question. In: Holocaust and genocide studies. Vol.3, 1988. No.1. S. 1-20.
BZ 4870:3

Colloque de l'Ecole des Hautes Etudes en sciences sociales. L'Allemagne nazie et le génocide juif. Paris: Gallimard 1985. 600 S.
B 58638

Dertinger, A.: Weiße Möwe, gelber Stern. Das kurze Leben d. Helga Beyer. E. Bericht. Berlin: Dietz 1987. 207 S.
B 61317

Diamant, A.: Das zweite Buch Ruth. Der Leidensweg einer Frankfurter jüdischen Familie bis in die Vernichtungslager. Frankfurt: Selbstverlag 1986. XI, 110 S.
B 59520

Eckardt, A.R.: Is there a way out of the Christian crime? The philosophic question of the Holocaust. In: Holocaust and genocide studies. Vol.1, 1986. No.1. S. 121-126.
BZ 4870:1

Eschelbacher, R.M.: Der Zehnte November 1938. In: Geschichte im Westen. Jg.2, 1987. H.2. S. 199-206.
BZ 4865:2

Faust, A.: Die "Kristallnacht" im Rheinland. Dokumente z. Judenprogrom im Nov. 1938. Düsseldorf: Schwann 1987. 224 S.
B 62466

Freeden, H.: Die jüdische Presse im Dritten Reich. E. Veröffentl. des Leo Baeck Inst. Frankfurt: Jüdischer Verl. bei Athenäum 1987. 203 S.
B 63139

Funke-Westermann, L.; Kratzsch, F.: Geachtet und geächtet. Twistringen und seine Juden, 1933-1943. Harpstedt: Lampe 1985. 62 S.
Bc 7415

Gedenkbuch. Opfer der Verfolgung der Juden unter der nationalsozialistischen Gewaltherrschaft in Deutschland 1933-1945. Bd.1.2. Koblenz: Bundesarchiv 1986. XVI, 1822 S.
02440

Hartwig, T.; Roscher, A.: Die verheißene Stadt. Deutsch-jüdische Emigranten in New York. Gespräche, Eindrücke u. Bilder. Berlin: Das Arsenal 1986. 175 S.
B 62184

Heim, S.; Aly, G.: Die Ökonomie der "Endlösung". In: Beiträge zur Nationalsozialistischen Gesundheits- und Sozialpolitik. 1987. Nr.5. S. 11-90.
BZ 4837:1987

Juden in der Weimarer Republik. Hrsg.: W.Grag. Sachsenheim: Burg Verl. 1986. 386 S.
B 60340

Die jüdische Emigration aus Deutschland, 1933-1941. 60 exempl. Biographien. Frankfurt: Dt. Bibliothek 1986. 40 S.
Bc 7043

Kleinert, B.; Prinz, W.: Namen und Schicksale der Juden Kassels 1933-1945. Ein Gedenkbuch. Kassel: Stadtarchiv 1986. 248 S.
010433

Littell, F.H.: Holocaust and Genocide: The essential dialectic. In: Holocaust and genocide studies. Vol.2, 1987. No.1. S. 95-104.
BZ 4870:2

Milton, S.: Images of the Holocaust – P.I. In: Holocaust and genocide studies. Vol.1, 1986. No.1. S. 27-61.
BZ 4870:1

Nathorff, H.: Das Tagebuch der Hertha Nathorff. Berlin – New York. Aufzeichnungen 1933 bis 1945. Hrsg.: W.Benz. München: Oldenbourg 1987. 212 S.
B 62075

Rey, M.van: Die Juden von Königswinter. In: Geschichte im Westen. Jg.2, 1987. H.2. S. 191-198.
BZ 4865:2

Roth, J.K.: On seeing the invisible dimensions of the Holocaust. In: Holocaust and genocide studies. Vol.1, 1986. No.1. S. 147-153.
BZ 4870:1

Schmitter, P.: Geschichte der Alpener Juden. Alpen: A. Theuvsen 1986. 143 S.
Bc 6915

Spiegel, M.: Retter in der Nacht. Wie eine jüdische Familie überlebte. M. e. Chronik der faschist. Judenverfolgung. Frankfurt: Röderberg 1987. 86 S.
Bc 7036

Spiero, C.: Und wir hielten sie für Menschen. Jüdisches Schicksal während der Emigration. Tatsachenbericht. Frankfurt: Haag u.Herchen 1987. 211 S.
Bc 7353

Strauss, H.A.: Essays on the history, persecution, and emigration of German Jews. New York, N.Y.: Saur 1987. 411 S.
B 37999:6

Thalmann, R.; Feinermann, E.: Die Kristallnacht. Frankfurt: Jüdischer Verl. bei Athenäum 1987. 235 S.
B 61205

Zimmermann, M.: Gedenken mit Verdrängungskomponente. Die Erinnerung an die "Reichskristallnacht". In: Geschichtswerkstatt. 1988. H.14. S. 39-43.
BZ 4937:1988

– nach 1945

Begegnungen. Judentum u. Antisemitismus in Zeit u. Geist. München: Schobert 1986. 164 S.
B 60173

Broder, H.M.: Der ewige Antisemit. Über Sinn u. Funktion e. beständigen Gefühls. Frankfurt: Fischer 1986. 287 S.
B 58566

Büttner, U.: Not nach der Befreiung. Die Situation der deutschen Juden in der britischen Besatzungszone 1945 bis 1948. Hamburg: Landeszentrale f.polit.Bildung 1986. 86 S.
Bc 6812

Diner, D.: Zwischen Aporie und Apologie. Über Grenzen der Historisierbarkeit der Massenvernichtung. In: Babylon. 1987. H.2. S. 23-33.
BZ 4884:1987'

Epstein, H.: Die Kinder des Holocaust. Gespräche mit Söhnen u. Töchtern von Überlebenden. München: Beck 1987. 334 S.
B 61080

Lichtenstein, E.: Bericht an meine Familie. E. Leben zwischen Danzig u. Israel. Darmstadt: Luchterhand 1985. 244 S.
B 57577

Puvogel, U.: Gedenkstätten für die Opfer des Nationalsozialismus. E. Dokumentation. Bonn: Bundeszentrale für polit. Bildung 1987. 831 S.
B 61988

Thalmann, R.: La normalisation du passé? La République fédérale d'Allemagne et le problème juif. In: Vingtième siècle. 1987. Nr.16. S. 55-65.
BZ 4941:1987

Weinberg, W.: Self-portrait of a Holocaust survivor. Jefferson, N.C.: McFarland 1985. XI, 196 S.
B 59506

Wir stellen uns unserer Geschichte. Deutsch-israel. Lehrerseminar im Okt. 1985 in Braunschweig. Frankfurt: GEW 1987. 169 S.
B 62265

Zensur findet nur in Notfällen und in verschleierter Form statt: E.Dokum. üb.d. nachträgl. Streichung v. Diskussionsbeiträgen, die im Mai 1984 auf e.Tagung üb. d. Mord an d. europäischen Juden gehalten wurden. In: Mitteilungen. Dokumentationsstelle zur NS-Sozialpolitik. Jg.1, 1985. H.7/8. S. 117-137.
BZ 05529:1

Zwerenz, G.: Die Rückkehr des toten Juden nach Deutschland. Ismaning b. München: Hueber 1986. 254 S.
B 59748

L 130 e Staat und Politik

Albertz, H.: Miserere nobis. E. polit. Messe. München: Kindler 1987. 159 S.
B 64343

Anleitung zum Mächtigsein. Verbraucherinnenboykott. Hrsg.: Werkstatt f. Gewaltfreie Aktion, Baden. Freiburg: o.V. 1987. 36 S.
D 03796

Aufbrüche. Die Chronik der Republik 1961-1986. Hrsg.: F. Druve. Reinbek: Rowohlt 1986. 842 S.
B 59805

Bader, H.H.: Deutschland vor der Entscheidung. Leoni am Starnberger See: Druffel 1987. 238 S.
B 63933

Bölling: Bonn von außen betrachtet. Briefe an e. alten Freund. Stuttgart: DVA 1986. 240 S.
B 59561

Bundesrepublik Deutschland und Deutsche Demokratische Republik. D. beiden deutschen Staaten im Vergleich. Hrsg.: E.Jesse. 4.Aufl. Berlin: Colloquium Verl. 1985. 450 S.
B 57333

Chancen des Friedens. ...Analysen, Thesen, Diskussionen. Hrsg.: K.Ipsen. Baden-Baden: Nomos-Verlagsges. 1986. 158 S.
B 59549

Derbyshire, I.: Politics in West Germany. From Schmidt to Kohl. Edinburgh: Chambers 1987. VII, 148 S.
Bc 7619

Das Dritte Reich. Dokumente zur Innen- und Außenpolitik. Hrsg.: W.Michalka. Bd.1.2. München: dtv 1985. 341 S.
B 57330

Edinger, L.J.: West German Politics. New York: Columbia Univ.Pr. 1986. XV, 342 S.
B 58048

Engelmann, B.: Schwarzbuch. Das Kohl u. Co-Komplott. Göttingen: Steidl 1986. 137 S.
B 59909

Evert, H.J.: Vor Fünfundvierzig und danach. Zeitgeschichte kritisch gesehen. Fischbachau: Evert-Verl. 1985. 333 S.
B 62788

Gegen den Versuch, Vergangenheit zu verbiegen. E. Diskussion um polit. Kultur in d. Bundesrepublik a. Anlaß d. Frankfurter Römerberggespräche 1986. Hrsg.: H.Hoffmann. Frankfurt: Athenäum 1987. 180 S.
B 61200

Greiffenhagen, M.: Von Potsdam nach Bonn. Zehn Kapitel zur politischen Kultur Deutschlands. München: Piper 1986. 246 S.
B 58110

Kieler Reden zur Politik. Hannover: Landeszentrale f.polit.Bildung 1985. 100 S.
Bc 6272

Kirsch, B.: Westdrall – Ostdrift. Wie selbständig darf deutsche Politik sein? Osnabrück: Fromm 1985. 108 S.
B 58590

Krieg verhindern – seine Vorbereitung stören. Antimilitarist. Camp z. Vorbereitung von Akt. Zivilen Ungehorsams... Hrsg.: Vorbereitungsgruppe FÖGA Friedenscamp. Stuttgart: GWG/GSG 1986. 95 S.
D 3545

Lafontaine, O.: Der andere Fortschritt. Verantwortung statt Verweigerung. Hamburg: Hoffmann und Campe 1985. 222 S.
B 54742

Lieben Sie Deutschland? Gefühle zur Lage der Nation. Hrsg.: M. Janssen-Jurreit. München: Piper 1985. 335 S.
B 58951

Mende, E.: Von Wende zu Wende. 1962-1982. München: Herbig 1986. 431 S.
B 59972

Politikwissenschaft in der Bundesrepublik Deutschland. Entwicklungsprobleme einer Disziplin. Hrsg.: K.v.Beyme. Opladen: Westdeutscher Verlag 1986. 273 S.
B 59901

Schily, O.: Politik in bar. Flick und die Verfassung unserer Republik. München: Beck 1986. 242 S.
B 60052

Schoenhuber, F.: Trotz allem Deutschland. München: Langen Müller 1987. 264 S.
B 64319

Sonnemann, U.: Das Land der unbegrenzten Zumutbarkeiten. Deutsche Reflexionen. Frankfurt: Syndikat 1985. XIV, 295 S.
B 56109

Wolffsohn, M.: Deutscher Patriotismus nach Auschwitz? Die Frage nach dem Lebenswerten bietet den richtigen Ansatz. In: Beiträge zur Konfliktforschung. Jg.17, 1987. Nr.4. S. 21-36.
BZ 4594:17

Zimmermann, F.: Umweltpolitik in Wort und Tat. Stuttgart: Kohlhammer 1986. 257 S.
B 59188

Zwanzig Jahre Ostpolitik. Bilanz u. Perspektiven. Hrsg.: O.Ehmke. Bonn: Verl. Neue Gesellschaft 1986. 394 S.
B 59806

L 130 e 10 Innenpolitik

Berkemeier, K.H.: Bonner Skandale nach der Wende von A bis Z. 2.Aufl. Köln: Förtner & Kroemer 1987. 111 S.
Bc 7689

Dähne, E.; Kutscha, M.: Die Auseinandersetzung um die Volkszählung 1987 – Versuch einer Zwischenbilanz. T.2. In: Marxistische Studien. Jg.13, 1987. Nr.2. S. 363-377.
BZ 4691:13

Franzen, H.-J.: Auf der Suche nach politischen Handlungsspielräumen. D. Diskussion um d. Strategie d. Partei in d. regionalen u. lokalen Organisationen d. badischen Sozialdemokratie zwischen 1890 u. 1914. Bd.1.2. Frankfurt: Lang 1987. 712 S.
B 62354

Gössner, R.: Im Schleppnetz des Sicherheitsstaates. Die Rationalisierung der Massenkontrolle. In: Blätter für deutsche und internationale Politik. Jg.32, 1987. Nr.10. S. 1322-1336.
BZ 4551:32

Grundstrukturen des politischen Systems der Bundesrepublik Deutschland. Hrsg.: D. Preuße. Mainz: Hase u. Koehler 1987. 224 S.
B 61986

Hirsch, J.: Der Sicherheitsstaat. Das "Modell Deutschland", seine Krise und die neuen sozialen Bewegungen. Frankfurt: Syndikat/EVA 1986. 196 S.
Bc 6902

Jesse, E.: Die Demokratie der Bundesrepublik Deutschland. E. Einführung in das polit. System. 7.Aufl. Berlin: Colloquium Verl. 1986. 264 S.
B 62782

Lompe, K.: Sozialstaat und Krise. Bundesrepublik. Politikmuster der 70er und 80er Jahre. Frankfurt: Lang 1987. 342 S.
B 62359

Nielsen, H.K.: Nationen og demokratiet i Tyskland i dag. In: Den jyske historiker. 1988. No.43/44. S. 249-262.
BZ 4656:1988

Ridder, H.: Frontstaatdämmerung. 3. An der Heimatfront. In: Blätter für deutsche und internationale Politik. Jg.32, 1987. Nr.11. S. 1409-1419.
BZ 4551:32

Rudzio, W.: Das politische System der Bundesrepublik Deutschland. 2.Aufl. Opladen: Leske + Budrich 1987. 439 S.
B 62177

Uske, H.: Die Sprache der Wende. Berlin: Dietz 1986. 221 S.
B 58947

Was ist des Deutschen Vaterland? Kiel: Hermann-Ehlers-Akademie 1988. 37 S.
Bc 7505

L 130 e 11 Verfassung und Recht

– bis 1945

Allach Kommando de Dachau. Paris: Ed.France-Empire 1986. 227 S.
B 61179

Analysen von politischen Emigranten im amerikanischen Außenministerium. 1946-1949. Hrsg.: A.Söllner. Frankfurt: Fischer 1986. 310 S.
B 46290:2

Arndt, I.: Das Frauenkonzentrationslager Ravensbrück. In: Dachauer Hefte. Jg.3, 1987. H.3. S. 125-157.
BZ 4855:3

Bleton, P.: "Das Leben ist schön!". Überlebensstrategien eines Häftlings im KZ Porta. Hrsg.: v.Wiebke v.Bernstorff. Bielefeld: AJZ Verl. 1987. 82 S.
Bc 6760

Buchenwald. E. Konzentrationslager. 2.Aufl. Frankfurt: Röderberg 1986. 190 S.
B 61680

Comte, H.: La force de la colère. Récits de Dachau. Paris: Ed.Stock 1987. 185 S.
B 62154

Diercks, H.: Gedenkbuch "Kola-Fu". Für die Opfer aus dem Gestapogefängnis und KZ-Außenlager Fuhlsbüttel. Hamburg: Gedenkstätte Neuengamme 1987. 84 S.
Bc 7464

Distel, B.: Im Schatten der Helden. Kampf und Überleben von Centa Beimler-Herker und Lina Haag. In: Dachauer Hefte. Jg.3, 1987. H.3. S. 21-57.
BZ 4855:3

Drobisch, K.: Frauenkonzentrationslager im Schloß Lichtenburg. In: Dachauer Hefte. Jg.3, 1987. H.3. S. 101-115.
BZ 4855:3

Fruythof, A.: L'enfer existe. J'en suis revenu. Paris: Duculot 1985. 193 S.
B 61830

Gruchmann, L.: Justiz im Dritten Reich 1933-1940. Anpassung u. Unterwerfung i. d. Ära Gürtner. München: Oldenbourg 1988. XXXVIII, 1297 S.
B 65734

Heilbut, A.: Kultur ohne Heimat. Deutsche Emigranten in den USA nach 1930. Weinheim: Quadriga 1987. 388 S.
B 62048

Herzberg, A.J.: Amor fati. De aanhankelijkheid aan het levenslot. Zeven opstellen over Bergen-Belsen. 7.Aufl. Amsterdam: Querido 1987. 102 S.
Bc 6759

Johe, W.: Frauenarbeit im Konzentrationslager Neuengamme. In: Dachauer Hefte. Jg.3, 1987. H.3. S. 58-76.
BZ 4855:3

Justiz und Nationalsozialismus. Hannover: Landeszentrale f.polit.Bildung 1985. 153 S.
Bc 6486

Klewitz, B.: Die Münchmühle. Außenkommando des Konzentrationslagers Buchenwald. Marburg: SP-Verl. 1988. 47 S.
Bc 02372

Knop, M.: Spanienkämpfer im antifaschistischen Widerstandskampf des KZ Sachsenhausen. Oranienburg: Nationale Mahn- u.Gedenkstätte Sachsenhausen 1986. 95 S.
Bc 7320

König, S.: Vom Dienst am Recht. Rechtsanwälte als Strafverteidiger im Nationalsozialismus. Berlin: Gruyter 1987. XXV, 260 S.
B 62224

Krohn, C.-D.: Wissenschaft im Exil. Deutsche Sozial- u. Wirtschaftswissenschaftler in den USA und die New School for Social Research. Frankfurt: Campus Verlag 1987. 286 S.
B 61579

KZ Buchenwald, 1937-1945. Das SS-Konzentrations-Lager bei Weimar in Thüringen. Luxembourg: Saint-Paul 1985. 237 S.
B 57339

Lorenz, E.: Den antifascistiske emigrasjon til Norge. In: Arbeiderhistorie. 1987. S. 53-80.
BZ 4920:1987

Mock, W.: Technische Intelligenz im Exil. Vertreibung und Emigration deutschsprachiger Ingenieure nach Großbritannien 1933 bis 1945. Düsseldorf: VDI-Verl. 1986. 207 S.
B 61735

Montuoro, M.: Schicht "B". In: Dachauer Hefte. Jg.3, 1987. H.3. S. 221-230.
BZ 4855:3

Müller, I.: Furchtbare Juristen. D. unbewältigte Vergangenheit unserer Justiz. München: Kindler 1987. 318 S.
B 60697

Naujoks, H.: Mein Leben im KZ Sachsenhausen, 1936-1942. Erinnerungen des ehemaligen Lagerältesten. Köln: Pahl-Rugenstein 1987. 344 S.
B 63200

Plant, R.: The pink triangle. The Nazi war against homosexuals. New York: Holt 1986. X,257 S.
B 61915

Pohle, F.: Das mexikanische Exil. E.Beitr. zur Geschichte der polit.-kulturellen Emigration aus Deutschland (1937-1946). Stuttgart: Metzlersche Verlagsbuchh. 1986. XIII, 495 S.
B 60006

Rasehorn, T.: Justizkritik in der Weimarer Republik. D. Beisp. der Zeitschrift "Die Justiz". Frankfurt: Campus Verlag 1985. 294 S.
B 57154

Recht und Unrecht im Nationalsozialismus. Hrsg.: P.Salje. Münster: Regensberg u. Biermann 1985. 310 S.
B 60065

Röder, K.: Nachtwache. 10 Jahre KZ Dachau und Flossenbürg. Wien: Böhlau 1985. 345 S.
B 57764

Röder, W.: Om forholdet mellom eksilledelse og indre motstand i Tyskland. In: Arbeiderhistorie. 1987. S. 177-191.
BZ 4920:1987

Rüthers, B.: Entartetes Recht. Rechtslehren u. Kronjuristen im Dritten Reich. München: Beck 1988. 226 S.
B 65326

Siegert, T.: 30 000 Tote mahnen. Die Geschichte des Konzentrationslagers Flossenbürg und seiner 100 Außenlager von 1938 bis 1945. 3.Aufl. Weiden: Verl. d. Taubald'schen Buchhandlung 1987. 84 S.
Bc 7049

Songy, J.: Fortes impressions de Dachau. Châlons-sur-Marne: Imp. Républicaine 1985. 59 S.
Bc 7431

Staar, S.: Kunst, Widerstand und Lagerkultur. E. Dokumentation. Buchenwald: Nat. Mahn- u. Gedenkstätte 1987. 78 S.
Bc 7978

Steinbach, P.: Modell Dachau. Das Konzentrationslager und die Stadt Dachau in der Zeit des Nationalsozialismus u. ihre Bedeutung für die Gegenwart. Passau: Haller 1987. 55 S.
Bc 7592

Ule, C.H.: Beiträge zur Rechtswirklichkeit im Dritten Reich. Berlin: Dunker u.Humblot 1987. 185 S.
Bc 7378

Vermehren, I.: Reise durch den letzten Akt. Ravensbrück, Buchenwald, Dachau: eine Frau berichtet. Neuaufl. Reinbek: Rowohlt 1986. 188 S.
Bc 7749

Wagner, P.: Das Gesetz über die Behandlung Gemeinschaftsfremder. In: Beiträge zur Nationalsozialistischen Gesundheits- und Sozialpolitik. Jg.6, 1988. Nr.6. S. 75-100.
BZ 4837:6

Weber, H.: Tyske sosialdemokrater og kommunister i eksil. Om emigrasjonens årsaker og omfang. In: Arbeiderhistorie. 1987. S. 131-155.
BZ 4920:1987

Weinzierl, E.: Österreichische Frauen in nationalsozialistischen Konzentrationslagern. In: Dachauer Hefte. Jg.3, 1987. H.3. S. 166-204.
BZ 4855:3

Zweig, Z.: "Mein Vater, was machst du hier?" Zwischen Buchenwald und Auschwitz. Frankfurt: dipa-Verl. 1987. 122 S.
Bc 7133

– nach 1945

Asyl in der Bundesrepublik. Mainz: o.V. 1986. 16 S.
D 3581

Asylrecht im Fadenkreuz der CDU/CSU – die Verfassung verteidigen. Hrsg.: Die Friedensliste. Bonn: o.V. 1987. 11 S.
D 03650

Aufbruch in die andere Republik? Kurz-
schlüsse und Langzeitwirkungen der 68er
Bewegung (Versch. Beitr.). In: Blätter
für deutsche und internationale Politik.
Jg.33, 1988. Nr.5. S. 557-593.
BZ 4551:33

Badura, P.: Staatsrecht. Systematische
Erläuterung des Grundgesetzes für die
Bundesrepublik Deutschland. München:
Beck'sche Verlagsbuchhandlg. 1986. XLV,
632 S.
B 58873

Beiträge zur inneren Sicherheit. Red.:
E.Röper. Kiel: Hermann-Ehlers-Stiftung
1986. 109 S.
Bc 7506

Bracht, H.W.: Western goals Europe. Die
deutsche Staatsangehörigkeit. Unver-
zichtbare Garantie f.d. Fortbestehen
Gesamtdeutschlands. Lemgo: o.V. 1986.
16 S.
D 03696

Braun, H.: Politikkurs. B.1. Saarbrücken-
Scheidt: Dadder 1988. 121 S.
Bc 7836

Bringmann, F.; Roder, H.: Neuengamme.
Verdrängt- vergessen- bewältigt?
Hamburg: VSA-Verl. 1987. 143 S.
Bc 7333

Delbrück, J.: Verantwortung für den Staat
des Grundgesetzes. Staatsmacht –
Parteienmacht – Bürgerohnmacht. Kiel:
Hermann-Ehlers-Stiftung 1988. 32 S.
Bc 7508

Das deutsche Volk und seine staatliche
Gestalt. Hrsg.: D.Blumenwitz. Köln:
Verlag Wissenschaft und Politik 1988.
142 S.
Bc 8018

Dokumentation. Paragr. 129 a. D. Ver-
fahren gegen Pingo in Hamburg. Hrsg.:
Unterstützungsgruppe Pingo Hamburg-
Havanna-Managua. Hamburg: o.V. 1986.
94 S.
D 3378

Einige Informationen für verfolgte und
inhaftierte Kriegsdienstverweigerer in der
Bundesrepublik Deutschland. Hrsg.:
Amnesty International, Clearingstelle für
KDV der BRDeutschland. Aachen: o.V.
1987. 38 S.
D 3623

Friedrich, J.: Der lange Abschied vom
Volksgerichtshof. In: Die neue Gesell-
schaft – Frankfurter Hefte. Jg.33, 1986.
Nr.12. S. 1066-1073.
BZ 4572:33

Fuer die Demokratisierung des Petitions-
rechts! E. Petition d. Petition d. Komitees f. Grundrechte u. Demokratie...
Sensbachtal: o.V. 1986. 46 S.
D 3492

Für Polizisten und Demonstranten.
2.Aufl. Hamburg: o.V. 1987. 15 S.
D 3647

Gössner, R.: Im Schleppnetz des Sicher-
heitsstaates. Die Rationalisierung der
Massenkontrolle. In: Blätter für deutsche
und internationale Politik. Jg.32, 1987.
Nr.10. S. 1322-1336.
BZ 4551:32

Kein Asyl bei den Deutschen. Anschlag
auf ein Grundrecht. Hrsg.: H.Kauff-
mann. Reinbek: Rowohlt 1986. 250 S.
B 60884

Kewenig, W.A.: Die deutsche Staatsange-
hörigkeit – Klammer der Nation? In:
Europa-Archiv. Jg.42, 1987. Nr.18.
S. 517-522.
BZ 4452:42

Lebenslaute. 1. Konzertblockade. –
15.Sept.1986 – Schöpferischer Widerstand
in Mutlangen. Hrsg.: T.Schmidt. Heidelberg: Selbstverlag 1986. 74 S.
D 03784

Petition in Sachen Asylrecht und Asylpraxis in der Bundesrepublik Deutschland. Bürgerinf. u. Aufruf zu e.
Gesetzesinitiative: Für das Grundrecht
auf Asyl... Hrsg. v. Komitee f. Grundrechte und Demokratie... Sensbachtal:
o.V. 1987. 8 Bl.
D 3624

Pötzl, N.F.: Total unter Kontrolle. Reinbek: Rowohlt 1985. 187 S.
B 57582

Ridder, H.: Verfassungsrecht oder Staatsrecht? In: Blätter für deutsche und internationale Politik. Jg.33, 1988. Nr.6. S. 660-683.
BZ 4551:33

Rolke, L.: Protestbewegungen in der Bundesrepublik. E. analyt. Sozialgeschichte d. polit. Widerspruchs. Opladen: Westdeutscher Verlag 1987. XV, 636 S.
B 62630

Schneider, M.: Demokratie in Gefahr? Der Konflikt um die Notstandsgesetze: Sozialdemokratie, Gewerkschaften u. intellektueller Protest (1958-1968). Bonn: Verl.Neue Gesellschaft 1986. 304 S.
B 60058

Schubert, M.: 10. Strafverteidigertag 1986, Bremen, Arbeitsgr. 4. Freiburg: o.V. 1986. 30 S.
D 03794

Skibiński, J.: Krytyka państwowoprawnej podmiotowości "Niemiec" w latach 1945-1949. In: Przegląd stosunków międzynarodowych. 1987. No.2. S. 53-61.
BZ 4777:1987

Wassermann, R.: Kontinuität oder Wandel? Konsequenzen aus der NS-Herrschaft für die Entwicklung der Justiz nach 1945. 2.Aufl. Hannover: Landeszentrale f.polit.Bildung 1986. 39 S.
Bc 6487

Wassermann, R.: Die Zuschauerdemokratie. Düsseldorf: Econ 1986. 235 S.
B 58573

Zimmermann, E.P.: Germany's Defeat and the creation of the West German basic law, 1945-1949. Ann Arbor, Mich.: UMI 1986. VII, 289 S.
B 58320

L 130 e 12 Regierung und Verwaltung

– bis 1945

Birn, R.B.: Die höheren SS- und Polizeiführer. Himmlers Vertreter im Reich u. in d. besetzten Gebieten. Düsseldorf: Droste 1986. X,430 S.
B 58571

Buder, J.: Die Reorganisation der preußischen Polizei 1918-1923. Frankfurt: Lang 1986. XII, 633 S.
B 59665

Franke, H.: Vom Seniorenkonvent des Reichstages zum Ältestenrat des Bundestages. Berlin: Dunker u.Humblot 1987. 160 S.
Bc 6756

Gestapo Hannover meldet... Polizei- u. Regierungsberichte für d. mittlere u. südliche Niedersachsen zwischen 1933 u. 1937. Hildesheim: Lax 1986. VIII, 570 S.
B 62246

Graf, C.: The genesis of the Gestapo. In: Journal of contemporary history. Vol.22, 1987. No.3. S. 419-435.
BZ 4552:22

Klatt, H.-G.: Der Gestapo-Chef. Giessen: Brunnen Verl. 1987. 172 S.
Bc 7040

Topographie des Terrors. Hrsg.: R.Rürup. 4.Aufl. Berlin: Arenhövel 1988. 222 S.
B 66453

Verwaltung contra Menschenführung im Staat Hitlers. Hrsg.: D.Rebentisch. Göttingen: Vandenhoeck u.Ruprecht 1986. 434 S.
B 59030

– nach 1945

Adenauer: "Es mußte alles neu gemacht werden". Die Protokolle des CDU-Bundesvorstandes 1950-1983. Stuttgart: Klett-Cotta 1986. XXIX, 700 S.
B 59541

Antimonopolistische Strategie und Rechtswende. Wintersemester 84/85. Hrsg.: Bundesvorstand MSB Spartakus. Bonn: o.V. 1985. 19 S.
D 3319

Bielak, F.: Słuzby wywiadowcze Republiki Federalnej Niemiec. Warszawa: Min. Obrony Narodowej 1985. 198 S.
B 58759

Emde, H.: Spionage und Abwehr in der Bundesrepublik. Von 1979 bis heute. Bergisch-Gladbach: Lübbe 1986. 286 S.
B 60883

Gaglik, P.: Uwagi na temat ewolucji federalizmu RFN do 1969 r. In: Przegląd stosunków międzynarodowych. 1987. No.3. S. 47-69.
BZ 4777:1987

Gummigeschosse, Wasserwerfer, CS. Schnellabschaltung der Bürgerrechte. D. neuen Waffen d. Polizei. Hrsg.: Anti-WAA-Büro Schwandorf... Hamburg: Förderverein Umweltschutz Unterelbe 1986. 46 S.
D 03557

Krätke, S.; Schmoll, F.: Der lokale Staat – 'Ausführungsorgan' oder 'Gegenmacht'? In: Prokla. Jg.17, 1987. Nr.3. S. 30-72.
BZ 4613:17

Küpper, J.: Die Kanzlerdemokratie. Voraussetzungen, Strukturen u. Änderungen d. Regierungsstiles in der Ära Adenauer. Frankfurt: Lang 1985. 643 S.
B 58745

Mergen, A.: Die BKA Story. München: Herbig 1987. 311 S.
B 61482

Oschatz, G.-B.; Risse, H.: Europäische Integration und deutscher Föderalismus. In: Europa-Archiv. Jg.43, 1988. Nr.1. S. 9-16.
BZ 4452:43

Seibel, W.: Der Staatsstil für Krisenzeiten: Selbststeuerung öffentlicher Aufgabenträger und das Problem der Kontrolle. In: Politische Vierteljahresschrift. Jg.28, 1987. Nr.2. S. 197-219.
BZ 4501:28

Winter, I.M.: Unsere Bundespräsidenten. Von Theodor Heuss bis Richard von Weizsäcker. Düsseldorf: Droste 1987. 238 S.
B 61682

L 130 e 13 Parlamente und Wahlen

– bis 1945

Suval, S.: Electoral politics in Wilhelmine Germany. Chapel Hill, N.C.: The Univ. of North Carolina Pr. 1985. XI, 311 S.
B 58270

– nach 1945

Ananieva, N.: FRG v Bundestaga i izvun nego. Parlamentarizum i konservativno upravlenie. Sofija: Partizdat 1986. 212 S.
B 61055

Andersen, U.; Woyke, W.: Wahl '87. Zur Bundestagswahl 1987. Parteien u. Wähler. Opladen: Leske + Budrich 1986. 160 S.
B 59747

Becker, J.: Erfolg im Wahlkampf. Ein Ratgeber für Kandidaten und ihre Helfer in Kommunal-, Landes- und Bundeswahlen. München: Goldmann 1988. 105 S.
Bc 7726

Bethscheider, M.: Wahlkampfführung und politische Weltbilder. E. system. Analyse d. Wahlkampfes d. Bundestagsparteien in d. Bundestagswahlkämpfen 1976 u. 1980. Frankfurt: Lang 1987. 269 S.
B 62357

Bugiel, K.: Das Institut der Volksabstimmung im modernen Verfassungsstaat. Zur Verfassungslage und Rechtspraxis bürgerlicher Sachentscheidungsrechte. In: Zeitschrift für Parlamentsfragen. Jg.18, 1987. Nr.3. S. 394-419.
BZ 4589:18

Cerny, K.H.: The Bundestag election of 1987. In: World affairs. Vol.149, 1986/87. No.3. S. 121-137.
BZ 05509:1986/87

Dietrich, J.: Zwischen Stabilität und Wandel – Tendenzen im Wahlverhalten in der Bundesrepublik Deutschland. In: Marxistische Studien. Jg.13, 1987. Nr.2. S. 308-324.
BZ 4691:13

Für eine Mehrheit links von der CDU. Polit., wirtschaftl., soziale u. kulturelle Alternativen. Hrsg.: J.Harrer. Köln: Pahl-Rugenstein 1986. 347 S.
B 58924

Hanitzsch, D.; Cyriax, R.: Der Wunschkanzler. Knaurs unentbehrlicher Ratgeber zur Bundestagswahl 1987. München: Knaur 1986. 127 S.
Bc 6719

Hoffmann, L.: Beiräte – Wahlrecht – Bürgerrecht. Zür polit. Partizipation der nichtdeutschen Einwohner in der BRD. Frankfurt: Dağyeli 1986. 151 S.
Bc 7279

Hoffmann, L.: Untertanen auf Zeit und auf Widerruf. Über die symbolische Bedeutung des Wahlrechts für "Ausländer". In: Blätter für deutsche und internationale Politik. 1988. Nr.7. S. 833-843.
BZ 4551:1988

Horn, H.: Zur Konkretisierung einer neuen Institution "Volksentscheid". In: Perspektiven des demokratischen Sozialismus. Jg.5, 1988. H.1. S. 17-24.
BZ 4871:5

Informationen zu den Bundestagswahlen. Hrsg.: Volksfront gegen Reaktion, Faschismus und Krieg. Bd.1-4. Köln: o.V. 1987. 4; 4; 8; 8 S.
D 03792

Jesse, E.: Die Bundestagswahlen von 1972 bis 1987 im Spiegel der repräsentativen Wahlstatistik. In: Zeitschrift für Parlamentsfragen. Jg.18, 1987. Nr.2. S. 232-242.
BZ 4589:18

Jesse, E.: The West German electoral system: the case for reform, 1949-1987. In: West European politics. Vol.10, 1987. No.3. S. 434-448.
BZ 4668:10

Die Kanzlermacher. Erstmals in eigener Sache. Hrsg.: M.Schell. Mainz: Hase u.Koehler 1986. 290 S.
B 61392

Kleinfeld, G.R.: Betrachtungen eines amerikanischen Wahlbeobachters. Nachlese zur Bundestagswahl 1987. In: Beiträge zur Konfliktforschung. 1987. Nr.2. S. 87-102.
BZ 4594:1987

Kühn, V.; Walter, G.: Schöner wählen. Ratgeber für den mündigen Staatsbürger. Hamburg: Rasch und Röhring 1986. o.Pag.
B 59910

Mit "christlichem Verständnis vom Menschen" und SDI für die "Interessen aller Deutschen". Zum außenpolit. Teil d. Entwurfs d. CDU für d. Wahlprogramm... Köln: o.V. 1987. 14 S.
D 3573

Der Petitionsausschuß des Deutschen Bundestages. Bitten u. Beschwerden an den Dt. Bundestag im Jahre 1986. Bonn: Dt. Bundestag 1987. 167 S.
Bc 7010

Der Petitionsausschuß des deutschen Bundestages. Tätigkeitsbericht 1985 mit Plenardebatte. Bonn: Dt. Bundestag 1986. 160 S.
Bc 7003

Ritter, G.A.; Niehuss, M.: Wahlen in der Bundesrepublik Deutschland. Bundestags- u. Landtagswahlen 1946-1987. München: Beck 1987. 228 S.
B 62222

Roberts, G.K.: 'Weiter so, Deutschland!' The 1987 Bundestag election in West Germany. In: West European politics. Vol.10, 1987. No.3. S. 449-454.
BZ 4668:10

Schindler, P.: Deutscher Bundestag 1949-1987; Parlaments- und Wahlstatistik. In: Zeitschrift für Parlamentsfragen. Jg.18, 1987. Nr.2. S. 185-202.
BZ 4589:18

Schmitt, R.: Dokumentation und Kurzanalysen. Die hessische Landtagswahl vom 5.April 1987: SPD in der "Modernisierungskrise". In: Zeitschrift für Parlamentsfragen. Jg.18, 1987. Nr.3. S. 343-361.
BZ 4589:18

Schütt-Wetschky, E.: Parlamentsreform: Meilenstein oder Sackgasse? Zur Interpretation der Artikel 38 u.20 des Grundgesetzes. In: Aus Politik und Zeitgeschichte. 1987. B.48. S. 3-16.
BZ 05159:1987

Wählen – aber wen? Schriftsteller über Deutschland vor der Wahl. Hrsg.: D. Gütt. Hamburg: Gruner u. Jahr 1986. 192 S.
Bc 6767

L 130 e 14 Parteien

– bis 1945

Bergmann, T.: "Gegen den Strom". Die Geschichte der Kommunistischen-Partei-Opposition. Hamburg: VSA-Verl. 1987. 497 S.
B 61824

Engelmann, D.: Zum 70.Gründungsjahr der USPD. In: Beiträge zur Geschichte der Arbeiterbewegung. Jg.29, 1987. Nr.3. S. 324-334.
BZ 4507:29

Frye, B.B.: Liberal democrats in the Weimar Republic. The history of the German Democratic Party and the German State Party. Carbondale, Ill.: Southern Illinois Univ.Pr. 1985. XV, 295 S.
B 58036

Gotschlich, H.: Zwischen Kampf und Kapitulation. Zur Geschichte des Reichsbanners Schwarz-Rot-Gold. Berlin: Dietz 1987. 196 S.
B 62047

Die Minderheit als Mitte. Die Deutsche Zentrumspartei in der Innenpolitik des Reiches, 1871-1933. Hrsg.: W.Becker. Paderborn: Schöningh 1986. 131 S.
B 59831

Moreau, P.: Nationalsozialismus von links. Die "Kampfgemeinschaft Revolutionärer Nationalsozialisten" u.d. "Schwarze Front" Otto Straßners 1930-1935. Stuttgart: DVA 1985. 266 S.
B 54760

Niemann, H.: Entstehung und Rolle der SAP in der Endphase der Weimarer Republik. In: Beiträge zur Geschichte der Arbeiterbewegung. Jg.29, 1987. Nr.6. S. 745-752.
BZ 4507:29

Retallack, J.M.: Notables of the right. The Conservative Party and political mobilization in Germany 1876-1918. Boston: Unwin Hyman 1988. XVI, 302 S.
B 65568

– nach 1945

Bischoff, J.: Renaissance des Marxismus und die Bewegung von '68. In: Sozialismus. Jg.14, 1988. Nr.103. S. 56-68.
BZ 05393:14

Eisel, S.: Minimalkonsens und freiheitliche Demokratie. E. Studie zur Akzeptanz d. Grundlagen demokratischer Ordnung in der BRD. Paderborn: Schöningh 1986. 277 S.
B 61581

Feit, M.: Die "Neue Rechte" in der Bundesrepublik: Organisation – Ideologie – Strategie. Frankfurt: Campus Verlag 1987. 241 S.
B 62226

Foitzik, J.: Venstresosialistiske småorganisasjoner i motstand og eksil. In: Arbeiderhistorie. 1987. S. 159-174.
BZ 4920:1987

Das Geld der Parteien. Parteienfinanzierung zwischen staatspolitischer Notwendigkeit u. Kriminalität. Hrsg.: O. Mühleisen. München: Schnell & Steiner 1986. 172 S.
B 62401

Jungdemokraten. Mat. zur Grundsatzdiskussion. Hrsg.: Dt. Jungdemokraten. Bonn: o.V. 1986. 32 S.
D 3454

Knoblauch, H.; Weirauch, W.: Das Geheimnis der EAP. Idee, Geschichte Programm, Praxis, Hintergrund. Flensburg: Flensburger Hefte 1987. 212 S.
Bc 7281

Krämer, G.: Der Fragebogen des Herrn V. In: Geschichtswerkstatt. 1987. H.13. S. 21-27.
BZ 4937:1987

Leggewie, C.: Die Zwerge am rechten Rand – Zu den Chancen kleiner neuer Rechtsparteien in der Bundesrepublik Deutschland. In: Politische Vierteljahresschrift. Jg.28, 1987. Nr.3. S. 361-379.
BZ 4501:28

Lorscheid, H.; Müller, L.A.: Deckname: Schiller. Die deutschen Patrioten der Lyndon LaRouche. Reinbek: Rowohlt 1986. 190 S.
Bc 6901

Mayer-Tasch, P.C.: Die Bürgerinitiativbewegung. D. aktive Bürger als rechts- und politikwissenschaftliches Problem. 5.Aufl. Reinbek: Rowohlt 1985. 279 S.
B 57624

Olzog, G.; Liese, H.-J.: Die politischen Parteien in der Bundesrepublik Deutschland. Geschichte – Programmatik – Organisation – Personen – Finanzierung. 16.Aufl. München: Olzog 1988. 211 S.
Bc 7720

Padgett, S.; Burkett, T.: Political parties and elections in West Germany. The search for a new stability. 2.Aufl. London: Horst 1986. XI, 308 S.
B 63037

Parteien in der Krise. Das Parteiensystem der Bundesrepublik und der Aufstand des Bürgerwillens. Hrsg. C. Graf v. Krockow. München: Beck 1986. 166 S.
B 59958

Wagner, J.: Tatort Finanzministerium. Die staatlichen Helfer beim Spendenbetrug. Hamburg: Spiegel-Verl. 1986. 235 S.
B 58585

– CDU/CSU

Becker, W.: CDU und CSU 1945-1950. Vorläufer, Gründung und regionale Entwicklung bis zum Entstehen der CDU-Bundesparteien. Mainz: Hase u.Koehler 1987. 510 S.
B 62586

Brüggemann, B.; Riehle, R.M.: Vier Jahre "geistig-moralische Wende". CDU/CSU-Jugendpolitik zwischen Problemverschiebung und Problemproduktion. In: Die neue Gesellschaft – Frankfurter Hefte. Jg.34, 1987. Nr.9. S. 820-828.
BZ 4572:34

Deiters, G.: Konservative Volkspartei und Integration nach rechts. Bewegung am rechten Rand des Parteienspektrums. In: Blätter für deutsche und internationale Politik. Jg.33, 1988. Nr.1. S. 66-77.
BZ 4551:33

Grafe, P.J.: Schwarze Visionen. Die Modernisierung der CDU. Reinbek: Rowohlt 1986. 222 S.
B 60287

Helmer, A.: Widersprüchliche Positionen zur Abrüstung in der BRD-Regierungskoalition. In: IPW-Berichte. Jg.17, 1988. H.8. S. 16-20.
BZ 05326:17

Julg, J.: La démocratie chrétienne en République Féderale Allemande. Paris: Ed. Economica 1985. 382 S.
B 58821

Kuropka, J.: 40 Jahre Christlich-Demokratische Union im Oldenburger Land. Zur Gründung u. Entwicklung einer neuen Partei... Vechta: Vechtaer Druckerei u. Verl. 1987. 48 S.
Bc 02352

Leggewie, C.: Der Geist steht rechts. Ausflüge in die Denkfabriken der Wende. Berlin: Rotbuch-Verl. 1987. 245 S.
B 62251

Naumann, K.: Die Union auf der Suche nach ihrem Staat. In: Blätter für deutsche und internationale Politik. Jg.33, 1988. Nr.1. S. 143-154.
BZ 4551:33

Peltzer, R.: Die Menschenrechtskampagne der CDU- eine Analyse. In: Die neue Gesellschaft – Frankfurter Hefte. Jg.34, 1987. Nr.11. S. 1018-1025.
BZ 4572:34

Rohrmoser, G.: Das Debakel. Wo bleibt die Wende? Krefeld: Sinus Verl. 1985. 145 S.
B 57562

Sicher auf neuen Wegen. Impulse für christl.-demokrat. Friedenspolitik. Hrsg.: D.Gohl. Warendorf: Gohl 1986. 250 S.
B 60332

Timm, W.: Christlich-demokratische Union in Unna, 1946-1986. Zugleich e. Beitr. zur Geschichte der Stadt. Unna: CDU-Stadtverband Unna 1986. 56 S.
Bc 6898

– **FDP**

Dittberner, J.: FDP – Partei der zweiten Wahl. E. Beitr. zur Geschichte d. liberalen Partei u. ihrer Funktion im Parteiensystem d. Bundesrepublik. Opladen: Westdeutscher Verlag 1987. 210 S.
B 60110

Jeutter, P.: EWG. Kein Weg nach Europa. Die Haltung der Freien Demokrat. Partei zu d. Röm. Verträgen 1957. Bonn: Europa Union Verlag 1985. 330 S.
B 60348

– **Grüne u. Alternative**

Beier, S.; Fisch, H.; Pollach, G.: Neue demokratische Bewegungen in Westeuropa. Berlin: Dietz 1986. 256 S.
B 58563

Borgwardt, P.: Abschied von den Grünen. Düsseldorf: Verl. Neuer Weg 1988. 162 S.
Bc 7847

Briefs, U.: Ökologischer Kapitalismus? Oder ökologische Reformpolitik? In: Blätter für deutsche und internationale Politik. Jg.33, 1988. Nr.6. S. 684-693.
BZ 4551:33

Bundestagswahl 1987: 12 Fragen und Antworten zur Erststimmenkandidatur. Hrsg.: Die Friedensliste. Bonn: o.V. 1986. 11 S.
D 03649

Chromov, S.S.: Dviženie "Zelenych" v FRG: Problemy stanovlenija i razvitija. In: Novaja i novejšaja istorija. 1986. No.6. S. 36-49.
BZ 05334:1986

Cornelsen, D.: Ankläger im Hohen Haus. Die Grünen im Bundestag. Essen: Klartext-Verl. 1986. 172 S.
B 60356

Dokumentation über die Aktionsanalytische Organisation, Marxist.-Reichist. Initiative, Intern. Gesell. z. Entwicklung d. Lebensfreude, Bunte Liste Freiburg... Hrsg.:Freie Arbeiter Union – Intern. Arbeiter Assoziation (FAU-IAA. 2.Aufl. Göttingen: o.V. 1987. o.Pag.
D 03836

Frankland, E.G.: Green politics and alternative economics. In: German studies review. Vol.11, 1988. No.1. S. 111-132.
BZ 4816:11

Friedlein, H.: Traum und Wirklichkeit. Thesen der Progressiven hinterfragt. München: Olzog 1986. 84 S.
Bc 6912

Gassmann, L.: Die Grünen – eine Alternative? Neuhausen-Stuttgart: Hänssler 1985. 140 S.
B 57782

Grüne Frauenpolitik. Texte zur 1.Bundesfrauenkonferenz d. Grünen. Hamburg: Selbstverlag 1985. 230 S.
Bc 01689

Die Grünen. Letzte Wahl? Vorgaben in Sachen Zukunftsbewältigung. Hrsg.: O. Kallscheuer. Berlin: Rotbuch Verl. 1986. 189 S.
B 59911

Hippler, J.: Eine linksradikale Partei der Mitte? Perspektiven (II). In: Blätter für deutsche und internationale Politik. Jg.32, 1987. Nr.10. S. 1315-1322.
BZ 4551:32

Langguth, G.: The green factor in German politics. From protest movement to political party. Boulder, Colo.: Westview Press 1986. XIV, 134 S.
B 59810

Maier, J.: Emanzipation von den Strömungsfürsten. Grüne Perspektiven (III). In: Blätter für deutsche und internationale Politik. Jg.33, 1988. Nr.1. S. 77-88.
BZ 4551:33

Schmid, C.L.: The green movement in West Germany: resource mobilization and institutionalization. In: Journal of political and military sociology. Vol.15, 1987. No.1. S. 33-46.
BZ 4724:15

Spretnak, C.; Capra, F.: Green Politics. Santa Fe, N.M.: Bear 1986. XXVI, 255 S.
B 61042

Vaughan, J.H.: The Greens' vision of Germany. In: ORBIS. Vol.32, 1988. No.1. S. 83-95.
BZ 4440:32

– Konservatismus

Frenkin, A.A.: Die Konservativen in der Bundesrepublik Deutschland in der Wende. Nach dem Besuch von Franz Josef Strauß und Lothar Späth in Moskau. In: Beiträge zur Konfliktforschung. Jg.18, 1988. Nr.2. S. 47-62.
BZ 4594:18

Lorig, W.H.: Neokonservatives Denken in der Bundesrepublik Deutschland und in den Vereinigten Staaten von Amerika. Z. intellektuellen Klima in zwei polit. Kulturen. Opladen: Leske + Budrich 1988. 215 S.
Bc 7985

Lummer, H.: Standpunkte eines Konservativen. Krefeld: Sinus Verl. 1987. 185 S.
B 63983

Pechmann, A.von: Konservatismus in der Bundesrepublik. Geschichte und Ideologie. Frankfurt: Verlag Marxistische Blätter 1985. 188 S.
B 57768

Tolmein, O.; Zum Winkel, D.: Nix gerafft. 10 Jahre deutscher Herbst und der Konservatismus der Linken. Hamburg: Konkret Literatur Verl. 1987. 166 S.
Bc 7137

– KPD

Fülberth, G.: Der subjektive Faktor. In: Marxistische Blätter. Jg.26, 1988. H.8/9. S. 66-72.
BZ 4548:26

Koch-Baumgarten, S.: Aufstand der Avantgarde. Die Märzaktion der KPD 1921. Frankfurt: Campus Verlag 1986. 576 S.
B 59012

Koch-Baumgarten, S.: Die Märzaktion der KPD 1921. Köln: Bund-Verl. 1987. 186 S.
Bc 7578

Kotłowski, T.: Lewica rewolucyjina w Niemczech Wobec Walk Marcowych 1921 R. In: Z pola walki. R.30, 1987. No.1. S. 23-46.
BZ 4559:30

Kühnich, H.: Die KPD und die Bewegung ”Freies Deutschland”. In: Beiträge zur Geschichte der Arbeiterbewegung. Jg.30, 1988. Nr.4. S. 435-450.
BZ 4507:30

Spiegel, J.: Die Faschismuskonzeption der KPD 1929-1933. E.Untersuchung mit bes. Berücksichtigung d. Kommunist. Presse. Münster: Lit.-Verl. 1986. 268 S.
B 60409

Tarnschriften der KPD 1935/1936. H.1-13. Berlin: Dietz 1986. o.Pag.
B 59196

– NPD

"Bereiten wir den falschen Frieden vor?" Kritik an Klaus Hornung. Hrsg.: Vereinigung revolutionärer Studenten, Autonome Studenten, Fachschaft Politik. Freiburg: o.V. 1987. 50 S.
D 3608

Bischoff, J.; Menard, M.: Neokonservative Wertorientierungen. In: Sozialismus. Jg.13, 1987. Nr.93. S. 33-44.
BZ 05393:13

Hellfeld, M.von: Modell Vergangenheit. Rechtsextreme u. neokonservative Ideologien in der Bundesrepublik. Köln: Pahl-Rugenstein 1987. 398 S.
B 63524

Nazis, Skins und alte Kameraden. Hrsg.: G.Biemann. Dortmund: Weltkreis Verlag 1986. 220 S.
B 59833

Stöss, R.: The problem of right-wing extremism in West Germany. In: West European politics. Vol.11, 1988. No.2. S. 34-46.
BZ 4668:11

– NSDAP

Angolia, J.R.; Cook, S.: Cloth insignia of the NSDAP and SA. San Jose, Calif.: Bender 1985. 336 S.
B 60854

Asendorf, M.: Hamburger Nationalklub, Keppler-Kreis, Arbeitsstelle Schacht und der Aufstieg Hitlers. In: 1999. Jg.2, 1987. Nr.3. S. 106-150.
BZ 4879:2

Brose, E.D.: Generic fascism revisited: attitudes toward technology in Germany and Italy, 1919-1945. In: German studies review. Vol.10, 1987. No.2. S. 273-297.
BZ 4816:10

Burrin, P.: Hitler dans le IIIe Reich: Maître ou serviteur? Martin Broszat et l'interprétation fonctionnaliste du Régime Nazi. In: Vingtième siècle. 1987. Nr.16. S. 31-42.
BZ 4941:1987

Butler, R.: Hitler's young tigers. The chilling true story of the Hitler Youth. London: Arrow Books 1986. 185 S.
Bc 7628

The challenge of the third Reich. The Adam von Trott memorial lectures. Ed.by H.Bull. Oxford: Clarendon Press 1986. 173 S.
B 60491

Chroust, P.: Überlegungen zur Analyse von NS-Biographien. In: Mitteilungen. Dokumentationsstelle zur NS-Sozialpolitik. Jg.1, 1985. H.7/8. S. 101-115.
BZ 05529:1

Féral, T.: Nazisme et psychanalyse. Paris: Ed. "la pensée universelle" 1987. 92 S.
Bc 7543

Foged, H.; Krüger, H.: Flugtrute Nord. Nazisternes hemmelige flugtnet gennem Danmark. Lynge: Bogan 1985. 137 S.
B 58462

Freeman, M.: Atlas of Nazi Germany. London: Croom Helm 1987. 205 S.
010395

Fritsch, H.: Land mein Land. Bauerntum u. Landdienst. BDM-Osteinsatz. Preussisch Oldendorf: K.W. Schütz 1986. 175 S.
B 62434

Halcomb, J.: The SA. A historical perspective. Overland Park: Crown/Agincourt Publ. 1985. VIII, 277 S.
B 58547

Hüppauf, B.: Langemarck, Verdun and the myth of a New Man in Germany after the First World War. In: War and society. Vol.6, 1988. No.2. S. 70-103.
BZ 4802:6

Luks, L.: Enstehung der kommunistischen Faschismustheorie. Die Auseinandersetzung d. Komintern mit Faschismus u. Nationalsozialismus 1921-1935. Stuttgart: DVA 1985. 309 S.
B 54759

Maler, J.: Mit Freude, Stolz und Wehmut. Buenos Aires: Selbstverlag 1986. 289 S.
B 57739

Nakai, A.: Die "Entmilitarisierung" Japans und die "Entnazifizierung" Deutschlands nach 1945 im Vergleich. In: Beiträge zur Konfliktforschung. Jg.18, 1988. Nr.2. S. 5-21.
BZ 4594:18

Pois, R.A.: National socialism and the religion of nature. London: Croom Helm 1986. XI, 190 S.
B 60626

Reiche, E.G.: The development of the SA in Nürnberg, 1922-1934. Cambridge: Cambridge Univ.Pr. 1986. XVIII, 314 S.
B 59400

Schmuhl, H.-W.: Rassenhygiene, Nationalsozialismus, Euthanasie. Von d. Verhütung zur Vernichtung "lebensunwerten Lebens" 1890-1945. Göttingen: Vandenhoeck u.Ruprecht 1987. 526 S.
B 58850

Stommer, R.: Die inszenierte Volksgemeinschaft. Die "Thing-Bewegung" im Dritten Reich. Marburg: Jonas Verl. 1985. 305 S.
B 60475

Taylor, S.: Prelude to genocide. Nazi ideology and the struggle for power. London: Duckworth 1985. XII, 228 S.
B 60445

Westernhagen, D.von: Die Kinder der Täter. Das Dritte Reich u. d. Generation danach. München: Kösel 1987. 247 S.
B 64142

Zischka, J.: Die NS-Rassenideologie. Machttaktisches Instrument oder handlungsbestimmendes Ideal? Frankfurt: Lang 1986. 193 S.
B 58981

– SPD

25 Jahre nach Godesberg. Braucht die SPD ein neues Grundsatzprogramm? Hrsg.: S.Papcke. 2.Aufl. Berlin: Verl. u. Versandbuchh. Europ. Perspektiven 1985. 206 S.
B 59029

Auernheimer, G.: "Genosse Herr Doktor". Zur Rolle von Akademikern in d. dt. Sozialdemokratie 1890-1933. Giessen: Focus Verl. 1985. 240 S.
B 59025

Bajohr, F.; Weichelt, R.: Mathias Jakobs. Ein sozial-republikanischer Arbeiterfunktionär in der Krise d. Weimarer Republik. Essen: Klartext Verl. 1987. 128 S.
Bc 7768

Buschfort, H.: Zwischen Soutane und roten Fahnen. Die Gesch. d. Bocholter SPD. Essen: Klartext-Verl. 1986. 214 S.
B 59128

Fischer, B.: Theoriediskussion der SPD in der Weimarer Republik. Frankfurt: Lang 1987. 386 S.
B 62358

Frauenpolitik als Beruf. Gespräche mit SPD-Parlementarierinnen. Hamburg: Hoffmann und Campe 1987. 320 S.
B 63117

Gorol, S.: Zwischen Integration und Abgrenzung. SPD und studentische Protestbewegung. In: Die neue Gesellschaft – Frankfurter Hefte. Jg.35, 1988. Nr.7. S. 600-607.
BZ 4572:35

Ims, A.L.: Die SPD, ihre Grundwerte und die Nord-Süd-Politik. E. Beitr. zur Diskussion um das neue Grundsatzprogramm. In: Die neue Gesellschaft – Frankfurter Hefte. Jg.35, 1988. Nr.7. S. 657-662.
BZ 4572:35

Kanitz, H.: Das Verhältnis zwischen SPD und Grünen auf kommunaler Ebene in Nordrhein-Westfalen. Ein Erfahrungsbericht. Recklinghausen: Kommunal-Verl. 1988. 71 S.
Bc 7650

Kramer, S.P.: Socialist identity, labour and the SPD: background to the security debate. In: SAIS review. Vol.7, 1987. No.2. S. 37-49.
BZ 05503:7

Liebknecht, W.: Briefwechsel mit deutschen Sozialdemokraten. Hrsg.: G. Eckert u. G. Langkau. Bd.1.2. Assen: Gorcum, Campus Verl. 1973,1988. LI, 908; 936 S.
B 28142

Luthardt, W.: Sozialdemokratische Verfassungstheorie in der Weimarer Republik. Opladen: Westdeutscher Verlag 1986. VIII, 194 S.
Bc 6527

Merkl, P.H.: The SPD after Brandt: problems of integration in a changing urban society. In: West European politics. Vol.11, 1988. No.1. S. 39-53.
BZ 4668:11

Michal, W.: Die SPD – staatstreu und jugendfrei. Wie altmodisch ist die Sozialdemokratie? Reinbek: Rowohlt 1988. 222 S.
Bc 7416

Ökosozialismus? Rot-grüne Bündnispolitik. Hrsg.: K.-J. Scherer. 2.Aufl. Berlin: Verlag Europäische Perspektiven 1986. 217 S.
B 59023

Padgett, S.: The West German social democrats in opposition 1982-1986. In: West European politics. Vol.10, 1987. No.3. S. 333-356.
BZ 4668:10

Peter, M.: SPD-Politik: von der Abschreckung zur Sicherheitspartnerschaft. In: IPW-Berichte. Jg.17, 1988. H.11. S. 15-19.
BZ 05326:17

Plener, U.: Sozialdemokraten auf der Suche nach Gegenkonzepten zum sozialreaktionären Kurs konservativ geführter Regierungen Mitte der achtziger Jahre. In: Beiträge zur Geschichte der Arbeiterbewegung. 1987. S. 753-765.
BZ 4507:29

Rachel, G.: Sozialdemokratische Positionen zur Demokratie in den 80er Jahren. In: IPW-Berichte. Jg.17, 1988. H.4. S. 16-22.
BZ 05326:17

Ristau, M.: Auf der Suche nach Profil. Überlegungen zur Zukunft der Jusos als Jugendverband. In: Die neue Gesellschaft – Frankfurter Hefte. Jg.34, 1987. Nr.9. S. 788-796.
BZ 4572:34

Ruppert, W.: Fotogeschichte der deutschen Sozialdemokratie. Berlin: Siedler 1988. 361 S.
010589

Schuchardt, W.: Auf der Suche nach neuen Sicherheiten. Die Veränderung der Technikperspektive in sozialdemokratischen Parteiprogrammen. In: Die neue Gesellschaft – Frankfurter Hefte. Jg.35, 1988. Nr.7. S. 638-644.
BZ 4572:35

Solidargemeinschaft und Klassenkampf. Politische Konzeptionen der Sozialdemokratie zwischen den Weltkriegen. Hrsg.: R. Saage. Frankfurt: Suhrkamp 1986. 385 S.
B 59044

SPD – unser Weg zu Abrüstung und Frieden? Hrsg.:E. Brosch. d. Bürgerinitiative "Frieden aktiv sichern" u.d. Friedenskreises. Karlsruhe: o.V. 1987. o.Pag.
D 03763

SPD wohin? Zur Analyse u. Kritik des SPD-Grundsatzprogrammentwurfs. Frankfurt: IMSF 1987. 114 S.
Bc 7439

Szabo, S.F.: The German social Democrats and defense after the 1987 elections. In: SAIS review. Vol.7, 1987. No.2. S. 51-62.
BZ 05503:7

Über Irsee hinaus! Zur Kritik zum Programmentwurf der SPD. Hrsg.: D. Albers. 2.Aufl. Berlin: spw-Verl. 1987. 91 S.
Bc 7593

Vor 40 Jahren. Die Befreiung von der Hitlerdiktatur und die Erneuerung des politischen Lebens. Z. 40.Jahrestag d. Wiedergründung des SPD-Ortsvereins Haßloch... Neustadt: Verl. Neue Pfälzer Post 1986. 128 S.
Bc 7573

Walter, F.: Nationale Romantik und revolutionärer Mythos. Politik u. Lebensweisen im frühen Weimarer Jungsozialismus. Berlin: Europ. Perspektiven 1986. 280 S.
B 59004

Zurück, Genossen, es geht vorwärts! Satiren, Songs, Sarkasmen – uns Sozis ins Stammbuch. Hrsg.: V. Kühn. Hamburg: Rasch und Röhring 1986. 184 S.
B 60160

– SPD bis 1945

Hofmann, G.: Antimilitarismus der Sozialistischen Arbeiterpartei Deutschlands im Reichstag 1887 bis 1890. In: Praxis international. Vol.6, 1986. No.3. S. 791-800.
BZ 4783:6

– Terrorismus/Extreme Gruppen

"Ihr habt unseren Bruder ermordet". Die Antwort der Brüder des Gerold von Braunmühl an die RAF. Red.: T.Becker. Reinbek: Rowohlt 1987. 123 S.
Bc 6824

Die alte Straßenverkehrsordnung. Dokumente der RAF. Berlin: Ed.Tiamat 1986. 213 S.
B 60025

Ausgewählte Dokumente zur Zeitgeschichte. Bundesrepublik Deutschland – Rote Armee Fraktion. Hrsg.: Gesellsch. f. Nachrichtenerfassung und Nachrichtenverbreitung (GNN). Köln: GNN-Verl. Polit. Berichte 1987. 130 S.
D 03862

Chladek, T.: Le terrorisme en Allemagne fédérale. In: Politique étrangère. A.51, 1986. No.4. S. 937-949.
BZ 4449:51

Dokumente. Das info. Briefe der Gefangenen aus der RAF 1973-1977. Hrsg.: P.H.Bakker Schut. Hamburg: Neuer Malik Verl. 1987. 336 S.
B 62253

Horchem, H.J.: Die "Rote Armee Fraktion": Agitation und Aktionen ihrer Sympathisanten. In: Beiträge zur Konfliktforschung. Jg.17, 1987. Nr.3. S. 61-81.
BZ 4594:17

Im Vorfeld des Terrorismus. Red.: H.Schäfer. Bd.1. Bremen: Schäfer 1986. 85 S.
Bc 6552

Kahl, W.: Vorsicht Schußwaffen! Von kommunist. Extremismus, Terror u. revolutionärer Gewalt. München: Olzog 1986. 200 S.
B 60277

Miller, B.H.: Terrorism and language: a text-based analysis of the German case. In: Terrorism. Vol.9, 1987. No.4. S. 373-407.
BZ 4688:9

Rebmann, K.: Probleme bei der Bekämpfung des Terrorismus. Melle: Knoth 1986. 22 S.
Bc 6270

Stammheim aktuell. Stammheim im deutschen Herbst – ein Unfall der Demokratie? Stammheim heute – eine Chance? Stammheim morgen – vergessen? Hrsg.: Redaktion Arbeiterkampf. Hamburg: o.V. 1986. S. 13-23.
D 03581

L 130 e 20 Außenpolitik

Ersil, W.: Außenpolitik der BRD, 1949-1969. Berlin: Staatsverlag der DDR 1986. 270 S.
B 61605

Gutsche, W.: Monopole, Staat und Expansion vor 1914. Zum Funktionnsmechanismus zw. Industriemonopolen, Großbanken u. Staatsorganen... Berlin: Akademie-Verlag 1986. 304 S.
B 58827

Habel, F.P.; Kistler, H.: Entscheidungen in Deutschland, 1949-1955. Die Kontroversen um die außen-, deutschland- u. wirtschaftspolit. Orientierung... 3.Aufl. Bonn: Bundeszentrale für polit. Bildung 1987. 140 S.
Bc 7948

Hacke, C.: Traditionen und Stationen der Außenpolitik der Bundesrepublik Deutschland von 1949 bis 1987. In: Aus Politik und Zeitgeschichte. 1988. B.3. S. 3-15.
BZ 05159:1988

Hacker, J.: Die rechtliche und politische Funktion eines Friedensvertrages mit Deutschland. In: Aus Politik und Zeitgeschichte. 1987. B.50. S. 3-18.
BZ 05159:1987

Haftendorn, H.: Sicherheit und Stabilität. Außenbeziehungen d. Bundesrepublik zwischen Ölkrise u. NATO-Doppelbeschluß. München: dtv 1986. 286 S.
B 58950

Lee, M.M.; Michalka, W.: German foreign Policy, 1917-1933. Continuity or break? Leamington Spa: Berg 1987. 180 S.
B 60630

Nach vorn gedacht... Perspektiven dt. Außenpolitik. Hrsg.: H.-D. Genscher. Stuttgart: Bonn Aktuell 1987. 285 S.
B 60214

Oschlies, W.: Bonns neuer Partner in Europas "Wetterecke". Z. Aufnahme diplomat. Beziehungen Albanien – Bundesrepublik Deutschland. Köln: Bundesinst.f.ostwiss.u.intern.Studien 1987. III, 41 S.
Bc 02227

Schwok, R.: Interprétations de la politique étrangère de Hitler. Paris: Pr. Univ. de France 1987. 216 S.
B 65975

Smith, W.D.: The ideological origins of Nazi imperialism. Oxford: Oxford Univ.Pr. 1986. VIII, 333 S.
B 59222

Stoakes, G.: Hitler and the quest for world dominion. Leamington Spa: Berg 1986. X,254 S.
B 60478

Stuby, G.: Die "gefesselte" Souveränität der Bundesrepublik. Zur Entwicklung d. BRD im Rahmen d. US-Globalstrategie. Heilbronn: Distel Verl. 1987. 253 S.
B 63119

Wendt, B.-J.: Großdeutschland. Außenpolitik und Kriegsvorbereitung des Hitler-Regimes. München: dtv 1987. 256 S.
Bc 7377

L 130 e 21 Diplomatie

Haigh, R.H.; Morris, D.S.; Peters, A.R.: The years of triumph? German diplomatic and military policy 1933-41. Aldershot: Gower 1986. 325 S.
B 61259

L 130 e 23 Sicherheitspolitik

Enders, T.; Siebenmorgen, P.: Überlegungen zu einem sicherheitspolitischen Gesamtkonzept der Bundesrepublik Deutschland. In: Europa-Archiv. Jg.43, 1988. Nr.14. S. 385-392.
BZ 4452:43

Gress, D.: Peace and survival. West Germany, the peace movement, and European security. Stanford, Cal.: Hoover Institut 1985. XXVIII, 266 S.
B 57629

Rattinger, H.; Heinlein, P.: Sicherheitspolitik in der öffentlichen Meinung. Umfrageergebnisse für d. Bundesrepublik Deutschland bis zum "heißen Herbst 1983". Berlin: Wissenschaftl. Autoren-Verl. 1986. 308 S.
B 62626

Schütze, W.: Die deutsch-französische Zusammenarbeit in der Sicherheitspolitik. In: Mediatus. Jg.8, 1988. Nr.9. S. 3-9.
BZ 05506:8

L 130 e 23.1 Friedensbewegung

Gensicke, K.-H.: Friedenssicherung und öffentliche Meinung in der BRD. In: IPW-Berichte. Jg.17, 1988. H.4. S. 23-27.
BZ 05326:17

Hentig, H.von: Arbeit am Frieden. München: Hanser 1987. 231 S.
B 64031

Im Namen des Volkes? FriedenstäterInnen im Gefängnis. Hrsg.: A.Bühler-Stysch. Kassel: Weber, Zucht 1988. 158 S.
Bc 7993

Leif, T.: Die professionelle Bewegung. Friedensbewegung von innen. Bonn: Forum Europa Verl. 1985. 331 S.
B 59968

Mueller, H.; Risse-Kappen, T.: Origins of estrangement. The peace movement and the changed image of America in West Germany. In: International security. Vol.12, 1987. No.1. S. 52-88.
BZ 4433:12

Verwerflich? Friedensfreunde vor Gericht. Hrsg.: U.Finckh. München: Droemer Knaur 1985. 204 S.
Bc 7251

L 130 e 29 Außenpolitische Beziehungen

– Afrika

Afrikanischer November in Osnabrück. 100 Jahre Kampf um Afrika – Von der Berliner Kongo-Konferenz bis heute. Hrsg.: Afrikanisch-Deutscher Arbeitskreis. Osnabrück: o.V. 1986. 19 S.
D 3626

– DDR

Fricke, K.W.: Der Besuch Erich Honekkers in der Bundesrepublik Deutschland. In: Europa-Archiv. Jg.42, 1987. Nr.23. S. 683-690.
BZ 4452:42

Hiden, J.: The Baltic States and Weimar Ostpolitik. Cambridge: Cambridge Univ.Pr. 1987. XI, 276 S.
B 62508

Plock, E.D.: The basic treaty and the evolution of East-West German relations. Boulder, Colo.: Westview Press 1986. XIII, 272 S.
B 59702

– Europa

German nationalism and the European response, 1890-1945. Ed.: C.Fink. Norman, Oklh.: Univ.of Oklahoma Pr. 1985. XV, 299 S.
B 59120

– Frankreich

Deutschland – Frankreich. Ein neues Kapitel ihrer Geschichte, 1948-1988. Bonn: Europa Union Verlag 1988. 101 S.
Bc 02357

Schütze, W.: Der "Erbfeind" als Ersatzfreund. Militärkooperation Bonn-Paris im Zeichen atlantischer Irritationen. In: Blätter für deutsche und internationale Politik. Jg.33, 1988. Nr.1. S. 25-36.
BZ 4551:33

Simonian, H.: The privileged partnership. Franco-German relations in the European Community 1969-1984. Oxford: Clarendon Press 1985. 407 S.
B 57556

Ullrich, G.: Das Ende einer Rivalität? Perspektiven zur dt.-franz. Verständigung. Lindhorst: ASKANIA 1986. 230 S.
B 59151

XII. deutsch-französische Konferenz. Der Beitrag der Bundesrepublik Deutschland u. Frankreichs zur Entwicklung der Europäischen Union. Red.: I. Kolboom. Bonn: Europa Union 1985. VII, 197 S.
B 57166

– Finnland

Backlund, L.S.: Nazi Germany and Finland, 1933-1939. A waning relationsship. Bd.1.2. London: Univ.Microfilms Internat. 1986. V,826 S.
B 57269

– Großbritannien

Die stille Allianz. Deutsch-britische Sicherheitskooperation. Hrsg.: K.Kaiser. Bonn: Europa Union Verlag 1987. IX, 346 S.
B 66133

Uhlig, R.: Die Deutsch-Englische Gesellschaft, 1949-1983. Der Beitr. ihrer "Königswinter-Konferenzen" zur brit.-dt. Verständigung. Göttingen: Vandenhoeck u.Ruprecht 1986. 277 S.
B 59686

– Italien

Petersen, J.: Vorspiel zu "Stahlpakt" und Kriegsallianz: Das deutsch-italienische Kulturabkommen vom 23. November 1938. In: Defense analysis. Vol.4, 1988. No.1. S. 41-77.
BZ 4888:4

Torunsky, V.: Entente der Revisionisten? Mussolini u. Stresemann 1922-1929. Köln: Böhlau 1986. 249 S.
B 58921

– Israel

Der deutsch-israelische Dialog. Dokumentation e. erregenden Kapitels deutscher Außenpolitik. Hrsg.: R.Vogel. T.1. München: Saur 1987. XL, 1699 S.
B 64645

– Marokko

MacDowell, W.H.: From Entente Cordiale to Algeciras Conference. The interplay of German foreign and domestic policy during the first Moroccan Crisis. Ann Arbor, Mich.: UMI 1986. II, 126 S.
B 60205

– Niederlande

Hess, J.C.; Wielenga, F.: Die Niederlande und die Wiedervereinigung Deutschlands. In: Vierteljahrshefte für Zeitgeschichte. Jg.35, 1987. Nr.3. S. 349-384.
BZ 4456:35

– Ostblock

Meyer von Achenbach, R.: Gedanken über eine konstruktive deutsche Ostpolitik. E. unterdrückte Denkschrift aus dem Jahr 1953. Hrsg.: J.H.Schoeps. Frankfurt: Athenäum 1986. 132 S.
B 59570

– Österreich

Molt, H.: "...Wie ein Klotz inmitten Europas". "Anschluß" und "Mitteleuropa" während d. Weimarer Republik 1925-1931. Frankfurt: Lang 1986. 515 S.
B 62371

– Polen

Cygański, M.: Rewizjoinizm Zachodnio-niemiecki Wobec Sląska. In: Studia Sląskie. Jg.45, 1987. S. 147-164.
BZ 4680:45

Deutschland – Frankreich – Polen. Ihre Beziehungen zueinander nach 1945. Hrsg.: H. Timmermann. Saarbrücken: Rita Dadder 1986. 185 S.
Bc 6927

Zweiter deutsch-polnischer Dialog im Rahmen der Friedensbewegung. 28. Aug.-2.Sept. 1986. Berlin: Ed.Neue Wege 1987. 26 S.
Bc 7315

– Südafrika

Meyns, P.: Cooperation without change. The foreign policy of the Federal Republic of Germany in Southern Africa. Bonn: Friedrich-Ebert-Stiftung 1987. 87 S.
Bc 7313

Youkpo, B.N.: Les Relations entre la Republique Fédérale d'Allemagne et l'Afrique du Sud [1949-1982]. Frankfurt: Lang 1986. XVII, 444 S.
B 59610

– Tschechoslowakei

Hilf, R.: Deutsche und Tschechen. Bedeutung u. Wandlungen e. Nachbarschaft in Mitteleuropa. 2.Aufl. Opladen: Leske + Budrich 1986. 180 S.
B 59290

Linowski, J.: Kryzys w stosunkach niemiecko-czechosłowackich a reakcja Londynu na jego obwajy (Wiosna-lato 1938.r.). In: Przeglad zachodni. R.42, 1986. No.3-4. S. 49-64.
BZ 4487:42

– UdSSR

"Wer hat Angst vor dem bösen Wolf?" Leben lernen mit dem großen Nachbarn Sowjetunion. Hrsg.: R.-G. Vogel. Bielefeld: o.V. 1985. 64 S.
D 3431

Haigh, R.H.; Morris, D.S.; Peters, A.R.: German-Soviet relations in the Weimar era. Friendship from necessity. Aldershot: Gower 1985. VIII, 206 S.
B 59215

Jacobsen, H.-A.: Deutsch-sowjetische Beziehungen: Kontinuität und Wandel 1945 bis 1987. In: Aus Politik und Zeitgeschichte. 1988. B.3. S. 28-44.
BZ 05159:1988

– USA

Bitburg and beyond. Encounters in American, German and Jewish history. Ed.: I. Levkov. New York, N.Y.: Shapolsky 1987. 734 S.
B 62139

Burns, A.F.: Der Preis der Freundschaft. Plädoyer für d. deutsch-amerikan. Partnerschaft. Frankfurt: Ullstein 1987. 115 S.
B 62812

Fiebig- von Hase, R.: Lateinamerika als Konfliktherd der deutsch-amerikanischen Beziehungen 1890-1903. Vom Beginn der Panamerikapolitik bis zur Venezuelakrise von 1902/03. T.1.2. Göttingen: Vandenhoeck u.Ruprecht 1986. 1196 S.
B 60350

The future of German-American relations. Berlin, FRG, June 8-10, 1987. New York, N.Y.: International Security Council 1987. VIII, 217 S.
Bc 8016

Gress, D.R.: Die deutsch-amerikanischen Beziehungen von 1945 bis 1987. In: Aus Politik und Zeitgeschichte. 1988. B.3. S. 16-27.
BZ 05159:1988

– Venezuela

Herwig, H.H.: Germany's vision of empire in Venezuela, 1871-1914. Princeton, N.J.: Princeton Univ.Press 1986. XII, 285 S.
B 61372

L 130 e 29.1 Deutsche Frage

Aspekte der deutschen Frage. Beitr. von Tagungen d. Akad. f. Politik u. Zeitgeschehen... Hrsg.: K. Lange. Herford: BusseSewald 1986. 331 S.
B 60280

Bredow, W.von; Brocke, R.H.: Das deutschlandpolitische Konzept der SPD. Darstellung, Hintergründe u. Problembereiche. Erlangen: Dt. Ges. f. zeitgeschichtl. Fragen 1986. 139 S.
Bc 6488

Die deutsche Frage als strategischer Schlüssel. Hrsg.: H.J.Kiefer. München: Olzog 1988. 83 S.
Bc 7754

Dreyfus, F.-G.: Les Allemands entre l'Est et l'Ouest. Paris: Albatros 1987. 178 S.
B 61692

Frey, E.G.: Division and détente. The Germanies and their alliances. New York: Praeger 1987. XVI, 194 S.
B 62677

Friedrich, W.-U.: Die Deutsche Frage zwischen West und Ost. In: Außenpolitik. Jg.38, 1987. Nr.3. S. 241-255.
BZ 4457:38

Fritsch-Bournazel, R.: Das Land in der Mitte. Die Deutschen im europäischen Kräftefeld. München: Iudicium Verl. 1986. 170 S.
Bc 7282

Für ein Deutschland in der Zukunft. Hrsg.: J.-P. Picaper. Berlin: Colloquium Verl. 1986. 167 S.
Bc 6896

Grewe, W.G.: Die deutsche Frage in der Ost-West-Spannung. Zeitgeschichtl. Kontroversen der achtziger Jahre. Herford: Busse Seewald 1986. 157 S.
B 60805

Groepper, H.: Deutsche Wiedervereinigung auf der Grundlage der Neutralität Gesamtdeutschlands. Hrsg.: Landsmannschaft Schlesien, Kreisgruppe Bonn. Bonn: o.V. 1986. 23 S.
D 3613

Hansen, J.B.: Tyskerne og det tyske spørgsmål 1955-1987. In: Den jyske historiker. 1988. No.43/44. S. 224-248.
BZ 4656:1988

Ist die deutsche Frage aktuell? Hrsg.: J.-P. Picaper. Berlin: Colloquium Verl. 1985. 166 S.
B 58962

Jäger, T.: Neue Wege in der Deutschlandpolitik? Erlangen: Dt. Ges. f. zeitgeschichtl. Fragen 1986. 248 S.
B 66166

Nachdenken über Deutschland. Materialien zur polit. Kultur der Deutschen Frage. Hrsg.: W.Weidenfeld. Köln: Verlag Wissenschaft und Politik 1985. 182 S.
B 57572

Plock, E.D.: The implementation of the treaty on the basis of relations between the Federal Republic of Germany and the German Democratic Republic, 1973-1980. Ann Arbor, Mich.: Univ.Microfilms 1986. VI, 446 S.
B 58199

Schneider, U.: Niedersachsen 1945. Kriegsende, Wiederaufbau, Landesgründung. Hannover: Schlütersche 1985. 188 S.
B 58960

Schweisfurth, T.: Die Deutsche Konföderation – der große nationale Kompromiß als tragendes Element einer neuen europäischen Friedensordnung. In: Aus Politik und Zeitgeschichte. 1987. B.50. S. 19-36.
BZ 05159:1987

Seiffert, W.: Das ganze Deutschland.
Perspektiven d. Wiedervereinigung.
München: Piper 1986. 376 S.
B 60069

Die Teilung Deutschlands als Problem
des Geschichtsbewußtseins. E. empiri-
sche Untersuchung üb. Wirkung von
Geschichtsunterricht ... Paderborn:
Schöningh 1987. 199 S.
B 62350

Die Überwindung der europäischen Teilung und die deutsche Frage. Hrsg.:
D.Blumenwitz. Köln: Verlag Wissenschaft
und Politik 1986. 142 S.
B 57858

Weisenfeld, E.: Welches Deutschland soll
es sein? Frankreich und die deutsche Einheit seit 1945. München: Beck 1986.
203 S.
B 58141

Wengler, W.: Schriften zur deutschen Frage
1948-1986. Aus Anlaß seines 80. Geburts-
tages. Hrsg.: G.Zieger. Berlin: de Gruyter 1987. XIV, 607 S.
B 62256

Wortmeldungen. CIVIS-Aufsätze zur
Deutschlandpolitik. Hrsg.: J. Weberling.
2.Aufl. Bonn: Deutschland-Gesellschaft
1987. 146 S.
Bc 7776

L 130 e 30 Kolonialpolitik

German imperialism in Africa. From the
beginnings until the Second World War.
Ed.by H.Stoecker. London: Hurst 1986.
446 S.
B 60637

Mit Hurra nach Afrika! Dt. Konolialis-
mus in Ostafrika. Hrsg.: Arbeitgem.
Afrika u. Kolonialismus. 2.Aufl.
München: o.V. 1985. 103 S.
D 3651

Die Verschränkung von Innen-, Konfessi-
ons- u. Kolonialpolitik im Deutschen
Reich vor 1914. Hrsg.: J.Horstmann.
Schwerte: Kath. Akademie Schwerte
1987. 131 S.
Bc 7815

L 130 f Wehrwesen

Hildebrand, H.H.; Henriot, E.: Deutschlands Admirale 1849-1945. Bd.1. Osnabrück: Biblio-Verl. 1988. XL, 481 S.
B 66390

L 130 f 01 Rüstungspolitik/Abrüstung/ Rüstungskontrolle

Der alltägliche Krieg. Red.: O.Achilles.
Hrsg.: Arbeits- u.Forschungsst. Militär,
Ökologie und Planung (MÖP). Dort-
mund: o.V. 1986. 47 S.
D 03694

Cowen, R.H.: Defense procurement in the
Federal Republic of Germany. Politics
and organization. Boulder, Colo.: Westview Press 1986. XVII, 334 S.
B 60575

Flume, W.: "Das BWB darf mit Recht
stolz sein". In: Wehrtechnik. Jg.20, 1988.
Nr.1. S. 25-32.
BZ 05258:20

Gottschalk, A.: Militärhaushalt '88: mässig
oder planmässig? In: Marxistische
Blätter. Jg.26, 1988. H.3. S. 39-48.
BZ 4548:26

Hartwig, M.; Moltmann, B.: Neutralität
und Bewaffnung. D. Diskussion in der
Bundesrepublik bis 1955. Heidelberg:
Forsch.Stätte d. Evang. Studiengem.
1986. 237 S.
010057

Herndlhofer, M.: Arbeitshilfe zum Kriegs-
waffenkontrollgesetz u.d. Änderungsent-
wurf der SPD. Gesetzliche Regelungen
zur Kriegswaffenkontrolle. Hrsg.: Pax-
Christi-Bewegung, Dt. Sekretariat.
Frankfurt: o.V. 1986. 35 S.
D 03687

Herzog, R.: Die deutsche Ausstattungs-
hilfe. In: Wehrtechnik. Jg.19, 1987. Nr.9.
S. 45-50.
BZ 05258:19

Huffschmid, J.; Voß, W.: Abrüstung oder
neue Aufrüstungswelle? Neue Tendenzen
der Militärausgaben und der Rüstungsindustrie in der Bundesrepublik. In: Blätter für deutsche und internationale Politik. Jg.33, 1988. Nr.3. S. 309-322.
BZ 4551:33

Kosten in der Verteidigungsplanung.
Beitr. zu e. Seminar an der Univ. d.
Bundeswehr. Hrsg.: H.W. Hofmann.
München: Verl. f. Wehrwissenschaften
1985. o.Pag.
B 58991

Pennacchioni, D.: Les problèmes de
défense de la RFA. In: Défense nationale. A.44, 1988. No.8. S. 11-24.
BZ 4460:44

Sperling, G.: German perspectives on the
defence of Europe. An analysis of alternative approaches to NATO strategy.
Kingston: Centre for Internat. Relations
1985. 173 S.
Bc 7228

Timmermann, M.: German-Turkish co-
operation in the area of defence. In:
NATO's sixteen nations. Vol.32, 1987.
No.4. S. 59-67.
BZ 05457:32

Wawrzyn, H.: ..."Kriegsschauplatz oder
Brücke?" Stellungnahmen d. Evang.
Kirche Deutschland zur Remilitarisierung
der Bundesrepublik. Hrsg.: Friedens-
initiative Christen in der Region
München. München: o.V. 1987. 23 S.
D 3650

Wörner, M.: "Feigheit und Verteidigung
vertragen sich nicht". Sicherheit in den
90er Jahren. In: Wehrtechnik. Jg.20,
1988. Nr.6. S. 13-17.
BZ 05258:20

L 130 f 04 Militärhilfe/Waffenexport

Baatz, W.: Zur militärischen und atomaren Zusammenarbeit des BRD-Imperia-
lismus mit dem Apartheidregime der
Republik Südafrika. In: Militärgeschichte. Jg.26, 1987. Nr.3. S. 215-222.
BZ 4527:26

Meyer, L.: Überlegungen zur westdeutschen Waffenexportpolitik – Lehren aus
der Politik Jimmy Carters. Frankfurt:
HSFK 1987. 43 S.
Bc 02348

Sengstake, E.: Hauptsache, wir exportie-
ren... Bundesdeutsche Rüstungsexporte
nach Irak und Iran. In: Blätter des iz3w.
1987. Nr.146. S. 31-38.
BZ 05130:1987

Tatort Türkei, Iran, Irak. Deutsche
Waffen im Kriegsgebiet. Hrsg.: Koordi-
nierungskreis der Kampagne "Produzieren für das Leben – Rüstungsexporte
stoppen!". Idstein: o.V. 1987. 20 S.
D 03865

Thöne, F.: Die Ausbildung von Nicht-
NATO-Offizieren in der Bundeswehr.
Deskription u. problemorientierte
Analyse d. Generalstabausbildung für
Offiziere aus Nicht-NATO-Ländern.
Münster: Lit.-Verl. 1986. VI, 224 S.
B 60542

Vielain, H.: Waffenschmuggel im Staats-
auftrag. Was lange in Bonn geheim bleiben mußte. Herford: Busse Seewald
1986. 212 S.
B 60004

Wulf, H.: Deutsche Waffen für die dritte
Welt. Die bestehenden Gesetze werden
ausgehöhlt, umgangen, gebeugt und
gebrochen. Hamburg: Inst.f.Friedens-
forschung u.Sicherheitspolitik 1987. 45 S.
Bc 7316

L 130 f 05 Kriegswesen

Allgemeine Führungslehre. Führung in d. Bundeswehr. Leitfaden f. Lehre u. Praxis. Hrsg.: H.H. Driftmann. Regensburg: Walhalla u.Praetoria Verl. 1986. XII, 199 S.
B 62830

Driscoll, R.F.: West German nuclear politics. A study of international cooperative behavior. Ann Arbor, Mich.: Univ.Microfilms 1986. IV, 312 S.
B 58406

Ellersiek, C.; Becker, W.: Das Celler Loch. Geschichte einer Geheimdienstaffäre. Hamburg: Verl. am Galgenberg 1987. 140 S.
Bc 7219

Roewer, H.: Nachrichtendienstrecht der Bundesrepublik Deutschland. Kommentar u. Vorschriftensammlung... Köln: Heymmanns 1987. XV, 393 S.
B 61364

L 130 f 10 Heer

– Alte Armee, Reichswehr, Wehrmacht

Beesten, B. von: Untersuchungen zum System der militärischen Planung im Dritten Reich von 1933 bis zum Kriegsbeginn. Vorstellungen, Voraussetzungen, Beweggründe u. Faktoren. Münster: Lit.-Verl. 1987. VIII, 702 S.
B 61197

Die geheimen Tagesberichte der deutschen Wehrmachtführung im Zweiten Weltkrieg 1939-1945. D. gegenseitige Lageunterrichtung der Wehrmacht-, Heeres- u. Luftwaffenführung... Hrsg.: K. Mehner. Bd.9-12. Osnabrück: Biblio-Verl. 1984-87. 499, 722, 492, 611 S.
09791

Gessner, K.: Geheime Feldpolizei. Zur Funktion u. Organisation d. geheimpolizeil. Exekutivorgangs d. faschist. Wehrmacht. Berlin: Militärverl. 1986. 227 S.
B 59798

Hoschouer, J.D.: Von Moltke and the general staff. In: Military review. Vol.67, 1987. No.3. S. 62-73.
BZ 4468:67

Müller, K.J.; Hansen, E.W.: Armee und Drittes Reich 1933-1939. Darst. u. Dok. Paderborn: Schöningh 1987. 413 S.
B 63116

Schönherr, K.: Der deutsche Volkssturm im Reichsgau Wartheland 1944/1945. In: Militärgeschichtliches Beiheft zur Europäischen Wehrkunde. Jg.2, 1987. H.5. S. 1-16.
BZ 4895:2

Showalter, D.E.: Railroads and rifles. Soldiers, technology, and the unification of Germany. Hamden, Conn.: Archon Books 1986. 267 S.
B 60691

Sperling, H.: Das zweite Rüstungsprogramm der Reichswehr – Übergansetappe zur offenen Aufrüstung im faschistischen Deutschland. In: Militärgeschichte. Jg.27, 1988. Nr.2. S. 182-189.
BZ 4527:27

Weg und Schicksal der bespannten 290. Infanterie-Division (Schwerdivision). Chronik in Bildern. Friedberg: Podzun-Pallas-Verl. 1986. 176 S.
B 59751

– Bundeswehr

25 Jahre Bundeswehr in Achern. 5.Aufl. Koblenz: Mönch 1986. 32 S.
Bc 7572

30 Jahre Bundeswehr, 1955-1985. Friedenssicherung im Bündnis. Mainz: Hase u.Koehler 1985. 406 S.
B 57298

Bundeswehr – Demokratie in oliv? Streitkräfte im Wandel. Hrsg.: F.H.U. Borkenhagen. Berlin: Dietz 1986. 203 S.
B 58946

Bundeswehr im geschichtlichen Niemandsland? Fabian von Bonin – von Ostau u.a. Mainz: Hase u.Koehler 1986. 208 S.
B 60174

Chrobok, R.: Das System der Bundeswehrplanung. Analyse und Perspektive staatlicher Programmentwicklung und -steuerung im Bundesministerium der Verteidigung. Baden-Baden: Nomos 1985. XV, 253 S.
B 58304

Haasler, R.: Die Heeresstruktur 2000: Hauptelemente und Zielsetzung der Heeresstruktur 2000. In: Soldat und Technik. Jg.31, 1988. Nr.8. S. 453-459.
BZ 05175:31

Hammel, K.: Streitkräfte oder technokratische Produktionsstätte von Sicherheit? Das Problem. In: S und F. Jg.6, 1988. Nr.1. S. 10-17.
BZ 05473:6

Hellwig, C.; Kaldrack, G.: Zusammenarbeit und Zusammenwirken von Land- und Luftstreitkräften in der Zukunft. In: Soldat und Technik. Jg.31, 1988. Nr.6. S. 303-308.
BZ 05175:31

Kobe, G.: Wie die Bundeswehr entstand. Erlebnisse mit dem Konzept d. Ausbildung. Osnabrück: Biblio Verl. 1985. 175 S.
B 58995

Kotsch, D.: Die Reform der Inneren Führung der Bundeswehr am Beginn der siebziger Jahre. In: Militärgeschichte. Jg.27, 1988. Nr.1. S. 72-78.
BZ 4527:27

Kulturelles Beiprogramm zu 30 Jahren Bundeswehr vom 16.9.85 bis 13.11.85. Hrsg.v. d. Red.-koll. der Kämpfenden Jugend ... München: o.V. 1985. 146 S.
D 3450

Militärische Verantwortung in Staat und Gesellschaft. 175 Jahre Generalstabsausbildung in Deutschland. Hrsg.: D. Bald. Koblenz: Bernard und Graefe 1986. 222 S.
B 59995

Richter, E.; Gondek, F.: Infrastruktur der Bundeswehr. Ein Leitfaden zum Managementinformationssystem UFIS für Baumaßnahmen. Heidelberg: v.Decker 1985. Getr. Pag.
B 57187

Schröter, L.: Das Territorialheer in der Reorganisation der Bundeswehr (1967/68-1978). In: Militärgeschichte. Jg.27, 1988. Nr.2. S. 152-163.
BZ 4527:27

Thomer, E.: Die Bundeswehr heute. The Federal Armed Forces today. Les Forces d'Armées Fédérales aujourd'hui. Herford: Mittler 1985. 200 S.
09941

Von Igeln und Hasen. Militär und innere Sicherheit. Hrsg.- Arbeitsgem. Nordeifeler Antimilitaristen. Aachen: o.V. 1986. 48 S.
D 03592

L 130 f 13 Waffengattungen/ Truppengattungen

Atomraketen = Frieden? Sitzen = Gewalt? Paragr. 240 StGB. Hrsg.: Richter u. Staatsanwälte für d. Frieden. Berlin: o.V. 1987. 8 Bl.
D 3606

Combs, W.L.: The voice of the SS. A history of the SS journal "Das Schwarze Korps". Frankfurt: Lang 1986. 455 S.
B 62360

Darville, N.: SS! Journal de marche. Préface de Claude Rank. Paris: Ed.France-Empire 1985. 280 S.
B 59834

Deiseroth, D.: US-Truppen und deutsches Recht. Rechtl. Probleme d. milit. Nutzung ehemals requirierter Liegenschaften durch US-amerikan. Stationierungsstreitkr. in d. BRD. Melsungen: Bernecker 1986. 238 S.
B 60961

Dienstaltersliste der Waffen-SS. SS-Obergruppenführer bis SS-Hauptsturmführer. Osnabrück: Biblio Verl. 1987. 274 S.
010575

Haak, E.: Die Geschichte der deutschen Instandsetzungstruppe. Organisationsgeschichtl. Überblick v. Beginn des 19.Jh. bis zur Gegenwart. Osnabrück: Biblio-Verl. 1986. VIII, 633 S.
B 58752

Lozowick, Y.: Rollbahn mord. The early activities of Einsatzgruppe C. In: Holocaust and genocide studies. Vol.2, 1987. No.2. S. 221-241.
BZ 4870:2

Mabire, J.: Pansers SS dans l'enfer Normand. "Hohenstaufen" et "Frundsberg" pendant l'été 1944. Paris: Fayard 1986. o.Pag.
B 61571

Militär im Kreis Höxter. Karte u. Dok. d. Militäranlagen. Hrsg.: Arbeitskr. Umwelt u. Frieden... Brakel: o.V. 1986. o.Pag.
D 3625

Militärheimat Hunsrück. Fichten, Fachwerk, Flugzeugträger – Beitr. z.e. regionalen Militäranalyse. Neckarsulm: Jungjohann 1986. 165 S.
Bc 6252

Quarrie, B.: Hitler's teutonic knights. SS Panzers in action. Wellingborough: PSL 1986. 200 S.
B 58350

Stöber, H.: Die Sturmflut und das Ende. Die Geschichte d. 17.SS-Panzergrenadierdivision "Götz von Berlichingen". Bd.1.2. Osnabrück: Munin-Verl. 1976-87. 525, 500 S.
B 26795

Treu ihrem Volk. Osnabrück: Munin-Verl. 1987. o.Pag.
B 57967

Walther, H.: Die 12. SS-Panzer-Division HJ. E. Dokum. in Wort und Bild. Friedberg: Podzun-Pallas-Verl. 1987. 120 S.
B 63931

Zivkovic, G.: Die höhere Generalität und Admiralität der Reichswehr, ab 1935 der Wehrmacht des Deutschen Reiches, 1920 bis 1945. Wien: Selbstverlag 1987. IV, 51 S.
Bc 02160

– Alte Armee und Reichswehr

Lewis, S.J.: Forgotten legions. German army infantry policy, 1918-1941. New York: Praeger 1985. XVIII, 189 S.
B 59340

Paetzold, F.W.: Geschichte des Grenadier-Regiments König Wilhelm I. (2.Westpreußisches) Nr.7. "Königs-Grenadier-Regiment". 2.Aufl. Lorch: Gerda Weber 1987. 152 S.
Bc 7264

Richter, K.C.: Die feldgrauen Reiter. D. berittenen u. bespannten Truppen in Reichswehr u. Wehrmacht. Stuttgart: Motorbuch Verl. 1986. 246 S.
B 59784

Schulz, H.F.W.: Die preußischen Kavallerie-Regimenter 1913/1914. Nach dem Gesetz vom 3.Juli 1913. Friedberg: Podzun-Pallas-Verl. 1985. 197 S.
010092

– Wehrmacht

Brettner, F.: Die letzten Kämpfe um das Semmering-Gebiet. Payerbach: PS-Verl.Bhdlg. 1985. 164 S.
B 61696

Erinnerungsbuch der 94. Infanterie Division an die Kriegsjahre 1939-1945. Hrsg.von d. Kameradschaft 94. Inf.-Div. Bd.1-4. Ilsede: Selbstverlag 1973-85. 36; 360; 76; 42 S.
B 57304

Foessinger, J.: Die Abruzzen im Kriegsjahr 1944. Der Einsatz der 334.Infanterie Division. o.O.: Selbstverlag 1987. 48 S.
Bc 7072

Haag, R.A.: So war es. Berichte von u. über Soldaten d. Aufklärungsabteilung 7 d. 7. Bayer. Infanterie-Div. München: Verl. f. Wehrwissenschaften 1985. 144 S.
B 60399

Haupt, W.: Die 8.Panzer-Division im Zweiten Weltkrieg. Friedberg: Podzun-Pallas-Verl. 1987. 416 S.
B 63193

Klausch, H.-P.: Die 999er. Von der Brigade "Z" zur Afrika-Division 999: Die Bewährungsbataillone und ihr Anteil am antifaschist. Widerstand. Frankfurt: Röderberg 1986. 375 S.
B 59564

Lucas, J.: Kommando. German Special Forces of World War II. London: Arms and Armour Pr. 1985. 245 S.
B 58476

Mossdorf, C.F.: Kavallerieschule Hannover. Warendorf: FN-Verlag 1986. 160 S.
010322

Schadewitz, M.: Panzerregiment 11/Panzerabteilung 65 1937-1945. Panzerersatz- u. Ausbildungsabt. 11 1939-1945. Lünen: Schmidt 1987. 528 S.
B 63144

Senger; Etterlin, F.M.: Die 24. Panzer-Division vormals 1. Kavallerie-Division 1939-1945. 2.Aufl. Friedberg: Podzun-Pallas-Verl. 1986. 399 S.
B 63188

Stoves, R.: Die gepanzerten und motorisierten deutschen Großverbände (Divisionen und selbständige Brigaden) 1935-1945. Friedberg: Podzun-Pallas-Verl. 1986. 335 S.
B 62124

Sturmartillerie im Bild, 1940-1945. Osnabrück: Biblio Verl. 1986. VIII, 369 S.
010324

Ubert, P.: Der Weg der Aufklärungs-Abteilung 171 im 2. Weltkrieg. Erbach-Donaurieden: Kameradenkr. d. Aufklärungs-Abt. 171 1985. 139 S.
B 57568

Walther, H.: Die 1. SS-Panzer-Division. Leibstandarte Adolf Hitler. Friedberg: Podzun-Pallas-Verl. 1987. 120 S.
B 67392

Zielke, W.: Einsatz und Kampf der 334 Volksgrenadier-Division in Italien. o.O.: Selbstverlag 1987. 22 S.
Bc 7073

– **Bundeswehr**

30 Jahre Panzerbataillon 204. 1.7.1956-1.7.1986. Koblenz: Mönch 1986. 44 S.
Bc 6930

50 Jahre Gebirgsjäger in Mittenwald. 30 Jahre Standort der Bundeswehr. 5.Aufl. Koblenz: Mönch 1986. 64 S.
Bc 7788

Achilles, O.: Neubauten der Bundeswehr und der Stationierungsstreitkräfte 1986. Zivile Bunkerbauten 1987. Hrsg.: Arbeits- u.Forschungsst. Militär, Ökologie und Planung. Dortmund: o.V. 1987. 8 Bl.
D 03767

Bolik, G.: Die PSV-Truppe der Bundeswehr. In: Truppendienst. Jg.26, 1987. Nr.5. S. 477-480.
BZ 05209:26

Hochauer, G.: Die Infanterie in den neunziger Jahren. In: Truppendienst. Jg.27, 1988. Nr.4. S. 349-356.
BZ 05209:27

Luber, B.: Militäratlas von Flensburg bis Dresden. 3000 Daten zur Militarisierung der BRD und DDR. Bonn: Die Grünen 1986. 229 S.
B 61584

Preuss, H.: Bundeswehr und innere Führung. Vom Glanz und Elend e. Ideologie. Siegburg: Selbstverlag 1986. VIII, 259 S.
B 59185

Zins, M.: Bund-Fotos. Koblenz: Bernard und Graefe 1988. o.Pag.
Bc 7550

L 130 f 14 Militärwesen

Baedeker, D.: Das Volk, das im Finstern wandelt. Dietrich Baedeker. Stationen e. Militärpfarrers, 1938-1946. Hannover: Lutherisches Verlagshaus 1987. 100 S.
Bc 7581

Birckenbach, H.M.: Mit schlechtem Gewissen – Wehrdienstbereitschaft von Jugendlichen. Baden-Baden: Nomos-Verlagsges. 1985. 362 S.
B 57811

Bredow, W.von: Kleines Lob der merklichen Kühle. Sozialer Wandel und sein Reflex in den Streitkräften. In: S und F. Jg.6, 1988. Nr.1. S. 17-21.
BZ 05473:6

Deutsche jüdische Soldaten, 1914-1945. Im Auftrage d. Bundesministeriums der Verteidigung. 3.Aufl. Herford: Mittler 1987. 268 S.
Bc 7069

Dörr, M.; Thomas, F.: Die Träger der Nahkampfspange in Gold. Heer – Luftwaffe – Waffen-SS. 1943-1945. Osnabrück: Biblio Verl. 1986. XIX, 46 S.
B 58999

Eckardt, E.; Noll, A.H.; Schanz, H.: Politische Bildung in der Bundeswehr. Erfahrungen u. Konzepte. Bonn: Verl.Neue Gesellschaft 1986. 144 S.
B 59887

Eike, S.J.: Die Jungmann-Kadetten – Eliten im Vergleich. Hamburg: Selbstverlag 1986. 97 S.
Bc 8039

Högel, G.: Embleme, Wappen, Malings deutscher U-Boote 1939-1945. Herford: Koehler 1987. 316 S.
B 62606

Kirchner, H.; Thiemann, H.W.; Geeb, H.K.: Deutsche Orden und Ehrenzeichen. Kommentar z. Ges. üb. Titel, Orden u. Ehrenzeichen. 4.Aufl. Köln: Heymmanns 1985. 379 S.
B 57563

Klein, P.; Scheffler, H.: Der lebenskundliche Unterricht in der Bundeswehr im Urteil von Militärpfarrern und Soldaten. München: Sozialwissenschaftl. Inst. d. Bundeswehr 1987. VI, 156 S.
Bc 7005

Kurowski, F.: Die Träger des Ritterkreuzes des Eisernen Kreuzes der U-Bootwaffe 1939-1945. Friedberg: Podzun-Pallas-Verl. 1987. 80 S.
B 63044

Michels, E.: Über die Geschichte der deutschen Lazarettzüge – von den Anfängen bis zum Ersten Weltkrieg. Düsseldorf: Triltsch 1986. 91 S.
Bc 6825

Redlin, R.: Feldzeichen. T.1.2. Freiburg i. Br.: Mil. Geschichtl. Forschungsamt 1982-86. 158, 108 S.
B 47860

Schlicht, A.; Kraus, J.: Die Uniformierung und Ausrüstung des deutschen Reichsheeres 1919-1932. Ingolstadt: Bayer. Armeemuseum 1987. 278 S.
B 63234

Tarrach, P.: Innere Organisation. Innerer Aufbau d. Verwaltung, Geschäftsverkehr, Bürotechnik u. allgem. Dienstbetrieb. 3.Aufl. Heidelberg: Decker 1987. XX, 259 S.
B 62195

Wiesinger, G.; Schroeder, W.: Die österreichischen Ritterkreuzträger in der Luftwaffe 1939-1945. Graz: Weishaupt 1986. 95 S.
010304

Williamson, G.: Knights of the Iron Cross. A history 1939-1945. Poole: Blandford Pr. 1987. 160 S.
B 61864

– Wehrrecht

Boettcher, H.V.; Dau, K.: Wehrbeschwerdeordnung. Kommentar. 3.Aufl. München: Vahlen 1986. XVI, 503 S.
B 59645

Haase, N.: Deutsche Deserteure. Berlin: Rotbuch-Verl. 1987. 124 S.
Bc 6700

Ein Menschenleben gilt für nix. Spiegel-Report über die Militärjustiz im Dritten Reich, I: Mindestens 40 000 Todesurteile. In: Der Spiegel. Jg.41, 1987. Nr.43 u.44. S. 112-128.
BZ 05140:41

Messerschmidt, M.; Wüllner, F.: Die Wehrmachtsjustiz im Dienste des Nationalsozialismus. Zerstörung e. Legende. Baden-Baden: Nomos-Verlagsges. 1987. 365 S.
B 63986

Schwark, J.: Stellung und Aufgaben des Vorsitzenden im Anerkennungsverfahren für Kriegsdienstverweigerer. In: Bundeswehrverwaltung. Jg.31, 1987. H.2. S. 33-42.
D 03800:31

Speth, W.: Rechtsfragen des Einsatzes der Bundeswehr unter besonderer Berücksichtigung sekundärer Verwendungen. München: Schweitzer 1985. XXIX, 213 S.
B 61614

Wickel, H.P.; Heilmann, M.: Ich muß zum Bund. Handbuch für Wehrpflichtige. Reinbek: Rowohlt 1987. 243 S.
B 61363

– Kriegsdienstverweigerung/ Zivildienst

Anhaltspunkte für die Tätigkeit von Mitgliedern in den Ausschüssen und Kammern für Kriegsdienstverweigerung. Hrsg.: G. Reinboth. 2.Aufl. o.O.: Evangel. Arbeitsgemeinschaft zur Betreuung d. Kriegsdienstverweigerer (EAK) 1987. o.Pag.
D 3652

Brecht, H.-T.: Kriegsdienstverweigerung und Zivildienst. Kriegsdienstverweigerungs-Neuordnungsgesetz, Zivildienstgesetz, Wehrpflichtgesetz mit Erläuterungen. 2.Aufl. München: Beck 1987. XIV, 267 S.
B 60297

Buff, W.; Hoffmann, G.A.: Wo steht der Zivildienst als Teil der sozialen Arbeit gegen Ende der 80er Jahre? Hrsg.: Diakonisches Werk in Hessen und Nassau, Referat Zivildienst. Frankfurt: o.V. 1985. 20 S.
D 3601

Eckertz, R.: Die Kriegsdienstverweigerung aus Gewissensgründen als Grenzproblem des Rechts. Zur Überwindung des Dezisionismus im demokratischen Rechtsstaat. Baden-Baden: Nomos-Verlagsges. 1986. 471 S.
B 58811

Einige Informationen für verfolgte und inhaftierte Kriegsdienstverweigerer in der Bundesrepublik Deutschland. Hrsg.: Amnesty International, Clearingst. f. KDV in der BRD. Aachen: o.V. 1987. 38 S.
D 3607

Friedrich, R.; Heckt, P.; Warburg, J.: Drückeberger. E. Ratgeber zum Zivildienst. Hrsg.: Dt. Friedensgesell. – Vereinigte Kriegdienstgegner... Frankfurt: o.V. 1986. 116 S.
D 3533

Koller, W.: Gewissen auf dem Prüfstand. Ein Sachbuch über das Recht der Kriegsdienstverweigerung. Regensburg: Walhalla u.Praetoria Verl. 1985. XIV, 232 S.
B 57299

Mader, E.T.; Knab, J.: Das Lächeln des Esels. Das Leben und die Hinrichtung des Allgäuer Bauernsohnes Michael Lerpscher. 2.Aufl. Blöcktach: Verl. an der Säge 1987. 96 S.
Bc 7750

Oberschachtsiek, B.: Aktiv gegen Oliv.
Leitfaden für Kriegsdienstverweigerer.
Hrsg.: Dt. Friedensgesell.- Vereinigte
Kriegsdienstgegner (DFG-VK). Velbert:
o.V. 1987. 121 S.
D 3645

Oberschachtsiek, B.: Aktiv gegen Oliv.
Leitfaden für den Kriegsdienstverweige-
rer. Köln: Pahl-Rugenstein 1988. 157 S.
Bc 7680

Oberschachtsiek, B.: Wahlen der Beisitzer
für Ausschüsse und Kammern für Kriegsdienstverweigerung. Hrsg.: Zentralst. f.
Recht u. Schutz d. Kriegsdienstverweigerer aus Gewissensgründen. Bremen: o.V.
1986. o.Pag.
D 3562

Röhm, E.: Sterben für den Frieden. Stuttgart: Calwer Verl. 1985. 278 S.
B 57570

Schultz-Gerstein, H.-G.: Staat und Ge-
wissen. E. Beitr. zum Grundrecht auf
Kriegsdienstverweigerung. In: Beiträge
zur Konfliktforschung. Jg.17, 1987. Nr.4.
S. 37-52.
BZ 4594:17

Seitz, G.: Kriegsdienst. Ökologische Ver-
weigerung. Kassel-Bettenhausen: Weber,
Zucht 1987. 97 S.
Bc 6757

Selbstorganisation der Zivildienstleisten-
den. Betr.: Streik – und Aktionstag der
ZDL. Dok. Frankfurt: o.V. 1987. 39 S.
D 3571

Zivildienst in Kirche und Diakonie.
Ersatzdienst oder Sozialer Friedens-
dienst. Hrsg.v. Diakon. Werk der Evang.
Kirche in Deutschland... Stuttgart: o.V.
1986. 60 S.
D 3603

L 130 f 20 Marine
– bis 1945

Barkmann, H.: Logistische Unterstützung
der deutschen Schnellbootwaffe im Zweiten Weltkrieg. In: Marine-Rundschau.
Jg.84, 1987. Nr.3. S. 151-156.
BZ 05138:84

Bertrand, M.: Une unité de choc de la
Kriegsmarine: Les "hommes-K". In:
Nouvelle revue maritime. 1987. No.405.
S. 54-60.
BZ 4479:1987

Blanton, S.L.: Learning the wrong
lessons. In: United States Naval Institute.
Proceedings. Jg.113, 1987. No.10. S. 178-
182.
BZ 05163:113

Breyer, S.; Koop, G.: Die U-Bootwaffe,
Marine-Kleinkampfverbände, Land-
kampf-Marineverbände, Seefliegerkräfte,
Häfen u. Bauwerften, d. Angehörigen d.
Kriegsmarine m.d. höchsten Tapferkeits-
auszeichnungen... Friedberg: Podzun-
Pallas-Verl. 1987. 188 S.
B 64086:3

Breyer, S.: Zerstörer, Torpedoboote,
kleine Kampfeinheiten, Hilfsschiffe,
Küstenartillerie. Friedberg: Podzun-Pallas-Verl. 1986. 192 S.
B 64086:2

Christmann, H.: Zur Rolle der Kaiser-
lichen Marine in den deutschen Kolonial-
gebieten der Südsee. In: Marine-Rundschau. Jg.84, 1987. Nr.3. S. 156-162.
BZ 05138:84

Ewerth, H.: Die U-Flottille der deutschen
Marine. Herford: Koehler 1988. 105 S.
010676

Hill, L.E.: Signal zur Konterrevolution?
In: Defense analysis. Vol.4, 1988. No.1.
S. 113-129.
BZ 4888:4

Hogrebe, V.: Das deutsche Marinehaupt-
quartier... und welche Rolle spielt Seng-
warden? In: Marine-Rundschau. Jg.84,
1987. Nr.3. S. 137-141.
BZ 05138:84

Kugler, R.: Chronik der amphibischen
Verbände der Marine und Luftwaffe,
1940-1945. Speyer: Selbstverlag 1985.
215 S.
B 58799

Kurowski, F.: An alle Wölfe: Angriff!
Deutsche U-Boot-Kommandanten im
Einsatz 1939-1945. Friedberg: Podzun-
Pallas-Verl. 1986. 525 S.
B 60057

Messimer, D.: German gunboats on the
Yangtse. In: Naval history. Vol.1, 1987.
No.1/1. S. 57-62.
BZ 05544:1

Murguizur, J.C.: Conducta naval alemana.
In: Armas y Geoestrategia. Vol.4, 1986.
No.11. S. 35-54.
BZ 05537:4

Ostertag, R.: Deutsche Minensucher. 80
Jahre Seeminenabwehr. Herford: Koehler
1986. 159 S.
010578

Salewski, M.: Die Marine der Berlin. Vom
Tirpitz- zum Reichpietschufer. In: Mari-
ne-Forum. Jg.62, 1987. Nr.10. S. 340-348.
BZ 05170:62

Stralsund – Glücksburg. 50 Jahre Olym-
pia-Crew 1936. Ein Logbuch... Hrsg.v.
R.Hoffmann. Hamburg: Selbstverlag
1986. 160 S.
B 59037

Thenhausen, U.: Luftgestützte U-Jagd in
der Marine. In: Marine-Rundschau.
Jg.84, 1987. Nr.4. S. 205-208.
BZ 05138:84

Trevino Ruiz, J.: "U-Boot" alemanes: el
mito submarino. In: Defensa. A.11, 1988.
No.118. S. 58-64.
BZ 05344:11

Wegemann, G.: Das Schicksal von SMS
Ostfriesland und SMS Frankfurt. In:
Marine-Forum. Jg.62, 1987. Nr.9. S. 294-
299.
BZ 05170:62

Willicks, P.: Flottenbegeisterung und
Flottenverein. In: Marine-Rundschau.
Jg.84, 1987. Nr.5. S. 295-298.
BZ 05138:84

Zetzsche, H.-J.: Logistik und Operationen.
Die Ölversorgung der Kriegsmarine und
die Rolle des Dr. Friedrich Fetzer 1935
bis 1943. In: Marine-Forum. Jg.62, 1987.
Nr.12. S. 430-434.
BZ 05170:62

– nach 1945

26. historisch-taktische Tagung der Flotte.
1986. Erziehung u. Ausbildung zum
Marineoffizier in Vergangenheit u.
Gegenwart. Glücksburg: Selbstverlag
1986. 313 S.
B 61987

Ehrensberger, K.: Zerstörer und Fregatten
der deutschen Marine Aufgaben –
Bewaffnung – Ausbildung – Regenera-·
tion. In: Marine-Rundschau. Jg.85, 1988.
Nr.3. S. 137-141.
BZ 05138:85

Flume, W.: Fregatte 123. Ein wirkliches
Gemeinschaftsvorhaben. In: Wehrtech-
nik. Jg.20, 1988. Nr.8. S. 85-93.
BZ 05258:20

Hogrebe, V.: Die amphibische Gruppe der
Flotte – Seetransport von Landtruppen
im Bereich der Ostseezugänge. In:
Marine-Rundschau. Jg.84, 1987. Nr.3.
S. 146-150.
BZ 05138:84

Horten, D.: Die U-Bootflottille der Bun-
desmarine. In: Wehrtechnik. Jg.19, 1987.
Nr.8. S. 65-72.
BZ 05258:19

Noeske, R.: Marinerüstung über die Jahr-
hundertwende hinaus. In: Wehrtechnik.
Jg.20, 1988. Nr.6. S. 26-35.
BZ 05258:20

Rhades, J.: I trent'anni della Bundesmarine. In: Rivista italiana difesa. A.6,
1987. No.10. S. 33-51.
BZ 05505:6

Rhades, J.: Schulschiff "Deutschland".
Die Geschichte des größten Kriegs-
schiffes der Bundesmarine. Koblenz:
Bernard und Graefe 1987. 160 S.
B 61350

Rössler, E.: U-Boottyp XXI. 4.Aufl. Koblenz: Bernard und Graefe 1986. 161 S.
B 59994

Titzck, R.; Hinrichsen, N.P.: Segelschulschiff Gorch Fock. Herford: Koehler 1985. 111 S.
010088

Wiese, A.: Die Marineflieger der Bundeswehr. In: Soldat und Technik. Jg.31, 1988. Nr.3. S. 128-132.
BZ 05175:31

Ziebis, K.: Die Marinefliegerdivision. In: Marine-Rundschau. Jg.85, 1988. Nr.2. S. 66-71.
BZ 05138:85

L 130 f 30 Luftwaffe

30 Jahre Luftlandefernmeldelehrbattaillon 9. 1956-1986. Festschrift Pöcking. 3.Aufl. Koblenz: Mönch 1986. 40 S.
Bc 6932

30 Jahre technische Schule der Luftwaffe. Koblenz: Mönch 1987. 56 S.
Bc 6604

Girbig, W.: Vermisst. Rätselhafte Schicksale deutscher Flieger im 2. Weltkrieg. Stuttgart: Motorbuch Verl. 1986. 350 S.
B 59785

Gmeline, P. de: La "FLAK": 1935-1945. La DCA allemande. Bayeux: Heimdal 1986. 96 S.
010317

Gmeline, P. de: La Luftwaffe en couleurs. Tours: Heimdal 1987. 238 S.
010591

Kirsten-Herbst, R.: Mädchen an der Front. Asslar: Schulte u. Gerth 1985. 172 S.
B 62181

Koziol, M.S.: Fliegerhorst. Geschichte des Militärflugplatzes Schwäbisch-Hall von 1934 bis 1987 in Dok. u. Bildern. Bad Wimpfen: Stumpf 1986. 208 S.
B 64227

Koziol, M.S.: Rüstung, Krieg und Sklaverei. Die Fliegerhorst Schwäbisch Hall-Hessental und das Konzentrationslager. E. Dokumentat. Sigmaringen: Thorbecke 1986. 246 S.
B 59562

Müller, W.: Die 8,8-cm-Flak. 18-36-37-41. Friedberg: Podzun-Pallas-Verl. 1986. 48 S.
Bc 01837

The rise and fall of the German Air Force, 1933-1945. 2.ed. London: Arms and Armour Pr. 1987. XXI, 425 S.
B 61809

Tiefflug. Hrsg.: O.Achilles. Bornheim-Merten: Lamuv 1987. 171 S.
B 62863

L 130 f 40 Zivilverteidigung/Zivilschutz

Blind in die Katastrophe. Die Gefahren d. Zivilverteidigung a. Beisp. Krefeld. Hrsg.: Bürgerinitiative f.Frieden u. Abrüstung. Krefeld: o.V. 1987. 71 S.
D 3572

Kolb, P.W.: Der neue Kolb. Katastrophenschutzpraxis. Bd 1-12. Regensburg: Walhalla u.Praetoria Verl. 1984-. o.Pag.
B 62886

Schildt, A.: Die Atombombe und der Wiederaufbau. Luftschutz, Stadtplanungskonzepte und Wohnungsbau 1950-1956. In: 1999. Jg.2, 1987. Nr.4. S. 52-67.
BZ 4879:2

Zivilschutz, Zivilverteidigung. Sicher in die Katastrophe? Hrsg.: Fraktion die Grünen im Rat... 2.Aufl. Aachen: o.V. 1987. 37 S.
D 03837

L 130 g Wirtschaft

Boelcke, W.A.: Der Schwarzmarkt 1945-1948. Vom Überleben nach d. Kriege. Braunschweig: Westermann 1986. 260 S.
B 59962

Hund, J.: "Neue Technik" und Frauenarbeit. In: Marxistische Studien. Jg.13,
1987. Nr.2. S. 181-199.
BZ 4691:13

Laitenberger, V.: Auf dem Weg zur
Währungs- und Wirtschaftsreform. In:
Aus Politik und Zeitgeschichte. 1988.
B.23. S. 29-42.
BZ 05159:1988

Meyer. A.: Das Syndikat. Reichswerke
"Hermann Göring". Braunschweig:
Steinweg Verl. 1986. 348 S.
B 58666

Wannenmacher, W.: Irrwege der Freiheit.
Was d. Westen krank macht. München:
Herbig 1986. 322 S.
B 60285

L 130 g 10 Volkswirtschaft

Die Entwicklungspolitik unserer Nachbarn. Hrsg.: H.Beine. Münster: Lit.-Verl.
1985. 99 S.
B 57608

Fues, T.: Entwicklungs- oder Befreiungs-
hilfe? Plädoyer für einen entwicklungs-
politischen Kurswechsel. In: Blätter für
deutsche und internationale Politik. 1988.
Nr.8. S. 928-937.
BZ 4551:1988

Kamphaus, F.: Entwicklungspolitik gegen
die Armut. Frankfurt: o.V. 1985. 8 S.
D 3616

Klemm, B.; Trittel, G.J.: Vor dem "Wirtschaftswunder": Durchbruch zum Wachstum oder Lähmungskreis? In: Vierteljahrshefte für Zeitgeschichte. Jg.35, 1987.
Nr.4. S. 571-624.
BZ 4456:35

Muschiol, S.: Die Lage der BRD-Wirt-
schaft 1987/ Anfang 1988. In: IPW-
Berichte. Jg.17, 1988. H.3. S. 28-35.
BZ 05326:17

Schwarz, A.; Ernst, M.: Denn sie wissen
was sie tun. Zwischen Solidarität u. Boykott. BRD u. Nicaragua. Berlin: FDCL
1985. 336 S.
B 60964

Spranger, H.J.; Brock, L.: Die beiden
deutschen Staaten in der Dritten Welt.
Opladen: Westdeutscher Verlag 1987.
428 S.
B 62621

L 130 g 20 Landwirtschaft

Fahle, G.: Nazis und Bauern. Zur Agrar-
politik des deutschen Faschismus 1933-
1945. Köln: Pahl-Rugenstein 1986. 405 S.
B 64385

Farquharson, J.E.: The Western allies and
the politics of food. Agrarian management in postwar Germany. Leamington,
Spa: Berg Publ. 1985. 278 S.
B 57679

Moeller, R.G.: German Peasants and
agrarian politics, 1914-1924. Chapel Hill,
N.C.: The Univ. of North Carolina Pr.
1986. XV, 286 S.
B 59684

Vincent, C.P.: The politics of hunger. The
Allied blockade of Germany, 1915-1919.
Athens, O.: Ohio Univ.Pr. 1985. VII,
191 S.
B 58369

L 130 g 30 Industrie

100 Jahre Daimler-Benz. 100 Jahre Aus-
beutung, 100 Jahre Umweltschmutz, 100
Jahre Aufrüstung (in aller Welt). Hrsg.:
Die Grünen (Fraktion u. AK Wirt-
schaft)... Mannheim: o.V. 1986. 34 S.
D 03576

Barthel, M.; Lingnau, G.: Die Technik.
Mainz: Hase u.Koehler 1986. VII, 329 S.
010105

Berger, F.: Thyssen gegen Wallraff oder:
Bericht über den Versuch, einen Autor
durch Prozesse und Rufmord zum
Schweigen zu bringen. Göttingen: Steidl
1988. 169 S.
Bc 7339

Berghahn, V.R.: The Americanisation of
West German industry, 1945-1973.
Leamington Spa: Berg 1986. VIII, 344 S.
B 59488

Bontrup, H.-J.; Voß, W.: Rüstungsproduktion – ein Bombengeschäft? In: S und F. Jg.5, 1987. Nr.4. S. 227-233.
BZ 05473:5

Brzoska, M.: Rüstungsexportpolitik. Lenkung, Kontrolle u. Einschränkung bundesdeutscher Rüstungsexporte in d. Dritte Welt. Frankfurt: Haag u.Herchen 1986. VIII, 241 S.
B 62209

Bührer, W.: Ruhrstahl und Europa. Die Wirtschaftsvereinigung Eisen- und Stahlindustrie u.d. Anfänge d. europäischen Integration 1945-1952. München: Oldenbourg 1986. 236 S.
B 60874

Burger, O.: Zeppelin und die Rüstungsindustrie am Bodensee. In: 1999. Jg.2, 1987. Nr.2. S. 52-87.
BZ 4879:2

Das Daimler-Benz-Buch. E. Rüstungskonzern im "Tausendjährigen Reich". Nördlingen: Greno 1987. 829 S.
B 62420

Dolata, U.; Gottschalk, A.: Neue Technik – Rüstung – Destruktiventwicklung. In: Marxistische Studien. Jg.13, 1987. Nr.2. S. 105-120.
BZ 4691:13

Das Drägerwerk – ein Konzern mit zwei Gesichtern. Staubfilter, Volksgasmaske, Narkoseapparat, Heeresatmer, Drägerpark, KZ-Häftlinge. Hrsg.: Initiative Atomwaffenfreies Europa. 3.Aufl. Lübeck: o.V. 1987. 31 S.
D 03829

Gunthert, A.: La voiture du peuple des seigneurs. Naissance de la Volkswagen. In: Vingtième siècle. 1987. Nr.15. S. 29-42.
BZ 4941:1987

Hallgarten, G.W.F.; Radkau, J.: Deutsche Industrie und Politik von Bismarck bis in die Gegenwart. Frankfurt: Athenäum 1986. 571 S.
B 62160

Hauschild, A.; Lorscheid, H.: Ermittlungen gegen Rheinmetall. Rüstungsexporte vor Gericht. Bonn: Forum Europa Verl. 1987. 115 S.
Bc 7862

Hayes, P.: Industry and ideology. IG Farben in the Nazi era. Cambridge: Cambridge Univ.Pr. 1987. XXVIII, 411 S.
B 63797

Jindra, Z.: Der Rüstungskonzern Fried. Krupp AG. 1914-1918. Die Kriegsmateriallieferungen für das dt. Heer u. d. dt. Marine. Praha: Univerzita Karlova 1986. o.Pag.
Bc 6630

Kasper, B.; Schuster, L.; Watkinson, C.: Arbeiten für den Krieg. Deutsche u. Ausländer i. d. Rüstungsproduktion bei Rheinmetall-Borsig, 1934-1945. Hamburg: VSA-Verl. 1987. 113 S.
Bc 7311

Köhler, O.: ...und heute die ganze Welt. Die Geschichte der IG Farben und ihrer Väter. Hamburg: Rasch und Röhring 1986. 350 S.
B 60049

Konrad Kaletsch, der Flick-Konzern und das Siegerland. Versuch e. notwendigen Aufarbeitung. Hrsg.: K. Bücker. 2.Aufl. Siegen: Verl. d. Ges. f. christl.-jüdische Zusammenarbeit 1987. 60 S.
Bc 02156

Kruk, M.; Lingnau, G.: Das Unternehmen. Mainz: Hase u.Koehler 1986. IX, 339 S.
0010104

Lock, P.; Wilke, P.: IG Rüstung unter einem guten Stern. In: S und F. Jg.5, 1987. Nr.4. S. 243-247.
BZ 05473:5

Lüttig, O.: Kohlenwirtschaft und Kohlenkrise. E. kritischer Erfahrungsbericht. Hrsg.: E. Frenzel. Berlin: Armin-Verl. 1986. 51 S.
Bc 6801

Die neue deutsche Rüstungsmacht. In:
Der Spiegel. Jg.42, 1988. Nr.31. S. 24-32.
BZ 05140:42

Olle, W.: Bundesdeutsche Konzerne in
der Dritten Welt. E. Handbuch. Bornheim-Merten: Lamuv Verl. 1986. 160 S.
B 59780

Osswald, R.: Lebendige Arbeitswelt. Die
Sozialgeschichte der DAIMLER-BENZ
AG von 1945 bis 1985. Stuttgart: DVA
1986. 394 S.
B 58300

Perlak, B.: Afera Flicka. Krakow:
Krajowa agencja wydawn 1986. 102 S.
Bc 6311

Peter, H.; Klank, W.: Militär-Industrie-
Komplex in der BRD. Die Aktivitäten
des Militär-Industrie-Komplexes in Politik u. Wirtschaft d. BRD. Berlin: Militärverlag der DDR 1987. 45 S.
Bc 6691

Pfliegensdörfer, D.: "Ich war mit Herz und
Seele dabei, und so, daß mir das gar
nichts ausmachte" – Bremer Flugzeug-
bauer im Nationalsozialismus. In: 1999.
Jg.3, 1988. Nr.1. S. 44-103.
BZ 4879:3

Pohl, H.; Habeth, S.; Brüninghaus, B.: Die
Daimler-Benz AG in den Jahren 1933-
1945. E. Dok. Wiesbaden: Steiner 1986.
VII, 394 S.
B 60172

Roth, K.H.: Ein Spezialunternehmen für
Verbrennungskreisläufe. "Judengold",
Zyklon B, Atomprogramme seit 1939 –
ein Porträt der Degussa AG. In: Blätter
für deutsche und internationale Politik.
Jg.33, 1988. Nr.4. S. 420-437.
BZ 4551:33

Rüstungsindustrie in Baden-Württem-
berg. Hrsg.: Verein f. Friedenspädagogik.
Tübingen: o.V. 1987. 32 S.
D 3535

Schneider, U.; Stein, H.: IG-Farben AG,
Abt. Behringwerke. Marburg – KZ
Buchenwald. Menschenversuche. Kassel:
Brüder-Grimm-Verl. 1986. 83 S.
Bc 7048

Schomacker, K.; Wilke, P.; Wulf, H.: Alter-
native Produktion statt Rüstung.
Gewerkschaftliche Initiativen f. sinnvolle
Arbeit u. sozial nützliche Produkte.
Köln: Bund-Verl. 1987. 311 S.
B 61463

Siegfried, K.-J.: Rüstungsproduktion und
Zwangsarbeit im Volkswagenwerk 1939-
1945. E. Dok. Frankfurt: Campus Verlag
1986. o.Pag.
B 60740

Tammer, H.; Grünert, H.: Profite und
Profitraten der BRD-Industriekonzerne
im Jahre 1986. In: IPW-Berichte. Jg.16,
1987. H.12. S. 26-37.
BZ 05326:16

Vaccarino, G.: Nuove fronti sull'imperia-
lismo economico nazista La Ig Farben e il
"nuovo ordine". In: Italia contemporanea. 1987. No.169. S. 85-102.
BZ 4489:1987

Wulf, H.: The West German arms industry
and arms exports. In: Alternatives.
Vol.13, 1988. No.3. S. 319-335.
BZ 4842:13

Yano, H.: Hüttenarbeiter im dritten
Reich. Die Betriebsverhältnisse u. soziale
Lage bei d. Gutehoffnungshütte...1936
b.1939. Stuttgart: Steiner 1986. XII,
193 S.
B 57619

L 130 g 39 Energiewirtschaft/Energie-politik

...Atomzentrale Cattenom. Hrsg.: Die
Grünen Saar. Saarbrücken: o.V. 1986.
75 S.
D 3564

12.10.85 in Haidhausen. Dok. Hrsg.:
Anti-WAA-Gruppe, Umweltzentrum...
Münster: o.V. 1986. 59 S.
D 03748

Alternativer Geschäftsbericht: RWE.
Geschäftsbericht 1985/86. Rheinisch-
Westfälisches Elektrizitätswerk... Köln:
o.V. 1986. 35 S.
D 3615

Atombomben – made in Germany?
Atomenergie – Schleichweg zum Atom-
waffenstaat. Red.: M.Küntzel. Köln:
Kölner Volksblatt Verl. 1986. 191 S.
B 59695

Becquerel-Geschichten. Zwischen Wyhl
und Tschernobyl. Hrsg.: W.Ehmke.
Hamburg: Galgenberg 1987. 111 S.
Bc 6518

Bundeskonferenz der Anti-AKW-Bewegung 1986 in Regensburg 28.11.-
30.11.1986. Hrsg.: BIWAK-Büro. Regensburg: o.V. 1986. 127 S.
D 03681

Bürgerinitiative Umweltschutz Lüchow-
Dannenberg informiert. Lüchow: o.V.
1987. 12 S.
D 3536

Fach, W.; Simonis, G.: Die Stärke des
Staates im Atomkonflikt. Frankreich u.d.
Bundesrepublik im Vergleich. Frankfurt:
Campus Verlag 1987. 228 S.
B 62426

Galvan, C.G.: A expansao nuclear alema:
A procura de porques. In: Politica e
estratégia. A.4, 1986. No.4. S. 623-650.
BZ 4921:4

Keinen Schritt zurück mehr! Bundeskonf.
d. Anti-AKW-Bewegung 1987. Hrsg.:
Mülheimer Anti-Atom-Plenum. Mülheim
a.d. Ruhr: o.V. 1987. o.Pag.
D 03849

Probst, C.: Zur WAA Wackersdorf. Brief-
wechsel zwischen Christian Probst u. d.
Bayerischen Staatsregierung. Bad Tölz:
Busch 1986. 22 S.
D 3599

Reden zur Demonstration in Passau,
Domplatz, Samstag, 5.7.86, 11 Uhr 30.
Für das Leben, gegen Atomkraft. Passau:
o.V. 1986. 24 S.
D 3544

Sulzer, B.: Atomexportpolitik der BRD.
Kein Platz für Skrupel. In: AIB-Dritte-
Welt-Zeitschrift. Jg.19, 1988. Nr.4. S. 5-
11; 46-49.
BZ 05283:19

Taxöldener Geschichten. D. Kriminalisie-
rungsfließband. Hrsg.: Die Grünen
Rheinland-Pfalz. Mainz: o.V. 1986. 23 S.
D 3563

WAA im Unterricht. Hrsg.: Bezirksver-
band Oberpfalz der Gewerkschaft Erziehung... Regensburg: Kartenhaus Verl.
1986. 265 S.
D 03662

WAAhnsinn. Der Wackersdorf-Film.
Hrsg.: M.Allnutt. Nördlingen: Greno
1986. 143 S.
Bc 02064

Wackersdorf ist überall. Daten u. Fakten,
Analyse u. Hintergründe, Widerstand u.
Perspektiven. Hrsg.: Aktionskreis gegen
WAA Wackersdorf. Tübingen: o.V. 1986.
74 S.
D 03685

Wiederaufarbeitung von Kernbrenn-
stoffen? Sieben Punkte zum Nachdenken.
Hrsg.: Bund Naturschutz in Bayern...
München: o.V. 1986. 6 Bl.
D 3426

L 130 g 40 Handel

Bethkenhagen, J.: Eine Wiederbelebung
des Osthandels liegt in beiderseitigem
Interesse. In: Beiträge zur Konfliktforschung. Jg.17, 1987. Nr.4. S. 99-117.
BZ 4594:17

Die deutsche Wirtschaft und Südafrika:
zur Notwendigkeit von Wirtschaftssankti-
onen. Forschungs- u. Aktionsberatungs-
gruppe d. Vereins "Christen für Arbeit
und Gerechtigkeit weltweit". Heidelberg:
o.V. 1986. 176 S.
D 3610

Kähler, H.: Marine und Handelsschiffahrt
– Partner zur See. In: Marine-Rund-
schau. Jg.84, 1987. Nr.4. S. 194-204.
BZ 05138:84

L 130 g 50 Verkehr

Burmester, H.; Jarchow, U.; Kresse, W.:
Großsegler Rickmer Rickmers.
Hamburg: Kabel 1986. 179 S.
010667

Guldin, H.: Außenwirtschaftspolitische
und außenpolitische Einflußfaktoren im
Prozeß der Staatswerdung der Bundes-
republik Deutschland (1947-1952). In:
Aus Politik und Zeitgeschichte. 1987.
B.32. S. 3-20.
BZ 05159:1987

Kaminski, K.E.: 100 Jahre Geschichte des
Nord-Ostsee-Kanals. Von der Grund-
steinlegung bis zur Neuzeit. 1887-1987.
Rendburg: H.Möller 1987. 112 S.
010389

Menck, K.W.: Technologietransfer deutscher Unternehmen in Entwicklungsländer. In: Aus Politik und Zeitgeschichte. 1987. B.38. S. 35-46.
BZ 05159:1987

Schultz, J.: Ein Schiff namens Braunschweig. Rund um den Stapellauf des
Linienschiffes "Braunschweig"... Braunschweig: Stadtarchiv 1986. 65 S.
Bc 6276

L 130 g 60 Finanzen/Geld- und Bank-wesen

Banken und Apartheid. Unser Geld in
Südafrika. Hrsg.v.d. Anti-Apartheid-
Bewegung. 3.Aufl. Bonn: o.V. 1987.
27 S.
D 3630

Boelcke, W.A.: Die Kosten von Hitlers
Krieg. Kriegsfinanzierung u. finanzielles
Kriegserbe 1933-1948. Paderborn:
Schöningh 1985. 220 S.
B 57418

Buchheim, C.: Die Währungsreform 1948
in Westdeutschland. In: Vierteljahrshefte
für Zeitgeschichte. Jg.4, 1988. Nr.2.
S. 189-231.
BZ 4456:4

Das Dritte Reich in Dokumenten. Bd. 1.
Hamburg: Verl. Facta Oblita 1987. 319 S.
B 64236

Ermittlungen gegen die I.G. Farbenindu-
strie AG – Sept. 1945. Office of Military
Government for Germany, United States
U.S. Group Control Council – Finance
Division. Nördlingen: Greno 1986.
LXXI, 492 S.
B 60211

James, H.: The Reichsbank and public
finance in Germany, 1924-1933: a study
of the politics and economics during the
great depression. Frankfurt: F.Knapp
1985. 426 S.
B 57825

Janssen, O.: Notgeld in Ostfriesland.
Hrsg.: E.Müller. Leer: Sollermann 1987.
79 S.
Bc 8007

Office of Military Government for Germany, United States Finance Division –
Financial Investigation Section. Nördlingen: Greno 1986. CXXXIV, 353 S.
B 60212

Schillinger, R.: Der Entscheidungsprozeß
beim Lastenausgleich 1945-1952. St.
Katharinen: Scripta Mercaturae Verl.
1985. 325 S.
B 62353

Schrock, U.E.: Geschichte des Hamelner
Notgeldes, 1916 bis 1948. Bremen: Verl.
Bieber/Luck-Lehne u.a. 1987. 108 S.
Bc 7760

Wingender, K.-R.: Das Notgeld der ehemaligen Kreise Trier-Land und Saarburg
– ihrer Gemeinden und Privatfirmen –
1918-1923. Trier: Petermännchen Verl.
1987. 21, 12 S.
Bc 7056

L 130 h Gesellschaft

Bahrdt, H.P.: Die Gesellschaft und ihre Soldaten. Zur Soziologie d. Militärs. München: Beck 1987. 181 S.
B 60693

Demirović, A.: Die Soziologen auf der Suche nach ihrer Disziplin. Zur Genealogie eines Wissenschaftsbildes (1945-1961). In: Prokla. Jg.18, 1988. Nr.1. S. 33-56.
BZ 4613:18

Frei, A.G.: Geschichte aus den "Graswurzeln"? Geschichtswerkstätten in der historischen Kulturarbeit. In: Aus Politik und Zeitgeschichte. 1988. B.2. S. 35-46.
BZ 05159:1988

Grünberger, H.: Dienerin aller Herren: die deutsche Soziologie 1918-1960 zwischen Opportunismus und totaler Anpassung. In: Politische Vierteljahresschrift. Jg.28, 1987. Nr.2. S. 149-158.
BZ 4717:28

Herrschaft, Krise, Überleben. Gesellschaft der Bundesrepublik in den achtziger Jahren. Hrsg.: H.-G. Thien. Münster: Westfälisches Dampfboot 1986. 396 S.
B 59804

Korte, H.: Eine Gesellschaft im Aufbruch. Die Bundesrepublik Deutschland in den sechziger Jahren. Frankfurt: Suhrkamp 1987. 146 S.
Bc 7728

Meulemann, H.: Religiöse und politische Werte in Alters- und Bildungsgruppen. Differenzierung u. Kristallisation von Wertvorstellungen in der BRD. In: Politische Vierteljahresschrift. Jg.28, 1987. Nr.2. S. 220-241.
BZ 4501:28

Verachtet – verfolgt – vernichtet – zu den "vergessenen" Opfern des NS-Regimes. Hrsg.: Projektgruppe f.d. vergessenen Opfer ... Hamburg: VSA-Verl. 1986. 252 S.
010167

The Weimar dilemma. Intellectuals in the Weimar Republic. Ed.: A. Pheland. Manchester: Manchester Univ.Pr. 1985. 224 S.
B 59147

L 130 h 10 Bevölkerung und Familie

6 Jahre Netzwerk, Hamburg. Hrsg.: Netzwerk-Selbsthilfe. Hamburg: o.V. 1986. 58 S.
D 03751

Anders produzieren, anders arbeiten, anders leben. Von der Alternativproduktion zur demokratischen Produktionspolitik. Hrsg.: U. Briefs. Köln: Pahl-Rugenstein 1986. 236 S.
B 58737

Ausländerpolitik in Niedersachsen. Hrsg.: Die Grünen in Niedersachsen. Hannover: o.V. 1986. Getr. Pag.
D 3583

Brand, K.-W.; Büsser, D.; Rucht, D.: Aufbruch in eine andere Gesellschaft. Neue soz. Bewegungen in d. Bundesrepublik. Frankfurt: Campus Verlag 1986. 320 S.
B 59796

Däubler, W.: Der Ausländer als Untertan – ein Dauerzustand? In: Aus Politik und Zeitgeschichte. 1988. B.24. S. 41-45.
BZ 05159:1988

Dillkofer, H.; Meyer, G.-M.; Schneider, S.: Soziale Probleme von Soldatenfamilien der Bundeswehr. Opladen: Westdeutscher Verlag 1986. 188 S.
B 59886

Dokumentation. Ausländer und Deutsche – gleiche Rechte. Hrsg.: Die Brücke. Saarbrücken: o.V. 1986. 64 S.
D 3452

Finck, P.; Eckhof, M.: Euer Körper gehört uns! Hamburg: In: Ergebnisse Verl. 1987. 240 S.
BZ 4700:1987

Neue soziale Bewegung in der Bundesrepublik Deutschland. Hrsg.: R.Roth. Frankfurt: Campus 1987. 406 S.
B 63094

S.O.S. Rassimus. Biographie einer
Aktion ... Berlin: EXpress Ed. 1985.
109 S.
Bc 7262

Schultz, H.E.: Asyl- und Ausländerfeind-
lichkeit in der Bundesrepublik und die
besonderen Bremer Verhältnisse. Hrsg.:
Arbeiter-Samariter-Bund, Ortsverband
Bremen, Nord, Flüchtlingsbüro. Bremen:
o.V. 1986. 18 S.
D 3579

Standpunkte des VIA. Hrsg.: Verband d.
Initiativgruppen in d. Ausländerarbeit.
Bonn: o.V. 1987. 104 S.
D 3609

Süssmuth, R.: Das Ende der Männergesellschaft. Köln: Arbeitgeberverband
d. Metallindustrie 1987. 39 S.
Bc 7785

Waschkuhn, A.: Was wird aus den "neuen
sozialen Bewegungen", wenn sich die
"Wende" politisch weiter stabilisiert? In:
Perspektiven des demokratischen Sozia-
lismus. Jg.5, 1988. H.1. S. 25-32.
BZ 4871:5

– Volkszählung

All(e) ihre Machtmittel bekämpfen –
vom wählen bis zählen. Hrsg.: BBU.
Itzehoe: o.V. 1987. 7 S.
D 03820

An alle Haushaltungen! Bürgerinforma-
tion zur Volkszählung am 25.Mai 1987.
Hrsg.: Humanist. Union, Komitee für
Grundrechte u. Demokratie. Beerfelden:
o.V. 1987. 8 Bl.
D 3560

Bennhold, M.: Volkszählungen und Natio-
nalsozialismus. Zur sozial-politischen
Funktion von Totalerfassungen. In:
Blätter für deutsche und internationale
Politik. Jg.32, 1987. Nr.7. S. 952-966.
BZ 4551:32

Boykott. Volkszählung '87. Hrsg.v. Volks-
zählungs-Informations-Büro. 2.Aufl.
Stuttgart: o.V. 1987. 57 S.
D 03684

Entschuldigung, aber was ich beantworte,
überlassen Sie freundlicherweise mir.
Volkszählungs '87, Boykott! Hrsg.: Volks-
zählungsboykott-Informationsbüro.
Berlin: o.V. 1987. 35 S.
D 03688

Gegen den Überwachungsstaat. Zähler-
Info. Hrsg.: BI gegen den Über-
wachungsstaat. Kiel: o.V. 1987. 20 S.
D 03812

Rottmann, V.S.; Strohm, H.: Was Sie gegen
Mikrozensus und Volkszählung tun
können. 16.Ausg. Frankfurt: Zwei-
tausendundeins 1987. 328 S.
B 61622

Totalerfassung. "Sicherheitsgesetze",
Volkszählung, neuer Personalausweis,
Möglichkeiten d. Gegenwehr. Hrsg.: M.
Kutscha. 2.Aufl. Köln: Pahl-Rugenstein
1987. 254 S.
B 61623

Volkszählung '87 – zehn Minuten, die
allen helfen: Boykott. Hrsg.: Volkszäh-
lungs-Boykott-Gruppe in d. ESG Mainz.
Mainz: o.V. 1987. 16 S.
D 03797

Volkszählung – 10 Minuten, die Sie noch
bereuen werden. Hrsg.: Initiative gegen
die Volkszählung. Trier: o.V. 1987. 38 S.
D 03686

Volkszählung 1987. Hrsg.: Volkszählungs-
boykott-Infobüro. 7.Aufl. Berlin: o.V.
1987. 23 S.
D 03689

Die Volkszählung unter dem Aspekt zivil-
militärischer Zusammenarbeit. Annäherung an d. Volkszählungsanalyse aus e.
anderen Betrachtungsrichtung. Hrsg.:
Vorstand d. Grünen, Kr. Neuss. 3.Aufl.
Neuss: o.V. 1987. 13 S.
D 03830

Volkszählung, Boykott. Informationen,
Fakten, Hintergründe. Hrsg.: Plenum d.
Hamburger Volkszählungsboykottinitiati-
ven. Hamburg: o.V. 1987. 40 S.
D 03803

Volkszählungsboykott – Bilder, Plakate, Flugschriften. Tips zur Volkszählung. Hrsg.: AStA d. Gesamthochschule Kassel u. d. Grünen. 2.Aufl. Kassel: o.V. 1987. 64 S.
D 03795

Vorsicht Volkszählung. Erfaßt, vernetzt, u. ausgezählt. 3.Aufl. Köln: Kölner Volksblatt Verl. 1987. 245 S.
D 61395

Vorsicht Volkszählung! Kasseler VOBO-Initiative. Hrsg.: Stattzeitung Kassel. Kassel: o.V. 1987. 43 S.
D 03811

L 130 h 12 Jugend

Heimann, J.: Auf der Freibank Pferdefleisch. Kindheit u. Schulzeit in e. westfäl. Kleinstadt 1944-1949. Bielefeld: Westfalen Verlag 1986. 111 S.
B 61199

Die Hitlerjugend-Generation. Biograph. Thematisierung als Vergangenheitsbewältigung. Hrsg.: G. Rosenthal. Essen: Die Blaue Eule 1986. 463 S.
B 62454

Holzhaider, H.: Die Kinderbaracke von Indersdorf. In: Dachauer Hefte. Jg.3, 1987. H.3. S. 116-124.
BZ 4855:3

Jahnke, K.H.: Deutsche Arbeiterjugendbewegung 1904-1945. Köln: Weltkreis 1987. 293 S.
010359

Kiersch, G.: Die jungen Deutschen. Erben von Goethe und Auschwitz. Opladen: Leske + Budrich 1986. 240 S.
B 60301

Meiners, P.: Zwischen Widerstand und Anpassung. Der CVJM-Westbund im Dritten Reich. Aßlar: Schulte u. Gerth 1985. 223 S.
B 60003

Meinhof, U.M.: Bambule. Fürsorge – Sorge für wen? Berlin: Wagenbach 1987. 134 S.
Bc 7429

Le nazisme et les jeunes. Actes du colloque franco-allemand... Nancy les 18 et 19 nov.1983. Nancy: Pr.Univ.de Nancy 1985. 251 S.
B 61323

Peukert, D.J.: Jugend zwischen Krieg und Krise. Köln: Bund-Verl. 1987. 369 S.
B 61469

Schlewecke, G.: Stirbt er anständig. Kindheits- und Jugenderlebnisse mit dem Dritten Reich, 1932-1945. Hannover: Luthersches Verlagshaus 1987. 160 S.
Bc 7719

Schmitz, P.: Die Artamanen. Landarbeit u. Siedlung bünd. Jugend in Deutschland 1924-1935. Bad Neustadt/ Saale: Pfaehler 1985. 168 S.
B 58647

Schock und Schöpfung. Jugendästhetik im 20.Jahrhundert. Hrsg.: W.Bucher. Darmstadt: Luchterhand 1986. 436 S.
010059

Sichrovsky, P.: Schuldig geboren. Kinder aus Nazifamilien. Köln: Kiepenheuer & Witsch 1987. 172 S.
B 60804

L 130 h 13 Frauen

Abschied von der Männergesellschaft. Hrsg.: H.Geissler. Frankfurt: Ullstein 1986. 229 S.
B 60885

Frauen und Kriegsdienstverweigerung. Not am Mann – Frau muß ran? Hrsg.: Fachgruppe "Frauen und KDV" d. Evangel. Arbeitsgem. 2.Aufl. Bremen: o.V. 1987. 75 S.
D 03778

FrauenWiderspruch. Alltag u. Politik. Köln: Pahl-Rugenstein 1987. 319 S.
B 61473

Geschichte der deutschen Frauenbewegung. Hrsg.: F.Hervé. 3.Aufl. Köln: Pahl-Rugenstein 1987. 301 S.
B 62211

Hoecker, B.: Frauen in der Politik. Eine soziologische Studie. Opladen: Leske + Budrich 1987. 259 S.
B 61580

Koonz, C.: Mothers in the fatherland. Women, the family and Nazi politics. London: Cape 1987. XXXV, 556 S.
B 61741

Kretzschmar, U.: Für gleiche Rechte und Chancen. Demokratische Frauen-bewegung in der BRD. In: IPW-Berichte. Jg.17, 1988. H.7. S. 36-40, 57.
BZ 05326:17

Nave-Herz, R.: Die Geschichte der Frauenbewegung in Deutschland. Mainz: Landeszentrale f.polit.Bildung 1986. 72 S.
Bc 6729

Politik. Zeit zum Streit. Köln: Selbst-verlag 1987. 144 S.
Bc 6499

Szepansky, G.: Blitzmädel, Heldenmutter, Kriegerwitwe. Frauenleben im Zweiten Weltkrieg. Frankfurt: Fischer 1986. 301 S.
B 60274

Taylor Allen, A.: German radical feminism and eugenics, 1900-1908. In: German studies review. Vol.11, 1988. No.1. S. 31-56.
BZ 4816:11

Unsere verlorenen Jahre. Frauenalltag in Kriegs- und Nachkriegszeit 1939-1949 in Berichten, Dok. u.Bildern. Hrsg.: K.-J. Ruhl. Darmstadt: Luchterhand 1985. 233 S.
B 57417

Willms-Herget, A.: Frauenarbeit. Zur Inte-gration d. Frauen in den Arbeitsmarkt. Frankfurt: Campus Verlag 1985. 311 S.
B 56958

Zur Problematik von Soldatinnen. Der Kampfeinsatz von Flakwaffenhelferinnen im Zweiten Weltkrieg. Hrsg.: J.Rüdiger. Lindhorst: Askania Verl. 1987. 112 S.
Bc 6664

L 130 h 20 Stand und Arbeit

Dokumentation. ILO-Bericht über die Berufsverbote in der BRD. Hrsg.: Arbeitsausschuß d. Initiative "Weg mit den Berufsverboten". Hamburg: o.V. 1987. 55 S.
D 03786

Prinz, M.: Vom neuen Mittelstand zum Volksgenossen. Die Entwicklung des sozialen Status d. Angestellten von d. Weimarer Republik bis zum Ende d. NS-Zeit. München: Oldenbourg 1986. 362 S.
B 60201

L 130 h 21 Arbeiterbewegung

– bis 1945

Eisenberg, C.: Deutsche und englische Gewerkschaften. Entstehung und Ent-wicklung bis 1878 im Vergleich. Göttin-gen: Vandenhoeck u.Ruprecht 1986. 391 S.
B 60151

Feige, U.: Bergarbeiterschaft zwischen Tradition und Emanzipation. D. Verhält-nis von Bergleuten u. Gewerksch. zu Unternehmern u. Staat im westl. Ruhr-gebiet um 1900. Düsseldorf: Schwann 1986. 184 S.
B 63048

The German unemployed. Experiences and consequences of mass unemployment from the Weimar Republic to the Third Reich. Ed.by R.J.Evans. London: Croom Helm 1987. XVIII, 314 S.
B 60245

Geschichte der deutschen Gewerkschaf-ten von den Anfängen bis 1945. Hrsg.: U.Borsdorf. Köln: Bund-Verl. 1987. 599 S.
B 62133

Die Gewerkschaften von der Stabilisie-rung bis zur Weltwirtschaftskrise 1924-1930. T.1.2. Köln: Bund 1986. 1586 S.
B 60217

Groschopp, H.: Zwischen Bierabend und Bildungsverein. Berlin: Dietz 1985. 230 S.
B 58470

Hauschildt, E.: Polnische Arbeitsemigranten in Wilhelmsburg bei Hamburg während des Kaiserreichs und der Weimarer Republik. Dortmund: Forschungsstelle Ostmitteleuropa 1986. XV, 330 S.
B 61461

Hepp, M.: "Die Durchbringung des Ostens in Rohstoff- und Landwirtschaft." In: 1999. Jg.2, 1987. Nr.4. S. 96-104.
BZ 4879:2

Huettner, M.: Freie Gewerkschaften der Weimarer Republik zwischen italienischem Faschismus, Nationalsozialismus, Wirtschaftsdemokratie und Weltwirtschaftskrise. Frankfurt: Haag u.Herchen 1987. 116 S.
Bc 7136

Peukert, D.J.K.; Bajohr, F.: Spuren des Widerstands. Die Bergarbeiterbewegung im Dritten Reich und im Exil. München: Beck 1987. 223 S.
B 61478

Roder, H.: Der christlich-nationale Deutsche Gewerkschaftsbund (DGB) im politisch-ökonomischen Kräftefeld der Weimarer Republik. Frankfurt: Lang 1986. 804 S.
B 60590

Scharf, G.: Geschichte der Arbeitszeitverkürzung. Der Kampf d. dt. Gewerkschaften um d. Verkürzung d. tägl. u. wöchentl. Arbeitszeit. Köln: Bund-Verl. 1987. 773 S.
B 62850

Seidler, F.W.: Die Organisation Todt. Koblenz: Bernard und Graefe 1987. 300 S.
B 63181

Vormberg, M.: Röttger, A. Schmelzer, 1862-1914. Biograph. e. christl. Gewerkschaftssekretärs. Kirchhundem: Selbstverlag 1987. 52 S.
Bc 6731

– nach 1945

"Um eine Enttäuschung reicher...". Zur Situation portugiesischer Rückkehrerfamilien. Hrsg.: Dt.-Ausländische Arbeitsgem. Hamburg: o.V. 1985. 35 S.
D 03612

40 Jahre Mitbestimmung. Erfahrungen, Probleme, Perspektiven. Hrsg.: R.Judith. Köln: Bund-Verl. 1986. 293 S.
B 60958

Arbeit und Umwelt. Gewerkschaftl. Umweltpolitik. Hrsg.: W. Schneider. Hamburg: VSA-Verl. 1986. 215 S.
B 58780

Guer, M.: Meine fremde Heimat. Köln: Weltkreis 1987. 198 S.
B 62392

Haumann, H.: "Der Fall Max Faulhaber". Gewerkschaften und Kommunisten – ein Beisp. aus Südbaden, 1949-1952. Marburg: Verl. Arbeiterbew. u. Gesellschaftswiss. 1987. 136 S.
Bc 7790

Herbert, U.: Geschichte der Ausländerbeschäftigung in Deutschland 1880 bis 1980. Saisonarbeiter, Zwangsarbeiter, Gastarbeiter. Berlin: Dietz 1986. 272 S.
B 60276

Huisken, F.: Ausländerfeinde und Ausländerfreunde. E. Streitschrift gegen d. geächteten wie d. geachteten Rassisus. Hamburg: VSA-Verl. 1987. 211 S.
B 61202

Integrationsprobleme von Arbeitsmigranten und ihren Familien. Hrsg.: H. Merkens. Frankfurt: Lang 1987. 220 S.
Bc 7764

Lange, H.: Gewerkschaften und Technologiepolitik. In: Marxistische Studien. Jg.13, 1987. Nr.2. S. 239-260.
BZ 4691:13

Markovits, A.S.: The politics of the West German trade unions. Strategies of class and interest representation in growth and crisis. Cambridge: Cambridge Univ.Pr. 1986. XX, 599 S.
B 60496

Mertes, H.K.: Ali. Phänomene um e. Besteller. München: Herbig 1986. 240 S.
B 60121

Sayler, W.M.: Wider die Xenophobie! Ausländer zwischen Ablehnung u. Integration – am Beisp. spanischer Migranten in Deutschland. Saarbrücken: Breitenbach 1987. 182 S.
Bc 7286

L 130 h 22 Arbeit und Arbeitsprobleme

Arbeitskampf um Arbeitszeit. Perspektiven gewerkschaftl. Zukunft in flexibler Arbeitswelt. Marburg: Verl. Arbeiterbew. u. Gesellschaftswiss. 1985. 218 S.
B 59682

Auf den Schrott geschmissen? Arbeitslose zwischen Resignation und Selbstfindung. Hrsg.: H.O.Hemmer. Köln: Bund-Verl. 1986. 194 S.
B 57815

Ayaß, W.: "Ein Gebot der nationalen Arbeitsdisziplin". Die Aktion "Arbeitsscheu Reich" 1938. In: Beiträge zur Nationalsozialistischen Gesundheits- und Sozialpolitik. Jg.6, 1988. Nr.6. S. 43-74.
BZ 4837:6

Bazin, G.: "Déporté du travail" à la BMW-Eisenach. 1943-1945. Cubnezais: Selbstverlag 1986. 364 S.
B 60868

Kinzel, W.: Rheinhausen: Beginn eines neuen Aufschwungs der Arbeiterbewegung? Düsseldorf: Verl. Neuer Weg 1988. 171 S.
Bc 7845

Kühl, J.: 15 Jahre Massenarbeitslosigkeit – Aspekte einer Halbzeitbilanz. In: Aus Politik und Zeitgeschichte. 1988. B.38. S. 3-15.
BZ 05159:1988

Lage und Kampf der Landarbeiter im ostelbischen Preussen. Bd.1-3. Vaduz: Topos Verl. 1977-85. LXXII, 638 S; LXXXIII, 302 S.
B 32077

Seegert, C.: Die Formierung des Streikrechts. Frankfurt: Campus Verlag 1985. 370 S.
B 57152

Unemployment and the great depression in Weimar Germany. Ed.by P.D. Stachura. Basingstoke: MacMillan Pr. 1986. XII, 230 S.
B 60800

Welzer, H.; Wacker, A.; Heinelt, H.: Leben mit der Arbeitslosigkeit. Zur Situation einiger benachteiligter Gruppen auf dem Arbeitsmarkt. In: Aus Politik und Zeitgeschichte. 1988. B.38. S. 16-28.
BZ 05159:1988

L 130 h 30 Wohlfahrt und Fürsorge

– bis 1945

Cube, H.E. von: Überleben war alles. Aufz. e. baltischen Umsiedlers. 2.Aufl. Lüneburg: Selbstverlag 1987. 180 S.
Bc 7058

Kirchberger, P.: Die Stellung der Juden in der deutschen Rentenversicherung. In: Beiträge zur Nationalsozialistischen Gesundheits- und Sozialpolitik. 1987. Nr.5. S. 111-132.
BZ 4837:1987

Nachtigall, L.: Als die Zeit stehenblieb... E. sudetendt. Mutter erlebt Internierung, Vertreibung u. Neuanfang. Forschheim/ Ofr.: Heimatbrief Saazerland 1987. 84 S.
Bc 7666

Tennstedt, F.: Wohltat und Interesse. In: Geschichte und Gesellschaft. Jg.13, 1987. H.2. S. 157-180.
BZ 4636:13

– nach 1945

Bauer, F.J.: Zwischen "Wunder" und Strukturzwang. In: Aus Politik und Zeitgeschichte. 1987. B.32. S. 21-33.
BZ 05159:1987

Bethleem, S.: Wanderungsströme und Wanderungspolitik in der frühen Nachkriegszeit. In: Geschichte im Westen. Jg.2, 1987. H.2. S. 159-170.
BZ 4865:2

Dokumentation. Protestversammlung gegen Abschiebung in den Libanon in der Passionskirche, Berlin Kreuzberg, am 21.Jan.1987. Hrsg.: Kirche aktuell …
Berlin: o.V. 1987. 34 S.
D 3539

Dokumentation über d. bedrohte Lage der iranischen Flüchtlinge in der BRD im Jahre 1987. Hrsg.: Organization of Iranian Democrats Abroad (OIDA) …
Heidelberg: o.V. 1987. 12 S.
D 03815

Gräf, D.: Ausreise aus der DDR. Meerbusch: Kierst 1987. 178 S.
Bc 7782

Keil, E.-E.: Vertrieben… Literarische Zeugnisse von Flucht u. Vertreibung… Bonn: Kulturstiftung der deutschen Vertriebenen 1985. 349 S.
B 57859

Nach Flucht und Vertreibung. E. neuer Anfang in Ostholstein (ehem. Kreise Eutin u. Oldenburg in Holstein). Eutin: Kreisverb. Ostholstein im BdV 1987. 708 S.
010556

Reader. Asyl ist Menschenrecht. 5. bundesweites Treffen der Flüchtlinge… Hrsg.: Frkf. Flüchtlingsbeirat, Frkf. Arb.-kr. geg. Rassismus… T.1.2. Frankfurt: o.V. 1987. 71, 67 S.
D 03878

Schickel, A.: Die Vertreibung der Deutschen. Geschichte, Hintergründe, Bewertungen. Asendorf: Mut-Verl. 1985. 239 S.
B 57762

Schicksalsjahre der Evakuierten, Flüchtlinge und Vertriebenen nach dem Zweiten Weltkrieg. Bad Bevensen: Stadtarchiv 1987. 112 S.
Bc 7711

Schulze, R.: "Die Flüchtlinge liegen uns alle schwer im Magen". In: Geschichtswerkstatt. 1987. H.13. S. 35-45.
BZ 4937:1987

Thränhardt, D.: Die Bundesrepublik Deutschland – ein unerklärtes Einwanderungsland. In: Aus Politik und Zeitgeschichte. 1988. B.24. S. 3-13.
BZ 05159:1988

Umbau des Sozialstaats. Hrsg.: M.Opielka. Essen: Klartext 1987. 487 S.
B 61180

Von Buchenwald bis Hasselbach. Organisierter Antifaschismus 1945 bis heute. Red.: L.Bies. Köln: Pahl-Rugenstein 1987. 144 S.
Bc 02011

Vor vierzig Jahren: Flucht und Vertreibung, Teilung Deutschlands. Fluchtgepäck, Urkunden, Modelle… Münster-Wolbeck: Westpreußisches Landesmuseum 1985. 31 S.
Bc 6913

L 130 i Geistesleben

Hess, R.: Gedenkstättenführer Rheinland-Pfalz, 1933-45. Opfer des Nationalsozialismus. Mainz: Landeszentrale f.polit. Bildung 1987. 96 S.
Bc 6730

Kaempfe, A.: Deutschland eins. Von e. d. auszog das Deutschsein zu lernen. Kiel: Neuer Malik Verl. 1986. 318 S.
B 62390

L 130 i 10 Wissenschaft

Bromberger, B.; Mausbach, H.; Thoman, K.-D.: Medizin, Faschismus und Widerstand. Drei Beitr. Köln: Pahl-Rugenstein 1985. 352 S.
B 57296

Dietrich, D.: Racial eugenics in the Third Reich: The catholic response. In: Holocaust Studies Annual. Vol.2, 1986. S. 87-126.
BZ 4845:2

Ebbinghaus, A.: Sterbehilfe – Tötung auf wessen Verlangen? In: Mitteilungen. Dokumentationsstelle zur NS-Sozialpolitik. Jg.1, 1985. H.7/8. S. 3-24.
BZ 05529:1

Grode, W.: Die "Sonderbehandlung 14f13" in den Konzentrationslagern des Dritten Reiches. E. Beitr. z. Dynamik faschist. Vernichtungspolitik. Frankfurt: Lang 1987. 306 S.
B 62172

Klee, E.: Was sie taten – was sie wurden. Frankfurt: Fischer 1986. 355 S.
B 60286

Klüppel, M.: 'Euthanasie' und Lebensvernichtung am Beisp. der Landesheilanstalten Haina u. Merxhausen. E. Chronik d. Ereignisse 1933-1945. 3.Aufl. Kassel: Gesamthochschule Kassel 1985. 98 S.
Bc 6707

Leipert, M.; Styrnal, R.; Schwarzer, W.: Verlegt nach unbekannt. Sterilisation u. Euthanasie in Galkhausen 1933-1945. Köln: Rheinld. Verl. 1987. 264 S.
B 65026

Lutzius, F.: Verschleppt. Der Euthanasie-Mord an behinderten Kindern im Nazi-Deutschland. Essen: Populär-Verlag 1987. 275 S.
B 61468

"Die Mörder unter uns". In: Der Spiegel. Jg.42, 1988. Nr.25;. S. 112-122; 100-112; 102-115; 90-108.
BZ 05140:42

Müller-Hill, B.: Genetics after Auschwitz. In: Holocaust and genocide studies. Vol.2, 1987. No.1. S. 3-20.
BZ 4870:2

Das Recht auf Leben ist unantastbar. Die Lebenshilfe für geistig Behinderte erinnert an die Opfer der NS-Euthanasie. Marburg: Bundesverein Lebenshilfe f. geistig Behinderte 1985. 24 S.
Bc 02028

Von der Verfügbarkeit der Naturwissenschaft. Naturwissenschaft und Technik in der Zeit d. Nationalsozialismus. Hrsg.: M. Stöhr. Frankfurt: Haag u.Herchen 1986. 123 S.
Bc 6831

Walendy, U.: Professorin geworden. Vlotho/Weser: Verl.f. Volkstum u. Zeitgeschichtsforschung 1985. 40 S.
Bc 02023

L 130 i 20 Kunst

Berwid-Buquoy, J.N.: Das unbekannte Land Tschechoslowakei. Polit. Feuilletons für jedermann... Berlin: Bi-Hi Verl. 1986. II, 256 S.
Bc 6918

Die Fassbinder-Kontroverse oder das Ende der Schonzeit. Hrsg.: H. Lichtenstein. Königstein/Ts.: Athenäum 1986. 254 S.
B 58620

Gilkey, G.W.: War art of the Third Reich. Bennington, Vt.: Weapons and Warfare Pr. 1986. o.Pag.
Bc 02140

Hanel, W.: Kabinett-Stückchen '85 mit Anmerkungen von Friedrich Nowottny. Frankfurt: Umschau Verl. 1985. o.Pag.
B 57812

Heffen, A.: Der Reichskunstwart. Kunstpolitik in d. Jahren 1920-1933. Essen: Die Blaue Eule 1986. 321 S.
B 61481

Kuppermann, A.: Mit uns die Sintflut. Fibel d. Zeit. Frankfurt: Fischer Tb.Verl. 1987. 249 S.
B 62362

Musik, Theater, Literatur und Film zur Zeit des Dritten Reichs. Red.: W.Niehl. Düsseldorf: Kulturamt d. Stadt 1987. 123 S.
Bc 02183

Nationalsozialismus und "Entartete Kunst". Hrsg.: P.K.Schuster. München: Prestel Verl. 1987. 323 S.
B 64641

Nazisme et anti-nazisme dans la littéra-
ture et l'art allemands (1920-1945.).
Ed.A. Combes. Lille: Presses Univ.de
Lille 1986. 202 S.
B 61831

Piper, E.: Nationalsozialistische Kunstpolitik. Ernst Barlach und die "entartete
Kunst". E.Dok. Frankfurt: Suhrkamp
1987. 282 S.
B 62778

L 130 i 30 Literatur

Appel, E.: Dem roten Sturm entkommen.
Die abenteuerliche Flucht e. jungen deut-
schen Frau 1945. Berg/Starnberger See:
Hohenstaufen Verl. 1986. 219 S.
B 59959

Bernstorf, M.: Darum ist es am Rhein so
schön. Neue Bonner Satiren wieder mit
Zeichnungen v. Hanel. München: A.
Knaus 1986. 190 S.
B 58591

Boell, H.: Niemandsland. Kindheitserin-
nerungen an die Jahre 1945 bis 1949.
Hrsg.: H.Böll. München: dtv 1987.
271 S.
Bc 7433

Staarck, E.: Alle Freiheit kommt aus
Bonn! Kleine Wiedervereinigung für
Anfänger. Satire. Kassel: Terracotta Ver-
lag 1986. 127 S.
Bc 7308

Staarck, E.: Der Russe ist los! Alpträume
eines christl. Politikers. Satire. Kassel:
Terracotta Verl. 1986. 102 S.
Bc 7309

Wallrauf, G.: Ganz unter uns. D. Parodie.
München: Schneekluth 1986. 153 S.
B 58243

Zebrov, D.K.; Lebedev, L.K.: Erich
Vajnert: Protiv fašizma stichom i
oružiem. In: Novaja i novejšaja istorija.
1987. No.1. S. 130-146.
BZ 05334:1987

L 130 i 40 Presse/Publizistik/Medien

13. August 1961. 2.Aufl. Bonn: Gesamt-
deutsches Institut 1986. 59 S.
Bc 01954

30 Jahre Konkret. Hrsg.: H.L. Gremliza.
Hamburg: Konkret Lit-Verl. 1987. 375 S.
010310

Bölke, J.: Von deutschen Irrtümern. Polit.
Kommentare des Tagesspiegels. Berlin:
Argon Verl. 1987. 63 S.
Bc 7596

Brandstetter, K.J.: Die unbekannte
Geschichte der "Spiegel-Affäre" und das
Scheitern der "multilateralen Atomstreit-
macht" MLF. In: Blätter für deutsche
und internationale Politik. Jg.32, 1987.
Nr.9. S. 1205-1225.
BZ 4551:32

Brawand, L.: Die Spiegel-Story. Wie alles
anfing. Düsseldorf: Econ Verl. 1987.
240 S.
B 60295

Frei, N.: Amerikanische Lizenzpolitik und
deutsche Pressetradition. Die Geschichte
der Nachkriegszeitung, Südost-Kurier.
München: Oldenbourg 1986. 204 S.
B 60202

Gabriel, O.W.: Demokratiezufriedenheit
und demokratische Einstellungen in der
Bundesrepublik Deutschland. In: Aus
Politik und Zeitgeschichte. 1987. B.22.
S. 32-45.
BZ 05159:1987

Gassner, G.; Haug, H.-J.: Im Innern des
Landes. Reportagen aus der Provinz.
Ismaning: Hueber 1986. 247 S.
B 59871

Geigges, M.: Die Deutsche Bodensee-Zei-
tung. Versuch e. kathol. Tageszeitung im
Dritten Reich zu überleben. Konstanz:
Verl. des Südkurier 1986. 230 S.
B 58922

Gillessen, G.: Auf verlorenem Posten. Die
Frankfurter Zeitung im Dritten Reich.
Berlin: Siedler 1986. 585 S.
B 60070

Gremliza, H.L.: Wie Hannelore Kohl die Russen bezauberte. Hamburg: Konkret Lit-Verl. 1986. 159 S.
B 58750

Hippler, F.: Meinungsdressur? Ein heiter-kritisches Fernsehtagebuch. Berg am See: Vowinckel Verl. 1985. 272 S.
B 60960

Loiperdinger, M.: Der Parteitagsfilm "Triumph des Willens" von Leni Riefen-stahl. Rituale der Mobilmachung. Opla-den: Leske + Budrich 1987. 196 S.
Bc 7617

Medienwirkungen in der internationalen Politik. Hrsg.: G.W.Wittkämpfer. Bd.1.2. Münster: Lit.-Verl. 1986. 769 S.
B 60120

Mejía Arango, M.V.: La propaganda totali-taria del III Reich. Antioquia: Univ. de Antioquia 1985. 157 S.
Bc 7190

Menge, W.; Behnken, K.: Reichshauptstadt privat. Köln: vgs 1987. 251 S.
B 63915

Noelle-Neumann, E.; Köcher, R.: Die verletzte Nation. Über d. Versuch d. Deutschen, ihren Charakter zu ändern. Stuttgart: DVA 1987. 447 S.
B 60548

Rechtsdruck. D. Presse d. Neuen Rech-ten. Hrsg.: S. Jäger. Berlin: Dietz 1988. 271 S.
B 65675

Reinhardt, H.: Wie weit reicht die Ver-nunft. Fragen an die Hamburger Wochen-zeitung "Die Zeit". Leipzig: Urania Verl. 1986. 141 S.
Bc 7172

Sauermann, U.: Ernst Niekisch und der revolutionäre Nationalismus. München: Bibliotheksdienst Angerer 1985. V, 458 S.
B 59000

Schneider, F.: Informationstransport? Kritik an politischen Magazinen der ARD. Köln: Dt. Instituts-Verl. 1987. 76 S.
Bc 7335

Stumfall, F.: Südafrika – Land zwischen Sturm und Stille. München: Hanns-Seidel-Stiftung 1987. 136 S.
Bc 7063

Unland, E.: Die Dritte-Welt-Berichterstat-tung in der Frankfurter Rundschau von 1950-1984. E. statist. Längsschnitt-analyse. Münster: Lit.-Verl. 1986. 167 S.
B 59566

L 130 i 50 Schule und Erziehung

Bittorf, W.: "Dieser Kerl mischt sich ja in die Politik". (T.1-7). In: Der Spiegel. Jg.42, 1988. Nr.14-21. S. 82-103; 76-104; 78-99; 78-100; 132-152; 140-166; 114-149.
BZ 05140:42

Erziehung im Nationalsozialismus. "...und sie werden nicht mehr frei ihr ganzes Leben!" Hrsg.: K.-I. Flessau. Köln: Böhlau 1987. 145 S.
Bc 7117

Fichter, T.: Vier SDS-Generationen. In: Die neue Gesellschaft – Frankfurter Hefte. Jg.34, 1987. Nr.9. S. 798-804.
BZ 4572:34

Fink, U.: 1968 – Die Antwort der CDU: Programmpartei. In: Aus Politik und Zeitgeschichte. 1988. B.20. S. 27-35.
BZ 05159:1988

Giles, G.J.: Students and National Socialism in Germany. Princeton, N.J.: Princeton Univ.Press 1985. XV, 360 S.
B 57628

Kraushaar, W.: Autoritärer Staat und anti-autoritäre Bewegung. In: 1999. Jg.2, 1987. Nr.3. S. 76-105.
BZ 4879:2

Leggewie, C.: 1968: Ein Laboratorium der nachindustriellen Gesellschaft? In: Aus Politik und Zeitgeschichte. 1988. B.20. S. 3-15.
BZ 05159:1988

Lehrer helfen siegen. Kriegspädagogik im Kaiserreich. Berlin: Diesterweg-Hoch-schule 1987. 305 S.
B 62266

Lübbe, H.: Der Mythos der "kritischen Generation". In: Aus Politik und Zeitgeschichte. 1988. B.20. S. 17-25.
BZ 05159:1988

Mann, E.: Zehn Millionen Kinder. Die Erziehung der Jugend im Dritten Reich. München: Ellermann 1986. 195 S.
B 58078

Militarisierung der Hochschule? Hrsg.: G.von Bally. Münster: Lit.-Verl. 1986. IV, 87 S.
B 60149

Politische Bildung als Allgemeinbildung. Kiel: Landeszentrale f.polit.Bildung 1987. 96 S.
Bc 6863

r.f.s. – 'freiheitlich' oder faschistisch? Hrsg.: AStA Uni Köln. Köln: o.V. 1986. 22 S.
D 3405

Ratzke, E.: "Kampf um die nationalsozialistische Vollendung der Hochschule". In: Geschichtswerkstatt. 1988. H.14. S. 44-52.
BZ 4937:1988

Schäfer, G.: Studentische Korporationen im Übergang von der Weimarer Republik zum deutschen Faschismus. In: 1999. Jg.3, 1988. Nr.1. S. 104-129.
BZ 4879:3

Sontheimer, M.: Rebellion ist gerechtfertigt. In: Aus Politik und Zeitgeschichte. 1988. B.20. S. 36-46.
BZ 05159:1988

Die Universität zwischen Ökonomisierung und Militarisierung? Zur Sinnkrise in d. Wissenschaften. Hrsg.: H.W.Ahlemeyer. Münster: Lit.-Verl. 1986. IV, 281 S.
B 60150

Urban, K.: Das Ausbildungswesen unter dem Nationalsozialismus. Wissenschaftstheoretische Begründung und erziehungswirkliche Praxis. Frankfurt: Lang 1986. 181 S.
Bc 7118

VDS-Kongreß. "Alternativen für e. Hochschule mit Zukunft – Bildung u. Wissenschaft in gesellschaftl. Verantwortung". Hrsg.: Ver. Dt.Studentenschaften. Bochum: o.V. 1986. 135 S.
D 03752

Weber, R.G.S.: The German Student Corps in the Third Reich. Basingstoke: Macmillan 1986. XI, 209 S.
B 59245

Die Wende an den Hochschulen? Meinungen u. Dok. zur HRG-Novelle. Hrsg.: Asta Uni Münster. Münster: o.V. 1986. 51 S.
D 03392

L 130 i 60 Kirche und Religion

2. ökumenische Versammlung für Gerechtigkeit, Frieden und Bewahrung der Schöpfung, 21.-23.11.1986, Siegen. Siegen: o.V. 1986. 27 S.
D 03839

Balzer, F.-M.; Schnell, K.U.: Der Fall Erwin Eckert. Zum Verhältnis v. Protestantismus und Faschismus am Ende der Weimarer Republik. Frankfurt: Röderberg 1987. 217 S.
B 62250

Baranowski, S.: The confessing church, conservative elites, and the Nazi state. Lewiston, N.Y.: The Edwin Mellen Pr. 1986. 185 S.
B 61723

Bekenntnis, Widerstand, Martyrium. Von Barmen 1934 bis Plötzensee 1944. Hrsg.: G.Besier. Göttingen: Vandenhoeck u.Ruprecht 1986. 428 S.
B 58730

Brakelmann, G.: Evangelische Kirche in sozialen Konflikten der Weimarer Zeit. D. Beisp. d. Ruhreisenstreiks. Bochum: SWI Verl. 1986. 136 S.
B 60166

Braun, F.: Holocaust – Das Brandopfer. T.1.2. In: Niemandsland. Jg.1, 1988. H.3, 4. S. 94-105; 142-155.
BZ 05555:1

Dethleffsen, C.; Luebbert, K.: Christen für die Abrüstung in der Nordelbischen Kirche. Der Weg zum Frieden. Flensburg: o.V. 1987. 16 S.
D 3574

Das eine Wort für alle. Barmen 1934-1984. E. Dok. Hrsg.: H.-U. Stefhan. Neukirchen-Vluyn: Neukirchener Verl. 1986. XVI, 342 S.
B 59545

Eirene. Überblick 1986/87 mit Rechenschaftsbericht 1986. Neuwied: o.V. 1987. 32 S.
D 3612

Erin, M.E.: Katoličeskaja cerkov' i fašizm 1930-1933 gg. In: Voprosy istorii. 1987. No.1. S. 33-46.
BZ 05317:1987

Fischel, J.R.: The North American Mennonites response to Hitler's persecution of the Jews. In: Holocaust Studies Annual. Vol.2, 1986. S. 140-154.
BZ 4845:2

Flor, G.: Politische Aktion, Kirche und Recht. E. Hilfe für das Verhalten bei polit. Aktionen. Berlin: Wichern 1987. 127 S.
Bc 7266

Herbert, K.: Der Kirchenkampf. Historie oder bleibendes Erbe? Frankfurt: Ev. Verl. Werk 1985. 352 S.
B 57610

Homm, N.: Die katholische Mannesjugend Villmar in der Abwehr des Nationalsozialismus, 1933-1936. Villmar: Selbstverlag 1987. 72 S.
Bc 7260

Hürten, H.: Verfolgung, Widerstand und Zeugnis. Mainz: Matthias-Grünewald-Verl. 1987. 130 S.
Bc 7046

Kampagne: Kirchentag gegen Apartheid. Freiheit für Namibia und Südafrika. Hrsg.: Kampagne "Kirchentag gegen Apartheid". Frankfurt: o.V. 1987. 12 S.
D 3594

Kilimann, U.; Winterberg, D.P.: Das Kreuz im Schatten des Adlers. D. Verflechtung von Staat und Kirche. Wuppertal/Lünen: Hammer 1987. 104 S.
Bc 6667

Klemm, H.: Ich konnte nicht Zuschauer bleiben. Karl Fischers theologische Arbeit für d. Bekennende Kirche Sachsens. Berlin: Evangelische Verlagsanst. 1985. 94 S.
B 60011

Niemöller, M.: Ein Lesebuch. Hrsg.: H.J. Oeffler. Köln: Pahl-Rugenstein 1987. 315 S.
B 62252

Poelchau, H.: Die letzten Stunden. Erinnerungen e. Gefängnispfarrers. Köln: Pahl-Rugenstein 1987. 134 S.
B 61683

Prolingheuer, H.: Wir sind in die Irre gegangen. Die Schuld d. Kirche unterm Hakenkreuz, nach dem Bekenntnis des "Darmstädter Wortes" von 1947. Köln: Pahl-Rugenstein 1987. 301 S.
B 62254

Reineke, A.: Jugend zwischen Kreuz und Hakenkreuz. Paderborn: Verl. Bonifatius-Dr. 1987. 356 S.
B 62197

Sandstede-Auzelle, M.-C.; Sandstede, G.: Clemens August Graf von Galen. Bischof von Münster im Dritten Reich. Münster: Aschendorffsche Verlagsbuchh. 1986. XI, 207 S.
B 60066

Scheerer, R.: Kirchen für den Kalten Krieg. Grundzüge u. Hintergründe d. US-amerikan. Religions- u. Kirchenpolitik in Nachkriegsdeutschland. Köln: Pahl-Rugenstein 1986. 246 S.
B 60968

Siegmund, G.: Vom Beichtstuhl zum Galgen. Kaplan Andreas Faulhaber aus Glatz. 2.Aufl. Stein a. Rhein: Christiana-Verl. 1987. 55 S.
Bc 6804

Sölle, D.: Ein Volk ohne Vision geht zugrunde. (Sprüche Salomos 29,18) Anmerkungen zur dt. Gegenwart... Wuppertal: Hammer 1986. 160 S.
B 59930

Tinnemann, E.M.: The German catholic bishops and the Jewish question: Explanation and judgment. In: Holocaust Studies Annual. Vol.2, 1986. S. 55-83.
BZ 4845:2

Vollnhals, C.: Das Reichskonkordat von 1933 als Konfliktfall im Alliierten Kontrollrat. In: Vierteljahrshefte für Zeitgeschichte. Jg.35, 1987. Nr.4. S. 677-706.
BZ 4456:35

Zur Sache – Das Kreuz! Untersuchungen zur Geschichte d. Konflikts am Kreuz u. Lutherbild in den Schulen Oldenburgs... Hrsg.: J. Kuropka. 2. Aufl. Vechta: Vechtaer Druckerei u. Verl. 1987. 512 S.
010190

Zwischen Widerspruch und Widerstand. Texte zur Denkschrift der Bekennenden Kirche an Hitler (1936). Hrsg.: A. Glaum. München: Kaiser 1987. 245 S.
B 63191

L 130 k Geschichte

L 130 k 00 Allgemeines

"Historikerstreit". D. Dok. d. Kontroverse um d. Einzigartigkeit d. nationalsozialistischen Judenvernichtung. München: Piper 1987. 397 S.
B 62255

Demokratie und Diktatur. Geist und Gestalt politischer Herrschaft in Deutschland u. Europa. Hrsg.: M. Funke. Düsseldorf: Droste 1987. 638 S.
B 61300

Dressen, W.: Die Identität der Deutschen. Von der Sehnsucht nach Normalität. In: Niemandsland. Jg.2, 1988. H.6. S. 2-12.
BZ 05555:2

Eley, G.: From unification to nazism. Reinterpreting the German past. London: Allen & Unwin 1986. 290 S.
B 60438

Erben deutscher Geschichte. DDR – BRD: Protokolle e. historischen Begegnung. Hrsg.: S.Miller. Reinbek: Rowohlt 1988. 187 S.
Bc 7413

Falin, V.: Aspekte des "Historikerstreits" in der Bundesrepublik. In: Blätter für deutsche und internationale Politik. Jg.32, 1987. Nr.12. S. 1551-1568.
BZ 4551:32

Friedländer, S.: Réflexions sur l'historisation du national-socialisme. In: Vingtième siècle. 1987. Nr.16. S. 43-54.
BZ 4941:1987

Friedländer, S.: West Germany and the burden of the past: the ongoing debate. In: The Jerusalem quarterly. 1987. No.42. S. 3-18.
BZ 05114:1987

Friedrich, J.: Auf der Suche nach dem verlorenen PG. In: Niemandsland. Jg.2, 1988. H.6. S. 32-40.
BZ 05555:2

Germany and Europe in the era of the two world wars. Ed.: F.X.J. Homer. Charlottesville, Va.: Univ.Pr.of Virginia 1986. IX, 271 S.
B 59513

Grebing, H.: Deutsche Vergangenheit und politische Moral. In: Niemandsland. Jg.1, 1988. H.1. S. 5-15.
BZ 05555:1

Haffner, S.: Von Bismarck zu Hitler. E. Rückblick. München: Kindler 1987. 330 S.
B 63085

Historikerstreit '86. Düsseldorf: Landtag NRW 1987. 132 S.
010228

Historikerstreit. Zur Vergangenheit, die nicht vergehen will. In: Sozialismus. Jg.14, 1988. Nr.3. S. 29-39.
BZ 05393:14

Joffe, J.: La bataille des historiens allemands. In: Commentaire. A.10, 1987/88. No.40. S. 685-694.
BZ 05436:10

Kadritzke, N.: Zweierlei Untergang in düsterer Verflechtung. Zur politischen Dimension der "Historiker-Debatte". In: Prokla. Jg.17, 1987. Nr.1. S. 169-184.
BZ 4613:17

Kampe, N.: Normalizing the Holocaust? The recent historians' debate in the Federal Republic of Germany. In: Holocaust and genocide studies. Vol.2, 1987. No.1. S. 61-80.
BZ 4870:2

Kocka, J.: German history before Hitler: the debate about the German Sonderweg. In: Journal of contemporary history. Vol.23, 1988. No.1. S. 3-16.
BZ 4552:23

Lenk, K.: Neokonservative Positionen im "Historikerstreit" oder wie Täter zu Opfern werden. In: Perspektiven des demokratischen Sozialismus. Jg.5, 1988. H.1. S. 51-59.
BZ 4871:5

Lozek, G.: Der Streit geht weiter. In: Zeitschrift für Geschichtswissenschaft. Jg.36, 1988. Nr.1. S. 5-12.
BZ 4510:36

Marienfeld, W.: Der Historikerstreit. Hannover: Niedersächsische Landeszentrale f.polit.Bildung 1987. 58 S.
Bc 7684

Möller, H.: Zeitgeschichte – Fragestellungen, Interpretationen, Kontroversen. In: Aus Politik und Zeitgeschichte. 1988. B.2. S. 3-16.
BZ 05159:1988

Olesen, T.B.: Mellem frihed og enhed: Tyskland 1815-1866. In: Den jyske historiker. 1988. No.43/44. S. 30-76.
BZ 4656:1988

Østergård, U.: Deutschland über alles? In: Den jyske historiker. 1988. No.43/44. S. 5-28.
BZ 4656:1988

Puhle, H.-J.: Die neue Ruhelosigkeit: Michael Stürmers nationalpolitischer Revisionismus. In: Geschichte und Gesellschaft. Jg.13, 1987. H.3. S. 382-399.
BZ 4636:13

Rusconi, G.E.: Di nuovo una questione tedesca alla luce dello Historikerstreit. In: Storia contemporanea. 1988. Nu.2. S. 259-272.
BZ 4590:1988

Salvadori, M.: Perché un certo passato possa passare senza che lo si dimentichi. In: Storia contemporanea. 1988. Nu.2. S. 251-257.
BZ 4590:1988

Saunders, G.: George Saunders on Germany, 1919-1920. Correspondence and memoranda. Ed.: K.M.Wilson. Leeds: Leeds philosohical and literary society 1987. 124 S.
Bc 7163

Still, J.C.: The pistols of Germany and her allies in two world wars. Vol.1.2. Douglas, Alska: Selbstverlag 1982-86. IX, 192; IX, 335 S.
Bc 6354; 010282

Von Geschichte umgeben. Joachim Fest zum Sechzigsten. Berlin: Siedler 1986. 272 S.
B 61147

Wróblewski, T.S.: Evolucja "Ostforschung" w Replice Federalnej Niemiec 1969-1982. Poznań: Institut Zachodni 1986. 292 S.
B 61327

L 130 k 30 Kaiserreich 1871-1918

Imperial Germany. Ed.by V.Dürr. Madison, Wis.: Univ. of Wisconsin Press 1985. VII, 196 S.
B 59491

Klein, F.: Deutschland von 1897/98 bis 1917. (Deutschland in der Periode d. Imperialismus...). 5.Aufl. Berlin: Verl. d. Wissenschaften 1986. 415 S.
B 61608

Mygind, F.: Demokrati på preussisk: det tyske kejserrige 1855/71-1918. In: Den jyske historiker. 1988. No.43/44. S. 78-126.
BZ 4656:1988

L 130 k 40 Weimarer Republik 1919-1933

Erinnerungen an Weimar. Erlebnisse, Episoden u. typische Begebenheiten... 2.Aufl. Brackwede: Pendragon-Verlag 1986. 150 S.
Bc 7735

Kraszewski, P.: Problem sezonowego wychodźstwa polskich robotników rolnych do niemiec w latach 1919-1932. In: Przeglad zachodni. R.41, 1985. No.4. S. 25-45.
BZ 4487:41

Kühnl, R.: Die Weimarer Republik. Errichtung, Machtstruktur u. Zerstörung e. Demokratie. Reinbek: Rowohlt 1985. 280 S.
B 57327

Laursen, J.N.: Tyskland mellem demokrati og diktatur: Weimarrepubliken, 1918-1933. In: Den jyske historiker. 1988. No.43/44. S. 127-166.
BZ 4656:1988

Möller, H.: Weimar. Die unvollendete Demokratie. München: dtv 1985. 269 S.
B 54816

Müller-Aenis, M.: Sozialdemokratie und Rätebewegung in der Provinz. Schwaben u. Mittelfranken in d. bayerischen Revolution 1918-1919. München: Oldenbourg 1986. XIV, 482 S.
B 58124

L 130 k 50 Drittes Reich 1933-1945

Bloch, C.: Le IIIe Reich et le monde. Paris: Imprimerie nationale 1986. 545 S.
B 57343

Dascalu, N.: Romania şi criza ranană (martie 1936). In: Revista de istorie. T.40, 1987. No.12. S. 1205-1221.
BZ 4578:40

Erinnerungen an den braunen Alltag. Arbeiten u. Leben in der NS-Zeit. 2.Aufl. Brackwede: Pendragon Verl. 1986. 176 S.
Bc 7734

Faulenbach, B.: NS-Interpretationen und Zeitklima. In: Aus Politik und Zeitgeschichte. S. 19-30. B.22. 1987.
BZ 05159:1987

Faust, A.: Die "Reichskristallnacht": der Judenpogrom vom November 1938. In: Aus Politik und Zeitgeschichte. 1988. B.43. S. 14-21.
BZ 05159:1988

Hehl, U.von: Die Kontroverse um den Reichstagsbrand. In: Defense analysis. Vol.4, 1988. No.2. S. 259-280.
BZ 4888:4

Hoffmann, H.: Im Gleichschritt in die Diktatur? Die nationalsozialist. "Machtergreifung" in Heidelberg und Mannheim 1930-1935. Frankfurt: Lang 1985. 281 S.
B 57394

Jesse, E.: Der Reichstagsbrand – 55 Jahre danach. In: Geschichte in Wissenschaft und Unterricht. Jg.39, 1988. H.4. S. 195-217.
BZ 4475:39

Die Kriegsjahre in Deutschland. 1939 bis 1945. Hrsg.: D. Galinski. Hamburg: Verl. Erziehung u. Wissenschaft 1985. 309 S.
B 61079

Lammers, K.C.: Tolv års nazisme: Tyskland 1933-45. In: Den jyske historiker. 1988. No.43/44. S. 167-195.
BZ 4656:1988

Möller, H.: Die Weimarer Republik in der zeitgeschichtlichen Perspektive der Bundesrepublik Deutschland. In: Aus Politik und Zeitgeschichte. 1987. B.22. S. 3-18.
BZ 05159:1987

Pentzlin, H.: Die Deutschen im Dritten Reich. Stuttgart: Seewald 1985. 222 S.
B 55668

Richardson, N.: The July plot. London: Dryad Pr. 1986. 64 S.
B 63744

Schickel, A.: Von Großdeutschland zur Deutschen Frage 1938-1949. Asendorf: Mut-Verl. 1986. 302 S.
B 65333

Schouten, M.: Rinus van der Lubbe. 1909-1934. Amsterdam: De Bezige Bij 1986. 263 S.
B 62025

Shirer, W.L.: Das Jahrzehnt des Unheils. Meine Erlebnisse u. Erfahrungen in Deutschland u. Europa, 1930-1940. München: Scherz 1986. 479 S.
B 59613

Thamer, H.U.: Verführung und Gewalt. Deutschland 1933-1945. Berlin: Siedler 1986. 837 S.
B 59674

Das Unrechtsregime. Intern. Forschung über den Nationalsozialismus. Hrsg.: U.Büttner. Bd.1.2. Hamburg: Christians 1986. XXXII, 560; VIII, 478 S.
B 59772

Wassilitschikow, M.: Die Berliner Tagebücher der "Missie" Wassilitschikow 1940-1945. Berlin: Siedler 1987. 384 S.
B 62349

Weber, O.; Weber, H.: Tausend ganz normale Jahre. E. Photoalbum d. gewöhnlichen Faschismus. Nördlingen: Greno 1987. 177 S.
B 60469

L 130 k 51 Widerstandsbewegung 1933-1945

"...der Tod... war nicht vergebens". Kurt Huber zum Gedächtnis. Hrsg.: C.Huber. München: Nymphenburger Verlagsh. 1986. 180 S.
B 60349

Bein, R.: Widerstand im Nationalsozialismus. Braunschweig 1930 bis 1945. Braunschweig: Steinweg Verl. 1985. 196 S.
B 58678

Billstein, A.: Christliche Gegnerschaft am Niederrhein, 1933-1945. E. Dok. Darst. ... 2.Aufl. Viersen: Juni Verl. 1987. 106 S.
Bc 7239

Buschak, W.: Kellner im Widerstand. In: Bochumer Archiv für die Geschichte des Widerstandes und der Arbeit. 1987. Nr.8. S. 165-174.
BZ 4698:1987

Christliches Exil und christlicher Widerstand. E. Symposion an d. Kath. Univ. Eichstätt 1985. Hrsg.: W.Frühwald. Regensburg: Pustet 1987. 426 S.
B 62363

Der deutsche Widerstand 1933-1945. Hrsg.: K.-J. Müller. Paderborn: Schöningh 1986. 267 S.
B 59872

Dickhut, W.: Proletarischer Widerstand gegen Faschismus und Krieg. Bd.1.2. Düsseldorf: Verl. Neuer Weg 1987. 796 S.
B 62421

Doepgen, H.W.: Georg v. Boeselager. Kavallerie-Offizier in d. Militäropposition gegen Hitler. Herford: Mittler 1986. 196 S.
B 64229

Drude, L.: Der aufgeschobene Tod des Gerhard F. E. Ber. nach Originaldok. a. d. Jahren 1943-1945. Dortmund: Weltkreis Verl. 1986. 202 S.
B 58645

Fiedor, K.: Carl von Ossietzky und die Friedensbewegung. (Die dt. Pazifisten im Kampf gegen Wiederaufrüstung und Kriegsgefahr). Wrocław: Wydawnictwo Uniwersytetu Wrocławskiego 1985. 138 S.
Bc 6232

Fischer, G.: Antifaschistisches Erbe – Mythos oder Auftrag? Lehren aus dem Widerstand v. Christen in Deutschland. Berlin: Union Verl. 1986. 163 S.
Bc 7141

Foitzik, J.: Zwischen den Fronten. Zur Politik, Organisation u. Funktion linker polit. Kleinorganisationen im Widerstand... Bonn: Verl.Neue Gesellschaft 1986. 364 S.
B 60059

Gincberg, L.I.: Bor'ba nemeckich patriotov protiv fašizma 1939-1945. Moskva: Nauka 1987. 334 S.
B 62632

Gottschaldt, E.: Antifaschismus und Widerstand. Der Kampf gegen den deutschen Faschismus 1933-1945. Heilbronn: Distel Verl. 1985. 189 S.
B 58579

Herlemann, B.: Auf verlorenem Posten. Kommunist. Widerstand im Zweiten Weltkrieg. Die Knöchel-Organisation. Bonn: Verl.Neue Gesellschaft 1986. 311 S.
B 60060

Jahnke, K.H.: In einer Front. Junge Deutsche an der Seite der Sowjetunion im großen vaterländischen Krieg. Berlin: Militärverlag der DDR 1986. 251 S.
B 59104

Der Kreisauer Kreis. Porträt e. Widerstandsgruppe. Mainz: Hase u.Koehler 1985. XVI, 244 S.
B 57378

Mann, R.: Protest und Kontrolle im Dritten Reich. Nationalsozialist. Herrschaft im Alltag e. rheinischen Großstadt. Frankfurt: Campus Verlag 1987. IX, 413 S.
B 62458

Merson, A.: Communist resistance in Nazi Germany. London: Lawrence & Wishart 1985. X,372 S.
B 63675

Milton, S.: Deutsche und deutsch-jüdische Frauen als Verfolgte der NS-Staats. In: Dachauer Hefte. Jg.3, 1987. H.3. S. 3-20.
BZ 4855:3

Müller, K.-J.: La résistance allemande au régime nazi. L'historiographie en république fédérale. In: Vingtième siècle. 1986. Nr.11. S. 91-106.
BZ 4941:1986

Pommerin, R.: Demokraten und Pazifisten oder Rowdies und Rebellen? In: Geschichte im Westen. Jg.2, 1987. H.2. S. 135-144.
BZ 4865:2

Roon, G.van: Der Kreisauer Kreis. In: Geschichte in Wissenschaft und Unterricht. Jg.39, 1988. H.3. S. 142-153.
BZ 4475:39

Roon, G.van: Widerstand im Dritten Reich. E. Überblick. 4.Aufl. München: Beck 1987. 252 S.
B 61320

Schlieben-Troschke, A.-W.von: Einmal Brandenburg und zurück. Vom Widerstand e. Einzelgängers im "Dritten Reich". Köln: Pahl-Rugenstein 1987. 149 S.
Bc 7355

Steinbach, P.: Widerstandsforschung im politischen Spannungsfeld. In: Aus Politik und Zeitgeschichte. 1988. B.28. S. 3-21.
BZ 05159:1988

Vom Widerstand lernen. Von d. Bekennenden Kirche bis zum 20.Juli 1944. Hrsg.: R.Claussen. Bonn: Bouvier 1986. 210 S.
B 58963

Der Widerstand gegen das Nazi-Regime in Schlesien von 1932 bis 1945 durch SPD und andere Gruppen. o.O.: Arbeitskreis "ehemals schlesischer Sozialdemokraten" 1987. 32 S.
Bc 7718

L 130 k 60 Geschichte seit 1945

Abresch, W.: Als wir zu Erfindern wurden. Erinnerungen a.d. Nachkriegszeit. Köln: Rhld. Verl. 1987. 108 S.
Bc 02287

Bayern, K. von: Nach der Sintflut. Ber. a. e. Zeit d. Umbruchs 1945-1948. München: Süddt. Verl. 1986. 239 S.
B 59700

Dean, J.: Berlin: enduring stability or shaky interim? In: The Washington quarterly. Vol.10, 1987. No.3. S. 87-101.
BZ 05351:10

Engelmann, B.: Wir hab'n ja den Kopf noch fest auf dem Hals. Die Deutschen zwischen Stunde Null u. Wirtschaftswunder. Köln: Kiepenheuer & Witsch 1987. 257 S.
B 60963

Geiger, W.: Der Friede, der keiner wurde. Bensheim/Bergstr.: Stadtblatt-Verl. 1987. 11 S.
Bc 7426

German Identity – forty years after zero. Ed.: W.Pollack. 3.ed. St.Augustin: Comdok- Verl.abt. 1987. 197 S.
B 62847

Giordano, R.: Die zweite Schuld oder von der Last Deutscher zu sein. Hamburg: Rasch und Röhring 1987. 367 S.
B 64639

Gross, H.F.: Fehlgesteuert? Denkanstösse zur bundesdeutschen Wirklichkeit. Berlin: ikoo Verl. 1986. 154 S.
Bc 6924

Hillgruber, A.: Zweierlei Untergang. Die Zerschlagung des Dt. Reiches und das Ende des europäischen Judentums. Berlin: Siedler 1986. 110 S.
B 60483

Klamm, Heimlich [und] Freunde. Die siebziger Jahre. Red.: G.Dietz. Berlin: Elefanten Pr. 1987. 176 S.
010360

Lucas, J.: Last days of the Reich. The collapse of Nazi Germany, May 1945. London: Arms and Armour Pr. 1986. 255 S.
B 59390

Meiners, J.: Die doppelte Deutschlandpolitik. Zur nationalen Politik der SED im Spiegel ihres Zentralorgans "Neues Deutschland" 1946 bis 1952. Frankfurt: Lang .1987. VIII, 654 S.
B 62367

Müller-Meiningen, E.: Das Jahr tausendundeins. Basel: Helbing u. Lichtenhahn 1987. 253 S.
B 62453

Naród w ideologii i polityce RFN. Red.: J. Marczewski. Poznan: Institut Zachodni 1986. 350 S.
B 62616

Die Niederlage, die eine Befreiung war. Das Lesebuch zum 8.Mai 1945. Hrsg.: I.Brusis. Köln: Bund-Verl. 1985. 584 S.
B 56856

Reusch U.: Briten und Deutsche in der Besatzungszeit. In: Geschichte im Westen. Jg.2, 1987. H.2. S. 145-158.
BZ 4865:2

Thraenhardt, D.: Geschichte der Bundesrepublik Deutschland. Frankfurt: Suhrkamp 1986. 271 S.
B 58970

Westdeutschland 1945-1955. Unterwerfung, Kontrolle, Integration. Hrsg.: L. Herbst. München: Oldenbourg 1986. 308 S.
B 59045

L 130 l Einzelne Länder/Gebiete/Orte

Die innerdeutsche Grenze. Bonn: Bundesministerium für innerdeutsche Beziehungen 1987. 113 S.
Bc 8048

Joseph, G.: L'affrontement. La drôle de guerre aux frontières de l'Est. Paris: Michel 1987. 310 S.
B 61959

Zayas, A.M.de: Anmerkungen zur Vertreibung der Deutschen aus dem Osten. 2.Aufl. Stuttgart: Kohlhammer 1987. 228 S.
B 60602

L 130 l 10 Länder/Gebiete

40 Jahre hessischer Landtag. Festakt im hess. Staatstheater... Wiesbaden: Hessischer Landtag 1986. 40 S.
Bc 6749

40 Jahre Landtag Nordrhein-Westfalen 1946-1986. Red.: F.Geraedts. Düsseldorf: Selbstverlag 1986. 171 S.
Bc 02214

Le Bars, M.: Le mouvement paysan dans le Schleswig-Holstein 1928-1932. Frankfurt: Lang 1986. XIII, 364 S.
B 60404

Bayern 1945: Demokratischer Neubeginn. Interviews m. Augenzeugen. München: Süddt-Verl. 1985. 224 S.
B 57579

Besier, G.: "Selbstreinigung" unter britischer Besatzungsherrschaft. Göttingen: Vandenhoeck u.Ruprecht 1986. 452 S.
B 61447

Broszat, M.; Föhlich, E.: Alltag und Widerstand. Bayern im Nationalsozialismus. München: Piper 1987. 701 S.
B 61621

Buck, M.: Die freien Gewerkschaften im Ruhrkampf 1923. Köln: Bund-Verl. 1986. 565 S.
B 60353

Cahn, J.-P.: Le second retour. Le rattachement de la Sarre à l'Allemagne 1955-1957. Bern: Lang 1985. VII, 319 S.
B 58983

Damberg, W.: Der Kampf um die Schulen in Westfalen 1933-1945. Mainz: Matthias-Grünewald-Verl. 1986. XXIII, 270 S.
B 61095

Diephouse, D.J.: Pastors and pluralism in Württemberg, 1918-1933. Princeton, N.J.: Princeton Univ.Press 1987. XIV, 393 S.
B 65371

Duppler, J.: Prinz Adalbert von Preußen. Gründer d. dt. Marine. Herford: Mittler 1986. 119 S.
B 60029

Fischer, J.: Regieren geht über studieren. E. polit. Tagebuch. Frankfurt: Athenäum 1987. 213 S.
B 60892

Först, W.: Als das neue Land noch keine Geschichte hatte. Politik u. Wissenschaft in der Frühzeit Nordrhein-Westfalens. In: Geschichte im Westen. Jg.2, 1987. H.2. S. 171-178.
BZ 4865:2

Först, W.: Kleine Geschichte Nordrhein-Westfalens. Düsseldorf: Droste 1986. 216 S.
B 59931

Frauenwiderstand im Hunsrück. Red.: K. Felsenheimer. Frankfurt: Frauenlit. Vertr. in Komm. 1985. 270 S.
010309

Friedrich Wilhelm, Prinz von Preußen: Das Haus Hohenzollern 1918-1945. München: Langen 1985. 416 S.
B 57349

Gegen Revanchismus und Nationalismus. Schlesien bleibt polnisch. Hrsg.: Volksfront geg. Reaktion, Faschismus u. Krieg... Hannover: o.V. 1987. 16 S.
D 03801

Herwigsdorf Kreis Freystadt Niederschlesien. Flucht, Notzeit. Hrsg.: A. Siebert. Stuttgart: Selbstverlag 1985. 299 S.
010237

Hochhuth, M.: Schulzeit auf dem Lande. Kassel: Verl. Gesamthochschulbibliothek 1985. 244 S.
B 61681

Holtmann, E.: Nach dem Krieg, vor dem Frieden. Der gesellschaftl. u. polit. Neubeginn... Köln: Grote 1985. VIII, 516 S.
B 59065

Lempert, P.: "Das Saarland den Saarländern!". Die frankophilen Bestrebungen im Saargebiet 1918-1935. Köln: dme-Verl. 1985. 542 S.
B 58990

Lengemann, J.: Das Hessen-Parlament. 1946-1986. Biograph. Handbuch... Frankfurt: Insel Verl. 1986. 461 S.
B 60167

Letzte Tage in Mecklenburg. Erinnerungen... Hrsg.: U. Schacht. München: Langen Müller 1986. 276 S.
B 61396

Der Lokomotive in voller Fahrt die Räder wechseln. Hrsg.: P. Grafe. Berlin: Dietz 1987. 325 S.
010256

Meister, J.: Die "Zigeunerkinder" von der St.Josefspflege in Mulfingen. In: 1999. Jg.2, 1987. Nr.2. S. 14-51.
BZ 4879:2

Modell Rot-Grün? Auswertung e. Versuchs. Hrsg.: R. Meng. Hamburg: VSA-Verl. 1987. 200 S.
B 62470

Niedersachsen. Politische Landeskunde. Hannover: Niedersächsische Landeszentrale f.polit.Bildung 1987. 168 S.
Bc 02310

Opfergang des schlesischen Klerus. Wien: Wiener Katholische Akademie 1986. o.Pag.
Bc 02072

Orlow, D.: Weimar Prussia, 1918-1925. The unlikely rock of democracy. Pittsburgh, Pa.: Univ. of Pittsburgh Pr. 1986. XII, 363 S.
B 60852

Ostfriesland im Nationalsozialismus. Aurich: KBZ 1985. 279 S.
010251

Paul, G.: Die NSDAP des Saargebietes 1920-1935. D. verspätete Aufstieg d. NSDAP in d. kath.-proletar. Provinz. Saarbrücken: Saarbrücker Druckerei u. Verl. 1987. 287 S.
B 62419

Peyinghaus, M.: Stille Jahre in Gertlauken. Erinnerungen... Berlin: Siedler 1985. 217 S.
B 57814

Pommerin, R.: Die Ausweisung von "Ostjuden" aus Bayern 1923. E. Beitr. zum Krisenjahr der Weimarer Republik. In: Vierteljahrshefte für Zeitgeschichte. Jg.24, 1986. Nr.3. S. 311-340.
BZ 4456:24

Post, O.: Zwischen Sicherheit u. Wiederaufbau. D. Ruhrfrage in d. Alliierten Diskussion 1945-1949. Giessen: Focus Verl. 1986. 257 S.
B 60412

Preussen. Seine Wirkung auf die deutsche Geschichte. 2.Aufl. Stuttgart: Klett-Cotta 1985. 361 S.
B 57140

Rheinland-Pfalz – Waffenkammer der NATO. Bedrohungskarte f. jeden Kreis. Hrsg. v. Landessprecherkr. Rhld.-Pfalz d. Friedensliste. Worms: o.V. 1986. 50 S.
D 03634

Richter, I.: Erinnerungen an Schlesien. E. Dok.v. ."O du Heimat lieb u. traut". Gelsenkirchen: Erlenverl. 1987. 61 S.
Bc 7579

Rohe, K.: Vom Revier zum Ruhrgebiet. Wahlen, Parteien, polit. Kultur. Essen: Hobbing 1986. 122 S.
Bc 7034

Schnabel, T.: Württemberg zwischen Weimar und Bonn. 1928-1945/46. Stuttgart: Kohlhammer 1986. 734 S.
B 60242

Schöning, H.; Tautorat, H.G.: Ostpreußische Tragödie 1944/45. Dok. d. Schicksals... Leer: Rautenberg 1985. 80 S.
010349

Schwarz, G.: Kohlenpott 1931. Fulda: Klartext-Verl. 1986. 189 S.
B 58262

Seck, D.; Peters, P.: Die Stunde Null. Das Kriegsende an der Saar. Saarbrücken: Buchverl. Saarbrücker Zeitung 1986. 72 S.
Bc 02080

Serfas, G.: "Lieber Freiheit ohne Einheit als Einheit ohne Freiheit". D. Neubeginn d. Deomkrat. Volkspartei in Württemberg-Baden 1945/46. Heidelberg: Winter 1986. 198 S.
B 59574

Storm, R.: ...Und wurden nicht gefragt. 2.Aufl. Würzburg: Korn 1986. 197 S.
B 62159

Streibl, M.: Modell Bayern. E. Weg in die Zukunft. München: Gerber 1985. 374 S.
B 59009

Trümmer, Tränen, Zuversicht. Alltag in Hessen 1945-1949. Hrsg.: W.Wolf. Frankfurt: Insel Verl. 1986. 357 S.
B 59690

Verdrängte Geschichte. Verfolgung u. Vernichtung in Ostwestfalen 1933-1945. Hrsg.: J. Meynert. Bielefeld: AJZ 1986. 371 S.
B 62789

Willmitzer, P.: Wir in Bayern. E. Lesebuch zu Geschichte u. Gegenwart. Hrsg.: U.Schilde. München: Verl. Das Freie Buch 1985. 192 S.
Bc 6787

Zimmer, A.: Demokratiegründung und Verfassungsgebung in Bayern. D. Entstehung d. Verfassung d. Freistaates Bayern von 1946. Frankfurt: Lang 1987. 560 S.
B 62369

Zur Geschichte der Arbeiterbewegung in Bayern. Nürnberg: Germanisches Nationalmuseum 1985. 127 S.
Bc 7066

L 130 I 20 Städte/Orte

"...und Einigkeit ist Macht". Dok. zur Geschichte d. Arbeiterbewegung... Gießen: Anabas-Verl. Kämpf 1985. 368 S.
B 59067

"Unseren tapferen Helden...". Kriegs- u. Kriegsdenkmäler u. polit. Ehrenmale. Essen: Klartext-Verl. 1987. 57 S.
Bc 02021

..."ein Neues Hamburg entsteht...". Hamburg: VSA-Verl. 1986. 230 S.
010172

1946 Neuanfang: Leben in Düsseldorf. Hrsg.: Stadtmuseum Düsseldorf. Düsseldorf: Rhein-Berg. Dr.u. Verl.Ges. 1986. 346 S.
010156

Appelius, S.: Die Stunde Null, die keine war. Restauration u. Remilitarisierung in Wilhelmshaven. Hamburg: VSA-Verl. 1986. 191 S.
Bc 6199

Asmussen, N.: Der kurze Traum von der Gerechtigkeit. "Wiedergutmachung" und NS-Verfolgte in Hamburg nach 1945. Hamburg: 1987. In: Ergebnisse-Verl. 1987. 139 S.
BZ 4700

Aus Schutt und Trümmern zu neuem Leben. Nürnberg 1945/46. Hrsg.: W.Fürnrohr. Nürnberg: Selbstverlag 1985. 50 S.
Bc 02199

Becker, W.: Bad Driburg in Daten: 1936-1945. Meldungen d. NS-Volksblattes. Bad Driburg: Heimatverein Bad Driburg 1986. 116 S.
Bc 6917

Beutner, B.; Patzkowsky, W.: "Und dann kamen wir hier an". Flüchtlinge im Nachkriegs-Unna – Erlebnisse u. Hintergründe. Unna: Feferat f. Öffentl.-Arb. 1986. 91 S.
Bc 6861

Bismark, G.: Uelzen 1918-1945. Von d. roten Räten bis zum Ende der braunen Bonzen. 2.Aufl. Uelzen: Becker 1986. 280 S.
010333

Bonner Schnappschüsse. Hrsg.: H. Reuther. Bonn: Ed. transcontact 1986. o.Pag.
010140

Brumlik, M.: Erinnern und Erklären. Unsystematische Überlegungen eines Beteiligten zum Börneplatz-Konflikt. In: Babylon. 1988. H.3. S. 9-17.
BZ 4884:1988

Busch, D.: Der Luftkrieg im Raum Mainz während des Zweiten Weltkrieges 1939-1945. Mainz: Hase u.Koehler 1988. X,408 S.
B 65773

Cramer, H.D.: Das Schicksal der Goslarer Juden 1933-45. E. Dok. Goslar: Selbstverlag 1986. 204 S.
B 60031

Dehnkamp, W.: Von unten auf, d. sozialist. Arbeiterbewegung in Blumenthal-Vegesack (Bremen-Nord). Bonn: Verl. Neue Gesellschaft 1986. 276 S.
B 59031

Demokratischer Neubeginn vor 40 Jahren. Erste Kommunalwahl... Red.: I.M.Weineck. Münster: Oberstadtdir. Ref.f.Öffentl.-Arb. 1987. 68 S.
Bc 02311

Dickens, A.G.: Lübeck 1945. Tagebuchauszüge... Hrsg.: G.Meyer. Lübeck: Schmidt-Römhild 1986. 132 S.
Bc 01886

Diner, D.: Schichten der Erinnerung. Zum Börneplatz-Konflikt. In: Babylon. 1988. H.3. S. 18-26.
BZ 4884:1988

Dorn, B.; Zimmermann, M.: Bewährungsprobe Herne und Wanne-Eickel, 1933-1945. Bochum: Brockmeyer 1987. 390 S.
B 62183

Dühlmeier, B.: Der Aufbau der Parteien 1945/46 in Schaumburg-Lippe. E. Beitr. z. Regionalgeschichte im Unterricht. Frankfurt: Lang 1987. 193 S.
Bc 6774

Düsseldorfer Kunstszene 1933-1945. Düsseldorf: Stadtmuseum 1987. 165 S.
010393

Einhaus, U.: 13.Oktober 1946 – demokratischer Neubeginn in Hagen. Wege aus den Trümmern. Hagen: Stadtarchiv Hagen 1986. 47 S.
Bc 6794

Ende, Wende, Neubeginn in der Stadt Eislingen/Fils, 1945/46. Eislingen/Fils: Stadtarchiv 1986. 48 S.
Bc 02065

Engert, R.: Silvio Gesell in München 1919. Erinnerungen u. Dok... Hann. Münden: Fachverl. f. Sozialökonomie 1986. 136 S.
Bc 6895

Enssle, M.J.: The harsh discipline of food scarcity in postwar Stuttgart, 1945-1948. In: German studies review. Vol.10, 1987. No.3. S. 481-502.
BZ 4816:10

Die Ereignisse in und um Mutlangen 1983-85. E.Dok. Hrsg.: Württ.Staatstheater. Stuttgart: o.V. 1985. o.Pag.
D 03799

L'Estoq, C.von: Unser Potsdam. E. Erinnerung. Limburg/Lahn: Starke 1985. 119 S.
B 58642

Floehr, R.: Bonn. Die gekaufte Hauptstadt. Krefeld: la fleur-Verl. 1986. 139 S.
Bc 6726

Friedensbüro e.V. Ges. zur Förderung sozialen Lernens u. Handelns. Selbstdarstellung. Lemgo: o.V. 1985. 22 S.
D 3434

Fritsch, H.: Zeuge der Kapitulation und des kulturellen Neubeginns im Oldenburger Land. Oldenburg: Holzberg 1987. 104 S.
Bc 7050

Für uns begann harte Arbeit. Hrsg.: H.Hering. Oberhausen: Asso-Verl. 1986. 363 S.
B 62218

Die GAL-Fraktion informiert zum Thema: Militarisierung in Essen. Hrsg.: Fraktion d. GAL im Rat d. Stadt Essen. Essen: o.V. 1987. 48 S.
D 03831

Gleiss, H.G.W.: Breslauer Aokalypse 1945. Dok.-chronik. Bd.1-4. Wedel: Natura et patria Verl. 1986-87. 709, 800, 1037, 1240 S.
B 62228

Grieger, M.: "Der Betreuer muß der von den Ausländern anerkannte Herr sein". In: Bochumer Archiv für die Geschichte des Widerstandes und der Arbeit. 1987. Nr.8. S. 155-164.
BZ 4698:1987

Hafeneger, B.; Krahulec, P.: "Sein Amt stets korrekt und gewissenhaft geführt". Mat. u. Dok. zur Geschichte der "Rechten" im Raum Fulda. Reinheim: Verl. Jugend u. Politik 1986. 198 S.
Bc 6954

Hohlbein, H.: Hamburg 1945. Kriegsende, Not und Neubeginn. 2.Aufl. Hamburg: Landeszentrale f.polit.Bildung 1985. 192 S.
Bc 6485

Homeister, K.: Die Arbeiterbewegung in Eschwege (1885-1920). E. Beitr. z. Stadt- u. Kreisgeschichte. Kassel: Brüder-Grimm-Verl. 1987. IV, 184 S.
Bc 7435

Kalk, W.: Arbeiterbewegung in Rendsburg seit 1848. Die Geschichte der IG Metall Verwaltungsstelle bis 1986. Kiel: Neuer Malik Verl. 1987. 227 S.
Bc 7530

Kappes [und] & Kohle. Waltrop: Sannemann 1987. 120 S.
B 64610

Kardel, H.: Hamburgs Eigentor – von Dohnanyi. Nobel geht die Weltstadt zugrunde. Hrsg.: Aktion Bürger Recht. Hamburg: o.V. 1985. 16 S.
D 3462

Keinemann, F.: Machtergreifung und Gleichschaltung in Hamm, 1933-1945. Hamm: Selbstverlag 1987. 51 S.
Bc 7379

Köln unterm Hakenkreuz. Antifaschist. Stadtführer. Hrsg.: VVN/Bund d. Antifaschisten, Krsverb. Köln. Köln: o.V. 1986. o.Pag.
D 3593

Koshar, R.: Social Life, local politics, and nazism. Marburg, 1880-1935. Chapel Hill, N.C.: The Univ. of North Carolina Pr. 1986. XVIII, 395 S.
B 61946

Kriegsende im Landkreis Vechta. Erinnerungen an d. Jahr 1945. Hrsg.: A. Kathe. 2.Aufl. Vechta: Vechtaer Druckerei u. Verl. 1987. 124 S.
Bc 02041

Leben in den Trümmern. Mainz 1945 bis 1948. Hrsg. i.Auftr. d. Stadt Mainz. Mainz: Krach 1985. 196 S.
B 58992

Mais, E.: Ende und Anfang 1945. Die Kriegs- u. Nachkriegszeit d. Jahres 1945 im Kr. Birkenfeld. Birkenfeld: Verein f. Heimatkunde 1985. 459 S.
B 62268

Meyer-Zollitsch, A.: Nationalsozialismus und evangel. Kirche in Bremen. Bremen: Staatsarchiv d. Fr.Hansestadt 1985. 388 S.
B 59657

Mick, G.: Den Frieden gewinnen. D. Beisp. Frankfurt 1945 bis 1951. Frankfurt: Kramer 1985. 312 S.
B 58961

Müller, A.: Aufbruch in neue Zeiten. In: Bochumer Archiv für die Geschichte des Widerstandes und der Arbeit. 1987. Nr.8. S. 121-154.
BZ 4698:1987

Neidiger, B.: "Von Köln aus kann der Sozialismus nicht proklamiert werden!" D. Kölner Arbeiter- u. Soldatenrat im Nov./Dez. 1918. Köln: dme-Verl. 1985. 202 S.
Bc 6750

Nicke, H.-J.: In Ketten durch die Klosterstraße. Leben u. Kampf eingekerkerter Antifaschisten im Zuchthaus Luckau. Berlin: Militärverlag der DDR 1986. 169 S.
B 58560

Niedermayer, H.: Pflugschar und Hakenkreuz. Erding im Dritten Reich. Kranz-
berg: Spann 1985. 171 S.
B 61188

Oltmann, J.: Kalter Krieg und kommunale
Integration. Arbeiterbewegung im Stadt-
teil Bremen-Vegesach 1945-1956. Marburg: Verl. Arbeiterbew. u. Gesellschaftswiss. 1987. 500 S.
B 60698

Peters, C.; Caroli, M.: Der Anfang nach
dem Ende. Mannheim 1945-49. 2.Aufl.
Mannheim: Ed. Quadrant 1986. 132 S.
010176

Pfliegensdörfer, D.: Vom Handelszentrum
zur Rüstungsschmiede. 2.Aufl. Bremen:
Univ.Bremen in Komm. 1987. 490 S.
B 62460

Scheub, U.; Link, R.: Zwischen Prunk und
Stunk. E. kleine Hamburger Skandal-
chronik. Hamburg: Verl. a. Galgenberg
1986. 198 S.
B 62191

Schönhagen, B.: Das Gräberfeld X. E.
Dok. über NS-Opfer auf d. Tübinger
Stadtfriedhof. Tübingen: Kulturamt 1987.
148 S.
Bc 7748

Schotten, E.: Rendsburg unter dem
Hakenkreuz. Rendsburg: H.Möller 1987.
130 S.
B 62221

Schwarwälder, H.: Bremen in der NS-Zeit
(1933-1945). Hamburg: Christians 1985.
952 S.
B 57560

Schwarwälder, H.: Geschichte der freien
Hansestadt Bremen. Bd.1-4. Hamburg:
Christians 1975-85. Getr.Pag.
B 58578

Selbach, G.: ...Aber die Jahre waren
bestimmt nicht einfach. Remscheider
Zeitzeugen berichten... Remscheid: Stadt
Remscheid 1985. 168 S.
B 62786

Spuren. Schleswig 1920-1945. Schleswig:
Städt. Museum 1987. 131 S.
Bc 7545

Die städtischen Beschlußorgane seit
1946. E. Dok. ... Hanau: Selbstverlag
1986. 106 S.
Bc 02004

Verjagt, ermordet. Zeichnungen jüdischer
Schüler. 1936-1941. Hrsg.: Landeshaupt-
stadt, Düsseldorf... Düsseldorf: Claassen
1988. 158 S.
010473

Verweigerung und Widerstand der Arbeiterschaft in Hannoverschen Betrieben,
1933-1945. Hannover: Inst. f. polit.
Wissenschaft 1986. III, 39 S.
Bc 6779

Weckbecker, A.: Die Judenverfolgung in
Heidelberg 1933-1945. Heidelberg:
Müller, Jurist. Verl. 1985. XIX, 268 S.
B 58923

Wefer, N.: Der Aufstieg der NSDAP im
Kreis Bersenbrück. Wahlen u. Analysen
1919-1933. Alfhausen-Thiene: Selbstverlag 1986. 239 S.
B 62249

Werner, H.: Tübingen 1945. E. Chronik...
Stuttgart: Theiss 1986. 256 S.
B 59794

Werner, J.: Karlsruhe 1945. Unter
Hakenkreuz, Trikolore und Sternen-
banner. 2.Aufl. Karlsruhe: Braun 1986.
324 S.
010086

Wieninger, K.: In München erlebte
Geschichte. München: Strumberger 1985.
335 S.
B 58076

Wildt, M.: Der Traum vom Sattwerden.
Hunger u. Protest, Schwarzmarkt u.
Selbsthilfe. Hamburg: VSA-Verl. 1986.
158 S.
Bc 6793

Wippermann, W.: Das Leben in Frankfurt
zur NS-Zeit. Bd.1-4. Frankfurt: Kramer
1986. 273, 150, 194, 167 S.
B 60547

Wolfenbüttel nach '45. E. Stadt erzählt
ihre Nachkriegsgeschichte. Hannover:
Landeszentrale f.polit.Bildung 1986.
155 S.
Bc 02071

Wulffius, G.; Langendorf, E.: In München
fing's an. Presse, Parteien, Rundfunk.
München: Olzog 1985. 143 S.
B 58988

L 130.0 Berlin

Die Anti-Berliner zur Logistik der Kra-
walle: Ob Kreuzberg oder Dahlem – die
Herrscher werden zahlen! Hrsg.: Not-
gem. f.e. freie Univ. Berlin: o.V. 1987.
43 S.
D 03824

Berlin-Blockade und Luftbrücke 1948/49.
Hrsg.: U. Prell. Berlin: Berlin Verl. 1987.
191 S.
B 65012

Büsch, O.; Haus, W.: Berlin als Haupt-
stadt der Weimarer Republik 1919-1933.
Berlin: De Gruyter 1987. XII, 500 S.
B 62229

Cassar, G.: Berlino: frontiera tra due
mondi. In: Rivista italiana difesa. A.6,
1987. No.7. S. 80-91.
BZ 05505:6

Conradt, S.; Heckamann-Janz, K.: Reichs-
trümmerstadt. Leben in Berlin 1945-1961.
Darmstadt: Luchterhand 1987. 222 S.
B 61326

Flugblätter und Dokumente der West-
berliner Friedensbewegung 1980-1985.
Hrsg.: F.Teppich. Westberlin: Verl. d.
Europ. Buch 1985. 383 S.
010217

Gelb, N.: The Berlin wall. Kennedy,
Khrushchev, and a showdown in the heart
of Europe. New York: Times Books 1986.
X, 321 S.
B 63265

Hildebrandt, R.: Kampf um Weltmacht.
Berlin als Brennpunkt des Ost-West-
Konflikts. Opladen: Westdeutscher Verlag
1987. XIII, 494 S.
B 60165

Keithly, D.M.: Breakthrough in the Ostpolitik. The 1971 Quadripartite Agreement. Boulder, Colo.: Westview Press
1986. XI, 247 S.
B 59231

Langguth, G.: Die Berlin-Politik der
DDR. Historische, polit. u.jurist.
Aspekte e. aktuellen Frage. Melle:
Knoth 1987. 48 S.
Bc 7504

Langguth, G.: Der Status Berlins aus
Sicht der DDR. E. krit. Bestandsaufnahme. In: Aus Politik und Zeitgeschichte. 1987. B.50. S. 37-53.
BZ 05159:1987

Leben in Schöneberg/Friedenau, 1933-
1945. 2.Aufl. Berlin: Bezirksamt Schöne-
berg 1987. 142 S.
Bc 02241

Living with the wall. West Berlin, 1961-
1985. Ed.: R.L. Merritt. Durham, NC.:
Duke Univ.Pr. 1985. XIV, 239 S.
B 57922

Materna, I.: Berlin in Geschichte und
Gegenwart. In: Zeitschrift für
Geschichtswissenschaft. Jg.35, 1987.
Nr.6. S. 483-494.
BZ 4510:35

Nolte, E.: Das geteilte Berlin und die
Deutschen nach dem Zweiten Weltkrieg.
In: Aus Politik und Zeitgeschichte. 1987.
B.32. S. 35-45.
BZ 05159:1987

Picaper, J.-P.: Berlín: un nacimiento, dos
aniversarios. In: Politica exterior. Vol.1,
1987. No.3. S. 244-254.
BZ 4911:1

Prell, U.; Buffet, C.: Die Berlin-Krise von
1948/1949. Zu den Ursprüngen des Ost-
West-Konfliktes. In: Aus Politik und
Zeitgeschichte. 1988. B.23. S. 15-28.
BZ 05159:1988

Reichhardt, H.J.: "...raus aus den Trümmern". Vom Beginn des Wiederaufbaus 1945 in Berlin. Berlin: Transit Buchverl. o.J. 136 S.
Bc 7276

Roussel, S.: Les collines de Berlin. Un regard sur l'Allemagne. Paris: Mazarine 1985. 289 S.
B 59890

Sontheimer, M.; Vorfelder, J.: Antes [und] Co. Geschichten aus dem Berliner Sumpf. 3.Aufl. Berlin: Rotbuch Verl. 1986. 192 S.
Bc 6507

Staffelt, D.: Der Wiederaufbau der Berliner Sozialdemokratie 1945/46 und die Einheitsfrage. Frankfurt: Lang 1986. 434 S.
B 60700

Wassiltchikoff, M.: The Berlin Diaries 1940-1945 of Marie "Missie" Vassiltchikov. 2.ed. London: Chatto & Windus 1987. XV, 324 S.
B 62551

Wetzlaugk, U.: Berlin und die deutsche Frage. Köln: Verlag Wissenschaft und Politik 1985. 272 S.
B 57359

Wilk, G.H.: Truman und Berlin. Entscheidende Jahre zwischen Potsdamer Konferenz u. Marshall-Plan. Berlin: Presse u. Informationsamt 1986. 60 S.
Bc 7950

Zivier, E.R.: Der Rechtsstatus des Landes Berlin. 4.Aufl. Berlin: Berlin Verl. 1987. 451 S.
B 62866

L 130.1 Deutsche Demokratische Republik

L 130.1 a Allgemeines

Krisch, H.: The German Democratic Republic. The search for identity. Boulder, Colo.: Westview Press 1985. X,194 S.
B 57634

Laveau, P.: La RDA au quotidien. Paris: Messidor/ éd. sociales 1985. 281 S.
B 59275

Reise ins andere Deutschland. Hrsg.: T. Sommer. Reinbek: Rowohlt 1986. 270 S.
B 59895

L 130.1 c Biographien

Wegbereiter unserer Partei. Berlin: Buchverl.Der Morgen 1986. 149 S.
Bc 7105

– Axen
Axen, H.: Kampf um Frieden. Schlüsselfrage d. Gegenwart. Berlin: Dietz 1986. 407 S.
B 59799

– Brühl
Pressespiegel – Generalmajor Professor Dr. Reinhard Brühl: Gemeinsame Verantwortung für den Frieden – historische Lehre und aktuelle Aufgabe. Hrsg.: Forschungsinst. f. Friedenspolitik. Starnberg: o.V. 1987. o.Pag.
D 03835

– Gossweiler
Gossweiler, K.: Aufsätze zum Faschismus. Berlin: Akademie-Verlag 1986. XXVI, 724 S.
B 60046

– Heym
Heym, S.: Reden an den Feind. Hrsg.: P.Mallwitz. München: Bertelsmann 1986. 351 S.
B 58308

– Honecker
Honecker, E.: Rede auf der gemeinsamen Festsitzung des Zentralkomitees der KPdSU, d. Obersten Sowjets der UdSSR und d. Obersten Sowjets der RSFSR... Berlin: Dietz 1987. 32 S.
Bc 7830

– Jendretzky
Jendretzky, H.: Die Einheit ist der Fels, auf dem die Zukunft der Arbeiterklasse ruht. Berlin: Verl. Tribüne 1987. 100 S.
Bc 8012

– Mückenberger

Mückenberger, E.: Der Menschheit ein Leben in Frieden sichern. Ausgew. Reden u. Aufsätze. Berlin: Dietz 1985. 389 S.
B 58553

– Schmellentin

Schmellentin, K.: Arbeiter, Schutzhäftling, Staatsfunktionär. Erinnerungen. Berlin: Dietz 1986. 324 S.
B 58828

– Schmidt

Schmidt, A.: Leerjahre. Leben und Überleben im DDR-Gulag. Sindelfingen: Tykve 1986. VIII, 571 S.
B 58920

– Sindermann

Sindermann, H.: Alles für das Volk – alles mit dem Volk! Ausgew. Reden u. Aufsätze. Berlin: Dietz 1985. 442 S.
B 58552

– Vogel

Schmidthammer, J.: Rechtsanwalt Wolfgang Vogel. Mittler zw. Ost u. West. Hamburg: Hoffmann und Campe 1987. 239 S.
B 63087

– Große

Friedrich, T.: Rotgardist, Kommunist, Diplomat. Fritz Große. In: Beiträge zur Geschichte der Arbeiterbewegung. Jg.29, 1987. Nr.6. S. 799-810.
BZ 4507:29

– Hadermann

Finker, K.: Ernst Hadermanns Rolle im Nationalkomitee "Freies Deutschland". In: Militärgeschichte. Jg.27, 1988. Nr.1. S. 57-65.
BZ 4527:27

L 130.1 d Land und Volk

Bortefeldt, H.: Zur Entwicklung der bürgerlichen DDR-Forschung in den USA. In: Zeitschrift für Geschichtswissenschaft. Jg.35, 1987. Nr.12. S. 1051-1059.
BZ 4510:35

L 130.1 e Staat und Politik

Arbeit, Brot und Völkerfrieden – das ist unsere Welt. 70 Jahre Kampf um Frieden und sozialen Fortschritt. Berlin: Dietz 1987. 239 S.
Bc 7039

Berg, H.von; Loeser, F.; Seiffert, W.: Die DDR auf dem Weg in das Jahr 2000. Politik, Ökonomie, Ideologie. Köln: Bund-Verl. 1987. 190 S.
B 61471

Marquardt, B.: DDR – totalitär oder autoritär? Bern: Verl. SOI 1986. 71 S.
Bc 7738

Riege, G.: Die Staatsbürgerschaft der DDR. 2.Aufl. Berlin: Staatsverlag der DDR 1986. 351 S.
B 63114

Der Staat im politischen System der DDR. Berlin: Staatsverlag der DDR 1986. 318 S.
B 61024

L 130.1 e 10 Innenpolitik

Fricke, K.W.: Zur Menschen- u. Grundrechtssituation polit. Gefangener in der DDR. 2. Aufl. Köln: Verlag Wissenschaft und Politik 1988. 255 S.
B 66602

Hüning, H.: Tapetenwechsel. Reformdiskussion in der DDR: Zwischen Vervollkommnung und Umgestaltung. In: Sozialismus. Jg.14, 1988. Nr.9. S. 70-77.
BZ 05393:14

Hyde-Price, A.G.V.: 'Developed socialism' in the ideology of the German Democratic Republic: origins and implications. In: Journal of communist studies. Vol.3, 1987. No.3. S. 286-310.
BZ 4862:3

Ideologie und gesellschaftliche Entwicklung in der DDR. Achtzehnte Tagung v. Stand der DDR-Forschung... Hrsg.: I. Spittmann-Rühle. Köln: Verlag Wissenschaft und Politik 1985. 176 S.
B 57771

L 130.1 e 14 Parteien

Demokratie im Alltag. Der XI. Parteitag
d. SED und d. Entfaltung der sozialist.
Demokratie. Berlin: Dietz 1988. 137 S.
Bc 7979

Dokumente und Materialien d. Zusam-
menarbeit zwischen d. Sozialist. Einheits-
partei Deutschlands und d. Bulgar.
Kommunist. Partei. 1977-1984. Hrsg.:
L.Dimitrowa. Berlin: Dietz 1986. 274 S.
B 59199

Fiedler, H.: Die 2.Staatspolitische Konferenz der SED am 13.und 14.März 1949 in
Berlin. In: Praxis international. Vol.6,
1986. No.3. S. 755-766.
BZ 4783:6

Fiedler, H.: Die Parteidiskussion zur Vorbereitung des II. Parteitages der SED.
In: Zeitschrift für Geschichtswissenschaft. Jg.35, 1987. Nr.9. S. 771-783.
BZ 4510:35

Homann, H.: Die NDPD. Mitgestalter d.
entwickelten sozialist. Gesellschaft der
DDR. 2.Aufl. Berlin: Verlag d.Nation
1986. 237 S.
B 61626

Honecker, E.: Die Aufgaben der Partei-
organisationen bei der weiteren Verwirklichung der Beschlüsse des XI.Parteitages
der SED. 3.Aufl. Berlin: Dietz 1987.
110 S.
Bc 6986

Koenen, W.: Einheit des Volkes – Garantie
des Sieges. Reden u. Artikel. Berlin:
Dietz 1986. 280 S.
B 61628

Lapp, P.J.: Die Blockparteien im politischen System der DDR. Melle: Knoth
1988. 52 S.
Bc 7503

LDPD in den 70er Jahren. Dokumente.
Berlin: Buchverl.Der Morgen 1987.
214 S.
Bc 7690

Rögner-Francke, A.: Die SED und die
deutsche Geschichte. Melle: Knoth 1987.
48 S.
Bc 7240

Schneider, G.: Erlebnisse, Erfahrungen,
Erkenntnisse. Berlin: Buchverl.Der
Morgen 1987. 99 S.
Bc 7042

Woods, R.: Opposition in the GDR under
Honecker 1971-85. An introduct. and
documentat. Houndsmill: MacMillan
1986. X,257 S.
B 59136

Wünschmann, W.: Gemeinsames stärker
als Trennendes. Erfahrungen der CDU
zur Zus.-Arb. von Christen und Marxi-
sten in der DDR. Berlin: Union Verl.
1986. 78 S.
Bc 7103

Zur Gewerkschaftspolitik der SED.
Dokumente. Berlin: Verl. Tribüne 1986.
532 S.
B 59102

L 130.1 e 20 Außenpolitik

Bender, P.: Neue Ostpolitik. Vom Mauer-
bau zum Moskauer Vertrag. München:
dtv 1986. 289 S.
B 58513

MacAdams, A.J.: East Germany and
detente. Cambridge: Cambridge Univ.Pr.
1985. XI, 233 S.
B 57699

Mikuslka-Góralska, B.; Góralski, W.M.:
Nowe aspekty w stosunkach między
Niemiecka Republika Demokratyczna a
Berlinem Zachodnim. In: Przegląd
stosunków międzynarodowych. Jg.118,
1985. No.6. S. 37-52.
BZ 4777:118

SSSR GDR: Družba i sootrudničestvo.
Dokumenty i materialy ob učastii delega-
cii KPSS vo glave s M.S.Gorbačevym v
rabote XI s'ezda SENG, Berlin, 16-22
apr.1986 g. Moskva: Politizdat 1986. 47 S.
Bc 6344

Wasiak, K.: Miejsce i Rola Stosunków zue Związkiem Radzieckim w Polityce Zagranicznej NRD w Latach Siedmedziesiątych. In: Kraje socjalistyczne. T.3, 1987. No.3-4. S. 145-165.
BZ 4956:3

Waslak, K.: Polityka zagraniczna NRD wobec Polski, Czechosłowacji, W;gier, Rumunii i Bułgarii w latach siedemdziestiątych. In: Przegląd stosunków międzynarodowych. 1987. No.4-5. S. 49-66.
BZ 4777:1987

L 130.1 f Wehrwesen

Armee für Frieden und Sozialismus. Geschichte d. Nationalen Volksarmee der DDR. Hrsg.: R. Brühl. 2.Aufl. Berlin: Militärverlag der DDR 1987. 807 S.
B 62623

Frenzel, G.; Wunderlich, W.: Militärpolitik heute. Militärpolitische Betrachtungen nach dem XI. Parteitag d.SED. Berlin: Militärverlag der DDR 1986. 62 S.
Bc 7038

Glaß, L.: Sinn des Soldatseins und Verteidigungswille im Sozialismus. Berlin: Militärverlag der DDR 1987. 48 S.
Bc 7821

Holzweißig, G.: Militärwesen in der DDR. Berlin: Holzapfel 1985. 160 S.
B 59960

Kalwert, G.: Sozialistische Gesetzlichkeit stärkt unsere Landesverteidigung. In: Militärwesen. 1988. H.3. S. 3-10.
BZ 4485:1988

Lapp, P.J.: Frontdienst im Frieden. Die Grenztrupen d. DDR. Koblenz: Bernard und Graefe 1986. XIII, 281 S.
B 59211

Mehl, H.; Schäfer, K.; Israel, U.: Vom Küstenschutzboot zum Raketenschiff. Schiffe u. Boote d. Volksmarine. Berlin: Militärverlag der DDR 1986. 225 S.
B 60384

Militär in der DDR. Aufbau und Struktur der NVA – Alltag der Soldaten... Bonn: Gesamtdt. Institut 1986. 59 S.
Bc 02061

Die nationale Volksarmee der DDR. Preußisch in der Form, kommunist. im Inhalt. Bonn: Verl.Neue Gesellschaft 1986. 55 S.
Bc 7314

Oschlies, W.: Wie "Mucker" bei der "Fahne" reden. Soziolinguistische Bemerkungen z. DDR-Soldatenjargon. Köln: Bundesinst.f.ostwiss.u.intern.Studien 1987. II, 43 S.
Bc 02129

Schmalfuss, K.-H.: 35 Jahre Kampfgruppen der Arbeiterklasse. In: Militärwesen. 1988. H.8. S. 3-10.
BZ 4485:1988

Schönherr, S.: Intensivierung der militärischen Tätigkeit – warum und wie? Berlin: Militärverlag der DDR 1987. 48 S.
Bc 8008

Sozialistische Militärpolitik und Wehrbereitschaft. Berlin: Militärverlag der DDR 1987. 422 S.
B 66773

Stiller, W.: Im Zentrum der Spionage. Mainz: Hase u.Koehler 1986. 373 S.
B 61390

Wehrdienstgesetz und anliegende Bestimmungen. 5.Aufl. Berlin: Staatsverlag der DDR 1988. 174 S.
Bc 8010

Zeittafel zur Militärgeschichte der Deutschen Demokratischen Republik. 1949 bis 1984. Berlin: Militärverlag der DDR 1985. 569 S.
B 58826

L 130.1 g Wirtschaft

Åslund, A.: Private enterprise in Eastern Europe. The non-agricultural private sector in Poland and the GDR... London: Macmillan 1985. XV, 294 S.
B 60517

Leeuwen, B.van: De economische ontwikkeling in de DDR: pererstrojka noch glasnost? In: Internationale spectator. Jg.41, 1987. Nr.10. S. 514-528.
BZ 05223:41

L 130.1 h Gesellschaft

Dittrich, G.: Die Anfänge der Aktivisten-
bewegung. Berlin: Dietz 1987. 206 S.
Bc 6875

Dokumente zum 40.Jahrestag der Freien
Deutschen Jugend. Berlin: Verl. Junge
Welt 1986. 32 S.
Bc 7290

Just, R.: Zur Lösung des Umsiedler-
problems auf dem Gebiet der DDR 1945
bis Anfang der fünfziger Jahre. In: Zeitschrift für Geschichtswissenschaft. Jg.35,
1987. Nr.11. S. 971-984.
BZ 4510:35

Tisch, H.: Gewerkschaftsarbeit für Sozialismus und Frieden. Ausgew. Reden u.
Schriften. Berlin: Verl. Tribüne 1987.
563 S.
B 61625

L 130.1 i Geistesleben

Asphalter, L.: Abgründe des Spontanen.
Beobachtungen aus dem Alltag, dem
Kultur- und Wissenschaftsbetrieb der
DDR. In: Niemandsland. Jg.1, 1988.
H.4. S. 54-72.
BZ 05555:1

Bormann, A.von: Kulturelle Affinität oder
Diskulturalität? In: Aus Politik und Zeit-
geschichte. 1986. B.40-41. S. 15-26.
BZ 05159:1986

Eppelmann, R.; Tannert, C.: Wir leben
hier, wir sollten hier unseren Platz finden
(Interview). In: Niemandsland. Jg.1,
1988. H.4. S. 97-106.
BZ 05555:1

Grunenberg, A.: Entgrenzung und Selbst-
beschränkung. In: Aus Politik und Zeitgeschichte. 1986. B.40-41. S. 3-14.
BZ 05159:1986

Rossade, W.: Gesellschaft und Kultur in
der DDR. In: Aus Politik und Zeitgeschichte. 1986. B.40-41. S. 27-43.
BZ 05159:1986

Seidel, J.J.: Christen in der DDR. Zur
Lage der evangel. Kirche. Bern: Verlag
SOI 1986. 181 S.
Bc 7338

Wo wir sind ist vorn. D. polit. Witz in d.
DDR... Hamburg: Rasch und Röhring
1986. 167 S.
B 60021

L 130.1 k Geschichte

17.Juni 1953. 2.Aufl. Bonn: Gesamtdt.
Institut 1986. 28 S.
Bc 02062

Der Aufstand vom 17.Juni 1953. Bonn:
Bundesministerium für innerdeutsche
Beziehungen 1988. 32 S.
Bc 8049

Bramke, W.: Der antifaschistische Wider-
stand in der Geschichtsschreibung der
DDR in den achtziger Jahren. In: Aus
Politik und Zeitgeschichte. 1988. B.28.
S. 23-33.
BZ 05159:1988

DDR. Dokumente zur Geschichte der
Deutschen Demokratischen Republik
1945-1985. Hrsg.: H.Weber. München:
dtv 1986. 468 S.
B 58264

Degen, H.-J.: "Wir wollen keine Sklaven
sein...". Der Aufstand des 17.Juni 1953.
2.Aufl. Berlin: Libertad Verl. 1988. 46 S.
Bc 7818

Dorpalen, A.: German history in Marxist
perspective. The East German approach.
Detroit, Mich.: Wayne State Univ.Pr.
1985. 542 S.
B 60671

Fichter, T.: Geschichte und Identität. In:
Niemandsland. Jg.1, 1988. H.4. S. 134-
140.
BZ 05555:1

Heitzer, H.: DDR. Geschichtlicher Überblick. 3.Aufl. Berlin: Dietz 1986. 324 S.
B 59797

Heitzer, H.; Schmerbach, G.: Illustrierte
Geschichte der Deutschen Demokratischen Republik. 3.Aufl. Berlin: Dietz
1988. 368 S.
010599

Heitzer, H.: Zur weiteren Ausarbeitung
der Strategie und Politik der SED 1948-
49. In: Zeitschrift für Geschichtswissenschaft. Jg.36, 1988. Nr.3. S. 195-218.
BZ 4510:36

Prokop, S.: Übergang zum Sozialismus in
der DDR. Entwicklungslinien und Probleme der Geschichte der DDR. Berlin:
Dietz 1986. 331 S.
B 61629

Schmidt, W.: Forschungsstand und For-
schungsprobleme der Geschichte der
DDR-Geschichtswissenschaft. In: Beiträge zur Geschichte der Arbeiterbewegung. Jg.29, 1987. Nr.6. S. 723-733.
BZ 4507:29

Silberman, M.: Writing what – for whom?
"Vergangenheitsbewältigung" in GDR
Literature. In: German studies review.
Vol.10, 1987. No.3. S. 527-538.
BZ 4816:10

Staritz, D.: Geschichte der DDR. 1949-
1985. Frankfurt: Suhrkamp 1985. 277 S.
B 57328

Tjulpanov, S.I.: Deutschland nach dem
Kriege (1945-1949). Erinnerungen e.
Offiziers d. Sowjetarmee. Berlin: Dietz
1986. 357 S.
B 58562

Weber, H.: Die DDR 1945-1986.
München: Oldenbourg 1988. IX, 253 S.
B 65947

Zur Geschichte der DDR. Von Ulbricht
zu Honecker. Bonn: Verl.Neue Gesellschaft 1986. 110 S.
Bc 7024

L 130.1 l Einzelne Länder/Gebiete/Orte

Borneff, K.F.: Dresden. 1945-1960.
Coburg: Verl. Neue Presse Coburg 1986.
91 S.
010336

Keiderling, G.: Berlin 1945-1986.
Geschichte der Hauptstadt der DDR.
Berlin: Dietz 1987. 903 S.
B 62587

L 135 Finnland

Arnault, J.: Finlande, "Finlandisation",
Union Soviétique... Paris: Ed. L'Harmat-
tan 1986. 153 S.
B 60597

Berglund, S.: The 1987 Eduskunta election
in Finland. In: Scandinavian political
studies. Vol.11, 1988. No.1. S. 69-76.
BZ 4659:11

Högnäs, T.: Yksi, kaksi, Kekkonen. En
borgerlig finsk politikers opgør med forti-
den. København: Vindrose 1986. 200 S.
B 66328

Jägerskiöld, S.: Mannerheim, Marshal of
Finland. Minneapolis, Minn.: Univ. of
Minnesota Pr. 1986. VII, 210 S.
B 63027

Lackman, M.: The Finnish secret police
and political intelligence: their methods
and collaborators in the 1920s and 30s.
In: Scandinavian journal of history. Jg.12,
1987. No.3. S. 199-219.
BZ 4643:12

Rosas, A.: Finnish human rights policies.
In: Yearbook of Finnish foreign policy.
Jg.14, 1986. No. S. 9-18.
BZ 4413:14

Seppelöity miekka. Sotatieteen Laitos
1925-1985. Ed.: M. Lappalainen.
Helsinki: Sotatieteen Laitos 1985. 234 S.
B 57390

Tikka, J.: Die Finnische Marine – 70 Jahre jung. In: Marine-Rundschau. Jg.85, 1988. Nr.3. S. 130-136.
BZ 05138:85

Törnudd, K.: Finland and the international norms of human rights. Dordrecht: Nijhoff 1986. V,365 S.
B 59889

Vajnu, C.M.: O vychode Finlandii iz vtoroj mirovoj vojny. In: Voprosy istorii. 1987. No.6. S. 38-50.
BZ 05317:1987

Zänker, C.: Der langsame Niedergang der finnischen Kommunisten. In: Beiträge zur Konfliktforschung. Jg.17, 1987. Nr.4. S. 53-68.
BZ 4594:17

L 137 Frankreich

L 137 a Allgemeines

Haensch, G.; Lory, A.; Soulas de Russel, D.: Frankreich. Bd 1. 2.Aufl. München: C.H.Beck 1985. 259 S.
B 57725

L 137 c Biographien

Desjardins, T.: Les Chiraquiens. Paris: La Table Ronde 1986. 306 S.
B 59273

– Althusser
Elliott, G.: Althusser. The detour of theory. London: Verso 1987. VII, 359 S.
B 65876

– Aron
Stark, J.: Das unvollendete Abenteuer. Gesch., Gesellschaft u. Politik i. Werk Raymond Arons. Würzburg: Königshausen u. Neumann 1986. 297 S.
B 62404

– Auclert
Hause, S.C.: Hubertine Auclert. The French suffragette. New Haven: Yale Univ.Pr. 1987. 268 S.
B 65493

– Badie
Badie, V.: "Vive la République".
Entretiens avec Jean Sagnes. Toulouse: Ed. Privat 1987. 154 S.
Bc 7863

– Caillaux
Bredin, J.D.: Joseph Caillaux. Paris: Hachette 1985. 505 S.
B 57128

– Caule
Caule, R.: On va toucher le clou. Pic Saint-Loup: Luzer 1987. 45 S.
Bc 7360

– Chevénement
Makarian, C.; Reyt, D.: Un inconnu nommé Chevènement. Paris: La Table Ronde 1986. 318 S.
B 60763

– Chirac
François, V.-J.: Chirac de la dernière chance. Paris: Saurat 1987. 163 S.
Bc 7263

– Combarnous
Combarnous, G.: Prélude a un demi-siècle d'histoire. Adieu vieille Europe… Nîmes: Ed.Lacour 1987. 92 S.
Bc 7348

– Darlan
Raphael-Leygues, J.; Flohic, F.: Darlan. Paris: Plon 1986. 282 S.
B 62112

– De Gaulle
Baillet, R.: De Gaulle et Machiavel. Lyon: Presses Universitaires 1986. 178 S.
Bc 6753

Lacouture, J.: De Gaulle. Bd.1.2. Paris: Ed.du Seuil 1984-85. 869, 723 S.
B 63511

Lefranc, P.: Charles de Gaulle. Sa vie, son oeuvre. o.O.: Ed. Fr.Birr 1985. 121 S.
010073

Molčanov, N.N.: Général de Gaulle. Köln: Pahl-Rugenstein 1985. 402 S.
B 57480

– Delesalle
Maitron, J.: Paul Delesalle, un anar de la Belle Epoque. "Les inconnus de l'histoire". Paris: Fayard 1985. 207 S.
B 59418

– Delors
Milési, G.: Jacques Delors. Paris: Belfond 1985. 274 S.
B 58771

– Deniau
Deniau, J.-F.: Deux heures après minuit. Paris: Grasset 1985. 236 S.
B 58762

– Donnat
Donnat, G.: Afin que nul n'oublie. L'itinéraire d'un anticolonialiste. Paris: L'Harmattan 1986. 398 S.
B 60596

– Dorgeles
Dorgelès, R.: Vacances forcées. Paris: Michel 1985. 189 S.
B 55935

– Doriot
Brunet, J.-P.: Jacques Doriot. Du communisme au fascisme. Paris: Balland 1986. 562 S.
B 59284

– Fetjö
Fetjoe, F.: Mémoires. De Budapest à Paris. Paris: Calmann-Lévy 1986. 323 S.
B 62398

– France
Bédarida, F.; Rioux, J.-P.: Pierre Mendès France et le Mendésisme. L'expérience gouvernementale (1954-1955) et sa postérité. Paris: Fayard 1985. 561 S.
B 60145

– Herriot
Berstein, S.: Edouard Herriot ou la république en personne. Paris: Presses de la Fondation Nationale des Sciences Politiques 1985. 327 S.
B 58823

– Israël
Israël, G.: La France hors les murs. Essai sur l'Europe. Paris: Lettres du monde 1985. IX, 215 S.
B 58929

– Jardin
Assouline, P.: Une éminence grise. Jean Jardin (1904-1976). Paris: Balland 1986. 374 S.
B 62465

– Joinovici
Sergg, H.: [Joseph] Joinovici. L'empire souterrain du chiffonier milliardaire. Paris: Ed.Le Carousell-FN 1986. 208 S.
B 62207

– Lavelle
Lavelle, L.: Carnets de guerre 1915-1918. Quebec: Les Ed.de Beffroi 1985. 402 S.
B 59154

– Le Pen
Bergeron, F.; Vilgier, P.: De Le Pen à Le Pen. Une histoire des nationaux et des nationalistes sous la Ve Republique. Grez-en-Bouère: D.M.Morin 1985. 214 S.
B 59839

– Merrheim
Papayanis, N.: Alphonse Merrheim. The emergence of reformism in revolutionary syndicalism 1871-1925. Dordrecht: Nijhoff 1985. XX, 184 S.
B 58785

– Mitterrand
July, S.: Les années Mitterrand. Histoire baroque d'une normalisation inachevée. Paris: Grasset 1986. 284 S.
B 59415

Mitterrand, F.: Réflexions sur la politique extérieure de la France. Introduction à vingt-cinq discours (1981-1985). Paris: Fayard 1986. 441 S.
B 59426

Nay, C.: Mitterrand. Anatomie e. Karriere. Zürich: Benziger 1986. 425 S.
B 58577

Robin, G.: La diplomatie de Mitterrand ou le triomphe des apparences, 1981-1985. Les-Loges-en-Josas: Ed.de la Bièvre 1985. 251 S.
B 59018

– Péréra
Fleury, G.: Le Sous-Off. Paris: Grasset 1986. 351 S.
B 59836

– Poher
Boissonnade, E.: Jamais deux sans trois ou l'étonnant destin d'Alain Poher. Paris: Ed.France-Empire 1986. 232 S.
B 61174

– Rosencher
Rosencher, H.: Le sel, la cendre et la flamme. Paris: Selbstverlag 1985. XXV, 415 S.
B 60078

– Schuman
Lejeune, R.: Robert Schuman. Une âme pour l'Europe. Paris: Ed.Saint-Paul 1986. 223 S.
B 59735

Pennera, C.: Robert Schuman. La jeunesse et les débuts politiques d'un grand Européen de 1886 à 1924. Paris: Ed. Pierron 1985. 324 S.
B 57853

Poidevin, R.: Robert Schuman homme d'État. 1886-1963. Paris: Impr.nationale 1986. 520 S.
B 62168

– Schumann
Schumann, M.: Une grande imprudence. Paris: Flammarion 1986. 275 S.
B 59724

– Sperber
Sperber, M.: Die Tyrannis und andere Essays aus der Zeit der Verachtung. Hrsg.: J. Sperber. München: dtv 1987. 177 S.
Bc 7306

– Triboulet
Triboulet, R.: Un ministre du général. Paris: Plon 1985. 364 S.
B 62113

– Vallon
Louis Vallon ou la politique en liberté de Jaurès à De Gaulle. Ed.: G.Brun. Paris: Economica 1986. XV, 277 S.
B 59420

– Vulliez
Vulliez, W.: Vichy. La fin d'une époque. Paris: Ed.France-Empire 1986. 334 S.
B 61177

– Willem
Willem, J.P.: Et la paix, docteur? Paris: Laffont 1985. 318 S.
B 58769

– Wormser
Wormser, S.O.: Deux années à Moscou. Paris: Julliard 1985. 164 S.
B 59431

– France
Rioux, J.-P.: Pierre Mendès France Modernisateur. In: Vingtième siècle. 1987. Nr.15. S. 81-92.
BZ 4941:1987

L 137 d Land und Volk

Bensimon, D.: Les grandes rafles. Juifs en France, 1940/1944. Toulouse: Ed. Privat 1987. 160 S.
Bc 7512

Brink, R.van den: Racisme in Frankkrijk: Le Pen in het land van vrijheid, gelijkheid en broederschap. Amsterdam: De Balie 1988. 92 S.
Bc 8041

Klarsfeld, S.: Vichy-Auschwitz. Le rôle de Vichy dans la solution finale de la question juive en France. Paris: Fayard 1983-85. 542, 408 S.
B 49981

Simon, L.: Les Juifs à Nîmes et dans le Gard durant la Deuxième Guerre Mondiale de 1939 à 1944. 2.Ed. Nîmes: Lacour 1987. 52 S.
Bc 7539

L 137 e Staat und Politik

Barnier, M.: Vive la politique! Paris: Stock 1985. 237 S.
B 59429

Claude, H.: Mitterand ou l'atlantisme masqué. Paris: Messidor/éd.sociales 1986. 221 S.
B 60764

Derbyshire, I.: Politics in France. From Giscard to Mitterrand. Edinburgh: Chambers 1987. VII, 138 S.
Bc 7669

Ledoux, P.: La France pays neuf. Paris: Presses Univ.de France 1985. 214 S.
B 59017

Mellon, C.; Muller, J.M.; Semelin, J.: La dissuasion civile. Principe et méthodes de la résistance non violente dans la stratégie française. Paris: Fond. pour les Etudes de Défense Nat. 1985. 204 S.
B 56973

Quilliot, R.: Sur le pavois ou la recherche de l'équilibre. Paris: Revue politique et parlementaire 1985. 301 S.
B 59016

Slama, A.-G.: Les dossiers du Figaro. Paris: Lattès 1986. 428 S.
B 59417

L 137 e 10 Innenpolitik

Amson, D.: La cohabitación en Francia. In: Politica exterior. Vol.1, 1987. No.1. S. 176-188.
BZ 4911:1

Baudrillard, J.: Die göttliche Linke. Chronik der Jahre 1977-1984. München: Matthes & Seitz 1986. 190 S.
B 59961

Castor, E.: 1981-1985. La gauche au pouvoir. Pour la Guyane: l'espoir. Paris: L'Harmattan 1986. 201 S.
B 59731

Les cent premiers jours. Paris: Ed. Albatros 1985. 151 S.
B 58633

Frankreich – Mitterrands Präsidentschaft 1981/88. In: Siegler Verl. 1988. 199 S.
BZ 4555:1988

Keating, M.; Hainsworth, P.: Decentralisation and change in contemorary France. Aldershot: Gower 1986. 143 S.
B 61342

Lafont, R.: Le dénouemont français. Paris: Ed.Suger 1985. 243 S.
B 59294

Larzac. 1971-1981. 10 Jahre gewaltfreier Widerstand gegen d. Erweiterung e. Truppenübungsplatzes. Hrsg.: Ohne Rüstung leben. Bietigheim: o.V. 1985. 8 Bl.
D 3542

Lebacqz, A.: Le retour de Raymond Barre. Paris: Ed.France-Empire 1986. 279 S.
B 61175

Matray, M.: Dreyfus. Ein französisches Trauma. München: Langen Müller 1986. 347 S.
B 58958

L 137 e 12 Regierung und Verwaltung

Amson, D.: La cohabitation politique en France: la règle de deux. Paris: Presses Univ.de France 1985. 194 S.
B 58975

Conte, A.: Les présidents de la Cinquième République. Paris: Pré aux Clerc 1985. 466 S.
B 60164

Derogy, J.; Pontaut, J.-M.; Louyot, A.: Enquête sur trois secrets d'Etat. Paris: Laffont 1986. 361 S.
B 61068

Das französische Experiment. Hrsg.: J.M. Becker. Berlin: Dietz 1985. 253 S.
B 57578

Gerdes, D.: Frankreich. Vom Regionalismus zur Neuorganisation des französischen Staates. In: Der Bürger im Staat. Jg.37, 1987. H.2. S. 84-95.
BZ 05147:37

Northcutt, W.: The French Socialist and Communist Party under the Fifth Republic, 1958-1981. From opposition to power. New York: Irvington 1985. XV, 153 S.
B 59963

Pascallon, P.: Plaidoyer pour la constitution de la Ve République. Paris: Ed. Economica 1986. 196 S.
B 59822

Saurat, P.: Jacques Toubon. ”Premier ministre” de Jacques Chirac. Paris: Ed.Cinq-Diamants 1986. 358 S.
B 59292

Schmitter, K.-W.: Das Regime Mitterrand: Regierungsstruktur und Haute Administration im Wandel. Berlin: Quorum Verl. 1986. 135 S.
Bc 6929

L 137 e 13 Parlamente und Wahlen

Alphandéry, E.: 1986. Le piège. Paris: Michel 1985. 178 S.
B 59287

Béguec, G.Le: La représentation proportionnelle. Cent ans de controverses. In: Vingtième siècle. 1986. Nr.9. S. 67-80.
BZ 4941:1986

Bon, F.; Burnier, M.-A.: Que le meilleur perde. Eloge de la défaite en politique. Mesnil-sur-l'Estrée: Ed.Balland 1986. 193 S.
B 59312

Cluzel, J.: Les ”Anti-Monarque” de la cinquième. Essai sur les contre-pouvoirs politiques. Paris: Librairie Générale de Droit et de Jurisprudence 1985. 205 S.
B 59322

Converse, P.E.; Pierce, R.: Political representation in France. Cambridge, Mass.: Belknap Pr. of Harvard Univ.Pr. 1986. XIII, 996 S.
B 61386

Duhamel, A.: Le Ve président. Paris: Gallimard 1987. 224 S.
B 62797

Frankreich 1986. Jahr der Wende? Hrsg.: E. Weisenfeld. Bonn: Europa Union Verlag 1986. 197 S.
B 58706

Lenain, P.: L'indifférence politique. La France de demain. Paris: Ed.Economica 1986. 129 S.
Bc 7555

Mars 1986: la drôle de défaite de la gauche. Paris: Presses Univ.de France 1986. 252 S.
B 61577

Millon, C.: Pour redresser la France. L'Alternance-Vérité. Paris: Ed. Albatros 1986. 134 S.
Bc 7538

Sinclair, P.: Les idées de mars 1986. Que choisir? Paris: Flammarion 1985. 213 S.
B 59298

L 137 e 14 Parteien

Amdur, K.E.: Syndicalist legacy. Trade Unions and politics in two French cities in the era of World War I. Urbana, Ill.: Univ.of Illinois Pr. 1986. XVI, 476 S.
B 60838

Burrin, P.: Poings levés et bras tendus. La contagion des symboles au temps du front populaire. In: Vingtième siècle. 1986. Nr.11. S. 5-20.
BZ 4941:1986

Callot, E.-F.: L'action et l'oeuvre politique du Mouvement Républicain Populaire. Un parti politique de la démocratie chrétienne en France. Paris: Champion-Slatkine 1986. 388 S.
B 59744

Christophe, P.: 1936, les catholiques et le front populaire. Paris: Les éditions ouvrières 1986. 308 S.
B 59631

Gaudin, J.-C.: La Gauche à l'imparfait. Paris: Ed.France-Empire 1985. 299 S.
B 59432

Kauffer, R.: L'O.A.S. Histoire d'une organisation secrète. Paris: Fayard 1986. 421 S.
B 60872

Martinet, G.: Cassandre et les tueurs. Cinquante ans d'une histoire française. Paris: Grasset 1986. 269 S.
B 59838

Mitoyen, J.: C'est dur d'être de gauche. Surtout quand on n'est pas de droite. Paris: Syros 1985. 236 S.
B 58673

Nataf, A.: La vie quotidienne des anarchistes en France 1880-1910. Paris: Hachette 1986. 350 S.
B 60878

Soucy, R.: French fascism: the first wave, 1924-1933. New Haven: Yale Univ.Pr. 1986. XIX, 276 S.
B 61245

– Kommunismus

Bangou, H.: Le parti Socialiste Francais face à la décolonisation de Jules Guesde à François Mitterrand. Les cas de la Guadeloupe. Paris: L'Harmattan 1985. 287 S.
B 58635

Becker, J.-J.; Berstein, S.: L'Anticommunisme en France. In: Vingtième siècle. 1987. Nr.15. S. 17-27.
BZ 4941:1987

Becker, J.-J.; Berstein, S.: Histoire de l'anticommunisme. T.1. Paris: Orban 1987. 407 S.
B 62798

Bibliographie des textes, bulletins intérieurs, tracts et appels du Partie communiste internationaliste (PCI), section française de la IVe Internationale, 1946. Paris: C.E.R.M.T.R.I. 1987. 28 S.
Bc 01687

Cardoze, M.: Nouveau voyage a l'intérieur du P.C.F. Paris: Fayard 1986. 341 S.
B 60860

Dainov, E.: Problems of French Communism 1972-1986. In: West European politics. Vol.10, 1987. No.3. S. 357-375.
BZ 4668:10

Documents sur la scission de 1952 du PCI (section française de la IVe Internationale). Pt.1.2. Paris: C.E.R.M.T.R.I. 1987. 64, 73 S.
Bc 02003

Durand: Cette mystérieuse section coloniale. Le PCF et les colonies, 1920-1962. Paris: Messidor 1986. 339 S.
B 63106

Gaudard, J.P.: Les orphelins du P.C. Paris: Belfond 1986. 283 S.
B 60862

Lazar, M.: Les "batailles du livre" du parti communiste français (1950-1952). In: Vingtième siècle. 1986. Nr.10. S. 37-49.
BZ 4941:1986

Naudy, M.: P.C.F. Le suicide. Paris: Michel 1986. 208 S.
B 59835

Ross, G.: Organization and strategy in the decline of French Communism. In: The Socialist register. Vol.24, 1988. No. S. 289-318.
BZ 4824:24

Ruscio, A.: Les communistes français et la guerre d'Indochine, 1944-1954. Paris: L'Harmattan 1985. 422 S.
B 58636

Schmitz, E.: Der Niedergang der Kommunistischen Partei Frankreichs. In: Politische Vierteljahresschrift. Jg.28, 1987. Nr.4. S. 403-425.
BZ 4501:28

Serrano, C.: L'enjeu espagnol. PCF et guerre d'Espagne. Paris: Messidor/éd. sociales 1987. 292 S.
B 61733

Timmermann, H.: Die französische KP im Zeichen historischen Niedergangs und politischer Selbstisolierung. Köln: Bundesinst.f.ostwiss.u.intern.Studien 1987. 47 S.
Bc 02054

– Rechtsparteien

Bachelot, F.: Ne dites pas à ma mère que je suis chez Le Pen, elle me crois au RPR. Paris: Ed.Albatros 1986. 188 S.
B 58974

Birenbaum, G.: Les stratégies du Front National. In: Vingtième siècle. 1987. Nr.16. S. 3-20.
BZ 4941:1987

Calderon, D.: La Droite française. Formation et projet. Paris: Messidor/Éd.sociales 1985. 212 S.
B 60015

Droite, R. de: Doctrine. Paris: Selbstverlag 1987. II, 85 S.
Bc 7344

Droite, R.de: ...mais autre chose que Barre ou que Le Pen. Paris: Selbstverlag 1986. 32 S.
Bc 7345

Dumont, S.; Lorien, J.; Criton, K.: Le système Le Pen. Anvers: Ed.EPO 1985. 336 S.
B 59672

Garnier, J.-P.; Janover, L.: La deuxième droite. Paris: Laffont 1986. 276 S.
B 59285

Leggewie, C.: Explosion der Mitte. Zum Erfolg von Le Pens "Front National". In: Blätter für deutsche und internationale Politik. 1988. Nr.7. S. 793-801.
BZ 4551:1988

LePen, J.-M.: Pour la France. Programme du Front National. Paris: Albatros 1985. 200 S.
B 58972

Mitra, S.: The National Front in France – a single-issue movement? In: West European politics. Vol.11, 1988. No.2. S. 47-64.
BZ 4668:11

– Sozialismus

Hanley, D.: Keeping left? Ceres and the French Socialist Party. Manchester: Manchester Univ.Pr. 1986. 278 S.
B 60395

Judt, T.: Marxism and the French left. Studies in labour and politics in France, 1830-1981. Oxford: Clarendon Press 1986. IX, 338 S.
B 60623

Leggewie, K.: Der König ist nackt. Ein Versuch, die Ära Mitterrand zu verstehen. Hamburg: VSA-Verl. 1986. 164 S.
B 58677

Reclus, P.: La République impatiente. Le club des Jacobins, 1951-1958. Paris: Publ.de la Sorbonne 1987. 200 S.
Bc 7330

Rolly, A.: Ainsi parlait la rose. Petit guide du discours socialiste. Paris: La Table Ronde 1986. 149 S.
B 59280

– Terrorismus

Hamon, A.; Marchand, J.-C.: Action Directe. Du terrorisme français a l'Euroterrorisme. Paris: Ed.du Seuil 1986. 251 S.
B 60941

Plenel, E.: La France et le terrorisme: la tentation du sanctuaire. In: Politique étrangère. A.51, 1986. No.4. S. 919-936.
BZ 4449:51

Villeneuve, C.; Péret, J.-P.: Histoire secrète du terrorisme. Les juges de l'impossible. Paris: Plon 1987. 314 S.
B 62111

L 137 e 20 Außenpolitik

Baer, A.: Heurs et malheurs d'une grande idée: La décolonisation. In: Défense nationale. A.43, 1987. Oct. S. 27-44.
BZ 4460:43

Duroselle, J.-B.: La décadence, 1932-1939. 3e éd. Paris: Impr.naval 1985. 568 S.
B 61226

Grosser, A.: Frankreich und seine Außenpolitik, 1944 bis heute. München: C. Hanser 1986. 412 S.
B 58574

La Politique étrangère du Général de Gaulle. Paris: Presses Univ.de France 1985. 270 S.
B 57031

La politique extérieure de Valéry Giscard d'Estaing. Paris: Presses de la Fondation Nationale des Sciences Politiques 1985. 436 S.
B 57044

Pour une nouvelle Politique étrangère. Un dossier de la revue politique internationale. Ed.: P. Wajsman. Paris: Hachette 1986. 476 S.
B 59427

Ruscio, A.: La décolonisation tragique. Une histoire de la décolonisation française, 1945-1962. Paris: Messidor 1987. 251 S.
B 63110

Satineau, M.: Le miroir de Nouméa. La classe politique française face à la crise calédonienne. Paris: L'Harmattan 1987. 77 S.
Bc 7422

Teisserenc, J.: Les oubliés du Nord-Annam. Fontenay-sous-Bois: Les Ed.de l'Orme Rond 1985. 220 S.
B 60713

Wells, S.F.: Mitterand's international policies. In: The Washington quarterly. Vol.11, 1988. No.3. S. 59-75.
BZ 05351:11

Woyke, W.: Frankreichs Außenpolitik von de Gaulle bis Mitterrand. Opladen: Leske + Budrich 1987. 192 S.
Bc 6893

– Außenpolitische Beziehungen

Blumenthal, H.: Illusion and reality in Franco-American diplomacy, 1914-1945. Baton Rouge, La.: Louisiana State Univ.Pr. 1986. 358 S.
B 61224

Cohen, S.: La monarchie nucléaire. Les coulisses de la politique étrangère sous la V.République. Paris: Hachette 1986. 271 S.
B 59408

Deutsch-französische Sicherheitspolitik. Hrsg.: K.Kaiser. Bonn: Europa-Union-Verl. 1986. XVIII, 360 S.
B 63067

Double impact. France and Africa in the age of imperialism. Ed.: G. W. Johnson. Westport, Conn.: Greenwood Press 1985. XIV, 407 S.
B 59334

Dulphy, A.: La politique de la France à l'égard de l'Espagne Franquiste 1945-1949. In: Revue d' histoire moderne et contemporaine. T.35, 1988. Jan.-Mars. S. 123-140.
BZ 4586:35

Europäische Selbstbehauptung? L'enjeu européen. XIII. Deutsch-Französische Konferenz. Red.: I. Kolboom. Bonn: Europa-Union-Verl. 1987. 175 S.
Bc 7418

Ferris, J.: The theory of a "French Air Menace", Anglo-French relations and the British Home Defence Air Force Programmes of 1921-1925. In: The journal of strategic studies. Vol.10, 1987. No.1. S. 62-83.
BZ 4669:10

Giscard d'Estaing, V.: La relación Francia-Alemania y la seguridad europea. In: Politica exterior. Vol.1, 1987. No.3. S. 15-30.
BZ 4911:1

Grémion, P.: Paris – Prague. La gauche face au renouveau et à la régression tchécoslovaques (1968-1978). Paris: Julliard 1985. 367 S.
B 56175

Knipping, F.: Deutschland, Frankreich und das Ende der Locarno-Ära 1928-1931. München: Oldenbourg 1987. VI, 261 S.
B 66005

Lacoste, Y.: Contre les anti-tiers-mondistes et contre certains tiers-mondistes. Paris: Ed.la Découverte 1986. 142 S.
B 59278

Leprette, J.: D'un sommet à l'autre de l'espace francophone. In: Défense nationale. A.43, 1987. No.12. S. 7-24.
BZ 4460:43

Menu, R.: La France, puissance caraibe. In: Défense nationale. A.44, 1988. Nr.8. S. 99-108.
BZ 4460:44

Menyesch, D.; Uterwedde, H.: Die deutsch-französischen Beziehungen: von der Aussöhnung zur Kooperation. 3.Aufl. Berlin: Landeszentrale f.polit.Bildung 1986. 72 S.
Bc 7298

Meunier, C.: Une politique française pour le Pacifique. In: Politique étrangère. A.52, 1987. No.1. S. 71-86.
BZ 4449:52

Meyer zu Natrup, F.B.: Frankreich und die DDR. In: Europa-Archiv. Jg.43, 1988. Nr.11. S. 311-320.
BZ 4452:43

Ordonnaud, G.: La France et le Pacifique Sud. Enjeux stratégiques, diplomatiques et économiques. In: Politique étrangère. A.52, 1987. No.1. S. 35-46.
BZ 4449:52

Richard, J.: La France dans le Pacifique. In: Défense nationale. A.44, 1988. No.3. S. 15-31.
BZ 4460:44

Rondot, P.: France and Palestine: From Charles de Gaulle to François Mitterand. In: Journal of Palestine studies. Vol.16, 1987. No.3. S. 87-100.
BZ 4602:16

Rondot, P.: Tunisie-Cheam, 1954-1956. Robert Montagne, Habib Bourguiba. In: L'Afrique et l'Asie modernes. 1988. No.157. S. 3-28.
BZ 4689:1988

Rovan, J.: Zwei Völker – eine Zukunft. Deutsche und Franzosen an der Schwelle des 21. Jahrhunderts. München: Piper 1986. 204 S.
B 58112

Weidenfeld, W.: 25 Jahre nach dem 22. Januar 1963: Deutsch-Französischer Freundschaftsvertrag. In: Außenpolitik. Jg.39, 1988. Nr.1. S. 3-13.
BZ 4457:39

– Sicherheitspolitik

Bauer, H.: Frankreichs Sicherheitspolitik und das geteilte Deutschland, 1980-1985. Zwischen Kontrolle, Kooperation und Abhängigkeiten. Berlin: EXpress Ed. 1987. 127 S.
Bc 7277

Dufourcq, J.: Des principes de sécurité. In: Stratégique. Jg.37, 1988. No.1. S. 65-98.
BZ 4694:37

French Security-Policy. From independence to interdependence. Ed.: R.F. Laird. Boulder, Colo.: Westview Press 1986. XII, 180 S.
B 60992

Howorth, J.: Die französische Verteidigungspolitik im Widerstreit zwischen Abrüstung und Abschreckung. In: Europa-Archiv. Jg.43, 1988. Nr.12. S. 331-338.
BZ 4452:43

Schild, J.: Zwischen Nuklearnationalismus und französisch-deutschem Sonderbündnis. In: Blätter für deutsche und internationale Politik. Jg.33, 1988. Nr.10. S. 1191-1202.
BZ 4551:33

– Außenpolitische Beziehungen

Pons, X.: L'Australie, le nucléaire et la présence française en Nouvelle-Calédonie. In: Politique étrangère. A.52, 1987. No.1. S. 47-60.
BZ 4449:52

L 137 f Wehrwesen

Ockrent, C.; Marenches, A.C.de: Dans le secret des princes. Paris: Stock 1987. 341 S.
B 60861

Paqueteau, B.: Grande muette, petit écran. Paris: F.E.D.N. 1986. 463 S.
B 62377

L 137 f 00 Wehrpolitik

Chipman, J.: Ve Republique et défense de l'Afrique. o.O.: Ed.Bosquet 1986. 151 S.
B 59902

Delaunay, J.: La foudre et le cancer. Paris: Pygmalion 1985. 246 S.
B 58767

Doughty, R.A.: The seeds of disaster. The development of French Army doctrine 1919-1939. Hamden, Conn.: Archon Books 1985. XI, 232 S.
B 59228

Dubroca, A.: La France sans défense? Demain, un nouveau Mai 40? Paris: Plon 1986. 207 S.
B 61187

Fabius, L.: La défense de la France à l'aube du XXIe siècle. In: Défense nationale. A.44, 1987. No.11. S. 9-24.
BZ 4460:44

Lewin, G.: Réflexions sur la défense de la France et l'avenir de la dissuasion nucléaire. In: Stratégique. 1987. No.2. S. 47-67.
BZ 4694:1987

Marolz, J.: Die Verteidigungspolitik Frankreichs. In: Truppendienst. Jg.27, 1988. Nr.1. S. 24-31.
BZ 05209:27

Politologie de la défense nationale. Ed.H. Pac. Paris: Masson 1986. 270 S.
B 61963

Ruiz Palmer, D.A.: Between the Rhine and the Elbe: France and the conventional defense of Central Europe. In: Comparative strategy. Vol.6, 1987. No.4. S. 471-512.
BZ 4686:6

Woignier, M.: Genèse et principes d'une stratégie totale. Le général Beaufre et l'Institut Français d'Études Stratégiques. In: Stratégique. 1987. No.2. S. 111-128.
BZ 4694:1987

Yost, D.S.: Franco-German defense co-operation. In: The Washington quarterly. Vol.11, 1988. No.2. S. 173-195.
BZ 05351:11

L 137 f 10 Heer

Delpérier, L.: De la crimée à la grande guerre. L'armée devant l'objectif 1854-1914. Paris: Charles-Lavauzelle 1985. 160 S.
010082

L'Epopée de la 9e division d'Infanterie Coloniale. 1943-1947. Epinay-sur-Orge: Typographes de France 1985. 478 S.
010153

Flament, M.: Médecins au combat. Paris: Pygmalion 1986. 309 S.
B 59726

Haenel, H.; Pichon, R.: L'Armée de terre. Paris: Presses Univ.de France 1987. 125 S.
Bc 7752

Histoire des Goums marocains. T.1-2. Paris: La Koumia 1985. 495, 547 S.
010144

Ivanoff, H.: Les insignes de tradition de l'armée française. In: Revue militaire suisse. A.133, 1988. No.4. S. 167-177.
BZ 4528:133

Laurens, P.: Historique des troupes alpines. In: Revue historique des armées. 1988. No.170. S. 19-32.
BZ 05443:1988

Longeret, G.: L'armée de terre de 1960 à 1988. In: Défense nationale. A.44, 1988. No.4. S. 17-30.
BZ 4460:44

– Fremdenlegion

Cadiou, Y.L.; Szecsko, T.: French foreign legion. 1940 to the present. London: Arms and Armour Pr. 1986. 72 S.
Bc 01967

Gandy, A.: Légion étrangère. Cavalerie. Paris: Presses de la Cité 1985. 315 S.
Bc 6677

Geraghty, T.: March or die. France and the Foreign Legion. London: Grafton Books 1986. 352 S.
B 60649

Windrow, M.; Braby, W.: French foreign legion paratroops. London: Osprey 1985. 64 S.
Bc 01963

Young, J.R.: Die Legion im Bild. München: Meyster 1985. 212 S.
09940

L 137 f 20 Marine

Antier, J.-J.: Le sabordage de la flotte française à Toulon. Brest: Ed.de la Cité 1986. 159 S.
010222

Bail, R.; Moulin, J.: Les porte-avions Clémenceau et Foch. Paris: Charles-Lavauzelle 1985. 127 S.
010081

Barbati, V.: La Marine Nationale verso il XXI secolo. In: Rivista marittima. A.121, 1988. No.1. S. 57-72.
BZ 4453:121

Berke, S.: Toulon November 1942: The end of the French Fleet. In: Warship. 1987. No.43. S. 130-137.
BZ 05525:1987

Chatelle, J.: La Marine française en 1939-1940. In: Revue historique des armées. 1987. No.3. S. 63-73.
BZ 05443:1987

Dumas, R.: Genèse des bâtiments de ligne type Dunkerque. In: Nouvelle revue maritime. 1988. No.408. S. 50-62.
BZ 4479:1988

Dumas, R.: La Genèse des cuirassés en France. In: Nouvelle revue maritime. 1987. No.407. S. 68-79.
BZ 4479:1987

Jackson, P.: Etendards over the Atlantique. In: Air international. Vol.34, 1988. No.1. S. 7-14,36.
BZ 05091:34

Lefèvre, G.: André Jacoubet et l'aéronautique navale en 1940. In: Revue historique des armées. 1987. No.3. S. 74-86.
BZ 05443:1987

Louzeau, B.: La place de la marine dans la loi de programmation. In: Nouvelle revue maritime. 1987. No.406. S. 4-15.
BZ 4479:1987

Ropp, T.: The development of a modern navy. French naval policy 1871-1904. Annapolis, Ma.: Naval Inst.Pr. 1987. XI, 439 S.
010569

L 137 f 30 Luftwaffe

Haenel, H.; Pichon, R.: L'armée de l'air. Paris: Presses Univ.de France 1987. 125 S.
Bc 7751

L 137 g Wirtschaft

Aben, J.; Maury, J.-P.: Pour en finir avec l'inflation militaire. In: Défense nationale. A.43, 1987. No.8. S. 111-124.
BZ 4460:43

Bossuat, G.: L'aide américaine à la France après la Seconde Guerre Mondiale. In: Vingtième siècle. 1986. Nr.9. S. 17-35.
BZ 4941:1986

Bourdeille, C.; Ridel, V.: La politique française d'exportation d'équipements nucléaires. In: Défense nationale. A.43, 1987. No.12. S. 105-119.
BZ 4460:43

Cincinnatus: La défense économique de la France en période de crise. In: Stratégique. 1987. No.4. S. 119-132.
BZ 4694:1987

Couture, J.: Perspectives énergétiques françaises en l'an 2000. In: Défense nationale. A.43, 1987. No.8. S. 49-63.
BZ 4460:43

Dussauge, P.: La baisse des exportations françaises d'armement et ses répercussions industrielles. In: Défense nationale. A.44, 1988. No.1. S. 77-93.
BZ 4460:44

Economic policy and policy-making under the Mitterand presidency, 1981-1984. Ed.: H.Machin. London: Pinter 1985. X,293 S.
B 57671

Godfrey, J.F.: Capitalism at war. Industrial policy and bureaucracy in France, 1914-1918. Leamington, Spa.: Berg 1987. XIV, 313 S.
B 62267

L 137 h Gesellschaft

Les Algériens en France. Paris: Publisud 1985. 371 S.
B 61005

Duchen, C.: Feminism in France. From May '68 to Mitterand. London: Routledge & Kegan Paul 1986. X,165 S.
B 60793

Femmes et fascismes. Ed.: R. Thalmann. Paris: Tierce 1986. 249 S.
B 62088

Le mouvement ouvrier français contre la guerre, 1914-1918. T.1-7. Paris: EDHIS Ed. 1985. o.Pag.
B 58809:1/6
010075

Prost, A.: Jeunesse et société dans la France de l'Entre-Deux-Guerres. In: Vingtième siècle. 1987. Nr.13. S. 35-43.
BZ 4941:1987

Reader, K.A.: Intellectuals and the Left in France since 1968. Basingstoke: Macmillan 1987. XII, 154 S.
B 61156

Schor, R.: L'opinion française et les étrangers en France 1919-1939. Paris: Publ.de la Sorbonne 1985. X,761 S.
B 59315

– Arbeiterbewegung/Gewerkschaften

Capdevielle, J.: Crise du syndicalisme, crise de la classe ouvrière ou crise du salariat? In: Vingtième siècle. 1987. Nr.14. S. 25-34.
BZ 4941:1987

Fonteneau, A.; Muet, P.-A.: La gauche face à la crise. Paris: Presses de la Fondation Nationale des Sciences Politiques 1985. 389 S.
B 58822

Gewerkschaften in Frankreich. Geschichte, Organisation. Programmatik. Hrsg.: P. Jansen. Frankfurt: Campus Verlag 1986. 289 S.
B 58671

Kergoat, J.: La France du front populaire. Paris: Ed.la Découverte 1986. 413 S.
B 60708

Pierre, R.; Monteremal, R.; Hullot, A.: Autour de 36. LeTeil dans les luttes. Curas: Ed.C.A.C. 1986. 134 S.
Bc 7982

Pogobin, S.N.: Francuzskoe prefsojuznoe dviženie v gody vtoroj mirovoj vojny. In: Voprosy istorii. 1987. No.8. S. 49-59.
BZ 05317:1987

Smith, W.R.: Crisis in the French labour movement. A grassroots' perspective. New York: St.Martin's Press 1987. XIII, 272 S.
B 62306

L 137 i Geistesleben

Ehrlich, E.: Cinema of paradox. New York: Columbia Univ.Pr. 1985. 235 S.
B 58381

Fleury, A.: "La croix" devant la marée brune. In: Vingtième siècle. 1986. Nr.9. S. 53-66.
BZ 4941:1986

Mémoire du génocide. Un recueil de 80 articles du "Monde juif"... Paris: Centre de Doc. Juive Contemporaine 1988. 702 S.
010479

Rossel, A.: La seconde guerre mondiale (1939-1945). Paris: Colin 1985. 319 S.
010305

Schwarz, P.; Simon, J.: Der Kampf der Studenten und Schüler in Frankreich, Nov.-Dez. 1986. E. marxist. Analyse. Essen: Gervinus 1987. 64 S.
Bc 7288

L 137 k Geschichte

Bilan de la France 1986. Paris: Ed. de la table ronde 1986. 460 S.
B 59288

Burin des Roziers, E.: Retour aux sources. 1962, l'année décisive. Paris: Plon 1986. 191 S.
B 61178

Coanet, M.: Le précédent 1940. Genèse et enseignements d'une défaite. Nogent: Selbstverlag 1986. 206 S.
B 59732

Drost, W.; Eichelberg, I.: Mai 1968. Une crise de la civilisation française. Frankfurt: Lang 1986. 238 S.
B 60406

Eisler, J.: Od monarchizmu so faszyzmu. Koncepcje polityczno-społeczne prawicy francuskiej 1918-1940. Warszawa: Państwowe Wydawn.Naukowe 1987. 360 S.
B 63051

Marcot, F.; Baud, A.: La Franche-Comté sous l'ocupation. 1940-1944. T.1. Besançon: Cetre 1985. 332 S.
B 61845

Marcot, F.: La Résistance et la population, Jura 1944: relations d'une avantgarde et des masses. In: Revue d'histoire de la deuxième guerre mondiale et des conflits contemporains. A.37, 1987. No.146. S. 3-22.
BZ 4455:37

Nettelbeck, C.W.: War and identity: the French and the Second World War. London: Methuen 1987. VII, 111 S.
Bc 02285

Novick, P.: L'épuration Française 1944-1949. Paris: Balland 1985. 364 S.
B 60864

Salles, C.: La IIIe république à ses débuts. 1870-1893. Paris: Larousse 1985. 172 S.
010115

Slama, A.-G.: Vichy était-il fasciste? In: Vingtième siècle. 1986. Nr.11. S. 41-53.
BZ 4941:1986

Wieviorka, O.: Vichy a-t-il été libéral? le sens de l'intermède flandin. In: Vingtième siècle. 1986. Nr.11. S. 55-65.
BZ 4941:1986

Young, R.J.: The use and abuse of fear: France and the air menace in the 1930s. In: Intelligence and national security. Vol.2, 1987. No.4. S. 88-109.
BZ 4849:2

L 137 l Einzelne Länder/Gebiete/Orte

Les armes de la liberté ou les confidences d'un terroriste. Troyon sur Meuse: Selbstverlag 1985. 255 S.
B 58775

Girault, J.; Guillon, J.-M.; Schor, R.: Le Var de 1914 à 1944. Nice: CNDP/CRDP 1985. 248 S.
010260

Guéguen, M.; Le Maitre, L.-P.: L'aigle sur mer. Concarneau 1939-1945. T.1. Concarneau: Selbstverlag 1985. 351 S.
B 60867

Hiery, H.: Reichstagswahlen im Rheinland. E. Beitr. z. Landesgeschichte von Elsaß-Lothringen... Düsseldorf: Droste 1986. 520 S.
B 57571

Roth, F.: La vie politique en Larraine au XXe siècle. Nancy: Presses Univ.de Nancy 1985. 173 S.
B 59305

Sagnes, J.; Maurin, J.: L'Hérault dans la guerre 1939/1945. Le Coteau: Horvath 1986. 173 S.
B 62439

Timmermann, H.: Das Elsaß. Das Problem der historischen und kulturellen Identität. In: Der Bürger im Staat. Jg.37, 1987. H.2. S. 96-101.
BZ 05147:37

L 139 Griechenland

Arndt, I.: Die Odysee der Frauen von Rhodos. In: Dachauer Hefte. Jg.3, 1987. H.3. S. 158-165.
BZ 4855:3

Bockhoff, B.: Griechenland. München: Beck 1987. 190 S.
B 61393

Danopoulos, C.P.: Warriors and politicians in modern Greece. Chapel Hill, N.C.: Documentary Publ. 1985. X,225 S.
B 61423

Dogo, M.: Lingua a nazionalità in Macedonia. Vicende e pensieri di profeti disarmati 1902-1903. Milano: Ed.Jaca Book 1985. 165 S.
B 60704

Greece (Versch. Beitr.). In: NATO's sixteen nations. Vol.32, 1987. No. S. 1-168.
BZ 05457:32

Richter, H.A.: Aspekte der griechischen Zeitgeschichte. In: Aus Politik und Zeitgeschichte. 1988. B.14-15. S. 25-35.
BZ 05159:1988

Thanopulos, G.I.: Das deutsche Neugriechenland-Bild. 1918-1944. Neuried: Hieronymus 1987. 566 S.
B 60405

L 139 e Staat und Politik

Chiclet, C.: Les Communistes grecs dans la guerre. Histoire du Parti Communiste de Grèce de 1941 à 1949. Paris: Harmattan 1987. 323 S.
B 62858

Dobratz, B.: The role of class and issues in shaping party preferences in Greece. In: The journal of social, political and economic studies. Vol.12, 1987. No.1. S. 51-76.
BZ 4670:12

Gościcka-Zakrzewska, E.: Grecja a NATO. In: Sprawy Międzynarodowe. R.41, 1988. No.41. S. 73-84.
BZ 4497:41

Jessop, B.: Nicos Poulantzas. Marxist theory and political strategy. Basingstoke: Macmillan 1985. XVIII, 391 S.
B 58085

Meinardus, R.: Die griechisch-türkischen Beziehungen in den achtziger Jahren. In: Beiträge zur Konfliktforschung. Jg.18, 1988. Nr.2. S. 83-98.
BZ 4594:18

Meinardus, R.: Eine neue Phase in den griechisch-türkischen Beziehungen. In: Europa-Archiv. Jg.43, 1988. Nr.14. S. 403-412.
BZ 4452:43

Political change in Greece. Before and after the colonels. Ed.: K.Featherstone. London: Croom Helm 1987. VIII, 301 S.
B 62937

Socialism in Greece. The first four years. Ed.: Z. Tzannatos. Aldershot: Gower 1986. X,219 S.
B 59053

L 141 Großbritannien

L 141 c Biographien

Farr, D.: Five at ten. Prime ministers' consorts since 1957. London: Deutsch 1985. 232 S.
B 62501

– Abbott
Stewart, S.: Lifting the latch. A life on the land. Oxford: Oxford Univ.Pr. 1988. XI, 192 S.
Bc 7805

– Addison

Addison, L.: Letters from Latvia. Ed.:
R. Chave. London: Macdonald 1986.
133 S.
B 61867

– Attlee

Burridge, T.: Clement Attlee. A political
biography. London: Cape 1985. XIII,
401 S.
B 60910

– Balfour

Mackay, R.F.: Balfour, intellectual statesman. Oxford: Oxford Univ.Pr. 1985. VI,
388 S.
B 60443

– Beardmore

Beardmore, G.: Civilians at war. Journals
1938-1946. Oxford: Oxford Univ.Pr. 1986.
203 S.
B 61381

– Bevin

Stephens, M.: Ernest Bevin – unskilled
labourer and world statesman, 1881-1951.
Stevenage: SPA Books 1985. 142 S.
B 61354

– Brockway

Brockway, F.: 98 not out. London:
Quartet Books 1986. 150 S.
B 60506

– Cavendish-Bentinck

Howarth, P.: Intelligence chief extraordinary. The life of the Ninth Duke of
Portland. London: The Bodley Head
1986. 256 S.
B 60452

– Chamberlain

Balfour, M.: Britain and Joseph Chamberlain. London: Allen & Unwin 1985. XIII,
311 S.
B 60802

– Childers

Owen, E.: The Rt Hon Hugh Childers.
In: The army quarterly and defence
journal. Vol.117, 1987. No.1.
S. 67-79.
BZ 4770:117

– Churchill

Fowler, M.: Winston S. Churchill, philoso-
pher and statesman. Lanham: Univ.Press
of America 1985. VIII, 84 S.
B 58289

Leslie, A.: Cousin Randolph. London:
Hutchinson 1985. 216 S.
B 59262

Pedraza, H.: Winston Churchill, Enoch
Powell and the nation. London: Cleve-
land Press 1986. VIII, 184 S.
B 59380

– Cole

Vernon, B.D.: Margarte Cole. 1893-1980.
A political biography. London: Croom
Helm 1986. 227 S.
B 60418

– Colville

Colville, J.: Downing Street Tagebücher.
1939-1945. Berlin: Siedler 1988. 479 S.
B 65344

Colville, J.: The fringes of power. Down-
ing Street diaries 1939-1945. London:
Hodder a.Stoughton 1985. 796 S.
B 62913

– Dalton

Dalton, H.: The political diary of... 1918-
40, 1945-60. Ed.: B. Pimlott. London:
Cape 1986. XXV, 737 S.
B 60905

Pimlott, B.: Hugh Dalton. London: Cape
1985. XVI, 752 S.
B 59440

– Denham

Denham, H.: Inside the Nazi ring. A
naval attaché in Sweden, 1940-1945. New
York: Holmes & Meier 1985. XVI, 174 S.
B 58276

– Dixon

Dixon, G.; Mockler, A.: Hostage. London:
Columbus Book 1986. 189 S.
B 60572

– Dudgeon

Dudgeon, A.G.: The luck of the devil.
Shrewsbury: Airlife Publ. 1985. 214 S.
B 57546

– Duff Cooper
Harris, J.P.: Two war ministers: a reassessment of Duff Cooper and Hore-Belisha. In: War and society. Vol.6, 1988. No.1. S. 65-78.
BZ 4802:6

– Eden
Peters, A.R.: Anthony Eden at the Foreign Office 1931-1938. Aldershot: Gower 1986. VII, 402 S.
B 60246

Shuckburgh, E.: Descent to Suez. Diaries 1951-1956. New York: Norton 1986. X,380 S.
B 63672

– Fuller
Reid, B.H.: J.F.C. Fuller: military thinker. Basingstoke: Macmillan 1987. XIII, 283 S.
B 66664

– Kenny
Kenny, A.: The logic of deterrence. London: Firethorn Pr. 1985. IX, 103 S.
B 57709

– Kidd
Scaffardi, S.: Fire under the carpet. London: Lawrence & Wishart 1986. 208 S.
B 61742

– Kitchener
Warner, P.: Kitchener. The man behind the legend. London: Hamish Hamilton 1985. VIII, 247 S.
B 57651

– Lloyd George
Grigg, J.: Lloyd George: from peace to war, 1912-1916. Berkeley, Calif.: Univ.of California Pr. 1985. 527 S.
B 62305

Pugh, M.D.: Lloyd George. London: Longman 1988. VIII, 206 S.
Bc 8060

– Maxton
Brown, G.: Maxton. Edinburgh: Mainstream Publ. 1986. 336 S.
B 62565

– Menzies
Brown, A.C.: The secret servant. The life of Sir Stewart Menzies, Churchill's spymaster. London: Joseph 1988. 830 S.
B 66052

– Montgomery
Hamilton, N.: The field-Marshal, 1944-1976. London: Hamilton 1986. XXVII, 996 S.
B 43820:3

Hamilton, N.: Master of the battlefield, 1942-1944. London: Hamilton 1988. XXXI, 863 S.
B 43820:2

Hamilton, N.: Monty. The man behind the legend. Wheathampstead: Lennard 1987. 140 S.
010502

Monty at close quarters. Recollections of the man. Ed.: T.E.B. Howarth. London: Cooper 1985. IX, 179 S.
B 60419

– Murrell
Cook, J.: Who killed Hilda Murrell? Sevenoaks: New English Library 1985. 182 S.
B 59209

– Partridge
Partridge, F.: Everything to lose. Diaries 1945-1960. London: Gollancz 1985. 383 S.
B 61348

– Rees
Rees, M.: Northern Ireland. A personal perspective. London: Methuen 1985. 373 S.
B 57703

– Riddell
Riddell, G.: The Riddell diaries. 1908-1923. Ed.: J.M.McEwen. London: The Athlone Pr. 1986. XVIII, 430 S.
B 62556

– Thatcher
Torre, P.F.della: Viva Britannia. Mrs. Thatcher's Britain. London: Sidgwick & Jackson 1985. 101 S.
B 60907

– Thompson

Thompson, E.P.: Double exposure.
London: The Merlin Pr. 1985. VIII,
155 S.
B 60902

– Thorne

Bébarida, F.: Will Thorne. La voie
anglaise du socialisme. Paris: Fayard
1987. 298 S.
B 62156

– Webb

Webb, B.: The diary of Beatrice Webb.
Ed.: N. and J. MacKenzie. Vol.1-4.
London: Virago 1982-85. 386, 376, 460,
519 S.
B 63172:1; B 631

– Wellesley

Esdaile, C.D.: The Wellington papers. In:
The army quarterly and defence journal.
Vol.117, 1987. No.1. S. 55-63.
BZ 4770:117

– Wright

Wright, P.; Greengrass, P.: Spycatcher.
Richmond: Heinemann Australia 1987.
392 S.
B 64233

– Wyndham

Wyndham, J.: Love is blue. A wartime
diary. London: Heinemann 1986. 197 S.
B 61951

L 141 d Land und Volk

Bhachu, P.: Twice migrants. East African
Sikh settlers in Britain. London:
Tavistock Publ. 1985. XIII, 205 S.
B 60904

Carter, T.: Shattering illusions. West
Indians in British politics. London:
Lawrence & Wishart 1986. 158 S.
B 62513

Gilroy, P.: "There ain't no black in the
Union Jack". The cultural politics of race
and nation. London: Hutchinson 1987.
271 S.
B 62491

Race, government and politics in Britain.
Ed.: Z.Layton. Basingstoke: Macmillan
1986. X,283 S.
B 62247

Searle, C.: Your daily dose: racism and
the sun. In: Race and class. Vol.29, 1987.
No.1. S. 55-71.
BZ 4811:29

L 141 e Staat und Politik

The conservative Government 1979-84.
Ed.: D.S.Bell. London: Croom Helm
1985. 217 S.
B 57552

Crises in the British state. 1880-1930.
London: Hutchinson 1985. 288 S.
B 60622

Owen, D.: A United Kingdom.
Harmondsworth: Penguin Books 1986.
220 S.
B 62572

Politics in Britain and the United States.
Comparative perspectives. Ed.:
R.Hodder-Williams. Durham, NC.: Duke
Univ.Pr. 1986. XVI, 232 S.
B 60745

Worsthorne, P.: By the right. London:
Brophy Books 1987. 192 S.
Bc 7779

L 141 e 10 Innenpolitik

Adelmann, P.: British politics in the 1930s
and 1940s. Cambridge: Cambridge
Univ.Pr. 1987. 100 S.
Bc 7361

Andrew, C.: Secret Service. The making
of the British intelligence community.
London: Heinemann 1985. XVIII, 616 S.
B 57644

Burges, S.; Edwards, G.: The six plus one:
British policy-making, and the question
of European economic integration, 1955.
In: International affairs. Vol.64, 1988.
No.3. S. 393-413.
BZ 4447:64

Callaghan, J.: The far left in British politics. Oxford: Basil Blackwell 1987. XI, 249 S.
B 63068

Crouch, C.: Großbritannien unter der Regierung Margaret Thatchers. In: Aus Politik und Zeitgeschichte. 1987. B.38. S. 3-14.
BZ 05159:1987

Dokumentation: Die Zukunft im Visier. Diskussionsentwurf f. ein neues Programm d. Linken in Britannien. In: Sozialismus. Jg.14, 1988. Nr.10. S. 8-17.
BZ 05393:14

Freedom of information... freedom of the individual? London: Papermac 1987. 110 S.
Bc 7565

Holme, R.: The people's kingdom. London: The Bodley Head 1987. X,150 S.
B 62591

Kavanagh, D.: Thatcherism and British politics. The end of consensus? Oxford: Oxford Univ.Pr. 1987. VIII, 334 S.
B 62567

Knightley, P.; Kennedy, C.: An affair of state. The Profumo case and the framing of Stephen Ward. London: Cape 1987. XVIII, 268 S.
B 61805

McKinley, M.: Ireland, Britain, and the Strasbourg "Torture Case". In: Conflict. Vol.7, 1987. No.3. S. 249-283.
BZ 4687:7

Moon, J.: European integration in British politics 1950-1963: a study of issue change. Aldershot: Gower 1985. IX, 282 S.
B 60660

Ponting, C.: The right to know. The inside story of the Belgrano affair. London: Sphere Books 1985. 214 S.
B 60170

Three political systems. A reader in British, Soviet and American politics. Ed.: M. Burch. Manchester: Manchester Univ.Pr. 1985. 366 S.
B 57537

Whitehead, P.: The writing on the wall. Britain in the seventies. London: Joseph 1985. XVII, 438 S.
B 60498

Wright, A.: The politics of constitutional reform. In: Political quarterly. Vol.57, 1986. No.4. S. 414-425.
BZ 4611:57

L 141 e 12 Regierung und Verwaltung

Alderman, G.: Pressure groups and government in Great Britain. London: Longman 1985. VII, 164 S.
Bc 7150

Critchley, J.: Westminster blues. London: Elm Tree Books 1985. 134 S.
B 57696

Duncan, S.; Goodwin, M.; Halford, S.: Politikmuster im lokalen Staat: Ungleiche Entwicklung und lokale soziale Verhält-nisse. In: Prokla. Jg.17, 1987. Nr.3. S. 8-29.
BZ 4613:17

Forrester, A.; Lansley, S.; Pauley, R.: Beyond our Ken. A guide to the battle for London. London: Fourth Estate 1985. 207 S.
B 59357

Holmes, M.: The first Thatcher govern-ment, 1979-1983. Contemporary conserv-atism and economic change. Brighton: Wheatsheaf Books 1985. 238 S.
B 57507

Loney, M.: The politics of greed. The New Right and the welfare state. London: Pluto Pr. 1986. VI, 200 S.
B 60794

Ponting, C.: Whitehall. Tragedy and farce. London: Spere Books 1986. 256 S.
B 62550

Price, D.K.; Evans, R.H.: Political transitions and foreign affairs in Britain and France. Lanham: Univ.Press of America 1986. XIV, 85 S.
B 61499

Richards, P.G.: The choice of government in a three party system. In: Political quarterly. Vol.57, 1986. No.4. S. 406-413.
BZ 4611:57

Sturm, R.: Das Vereinigte Königreich von Großbritannien und Nordirland. In: Der Bürger im Staat. Jg.37, 1987. H.2. S. 76-83.
BZ 05147:37

L 141 e 13 Parlamente und Wahlen

Berrington, H.: The British general election of June 1987: Have we been here before? In: West European politics. Vol.11, 1988. No.1. S. 116-121.
BZ 4668:11

Cox, A.; Kirby, S.: Congress, parliament and defence. The impact of legislative reform on defence accountability in Britain and America. London: Macmillan 1986. IX, 315.
B 60525

Dunleavy, P.; Husbands, C.T.: British democracy at the crossroads. Voting and party competition in the 1980. London: Allen & Unwin 1985. XX, 251 S.
B 57659

Jones, J.B.; Wilford, R.A.: Parliament and territoriality. The Committee on Welsh Affairs 1979-1983. Cardiff: Univ. of Wales Press 1986. 102 S.
B 61296

Miller, C.: Lobbying government. Understanding and influencing the corridors of power. Oxford: Basil Blackwell 1987. XVII, 263 S.
B 61990

L 141 e 14 Parteien

Adams, J.: La Grande-Bretagne face au terrorisme. In: Politique étrangère. A.51, 1986. No.4. S. 961-968.
BZ 4449:51

Campbell, B.: The iron ladies. Why do women vote Tory? London: Virago Pr. 1987. 314 S.
B 62519

Cullen, S.: The development of the ideas and policy of the British Union of Fascists, 1932-1940. In: The Jerusalem journal of international relations. Vol.8, 1986. No.4. S. 115-136.
BZ 4756:8

Döring, H.: Parteiensystem. Sozialstruktur und Parlament in Großbritannien. In: Aus Politik und Zeitgeschichte. 1987. B.38. S. 15-29.
BZ 05159:1987

Ewing, K.D.: The funding of political parties in Britain. Cambridge: Cambridge Univ.Pr. 1987. XI, 264 S.
B 62554

Foot, M.: Loyalists and loners. London: Collins 1986. 315 S.
B 61341

Hocking, J.: Counterterrorism as counter-insurgency: The British experience. In: Social Justice. Vol.15, 1988. No.1. S. 83-97.
BZ 4917:15

Husbands, C.T.: Extreme right-wing politics in Great Britain: The recent marginalisation of the National Front. In: West European politics. Vol.11, 1988. No.2. S. 65-79.
BZ 4668:11

Jenkins, R.: Partnership of principle. Writings and speeches on the making of the Alliance. Ed.: C.Lindley. London: The Radical Center 1985. 169 S.
B 57549

Macintyre, S.: A proletarian science. Marxism in Britain 1917-1933. London: Lawrence & Wishart 1986. XII, 286 S.
B 61869

Pugh, M.: The Tories and the people, 1880-1935. Oxford: Blackwell 1985. X,257 S.
B 61297

The redefinition of conservatism. Politics and doctrine. Ed.: C. Covell. London: Macmillan 1986. XII, 267 S.
B 58696

Ross, S.: The conservative party. Hove: Wayland 1986. 32 S.
010225

Thurlow, R.: Fascism in Britain. A history, 1918-1985. Oxford: Basil Blackwell 1987. XVII, 317 S.
B 62559

Webber, G.C.: The ideology of the British right, 1918-1939. London: Croom Helm 1986. 185 S.
B 62560

– Sozialismus

Benjamin, R.: Socialism and modern democratic techniques. Guildford: Labour Campaign for Electoral Reforms 1987. 12 S.
Bc 02317

Blackburn, J.L.: The spade and the quill. Historians, class, and socialism in the British Labour Party before 1918. Ann Arbor, Mich.: UMI 1986. XIII, 243 S.
B 60115

Heffer, E.S.: Labour's future. Socialist or SDP mark 2? London: Verso 1986. XIII, 159 S.
B 62526

Hornová, H.; Culáková, L.; Antov, I.: K Charakteristice Programových Koncepcí Britské Labour Party. In: Československý casopis historický. R.35, 1987. No.6. S. 509-526.
BZ 4466:35

Jones, J.B.; Keating, M.: Labour and the British state. Oxford: Clarendon Press 1985. 214 S.
B 57542

Kelly, J.: Labour and the unions. A discussion pamphlet. London: Verso 1987. VII, 56 S.
Bc 7367

Kinnock, N.; Hattersley, R.: Die Ziele und Werte des demokratischen Sozialismus. In: Die neue Gesellschaft – Frankfurter Hefte. Jg.35, 1988. Nr.5. S. 414-421.
BZ 4572:35

Newman, M.: Conflict and cohesion in the British Labour Party and French Communist Party. In: West European politics. Vol.10, 1987. No.1. S. 176-192.
BZ 4668:10

Panitch, L.: Socialist renewal and the Labour Party. In: The Socialist register. Vol.24, 1988. No. S. 319-365.
BZ 4824:24

Panitch, L.: Working-class politics in crisis. Essays on Labour and the state. London: Verso 1986. XI, 250 S.
B 61051

A socialist anatomy of Britain. Ed.: D.Coates. Cambridge: Polity Press 1985. 291 S.
B 57504

Steffen, J.-P.: Imprint of the 'militant tendency' on the Labour Party. In: West European politics. Vol.10, 1987. No.3. S. 420-433.
BZ 4668:10

L 141 e 20 Außenpolitik

Aliev, I.G.: Sovremennye tendencii v antivoennom dviženii Velikobritannii. In: Voprosy istorii. 1986. No.12. S. 40-54.
BZ 05317:1986

De Anne, J.: Britain's changing international interests: economic influences on foreign policy priorities. In: International affairs. Vol.63, 1987. No.3. S. 375-393.
BZ 4447:63

Dombey, N.; Fischer, D.; Walker, W.: Becoming a non-nuclear weapon state: Britain, the NPT and safeguards. In: International affairs. Vol.63, 1987. No.2. S. 191-204.
BZ 4447:63

Douglas, R.: World crisis and British decline, 1929-56. New York: St.Martin's Press 1986. VII, 293 S.
B 62327

Dreighton, A.: The 'frozen front': the Labour government, the division of Germany and the origins of the cold war, 1945-47. In: International affairs. Vol.63, 1987. No.3. S. 451-465.
BZ 4447:63

Ovendale, R.: The English-speaking alliance. Britain, the United States, the Dominions and the cold war. London: Allen & Unwin 1985. 309 S.
B 60454

Reeve, G.; Smith, J.: Offence of the realm. How the peace campaigners get bugged. London: CND Publ. 1986. 44 S.
Bc 7781

Ropers, N.: Die sicherheitspolitische Debatte in Großbritannien. Konsequenzen für die Zusammenarbeit in Westeuropa. In: Die neue Gesellschaft – Frankfurter Hefte. Jg.35, 1988. Nr.5. S. 421-428.
BZ 4572:35

– **Außenpolitische Beziehungen**

The 'special relationship'. Anglo-American relations since 1945. Ed.: W.R. Louis. Oxford: Clarendon Press 1986. XIX, 408 S.
B 60634

Best, R.A.: "Co-operation with like-minded peoples". British influences on American security policy, 1945-1949. New York: Greenwood Press 1986. X, 226 S.
B 60976

Birke, A.M.: Britain and Germany. Historical patterns of relationsship. London: German Historical Inst. 1987. 40 S.
Bc 6715

Boyle, P.G.: Britain, America and the transition from economic to military assistance, 1948-51. In: Journal of contemporary history. Vol.22, 1987. No.3. S. 521-538.
BZ 4552:22

British policy and the transfer of power in Asia. Documentary perspectives. Ed.: R.B. Smith. London: School of Oriental and African Studies, Univ.of London 1988. VIII, 143 S.
Bc 7800

Chadwick, O.: Britain and the Vatican during the Second World War. Cambridge: Cambridge Univ.Pr. 1986. IX, 332 S.
B 60450

Gill, S.A.: Anglo-American diplomacy and the emergence of Pakistan, 1940-1947. Ann Arbor, Mich.: UMI 1987. VIII, 512 S.
B 62055

Hartley, S.: The Irish question as a problem in British foreign policy, 1914-18. Houndsmill: MacMillan 1987. XI, 243 S.
B 60566

Kitchen, M.: British policy towards the Soviet Union during the Second World War. London: Macmillan 1986. VIII, 309 S.
B 59753

Newson, D.D.: US-British consultation: an impossible dream? In: International affairs. Vol.63, 1987. No.2. S. 225-238.
BZ 4447:63

Ponomareva, I.B.; Smirnova, N.A.: Anglo-amerikanskie protivorečija v Indii v 1942-1943 godach. In: Voprosy istorii. 1987. No.4. S. 40-55.
BZ 05317:1987

Quinault, R.: Churchill and Australia: the military relationship 1899-1945. In: War and society. Vol.6, 1988. No.1. S. 41-64.
BZ 4802:6

Shlaim, A.: Britain and the Arab-Israeli War of 1948. In: Journal of Palestine studies. Vol.16, 1987. No.4. S. 50-76.
BZ 4602:16

Silverfarb, D.: Britain's informal Empire in the Middle East. A case study of Iraq, 1929-1941. Oxford: Oxford Univ.Pr. 1986. X,200 S.
B 60664

Smyth, D.: Diplomacy and strategy of survival. British policy and Franco's Spain, 1940/41. Cambridge: Cambridge Univ.Pr. 1986. XI, 335 S.
B 57900

The Thatcher years. Britain and Latin America. London: Latin American Bureau 1988. 87 S.
Bc 7656

Turnbull, C.M.: Britain and Vietnam, 1948-1955. In: War and society. Vol.6, 1988. No.2. S. 104-124.
BZ 4802:6

L 141 e 30 Kolonialpolitik

August, T.G.: The selling of the empire. British and French imperialist propaganda, 1890-1940. Westport, Conn.: Greenwood Press 1985. XII, 233 S.
B 59327

Chung, O.C.: British defence planning in Malaya, 1935-1938: from the defence of Singapore Island to the defence of the Malayan Mainland. In: Revue internationale d'histoire militaire. 1988. No.65. S. 161-195.
BZ 4454:1988

Louis, W.R.: Imperialism at bay, 1941-1945. The United States and the decolonization of the British Empire. Oxford: Clarendon Press 1986. XVI, 595 S.
B 60723

L 141 f Wehrwesen

Eifert, K.: Die britische Nuklearstreitmacht. Kernwaffenpotentiale dritter Staaten und Rüstungskontrollverhandlungen. Berlin: Quorum Verl. 1986. VII, 96 S.
Bc 6777

Langley, A.: The army. Hove: Wayland 1986. 32 S.
B 60561

Sword and mace. Twentieth-century civil-military relations in Britain. Ed.: J.Sweetman. London: Brassey's Defence Publ. 1986. XV, 174 S.
B 63072

L 141 f 00 Wehrpolitik

Coker, C.: A nation in retreat? Britain's defence commitment. London: Brassey's 1986. VIII, 154 S.
B 60370

Freedman, L.: Defence policy after the next election. In: Political quarterly. Vol.57, 1986. No.4. S. 364-380.
BZ 4611:57

The future of British defence policy. Ed.: J.Roper. Aldershot: Gower 1985. IX, 205 S.
B 59395

Goldstein, W.: The decline of Britain as a military power. In: SAIS review. Vol.7, 1987. No.2. S. 63-76.
BZ 05503:7

Gordon, P.: The killing machine: Britain and the international repression trade. In: Race and class. Vol.29, 1987. No.2. S. 31-52.
BZ 4811:29

Laird, R.; Robertson, D.: "Grenades from the candy store": British defense policy in the 1990s? In: ORBIS. Vol.31, 1987. No.2. S. 193-205.
BZ 4440:31

Laird, R.; Robertson, D.: La défense britannique des années 1990. In: Stratégique. 1987. No.4. S. 73-93.
BZ 4694:1987

The politics of alternative defence. A policy for a non-nuclear Britain. Ed.: Alternative Defence Commission. London: Paladin Grafton 1987. 399 S.
B 62019

Post, G.: Mad dogs and Englishmen: British rearmament, deterrence and appeasement, 1934-1935. In: Armed forces and society. Vol.14, 1988. No.3. S. 329-357.
BZ 4418:14

L 141 f 05 Kriegswesen

Cruichshank, C.: SOE in Scandinavia. Oxford: Oxford Univ.Pr. 1986. X,292 S.
B 59226

Fitzgerald, P.: The comic Book of MI5. Dingle: Brandon 1987. 124 S.
Bc 7620

Glees, A.: The secrets of the service. British intelligence and communist subversion 1939-51. London: Cape 1987. XVI, 447 S.
B 61868

Miller, J.: One girl's war. Personal exploits in MI 5's most secret station. Dingle: Brandon Book 1986. 155 S.
B 60903

Pincher, C.: A web of deception. The spycatcher affair. London: Sidgwick & Jackson 1987. XII, 211 S.
B 65132

West, N.: GCHQ. The secret wireless war, 1900-86. London: Weidenfeld and Nicolson 1986. XVIII, 294 S.
B 62531

L 141 f 10 Heer

Chant, C.: Gurkha. The illustr. history of an elite fighting force. Poole: Blandford 1985. 160 S.
010192

Chappel, M.: The British Army in the 1980s. London: Osprey 1987. 64 S.
Bc 02300

Chappell, M.: British battle insignia. Vol.1.2. London: Osprey 1986/87. 47, 48 S.
Bc 02084

Cole, H.N.: Formation badges of World War II. Britain, Commonwealth and Empire. London: Arms and Armour Pr. 1985. 192 S.
B 57645

Cowles, V.: The phantom Major. The story of David Stirling and S.A.S. Regiment. London: Arms and Armour Pr. 1985. 320 S.
B 57652

Cross, J.P.: In Gurkha Company. The British Army Gurkhas, 1948 to the present. London: Arms and Armour Pr. 1986. 203 S.
B 60636

Fomič, N.: Bronetankovaja technika Velikobritanii. In: Zarubežnoe voennoe obozrenie. 1987. No.1. S. 27-38.
BZ 05399:1987

Gilmour, I.: DROPS – What is the truth? In: The army quarterly and defence journal. Vol.117, 1987. No.2. S. 139-150.
BZ 4770:117

Holding, N.: The location of British army records. A national directory of World War I sources. 2nd ed. Solihull: Federation of Family History Societies 1987. III, 83 S.
Bc 6594

Messenger, C.: History of the British Army. Novato, Calif.: Presidio Pr. 1986. 224 S.
010368

Oakley, D.: The commandos. World War II to the present. London: Arms and Armour Pr. 1987. 72 S.
Bc 02286

Osborne, J.M.: Defining their own patriotism: British volunteer training corps in the First World War. In: Journal of contemporary history. Vol.23, 1988. No.1. S. 59-75.
BZ 4552:23

Parker, T.: Soldier, soldier. London: Heinemann 1985. XI, 244 S.
B 59146

Percival, J.: For valour. The Victoria Cross: courage in action. London: Methuen 1986. XI, 256 S.
B 60444

Royle, T.: The best years of their lives: the National Service experience 1945-63. London: Joseph 1986. XVII, 288 S.
B 62530

Stein, G.J.: The home service force. In: Defense analysis. Vol.3, 1987. No.3. S. 213-223.
BZ 4888:3

Tucci, S.: Gurkhas. London: Hamish Hamilton 1985. 157 S.
010196

Undercover fighters. The British 22nd SAS regiment. Ed.: J.L.Collins. New York: Villad Books 1986. 96 S.
Bc 7411

L 141 f 20 Marine

Beaver, P.: The Royal Navy in the 1980s. Vol.1. London: Arms and Armour Pr. 1985. 72 S.
Bc 02066

Brice, M.H.: Royal Navy handbook. London: Ian Allen 1985. 144 S.
Bc 7249

Grove, E.J.: Vanguard to Trident. British naval policy since World War II. London: The Bodley Head 1987. XI, 487 S.
010325

History of the Royal Navy in the 20th century. Ed.: A. Preston. Novato, Calif.: Presidio Pr. 1987. 224 S.
010544

Humble, R.: The rise and fall of the British Navy. London: Queen Anne Press 1986. 255 S.
B 60429

Layman, R.D.: The Cuxhaven raid. The world's first carrier air strike. London: Conway 1985. 160 S.
B 57514

Murfett, M.H.: British Naval policy on the Yangtse in 1949: a case of diplomacy on the rocks. In: War and society. Vol.6, 1988. No.1. S. 79-92.
BZ 4802:6

Pugh, P.: The cost of seapower. The influence of money on naval affairs from 1815 to the present day. London: Conway 1986. 423 S.
B 61163

Semmel, B.: Liberalism and naval strategy. Ideology, interest, and sea power during the Pax Britannica. London: Allen & Unwin 1986. XII, 239 S.
B 60420

Speed, K.: Politics and the Royal Navy since 1945. In: Naval forces. Vol.8, 1987. No.4. S. 34-43.
BZ 05382:8

Thomas, D.A.: A companion to the Royal Navy. London: Harrap 1988. XVI, 443 S.
010585

– Schiffe

Bellany, I.: From V-Bomber to Trident: an unsmooth progression. In: Naval forces. Vol.8, 1987. No.5. S. 80-89.
BZ 05382:8

Careless, R.: Battleship Nelson. The story of HMS Nelson. London: Arms and Armour Pr. 1985. 160 S.
B 57684

Colledge, J.J.: Ships of the Royal Navy. The complete record of all fighting ships of the Royal Navy... Vol.1. London: Greenhill Books 1987. 388 S.
B 65066

Head, B.: HM Submarine G 6. The narrative of a Blyth Submarine. In: Warship. Jg.46, 1988. No.46. S. 6-16; 33-41.
BZ 05525:46; BZ 05525:47

Lambert, J.: The Fairmile 'D'. Motor torpedo boat. London: Conway 1985. 120 S.
B 60267

Lambert, J.; Hill, D.: The submarine alliance. London: Conway 1986. 120 S.
B 61509

McBride, K.: The first county class cruisers of the Royal Navy: The Monmouths. In: Warship. Jg.46, 1988. No.46. S. 19-26.
BZ 05525:46

Ross, A.: The destroyer escort England. London: Conway 1985. 96 S.
B 60266

Tarrant, V.E.: Battlecruiser Invincible. The history of the first battlecruiser, 1909-16. London: Arms and Armour Pr. 1986. 158 S.
B 60720

Watton, R.: The cruiser Belfast. London: Conway 1985. 120 S.
B 60268

L 141 f 30 Luftwaffe

Beaver, P.: Today's army Air Corps. Wellingborough: Stephens 1987. 136 S.
Bc 7566

Bennett, T.: 617 th Squadron. The dambusters at war. Wellingborough: Stephens 1986. 270 S.
B 58803

Canmer, P.: True stories of the Paras. London: Weidenfeld and Nicolson 1986. 188 S.
B 57708

Congdon, P.: Per ardua ad astra. A handbook of the Royal Air Force. Shrewsbury: Airlife Publ. 1987. IX, 172 S.
010420

Cooper, A.W.: In action with the enemy. The holders of the conspicuous gallantry medal (Flying). London: Kimber 1986. 205 S.
B 62525

Cooper, M.: Blueprint for confusion: The administrative background to the formation of the Royal Air Force, 1912-19. In: Journal of contemporary history. Vol.22, 1987. No.3. S. 437-453.
BZ 4552:22

Gander, T.: Modern Royal Air Force Aircraft. Wellingborough: Stephens 1987. 136 S.
Bc 7804

Hall, A.: We, also, were there. A collection of recollections of wartime women of bomber command. Braunton: Merlin Books 1985. 192 S.
Bc 6818

Jackson, P.: Royal Air Force, Germany. London: Allan 1986. 48 S.
Bc 02236

Jones, H.A.: Over the Balkans and South Russia, 1917-1919. Being the history of No.47 Squadron, Royal Air Force. Elstree: Greenhill 1987. XIV, 176 S.
B 62015

The Queen's Flight. Ed.:M. Burns. Poole: Blandford 1986. 160 S.
010265

Willis, J.: Churchill's few. The battle of Britain remembered. London: Joseph 1985. 258 S.
B 60527

Wings of the wind. Recollections of the Fleet Air Arm in World War II. Portsmouth: Auribus 1987. VIII, 90 S.
Bc 7814

L 141 g Wirtschaft

Barnett, C.: The audit of war. The illusion and reality of Britain as a great nation. London: Macmillan 1987. XII, 359 S.
B 62482

Barnett, L.M.: British food policy during the First World War. London: Allen & Unwin 1985. XIX, 241 S.
B 60441

Croft, S.: The Westland helicopter crisis: implications for the British defense industry. In: Defense analysis. Vol.3, 1987. No.4. S. 291-303.
BZ 4888:3

Gunston, B.: British aerospace. EAP. Experimental aircraft programme. Chipping Ongar: Linewright 1986. 36 S.
Bc 02280

MacGregor, I.; Tyler, R.: The enemies within. The story of the miners' strike, 1984-85. London: Collins 1986. 384 S.
B 62527

Minford, P.: La politique économique de Margaret Thatcher, 1979-1986. In: Politique étrangère. A.51, 1986. No.4. S. 1015-1034.
BZ 4449:51

Patten, C.: Britain and Africa's development. In: The Round table. 1987. No.303. S. 333-342.
BZ 4796:1987

Socialist enterprise. Reclaiming the economy. Nottingham: New Socialist/Spokesman 1986. 230 S.
B 62684

Thompson, G.: The conservatives' economic policy. London: Croom Helm 1986. 222 S.
B 58909

Wuest, H.; Ries, E.: Everyone a hero! Jeder einzelne ist ein Held! Hrsg.v. ASta d.Carl-v.-Ossietzky Univ. Oldenburg: o.V. 1985. 41 S.
D 03458

L 141 h Gesellschaft

The cutting edge: women and the pit strike. Ed.: V.Seddon. London: Lawrence & Wishart 1986. 287 S.
B 60655

Dürr, K.: Zur Situation der Immigrantenbevölkerung in Großbritannien. In: Aus Politik und Zeitgeschichte. 1987. B.38. S. 30-44.
BZ 05159:1987

Holton, S.S.: Feminism and democracy. Women's suffrage and reform politics in Britain 1900-1918. Cambridge: Cambridge Univ.Pr. 1986. XI, 201 S.
B 60180

Lewis, P.: A people's war. London: Methuen 1986. VI, 250 S.
010397

Rowbotham, S.: Friends of Alice Wheeldon. London: Pluto Pr. 1986. VIII, 240 S.
B 60430

Vellacott, J.: Feminist consciousness and the First World War. In: History workshop. 1987. No.23. S. 81-101.
BZ 4726:1987

Waller, J.; Vaughan-Rees, M.: Women in wartime. The role of women's magazines, 1939-1945. London: Macdonald 1987. 128 S.
Bc 02188

War and social change. British society in the Second World War. Ed.: H.L.Smith. Manchester: Manchester Univ.Pr. 1986. XI, 271 S.
B 62558

Webb, A.: A joint approach to social policy? In: Political quarterly. Vol.57, 1986. No.4. S. 395-405.
BZ 4611:57

Winter, J.M.: The great war and the British people. Basingstoke: Macmillan 1986. XIV, 360 S.
B 58352

– Arbeiterbewegung/Gewerkschaften

Blackwell, T.; Seabrook, J.: A world still to win. The reconstution of the post-war working class. London: Faber and Faber 1985. 189 S.
B 57678

Brown, H.P.: The origins of trade union power. Oxford: Oxford Univ.Pr. 1986. 326 S.
B 60514

Callinicos, A.; Simons, M.: The great strike. The miners' strike of 1984-85 and its lessons. London: Socialist Worker 1985. 256 S.
B 65598

Clegg, H.A.; Fox, A.; Thompson, A.F.: A history of British trade unions since 1889. Vol.1.2. Oxford: Clarendon Press 1964-87. IX, 514 S; XI, 619 S.
B 16814

Cliff, T.; Gluckstein, D.: Marxism and trade union struggle. The general strike of 1926. London: Bookmarks 1986. 320 S.
B 64265

Coates, K.; Topham, T.: Trade Unions and politics. Oxford: Basil Blackwell 1986. IX, 268 S.
B 60522

The development of trade unionism in Great Britain and Germany, 1880-1914. Ed.: W.J.Mommsen. London: Allen & Unwin 1985. VIII, 400 S.
B 61413

Digging deeper. Issues in the miners' strike. Ed.: H. Beynon. London: Verso 1985. XIV, 252 S.
B 58052

The enemy within. Pit villages and the miners' strike 1984-85. Ed.: R. Samuel. London: Routledge & Kegan Paul 1986. XXIII, 260 S.
B 61993

Fatchett, D.: Trade Unions and politics in the 1980s. The 1984 Act and political funds. London: Croom Helm 1987. 135 S.
B 62521

Foster, J.; Woolfson, C.: The politics of the UCS Work-In. Class alliances and the right to work. London: Lawrence & Wishart 1986. 446 S.
B 61861

Geary, R.: Policing industrial disputes: 1893 to 1985. Cambridge: Cambridge Univ.Pr. 1985. VII, 171 S.
B 60659

Gray, N.: The worst of times. An oral history of the great depression in Britain. London: Wildwood House 1985. 201 S.
B 59214

Jackson, B.; Wardle, T.: The battle for Orgreave. Brighton: Vanson Wardle 1986. X,129 S.
Bc 7156

Kahn, M.F.: The National Union of Mine-workers and the revival of industrial militancy in the 1970's. Ann Arbor, Mich.: UMI 1986. 352 S.
B 58313

Marsh, D.; King, J.: The trade unions under Thatcher. Colchester: Univ. of Essex 1985. II, 71 S.
Bc 02088

Miller, J.: You can't kill the spirit. Women in a Welsh Mining Valley. London: The Women's Press 1986. 142 S.
B 60396

Policing the miners' strike. Ed.: B.Fine. London: Lawrence & Wishart 1985. XII, 243 S.
B 60511

Saville, J.: The Labour Movement in Britain. A commentary. London: Faber and Faber 1988. 166 S.
Bc 7969

Solidarity with the miners. Actions and lessons from the labour research department's survey... London: LRD Publ. 1985. 39 S.
Bc 02279

Strike. Thatcher, Scargill and the miners. Ed.: P. Wilsher. London: Hodder a.Stoughton 1985. XI, 284 S.
B 58704

Taylor, A.: The trade Unions and Labour Party. London: Croom Helm 1987. 320 S.
B 60518

Walker, M.: A turn of the screw. The after-math of the 1984-85 miners' strike. London: Canary Pr. 1985. 123 S.
Bc 7161

Wolfe, J.D.: Workers, participation, and democracy. Internal politics in the British union movement. Westport, Conn.: Greenwood Press 1985. XII, 258 S.
B 59326

L 141 i Geistesleben

Aldgate, A.; Richards, J.: Britain can take it. The British cinema in the Second World War. Oxford: Blackwell 1986. 312 S.
B 60656

Bending reality. The state of media. London: Pluto Pr. 1986. 242 S.
B 61271

Gentleman, D.: A special relationship. London: Faber and Faber 1987. o.Pag.
Bc 02026

Lilliput goes to war. Ed.:K. Webb. London: Hutchinson 1985. 288 S.
B 60494

Will George Orwell survive 1984? In: Survey. Vol.30, 1988. No.1/2. S. 156-204.
BZ 4515:30

L 141 k Geschichte

Calder, A.: The people's war. Britain 1939-45. London: Cape 1986. 656 S.
B 65223

Clayton, A.: The British Empire as a superpower, 1919-39. London: Macmillan 1986. XIV, 545 S.
B 59758

Egerton, G.: Diplomacy, scandal and military intelligence: the Crawfurd-Stuart affair and Anglo-American relations 1918-1920. In: Intelligence and national security. Vol.2, 1987. No.4. S. 110-134.
BZ 4849:2

Friedberg, A.L.: Britain and the experience of relative decline, 1895-1905. In: The journal of strategic studies. Vol.10, 1987. No.3. S. 331-362.
BZ 4669:10

Grainger, J.H.: Patriotism. Britain 1900-1939. London: Routledge & Kegan Paul 1986. IX, 411 S.
B 61295

Home fires and foreign fields. British social and military experience in the First World War. Ed.: P.H. Liddle. London: Brassey's Defence Publ. 1985. XIII, 233 S.
B 60484

Murray, W.: Appeasement and intelligence. In: Intelligence and national security. Vol.2, 1987. No.4. S. 47-66.
BZ 4849:2

Robbins, K.: The eclipse of a great power. Modern Britain, 1870-1975. London: Longman 1985. XI, 408 S.
B 57516

Wark, W.K.: British intelligence and small wars in the 1930s. In: Intelligence and national security. Vol.2, 1987. No.4. S. 66-87.
BZ 4849:2

We'll meet again. Photographs of daily life in Britain during World War II. London: Dent 1985. 216 S.
B 62573

L 141 l Einzelne Länder/Gebiete/Orte

Liphook, Bramshott and the Canadians. Liphook: Bramshott and Liphook Preservation Soc. 1986. 36 S.
Bc 7352

Newcastle at war. Newcastle: City Libraries 1985. o.Pag.
Bc 6963

L 143 Irland

Crotty, R.: Ireland in crisis. Kerry: Brandon 1986. VI, 296 S.
B 61817

Etschmann, W.: Guerillakrieg nach 1945 – Theorie und Praxis. In: Truppendienst. Jg.27, 1988. Nr.2 u 4. S. 144-149; 377-383.
BZ 05209:27

Feehan, J.M.: The statesman. A study of the role of Charles Haughey in the Ireland of the future. Cork: Mercier Pr. 1985. 110 S.
Bc 6814

Haughey, C.J.: The spirit of the nation. The speeches and statements of... (1957-1986). Ed.: M.Mansergh. Cork: Mercier Pr. 1986. 1216 S.
010285

Holland, J.: The American connection. U.S. guns, money, and influence in Northern Ireland. New York: Viking 1987. XIV, 272 S.
B 62302

Howell, D.: A lost left. 3 studies in socialism and nationalism. Manchester: Manchester Univ.Pr. 1986. VIII, 351 S.
B 62566

Irland. E. polit. Reisebuch. Hrsg.: H.-C. Oeser. Hamburg: VSA-Verl. 1987. 317 S.
B 61480

Loh, G.: Irland in der Berichterstattung deutscher Tageszeitungen. (1914-1918). Bd.1.2. Frankfurt: Lang 1987. 814 S.
B 62355

McSweeney, B.: Northern Ireland: a war of religion? In: Conflict. Vol.7, 1987. No.3. S. 233-248.
BZ 4687:7

Munck, R.; Rolston, B.: Belfast in the thirties. An oral history. Belfast: The Blackstaff Pr. 1987. 209 S.
B 62541

Murphy, W.M.: The Parnell myth and the Irish politics 1891-1956. Frankfurt: Lang 1986. 203 S.
B 62370

O'Doherty, E.: The I.R.A. at war. 1916 to the present. Cork: Mercier Pr. 1985. 144 S.
Bc 01916

The politics of frustration. Manchester: Manchester Univ.Pr. 1985. 241 S.
B 60913

L 143 e Staat und Politik

Metscher, P.: Republicanism and socialism in Ireland. A study in the relationship of politics and ideology... Frankfurt: Lang 1986. 617 S.
B 59666

Mullan, R.: The politics of Northern Ireland. Harlow: Longman 1986. 60 S.
Bc 02321

Munck, R.: Ireland. Nation, state, and class truggle. Boulder, Colo.: Westview Press 1985. X, 185 S.
B 58917

Politics and society in contemporary Ireland. Ed.: B.Girvin. Aldershot: Gower 1986. IX, 199 S.
B 60654

L 143 e 10 Innenpolitik

Finn, J.E.: Public support for emergency (Anti-Terrorist). In: Terrorism. Vol.10, 1987. No.2. S. 113-124.
BZ 4688:10

Horgan, J.: Labour. The price of power. Dublin: Gill and Macmillan 1986. 191 S.
B 60690

Ireland's terrorist-dilemma. Ed.: Y. Alexander. Dordrecht: Nijhoff 1986. 279 S.
B 63030

Mair, P.: The changing Irish party system. Organisation, ideology and electoral competition. London: Pinter 1987. XII, 245 S.
B 62473

O'Byrnes, S.: Hiding behind a face. Fine Gael under FitzGerald. Dublin: Gill and Macmillan 1986. 330 S.
B 61645

O'Leary, B.: Towards europeanisation and realignment? The Irish general election, Febr.1987. In: West European politics. Vol.10, 1987. No.3. S. 455-465.
BZ 4668:10

Prager, J.: Building democracy in Ireland. Political order and cultural integration in a newly independent nation. Cambridge: Cambridge Univ.Pr. 1986. XI, 258 S.
B 61384

Schulze-Marmeling, D.: Republikanismus und Sozialismus in Nordirland. Theorie u. Praxis in d. nordirischen Krise. Frankfurt: Isp-Verl. 1986. 189 S.
B 60142

Walsh, D.: The party. Inside Fianna Fáil. Dublin: Gill and Macmillan 1986. 161 S.
B 60389

What future for Northern Ireland? Report of the Alliance Commission on Northern Ireland, 18 July 1985. London: Alliance Publ. 1985. 130 S.
Bc 7148

L 143 e 20 Außenpolitik

Dinan, D.: Irish foreign policy in the 1980s. In: Conflict. Vol.7, 1987. No.3. S. 303-326.
BZ 4687:7

Duggan, J.P.: Neutral Ireland and the Third Reich. Dublin: Gill and Macmillan 1985. XXIII, 295 S.
B 559487

Harrison, R.S.: Irish anti-war-movements, 1824-1974. Dublin: Irish Peace Publ. 1986. 74 S.
Bc 7655

Ireland and the threat of nuclear war. The question of Irish neutrality. Ed.: B. McSweeney. Dublin: Dominican Publ. 1985. VI, 203 S.
B 60521

O'Brien, J.B.: Ireland's departure from the British Commonwealth. In: The Round table. 1988. No.306. S. 179-194.
BZ 4796:1988

Scott, N.: Northern Ireland: the need for a cooperative approach. In: Conflict. Vol.7, 1987. No.3. S. 327-340.
BZ 4687:7

Thompson, J.E.: The Anglo-Irish agreement and Irish-American politics. In: Conflict. Vol.7, 1987. No.3. S. 285-301.
BZ 4687:7

L 143 k Geschichte

The army and the Curragh incident 1914. Ed.: I.F.W. Beckett. London: The Bodley Head 1986. XII, 456 S.
B 59247

Bell, J.B.: The gun in politics. An analysis of Irish political conflict, 1916-1986. New Brunswick: Transaction Books 1987. X, 371 S.
B 62890

Darby, J.: Intimidation and the control of conflict in Northern Ireland. Dublin: Gill and Macmillan 1986. IX, 187 S.
B 62958

Dewar, M.: The British army in Northern Ireland. London: Arms and Armour Pr. 1985. 270 S.
B 57653

Galliher, J.F.; Degregory, J.L.: Violence in Northern Ireland: understanding protestant perspectives. Dublin: Gill and Macmillan 1985. 208 S.
B 62013

Hewitt, J.: The Irish question. Hove: Wayland 1986. 78 S.
B 60897

Ireland after Britain. Ed.: M.Collins. London: Pluto Pr. 1985. XI, 173 S.
B 60675

MacDonald, M.: Children of wrath. Political violence in Northern Ireland. Oxford: Polity Press 1986. XIII, 194 S.
B 60490

Murphy S.: The Northern Ireland Conflict, 1968-1982: British and Irish perspectives. In: Conflict. Vol.7, 1987. No.3. S. 215-231.
BZ 4687:7

O'Broin, L.: Protestant nationalists in revolutionary Ireland: the Stopford connection. Dublin: Gill and Macmillan 1985. 234 S.
B 59359

Pockrass, R.M.: Terroristic murder in Northern Ireland: Who is killed and why? In: Terrorism. Vol.9, 1987. No.4. S. 341-359.
BZ 4688:9

Pringle, D.G.: One Island, two nations? A political geographical analysis of the national conflict in Ireland. Letchworth: Research Studies Pr. 1985. XVIII, 292 S.
B 60677

See, K. O'Sullivan: First world nationalism. Class and ethic politics in Northern Ireland and Quebec. Chicago, Ill.: Univ.of Chicago Pr. 1986. X,215 S.
B 61335

Sturm, R.: Der Nordirlandkonflikt. In: Aus Politik und Zeitgeschichte. 1987. B.38. S. 45-54.
BZ 05159:1987

Tieger, M.P.: Nordirland. Geschichte und Gegenwart. Basel: Birkhäuser 1985. 247 S.
B 58305

L 144 Island

Oberdörfer, L.: Island in der Strategie Großbritanniens, der USA und Deutschlands 1940 bis 1942. In: Militärgeschichte. Jg.26, 1987. Nr.5. S. 464-474.
BZ 4527:26

L 145 Italien

L 145 c Biographien

Baldassare, A.; Mezzanotte, C.: Gli uomini del Quirinale. Da de Nicola a Pertini. Roma: Laterza 1985. 328 S.
B 59303

– Amendola
Amendola, G.: Briefe: Carteggio. 1910-1912. Roma: Laterza 1987. 506 S.
B 60592

– Anfuso
Museumeci, N.: L'ambasciatore Anfuso. "Duce, con voi fino alla morte". Catania: Ed.CE.S.PO.S. 1986. 158 S.
B 60709

– Balbo
Rochat, G.: Italo Balbo. Torino: Unione Tipografico-Editrice Torinese 1986. XI, 439 S.
B 62034

– Bellieni
Del Piano, L.; Atzeni, F.: Combattentismo, fascismo e autonomismo nel pensiero di Camillo Bellieni. Roma: Ed.dell'Ateneo 1986. XII, 281 S.
B 61193

– Berlinguer
Berlinguer, E.: Berlinguer a Livorno. Tre discorsi. Livorno: Ed. Dimensioni 1985. 77 S.
Bc 01981

– Bombacci
Salotti, G.: Nicola Bombacci da Mosca a Salò. Roma: Bonacci 1986. 249 S.
B 64754

– Craxi
Acquaviva, G.: Lettere al presidente. Milano: Rusconi 1985. 162 S.
B 57374

Craxi, B.: Il progresso italiano. Milano: SugarCo Ed. 1985. 613 S.
B 60256

Desideri, P.: Il potere della parola. Il linguaggio politico di Bettino Craxi. Venezia: Marsilio 1987. IX, 173 S.
B 63071

Merkel, W.: Italien unter Craxi: Eine Republik mit Regierung? In: Zeitschrift für Parlamentsfragen. Jg.18, 1987. Nr.4. S. 523-536.
BZ 4589:18

– Croce
Setta, S.: Benedetto Croce e la "sinistra" liberale nel carteggio con Leone Cattani (1947-1948). In: Storia contemporanea. A.19, 1988. Nu.1. S. 115-142.
BZ 4590:19

– Einaudi
Faucci, R.: Luigi Einaudi. Torino: Unione Tipografico-Editrice Torinese 1986. XIX, 518 S.
B 62035

– Fanfani
Fanfani, A.: Riflessioni sui dialoghi per la pace, 1955-1986. Roma: Ed.cinque lune 1986. 140 S.
Bc 6669

– Ferrari
Ferrari, F.L.: Lettere e documenti inediti. 1.2. Roma: Ed.di Storia e Letteratura 1986. XXIV, 921 S.
B 50907:6-7

– Giordani
Giordani, I.; Sturzo, L.: Briefe. Un ponte tra due generazioni. Milano: Cariplo 1987. 247 S.
010301

– Gramsci
Adamson, W.L.: Gramsci and the politics of civil society. In: Praxis international. Vol.7, 1988. No.3/4. S. 320-339.
BZ 4783:7

Gramsci, A.: Zu Politik, Geschichte und Kultur. 2.Aufl. Frankfurt: Röderberg 1986. 399 S.
B 58881

Kiros, T.: Toward a construction of a theory of political action; Antonio Gramsci. Lanham: Univ.Press of America 1985. XII, 290 S.
B 58860

Santucci, A.A.: Antonio Gramsci, 1891-1937. Milano: Ed. Riuniti 1987. 149 S.
Bc 7731

– Grandi
Burgwyn, H.J.: Conflict or rapprochement? Grandi confronts France and its protégé Yugoslavia: 1929-1932. In: Storia delle relazioni internazionali. A.3, 1987. No.1. S. 73-98.
BZ 4850:3

– Kuliscioff
Pillitteri, P.: Anna Kuliscioff. Una biografia politica. Venezia: Marsilio 1986. 257 S.
B 60225

– La Pira
Bernabei, D.; Giuntella, P.: Giorgio La Pira, "venditore di speranza". II ed. Roma: Citta Nuova Ed. 1986. 134 S.
Bc 7802

– Labriola
Hunt, G.: Antonio Labriola, Evolutionist Marxism & Italian colonialism. In: Praxis international. Vol.7, 1988. No.3/4. S. 340-359.
BZ 4783:7

– Lama
Guarino, M.: Luciano Lama, il signor CGIL. Testimonianze, aneddoti segreti e fotografie inedite. Milano: GEI 1985. 191 S.
B 61078

– Mancini
Mancini, A.: Memorie del carcere. Quei mesi della resistenza e della liberazione a Lucca. Firenze: Le Monnier 1986. 140 S.
Bc 02304

– Moro
Sciascia, L.: The Moro affair and the mystery of Majorana. Manchester: Carcanet 1987. 175 S.
B 62007

Tranfaglia, N.: I troppi misteri del caso Moro. In: Passato e presente. 1986. No.12. S. 137-145.
BZ 4794:1986

– Mussolini
Cantini, C.: Benito Mussolini et l'université de Lausanne. Lausanne: CEDIPS 1987. 13 S.
Bc 7109

Knox, M, G.: Mussolini unleashed. Politics and strategy in fascist Italy's last war. Cambridge: Cambridge Univ.Pr. 1986. X,385 S.
B 60625

Robertson, E.M.: Race as a factor in Mussolini's policy in Africa and Europe. In: Journal of contemporary history. Vol.23, 1988. No.1. S. 37-58.
BZ 4552:23

Trebitsch, M.: Six lettres de Mussolini à Jean-Richard Bloch (1913-1914). In: Revue d' histoire moderne et contemporaine. T.34, 1987. April-Juin. S. 305-316.
BZ 4586:34

– Pacciardi
Pacciardi, R.: Dall' antifascismo alla republicca. Roma: Ed. Archivio Trimestrale 1986. XXVIII, 346 S.
B 62148

– Pertini
Angelini, C.: In Viaggio con Pertini. La vera cronaca del settennato. Milano: Bompiani 1985. 253 S.
B 59313

Jacobucci, M.: Pertini uomo di pace. Milano: Rizzoli 1985. 380 S.
B 59283

Pertini, S.: Sechsmal verurteilt und nicht zerbrochen. Freiburg i.Br.: Herder 1987. 253 S.
B 62424

– Ricci
Setta, S.: Renato Ricci. Dallo sqadrismo alla Repubblica Sociale Italiana. Bologna: Il Mulino 1986. 348 S.
B 61693

– Rosa de
Morelli, A.di: Nuovi elementi sul "caso De Rosa". In: Storia contemporanea. A.18, 1987. Nu.4. S. 767-809.
BZ 4590:18

– Scotti
Luna, G.de: Alessandro Scotti e la storia del partito dei contadini. Milano: Angeli 1985. 346 S.
B 57747

– Sforza
Giordano, G.: Carlo Sforza: la diplomazia 1896-1921. Milano: Angeli 1987. 189 S.
Bc 7635

– Spadolini
Spadolini storico e uomo di governo. Bibliografia degli scritti di storia ... Firenze: Le Monnier 1985. 378 S.
B 59706

– Sturzo
Sturzo, L.; Sturzo, M.: Carteggio. Bd.1-5. Roma: Ed.di Storia e Letteratura 1985. 370, 591, 385, 394, 75 S.
B 58656

– Togliatti
Togliatti e la fondazione dello stato democratico. Milano: Angeli 1986. 377 S.
B 61235

– Tolomei
Ferrandi, M.: Ettore Tolomei. L'uomo che inventò l'Alto Adige. Trento: Ed. Publilux 1986. 154 S.
B 62463

– Trentin
Trentin, S.: Antifascismo e rivoluzione. Scritti e discorsi 1927-1944. Venezia: Marsilia 1985. XXXIV, 544 S.
B 65339

Trentin, S.: Federalismo e libertà. Scritti teoretici 1935-1943. Venezia: Marsilio 1987. XXXVII, 398 S.
B 65340

L 145 d Land und Volk

Caracciolo, N.: Gli ebrei e l'Italia durante la guerra 1940-45... Roma: Bonacci 1986. 226 S.
B 61060

Das Problem der "Mischehen" während der Rassenverfolgung in Italien, 1938-1945. Darmstadt: Verl.Darmstädter Blätter 1985. V,178 S.
Bc 7280

Zuccotti, S.: The Italians and the Holocaust. Persecution, rescue, and survival. New York: Basic Books 1987. XVIII, 334 S.
B 61921

L 145 e Staat und Politik

L 145 e 10 Innenpolitik

Barbanti, M.di: Funzioni strategiche dell'anticommunismo nell'età del centrismo degasperiano 1948-1953. In: Italia contemporanea. 1988. No.170. S. 39-69.
BZ 4489:1988

Fascismo e antifascismo negli anni della Repubblica. Milano: Angeli 1986. 203 S.
B 61839

Giangoia, R.E.: La letteratura italiana sulla resistenza. Genova: Sagep Ed. 1985. 14 S.
Bc 6800

Giorgi, R.: Il partigiano Niccioli e altre storie. Bologna: Ed.APE 1985. 259 S.
B 60234

Gismondi, A.: Alle Soglie del potere. Storia e cronaca della solidarietà nazionale: 1976-1979. Milano: Sugarco 1986. VIII, 326 S.
B 61730

Il sistema politico italiano. Bari: Laterza 1985. VII, 460 S.
B 57741

Italian politics: a review. Ed.: R.Leonardi. Vol.1. London: Pinter 1986. XIV, 188 S.
B 61998

A Mediterranean model of democracy? The Southern European democracies in comparative perspective. In: West European politics. Vol.11, 1988. No.1. S. 7-25.
BZ 4668:11

Neri, S.S.: Regime parlamentare e rappresentanza proporzionale. Turati e il Psu di fronte alla "legge Acerbo". In: Italia contemporanea. 1987. No.168. S. 23-43.
BZ 4489:1987

Soldini, B.: Uomini da Soma. Contrabbando di fatica. Lugano: Ed.GdP 1985. 289 S.
B 61192

Spadolini, G.: La costituzione italiana quarant'anni dopo. In: Il politico. A.53, 1988. No.1. S. 5-16.
BZ 4541:53

Spotts, F.; Wieser, T.: Italy, a difficult democracy. A survey of Italian politics. Cambridge: Cambridge Univ.Pr. 1986. X, 329 S.
B 60578

Wagner-Pacifici, R.E.: The Moro morality Play. Terrorism as social drama. Chicago, Ill.: Univ.of Chicago Pr. 1986. XI, 360 S.
B 61000

L 145 e 12 Regierung und Verwaltung

Bigaran, M.: Il voto alle donne in Italia dal 1912 al fascismo. In: Rivista di storia contemporanea. A.16, 1987. No.2. S. 240-265.
BZ 4812:16

Labriola, S.: Il presidente della reubblica. Padova: Cedam 1986. XIV, 371 S.
B 61833

Memmi, D.: Du récit en politique. L'affiche électorale italienne. Paris: Presses de la Fondation Nationale des Sciences Politiques 1986. 177 S.
B 59410

Orazio, G.de: Presidenza Pertini (1978-1985): neutralità o diarchia? Rimini: Maggioli 1985. 418 S.
B 58945

Roma perché. La giunta di sinistra: analisi di un' esperienza. Roma: Napoleone 1986. 187 S.
B 61059

L 145 e 14 Parteien

Dai congressi DC dell'Italia liberata (1943-1944) alla prima assise nazionale (1946). Roma: Cinque Lune 1986. 283 S.
B 61964

Franceschini, D.: Il partito Popolare a Ferrara. Cattolici, socialisti e fascisti nella terra di Grosoli e don Minzoni. Bologna: Cooperativa Libraria Univ. 1985. 241 S.
B 57369

Il Partito d'Azione dalle origini all' inizio della resistenza armata. Roma: Archivio Trimestrale 1985. XV, 788 S.
B 60699

Kreile, M.: Aufsätze. Die Reform der staatlichen Institutionen in Italien: symbolische Politik und parlamentarischer Prozeß. In: Zeitschrift für Parlamentsfragen. Jg.18, 1987. Nr.4. S. 573-584.
BZ 4589:18

Lill, R.: Dokumentation und Kurzanalysen. Die Democrazia Christiana Italiens: Vorgeschichte – Entstehung – Aufstieg zur stärksten Regierungspartei. In: Zeitschrift für Parlamentsfragen. Jg.18, 1987. Nr.4. S. 475-494.
BZ 4589:18

Rasera, F.; Zadra, C.: Patrie lontane. La coscienza nazionale negli scritti dei soldati trentini 1914-1918. In: Passato e presente. 1987. No.14-15. S. 39-73.
BZ 4794:1987

Rossi, M.G.: Da Sturzo a de Gasperi. Roma: Ed.Riuniti 1985. XIV, 260 S.
B 61576

Spadolini, G.: Fra Moro e La Malfa. Cattolici e laici nella crisi italiana. Roma: Ed.della Voce 1985. 303 S.
B 60223

Trautmann, G.: Die schwierige Stabilisierung des christdemokratischen Machtsystems in Italien. In: Zeitschrift für Parlamentsfragen. Jg.18, 1987. Nr.4. S. 585-605.
BZ 4589:18

Turone, S.: Partiti e mafia. Dalla P2 alla droga. Roma: Laterza 1985. XIV, 271 S.
B 57743

Ullrich, H.: Servitù e Grandezza. Zu Wirken und Rolle der liberal-demokratischen Parteien in der italienischen Republik. In: Zeitschrift für Parlamentsfragen. Jg.18, 1987. Nr.4. S. 536-555.
BZ 4589:18

– Faschismus

Berneri, C.: Mussolini. "Narmalizzatore" e il delitto di stato. Pistoia: Berneri 1986. 85 S.
Bc 6676

Caciagli, M.: The movimento sociale Italiano-Destra Nazionale and Neo-Fascim in Italy. In: West European politics. Vol.11, 1988. No.2. S. 19-33.
BZ 4668:11

Degani, G.: La nascita del fascismo a Reggio Emilia. Reggio Emilia: Tecnostampa 1986. 230 S.
B 63538

Le formazioni GL nella resistenza. Documenti settembre 1943 – aprile 1945. Milano: Angeli 1985. 503 S.
B 58933

Fucci, F.: Le polizie di Mussolini. Milano: Mursia 1985. 414 S.
B 59281

I "Sovversivi" e gli antifascisti della Provincia di Vercelli schedati nel Casellario politico centrale (1896-1945). Vercelli: Istituto per la Storia della Resistenza in Prov.di Vercelli 1986. XX, 41 S.
Bc 7529

Kozub-Ciembroniewicz, W.: Nacjonalism a faszyzm we Włoszech ewolucja idei państwa i narodu. In: Przeglad zachodni. R.42, 1986. No.2. S. 57-68.
BZ 4487:42

Lazzero, R.: Il partito Nazionale Fascista. Milano: Rizzoli 1985. 443 S.
B 57408

Palla, M.di: Sul regime fascista italiano. Precisazioni terminologiche e interpretative. In: Italia contemporanea. 1987. No.169. S. 17-35.
BZ 4489:1987

Rethinking Italian fascism. Capitalism, populism and culture. London: Lawrence & Wishart 1986. XXI, 209 S.
B 61743

Wanrooij, B.: The rise and fall of Italian fascism as a generational revolt. In: Journal of contemporary history. Vol.22, 1987. No.3. S. 401-418.
BZ 4552:22

– Kommunismus

Da Gramsci a Berlinguer. La via italiana al socialismo attraverso i congressi del Partito Communista Italiano. Vol.1-5. Venezia: Ed.del Calendario 1985. 613, 605, 550, 473, 669 S.
B 61228

Essere communisti. Il ruolo del Pci nella società italiana. Roma: Ed.Riuniti 1986. XXII, 248 S.
B 60076

Hellman, S.: Italian communism in crisis. In: The Socialist register. Vol.24, 1988. No. S. 244-288.
BZ 4824:24

Holocaust Stories. Inspiration for survival. Ed.: R.Karp. Vol.1. Virginia Beach, Va.: Grunwald 1986. XIV, 109 S.
Bc 7098

Lama, L.: Intervista sul mio partito. Bari: Laterza 1987. 202 S.
Bc 7113

Levesque, J.: Italian communists versus the Soviet Union. Berkeley, Calif.: Inst. of International Studies 1987. 56 S.
Bc 7710

Menduni, E.: Caro PCI. Milano: Bompiani 1986. 178 S.
B 60334

Sechi, S.; Merli, S.: Dimenticare Livorno. Sul partito unico dei lavoratori (1944-1947). Milano: SugarCo 1985. XXXVI, 219 S.
B 57373

Terzuolo, E.R.: Red adriatic. The communist parties of Italy and Yugoslavia. Boulder, Colo.: Westview Press 1985. XI, 255 S.
B 58336

Timmermann, H.: Italiens Kommunisten zwischen Stagnation und Wandel. Die IKP nach ihrem XVII.Parteitag v. April 1986. Köln: Bundesinst.f.ostwiss.u.intern. Studien 1986. 43 S.
Bc 01868

Timmermann, H.: Italiens Kommunisten: Isolierung trotz Integration? Die IKP nach ihrem XVII. Parteitag vom April 1986. In: Zeitschrift für Parlamentsfragen. Jg.18, 1987. Nr.4. S. 494-511.
BZ 4589:18

Urban, J.B.: Moscow and the Italien Communist Party. From Togliatti to Berlinguer. London: Tauris 1986. 370 S.
B 59133

– Sozialismus

Merkel, W.: Die Sozialistische Partei Italiens. Zwischen Oppositionssozialismus und Staatspartei. Bochum: Studienverl. Brockmeyer 1985. 444 S.
B 59027

Panzieri, R.: Dopo Stalin. Una stagione della Sinistra 1956-1959. Venezia: Marsilio 1986. XXIX, 227 S.
B 60227

Pedone, F.: Novant' Anni di pensiero e azione socialista attraverso i congressi del PSI. Vol.1-5. Venezia: Marsilio 1983-85. 461, 486, 418, 505, 708 S.
B 58969

Poma, V.di: Magnani e l'unione socialista indipendente: una strategia per la Sinistra italiana. In: Il politico. 1986. No.4. S. 637-662.
BZ 4541:1986

– Terrorismus

Bocca, G.: Noi terroristi. Milano: Garzanti 1985. 292 S.
B 60079

Cecchi, A.: Storia della P2. Roma: Ed. Riuniti 1985. 271 S.
B 58942

Genova, R.: Missione antiterrorismo. Milano: SugarCo 1985. 222 S.
B 58783

Italian attitudes and responses to terrorism. In: Terrorism. Vol.10, 1987. No.4. S. 289-310.
BZ 4688:10

Pertegato, G.: Dix ans de terrorisme en Italie. In: Politique étrangère. A.51, 1986. No.4. S. 951-960.
BZ 4449:51

Testa, G.P.: Terrorismo. La strategia che viene dall'alto. Bologna: Ass. familiari vittime strage alla stazione di Bologna 1986. 61 S.
Bc 7747

Uesseler, R.: Mafia. Mythos, Macht, Moral. Berlin: Dietz 1987. 240 S.
B 61578

Weinberg, L.; Eubank, W.L.: The rise and fall of Italian terrorism. Boulder, Colo.: Westview Press 1987. XII, 155 S.
Bc 7495

L 145 e 20 Außenpolitik

Cacace, P.: Venti anni di politica estera italiana (1943-1963). Roma: Bonacci 1986. 638 S.
B 61689

Chillè, S.di: I riflessi della guerra di Corea sulla situazione politica italiana negli anni 1950-1953: le origini dell'ipotesi degasperiana di "democrazia protetta". In: Storia contemporanea. A.18, 1987. Nu.5. S. 895-926.
BZ 4590:18

Felice, R.de: L'India nella strategia politica di Mussolini. In: Storia contemporanea. A.18, 1987. Nu.6. S. 1309-1363.
BZ 4590:18

Goglia, L.: Sulla politica coloniale fascista. In: Storia contemporanea. A.19, 1988. Nu.1. S. 35-53.
BZ 4590:19

Pallante, P.: Trieste 1944-1945: la politica dei communisti italiani dopo la "svolta" jugoslava. In: Storia contemporanea. A.18, 1987. Nu.6. S. 1491-1509.
BZ 4590:18

Perrone, N.: Politica estera dell'ENI e neutralismo italiano. In: Rivista di storia contemporanea. A.16, 1987. No.4. S. 616-629.
BZ 4812:16

Petricioli, M.: L "italietta" sul Bosforo appunti sulla storia di un'ambasciata. In: Storia delle relazioni internazionali. A.3, 1987. No.1. S. 3-19.
BZ 4850:3

Quartararo, R.: Italia e Stati Uniti. Gli anni difficili (1945-1952). Napoli: Ed. Scie.Italiana 1986. 503 S.
B 62115

Riccardi, L.: Il trattato italo-romeno del 16 settembre 1926. In: Storia delle relazioni internazionali. A.3, 1987. No.1. S. 39-72.
BZ 4850:3

Sechi, S.: Tra neutralismo ed equidistanza: la politica estera italiana verso l'URSS 1944-1948. In: Storia contemporanea. A.18, 1987. Nu.4. S. 665-712.
BZ 4590:18

Troebst, S.: Mussolini, Makedonien und die Mächte 1922-1930. D. 'Innere Makedonische Revolutionäre Organisation' in der Südosteuropapolitik d. faschist. Italien. Köln: Böhlau 1987. XIX, 573 S.
B 62433

L 145 f Wehrwesen

Caligaris, L.; Santoro, C.M.: Obiettivo difesa. Strategia, direzione politica, comando operativo. Bologna: Il Mulino 1986. 391 S.
B 60333

Diario storico del Comando Supremo. Vol.1.2. Roma: SME Ufficio Storico 1986. 479, 321 S.
B 60711

Farinella, P.; Miggiano, P.: Il peso degli interessi della difesa nella situazione italiana. In: Politica internazionale. A.16, 1988. No.4-5. S. 112-122.
BZ 4828:16

Ferraris, L.V.: Die Verantwortung Italiens im Mittelmeer. Tutzing: Akademie d. polit. Bildung 1987. 26 S.
Bc 02102

Lutiis, G.de: Storia dei servizi segreti in Italia. Roma: Ed. Riuniti 1985. 313 S.
B 56195

Minniti, F.: Profilo dell'iniziativa strategica italiana dalla "non belligeranza" alla "guerra parallela". In: Storia contemporanea. A.18, 1987. Nu.6. S. 1113-1195.
BZ 4590:18

Nuti, L.: La missione Marras, 2-22 Dicembre 1948. In: Storia delle relazioni internazionali. A.3, 1987. No.2. S. 343-368.
BZ 4850:3

Pugliese, R.: I prigionieri di guerra. Condizione giuridica. In: Rivista militare. 1987. No.5. S. 127-141.
BZ 05151:1987

Servizi segreti. Napoli: Pironti 1986. XXXII, 255 S.
B 62375

Viviani, A.: Servizi segreti italiani 1815-1985. Vol.1.2. Roma: Adn Kronos Libri 1985. 214,253 S.
B 59783

L 145 f 10 Heer

Barlozetti, U.; Pirella, A.: Mezzi dell'esercito italiano 1935-1945. Firenze: Ed. Olimpia 1986. 374 S.
B 60943

Bernard, V.: Il ruolo dell'Esercito nella NATO. In: Rivista militare. 1987. No.5. S. 28-37.
BZ 05151:1987

Loi, S.: La Brigata d'assalto italia. 1943-1945. Roma: Stato Magg. dell'Esercito 1985. 375 S.
B 61065

Oliva, G.: Storia degli alpini. Milano: Rizzoli 1985. 252 S.
B 58932

Prandstraller, G.P.: La professione militare in Italia. Milano: Angeli 1985. 369 S.
B 60361

Viesti, A.: Compiti, dottrine e strutture dell'Esercito. In: Rivista militare. 1987. No.5. S. 2-11.
BZ 05151:1987

L 145 f 20 Marine

Bagnasco, E.: La marina italiana. Quarant' anni in 250 immagini (1946-1987). Roma: Rivista Marittima 1988. 191 S.
Bc 7860

Gabriele, M.: Una voce degli anni venti nel dibattito sulle portaerei. In: Rivista marittima. A.121, 1988. No.5. S. 11-18.
BZ 4453:121

Nesi, S.: Decima flottiglia nostra... I mezzi d'assalto della marina italiana al sud e al nord dopo l'armistizio. Milano: Mursia 1986. 334 S.
B 60359

L 145 f 30 Luftwaffe

Alegi, G.: Qualità del materiale bellico e dottrina d'impiego italiana nella seconda guerre mondiale: il caso della Regia Aeronautica. In: Storia contemporanea. A.18, 1987. Nu.6. S. 1197-1219.
BZ 4590:18

Sadkovich, J.J.: The development of the Italian Air Force prior to World War II. In: Military affairs. Vol.51, 1987. No.3. S. 128-136.
BZ 05148:51

L 145 g Wirtschaft

Battilossi, S.di: Stato, mercato, modernità capitalistica. Una rivista della confindustria tra ricostruzione e anni cinquanta. In: Italia contemporanea. 1987. No.168. S. 97-118.
BZ 4489:1987

Del Vecchio, E.: Problemi e prospettive commericali tra Italia e slavi del Sud durante la Prima Guerra Mondiale. In: Storia delle relazioni internazionali. A.3, 1987. No.1. S. 21-38.
BZ 4850:3

Drüke, H.: Italien. Grundwissen-Länderkunde. Opladen: Leske + Budrich 1986. 200 S.
B 60081

Ørum, T.: The promised land. Peasant struggles, agrarian reforms, and regional development in a Southern Italian community. København: Akademisk Forl. 1985. 261 S.
B 66342

Sadkovich, J.J.: Minerali, armamenti e tipo di guerra: la sconfitta italiana nella seconda guerra mondiale. In: Storia contemporanea. A.18, 1987. Nu.6. S. 1267-1308.
BZ 4590:18

L 145 h Gesellschaft

Benvenuto, G.; Scheggi Merlini, L.: La seconda giovinezza. Milano: Rizzoli 1986. 182 S.
B 60283

Birnbaum, L.C.: Liberazione della donna. Feminism in Italy. Middletown, Conn.: Wesleyan Univ.Pr. 1986. XXIV, 353 S.
B 61930

Carrieri, M.; Donolo, C.: Il mestiere politico del sindacato. Roma: Ed. Riuniti 1986. 218 S.
B 60470

Cartiglia, C.: Problemi di storia del movimento sindacale. La Fiom 1914-1926. In: Rivista di storia contemporanea. A.16, 1987. No.4. S. 491-530.
BZ 4812:16

Felice, R.de: Intellettuali di fronte al fascismo. Saggi e note documentarie. Roma: Bonacci 1985. 333 S.
B 59277

Haycraft, J.: Italian Labyrinth. Italy in the 1980s. London: Secker and Warburg 1985. XIV, 314 S.
B 60459

Kreile, M.: The crisis of Italian trade unionism in the 1980s. In: West European politics. Vol.11, 1988. No.1. S. 54-67.
BZ 4668:11

Kreile, M.: Gewerkschaftseinheit und Parteienwettbewerb. In: Zeitschrift für Parlamentsfragen. Jg.18, 1987. Nr.4. S. 555-572.
BZ 4589:18

Romero, F.: Gli Stati Uniti e la "modernizaazione" del sindacalismo italiano 1950-1955. In: Italia contemporanea. 1988. No.170. S. 71-96.
BZ 4489:1988

L 145 i Geistesleben

Amadori, V.: Resistenza non armata. La gioventù pistoiese e il fascismo. Pistoia: Ist. Storico Prov. della Resistenza 1986. 133 S.
Bc 7576

Buchignani, P.: "Il Riccio": settimanale d'assalto del sovversivismo fascista. In: Storia contemporanea. A.19, 1988. Nu.2. S. 287-313.
BZ 4590:19

Cavallo, P.: La seconda guerra mondiale nel teatro fascista di propaganda. In: Storia contemporanea. A.18, 1987. Nu.6. S. 1405-1452.
BZ 4590:18

La critica Politica 1920-1926. Tra democrazia e fascismo. Roma: Archivio Trimestrale 1986. XII, 381 S.
B 60706

Giannice, C.: La Riscossa. Periodico socialista fondato da Vincenzo Giannice. Cosenza: Brenner 1986. 61 S.
010318

Pollard, J.F.: The Vatican and Italian fascism, 1929-32. A study in conflict. Cambridge: Cambridge Univ.Pr. 1985. XIII, 241 S.
B 57529

Rizzi, C.A.: I guanti bianca di Warda Ganda. Genova: Marietti 1986. 137 S.
B 61842

Sani, R.: Da de Gasperi a Fanfani. Brescia: Marcelliana 1986. 204 S.
B 61687

Spalla, F.: La stampa quotidiana e l'integrazione europea. Genova: ecig 1985. 159 S.
B 60258

L 145 k Geschichte

Galli, L.: Documenti inediti. Repubblica Sociale Italiana, Brescia 1943-1945. Montichiari: Zanetti 1986. 187 S.
B 60218

Italia 1945-1950. Conflitti e trasformazioni sociali. Milano: Angeli 1985. 583 S.
B 61840

Magt og masser. Red.: K.C.Lammers. København: Akademisk Forl. 1985. 219 S.
B 58062

Mammarella, G.: L'Italia contemporanea (1943-1985). Bologna: Il Mulino 1985. 580 S.
B 61325

Mason, T.: Italy and modernization: A montage. In: History workshop. 1988. No.25. S. 127-147.
BZ 4726:1988

Mazzon, G.: Il sommergibile accusa. Roma: Il Ventaglio 1985. 158 S.
Bc 6678

Salotti, G.: Movimenti di critica e di "opposizione" all'interno della RSI. In: Storia contemporanea. A.18, 1987. Nu.6. S. 1453-1490.
BZ 4590:18

Viallet, J.-P.: La Chiesa valdese di fronte allo stato fascista. Torino: Claudiana Ed. 1985. 423 S.
B 61732

Willi, V.J.: Überleben auf italienisch. 2.Aufl. Wien: Europaverlag 1985. 435 S.
B 58384

L 145 l Einzelne Länder/Gebiete/Orte

10 Anni di fascismo a Reggio Emilia nella fotocronaca di R.Vaiani. Reggio Emilia: Commune di Reggio Emilia 1985. 215 S.
010299

Agostini, P.: Alto Adige, la convivenza rinviata. Bolzano: Ed.Praxis 1985. 201 S.
B 60472

L'altro Dopoguerra. Roma e il Sud 1943-1945. Milano: Angeli 1985. 554 S.
B 59308

Ara, A.: L'image de la monarchie austrohongroise et le problème de la coopération avec les peuples danubiens à Trieste et dans le Trentin après 1918. In: Il politico. A.52, 1987. No.1. S. 25-36.
BZ 4541:52

Baccetti, C.di: Memoria storica e continuità elettorale. Una zona rossa nella Toscana rossa. In: Italia contemporanea. 1987. No.167. S. 7-30.
BZ 4489:1987

Baldissara, L.di: Le classi dirigenti emiliane fra politica e poteri locali. 1860/1960. Percorsi di lettura. In: Italia contemporanea. 1987. No.167. S. 65-84.
BZ 4489:1987

Bendotti, A.; Bertacchi, G.; Della Valentina, G.: Comunisti a Bergamo. Storia di dieci anni (1943-1953). Bergamo: Ed. Il Filo Arianna 1986. 284 S.
B 62126

Cardia, M.di: Profilo elettorale della Sardegna in età repubblicana. In: Italia contemporanea. 1987. No.167. S. 31-52.
BZ 4489:1987

Europa der Regionen. Süd-Tirol. Weg in die Zukunft. Bruneck: Europa-Union Tirol 1985. 102 S.
Bc 6679

Kelikian, A.A.: Town and country under Facism. The transformation of Brescia 1915-1926. Oxford: Clarendon Press 1986. XI, 228 S.
B 60900

Mandolini, M.di; Vigilante, R.: Storia elettorale e storia regionale. Note sul caso campano. In: Italia contemporanea. 1987. No.167. S. 53-64.
BZ 4489:1987

Minolfi, S.di; Vigilante, R.: Il ceto politico locale in Campania in età repubblicana. In: Italia contemporanea. 1987. No.167. S. 85-101.
BZ 4489:1987

Mittermaier, K.: Südtirol. Geschichte, Politik und Gesellschaft. Wien: Österr. Bundesverlag 1986. 255 S.
B 61582

Nationalismus und Neofaschismus in Südtirol. D. Erfolge d. Movimento Sociale Italiano ... Hrsg.: R.Benedikter. Wien: Braumüller 1987. XII, 436 S.
B 62231

Parolari, G.: Dall'intervensimo all'antifascismo nel Trentino (1914-1943). Calliano: Manfrini Ed. 1985. 255 S.
B 60233

Pes, L.di: Il fascismo urbano a Venezia. Origine e primi sviluppi 1895-1922. In: Italia contemporanea. 1987. No.169. S. 63-84.
BZ 4489:1987

Pratt, J.C.: The walled city. A study of social change and conservative ideologies in Tuscany. Aachen: Ed.Herodot 1987. VIII, 311 S.
B 62803

Ridolfi, M.: Militanti e dirigeni del partito repubblicano nella Romagna postunitaria. In: Passato e presente. 1987. No.14-15. S. 75-108.
BZ 4794:1987

Rubatscher, M.V.: Le opzioni del 1939 in Alto Adige. Una testimonianza per la storia. Calliano: Manfrini 1986. 45 S.
Bc 7638

Varvaro, P.di: Per una storia del potere fascista a Napoli. In: Italia contemporanea. 1987. No.169. S. 37-62.
BZ 4489:1987

L 147 Jugoslawien

L 147 c Biographien

Krizman, B.: Pavelić u bjekstvu. Zagreb: Globus 1986. 518 S.
B 61740

– Kopinić
Doder, M.: Kopinič bez enigme. Zagreb: Centar za inform. i publicitet 1986. 233 S.
B 62636

– Tito
Bosić, M.: Izvori Za Proučavanje Titove Revolucionarne Delatnosti Izmedu Dva Rata. In: Vojnoistorijski glasnik. God.38, 1987. No.1. S. 143-154.
BZ 4531:38

Branković, S.: O Ulozi ličnosti u Istoriji. In: Vojnoistorijski glasnik. God.38, 1987. No.1. S. 11-56.
BZ 4531:38

Damjanovic, P.: Titova Koncepcija Socijalistićke Revolucije u Uslovima Drugog Svetskog Rata. In: Vojnoistorijski glasnik. God.38, 1987. No.1. S. 91-109.
BZ 4531:38

Dźelebdśić, M.: Tito i Stvaranje Privremene Jugosloenske Vlade (1944-1945). In: Vojnoistorijski glasnik. God.38, 1987. No.1. S. 181-210.
BZ 4531:38

Dźelebdźić, M.: Titova prepiska i susreti sa savenzničkim komandantima u drugom svetskom Ratu. In: Vojnoistorijski glasnik. God.37, 1986. No.3. S. 39-63.
BZ 4531:37

Jelić, I.: Josip Broz Tito i Osnivanje Komunistićke Partije Hrvatske. In: Vojnoistorijski glasnik. God.38, 1987. No.1. S. 111-130.
BZ 4531:38

Vasić, M.: Josip Broz Tito i KPJ u Ppripremama Za Socijalistićku Revoluciju (1937-1941). In: Vojnoistorijski glasnik. God.38, 1987. No.1. S. 67-89.
BZ 4531:38

L 147 d Land und Volk

Baneres, J.: Eslovènia dins de Iugoslàvia: nacionalisme, llengua, i classes sociales. In: Revista CIDOB d'Afers internacionals. 1988. No.12/13. S. 119-132.
BZ 4928:1988

Stambolić, V.: Approaches to the development of nations and their relations in Socialist Yugoslavia. In: Socialism in the world. Jg.12, 1988. No.65. S. 73-93.
BZ 4699:12

L 147 e Staat und Politik

L 147 e 10 Innenpolitik

13. Kongres SKJ. Dokumenti. Red.: M.Bosić. Beograd: Izdavački Centar Komunist 1986. 260 S.
B 62641

Gruber, W.: In den Fängen des roten Drachen. Zehn Jahre unter der Herrschaft Titos. Jestetten: Miriam-Verl. 1986. 240 S.
B 58605

Kostunica, V.; Cavoski, K.: Party pluralism or monism. Cambridge: Cambridge Univ.Pr. 1985. VII, 257 S.
B 58008

Kostunica, V.: Transformations of Yugoslav federalism: from centralized to peripheralized federation. In: Praxis international. Vol.7, 1987. No.3/4. S. 384-392.
BZ 4783:7

Mirić, J.: The league of communists and the social crisis. The LCY between class, nation, the people and power. In: Socialism in the world. Jg.12, 1988. No.64. S. 121-137.
BZ 4699:12

Reuter, J.: Die politische Entwicklung in Jugoslawien. In: Aus Politik und Zeitgeschichte. 1988. B.6. S. 3-12.
BZ 05159:1988

Reuter, J.: Politische Gefangene in Jugoslawien. In: Südosteuropa. Jg.36, 1987. Nr.6. S. 297-308.
BZ 4762:36

Seroka, J.; Smiljkovič, R.: Political Organizations in socialist Yugoslavia. Durham, NC.: Duke Univ.Pr. 1986. XXVI, 321 S.
B 61703

Yugoslavia in the 1980s. Ed.: P.Ramet. Boulder, Colo.: Westview Press 1985. XVI, 354 S.
B 61107

Zimmerman, W.: Open borders, nonalignment, and the political evolution of Yugoslavia. Princeton, N.J.: Princeton Univ.Press 1987. IX, 158 S.
B 61880

L 147 e 20 Außenpolitik

Avramovski, Z.: Britanci o Kraljevini Jugoslaviji. Godišnji izveštaji Britanskog poslanstva u Beogradu 1921-1938. Knj.1-2. Zagreb: Globus 1986. 706, 716 S.
B 63053

Jugoslawien am Ende der Ära Tito.
Hrsg.: K.-D. Grothusen. Bd.1.2.
München: Oldenbourg 1983/86. 181,IX,
298 S.
B 48126

Kim Il Sung: Answers to questions raised
by the editor-in-chief of the Yugoslav
newspaper Oslobodjenje. Pyongyang:
Foreign Languages Publ. House 1986.
o.Pag.
Bc 6696

Petković, R.: Neue Akzente in der jugo-
slawischen Außenpolitik. In: Europa-
Archiv. Jg.43, 1988. Nr.6. S. 159-168.
BZ 4452:43

Pirjevec, J.: Tito, Stalin e l'occidente.
Triest: Ed.Stampa Triestina o.J. 360 S.
B 60094

Reuter-Hendrichs, I.: Jugoslawiens Osteuropapolitik in den Krisen des sowjetischen Hegemonialsystems. Baden-Baden:
Nomos-Verlagsges. 1985. 284 S.
B 57759

Reuter-Hendrichs, I.: Strukturprobleme der
jugoslawischen Außenpolitik. In: Europäische Rundschau. Jg.15, 1987. Nr.2.
S. 55-62.
BZ 4615:15

L 147 f Wehrwesen

Bebler, A.: La dottrina iugoslava della
difesa totale. In: Rivista marittima.
A.120, 1987. No.12. S. 47-66.
BZ 4453:120

Bebler, A.: Jugoslawiens nationale Verteidigung (I u.II). In: Österreichische militärische Zeitschrift. Jg.25, 1987. Nr.4 u.5.
S. 301-310 u. S. 414-422.
BZ 05214:25

Greger, R.: Yugoslav naval guns and the
birth of the Yugoslav navy. 1918-1941. In:
Warship international. Vol.24, 1987.
No.4. S. 343-349.
BZ 05221:24

Vukčević, S.: Napori KPJ na stvaranju
uporišta u Vojsci Kraljevine Jugosavije
1935-1936. In: Vojnoistorijski glasnik.
God.37, 1986. No.3. S. 137-164.
BZ 4531:37

L 147 g Wirtschaft

Gligorov, K.: Socialism and the economy
in Yugoslav Society. In: Socialism in the
world. Jg.11, 1987. No.59. S. 48-60.
BZ 4699:11

Iversen, H.-C.: Wirtschaft und Wirtschaftspolitik in Jugoslawien. Die Krise in der
Ära nach Tito. In: Aus Politik und Zeitgeschichte. 1988. B.6. S. 13-23.
BZ 05159:1988

Prout, C.: Market socialism in Yugoslavia.
Oxford: Oxford Univ.Pr. 1985. VIII,
259 S.
B 61276

Vila, M.: Yugoslavia a la deriva. In:
Revista CIDOB d'Afers internacionals.
1988. No.12/13. S. 111-118.
BZ 4928:1988

L 147 k Geschichte

Bilandžić, D.: Historija Socijalističke
Federativne Republike Jugoslavije: glavni
procesi. 3.izd. Zagreb: Školska knjiga
1985. 569 S.
B 61669

Djilas, M.: Welten und Brücken.
München: Nymphenburger Verl. 1987.
847 S.
B 65135

Pavlowitch, S.K.: L'histoire en Yougoslavie
depuis 1945. In: Vingtième siècle. 1988.
Nr.17. S. 83-91.
BZ 4941:1988

Pavlowitch, S.K.: Unconventional perceptions of Yugoslavia, 1940-1945. New
York: Columbia Univ.Pr. 1985. XII,
166 S.
B 58049

Pirjevec, J.: Les années staliniennes de Tito. 1945-1948. In: Vingtième siècle. 1988. Nr.17. S. 73-81.
BZ 4941:1988

L 147 l Einzelne Länder/ Gebiete

7000 prisonniers politiques au Kosove. Genève: Coordination genevoise pour la défense du droit d'asile 1987. 34 S.
Bc 02113

Reuter, J.: Das Kosovo-Problem im Kontext der jugoslawisch-albanischen Beziehungen. In: Südosteuropa. Jg.36, 1987. Nr.11/12. S. 718-727.
BZ 4762:36

L 157 Luxemburg

Heisbourg, G.: Le Gouvernement Luxembourgeois en exil 1940. Luxembourg: Ed.de l'Imprimerie Saint-Paul 1986. 299 S.
B 59654

L 163 Niederlande

L 163 a Allgemeines

Freriks, B.; Jong, J.de: Twente 1940-1950: tien jaar arbeidersstrijd. Groningen: Uitgeverij de Rode Brug 1986. 130 S.
Bc 7167

Hoorebeeck, M.van: Oranjedassen 1944-1961. Antwerpen: Uitgev. De Nederlanden 1986. 166 S.
B 59924

Ten Teije, C.W.: De Opkomst van het socialisme in Breda. Actie en reactie tot 1908. Tilburg: Stichting Zuidelijk Historisch Contact 1986. XXXV, 284 S.
B 62857

Thiel, G.F.A. van der: Wordt Suriname een tweede Grenada? In: Militaire spectator. Jg.156, 1987. No.12. S. 505-516.
BZ 05134:156

L 163 c Biographien

Boon, H.N.: Indonesische Dagboeknoties van ... 1946-1949. Houten: De Haan 1986. 228 S.
B 62230

Dam, C.: Jodenvervolging in de stad Utrecht. De joodse gemeenschap in de stad Utrecht, 1930-1950. Zutphen: De Walburg Pers 1985. 152 S.
B 59317

Durlacher, G.L.: Drenkeling. Kinderjaren in het derde rijk. Amsterdam: Meulenhoff 1987. 109 S.
Bc 7303

Graeff, A.C.D.de: Briefe. Voor U persoonlijk. 2.dr. Houten: De Haan 1987. 170 S.
B 62585

Moore, B.: Refugees from Nazi Germany in the Netherlands 1933-1940. Dordrecht: Nijhoff 1986. XIV, 241 S.
B 60075

– Frank
Gies, M.; Gold, A.L.: Anne Frank remembered. The story of the woman who helped to hide the Frank family. New York: Simon and Schuster 1987. 252 S.
B 62036

Die Welt der Anne Frank, 1929-1945. Die jüdische Gemeinde in Dorsten. Dorsten: Volkshochschule 1987. 26 S.
Bc 02161

– Prinz Bernhard
Klinkenberg, W.: Prins Bernhard. Een politieke biografie. 3.Aufl. Harlem: In de Knipscheer 1986. 576 S.
B 61955

– Stein
Costantini, E.: Edith Stein. Profilo di una vita vissuta nella ricerca della verità. Città del Vaticano: Libreria Ed. Vaticana 1987. 86 S.
Bc 7665

Neyer, M.A.: Edith Stein. Ihr Leben in Dokumenten und Bildern. 2.Aufl. Würzburg: Echter 1987. 82 S.
B 61425

L 163 e Staat und Politik

L 163 e 10 Innenpolitik

Bauman, G.G.: Germanskie levye i niderlandskie tribunisti. In: Voprosy istorii. 1987. No.5. S. 59-71.
BZ 05317:1987

Controversies at home. Domestic factors in the foreign policy of the Netherlands. Ed.: P.P. Everts. Dordrecht: Nijhoff 1985. X,363 S.
B 56786

Linden, M.van der; Wormer, J.: The end of a tradition – structural developments and trends in Dutch Communism. In: Journal of communist studies. Vol.4, 1988. No.1. S. 78-87.
BZ 4862:4

Possel, A.C.: Rechtspraak Rassendiscriminatie. Lelystad: Koninklijke Vermande 1987. XVIII, 376 S.
B 61686

Stoop, P.: Niederländische Presse unter Druck. Deutsche auswärtige Pressepolitik u. d. Niederlande 1933-1940. München: Saur 1987. 453 S.
B 62239

Teljukova, T.I.: Antivoennoe dviženie v Niderlandach v 70-80-ch godach. In: Novaja i novejšaja istorija. 1986. No.3. S. 44-59.
BZ 05334:1986

Van rechts tot rood. Christenen in de politiek. Red.: M.van Vliet. Breda: De Einder 1986. 144 S.
Bc 6727

Verkuil, I.D.: De grote Illusie. De nederlandse vredesbeweging na 1945. Utrecht: HES 1988. 125 S.
Bc 8042

Vermaat, E.J.A.: Terrorist sympathizers in the Netherlands. In: Terrorism. Vol.10, 1987. No.4. S. 329-335.
BZ 4688:10

L 163 f Wehrwesen

70 jaar Marineluchtvaartdienst. Leeuwarden: Eisma 1987. XII, 217 S.
010386

Graaff, B.de: Hot Intelligence in the tropics: Dutch intelligence operations in the Netherlands East Indies during the Second World War. In: Journal of contemporary history. Vol.22, 1987. No.4. S. 563-584.
BZ 4552:22

Haslach, R.D.: Nishi no kaze, hare. Nederlands-Indische inlichtingendienst contra agressor Japan. Weesp: Van Kampen 1985. 224 S.
B 60018

Marine Militari. Le Marine della NATO: La marina Olandese. In: Rivista marittima. A.121, 1988. No.4. S. 111-121.
BZ 4453:121

Neuman, H.J.: Twee vergunninge, (nog) geen orders – stoomlijning van het Nederlands beleid inzake wapenexport. In: Internationale spectator. Jg.42, 1988. Nr.8. S. 486-494.
BZ 05223:42

Pöchhacker, C.: The Royal Dutch Navy. In: Defence update. 1988. No.86. S. 41-48.
BZ 05538:1988

Speck, J.: The Dutch Naval Shipbuilding program of 1939. In: Warship international. Vol.25, 1988. No.1. S. 68-83.
BZ 05221:25

Vandersmissen, J.: Tegen wie vechten wijnu eigenlijk? In: Militaire spectator. Jg.156, 1987. No.6. S. 263-270.
BZ 05134:156

L 165 Norwegen

Bech-Karlsen, J.: Bange Anelser. En bok om Treholt-saken. København: Gyldendal 1985. 124 S.
B 66252

Blom, I.: Women's politics and women in politics in Norway since the end of the nineteenth century. In: Scandinavian journal of history. Jg.12, 1987. No.1. S. 17-33.
BZ 4643:12

Moen, J.: John Moe – dobbeltagent. Oslo: Aschehoug 1986. 332 S.
B 66293

Skjénsberg, H.: Norsk politikk overfor jédiske flyktninger, 1933-1940. In: Arbeiderhistorie. 1987. S. 83-96.
BZ 4920:1987

L 165 e Staat und Politik

Brundtland, A.O.: Sikkerhetspolitiske notater – år 1986. In: Norsk utenrikspolitisk arbok. 1986. S. 38-48.
BZ 4695:1986

Hansen, T.: Knut Hamsum. Seine Zeit – sein Prozeß. München: Langen Müller 1985. 608 S.
B 57822

Norwegian foreign policy in the 1980s. Ed.: J.J.Holst. Oslo: Norwegian Univ. Pr. 1985. 176 S.
B 56735

Steigan, P.: På den hommelske freds Plass. Om ml-bevegelsen i Norge. Oslo: Aschehoug 1985. 292 S.
B 66513

Underdal, A.: What's left for the MFA? Foreign policy and the Management of external relations in Norway. In: Cooperation and conflict. Nordic journal of international politics. Vol.22, 1987. No.3. S. 169-192.
BZ 4605:22

L 165 f Wehrwesen

Aamoth, O.: Luftforsvaret – hvor går ferden? In: Norsk militært tidsskrift. Arg.157, 1987. No.8. S. 1-15.
BZ 05232:157

Holst, J.J.: Aktuelle forsvars- og sikkerhetspolitiske problemer. In: Norsk militært tidsskrift. Arg.158, 1988. No.2. S. 1-11.
BZ 05232:158

Jacobsen, A.R.: Muldvarpene. Norsk etterretning fra 1. verdenskrig til Arne Treholt. Oslo: Pax Forl. 1985. 330 S.
B 66514

Sveri, E.: Kvinner i forsvaret. In: Norsk militært tidsskrift. Arg.157, 1987. No.7. S. 1-13.
BZ 05232:157

L 171 Österreich

L 171 c Biographien

– Bauer
Otto Bauer (1881-1938). Theorie und Praxis. Hrsg.: E.Fröschl. Wien: Europaverlag 1985. 242 S.
B 57403

Schöler, U.: Otto Bauer und Sowjetrußland. Berlin: DVK-Verl. 1987. 100 S.
Bc 7799

– Brunner
Felstiner, M.: Commandant of Drancy: Alois Brunner and the Jews of France. In: Holocaust and genocide studies. Vol.2, 1987. No.1. S. 21-47.
BZ 4870:2

– Colman
Colman, A.: Vierzig Jahre geschwiegen. Wien: Geyer Ed. 1985. 97 S.
B 59062

– Figl
Seltenreich, S.: Leopold Figl. Der Weg zum Staatsvertrag. 2.Aufl. Rust: Leopold Figl Museum 1986. 104 S.
Bc 02146

– Habsburg
Feigl, E.: Otto von Habsburg. Protokoll
e. polit. Lebens. Wien: Amalthea 1987.
187 S.
010436

– Kammerstätter
Die Pflicht zum Widerstand. Festschrift
Peter Kammerstätter z. 75.Geb. Hrsg.:
H. Hummer. Wien: Europaverlag 1986.
241 S.
B 62186

– Katzenbeisser
Katzenbeisser, A.: "Kleiner Puchermann
lauf heim…". Kindheit im Waldviertel
1945-1952. Wien: Böhlau 1986. 209 S.
B 62625

– Kittel
Kittel, V.; Kittel, A.: Briefwechsel. Wenn
erst Friede ist. Hrsg.: R.Linhart. Wien:
Edition S 1987. 327 S.
B 62471

– Klein-Löw
Klein-Löw, S.: Von der Vision zur Wirk-
lichkeit – von der Wirklichkeit zur Vision.
Wien: Verl.d. Wiener Volksbuchh. 1985.
71 S.
B 59311

– Kreisky
Kreisky, B.: Der junge Kreisky. Schriften,
Reden, Dokumente, 1931-1945. Wien:
Verl.Jugend u.Volk 1986. 323 S.
B 59616

– Lueger
Hawlik, J.: Der Bürgerkaiser. Karl Lueger
und seine Zeit. Wien: Herold 1985. 224,
XL S.
B 58679

– Meisel
Meisel, J.; West, F.: "Jetzt haben wir
Ihnen, Meisel!". Kampf, Widerstand und
Verfolgung e. österreichischen Antifaschi-
sten (1911-1945). Wien: Verl. f. Gesell-
schaftskritik 1985. X,170 S.
B 57777

Meisel, J.: Die Mauer im Kopf. Erinnerungen e. ausgeschlossenen Kommunisten 1945-1970. Wien: Verl.f.Gesell-
schaftskritik 1986. XIV, 204 S.
B 62629

– Mock
Mock, A.: Erklärung zur Lage der
Nation. 6.Oktober 1986, Belvedere.
Wien: ÖVP 1986. o.Pag.
Bc 6732

– Oesterreicher
Oesterreicher, J.: Wider die Tyrannei des
Rassenwahns. Rundfunksprache a.d.
ersten Jahr von Hitlers Krieg. Wien:
Geyer 1986. 120 S.
B 64783

– Pittermann
Bruno Pittermann. Ein Leben für die
Sozialdemokratie. Hrsg.: H. Fischer.
Wien: Europaverlag 1985. 442 S.
B 58740

– Raab
Julius Raab. E. Biographie in Einzel-
darstellungen. Hrsg.: A. Brusatti. Linz:
Trauner 1987. 431 S.
B 63174

– Scharf
Erwin Scharf. Zeitzeuge. Hrsg.: M.
Sporrer. Wien: Europaverlag 1986. 182 S.
B 61611

– Schneeweiß
Schneeweiß, J.: Keine Führer, keine
Götter. Erinnerungen e. Arztes u.
Spanienkämpfers. Wien: Junius 1986.
208 S.
B 60962

– Tausig
Tausig, F.: Shanghai-Passage. Flucht und
Exil e. Wienerin. Wien: Verl. f. Gesell-
schaftskritik 1987. XII, 154 S.
B 62182

– Waldheim
Bergh, H.van: Verbrecher oder Soldat?
Berg: Türmer-Verl. 1988. 142 S.
Bc 7983

Born, H.: Für die Richtigkeit. Kurt Waldheim. München: Schneekluth 1987.
208 S.
B 64006

Die Kampagne. Kurt Waldheim – Opfer oder Täter. 2.Aufl. München: Herbig 1987. 364 S.
B 62161

– Witschel
Witschel, M.: Und dennoch überlebt. Acht Jahre in russ. Gefangenschaft. Köln: Böhlau 1985. 281 S.
B 57583

L 171 e Staat und Politik

Gesellschaft und Politik in Österreich nach 1945. Akten d. Symposiums 15.-17.Okt.1984... Hrsg.: K.Hyldgaard-Jensen. Kopenhagen: Reitzels 1985. 137 S.
Bc 02375

Haslinger, J.: Politik der Gefühle. Ein Essay über Österreich. 3.Aufl. Darmstadt: Luchterhand 1987. 142 S.
Bc 7307

Lingens, P.-M.: Auf der Suche nach den verlorenen Werten in Politik, Kultur, Moral u. Gesellschaft. Wien: Neff 1986. 315 S.
B 59619

Mock, A.: ...für Österreich. Meine polit. Konzepte. Wien: Multiplex Media Verl. 1986. 126 S.
B 61008

Österreichs erste und zweite Republik. Kontinuität und Wandel ihrer Strukturen u. Probleme. Hrsg.: E. Zöllner. Wien: Österr. Bundesverlag 1985. 197 S.
B 57765

Ziviler Ungehorsam in Österreich. Hrsg.: W.Stock. Wien: Böhlau 1986. 164 S.
B 60481

L 171 e 10 Innenpolitik

The Austrian socialist experiment. Social Democracy and Austromarxism, 1918-1934. Ed.: A. Rabinbach. Boulder, Colo.: Westview Press 1985. VIII, 259 S.
B 58293

Falter, J.W.; Hänisch, D.: Wahlerfolge und Wählerschaft der NSDAP in Österreich von 1927 bis 1932: Soziale Basis und parteipolitische Herkunft. In: Zeitgeschichte. Jg.15, 1988. Nr.6. S. 223-244.
BZ 4617:15

Lenhardt, D.: Midlife-crisis der Republik. Wien: Ueberreuter 1986. 152 S.
B 60479

Luther, K.R.: Austria's future and Waldheim's past: the significance of the 1986 elections. In: West European politics. Vol.10, 1987. No.3. S. 376-399.
BZ 4668:10

Österreicher im Exil. Belgien 1938-1945. Wien: Österr. Bundesverlag 1987. 165 S.
B 60544

Owerdieck, R.: Parteien und Verfassungsfrage in Österreich. D. Entstehung d. Verfassungsprovisoriums d. Ersten Republik 1918-1920. München: Oldenbourg 1987. 222 S.
B 61054

Sozialistenprozesse. Polit. Justiz in Österreich 1870-1936. Hrsg.: K.R. Stadler. Wien: Europaverlag 1986. 520 S.
B 59070

Welan, M.: Das österreichische Staatsoberhaupt. Wien: Verl. für Geschichte u. Politik 1986. 127 S.
B 59656

L 171 e 14 Parteien

Botz, G.: Stufen der Ausgliederung der Juden aus der Gesellschaft. Die Österreichischen Juden vom "Anschluß" zum "Holocaust". In: Zeitgeschichte. Jg.14, 1987. Nr.9/10. S. 359-378.
BZ 4617:14

Erschen, M.: Die Freiheitlichen nach der Wende: Liberalismus auf dem Rückzug. In: Europäische Rundschau. Jg.15, 1987. Nr.2. S. 21-28.
BZ 4615:15

Reiterer, A.F.: Die konservative Chance. Österreichbewusstsein im bürgerlichen Lager nach 1945. In: Zeitgeschichte. Jg.14, 1987. Nr.9/10. S. 379-397.
BZ 4617:14

Schwarz-bunter Vogel. Studien zu Programm, Politik und Struktur der ÖVP. Wien: Junius Verl. 1985. 241 S.
B 57581

– Nationalsozialismus

"Austrofaschismus". Beiträge über Politik, Ökonomie und Kultur 1934-1938. Hrsg.: E.Tálos. 3.Aufl. Wien: Verl. f. Gesellschaftskritik 1985. 344 S.
B 61569

Arbeiterbewegung. Red.: S.Bolbecher. Wien: Verl.Jugend u.Volk 1985. 349 S.
B 59069

Exenberger, H.: Antifaschistischer Stadtführer. 2.Aufl. Wien: Wiener Bildungsausschuß der SPÖ 1986. 84 S.
Bc 7297

Fuchs, E.: Warum gab es in Österreich im März 1938 keinen organisierten Widerstand? E. Textanalyse von Schüleraufsätzen. In: Zeitgeschichte. Jg.15, 1987. Nr.2. S. 72-83.
BZ 4617:15

Hanisch, E.: Widerstand in Österreich 1934-1945. In: Aus Politik und Zeitgeschichte. 1988. B.28. S. 23-33.
BZ 05159:1988

Kurij, R.: Nationalsozialismus und Widerstand im Waldviertel. Die polit. Situation von 1938-1945. Krems a.d.Donau: Waldviertler Heimatbund 1987. 247 S.
Bc 7436

Low, A.D.: The Anschluss Movement, 1931-1938, and the great powers. New York: Columbia Univ.Pr. 1985. XV, 507 S.
B 59353

Steiner, K.von: Resistance Fighter. Antinazi terror tactics of the Austrian underground. Boulder, Colo.: Paladin Pr. 1986. IX, 108 S.
Bc 7081

Verdrängte Schuld, verfehlte Sühne. Entnazifizierung in Österreich, 1945-1955. Hrsg.: S.Meissl. München: Oldenbourg 1986. 365 S.
B 60013

– Sozialismus

40 Jahre SPÖ – Wien. 1945-1985. Hrsg.von d. SPÖ. Wien: Selbstverlag 1985. 280 S.
B 57749

Buttinger, J.: Das Ende der Massenpartei. Am Beisp. Österreichs. Frankfurt: Verl. Neue Kritik 1986. 668 S.
B 60331

Hindels, J.: Das Linzer Programm. Ein Vermächtnis Otto Bauers. Wien: Bund sozialist. Freiheitskämpfer u. Opfer des Faschismus 1986. 48 S.
Bc 7065

Modelle für die Zukunft. Die österreichische Sozialdemokratie im Spiegel ihrer Programme, 1889-1978. Wien: Verl.d.SPÖ 1985. 149 S.
Bc 7020

Weber, F.: Der Kalte Krieg in der SPÖ. Koalitionswächter, Pragmatiker und revolutionäre Sozialisten 1945-1950. Wien: Verl. f. Gesellschaftskritik 1986. XIV, 256 S.
B 62790

L 171 e 20 Außenpolitik

Buchała, R.: Stosunki Austria – Włochy. In: Przegląd stosunków międzynarodowych. 1987. No.4-5. S. 23-31.
BZ 4777:1987

Erdmann, K.D.: Die Spur Österreichs in der deutschen Geschichte. In: Geschichte in Wissenschaft und Unterricht. Jg.38, 1987. H.10. S. 597-626.
BZ 4475:38

Jankowitsch, P.: Österreich und Europa. Sozialdemokratische Grundsätze zum künftigen Verhältnis zu EG. In: Europäische Rundschau. Jg.16, 1988. Nr.2. S. 3-14.
BZ 4615:16

Matsch, E.: Der Auswärtige Dienst von Österreich (-Ungarn), 1720-1920. Wien: Böhlau 1986. 298 S.
B 58693

L 171 f Wehrwesen

30 Jahre 3. Panzergrenadierbrigade. 1956-1986. Wien: Bundesministerium f. Landesverteidigung 1986. 71 S.
Bc 02007

50 Jahre österreichische Luftstreitkräfte. Hrsg.: E.Hüttner. Wien: Selbstverlag 1985. 34 S.
Bc 01718

Dixon, J.C.: Defeat and disarmament. Allied diplomacy and the politics of military affairs in Austria, 1918-1922. Newark, Del.: Univ.of Delaware Pr. 1986. 167 S.
B 60673

Etschmann, W.: Österreich – die Erste Republik. In: Österreichische militärische Zeitschrift. Jg.26, 1988. Nr.2. S. 121-129.
BZ 05214:26

Fernau, H.: Der Milizbegriff. In: Österreichische militärische Zeitschrift. Jg.25, 1987. Nr.6. S. 495-504.
BZ 05214:25

Fleck, C.: Koralpartisanen. Über abweichende Karrieren polit. motivierter Widerstandskämpfer. Köln: Böhlau 1986. 319 S.
B 60480

Hattinger, H.; Steyrer, P.: Die Illusion vom Überleben. Zivilschutz in Österreich. Wien: Verl. f. Gesellschaftskritik 1986. 164 S.
B 59678

König, E.: Die österreichischen Streitkräfte. Kontinuierliche Entwicklung und drohende Krise. In: Österreichische militärische Zeitschrift. Jg.26, 1988. Nr.4. S. 297-306.
BZ 05214:26

Pöchhacker, C.: Key to central front. Austria profiled. In: Defence. Vol.18, 1987. No.10. S. 637-643.
BZ 05381:18

Die Rechte der Soldaten. Rechtsberatungsbroschüre... Wien: Vereinigung Demokrat. Soldaten Österreichs o.J. 95 S.
B 58601

Riemer, V.; Kolba, P.; Steyrer, P.: Weissbuch Landesverteidigung. Kritik der militärischen Sicherheitspolitik in Österreich. Wien: Selbstverlag 1987. 88 S.
Bc 7318

Schmidl, E.A.: Truppenkörperabzeichen. In: Truppendienst. Jg.26, 1987. Nr.6. S. 582-589.
BZ 05209:26

Trauttenberg, H.: Die Abwehrvorbereitungen gegen einen deutschen Angriff im Bereich der 4.Division zwischen 1936 und 1938. In: Österreichische militärische Zeitschrift. Jg.26, 1988. Nr.2. S. 130-138.
BZ 05214:26

Zivilschutz – Achillesferse unserer Sicherheitspolitik. Berichte – Analysen – Dokumente. Wien: Politische Akademie 1986. 41 S.
Bc 02157

L 171 g Wirtschaft

Loewenfeld-Russ, H.: Im Kampf gegen den Hunger. Aus den Erinnerungen d. Staatssekretärs für Volksernährung 1918-1920. Hrsg.: I. Ackerl. München: Oldenbourg 1986. XXIV, 381 S.
B 59299

Möhr, W.: Der Marshall-Plan in Österreich: wirtschaftspolitischer Nachhilfeunterricht. In: Zeitgeschichte. Jg.15, 1987. Nr.2. S. 91-111.
BZ 4617:15

L 171 h Gesellschaft

Arbeiterbewegung und Zeitgeschichte im Bild 1867-1938. Wien: Junius 1986. IV, 507 S.
010218

Blum, M.E.: The Austro-Marxists, 1890-1918. A psychobiographical study. Lexington, Ky.: Univ.Pr.of Kentucky 1985. 254 S.
B 60614

Der Himmel ist blau. Kann sein. Frauen im Widerstand. Hrsg.: K. Berger. Wien: Ed. Spuren, Promedia 1985. 272 S.
B 59309

Magaziner, A.: Die Bahnbrecher. Aus d. Geschichte der Arbeiterbewegung. Wien: Europaverlag 1985. 189 S.
B 57756

Meier-Walser, R.: Der Streikputsch der KP Österreichs und seine internationalen Hintergründe. München: Tuduv Verlagsges. 1986. 250 S.
B 62423

Panzenböck, E.: Ein deutscher Traum. Die Anschlußidee und Anschlußpolitik bei Karl Renner und Otto Bauer. Wien: Europaverlag 1985. XIII, 231 S.
B 58326

Pauli, R.: Emanzipation in Österreich. Der lange Marsch in die Sackgasse. Köln: Böhlau 1986. 163 S.
B 59022

Stanek, E.: Verfolgt, verjagt, vertrieben. Flüchtlinge in Österreich. Wien: Europaverlag 1985. 249 S.
B 56839

Vertriebene Vernunft. Hrsg.: F. Stadler. Bd.1. Wien: Verl.Jugend u.Volk 1987.
010588

L 171 i Geistesleben

Broch, H.; Zühlsdorff, V.von: Briefwechsel. Briefe über Deutschland 1945-1949. Hrsg.: P.M. Lützeler. Frankfurt: Suhrkamp 1986. 153 S.
B 62210

Freistetter, F.: Die "Österreichische Militärische Zeitschrift". In: Österreichische militärische Zeitschrift. Jg.26, 1988. Nr.2. S. 98-107.
BZ 05214:26

Hennerbichler, F.: Geiselbefreiung in Kurdistan. Wien: Ed. S 1986. 211 S.
B 62455

Pluch, T.: Der Aufstand. Wien im Feuerschein der ungarischen Revolution. Wien: Österr. Bundesverlag 1986. o.Pag.
B 59843

Renner, G.: Österreichische Schriftsteller und der Nationalsozialismus (1933-1940). Frankfurt: Buchhändler-Vereinigung 1986. S. 195-303.
010293

Thonhauser, J.: Österreichbewusstsein und Vergangenheitsbewältigung im Spiegel der Lehrbücher. In: Zeitgeschichte. Jg.15, 1987. Nr.1. S. 37-53.
BZ 4617:15

Die Vertreibung des Geistigen aus Österreich. Zur Kulturpolitik des Nationalsozialismus. Hrsg.: O. Oberhuber. 2.Aufl. Wien: Selbstverlag 1986. 399 S.
010223

Weigel, H.: Man kann nicht ruhig darüber reden. Umkreisung e. fatalen Themas. 3.Aufl. Graz: Styria 1986. 141 S.
B 61053

Welzig, E.: Die 68er. Karrieren e. rebellischen Generation. Wien: Böhlau 1985. 168 S.
B 57584

L 171 k Geschichte

Ardelt, R.G.: Warum mangelte es in Österreich an einer Auseinandersetzung mit der Zeit 1938-1945? – Die gegenwärtigen Folgen. In: Jahrbuch: Dokumentationsarchiv des österreichischen Widerstandes. 1988. S. 7-14.
BZC17:1988

Chraska, W.: 15. Juli 1927. Die verwundete Republik. Frankfurt: Lang 1986. 301 S.
B 58979

Einwitschläger, A.: Amerikanische Wirtschaftspolitik in Österreich 1945-1949. Köln: Böhlau 1986. 206 S.
B 60008

Garscha, W.R.; MacLoughlin, B.: Wien 1927. Menetekel für die Republik. Berlin: Dietz 1987. 309 S.
B 62624

Gesellschaft und Politik am Beginn der zweiten Republik. Vertrauliche Berichte der US-Militäradministration aus Österreich 1945 in engl. Originalfassung. Hrsg.: O. Rathkolb. Köln: Böhlau 1985. 435 S.
B 59036

Johnson, L.R.: Die österreichische Nation, die Moskauer Deklaration und die völkerrechtliche Argumentation. In: Jahrbuch: Dokumentationsarchiv des österreichischen Widerstandes. 1988. S. 40-54.
BZC17:1988

Knight, R.: Einige vergleichende Betrachtungen zur "Vergangenheitsbewältigung" in Österreich und Großbritannien. In: Zeitgeschichte. Jg.15, 1987. Nr.2. S. 63-71.
BZ 4617:15

Österreich und die Sieger. Hrsg.: A. Pelinka. Wien: Braumüller 1986. 221 S.
B 61056

Österreichische und Schweizer Zeitgeschichte ab 1945 im Vergleich. Hrsg.: L. Rettinger. Wien: Österr. Bundesverlag 1986. 127 S.
Bc 6894

Pelinka, A.: Windstille. Klagen über Österreich. Wien: Medusa Verl. 1985. 163 S.
B 59659

Pisa, K.: Österreich – Land der begrenzten Unmöglichkeiten. Stuttgart: DVA 1985. 191 S.
B 58812

Plaschka, R.G.: Nationalismus, Staatsgewalt, Widerstand. Aspekte nationaler und sozialer Entwicklung in Ost-, Mittel- und Südosteuropa. Wien: Verl. für Geschichte u. Politik 1985. XIX, 495 S.
B 57713

Portisch, H.; Riff, S.: Österreich II. Bd.1.2. Wien: Kremayr u. Scheriau 1985/86. 528, 560 S.
09823

Schmidl, E.A.: März 38. Der deutsche Einmarsch in Österreich. Wien: ÖBV 1987. 336 S.
B 62414

Scholz, K.: Aus einem toten Haus. In: Jahrbuch: Dokumentationsarchiv des österreichischen Widerstandes. 1988. S. 31-39.
BZC17:1988

Stadler, R.; Mooslechner, M.: St. Johann/PG. 1938-1945. Das nationalsoz. "Markt Pongau". Salzburg: Selbstverlag 1986. 159 S.
B 61848

Whitnah, D.R.; Erickson, E.L.: The American occupation of Austria. Planning and early years. Westport, Conn.: Greenwood Press 1985. XIV, 352 S.
B 59333

Zeitzeugen in Kärnten 1945-1955. Erinn. u. Erlebn. von Kärntnern in d. zehn Besatzungsjahren. Hrsg.: N. Schausberger. Klagenfurt: Päd. Akad.d. Bundes in Kärnten 1985. 226 S.
010240

Zinkl, H.: Lausige Zeiten. E. Jugend zwischen 1934 und 1945. Graz: Verl. Styria 1988. 239 S.
B 65309

– Anschluß 1938

"Dieses Volk bekam was es verdient". In: Der Spiegel. Jg.42, 1988. Nr.4-6. S. 134-140, 150-163, 164-177.
BZ 05140:42

Betrifft: "Anschluß". Wien: Arb.Gem. Österr. Privatverl. 1988. 80 S.
Bc 7659

Botz, G.: Der "Anschluß" von 1938 als innerösterreichisches Problem. In: Aus Politik und Zeitgeschichte. 1988. B.9. S. 3-19.
BZ 05159:1988

Gehler, M.: Der "Anschluß" von 1938 und die internationalen Reaktionen. In: Aus Politik und Zeitgeschichte. 1988. B.9. S. 34-46.
BZ 05159:1988

Kreissler, F.: War der "Anschluß" im März 1938 unvermeidlich? Soll die Geschichtsschreibung normalisiert werden? In: Jahrbuch: Dokumentationsarchiv des österreichischen Widerstandes. 1988. S. 15-30.
BZC17:1988

Krüger, H.-J.: Der Anschluß Österreichs und das verhinderte Plebiszit vom 13.März 1938 im Spiegel ausländischer Zeitungen. In: Geschichte in Wissenschaft und Unterricht. Jg.39, 1988. H.3. S. 131-141.
BZ 4475:39

Der März 1938 in Salzburg. Gedenkstunde am 10.März 1988. Hrsg.: E. Zwink. Salzburg: Landespressebüro 1988. 152 S.
Bc 7694

Rabl, K.: Österreich – März 1938/1988. In: Zeitschrift für Politik. Jg.35, 1988. H.1. S. 72-95.
BZ 4473:35

Schaufelberger, W.: März 1938: Der "Anschluß" Österreichs und wir. In: Allgemeine Schweizerische Militärzeitschrift. Jg.154, 1988. Nr.4. S. 221-231.
BZ 05139:154

Schmidl, E.A.: März 1986 in Österreich. In: Truppendienst. Jg.27, 1988. Nr.1. S. 1-16.
BZ 05209:27

Steininger, R.: Der Anschluß Österreichs – Stationen auf dem Weg zum März 1938. In: Aus Politik und Zeitgeschichte. 1988. B.9. S. 20-33.
BZ 05159:1988

Thienen-Adlerflycht, C.: Österreich am 11.März 1938. Ein Tag der durchkreuzten Erwartungen. In: Zeitschrift für Politik. Jg.35, 1988. H.1. S. 96-104.
BZ 4473:35

L 171 l Einzelne Länder/Gebiete/Orte

Die "wilden" fünfziger Jahre. Gesellschaft, Formen u. Gefühle e. Jahrzehnts in Österreich. Hrsg.: G. Jagschitz. St. Pölten: Verl. Niederösterr. Pr. Haus 1985. 322 S.
B 56409

Bukey, E.V.: Hitler's hometown. Linz, Austria 1908-1945. Bloomington, Ind.: Indiana University Press 1986. XV, 289 S.
B 62716

Das Burgenland im Jahr 1945. Beitr. zur Landes-Sonderausstellung 1985. Hrsg.: S.Karner. Eisenstadt: Amt d. Burgenländ. Landesregierung 1985. 320 S.
B 61535

Dreier, W.: Zwischen Kaiser und 'Führer'. Voralberg im Umbruch 1918-1938. Bregenz: Fink 1986. 319 S.
B 62376

Fischer, K.: Die Vier im Jeep. Die Besatzungszeit in Wien, 1945-1955. Wien: Wiener Stadt- u. Landesarchiv 1985. 12 S.
Bc 6914

Karner, S.: Die Steiermark im Dritten Reich. 1938-1945. Graz: Leykam-Verl. 1986. 634 S.
B 59882

Kriegsende und Neubeginn in Oberösterreich. Linz: OÖ Landesarchiv 1985. 56 S.
Bc 6786

Lang, A.: Favoriten 1944/45. Vom Dritten Reich zur 2. Republik. Wien: Museumsverein Favoriten 1985. 80 S.
Bc 7687

Neumann, W.: Abwehrkampf und Volksabstimmung in Kärnten, 1918-1920. Legenden u. Tatsachen. 2.Aufl. Klagenfurt: Verl. d. Kärntner Landesarchivs 1985. 184 S.
B 57729

Robak, R.: Kroaten im Burgenland. E. Dokumentation. Wien: Europaverlag 1985. 375 S.
B 57845

Von Herren und Menschen. Verfolgung und Widerstand in Voralberg 1933-1945. Bregenz: Fink 1985. 411 S.
B 58662

Wiener Neustadt 1945. Wie es war. Hrsg.: P. Schuster. Wiener Neustadt: Weilburg 1985. 112 S.
B 60552

L 174 Polen

L 174 a Allgemeines

Taras, R.: Poland. Socialist state, rebellious nation. Boulder, Colo.: Westview Press 1986. XVIII, 200 S.
B 62994

L 174 c Biographien

Torańska, T.: Die da oben. Polnische Stalinisten zum Sprechen gebracht. Köln: Kiepenheuer & Witsch 1987. 400 S.
B 61191

– Bartoszewski
Wladyslaw Bartoszewski, 65 Jahre. Freiheit – Wahrheit – Frieden. Hrsg.: H. Laufer. München: Tuduv Verlagsges. 1987. 59 S.
Bc 7287

– Berling
Jaczyński, S.: Gen, Broni Zygmunt Berling Zycie i Działalność. In: Wojskowy przeglad historyczny. R.32, 1987. No.1. S. 189-200.
BZ 4490:32

– Gomułka
Syzdek, E.; Syzdek, B.: Polityczne Dylematy Władisława Gomułki. Warszawa: Czyrelnik 1985. 260 S.
B 58758

Werblan, A.: Władysław Gomułka w okresie referendum i wyborow do sejmu ustawoda wczego. In: Dzieje najnowsze. R.19, 1987. No.3. S. 51-139.
BZ 4685:19

– Grynszpan
Roizen, R.: Herschel Grynszpan: the fate of a forgotten assassin. In: Holocaust and genocide studies. Vol.1, 1986. No.2. S. 217-228.
BZ 4870:1

– Jaruzelski
Jaruzelski, W.: Przemówienia 1981-1984. Ausgew. Reden, 1981 bis 1984. Berlin: Dietz 1985. 451 S.
Bc 66753

– Jaworska
Wiesenthal, S.: Krystyna. Die Tragödie d. poln. Widerstandes. München: Nymphenburger Verlagsh. 1986. 337 S.
B 59957

– Popiełuszko
Boyes, R.; Moody, J.: The priest who had to die. London: Gollancz 1986. 204 S.
B 60460

– Sikorski
Subotkin, W.: Tragiczny Lot generala Sikorskiego. Fakty i dokumenty. Szczecin: Krajowa agencja wydawn 1986. 114 S.
Bc 6386

– Świerczewski
Bata, A.: Jabłonki. Miejsce śmierci generała Karola Świerczewskiego. Rzeszów: Krajowa agencja wydawn 1987. 72 S.
Bc 6981

– Wałesa
Craig, M.: The crystal spirit. Lech Wałesa and his Poland. London: Hodder a. Stoughton 1986. 320 S.
B 60486

– **Zeligowski**

Marczyk, W.: GenerałBroni Lucjan Zeligowski. In: Wojskowy przeglad historyczny. R.32, 1987. No.4. S. 44-53.
BZ 4490:32

L 174 d Land und Volk

Aurich, P.: Der deutsch-polnische September 1939. E. Volksgruppe zwischen d. Fronten. 3.Aufl. Berlin: Westkreuz-Verl. 1985. 147 S.
B 59540

Bartoszewicz, H.: Repatriacja Ludności Polskiej z Terytorium Zssr w Latach 1945-1947. In: Z dziejów rozwoju państw socjalistycznych. Vol.3, 1987. No.3-4. S. 27-44.
BZ 4874:3

Bauman, J.: Als Mädchen im Warschauer Ghetto. Ein Überlebensbericht. Ismaning b. München: Hueber 1986. 310 S.
B 59746

Bauman, J.: Winter in the morning. A young girl's life in the Warsaw Ghetto and beyond. London: Virago Press 1986. 195 S.
B 59216

Czerniaków, A.: Im Warschauer Getto. Das Tagebuch d. Adam Czerniaków. München: Beck 1986. XXIV, 302 S.
B 60016

Diamant, A.: Getto Litzmannstadt. Bilanz e. nationalsoz. Verbrechens- mit Deportations- u. Totenlisten d.aus d. Altreich stammenden Juden. Frankfurt: Selbstverlag 1986. XIV, 411 S.
B 60181

Eder, W.: Prasa polonijna w Belgii, Holandii i Luksemburgu 1926-1985. In: Przeglad zachodni. R.41, 1985. No.4. S. 79-93.
BZ 4487:41

Heike, O.: Die deutsche Minderheit in Polen bis 1939. Ihr Leben u. Wirken, kulturell, gesellschaftlich, politisch. Leverkusen: Selbstverlag 1985. 480 S.
B 58705

Heydecker, J.J.: Photographing behind the Warsaw Ghetto Wall, 1941. In: Holocaust and genocide studies. Vol.1, 1986. No.1. S. 63-77.
BZ 4870:1

Hillel, M.: Le Massacre des survivants. En Pologne après l'holocauste (1945-1947). Paris: Plon 1985. 352 S.
B 58774

Konieczny, A.: Die Zwangsarbeit der Juden in Schlesien im Rahmen der "Organisation Schmelt". In: Beiträge zur Nationalsozialistischen Gesundheits- und Sozialpolitik. 1987. Nr.5. S. 91-110.
BZ 4837:1987

Niezabitowska, M.; Tomaszewski, T.: Remnants. The last Jews of Poland. New York: Friendly Pr. 1986. 272 S.
010375

Smolar, A.: Unschuld und Tabu. In: Babylon. 1987. H.2. S. 40-71.
BZ 4884:1987

Sobczak, K.: Powstanie zbrojne W Getcie Warszawskim. In: Wojskowy przeglad historyczny. R.33, 1988. No.1. S. 98-121.
BZ 4490:33

L 174 e Staat und Politik

Poland in crisis, 1980-1981. In: ORBIS. Vol.32, 1988. No.1. S. 3-31.
BZ 4440:32

Raina, P.: Poland 1981. Towards social renewal. London: Allen & Unwin 1985. VIII, 472 S.
B 57661

L 174 e 10 Innenpolitik

Bingen, D.: Nach der Stabilisierung der Machtstrukturen in Polen: Dialog mit wem? Köln: Bundesinst.f.ostwiss.u. intern.Studien 1986. IV, 80 S.
Bc 01934

Brumberg, A.: Polen: Die neue Opposition. In: Europäische Rundschau. Jg.16, 1988. Nr.2. S. 77-90.
BZ 4615:16

Chwalba, A.: La croix et le drapeau rouge: le symbole et les fêtes religieuses des socialistes polonais jusqu'à 1914. In: Revue d' histoire moderne et contemporaine. T.34, 1987. No. S. 669-678.
BZ 4586:34

Gerrits, A.: Politieke veranderingen in Oost-Europa: het Poolse model. In: Internationale spectator. Jg.42, 1988. Nr.4. S. 208-218.
BZ 05223:42

Holzer, J.: Seven years after August. In: East European reporter. Vol.3, 1987. No.1. S. 2-9.
BZ 05507:3

Lamentowicz, W.: Die Legitimation der politischen Herrschaft in Polen seit 1944. Köln: BIOst 1986. 86 S.
Bc 01866

Lazar, J.: Le camion de la liberté. Huit mois dans les prisons polonaises. Paris: Plon 1986. 247 S.
B 59841

Sanford, G.: Military Rule in Poland. The rebuilding of communist power, 1981-1983. London: Croom Helm 1986. 288 S.
B 61158

Schöpflin, G.: Stability through weakness in Poland. London: Institute for the study of conflict 1986. 19 S.
Bc 6164

Skarbek, A.A.: Human rights in Poland: a struggle against authoritarianism. Ann Arbor, Mich.: UMI 1986. III, 158 S.
B 58319

Stolarzyk, M.: Stanowisko polskiego rządu na emigracji wobec kształtu powojennej państwowości Niemic w latach 1939-1945. In: Przegląd stosunków międzynarodowych. Jg., 1987. No.4/5. S. 7-21.
BZ 4777:1987

Trotzki, M.G.: Partie a Zwiazki Młodziezy w Latach 1944-1948. In: Z pola walki. R.31, 1988. No.1. S. 119-129.
BZ 4559:31

Voß, T.: Polen: Reformrhetorik gegen Konservatismus und Stagnation. In: Prokla. Jg.17, 1987. Nr.69. S. 52-69.
BZ 4613:17

X. Parteitag der Polnischen Vereinigten Arbeiterpartei. 29.Juni – 3.Juli 1986. Berlin: Dietz 1987. 165 S.
Bc 7067

Zagajewski, A.: Solidarität und Einsamkeit. Essays. München: Hanser Verl. 1986. 174 S.
B 58322

Ziemer, K.: Polen nach dem Referendum – Sackgasse oder Chancen für weitere Reformen? In: Aus Politik und Zeitgeschichte. 1988. B.11/12. S. 34-48.
BZ 05159:1988

L 174 e 20 Außenpolitik

Karski, J.: The great powers and Poland, 1919-1945. Lanham: Univ.Press of America 1985. XVI, 697 S.
B 58419

Palyga, E.J.: Dyplomacja Polski Ludowej 1944-1984. Warszawa: Inst. Wydawn. Zwiazków Zawod 1986. 367 S.
B 59469

Zięba, R.: Geneza Koncepcji Bezpieczeństwa Polski Ludowej (1942-1944). In: Kraje socjalistyczne. T.3, 1987. No.3/4. S. 5-26.
BZ 4956:3

L 174 e 29 Aussenpolitische Beziehungen

Die Beziehungen zwischen der Deutschen Demokratischen Republik und der Volksrepublik Polen. Dok. u. Mat. 1949-1955. Red.: H.Heitzer. Berlin: Staatsverlag der DDR 1986. 436 S.
B 62104

Borodziej, W.: Polen und Frankreich 1945-1947. In: Defense analysis. Vol.4, 1988. No.1. S. 79-111.
BZ 4888:4

Bułhak, H.: Polsko-Francuskie Stosunki Polityczne i Wojskowe. In: Wojskowy przeglad historyczny. R.33, 1988. No.1. S. 172-189.
BZ 4490:33

Filippowski, A.: Stosunki polsko-chińskie w latach osiemdziesiątych. In: Sprawy Międzynarodowe. R.41, 1988. No.4. S. 29-42.
BZ 4497:41

Góralski, W.: Stosunki Polski z socjalistycznymi krajami Azji. In: Sprawy Międzynarodowe. R.40, 1987. No.7/8. S. 27-40.
BZ 4497:40

Góralski, W.: Zarys stosunków polskowietnamskich w latach 1950-1983. In: Kraje socjalistyczne. T.1, 1985. No.1-4. S. 211-249.
BZ 4956:1

Guz, E.: Zachodnioniemieckie spojrzenie na stosunki Polski i NRD. In: Przegląd stosunków międzynarodowych. 1987. No.2. S. 33-49.
BZ 4777:1987

Marszałek, A.: Ewolucja polsko-francuskich stosunków politycznych w latach powojennych. In: Sprawy Międzynarodowe. R.41, 1988. No.5. S. 71-84.
BZ 4497:41

Melichar, V.: Československo-Polské Spojenectví v Politice Komunistú v Prvních Poválečných Letech. In: Československý casopis historický. R.35, 1987. No.6. S. 823-843.
BZ 4466:35

Pałyga, E.J.: Kwestia wzajemnej reprezentacji w stosunkach polsko-watykańskich. In: Sprawy Międzynarodowe. R.41, 1988. No.3. S. 7-24.
BZ 4497:41

Pease, N.: Poland, the United States, and the stabilization of Europe, 1919-1933. Oxford: Oxford Univ.Pr. 1986. 238 S.
B 61752

Rhode, G.: Die deutsch-polnischen Beziehungen von 1945 bis in die achtziger Jahre. In: Aus Politik und Zeitgeschichte. 1988. B.11/12. S. 3-20.
BZ 05159:1988

Richter, K.: Cesty čs.-polských vztahu mezi dvěma válkami. In: Historie a vojenstvi. 1987. No.2 u.3. S. 84-105, 35-52.
BZ 4526:1987

Sierpowski, S.: Stosunki włosko-polskie na tle miedzywojennej Europy. In: Przeglad zachodni. R.42, 1986. No.5/6. S. 225-240.
BZ 4487:42

Skrzypek, A.: Stosunki polsko-radzieckie w latach 1956-1965. In: Kraje socjalistyczne. T.2, 1986. No.1-4. S. 49-89.
BZ 4956:2

Sowińska-Krupka, A.: Proces normalizacji w stosunkach polsko-rumuńskich po II wojnie światowej (1945-1949). In: Kraje socjalistyczne. T.3, 1987. No.1/2. S. 119-138.
BZ 4956:3

Stolarczyk, M.: Stanowisko Polski Ludowej wobec zagadnienia jedności i podzialu Niemiec w latach 1944-1949. In: Przeglad zachodni. R.42, 1986. No.3/4. S. 93-111.
BZ 4487:42

Węc, J.-J.: Die Beziehungen zwischen der VR Polen und der Bundesrepublik Deutschland 1949-1987. In: Aus Politik und Zeitgeschichte. 1988. B.11/12. S. 21-33.
BZ 05159:1988

L 174 f Wehrwesen

Budzbon, P.: Il cacciatorpediniere polacco "Blyskawica". In: Rivista marittima. A.121, 1988. No.4. S. 81-86.
BZ 4453:121

Budzbon, P.: Orzel: Pride of Poland (part II). In: Warship. 1987. No.43. S. 165-173.
BZ 05525:1987

Galewski, Z.: Czynniki powodzenia we współczesnej walce. Warszawa: Wydawn.-MON 1986. 246 S.
B 60360

Griset, P.: La mission militaire française en Pologne: industrie aéronautique et logique militaire. In: Revue historique des armées. 1987. No.167. S. 93-103.
BZ 05443:1987

Korbonski, A.: Civil-military relations in Poland between the wars: 1918-1939. In: Armed forces and society. Vol.14, 1988. No.2. S. 169-189.
BZ 4418:14

Król, W.: Polskie Skrzydła nad Francja. Warszawa: Ksiazka i Wiedza 1986. 262 S.
Bc 6346

Lance do boju. Szkice historyczne z dziejów jazdy Wielkopolskiej Z wiek 1945 R. Red.: B.Polak. Poznań: Krajowa agencja wydawn 1986. 374 S.
B 60239

Lisowski, W.: Junacka Szkoła Kadetów (1942-1948). In: Wojskowy przegląd historyczny. R.32, 1987. No.3. S. 65-84.
BZ 4490:32

Lubicz-Nycz, B.: Batalion "Kiliński" AK 1940-1944. Warszawa: Państwowe Wydawn.Naukowe 1986. 302 S.
B 60191

Marcinkowski, A.: Polen und seine Streitkräfte im Verteidigungssystem der Teilnehmerstaaten des Warschauer Vertrages. In: Militärgeschichte. Jg.26, 1987. Nr.5. S. 423-430.
BZ 4527:26

Miłobędzki, J.; Myślicki, A.: Zgrupowanie "Zmija" Zoliborskiego Obwodu ak w Powstaniu Warszawskim 1944 R. In: Wojskowy przegląd historyczny. R.32, 1987. No.3. S. 123-154.
BZ 4490:32

Pawłowski, E.: Ludowe Wojsko Polskie w Końcowym Okresie II Wojny Swiatowej. In: Wojskowy przegląd historyczny. R.32, 1987. No.2. S. 3-21.
BZ 4490:32

Przedpełski, A.: Formowanie Lotnictwa Polskiego na Zachodnie Europy Oraz Poglądy na Jego Wykorzystanie W II Wojnie Swiatowej. In: Wojskowy przegląd historyczny. R.32, 1987. No.2. S. 81-116.
BZ 4490:32

Sienicki, I.: Polish river monitors 1919-1939. In: Warship international. Vol.25, 1988. No.1. S. 13-35.
BZ 05221:25

Soroka, M.: Polskie Okręty vojenne 1945-1980. Gdańsk: Wydawn.Morskie 1986. 200 S.
B 62009

Stahl, Z.: GenerałAnders i 2 Korpus. London: Polska Fundacja Kulturalna 1985. 40 S.
Bc 6535

Stańczyk, H.: Organizacja 1 Armii WP 1944-1945. In: Wojskowy przegląd historyczny. R.32, 1987. No.3. S. 38-64.
BZ 4490:32

Święcicki, Z.: Dóswladczenie Bojowe i Irganizacyjne Ludowego WP 1943-1945. In: Wojskowy przegląd historyczny. R.32, 1987. No.1. S. 181-188.
BZ 4490:32

Zając, S.: OddziałPartyzancki GI i AI Im. Ludwika Waryńskiego. In: Wojskowy przegląd historyczny. R.32, 1987. No.2. S. 40-59.
BZ 4490:32

L 174 g Wirtschaft

Poland: stagnation, collapse or growth? A report by an independent group of economists in Poland. London: Centre for Research into Communist Economies 1988. 100 S.
Bc 7778

Sadowski, C.M.: Resource mobilization in a Marxist-Leninist society: the case of Poland's solidarity movement. In: Journal of communist studies. Vol.4, 1988. No.2. S. 181-202.
BZ 4862:4

Słabek, H.: WokółSocjalizacji Polskiego
Rolnictwa Polityka i Spory (1956-1964).
In: Z pola walki. R.30, 1987. No.1.
S. 45-60.
BZ 4559:30

Tonini, C.: I movimenti di popolazione
nella Polonia del dopoguerra: 1944-1948.
In: Rivista di storia contemporanea.
A.16, 1987. No.4. S. 531-547.
BZ 4812:16

L 174 h Gesellschaft

Błazejewski, W.: Bibliografia Harcerska
1961-1981. Warszawa: Młodziezowa
Agencja Wydawnicza 1985. 237 S.
B 60228

Duraczyński, E.: O Pryszłość Polski 1939-
1945. Warszawa: Ksiązka i Wiedza 1985.
389 S.
B 60969

Kobiety polskie. Red.: E. Konecka.
Warszawa: Ksiazka i Wiedza 1986. 355 S.
B 60357

The Polish dilemma. Views from within.
Ed.: L.S.Graham. Boulder, Colo.: West-
view Press 1987. XIV, 268 S.
B 62942

Pradetto, A.: Die neuen polnischen
Gewerkschaften. Köln: Bundesinst.f.ost-
wiss.u.intern.Studien 1987. III, 77 S.
Bc 01979

Sharman, T.: The rise of solidarity. Hove:
Wayland 1986. 78 S.
B 60896

Weber, W.: Solidarność, 1980-1981 und die
Perspektive der politischen Revolution.
Essen: Arbeiterpresse Verl. 1987. 124 S.
Bc 7289

Zonik, Z.: Dlugi Egzamin. Warszawa:
Młodziezowa Agencja Wydawn 1985.
337 S.
B 58489

L 174 i Geistesleben

Kaminski, T.: Underground publishing in
Poland. In: ORBIS. Vol.31, 1987. No.3.
S. 313-329.
BZ 4440:31

Monticone, R.C.: The catholic Church in
communist Poland 1945-1985. New York:
Columbia Univ.Pr. 1986. VIII, 227 S.
B 61453

Pomian, K.: Religion et politique en
Pologne (1945-1984). In: Vingtième
siècle. 1986. Nr.10. S. 83-101.
BZ 4941:1986

L 174 k Geschichte

Ascherson, N.: The struggles for Poland.
London: Joseph 1987. XIV, 242 S.
010350

Ascherson, N.: Der Traum vom freien
Vaterland. Polens Geschichte bis heute.
Köln: vgs 1987. XIV, 241 S.
010430

Bartoszewski, W.: Uns eint vergossenes
Blut. Juden und Polen in der Zeit der
"Endlösung". Frankfurt: Fischer 1987.
298 S.
B 60810

Bingen, D.: Gab es eine Revolution in
Polen (1980-1981)? Köln: BIOst 1986.
44 S.
Bc 01975

Bromke, A.: The meaning and uses of
Polish history. New York: Columbia
Univ.Pr. 1987. VIII, 244 S.
B 61983

Eksploatacja siły roboczej i grabiez ziem
polskich przez Wehrmacht w końcowym
okresie II wojny światowej. Red.:
E. Kozłowski. Poznań: Institut Zachodni
1986. 715 S.
B 62653

Faury, L.: La Pologne Terrassée. L'épilo-
gue en Roumanie (sept.-oct.1939). In:
Revue historique des armées. 1987. No.3.
S. 87-95.
BZ 05443:1987

Garliński, J.: Poland in the Second World War. Basingstoke: Macmillan 1985. XXI, 387 S.
B 59402

Kowalski, W.: Wkład PPR i PPS w rozwój spóldzielczości w Polsce w latach 1944-1948. Warszawa: Ksiazka i Wiedza 1986. 422 S.
B 60192

Mroczko, M.: Polska Myśl zachodnia 1918-1939. Poznań: Institut Zachodni 1986. 429 S.
B 62617

Od Bugu do Wisły. Red.: M. Juchniewicz. Warszawa: Krajowa agencja wydawn 1986. 78 S.
Bc 01904

Roos, H.: Geschichte der polnischen Nation 1918-1985. Von d. Staatsgründung im Ersten Weltkrieg bis zur Gegenwart. 4.Aufl. Stuttgart: Kohlhammer 1986. 375 S.
B 59737

Swianiewicz, S.: W Cieniu Katynia. Wyd.6. Paryz: Instytut Literacki 1986. 358 S.
B 60292

Thadden, J.von: Krisen in Polen: 1956, 1970 u. 1980. Frankfurt: Lang 1986. 380 S.
B 60178

Zaluski, Z.: Przepustka do historii. Warszawa: Wydawn.MON 1985. 400 S.
B 58228

L 175 Portugal

Bermeo, N.G.: The revolution within the revolution. Workers' control in rural Portugal. Princeton, N.J.: Princeton Univ.Press 1986. XIX, 263 S.
B 58736

Bruneau, T.C.; Macleod, A.: Politics in contemporary Portugal. Parties and the consolidation of democracy. Boulder, Colo.: Rienner 1986. XIX, 236 S.
B 60984

Carvalho, V.de: La défense militaire de l'Europe occidentale vue par un Portugais. In: Stratégique. 1987. No.2. S. 5-18.
BZ 4694:1987

Decker, G.; Decker, A.: Portugal. München: Beck 1987. 175 S.
B 61394

Ferreira, H.G.; Marshall, M.W.: Portugal's revolution: ten years on. Cambridge: Cambridge Univ.Pr. 1986. XV, 303 S.
B 60326

Foxwell, D.: The Portuguese Navy: An interview with Admiral António Egídio de Sousa Laitao. In: Naval forces. Vol.8, 1987. No.4. S. 46-55.
BZ 05382:8

Gallagher, T.: Goodbye to Revolution: the Portuguese election of July 1987. In: West European politics. Vol.11, 1988. No.1. S. 139-148.
BZ 4668:11

Janitschek, H.: Màrio Soares. Portrait of a hero. London: Weidenfeld and Nicolson 1985. 116 S.
B 57691

Kayman, M.: Revolution and counter-revolution in Portugal. London: Merlin Press 1987. XI, 285 S.
B 60646

Létrilliart, P.: Les décolonisations portugaises de 1975: histoire d'un échec. In: Défense nationale. A.44, 1988. No.2. S. 117-129.
BZ 4460:44

Portugal. Hamburg: o.V. 1986. 18 S.
D 03620

Portugal in the 1980's. Ed.: K. Maxwell. New York: Greenwood Press 1986. XVI, 254 S.
B 61641

Rother, B.: Der verhinderte Übergang zum Sozialismus. Die Sozialistische Partei Portugals im Zentrum der Macht (1974-1978). Frankfurt: Materialis Verl. 1985. 340 S.
B 59740

Sperling, U.: Portugal – von Salazar zu Soares. Marburg: Verl. Arbeiterbew. u. Gesellschaftswiss. 1987. 330 S.
B 62243

L 177 Rumänien

L 177 c Biographien

Ceauşescu, N.: Transformări calitative în dezvoltarea economiei românești. Bucuresti: Ed.POlitică 1985. 245 S.
Bc 6576

Gheorghiu, V.: Mémoires. Le témoin de la vingt-cinquième heure. Paris: Plon 1986. 481 S.
B 62152

L 177 d Land und Volk

Hartl, H.: Zum Exodus der Deutschen aus Rumänien. In: Südosteuropa-Mitteilungen. Jg.27, 1987. Nr.3/4. S. 220-228.
BZ 4725:27

Oschlies, W.: Die Deutschen in Rumänien. Köln: Bundesinst.f.ostwiss.u. intern.Studien 1986. 83 S.
Bc 01852

Popescu-Puturi, I.: 1 Mai 1939 în Romània – moment de seamà in lupta clasei muncitoare, a poporului român pentru apararea suveranitàti, independentei si integritàtii tării. In: Anale de istorie. A.34, 1988. No.2. S. 84-103.
BZ 4536:34

Solheim, M.: Im Schatten von Hakenkreuz, Hammer und Sichel. Judenmissionar in Rumänien 1937-1948. Erlangen: Verl.d.ev.-luth. Mission 1986. 283 S.
B 60064

L 177 e Staat und Politik

Ciachir, N.: Romania in contextul sudestului Europei. 1900-1914. In: Anale de istorie. A.33, 1987. No.5. S. 55-68.
BZ 4536:33

Gabanyi, A.U.: Borbačev in Bukarest: rumänisch-sowjetische Differenzen treten offen zutage. In: Südosteuropa. Jg.36, 1987. Nr.5. S. 267-275.
BZ 4762:36

Gabanyi, A.U.: Die Nationalkonferenz der Rumänischen K.P. Ceauşescu in der Defensive, jedoch kein Kurswechsel. In: Südosteuropa. Jg.37, 1988. Nr.4. S. 117-127.
BZ 4762:37

Ghermani, D.: Rumäniens Deutschlandpolitik. In: Südosteuropa. Jg.36, 1987. Nr.5. S. 244-252.
BZ 4762:36

Hügner, H.T.: Ceauşescus "dynastischer Sozialismus": Zur Phänomenologie und Struktur politischer Herrschaft in Rumänien. In: Osteuropa-Info. Jg.15, 1987. Nr.70/71. S. 14-28.
BZ 4778:15

Mavius, G.: 75 Jahre nach dem Frieden von Bukarest. In: Die Friedenswarte. Jg.66, 1986. H.3/4. S. 342-374.
BZ 4693:66

România, Ceauşescu, dezarmare, pace. Vol.1.2. Bucureşti: Ed. Političa 1987. 859, 536 S.
B 62595

Roth, H.: Kein Jahr war vergeblich. Hinter Stacheldraht und Gittern, 1958-1964. München: Verl. Südostdt. Kulturwerk 1987. 126 S.
Bc 7233

Schönfeld, R.: Rumäniens eigenwillige Politik. In: Europa-Archiv. Jg.42, 1987. Nr.18. S. 523-532.
BZ 4452:42

Talpeş, I.: Criza Renana şi politica externa a Romaniei. In: Anale de istorie. A.33, 1987. No.5. S. 40-54.
BZ 4536:33

Tismaneanu, V.: Der Zwiespalt des rumänischen Nationalkommunismus. In: Osteuropa-Info. Jg.15, 1987. Nr.70/71. S. 50-67.
BZ 4778:15

The truth of the nationalities in Romania. The plenary meetings of the councils of the working people of magyar and german nationality in the Socialist Rep. of Romania. Bucharest: Ed. Politică 1987. 269 S.
B 63099

L 177 f Wehrwesen

Olteanu, C.: Evoluţia structurilor ostăşeşti la Români. Bucureşti: Ed. Militară 1986. 286 S.
B 62449

Tudor, G.: Pagini de inalt eroism romanesc in legendarele batalii de la maraşti maraşeşsti şi oituz. In: Anale de istorie. A.33, 1987. No.4. S. 36-54.
BZ 4536:33

L 177 g Wirtschaft

Brezinski, H.; Petersen, P.: Die Parallelwirtschaft in Rumänien – ein dynamischer Sektor. In: Südosteuropa. Jg.36, 1987. Nr.5. S. 227-244.
BZ 4762:36

Manescu, B.; Ciulbea, G.: Satul romànesc sub semnul noii revoluţii agrare. In: Anale de istorie. A.34, 1988. No.2. S. 54-83.
BZ 4536:34

Schönfeld, R.: Rumänien: hoher Preis der Autonomiepolitik. In: Aus Politik und Zeitgeschichte. S. 26-37. B.36/37. 1987.
BZ 05159:1987

L 177 k Geschichte

1918 la Români. Desăvirsirea unitătii nationalstatale a poporului Român. Red.: I. Ardeleanu. Bd.1-6. Bucureşti: Ed. Ştiintifică d,siEnciclopedică 1983-86. 771, 789-1342, 840, 544, 595, 525 S.
B 54550

Bobocescu, V.: Lupta maselor populare din teritoriul cotropit impotriva ocupanţilor straini in anii 1916-1918. In: Anale de istorie. A.33, 1987. No.4. S. 55-72.
BZ 4536:33

Boroandă, G.: Contributii la actiunile marinei române în timpul primului ràzboi mondial. In: Revista de istorie. T.40, 1987. No.7 u.8. S. 670-691; S. 790-804.
BZ 4578:40

Ceausescu, I.; Constantiniu, F.; Ionescu, M.E.: A turning point in World War II. 23. Aug.1944 in Romania. New York: Columbia Univ.Pr. 1985. X,235 S.
B 57993

Cogal, J.: Les Roumains – une nation frustrée. Tournai: Lesaffre o.J. 115 S.
B 59189

Hurezeanu, D.: Rascoala din 1907. Si sensurile istoriei moderne a româniei. In: Revista de istorie. T.40, 1987. No.2. S. 119-133.
BZ 4578:40

Muşat, M.: 1 Decembrie 1918 – o zi pentru eternitate. In: Anale de istorie. A.33, 1987. No.5. S. 3-20.
BZ 4536:33

Očerki političeskoj istorii Rumynii 1859-1944. Red.: I.I. Minc. Kišinev: Štiinca 1985. 473 S.
B 58487

Oprescu, P.: Les grandes victoires roumaines de 1917 dans le contexte des relations politiques et militaires avec les Alliés. In: Revue roumaine d'histoire. T.26, 1987. No.3. S. 175-186.
BZ 4477:26

Popescu-Puturi, I.: Semnificaţia istorica. A marilor Victorii Repurtate. In: Anale de istorie. A.33, 1987. No.4. S. 19-35.
BZ 4536:33

Romania. 40 years. Ed.: V. Georgescu. New York: Praeger 1985. 92 S.
B 57561

Udrea, T.: Utworzenie rządu rewolucyjno-demokratycznego Petru Grozy w Rumunii (6III 1945 r.). In: Kraje socjalistyczne. T.2, 1986. No.1-4. S. 127-145.
BZ 4956:2

Zaharia, G.: Unitatea national-statală, independenţa şi progresul social esenţa vieţii poporului român. Bucureşti: Ed. Militară 1986. 414 S.
B 62600

L 179 Rußland/Sowjetunion/ UdSSR

L 179 a Allgemeines

The last empire. Nationality and the Soviet future. Ed.: R. Conquest. Stanford, Cal.: Hoover Institut 1986. XIV, 406 S.
B 60032

The USSR today and tomorrow. Problems and challenges. Ed.: U. Ra'anan. Lexington: Lexington Books 1987. X,140 S.
B 61919

Vojnovič, V.N.: Ihr seid auf dem richtigen Weg, Genossen. München: Piper 1986. 327 S.
B 58181

Walker, M.: The waking giant. The Soviet Union under Gorbachev. London: Joseph 1986. XXVIII, 282 S.
B 60724

L 179 c Biographien

Bellamy, C.: Red star in the West: Marshal Tukhachevskiy and East-West exchanges on the Art of War. In: RUSI journal. Vol.132, 1987. No.4. S. 63-73.
BZ 05161:132

NS-Perestroika? Reformziele nationalsozialistischer Führungskräfte. T.1. Lindhorst: Askania Verl.Ges. 1988. 168 S.
Bc 7958

– **Barinov**
Bourdeaux, L.: Valeri Barinov: the trumpet call. Basingstoke: Marshalls 1985. 256 S.
B 60538

– **Bonner**
Bonner, J.: In Einsamkeit vereint. Die Frau d. sowjet. Physikers u. Nobelpreisträgers Andrej Sacharow... München: Piper 1986. 320 S.
B 60067

– **Černenko**
Černenko, K.U.: Narod i partija ediny. Berlin: Dietz 1985. 411 S.
B 57363

– **Chruscev**
Mlyňǎř, Z.: Chrusčev und Gorbačev – Ähnlichkeiten und Unterschiede. In: Osteuropa-Info. Jg.14, 1987. Nr.68. S. 19-37.
BZ 4778:14

Timmermann, H.: Chruschtschow und das kommunistische Parteiensystem. Konzeptionelle Neuansätze und ihr Scheitern. Köln: Bundesinst.f.ostwiss.u.intern. Studien 1986. III, 27 S.
Bc 01936

– **Goldman**
Goldman, E.: Niedergang der russischen Revolution. Berlin: Karin Kramer 1987. 119 S.
Bc 6699

– **Gorbatschow**
Armstrong, G.P.; Rakowska-Harmstone, T.: Gorbachev, "reform" and the USSR. Gorbachev's strategy of reform. Toronto: Mackenzie Inst. 1987. 32 S.
Bc 7033

Gorbacev, M.: Für die Unsterblichkeit der menschlichen Zivilisation. Hrsg.: Aktion Sühnezeichen/Friedensdienste... Bremen: o.V. 1987. 15 S.
D 3604

Gorbačev, M.S.: Izbrannye Reči i stat'i. Bd.1-3. Moskva: Politizdat 1987. 436, 509, 511 S.
B 63052

Gorbacev, M.S.: Perestroika. Die zweite russische Revolution. München: Droemer Knaur 1987. 343 S.
B 63858

The Gorbachev era. Ed.: A. Dallin. Stanford, Calif.: Stanford Alumni Ass. 1986. XII, 183 S.
Bc 6498

Gorbachev, M.S.: Document: the Revolution and Perestroika. In: Foreign affairs. Vol.66, 1987. No.2. S. 410-425.
BZ 05149:66

Hofheinz, P.: Gorbachev's double burden – economic reform and growth acceleration. In: Millenium. Journal of international studies. Vol.16, 1987. No.1. S. 21-53.
BZ 4779:16

Hofheinz, P.: Piecing together the Gorbachev puzzle. In: Journal of communist studies. Vol.3, 1987. No.2. S. 161-177.
BZ 4862:3

Medvedev, Z.: Gorbachev. Oxford: Basil Blackwell 1987. IX, 272 S.
B 62548

Medwedjew, Z.: Der Generalsekretär. Michail Gorbatschow. E. polit. Biographie. Darmstadt: Luchterhand 1986. 402 S.
B 59787

Schmidt-Häuer, C.: Michail Gorbatschow. 4.Aufl. München: Piper 1985. 367 S.
B 59537

Tucker, R.C.: Gorbachev and the fight for Soviet reform. In: World policy journal. Vol.4, 1987. No.2. S. 180-206.
BZ 4822:4

Vizit General'nogo sekretarja CK KPSS M.S. Gorbačeva v Vengerskuju Narodnuju Respubliku 8-9 ijunja 1986 g: Dokumenti i materialy. Moskva: Politizdat 1986. 32 S.
Bc 6385

– Kalinin
Tolmačev, A.: Michail Kalinin. Eine Biographie. Berlin: Dietz 1986. 239 S.
B 60044

– Kerenskij
Abraham, R.: Alexander Kerensky. The first love of the revolution. New York: Columbia Univ.Pr. 1987. XIII, 503 S.
B 62056

– Kollontai
Raether, G.: Alexandra Kollontai zur Einführung. Hamburg: Junius Verl. 1986. 141 S.
B 57641

– Kopelev
Kopelev, L.: Worte werden Brücken. Aufsätze, Vorträge, Gespräche, 1980-1985. Hamburg: Hoffmann und Campe 1985. 252 S.
B 57015

– Krupskaja
Nadeshda Krupskaja. E. Biographie. Hrsg.: G.D. Obitschkin. Berlin: Dietz 1986. 327 S.
B 60043

– Lenin
Bucharin, N.I.: Das politische Vermächtnis Lenins. In: Sozialismus. Jg.14, 1988. Nr.9. S. 47-55.
BZ 05393:14

Jakovlev, E.: Von Rasliw in den Smolny. Berlin: Dietz 1987. 163 S.
B 6827

Schaefer, A.: Lenins Philosophieren. E. Kritik seines Vermächtnisses. Berlin: Verl. A. Spitz 1986. 150 S.
B 59615

Service, R.: Lenin: a political life. Vol.1. Basingstoke: Macmillan 1985. X,246 S.
B 59438

Williams, R.C.: The other Bolsheviks. Lenin and his critics, 1904-1914. Bloomington, Ind.: Indiana University Press 1986. 233 S.
B 62092

– Leontieff
Wyss, R.: Bewegte Tage in Interlaken vor achtzig Jahren. Ein Terroristenmord im Grandhotel Jungfrau. Interlaken: Scheafli 1986. 40 S.
Bc 02073

– Litvinov
Šejnis, Z.S.: Narodnyi posol Sovetskoj Rossii M.M. Litvinov London 1918 g. In: Novaja i novejšaja istorija. 1987. No.1. S. 115-129.
BZ 05334:1987

– Orgakov
FitzGerald, M.C.: Marshal Ogarkov and the new revolution in Soviet military affairs. In: Defense analysis. Vol.3, 1987. No.1. S. 3-19.
BZ 4888:3

– Orlova
Orlova, R.; Kopelev, L.: Wir lebten in Moskau. München: Knaus 1987. 342 S.
B 62846

– Rakoswkij
Landowsky, J.: Rokowskij-Protokoll über die Vernehmung des Sowjetbotschafters Kristjan Jurjewitsch Rokowskij. Bremen: Faksimile-Verl. 1987. 77 S.
Bc 7445

– Ščaranskij
Gilbert, M.: Shcharansky. Hero of our time. London: Macmillan 1986. XVIII, 467 S.
B 60512

– Skrjabin
Skrjabin, E.: Von Petersburg bis Leningrad. E. Jugend zw. Monarchie u. Revolution. Wiesbaden: Limes Verl. 1986. 233 S.
B 60179

– Skrjabina
Skrjabina, E.: The Soviet Union at war. Vol.1-4. Carbondale, Ill.: Southern Illinois Univ.Pr. 1971-85. 174, 190, 158, 170 S.
B 58144

– Trotsky
King, D.: Trotsky. A photographic biography. Oxford: Basil Blackwell 1986. 334 S.
010330

Trockij, L.: Trotsky's notebooks, 1933-1935. Writings on Lenin, dialectics, and evolutionism. New York: Columbia Univ.Pr. 1986. VIII, 175 S.
B 60033

– Zinovev
Zinovev, A.A.: "Ich bin für mich selbst ein Staat". Betrachtungen e. russ. Kosmopoliten. Zürich: Diogenes 1987. 175 S.
B 60808

– Žukov
Majorov, A.M.: Proslavlennyj polkovodec Velikoj Otečestvennoj vojny. In: Voenno-istoričeskij zurnal. 1986. No.12. S. 39-52.
BZ 05196:1986

L 179 d Land und Volk

Bennigsen, A.; Wimbush, S.E.: Muslims of the Soviet empire. A guide. London: Hurst 1985. XVI, 294 S.
B 61815

Carr, E.H.: An historian overtaken by history. In: Survey. Vol.30, 1988. No.1/2. S. 94-111.
BZ 4515:30

Cohen, S.F.: America's Russia: can the Soviet Union change? In: Socialism and democracy. 1986. No.3. S. 5-16.
BZ 4929:1986

Critchlow, J.: 'Corruption', nationalism, and the native elites in Soviet Central Asia. In: Journal of communist studies. Vol.4, 1988. No.2. S. 142-161.
BZ 4862:4

Cullen, R.B.: Das sowjetische Judentum. In: Europäische Rundschau. Jg.15, 1987. Nr.3. S. 27-40.
BZ 4615:15

Dostal, P.; Knippenberg, H.: De kwestie Nagorno-Karabach. In: Internationale spectator. Jg.42, 1988. Nr.10. S. 602-610.
BZ 05223:42

Eisenberg, C.: U.S. perceptions of Soviet foreign policy, 1945-85. In: Socialism and democracy. 1986. No.3. S. 17-25.
BZ 4929:1986

Erez, T.: Hungary – six days in July 1944. In: Holocaust and genocide studies. Vol.3, 1988. No.1. S. 37-53.
BZ 4870:3

Fisher-Ruge, L.: Nadeschda heißt Hoffnung. Innenansichten aus der Sowjetunion. Düsseldorf: Econ 1987. 284 S.
B 62781

Fleischhauer, I.; Pinkus, B.; Frankel, R.: The Soviet Germans. Past and present. London: Hurst 1986. XI, 185 S.
B 59512

Halbach, U.: Perestroijka und Nationalitätenproblematik. Der Schock von Alma-Ata und Moskaus gespanntes Verhältnis zu Mittelasien. Köln: Bundesinst.f.ostwiss.u.intern.Studien 1987. 103 S.
Bc 02185

Hauner, M.: Soviet global strategy and the Southern Tier. In: Global affairs. Jg.2, 1987. Nr.4. S. 104-118.
BZ 05553:2

Istrati, P.: Vers l'autre flamme. Après seize mois dans l'U.R.S.S. Paris: Gallimard 1987. 317 S.
Bc 7359

Meyer, B.: Das Bild der sowjetischen Bedrohung in der Bundesrepublik Deutschland. In: Beiträge zur Konfliktforschung. 1987. Nr.2. S. 49-65.
BZ 4594:1987

Motyl, A.J.: Will the non-Russians rebel? State, ethnicity, and stability in the USSR. Ithaca, N.Y.: Cornell Univ. 1987. XII, 188 S.
B 63006

Petracchi, G.: Russofilia e russofobia: mito e antimito dell'URSS in Italia. 1943-1948. In: Storia contemporanea. 1988. Nu.2. S. 225-247.
BZ 4590:1988

Ricci, L.: L'immagine dell'Unione Sovietica attraverso il "Corriere della Sera" del periodo fascista. In: Il politico. A.53, 1988. No.1. S. 153-166.
BZ 4541:53

Simon, G.: Nationalismus und die Grenzen der Sowjetunion als Weltmacht. In: Aus Politik und Zeitgeschichte. 1988. B.35. S. 16-28.
BZ 05159:1988

Sowjetunion. Die südlichen Republiken. Hrsg.: H.-D. Schilling. Hamburg: VSA-Verl. 1987. 287 S.
B 61462

Verbrecherische Allianz des Zionismus und Nazismus. Hrsg.: Antizionist. Komitee d. sowjet. Öffentlichkeit. Moskau: APN-Verl. 1985. 38 S.
D 3575

Wiesel, E.: The Jews of silence. A personal report on Soviet Jewry. New York: Schocken Books 1987. IX, 116 S.
Bc 7256

L 179 e Staat und Politik

Barghoorn, F.C.; Remington, T.F.: Politics in the USSR. 3.ed. Boston, Mass.: Little, Brown and Comp. 1986. XIII, 530 S.
B 61441

Derbyshire, I.: Politics in the Soviet Union. From Brezhnev to Gorbachev. Edinburgh: Chambers 1987. VII, 142 S.
Bc 7670

Gorbačev, M.: Was ich wirklich will. Wien: Orac 1987. 263 S.
B 63089

Die Krise des Sowjetsystems und der Westen. Ökonomie, Ideologie, Politik u. d. Perspektiven d. Ost-West-Beziehungen. Hrsg.: T.Meyer. Köln: Bund 1986. 320 S.
B 60877

Lampert, N.: Whistleblowing in the Soviet Union. London: Macmillan 1985. XI, 210 S.
B 57670

Melnik, K.: La troisième Rome. Expansion ou déclin de l'Empire communiste. Paris: Grasset 1985. 477 S.
B 59409

Simjanin, M.: Unter dem Banner des Leninismus. Berlin: Dietz 1986. 418 S.
B 59528

Soviet politics in the 1980s. Ed.: H. Sonnenfeldt. Boulder, Colo.: Westview Press 1985. IX, 245 S.
B 58090

L 179 e 10 Innenpolitik

Agursky, M.: The third Rome. National bolshevism in the USSR. Boulder, Colo.: Westview Press 1987. XVII, 426 S.
B 62738

Alekseeva, L.: Soviet dissent. Contemporary movements for national, religious, and human rights. Middletown, Conn.: Wesleyan Univ.Pr. 1985. XXII, 521 S.
B 62739

Beyerstedt, H.-D.: Marxistische Kritik an der Sowjetunion in der Stalinära (1924-1953). Frankfurt: Lang 1987. 618 S.
B 62356

Broido, V.: Lenin and the Mensheviks. The persecution of socialists under bolshevism. Aldershot: Gower 1987. VIII, 216 S.
B 61047

Doder, D.: Shadows and whispers. Power politics inside the Kremlin from Brezhnev to Gorbachev. New York: Random House 1986. X,339 S.
B 61116

Goudoever, A.P.van: The limits of destalinization in the Soviet Union. London: Croom Helm 1986. 276 S.
B 60487

Hammer, D.P.: The USSR. The politics of oligarchy. 2.ed. Boulder, Colo.: Westview Press 1986. XI, 260 S.
B 61140

Krasnov, V.: Soviet Defectors. The KGB Wanted list. Stanford, Cal.: Hoover Institut 1986. XVI, 264 S.
B 58129

Mandel, D.: Economic reform and democracy in the Soviet Union. In: The Socialist register. Vol.24, 1988. No. S. 132-153.
BZ 4824:24

Owen, R.: Crisis in the Kremlin. Soviet succession and the rise of Gorbachov. London: Gollancz 1986. 253 S.
B 61609

Parchomenko, W.: Soviet images of dissidents and non-conformists. New York: Praeger 1986. XV, 251 S.
B 60996

Simon, G.: Chruščovismus: Wie wandlungsfähig ist das Sowjetsystem. Köln: Bundesinst.f.ostwiss.u.intern.Studien 1986. 40 S.
Bc 01864

Solov'ev, V.S.; Klepikova, E.: Behind the high Kremlin Walls. New York: Dodd, Mead & Co. 1986. XXI, 248 S.
B 60737

Tucker, R.C.: Political culture and leadership in Soviet Russia. From Lenin to Gorbachev. Brighton: Wheatsheaf Books 1987. X,214 S.
B 64162

Vaksman, F.: Ideological struggle. A study in the principles of operation of the Soviet political mechanism. Lanham: Univ.Press of America 1987. IX, 215 S.
B 62742

– nach 1985

"Es gibt kein Zurück". Gorbatschows Reformen – Chancen für Europa. Berlin: Dietz 1987. 160 S.
Bc 7122

Bechtoldt, H.: Gorbatschow: Initiativen oder Reaktionen? In: Außenpolitik. Jg.38, 1987. Nr.4. S. 319-330.
BZ 4457:38

Benn, D.W.: Glasnost' in the Soviet media: liberalization or public relatons? In: Journal of communist studies. Vol.3, 1987. No.3. S. 267-276.
BZ 4862:3

Bercken, W.van den: Perestrojka: "aggiornamento of reformatie". In: Internationale spectator. Jg.42, 1988. Nr.4. S. 189-196.
BZ 05223:42

Bischoff, J.: Demokratie und Sozialismus. In: Sozialismus. Jg.13, 1987. Nr.11. S. 29-36.
BZ 05393:13

Borcke, A.von: Die Abrüstungsvorschläge Gorbatschows und das "neue Denken". Indizien aus der sowjet. Innenpolitik. Köln: Bundesinst.f.ostwiss.u.intern.Studien 1987. 45 S.
Bc 02151

Brahm, H.: Gorbatschows erste Schritte. Köln: Bundesinst.f.ostwiss.u.intern.Studien 1987. 26 S.
Bc 02150

Conert, H.: Perestrojka – Der mühsame Weg des Umbaus der sowjetischen Gesellschaft. Zum Verhältnis von Ökonomie und Politik im Reformprozeß. In: Prokla. Jg.17, 1987. Nr.69. S. 8-34.
BZ 4613:17

Conert, H.: Vor einer Wegmarke der Perestroika. In: Blätter für deutsche und internationale Politik. Jg.33, 1988. Nr.6. S. 707-718.
BZ 4551:33

David, V.: Bedeutet Gorbačev Reform einen Umbruch? In: Osteuropa-Info. Jg.14, 1987. Nr.68. S. 38-48.
BZ 4778:14

Fedossow, P.: "glasnost" und "perestrojka" machen auch um die Geschichte keinen Bogen. Entwicklungen und Diskussionen in der Sowjetunion. In: Blätter für deutsche und internationale Politik. Jg.32, 1987. Nr.9. S. 1152-1164.
BZ 4551:32

Feher, F.: La stratégie soviétique d'ici à la fin du siècle (II). In: Commentaire. A.10, 1987. No.38. S. 288-297.
BZ 05436:10

Flaherty, P.: Recasting the Soviet State: organizational politics in the Gorbachev era. In: The Socialist register. Vol.24, 1988. No. S. 90-131.
BZ 4824:24

Frenkin, A.: Glasnost – ein Ausdruck sowjetischer Demokratie. In: Beiträge zur Konfliktforschung. 1987. Nr.2. S. 27-48.
BZ 4594:1987

Gatterdam, K.-H.: Welcher Sozialismus? In: Konsequent. Jg.17, 1987. Nr.3. S. 81-91.
BZ 4591:17

Genscher, H.-D.: Gorbachov y su "nueva política". In: Politica exterior. Vol.1, 1987. No.3. S. 31-43.
BZ 4911:1

Glasnost – neue Offenheit. Artikel u. Leserbriefe aus der sowjet. Presse. Hrsg.: U. Engelbrecht. Köln: Kiepenheuer & Witsch 1987. 152 S.
Bc 7723

Glasnost / Perestrojka. Hrsg.: J. Huffschmid. Bd.1-3. Köln: Pahl-Rugenstein 1987. 157, 194 S.
Bc 7132

Harasymiw, B.: Gorbachev's reorganization and the Gorkom. In: Studies in comparative communism. Vol.21, 1988. No.1. S. 61-70.
BZ 4946:21

Karol, K.S.: Gorbachev and the dynamics of change. In: The Socialist register. Vol.24, 1988. No. S. 12-36.
BZ 4824:24

Katsenelinboigen, A.: Will Glasnost bring the reactionaries to power? In: ORBIS. Vol.32, 1988. No.2. S. 217-230.
BZ 4440:32

Knabe, B.: "Perestrojka" und die materiellen Grundbedürfnisse der Menschen in der UdSSR. Köln: Bundesinst.f. ostwiss. u.intern.Studien 1987. 49 S.
Bc 02225

Lyne, R.: Making waves: Mr. Gorbachev's public diplomacy, 1985-1986. In: International affairs. Vol.63, 1987. No.2. S. 205-224.
BZ 4447:63

Mlynar, Z.: The chances of Gorbachev's reforms. In: Praxis international. Vol.7, 1987. No.3/4. S. 368-381.
BZ 4783:7

Osnovni Naprjami ekonomičnogo i social'nogo rozvitku SRSR na 1986-1990 roki i na period do 2000 roku. Kiev: Politizdat Ukrainy 1986. 93 S.
Bc 5877

Perels, J.: Öffentlichkeit als Produktivität? In: Osteuropa-Info. Jg.15, 1987. Nr.72. S. 6-23.
BZ 4778:15

Perestroika. Die zweite Etappe hat begonnen. Köln: Pahl-Rugenstein 1988. 154 S.
Bc 7679

Quatras, J.: New Soviet thinking is not good news. In: The Washington quarterly. Vol.11, 1988. No.3. S. 171-183.
BZ 05351:11

Reiman, M.: Gorbačev im Kontext der sowjetischen Entwicklung der letzten Jahrzehnte. In: Osteuropa-Info. Jg.14, 1987. Nr.68. S. 7-17.
BZ 4778:14

Sagladin, W.: Die Umgestaltung wird verwirklicht. In: Konsequent. Jg.17, 1987. Nr.3. S. 9-17.
BZ 4591:17

Schlott, W.: Der kalkulierte Witterungsumschwung. In: Osteuropa-Info. Jg.14, 1987. Nr.68. S. 67-81.
BZ 4778:14

Schmidt-Häuer, C.; Huber, M.: Rußlands zweite Revolution. Chancen u. Risiken der Reformpolitik Gorbatschows. München: Piper 1987. 208 S.
Bc 7027

Schröder, H.-H.: Gorbatschow und die Generäle. Militärdoktrin, Rüstungspol. u. öffentl. Meinung in der "Perestrojka". Köln: Bundesinst.f.ostwiss.u.intern.Studien 1987. 53 S.
Bc 02228

Service, R.: Gorbachev's political reforms: the future in the past. In: Journal of communist studies. Vol.3, 1987. No.3. S. 277-285.
BZ 4862:3

Somerset, W.; Waszczuk, J.; Thomas, E.: Perestroika: Pläne und Taten. In: Probleme des Friedens und des Sozialismus. Jg.30, 1987. Nr.11. S. 1455-1464.
BZ 4504:30

Süß, W.: Mit gemischten Gefühlen. Zur Akzeptanz der sowjetischen Reform in den "Bruderparteien". In: Prokla. Jg.17, 1987. Nr.69. S. 70-90.
BZ 4613:17

Was geht in der Sowjetunion vor sich? Gorbatschow u. d. Krise des Stalinismus. Essen: Gervinus 1987. 42 S.
Bc 7285

Zademach, W.: Glasnost und Perestroika – Hoffnung für die Welt? E. Versuch über theolog. Bezüge u. Perspektiven...
Essen: Die Blaue Eule 1988. 87 S.
Bc 7421

– Politisches System

Buchholz, A.: Perspektiven der Sowjetideologie. In: Aus Politik und Zeitgeschichte. 1987. B.45. S. 35-43.
BZ 05159:1987

Fehér, F.; Heller, A.: Eastern left, Western left. Totalitarianism, freedom and democracy. Cambridge: Polity Press 1987. 287 S.
B 60635

Kartveli, S.: URSS: la dialectique ambiguë du changement. In: Politique étrangère. A.52, 1987. No.3. S. 567-583.
BZ 4449:52

Kennan, G.F.: Los orígines del comportamiento soviético. In: Politica exterior. Vol.1, 1987. No.3. S. 135-152.
BZ 4911:1

Meyer, F.: UdSSR. Gesicht e. Weltmacht. Reinbek: Rowohlt 1986. VIII, 320 S.
B 60880

Rice, C.: The party, the military and decision authority in the Soviet Union. In: World politics. Vol.40, 1987. No.1. S. 55-81.
BZ 4464:40

Rozman, G.: The Chinese debate about Soviet socialism, 1978-1985. Princeton, N.J.: Princeton Univ.Press 1987. XI, 396 S.
B 61927

L 179 e 11 Verfassung

Deloffre, J.: Die Todesstrafe in der Sowjetunion. In: Osteuropa-Info. Jg.15, 1987. Nr.72. S. 71-80.
BZ 4778:15

Errera, R.: Les droits de l'homme en URSS (II). Quand les Soviétiques passent aux aveux. In: Commentaire. A.10, 1987. No.38. S. 298-308.
BZ 05436:10

Huebner, P.: Zur Lage der Menschenrechte in der Sowjetunion, 1975-1985. Köln: Bundesinst.f.ostwiss.u.intern.Studien 1987. 85 S.
Bc 02053

Koryagin. A man struggling for human dignity. Ed.: R.van Voren. Amsterdam: Second World Pr. 1987. 112 S.
Bc 6860

Pfaff, I.: Der Widerhall der Moskauer Prozesse 1936-1938 in der tschechoslowakischen Linken. In: Zeitschrift für Ostforschung. Jg.36, 1987. Nr.2. S. 203-254.
BZ 4469:36

The prisoner. Yuli and Tatiana Edelshtein. Hull: Wilberforce Council 1986. 63 S.
Bc 7621

Sadunaité, N.: Un sourire ou goulag. Journal d'une catholique lituanienne, 1975-1983. 3.éd. Mareil-Marly: Aide a l'église en détresse 1985. 187 S.
B 60080

Sinyavsky & Daniel. In: Survey. Vol.30, 1988. No.1/2. S. 12-32.
BZ 4515:30

Werth, N.: Les procès de Moscou. Bruxelles: Ed.Complexe 1987. 188 S.
Bc 6823

L 179 e 12 Regierung und Verwaltung

Bugaj, N.F.: Die kommunistischen Fraktionen in den Sowjets Rußlands und der Kampf für den Frieden im Jahre 1918. In: Zeitschrift für Geschichtswissenschaft. Jg.35, 1987. Nr.10. S. 897-902.
BZ 4510:35

Conquest, R.: Inside Stalin's secret police. NKVD politics, 1936-39. Houndmills: MacMillan Pr. 1985. IX, 222 S.
B 60574

Narkiewicz, O.A.: Soviet leaders. From the cult of personality to collective rule. Brighton: Wheatsheaf Books 1986. IX, 256 S.
B 60393

Ross, C.: Local government in the Soviet Union. London: Croom Helm 1987. 229 S.
B 60647

Schneider, E.: Zwei Jahre Gorbatschow: Die versuchte "Umgestaltung" der Regierung. Köln: Bundesinst.f.ostwiss.u.intern.Studien 1987. 42 S.
Bc 02133

Simon, G.: Regionalismus in der Sowjetunion. Köln: Bundesinst.f.ostwiss.u. intern. Studien 1987. 47 S.
Bc 02130

Tolkunov, L.N.: Wie der oberste Sowjet der UdSSR funktioniert. Moskau: APN-Verl. 1987. 139 S.
Bc 7310

L 179 e 14 Parteien

Dumova, N.G.: Der bürgerliche Liberalismus in Rußland und die Oktoberrevolution. In: Zeitschrift für Geschichtswissenschaft. Jg.35, 1987. Nr.10. S. 903-911.
BZ 4510:35

Merl, S.: "Ausrottung" der Bourgeoisie und der Kulaken in Sowjetrußland? In: Geschichte und Gesellschaft. Jg.13, 1987. H.3. S. 368-381.
BZ 4636:13

Scanlan, J.P.: Marxism in the USSR. Ithaca, N.Y.: Cornell Univ. 1985. 362 S.
B 58376

Shenfield, S.: The nuclear predicament. Explorations in Soviet ideology. London: Routledge & Kegan Paul 1987. 126 S.
Bc 7265

Yanov, A.: The Russian challenge and the year 2000. Oxford: Basil Blackwell 1987. XVI, 302 S.
B 62486

Zinov́ev, A.A.: Die Macht des Unglaubens. Anmerkungen zur Sowjetideologie. München: Piper 1986. 214 S.
B 59953

– KPdSU

Angeklagt: 30 Jahre Verrat am Sozialismus. Dokument. d. intern. Tribunals d. marxist.-leninist. Partei Deutschlands... Düsseldorf: Verl. Neuer Weg 1986. 267 S.
B 59569

Benvenuti, F.di: Il ventesimo congresso del PSCUS. Analisi di un convegno. In: Italia contemporanea. 1987. No.167. S. 111-122.
BZ 4489:1987

Brahm, H.; Höhmann, H.-H.: Die 19. Unionsparteikonferenz der KPdSU. In: Aus Politik und Zeitgeschichte. 1988. B.35. S. 3-15.
BZ 05159:1988

Chotiner, B.A.: Organizational change, local party, committees, and farms. In: Studies in comparative communism. Vol.21, 1988. No.1. S. 45-60.
BZ 4946:21

Dahm, H.: Der XXVII. Parteitag der KPdSU und ihr neues Programm. Köln: Bundesinst.f.ostwiss.u.intern.Studien 1986. 106 S.
Bc 01867

Fortescue, S.: The communist party and Soviet science. Basingstoke: Macmillan 1986. X,234 S.
B 60681

Gill, G.: The single party as an agent of development: lessons from the Soviet experience. In: World politics. Vol.39, 1987. No.4. S. 566-578.
BZ 4464:39

Gorbačev, M.S.: Partei der Revolution – Partei der Umgestaltung. Moskau: APN-Verl. 1987. 31 S.
Bc 7101

Gorbatschow, M.: Verantwortung gegenüber Volk und Revolution. In: Marxistische Blätter. Jg.26, 1988. H.8/9. S. 8-16.
BZ 4548:26

Guerra, A.: Il giorno che Chruscev parló. Dal XX Congresso alla rivolta ungherese. Roma: Ed. Riuniti 1986. 296 S.
B 60471

Laird, R.D.: The politburo. Demographic trends, Gorbachev, and the future. Boulder, Colo.: Westview Press 1986. XV, 198 S.
Bc 6501

Meissner, B.: Das Aktionsprogramm Gorbatschows. Die Neufassung d. dritten Parteiprogramms d. KPdSU. Köln: Verlag Wissenschaft und Politik 1987. 157 S.
B 60261

Meissner, B.: Gorbatschows "Perestrojka": Reform oder Revolution? In: Außenpolitik. Jg.38, 1987. Nr.3. S. 211-229.
BZ 4457:38

Meissner, B.: Partei, Staat und Nation in der Sowjetunion. Berlin: Dunker u.Humblot 1985. 543 S.
B 57348

Schneider, E.: Gorbatschows Personalschub. Die Neubesetzung der Spitzenpositionen in Partei u. Staat. Köln: Bundesinst.f.ostwiss.u.intern.Studien 1985. 47 S.
Bc 01841

Timmermann, H.: Gorbatschows außenpolitische Leitlinien. Die intern. Bez. Moskaus auf d.27.Parteitag d.KPdSU. Köln: Bundesinst.f.ostwiss.u.intern.Studien 1986. 32 S.
Bc 01858

Timmermann, H.: Der XXVII. KPdSU-Kongreß und das internationale kommunist. Parteiensystem. Köln: Bundesinst. f.ostwiss.u.intern.Studien 1986. 32 S.
Bc 01860

Wettig, G.: Das "neue Denken" in der UdSSR – ein Abrücken von alter Klassenpolitik? Köln: Bundesinst.f.ostwiss.u. intern.Studien 1986. 30 S.
Bc 01980

Zagladin, V.: Zum Frieden gibt es keine vernünftige Alternative. Berlin: Dietz 1987. 211 S.
Bc 7447

L 179 e 20 Außenpolitik

Aichinger, W.; Maiwald, A.F.: Die globale Bündnispolitik der UdSSR. In: Österreichische militärische Zeitschrift. Jg.25, 1987. Nr.4. S. 319-330.
BZ 05214:25

Audigier, P.: La nouveauté de la politique extérieure de l'URSS. In: Stratégique. 1987. No.4. S. 5-38.
BZ 4694:1987

Berner, W.; Dahm, H.: "Neues Denken" in der Außenpolitik der UdSSR. Köln: Bundesinst.f.ostwiss.u.intern.Studien 1987. III, 81 S.
Bc 02229

Bialer, S.: 'New Thinking' and Soviet foreign policy. In: Survival. Vol.30, 1988. No.4. S. 291-309.
BZ 4499:30

Bialer, S.: The Soviet paradox. External expansion, internal decline. New York: Knopf 1986. IX, 391 S.
B 60747

Carrère d'Encausse, H.: Ni paix ni guerre. Le nouvel empire soviétique ou du bon usage de la détente. o.O.: Flammarion 1986. 413 S.
B 59630

Dellenbrant, J.A.: The Central Asian challenge: Soviet decision-making on regional stability under Brezhnev and Gorbachev. In: Journal of communist studies. Vol.4, 1988. No.1. S. 54-77.
BZ 4862:4

Dobrynin, A.: Die Außenpolitik der Sowjetunion: prinzipielle Grundlagen und neues Denken. In: Probleme des Friedens und des Sozialismus. Jg.31, 1988. Nr.3. S. 300-310.
BZ 4504:31

Domic Kuscevic, J.: Política exterior sovietica. Algunos fundamentos. Santiago: Inst. de Ciencia Político 1985. 77 S.
Bc 6958

Elias, R.: Die Gesellschaft der Freunde des neuen Rußland. Köln: Pahl-Rugenstein 1985. 219 S.
Bc 6002

From Brezhnev to Gorbachev. Domestic affairs and Soviet foreign policy. Ed.: H.-J. Veen. Leamingston Spa,: Berg 1987. XII, 378 S.
B 60926

Golicyn, A.: New lies for old. The communist strategy of deception and disinformation. Brighton: Wheatsheaf Books 1986. XXII, 412 S.
B 60513

Herrmann, R.K.: Perceptions and behavior in Soviet foreign policy. Pittsburg, Pa.: Univ.of Pittsburg Pr. 1985. XXI, 266 S.
B 58856

Lengyel, I.: Forradalom és diplomácia. A rapallói egyezmény megsületése 1922. Budapest: Kossuth Könyvkiadó 1987. 265 S.
B 62607

Meissner, B.: Außenpolitik und Völkerrecht der Sowjetunion. Köln: Verlag Wissenschaft und Politik 1987. 358 S.
B 61460

Napuch, Y.: Die Sowjetunion, das Erdöl und die Ursachen des Kalten Krieges. Frankfurt: Lang 1986. 499 S.
B 59612

Naročnickij, A.L.; Nežinskij, L.N.: Aktual'nye voprosy izučenija istorii vnešnej politiki SSSR i meždunarodnych otnošenij. In: Voprosy istorii. 1987. No.11. S. 53-63.
BZ 05317:1987

Primakow, J.: Eine neue Philosophie der Außenpolitik. In: Konsequent. Jg.17, 1987. Nr.3. S. 18-25.
BZ 4591:17

Reisinger, W.M.: The Brezhnev doctrine and Polish-Soviet bargaining, 1971. In: Journal of communist studies. Vol.3, 1987. No.3. S. 250-266.
BZ 4862:3

Rubinstein, A.Z.: The Soviet Union's foreign policy environment to the year 2000. In: Naval War College review. Vol.40, 1987. No.3. S. 19-36.
BZ 4634:40

Snyder, J.: The Gorbachev revolution: a waning of Soviet expansionism? In: International security. Vol.12, 1988. No.3. S. 93-131.
BZ 4433:12

Soviet foreign Policy in a changing world. Ed.: R.F.Laird. Berlin: Gruyter de 1986. XXIV, 969 S.
B 58473

Strode, D.L.: Soviet China policy in flux. In: Survival. Vol.30, 1988. No.4. S. 332-350.
BZ 4499:30

Timmermann, H.: Gorbatschow zeigt außenpolitisches Profil. Kurskorrekturen oder Konzeptionswandel? Köln: Bundesinst.f.ostwiss.u.intern.Studien 1985. 49 S.
Bc 01843

Wohlforth, W.C.: The perception of power: Russia in the Pre-1914 balance. In: World politics. Vol.39, 1987. No.3. S. 353-381.
BZ 4464:39

– **Außenpolitische Beziehungen**

Aguila, J.M.del: Soviet activities and U.S. interests in Latin America. In: World affairs. Vol.149, 1986. No.2. S. 93-100.
BZ 05509:149

Agursky, M.: Soviet priorities in the Arab-Israeli conflict. In: The Jerusalem journal of international relations. Vol.9, 1987. No.2. S. 43-82.
BZ 4756:9

Aichinger, W.: Die globale Bündnispolitik der UdSSR. In: Österreichische militärische Zeitschrift. Jg.25, 1987. Nr.5. S. 422-432.
BZ 05214:25

Aleksandrov, V.V.; Arsen'ev, V.N.: SSSR – Japonija: tridcat'let spustja. In: Problemy dal'nego vostoka. 1986. No.4. S. 34-44.
BZ 05458:1986

Ashby, T.: The bear in the back yard. Moscow's Caribbean strategy. Lexington: Lexington Books 1987. XII, 240 S.
B 62757

Bowker, M.; Williams, P.: Misperception in Soviet-American relations. London: Council for arms control 1986. 24 S.
Bc 7351

Buszynski, L.: Soviet foreign policy and Southeast Asia. London: Croom Helm 1986. 303 S.
B 59757

Campbell, K.M.: Southern Africa in Soviet foreign policy. London: International Inst.for Strategic Studies 1987/88. 76 S.
Bc 7466

Casey, F.M.: The theory and tactics of Soviet Third World strategy. In: The journal of social, political and economic studies. Vol.12, 1987. No.3. S. 243-258.
BZ 4670:12

Cynkin, T.M.: Glasnost, perestroika and Eastern Europe. In: Survival. Vol.30, 1988. No.4. S. 310-331.
BZ 4499:30

De Sovjet-Unie en de europese veiligheid. Leuven: Univ. Pers Leuven 1987. 157 S.
B 62379

Duncan, W.R.: The Soviet Union and Cuba. New York: Praeger 1985. XV, 220 S.
B 57998

Dunér, B.: Cuba: Dependent interventionism. In: Cooperation and conflict. Nordic journal of international politics. Vol.22, 1987. No.1. S. 36-47.
BZ 4605:22

Falk, R.: Die Bedeutung des "neuen Denkens" für die Nord-Süd-Politik. Zur Dritte-Welt-Politik der USSR. In: Blätter für deutsche und internationale Politik. Jg.32, 1987. Nr.8. S. 1055-1084.
BZ 4551:32

Fejtö, F.: Gorbatschow und die Volksdemokratien. In: Europäische Rundschau. Jg.15, 1987. Nr.2. S. 41-54.
BZ 4615:15

Floridi, A.U.: Moscow and the Vatican. Ann Arbor, Mich.: Ardis 1986. 279 S.
B 59516

Folan, K.T.: An evaluation of recent Soviet foreign policy in black Africa. Ann Arbor, Mich.: UMI 1986. 151 S.
B 58504

Fukuyama, F.: Moscow's post-Brezhnev reassessment of the third world. Santa Monica, Calif.: Rand Corp. 1986. XI, 91 S.
Bc 7485

The future of Soviet policy toward Western Europe. Ed.: H.Gelman. Santa Monica, Calif.: Rand Corp. 1985. IX, 204 S.
Bc 7414

Gati, C.: Gorbachev and Eastern Europe. In: Foreign affairs. Vol.65, 1987. No.5. S. 958-975.
BZ 05149:65

Gati, C.: Gorbatschow und Osteuropa. In: Europäische Rundschau. Jg.15, 1987. Nr.4. S. 45-68.
BZ 4615:15

Gawad, A.: How the Gulf was won: oil and Islam in Soviet foreign policy. In: American Arab affairs. 1987. No.22. S. 56-62.
BZ 05520:1987

Gerner, K.: The Soviet Union and Central Europe in the post-war era: a study in precarious security. Aldershot: Gower 1985. XI, 228 S.
B 59217

Glaubitz, J.: Arbeitspapier betr.: Zu den jüngsten Aktivitäten sowjetischer Außenpolitik gegenüber dem asiatisch-pazifischen Raum. Ebenhausen: Stiftung Wissenschaft u. Politik 1986. 42 S.
Bc 01888

Gloeckner, E.: Die Sowjetunion, Kuba und die Situation in Mittelamerika. Köln: Bundesinst.f.ostwiss.u.intern.Studien 1986. 74 S.
Bc 01978

Groeneveld, N.C.: Crisis en crisis-beheersing tussen Moskou en Warschau. In: Internationale spectator. Jg.41, 1987. Nr.10. S. 505-513.
BZ 05223:41

Ha, J.M.: Gorbachev's bold Asian initiatives: Vladivostok and beyond. In: Asian perspective. Vol.12, 1988. No.1. S. 5-33.
BZ 4889:12

Ha, Y.-C.: Soviet-Japanese relations in the 1980s. In: Korea and world affairs. Vol.11, 1987. No.2. S. 254-267.
BZ 4894:11

Haass, R.N.: The "europeanization" of Moscow's Asia policy. In: SAIS review. Vol.7, 1987. No.2. S. 127-141.
BZ 05503:7

Haberl, O.N.: Jugoslawien und die UdSSR seit Tito. Köln: Bundesinst.f.ostwiss.u.intern.Studien 1985. II, 36 S.
Bc 01846

Hassner, P.: Gorbatschow im Westen. In: Europäische Rundschau. Jg.16, 1988. Nr.2. S. 15-24.
BZ 4615:16

Heinzig, D.: Sowjetische Asien- und Pazifikpolitik unter Gorbatschow: Dynamik in Richtung Osten. Köln: Bundesinst. f.ostwiss.u.intern.Studien 1987. 53 S.
Bc 02131

Heinzig, D.: Sowjetische China-Politik unter Gorbatschow. Köln: Bundesinst. f.ostwiss.u.intern.Studien 1987. 38 S.
Bc 02226

Hiller, M.P.: Krisenregion Nahost. Russische Orientpolitik im Zeitalter d. Imperialismus, 1900-1914. Frankfurt: Lang 1985. 335 S.
B 57399

Horn, R.C.: Soviet leadership changes and Sino-Soviet relations. In: ORBIS. Vol.30, 1987. No.4. S. 683-699.
BZ 4440:30

Hubel, H.: Die sowjetische Nahost-Politik unter Gorbatschow. In: Europa-Archiv. Jg.43, 1988. Nr.10. S. 277-284.
BZ 4452:43

Isaev, M.P.; Cernyšev, A.S.: Istorija sovetsko-v'etnamskich otnošenij 1917-1985. Moskva: Meždunar. otnošenija 1986. 304 S.
B 62638

Katz, M.N.: Russia and Arabia. Soviet foreign policy toward the Arabian Peninsula. Baltimore, Md.: Johns Hopkins Univ.Pr. 1986. XVI, 279 S.
B 59249

Kimura, H.: Gorbachev's foreign policy in Asia and the Pacific. In: Japan review of international affairs. Vol.1, 1987. No. S. 62-94.
BZ 4926:1

Kühne, W.: "Neuer Realismus" in Moskaus Afrika-Politik? In: Aus Politik und Zeitgeschichte. 1988. B.7-8. S. 31-41.
BZ 05159:1988

Kulesza, E.: La réforme dans les pays de l'Est: le facteur Gorbatchev. In: Politique étrangère. A.52, 1987. No.3. S. 619-630.
BZ 4449:52

Kumanev, G.A.; Čuzakov, L.M.: SSSR i Anglija: Voenno-ekonomičeskoe sotrudničestvo v gody vtoroj mirovoj vojny. In: Novaja i novejšaja istorija. 1987. No.2. S. 26-57.
BZ 05334:1987

Laurent, E.: La corde pour les pendre... Relations entre milieux d'affaires occidentaux et régimes communistes de 1917 à nos jours. Paris: Fayard 1985. 304 S.
B 57080

Lee, M.: Some reflections on Soviet influence in East Asia. In: Asian perspective. Vol.10, 1986. No.2. S. 255-271.
BZ 4889:10

Linde, G.: Moskau und Aden: Partner stürzen, Bastionen bleiben. Köln: Bundesinst.f.ostwiss.u.intern.Studien 1987. II, 32 S.
Bc 02186

Manning, R.A.: Moscow's Pacific future: Gorbachev rediscovers Asia. In: World policy journal. Vol.5, 1988. No.1. S. 55-78.
BZ 4822:5

Menon, R.: Soviet power and the Third World. New Haven: Yale Univ.Pr. 1986. IX, 261 S.
B 60985

Nissman, D.B.: The Soviet Union and Iranian Azerbaijan. The use of nationalism for political penetration. Boulder, Colo.: Westview Press 1987. IX, 123 S.
Bc 7086

Nolte, E.: Der europäische Bürgerkrieg 1917-1945. Nationalsozialismus u. Bolschewismus. Frankfurt: Ullstein 1987. VII, 616 S.
B 63205

Omar, A.: Die russisch-afghanischen Beziehungen von der ersten russischen Gesandtschaft 1878/79 nach Afghanistan bis zum sowjet. Einmarsch in Afghanistan am 27.12.1979. Frankfurt: Lang 1987. 216 S.
Bc 7866

Oudenaren, J.van: Die Sowjetunion und Osteuropa. Neue Erwartungen und alte Zwänge. In: Europa-Archiv. Jg.43, 1988. Nr.7. S. 169-180.
BZ 4452:43

Pfeiler, W.: Deutschlandpolitische Optionen der Sowjetunion. Melle: Knoth 1987. 187 S.
Bc 7648

Phillips, A.L.: Soviet Policy toward East Germany reconsidered. The postwar decade. New York: Greenwood Press 1986. XII, 262 S.
B 61912

Pisarev, Ju. A.: Otnošenija meždu rossiej i turciej nakanune pervoj mirovoj vojny. In: Voprosy istorii. 1986. No.12. S. 27-39.
BZ 05317:1986

Platt, A.: Soviet-West European relations. Recent trends and near-term prospects. Santa Monica, Calif.: Rand Corp. 1986. XIII, 50 S.
Bc 7389

Ploss, S.I.: Moscow and the Polish crisis. An interpretation of Soviet policies and intentions. Boulder, Colo.: Westview Press 1986. IX, 182 S.
Bc 6502

Ro'i, Y.: A new Soviet policy towards Israel? In: The Jerusalem quarterly. 1987. No.44. S. 3-17.
BZ 05114:1987

Saivetz, C.R.; Woodby, S.: Soviet-Third World Relations. Boulder, Colo.: Westview Press 1985. XIII, 254 S.
B 58431

Schulz, E.: Sowjetische Deutschland-Politik: Noch immer unentschlossen? In: Deutschland-Archiv. Jg.20, 1987. Nr.9. S. 940-949.
BZ 4567:20

Segal, G.: The Soviet Union and the Pacific Century. In: Journal of communist studies. Vol.3, 1987. No.4. S. 132-147.
BZ 4862:3

Shearman, P.: Gorbachev and the Third World: an era of reform? In: Third world quarterly. Vol.9, 1987. No.4. S. 1083-1117.
BZ 4843:9

Shearman, P.: The Soviet Union and Cuba. London: Routledge & Kegan Paul 1987. 103 S.
Bc 7347

Soviet interests in the Third World. Ed.: R.Cassen. London: Sage Publ. 1985. XI, 329 S.
B 58663

The Soviet Problem in American-German relations. Ed.: U.Nerlich. New York: Crane, Russak 1985. XII, 427 S.
B 59071

Soviet-American Relations with Pakistan, Iran and Afghanistan. Ed.: H.Malik. Houndmills: MacMillan Pr. 1987. XIII, 431 S.
B 60914

Soviet-East European relations as a problem for the West. Ed.: R.D.Vine. London: Croom Helm 1987. 262 S.
B 62569

Soviet-Latin American relations in the 1980s. Ed.: A.Varas. Boulder, Colo.: Westview Press 1987. XI, 290 S.
B 62713

Die Sowjetunion in Afghanistan. Hrsg.: Bürgerinitiative Frieden aktiv sichern. Karslruhe: o.V. 1987. o.Pag.
D 03764

Spasov, L.: Bulgaro-suvetski diplomatičeski Otnošenija 1934-1944. Sofija: Nauka i Izkustvo 1987. 205 S.
B 62644

SSSR i Indija. Red.: G.G.Kotovskij. Moskva: Glavnaja Red. Vostočnoj Lit. 1987. 385 S.
B 62972

Szymborski, W.: Polityczne aspekty stosunków ZSRR z państwami Rady Współpracy Zatoki. In: Sprawy Międzynarodowe. R.40, 1987. No.9. S. 35-50.
BZ 4497:40

Tatu, M.: Mijail Gorbachov y Europa. In: Politica exterior. Vol.1, 1987. No.1. S. 66-76.
BZ 4911:1

Timmermann, H.: Die sowjetische Westeuropapolitik unter Gorbatschow. Köln: Bundesinst.f.ostwiss.u.intern.Studien 1987. 30 S.
Bc 02051

Tinguy, A.de: Les relations soviéto-américaines. Paris: Presses Univ.de France 1987. 127 S.
Bc 7475

Valkenier, E.K.: New Soviet thinking about the Third World. In: World policy journal. Vol.4, 1987. No.4. S. 651-674.
BZ 4822:4

VanOudenaren, J.: Soviet policy toward Western Europe. Objectives, instruments, results. Santa Monica, Calif.: Rand Corp. 1986. XI, 118 S.
Bc 7380

Vermeersch, J.; Schockaert, J.: De Sovjetunie en de Derde Wereld. Kapellen: De Nederlandsche Boekhandel/ Uitgeverij Pelckmans 1987. 96 S.
Bc 7865

Vukadinović, R.: Gorbatschow und die SDI. In: Europäische Rundschau. Jg.15, 1987. Nr.4. S. 69-84.
BZ 4615:15

Wasiak, K.: Miejsce i rola stosunków ze Związkiem Radzieckim w polityce zagranicznej NRD w latach siedemdziesiątych. In: Kraje socjalistyczne. T.3, 1987. No.1-2. S. 145-165.
BZ 4956:3

Wesson, R.: The Soviet way in Latin America. In: World affairs. Vol.149, 1986. No.2. S. 67-74.
BZ 05509:149

Whelan, J.G.; Dixon, M.J.: The Soviet Union in the Third World: threat to world peace? Washington: Pergamon-Brassey's 1986. XCVII, 486 S.
B 60846

Wozniuk, V.: From crisis to crisis. Soviet-Polish relations in the 1970s. Ann Arbor, Mich.: UMI 1986. 278 S.
B 58207

Yopo, H.B.: La Unión Soviética y la crisis centroamericana. La asistencia militar a Cuba y Nicaragua. Santiago: Centro de Estudios de la Realidad Contemporanea 1986. 43 S.
Bc 02105

Young, S.M.: Gorbachev's Asian policy. In: Asian survey. Vol.28, 1988. No.3. S. 317-352.
BZ 4437:28

Zubek, V.: Soviet "New Thinking" and the central American crisis. In: Journal of Interamerican studies and world affairs. Vol.29, 1987. No.3. S. 85-106.
BZ 4608:29

L 179 e 23 Sicherheitspolitik

Colard, D.: La conception soviétique de la sécurité internationale: Ie SISI. In: Défense nationale. A.43, 1987. No.12. S. 87-103.
BZ 4460:43

Tiedtke, J.: Neuorientierung oder Etikettenschwindel? In: Osteuropa-Info. Jg.14, 1987. Nr.68. S. 49-62.
BZ 4778:14

Wettig, G.: Gorbatschows "ausreichende Verteidigung" in der sowjetischen Sicherheitspolitik. Köln: Bundesinst.f.ostwiss.u. intern.Studien 1987. 30 S.
Bc 02184

L 179 f Wehrwesen

Bushnell, J.: Mutiny amid repression. Russian soldiers of the revolution of 1905-1906. Bloomington, Ind.: Indiana University Press 1985. 334 S.
B 58855

Donnelly, C.N.: Heirs of Clausewitz. Change and continuity in the Soviet war machine. London: Inst. for European Defence a. Strategic Studies 1985. 40 S.
Bc 7664

Gervasi, T.: The myth of Soviet military supremacy. New York: Harper & Row 1986. XI, 545 S.
B 61002

Gervasi, T.: Soviet military power. The annot. and corrected version of the Pentagon's guide. London: Sidgwick & Jackson 1987. VI, 159 S.
010582

Haack, J.F.; Meissner, K.-P.: Die sowjetischen Streitkräfte – sieben Jahrzehnte im Kampf für Frieden und Sozialismus. In: Militärgeschichte. Jg.27, 1988. Nr.1. S. 3-11.
BZ 4527:27

Haack, J.F.: Zur friedenerhaltenden Rolle der sowjetischen Streitkräfte in Geschichte und Gegenwart. In: Militärwesen. 1988. H.1. S. 11-16.
BZ 4485:1988

Isby, D.C.: Weapons and tactics of the Soviet army. London: Jane 1988. 516 S.
010687

Mader, J.: Ozbrojené sily ZSSR v procese prestavby sovietskej spoločnosti. In: Historie a vojenstvi. R.36, 1987. No.4. S. 26-40.
BZ 4526:36

Molobcygin, M.A.: Velikij Oktjabr' i nekotorye voprosy sovetskogo voennogo stroitel'stva. In: Voprosy istorii. 1987. No.2. S. 3-19.
BZ 05317:1987

Zaloga, S.J.; Volstad, R.: Inside the Soviet Army today. London: Osprey Publ. 1987. 64 S.
Bc 02091

L 179 f 00 Wehrpolitik

"An alle…". Sowjetische Vorschläge zur Abrüstung von 1917 bis zur Gegenwart. Köln: Pahl-Rugenstein 1986. 494 S.
B 59888

Bulkeley, R.: Soviet military responses to the Strategic Defense Initiative. In: Current research on peace and violence. Vol.10, 1987. No.4. S. 129-142.
BZ 05123:10

Cleave, W.R. van: The US.-Soviet nuclear balance: a summary. In: Global affairs. Jg.2, 1987. Nr.4. S. 1-19.
BZ 05553:2

Dibb, P.: The Soviet Union. The incomplete superpower. London: Macmillan 1986. XXI, 293 S.
B 58604

Global showdown: the Russian imperial war plan for 1988. Washington, D.C.: Executive Intelligence Review 1985. VI, 366 S.
010290

Jacobsen, C.G.: Soviet defence costs – the unquantifiable burden. In: Journal of peace research. Vol.24, 1987. No.4. S. 332-338.
BZ 4372:24

Krause, J.: Sowjetische Militärhilfepolitik gegenüber Entwicklungshilfeländern. Baden-Baden: Nomos-Verlagsges. 1985. 503 S.
B 57602

Larrabee, F.S.: Gorbachev and the Soviet military. In: Foreign affairs. Vol.66, 1987/88. No.5. S. 1002-1026.
BZ 05149:66

Lee, W.T.; Staar, R.F.: Soviet military policy since World War II. New York: Hippocrene Books 1986. XXII, 263 S.
B 61515

MaccGwire, M.: Military objectives in Soviet foreign policy. Washington, D.C.: The Brookings Inst. 1987. XIV, 530 S.
B 62775

Maddock, R.T.: The Soviet defence burden and arms control. In: Journal of peace research. Vol.24, 1987. No.4. S. 381-391.
BZ 4372:24

MccGwire, M.: New directions in Soviet arms-control policy. In: The Washington quarterly. Vol.11, 1988. No.3. S. 185-200.
BZ 05351:11

McConnell, J.M.: SDI, the Soviet investment debate and Soviet military policy. In: Strategic review. Vol.16, 1988. No.1. S. 47-62.
BZ 05071:16

Rivkin, D.B.: The Soviet approach to nuclear arms control: continuity and change. In: Survival. Vol.29, 1987. No.6. S. 483-510.
BZ 4499:29

Rühle, M.: Die strategische Verteidigung in Rüstung und Politik der UdSSR. Köln: Bundesinst.f.ostwiss.u.intern.Studien 1985. 46 S.
Bc 01845

The Soviet calculus of nuclear war. Ed.: R.Kolkowicz. Lexington: Lexington Books 1986. IX, 276 S.
B 60790

The Soviet Far East military buildup. Nuclear dilemmas and Asian security. Ed.: R.H. Solomon. London: Croom Helm 1986. XV, 301 S.
B 61408

The Soviet Union. Security policies and constraints. Ed.: J. Alford. Aldershot: Gower 1985. XII, 180 S.
B 60644

Stephens, A.: Arms control: Trying to understand the Soviet position. In: Defence force journal. 1986. No.60. S. 19-28.
BZ 4438:1986

Stuckenbrock, R.; Gumbert, M.: Gorbatschows Abrüstungsvorschläge – das Ende des Rüstungswettlaufs? In: Prokla. Jg.17, 1987. Nr. S. 91-108.
BZ 4613:17

Third World Marxist-Leninist regimes: Strenghts, vulnerabilities, and U.S. policy. Washington: Pergamon-Brassey's 1985. XV, 130 S.
B 59090

Tiedtke, J.: Abrüstung in der Sowjetunion. Wirtschaftl. Bedingungen u. soziale Folgen d. Truppenreduzierung von 1960. Frankfurt: Campus Verlag 1985. 234 S.
B 57156

Tritten, J.J.: Soviet naval Forces and nuclear warfare. Weapons, employment, and policy. Boulder, Colo.: Westview Press 1986. XIII, 282 S.
B 61098

Wettig, G.: "Ausreichende Verteidigung" – ein neues Prinzip in der sowjetischen Sicherheitspolitik? In: Beiträge zur Konfliktforschung. Jg.18, 1988. Nr.2. S. 23-36.
BZ 4594:18

Wettig, G.: Dimensions of Soviet arms control policy. In: Comparative strategy. Vol.7, 1988. No.1. S. 1-15.
BZ 4686:7

Wettig, G.: Zur gegenwärtigen Entwicklung der sowjetischen Militärdoktrin. In: Außenpolitik. Jg.39, 1988. Nr.2. S. 172-185.
BZ 4457:39

Wiles, P.; Efrat, M.: The economics of Soviet arms. London: STICERD 1985. III, 124 S.
Bc 7346

L 179 f 05 Kriegswesen

Baxter, W.P.: The Soviet Way of warfare. London: Brassey's Defence Publ. 1986. V,269 S.
B 62511

Cleave, W.R. van: Fortress USSR. The Soviet strategic defense initiative and the U.S. strategic defense response. Stanford, Cal.: Hoover Institut 1986. 60 S.
Bc 7994

Dickson, T.I.: Official perceptions of the nature of the Soviet threat to the United States via Latin America. In: Defense analysis. Vol.4, 1988. No.1. S. 25-38.
BZ 4888:4

Gay, A.: L'héritage russe dans la stratégie générale soviétique. In: Défense nationale. A.43, 1987. Mai. S. 83-102.
BZ 4460:43

Gouré, L.: The Soviet strategic view. In: Strategic review. Vol.15, 1987. No.4. S. 85-100.
BZ 05071:15

Hines, J.G.: Opérations du front soviétique en Europe. Planification à des fins d'encerclement. In: Stratégique. 1986. No.31. S. 79-112.
BZ 4694:1986

Hines, J.G.; Petersen, P.A.; Trulock, N.: Die sowjetische Militärtheorie 1945 bis 2000 und ihre Konsequenzen für die NATO. In: Beiträge zur Konfliktforschung. 1987. Nr.2. S. 103-122.
BZ 4594:1987

Kime, S.F.: War and politics in the USSR. In: Strategic review. Vol.15, 1987. No.4. S. 44-54.
BZ 05071:15

Laird, R.F.: The Soviet Union, the West and the nuclear arms race. Brighton: Wheatsheaf Books 1986. XII, 236 S.
B 59364

Paris, H.: L'évolution du concept nucléaire soviétique. In: Défense nationale. A.43, 1987. No.8. S. 35-48.
BZ 4460:43

Paris, H.: La stratégie de la composante aéroterrestre soviétique et de son appui naval. In: Stratégique. 1987. No.4. S. 133-169.
BZ 4694:1987

Petersen, C.C.: Soviet military objectives in the Arctic theater. In: Naval War College review. Vol.50, 1987. No.4/320. S. 3-22.
BZ 4634:50

Petersen, P.A.: Soviet offensive operations in Central Europe. In: NATO's sixteen nations. Vol.32, 1987. No.5. S. 26-32.
BZ 05457:32

Piotrowski, J.L.: A Soviet space strategy. In: Strategic review. Vol.15, 1987. No.4. S. 55-62.
BZ 05071:15

Soviet Strategic Defense Programs. Washington: Department of Defense 1985. 27 S.
Bc 01928

Stahel, A.A.: Lo sviluppo e gli obiettivi delle forze strategiche difensive dell'URSS. In: Rivista militare della Svizzera italiana. A.59, 1987. No.2. S. 65-71.
BZ 4502:59

La stratégie soviétique de crise. La manoeuvre des crises en URSS: analyse et modèle. Paris: Fondation pour les Études de Défense Nationale 1986. 149 S.
Bc 7467

Thom, F.: "Nouvelle pensée" et stratégie soviétique. In: Stratégique. Jg.37, 1988. No.1. S. 25-38.
BZ 4694:37

Vinas, A.: Sobre la defensa estratégica soviética. In: Revista CIDOB d'Afers internacionals. 1986. No.8. S. 75-86.
BZ 4928:1986

Western Europe in Soviet global strategy. Ed.: R.S. Cline. Boulder, Colo.: Westview Press 1987. VIII, 166 S.
Bc 7491

Yurechko, J.J.: Coalitional warfare: The Soviet approach. Köln: Bundesinst.f.ostwiss.u.intern.Studien 1986. 80 S.
Bc 01873

– Geheimer Nachrichtendienst/Spionage/Abwehr

Bledowska, C.; Bloch, J.: KGB, CIA. London: Bison 1987. 192 S.
010535

Douglas, J.D.; Sejna, J.: Drugs, narcotics, and national security. In: Global affairs. Jg.2, 1987. Nr.4. S. 67-103.
BZ 05553:2

Knight, A.: The party, the KGB, and Soviet policy-making. In: The Washington quarterly. Vol.11, 1988. No.2. S. 121-136.
BZ 05351:11

Regnard, H.: Osteuropa im Dienst der Sowjetunion bei der Nachrichtenbeschaffung im Westen. In: Außenpolitik. Jg.38, 1987. Nr.4. S. 356-364.
BZ 4457:38

Richelson, J.: Sword and shield. The Soviet intelligence and security apparatus. Cambridge, Mass.: Ballinger 1986. XIX, 279 S.
B 59234

Stephan, R.: Smersh: Soviet military counter-intelligence during the Second World War. In: Journal of contemporary history. Vol.22, 1987. No.4. S. 585-613.
BZ 4552:22

– Militärdoktrin

Achromejew, S.: Doktrin zur Verhütung eines Krieges, zum Schutze des Friedens und des Sozialismus. In: Probleme des Friedens und des Sozialismus. Jg.30, 1987. Nr.12. S. 1614-1622.
BZ 4504:30

Baxter, W.P.: Soviet airland battle tactics. Novato, Calif.: Presidio Pr. 1986. V,269 S.
B 61789

Laurent, J.: Jalons pour suivre l'évolution de la doctrine militaire soviétique. In: Stratégique. 1987. No.2. S. 19-46.
BZ 4694:1987

Pfeiler, W.: Hat das sowjetische "neue politische Denken" auch zu einem neuen militärischen Denken geführt? In: Aus Politik und Zeitgeschichte. 1987. B.44. S. 28-38.
BZ 05159:1987

Salazar, E.J.: Soviet strategic doctrine. The development of a strategic concept for external force projection. Ann Arbor, Mich.: UMI 1986. XV, 202 S.
B 58402

Weeks, A.L.: Soviet military doctrine. In: Global affairs. Jg.3, 1988. Nr.1. S. 170-187.
BZ 05553:3

L 179 f 10 Heer

Beskrovnyj, L.G.: Armija i flot Rossii v načale XX v. Očerki voenno-ekonomičeskogo potencila. Moskva: Nauka 1986. 237 S.
B 60733

Chor'kov, A.G.: Techničeskoe perevooruženie Sovetskoj Armii nakanune Velikoj Otečestvennoj vojny. In: Voenno-istoričeskij zurnal. 1987. No.6. S. 15-24.
BZ 05196:1987

Conner, A.Z.; Poirier, R.G.: Red Army order of battle in the Great Patriotic War. Novato, Calif.: Presidio Pr. 1985. 408 S.
B 58288

Mackintosh, M.: Changes in the Soviet High Command under Gorbachev. In: RUSI journal. Vol.133, 1988. No.1. S. 49-56.
BZ 05161:133

Rapoport, V.; Alexeev, Y.: High treason. Essays on the history of the Red Army, 1918-1938. Durham, NC.: Duke Univ.Pr. 1985. XVII, 436 S.
B 58872

Zbiniewicz, F.: 70 Lat Armii Radzieckiej. 1918-1988. In: Wojskowy przeglad historyczny. R.33, 1988. No.1. S. 3-22.
BZ 4490:33

L 179 f 13 Waffengattungen und Dienste

Adams, J.: Soviet special forces in America: The day before. In: ORBIS. Vol.32, 1988. No.2. S. 199-215.
BZ 4440:32

Aleksievič, S.: Der Krieg hat kein weibliches Gesicht. Berlin: Henschelverl. 1987. 254 S.
Bc 7121

Antosjak, A.V.: Rumynskie dobrovol'českie voinskie formirovanija v SSSR v gody vojny. In: Novaja i novejšaja istorija. 1987. No.3. S. 51-68.
BZ 05334:1987

Armstrong, R.N.: Soviet tank commanders. The other side of the Eastern Front. In: Military review. Vol.67, 1987. No.11. S. 12-25.
BZ 4468:67

Azjasskij, N.F.: Oboronitel'nye dejstvija partizan v gody Velikoj Otečestvennoj vojny. In: Voenno-istoričeskij zurnal. 1987. No.5. S. 39-47.
BZ 05196:1987

Bellamy, C.: Red God of war. Soviet artillery and rocket forces. London: Brassey's Defence Publ. 1986. XVI, 247 S.
010193

Bellamy, C.: Das sowjetische Artillerie- und Raketenpotential. In: Internationale Wehrrevue. Jg.21, 1988. Nr.4. S. 347-353.
BZ 05263:21

Berdnikov, G.I.: Pervaja Udarnaja: Boevoj put' 1-j udarnoj armii v Velikoj Otečestv. vojne. Moskva: Voenizdat 1985. 255 S.
B 62971

Galagan, V.J.: Ratnyj Podvig ženščin v gody Velikoj Otečestvennoj vojny. Kiev: Izd. obedinenie "Višča škola" 1986. 302 S.
B 62608

Holcomb, J.: Soviet Airborne Forces and the central region. In: Military review. Vol.67, 1987. No.11. S. 36-47.
BZ 4468:67

Kohler, D.R.: Spetsnaz. In: United States Naval Institute. Proceedings. Jg.113, 1987. No.8. S. 47-55.
BZ 05163:113

Landry, J.R.; Fonda, G.R.: Countering Soviet forward detachments. In: Military review. Vol.67, 1987. No.6. S. 14-25.
BZ 4468:67

Mironov, V.B.: Die stählerne Garde. Berlin: Militärverlag der DDR 1986. 182 S.
B 59100

Ponomarenko, P.K.: Vsenarodnaja Bor'ba v tylu nemecko-fašistskich zachvatčikov 1941-1944. Moskva: Nauka 1986. 437 S.
B 63062

Suvorov, V.: Spetsnaz. The story behind the Soviet SAS. London: Hamilton 1987. V,213 S.
B 62524

Zaloga, S.J.; Loop, J.: Soviet bloc elite forces. London: Osprey Publ. 1985. 64 S.
Bc 02043

L 179 f 14 Militärwesen

DOSAAF – rodine. Kniga o vsesojuznom ordena Lenina i ord. Krasnogo Znameni dobrovol'nom obščestve sodejstvija armii, aviacii i flotu, ego voenno-patriotičeskoj, oboronno-massovoj, učebnoj i sportivnoj dejatelnosti. Red.: G.M. Egorov. Moskva: Isd. DOSAAF 1987. 380 S.
B 62597

Williams, E.S.: The Soviet military. Political education, training, morale. London: Macmillan 1987. XV, 203 S.
B 61266

L 179 f 20 Marine

Barbati, V.: Dove va la Marina Sovietica? In: Rivista marittima. A.120, 1987. No.8/9. S. 17-34.
BZ 4453:120

The future of the Soviet navy. An assessment to the year 2000. Ed.: B.W. Watson. Boulder, Colo.: Westview Press 1986. XVII, 157 S.
Bc 6484

Gregor, A.J.: Soviet maritime strategy in the Pacific. In: Global affairs. Jg.3, 1988. Nr.2. S. 163-174.
BZ 05553:3

Lambert, A.: Soviet seapower: The element of strategic coninuity. In: Warship. 1987. No.43. S. 150-156.
BZ 05525:1987

MccGwire, M.: The changing role of the Soviet Navy. In: Bulletin of the atomic scientists. Vol.43, 1987. No.7. S. 34-39.
BZ 05542:43

Seemacht Sowjetunion. Vorträge u. Diskussionsbeitr. e. Symposiums ... Herford: Mittler 1986. 133 S.
B 59345

Sjevtjenko, V.: Den sojetiske Østersøflåde ved starten af den Store Faedrelandskrig. In: Tidsskrift for sovaesen. Arg.158, 1987. No.3. S. 99-114.
BZ 4546:158

Sokolov, A.M.: Opyt frontovych operacij s forsirovaniem krupnych vodnych pregrad. In: Voenno-istoričeskij zurnal. 1987. No.3. S. 28-35.
BZ 05196:1987

The Soviet navy. Strengths and liabilities. Ed.: B.W.Watson. Boulder, Colo.: Westview Press 1986. XV, 333 S.
B 59388

Vego, M.: L'impiego tattico delle corvette missilistiche nella Marina sovietica. In: Rivista marittima. A.120, 1987. No.10. S. 19-35.
BZ 4453:120

Vego, M.: La lotta antisom nella marina sovietica. Teoria e practica. In: Rivista marittima. A.121, 1988. No.8/9. S. 17-40.
BZ 4453:121

Vego, M.: Sowjetische Marinepräsenz und Politik im Indischen Ozean. In: Österreichische militärische Zeitschrift. Jg.26, 1989. Nr.3. S. 234-241.
BZ 05214:26

Wichmann, U.: Das russische Flottengesetz und der erste Weltkrieg. Velbert: Selbstverlag 1988. 17 S.
Bc 7705

– Strategie

Breemer, J.S.: The Soviet Navy's SSBN bastions: new questions raised. In: RUSI journal. Vol.132, 1987. No.2. S. 39-44.
BZ 05161:132

Daniel, D.C.: The Soviet Navy and tactical nuclear war at sea. In: Survival. Vol.29, 1987. No.4. S. 318-335.
BZ 4499:29

Egan, D.: Sea control in the Arctic: a Soviet perspective. In: Naval War College review. Vol.51, 1988. No.1. S. 51-80.
BZ 4634:51

Jacobsen, C.G.: Soviet strategy: the naval dimension. In: Naval War College review. Vol.40, 1987. No.2. S. 17-27.
BZ 4634:40

Vego, M.: La tattica nella marina sovietica. In: Rivista marittima. A.121, 1988. No.4. S. 21-31.
BZ 4453:121

– Schiffe/U-Boote

Berkowitz, M.J.: Soviet naval spetsnaz forces. In: Naval War College review. Vol.41, 1988. No.2/322. S. 5-21.
BZ 4634:41

Breyer, S.: Neue Spezial- und Hilfsschiffe der Sowjetmarine. Ungewöhnliche Typen. In: Soldat und Technik. Jg.30, 1987. Nr.2. S. 728-736.
BZ 05175:30

Budzbon, P.; Lemachko, B.V.: The salvage of HMS/M L55 by the Soviet Navy. In: Warship. Jg.45, 1988. No.1. S. 3-10.
BZ 05525:45

Corlett, R.: Advances in Soviet underwater capability and weapons. In: Maritime defence. Vol.12, 1987. No.6. S. 199-206.
BZ 05094:12

Jablonsky, W.A.K.: Sottomarini sovietici: sviluppi e tendenze costruttive. In: Rivista italiana difesa. A.6, 1987. No.9. S. 44-57.
BZ 05505:6

Pocalyko, M.N.: Sinking Soviet SSBNs. In: United States Naval Institute. Proceedings. Jg.113, 1987. No.10. S. 24-36.
BZ 05163:113

Vego, M.: Protezione del traffico mercantile. Storia, pensiero e procedure nella Marina Sovietica. In: Rivista marittima. A.121, 1988. No.1. S. 33-55.
BZ 4453:121

L 179 f 30 Luftwaffe

Beer, F.: Zur Entwicklung der sowjetischen Luftkriegskunst. In: Militärwesen. 1988. H.1. S. 30-36.
BZ 4485:1988

Cottam, K.J.: Soviet airwomen in combat in World War II. Manhattan, Ka.: Kansas State Univ. o.J. XVII, 141 S.
09915

Crawford, N.; Bloomgarden, A.H.; Braudaway-Baumann, P.: Soviet military aircraft. Lexington: Lexington Books 1987. XXI, 1063 S.
010487

Gething, M.J.: Soviet Air Power today. London: Arms and Armour Pr. 1988. 72 S.
Bc 02356

Mason, R.A.; Taylor, J.W.R.: Aircraft, strategy and operations of the Soviet air force. London: Jane's Publ. 1986. 278 S.
B 59627

Šumichin, V.S.: Sovetskaja voennaja Aviacija 1917-1941. Moskva: Nauka 1986. 284 S.
B 60939

Thompson, L.: Unfulfilled promise. The Soviet airborne forces, 1928-1945. Bennington, Vt.: Weapons and Warfare Pr. 1986. 36 S.
Bc 02137

Whiting, K.R.: Soviet Air Power. Boulder, Colo.: Westview Press 1986. XI, 264 S.
B 61139

L 179 g Wirtschaft

Becker, A.S.: Soviet central decision-making and economic growth. Santa Monica, Calif.: Rand Corp. 1986. XI, 53 S.
Bc 7484

Crane, K.: The Soviet economic dilemma of Eastern Europe. Santa Monica, Calif.: Rand Corp. 1986. XIII, 70 S.
Bc 7382

Deutsch, R.: The food revolution in the Soviet Union and Eastern Europe. Boulder, Colo.: Westview Press 1986. XXI, 256 S.
B 59607

Economics and politics in the USSR. Problems of interdependence. Ed.: H.-H. Höhmann. Boulder, Colo.: Westview Press 1986. XII, 306 S.
B 61437

Evanson, R.K.: Soviet economic and military trade in Latin America: an assessment. In: World affairs. Vol.149, 1986. No.2. S. 75-85.
BZ 05509:149

Hoffmann, E.P.; Laird, R.F.: Technocratic socialism. The Soviet Union in the advanced industrial era. Durham, NC.: Duke Univ.Pr. 1985. 228 S.
B 58835

Kitanina, T.M.: Vojna, chleb i revoljucija. Prodovol'stvennyj vopros v Rossii 1914-oktjabr' 1917 g. Leningrad: Nauka 1985. 378 S.
B 58488

Ludwikowski, R.R.: The crisis of communism: its meaning, origins, and phases. Washington: Pergamon-Brassey's 1986. XII, 84 S.
Bc 6883

Machowski, H.: Grundzüge der neuen sowjetischen Außenwirtschaftspolitik. In: Aus Politik und Zeitgeschichte. 1987. B.45. S. 15-26.
BZ 05159:1987

Martellaro, J.A.: The post-WW II Soviet economy: a case of butter and guns. In: Journal of political and military sociology. Vol.15, 1987. No.1. S. 73-88.
BZ 4724:15

Militärtransporte Richtung Front. Berlin: transpress 1986. 216 S.
B 60952

Molodcygin, M.A.: Raboče-krest'janskij Sojuz 1918-1920. Moskva: Nauka 1987. 254 S.
B 63076

Regnard, H.: Die Gewinne für die Sowjetunion aus der Nachrichtenbeschaffung im Westen. In: Außenpolitik. Jg.38, 1987. Nr.3. S. 230-240.
BZ 4457:38

Stern, J.P.: Soviet oil and gas exports to the west: commercial transaction or security threat? Aldershot: Gower 1987. XI, 123 S.
Bc 02094

Viola, L.: The best sons of the fatherland. New York, N.Y.: Oxford Univ.Pr. 1987. X,285 S.
B 62663

L 179 g 10 Volkswirtschaft

Aganbegjan, A.G.: Strategie der Beschleunigung der sozialökomomischen Entwicklung der UdSSR. In: Aus Politik und Zeitgeschichte. 1987. B.45. S. 3-14.
BZ 05159:1987

Berkhof, G.C.: Gorbatsjovs NEP. In: Militaire spectator. Jg.156, 1987. No.7 u.8. S. 345-351, 279-289.
BZ 05134:156

Dellenbrant, J.A.: The Soviet regional dilemma. Planning, people, and natural resources. Armonk, N.Y.: Sharpe 1986. IX, 218 S.
B 63257

Greenwald, J.; Slocombe, W.B.: The economic constraints on Soviet Military Power. In: The Washington quarterly. Vol.10, 1987. No.3. S. 117-132.
BZ 05351:10

Hough, J.H.: Opening up the Soviet economy. Washington, D.C.: The Brookings Inst. 1988. IX, 100 S.
Bc 7974

Kaser, M.: 'One economy, two systems': parallels between Soviet and Chinese reform. In: International affairs. Vol.63, 1987. No.3. S. 395-412.
BZ 4447:63

Lazis, O.: Beschleunigung und Umgestaltung der sowjetischen Wirtschaft: Theorie und Praxis. In: Europäische Rundschau. Jg.15, 1987. Nr.2. S. 73-87.
BZ 4615:15

Rutland, P.: The myth of the plan. Lessons of Soviet planning experience. London: Hutchinson 1985. 286 S.
B 57517

Segbers, K.: Die Sowjetunion im Zweiten Weltkrieg. München: Oldenbourg 1987. 314 S.
B 61736

L 179 g 30 Industrie

Chung, H.: Interest representation in Soviet policymaking. A case study of a West Siberian energy coalition. Boulder, Colo.: Westview Press 1987. XVII, 192 S.
Bc 6619

Korkisch, F.: Der Anteil der Rüstungs-industrie an der Gesamtwirtschaft der UdSSR. In: Österreichische militärische Zeitschrift. Jg.25, 1987. Nr.4. S. 310-319.
BZ 05214:25

Technical progress and Soviet economic development. Ed.: R.Amann. Oxford: Basil Blackwell 1986. 214 S.
B 60495

– AKW Tschernobyl

Flavin, C.: Reassessing nuclear power: the fallout from Chernobyl. Washington, D.C.: Worldwatch Inst. 1987. 91 S.
Bc 7716

Kafka, P.; König, J.; Limmer, W.: Tscherno-byl. Die Informationslüge. München: Schneekluth 1986. 175 S.
B 59885

Knabe, B.: Der Reaktorunfall im Kern-kraftwerk Tschernobyl. Köln: Bundesinst. f. ostwiss.u.intern.Studien 1986. 91 S.
Bc 01933

Chernobyl. The end of the nuclear dream. New York: Vintage Books 1987. VI, 246 S.
B 61943

Lindahl, I.: Utrikespolitiska aspekter på Tjernobylolyckan. In: Fred och säkerhet. 1986/87. S. 1-15.
BZ 4877:1986/87

Millard, F.: The polish response to Chernobyl. In: Journal of communist studies. Vol.4, 1988. No.1. S. 27-53.
BZ 4862:4

Strohl, P.: Tschernobyl et le problème des obligations internationales relatives aux accidents nucléaires. In: Politique étran-gère. A.51, 1986. No.4. S. 1035-1054.
BZ 4449:51

Tchernobyl. Le récit de la première catastrophe nucleaire majeure de l'histoire. Paris: Presses de la Cité 1986. 198 S.
B 62200

Tschernobyl hat unser Leben verändert. Vom Ausstieg der Frauen. Reinbek: Rowohlt 1986. 203 S.
Bc 6808

Wigham, M.J.: Ireland and Chernobyl. What for the future? Newtown: Friendly Pr. 1986. 29 S.
Bc 7325

L 179 h Gesellschaft

Chase, W.J.: Workers, society, and the Soviet state. Labor and life in Moscow, 1918-1929. Urbana, Ill.: Univ.of Illinois Pr. 1987. XVIII, 344 S.
B 62746

Füredi, F.: The Soviet Union demystified. A materialist analysis. London: Junius Publ. 1986. 271 S.
BZ 05568

Gaum, W.: Arbeitsrecht in den sozialisti-schen Ländern. In: Osteuropa-Info. Jg.15, 1987. Nr.72. S. 40-59.
BZ 4778:15

Goodman, E.B.: Gorbachov takes charge. Prospects for Soviet Society. In: Atlantic community quarterly. Vol.24, 1986/87. No.4. S. 356-376.
BZ 05136:24

Heitman, S.: The third Soviet emigration: Jewish, German and Armenian emigra-tion from the USSR since World War II. Köln: Bundesinst.f.ostwiss.u.intern. Studien 1987. V,108 S.
Bc 02128

Ivanova, N.A.: Struktura rabočego klassa Rossii 1910-1914. Moskva: Nauka 1987. 280 S.
B 62650

Knabe, B.: Der Kampf gegen die Trunk-sucht in der UdSSR. Köln: Bundesinst. f. ostwiss.u.intern.Studien 1985. 58 S.
Bc 01842

Krizan, M.: "Civil Society" and the modernization of Soviet type societies. In: Praxis international. Vol.7, 1987. No.1. S. 90-110.
BZ 4783:7

Labour and employment in the USSR. Ed.: D. Lane. Brighton: Wheatsheaf Books 1986. VIII, 280 S.
B 58603

Meissner, B.: Sowjetgesellschaft am Scheideweg. Beitr. z. Sozialstruktur der Sowjetunion. Köln: Markus Verl. 1985. 319 S.
B 60273

Puchowa, S.: Gleiche Rechte, gleiche Mitwirkung. In: Marxistische Blätter. 1987. H.10. S. 36-43.
BZ 4548:1987

Sebastian, T.: I spy in Russia. London: Chatto & Windus 1986. 127 S.
Bc 02282

Simon, G.: Nationalismus und Nationalitätenpolitik in der Sowjetunion. Von d. totalitären Diktatur zur nachstalinischen Gesellschaft. Baden-Baden: Nomos-Verlagsges. 1986. 486 S.
B 60017

Süß, W.: Die Arbeiterklasse als Maschine. E. industrie-soziolog. Beitr. zur Sozialgeschichte des aufkommenden Stalinismus. Wiesbaden: Harrassowitz 1985. XIV, 283 S.
B 58689

L 179 i Geistesleben

Anweiler, O.; Kuebart, F.: Die sowjetische Schul- und Berufsbildungsreform: Vorbereitung, Schwerpunkte, Beginn der Realisierung. Köln: Bundesinst.f.ostwiss.u. intern.Studien 1986. IV, 49 S.
Bc 01857

Bennigsen, A.: Unrest in the world of Soviet Islam. In: Third world quarterly. Vol.10, 1988. No.2. S. 770-786.
BZ 4843:10

Bolshevik culture. Experiment and order in the Russian revolution. Ed.: A. Gleason. Bloomington, Ind.: Indiana University Press 1985. XII, 304 S.
B 58353

Burbank, J.: Intelligentsia and revolution. Russian views of Bolshevism, 1917-1922. New York: Oxford Univ.Pr. 1986. VIII, 340 S.
B 61762

Gabriel, R.A.: Soviet military psychiatry. The theory and practice of coping with battle stress. Westport, Conn.: Greenwood Press 1986. XVI, 170 S.
B 61133

Heller, K.: Verhältnis von Staat und Kirche in Rußland und in der Sowjetunion. In: Aus Politik und Zeitgeschichte. 1988. B.35. S. 29-38.
BZ 05159:1988

Mandel'štam, O.E.: Mitternacht in Moskau, Moskauer Hefte. Gedichte 1930-1934. Zürich: Ammann 1986. 273 S.
B 59878

Medvedev, R.: Das zweite, widersprüchliche Tauwetter. In: Osteuropa-Info. Jg.14, 1987. Nr.68. S. 82-90.
BZ 4778:14

Meinst Du die Russen wollen Krieg? Hrsg.: T. Aitmatow. Köln: Pahl-Rugenstein 1985. 375 S.
B 57611

Der politische Krieg. Die reale Gefahr. Bern: Verl. SOI 1985. 144 S.
Bc 7761

Religious prisoners in the USSR. Keston: Keston College 1987. 160 S.
Bc 6868

Seton-Watson, M.: Soviet literature under Gorbachev. In: The Washington quarterly. Vol.11, 1988. No.2. S. 157-168.
BZ 05351:11

Shanor, D.R.: Behind the lines. The private war against Soviet censorhip. New York: St.Martin's Press 1985. 179 S.
B 58030

Shlapentokh, V.: Soviet public opinion and ideology. New York: Praeger 1986. XXI, 213 S.
B 62101

Solzhenitsyn's Nobel prize. In: Survey. Vol.30, 1988. No.1/2. S. 3-11.
BZ 4515:30

Stricker, G.: Die Kirchen in der Sowjetunion, 1975-1985. Köln: Bundesinst.f.ostwiss.u.intern.Studien 1986. V,94 S.
Bc 01862

Werth, A.: The story of a correspondence. In: Survey. Vol.30, 1988. No.1/2. S. 126-134.
BZ 4515:30

L 179 k Geschichte

Bergmann, T.: Die Geschichte wird neu geschrieben. Historikerstreit und Rehabilitierungen. In: Sozialismus. Jg.13, 1987. Nr.10. S. 70-76.
BZ 05393:13

Black, C.E.: Understanding Soviet politics. The perspective of Russian history. Boulder, Colo.: Westview Press 1986. XI, 308 S.
B 62660

Davies, R.W.: Soviet history in the Gorbachev revolution: the first phase. In: The Socialist register. Vol.24, 1988. No. S. 37-78.
BZ 4824:24

Fedossow, P.A.von: Die Geschichtsdebatte in der Sowjetunion wird schärfer. In: Blätter für deutsche und internationale Politik. Jg.33, 1988. Nr.4. S. 473-485.
BZ 4551:33

Fuller, W.C.: Civil-military conflict in Imperial Russia, 1881-1914. Princeton, N.J.: Princeton Univ.Press 1985. XXVI, 295 S.
B 58134

Gibson, M.: Spotlight on the Russian Revolution. Hove: Wayland 1986. 76 S.
B 61043

Gross, B.: The specter materializes: imperfect socialism. In: Contemporary marxism. 1986. No.12-13. S. 205-224.
BZ 4858:1986

Der Grosse Vaterländische Krieg des Sowjetvolkes und die Gegenwart. Moskau: Akademie d.Wissenschaften d.UdSSR 1985. 285 S.
B 56363

Hosking, G.: A history of the Soviet Union. London: Fontana Pr. 1985. 527 S.
B 60799

Hough, J.F.: The end of Russia's "Khomeini" period: dilemmas for U.S. foreign policy. In: World policy journal. Vol.4, 1987. No.4. S. 583-604.
BZ 4822:4

The impact of World War II on the Soviet Union. Ed.: S.J.Linz. Totowa, N.J.: Rowman & Allanheld 1985. IX, 300 S.
B 57928

Jansen, M.: Gorbatsjov en de witte plekken van de sovjetgeschiedenis. In: Internationale spectator. Jg.42, 1988. Nr.1. S. 1-9.
BZ 05223:42

Kelley, D.R.: The politics of developed socialism. The Soviet Union as a post-industrial state. New York: Greenwood Press 1986. VIII, 215 S.
B 60782

Kofler, L.: Aufbruch in der Sowjetunion? Von Stalin zu Gorbatschow. Hamburg: VSA-Verl. 1986. 115 S.
B 59694

Kolytschew, W.: Die wehrpatriotische Arbeit in der UdSSR zur Vorbereitung der Werktätigen auf die Verteidigung der Heimat 1937-1941. In: Militärgeschichte. Jg.27, 1988. Nr.1. S. 25-31.
BZ 4527:27

Lammers, K.C.; Sérensen, N.A.: Nationalstatens undergang: Tyskland 1945-1955. In: Den jyske historiker. 1988. No.43/44. S. 196-223.
BZ 4656:1988

Lewin, M.: The making of the Soviet system. Essays in the social history of interwar Russia. London: Methuen 1985. VII, 354 S.
B 61256

Lincoln, W.B.: Armageddon. The Russians in war and revolution 1914-1918. New York: Simon and Schuster 1986. 637 S.
B 61495

Reichman, H.: Railwaymen and revolution. Russia, 1905. Berkeley, Calif.: Univ.of California Pr. 1987. XV, 336 S.
B 62682

Schumacher, U.: Das sowjetische System: historische Wurzeln, politische Kultur und politische Institutionen. In: Zeitschrift für Politik. Jg.34, 1987. H.2. S. 122-142.
BZ 4473:34

The Soviet Union. 2.ed. Washington, D.C.: Congr. Quarterly 1986. XVI, 383 S.
010303

The study of Russian history from British archival sources. Ed.: J.M. Hartley. London: Mansell Publ. 1986. IX, 184 S.
B 60448

Trukan, G.: Der Kampf der UdSSR gegen den Faschismus als Verwirklichung der Leninschen Lehre von der Verteidigung des sozialist. Vaterlandes. In: Militärgeschichte. Jg.27, 1988. Nr.1. S. 33-38.
BZ 4527:27

Weeks, C.J.: A Samaritan in Russia: vice admiral Newton A. McCully's humanitarian efforts, 1914-1920. In: Military affairs. Vol.52, 1988. No.1. S. 12-17.
BZ 05148:52

Weltmacht Sowjetunion. Hrsg.: G. Simon. Köln: Verlag Wissenschaft und Politik 1987. 257 S.
B 60957

Zischka, A.: Tschernobyl kein Zufall. Sowjetwirtschaft und die Fehler des Westens. München: Universitas Verl. 1987. 238 S.
B 60743

– Oktoberrevolution

70 Jahre große sozialistische Oktoberrevolution – 70 Jahre erfolgreiche Militärpolitik der KPdSU für den zuverlässigen Schutz d. Revolution und für die Sicherung des Friedens. Berlin: Militärverlag der DDR 1988. 80 S.
Bc 7532

Asowzew, N.; Shilin, P.: Die militärischen Erfahrungen der Oktoberrevolution und die Gegenwart. In: Militärgeschichte. Jg.26, 1987. Nr.5. S. 395-405.
BZ 4527:26

Dix, R.: Deutsche Internationalisten in der großen sozialistischen Oktoberrevolution. Berlin: Dietz 1987. 173 S.
Bc 6828

Dobrovol'skaja E.; Makarov, J.: Die Revolution in Rußland 1917: Wie war das eigentlich. Dortmund: Weltkreis Verl. 1987. 160 S.
Bc 6778

Die ersten Dekrete der Sowjetmacht. E. Auswahl v. Erlassen u. Beschlüssen... Hrsg.: H. Schützler. Berlin: Dietz 1987. 259 S.
Bc 7104

Firsov, F.I.: Velikij Oktjabr Lenin i obrazovanie Kommunističeskoj partii Čechoslovakii. In: Novaja i novejšaja istorija. 1987. No.3. S. 24-38.
BZ 05334:1987

Gorbacev, M.S.: Gorbatschows historische Rede zum 70.Jahrestag der Oktoberrevolution Perestroika und Glasnost. 2.Aufl. München: Heyne 1987. 125 S.
Bc 7727

Gorbačev, M.S.: Oktober und Umgestaltung: die Revolution geht weiter. Moskau: APN-Verl. 1987. 78 S.
Bc 7220

Gorbačev, M.S.: Die Rede zum 70.Jahrestag der Oktoberrevolution. Bergisch Gladbach: Lübbe 1987. 125 S.
Bc 7428

Der Große Oktober und die Perspektiven für soziale Umgestaltungen. In: Probleme des Friedens und des Sozialismus. Jg.70, 1987. Nr.11. S. 1482-1489.
BZ 4504:70

Jachimovič, Z.P.: Velikoj Oktjabr' i vsemirno-istoričeskij process. In: Voprosy istorii. 1987. No.10. S. 3-20.
BZ 05317:1987

Jažborovskaja, I.S.: Velikij Oktjabr'i povorot narodov Central' noj i Jugo-Vostočnoj Evropy k socializmu. In: Voprosy istorii. 1987. No.11. S. 3-17.
BZ 05317:1987

Kalbe, E.: Die Große Sozialistische Oktoberrevolution und der sozialistische Revolutionszyklus. In: Beiträge zur Geschichte der Arbeiterbewegung. Jg.29, 1987. Nr.5. S. 590-606.
BZ 4507:29

Koval', B.I.: Velikij Oktjabr' i osvoboditel'nye revoljucii XX veka. (1917-1987 gg). In: Voprosy istorii. 1987. No.6. S. 94-103.
BZ 05317:1987

Krejčí, J.: The Russian revolution as a response to challenge from without: an appraisal with hindsight. In: Journal of communist studies. Vol.4, 1988. No.2. S. 125-141.
BZ 4862:4

Kručkovskaja, V.M.: Central'naja gorodskaja Duma Petrograda v 1917 g. Leningrad: Nauka 1986. 136 S.
Bc 6424

Kühnl, R.: Vor 70 Jahren: Revolution in Rußland. Versuch einer Bilanz. In: Blätter für deutsche und internationale Politik. Jg.32, 1987. Nr.11. S. 1446-1464.
BZ 4551:32

Lauenroth, H.; Rosenfeld, G.: Sowjetrußland Oktober 1917 – Juli 1918. In: Zeitschrift für Geschichtswissenschaft. Jg.36, 1988. Nr.2. S. 122-137.
BZ 4510:36

Lejberov, I.P.; Rubačenko, S.D.: Petrogradskij proletariat i prodovol'stvennyj vopros. febr.-okt. 1917 g. In: Voprosy istorii. 1987. No.1. S. 20-32.
BZ 05317:1987

Leonhard, W.: The Bolshevik Revolution turns 70. In: Foreign affairs. Vol.66, 1987. No.2. S. 388-409.
BZ 05149:66

MacKenzie, D.; Curran, M.W.: A history of the Soviet Union. Chicago, Ill.: The Dorsey Pr. 1986. X,458 S.
B 58435

Mies, H.: Die Oktober-Revolution aus der Sicht der Gegenwart. In: Marxistische Blätter. 1987. H.10. S. 14-21.
BZ 4548:1987

Naumann, H.: Revolutionäre Berliner Sozialdemokraten 1917/18 zur Oktoberrevolution. In: Zeitschrift für Geschichtswissenschaft. Jg.35, 1987. Nr.10. S. 912-920.
BZ 4510:35

Palagin, D.A.: Der Verlauf der Oktoberrevolution im Wolgagebiet. In: Zeitschrift für Geschichtswissenschaft. Jg.35, 1987. Nr.10. S. 884-896.
BZ 4510:d

Prikryl, L.; Slusný, J.: Velká Říjnová socialistická revoluce a vznik sovětských bezpečnostních orgánů. In: Ceskoslovenský casopis historický. R.35, 1987. No.6. S. 801-822.
BZ 4466:35

Raleigh, D.J.: Revolution on the Volga. 1917 in Saratov. Ithaca, N.Y.: Cornell Univ. 1986. 373 S.
B 61035

Ritter, G.: Die Rolle der Kommissare in der Russischen Februarrevolution 1917. In: Die Friedenswarte. Jg.66, 1986. H.3-4. S. 320-341.
BZ 4693:66

Ruffmann, K.-H.: Fragen an die sowjetische Geschichte. Von Lenin bis Gorbatschow. München: dtv 1987. 231 S.
Bc 7434

Sovety nacional'nych rajonov Rossii, 1917-1922. Red.: A.A.Drizul. Riga: Zinatne 1985. 349 S.
B 60930

Truchanovskij, V.G.: Dekret o mire i sovremennost'. In: Voprosy istorii. 1987. No.3. S. 3-27.
BZ 05317:1987

Wildman, A.K.: The end of the Russian imperial army. Vol.1.2. Princeton, N.J.: Princeton Univ.Press 1980-87. XXVI, 402; XV, 443 S.
B 41199

Williams, B.: The Russian revolution, 1917-1921. Oxford: Basil Blackwell 1987. 119 S.
Bc 7564

Žigalov, I.I.: Velikij Oktjabr' i Britanija. In: Voprosy istorii. 1987. No.11. S. 43-52.
BZ 05317:1987

L 179 l Einzelne Länder/Gebiete/Orte

Bolčenko, A.V.; Moskovskij, A.S.: Očerki istoriografii rabočego klassa Sibiri 1917-1937 gg. Novosibirsk: Nauka 1986. 158 S.
B 61726

Deihim, A.: Internationale und innerstaatliche Aspekte der autonomen Regierung Azarbaidjans im Rahmen des Ost-West-Konflikts. München: Tuduv Verlagsges. 1985. XI, 415 S.
B 58998

Porter, C.; Jones, M.: Moscow in World War II. London: Chatto & Windus 1987. 224 S.
B 60912

Die roten lettischen Schützen, 1917-1920. Hrsg.: C. Grau. Berlin: Akademie-Verlag 1985. 312 S.
B 58102

Simon, G.: Die Unruhen in Armenien und Aserbaidschan. Eine historische Hintergrundanalyse. In: Beiträge zur Konfliktforschung. Jg.18, 1988. Nr.2. S. 37-46.
BZ 4594:18

Titma, M.; Ginter, Ju.: Die soziale Entwicklung der Unionsrepubliken der UdSSR. Köln: Bundesinst.f.ostwiss.u. intern.Studien 1987. 48 S.
Bc 02132

Vo Imja pobedy. Iz istorii Baškirskoj ASSR perioda Velikoj Otečestvennoj vojny. Red.: T.Ch. Achmadiev. Ufa: Bašk. kn.izd-vo 1986. 160 S.
B 63097

– Ukraine

Marunjak, V.: Ukrains'ka Emigracija v Nimeččini i Avstrii po drugij svitovij vijni. 1945-1951. Bd.1. Mjunchen: Akademične vidavnictvo d-ra Petra Beleja 1985. 429 S.
B 58213

Peremiščina: Peremis'skij kurin UPA. Red.: E. Štendera. Kn.1. Toronto: Litopis UPA 1986. 334 S.
B 61516:1

Procyk, O.; Heretz, L.; Mace, J.E.: Famine in the Soviet Ukraine, 1932-1933. A memorial exhibition. Cambridge, Mass.: Harvard Univ.Pr. 1986. XI, 83 S.
Bc 02100

Prus, E.: Władyka świętojurski. Rzecz o arcybiskupie Andrzeju Szeptyckim 1865-1944. Warszawa: Inst.Wydawn.Związków Zawodowych 1985. 335 S.
B 62643

Volin i Polissja. Nimec'ka okupacija. Kn.2. Toronto: Litopis UPA 1985. 253 S.
B 60097:2

L 183 Schweden

L 183 c Biographien

– Guisan
Toorenvliet, H.: Generaal Guisan en de speelse Zwitserse onzijdigheid. In: Militaire spectator. Jg.156, 1987. No.3. S. 104-115.
BZ 05134:156

– Jansson

Wilhelmus, W.: Freiheit für Jansson und Mineur! Der Kampf schwedischer Antifaschisten um ihre Rettung. In: Beiträge zur Geschichte der Arbeiterbewegung. Jg.29, 1987. Nr.4. S. 507-515.
BZ 4507:29

– Myrdal

Southern, D.W.: Gunnar Myrdal and black-white-relations. The use and abuse of "an American Dilemma", 1944-1969. Baton Rouge, La.: Louisiana State Univ.Pr. 1987. XVIII, 340 S.
B 62668

– Palme

Palme, O.: "Er rührte an die Herzen der Menschen". Reden u. Texte. Reinbek: Rowohlt 1986. 174 S.
B 59557

Wiedemann, E.: "Lieber Gott, mach, daß es ein Verrückter war". In: Der Spiegel. Jg.41, 1987. Nr.48,49. S. 174-201; 194-213; 168-184.
BZ 05140:48; BZ 05140:50

– Wallenberg

Smith, D.: [Raoul] Wallenberg. Lost hero. Basingstocke: Marshall Pickering 1986. 192 S.
B 60466

L 183 e Staat und Politik

Goldmann, K.; Berglund, S.; Sjöstedt, G.: Democracy and foreign policy. The case of Sweden. Aldershot: Gower 1986. XIV, 206 S.
B 60503

Heclo, H.; Madsen, H.: Policy and politics in Sweden. Philadelphia, Pa.: Temple Univ.Pr. 1987. XI, 348 S.
B 62294

Makten från folket. 12 uppsatser om folkstyrelsen. Stockholm: Liber 1985. 199 S.
B 66402

Milner, H.: Corparatism and the microeconomic foundations of Swedish social democracy: The Swedish model revisited. In: Scandinavian political studies. Vol.10, 1987. No.3. S. 239-254.
BZ 4659:10

Pehle, H.: Das schwedische Modell. Erfahrungen mit dem kommunalen Wahlrecht für Ausländer. In: Aus Politik und Zeitgeschichte. 1988. B.24. S. 26-36.
BZ 05159:1988

Petersson, O.: The study of power and democracy in Sweden. In: Scandinavian political studies. Vol.11, 1988. No.2. S. 145-158.
BZ 4659:11

The riksdag. A history of the Swedish Parliament. Ed.: M.F.Metcalf. New York: St.Martin's Press 1987. XII, 347 S.
010528

Wahlbäck, K.: Die Wurzeln der schwedischen Neutralität. Stockholm: Schwedisches Inst. 1987. 88 S.
Bc 7259

L 183 f Wehrwesen

Agrell, W.: Alliansfrihet och atombomber. Kontinuitet och förändring i den svenska försvarsdoktrinen från 1945 till 1982. Stockholm: Liber 1985. 408 S.
B 66327

Agrell, W.: Behind the submarine crisis: Evolution of the Swedish defence doctrine and Soviet war planning. In: Cooperation and conflict. Nordic journal of international politics. Vol.21, 1986. No.4. S. 197-217.
BZ 4605:21

Schuback, B.: Marina stridskrafter – nödvändigt att utnyttja dem ännu bättre som säkerhetspolitiskt verktyg redan i fred. In: Tidskrift i sjöväsendet. Arg.151, 1988. No.1. S. 11-20.
BZ 4494:151

Strandberg, L.-O.: Armé 2000 – en idéskiss. In: Fred och säkerhet. 1986/87. S. 16-35.
BZ 4877:1986/87

L 183 h Gesellschaft

Bierbaum, H.; Sauer, J.: Arbeitsplätze durch alternative Produktion. In: Sozialismus. Jg.13, 1987. Nr.92. S. 32-38.
BZ 05393:13

Klockare, S.: Broder räck mig din hand. Från Vita Bergen till röda Bantorget. Stockholm: Gidlunds 1986. 207 S.
B 59904

Ragnerstam, B.: Arbetare i rörelse. Historisk krönika. Bd.1.2. Stockholm: Gidlunds 1986/87. 311, 326 S.
B 59903

Zitomersky, J.: Assimiliation or particularity? Approaches to the study of the Jews as an historical minority in Sweden. In: Scandinavian journal of history. Jg.12, 1987. No.3. S. 245-271.
BZ 4643:12

L 185 Schweiz

L 185 c Biographien

– Salis von
Salis, J.R.von: Innen und außen. Notizen 1984-1986. Zürich: Orell Füssli 1987. 295 S.
B 61398

– Stampfli
Hafner, G.: Bundesrat Walther Stampfli (1884-1965). Leiter d. Kriegswirtschaft im Zweiten Weltkrieg. Olten: Dietschi 1986. 476 S.
B 61832

– Ziegler
Ziegler, J.; Popov, J.N.: Ändere die Welt: sie braucht es! E. Dialog zw. Ost und West. Köln: Pahl-Rugenstein 1986. 231 S.
B 59881

L 185 e Staat und Politik

Altermatt, U.: L'Estremismo di destra in Svizzera. Fenomeno marginale o patologie del quotidiano? Bellinzona: Coscienza Svizzera 1987. 21 S.
Bc 6964

Bachofner, H.R.: Politik ohne Schminke. 40 Jahre Unterwanderung von Demokratie, Verfassung und Gesetz... Zürich: Selbstverlag 1987. 30 S.
Bc 7536

Einspruch. 12 Vierzigjährige zur politischen Situation in der Schweiz. Zürich: pendo-Verlag 1985. 176 S.
B 58644

Genasci, P.: Il partito socialista nel Ticino degli anni '40. Uomini, struttura e attività del Partito... Lugano: Pellegrini-Canevascini 1985. 208 S.
B 58598

Gerber, R.: Wird die Schweiz vom Terrorismus bedroht? In: Allgemeine Schweizerische Militärzeitschrift. Jg.153, 1987. Nr.7/8 u.9. S. 440-445; 537-542.
BZ 05139:153

Helfer, H.-U.: Politisch motivierte Anschläge in der Schweiz im Jahre 1984. Zürich: Presdok 1985. 54 S.
Bc 6525

Huber, P.: Kommunisten und Sozialdemokraten in der Schweiz 1918-1935. Der Streit um d. Einheitsfront in d. Züricher u. Basler Arbeiterschaft. Zürich: Limmat Verl. 1986. 583 S.
B 60272

Nef, R.; Rosenmund, M.: Die 'Nation Schweiz' und Nationalismus. In: Widerspruch. 1987. H.13. S. 97-124.
BZ 4868:1987

Nef, R.; Rosenmund, M.: Gebannte Entzauberung des Sonderfalls? E. statist. Analyse der Bundesabstimmung 'Beitritt zur UNO'... Zürich: Soziologisches Inst. der Univ. Zürich 1986. 22 S.
Bc 01914

Reck, O.: Schweigende Mehrheit. E.
Analyse der politischen Parteien. Zürich:
Neue Zürcher Zeitung 1987. 116 S.
Bc 7126

Schlumpf, L.: Der Kleinstaat Schweiz im
21. Jahrhundert. Bern: Schweizerische
Volksbank 1986. 8 S.
Bc 6838

Strahm, R.H.: Vom Wechseln der Räder
am fahrenden Zug. Über die Zukunfts-
Chancen e. regierungsfähigen Linken in
der Schweiz – sozialdemokratische Ent-
würfe... Zürich: Limmat Verl. 1986.
206 S.
B 60010

L 185 e 20 Außenpolitik

Anstösse zum Frieden. 2.Aufl. Effreti-
kon: Gruppe f.e. Schweiz ohne Armee
1985. 61 S.
Bc 7462

Frei, D.: Schweizerische Außenpolitik.
2.Aufl. Zürich: Pro Helvetia 1986. 49 S.
Bc 7322

Freymond, J.: La paix dangereuse. Neuchâtel: De. de la Baconnière 1986. 172 S.
B 62199

Gasteyger, K.; Haug, R.: Schweiz und
Rüstungskontrolle. Schweizerische
Außenpolitik vor neuen Aufgaben.
Grüsch: Rüegger 1986. 247 S.
B 61685

Karrer, C.: Die Schweizer NeutraliTäter.
Die schweizer. Diplomatie und der süd-
afrikan. Apartheid-Staat. Bern: Solidari-
tätskomitee f. Afrika, Asien u. Lateinamerika 1987. 43 S.
Bc 7612

Madörin, M.: Südafrika und die Schweiz.
In: Widerspruch. 1987. H.13. S. 75-85.
BZ 4868:1987

Umfassende Friedenspolitik. Utopische
Zeichen für e. lebenswerte Zukunft.
Red.: E. Steinacher-Rasumowsky.
Zürich: Gruppe f.e.Schweiz ohne Armee
1985. 161 S.
B 57381

L 185 f Wehrwesen

Fursdon, E.: Exercise Dreizack. In: The
army quarterly and defence journal.
Vol.117, 1987. No.2. S. 156-163.
BZ 4770:117

Odermatt, F.: Zwischen Realität und mili-
tärischem Mythos: zur Entstehung der
Reduit-Strategie im Jahre 1940. In: Allgemeine Schweizerische Militärzeitschrift.
Jg.153, 1987. Nr.7/8 u.9. S. 447-450; 549-
552.
BZ 05139:153

Rüstung bis zum jüngsten Tag? Dossier
zur schweizerischen Rüstungspolitik.
Zürich: Schweizer Friedensrat 1987. 42 S.
Bc 7108

Senn, H.: Vom Versailler Vertrag bis
heute. In: Revue internationale d'histoire
militaire. 1988. No.65. S. 231-260.
BZ 4454:1988

Spälti, P.: Das Bedrohungsbild als
Maßstab für eine glaubwürdige Landesverteidigung. Zürich: Verein z. Förderung
d. Wehrwillens u. d. Wehrwissenschaft
1985. o.Pag.
Bc 01952

Spälti, P.: Die Rüstungsreferendumsinitia-
tive – schlecht getarnter Anschlag auf
unsere Landesverteidigung. Zürich:
Redressement National 1987. 20 S.
Bc 7009

Steiger, R.: Werden junge Menschen im
Militärdienst überfordert? Fragen u. Antworten zur militär. Ausbildung u. Erziehung. Frauenfeld: Huber 1986. 179 S.
B 60482

Sturzenegger, I.: Die Schweizer Flugwaffe
– gestern, heute, morgen. In: Österreichische militärische Zeitschrift. Jg.25,
1987. Nr.5. S. 407-414.
BZ 05214:25

Züfle, M.: Die verschwundene
Geschichte. Noch e. Pamphlet um die
PC-7 und damit zusammenhäng. Gegen-
stände... Basel: Arbeitsgemeinsch. f.
Rüstungskontrolle u. e. Waffenausfuhr-
verbot 1986. 77 S.
Bc 7964

L 185 f 10 Heer

1887-1987. 100 Jahre Unteroffiziersverein Schaffhausen. Schaffhausen: Meili 1987. 45 S.
010474

25 Jahre Geb. Div. 12. Hrsg.: J.A. Tgetgel. Chur: o.V. 1986. 40 S.
Bc 02313

25 Jahre Mech[anisierte] Div[ision] 11. Red.: O. Fritschi. Winterthur: Selbstverlag 1986. 36 S.
Bc 02030

Betschmann, W.: 100 Jahre Verband Schweizerischer Artillerievereine VSAV-ASSA. In: Allgemeine Schweizerische Militärzeitschrift. 1988. Nr.3. S. 5-13.
BZ 05139:1988

Favez, J.-C.: La Suisse et l'armée de milice. Quelques considérations historiques. In: Revue militaire suisse. A.133, 1988. No.6. S. 260-267.
BZ 4528:133

Hofstetter, E.: Erfahrungen bei der Ausbildung schweizerischer Artillerieoffiziere. Zürich: Beer 1986. 40 S.
Bc 02081

Koeppel, R.; Ott, P.: 100 Jahre Unteroffiziersverein Zug. Bericht über die Vereinstätigkeit von 1885-1985... Zürich: Selbstverlag 1985. 119 S.
B 58107

Über den waffenlosen Militärdienst aus Gewissensgründen. Zürich: Beratung f. Militärverweigerer 1987. 18 S.
Bc 8002

Wyder, T.: Wehrpflicht und Militärdienstverweigerung. Entstehung, Gesetz, Arten und Sanktionen in der Schweizer Armee. Bern: Lang 1986. 241 S.
B 60407

Zimmermann, W.: I 50 anni della Div mont 9. In: Rivista militare. Jg.40, 1988. No.1. S. 13-25.
BZ 05151:40

L 185 h Gesellschaft

Arbeiterschaft und Wirtschaft in der Schweiz 1880-1914. Soz. Lage, Organisation u. Kämpfe von Arbeitern u. Unternehmern, polit. Organisation u. Sozialpolitik. Hrsg.: E. Gruner. Bd.1-3. Zürich: Chronos 1987-88. 624, 766, 968 S.
B 62066

Arbeitsfrieden – Realität eines Mythos. Gewerkschaftspolitik u. Kampf um Arbeit – Geschichte, Krise, Perspektiven. Zürich: Widerspruch 1987. 226 S.
B 62800

Frei, A.: Rote Patriarchen. Arbeiterbewegung und Frauenemanzipation in der Schweiz um 1900. Zürich: Chronos Verl. 1987. 217 S.
Bc 6704

Haeberli, W.: Die Geschichte der Basler Arbeiterbewegung von den Anfängen bis 1914. Bd.1.2. Basel: Helbing u. Lichtenhahn 1986/87. 195,191 S.
B 62795

Le temps des réfugiés. Lausanne: Ed.de l'Aire 1987. 149 S.
B 62158

Wer hat Angst vorm schwarzen Mann? Zürich: Limmat Verl. 1986. 296 S.
B 60109

L 185 k Geschichte

Jost, H.-U.: Identität und nationale Geschichte. Die Schweizergeschichte unter dem Einfluss der "Geistigen Landesverteidigung". In: Widerspruch. 1987. H.13. S. 7-20.
BZ 4868:1987

Meister, J.: The Swiss 'Battle of Britain'. In: World War II investigator. Vol.1, 1988. No.4. S. 23-28.
BZ 05557:1

Wetter, E.: Duell der Flieger und der Diplomaten. Frauenfeld: Huber 1987. 172 S.
010432

L 185 l Einzelne Gebiete/Orte

Cerutti, M.: Fra Roma e Berna. La Svizzera italiana nel ventennio fascista. Milano: Angeli 1986. 528 S.
B 61876

Un confine per la libertà: la Resistenza antifascista e la solidarietà dei Ticinesi. Varese: Istituto varesino per la storia contemporanea 1985. 50 S.
Bc 01982

Ganguillet, G.: Le conflit jurassien: un cas de mobilisation ethno-régionale en Suisse. 2ème éd. Zürich: Inst.de Sociologie de l'Univ.de Zurich 1986. IX, 252 S.
Bc 02174

Olbrich, W.: Wil-aktiv. 1939-1945. Wil: Selbstverlag 1987. 64 S.
Bc 7107

L 193 Spanien

L 193 c Biographien

– Carlos
Nourry, P.: Juan Carlos. Un roi pour les républicains. 2me éd. Paris: Le Centurion 1986. 430 S.
B 60768

– Ibarruri
Ibárruri-Gomez, D.: Memorias de Dolores Ibárruri, Pasionaria. Barcelona: Ed. laneta 1985. 763 S.
B 61106

L 193 e Staat und Politik

L 193 e 10 Innenpolitik

Arango, E.R.: Spain. From repression to renewal. Boulder, Colo.: Westview Press 1985. XII, 244 S.
B 62762

España bajo el franquismo. Ed.: J. Fontana. Barcelona: Ed. Crítica 1986. 268 S.
B 61108

Fernandez Rúa, J.L.; Guzmán, E.de; Peréz Delgado, R.: Historia de la Segunda República. 1931-1939. T.1-5. Madrid: Ed.Giner 1985. 300, 300, 300, 300, 316 S.
010133

Foweraker, J.: Corporatist strategies and the transition to democracy in Spain. In: Comparative politics. Vol.20, 1987. No.1. S. 57-72.
BZ 4606:20

Gunther, R.; Sani, G.; Shabad, G.: Spain after Franco. The making of a competitive system. Berkeley, Calif.: Univ.of California Pr. 1986. XIX, 516 S.
B 61508

Lerroux, A.: La pequeña historia de España. 1930-1936. Barcelona: Ed.Mitre 1985. 386 S.
B 59984

Liebert, U.: Spanien. Das Experiment einer spanischen Nation der Nationalitäten und Regionen. In: Der Bürger im Staat. Jg.37, 1987. H.2. S. 115-123.
BZ 05147:37

Preston, P.: The triumph of democracy in Spain. London: Methuen 1986. XIII, 274 S.
B 61257

La Segunda República y la guerra. Madrid: Ed.Rialp 1986. 680 S.
010238

Sellés Ferrando, X.: Das demokratische Spanien als Staat der autonomen regionalen Gemeinschaften. In: Europäische Rundschau. Jg.15, 1987. Nr.2. S. 89-102.
BZ 4615:15

Share, D.: The making of the Spanish democracy. New York: Praeger 1986. XVII, 230 S.
B 61418

Spain at the polls, 1977, 1979, and 1982. A study of national elections. Ed.: H.R. Penniman. Durham, NC.: Duke Univ.Pr. 1985. XVIII, 372 S.
B 58833

Spaniens Demokratie unter Modernisierungszwang. In: Prokla. Jg.17, 1987. Nr.3. S. 131-151.
BZ 4613:17

L 193 e 14 Parteien

Bernecker, W.L.: "Reiner" oder "syndikalistischer" Anarchismus? In: Bochumer Archiv für die Geschichte des Widerstandes und der Arbeit. 1987. Nr.8. S. 13-32.
BZ 4698:1987

Blinkhorn, M.: Democracy and Civil War in Spain, 1931-1939. London: Routledge & Kegan Paul 1988. XV, 60 S.
Bc 7777

Bolloten, B.: Hegemony and the PCE. In: Survey. Vol.29, 1985. No.3. S. 64-72.
BZ 4515:29

Colomer, J.M.: La ideologia de l'antifranquisme. Barcelona: Ed.62 1985. 158 S.
Bc 6494

Garcia Cotarelo, R.: Spanish conservatism, 1976-87. In: West European politics. Vol.11, 1988. No.2. S. 80-95.
BZ 4668:11

Pinuel Raigada, J.L.: El terrorismo en la transición española. 1972-1982. Madrid: Ed.Fundamentos 1986. 244 S.
B 61544

Rodrígues Puértolas, J.: Literatura fascista española. Vol.1. Madrid: Akal 1986. 854 S.
B 60954

Schafranck, H.; Wögerbauer, W.: "Nosotros, agentes provocadores". Anmerkungen zur Geschichte der "Amigos de Durruti". In: Bochumer Archiv für die Geschichte des Widerstandes und der Arbeit. 1987. Nr.8. S. 33-51.
BZ 4698:1987

Timmermann, H.: Spaniens Kommunisten: Aufstieg und Niedergang. Köln: Bundesinst.f.ostwiss.u.intern.Studien 1987. 29 S.
Bc 01977

L 193 e 20 Außenpolitik

Fernández Ordónez, F.: Política exterior de España 1937-1990. In: Política exterior. Vol.1, 1987. No.1. S. 14-27.
BZ 4911:1

Fraga, M.: El papel de España en el equilibrio defensivo europeo. In: Politica exterior. Vol.1, 1987. No.1. S. 37-52.
BZ 4911:1

Solana, L.: Espana y Yalta-dos. In: Politica exterior. Vol.1, 1987. No.1. S. 150-159.
BZ 4911:1

Zaldívar, C.A.: Política espanola de paz y seguridad. In: Politica exterior. Vol.2, 1988. No.5. S. 70-107.
BZ 4911:2

– Außenpolitische Beziehungen

Fernandez, C.S.: Ayer y hoy de unos pactos. In: Defensa. A.11, 1988. No.117. S. 20-27.
BZ 05344:11

Genovés, S.: La violencia en el país vasco y en sus relaciones con España. Barcelona: Ed. Fontanella 1986. 182 S.
B 61103

Grugel, J.: Spain's socialist government and Central American dilemmas. In: International affairs. Vol.63, 1987. No.4. S. 603-615.
BZ 4447:63

Mesa, R.: L'Espagne et les Espagnols face au problème Palestinien avec appendice. In: Revue d'études palestiniennes. 1987. No.25. S. 19-31.
BZ 4817:1987

Piñol i Rull, J.: La política espanola hacia Centroamérica 1976-1987: consideraciones globales. In: Revista CIDOB d'afers internacionals. 1988. No.12/13. S. 21-40.
BZ 4928:1988

Piñol i Rull, J.: Las relaciones españolas con Centroamérica: el período de los gobiernos socialistas (1982-1988). In: Revista CIDOB d'afers internacionals. 1988. No.14/15. S. 5-40.
BZ 4928:1988

Roy, J.: Las relaciones actuales entre España y Cuba. In: Revista CIDOB d'afers internacionals. 1988. No.12/13. S. 5-19.
BZ 4928:1988

Tusell, J.; García Queipo de Llano, G.: El Dictador y el mediador. Las relaciones hispanoingelsas durante la dictadura de Primo de Rivera. Madrid: Centro de Estudios Históricos 1986. 129 S.
Bc 6934

L 193 f Wehrwesen

Comas, J.M.; Mandeville, L.: Les militaires et le pouvoir dans l'Espagne contemporaine de Franco à Felipe Gonzalez. Toulouse: Presses de l'Inst. d'Etudes Politiques de Toulouse 1986. 209 S.
B 61572

Daguzan, J.-F.: L'Espagne à la croisée des chemins. Paris: Fondation pour les Etudes de Défense Nationale 1986. 203 S.
Bc 02379

Fisas Armengol, V.: Los presupuestos de defensa en Espana. In: Revista CIDOB d'afers internacionals. 1988. No.10. S. 107-119.
BZ 4928:1988

Fisas Armengol, V.: Una alternativa a la política de defensa en España. Barcelona: Ed. Fomtamara 1985. o.Pag.
B 60093

Jackson, P.: NATO's 16th Nation. Isolated Iberians? In: Air international. Vol.34, 1988. No.3. S. 111-120.
BZ 05091:34

Labatut, B.: Le détroit de Gibraltar, Noeud Gordien de la stratégie espagnole. In: Stratégique. 1987. No.33. S. 37-71.
BZ 4694:1987

Laencina Macabich, E.: Don Alvaro de Bazan en la escuela naval militar. In: Revista general de marina. T.214, 1988. No.3. S. 277-286.
BZ 4619:214

Merino, J.: La tragedia de los generales españoles. 1936. Barcelona: Plaza y Janés 1985. 366 S.
B 61111

Navarro Revuelta, C.: La asistencia tecnica de la marina de los estados unidos a lo programas navales Españoles. In: Revista general de marina. T.214, 1988. April. S. 475-490.
BZ 4619:214

Ruiz Garcia, E.: El tablero estratégico y político de España. In: Politica exterior. Vol.1, 1987. No.3. S. 78-97.
BZ 4911:1

Sanchez, J.M.A.: La intervention militar de la defensa. In: Revista general de marina. T.214, 1988. No.1. S. 5-14.
BZ 4619:214

Talon, V.: Asi hundimos al "Baleares". In: Defensa. A.11, 1988. No.120. S. 54-62.
BZ 05344:11

Trevino Ruiz, J.: El submarino nuclear y su aplicacion al armada espanola. In: Revista general de marina. T., 1987. No.213. S. 423-442.
BZ 4619:1987

Uxó, J.: El espacio estratégico espanol, hoy. In: Politica exterior. Vol.1, 1987. No.2. S. 208-222.
BZ 4911:1

L 193 h Gesellschaft

Behn, S.; Mommertz, M.: Wir wollen eine bewußte weibliche Kraft schaffen. In: Bochumer Archiv für die Geschichte des Widerstandes und der Arbeit. 1987. Nr.8. S. 53-71.
BZ 4698:1987

Lieberman, S.: Labor movements and labor thought. Spain, France, Germany, and the United States. New York: Praeger 1986. IX, 288 S.
B 59337

L 193 k Geschichte

Garriga Alemany, R.: Franco, Serrano Suñer. Un drama político. Barcelona: Ed.Planeta 1986. 209 S.
B 62879

Herzog, W.: Spanien. München: Beck 1987. 162 S.
Bc 7112

Rial, J.H.: Revolution from above. The Primo de Rivera dictatorship in Spain, 1923-1930. Fairfax: George Mason Univ.Pr. 1986. 256 S.
B 61713

L 193 l Einzelne Länder/Gebiete/Orte

Díaz del Moral, J.: Las agitaciones campesinas del periódico bolchevista. 1918-1920. Sevilla: Ed.Andaluzas Unidas 1985. 230 S.
B 61110

Legaretta, D.: Hospitality to the Basque refugee children in Belgium. In: Revue belge d'histoire contemporaine. Vol.18, 1987. No.1-2. S. 275-288.
BZ 4431:18

Petschen, S.: La política exterior de la Comunidad eutónoma de Cataluna. In: Politica exterior. Vol.2, 1988. No.5. S. 222-238.
BZ 4911:2

L 195 Tschechoslowakei

L 195 c Biographien

– Beneš
Prykryl, L.: Zformováni buržoazni koncepce odboje a úloha ministerstva vnitra v londýnském státnim žrízení. In: Ceskoslovenský casopis historický. R.33, 1987. No.3. S. 350-370.
BZ 4466:33

– Gottwald
Klement Gottwald revolucionár a politik. Red.: I. Krampa. Praha: Nakladatelstvi Svoboda 1986. 353 S.
B 60938

Vzpomínsky na Klementa Gottwalda. Red.: Z.Ničová. Praha: Nakladatelstvi Svoboda 1986. o.Pag.
B 60927

– Šmeral
Wheaton, B.: Radical socialism in Czechoslovakia. New York: Columbia Univ.Pr. 1986. XXVII, 204 S.
B 61721

L 195 e Staat und Politik

Janouch, F.: Ne, nestěžuji si. Köln: Index 1985. 219 S.
Bc 6991

Kaplan, K.: Die politischen Prozesse in der Tschechoslowakei 1948-1954. München: Oldenbourg 1986. 228 S.
B 58324

Kren, J.; Kural, V.; Brandes, D.: Integration oder Ausgrenzung. Deutsche u. Tschechen 1890-1945. Bremen: Donat u.Temmen Verl. 1986. 156 S.
B 58184

Pokstefl, J.: Kriminalisierung Andersdenkender in der Tschechoslowakei. In: Osteuropa-Info. Jg.15, 1987. Nr.72. S. 60-70.
BZ 4778:15

Richter, K.: Die Entwicklung des tschechoslowakisch-sowjetischen Militärbündnisses in der Nachkriegszeit. In: Militärgeschichte. Jg.26, 1987. Nr.5. S. 431-439.
BZ 4527:26

Schmid, K.: Das internationale Erbrecht in der Tschechoslowakei. Köln: Bundesinst.f.ostwiss.u.intern.Studien 1987. 42 S.
Bc 01973

Sláma, J.; Kaplan, K.: Die Parlamentswahlen in der Tschechoslowakei 1935-1946-1948. München: Oldenbourg 1986. 136 S.
B 57575

Stevens, J.N.: Czechoslovakia at the crossroads. New York: Columbia Univ.Pr. 1985. XIV, 349 S.
B 58022

Wann zieht die Zeit den Vorhang auf?
Ein Gespräch mit Jaroslav Šabata. In:
Kommune. Jg.6, 1988. Nr.8. S. 28-37.
BZ 05452:6

L 195 f Wehrwesen

Lippert, G.: 40 Jahre Tschechoslowakische
Volksarmee (CVA). In: Soldat und Tech-
nik. Jg.31, 1988. Nr.1. S. 9-24; 36-48.
BZ 05175:31

Lipták, J.; Čejka, E.: Čs. armáda v
revolučním procesu v letech 1945-1948.
In: Historie a vojenstvi. R.36, 1988.
No.1. S. 3-17.
BZ 4526:36

Vojenské Dějiny Československa. Red.:
Z. Procházka. Bd.2. Praha: Naše vojsko
1986. 589 S.
01054

L 195 k Geschichte

Boj proti fašismu a okupaci na jižni
Moravě. Red.: E. Kordiovský. Praha:
Teps 1985. 324 S.
B 60627

Cibulka, F.: Nationalism, communism and
collaborationism: a study of the Soviet-
led invasion of Czechoslovakia and its
aftermath. Ann Arbor, Mich.: UMI 1986.
IV, 334 S.
B 58312

Dau, R.; Svatosch, F.: Neueste Geschichte
der Tschechoslowakei. Berlin: Dt.Verl.d.
Wissenschaften 1985. 311 S.
B 57113

Johnson, O.V.: Slovakia 1918-1938. New
York: Columbia Univ.Pr. 1985. XVII,
516 S.
B 58382

Kalvoda, J.: The genesis of Czechoslova-
kia. New York: Columbia Univ.Pr. 1986.
VIII, 673 S.
B 61775

Klimko, J.: Tretia Ríša a ľudácky režim
na Slovensku. Bratislava: Obzor 1986.
249 S.
B 60937

Svec, M.: The Prague Spring. 20 years
later. In: Foreign affairs. Vol.66, 1987/88.
No.5. S. 981-1001.
BZ 05149:66

L 197 Türkei

Ahmad, F.: Islamic reassertion in Turkey.
In: Third world quarterly. Vol.10, 1988.
No.2. S. 750-767.
BZ 4843:10

Boratav, K.: Die türkische Wirtschaft im
20.Jahrhundert (1908-1980). Frankfurt:
Dagyeli Verl. 1987. 134 S.
Bc 6908

Groc, G.: Renaissance de l'Islam turc?
In: L'Afrique et l'Asie modernes. 1987.
No.155. S. 7-22.
BZ 4689:1987

Grothusen, K.-D.: Der Weg der Türkei in
die Moderne – 65 Jahre politisch-histori-
scher Entwicklung. In: Aus Politik und
Zeitgeschichte. 1988. B.14-15. S. 3-12.
BZ 05159:1988

Horton, G.: Report on Turkey. Athens:
The Journalists' Union of the Athens
Daily Newspapers 1985. 182 S.
B 56961

Kont, M.S.: Türken weiter gen Okzident?
Frankfurt: Lang 1987. 167 S.
Bc 6743

The MEKO 200 T Frigate TCG Yavuz.
In: Naval forces. Vol.9, 1988. Spezialh.
S. 5-80.
BZ 05382:9

Özkara, S.: Türkische Arbeiterbewegung
1908 im Osmanischen Reich im Spiegel
der Botschaftsberichte, der volkswirt-
schaftl. u. politischen Entwicklungen.
Frankfurt: Lang 1985. 255 S.
B 58743

Shabon, A.M.; Zeytinoglu, I.U.: The political, economic, and labor climate in Turkey. Philadelphia: Univ.of Pennsylvania Pr. 1985. XIII, 277 S.
B 58594

L 197 d Land und Volk

Ataöv, T.: An American source (1895) on the Armenian question. Ankara: Ankara Univ. 1986. 29 S.
Bc 7241

Besikçi, I.: Wir wollen frei und Kurden sein! Briefe an die UNESCO. 2.Aufl. Frankfurt: Isp-Verl. 1987. 124 S.
Bc 6769

Gunter, M.M.: "Pursuing the just cause of their people". A study of contemporary Armenian terrorism. Westport, Conn.: Greenwood Press 1986. VIII, 182 S.
B 61432

Texte Asala. Hrsg.: De Knipselkrant. Groningen: o.V. 1987. 44 S.
D 03744

Türkei. Ein politisches Reisebuch. Hrsg.: Ö. Seven. Hamburg: VSA-Verl. 1987. 283 S.
B 61483

Der Weg der Revolution Kurdistans. Hrsg.: Arbeiterpartei Kurdistans – PKK. Köln: Agri Verl. 1986. o.Pag.
D 3547

L 197 e Staat und Politik

Die deutsch-türkischen Beziehungen von 1924 bis 1938. E. Ausstellung. Frankfurt: Dt. Bibliothek 1987. 43 S.
Bc 7059

Elections in the Middle East. Implications of recent trends. Ed.: L.L.Layne. Boulder, Colo.: Westview Press 1987. XI, 226 S.
B 61874

Graz, L.: Die Türkei und ihre asiatischen Nachbarn. In: Europa-Archiv. Jg.42, 1987. Nr.23. S. 691-698.
BZ 4452:42

Halbach, U.: Die Türkei im Spannungsfeld zwischen "atlantischer" und "regionaler" Aussen- und Sicherheitspolitik: Aktuelle Entwicklungen und sowjetische Kritik. Köln: Bundesinst.f.ostwiss.u. intern.Studien 1986. 52 S.
Bc 01872

Harris, G.S.: Turkey. Coping with crisis. Boulder, Colo.: Westview Press 1985. XIV, 240 S.
B 62329

Mainardus, R.: Die Türkei-Politik Griechenlands. Frankfurt: Lang 1985. 625 S.
B 57735

Oberdiek, H.: Folter in der Türkei. Übergriffe einzelner oder systematische Praxis im Dienste politischer Zielsetzungen? Hrsg.: Informationsst. Türkei. Hamburg: o.V. 1986. 57 S.
D 03655

Richter, H.: Der griechisch-türkische Konflikt und die Haltung der Sowjetunion. Köln: Bundesinst.f.ostwiss.u. intern. Studien 1986. 69 S.
Bc 01976

State, democracy, and the military. Turkey in the 1980s. Ed.: M.Heper. Berlin: De Gruyter 1988. 265 S.
B 66946

Türkei. Staat u. Gesellschaft. Frankfurt: Isp-Verl. 1987. 204 S.
B 62409

L 197 l Länderteil

The Armenian genocide in perspective. Ed.: R.G.Hovannisian. New Brunswick: Transaction Books 1986. VI, 215 S.
B 61897

Bericht zur Situation der Menschenrechtsverletzungen in Kurdistan. (Sonderber. zu d. Lage seit Anf. 1987). Hrsg.: Kurdistan-Komitee in Europa. Köln: o.V. 1987. 10 S.
D 03701

Feigl, E.: Ein Mythos des Terrors. Armenischer Extremismus: Seine Ursachen und Hintergründe. Freilassing: Ed. Zeitgeschichte 1986. 144 S.
010388

Karamanoukian, D.: El genocidio armenio en la prensa del Uruguay. Año 1915. Montevideo: Ed.Aní 1985. 177 S.
Bc 6959

Zur akutellen Situation in Kurdistan. o.O.: o.V. o.J. 33 S.
D 03858

L 198 Ungarn

Csonkaréti, K.: Az Osztrák-Magyar Monarchia haditengerészetének hadmüveletei az elsö világháboruban. In: Hadtörténelmi közlemények. Jg.33, 1986. No.3. S. 439-487.
BZ 4513:33

Erös, J.; Kovács, A.; Léval, K.: "Wie ich schließlich gemerkt habe, daß ich Jude bin". In: Babylon. 1988. H.3. S. 65-79.
BZ 4884:1988

The Holocaust in Hungary forty years later. Ed.: R.L.Braham. New York: Columbia Univ.Pr. 1985. XV, 235 S.
B 58004

Hungary's Air Force. From rebirth to reliability. In: Air international. Vol.34, 1988. No.6. S. 290-296; 307.
BZ 05091:34

Kövágó, L.; Tilkovszky, L.: A nemzetiségi Politika Magyarországon 1945 után. Budapest: TIT 1986. 54 S.
Bc 6891

Rozett, R.: Child rescue in Budapest, 1944-45. In: Holocaust and genocide studies. Vol.2, 1987. No.1. S. 49-59.
BZ 4870:2

Szabó, P.: A 2. magyar hadsereg kiszállitása Ukrajnába és elönyomulása a Donhoz (1942. ápr.-aug.). In: Hadtörténelmi közlemények. Jg.33, 1986. No.3. S. 496-524.
BZ 4513:33

The tragedy of Hungarian Jewry. Ed.P R.L. Braham. New York: Columbia Univ.Pr. 1986. VIII, 328 S.
B 62727

L 198 c Biographien

– **Bajcsy-Zsilinszky**
Bajcsy-Zsilinszky Endre emlékfüzet születésének 100. évfordulójára. Red.: L. Tóth. Szarvas: Hazafias Népfront 1986. 42 S.
Bc 6871

Illés, G.: Kivégzés karácsonykor. Budapest: Ifjúsági Lap-és Könyvkiadó 1986. 117 S.
Bc 6348

– **Hegedüs**
Hegedüs, A.: Im Schatten einer Idee. Zürich: Ammann 1986. XXXIX, 309 S.
B 60026

– **Kádár**
Kádár, J.: Béke függetlenség honvédelem. Budapest: Zrinyi katonai kiadó 1985. 341 S.
B 59194

– **Kun**
Kun Béla. Nemzetközi tudományos ülésszak születésének 100. évfordulójára. Red.: F. Mucsi. Budapest: Kossuth Könyvkiadó 1987. 299 S.
B 62614

Kun Béla müveinek Bibliográfiája. Red.: Z. Ripp. Budapest: Kossuth Könyvkiadó 1986. 199 S.
B 59499

– **Lukács**
Lefebvre, H.: Lukács 1955. Patrick Tort. Paris: Aubier 1986. 152 S.
Bc 6703

Lukács, G.: Demokratisierung heute und morgen. Budapest: Akad. Kiadó 1985. 219 S.
B 60087

Lukács, G.: Sozialismus und Demokratisierung. Frankfurt: Sendler 1987. 147 S.
Bc 7214

– Nagybaconi Nagy
Nagybaconi Nagy, V.: Végzetes Esztendók 1938-1945. 2.átdolg. Budapest: Gondolat 1986. 346 S.
B 59207

– Szombathelyi Ferenc
Szakály, S.: Szombathelyi Ferenc vezérezredes és társai a honvéd vezérkar fönökének birósága elött. In: Hadtörténelmi közlemények. Jg.33, 1986. No.1. S. 182-202.
BZ 4513:33

– Üjpétery
Üjpétery, É.: Végállomás Lisszabon. Budapest: Magvetö Kiadó 1987. 540 S.
B 62602

L 198 e Staat und Politik

L 198 e 10 Innenpolitik

Brestoiu, H.; Bobocescu, V.: Acţiuni ostile ale poporului ungar împotriva revizionismului fascisto-horthyst, pentru relaţii de colaborare cu statele vecine. In: Anale de istorie. A.33, 1987. No.5. S. 80-98.
BZ 4536:33

Dalos, G.: Archipel Gulasch. Die Entstehung der demokratischen Opposition in Ungarn. Bremen: Donat u.Temmen Verl. 1986. 175 S.
B 60054

Dalos, G.: Kleine Delikte. In: Osteuropa-Info. Jg.15, 1987. Nr.72. S. 81-94.
BZ 4778:15

Huber, M.: "Das ungarische Modell": Von den Reformen zur Rezession. In: Prokla. Jg.17, 1987. Nr.69. S. 35-51.
BZ 4613:17

Kiseleva, N.P.: Rol'vengerskich pravjaščich krugov ijulskom krizise 1914 goda. In: Voprosy istorii. 1987. No.3. S. 59-69.
BZ 05317:1987

Lahav, Y.: Der Weg der Kommunistischen Partei Ungarns zur Macht. Bd.1.2. München: Trofenik 1985/86. 434,453 S.
B 60549

Majoros, F.: Das neue ungarische Wahlgesetz in der Praxis. Köln: Bundesinst. f. ostwiss.u.intern.Studien 1985. 56 S.
Bc 01840

Majoros, F.: Der ungarische verfassungsrechtliche Rat und das polnische Verfassungstribunal im Vergleich. Köln: Bundesinst.f.ostwiss.u.intern.Studien 1987. 82 S.
Bc 02126

Molnár, J.: A magyar köztársasági érdemrend és érdemérem 1946-1949. In: Hadtörténelmi közlemények. Jg.33, 1986. No.1. S. 154-181.
BZ 4513:33

Paetzke, H.-H.: Andersdenkende in Ungarn. Frankfurt: Suhrkamp 1986. 244 S.
B 60068

Szabó, B.: Az "ötvenes Evek". Elmélet és politika a szocialista épités elsö idöszakában Magyarországon 1948-1957. Budapest: Kossuth Könyvkiadó 1986. 432 S.
B 60088

L 198 e 20 Außenpolitik

Dunay, P.: Hungary's security policy. Hamburg: IFSH 1987. 71 S.
Bc 7000

Felkay, A.: Kadar's hungary and the Soviet Union. Ann Arbor, Mich.: UMI 1986. VIII, 519 S.
B 58201

Gati, C.: Hungary and the Soviet Bloc. Durham, NC.: Duke Univ.Pr. 1986. 244 S.
B 61976

Kiss, L.J.: Europäische Sicherheit: Interpretationen, Perzeption und Außenpolitik Ungarns. In: Europa-Archiv. Jg.43, 1988. Nr.4. S. 95-104.
BZ 4452:43

Max, S.M.: The United States, Great Britain, and the sovietization of Hungary 1945-1948. New York: Columbia Univ.Pr. 1985. VII, 195 S.
B 57961

Réti, G.: Le relazioni ungaro-italiane dall'Anschluss all'occupazione della Rutenia subcarpatica (1938-39). In: Il politico. A.52, 1987. No.4. S. 577-619.
BZ 4541:52

L 198 h Gesellschaft

Antal, E.: Die ungarische Wirtschaftspolitik heute. Ziele, Ergebnisse und Probleme Mitte der 80er Jahre. In: Südosteuropa-Mitteilungen. Jg.27, 1987. Nr.2. S. 83-100.
BZ 4725:27

Csaba, L.: Die dritte Etappe der ungarischen Wirtschaftsreform. In: Südosteuropa. Jg.36, 1987. Nr.7/8. S. 431-456.
BZ 4762:36

Geschichte der ungarischen Arbeiterbewegung. Budapest: Magyar Munkásmozgalmi Múzeum 1986. 114 S.
Bc 6872

Heinrich, H.-G.: Hungary. Politics, economics and society. London: Pinter 1986. XX, 198 S.
B 58081

Jakab, S.: A magyar szakszervezeti Mozgalom 1944-1950. Budapest: Kossuth Könyvkiadó 1985. 203 S.
B 59202

Kemény, I.: Ouvriers hongrois. Paris: L'Harmattan 1985. 208 S.
B 60600

Orbán, J.G.: De Hongaarse economie wankelt. In: Internationale spectator. Jg.41, 1987. Nr.10. S. 489-498.
BZ 05223:41

Sitzler, K.: Ungarns Gesundheitswesen – chronische und akute Probleme. In: Südosteuropa. Jg.36, 1987. Nr.5. S. 253-266.
BZ 4762:36

Szabó, M.: New factors in the political socialization of youth in Hungary: the alternative social movements and subcultures. In: Praxis international. Vol.8, 1988. No.1. S. 26-33.
BZ 4783:8

L 198 k Geschichte

Balogh, S.; Föglein, G.: Magyarország Története 1918-1975. Budapest: Tankönyvkiadó 1986. 368 S.
B 62029

Gadney, R.: Cry Hungary! Uprising 1956. London: Weidenfeld and Nicolson 1986. 169 S.
010435

Kappelt, O.: Ungarische Tragödie '56. München: Univ.Verl. 1987. 294 S.
B 62196

Lendvai, P.: Das eigenwillige Ungarn. Innenansichten e. Grenzgängers. Zürich: Ed. Interfrom 1986. 148 S.
B 60879

Pásztor, M.: A fehérterror néhány Jelensége. Budapest: Pest megyei Levéltár 1985. 361 S.
B 60560

Siklös, A.: A Habsburg-birodalom Felbomlása 1918. Budapest: Kossuth 1987. 338 S.
B 62603

Szekfü, G.: "Valahol utat vesztettünk". Budapest: Magvetö Kiadó 1987. 71 S.
Bc 6873

Vom Großen Oktober bis zur Reform des Sozialismus. In: Konsequent. Jg.17, 1987. Nr.3. S. 66-80.
BZ 4591:17

L 200 Asien

The armed forces in contemporary Asian societies. Ed.: A.Olsen. Boulder, Colo.: Westview Press 1986. VIII, 368 S.
B 59939

Asian issues 1985. Lanham: Univ.Press of America 1986. 74 S.
B 60685

Bonsignore, E.: Evolution trends in Arab navies. In: Military technology. Vol.12, 1988. No.4. S. 14-26.
BZ 05107:12

Brill, H.: Gaddafis Vision von der arabischen Einheit. In: Außenpolitik. Jg.38, 1987. Nr.3. S. 287-295.
BZ 4457:1987

Lee, N.de: Rise of the Asian superpowers from 1945. London: Watts 1987. 62 S.
010521

Scalapino, R.A.: Asia's future. In: Foreign affairs. Vol.66, 1987. No.1. S. 77-108.
BZ 05149:66

Verceil, C.: L'Asie en 1986. L'Avenir n'est plus ce qu'il était. In: Vingtième siècle. 1986. Nr.12. S. 23-38.
BZ 4941:1986

L 202 Nordostasien/Ostasien

Cumings, B.: Power and plenty in Northeast Asia: the evolution of U.S. policy. In: World policy journal. Vol.5, 1988. No.1. S. 79-106.
BZ 4822:5

Energy, security and economic development in East Asia. Ed.: R.C. Keith. London: Croom Helm 1986. 303 S.
B 60651

Goodman, D.S.G.: Communism in East Asia: the production imperative, legitimacy and reform. In: Journal of communist studies. Vol.3, 1987. No.4. S. 1-8.
BZ 4862:3

Moody, P.R.: Structure and pattern in Northeast Asian International politics. In: Asian perspective. Vol.11, 1987. No.2. S. 175-200.
BZ 4889:11

Scalapino, R.A.: Major power relations in Northeast Asia. Lanham: Univ.Press of America 1987. XX, 71 S.
B 62318

Security interdependence in the Asia Pacific region. Ed.: J.W.Morley. Lexington: Lexington Books 1986. XI, 189 S.
B 61126

L 204 Südostasien/Südasien

Aikman, D.: Pacific Rim. Area of change, area of opportunity. Boston, Mass.: Little, Brown and Comp. 1986. XV, 193 S.
B 62000

Akram, A.I.: Policy and postures in South Asia. In: Regional studies. Vol.5, 1987. No.2. S. 3-25.
BZ 4890:5

Barachta, P.N.; Zarkich, Ju.G.: Asiatsko-tichookeanskij region i bezopastnost' v Asii. In: Problemy dal'nego vostoka. 1987. No.3. S. 57-67.
BZ 05458:1987

Chandrasekhara Rao, R.V.R.: South Asia – State of nuclear proliferation. In: Arms control. Vol.8, 1987. No.3. S. 265-277.
BZ 4716:8

Dixit, A.: US policy towards Afghanistan: the Pak Factor. In: Strategic analysis. Vol.12, 1988. No.1. S. 101-121.
BZ 4800:12

Duncanson, D.: Strategic tensions in Southeast Asia. London: Institute for the study of conflict 1985. 25 S.
Bc 6153

Esterline, J.H.; Esterline, M.H.: "How the dominoes fell". Southeast Asia in perspective. London: Hamilton 1986. X,429 S.
B 61211

Ghosh, P.S.: Ethnic and religious conflicts in South Asia. London: Institute for the study of conflict 1985. 19 S.
Bc 6155

Haass, R.N.: South Asia: Too late to remove the bomb? In: Orbis. Vol.32, 1988. No.1. S. 107-118.
BZ 4440:32

Huxley, T.; Acharya, A.: Die sicherheitspolitische Lage in Südostasien. In: Internationale Wehrrevue. Jg.20, 1987. Nr.12. S. 1597-1605.
BZ 05263:20

Internal and external security issues in Asia. Ed.: R.A.Scalapino. Berkeley, Calif.: Univ.of California Pr. 1986. 273 S.
B 61488

Jahan, R.: Women in South Asian politics. In: Third world quarterly. Vol.9, 1987. No.3. S. 848-890.
BZ 4843:9

Kusuma-Atmadja, M.: Peace, stability and prosperity in Southeast Asia: an Indonesian view. In: Japan review of international affairs. Vol.1, 1987. No. S. 17-24.
BZ 4926:1

MacCloud, D.G.: System and process in Southeast Asia: The evolution of a region. Boulder, Colo.: Westview Press 1986. XII, 315 S.
B 58755

Military-civilian relations in South-East Asia. Ed.: A.H. Ahmad. Singapore: Oxford Univ.Pr. 1985. XI, 368 S.
B 59144

Ressources, problèmes et défis de l'Asie du sud-est. Québec: Pr. de l'Univ.Laval 1986. VIII, 270 S.
B 62202

Schier, P.: Present and future challenges to peace and security in Southeast Asia and the South West Pacific. In: Südostasien aktuell. Jg.7, 1988. Nr.2. S. 151-158.
BZ 05498:7

Singh, J.: Southern Asia and the nuclear threat. In: Strategic analysis. Vol.12, 1988. No.1. S. 1-15.
BZ 4800:12

South Asian insecurity and the great powers. London: Macmillan 1986. XI, 257 S.
B 59629

Southeast Asia. Essays in the political economy of structural change. Ed.: R.Higgott. London: Routledge & Kegan Paul 1985. VI, 340 S.
B 57444

– ASEAN

ASEAN in regional and global context. Ed.: K.D. Jackson. Berkeley, Calif.: Inst.of Asian Studies, Univ.of California 1986. VIII, 357 S.
B 62276

Boisseau du Rocher, S.: L'ASEAN vingt ans d'existence. Paris: La Documentation française 1987. 144 S.
Bc 7661

Buszynski, L.: Asean. A changing regional role. In: Asian survey. Vol.27, 1987. No.7. S. 764-786.
BZ 4437:27

Feske, S.M.: ASEAN and prospects for regional arms control in Southeast asia. Berlin: Quorum Verl. 1986. IV, 91 S.
Bc 6776

Grebenščikov, E.S.: ASEAN i voprosy tichookeanskogo sotrudničestva. In: Problemy dal'nego vostoka. 1987. No.1. S. 36-46.
BZ 05458:1987

Machetzki, R.: ASEAN: Stärkere Integration in der Zukunft? In: Südostasien aktuell. Jg.6, 1987. Nr.6. S. 544-550.
BZ 05498:6

Masyk, E.-M.: US-Asienpolitik: ASEAN als Partner und Verbündeter. In: Aus Politik und Zeitgeschichte. 1987. B.52. S. 39-46.
BZ 05159:1987

Mols, M.: ASEAN am Vorabend der dritten Gipfelkonferenz. In: Europa-Archiv. Jg.42, 1987. Nr.22. S. 655-664.
BZ 4452:42

Rust, W.L.: ASEAN – regionale Zusammenarbeit im Schatten der Großmächte. Frankfurt: Lang 1985. 125 S.
B 57723

Sepulchre, C.: L'ASEAN, carrefour du pacifique. L'Association des Nations d'Asie du Sud-Est: Brunei, Indonésie, Malaisie, Philippines, Singapour, Thailande. Paris: Ed. Sudestasie 1987. 152 S.
Bc 7356

Sudo, S.: Japan-Asean relations. New dimensions in Japanese foreign policy. In: Asian survey. Vol.28, 1988. No.5. S. 509-525.
BZ 4437:28

Tanvanich, O.: The association of Southeast Asian Nations (ASEAN): the challenge of regional cooperation. Ann Arbor, Mich.: UMI 1987. X,170 S.
B 62714

Tilman, R.O.: Southeast Asia and the enemy beyond. ASEAN perceptions of external threats. Boulder, Colo.: Westview Press 1987. X,194 S.
B 61873

Wanandi, J.: L'ASEAN et la zone de paix, de liberté et de neutralité en Asie du Sud-Est. In: Politique étrangère. A.52, 1987. No.1. S. 87-97.
BZ 4449:52

L 210 Einzelne Staaten Asiens

L 211 Afghanistan

Bradsher, H.S.: Afghanistan and the Soviet Union. Durham, NC.: Duke Univ.Pr. 1985. VIII, 384 S.
B 58871

Constant, C.; Spilmont, J.-P.: 300 jours en Afghanistan. Infirmière de la dernière chance. Paris: Michel 1985. 273 S.
B 59286

Dunbar, C.: Afganistan in 1987. A year of decision? In: Asian survey. Vol.28, 1988. No.2. S. 148-162.
BZ 4437:28

Ermacora, F.: UNO-Berichte über die Lage der Menschenrechte in Afghanistan. Bonn: Bonner Friedensforum 1986. XI, 133 S.
Bc 6253

Ermacora, F.: Vereinte Nationen, Wirtschafts- und Sozialrat, New York. Ber. über die Lage d. Menschenrechte in Afghanistan... Hrsg.: Bonner Friedensforum. Bonn: o.V. 1985. 63 S.
D 3408

Maley, W.: Political legitimation in contemporary Afghanistan. In: Asian survey. Vol.27, 1987. No.6. S. 705-725.
BZ 4437:27

Naby, E.: Islam within the Afghan Resistance. In: Third world quarterly. Vol.10, 1988. No.2. S. 787-805.
BZ 4843:10

Political Parties of Asia and the Pacific. Ed.: H. Fukui. Westport, Conn.: Greenwood Press 1985. XVIII, 1346 S.
B 57964

Rahimi, F.: Women in Afghanistan. Liestal: Grauweiler 1986. 111 S.
Bc 7047

Rogers, T.: Afghan refugees and the stability of Pakistan. In: Survival. Vol.29, 1987. No.5. S. 416-429.
BZ 4499:29

Roy, O.: Afghanistan vor einer ungewissen Zukunft. In: Europa-Archiv. Jg.43, 1988. Nr.9. S. 233-240.
BZ 4452:43

Stahel, A.A.; Bucherer, P.: Afghanistan 1984/85. Besetzung u. Widerstand. Frauenfeld: Huber 1985. 16 S.
D 03657

The state, religion, and ethnic politics. Afghanistan, Iran, and Pakistan. Ed.: A. Banuazizi. Syracuse, N.Y.: Syracuse Univ.Pr. 1986. XI, 320 S.
B 60999

L 215 Bangladesh

Choudhury, D.: Challenges to democracy in Bangladesh. In: Regional studies. Vol.5, 1987. No.4. S. 23-32.
BZ 4890:5

Islam, S.S.: Bangladesh in 1987. A spectrum of uncertainties. In: Asian survey. Vol.28, 1988. No.2. S. 163-171.
BZ 4437:28

Islam, S.S.: Relative state autonomy and development strategy in Bangladesh, 1975-1981. In: Pacific affairs. Vol.59, 1986/87. No.4. S. 563-576.
BZ 4450:59

Jessen, B.; Nebelung, M.: Hilfe muss nicht tödlich sein. Basisbewegung und Befreiungsarbeit im Bangladesch. Berlin: EXpress 1987. 109 S.
Bc 7706

Wir wollen nicht euch – wir wollen euer Land. Hrsg.: W. Mey. Göttingen: Gesellsch.f.bedrohte Völker 1988. 136 S.
Bc 7510

L 219 Sri Lanka/Ceylon

Barone, M.V.: Sri Lanka: la guerriglia Tamil. In: Rivista italiana difesa. A.7, 1988. No.7. S. 22-28.
BZ 05505:7

Dokumentation zum Hearing. Tamilen Asyl gewähren. Hrsg.: Südasienbüro. Wuppertal: o.V. 1987. 26 S.
D 03788

Dokumentation, Analyse, Information. Text d. Friedensvertrages zw. Rajiv Gandhi u. J.R. Jayawardene... In: Südasien. Jg.7, 1987. Nr.6-7. S.a-1.
DZ 491:7

Ellison, C.G.: Elites, competition, and ethnic mobilization: Tamil politics in Sri Lanka, 1947-1977. In: Journal of political and military sociology. Vol.15, 1987. No.2. S. 213-228.
BZ 4724:15

Gunasekera, R.: Die Streitkräfte von Sri Lanka. In: Internationale Wehrrevue. Jg.21, 1988. Nr.5. S. 509-518.
BZ 05263:21

Julia, J.-M.: Le génocide des Tamouls à Sri-Lanka. Saint-Martin-en-Haut: Impr. des Montdu-Lyonnais 1986. 126 S.
Bc 7441

Kearney, R.N.: Territorial elements of Tamil separatism in Sri Lanka. In: Pacific affairs. Vol.60, 1987/88. No.4. S. 561-577.
BZ 4450:60

Keller, W.: Hält der "historische" Friedensvertrag? Feindschaft und Freundschaft liegen eng beieinander. In: Blätter des iz3w. 1987. Nr.144. S. 21-26.
BZ 05130:1987

Morizot, P.: La question tamoule. Un problème de décolonisation mal résolu. In: L'Afrique et l'Asie modernes. 1987. No.152. S. 60-71.
BZ 4689:1987

Pfaffenberger, B.: Sri Lanka in 1987. Indian intervention and resurgence of the JVP. In: Asian survey. Vol.28, 1988. No.2. S. 137-147.
BZ 4437:28

Prinz, T.: Kolonialismus – Nationalismus-Rassismus: über vernachlässigte Zusammenhänge am Beispiel Sri Lanka. In: Asien. 1988. Nr.27. S. 16-37.
BZ 4760:1988

Silva, K.M. de: Managing ethnic tensions in multi-ethnic societies. Sri Lanka 1880-1985. Lanham: Univ.Press of America 1986. XIX, 429 S.
B 61779

Tambiah, S.J.: Sri Lanka. Ethnic fratricide and the dismantling of democracy. Chicago, Ill.: Univ.of Chicago Pr. 1986. XI, 198 S.
B 60977

Weg in den Ruin? Sri Lankas Minderheitenproblematik. Hrsg.: Südasienbüro. Wuppertal: o.V. 1986. 43 S.
D 03582

L 221 China

L 221 a Allgemeines

Han, S.; Langford, M.; Mason, G.: Han Suyin's China. Oxford: Phaidon 1987. o.Pag.
010506

Kremb, J.: Reportagen aus China. Einblicke in d. Volksrepublik, Taiwan, Hongkong u. Tibet. Hamburg: Junius Verl. 1987. 237 S.
B 61472

Müller, M.: China nach Mao. Auswahlbibliogr. Hamburg: Deutsches Übersee Institut 1987. XX, 239 S.
010242

Schell, O.: Lieber reich als gleich. Das neue Bewußtsein der Chinesen. Frankfurt: Ullstein 1986. 255 S.
B 58654

Weggel, O.: China. Zwischen Marx u. Konfuzius. 2.Aufl. München: Beck 1987. 340 S.
B 61465

L 221 c Biographien

– Chiang Kai-Shek
Zoratto, B.: Chang Kai-Scek, l'architetto della Cina moderna. Roma: Ed. Settimo Sigillo 1986. 134 S.
B 57501

– Hu-Qili
Liu, J.: Hu Qili – Eine Biographie. In: China aktuell. Jg.17, 1988. Nr.1. S. 31-41.
BZ 05327:17

– Liang Heng
Liang, H.; Shapiro, J.: Return to China. A survivor of the cultural revolution reports on China today. London: Chatto & Windus 1987. 240 S.
B 60891

– Liu Shao-chi
Klaschka, S.: Die Rehabilitierung Liu Shaoqis in der chinesischen Presse. München: Minerva-Publ. 1987. 164 S.
Bc 6797

– Mao Tse-tung
Chevrier, Y.: La résistible ascension de Mao. In: Vingtième siècle. 1987. Nr.13. S. 3-22.
BZ 4941:1987

Robinson, J.C.: Mao after death. Charisma and political legitimacy. In: Asian survey. Vol.28, 1988. No.4. S. 353-369.
BZ 4437:28

– Nien Cheng
Cheng, N.: Life and death in Shanghai. London: Grafton Books 1986. 496 S.
B 61803

– Soong
Seagrave, S.: The Soong Dynasty. New York: Harper & Row 1985. 532 S.
B 57995

– Sun Tatsen
Ch'en, J.: Sun Yatsens' Reise nach Beijing 1924-1925. In: China Report. 1987. No.95-96. S. 32-48.
BZ 05321:1987

– Sun Yat-Sen
Zoratto, B.: Sun Yat-Sen il rivolutionario. Vita ed opera del fondatore della Cina libera. Palermo: Libri Thule 1987. 165 S.
Bc 7074

– Yue Daiyun
Yue, D.: Als hundert Blumen blühen sollten. Die Lebens-Odyssee e. modernen Chinesin... München: Scherz 1986. 382 S.
B 59667

– Zhang
Schwarcz, V.: Out of historical amnesia. In: Modern China. Vol.13, 1987. No.2. S. 177-225.
BZ 4697:13

L 221 d Land und Volk

Geiges, A.: China im Aufbruch. Stationen e. Reise. Dortmund: Weltkreis Verl. 1987. 271 S.
B 61828

Kuo, T.; Myers, R.H.: Understanding communist China. Communist China studies in the United States and the Republic of China, 1949-1978. Stanford, Cal.: Hoover Institut 1986. XI, 172 S.
B 60682

Lu, C.H.: The Sino-Indian border dispute. A legal study. New York: Greenwood Press 1986. X,143 S.
B 60780

L 221 e Staat und Politik

1986 Captive Nations Week Forum on current mainland China situation. Teipei: World Anti-Communist League 1986. 32 S.
Bc 6208

Blecher, M.: China. Politics, economics and society. London: Pinter 1986. XVIII, 232 S.
B 59563

Chi, W.-S.: Ideological conflicts in modern China. Democracy and authoritarianism. New Brunswick: Transaction Books 1986. XIII, 372 S.
B 61772

Chossudovsky, M.: Towards capitalist restoration? Chinese socialism after Mao. Basingstoke: Macmillan 1986. XIV, 252 S.
B 60376

Fewsmith, J.: The P.R.C.'s internal political dynamics. In: Journal of North-East Asian studies. Vol.6, 1987. No.1. S. 3-25.
BZ 4913:6

Mainland China. Politics, economics, and reform. Ed.: Yu-ming Shaw. Boulder, Colo.: Westview Press 1986. IX, 664 S.
B 58268

Zhao, B.: Vorlesungen zur aktuellen Politik der Volksrepublik China. München: Minerva-Publ. 1985. 257 S.
B 59575

L 221 e 10 Innenpolitik

1987 world freedom day forum on mainland China. Teipei: World Anti-Communist League 1987. 37 S.
Bc 6714

Bachman, D.M.: To leap forward: Chinese policy-making, 1956-1957. Ann Arbor, Mich.: UMI 1986. X,469 S.
B 58191

Chang, C.: Communism in mainland China. Taipei: World Anti-Communist League 1987. 76 S.
Bc 7019

Chang, M.H.: The Chinese blue shirt society. Fascism and developmental nationalism. Berkeley, Cal.: University of California 1985. 144 S.
B 59351

Davin, D.: China: The new inheritance law and the peasant household. In: Journal of communist studies. Vol.3, 1987. No.4. S. 52-63.
BZ 4862:3

Derbyshire, I.: Politics in China. From Mao to Deng. Edinburgh: Chambers 1987. 134 S.
Bc 7658

Domes, J.: The government and politics of PRC: a time of transition. Boulder, Colo.: Westview Press 1985. XV, 316 S.
B 57831

Edwards, R.R.; Henkin, L.; Nathan, A.J.: Human rights in contemporary China. New York: Columbia Univ.Pr. 1986. 193 S.
B 58528

Fenwick, A.E.: The gang of four and the politics of opposition: China, 1971-1976. Ann Arbor, Mich.: UMI 1986. XIII, 599 S.
B 59597

Fischer, P.: Chinas Sozialismus der "autorisierten Selbstentfaltung". Der Versuch e. Versöhnung von Ideologie u. Ökonomie. In: Europa-Archiv. Jg.43, 1988. Nr.4. S. 87-94.
BZ 4452:43

Gates, M.A.; Geelhoed, E.B.: The dragon and the snake. An American account of the turmoil in China, 1976-1977. Philadelphia: Univ.of Pennsylvania Pr. 1986. XIV, 222 S.
B 61760

Goodman, D.S.G.; Lockett, M.; Segal, G.: The China challenge. Adjustment and reform. London: Routledge & Kegan Paul 1986. 86 S.
Bc 6670

Gurtov, M.: China: The politics of the opening. In: Asian perspective. Vol.12, 1988. No.1. S. 34-50.
BZ 4889:12

Lew, R.: Chinese socialism: state, bureaucracy and reform. In: The Socialist register. Vol.24, 1988. No. S. 154-181.
BZ 4824:24

Meyer, F.: Nach dem Sturm erhebt sich der gebeugte Bambus. China im Umbruch. München: Bertelsmann 1987. 287 S.
B 61190

Modernizing China. Post-Mao reform and development. Ed.: A.D. Barnett. Boulder, Colo.: Westview Press 1986. XII, 136 S.
B 59603

Mosher, S.W.: Three steps toward opening Mainland China. In: Orbis. Vol.31, 1987. No.3. S. 331-337.
BZ 4440:31

Nathan, A.J.: Chinese democracy. New York: Knopf 1985. XIII, 313 S.
B 58043

The political economy of reform in post-Mao China. Ed.: E.J.Perry. Cambridge, Mass.: Harvard Univ.Pr. 1985. XIV, 331 S.
B 61454

Saich, T.: The reform process in the People's Republic of China. In: Journal of communist studies. Vol.3, 1987. No.4. S. 9-27.
BZ 4862:3

Senese, D.J.: Democracy in mainland China: the myth and the reality. Washington, D.C.: Council for social a. economic studies 1986. 96 S.
Bc 7630

Seymour, J.D.: China's satellite parties. Armonk, N.Y.: Sharpe 1987. XI, 151 S.
B 62710

Unofficial documents of the democracy movement in communist China, 1978-1981. Stanford, Cal.: Hoover Institut 1986. VIII, 100 S.
Bc 01938

Womack, B.: The party and the people: revolutionary and postrevolutionary politics in China and Vietnam. In: World politics. Vol.39, 1987. No.4. S. 479-507.
BZ 4464:39

– **Kulturrevolution**

Chinese politics. Documents and analysis. Ed.: J.Domes. Columbia, S.C.: Univ.of South Carolina Pr. 1986. XVI, 417 S.
010255

Coghland, M.: The debate on the nature of the Chinese Revolution. In: Journal of contemporary Asia. Vol.16, 1986. No.4. S. 508-519.
BZ 4671:16

Cultural revolution to 1969. Ed.: J.T. Myers. Columbia, S.C.: Univ.of South Carolina Pr. 1986. XVI, 417 S.
010255:1

Forster, K.: The repudiation of the cultural revolution. In: Journal of contemporary Asia. Vol.17, 1987. No.1. S. 66-75.
BZ 4671:17

Gao, Y.: Born red. A chronicle of the cultural revolution. Stanford, Calif.: Stanford Univ.Pr. 1987. XXXII, 380 S.
B 64466

Halimarski, A.: Chiny w Latach. Wielkiej Proletariackiej Rewolucji Kulturalnej (1966-1976). In: Z dziejów rozwoju państw socjalistycznych. Vol.3, 1987. No.3-4. S. 167-223.
BZ 4874:3

Liu, G.: A brief analysis of the cultural revolution. Ed.: A.Chan. Armonk, N.Y.: Sharpe 1987. 151 S.
Bc 7395

Mc Ewen, A.: The 'Great proletarian cultural revolution' in retrospect. In: Journal of contemporary Asia. Vol.17, 1987. No.1. S. 53-65.
BZ 4671:17

Thurston, A.F.: Enemies of the people. New York: Knopf 1987. XXIII, 323 S.
B 62312

Tsou, T.: The cultural revolution and post-Mao reforms. Chicago, Ill.: Univ.of Chicago Pr. 1986. XIV, 351 S.
B 58545

– Politisches System

Bergere, M.-C.: Chine: la réforme en suspens. In: Politique étrangère. A.52, 1987. No.3. S. 643-655.
BZ 4449:52

Chang, M.H.: Totalitarianism and China: the limits of reform. In: Global affairs. Jg.2, 1987. Nr.4. S. 149-167.
BZ 05553:2

Cornejo Bustamante, R.: La Republica popular China. Tendencias políticas. México: Univ. Nac.Aut.de México 1986. 27 S.
Bc 6941

Lampton, D.M.; Yeung, S.: Paths to power: elite mobility in contemporary China. Ann Arbor, Mich.: Center for Chinese Studies, the Univ.of Michigan 1986. XXI, 379 S.
B 62891

Townsend, J.R.; Womack, B.: Politics in China. 3rd ed. Boston, Mass.: Little, Brown and Comp. 1986. XV, 464 S.
B 61442

L 221 e 14 Parteien

Bullard, M.R.: China's political-military evolution. Boulder, Colo.: Westview Press 1985. XVIII, 209 S.
B 57949

Chen, Y.: Making revolution. The communist movement in Eastern and Central China, 1937-1945. Berkeley, Cal.: University of California 1986. XXIV, 690 S.
B 60850

Cheng, L.; White, L.: The thirteenth central committee of the Chinese communist party. In: Asian survey. Vol.28, 1988. No.4. S. 371-399.
BZ 4437:28

Domenach, J.-L.: Dopo il XIII Congresso del PCC. La Cina tra due storie. In: Rivista di studi politici internazionali. A.55, 1988. No.2. S. 235-246.
BZ 4451:55

Egle, U.M.: Die Legitimation der kommunistischen Partei Chinas. Neuried: Hieronymus 1985. 231 S.
B 57801

Godement, F.: Le parti communiste chinois confronté à la réforme. In: Politique étrangère. A.52, 1987. No.3. S. 631-642.
BZ 4449:52

Ladany, L.: The Communist Party of China and marxism, 1921-1985. A self-portrait. London: Hurst 1988. XIX, 588 S.
B 65273

Rudolph, J.M.: Die Kommunistische Partei Chinas und Taiwan. (1921-1981). München: Minerva-Publ. 1986. 325 S.
B 59928

Scharping, T.: Auf der Suche nach dem Sozialismus chinesischer Prägung. Sozialer Wandel, ökonomische Probleme und die Rolle der Ideologie. In: Aus Politik und Zeitgeschichte. 1988. B.1. S. 3-12.
BZ 05159:1988

Scharping, T.: Chinas Reformpolitik auf dem Prüfstand. Die Delegiertenkonferenz der KPCh v. Sept. 1985. Köln: Bundesinst.f.ostwiss.u.intern.Studien 1986. 48 S.
Bc 01855

Schier, P.: Ein Erfolg der Reformkräfte. In: China aktuell. Jg.16, 1987. Nr.10. S. 794-805.
BZ 05327:16

Shum, K.-K.: The Chinese communists' road to power: the Anti-Japanese National United Front, 1935-1945. Hongkong: Oxford Univ.Pr. 1988. o.Pag.
B 57151

Sullivan, L.R.: The Analysis of "Despotism" in the CCP. 1978-1982. In: Asian survey. Vol.27, 1987. No.7. S. 800-821.
BZ 4437:27

Yang, T.: Chinese Communist Party Rectification. Teipei: World Anti-Communist League 1987. 117 S.
Bc 6713

L 221 e 20 Außenpolitik

Barnett, A.D.: The making of foreign policy in China. Boulder, Colo.: Westview Press 1985. XIII, 160 S.
B 58427

Beyond China's independent foreign policy. Challenge for the U.S. and its Asian allies. Ed.: J.C. Hsiung. New York: Praeger 1985. VII, 215 S.
B 62581

The end of an isolation: China after Mao. Ed.: H. Kapur. Dordrecht: Nijhoff 1985. XIV, 371 S.
B 58784

Erffa, W. von: Weltmachtpolitik Chinas. Bonn: Deutschland-Gesellschaft Verl. 1987. 175 S.
Bc 7783

Halimarski, A.: Globalizacja polityki zagranicznej Chin. In: Sprawy Międzynarodowe. R.40, 1987. No.6. S. 49-62.
BZ 4497:40

The scope of state power in China. Ed.: S.R. Schram. London: School of Oriental and African Studies 1985. XXXIV, 381 S.
B 58630

Song, G.: China en ontspanning. In: Internationale spectator. Jg.42, 1988. Nr.5. S. 267-273.
BZ 05223:42

Sutter, R.G.: Chinese foreign policy. Developments after Mao. New York: Praeger 1986. IX, 240 S.
B 59328

Walsh, J.R.: Adapting to interdependence: strategic dimensions of Chinese foreign policy since 1970. Ann Arbor, Mich.: UMI 1986. 196 S.
B 58505

Weggel, O.: Weltgeltung der VR China – zwischen Verweigerung und Impansionismus. München: Bayerische Landeszentrale f.polit.Bildungsarbeit 1986. 316 S.
B 61551

Will, G.: Die außenpolitische Entwicklung der Volksrepublik China in den achtziger Jahren. In: Aus Politik und Zeitgeschichte. 1988. B.1. S. 35-45.
BZ 05159:1988

– Außenpolitische Beziehungen

Chen, Q.: The Taiwan issue and Sino-U.S. relations. In: Asian survey. Vol.27, 1987. No.11. S. 1161-1175.
BZ 4437:27

China and the third world. Champion or challenge? Ed.: L.C. Harris. Dover, Mass.: Auburn 1986. XVII, 174 S.
B 61412

The China-question. Ed.: Y. S. Wang. New York: Praeger 1985. XVI, 164 S.
B 58848

Crane, D.M.; Breslin, T.A.: An ordinary relationship. American opposition to republican revolution in China. Gainesville, Fla.: Florida Intern. Univ.Pr. 1986. XXII, 225 S.
B 61438

Duiker, W.J.: China and Vietnam: the roots of conflict. Berkeley, Cal.: University of California 1986. X,136 S.
B 67072

Dutta, S.: China and the security of India. In: Strategic analysis. Vol.12, 1988. No.2. S. 123-144.
BZ 4800:12

Garver, J.W.: Chinese-Indian rivalry in Indochina. In: Asian survey. Vol.27, 1987. No.11. S. 1205-1219.
BZ 4437:27

Halimarski, A.: Stosunki ChRL – Watykan (1949-1978). In: Z dziejów rozwoju państw socjalistycznych. Vol.1, 1984. No.3. S. 71-87.
BZ 4874:1

Hao, Y.: China and the Korean Peninsula. In: Asian survey. Vol.27, 1987. No.8. S. 862-884.
BZ 4437:27

Heinzig, D.: Die Ursprünge der sowjetisch-chinesischen Entspannung. Eine Neubewertung. Köln: Bundesinst.f.ostwiss.u.intern.Studien 1986. 38 S.
Bc 01850

Heinzig, D.: Die Volksrepublik China zwischen den Supermächten, 1949-1985. Zur Genese e. strateg. Dreiecks. Köln: Bundesinst.f.ostwiss.u.intern.Studien 1985. 52 S.
Bc 01848

Hooper, B.: China stands up. Ending the Western presence, 1948-1950. Sidney: Allen & Unwin 1986. XI, 246 S.
B 65035

Horn, R.C.: Vietnam and Sino-Soviet relations. In: Asian survey. Vol.27, 1987. No.7. S. 729-747.
BZ 4437:27

Israeli, R.: Living in China's shadow. In: Orbis. Vol.31, 1987. No.3. S. 339-350.
BZ 4440:31

Kim, H.N.: Sino-Japanese Relations in the 1980s. In: Korea and world affairs. Vol.12, 1988. No.1. S. 84-104.
BZ 4894:12

Liu, H.: China's beleid en Zuidoost-Azie in de jaren '80. In: Internationale spectator. Jg.42, 1988. Nr.5. S. 274-279.
BZ 05223:42

Medvedev, R.: China and the superpowers. Oxford: Blackwell 1986. 243 S.
B 59401

Mori, K.: Sino-Soviet relations: from confrontation to cooperation. In: Japan review of international affairs. Vol.2, 1988. No.1. S. 42-66.
BZ 4926:2

Munier, B.: La Chine et le Kampuchéa. In: L'Afrique et l'Asie modernes. 1988. No.156. S. 62-74.
BZ 4689:1988

Okabe, T.: China's Asian policy: chance or challenge? In: Japan review of international affairs. Vol.1, 1987. No. S. 41-61.
BZ 4926:1

Opitz, P.J.: China in der asiatisch-pazifischen Region. In: Außenpolitik. Jg.39, 1988. Nr.1. S. 76-88.
BZ 4457:39

Ostrouchov, O.L.: Kitajsko-japonskie otnošenija: problemy perspektivy. In: Problemy dal'nego vostoka. 1987. No.4. S. 60-69.
BZ 05458:1987

Pi, Y.: PRC/Eastern European relations and East Europe's view on China's economic reforms. In: The journal of social, political and economic studies. Vol.12, 1987. No.2. S. 157-183.
BZ 4670:12

Schipper, E.: Spannungsfeld Südostasien. Die Konstellation d. Beziehungen zw. d. Volksrep. China, Kambodscha u. Thailand... Frankfurt: Lang 1987. IV, 331 S.
B 62171

Segal, G.: China and Israel: pragmatic politics. In: SAIS review. Vol.7, 1987. No.2. S. 195-210.
BZ 05503:7

Sutter, R.G.: Sino-Soviet relations: recent developments and implications for the United States. In: Journal of Northeast Asian studies. Vol.6, 1987. No.1. S. 62-75.
BZ 4913:6

381

Weggel, O.: Die chinesische Osteuropa-
politik. In: China aktuell. Jg.16, 1987.
Nr.6. S. 468-480.
BZ 05327:16

Yahuda, M.B.: China and the Asia-Pacific
region. In: Journal of communist studies.
Vol.3, 1987. No.4. S. 148-158.
BZ 4862:3

Yang, Y.: Controversies over Tibet: China
versus India, 1947-1949. In: China
quarterly. 1987. No.111. S. 407-420.
BZ 4436:1987

L 221 f Wehrwesen

China and the bomb. Ed.: K. Coates.
Nottingham: Spokesman 1986. 111 S.
B 60380

Dreyer, J.T.: Deng Xiaoping and modern-
ization of the Chinese Military. In:
Armed forces and society. Vol.14, 1988.
No.2. S. 215-231.
BZ 4418:14

Fouquoire, E.: Chine: La réorganisation
du système de défense. In: Défense
nationale. A.43, 1987. Mai. S. 133-141.
BZ 4460:43

Fouquoire, E.: Les réformes militaires
dans la Chine de Deng Xiaoping. In:
Stratégique. A.32, 1987. No.4. S. 119-
145.
BZ 4694:32

Gliksman, A.: Emerging technology and
China's changing security requirements.
In: The Washington quarterly. Vol.10,
1987. No.3. S. 133-144.
BZ 05351:10

Godwin, P.H.B.: Changing concepts of
doctrine, strategy and operations in the
Chinese People's liberation Army 1978-
1987. In: China quarterly. 1987. No.112.
S. 572-590.
BZ 4436:1987

In search of security. Genève: Inst. Univ.
Hautes Etudes Internat. 1986. 115 S.
010221

Johnston, A.J.: Party rectification in the
People's Liberation Army, 1983-1987. In:
China quarterly. 1987. No.112. S. 591-
630.
BZ 4436:1987

Jur'ev, M.F.: Velikij pochod Krasnoj armii
Kitaja. In: Problemy dal'nego vostoka.
1986. No.4. S. 101-113.
BZ 05458:1986

Lasater, M.L.: Sino-American military
relations. In: Global affairs. Jg.3, 1988.
Nr.1. S. 105-119.
BZ 05553:3

Lewis, J.W.; Xue, L.: The Chinese
People's liberation army 60 years on:
transition towards a New Era. In: China
quarterly. 1987. No.112. S. 541-554.
BZ 4436:1987

Raven, W.von: Der mühsame Marsch zu
Chinas Vorneverteidigung. In: Europäi-
sche Wehrkunde. Jg.37, 1988. Nr.1.
S. 42-47.
BZ 05144:37

L 221 g Wirtschaft

Chamberlain, H.B.: Party-management
relations in Chinese industries: some
politial dimensions of economic reform.
In: China quarterly. 1987. No.112. S. 631-
661.
BZ 4436:1987

Croll, E.J.: Reform, local political institutions and the village economy in China.
In: Journal of communist studies. Vol.3,
1987. No.4. S. 28-51.
BZ 4862:3

Forster-Latsch, H.; Noth, J.: Chinas Weg in
die Moderne. Anders als Moskau? Frankfurt: Sendler 1986. 359 S.
B 61309

Gallagher, J.P.: China's military industrial
complex. Its approach to the acquisition
of modern military technology. In: Asian
survey. Vol.27, 1987. No.9. S. 991-1002.
BZ 4437:27

Howard, P.: Some comments on China's controversial rural economic reforms. In: Contemporary marxism. 1986. No.12-13. S. 163-202.
BZ 4858:1986

Johnson, G.E.: Responsibility and reform: consequences of recent policy changes in rural South China. In: Contemporary marxism. 1986. No.12-13. S. 144-162.
BZ 4858:1986

Korzec, M.: Efficiency wages and enterprise. Behaviour in China. In: Journal of communist studies. Vol.4, 1988. No.1. S. 3-26.
BZ 4862:4

Marshall, M.: Organizations and growth in rural China. London: Macmillan 1985. XX, 220 S.
B 58695

Stettner, L.; Oram, B.: Changes in China. The role of co-operatives in the new socialism. Machester: Holyoake Books 1987. XIV, 115 S.
Bc 7369

White, G.: The impact of economic reforms in the Chinese countryside. In: Modern China. Vol.13, 1987. No.4. S. 411-440.
BZ 4697:13

L 221 h Gesellschaft

Bergère, M.C.: L'âge d'or de la bourgeoisie chinoise 1911-1937. Paris: Flammarion 1986. 370 S.
B 60887

China's establishment intellectuals. Ed.: C.L.Hamrin. Armonk, N.Y.: Sharpe 1986. XIX, 266 S.
B 61385

Half the sky. Beijing: Women of China 1985. 293 S.
Bc 7142

Staiger, B.: Chinas Intellektuelle im Reformprozeß: Anspruch und Wirklichkeit. In: China aktuell. Jg.17, 1988. Nr.3. S. 204-210.
BZ 05327:17

L 221 i Geistesleben

Link, P.: The limits of cultural reform in Deng Xiaoping's China. In: Modern China. Vol.13, 1987. No.2. S. 115-176.
BZ 4697:13

Newby, L.J.: 'The pure and true religion' in China. In: Third world quarterly. Vol.10, 1988. No.2. S. 923-947.
BZ 4843:10

Scharping, T.: Macht, Moral und Modernisierung. T.1.2. Köln: Bundesinst.f.ostwiss. u.intern.Studien 1987. 54, 57 S.
Bc 02050

Schwarcz, V.: The Chinese enlightment. Berkeley, Cal.: University of California 1986. XVI, 393 S.
B 61649

L 221 k Geschichte

Bergère, M.-C.: Les cycles de la modernisation en Chine (1842-1949). In: Vingtième siècle. 1986. Nr.9. S. 3-16.
BZ 4941:1986

Burton, C.: China's Post-Mao transition: the role of the party and ideology in the "New Period". In: Pacific affairs. Vol.60, 1987. No.3. S. 431-446.
BZ 4450:60

Cheng, P.P.: Chronology of the People's Republic of China, 1970-1979. Metuchen, N.J.: Scarecrow Pr. 1986. VIII, 621 S.
B 61373

Craig, D.: People's China. A brief history. New York: Oxford Univ.Pr. 1986. XV, 327 S.
B 59224

Fairbank, J.K.: The great Chinese Revolution: 1800-1985. New York: Harper & Row 1986. XI, 396 S.
B 63014

Goddman, D.: China: the transition to the post-revolutionary era. In: Third world quarterly. Vol.10, 1988. No.1. S. 111-128.
BZ 4843:10

Kawano, T.: Allied military cooperation in the Boxer Rebellion and Japan's policy. In: Revue internationale d'histoire militaire. 1988. No.65. S. 97-106.
BZ 4454:1988

Meisner, M.: Mao's China and after. A history of the People's Republic. New York: The Free Pr. 1986. XX, 534 S.
B 61793

Misra, P.: China and socialism. New Delhi: Satvahan 1985. 136 S.
B 59714

Mohr, E.G.: Die unterschlagenen Jahre. China vor Mao Tse-tung. Esslingen: Bechtle 1985. 345 S.
B 60330

The People's Republic of China, 1979-1984. A documentary survey. Ed.: H.C. Hinton. Vol.1.2. Wilmington, Del.: Scholarly Resources 1986. XVI, 747 S.
010292

Salisbury, H.E.: Der Lange Marsch. Frankfurt: Fischer 1985. 491 S.
B 57127

L 221 l Einzelne Länder/Gebiete/Orte

– Hongkong

Bueno de Mesquita, B.; Newman, D.; Rabushka, A.: Forecasting political events. The future of Hong Kong. New Haven: Yale Univ.Pr. 1985. X, 198 S.
B 58839

Cheng, J.Y.S.: Hong Kong: the pressure to converge. In: International affairs. Vol.63, 1987. No.2. S. 271-283.
BZ 4447:63

Lo, S.: Decolonization and political development in Hong Kong. Citizen participation. In: Asian survey. Vol.28, 1988. No.6. S. 613-629.
BZ 4437:28

Scobell, A.: Kong Kong's influence on China. The tail that wags the dog? In: Asian survey. Vol.28, 1988. No.6. S. 599-612.
BZ 4437:28

– Liu Lin

Myrdal, J.: Liu Lin 1962-1982. Berichte aus e. chinesischen Dorf. Bd.1.2. Düsseldorf: Verl. Neuer Weg 1985. 300, 306 S.
B 57419

– Sinkiang

Forbes, A.D.W.: Warlords and muslims in Chinese Central Asia. Cambridge: Cambridge Univ.Pr. 1986. XI, 376 S.
B 59848

– Tibet

Das, V.M.: Die Rolle Tibets in den chinesisch-indischen und chinesisch-amerikanischen Beziehungen. 1949-1954. München: Tuduv Verlagsges. 1986. 623 S.
B 60541

Tibet – ein vergewaltigtes Land. Berichte v. Dach der Welt. Hrsg.: P.K.Kelly. Reinbek: Rowohlt 1988. 247 S.
Bc 7807

Tibet – Traum oder Trauma? Göttingen: Gesellsch.f.bedrohte Völker 1987. 217 S.
B 62344

L 225 Indien

India 2000: the next fifteen years. Ed.: J.R. Roach. Riverdale, Md.: Riverdale Comp. 1986. XXI, 228 S.
B 62004

Wariavwalle, B.: India in 1987. In: Asian survey. Vol.28, 1987. No.2. S. 119-125.
BZ 4437:28

L 225 c Biographien

– Gandhi, I.
Ortoli, E.: Indira Gandhi ou la démocratie dynastique. Paris: Flammarion 1985. 271 S.
B 58674

– Gandhi, M.

Copley, A.: Gandhi. Against the tide.
Oxford: Basil Blackwell 1987. V,118 S.
Bc 7559

Edwardes, M.: The myth of the Mahatma.
Gandhi, the British and the Raj. London:
Constable 1986. 270 S.
B 60468

Galtung, J.: Der Weg ist das Ziel. Gandhi
und die Alternativbewegung. Wuppertal:
Hammer 1987. 215 S.
Bc 7349

Gandhi, M.: The moral and political
writings of... Ed.: R. Iyer. Vol.1-3.
Oxford: Clarendon Press 1986/87. 625,
678, 641 S.
B 65258

Guha, S.: The Mahatma and the Netaji.
Two man of destiny of India. London:
Oriental Univ.Pr. 1986. X,244 S.
B 62495

Harris, I.C.: Sarvodaya in crisis. The
Gandhian movement in India today. In:
Asian survey. Vol.27, 1987. No.9.
S. 1036-1052.
BZ 4437:27

Hunt, J.D.: Gandhi and the nonconform-
ists. Encounters in South Africa. New
Delhi: Promilla 1986. XV, 159 S.
B 61837

Nanda, B.R.: Gandhi and his critics.
Delhi: Oxford Univ.Pr. 1985. IX, 178 S.
B 60676

Parekh, B.: Gandhi's concept of Ahimsa.
In: Alternatives. Vol.13, 1988. No.2.
S. 195-217.
BZ 4842:13

Sofri, G.: Domande su Gandhi. In:
Rivista di storia contemporanea. A.17,
1988. No.1. S. 37-73.
BZ 4812:17

Ul'janovskij, R.A.: Tri Lidera velikogo
indijskogo naroda. Moskva: Politizdat
1986. 231 S.
B 60928

– Gandhi, R.

Guascani, A.: Il terzo Gandhi. In: Affari
esteri. A.19, 1987. No.74. S. 235-248.
BZ 4373:19

Kreisberg, P.H.: Gandhi at midterm. In:
Foreign affairs. Vol.65, 1987. No.5.
S. 1055-1076.
BZ 05149:65

– Nehru

Nehru, J.: La promesse tenue. Paris:
L'Harmattan 1986. 343 S.
B 60581

Nehru, J.: Selected works. Ed.: S.Gopal.
Vol.1-5. 2.Ser. New Delhi: Oxford
Univ.Pr. 1984-87. 653, 660, 521, 697,
610 S.
B 65602

L 225 d Land und Volk

Butani, D.H.: The third Sikh War?
Towards or away from Khalistan? New
Delhi: Promilla 1986. XII, 137 S.
B 61836

Hasan, M.: Indian Muslims since independence: in search of integration and
identity. In: Third world quarterly. Vol.10,
1988. No.2. S. 818-842.
BZ 4843:10

Juergensmeyer, M.: The logic of religious
violence. In: The journal of strategic
studies. Vol.10, 1987. No.4. S. 172-193.
BZ 4669:10

Prayer, M.: Gandhi e il nazionalismo
indiano nella pubblicistica del regime
fascista 1921-1938. In: Storia contemporanea. A.19, 1988. Nu.1. S. 55-83.
BZ 4590:19

Tully, M.; Jacob, S.: Amritsar. Mrs.
Gandhi's last battle. London: Cape 1986.
XI, 238 S.
B 60458

L 225 e Staat und Politik

Kogelfranz, S.: "Unsere Völker sind verrückt geworden". (T.1-3). In: Der Spiegel. Jg.41, 1987. 33,34,35. S. 122-132; 120-129, 140-159.
BZ 05140:41

Oldenburg, P.: Middlement in Third-World corruption: implications of an Indian case. In: World politics. Vol.39, 1987. No.4. S. 508-535.
BZ 4464:39

L 225 e 10 Innenpolitik

Calman, L.J.: Protest in democratic India. Authority's response to challenge. Boulder, Colo.: Westview Press 1985. X,258 S.
B 58331

Fox, R.G.: Gandhian socialism and Hindu Nationalism: cultural domination in the World System. In: The journal of Commonwealth & comparative politics. Vol.25, 1987. No.3. S. 233-247.
BZ 4408:25

Graham, B.D.: The Jana Sangh and bloc politics, 1967-1980. In: The journal of Commonwealth & comparative politics. Vol.25, 1987. No.3. S. 248-274.
BZ 4408:25

Jeffrey, R.: What's happening to India? Punjab, ethnic conflict, Mrs.Gandhi's death and the rest for federalism. Houndsmill: MacMillan 1986. XVIII, 249 S.
B 60320

Krüger, H.; Heidrich, J.: 100 Jahre Indischer Nationalkongreß 1885-1985. Berlin: Akademie-Verlag 1985. 214 S.
B 59125

Misra, B.B.: Government and bureaucracy in India, 1946-1976. Dehli: Oxford Univ.Pr. 1986. XV, 416 S.
B 62960

Mitra, S.: India: dynastic rule or the democratisation of power? In: Third world quarterly. Vol.10, 1988. No.1. S. 129-159.
BZ 4843:10

Ray, A.: From a constitutional to an authoritarian system of government. Interactions between politics and the Constitution in India. In: The journal of Commonwealth & comparative politics. Vol.25, 1987. No.3. S. 275-291.
BZ 4408:25

L 225 e 20 Außenpolitik

Arora, P.; Moorthy, S.: India and world affairs: an annual bibliography, 1983. In: International studies. Vol.24, 1987. No.4. S. 337-508.
BZ 4909:24

Banerji, A.K.: India and West Asia. Changing images reflect shifts in the regional balance of power. In: The Round table. 1988. No.305. S. 26-38.
BZ 4796:1988

Chopra, V.D.: Pentagon shadow over India. New Delhi: Patriot Publ. 1985. XVI, 223 S.
B 59733

Du Castel, A.: L'Inde et l'Océan Indien. In: Défense nationale. A.44, 1988. No.4. S. 99-113.
BZ 4460:44

Gupta, M.G.: Indian foreign policy. Theory and practice. Shahganj: Y.K.Publ. 1985. XII, 331 S.
B 59721

Hayat, S.: Indo-U.S. relations: New developments. In: Regional studies. Vol.5, 1986/87. No.1. S. 64-86.
BZ 4890:5

Jain, J.: Inde: les dérives du pouvoir. In: Politique étrangère. A.52, 1987. No.4. S. 905-917.
BZ 4449:52

Kabir, M.H.: India, SAARC and South Asia. In: Regional studies. Vol.4, 1986. No.3. S. 67-80.
BZ 4890:4

Kapur, H.: India's foreign policy under Rajiv Gandhi. In: The Round table. 1987. No.304. S. 469-480.
BZ 4796:1987

Kidwai, S.M.: Indo-Soviet relations. New Delhi: Rima 1985. VI, 144 S.
B 59716

Kim, K.S.: The genesis of non-alignment. A study of India's foreign policy with special reference to the Korean War (1950-1953). Ann Arbor, Mich.: UMI 1986. IX, 265 S.
B 58203

Maa, C.: Das indisch-srilankische Abkommen vom Juli 1987: Eine skeptische Beurteilung der Erfolgschancen. In: Europa-Archiv. Jg.42, 1987. Nr.21. S. 623-632.
BZ 4452:42

Makeig, D.C.: War, no-war, and the India-Pakistan negotiating process. In: Pacific affairs. Vol.60, 1987. No.2. S. 271-294.
BZ 4450:60

Premdas, R.R.; Samarasinghe, S.W.R.de A.: Sri Lanka's ethnic conflict. The Indo-Lanka peace accord. In: Asian survey. Vol.28, 1988. No.6. S. 676-690.
BZ 4437:28

Rizvi, H.-A.: India and Afghanistan. In: Regional studies. Vol.5, 1987. No.4. S. 7-22.
BZ 4890:5

Singh, N.S.: The Yogi and the bear. Story of Indo-Soviet relations. London: Mansell Publ. 1986. VIII, 324 S.
B 60324

Thomas, R.G.C.: Indian security policy. Princeton, N.J.: Princeton Univ.Press 1986. XIV, 312 S.
B 61892

L 225 f Wehrwesen

Atkins, D.: The reluctant Major. Pulborough: The Toat Pr. 1986. XII, 113 S.
B 62499

Cloughley, B.W.: Indien und Pakistan. Ein Kräftevergleich. In: Internationale Wehrrevue. Jg.20, 1987. Nr.9. S. 1143-1148.
BZ 05263:20

Defending India's frontiers. In: Air international. Vol.33, 1987. No.5. S. 267-276.
BZ 05091:33

Elking, J.F.; Ritezel, A.: New Delhi's Indian Ocean policy. In: Naval War College review. Vol.50, 1987. No.4. S. 50-63.
BZ 4634:50

Matthews, R.: India's growth industry: militarism. In: RUSI journal. Vol.133, 1988. No.1. S. 57-62.
BZ 05161:133

New developments in the Indian Navy. In: Warship international. Vol.25, 1988. No.1. S. 40-60.
BZ 05221:25

Robinson-Horley, E.W.: Las Post. An Indian army memoir. London: Cooper 1985. VII, 178 S.
B 60568

Tellis, A.: India's naval expansion: reflections on history and strategy. In: Comparative strategy. Vol.6, 1987. No.2. S. 185-219.
BZ 4686:6

Tellis, A.J.: India's naval expansion: structure, dimensions, and context. In: Naval forces. Vol.8, 1987. No.5. S. 36-49.
BZ 05382:8

L 225 g Wirtschaft

Akhter, S.: Indo-Soviet economic relations. In: Regional studies. Vol.4, 1986. No.3. S. 81-114.
BZ 4890:4

L 225 h Gesellschaft

Caplan, P.: Class and gender in India. Women and their organizations in a south Indian city. London: Tavistock Publ. 1985. XIII, 258 S.
B 61269

Sen, S.K.: The working women and popular movements in Bengal. From Gandhi to the present day. Calcutta: Bagchi 1985. VIII, 128 S.
B 62729

Untouchable! Voices of the Dalit liberation movement. Ed.: B.R.Joshi. London: Zed Books 1986. IX, 166 S.
B 60532

Wichterich, C.: Stree Shakti. Frauen in Indien. Bornheim-Merten: Lamuv Verl. 1986. 174 S.
B 62884

L 225 k Geschichte

Akbar, M.J.: India: the siege within. Harmondsworth: Penguin Books 1985. 325 S.
B 59220

Allen, L.: The Indian National Army. Renegades or liberators? In: World War II investigator. Vol.1, 1988. No.4. S. 33-40.
BZ 05557:1

Banerjee, B.N.: India's political unity and Soviet foreign policy. New Delhi: Paribus 1985. 264 S.
B 59718

Bonn, G.: Die indische Herausforderung. E. Begegnung mit Indien. Stuttgart: Burg Verl. 1986. 496 S.
B 59789

Draper, A.: The Amritsar massacre. Twilight of the raj. London: Buchan and Enright 1985. 310 S.
B 59241

Hamid, S.: Disastrous twilight. A personal record of the partition of India. London: Cooper 1986. XIX, 364 S.
B 60812

Sareen, T.R.: Japan and the Indian national army. New Dehli: Agam Prakashan 1986. 239 S.
B 64260

L 225 l Einzelne Länder/Gebiete/Orte

Bouton, M.M.: Agrarian radicalism in South India. Princeton, N.J.: Princeton Univ.Press 1985. XIX, 327 S.
B 58841

Gaitonde, P.D.: The liberation of Goa. A participant's view of history. London: Hurst 1987. XIII, 192 S.
B 62546

Jafar, G.: Elections in Indian Punjab. In: Regional studies. Vol.5, 1986/87. No.1. S. 28-63.
BZ 4890:5

Kapur, R.A.: "Khalistan": India's Punjab problem. In: Third world quarterly. Vol.9, 1987. No.4. S. 1206-1224.
BZ 4843:9

Major, A.: From moderates to seccessionists: a Who's who of the Punjab crisis. In: Pacific affairs. Vol.60, 1987. No.1. S. 42-58.
BZ 4450:60

Oberoi, H.S.: From Punjab to "Khalistan": territoriality and metacommentary. In: Pacific affairs. Vol.60, 1987. No.1. S. 26-41.
BZ 4450:60

Pettigrew, J.: In search of a new Kingdom of Lahore. In: Pacific affairs. Vol.60, 1987. No.1. S. 1-25.
BZ 4450:60

Robin, J.: Grappling with history: Sikh politicians and the past. In: Pacific affairs. Vol.60, 1987. No.1. S. 59-72.
BZ 4450:60

Sharma, T.R.: Defusion and accommodation: the contending strategies of the Congress Party and the Akali Dal in Punjab. In: Pacific affairs. Vol.59, 1986/87. No.4. S. 634-654.
BZ 4450:59

L 227 Indochina

Chanda, N.: Brother enemy. The war after the war. San Diego: Harcourt Brace 1986. XIV, 479 S.
B 60385

Dalloz, J.: La guerre d'Indochine. 1945-1954. Paris: Ed.du Seuil 1987. 314 S.
B 62026

Lartéguy, J.: Soldats perdus et fous de Dieu. Indochine 1945-1955. Paris: Presses de la Cité 1986. 250 S.
B 61184

Schier, P.: Die sowjetische Indochina-Politik und das militärische und wirtschaftliche Engagement der Sowjetunion in Vietnam, Laos und Kambodscha. In: Südostasien aktuell. Jg.6, 1987. Nr.6. S. 530-544.
BZ 05498:6

Weggel, O.: Indochina. Vietnam, Kambodscha, Laos. München: Beck 1987. 204 S.
B 61307

Womack, B.: Stalemate in Indochina: the case for demilitarization. In: World policy journal. Vol.4, 1987. No.4. S. 675-693.
BZ 4822:4

L 231 Irak

Gueyras, J.: L'Irak après sept ans de guerre. In: Politique étrangère. A.52, 1987. No.2. S. 317-325.
BZ 4449:52

Iraq and the Persian Gulf. Sept.1944. Gerrards Cross: Archive Ed. 1987. XVIII, 682 S.
B 65593

Kojaman, Y.: The 14th july 1958 revolution in Iraq and the policy of the communist party. London: Selbstverlag 1985. o.Pag.
B 60605

Mallat, C.: Religious militancy in contemporary Iraq: Muhammad Baqer as-Sadr and the Sunni-Shia paradigm. In: Third world quarterly. Vol.10, 1988. No.2. S. 699-729.
BZ 4843:10

Porat, B.; Dan, U.: Opération Babylone. Paris: Balland 1986. 243 S.
B 60863

Saddam's Iraq. Revolution or reaction? London: Zed Books 1986. XVII, 254 S.
B 60433

Saint-Prot, C.: Saddam Hussein. Un gaullisme arabe? Paris: Michel 1987. 246 S.
B 61960

Simon, R.S.: Iraq between the two world wars. The creation and implementation of a nationalist ideology. New York: Columbia Univ.Pr. 1986. XV, 233 S.
B 60001

L 231 e Staat und Politik

Amer, A.: Die religiös-politische Bewegung im Irak. In: Blätter des iz3w. 1988. Nr.147. S. 28-33.
BZ 05130:1988

Baram, A.: National integration and local orientation in Iraq under the Ba'th. In: The Jerusalem journal of international relations. Vol.9, 1987. No.3. S. 38-51.
BZ 4756:9

Eppel, M.: The Hikmat Sulayman-Bakir Sidqi Government in Iraq, 1936-37, and the Palestine question. In: Middle Eastern studies. Vol.24, 1988. No.1. S. 25-41.
BZ 4624:24

Hussein, S.: Ansprache zum irakischen Nationalfeiertag 1984. Hrsg.: D. Al-Ma'mun. Bagdad: o.V. 1985. 52 S.
D 3576

Politics in Iraq. Ed.: S.Lal. New Delhi: The Election Archives 1985. 160 S.
B 59719

L 233 Iran

L 233 c Biographien

– Khomeini
Nirumand, B.; Daddjou, K.: Mit Gott für die Macht. Reinbek: Rowohlt 1987. 376 S.
B 62826

– Mossadegh

Diba, F.: Mohammad Mossadegh. A political biography. London: Croom Helm 1986. XII, 228 S.
B 60504

– Pahlavi

Malar, C.; Rodier, A.: Reza Pahlavi. Le fils du Shah de l'exil à la reconquête. Paris: Plon 1986. 268 S.
B 61183

Kapuściński, R.: Schah-in-Schah. Köln: Kiepenheuer & Witsch 1986. 157 S.
B 58472

– Sadr al

Ajami, F.: The vanished imam. Musa al Sadr and the Shia of Lebanon. London: Tauris 1986. 228 S.
B 61806

L 233 e Staat und Politik

L 233 e 10 Innenpolitik

Abidi, A.H.H.: The dissent movement in Iran. In: International studies. Vol.25, 1988. No.1. S. 45-65.
BZ 4909:25

Bayat, A.: Workers and revolution in Iran. A third world experience of workers' control. London: Zed Books 1987. 227 S.
B 61859

Dokumentation zur National-Konferenz der Tudeh-Partei Irans 1986. Hrsg.: Tudeh-Partei Iran. Stockholm: Tudeh Publ.Centre 1986. o.Pag.
D 03785

Husain, A.: The revolution in Iran. Hove: Wayland 1986. 78 S.
B 62547

Huyser, R.E.: Mission to Teheran. London: Deutsch 1986. IX, 308 S.
B 62555

The Iranian revolution and the Islamic republic. Ed.: N.R.Keddie. Syracuse, N.Y.: Syracuse Univ.Pr. 1986. XI, 246 S.
B 61399

Menschenrechtsverletzungen im Iran. E. Kurzbericht. Hrsg.: Amnesty Intern. Sekt. Dtschl. Bonn: o.V. 1987. 44 S.
D 3582

Moin, B.: Questions of guardianship in Iran. In: Third world quarterly. Vol.10, 1988. No.1. S. 191-200.
BZ 4843:10

Moshiri, F.: The state and social revolution in Iran. A theoretical perspective. Frankfurt: Lang 1985. XVII, 232 S.
B 57734

Ramazani, R.K.: Revolutionary Iran. Challenge and response in the Middle East. Baltimore, Ma.: The John Hopkins Univ. 1986. XIV, 311 S.
B 61293

Roy, O.: Une théocratie constitutionnelle: les institutions de la République islamique d'Iran. In: Politique étrangère. A.52, 1987. No.2. S. 327-338.
BZ 4449:52

Zabih, S.: The left in contemporary Iran. Ideology, organisation and the Soviet connection. London: Croom Helm 1986. 239 S.
B 59382

L 233 e 20 Außenpolitik

American hostages in Iran. The conduct of a crisis. New Haven: Yale Univ.Pr. 1985. XIV, 443 S.
B 58186

Caret, C.: "L'alliance contre-nature" de la Syrie baasiste et de la République islamique d'Iran. In: Politique étrangère. A.52, 1987. No.2. S. 381-387.
BZ 4449:52

Erickson, K.: The comparative Soviet periphery: Iran and Finland. In: Survey. Vol.29, 1985. No.3. S. 112-128.
BZ 4515:29

Hussein, S.: Offener Brief des Präsidenten Saddam Hussein an die iranischen Machthaber. Bagdad: Dar Al-Ma'mun 1986. 30 S.
D 3577

Keddie, N.R.: Iranian imbroglios: who's irrational? In: World policy journal. Vol.5, 1988. No.1. S. 29-54.
BZ 4822:5

Madani, S.D.: Iranische Politik und Drittes Reich. Frankfurt: Lang 1986. XI, 549 S.
B 60402

Mahrad, A.: Zum Verhältnis zwischen Iran und der Sowjet-Union. Osnabrück: Biblio Verl. 1985. 257 S.
B 58993

Ryan, P.B.: The Iranian rescue mission. Why it failed. Annapolis, Ma.: Naval Inst.Pr. 1985. XIII, 185 S.
B 57839

Sick, G.: La révolution iranienne et les grandes puissances. In: Politique étrangère. A.52, 1987. No.2. S. 339-355.
BZ 4449:52

Wells, T.: 444 days. The hostages remember. San Diego, Cal.: Harcourt, Brace 1985. 469 S.
B 58398

L 233 f Wehrwesen

Schahgaldian, N.B.: The iranian military under the Islamic Republic. Santa Monica, Calif.: Rand Corp. 1987. XIII, 164 S.
Bc 7482

Tousi, R.R.: The Persian Army, 1880-1907. In: Middle Eastern studies. Vol.24, 1988. No.2. S. 206-229.
BZ 4624:24

L 233 h Gesellschaft

Darinsoo, F.S.: Die Islamisierung des Schulsystems der Islamischen Republik Iran. In: Orient. Jg.27, 1986. H.4. S. 629-641.
BZ 4663:27

Die Frau im heutigen Iran. Hrsg.: Sympathisanten d. "Partei der Arbeit Irans". o.O.: o.V. o.J. 30 S.
D 3587

Ladjevardi, H.: Labor Unions, and autocracy in Iran. Syracuse, N.Y.: Syracuse Univ.Pr. 1985. XVIII, 328 S.
B 58857

Shoaee, R.S.: The Mujahid women of Iran: reconciling "culture" and "gender". In: The Middle East journal. Vol.41, 1987. No.4. S. 519-537.
BZ 4463:41

L 233 i Geistesleben

Ebert, H.-G.; Fürtig, H.; Müller, H.-G.: Die islamische Republik Iran. Köln: Pahl-Rugenstein 1987. X,502 S.
B 61619

Gholamasad, D.: Iran. Entstehung der "Islamischen Revolution". Hamburg: Junius Verl. 1985. 922 S.
B 57612

Hunter, S.: Iran and the spread of revolutionary Islam. In: Third world quarterly. Vol.10, 1988. No.2. S. 730-749.
BZ 4843:10

Mottahedeh, R.: Der Mantel des Propheten oder Das Leben eines persischen Mullah zwischen Religion und Politik. München: Beck 1987. 364 S.
B 62799

Nomani, M.M.: Khomeini, Iranian revolution and the Shi'ite faith. 3.pr. London: Furqan Publ. 1988. VIII, 197 S.
Bc 7977

L 233 k Geschichte

Alavi, A.: The revolutionary process in Iran. January 1978 – April 1979. Ann Arbor, Mich.: UMI 1986. VIII, 250 S.
B 58400

Gitisetan, D.: Iran. An annot. bibliogr. Metuchen, N.J.: Scarecrow Press 1985. XI, 201 S.
B 57981

Iran. A revolution in turmoil. Ed.: H.Afshar. London: Macmillan 1985. XVI,262 S.
B 57509

Iran since the revolution. Ed.: B.M.
Rosen. New York: Columbia Univ.Pr.
1985. XX, 187 S.
B 58005

Mirfakhraei, H.: The Imperial Iranian
Armed Forces and the revolution of 1978-
1979. Ann Arbor, Mich.: UMI 1986.
XVI, 479 S.
B 58317

Persia. September 1945. Gerrards Cross:
Archive Ed. 1987. XIX, 638 S.
B 65597

L 235 Israel/Palästina

L 235 a Allgemeines

"Geduld, sage ich, eine Abkürzung gibt
es nicht". Gespr. währ. e. Israel-Reise.
Hrsg.: G. Frasch. Frankfurt: Haag u.
Herchen 1987. 191 S.
B 62627

Garribba, N.: Lo Stato d'Israele. Roma:
Ed. Riuniti 1987. 165 S.
Bc 7542

Reich, B.: Israel. Land of tradition and
conflict. Boulder, Colo.: Westview Press
1985. XII, 227 S.
B 58249

Rossel, S.: Israel. Covenant people,
covenant land. New York: Union of
American 1985. 248 S.
010371

L 235 c Biographien

– Barnea
Barnea, A.; Barnea, A.: Freunde trotz
Terror und Tod. Der Israeli und der Palä-
stinenser. Reinbek: Rowohlt 1988. 253 S.
Bc 7514

– Begin
Rowland, R.C.: The rhetoric of
Menachem Begin. The myth of redemp-
tion through return. Lanham: Univ.Press
of America 1985. VIII, 322 S.
B 62702

– Ben-Gurion
In Erinnerung an David Ben-Gurion.
16.10.1886- 1.12.1973. Bonn: Friedrich-
Ebert-Stiftung 1987. 48 S.
Bc 7717

Teveth, S.: Ben-Gurion and the Palesti-
nian Arabs. From peace to war. Oxford:
Oxford Univ.Pr. 1985. X,234 S.
B 58044

– Weizman
Reinharz, J.: The making of a Zionist
leader. New York: Oxford Univ.Pr. 1985.
X,566 S.
B 61131

Rose, N.: Chaim Weizmann. A biography.
New York: Elisabeth Sifton Books 1986.
XIV, 520 S.
B 62274

L 235 d Land und Volk

Cohen, S.B.: The geopolitics of Israel's
border question. Boulder, Colo.: Westview Press 1986. 124 S.
Bc 7078

Gilboa, E.: American public opinion
toward Israel and the Arab-Israeli conflict. Lexington: Lexington Books 1987.
XVI, 366 S.
B 62695

Jehoschua, A.B.: Exil der Juden. E. neu-
rotische Lösung? St.Ingbert: Röhrig
1986. 181 S.
B 60343

Muslih, M.: Arab politics and the rise of
Palestinian nationalism. In: Journal of
Palestine studies. Vol.16, 1987. No.4.
S. 77-94.
BZ 4602:16

Pic, P.: Les druzes et Israel. In: L'Afrique
et l'Asie modernes. 1988. No.157. S. 90-
102.
BZ 4689:1988

Rajsfus, M.: Retours d'Israel. Paris:
L'Harmattan 1987. 293 S.
B 62820

Shinar, D.: The West Bank Press and Palestinian Nation-building. In: The Jerusalem quarterly. 1987. No.43. S. 36-48.
BZ 05114:1987

Zadek, W.: Kein Utopia... Araber, Juden, Engländer in Palästina. Hrsg.: H. Loewy. Berlin: Nishen 1986. 156 S.
Bc 6904

– Jüdisch-arabische Beziehungen

Avnery, U.: My friend, the enemy. Westport, Conn.: Hill 1986. 340 S.
B 61761

Chacour, E.; Hazard, D.: Blood brothers. 2nd ed. Eastbourne: Kingsway Publ. 1985. X,224 S.
B 61260

Haidar, A.; Zureik, E.: The Palestinians seen through the Israeli cultural paradigm. In: Journal of Palestine studies. Vol.16, 1987. No.3. S. 68-86.
BZ 4602:16

Harper, P.: The Arab-Israeli Issue. Hove: Wayland 1986. 78 S.
B 61255

Heenen-Wolff, S.: Erez Palästina. Juden u. Palästinenser im Konflikt um ein Land. Frankfurt: Sendler 1987. 236 S.
B 61470

Perkins, S.J.: The Arab-Israeli conflict. London: Macmillan 1987. 64 S.
Bc 02122

Romann, M.: Jews and Arabs in Herbron: between confrontation and daily co-existance. In: The Jerusalem quarterly. 1987. No.43. S. 49-70.
BZ 05114:1987

L 235 e Staat und Politik

Bar-On, M.: Trends in the political psychology of Israeli Jews 1967-1986. In: Journal of Palestine studies. Vol.17, 1987. No.1. S. 21-36.
BZ 4602:17

Eisenstadt, S.N.: The transformation of Israeli society. An essay in interpretation. London: Weidenfeld and Nicolson 1985. XIV, 590 S.
B 57522

Perlmutter, A.: Israel. The partitioned stated. New York: Scribner's 1985. XIII, 398 S.
B 59073

Wolffsohn, M.: Israel. Grundwissen-Länderkunde. 2.Aufl. Opladen: Leske + Budrich 1987. 348 S.
B 60760

L 235 e 10 Innenpolitik

Arian, A.: Politics in Israel. The second generation. Chatham, N.J.: Chatham House Publ. 1985. 290 S.
B 59091

Bernstein, M.H.: Israel: turbulent democracy at forty. In: The Middle East journal. Vol.42, 1988. No.2. S. 193-201.
BZ 4463:42

Davis, U.: Israel: an apartheid state. London: Zed Books 1987. XIII, 145 S.
B 62553

Ghubash, H.: Israel et la question des droits de l'homme. Les limites de la logique interne du sionisme. Paris: F-Éditions 1987. 180 S.
B 62157

Israel at the polls, 1981. A study of the Knesset elections. Ed.: H.R. Penniman. Washington, D.C.: American Enterprise Inst.for Publ.Policy Research 1986. XIII, 280 S.
B 60667

Israel faces the future. Ed.: B.Reich. New York: Praeger 1986. VIII, 229 S.
B 61369

Jansen, M.: Dissonance in Zion. London: Zed Books 1987. XVI, 140 S.
B 62522

Kimche, D.: Israel et le terrorisme. In: Politique étrangère. A.51, 1986. No.4. S. 969-975.
BZ 4449:51

Rubenstein, S.M.: The communist movement in Palestine and Israel, 1919-1984. Boulder, Colo.: Westview Press 1985. XIV, 419 S.
B 58299

Sager, S.: The parliamentary system of Israel. Syracuse, N.Y.: Syracuse Univ.Pr. 1985. XIII, 259 S.
B 59094

Schweitzer, A.: Israel. The changing national agenda. London: Croom Helm 1986. 174 S.
B 58908

Shavit, Y.: Ideology, world view, and national policy: the case of the Likud Government 1977-1984. In: The Jerusalem journal of international relations. Vol.9, 1987. No.2. S. 101-115.
BZ 4756:9

L 235 e 20 Außenpolitik

Heller, M.A.: Israeli politics and the Arab-Israeli peace process. In: The Washington quarterly. Vol.10, 1987. No.2. S. 129-136.
BZ 05351:10

Lorch, N.: The Knesset and Israel's foreign relations. In: The Jerusalem journal of international relations. Vol.9, 1987. No.2. S. 117-132.
BZ 4756:9

Meroz, Y.: In schwieriger Mission. Als Botschafter Israels in Bonn. Frankfurt: Ullstein 1986. 253 S.
B 59906

Murphy, D.R.: The foreign policies of Israel and South Africa. A comparative study. Ann Arbor, Mich.: UMI 1986. XII, 194 S.
B 60208

Varadi, M.: Fatti e valori nella politica estera d'Israele. In: Rivista di studi politici internazionali. A.54, 1987. No.216. S. 527-537.
BZ 4451:54

– Außenpolitische Beziehungen

20 Jahre deutsch-israelische Beziehungen. Hrsg.- K. Schneider. Berlin: Dt.-israel. Arbeitskr. f. Frieden im Nahen Osten 1985. 207 S.
Bc 6989

Eytan, F.: David et Marianne. La raison et la passion. Paris: Ed.Moreau 1986. 297 S.
B 59743

Harin, M.J.: Palestine and the Anglo-American connection, 1945-1950. New York: Lang 1986. 209 S.
B 59636

Hunter, J.: The Israeli role in Guatemala. In: Race and class. Vol.29, 1987. No.1. S. 35-54.
BZ 4811:29

Klinghoffer, A.J.; Apter, J.: Israel and the Soviet Union. Alienation or reconciliation? Boulder, Colo.: Westview Press 1985. X,303 S.
B 58429

Ramati, Y.: Israel and the Iraq-Iran conflict – a perspective. In: Global affairs. Jg.2, 1987. Nr.4. S. 135-148.
BZ 05553:2

Rubenberg, C.A.: Israel and the American national interest. A critical examination. Urbana, Ill.: Univ. of Illinois 1986. XVI, 446 S.
B 61533

L 235 f Wehrwesen

Bahbah, B.; Butler, L.: Israel and Latin America. The military connection. Houndmills: MacMillan Pr. 1986. XVI, 210 S.
B 60373

Freund, T.: Zahal-Report. Geist und Moral der israelischen Regierung. Berlin: Militärverlag der DDR 1986. 239 S.
B 60045

Gal, R.: A portrait of the Israeli soldier. New York: Greenwood Press 1986. XVII, 273 S.
B 60835

Glasser, A.P.: Israel's Lavi aircraft: another U.S. welfare program. In: American Arab affairs. 1987. No.22. S. 69-74.
BZ 05520:1987

Katz, S.M.: Israeli elite units. London: Arms and Armour Pr. 1987. 68 S.
Bc 02192

Klieman, A.S.: Israel's global reach. Arms sales as diplomacy. Washington, D.C.: Pergamon Press 1985. XIII, 241 S.
B 58362

Neff, D.: Struggle over Jerusalem. In: American Arab affairs. 1987. No.23. S. 15-23.
BZ 05520:1987

Ramati, Y.: Israel and nuclear deterrence. In: Global affairs. Jg.3, 1988. Nr.2. S. 175-185.
BZ 05553:3

Strike from the sky. Israeli airborne troops. Ed.: J.L.Collins. New York: Villard Books 1986. 86 S.
Bc 7189

Yaniv, A.: Deterrence without the bomb. The politics of Israeli strategy. Lexington: Lexington Books 1987. X,324 S.
B 61518

L 235 g Wirtschaft

Mintz, A.: Arms production in Israel. In: The Jerusalem quarterly. 1987. No.42. S. 89-99.
BZ 05114:1987

Shazly, S.E.: The Arab military option. San Francisco: American Mideast Research 1986. XVIII, 329 S.
B 60576

L 235 h Gesellschaft

Kimmerling, B.; Backer, I.: The interrupted system. Israeli civilians in war and routine times. New Brunswick: Transaction Books 1985. XVIII, 219 S.
B 58038

Waltz, V.; Zschiesche, J.: Die Erde habt Ihr uns genommen. 100 Jahre zionistische Siedlungspolitik in Palästina. Berlin: Das arabische Buch in Komm. 1986. 436 S.
B 58887

L 235 k Geschichte

Abboushi, W.F.: The unmaking of Palestine. Wisbech: Middle East and North African Studies Pr. 1985. XI, 250 S.
B 61756

Jones, M.D.: Failure in Palestine. British and United States policy after the Second World War. London: Mansell 1986. XV, 396 S.
B 58475

Kessel, J.; Lacassin, F.: Terre d'amour et de feu. (Israel 1926-1961.). Paris: Union gen d'ed. 1985. 318 S.
B 58800

Nachmani, A.: Great power discord in Palestine. The Anglo-American Committee of Inquiry into the problems of European Jewry and Palestine, 1945-1946. London: Cass 1987. X,294 S.
B 61738

Popper, H.: Die freie organisierte Gemeinschaft des jüdischen Yishuv (Einwohnerschaft) in Palästina. E. soziolog. Analyse ... Hrsg.: S.Popper. Berlin: Guhl 1987. 52 S.
Bc 7044

The rise of Israel. A documentary record from the nineteenth century to 1948. Ed.: H.M.Sachar. Vol.1-39. New York: Garland 1987. 266, 397, 505, 445, 202, 299, 275, 402, 356, 290, 376, 548, 587, 534, 441, 230, 544, 683, 517, 443, 450, 320, 427, 474, 476, 545, 214, 275, 365, 298, 269, 296, 264, 345, 268, 221, 251, 277 S.
010665

Sachar, H.M.: A history of Israel. Vol.1.2. New York, N.Y.: Knopf 1976/87. 883, 319 S.
B 28255

– nach 1948

Behr, A.: Israel 1948. London: Fraser 1988. 120 S.
010532

Dan, U.; Harel, Y.: Exodus et la naissance d'Israel. Préface du Général Sharon. Paris: Fixot 1987. 236 S.
010384

Elazar, D.J.: Israel. Building a new society. Bloomington, Ind.: Indiana University Press 1986. XI, 287 S.
B 61491

Flapan, S.: The Palestinian exodus of 1948. In: Journal of Palestine studies. Vol.16, 1987. No.4. S. 3-26.
BZ 4602:16

Habasch, G.: Palästina – das Unglück von 1948 und der Kampf von heute. Interview mit d. Gen. G.Habash, Generalsekr.d.PFLP, Juni 1986. o.O.: o.V. 1986. 10 S.
D 3586

Kaufman, G.: Inside the promised Land. A personal view of today's Israel. Aldershot: Wildwood House 1986. XV, 143 S.
B 60535

Palumbo, M.: The Palestinian catastrophe. The 1948 expulsion of a people from their homeland. London: Faber and Faber 1987. XIX, 233 S.
B 62528

Segev, T.: 1949: the first Israelis. New York: The Free Pr. 1986. XX, 379 S.
B 58335

Sella, A.; Yishai, Y.: Israel the peaceful belligerent, 1967-79. London: Macmillan 1986. IX, 218 S.
B 58625

Shamir, Y.: Israel at 40: Looking back, looking ahead. In: Foreign affairs. Vol.66, No.3. S. 574-590.
BZ 05149:1987/88

Viorst, M.: Sands of sorrow. Israel's journey from independence. New York: Harper & Row 1987. VIII, 328 S.
B 62722

Wolffsohn, M.: Vierzig Jahre Israel: Versuch e. historischen Einordnung und Bilanz. In: Aus Politik und Zeitgeschichte. 1988. B.16. S. 3-15.
BZ 05159:1988

L 235 | Einzelne Länder/Gebiete/Orte

Cohen, E.R.: Human rights in the Israeli-occupied territories, 1967-1982. Manchester: Manchester Univ.Pr. 1985. XXI, 321 S.
B 59096

Cromer, G.: "The roots of lawlessness": The coverage of the Jewish underground in the Israeli Press. In: Terrorism. Vol.11, 1988. No.1. S. 43-51.
BZ 4688:11

Gerber, H.: Ottoman Rule in Jerusalem, 1890-1914. Berlin: Schwarz 1985. 343 S.
B 57036

Horowitz, D.: Israel and occupation. In: The Jerusalem quarterly. 1987. No.43. S. 21-36.
BZ 05114:1987

Locke, R.; Stewart, A.: Bantustan Gaza. London: Zed Books 1985. XI, 72 S.
B 60536

Lübben-Pistofidis, I.: Rebellion in den besetzten Gebieten. In: AIB-Dritte-Welt-Zeitschrift. Jg.19, 1988. Nr.3. S. 5-11.
BZ 05283:19

Peretz, D.: Intifadeh. The Palestinian uprising. In: Foreign affairs. Vol.66, 1987/88. No.5. S. 964-980.
BZ 05149:66

Peretz, D.: The west Bank. History, politics, society, and economy. Boulder, Colo.: Westview Press 1986. XI, 173 S.
B 59525

Rabus, W.G.: Volkenrechtelijke rechten en plichten in bezet gebied: Israels positie als bezetter. In: Internationale spectator. Jg.42, 1988. Nr.5. S. 452-461.
BZ 05223:42

Roy, S.; Taubes, G.: Gaza hors des regards. In: Revue d'études palestiniennes. 1987. No.25. S. 73-96.
BZ 4817:1987

Shalev, A.: The West Bank. Line of defense. New York: Praeger 1985. XVI, 209 S.
B 59945

Sterzing, C.: Friedenskräfte auf dem Vormarsch? In: Blätter des iz3w. 1988. Nr.147. S. 3-7.
BZ 05130:1988

Tano, F.: Israele alle strette di fronte alla rivolta dei territori occupati. In: Politica internazionale. A.16, 1988. No.3. S. 19-26.
BZ 4828:16

L 237 Japan

L 237 e Staat und Politik

Albritton, R.: A Japanase reconstruction of marxist theory. London: Macmillan 1986. VIII, 300 S.
B 60661

Baerwald, H.: Party politics in Japan. London: Allen & Unwin 1986. XIV, 204 S.
B 62955

Beasley, W.G.: Japanese imperialism, 1894-1945. Oxford: Clarendon Press 1987. 279 S.
B 63686

Endicott, J.E.: Japan's transition to a post-Nakasone era. In: The Washington quarterly. Vol.11, 1988. No.1. S. 45-53.
BZ 05351:11

Getreuer, P.: Der verbale Pazifismus. Die Verteidigung Japans 1972-1983 in demoskop. Befunden. Wien: Univers. Wien 1986. 667 S.
B 60002

Glaubitz, J.: Zur Außen- und Sicherheitspolitik Japans. In: Aus Politik und Zeitgeschichte. 1988. B.20. S. 33-45.
BZ 05159:1988

Hoston, G.A.: Marxism and the crisis of development in prewar Japan. Princeton, N.J.: Princeton Univ.Press 1986. XVIII, 401 S.
B 61370

Hrebenar, R.J.: The Japanese party system. From oneparty rule to coalition government. Boulder, Colo.: Westview Press 1986. XVIII, 330 S.
B 61652

Yasutomo, D.T.: The manner of giving. Strategic aid and Japanese foreign policy. Lexington: Lexington Books 1986. X,147 S.
B 60587

L 237 e 20 Außenpolitik

Eyraud, H.: Japan-URSS: le chaud et le froid. In: Défense nationale. A.44, 1988. No.4. S. 115-125.
BZ 4460:44

Iro, K.: Japan and the Soviet Union – Entangled in the deadlock of the Northern territories. In: The Washington quarterly. Vol.11, 1988. No.1. S. 35-44.
BZ 05351:11

Japan and the Middle East in alliance politics. Ed.: R.A.Morse. Lanham: Wilson Internat. Center for Scholars Univ.Pr.of America 1986. 124 S.
010227

Johnson, C.: Japanese-Soviet relations in the early Gorbachev era. In: Asian survey. Vol.27, 1987. No.11. S. 1145-1160.
BZ 4437:27

Johnson, C.: The patterns of Japanese relations with China, 1952-1982. In: Pacific affairs. Vol.59, 1986. No.3. S. 402-428.
BZ 4450:59

Kim, Y.A.: Le rapprochement anglo-japonais en Asie (1902-1911). In: Revue internationale d'histoire militaire. 1988. No.65. S. 131-152.
BZ 4454:1988

Lee, C.-S.: Japan and Korea. The political dimension. Stanford, Cal.: Hoover Institut 1985. XIII, 234 S.
B 58130

Moneta, D.C.J.: La politica exterior japonesa y sus interacciones economicas con Estados Unidos. In: Revista de la Escuela de Defensa Nacional. 1986. No.35. S. 51-75.
BZ 4388:1986

Morrison, C.E.: Japan, the United States and a changing Southeast Asia. Lanham: Univ.Press of America 1985. XI, 69 S.
B 58344

Nakagawa, T.: Japan's northern territories in international politics. In: Japan review of international affairs. Vol.2, 1988. No.1. S. 3-23.
BZ 4926:2

Ogata, S.: Japan's United Nations policy in the 1980s. In: Asian survey. Vol.27, 1987. No.9. S. 957-972.
BZ 4437:27

Okawara, Y.: Prospects for Japan-U.S. relations. In: Japan review of international affairs. Vol.1, 1987. No.2. S. 123-142.
BZ 4926:1

Pospelov, B.V.: Kapitalističeskaja modernizacija Japonii i idejno-političeskie aspekty japoni-amerikanskich otnošenij. In: Problemy dal'nego vostoka. 1987. No.3. S. 68-78.
BZ 05458:1987

Radtke, K.W.: Japan-Israel relations in the eighties. In: Asian survey. Vol.28, 1988. No.5. S. 526-540.
BZ 4437:28

Saito, S.: The evolution of Japan's United Nations policy. In: Japan review of international affairs. Vol.1, 1987. No.2. S. 186-206.
BZ 4926:1

Tokunoya, A.: The Japan-US alliance: a Japanese perspective. London: International Inst.for Strategic Studies 1986. 47 S.
Bc 6243

L 237 f Wehrwesen

Allen, L.: Japanese intelligence systems. In: Journal of contemporary history. Vol.22, 1987. No.4. S. 547-562.
BZ 4552:22

Bennett, J.W.; Hobart, W.A.; Spitzer, J.B.: Intelligence and cryptanalytic activities of the Japanese during World War II. SRH 254, the Japanese intelligence system, MIS/WDGS. Laguna Hills, Calif.: Aegean Park Pr. 1986. X,135 S.
101629

Harries, M.; Harries, S.: Sheathing the sword. The demilitarisation of Japan. London: Hamilton 1987. XXXIV, 364 S.
B 62474

Hoyt, E.P.: The militarists. The rise of Japanese militarism since WW II. New York: Fine 1985. 256 S.
B 58282

MacIntosh, M.: Japan re-armed. London: Pinter 1986. XV, 169 S.
B 59145

Matthews, R.; Bartlett, J.: Die wachsende Bedeutung Japans als Militärmacht. In: Europa-Archiv. Jg.43, 1988. Nr.9. S. 249-256.
BZ 4452:43

Okazaki, H.: A grand strategy for Japanese defense. Lanham: Univ.Press of America 1986. VIII, 155 S.
B 62476

Seizelet, E.: Les forces d'autodéfense japonaises, embryon d'une nouvelle armée impériale? In: Défense nationale. A.43, 1987. No.12. S. 121-137.
BZ 4460:43

Stripp, A.: Breaking Japanese codes. In: Intelligence and national security. Vol.2, 1987. No.4. S. 135-150.
BZ 4849:2

Summary of "defense of Japan" by Defense Agency. o.O.: Foreign Press Center 1985. 71 S.
Bc 01690

Vooružennye Sily Japonii. Istorija i sovremennost. Red.: A.I. Ivanov. Moskva:
Glavnaja Red. vostočnoj lit.izd. Nauka
1985. 325 S.
B 61664

L 237 f 20 Marine

Carpenter, D.; Polmar, N.: Submarines of
the Imperial Japanese Navy. Annapolis,
Ma.: Naval Inst.Pr. 1986. 177 S.
B 60735

Ferretti, V.di: La funzione politica della
Marina imperiale giapponese dal 1905 al
1945: note al margine di un dibattito
storiografico. In: Storia contemporanea.
A.18, 1987. Nu.5. S. 1035-1059.
BZ 4590:18

Japanese naval vessels of World War II as
seen by U.S. naval intelligence. London:
Arms and Armour Pr. 1987. o.Pag.
B 61802

*Lengerer, H.; Rehm-Takahara, T.; Kobler-
Edamatsu, S.:* Die Bauprogramme der
Kaiserlich-Japanischen Marine 1937-1945.
In: Marine-Rundschau. Jg.85, 1988.
Nr.1,2 u.3. S. 35-41; 101-107; 165-170.
BZ 05138:85

*Lengerer, H.; Kobler-Edamatsu, S.; Rehm-
Takahara, T.:* Tone. Modifications and War
service. In: Warship. Jg.44, 1987. No.
S. 223-231.
BZ 05525:44

Operational history of Japanese naval
communications, December 1941 –
August 1945. Laguna Hills, Calif.:
Aegean Park Pr. 1985. XVIII, 407 S.
010630

Rubin, F.: Voenno-morskie rajony VMS
Japonii. In: Zarubežnoe voennoe
obozrenie. 1987. No.5. S. 47-54.
BZ 05399:1987

L 237 g Wirtschaft

Bobrow, D.B.; Kudrle, R.T.: How middle
powers can manage resource weakness:
Japan and energy. In: World politics.
Vol.39, 1987. No.4. S. 536-565.
BZ 4464:39

Drifte, R.: Arms production in Japan. The
military applications of civilian technology. Boulder, Colo.: Westview Press
1986. XIII, 134 S.
B 62346

Drucker, P.F.: Japan's choices. In: Foreign
affairs. Vol.65, 1987. No.5. S. 923-941.
BZ 05149:65

Lynn, R.: Education in Japan: A contri-
buting factor to Japanese industrial
success? In: The journal of social, political and economic studies. Vol.11, 1986.
No.4. S. 379-391.
BZ 4670:11

Pohl, M.: Politik und Wirtschaft in Japan.
In: Aus Politik und Zeitgeschichte. 1988.
B.20. S. 3-12.
BZ 05159:1988

L 237 k Geschichte

Barnhart, M.A.: Japan prepares for total
war. The search for economic security,
1919-1941. Ithaca, N.Y.: Cornell Univ.
1987. 290 S.
B 61822

Buckley, R.: Japan today. Cambridge:
Cambridge Univ.Pr. 1987. XII, 139 S.
Bc 7561

Democratizing Japan. The Allied occupa-
tion. Ed.: R.E.Ward. Honolulu: Univ. of
Hawaii Pr. 1987. XV, 456 S.
B 62719

Japan und die Mittelmaechte im Ersten
Weltkrieg und in den zwanziger Jahren.
Hrsg.: J.Kreiner. Bonn: Bouvier 1986.
XIII, 253 S.
B 60363

*Lengerer, H.; Rehm-Takahara, T.; Kobler-
Edamatsu, S.:* Strategie und Taktik des
Flugzeugträger-Einsatzes bei der Kaiser-
lich Japanischen Marine. In: Marine-
Forum. Jg.63, 1988. Nr.4. S. 107-113.
BZ 05170:63

Vasiljevová, Z.: Dějiny Japonska. Praha:
Nakladatelstvi Svoboda 1986. 601 S.
B 61152

L 239 Jemen

Burrowes, R.D.: The Yemen Arab Republic. The politics of development, 1962-1986. Boulder, Colo.: Westview Press 1987. XVII, 173 S.
B 62331

Frese-Weghöft, G.: Ein Leben in der Unsichtbarkeit. Frauen im Jemen. Reinbek: Rowohlt 1986. 183 S.
Bc 6781

Gause, F.G.: Yemeni unity: past and future. In: The Middle East journal. Vol.42, 1988. No.1. S. 33-47.
BZ 4463:42

Ismael, T.Y.; Ismael, J.S.: The People's Democratic Republic of Yemen. Politics, economics and society. London: Pinter 1986. XXII, 183 S.
B 59697

Yemen under the rule of Iman Ahmad. Ed.: I.al-Rashid. Chapel Hill, N.C.: Documentary Publ. 1985. 194 S.
B 60162

L 241 Jordanien

Day, A.R.: East Bank/West Bank. Jordan and the prospects for peace. New York: Council on Foreign Relations 1986. IX, 166 S.
B 59819

Palestine and Transjordan. December 1943. Gerrards Cross: Archive Ed. 1987. XV, 621 S.
B 65595

Steinemann, P.: Royal Jordanien Air Force. In: Air international. Vol.33, 1987. No.5. S. 215-223.
BZ 05091:33

L 243 Kambodscha

Amin, S.: The struggle for National independence and socialism in Kampuchea. In: Contemporary marxism. 1986. No.12-13. S. 92-106.
BZ 4858:1986

Frank, A.G.: Kampuchea, Vietnam, China: observations and reflections. In: Contemporary marxism. 1986. No.12-13. S. 107-119.
BZ 4858:1986

Gough, K.: Roots of the Pol Pot regime in Kampuchea. In: Contemporary marxism. 1986. No.12-13. S. 14-48.
BZ 4858:1986

May, S.: Cambodian witness. Ed.: J. Fenton. New York: Random House 1986. 287 S.
B 62273

Pin, Y.: "Du mußt überleben, mein Sohn!". Bericht e. Flucht aus d. Inferno Kambodschas. London: Pinter 1987. 337 S.
B 62351

Pradhan, P.C.: Foreign policy of Kampuchea. New Delhi: Radiant Publ. 1985. XII, 252 S.
B 59710

Schier, P.: Die Rolle der Vereinten Nationen bei der Suche nach einer Lösung des Konflikts in und um Kambodscha 1979-1987. In: Südostasien aktuell. Jg.6, 1987. Nr.4. S. 378-391.
BZ 05498:6

Silber, I.: Kampuchea: the revolution rescued. Oakland: Line of March Publ. 1986. XVI, 148 S.
Bc 7092

Vickery, M.: Kampuchea. Politics, economics and society. London: Pinter 1986. XVIII, 211 S.
B 59482

L 245 Korea

The days of anti-Japanese struggle. Pyongyang: Foreign Languages Publ. 1987. 149 S.
Bc 7018

Heo, M.: Peace build-up on the Korean Peninsula. In: Korea and world affairs. Vol.11, 1987. No.2. S. 286-303.
BZ 4894:11

Kim, H.N.: Japanese-Korean relations in the 1980s. In: Asian survey. Vol.27, 1987. No.5. S. 497-514.
BZ 4437:27

Kim, J.-S.: Korea und der "Westen" von 1860 bis 1900. Die Beziehungen Koreas zu den europäischen Großmächten... Frankfurt: Lang 1986. 216 S.
B 59611

Kim, Y.-S.: Power relations in East Asia and the South-North Korean dialogue. In: Korea and world affairs. Vol.12, 1988. No.1. S. 117-145.
BZ 4894:12

Korea and Indonesia in the year 2000. Papers presented at the 4th Korea-Indonesia Conf... Ed.: J.K.Park. Seoul: Kyungnam Univ.Pr. 1985. VIII, 201 S.
B 61893

Maull, H.W.; Maull, I.M.: Korea. München: Beck 1987. 172 S.
Bc 7143

Petuchov, V.I.: U Istokov bor'by za edinstvo i nezavisimost' Korei. Moskva: Nauka 1987. 233 S.
B 62637

Two Koreas – one future? Ed.: J.Sullivan. Lanham: Univ.Press of America 1987. V,167 S.
B 62998

L 245.1 Nordkorea

Cotton, J.: Ideology and the legitimation crisis in North Korea. In: Journal of communist studies. Vol.3, 1987. No.4. S. 86-101.
BZ 4862:3

Cotton, J.: Patriarchs and politics: prospects for the Korean peninsula. In: Third world quarterly. Vol.10, 1988. No.1. S. 79-94.
BZ 4843:10

Foster-Carter, A.: North-Korea: the end of the beginning. In: Journal of communist studies. Vol.3, 1987. No.4. S. 64-85.
BZ 4862:3

Gills, B.K.: The coup that never happened: the anatomy of the "death" of Kim Il Sung. In: Bulletin of concerned Asian scholars. Vol.19, 1987. No.3. S. 2-19.
BZ 05386:19

Grabowsky, V.: Die Demokratische Volksrepublik Korea im Vorfeld des Umbruchs. In: Aus Politik und Zeitgeschichte. 1988. B.36-37. S. 42-55.
BZ 05159:1988

Kang Suk Rhee: North Korea's pragmatism. A turning point? In: Asian survey. Vol.27, 1987. No.8. S. 885-902.
BZ 4437:27

Kim, Y.M.: The impact of South Korea politics upon North Korea's reunification policies. In: Korea and world affairs. Vol.11, 1987. No.2. S. 304-330.
BZ 4894:11

Lee, S.: Party-military relations in North Korea: a comparative analysis. Ann Arbor, Mich.: UMI 1986. XIX, 356 S.
B 58150

Li, Y.B.: Education in the democratic people's Republic of Korea. Pyongyang: Foreign Languages Publ.House 1986. 91 S.
Bc 7016

Sneider, R.L.: The political and social capabilities of North and South Korea for the longterm military competition. Santa Monica, Calif.: Rand Corp. 1985. IX, 46 S.
Bc 7481

Sozialistische Verfassung der koreanischen demokratischen Volksrepublik. Pjongjang: Verl. f. fremdsprachige Lit. 1986. 43 S.
Bc 7011

L 245.2 Südkorea

Bridges, B.: East Asia in transition: South Korea in the limelight. In: International affairs. Vol.64, 1988. No.3. S. 381-392.
BZ 4447:64

Democracy in South Korea: a promise unfulfilled. A report on human rights in the Republic of Korea 1980-1985. New York: International League for Human Rights 1985. V,188 S.
B 62325

Gleysteen, W.H.; Rombert, A.D.: Korea: Asian paradox. In: Foreign affairs. Vol.65, 1987. No.5. S. 1037-1054.
BZ 05149:65

Kim, C.: Korea-Japan relations and Japan's security role. In: Korea and world affairs. Vol.12, 1988. No.1. S. 105-116.
BZ 4894:12

Kim, H.: The American military government in South Korea, 1945-1948: its formation, policies, and legacies. In: Asian perspective. Vol.12, 1988. No.1. S. 51-83.
BZ 4889:12

The Kwangju uprising. Shadows over the regime in South Korea. Ed.: D.N.Clark. Boulder, Colo.: Westview Press 1988. VI, 101 S.
Bc 7707

Lee, C.-O.: Südkorea 1961-1979. Die Entwicklung der politischen u. gesellschaftl. Verhältnisse... Marburg: Verl. Arbeiterbew. u. Gesellschaftswiss. 1986. 338 S.
B 59681

Lee, S.-H.: An analysis of military expansion in South Korea, 1945-1980. In: Asian perspective. Vol.11, 1987. No.2. S. 264-284.
BZ 4889:11

Moon, K.P.: Interest representation in South Korea. The limits of corporatist control. In: Asian survey. Vol.27, 1987. No.8. S. 903-917.
BZ 4437:27

Okonogi, M.: South Korea's experiment in democracy. In: Japan review of international affairs. Vol.2, 1988. No.1. S. 24-41.
BZ 4926:2

Olsen, E.A.: South Korean political uncertainty and U.S. policy. In: The Washington quarterly. Vol.10, 1987. No.2. S. 165-181.
BZ 05351:10

Olympia-Land Korea. In: AIB-Dritte-Welt-Zeitschrift. Jg.19, 1988. Nr.4. S. 17-44.
BZ 05283:19

Opitz, P.J.: Das "Land der Morgenstille" – ein Brennpunkt der Weltpolitik. In: Aus Politik und Zeitgeschichte. 1988. B.36-37. S. 3-16.
BZ 05159:1988

Park, S.-S.: The situation in Northeast Asia and the security of the Republic of Korea. In: Korea and world affairs. Vol.11, 1987. No.2. S. 231-253.
BZ 4894:11

Park, S.S.: Security environment in Northeast Asia and challenges to the new government of Korea. In: Korea and world affairs. Vol.12, 1988. No.1. S. 5-28.
BZ 4894:12

Shorrock, T.: South Korea: Chun, the Koms and the constitutional struggle. In: Third world quarterly. Vol.10, 1988. No.1. S. 95-110.
BZ 4843:10

Through the darkness of the times. Pyongyang: Foreign Languages Publ. House 1987. 118 S.
Bc 7017

L 246 Kuweit

Assiri, A.-R.; Monoufi, K. al: Kuwait's political elite: the Cabinet. In: The Middle East journal. Vol.42, 1988. No.1. S. 48-58.
BZ 4463:42

L 247 Laos

Boucher de Crèvecoeur: La libération de Laos 1945-1946. Vincennes: Serv. Histor. de l'Armée de Terre 1985. 234 S.
09905

Brown, M.A.; Zasloff, J.J.: Apprentice revolutionaries. The communist movement in Laos, 1930-1985. Stanford, Cal.: Hoover Institut 1986. XIV, 463 S.
B 58801

Dommen, A.J.: Laos. Keystone of Indochina. Boulder, Colo.: Westview Press 1985. XVI, 182 S.
B 59114

Stuart-Fox, M.: Laos. Politics, economics and society. London: Pinter 1986. XXIV, 220 S.
B 60098

L 249 Libanon

Corm, G.: Géopolitique du conflit libanais. Étude historique et sociologique. Paris: Ed.la Découverte 1986. 259 S.
B 60705

Deeb, M.: Shia movements in Lebanon: their formation, ideology, social basis, and links with Iran and Syria. In: Third world quarterly. Vol.10, 1988. No.2. S. 683-698.
BZ 4843:10

Fawaz, A.I.: Sectarianism and Lebanon's national dilemma. In: Orient. Jg.28, 1987. H.1. S. 22-37.
BZ 4663:28

Goria, W.R.: Sovereignty and leadership in Lebanon, 1943-1976. London: Ithaca Pr. 1985. 286 S.
B 58622

Haddad, W.D.: Lebanon. The politics of revolving doors. New York: Praeger 1985. XV, 154 S.
B 61643

Khalaf, S.: Lebanon's predicament. New York: Columbia Univ.Pr. 1987. XIV, 328 S.
B 61907

Khazen, F. al: Kamal Jumblatt, the uncrowned druze Prince of the Left. In: Middle Eastern studies. Vol.24, 1988. No.2. S. 178-205.
BZ 4624:24

Lohéac, L.: Agonie ou survie du Liban? In: L'Afrique et l'Asie modernes. 1987. No.155. S. 63-76.
BZ 4689:1987

Sayigh, R.: The third siege of Bourj Barajneh camp: a woman's testimony. In: Race and class. Vol.29, 1987. No.1. S. 25-34.
BZ 4811:29

Scruton, R.: A land held hostage. Lebanon and the West. London: Claridge Pr. 1987. 112 S.
Bc 7663

L 251 Malaysia

Khong, K.H.: Malaysia-Japan relations in the 1980s. In: Asian survey. Vol.27, 1987. No.10. S. 1095-1108.
BZ 4437:27

Leong, S.: Malaysia and the People's Republic of China in the 1980s. In: Asian survey. Vol.27, 1987. No.10. S. 1109-1126.
BZ 4437:27

Mauzy, D.K.: Malaysia in 1987. Deline of "The Malay Way". In: Asian survey. Vol.28, 1988. No.2. S. 213-228.
BZ 4437:28

Nathan, K.S.: Malaysia and the Soviet Union. In: Asian survey. Vol.27, 1987. No.10. S. 1059-1073.
BZ 4437:27

Razali, M.Z.: The communist insurgency war in Malaya 1948-1960. In: Revue internationale d'histoire militaire. 1988. No.65. S. 243-264.
BZ 4454:1988

Scott, J.C.: Weapons of the weak. New Haven: Yale Univ.Pr. 1985. XXII, 389 S.
B 61647

Sodhy, P.: Malaysia and the United States in the 1980s. In: Asian survey. Vol.27, 1987. No.10. S. 1074-1094.
BZ 4437:27

Stockwell, A.J.: Insurgency and decolonisation during the Malayan emergency. In: The journal of Commonwealth & comparative politics. Vol.25, 1987. No.1. S. 71-81.
BZ 4408:25

Sundaram, J.K.; Cheek, A.S.: The politics of Malaysia's Islamic resurgence. In: Third world quarterly. Vol.10, 1988. No.2. S. 843-868.
BZ 4843:10

L 251.3 Singapore

Government and politics of Singapore. Ed.: J.S.T. Quah. Oxford: Oxford Univ.Pr. 1985. XVII, 324 S.
B 61351

The Japanese occupation. Singapore 1942-1945. Singapore: Archives u. Oral History Dept. 1987. 137 S.
010577

To, L.L.: Singapore in 1987. Settinng a new agenda. In: Asian survey. Vol.28, 1988. No.2. S. 202-212.
BZ 4437:28

L 255 Mongolei

Kirby, S.: Russia in the Gorbachev era: Still looking East. In: Asian perspective. Vol.10, 1986. No.2. S. 272-288.
BZ 4889:10

Lorot, P.: La Mongolie dans la stratégie soviétique. In: Défense nationale. A.44, 1988. No.7. S. 89-95.
BZ 4460:44

Nordby, J.: The Mongolian People's Republic in the 1980s: continuity and change. In: Journal of communist studies. Vol.3, 1987. No.4. S. 113-131.
BZ 4862:3

Sanders, A.J.K.: Mongolia. Politics, economics and society. London: Pinter 1987. XXI, 179 S.
B 61150

L 257 Nepal

Baral, L.R.: Nepal in 1987. Politics without power. In: Asian survey. Vol.28, 1988. No.2. S. 172-179.
BZ 4437:28

Gupta, A.: Post-electon politics in Nepal. In: International studies. Vol.24, 1988. No.2. S. 91-100.
BZ 4909:24

Khadka, N.: Crisis in Nepal's partyless Panchayat system: The case for more democracy. In: Pacific affairs. Vol.59, 1986. No.3. S. 429-454.
BZ 4450:59

L 258 Oman

Allen, C.H.: Oman. The modernization of the sultanate. Boulder, Colo.: Westview Press 1987. XIII, 154 S.
B 62282

L 259 Pakistan

Ali, T.: Street fighting years. An autobiography of the sixties. London: Collins 1987. VIII, 280 S.
B 64370

Fresh perspectives on India and Pakistan. Essays on economics, politics and culture. Ed.: I. Khan. Oxford: Bougainvillea Books 1985. 318 S.
B 58907

Islamic reassertion in Pakistan. The application of islamic laws in a modern state. Ed.: A.M.Weiss. Syracuse, N.Y.: Syracuse Univ.Pr. 1986. XVIII, 146 S.
B 60997

Kaushik, S.N.: Politics in Pakistan. With special reference to rise and fall of Bhutto. Jaipur: Aalekh 1985. IV, 152 S.
B 60226

Kukreja, V.: Military intervention in politics. A case study of Pakistan. New Delhi: NBO Publ. 1985. XIII, 223 S.
B 59715

Linde, G.: Der Faktor Afghanistan in den sowjetisch-pakistanischen Beziehungen. Köln: Bundesinst.f.ostwiss.u.intern.Studien 1986. 28 S.
Bc 001858

Lodhi, M.: Pakistan's Shia movement: an interview with Arif Hussaini. In: Third world quarterly. Vol.10, 1988. No.2. S. 806-817.
BZ 4843:10

Nazir, P.: Marxism and the National question: Class and ideology in the making of Pakistan. In: Journal of contemporary Asia. Vol.16, 1986. No.4. S. 491-507.
BZ 4671:16

Newberg, P.R.: Pakistan's troubled landscape. In: World policy journal. Vol.4, 1987. No.2. S. 313-331.
BZ 4822:4

Rais, R. B.: Pakistan in 1987. Transition to democracy. In: Asian survey. Vol.28, 1987. No.2. S. 126-136.
BZ 4437:28

Sadria, M.: L'islam au Pakistan. Foi ou discours? In: L'Afrique et l'Asie modernes. 1987. No.155. S. 23-37.
BZ 4689:1987

Ziaullah, S.; Baid, S.: Pakistan. An end without a beginning. New Delhi: Lancer Internat. 1985. VII, 256 S.
B 60220

L 265 Saudi-Arabien

Bligh, A.: Saudi Arabia, the Red Sea, and the Persian Gulf: success and failure in regional policy. In: The Jerusalem journal of international relations. Vol.8, 1987. No.2-3. S. 160-173.
BZ 4756:8

Cordesman, A.H.: Western strategic interests in Saudi Arabia. London: Croom Helm 1987. 308 S.
B 61343

Gilbar, G.G.: Wealth, want, and Arab unity: Saudi-Egyptian relations, 1962-1985. In: The Jerusalem journal of international relations. Vol.9, 1987. No.3. S. 65-84.
BZ 4756:9

Goldberg, J.: The foreign policy of Saudi Arabia. The formative years, 1902-1918. Cambridge, Mass.: Harvard Univ.Pr. 1986. VIII, 231 S.
B 61244

Kramer, M.: Tragedy in Mecca. In: Orbis. Vol.32, 1988. No.2. S. 231-247.
BZ 4440:32

Labrousse, H.: Les tensions autour de la péninsule arabique. In: Nouvelle revue maritime. 1988. No.410. S. 4-11.
BZ 4479:1988

Mackey, S.: The Saudis. Inside the desert kingdom. Boston, Mass.: Houghton Mifflin 1987. XII, 433 S.
B 62720

Nicolas, G.: Le monde Arabe et l'Afrique noire. In: L'Afrique et l'Asie modernes. 1988. No.156. S. 3-39.
BZ 4689:1988

Renouvellements du monde arabe 1952-1982. Paris: Colin 1987. 229 S.
B 61237

Safran, N.: Saudi Arabia. The ceaseless quest for security. Cambridge, Mass.: The Balknap Pr. of Harvard Univ.Pr. 1985. XIV, 524 S.
B 58749

Sarna, A.J.: Boycott and blacklist. A history of Arab economic warfare against Israel. Totowa, N.J.: Rowman & Littlefield 1986. XIV, 270 S.
B 61909

The struggle between the two princes. The Kingdom of Saudi Arabia in the finals days of Ibn Saud. Ed.: I. al-Rashid. Chapel Hill, N.C.: Documentary Publ. 1985. IX, 219 S.
B 60163

Western Arabia and the Red Sea. June 1946. Gerrards Cross: Archive Ed. 1987. XIX, 659 S.
B 65594

L 267 Syrien

Avi-Ran, R.: The Syrian-Palestinian conflict in Lebanon. In: The Jerusalem quarterly. 1987. No.42. S. 57-82.
BZ 05114:1987

Dicky, C.: Assad and his allies: irreconcilable differences? In: Foreign affairs. Vol.66, 1987. No.1. S. 58-76.
BZ 05149:66

Khoury, P.S.: Syria and the French mandate. The politics of Arab nationalism, 1920-1945. Princeton, N.J.: Princeton Univ.Press 1987. XIX, 698 S.
B 62717

Ma'oz Moshe: Profile: Hafiz al-Asad of Syria. In: Orbis. Vol.31, 1987. No.2. S. 207-216.
BZ 4440:31

Pipes, D.: Damascus and the claim to Lebanon. In: Orbis. Vol.30, 1987. No.4. S. 663-681.
BZ 4440:30

Syria. April 1943. Gerrards Cross: Archive Ed. 1987. XV, 485 S.
B 65596

Syria under Assad. Domestic constraints and regional risks. Ed.: M.Ma'oz. London: Croom Helm 1986. 273 S.
B 59376

L 268 Taiwan

Brands, H.W.: Testing massive retaliation. In: International security. Vol.12, 1988. No.12. S. 124-151.
BZ 4433:12

Chang, G.H.: To the nuclear brink. Eisenhower, Dulles, and the Quemoy-Matsu crisis. In: International security. Vol.12, 1988. No.12. S. 96-123.
BZ 4433:12

Chang, K.: A framework for China's unification. 2nd ed. Taipei: Kwang Hwa 1987. X,94 S.
B 61849

Cohen, M.J.: One China or two: facing up to the Taiwan question. In: World policy journal. Vol.4, 1987. No.4. S. 621-649.
BZ 4822:4

Harrison, S.S.: Taiwan after Chiang Ching-Kuo. In: Foreign affairs. Vol.66, 1988. No.4. S. 790-808.
BZ 05149:66

Hsieh, C.C.: Strategy for survival. The foreign policy and external relations of the Republic of China on Taiwan, 1949-79. London: Sherwood Pr. 1985. 371 S.
B 57512

Huebner, J.W.: The abortive liberation of Taiwan. In: China quarterly. 1987. No.111. S. 256-275.
BZ 4436:1987

Myers, R.H.: Political theory and recent political developments in the Republic of China. In: Asian survey. Vol.27, 1987. No.9. S. 1003-1022.
BZ 4437:27

Nolan, J.E.: Military industry in Taiwan and South Korea. Basingstoke: Macmillan 1986. XI, 205 S.
B 58161

Paseyro, R.: Taiwan, clé du pacifique. Vues sur la Chine nationaliste. Paris: Presses Univ.de France 1986. 234 S.
B 62167

L 269 Thailand

Anderson, K.L.; London, B.: Elites and development: high status occupational groups and government expenditures in Thailand. In: Journal of political and military sociology. Vol.14, 1986. No.2. S. 235-248.
BZ 4724:14

Fistié, P.: Les ressorts de la vie politique en Thailande. In: L'Afrique et l'Asie modernes. 1988. No.157. S. 29-55.
BZ 4689:1988

Neher, C.D.: Thailand in 1987. Semi-successful semi-democracy. In: Asian survey. Vol.28, 1988. No.2. S. 192-201.
BZ 4437:28

Samudavanija, C.-A.: Democracy in Thailand: a case of a stable semi-democratic regime. In: World affairs. Vol.150, 1987. No.1. S. 31-41.
BZ 05509:150

L 277 Vietnam

Brocheux, P.: La revue "Thanh Nghi": un groupe d'intellectuels vietnamiens confrontés aux problèmes de leur nation (1941-1945). In: Revue d' histoire moderne et contemporaine. T.34, 1987. April-Juni. S. 317-329.
BZ 4586:34

Fforde, A.; Paine, S.H.: The limits of national liberation. Problems of economic management in the Democratic Republic of Vietnam... London: Croom Helm 1987. 246 S.
B 62533

Finkelstein, D.M.: Vietnam. A revolution in crisis. In: Asian survey. Vol.27, 1987. No.9. S. 973-990.
BZ 4437:27

Gizycki, R.von: Begegnung mit Vietnam. Frankfurt: Fischer 1987. 186 S.
Bc 7068

Gough, K.: The Hoa in Vietnam. In: Contemporary marxism. 1986. No.12-13. S. 81-91.
BZ 4858:1986

Gough, K.: Is Vietnam socialist? In: Contemporary marxism. 1986. No.12-13. S. 3-13.
BZ 4858:1986

Gunston, B.: Aircraft of the Vietnam War. Wellingborough: Stephens 1987. 136 S.
Bc 7560

Milivojevič, M.: The people's Army of Vietnam (PAVN). In: Armed forces. Vol.6, 1987. No.8. S. 353-359.
BZ 05378:6

Pike, D.E.: PAVN: People's Army of Vietnam. Novato, Calif.: Presidio Pr. 1986. 384 S.
B 60841

Rust, W.J.: Kennedy in Vietnam. New York: Scribner's 1985. XVII, 252 S.
B 58029

Thrift, N.; Forbes, D.: The price of war. Urbanization in Vietnam 1954-85. London: Allen & Unwin 1986. XIV, 188 S.
B 60388

Truong, N.T.: Journal of a Vietcong. London: Cape 1986. XIV, 350 S.
B 59358

Ungar, E.S.: The struggle over the Chinese community in Vietnam 1946-1986. In: Pacific affairs. Vol.60, 1987/88. No.4. S. 596-614.
BZ 4450:60

Vickerman, A.: The fate of the peasantry. Premature 'transition to socialism' in the Democratic Republic of Vietnam. New Haven: Yale Univ.Pr. 1986. XVI, 373 S.
B 62001

Williams, M.: Vietnam: the slow road to reform. In: Journal of communist studies. Vol.3, 1987. No.4. S. 102-112.
BZ 4862:3

– Nordvietnam

Esterline, J.H.: Hanoi report. In: Orbis. Vol.32, 1988. No.1. S. 97-106.
BZ 4440:32

Thai Quang Trung: Collective leadership and factionalism. An essay on Ho Chi Minh's legacy. Singapore: Inst. of Southeast Asian Studies 1985. VIII, 136 S.
B 59142

– Südvietnam

Hammer, E.J.: A death in November. America in Vietnam, 1963. New York: Dutton 1987. XI, 373 S.
B 62732

Heller, B.: Orders, decorations, medals of the Republic of (South) Vietnam. Miami, Fla.: Selbstverlag 1986. 58 S.
Bc 7480

Le, B.P.: The fall of South Vietnam. A study of the South Vietnamese Armed Forces. Ann Arbor, Mich.: UMI 1986. V,89 S.
B 60119

Mikesh, R.C.: Flying dragons. The South Vietnamese Air Force. London: Osprey 1988. 223 S.
010500

Nguyen, A.T.: South Vietnam. Trial and experience. Athens: Ohio Univ. Center for Internat. Studies 1987. 461 S.
B 61944

L 279 Zypern

Cyprus in transition. 1960-1985. Ed.: J.T.A. Koumoulides. London: Trigraph 1986. XV, 173 S.
B 60639

Gürbey, G.: Zypern – ein Konfliktpotential im Mittelmeerraum. E. Analyse d. Entwicklungen nach 1983. In: Beiträge zur Konfliktforschung. 1988. Nr.1. S. 77-101.
BZ 4594:1988

Haass, R.N.: Cyprus: Moving beyond solution? In: The Washington quarterly. Vol.10, 1987. No.2. S. 183-190.
BZ 05351:10

Joseph, J.S.: Cyprus. Ethnic conflict and international concern. Frankfurt: Lang 1985. XIV, 300 S.
B 58982

Papalekas, J.C.: Die Zypernfrage. Problematik und Perspektiven e. Dauerkonflikts. Frankfurt: Lang 1987. 141 S.
Bc 7765

Zülch, T.: Zypern im 10.Jahr der türkischen Okkupation. In: Cyprus studies. Vol.1, 1987. No.1. S. 7-19.
BZ 4931:1

Zypern. Teilung der Macht oder Teilung des Landes? Hrsg.: J.H.Wolfe. München: Bayerische Landeszentrale f.polit.Bildungsarbeit 1987. 96 S.
Bc 02323

L 300 Afrika

L 300 a Allgemeines

Afrika – Mythos, Rassismus, Solidarität. Hrsg.: Arbeitsgem. Intern. Politik. Mainz: o.V. 1986. 83 S.
D 03832

Baynham, S.: Africa from 1945. London: Watts 1987. 62 S.
010533

Breyer, K.: Chaos Afrika. Geht ein Kontinent verloren. Eßlingen: Bechtle 1986. 436 S.
B 58648

L 300 e Staat und Politik

Liebenow, J.G.: African politics. Crises and challenges. Bloomington, Ind.: Indiana University Press 1986. XII, 305 S.
B 60666

Neuberger, B.: National self-Determination in postcolonial Africa. Boulder, Colo.: Rienner 1986. IX, 150 S.
B 61249

Political domination in Africa. Reflections on the limits of power. Ed.: P.Chabal. Cambridge: Cambridge Univ.Pr. 1986. IX, 211 S.
B 60323

Politics and government in African states, 1960-1985. Ed.: P.Duignan. London: Croom Helm 1986. 442 S.
B 62562

Ungar, S.J.: Africa. The people and politics of an emerging continent. New York: Simon and Schuster 1986. 543 S.
B 62930

Williams, R.: Political corruption in Africa. Aldershot: Gower 1987. VI, 145 S.
B 61791

L 300 e 10 Innenpolitik

Africa: problems in the transition to socialism. Ed.: B. Munslow. London: Zed Books 1986. 221 S.
B 60509

Davidson, B.: Thirty years of liberation struggle. In: Africa today. Vol.34, 1987. Nos.4. S. 5-16.
BZ 4407:34

Democracy and pluralism in Africa. Ed.: D. Ronen. Boulder, Colo.: Rienner 1986. XI, 220 S.
B 61640

Elections in independent Africa. Ed.: F.M. Hayward. Boulder, Colo.: Westview Press 1987. XVII, 318 S.
B 61899

Houser, G.M.: Assessing Africa's liberation struggle. In: Africa today. Vol.34, 1987. Nos.4. S. 17-32.
BZ 4407:34

Kodjo, E.: ... et demain l'Afrique. Paris: Ed. Stock 1986. 366 S.
B 59728

Military marxist regimes in Africa. Ed.: J.Markakis. London: Cass 1986. VIII, 166 S.
B 61233

Mustafa, M.M.: Three decades of Afro-communism. Review and assessment of changing Soviet strategy in Africa. Ann Arbor, Mich.: UMI 1986. IX, 82 S.
B 60207

Ottaway, M.; Ottaway, D.: Afrocommunism. New York: Africana Publ. 1986. IX, 270 S.
B 61029

– Menschenrechte

Ake, C.: The African context of human rights. In: Africa today. Vol.34, 1987. Nos.1 u.2. S. 5-12.
BZ 4407:34

Cobbah, J.A.M.: African values and the human rights debate: an African perspective. In: Human rights quarterly. Vol.9, 1987. No.3. S. 309-331.
BZ 4753:9

Much, C.: Die afrikanische Charta der Menschenrechte und der Rechte der Völker. In: Europa-Archiv. Jg.43, 1988. Nr.1. S. 17-26.
BZ 4452:43

Shepherd, G.W.: Global majority rights: the African context. In: Africa today. Vol.34, 1987. Nos.1. S. 13-26.
BZ 4407:34

L 300 e 20 Außenpolitik

Africa and Europe. From partition to interdependence or dependence? Ed.: A. Sesay. London: Croom Helm 1986. 250 S.
B 61277

Amate, C.O.C.: Inside the OAU. Pan-Africanism in practise. London: Macmillan 1986. 603 S.
B 62561

Arms and the African. Military influences on Africa's international relations. Ed.: W.J. Foltz. New Haven: Yale Univ.Pr. 1985. XV, 221 S.
B 58127

Mfoulou, J.: L'O.U.A. Triomphe de l'unité ou des nationalités? Paris: L'Harmattan 1986. 88 S.
Bc 7425

Schümer, M.: Die Afrika-Politik der Reagan-Administration. In: Aus Politik und Zeitgeschichte. 1988. B.7-8. S. 15-30.
BZ 05159:1988

Tibi, B.: Afro-arabische Beziehungen seit der Dekolonisation. In: Afrika-Spektrum. Jg.21, 1987. Nr.3. S. 315-335.
BZ 4614:21

Zartmann, I.W.: Ripe for resolution. Conflict and intervention in Africa. New York, N.Y.: Oxford Univ.Pr. 1985. X,260 S.
B 58016

L 300 f Wehrwesen

Les Armées africaines. Paris: Ed.Economica 1986. 147 S.
B 61006

Austin, D.: Africa repartitioned? London: Institute for the study of conflict 1986. 33 S.
Bc 6242

Cervenka, Z.: The effects of militarization of Africa on Human rights. In: Africa today. Vol.34, 1987. Nos.1 u.2. S. 69-84.
BZ 4407:34

Seme, V.: Armee und Politik in Afrika. In: Militärgeschichte. Jg.26, 1987. Nr.3. S. 202-208.
BZ 4527:26

L 300 h Gesellschaft

Gorman, R.F.: Coping with Africa's refugee burden: a time for solutions. Dordrecht: Nijhoff 1987. XIV, 206 S.
B 62791

Women and class in Africa. Ed.: C. Robertson. New York: Africana Publ. Comp. 1986. IX, 310 S.
B 60753

L 300 k Geschichte

Africa and the Second World War. Ed.: D.Killingray. Basingstoke: Macmillan 1986. XI, 283 S.
B 59511

African independence. The first twenty-five years. Ed.: G.M.Carter. Bloomington, Ind.: Indiana University Press 1985. XIII, 364 S.
B 58232

L 300 l Regionen/Gebiete

Fields, K.E.: Revival and rebellion in colonial Central Africa. Princeton, N.J.: Princeton Univ.Press 1985. 323 S.
B 58844

Makinda, S.M.: Superpower diplomacy in the Horn of Africa. London: Croom Helm 1987. 241 S.
B 62485

O'Toole, T.: The central African Republic. The continent's hidden heart. Boulder, Colo.: Westview Press 1986. XIV, 174 S.
B 62334

Poggiali, L.: Le aviazioni dell'Africa australe. In: Rivista aeronautica. A.64, 1988. No.3. S. 27-33.
BZ 05154:64

Tidemand, P.: Det centrale Afrika. En områdestudie. In: Militaert tidsskrift. Arg.116, 1987. No.4. S. 120-144.
BZ 4385:116

– Nordafrika

Andereggen, A.: Francophone Africa today. In: The journal of social, political and economic studies. Vol.12, 1987. No.1. S. 29-49.
BZ 4670:12

Bliss, F.: Frau und Gesellschaft in Nordafrika. Bad Honnef: Dt. Stiftung für internationale Entwicklung 1986. 146 S.
Bc 7837

Nowak, K.: Selektywna polityka USA wobec karjów Afryki Połnocnej. In: Przegląd stosunków międzynarodowych. 1987. No.3. S. 19-36.
BZ 4777:1987

– Schwarzafrika

Fieldhouse, D.K.: Black Africa. 1945-80. London: Allen & Unwin 1986. XIX, 260 S.
B 60425

Governing in Black Africa. Ed.: M.E. Doro. New York: Africana Publ. Comp. 1986. XI, 253 S.
B 061784

Hughes, A.; May, R.: The politics of succession in Black Africa. In: Third world quarterly. Vol.10, 1988. No.1. S. 1-22.
BZ 4843:10

Meyer, F.B. zu Natrup: Die handels- und entwicklungspolitische Zusammenarbeit der Europäischen Gemeinschaft mit Schwarzafrika. In: Aus Politik und Zeitgeschichte. 1988. B.7-8. S. 43-53.
BZ 05159:1988

Military power and politics in Black Africa. Ed.: S. Baynham. London: Croom Helm 1986. 333 S.
B 58906

Schwarzafrika II – Die innere Entwicklung seit 1980. St. Augustin Siegler. 1988. 192 S.
BZ 4555:1988

– Südliches Afrika

Clough, M.: Southern Africa. Challenges and choices. In: Foreign affairs. Vol.66, 1987/88. No.5. S. 1067-1090.
BZ 05149:66

Confrontation and liberation in Southern Africa. Regional directions after the Nkomati Accord. Ed.: I.S.R. Msabaha. Boulder, Colo.: Westview Press 1987. XII, 315 S.
B 61773

Howard, R.E.: Human rights in Commonwealth Africa. Totowa, N.J.: Rowman & Littlefield 1986. XIII, 250 S.
B 61906

Kiljunen, K.: Nordic-SADCC Cooperation. In: Cooperation and conflict. Nordic journal of international politics. Vol.22, 1987. No.3. S. 153-167.
BZ 4605:22

Martin, R.: Regional security in southern Africa. More Angolas, Mozambiques or neutrals? In: Survival. Vol.29, 1987. No.5. S. 387-402.
BZ 4499:29

Minter, W.: King Solomon's mines revisited. Western interests and the burdened history of Southern Africa. New York: Basic Books 1986. XIII, 401 S.
B 61780

Mugabe, R.G.: Struggle for Southern Africa. In: Foreign affairs. Vol.66, 1987. No.2. S. 311-327.
BZ 05149:66

Peters, W.-C.: Regionale Kooperation und der Konflikt im südlichen Afrika. Zur Bedeutung der Southern African Development Coordination Conference (SADCC). Hamburg: Inst. f. Afrika-Kunde 1987. X, 209 S.
Bc 7533

Pomeroy, W.J.: Apartheid, imperialism, and Africa freedom. New York: International Publ. 1986. IX, 259 S.
B 61021

Southern Africa. Regional security problems and prospects. Ed.: R. Jaster. Aldershot: Gower 1985. XIV, 170 S.
B 60645

Stiff, P.: Taffy. Die unglaubliche und wahre Geschichte eines weissen Killers in Afrika. Frankfurt: Eichborn 1986. 334 S.
B 59056

L 310 Einzelne Staaten Afrikas

L 311 Abessinien/Äthiopien

Beurden, J. van: De kwestie-Eritrea. In: Internationale spectator. Jg.42, 1988. Nr.5. S. 438-444.
BZ 05223:42

Brüne, S.: Äthiopien – Unterentwicklung und radikale Militärherrschaft. Hamburg: Inst. f. Afrika-Kunde 1986. VIII, 373 S.
B 66783

Cahsai, B.; Cahsai-Williamson, E.: Erythrée: un peuple en marche (19ème – 20ème siècles). Paris: L'Harmattan 1985. 199 S.
B 56833

Dejene, A.: Peasants, agrarian socialism, and rural development in Ethiopiy. Boulder, Colo.: Westview Press 1987. XIII, 162 S.
Bc 7125

Dimanski, H.-M.: Zur Genesis der äthiopischen Militärs als politische und staatliche Führungskraft. In: Militärgeschichte. Jg.26, 1987. Nr.3. S. 209-214.
BZ 4527:26

Erlich, H.: Ethiopia and the challenge of independence. Boulder, Colo.: Rienner 1986. XII, 265 S.
B 61891

Glucksmann, A.; Wolton, T.: Politik des Schweigens. Stuttgart: DVA 1987. 351 S.
B 62176

La guerre d'Éthiopie et l'opinion mondiale. 1934-1941. Ed. D. Eeckaute. Paris: INALCO 1986. 275 S.
B 62852

Jean, F.: Ethiopie. Du bon usage de la famine. Paris: Médecins sans frontières 1986. 102 S.
Bc 02180

Machida, R.: Eritrea: the struggle for independence. Trenton, N.J.: The Red Sea Pr. 1987. 86 S.
Bc 7493

L 311 e Staat und Politik

Bureau, J.: Éthiopie. Un drame impérial et rouge. Paris: Ed. Ramsay 1987. 315 S.
B 63107

Dimetros, N.: Die Äthiopische Revolution und deren außenpolitische und -wirtschaftliche Orientierung. Münster: Lit.-Verl. 1986. VII, 210 S.
B 60543

Henze, P.: Rebels and separatists in Ethiopia. Regional resistance to a marxist regime. Santa Monica, Calif.: Rand Corp. 1985. XV, 98 S.
Bc 7487

Hickey, D.C.: Ethiopia and Great Britain. Political conflict in the Southern borderlands, 1916-1935. Ann Arbor, Mich.: UMI 1986. X, 433 S.
B 60129

Korn, D.A.: Ethiopia, the United States and the Soviet Union. (1974-1985). London: Croom Helm 1986. XVIII, 199 S.
B 61159

Markakis, J.; Ayele, N.: Class and revolution in Ethiopia. Trenton, N.J.: The Red Sea Pr. 1986. 191 S.
Bc 6878

L 313 Ägypten

Carter, B.L.: The copts in Egyptian politics. London: Croom Helm 1986. 328 S.
B 58349

Goldberg, E.: Tinker, tailor, and textile worker. Class and politics in Egypt, 1930-1952. Berkeley, Cal.: University of California 1986. XIII, 234 S.
B 61820

Ibrahim, S.E.: Egypt's Islamic activism in the 1980s. In: Third world quarterly. Vol.10, 1988. No.2. S. 632-657.
BZ 4843:10

Jansen, J.J.G.: The neglected duty. The creed of Sadat's assassins and Islamic resurgence in the Middle East. New York: Macmillan 1986. XXV, 245 S.
B 61765

Rothholz, W.von: Moderne Forderungen in alter Sprache: die politische Rolle der islamischen Fundamentalisten im Ägypten des 20.Jahrhunderts. In: Zeitschrift für Politik. Jg.34, 1987. H.2. S. 143-170.
BZ 4473:34

Sa'adawi, N.el: Memoirs from the women's prison. London: Women's Pr. 1986. 197 S.
B 60563

Shadid, M.K.: The Muslim brotherhood movement in the West Bank and Gaza. In: Third world quarterly. Vol.10, 1988. No.2. S. 658-682.
BZ 4843:10

L 313 e Staat und Politik

Badeeb, S.M.: The Saudi-Egyptian conflict over North Yemen, 1962-1970. Boulder, Colo.: Westview Press 1986. XV, 148 S.
B 61011

Beattie, K.J.: Egypt. The struggle for hegemony, 1952-1981. Vol.1.2. Ann Arbor, Mich.: UMI 1986. VI, 618 S.
B 60116

Beinin, J.: The Communist movement and nationalist political discourse in Nasirist Egypt. In: The Middle East journal. Vol.41, 1987. No.4. S. 568-584.
BZ 4463:41

Botman, S.: Oppositional politics in Egypt: the communist movement, 1936-1954. Ann Arbor, Mich.: UMI 1986. V, 577 S.
B 58149

Kamel, M.I.: The Camp David accords. A testimony. London: KPI 1986. 414 S.
B 59098

Khella, K.: Ägypten – von 1952 bis zur Gegenwart. Hamburg: Selbstverlag 1986. 22 S.
Bc 6899

Krämer, G.: Auf der Suche nach Normalisierung: Ägypten nach der ersten Amtszeit Mubaraks. In: Außenpolitik. Jg.38, 1987. Nr.4. S. 381-394.
BZ 4457:38

Pawelka, P.: Herrschaft und Entwicklung im Nahen Osten. Ägypten. Heidelberg: Müller, Jurist. Verl. 1985. XX, 465 S.
B 57358

Sivian, E.: The Islamic Republic of Egypt. In: Orbis. Vol.31, 1987. No.1. S. 43-54.
BZ 4440:31

L 313 k Geschichte

Gershoni, I.; Jankowski, J.P.: Egypt, Islam, and the Arabs: the search for Egyptian nationhood, 1900-1930. New York: Oxford Univ.Pr. 1986. XVIII, 346 S.
B 62768

Hinnebusch, R.A.: Egyptian politics under Sadat. The post-populist development of an authoritarian-modernizing state. Cambridge: Cambridge Univ.Pr. 1985. VIII, 322 S.
B 57654

Krämer, G.: Ägypten unter Mubarak. Identität und nationales Interesse. Baden-Baden: Nomos-Verlagsges. 1986. 230 S.
B 61231

MacIntyre, J.D.: The boycott of the Milner mission. New York: Lang 1985. VIII, 214 S.
B 59013

L 315 Algerien

Ageron, C.-R.: Le parti communiste algérien de 1939 à 1943. In: Vingtième siècle. 1986. Nr.12. S. 39-50.
BZ 4941:1986

Dermenjian, G.: La crise anti-juive oranais 1895-1905. L'antisémitisme dans l'Algérie coloniale. Paris: L'Harmattan 1986. 271 S.
B 59729

Entelis, J.P.: Algeria. The revolution institutionalized. Boulder, Colo.: Westview Press 1986. XI, 239 S.
B 61136

Gendzier, I.L.: Frantz Fanon. A critical study. New York: Grove Press 1985. XX, 300 S.
B 58753

A nom du peuple. Coll. contre la répression en Algérie. Paris: Imedyazen 1986. 252 S.
B 62381

Roberts, H.: Northern Ireland and the Algerian analogy. A suitable case for Gaullism? Belfast: Athol Books 1986. 70 S.
Bc 7362

Roberts, H.: Radical Islamism and the dilemma of Algerian nationalism: the embattled Arians of Algiers. In: Third world quarterly. Vol.10, 1988. No.2. S. 556-589.
BZ 4843:10

Stora, B.: Dictionnaire biographique de militants nationalistes algériens. Paris: L'Harmattan 1985. 404 S.
B 58637

Stora, B.: Faiblesse paysanne du mouvement nationaliste algérien avant 1954. In: Vingtième siècle. 1986. Nr.12. S. 59-72.
BZ 4941:1986

Stora, B.: Messali Hadj. Pionnier du nationalisme Algérien. 2.ed. Paris: L'Harmattan 1986. 306 S.
B 61697

Tlemcani, R.: State and revolution in Algeria. Boulder, Colo.: Westview Press 1986. X, 220 S.
B 60318

Zeraoui, Z.: Argelia, Libia. Islam y socialismo. México: Univ. Aut. de México 1986. 21 S.
Bc 6942

L 317 Angola

L'Angola e la cooperazione italiana. Roma: Ipalmo 1985. 101 S.
Bc 7021

Bridgland, F.: Jonas Savimbi. A key to Africa. Edinburgh: Mainstream Publ. 1986. 513 S.
B 60501

Czekała-Mucha, G.: Wędrówki po Angoli. Warszawa: Ksiazka i Wiedza 1986. 317 S.
B 60195

Marcum, J.A.: Regional security in southern Africa. In: Survival. Vol.30, 1988. No.1. S. 3-13.
BZ 4499:30

Rusk, J.R.: Africa rights monitor. Warfare and human rights in Angola and Mozambique. In: Africa today. Vol.34, 1987. Nos.4. S. 33-42.
BZ 4407:34

Somerville, K.: Angola. Politics, economics and society. London: Pinter 1986. XX, 207 S.
B 59481

Venter, J.: Brandherd Angola – kein Ende der Kämpfe in Sicht. In: Internationale Wehrrevue. Jg.21, 1988. Nr.2. S. 121-125.
BZ 05263:21

L 321 Elfenbeinküste

Amondji, M.: Côte d'Ivoire. Le P.D.C.I. et la vie politique de 1944 à 1985. Paris: L'Harmattan 1986. 207 S.
B 60599

L 329 Ghana

Assensoh, A.B.: Africa in retrospect. Devon: Stockwell 1985. 76 S.
Bc 7962

Austin, D.: Ghana: less than a revolution? London: Institute for the study of conflict 1985. 21 S.
Bc 6158

Daaka, Y.: Some linkages between the North and the South in the evolution of national consciousness in Ghana. In: Journal of black studies. Vol.18, 1987. No.1. S. 3-19.
BZ 4607:18

Pellow, D.; Chazan, N.: Ghana. Boulder, Colo.: Westview Press 1986. XIV, 238 S.
B 61526

Ray, D.I.: Ghana. Politics, economics and society. London: Pinter 1986. XIX, 192 S.
B 59168

L 331 Guinea

Galli, R.E.; Jones, J.: Guinea-Bissau. Politics, economics and society. London: Pinter 1987. XVI, 217 S.
B 60558

L 333 Kamerun

Eteki-Otabela, M.-L.: Misère et grandeur de la démocratie au Cameroun. Paris: L'Harmattan 1987. 143 S.
Bc 7625

Eyinga, A.: Démocratie de Yaoundé. Paris: L'Harmattan 1985. 193 S.
B 56840

Kobhio, B.B.: Cameroun. La fin du maquis? Paris: L'Harmattan 1986. 178 S.
B 60589

Pokam, E.K.: La problématique de l'Unité Nationale au Cameroun. Paris: L'Harmattan 1986. 163 S.
B 62818

The political economy of Cameroon. Ed.: M.G.Schatzberg. New York: Praeger 1986. XII, 263 S.
B 58913

Le réveil du Cameroun. Paris: Ed. Karthala 1986. 172 S.
B 61173

L 337 Kenia

Dauch, G.; Martin, D.: L'héritage de Kenyatta. Paris: L'Harmattan 1985. 220 S.
B 59319

Khapoya, V.: Moi and beyond: towards peaceful succession in Kenya? In: Third world quarterly. Vol.10, 1988. No.1. S. 54-66.
BZ 4843:10

Kimathi, D.: Kenya's freedom struggle. The Dedan Kimathi Papers. Ed.: M.Kinyatti. London: Zed Books 1987. XIX, 138 S.
Bc 7151

Teubert-Seiwert, B.: Parteipolitik in Kenya 1960-1969. Frankfurt: Lang 1987. 428 S.
B 62219

L 340 Kongo/Volksrepublik Kongo

Shaw, B.P.: Force publique, force unique. The military in the Belgian Congo, 1914-1939. Ann Arbor, Mich.: UMI 1986. V, 348 S.
B 58205

L 341 Liberia

Best friends. Violations of human rights in Liberai, America's closest ally in Africa. New York: Fund for Free Expression 1986. 54 S.
Bc 7988

L 343 Libyen

Del Boca, A.: Gli Italiani in Libia. Roma: Ed. Laterza 1986. 478 S.
B 61324

Hager, E.: Volksmacht und Islam. Eine terminologie- u. ideologieanalytische Untersuchung zum Politik- u. Religions-verständnis bei Muammar al-Qaddafi. Berlin: Schwarz 1985. VIII, 273 S.
B 59542

Harris, L.C.: Libya. Qadhafi's revolution and the modern state. Boulder, Colo.: Westview Press 1986. XVIII, 157 S.
B 61284

Khawas, M.A. el: Qaddafi. His ideology in theory and practice. Brattleboro, Vt.: Amana Books 1986. 222 S.
B 61767

Khella, K.: Libyen. Soziale Revolution und imperialistische Aggression. Hamburg: Theorie und Praxis Verl. 1986. 126 S.
Bc 6931

Siccker, M.: The making of a Pariah state. The adventurist politics of Muammar Qaddafi. New York: Praeger 1987. 140 S.
B 62319

L 343 e Staat und Politik

Badry, R.: Die Entwicklung der dritten Universaltheorie (DUT) MucAmmar Al-Qaddafis in Theorie und Praxis. Frankfurt: Lang 1986. VI, 544 S.
B 60701

Clam, J.-J.; Hubel, H.: Die Krise um Libyen. Bonn: Europa Union Verlag 1987. VII, 143 S.
Bc 6748

Jenkins, P.: Whose terrorists? Libya and state criminality. In: Contemporary crises. Vol.12, 1988. No.1. S. 5-24.
BZ 4429:12

Joffe, G.: Islamic opposition in Libya. In: Third world quarterly. Vol.10, 1988. No.2. S. 615-631.
BZ 4843:10

Linde, G.: Libyen – Terroristenbasis und sowjetischer Klient. Köln: Bundesinst. f.ostwiss.u.intern.Studien 1986. 45 S.
Bc 01869

Metz, S.: The ideology of terrorist foreign policies in Libya and South Africa. In: Conflict. Vol.7, 1987. No.4. S. 379-401.
BZ 4687:7

Otayek, R.: La politique Africaine de la Libye. (1969-1985.). Paris: Ed.Karthala 1986. 217 S.
B 61236

Qaddāfī, M.: The green Book. Pt.1-3. Tripoli: Public Establishment for Publ., Advertising and Distribution o.J. 47, 31, 63 S.
Bc 984; Bc 985; Bc 986

Qaddāfī, M.: Das grüne Buch. Tripolis: Intern. Studien- u. Forschungszentrum d.grünen Buches o.J. 119 S.
Bc 8084

L 345 Madagaskar

Chaigneau, P.: Rivalités politiques et socialisme à Madagascar. Paris: Cheam 1986. 263 S.
B 62206

Covell, M.: Madagascar. Politics, economics and society. London: Pinter 1987. XXII, 187 S.
B 61242

Rabenoro, C.: Les relations extérieures de Madagascar de 1960 à 1972. Paris: L'Harmattan 1986. 355 S.
B 60595

L 346 Malawi

Decraene, P.: Le Malawi au coeur et à l'écart des turbulences de l'Afrique Australe. In: L'Afrique et l'Asie modernes. 1988. No.156. S. 40-46.
BZ 4689:1988

L 349 Marokko

Benomar, J.: The monarchy, the Islamist movement and religious discourse in Morocco. In: Third world quarterly. Vol.10, 1988. No.2. S. 539-555.
BZ 4843:10

Edification d'un état moderne. Paris: Michel 1986. 470 S.
B 62122

Joffe, G.: Marocco: monarchy, legitimacy and succession. In: Third world quarterly. Vol.10, 1988. No.1. S. 201-236.
BZ 4843:10

Majid, M.: Les luttes de classes au Maroc depuis l'indépendance. Rotterdam: Ed.Hiwar 1987. 192 S.
Bc 7864

Marinas, G.R.: La legion española en la Guerra de IFNI-Sahara (1957-1958). In: Defensa. A.11, 1988. No.117. S. 56-64.
BZ 05344:11

Mazrui, A.A.: African Islam and competitive religion: between revivalism and expansion. In: Third world quarterly. Vol.10, 1988. No.2. S. 499-518.
BZ 4843:10

L 351 Mauretanien

Baillou, B.von: Islam, Sahara und Kamele. Islamische Republik Mauretanien. In: Internationales Afrikaforum. Jg.24, 1988. Qu.1. S. 75-81.
BZ 05239:24

L 353 Mocambique

Adam, E.: Mosambik: Im 12. Jahr am Ende? In: Afrika-Spektrum. Jg.21, 1987. Nr.3. S. 337-362.
BZ 4614:21

Adam, E.: Mosambik: Reformpolitik – Weg aus der Krise? In: Außenpolitik. Jg.39, 1988. Nr.2. S. 186-201.
BZ 4457:39

A difficult road. The transition to socialism in Mozambique. Ed.: J.S. Saul. New York: Monthly Review Pr. 1985. 420 S.
B 58517

Hüncker, H.: Die andere Front der Apartheid. In: Blätter des iz3w. 1988. Nr.148. S. 3-7.
BZ 05130:1988

Isaacman, A.: Mozambique. In: Survival. Vol.30, 1988. No.1. S. 14-38.
BZ 4499:30

Isaacman, A.: Mozambique and the regional conflict in Southern Africa. In: Current history. Vol.86, 1987. No.520. S. 213-216; 230-234.
BZ 05166:86

Mozambique, dix ans de solitude... Paris: L'Harmattan 1986. 182 S.
B 60601

Munslow, B.: Mozambique and the death of Machel. In: Third world quarterly. Vol.10, 1988. No.1. S. 23-36.
BZ 4843:10

L 354 Namibia

Aktivitäten der in Namibia tätigen ausländischen wirtschaftlichen Interessengruppen. New York: Vereinte Nationen 1987. 36 S.
Bc 7701

Garnier, C.von: "Ich habe einen der letzten Kolonialherren Afrikas geheiratet". Reinbek: Rowohlt 1987. 185 S.
Bc 7269

Jaster, R.S.: South Africa in Namibia. Lanham: Univ.Press of America 1985. 114 S.
B 59078

Die militärische Lage in und im Zusammenhang mit Namibia. New York: Vereinte Nationen 1986. 27 S.
Bc 7699

Namibia. Die politischen Ereignisse und ihre Vorgeschichte. New York: Vereinte Nationen 1986. 32 S.
Bc 7696

Politische Entwicklungen in bezug auf Namibia. New York: Vereinte Nationen 1987. 26 S.
Bc 7698

Die sozialen Verhältnisse in Namibia. New York: Vereinte Nationen 1986. 10 S.
Bc 7697

Südafrikanische Greueltaten in Namibia. Hrsg.: SWAPO-Vertr. f.d.BRD u.d. Republ. Österreich. Bonn: o.V. 1987. 35 S.
D 03867

Working under South African occupation. Labour in Namibia. London: Intern. Defence a. Aid Fund 1987. 56 S.
Bc 7301

L 355 Niger

Baulin, J.: Conseiller du Président Diori. Paris: Ed. Eurafor-Pr. 1986. 190 S.
B 61573

Gerhardt, K.: In den Händen des Volkes. Erfahrungen mit Entwicklungshilfe in Niger. In: Aus Politik und Zeitgeschichte. 1987. B.38. S. 3-19.
BZ 05159:1987

L 357 Nigeria

The African Bourgeoisie. Capitalist development in Nigeria, Kenya, and the Ivory Coast. Boulder, Colo.: Rienner 1987. X, 414 S.
B 61781

Akinyemi, I.: Nigeria's strategy toward South Africa. Ann Arbor, Mich.: UMI 1986. IX, 347 S.
B 60107

Clarke, P.: Islamic reform in contemporary Nigeria: methods and aims. In: Third world quarterly. Vol.10, 1988. No.2. S. 519-538.
BZ 4843:10

Ihonvbere, J.O.: Economic contraction and foreign policy in the periphery. In: Afrika-Spektrum. Jg.22, 1987. Nr.3. S. 267-284.
BZ 4614:22

Okolo, J.E.: Nigerian politics and the Dikko Kidnap Affair. In: Terrorism. Vol.9, 1987. No.4. S. 313-339.
BZ 4688:9

Onyisi, A.A.E.: Nigeria and the Angolan crisis of 1975-1976: a study of foreign policy-making and implementation of a regional power. Ann Arbor, Mich.: UMI 1986. X, 550 S.
B 58315

Paden, J.N.: Ahmadu Bello, Sardauna of Sokoto. Values and leandership in Nigeria. London: Hodder a.Stoughton 1986. XI, 799 S.
B 62963

L 360 Obervolta/Burkina Faso

Bamouni, B.P.: Burkina Faso. Processus de la révolution. Paris: L'Harmattan 1986. 189 S.
B 59730

Schmitz, E.: Thomas Sankara und die burkinabische Revolution. In: Afrika-Spektrum. Jg.22, 1987. Nr.2. S. 157-179.
BZ 4614:22

L 364 Rio de Oro/Demokratische Arabische Republik Sahara

Hacene-Djaballah, B.: Conflict in Western Sahara. A study of Polisario as an insurgency movement. Ann Arbor, Mich.: UMI 1986. VII, 248 S.
B 60104

Naylor, P.C.: Spain and France and the decolonization of Western Sahara: Parity and paradox, 1975-87. In: Africa today. Vol.34, 1988. Nos.3. S. 7-16.
BZ 4407:34

Talon, V.: Sin novedad en el Sahara Occidental. In: Defensa. A.11, 1988. No.118. S. 34-41.
BZ 05344:11

Zoubir, Y.: Soviet policy toward the Western Sahara conflict. In: Africa today. Vol.34, 1988. Nos.3. S. 17-32.
BZ 4407:34

Zunes, S.: Nationalism and non-alignment: the non-ideology of the Polisario. In: Africa today. Vol.34, 1988. Nos.3. S. 33-46.
BZ 4407:34

L 367 Senegal

Carmona, R.: Regards sur le Sénégal. In: Défense nationale. A.44, 1988. No.7. S. 97-115.
BZ 4460:44

Diop, B.: Sénégal du temps de... Paris: L'Harmattan 1986. 220 S.
B 59596

Fall, M.: Sénégal. L'état Abdou Diouf ou le temps des incertitudes. Paris: L'Harmattan 1986. 87 S.
Bc 7472

Fatton, R.: The making of a liberal democracy. Senegal's passive revolution, 1975-1985. Boulder, Colo.: Rienner 1987. X, 189 S.
B 61755

Lô, M.: Sénégal, l'heure du choix. Paris: L'Harmattan 1985. 106 S.
B 59302

Magassouba, M.: L'Islam au Sénégal. Demain les Mollahs? Paris: Ed. Karthala 1985. 219 S.
B 59297

L 369 Sierra Leone

Fasholé Luke, D.: Continuity in Sierra Leone: from Stevens to Momoh. In: Third world quarterly. Vol.10, 1988. No.1. S. 67-78.
BZ 4843:10

Premdas, R.R.: Melanesian Socialism: Vanuatu's quest for self-definition. In: The journal of Commonwealth & comparative politics. Vol.25, 1987. No.2. S. 141-160.
BZ 4408:25

L 371 Somalia

Samatar, A.I.: Underdevelopment in Somalia: dictatorship without hegemony. In: Africa today. Vol.32, 1985. Nos.3. S. 23-40.
BZ 4407:32

L 373 Sudan

Abd al-Rahim, M.: Imperialism and nationalism in the Sudan. A study in constitutional and political development 1899-1956. 2.ed. Khartoum: Khartoum Univ.Pr. 1986. XI, 275 S.
B 62582

Baynard, S.A.: Sudanese foreign policy under Nimeiri, 1969-1982. Ann Arbor, Mich.: UMI 1986. III, 414 S.
B 58393

Bienen, H.; Moore, J.: The Sudan: military economic corporations. In: Armed forces and society. Vol.13, 1987. No.4. S. 489-516.
BZ 4418:13

Makinda, S.M.: Sudan: old wine in new bottles. In: Orbis. Vol.31, 1987. No.2. S. 217-228.
BZ 4440:31

Sudan since independence. Studies of the political development since 1956. Ed.: M. Abd al-Rahim. Aldershot: Gower 1986. XI, 181 S.
B 61048

L 375 Südafrikanische Republik

L 375 a Allgemeines

Chaliand, G.: Où va l'Afrique du Sud? Paris: Calmann-Lévy 1986. 176 S.
B 60717

The Commonwealth group of eminent persons. Mission to South Africa. Harmondsworth: Penguin 1986. 176 S.
Bc 6889

Hansen, C.R.: South Africa as a force for regional stability or instability. Ann Arbor, Mich.: UMI 1986. IV, 673 S.
B 59948

Rote Erde – schwarzer Zorn. Hrsg.: H. Heidtmann. Baden-Baden: Signal-Verl. 1986. 224 S.
B 58303

L 375 c Biographien

Gastrow, S.: Who's who in South African politics. 2nd. ed. Johannesburg: Ravan Press 1986. XIV, 347 S.
B 61866

Ein schwarzes Kind kommt zornig zur Welt. Hrsg.: B.v.Clausewitz. Wuppertal: Hammer 1987. 216 S.
Bc 7138

– Alexander
Alexander, N.: Wer Wind sät, wird Sturm ernten. Frankfurt: Isp-Verl. 1986. 157 S.
B 62410

– Breytenbach
Michal, W.: Natur und Politik. Der südafrikanische Schriftsteller Breyten Breytenbach. In: L'80. Zeitschrift für Literatur und Politik. 1987. H.41. S. 92-113.
BZ 4644:1987

– Joseph
Joseph, H.: Allein und doch nicht einsam. Reinbek: Rowohlt 1987. 284 S.
B 062422

Joseph, H.: Side by side. London: Zed Books 1986. 249 S.
B 61046

– Mandela
Benson, M.: Nelson Mandela – die Hoffnung Südafrikas. Reinbek: Rowohlt 1986. 297 S.
B 59877

Mandela, N.: Der Kampf ist mein Leben. Dortmund: Weltkreis 1986. 379 S.
B 58668

– Mathabane
Mathabane, M.: Kaffern Boy. Ein Leben in d. Apartheid. München: Ehrenwirth 1986. 401 S.
B 59967

– Naidoo
Naidoo, I.; Sachs, A.: Dans les bagnes de l'apartheid. Paris: Ed. Messidor 1986. 252 S.
B 61195

– Schlosser
Schlosser, G.: Briefe vom Kap. Ein Deutscher über seine Wahlheimat Südafrika. 4.Aufl. Osnabrück: Fromm 1987. 131 S.
Bc 7278

– Tutu

Tutu, D.: Crying in the wilderness. The struggle for justice in South Africa. 2nd, ed. London: Mowbray 1986. XIX, 124 S.
Bc 6475

– Woods

Woods, D.: Ich gebe nicht auf. Briefe aus Südafrika. München: Goldmann 1987. 171 S.
Bc 7772

L 375 d Land und Volk

Boom, J.H.: Zuid-Afrika, een tragisch paradijs. Meppel: Boom-Pers 1987. 48 S.
Bc 7008

Contending ideologies in South Africa. Ed.: J.Leatt. Cape Town: Philip 1986. X, 318 S.
B 62902

Crapanzano, V.: Waiting: the whites of South Africa. London: Granada Publ. 1985. XXII, 377 S.
B 60531

Haski, P.: L'Afrique Blanche. Histoire et enjeux de l'Apartheid. Paris: Ed.du Seuil 1987. 303 S.
B 62400

North, J.: Freedom rising. New York: Macmillan 1985. XI, 336 S.
B 57838

L 375 e 10 Innenpolitik

Buthelezi, M.G.: The politics of negotiation in South Africa. In: The Round table. 1987. No.303. S. 294-301.
BZ 4796:1987

Frank, L. P.: The prisoners' dilemma in South Africa. In: Conflict. Vol.7, 1987. No.4. S. 365-377.
BZ 4687:7

Frederikse, J.: South Africa. A different kind of war. Gweru: Mambo Pr. 1986. 192 S.
010183

Gutteridge, W.: The South African Crisis: time for international action. London: Institute for the study of conflict 1985. 22 S.
Bc 6156

Haass, R.N.: South Africa's future. Afrikaner politics and U.S. policy. In: The Washington quarterly. Vol.11, 1988. No.2. S. 27-41.
BZ 05351:11

Hohmann, H.: Südafrikas Menschenrechtsverletzungen: Ursachen und Reaktionen. In: Internationales Afrikaforum. Jg.23, 1987. Qu.2. S. 159-182.
BZ 05239:23

Das Leiden beenden. "Schafft Recht den Unterdrückten..." (Psalm 82,3). Hrsg.: Arbeitsgem.d.Evang. Jugend... Stuttgart: o.V. 1987. 55 S.
D 03783

Marensin, J.: Afrique du Sud: la polarisation perverse. In: Commentaire. A.10, 1987. No.39. S. 461-470.
BZ 05436:10

Martin, R.: Southern Africa: A new approach. In: The Round table. 1987. No.303. S. 322-331.
BZ 4796:1987

Noli, O.: Revolutionary violence, development, equality and justice in South Africa. In: Africa today. Vol.34, 1987. Nos.1 u.2. S. 27-47.
BZ 4407:34

Ortlieb, H.-D.; Lösch, D.: Was wird aus Südafrika? E. Subkontinent sucht den lenkbaren Wandel. 2.Aufl. Zürich: Ed. Interfrom 1986. 142 S.
B 58987

Ropp, K.von der: Südafrika: Die abermals vertagte Revolution. In: Außenpolitik. Jg.38, 1987. Nr.4. S. 395-406.
BZ 4457:38

Saul, J.S.; Gelb, S.: The crisis in South Africa. New York: Monthly Review Pr. 1986. 245 S.
B 61719

Schlüer, U.: Südafrika. Friedlicher Wandel oder blutige Revolution? Flaach: Schweizerzeit Verl. 1986. 32 S.
Bc 7336

Swilling, M.: Living in the interregnum: crisis, reform and the socialist alternative in South Africa. In: Third world quarterly. Vol.9, 1987. No.2. S. 408-436.
BZ 4843:9

– Apartheid

Aeschliman, G.D.: Apartheid. Tragedy in black and white. Ventura, Calif.: Regal Books 1986. 178 S.
Bc 6701

Apartheid – how much longer? Report about the journey of an ISHR-Delegation to South Africa. London: Intern. Soc. f. Human Rights 1986. 164 S.
Bc 02070

Apartheid in crisis. Ed.: M.A. Uhlig. New York: Vintage Books 1986. 334 S.
B 63337

Beyers Naudé, C.F.; Imfeld, A.: Widerstand in Südafrika. Apartheid – kirchliche Opposition – Solidarität. Freiburg: Schweiz. Ed. Exodus 1986. 123 S.
Bc 7267

Brade, K.: Sturmzeichen über dem Kap. Berlin: Dietz 1987. 79 S.
Bc 6979

Dopo l'apartheid. Il processo di cambio in Sud Africa. Milano: Angeli 1986. 218 S.
B 60136

Esack, F.: Three Islamic strands in the South African struggle for justice. In: Vierteljahrshefte für Zeitgeschichte. Jg.6, 1988. Nr.1. S. 473-498.
BZ 4456:6

Fatton, R.: Black consciousness in South Africa. The dialectics of ideological resistance to white supremacy. Albany, N.Y.: State Univ. of New York Pr. 1986. IX, 189 S.
B 61036

Fighting apartheid. A cartoon history. London: IDAF Publ. 1987. 76 S.
Bc 7563

Lemon, A.: Apartheid in transition. Aldershot: Gower 1987. XI, 414 S.
B 62986

Love, J.: The U.S. anti-apartheid movement. Local activism in global politics. New York: Praeger 1985. XX, 296 S.
B 59946

Marchand, J.: La propagande de l'apartheid. Paris: Ed. Karthala 1985. 284 S.
B 58825

Omond, R.: The apartheid handbook. 2nd ed. Harmondsworth: Penguin 1986. 282 S.
B 60795

Orkin, M.: Disinvestment, the struggle, and the future. What black South Africans really think. Johannesburg: Ravan Pr. 1987. XII, 78 S.
Bc 7976

Smith, D.M.: Apartheid in South Africa. 2nd ed. Cambridge: Cambridge Univ.Pr. 1987. 96 S.
Bc 02278

The state of apartheid. Ed.: W.G. James. Boulder, Colo.: Rienner 1987. IX, 210 S.
B 61812

Verheugen, G.: Apartheid. Südafrika und die deutschen Interessen am Kap. Köln: Kiepenheuer & Witsch 1986. III, 285 S.
B 59662

Weiss, R.; Oesterle, H.: Mandelas zornige Erben. Kampf um die Macht in Südafrika. Wuppertal: Hammer 1986. 204 S.
B 60352

Woods, D.: Apartheid – Propaganda und Realität. Wien: Informationsdienst der Vereinten Nationen 1988. 40 S.
Bc 7424

Zum Beispiel Apartheid. Red.: I.Wick. Boenheim: Lamuv 1987. 128 S.
Bc 7691

– Politische Opposition

Benson, M.: South Africa: the struggle for a birthright. London: Intern. Defence a. Aid Fund 1985. 314 S.
B 60650

Denman, E.: The fiercest fight. A documented account of the struggle against apartheid in South Africa. Worthing: Churchman 1985. XXII, 190 S.
B 61270

Falk, R.: "People's power" und die Perspektive des Widerstands. In: AIB-Dritte-Welt-Zeitschrift. Jg.19, 1988. Nr.3. S. 18-23.
BZ 05283:19

Lijphart, A.: Power-sharing in South Africa. Berkeley, Calif.: Inst. of International Studies 1985. X, 178 S.
B 61383

South Africa. Challenge and hope. Ed.: L. Tatum. New York: Hill a. Wang 1987. VIII, 225 S.
B 62997

L 375 e 14 Parteien

Clifford-Vaughan: Terrorism and insurgency in South Africa. In: The journal of social, political and economic studies. Vol.12, 1987. No.3. S. 259-275.
BZ 4670:12

Falk, R.: Südafrika – Widerstand und Befreiungskamf. Köln: Pahl-Rugenstein 1986. 286 S.
B 58690

Die Geschichte des African National Congress (ANC) 1912-1987. Hrsg.: ANC – Vertr. in der BRD. Bonn: o.V. 1987. 48 S.
D 3580

Slovo, J.; Nzo, A.: Südafrikanische Kommunistische Partei und Afrikanischer Nationalkongreß – ein im Kampf geschmiedetes Bündnis. Berlin: Dietz 1987. 43 S.
Bc 6870

Steenwijk, R.R.: Non-violence, l'alternative stratégique pour un changement radical en Afrique du Sud. In: Politique étrangère. A.52, 1987. No.1. S. 149-160.
BZ 4449:52

L 375 e 20 Außenpolitik

Boles, E.: The West and South Africa. Myths, interests and policy options. London: Croom Helm 1988. VIII, 79 S.
Bc 7624

Chan, S.: Contemplating the 1990s – towards a pattern in South African regional policy. In: RUSI journal. Vol.132, 1987. No.2. S. 45-50.
BZ 05161:132

Hanlon, J.: Apartheid's second front. South Africa's war against its neighbours. Harmondsworth: Penguin 1986. 130 S.
Bc 6967

Hanlon, J.: Beggar your neighbours. Apartheid power in Southern Africa. London: Catholic Inst. f. Intern. Relations 1986. XI, 352 S.
B 60397

Kühne, W.: Südafrika und seine Nachbarn: Durchbruch zum Frieden? Baden-Baden: Nomos-Verlagsges. 1985. 166 S.
B 55867

Patel, H.H.: South Africa's destabilization policy. In: The Round table. 1987. No.303. S. 302-310.
BZ 4796:1987

South Africa and its neighbors. Regional security and self-interest. Lexington: Lexington Books 1985. 174 S.
B 58360

The South African quagmire. In search of a peaceful path to democratic pluralism. Ed.: S. Prakash Sethi. Cambridge, Mass.: Ballinger 1987. XVI, 444 S.
B 62889

Starke Frontstaaten für die Befreiung Südafrikas. Angola, Mozambique, Zimbabwe. Hrsg.: G. Baud. Basel: Afrika-Komitee 1987. 54 S.
Bc 7770

Terrill, W.A.: The Comoro Islands in South Africa regional strategy. In: Africa today. Vol.33, 1986. Nos.2 u.3. S. 59-70.
BZ 4407:33

Umeano, I.I.: Southern Africa and superpowers. African persepctives on major issues incl.security of Indian Ocean, 1960-1980s. Ann Arbor, Mich.: UMI 1986. XVII, 412 S.
B 58404

Vohra, R.: South Africa's role in the Angolan crisis. In: Strategic analysis. Vol.12, 1988. No.2. S. 203-216.
BZ 4800:12

L 375 f Wehrwesen

Campbell, H.: The dismantling of the apartheid war machine. In: Third world quarterly. Vol.9, 1987. No.2. S. 468-492.
BZ 4843:9

Cawthra, G.: Brutal force. The apartheid war machine. London: Intern. Defence a. Aid Fund 1986. VIII, 319 S.
B 60653

Ethell, J.: The tip of the spear. In: Air international. Vol.34, 1988. No.4. S. 163-172.
BZ 05091:34

Grundy, K.W.: The militarization of South African politics. London: Tauris 1986. IX, 133 S.
B 59225

Heuching, J.von: Die Streitkräfte der Republik Südafrika. In: Internationale Wehrrevue. Jg.21, 1988. Nr.1. S. 21-26.
BZ 05263:21

Schulz, H.: Durchrüstung in Südafrika. Bürgerkrieg u. militärische Interventions-potentiale. Frankfurt: Haag u.Herchen 1986. 166 S.
Bc 6266

Syndercombe, G.: Die südafrikanische Marine – ein Überblick. In: Marine-Rundschau. Jg.84, 1987. Nr.5. S. 258-265.
BZ 05138:84

L 375 g Wirtschaft

Duncan, I.; Gelb, S.: Towards a democratic economy in South Africa. In: Third world quarterly. Vol.9, 1987. No.2. S. 545-600.
BZ 4843:9

Hayes, J.P.: Economic effects on sanctions on Southern Africa. Aldershot: Gower 1987. XII, 100 S.
Bc 7254

Heidel, K.: Kein guter Stern für die Schwarzen: die Geschäfte von Daimler-Benz für Südafrika. Hrsg.: Verein "Christen f. Arbeit u. Gerechtigkeit weltweit". Heidelberg: o.V. 1987. 105 S.
D 3497

Khalifa, A.M.: Adverse consequences for the enjoyment of human rights of political, military, economic and other forms of assistance given to the racist and colonialist régime of South Africa. New York: United Nations 1985. 164 S.
Bc 02101

Khan, H.A.; Plaza, O.: Measuring and analyzing the economic effects of trade sanctions against South Africa: a new approach. In: Africa today. Vol.33, 1986. Nos.2 u.3. S. 47-58.
BZ 4407:33

Mathews, R.: The development of the South African military industrial complex. In: Defense analysis. Vol.4, 1988. No.1. S. 7-24.
BZ 4888:4

Sampson, A.: Weißes Geld und schwarzer Widerstand. Apartheid und big business. Reinbek: Rowohlt 1987. 313 S.
B 62050

Savage, M.: The cost of apartheid. In: Third world quarterly. Vol.9, 1987. No.2. S. 601-621.
BZ 4843:9

Südafrika in den achtziger Jahren. Studie d. Kathol. Inst. f. Intern. Beziehungen. Hrsg.: Evang. Missionswerk... BRD. 3.Aufl. Hamburg: o.V. 1986. 47 S.
D 3377

Unsere Verantwortung für Südafrika.
Freiburg/Schweiz: Justitia et Pax 1986.
136 S.
Bc 7223

Vermaak, C.F.: Südafrikas Montanindustrie und die schwarzen Bergarbeiter. In:
Beiträge zur Konfliktforschung. 1988.
Nr.1. S. 103-129.
BZ 4594:1988

Williams, O.F.: The apartheid crisis. How
we can do justice in a land of violence.
New York: Harper & Row 1986. XV,
124 S.
Bc 6988

Wright, S.: Comprehensive international
sanctions against South Africa: an evaluation of costs and effectiveness. In:
Africa today. Vol.33, 1986. Nos.2 u.3.
S. 5-24.
BZ 4407:33

L 375 h Gesellschaft

Frauen in Südafrika. Köln: Pahl-Rugenstein 1986. 285 S.
B 59964

Freiwillige Umsiedlungen in Südafrika –
ein Mythos. Hrsg.: ANC-Vertretung in
der BRD. Bonn: o.V. 1986. 31 S.
D 3433

Gordimer, N.; Goldblatt, D.: Lifetimes:
Under Apartheid. London: Cape 1986.
115 S.
010404

Harare, Simbabwe, 24.-27. September
1987. Intern. Konferenz "Kinder, Unterdrückung und Recht in Apartheid-Südafrika". Hrsg.: Medico International.
Frankfurt: o.V. 1987. 157 S.
D 03877

Lawson, L.: Working women in South
Africa. London: Pluto Pr. 1986. 144 S.
Bc 02288

Lelyveld, J.: Move your shadow. South
Africa, black and white. New York, N.Y.:
Time Books 1985. IX, 389 S.
B 59079

Lipman, B.: Wir schaffen uns ein freies
Land. Frauen in Südafrika. Darmstadt:
Luchterhand 1986. 199 S.
B 58568

Razumovsky, D.; Wätjen, E.: Kinder und
Gewalt in Südafrika. München: dtv 1988.
195 S.
Bc 7551

L 375 k Geschichte

Adam, H.; Moodley, K.: South Africa
without apartheid. Dismantling racial
domination. Berkeley, Calif.: Univ.of
California Pr. 1986. XVIII, 315 S.
B 61799

Lapping, B.: Apartheid. A history.
London: Grafton Books 1986. XXI,
199 S.
B 62563

Lipton, M.: Capitalism and apartheid.
South Arica, 1910-84. Aldershot: Gower
1985. XI, 448 S.
B 59360

Petersen, J.E.: Sort til hvidt. Sydafrikas
skæbneår. København: Borgen 1985.
165 S.
B 58063

Thompson, L.: The political mythology of
apartheid. New Haven: Yale Univ.Pr.
1985. XI, 293 S.
B 58031

Weiss, R.: Wir sind alle Südafrikaner. E.
kurze Einf. in d. Geschichte u. Gegenwart Südafrikas. Hamburg: Verl. Rissen
1986. 140 S.
B 60351

L 375 l Länderteil

Brewer, J.D.: After Soweto. An unfinished journey. Oxford: Oxford Univ.Pr.
1986. XVI, 448 S.
B 60915

L 377 Südafrikanische Gebiete

L 377.30 Botswana

The evolution of modern Botswana. Ed.:
L.A. Picard. London: Collings 1985.
339 S.
B 58623

Holm, J.D.: Botswana: a parternalistic
democracy. In: World affairs. Vol.150,
1987. No.1. S. 21-30.
BZ 05509:150

L 377.70 Swasiland

Davies, R.H.; O'Meara, D.; Dlamini, S.:
The kingdom of Swaziland. A profile.
London: Zed Books 1985. X, 82 S.
B 57540

Marks, S.: The ambiguities of dependence
in South Africa: class, nationalism and
the state in twentieth-century Natal.
Baltimore, Ma.: The John Hopkins Univ.
1986. IX, 171 S.
B 61712

L 381 Tansania

Shivji, I.G.: Law, state and the working
class in Tanzania. London: Heinemann
1986. XIX, 268 S.
B 61281

Simmons, R.L.: Tanzanian socialism. A
critical assessment. Ann Arbor, Mich.:
UMI 1986. XV, 317 S.
B 60171

L 383 Togo

Sebald, P.: Zur Rolle militärischer Gewalt
bei der Errichtung und Ausweitung der
deutschen Kolonialherrschaft in Togo. In:
Militärgeschichte. Jg.26, 1987. Nr.3.
S. 223-234.
BZ 4527:26

Toulabor, C.M.: Le Togo sous
[Gnassingbé] Éyadéma. Paris: Ed.
Karthala 1986. 332 S.
B 62382

L 385 Tschad

Gali Ngothé, G.: Tchad. Guerre civile et
désagrégation de l'état. Paris: Présence
Africaine 1985. 217 S.
B 59192

Kelley, M.P.: A state in disarry. Conditions
of Chad's survival. Boulder, Colo.: Westview Press 1986. 222 S.
B 61405

L 387 Tunesien

Anderson, L.: The state and social transformation in Tunisia and Libya, 1830-
1980. Princeton, N.J.: Princeton Univ.
Press 1986. XXIV, 325 S.
B 62332

Boulby, M.: The Islamic challenge: Tunisia
since independence. In: Third world
quarterly. Vol.10, 1988. No.2. S. 590-614.
BZ 4843:10

Cohen, B.: Habib Bourguiba. Le pouvoir
d'un seul. Paris: Flammarion 1986. 246 S.
B 60888

Faath, S.: Tunesien. D. polit. Entwicklung
seit d. Unabhängigkeit 1956-1986. Hamburg: Dt.Orient Inst. 1986. VIII, 553 S.
010247

Ganari, A.el: [Habib] Bourgiba. Le com-
battant suprême. Paris: Plon 1985. 309 S.
B 58776

Moore, C.H.: Tunisia and Bourguibisme:
twenty years of crisis. In: Third world
quarterly. Vol.10, 1988. No.1. S. 176-190.
BZ 4843:10

Mzali, M.: Lettre ouverte à Habib
Bourguiba, Président de la République
Tunisienne. Paris: Moreau 1987. 186 S.
Bc 7452

Ravenel, B.: Tunisie: le maillon faible? In: Politique étrangère. A.52, 1987. No.4. S. 935-950.
BZ 4449:52

Rondot, P.: L' Islam en Tunisie. In: Défense nationale. A.44, 1988. No.1. S. 111-127.
BZ 4460:44

L 389 Uganda

Balezin, A.S.: Afrikanskie Praviteli i voždi v Ugande. Evoljucija tradicionnych vlastej v uslovijach kolonializma 1862-1962. Moskva: Nauka 1986. 279 S.
B 60934

Mamdani, M.: Uganda in transition: two years of the NRA/NRM. In: Third world quarterly. Vol.10, 1988. No.3. S. 1155-1181.
BZ 4843:10

Menarchik, E.D.: The politics of the Israeli rescue operation at Entebbe. Crisis resolution between state and terrorist organizations. Ann Arbor, Mich.: UMI 1986. III, 417 S.
B 58209

Rusk, J.D.: Africa rights monitor: breaking out of the model? In: Africa today. Vol.33, 1986. Nos.2 u.3. S. 91-102.
BZ 4407:33

L 391 Zaire

The crisis in Zaire: myths and realities. Ed.: Nzongola-Ntalaja. Trenton, N.J.: Africa World Pr. 1986. XII, 327 S.
B 61407

Martens, L.: Pierre Mulele ou la seconde vie de Patrice Lumumba. Berchem: Ed. EPO 1985. 384 S.
B 58978

L 392 Sambia

Good, K.: Zambia: back into the future. In: Third world quarterly. Vol.10, 1988. No.1. S. 37-53.
BZ 4843:10

L 398 Zimbabwe

Cole, B.: The elite pictorial. Rhodesian special air service. 2nd ed. Amanzimtoti: Three Knights 1986. 168 S.
010505

Gregory, C.: The impact of ruling party ideology on Zimbabwe's post-independence domestic development. In: The journal of social, political and economic studies. Vol.12, 1987. No.2. S. 115-156.
BZ 4670:12

Holderness, H.: Lost chance: Southern Rhodesia, 1945-58. Harare: Zibabwe Publ. House 1985. 235 S.
B 58940

Lan, D.: Guns [and] rain. Guerrillas a. spirit mediums in Zimbabwe. London: Currey 1985. XIX, 244 S.
B 57543

Patel, H.H.: Zimbabwe. In: Survival. Vol.30, 1988. No.1. S. 38-58.
BZ 4499:30

Ranger, T.: Peasant consciousness and guerilla war in Zimbabwe. London: Currey 1985. XXII, 377 S.
B 57904

Seegers, A.: Revolution in Africa. The case of Zimbabwe, 1965-1980. Ann Arbor, Mich.: UMI 1986. VI, 385 S.
B 58211

Spring, W.: The long fields. Zimbabwe since independence. Hants: Pickering and Inglis 1986. 191 S.
B 59140

Verrier, A.: The road to Zimbabwe, 1890-1980. London: Cape 1986. XIV, 364 S.
B 59361

L 400 Amerika

Sanderson, S.E.: Recasting the politics of Inter-American trade. In: Journal of Interamerican studies and world affairs. Vol.28, No.3. S. 87-124.
BZ 4608:28

L 402 Lateinamerika

Population growth in Latin America and U.S. national security. Ed.: J. Saunders. London: Allen & Unwin 1986. XXVII, 305 S.
B 61705

L 402 e Staat und Politik

L 402 e 10 Innenpolitik

Agosin, M.: So we will not forget: literature and human rights in Latin America. In: Human rights quarterly. Vol.10, 1988. No.2. S. 177-192.
BZ 4753:10

Anderson, T.D.: Progress in the democratic revolution in Latin America: country assessments – 1987. In: Journal of Interamerican studies and world affairs. Vol.29, 1987. No.1. S. 57-72.
BZ 4608:29

Boisier, S.: Notas en torno al desarrollo de regiones fronterizas en América Latina. In: Estudios internacionales. Jg.20, 1987. No.78. S. 158-191.
BZ 4936:20

Disappeared! Technique of terror. London: Zed Books 1986. 107 S.
B 62534

Durán Matos, J.; Baumgartner, J.L.: América Latina. Liberación nacional. T.1.2. Montevideo: Ed.de la Banda Oriental 1985. 271, 288 S.
B 62978

Fernandez Jilberto, A.E.: El debate sociológico-político sobre casi dos siglos de Estado Nacional en América Latina: un intento de reinterpretación. In: Revista CIDOB d'afers internacionals. 1988. No.12 u.13. S. 41-75.
BZ 4928:1988

Franco, J.: Death camp confessions and resistance to violence in Latin America. In: Socialism and democracy. 1986. No.2. S. 5-17.
BZ 4929:1986

Gallardo, H.: Elementos de política en América Latina. San José: Ed.DEI 1986. 267 S.
B 62979

Harnecker, M.: La revolutión social. Lenin y América Latina. Santo Domingo: Ed. Alfa y Omega 1985. 307 S.
B 60777

Löwy, M.: Marxismus in Lateinamerika, 1909-1987. 2.Aufl. Frankfurt: Isp-Verl. 1988. 108 S.
Bc 7737

Petras, J.: The redemocratization process. In: Contemporary marxism. 1986. No.14. S. 1-15.
BZ 4858:1986

Promise of development. Theories of change in Latin America. Ed.: P.F. Klarén. Boulder, Colo.: Westview Press 1986. XIII, 350 S.
B 61528

L 402 e 20 Außenpolitik

Caro, I.: Relaciones militares interlatino-americanas-caribenas y vinculos con Africa subsahariana. Santiago de Chile: FLACSO 1986. 55 S.
Bc 02202

Child, J.: Geopolitics and conflict in South America. New York: Praeger 1985. IX, 196 S.
B 59947

Drekonja-Kornat, G.: Grundmuster latein-amerikanischer Außenpolitik. Wien: Braumüller 1986. 98 S.
Bc 7127

The Latin American policies of U.S. allies. Balancing global interests and regional concerns. Ed.: W.Perry. New York: Praeger 1985. XVII, 185 S.
B 58868

Latin American views of U.S. policy. Ed.: R.Wesson. New York: Praeger 1986. VII, 153 S.
B 61027

Little, W.: International conflict in Latin America. In: International affairs. Vol.63, 1987. No.4. S. 589-601.
BZ 4447:63

Muñoz, H.: El estudio de las políticas exteriores latinoamericanas: temas y enfoques dominantes. In: Estudios internacionales. Jg.20, 1987. No.80. S. 406-434.
BZ 4936:20

Portales, C.: Sudamerica. Seguridad regional y relaciones con Estados Unidos. Santiago de Chile: Flacso 1986. 97 S.
Bc 2107

The red orchestra. Instruments of Soviet policy in Latin America and the Caribbean. Ed.: D.L. Bark. Stanford, Cal.: Hoover Institut 1986. IX, 140 S.
Bc 6283

Salazar Mallén, R.: Alternativas del anti-imperialismo latinoamericano. México: Univ. Nac. Aut. de México 1985. 81 S.
Bc 6943

Soledad Gómez, M.: Relaciones de China con América Latina y el Caribe durante 1985. Santiago de Chile: Flacso 1986. 59 S.
Bc 02206

Tomassini, L.: Elementos para el análisis de la política exterior. In: Estudios internacionales. Jg.20, 1987. No.78. S. 125-157.
BZ 4936:20

L 402 f Wehrwesen

Armies and politics in Latin America. Ed.: A.F. Lowenthal. New York: Holmes & Meier 1986. VIII, 489 S.
B 60313

Caro, I.: Relaciones militares de América Latina y el Caribe con EE.UU. y Canada. Santiago de Chile: Flacso 1986. 88 S.
Bc 02108

Caro, I.: Relaciones militares de América Latina y el Caribe con Europa Occidental. Santiago de Chile: Flacso 1986. 64 S.
Bc 01919

Caro, I.: Relaciones militares de América Latina y el Caribe con Israel y el Mundo Arabe. Santiago de Chile: Flacso 1985. 74 S.
Bc 02109

Caro, I.: Relaciones militares de América Latina y el Caribe con la Unión Soviética, Europa Oriental y la Cuenca del Pacífico. Santiago de Chile: Flacso 1986. 40 S.
Bc 02203

Looney, R.E.; Frederiksen, P.C.: Economic determinants of Latin American defense expenditures. In: Armed forces and society. Vol.14, 1988. No.3. S. 459-471.
BZ 4418:14

Looney, R.E.: The political economy of Latin American defense expenditures. Lexington: Lexington Books 1986. XXII, 325 S.
B 61519

Mercado Jarrín, E.: Perspectivas de los acuerdos de limitación y desarme en América Latina y el Caribe. In: Estudios internacionales. Jg.20, 1987. No.77. S. 39-69.
BZ 4936:20

Scheich, J.: Gorilas, gringos, guerrilleros. Unruhe im "Hinterhof der USA". 2.Aufl. Berlin: Verlag Neues Leben 1987. 154 S.
Bc 7771

Scheina, R.L.: Latin America. A naval history, 1810-1987. Annapolis, Ma.: Naval Inst.Pr. 1987. XV, 442 S.
B 65762

Suchlicki, J.: Soviet policy in Latin America: implications for the United States. In: Journal of Interamerican studies and world affairs. Vol.29, 1987. No.1. S. 25-46.
BZ 4608:29

Varas, A.: De la competencia a la cooperación militar en América Latina. In: Estudios internacionales. Jg.20, 1987. No.77. S. 3-18.
BZ 4936:20

Varas, A.: De la competencia a la cooperación militar en América Latina. Santiago de Chile: Flacso 1986. 27 S.
Bc 02103

Varas, A.: Seis Consideraciones sobre armamentismo, militarismo y conflicto social en America Latina. Santiago de Chile: Flacso 1986. 56 S.
Bc 02104

L 402 g Wirtschaft

Aliber, R.Z.: The debt cycle in Latin America. In: Journal of Interamerican studies and world affairs. Vol.27, 1985-86. No.4. S. 117-124.
BZ 4608:27

Baena Soares, J.C.: A different perspective for the financial crisis in Latin America and the Caribbean. In: Journal of Interamerican studies and world affairs. Vol.27, 1985-86. No.4. S. 9-20.
BZ 4608:27

Barrett, J.W.: Impulse to revolution in Latin America. New York: Praeger 1985. X, 357 S.
B 57929

Bordering on trouble. Resources and politics in Latin America. Ed.: A. Maguire. Bethesda, Md.: Adler & Adler 1986. XII, 448 S.
B 61427

Castro, F.: Fidel Castro habla a los trabajadores de América Latina sobre la deuda externa. Buenos Aires: Ed. Anteo 1985. 102 S.
Bc 6965

Chilcote, R.H.; Edelstein, J.C.: Latin America. Capitalist and socialist perspectives of development and underdevelopment. Boulder, Colo.: Westview Press 1986. XV, 175 S.
B 59112

Cline, W.R.: Debt, macro policy and state intervention: the next phase for Latin America. In: Journal of Interamerican studies and world affairs. Vol.27, 1985-86. No.4. S. 155-172.
BZ 4608:27

Gasiorowski, M.J.: Dependency and cliency in Latin America. In: Journal of Interamerican studies and world affairs. Vol.28, 1986. No.3. S. 47-66.
BZ 4608:28

González Casanova, P.: Foreign debt, the threat of foreign intervention, and democracy in Latin America. In: Contemporary marxism. 1986. No.14. S. 34-48.
BZ 4858:1986

Latin American political economy. Financial crisis and political change. Ed.: J.Hartlyn. Boulder, Colo.: Westview Press 1986. XIII, 386 S.
B 61527

Looney, R.E.: Financial constraints on potential Latin American arms producers. In: Current research on peace and violence. Vol.10, 1987. No.4. S. 159-168.
BZ 05123:10

Looney, R.E.; Frederiksen, P.C.: The impact of Latin American arms production on economic performance. In: The journal of social, political and economic studies. Vol.12, 1987. No.3. S. 309-320.
BZ 4670:12

Petras, J.F.: Latin America. Bankers, generals, and the struggle for social justice. Totowa, N.J.: Rowman & Littlefield 1986. XI, 187 S.
B 60981

Schwartz, H.: The industrial sector and the debt crisis in Latin America. In: Journal of Interamerican studies and world affairs. Vol.27, 1985-86. No.4. S. 95-110.
BZ 4608:27

Thoumi, F.E.: Intraregional trade of the least-developed members of Latin American integration system. In: Journal of Interamerican studies and world affairs. Vol.27, 1985-86. No.4. S. 75-94.
BZ 4608:27

Wiarda, H.J.: Latin America at the crossroads. Boulder, Colo.: Westview Press 1987. XIII, 114 S.
B 62085

L 402 i Geistesleben

Behrman, J.R.: Schooling in Latin America: what are the patterns what is the impact? In: Journal of Interamerican studies and world affairs. Vol.27, 1985-86. No.4. S. 21-36.
BZ 4608:27

Ruiz, L.E.J.: Theology, politics, and the discourses of transformation. In: Alternatives. Vol.13, 1988. No.2. S. 155-176.
BZ 4842:13

L 405 Südamerika

Bergquist, C.: Labor in Latin America. Stanford, Calif.: Stanford Univ.Pr. 1986. XIV, 397 S.
B 59598

Generals in retreat. The crisis of military rule in Latin America. Ed.: P.O'Brien. Manchester: Manchester Univ.Pr. 1985. VIII, 208 S.
B 57674

Kieloch, M.J.: The causes of peace in South America. Ann Arbor, Mich.: UMI 1986. V, 111 S.
B 60206

L 409 Mittelamerika

Bagley, B.M.; Feinberg, R.E.; Cepeda, F.: Desarrollo y paz en Centroamérica. Bogotá: Centro de Estudios Internacionales 1986. 128 S.
Bc 7186

Britos, P.L.: Centro América, Zona crítica. T.1.2. In: Ejercito Argentino. 1986. No. 479 u. S. 7-27; 7-24.
BZ 4631:1986

Ferris, E.G.: The central American refugees. New York: Praeger 1987. VI, 159 S.
B 62694

Goldblat, J.; Millán, VV.: Arms control in Central America. In: Arms control. Vol.8, 1987. No.1. S. 73-79.
BZ 4716:8

McDonnald, R.H.; Tamrowski, N.: Technology and armed conflict in Central America. In: Journal of Interamerican studies and world affairs. Vol.29, 1987. No.1. S. 93-108.
BZ 4608:29

Research guide to Central America and the Caribbean. Ed.: K.J.Grieb. Madison, Wis.: Univ. of Wisconsin Press 1985. XV, 431 S.
B 57938

Schooley, H.: Conflict in Central America. Harlow: Longman 1987. XXIII, 326 S.
B 62477

Towards an alternative for Central America and the Caribbean. Ed.: G.Irving. London: Allen & Unwin 1985. XIV, 273 S.
B 57541

L 409 e Staat und Politik

Berryman, P.: Inside Central America. The essential facts past and present on El Salvador, Nicaragua, Honduras, Guatemala, and Costa Rica. New York, N.Y.: Pantheon Books 1985. VI, 166 S.
B 58234

Central America. Human rights and U.S. foreign policy. Ed.: D. Keogh. Dublin: Cork Univ. Pr. 1985. XII, 168 S.
B 57506

The Central-American impasse. Ed.: G.di Palma. London: Croom Helm 1986. 252 S.
B 59365

Fagen, R.R.: Forging peace. The challenge of Central America. Oxford: Blackwell 1987. XI, 161 S.
B 63948

Die Herausforderungen an die Demokratie in Mittelamerika. Washington: Department of State 1986. 76 S.
Bc 02048

Im Schatten der Vulkane. 10 Jahre Zentralamerika in Reportagen, Analysen u. Interviews. Hrsg.: H. Irnberger. Wien: Ed. S 1987. 240 S.
B 61620

Maira, L.: Las dictaduras en América Latina. Santiago: CESOC, Ed. Chile y América 1986. 159 S.
Bc 6910

Nuccio, R.A.: What's wrong, who's right in Central America? New York: Facts on File 1986. XVI, 136 S.
B 61856

Torres-Rivas, E.: The origins of crisis and instability in Central America. In: Contemporary marxism. 1986. No.14. S. 49-58.
BZ 4858:1986

L 409 e 20 Außenpolitik

Arias-Sánchez, O.: Friede für Zentralamerika. Frankfurt: Vervuert 1987. 157 S.
Bc 7293

Baeza Flores, A.: Centroamerica. Entre al ayer y el mañana. San José: Libro Libre 1986. 352 S.
B 62877

Bagley, M.: Contadora: the failure of diplomacy. In: Journal of Interamerican studies and world affairs. Vol.28, 1986. No.3. S. 1-32.
BZ 4608:28

Barry, T.; Preusch, D.: The Central America fact book. New York: Grove Pr. 1986. XIII, 357 S.
B 59346

Blachman, M.J.: Central American traps: challenging the Reagan agenda. In: World policy journal. Vol.5, 1988. No.1. S. 1-28.
BZ 4822:5

Conflict in Central America. Ed.: J. Child. London: Hurst 1986. XIV, 208 S.
B 59138

Contadora and the Central American Peace Process. Ed.: B.M. Baglay. Boulder, Colo.: Westview Press 1985. XIV, 297 S.
B 58245

Hübner, P.: "Die wahren Absichten sind zurückzuhalten". In: Blätter des iz3w. 1987. Nr.144. S. 6-14.
BZ 05130:1987

Jamail, M.; Gutierrez, M.: It's no secret: Israel's military involvement in Central America. Belmont, Mass.: Ass. of Arab-American Univ. Graduates 1986. XII, 117 S.
Bc 7094

Krumwiede, H.-W.: Der Arias-Friedensplan für Zentralamerika. In: Außenpolitik. Jg.39, 1988. Nr.1. S. 63-75.
BZ 4457:39

Kurtenbach, S.: Friedenssuche in Zentralamerika. Búsqueda de Paz en América Central. 2.Aufl. In: Lateinamerika. 1988. Beil. 3.
BZ 05479:1988

Kurtenbach, S.: Friedenssuche in Zentralamerika. Von der Contadora-Initiative über den Arias-Plan zum Abkommen von Guatemala 2.Aufl. In: Lateinamerika. 1988. Beih. 3.
BZ 05479:1988

Langley, L.D.: Central America: the real stakes. New York: Crown Publ. 1985. VIII, 280 S.
B 57834

Mittelamerika. Endlich Frieden? In: AIB-Dritte-Welt-Zeitschrift. Jg.19, S. 23-58. Nr.1-2. Sond.-H.1.
BZ 05283:19

Purcell, S.K.: The choice in Central America. In: Foreign affairs. Vol.66, 1987. No.1. S. 109-128.
BZ 05149:66

Robinson, L.: Peace in Central America? In: Foreign affairs. Vol.66, 1987/88. No.3. S. 591-613.
BZ 05149:66

Soledad Gómez, M.: Informe de coyuntura. El conflicto centroamericano en la visión de los medios de cominicación escritos de Uníon Soviética. Santiago de Chile: Flacso 1985. 39 S.
Bc 01920

Valero, R.: Contadora: the search for peace in Central America. In: The Washington quarterly. Vol.9, 1987. No.3. S. 19-32.
BZ 05351:9

L 410 Einzelne Staaten Amerikas

L 421 Argentinien

L 421 a Allgemeines

Corradi, J.E.: The fitful republic: economy, society, and politics in Argentina. Boulder, Colo.: Westview Press 1985. XVII, 175 S.
B 58297

Montergous, G.: La generación del 80 y el proceso militar. Buenos Aires: Centro Ed. de América Latina 1985. 92 S.
Bc 6956

L 421 c Biographien

– Prebisch

Clairmonte, F.F.: Prebisch and UNCTAD: the banality of compromise. In: Journal of contemporary Asia. Vol.16, 1986. No.4. S. 427-455.
BZ 4671:16

L 421 e Staat und Politik

Asís, J.: La ficción política. Buenos Aires: Ed. Sudamericana 1985. 228 S.
B 61548

Los derechos humanos como política. Buenos Aires: Ed. La Aurora 1985. 181 S.
Bc 6946

Deutsch, S.McGee: Counterrevolution in Argentina, 1900-1932. The Argentine patriotic League. Lincoln, Neb.: Univ. of Nebraska Pr. 1986. 319 S.
B 60553

From military rule to liberal democracy in Argentina. Ed.: M. Peralta-Ramos. Boulder, Colo.: Westview Press 1987. XVI, 175 S.
B 61286

Graham-Yoll, A.: A state of fear. London: Eland Publ. 1986. 180 S.
B 60500

Laíño, F.H.: De Yrigoyen a Alfonsín. Buenos Aires: Ed. Plus Ultra 1985. 212 S.
B 62885

Mármora L.: Argentinisch-brasilianische Integration? In: Lateinamerika. 1987. H.9. S. 31-40.
BZ 05479:1987

Maronese, L.; Cafiero de Nazar, A.; Waisman, V.: El voto peronista '83. Buenos Aires: El Cid 1985. 287 S.
B 61109

Nie wieder! E. Ber. über Entführung, Folter u. Mord durch d. Militärdiktaur in Argentinien. Weinheim: Beltz 1987. 281 S.
010364

Nunca mas. Informe de la Comisión Nacional sobre la Desaparición de Personas. 13.ed. Buenos Aires: Ed. Univ.de Buenos Aires 1986. 490 S.
B 61114

Partnoy, A.: The little school. Tales from disappearance & survival in Argentina. London: Virago Pr. 1988. 136 S.
Bc 7671

Russell, R.; Hirst, M.: Democracia y política exterior: los casos de Argentina y Brasil. In: Estudios internacionales. Jg.20, 1987. No.80. S. 442-490.
BZ 4936:20

Sidicaro, R.: Drei Jahre Demokratie in Argentinien. In: Lateinamerika. 1988. H.8. S. 7-16.
BZ 05479:1988

Welty-Domon, A.: Gefoltert um der Gerechtigkeit willen. Der Kreuzweg von Schwester Alice Domon in Argentinien. Nettetal: Steyler 1987. 114 S.
Bc 7055

Wynia, G.W.: Argentina. Illusions and realities. New York: Holmes & Meier 1986. X, 207 S.
B 59342

L 421 f Wehrwesen

Armada Argentina. Especial. In: Defensa. A.11, 1988. No.122. S. 37-55.
BZ 05344:11

Bidart Campos, G.J.: Los tribunales militares y la constitución. Buenos Aires: EDIAR 1985. 201 S.
Bc 6940

Huertas, S.M.; Briasco, J.R.: Argentine Air Force in the Falklands conflict. London: Arms and Armour Pr. 1987. 72 S.
Bc 02093

Michelini, A.: !??Que hacer con las FF.AA.? Buenos Aires: Ed.Las Bases 1986. 50 S.
Bc 02219

Miguens, J.E.: Honor militar, violencia terrorista y conciencia moral. Buenos Aires: Sudamericana/Planeta 1986. 185 S.
Bc 6655

Militär zwischen politischer Einmischung und Profession. Frankfurt: Haag u. Herchen 1987. 71 S.
Bc 7570

Moneta, C.J.; López, E.; Romero, A.: La reforma militar. Buenos Aires: Ed. Legasa 1985. 217 S.
B 62837

Die Rebellion der argentinischen Offiziere. In: Blätter des iz3w. 1987. Nr.143. S. 27-35.
BZ 05130:1987

Werz, N.: Militärunruhen und Wirtschaftskrise. In: Blätter des iz3w. 1988. Nr.149. S. 14-17.
BZ 05130:1988

Zagorski, P.W.: Civil-military relations and Argentine democracy. In: Armed forces and society. Vol.14, 1988. No.3. S. 407-432.
BZ 4418:14

L 421 h Gesellschaft

Agosin, M.: A visit to the mothers of the Plaza de Mayo. In: Human rights quarterly. Vol.9, 1987. No.3. S. 426-435.
BZ 4753:9

Balvé, B.C.; Balvé, B.S.: De protesta a rebelion. La "subversión" (Rosario, mayo 1969). Buenos Aires: CICSO 1985. 123 S.
Bc 01918

Los nuevos movimientos sociales. T.1.2. Buenos Aires: Centro Ed. de América Latina 1985. 156, 144 S.
Bc 6976

Tamarin, D.: The Argentine labor Movement, 1930-1945. Albuquerque, N.M.: Univ. of New Mexico Pr. 1985. X, XIV, 273 S.
B 57990

L 423 Bolivien

James, D.: Ché Guevara. München: Heyne 1985. 511 S.
B 58952

Pampuch, T.; Echalar Ascarrunz, A.: Bolivien. München: Beck 1987. 167 S.
Bc 7054

L 425 Brasilien

Brasilien. Hrsg.: Brasilien-Init. Freiburg. Kiel: Magazin Verl. 1986. 48 S.
D 3451

Dulles, J.W.F.: The Sao Paulo Law School and the Anti-Vargas Resistance (1938-1945). Austin, Texas: University of Texas Press 1986. IX, 262 S.
B 58819

Rey, R.: Reportagen aus Brasilien. Vom Wirtschaftswunder in die Krise. Basel: Helbing u. Lichtenhahn 1985. 250 S.
B 58583

Rogers, W.D.: Brazilian foreign policy since 1964. From close alignment with the west to assertive independence. Ann Arbor, Mich.: UMI 1986. 222 S.
B 60118

Wöhlcke, M.: Brasilien. Anatomie e. Riesen. München: Beck 1985. 171 S.
B 57121

L 425 e Staat und Politik

Lafer, C.: La nuevas dimensiones de la política externa brasilena. In: Estudios internacionales. Jg.20, 1987. No.79. S. 328-341.
BZ 4936:20

Mainwaring, S.: The catholic church and politics in Brazil, 1916-1985. Stanford, Calif.: Stanford Univ.Pr. 1986. XV, 328 S.
B 59821

Russell, R.; Hirst, M.: Democracia y política exterior: los casos de Argentina y Brasil. In: Estudios internacionales. Jg.20, 1987. No.80. S. 442-490.
BZ 4936:20

Selcher, W.A.: As relacoes Brasil-America Latina: Rumo a um padrao de cooperação bilateral. In: Política e estratégia. A.4, 1986. No.4. S. 554-581.
BZ 4921:4

L 425 e 10 Innenpolitik

Alves, M.H.M.: State and opposition in military Brazil. Austin, Texas: University of Texas Press 1985. XIV, 352 S.
B 58507

Cleary, D.: Local boy makes good: José Sarney, Maranhao, and the presidency of Brazil. Glasgow: Inst. of Latin American Studies 1987. 39 S.
Bc 02295

Cohen, Y.: Democracy from above: the political origins of military dictatorship in Brazil. In: World politics. Vol.40, 1987. No.1. S. 30-54.
BZ 4464:40

Dos Santos, T.: O Caminho brasileiro para o socialismo. 2.ed. Petrópolis: Vozes 1986. 170 S.
Bc 7191

Hagopian, F.; Mainwaring, S.: Democracy in Brazil: Problems and prospects. In: World policy journal. Vol.4, 1987. No.3. S. 485-514.
BZ 4822:4

Hilton, S.: The Brazilina military: changing strategic perceptions and the question of mission. In: Armed forces and society. Vol.13, 1987. No.3. S. 329-351.
BZ 4418:13

Lamounier, B.; Meneguello, R.: Partidos políticos e consoludaçao democrática. P. 1.2. Sao Paulo: Inst. de Estudos Econ 1986. 83 S.
Bc 02019

Mainwaring, S.: The transition to democracy in Brazil. In: Journal of Interamerican studies and world affairs. Vol.28, 1986/87. No.1. S. 149-180.
BZ 4608:28

Political liberalization in Brazil. Ed.: W.A. Selcher. Boulder, Colo.: Westview Press 1986. X, 272 S.
B 59857

Singer, P.: Linksintellektuelle in Brasilien: Die Erfahrung mit der Macht. In: Prokla. Jg.70, 1988. Nr.1. S. 125-147.
BZ 4613:70

Smith, W.C.: The travail of Brazilian democracy in the "New Republic". In: Journal of Interamerican studies and world affairs. Vol.28, 1986/87. No.4. S. 39-74.
BZ 4608:28

Zirker, D.: Civilianization and authoritarian nationalism in Brazil: ideological opposition within a military dictatorship. In: Journal of political and military sociology. Vol.14, 1986. No.2. S. 263-276.
BZ 4724:14

L 425 f Wehrwesen

Da Fonseca, F.C.: O Brasil e a cooperaçao entre o Atlântico Norte e Sul. In: Estrategia. 1987. No.3. S. 143-170.
BZ 4898:1987

English, A.J.: Brazil – a super power in the making. In: Defence. Vol.28, 1987. No.9. S. 545-550.
BZ 05381:28

Frazao, E.M.R.: Um guarda-marinha na Segunda Guerra Mundial. In: Revista maritima brasileira. A.107, 1987. No.10-12. S. 53-84.
BZ 4630:107

Guimaraes, L.P.: A evolucao do poder naval e do pensamento naval Brasileíro após a segunda Guerra Mundial. In: Revista maritima brasileira. A.107, 1987. No.10-12. S. 131-145.
BZ 4630:107

Silva Leite, J.da: Aspectos daparticipaçáo da Marinha de Guerra Brasileira na Primeira Grande Guerra. In: Revista maritima brasileira. 1987. No.3. S. 9-39.
BZ 4630:1987

Turrini, A.: Os submarinos Brasileiro construídos na Itália (1910-1937). In: Revista maritima brasileira. A.107, 1987. No.10-12. S. 88-114.
BZ 4630:107

L 427 Chile

L 427 c Biographien

– Allende
Davis, N.: The last two years of Salvador Allende. Ithaca, N.Y.: Cornell Univ.Pr. 1985. XV, 480 S.
B 58371

Ligero, J.; Negrete, J.: La consecuencia de un líder. Santiago de Chile: Ed. Literatura Americana Reunida 1986. 203 S.
Bc 6948

– Carasco
José Carrasco. Chile, mein gemartertes Land. Hrsg.: A. Rojas. Reinbek: Rowohlt 1987. 184 S.
Bc 7123

– Jara
Jara, J.: Victor Jara. Chile, mein Land, offen und wild. Reinbek: Rowohlt 1985. 312 S.
B 57600

– Vergara Toledo
Hermanos Vergara-Toledo. Asesinados el 29 de marzo de 1985. o.O.: Comité de Defensa de los Derechos del Pueblo 1986. 82 S.
Bc 02116

L 427 e Staat und Politik

L 427 e 10 Innenpolitik

Arriagada Herrera, G.: La política militar de Pinochet. 1973-1985. Santiago: o.V. 1985. 213 S.
B 60771

Bitar, S.: Chile. Experiment in democracy. Philadelphia: ISHI 1985. XVI, 243 S.
B 59949

Chili: 13 ans de dictature. Ed.: D. Guillon. Lausanne: Commission d'Information de S.O.S. Asile-Vaud 1986. 20 S.
Bc 7660

Farrell, J.P.: The national unified school in Allende's Chile. Vancouver: UBC Pr. 1986. VIII, 268 S.
B 61568

Fernández Jilberto, A.E.: Chile: burocracia militar, oposición política y tansición democrática. In: Revista CIDOB d'afers internacionals. 1986. No.9. S. 73-107.
BZ 4928:1986

Fernandez Jilberto, A.E.: Dictadura militar y oposición política en Chile 1973-1981. Dordrecht: Foris Publ. 1985. 455 S.
B 59263

El futuro democrático de Chile. Cuatro visiones políticas. Santiago: Ed. Aconcagua 1985. 206 S.
Bc 02018

Kay, D.: Chileans in exile. Private struggles, public lives. Basingstoke: Macmillan 1987. IX, 225 S.
B 62570

Loveman, B.: Government and regime succession in Chile. In: Third world quarterly. Vol.10, 1988. No.1. S. 260-280.
BZ 4843:10

Military rule in Chile. Ed.: J.Samuel. Baltimore, Ma.: The John Hopkins Univ. 1986. XI, 331 S.
B 58862

Ortiz, E.: La violencia en Chile. Santiago: Centro de Estudio del Desarrollo, CED 1986. 71 S.
Bc 02207

Oxhorn, P.: Democracia y participacion popular. Organizaciones poblacionales en la futura democracia chilena. Santiago de Chile: Flacso 1986. 116 S.
Bc 02208

Winn, P.: Weavers of revolution. The Yarur workers and Chile's road to socialism. Oxford: Oxford Univ.Pr. 1986. XIV, 328 S.
B 60662

Zum Beispiel Chile. Red.: N. Ahrens. Bornheim: Lamuv Verl. 1987. 128 S.
Bc 7692

L 427 e 11 Verfassung und Recht

Bustos, I.: Die Verfassung der Diktatur. Die Entwicklung der Grundrechte in Chile. Berlin: FDCL 1987. 286 S.
B 60965

Gutiérrez Fuente, J.I.: Chile. La vicaría de la Solidaridad. Madrid: Alianza Ed. 1986. 231 S.
B 62840

Hasta encontrar la verdad. Detenidos desaparecidos, Mayo 1976. Santiago: Agrupación de Familiares de Detenidos Desaparecidos 1986. 46 S.
Bc 02114

In Chile von der Todesstrafe bedroht – in der Bundesrepublik zum Sicherheitsrisiko erklärt. Hrsg.: Medico Intern., Dt. Komm. f. Menschenrechte in Chile...
Frankfurt: o.V. 1987. 35 S.
D 03791

Portales, C.: Democracia y Derechos Humanos en la política exterior del Presidente Reagan. In: Estudios internacionales. Jg.20, 1987. No.79. S. 352-378.
BZ 4936:20

Valdés, H.: Folter in Chile. Reinbek: Rowohlt 1987. 130 S.
Bc 7294

L 427 e 14 Parteien

Chile-Dokumentation. Hrsg.: Atomplenum Hannover, AG Chile. 3.Aufl. Hannover: o.V. 1987. 115 S.
D 03838

Jans, S.: La opción socialista. Santiago: Tarranova Ed. 1986. 78 S.
Bc 6933

Kirkwood Bañados, J.: Ser Política en Chile. Las feministas y los partidos. Santiago: Fac. Latinoamer. de Ciencias Sociales 1986. 237 S.
B 61142

Papi Beyer, M.; Urzúa Valenzuela, G.: Historia y proyeccion socialdemocracia en Chile. Santiago: Ed. Andante 1986. 172 S.
Bc 7180

Pollack, B.; Rosenkranz, H.: Revolutionary social democracy. The Chilean socialist party. London: Pinter 1986. XIV, 234 S.
B 60375

Riquelme Segovia, A.; Diare, A.: Vision y discurso sobre Estados Unidos en el Partido Comunista Chileno. 1945-1973. Santiago de Chile: Flacso 1986. 95 S.
Bc 02200

Siete Ensayos sobre democracia y socialismo en Chile. Santiago: Ed. Documentas 1986. 178 S.
Bc 7250

Timmermann, H.: Die kommunistische Partei Chiles. Köln: Bundesinst.f. ostwiss. u.intern.Studien 1986. 29 S.
Bc 01854

Urzúa Valenzuela, G.: Historia política electoral de Chile. 1931-1973. Santiago de Chile: o.V. 1986. 200 S.
Bc 02115

L 427 e 20 Außenpolitik

Falcoff, M.: Chile: Pinochet, the opposition, and the United States. In: World affairs. Vol.149, 1987. No.4. S. 183-194.
BZ 05509:149

Fermandois Huerta, J.: Chile y el mundo 1970-1973. La política exterior del gobierno de la Unidad Popular y el systema internacional. Santiago: Ed. Univ. Católica de Chile 1985. 444 S.
010254

Muñoz, V.H.: Las relaciones exteriores del gobierno militar chileno. Santiago: PROSPEL-CERC 1986. 325 S.
B 61934

Silva, P.: Pinochets externe front: aspecten van het Chileens buitenlands beleid. In: Internationale spectator. Jg.41, 1987. Nr.11. S. 579-586.
BZ 05223:41

Wilhelmy, M.; Fermandois, J.: La cancilleria en la futura politica exterior de Chile. In: Estudios internacionales. Jg.20, 1987. No.80. S. 491-505.
BZ 4936:20

L 427 f Wehrwesen

El Ejercito despues de la Segunda Guerra Mundial. 1940-1952. T.9. Santiago de Chile: Estado Mayor del Ejército 1985. 526 S.
B 62842:9

Maldonado Prieto, C.: Pasado y presente del poder militar en Chile. In: Revista CIDOB d'afers internacionals. 1988. No.14-15. S. 109-122.
BZ 4928:1988

Tapia Valdés, J.A.: Estrategocracia. El gobierno de los generales. Santiago: Las Ed. del Ornitorrinco 1986. 166 S.
Bc 6936

L 427 h Gesellschaft

Acuña, L.; Riquelme, V.: La violencia contra la mujer. Santiago: Ed. Centro de Estudios de la Mujer 1986. 59 S.
Bc 6937

Chile. Chancen der Demokratie nach Pinochet. Hrsg.: H. Calderón. Hamburg: Junius Verl. 1986. 169 S.
B 59761

Falabella, G.: La Diversidad sindical en el regimen militar. Santiago de Chile: Flacso 1986. 105 S.
Bc 02205

Gemballa, G.: "Colonia Dignidad". Ein deutsches Lager in Chile. Reinbek: Rowohlt 1988. 173 S.
Bc 7513

Molina, G.N.: Lo Femenino y lo democratico en el Chile de hoy. Santiago: Vector 1986. 53 S.
Bc 7171

Nolte, D.: Zwischen Rebellion und Integration – Gewerkschaften in der chilenischen Politik. Saarbrücken: Breitenbach 1986. XIII, 659 S.
B 58422

Riquelme Segovia, A.: Trabadores y pobladores en el discurso de la prensa sectorial popular. Santiago: CENECA 1986. 84 S.
Bc 01940

Silva, P.M.; Astelarra, J.; Herrera Rivera, A.: Mujer, partidos políticos y feminismo. Santiago de Chile: Inst. para el Nuevo Chile 1985. 61 S.
Bc 7365

L 427 k Geschichte

Chavkin, S.: Storm over Chile. The Junta under siege. Westport, Conn.: Hill 1985. 303 S.
B 58417

Loveman, B.: Military dictatorship and political opposition in Chile, 1973-1986. In: Journal of Interamerican studies and world affairs. Vol.28, 1986-87. No.4. S. 1-38.
BZ 4608:28

L 429 Costa Rica

Booth, J.A.: Costa Rica democracy. In: World affairs. Vol.150, 1987. No.1. S. 43-53.
BZ 05509:150

Demokratie in Costa Rica. Ein zentralamerikan. Anachronismus? Hrsg.: M. Ernst. Berlin: FDCL 1986. 222 S.
B 60966

Furlong, W.L.: Costa Rica: caught between two worlds. In: Journal of Interamerican studies and world affairs. Vol.29, 1987. No.2. S. 119-154.
BZ 4608:29

Gros Espiell, H.: La Neutralidad de Costa Rica. San José: Ed. Juricentro 1986. 95 S.
Bc 6947

Mora, M.: La Posición de los comunistas costarricenses. Centroamérica – negociación o guerra. San José: Ed. Revolución 1985. 49 S.
Bc 6651

Segura Calderón, R.: El Socialcristianismo en Costa Rica. San José: Inst. de Estudios Políticos 1985. 36 S.
Bc 7253

Solís Rivera, L.G.: Costa Rica: un aporte para la paz en Centroamerica. In: Estudios centroamericanos. A.42, 1987. No.466-467. S. 547-555.
BZ 4864:42

Volio Jiménez, F.: El militarismo en Costa Rica y otros ensayos. San José: Libro Libre 1985. 245 S.
B 58891

L 431 Ecuador

Baratta, R.T.: Political violence in Ecuador and the AVC. In: Terrorism. Vol.10, 1987. No.3. S. 165-174.
BZ 4688:10

Ilari, V.: Le Forze Armate dell'Ecuador. In: Rivista militare. 1987. No.4. S. 40-53.
BZ 05151:1987

Los placeres del poder. El segundo año del gobierno de León Febres Cordero 1985-1986. Quito: Ed. El Conej 1986. 247 S.
B 62974

L 433 El Salvador

Baloyra, E.A.: Negotiating war in El Salvador: the politics of endgame. In: Journal of Interamerican studies and world affairs. Vol.28, No.1. S. 123-147.
BZ 4608:28

Dunkerley, J.: Der lange Krieg. Diktatur u. Revolution in El Salvador. Frankfurt: isp-Verl. 1986. 339 S.
B 59873

Hoffmann, K.D.: Militärherrschaft und Entwicklung in der Dritten Welt. Saarbrücken: Breitenbach 1985. 670 S.
B 58641

Lesser, M.: Conflicto y poder en un barrio popular de Quito. Quito: Ed. El Conej 1987. 93 S.
Bc 7374

Nachrichtenbulletin El Salvador. Gewerkschaften, Volksorganisationen, Menschenrechtsverletzungen, Wirtschaft. Hrsg.: Sistema Radio Venceremos. Köln: o.V. 1985/86. Nr.1-12.
DZ 3

Pearce, J.: Promised land. Peasant rebellion in Chalatenango, El Salvador. London: Latin America Bureau 1986. VIII, 324 S.
B 59051

Perales, J.: Chalatenango. Un viaje por la guerrilla salvadoreña. Madrid: Ed. Revolución 1986. 195 S.
B 60773

Thomson, M.: Women of El Salvador. The price of freedom. London: Zed Books 1986. XI, 165 S.
B 59099

L 435 Guatemala

Bermudéz, F.: Kirchen in den Katakomben. Zeugnisse d. Martyriums in Guatemala. Freiburg: Ed. Exodus 1986. 117 S.
Bc 7268

Calvert, P.: Guatemala. A nation in turmoil. Boulder, Colo.: Westview Press 1985. XV, 239 S.
B 59111

Civil patrols in Guatemala. New York, N.Y.: Americas Watch Committee 1986. IV, 105 S.
Bc 7944

Gabriel, L.: Aufstand der Kulturen. Konflikt-Region Zentralamerika: Guatemala, El Salvador, Nicaragua. Hamburg: Hoffmann und Campe 1987. 284 S.
B 60893

Gross, H.-E.: Guatemala. Dortmund: Weltkreis Verl. 1986. 245 S.
B 59951

Guatemala 1986. El año de las promesas. Guatemala: Inforpress Centroamericana 1987. 59 S.
Bc 02125

Herrera, T.: Guatemala. Revolución de octubre. San José: Ed. Univ. Centroamerica 1986. 146 S.
Bc 7185

Patterson, F.: The Guatemalan Military and the escuela Politécnica. In: Armed forces and society. Vol.14, 1988. No.3. S. 359-390.
BZ 4418:14

Polizeiterror in Guatemala – made in Germany. Hrsg.: Guatemala-Komitee. Berlin: o.V. 1987. 30 S.
D 03834

Saville, J.: The labour Movement in Britain. London: Faber and Faber 1988. 166 S.
Bc 07969

L 437 Guayana

Brana-Shute, G.: Back to the barracks? Five years ”Revo” in Suriname. In: Journal of Interamerican studies and world affairs. Vol.28, No.1. S. 93-102.
BZ 4608:28

Jeffrey, H.B.; Baber, C.: Guyana. Politics, economics, and society. London: Pinter 1986. XIV, 203 S.
B 57705

Mendes, H.K.F.: Militair bestuur, grondwet en staatsmacht in Suriname. In: Internationale spectator. Jg.41, 1987. Nr.10. S. 530-537.
BZ 05223:41

L 439 Honduras

Bolland, O.N.: Belize. A new nation in Central America. Boulder, Colo.: Westview Press 1986. XIII, 157 S.
B 59606

Cáceres Lara, V.: El golpe de estado de 1904. Tegucigalpa: Ed. Univ. 1985. 133 S.
Bc 7230

Honduras. Realidad nacional y crisis regional. Tegucigalpa: Centro de Documentation de Honduras 1986. 474 S.
B 64001

Honduras. Historias no contadas. Tegucigalpa: Centro de Documentation de Honduras 1985. 218 S.
B 60089

Honduras confronts its future. Ed.: M.B. Rosenberg. Boulder, Colo.: Rienner 1986. XII, 268 S.
B 61506

Rosenberg, M.B.: Honduras: Demokratie mit Widerstreben. In: Lateinamerika. 1988. H.8. S. 17-23.
BZ 05479:1988

L 441 Kanada

L 441 c Biographien

– Grierson
Evans, G.: John Grierson and the National Film Board. The politics of wartime propaganda. Toronto: Univ.of Toronto Pr. 1985. XII, 329 S.
B 59944

– Ignatieff
Ignatieff, G.: The making of a peacemonger. Toronto: University of Toronto Press 1985. X, 265 S.
B 57919

L 441 e Staat und Politik

L 441 e 10 Innenpolitik
Crellinsten, R.D.: The internal dynamics of the FLQ during the October crisis of 1970. In: The journal of strategic studies. Vol.10, 1987. No.4. S. 59-89.
BZ 4669:10

Institutional reforms for representative government. Toronto: Univ.of Toronto Pr. 1985. XV, 161 S.
B 59106

Latouche, P.: Canada and Quebec, past and future: an essay. Toronto: Univ.of Toronto Pr. 1986. XVIII, 157 S.
B 61794

Liberal democracy in Canada and the United States. Ed.: T.C. Pocklington. New York: Holt, Rinehart and Winston 1985. XX, 450 S.
B 58733

Mahler, G.S.: Canadian federalism and constitutional reform. In: The journal of Commonwealth & comparative politics. Vol.25, 1987. No.2. S. 107-125.
BZ 4408:25

National politics and community in Canada. Ed.: K.R. Carthy. Vancouver: Univ. of British Columbia 1986. 200 S.
B 61565

L 441 e 20 Außenpolitik
Bercuson, D.J.: Canada and the birth of Israel: a study in Canadian foreign policy. Toronto: Univ.of Toronto Pr. 1985. XI, 291 S.
B 59246

Canada and the Arab world. Ed.: T.Y. Ismael. Edmonton: The Univ. of Alberta Pr. 1985. XI, 206 S.
B 59348

Canada and the United States: enduring friendship, persistent stress. Ed.: C.F. Doran. Englewood Cliffs.: Prentice-Hall 1985. VI, 256 S.
B 58032

Canada's strategies for the Pacific rim. Ed.: B. MacDonald. Toronto: Canadian Inst.of Strategic Studies 1985. 145 S.
Bc 6881

Fanger, U.: Kanadas Außenpolitik der 80er Jahre: Kontinentalismus und Internationalismus. In: Außenpolitik. Jg.39, 1988. Nr.1. S. 89-104.
BZ 4457:39

Guy, J.J.: Canada and the Caribeean. How special the relationship? In: The Round table. 1987. No.304. S. 435-444.
BZ 4796:1987

Hasek, J.: The disarming of Canada. In: The army quarterly and defence journal. Vol.117, 1987. No.1. S. 36-43.
BZ 4770:117

Kanadas außenpolitisches Profil in der Ära Trudeau zwischen Innovation und Reaktion: Entscheidungsprozesse und Handlungsspielräume. Hrsg.: U. Fanger. Berlin: Dunker u.Humblot 1985. 363 S.
B 55505

L 441 f Wehrwesen

Belzile, C.H.: Required structural changes in the Land Forces. In: Canadian defence quarterly. Vol.16, 1987. No.4. S. 9-14.
BZ 05001:16

Byers, R.B.: An "independent" maritime strategy for Canada. In: Canadian defence quarterly. Vol.18, 1988. No.1. S. 19-32.
BZ 05001:18

The Canadian Navy new directions. In: NATO's sixteen nations. Vol.33, 1988. No.1. S. 50-58.
BZ 05457:33

Chappel, M.: The Canadian Army at war. London: Osprey 1985. 48 S.
Bc 01911

Crickard, F.W.: Nuclear-fuelled submarines: the strategic rationale. In: Canadian defence quarterly. Vol.17, 1989. No.3. S. 17-23.
BZ 05001:17

Crickard, F.W.: Tre oceani, tre sfide: il futuro della Marina Canadese. In: Rivista italiana difesa. A.6, 1987. No.8. S. 34-49.
BZ 05505:6

Douglas, W.A.B.: The creation of a national air force. Toronto: Univ.of Toronto Pr. 1986. XIX, 797 S.
B 60689

Finch, R.: Exporting danger. A history of the Canadian nuclear energy export programme. Montréal: Black Rose Books 1986. 236 S.
B 62703

High Tech and the high seas. Ed.: B. Macdonald. Toronto: Canadian Inst.of Strategic Studies 1985. 117 S.
Bc 7089

Lindsey, G.R.: The strategic defence of North America. Toronto: Canadian Inst.of Strategic Studies 1986. 40 S.
Bc 6737

MacDonald, B.S.: The white paper, the Army reserve and army reform, 1987-2002. In: Canadian defence quarterly. Vol.17, 1987/88. No.4. S. 9-20.
BZ 05001:17

MacKenzie, L.W.: The Canadian forces evaluation of mixed-gender combat units. In: Canadian defence quarterly. Vol.17, 1989. No.3. S. 25-30.
BZ 05001:17

Shadwick, M.: The Canadian Navy: recovering from "Rust-out". In: Naval forces. Vol.9, 1988. No.2. S. 61-67.
BZ 05382:9

Work, W.K.: Cryptographic innocence: the origins of signals intelligence in Canada in the Second World War. In: Journal of contemporary history. Vol.22, 1987. No.4. S. 639-665.
BZ 4552:22

L 441 f 00 Wehrpolitik

Byers, R.B.: Canadian security and defence: the legacy and challenges. London: International Inst.for Strategic Studies 1986. 88 S.
Bc 6264

Cox, D.: Living along the flight path: Canada's defense debate. In: The Washington quarterly. Vol.10, 1987. No.4. S. 99-112.
BZ 05351:10

Halstead, J.G.H.: Das kanadische Verteidigungsweißbuch von 1987. In: Europa-Archiv. Jg.43, 1988. Nr.2. S. 31-40.
BZ 4452:43

Jockel, J.T.; Sokolsky, J.J.: Canada and collective security. Odd man out. New York: Praeger 1986. XV, 118 S.
Bc 6698

Shadwick, M.: A new defence policy for Canada. In: Military technology. Vol.11, 1987. No.9. S. 34-53.
BZ 05107:11

Zipfel, H.C.: Die Verteidigungspolitik Kanadas zwischen nationalem Eigeninteresse und internationalem Engagement. München: Weltforum Verl. 1986. 332 S.
B 62412

L 441 l Einzelne Länder/Gebiete/Orte

Das Land hört nicht mehr! Hrsg.: Arbeits- u. Forschungsst. Militär, Ökologie u. Planung. Dortmund: o.V. 1986. 24 S.
D 03768

MacKenzie, D.C.: Inside the Atlantic triangle. Canada and the entrance of Newfoundland into confederation, 1939-1949. Toronto: Univ.of Toronto Pr. 1986. XI, 285 S.
B 61428

Pullen, T.C.: What price Canadian sovereignty? In: United States Naval Institute. Proceedings. Jg.113, 1987. No.9. S. 66-73.
BZ 05163:113

L 443 Kolumbien

Arango Zuluaga, C.: Guerrilleras FARC-EP. Crónicas y testimonios de guerra. 2.ed. Bogotá: Ed. Anteo 1985. 196 S.
B 59987

Braun, H.: The assassination of Gaitán. Public life and urban violence in Columbia. London: Univ. of Wisconsin Press 1985. XIII, 282 S.
B 59229

Dix, R.H.: The politics of Colombia. New York: Praeger 1987. XV, 247 S.
B 62759

Human Rights in Columbia as President Barco begins, September 1986. New York, N.Y.: The Americas Watch Committee 1986. II, 68 S.
Bc 7188

Kofas, J.V.: Dependence and underdevelopment in Colombia. Tempe, Ariz.: Arizona State Univ. 1986. VI, 201 S.
B 61917

La oposición en Colombia. Bogotá: Centro de Estudios Internacionales 1986. 159 S.
Bc 7195

Ortiz Sarmiento, C.M.: Estado y subversión en Colombia. La violencia en el quindio años 50. Bogotá: Fondo Ed. CEREC 1985. 383 S.
B 61144

Serrano Rueda, J.; Upegui Zapata, C.: Informe sobre el holocausto del palacio de justicia (nov. 6 y 7 de 1985). Bogotá: Derecho Colombiano 1986. 218 S.
Bc 7176

Talon, V.: La larga sombra de la Sierra de Perijá. In: Defensa. A.10, 1987. No.112-113. S. 90-98.
BZ 05344:10

Zamosc, L.: The agrarian question and the peasant movment in Colombia. Struggles of the National Peasant Association, 1967-1981. London: Cambridge Univ.Pr. 1986. XX, 289 S.
B 61001

L 445 Mexico

Echeverría, A.: De burguesa a guerrillera.
Memorias de Alicia Echeverría. México:
J. Mortiz 1986. 154 S.
Bc 6949

Gómez, M.R.: Pancho Villa. Un intento
de semblanza. 2.ed. México: Fondo de
Cultura Económica 1986. 85 S.
Bc 6647

Hanrahan, G.Z.: The bad Yankee. El
peligro Yankee. Vol.1.2. Salisbury, D.C.:
Doc. Publ. 1985. Getr. Pag.
B 60176:9

Mexico. A country in crisis. Ed.: J.R.
Ladman. El Paso, Tex.: Texas Western Pr.
1986. XII, 169 S.
B 62081

Mexico's political stability. The next 5
years. Ed.: R.A. Camp. Boulder, Colo.:
Westview Press 1986. IX, 279 S.
B 61673

Mexiko. E. polit. Reisebuch. Hrsg.: R.
Aehnelt. Hamburg: VSA-Verl. 1986.
302 S.
B 59913

Narraciones sobre el movimiento estudiantil de 1968. Xalapa: Univ. Veracuzana
1986. 161 S.
Bc 6648

Piñeyro, J.L.: Ejército y sociedad en
México. Pasado y presente. Puebla: Univ.
Aut.de Puebla 1985. 172 S.
Bc 6589

Religión y política en México. México:
Siglo 1985. 371 S.
B 61558

Sanders, S.W.: Mexico: chaos on our doorstep. Lanham, Md.: Madison Books
1986. XIII, 222 S.
B 61896

L 445 a Allgemeines

Looney, R.E.: Mechanism of Mexican
economic growth: the role of deteriorat-
ing sources of growth in the current economic crisis. In: The journal of social,
political and economic studies. Vol.12,
1987. No.1. S. 77-94.
BZ 4670:12

Pohle, F.: "Freies Deutschland" und
Zionismus. In: Babylon. 1988. H.3.
S. 88-96.
BZ 4884:1988

Pomerleau, C.: El problema de las
relaciones Iglesia-Estado en México. In:
Estudios internacionales. Jg.20, 1987.
No.78. S. 223-241.
BZ 4936:20

L 445 e Staat und Politik

Avila Carrillo, E.: El Cardenismo. México:
Ed. Quinto 1987. 144 S.
Bc 7197

Graves, R.J.: Mexican foreign policy
toward Cuba and its impact on US –
Mexican relations, 1970-1982. Ann Arbor,
Mich.: UMI 1986. VII, 333 S.
B 60128

Historia del comunismo en México. Ed.:
A.Martínez Verdugo. México: Grijalbo
1985. 501 S.
B 62881

López Villafañe, V.: La formación del
sistema político mexicano. México: Siglo
1986. 212 S.
Bc 7178

Manzano, A.P.: Polityka zagraniczna
Meksyku. In: Sprawy Międzynarodowe.
R.40, 1987. No.5. S. 66-80.
BZ 4497:40

Mares, D.R.: Mexico's challenges:
sovereignty and national autonomy under
interdependence. In: Third world
quarterly. Vol.9, 1987. No.3. S. 788-803.
BZ 4843:9

México – Estados Unidos, 1984. México:
El Colegio de México 1985. 272 S.
B 62873

México y España durante la Revolución
Mexicana. México: Secretaría de Relacio-
nes Exteriores 1985. 243 S.
B 61937

Migdail, C.J.: Mexico's failing political
system. In: Journal of Interamerican
studies and world affairs. Vol.29, 1987.
No.3. S. 107-123.
BZ 4608:29

Las Relaciones de México con los países
de América Central. México: El Colegio
de México 1985. 151 S.
Bc 6944

Sainz, L.I.; Escalante, F.: Nuevas Tenden-
cias del estado contemporaneo. México:
Univ. Nac. Aut. 1986. 27 S.
Bc 6966

Sanders, S.W.: Next to the volcano:
Mexico's future. In: Orbis. Vol.32, 1988.
No.1. S. 49-68.
BZ 4440:32

Story, D.: The Mexican ruling party.
Stability and authority. New York:
Praeger 1986. XI, 160 S.
B 62675

Taibo, P.I.: Los Bolshevikis. Historia
narrativa de los orígenes del comunismo
en México. 1919-1925. México: Ed. J.
Mortiz 1986. 418 S.
B 62975

L 445 k Geschichte

Cabrera, L.: La revolución es la revolu-
ción. Antología. México: Comiisión Nac.
Ed. del C.E.N. 1985. 316 S.
B 61936

La diplomacia chilena y la Revolución
Mexicana. México: Secretaria de Relacio-
nes Exteriores 1986. 263 S.
B 61938

Fuentes Mares, J.: La revolución
mexicana. Memorias de un expectador.
México: Grijalbo 1986. 199 S.
Bc 6977

Knight, A.: The Mexican revolution.
Vol.1.2. Cambridge: Cambridge Univ.Pr.
1986. XX, 619; XXI, 679 S.
B 60426

Valadés, J.C.: Alto en la Guerra Civil.
México: Ed. Gernika 1985. 359 S.
B 61932

Valadés, J.C.: Crisis revolutionaria.
México: Ed. Gernika 1985. 326 S.
B 61941

Valadés, J.C.: Intromisión extranjera.
México: Ed. Gernika 1985. 360 S.
B 61933

Valadés, J.C.: La reconcilación. México:
Ed. Gernika 1985. 360 S.
B 61939

Valadés, J.C.: La violencia como sistema.
México: Ed. Gernika 1985. 356 S.
B 61940

L 447 Nicaragua

L 447 d Land und Volk

Barre, M.-C.: Minorités ethniques et sécurité nationale: le cas des Miskitos au
Nicaragua. In: Défense nationale. A.44,
f. No.4. S. 137-142.
BZ 4460:44

Bearing witness, building bridges: interview with North Americans living and
working in Nicaragua. Ed.: M. Everett.
Philadelphia, Pa.: New Society Publ.
1986. XVIII, 169 S.
B 59260

Brigadista. Harvest and war in Nicaragua. Ed.: J. Jones. New York: Praeger
1986. XXVIII, 327 S.
B 59244

Jenkins Molieri, J.: El desafia indigena en
Nicaragua. El caso de los miskitos.
México: Ed. Katún 1986. 301 S.
B 61971

Kern, K.: Nicaragua libre. Centro America. Wuppertal: Ed. Nahua 1987. o. Pag.
Bc 02347

Maier, E.: Las Sandinistas. México: Ed.de Cultura Popular 1985. 173 S.
Bc 7174

Le Volcan nicaraguayen. Paris: Ed. la Découverte 1985. 280 S.
B 59310

L 447 e Staat und Politik

Dohnt, H.: Café, Contras, Campesinos. Nicaragua. Hamburg: Ergebnisse Verl. 1985. 160 S.
BZ 4700:1985

Garcia, A.J.: Nicaragua and the sandinismo. A case study of revolutionary theory and practice. Ann Arbor, Mich.: UMI 1986. XII, 234 S.
B 60108

L 447 e 10 Innenpolitik

Bardstock, A.: Saints and Sandinistas. The catholic church in Nicaragua and its response to the revolution. London: Epworth Pr. 1987. X, 86 S.
Bc 7158

Coraggio, J.L.: Nicaragua. Revolution and democracy. London: Allen & Unwin 1986. XVI, 109 S.
Bc 7995

Dilg, C.: Nicaragua. Bilder e. Revolution. Köln: Pahl-Rugenstein 1987. 126 S.
Bc 02124

Leighton, M.: A balance sheet of Sandinista rule in Nicaragua. In: Survey. Vol.29, 1985. No.3. S. 73-111.
BZ 4515:29

Luciak, I.A.: Popular democracy in the New Nicaragua. In: Comparative politics. Vol.20, 1987. No.1. S. 35-55.
BZ 4606:20

Melrose, D.: Nicaragua. The threat of a good example? Oxford: Oxfam 1985. 68 S.
Bc 7762

Nicaragua. Les contradictions du sandinisme. Paris: Ed.du CNRS 1985. 254 S.
B 57819

Nicaragua: unfinished Revolution. The new Nicaragua reader. Ed.: P. Rosset. New York, N.Y.: Grove Pr. 1986. XVII, 505 S.
B 61404

O'Shaugnessy, L.N.; Serra, L.H.: The church and revolution in Nicaragua. Athens, Ohio: Ohio Univ. Center 1986. X, 118 S.
Bc 7091

Ruchwarger, G.: The Campesino road to socialism? The Sandinistas and rural cooperatives. In: The Socialist register. Vol.24, 1988. No. S. 220-243.
BZ 4824:24

Velázquez Pereira, J.L.: Nicaragua. Sociedad civil y dictadura. San José: Libro Libre 1986. 169 S.
Bc 6953

Vilas, C.: War and revolution in Nicaragua. The impact of the US counter-revolutionary war on the Sandinista strategies of revolutionary transition. In: The Socialist register. Vol.24, 1988. No. S. 182-219.
BZ 4824:24

L 447 e 11 Verfassung und Recht

Bergalli, R.: Nicaragua: derecho y justicia en la Constitución. In: Revista CIDOB d'afers internacionals. 1988. No.10. S. 55-67.
BZ 4928:1988

Darce Quintanilla, M.B.: Analisis critico del proyecto sandinista para nueva constitución. San José: o.V. 1986. 37 S.
Bc 7177

Esteban González, J.; Elschner, G.: Nicaragua libre. Land ohne Freiheit. Hrsg.: Intern. Arbeitsgem. "Freiheit u. Demokratie"... München: o.V. ca 1985. 12 Bl.
D 03866

Gonzáles, J.E.: Menschenrechte in Nicaragua, 1979-1984. München: Mundis Verl. 1985. 91, XX S.
Bc 6799

Menschenrechte in Nicaragua. Hrsg.: Informationsbüro Nicaragua. Wuppertal: o.V. 1985. 28 S.
D 03644

Nicaragua: revolutionary justice. A report on human rights and judicial system. New York, N.Y.: Lawyers Committee for Intern. Human Rights 1985. V, 161 S.
Bc 6884

Reding, A.: Nicaragua's new constitution. In: World policy journal. Vol.4, 1987. No.2. S. 258-294.
BZ 4822:4

Right to survive. Human rights in Nicaragua. London: Catholic Inst. f. Intern. Relations 1987. XII, 135 S.
Bc 7145

Verfassung der Republik Nicaragua. Hrsg.: Nicaragua-Hilfe, Bonn. Bonn: Verl.im Hof 1987. 58 S.
Bc 7060

L 447 e 20 Außenpolitik

Christian, S.: Nicaragua and the United States. In: World affairs. Vol.149, 1987. No.4. S. 177-182.
BZ 05509:149

Morales, W.Q.: Vanden, H.A. La Lucha por la soberanía. Nicaragua y los No Alienados. Santiago: Centro de Estudios de la Realidad Contemoranea 1986. 27 S.
Bc 02106

On Trial. Reagan's war against Nicaragua. Ed.: M. Dixon. San Francisco, Calif.: Synthesis Publ. 1985. XI, 269 S.
B 58037

Vanderlaan, M.B.: Revolution and foreign policy in Nicaragua. Boulder, Colo.: Westview Press 1986. XIII, 404 S.
B 61434

L 447 f Wehrwesen

Bahrmann, H.; Jacobs, P.; Links, C.: Killerkommando. Schwarzbuch: CIA u. Contra. Dortmund: Weltkreis Verl. 1986. 214 S.
B 60387

Cabestrero, T.: Unschuldiges Blut. Zeugenaussagen a.d. Contra-Krieg gegen Nicaragua. Wuppertal: Ed. Nahua 1987. 146 S.
Bc 7283

Dickey, C.: With the Contras. New York: Simon and Schuster 1985. 327 S.
B 58432

Reimann, E.: "Ich war ein Contra". Bekenntnisse d. antisandinistischen Kommandanten Moisés. Köln: Pahl-Rugenstein 1986. 116 S.
Bc 6720

L 447 g Wirtschaft

Colburn, F.D.: Post-revolutionary Nicaragua. State, class, and the dilemmas of agrarian policy. Berkeley, Calif.: Univ.of California Pr. 1986. XI, 145 S.
B 60849

Graul, B.A.: Das Land denen, die es bebauen. Agrarreform in Nicaragua. Dortmund: Weltkreis Verl. 1986. 221 S.
B 58710

Müller, B.: Elemente der Herausbildung des Kapitalismus in Nicaragua. Frankfurt: Lang 1986. 349 S.
B 62368

Steigler, H.: Solidarität zum Anfassen. Kassel: Gesamthochschulbibliothek 1986. 120 S.
Bc 7465

L 447 i Geistesleben

Arnove, R.F.: Education and revolution in Nicaragua. New York: Praeger 1986. XII, 160 S.
B 62532

Cabezas, O.: La Montaña es algo más que una inmenso estepa verde. 5.Ed. México: Siglo 1986. 291 S.
Bc 6649

González Gary, O.: Iglesia católica y revolución en Nicaragua. T.1. México: Claves Latinoamericanas 1986. 398 S.
B 61543

La Selva, S.de: La guerra de Sandino o pueblo desnudo. Managua: Nueva Nicaragua 1985. 122 S.
Bc 6971

L 447 k Geschichte

Booth, J.A.: The end and the beginning: the Nicaraguan revolution. 2.ed. Boulder, Colo.: Westview Press 1985. XVII, 363 S.
B 58247

Butazzoni, F.: Nicaragua. Noticias de la guerra. Montevideo: Ed.de la Banda Oriental 1986. 73 S.
Bc 7373

Christian, S.: Nicaragua. Revolution in the family. New York: Random House 1985. XI, 337 S.
B 59860

Dietrich, W.: Nicaragua. Entstehung, Charakter und Hoffnung e. neuen Weges. 2.Aufl. Heidelberg: HVA 1986. VIII, 314 S.
B 58918

Koch, H.: No pasaran. Nicaraguas Weg in die Zukunft. Baden-Baden: Signal-Verl. 1986. 160 S.
B 58307

Levie, A.: Nicaragua: the people speak. South Hadley, Mass.: Bergin & Gervey 1985. XXIII, 198 S.
B 59122

Lindemann, H.: Moskaus Traum: Nicaragua. Sachsenheim: Burg Verl. 1986. 268 S.
B 60143

Nicaragua – Dokumente einer Revolution. 2.Aufl. Frankfurt: Röderberg 1987. 293 S.
Bc 7029

Nicaragua in reconstruction and at war: the people speak. Ed.: M. Zimmermann. Minneapolis, Minn.: MEP Publ. 1985. 314 S.
B 58338

Nicaragua: the Sandinista people's revolution. Ed.: B. Marcus. New York: Pathfinder Pr. 1985. XVIII, 412 S.
B 58359

Walker, T.W.: Nicaragua. The land of Sandino. 2.ed. Boulder, Colo.: Westview Press 1986. XVIII, 170 S.
B 59809

Wheelock Román, J.: Raíces indgenas de la lucha anticolonialista en Nicaragua. 2.ed. Managua: Nueva Nicaragua 1985. 123 S.
Bc 6650

Wheelock Román, J.: Vanguardia y revolución en las sociedades periféricas. 2.ed. México: Siglo 1986. 118 S.
Bc 7184

Zwerling, P.; Martin, C.: Nicaragua – a new kind of revolution. Westport, Conn.: Hill 1985. XII, 251 S.
B 58017

L 449 Panama

Arias Caldéron, R.: Panama: disaster or democracy. In: Foreign affairs. Vol.66, 1987. No.2. S. 328-347.
BZ 05149:66

Cochez, G.A.: Die Zuspitzung der innenpolitischen Lage im Jahre 1987. In: Lateinamerika. 1988. H.4. S. 69-76.
BZ 05479:1988

Jayan Cortez, D.: F.F.A.A. y poder politíco en Panamá. Panamá: o.V. 1986. 115 S.
Bc 7179

Minkner, M.: Aktuelle Entwicklungen in Panama. Versuch einer Synopse. In: Lateinamerika. 1988. H.4. S. 5-20.
BZ 05479:1988

Minkner, M.: Krise um einen General? Zur Transformation des politischen Regimes in Panama. In: Lateinamerika. 1988. H.4. S. 91-104.
BZ 05479:1988

Moffett, G.D.: The limits of victory. The ratification of the Panama Canal treaties. Ithaca, N.Y.: Cornell Univ. 1985. 263 S.
B 57987

Panama und sein Kanal. Chronologie 1876-1988. In: Lateinamerika. 1988. H.4. S. 105-116.
BZ 05479:1988

Sandner, G.: Perspektiven der Rolle Panamas in Zentralamerika und im Karibischen Raum. In: Lateinamerika. 1988. H.4. S. 77-90.
BZ 05479:1988

Seiler, O.: Zur historischen Entwicklung des Panamakanals. In: Lateinamerika. 1988. H.4. S. 21-32.
BZ 05479:1988

Shaw, J.L.: Ships of the Panama Canal. Annapolis, Ma.: Naval Inst.Pr. 1985. 269 S.
B 58874

Las Vallas del silencio. Panamá, a 18 años del golpe militar. Panamá: o.V. 1986. 81 S.
Bc 7371

Weeks, J.: Panama: the roots of current political instability. In: Third world quarterly. Vol.9, 1987. No.3. S. 763-787.
BZ 4843:9

Wolf, B.: Panama und sein Kanal. Die Aussage des Völkerrechts. In: Lateinamerika. 1988. H.4. S. 33-49.
BZ 05479:1988

L 451 Paraguay

Baer, W.; Breuer, L.: From inward- to outward-oriented growth: Paraguay in the 1980s. In: Journal of Interamerican studies and world affairs. Vol.28, No.3. S. 125-140.
BZ 4608:28

Bogado, A.Z.: "Por que el pueblo está con Stroessner". Asunción: o.V. 1986. 197 S.
Bc 7183

Nickson, R.A.: Tyranny and longevity: Stroessner's Paraguay. In: Third world quarterly. Vol.10, 1988. No.1. S. 237-259.
BZ 4843:10

L 453 Peru

L 453 c Biographien

– García Perez
Alan García. Análisis de su gobierno. Lima: Centro Doc. Andina 1986. 316 S.
B 62833

Maguiña Calderón, P.: Citas del presidente Alan García. Lima: Ed. San Marcos 1985. 428 S.
B 62880

– Haya de la Torre
Campos, I.; Haya de la Torre: Coloquios de Haya de la Torre. Lima: Okura Ed. 1986. 197 S.
Bc 6939

– Mariátegui
Hovestadt, V.: Jose Carlos Mariategui und seine Zeitschrift "Amauta" (Lima, 1926-1930). Frankfurt: Lang 1987. 261 S.
B 63090

Vanden, H.E.: National marxism in Latin America. José Carlos Mariátegui's thought and politics. Boulder, Colo.: Rienner 1986. X, 198 S.
B 61248

L 453 e Staat und Politik

Crabtree, J.: The consolidation of Alan García's government in Peru. In: Third world quarterly. Vol.9, 1987. No.3. S. 804-824.
BZ 4843:9

Cristóbal, J.: Displina, Compañeros! Lima: Ed. "Debate Socialista" 1985. 252 S.
B 60776

Degregori, C.I.: Sendero Luminoso. Vol.1.2. Lima: Inst. de Estudios Peruanos 1986. 54 S.
Bc 6938

Dietz, H.: Electoral politics in Peru, 1978-1986. In: Journal of Interamerican studies and world affairs. Vol.28, 1986/87. No.4. S. 139-163.
BZ 4608:28

Ferrero Costa, E.: Peruvian foreign policy: current trends, constraints and opportunities. In: Journal of Interamerican studies and world affairs. Vol.29, 1987. No.2. S. 55-78.
BZ 4608:29

García Belaunde, D.: Una Democracia en transición. Las eleciones peruanos de 1985. Lima: Okura Ed. 1986. 187 S.
Bc 6945

McCormick, G.H.: The shining path and Peruvian terrorism. In: The journal of strategic studies. Vol.10, 1987. No.4. S. 109-126.
BZ 4669:10

Mercado Ulloa, R.: El partido Comunista del Peru. 3.ed. Lima: o.V. 1987. 160 S.
Bc 7192

Peru. Desapariciones, torturas y ejecuciones sumarias despues de los motines penitenciarios de junio de 1986. Londres: Publ. Amnistía Internat. 1987. 82 S.
Bc 02198

Saba, R.P.: Political development and democracy in Peru. Continuity in change and crisis. Boulder, Colo.: Westview Press 1987. XVI, 180 S.
Bc 7400

Salazar Bondy, A.: Entre Escila y Caribdis. Reflexiones sobre la vida peruana. 3.ed. Lima: Ed. Rikchay Perú 1985. 162 S.
B 60772

Los Sucesos en los penales. Acusación constitucional sobre un caso de genocidio. Lima: Celula Parlamentaria del Partido Unificado Mariteguista, IU 1986. 73 S.
Bc 7168

L 453 f Wehrwesen

Andean Air power. The Peruvian Air Force. In: Air international. Vol.34, 1988. No.5. S. 224-234; 240.
BZ 05091:34

Luminoso, S.: And the peasantry of Andahuaylas. In: Journal of Interamerican studies and world affairs. Vol.28, 1986/87. No.4. S. 165-196.
BZ 4608:28

Puddu, F.M.: La Marina de Guerra del Peru. Sempre all'erta ad agni quota. In: Rivista marittima. A.120, 1987. No.8/9. S. 37-50.
BZ 4453:120

L 453 g Wirtschaft

Baumgart, A.: Garcias Wirtschaftspolitik. Ein Ausweg aus der Schuldenkrise. In: Blätter des iz3w. 1988. Nr.149. S. 39-43.
BZ 05130:1988

Ecker, M.; Herndlhofer, M.: Kampagnen-Info Peru. Arbeitshilfe zur Fastenaktion '87. Hrsg.: Pax-Christi Bewegung. Dt. Sekretariat. Frankfurt: o.V. 1987. 7 S.
D 03802

Mariátegui, J.C.: Sieben Versuche, die peruanische Wirklichkeit zu verstehen. Berlin: Argument 1986. 315 S.
B 60299

L 453 h Gesellschaft

Degregori, C.I.: Ayacucho, raíces de una crisis. Ayacucho: Inst. de Estudios Regionales 1986. 228 S.
Bc 7182

Lora, C.; Barnechea, C.; Santisteban, F.: Mujer. Victima de opresión, portadora de liberacion. Lima: Inst. Bartolomé de las Casas-Rímac 1985. 163 S.
Bc 6661

L 455 Uruguay

Artigas y el Movimiento de Liberación Nacional. 2.ed. Montevideo: YOEA Ed. 1986. 107 S.
Bc 7255

Barrán, J.P.; Nahum, B.: Crisis y radicalización. 1913-1916. Montevideo: Ed.de la Banda Oriental 1985. 257 S.
B 62976

Barreiro Sánchez, F.: Periodismo independiente en Uruguay. Del regimen militar a la democracia. Buenos Aires: Inst. Latinoamericano de Estudios Transnaciones 1985. 61 S.
Bc 02110

Fernándes Huidobro, E.: Historia de los Tupamaros. T.1.2. 3.ed. Montevideo: Tupac Amaru Ed. 1986. 166, 157 S.
Bc 6968

Movimiento estudiantil. Resistencia y transición. T.1.2. Montevideo: Centro Uruguay Independiente 1986. 126, 146 S.
Bc 6969

Las Raices de la violencia y el escuadron de la muerte. Grupo de Invest. Historicas, Sociales y Economicas. Montevideo: TAE Ed. 1986. 53 S.
Bc 7252

Rial, J.: Las fuerzas Armadas. ?Soldados, políticos garantes de la democracia? Montevideo: CIESU 1986. 109 S.
Bc 7372

Rial, J.: Uruguay. Elecciones de 1984. San José: Ed. Capel 1986. 152 S.
Bc 7169

Schöneborn, D.; Goldberg, H.: Ein langer Weg zum Referendum. Straffheit für Militär- und Polizeiangehörige. In: Blätter des iz3w. 1988. Nr.149. S. 9-13.
BZ 05130:1988

Der unsichtbare Aufstand. Zur Geschichte u. Entwicklung d. Tupamaros (MEK in Uruguay). o.O.: o.V. 1985. 9 Bl.
D 03859

L 457 Venezuela

Acción Democrática. Primeros años, oposición y poder, 1941-1948. Caracas: Ed. Centauro 1987. 175 S.
Bc 7224

Betancourt, R.: La verdadera Historia de la revolución de octubre 1945. Caracas: Ed. Centauro 1987. 87 S.
Bc 7225

Cartay Ramírez, G.: Caldera y Betancourt. Constructores de la democracia. Caracas: Ed. Centauro 1987. 356 S.
B 63889

Ellner, S.: The Venezuelan Petroleum Corporation and the debate over government policy in basic industry, 1960-1976. Glasgow: Inst. of Latin American Studies 1987. 46 S.
Bc 02297

Esté Salas, R.; Navas Nieves, A.; Carrera, A.: La masacre de Yumare. 2.ed. Caracas: Fondo Ed. "Carlos Aponte" 1987. 137 S.
Bc 6925

Godio, J.: El movimiento obrero venezolano. 1850-1944. T.1-3. 2.ed. Caracas: ILDIS 1985. 287, 294, 190 S.
B 61546

McCoy, J.L.: The politics of adjustment:
labor and the Venezuelan debt crisis. In:
Journal of Interamerican studies and
world affairs. Vol.28, 1986/87. No.4.
S. 103-138.
BZ 4608:28

Peeler, J.A.: Latin American democracies.
Colombia, Costa Rica, Venezuela.
Chapel Hill, N.C.: The Univ. of North
Carolina Pr. 1985. XIII, 193 S.
B 58028

Puddu, F.M.: Armada republica de Vene-
zuela. In: Rivista marittima. A.121, 1988.
No.6. S. 17-30.
BZ 4453:121

Venezuela. The democratic experience.
Ed.: J.D.Martz. New York: Praeger 1986.
XXIV, 489 S.
B 60994

L 460 USA

L 460 a Allgemeines

Kronzucker, D.: Unser Amerika. Reinbek:
Rowohlt 1987. 326 S.
B 60806

Rügemer, W.: Der kranke Weltpolizist.
Das Innenleben der USA als Gefahr für
den "Rest der Welt". Köln: Selbstverlag
1987. 103 S.
Bc 02179

L 460 c Biographien

Isaacson, W.; Thomas, E.: The wise men.
New York: Simon and Schuster 1986.
853 S.
B 61125

Peace heroes in twentieth-century America. Ed.: C. DeBenedetti. Bloomington,
Ind.: Indiana University Press 1986.
276 S.
B 62747

– **Bank**
Bank, A.: From OSS to Green Berets.
The birth of Special Forces. Novato,
Calif.: Presidio Pr. 1986. VII, 216 S.
B 61787

– **Beals**
Britton, J.A.: Carleton Beals. A radical
journalist in Latin America. Albuquerque, N.M.: The Univ. of New Mexico Pr.
1987. XIII, 309 S.
B 62655

– **Benavidez**
Benavidez, R.P.; Griffin, O.: The three
wars of Roy Benavidez. San Antonio,
Tx.: Corona 1986. 293 S.
B 62298

– **Benson**
Klachko, M.; Trask, D.F.: Admiral William
Shepherd Benson. First Chief of Naval
operations. Annapolis, Ma.: Naval
Inst.Pr. 1987. XVIII, 268 S.
010568

– **Bonosky**
Bonosky, P.: Washington's secret war
against Afghanistan. New York: Internat.
Publ. 1985. 263 S.
B 59233

– **Carter**
Lorentzen, T. E.: Foreign policy develop-
ment and presidential transitions. Jimmy
Carter and Ronald Reagan as case
studies. Ann Arbor, Mich.: UMI 1986.
IV, 212 S.
B 58204

Muravchik, J.: The uncertain crusade.
London: Hamilton 1986. 247 S.
B 61493

– **Chomsky**
Chomsky revisited. In: Survey. Vol.30,
1988. No.1/2. S. 112-125.
BZ 4515:30

– **Dean**
Dean, G.E.: Forging the atomic shield.
Excerpts from the Office Diary of... Ed.:
R.M. Anders. Chapel Hill, N.C.: The
Univ. of North Carolina Pr. 1987. XXXII,
309 S.
B 62954

– Dolgoff
Dolgoff, S.: Fragments and memoir.
Cambridge: Refract Publ. 1986. VII,
200 S.
B 61380

– Eisenhower
Eisenhower, D.: Eisenhower: at war. 1943-
1945. New York: Random House 1986.
XXVII, 977 S.
B 61485

– Garvey
Stein, J.: The world of Marcus Garvey.
Race and class in modern society. Baton
Rouge, La.: Louisiana State Univ.Pr.
1986. XII, 294 S.
B 59515

– Gompers
The early years of the American Feder-
ation of Labor, 1887-90. Ed.:
S.B.Kauman. Urbana, Ill.: Univ.of
Illinois Pr. 1987. XXV, 495 S.
B 63069:2

The making of a union leader, 1850-86.
Ed.: S.B.Kaufman. Urbana, Ill.: Univ. of
Illinois 1986. XXXVI, 529 S.
B 63069:1

The Samuel Gompers Papers. Ed.:
S.B.Kaufman. Vol.1.2. Urbana, Ill.:
Univ.of Illinois Pr. 1986. XXXVI, 529;
XXV, 495 S.
B 63069

– Grew
Heinrichs, W.H.: American ambassador.
Joseph C. Grew and the development of
the United States diplomatic tradition.
New York: Oxford Univ.Pr. 1986. XII,
460 S.
B 62313

– Herderson
Herderson, L.W.: A question of trust. The
origins of U.S.-soviet diplomatic rela-
tions: the memoirs of... Stanford, Cal.:
Hoover Institut 1986. XXIX, 579 S.
B 62965

– Hofstadter
Césari Laurent: Richard Hofstadter (1916-
1970). Historiographie et politique aux
Etats-Unis. In: Vingtième siècle. 1988.
Nr.18. S. 29-42.
BZ 4941:1988

– Hoover
Barber, W.J.: From new era to New deal.
Cambridge: Cambridge Univ.Pr. 1985.
XII, 237 S.
B 57646

– Jackson
Broh, C.A.: A horse of a different color.
Television's treatment of Jesse Jackson's
1984 presidential campaign. Washington,
D.C.: Joint Center f. Political Studies
1987. XIV, 93 S.
Bc 7942

Reed, A.L.: The Jesse Jackson phenom-
enon. The crisis of purpose in Afro-
American politics. New Haven: Yale
Univ.Pr. 1986. XII, 170 S.
B 61250

– Johnson
The Johnson years. Ed.: R.A. Divine.
Vol.1.2. Lawrence, Kan.: Univ.Pr.of
Kansas 1987. VI, 280 S; IX, 267 S.
B 63460

Redford, E.S.; MacCulley, R.T.: White
House Operations. The Johnson presi-
dency. Austin, Texas: University of Texas
Press 1986. XII, 247 S.
B 61421

– Kennan
The two minds of George Kennan. How
to un-learn from experience. In: Survey.
Vol.30, 1988. No.1/2. S. 223-239.
BZ 4515:30

– Kennedy
Bedts, R.F. de: Ambassador Joseph
Kennedy, 1938-1940. An anatomy of
appeasement. New York: Lang 1985.
263 S.
B 58599

Chellis, M.: Living with the Kennedys.
The Joan Kennedy story. New York:
Simon and Schuster 1985. 240 S.
B 59239

Davis, J.H.: Siegen! Siegen um jeden Preis. Die Kennedys – ihre wahre Geschichte. München: Schild-Verl. 1987. 590 S.
B 61007

Hurt, H.: Reasonable doubt. An investigation into the assassination of John F. Kennedy. New York: Holt, Rinehart and Winston 1985. XIV, 555 S.
B 58735

– Kissinger
Kissinger, H.A.: Weltpolitik für morgen. Reden u. Aufsätze 1982-1985. München: Bertelsmann 1986. 319 S.
B 58123

Strong, R.: Bureaucracy and statemanship: Henry Kissinger and the making of American foreign policy. Lanham: Univ. Press of America 1986. XIV, 109 S.
B 61707

Syruček, M.: Kissinger ve službách Bílého domu. Praha: Mladá Fronta 1985. 263 S.
B 58484

– McCloy
MacCloy, J.J.: John J. McCloys Reden zu Deutschland- und Berlinfragen. Hrsg.: E.J.Fischer. Berlin: Berlin Verl. 1986. 263 S.
B 59937

– Myer
Drinnon, R.: Keeper of concentration camps. Dillon S. Myer and American racism. Berkeley, Calif.: Univ.of California Pr. 1987. XXVIII, 339 S.
B 61905

– Nixon
Losev, S.; Petrusenko, V.: Zapadnja na Potomake. Pod'em i padenie Ričarda M. Niksona. Moskva: Izd.-vo Agenstva pečati Novosti 1987. 542 S.
B 61388

Schurmann, F.: The foreign politics of Richard Nixon. The grand design. Berkeley, Calif.: Inst. of International Studies 1987. VII, 403 S.
B 63041

Stone, D.M.: Nixon and the politics of public television. New York: Garland 1985. XXI, 370 S.
B 61033

– Parker
Smead, H.: Blood justice. The lynching of Mack Charles Parker. Oxford: Oxford Univ.Pr. 1986. XIV, 248 S.
B 62993

– Peavey
Peavey, F.; Levy, M.; Rifas, L.: Heart politics. Philadelphia, Ps.: New Soc. Publ. 1986. 192 S.
B 58853

– Reagan
Bergmann, H.: Wanted: president. Ronald Reagan und die Monopole. 2.Aufl. Berlin: Verlag Neues Leben 1987. 175 S.
Bc 7825

Ege, K.; Ostrowsky, J.: Ronald Reagan. Eine polit. Biographie. Köln: Pahl-Rugenstein 1986. 331 S.
B 58565

Erickson, P.D.: Reagan speaks. The making of American myth. New York: New York Univ.Pr. 1985. XVI, 172 S.
B 58006

First Lady. A portrait of Nancy Reagan. New York: St.Martin's Press 1986. IX, 166 S.
010376

Kahrs, K.H.: Vor dem Ende der Reagan-Ära. In: Europa-Archiv. Jg.42, 1987. Nr.15. S. 419-428.
BZ 4452:42

Witt, E.: A different justice. Reagan and the Supreme Court. Washington, D.C.: Congressional Quarterly 1986. VIII, 208 S.
B 62077

– Roosevelt
Beasley, M.H.: Eleanor Roosevelt and the media. A public quest for self-fulfillment. Urbana: Univ.of Illinois Pr. 1987. XI, 240 S.
B 62943

Bennett, E.M.: Franklin D. Roosevelt and the search for security. American-Soviet relations, 1933-1939. Wilmington, Del.: Scholarly Resources 1985. XIX, 213 S.
B 59121

Johnson, M.G.: The contribution of Eleanor and Franklin Roosevelt to the development of international protection for human rights. In: Human rights quarterly. Vol.9, 1987. No.1. S. 19-48.
BZ 4753:9

Walker, G.B.: Franklin D. Roosevelt as summit negotiator at Teheran, 1943 and Yalta, 1945. Ann Arbor, Mich.: UMI 1986. IV, 460 S.
B 58206

– Stockman
Ullmann, O.: Stockman. The man, the myth, the future. New York: Fine 1986. 343 S.
B 62328

– Truman
Jenkins, R.: Truman. London: Collins 1986. 230 S.
B 61860

– Vaughan
Vaughan, E.: The ordeal of Elizabeth Vaughan. A wartime diary of the Philippines. Ed.: C.M. Petillo. Athens, Ga.: Univ. of Georgia Pr. 1985. XXII, 312 S.
B 62741

– Westmoreland
Brewin, B.; Shaw, S.: Vietnam on trial. Westmoreland vs. CBS. New York: Athenäum 1987. XII, 414 S.
B 61885

– Williams
Redefining the past. Essays in diplomatic history in honor of William Appleman Williams. Ed.: L.C. Gardner. Corvallis: Oregon State Univ.Pr. 1986. X, 258 S.
B 61704

– Wilson
Ferrell, R.H.: Woodrow Wilson and World War I, 1917-1921. New York: Harper & Row 1985. XII, 346 S.
B 62901

Gilderhus, M.T.: Pan American visions. Woodrow Wilson in the Western hemisphere, 1913-1921. Tucson, Ariz.: The Univ. of Arizona Pr. 1986. XIII, 194 S.
B 61920

Maas, P.: Manhunt. New York: Random House 1986. XVII, 301 S.
B 60785

Maas, P.: Verrat in Tripolis. Ein CIA-Agent wird gejagt. Hamburg: Hoffmann und Campe 1987. 349 S.
B 61315

L 460 d Land und Volk

Bloom, J.M.: Class, race, and the Civil Rights Movement. Bloomington, Ind.: Indiana University Press 1987. X, 267 S.
B 62715

Ceserani, G.P.; Eco, U.; Placido, B.: Modell Amerika. Die Wiederentdeckung eines way of life. Münster: Englisch-amerikanische Studien 1985. 147 S.
Bc 7031

Cruse, H.: Plural but equal. A critical study of blacks and minorities and America's plural society. New York: Morrow 1987. 420 S.
B 62272

Gwaltney, J.L.: The dissenters. Voices from contemporary America. New York: Random House 1986. XXVIII, 321 S.
B 60683

Japanese Americans. From relocation to redress. Ed.: R. Daniels. Salt Lake City, Utah: Univ. of Utah Pr. 1986. XXI, 216 S.
010378

Kaspi, A.: Les juifs et la vie politique. In: Vingtième siècle. 1988. Nr.19. S. 67-78.
BZ 4941:1988

Lowenstein, S.R.: Token refuge. The story of the Jewish refugee shelter at Oswego, 1944-1946. Bloomington, Ind.: Indiana University Press 1986. VII, 246 S.
B 60668

Neustadt, A.: Das Verhältnis der amerikanischen Juden zum Staat Israel. In: Europa-Archiv. Jg.42, 1987. Nr.24. S. 715-722.
BZ 4452:42

Omi, M.; Winant, H.: Racial formation in the United States. From the 1960s to the 1980s. London: Routledge & Kegan Paul 1986. XIV, 201 S.
B 60727

Verheyen, D.: Beyond cowboys and euro-wimps: European-American imagery in historical context. In: Orbis. Vol.31, 1987. No.1. S. 55-74.
BZ 4440:31

Weisbord, R.G.; Kazarian, R.: Israel in the black American perspective. Westport, Conn.: Greenwood Press 1985. 213 S.
B 57606

– **Anti-Amerikanismus**

Anti-Americanism in Europe. Ed.: R. Kroes. Amsterdam: Free Univ. Pr. 1986. 156 S.
Bc 7218

Haseler, S.: Anti-Americanism. Steps on a dangerous path. London: Inst. for European Defence a. Strategic Studies 1986. 64 S.
Bc 7972

Haseler, S.: The Varieties of Anti-Americanism. Reflex and response. Washington, D.C.: Ethics and Public Policy Center 1985. VIII, 64 S.
Bc 6685

Müller, E.P.: Antiamerikanismus in Deutschland. Zwischen Care-Paket u. Cruise Missile. Köln: Deutscher Instituts-Verl. 1986. 207 S.
B 59929

– **Schwarze**

American Communism and Black Americans. Ed.: P.S.Foner. Philadelphia, Pa.: Temple Univ.Pr. 1987. XVI, 235 S.
B 61400

Anderson, J.; Hevenor, H.: Burning down the house. MOVE and the tragedy of Philadelphia. New York: Norton 1987. XV, 409 S.
B 62654

Anderson, T.: Black encounter of racism and elitism in white academy. A critique of the system. In: Journal of black studies. Vol.18, 1988. No.3. S. 259-272.
BZ 4607:18

Clark, S.: Ready from within. Septima Clark and the civil rights movement. Ed.: C. Stokes Brown. Navarro, Calif.: Wild Trees Pr. 1986. IX, 134 S.
Bc 7703

Fierec, M.C.: Selected black American leaders and organizations and South Africa, 1900-1977. Some Notes. In: Journal of black studies. Vol.17, 1987. No.3. S. 305-326.
BZ 4607:17

Horne, G.: Black and Red. W.E.B. DuBois and the Afro-American response to the cold war 1944-1963. Albany, N.Y.: State Univ. of New York Pr. 1986. XII, 467 S.
B 59943

Meier, A.; Rudwick, E.: Black history and the historical profession, 1915-1980. Urbana, Ill.: Univ. of Illinois 1986. XV, 380 S.
B 61910

Proceedings of the black national and state conventions, 1865-1900. Ed.: P.S. Foner. Philadelphia, Pa.: Temple Univ.Pr. 1986. XXVI, 441 S.
B 63178

Starosta, W.J.: A national holiday for Dr. King? Qualitative content analysis of arguments carried in the "Washington Post" and "New York Times". In: Journal of black studies. Vol.18, 1988. No.3. S. 358-378.
BZ 4607:18

Taylor, R.J.; Thornton, M.C.; Chatters, L.M.: Black American's perceptions of the sociohistorical role of the Church. In: Journal of black studies. Vol.18, 1987. No.2. S. 123-138.
BZ 4607:18

L 460 e Staat und Politik

Brauer, C.M.: Presidential transitions. Eisenhower through Reagan. New York, N.Y.: Oxford Univ.Pr. 1986. XVII, 310 S.
B 60613

Cohen, J.; Rogers, J.: "Reaganism" after Reagan. In: The Socialist register. Vol.24, 1988. No. S. 387-424.
BZ 4824:24

Greenberg, S.B.: Looking toward '88: the politics of American identity. In: World policy journal. Vol.4, 1987. No.4. S. 695-722.
BZ 4822:4

Harrington, M.: The dream of deliverance in American politics. New York: Knopf 1986. X, 308 S.
B 60751

Lekachman, R.: Visions and nightmares. America after Reagan. New York: Macmillan 1987. XXXV, 316 S.
B 62723

Pious, R.M.: Viewpoints: readings in American politics and government. New York: McGraw-Hill 1986. 80 S.
Bc 02309

The power of the people. Active nonviolence in the United States. Ed.: R. Cooney. Philadelphia, Pa.: New Society Publ. 1987. 271 S.
010366

Reaganism and the post-Reagan era. In: Line of March. 1985. H.20. S. 7-72.
BZ 4935:1985

L 460 e 10 Innenpolitik

The American way. Government and politics in the United States. Ed.: L. Robins. London: Longman 219 S.
B 57673

Basta! No mandate for war. Ed.: K. Butigan. Philadelphia, Pa.: New Society Publ. 1986. 83, IV S.
010243

Block, A.A.: The Khashoggi papers. In: Contemporary crises. Vol.12, 1988. No.1. S. 25-63.
BZ 4429:12

Cummings, M.C.; Wise, D.: Democracy under pressure. 5.ed. San Diego, Cal.: Harcourt Brace Jovanovich 1985. XIII, 747 S.
010372

Delli Carpini, M.X.: Stability and change. The coming of age of the generation of the 1960s. New York: New York Univ.Pr. 1986. XXV, 374 S.
B 58522

Derbyshire, I.: Politics in the United States. From Carter to Reagan. Edinburgh: Chambers 1987. 206 S.
Bc 07675

Dietz, T.: Republicans and Vietnam, 1961-1968. New York: Greenwood Press 1986. XV, 184 S.
B 60788

Downs, D.A.: Nazis in Skokie. Freedom, community, and the first amendment. Notre Dame, Ind.: Univ. of Notre Dame Pr. 1985. XII, 227 S.
B 58165

Fabbrini, S.: Neoconservativismo e politica americana. Bologna: Il Mulino 1986. 356 S.
B 61699

LeMay, M.C.: The struggle for influence. The impact of minority groups on politics and public policy in the United States. Lanham: Univ.Press of America 1985. XV, 452 S.
B 59080

Miller, J.A.: Running in place. Inside the senate. New York: Simon and Schuster 1986. 204 S.
B 61169

Mosher, F.C.; Clinton, W.D.; Lang, D.G.: Presidential transitions and foreign affairs. Baton Rouge, La.: Louisiana State Univ.Pr. 1987. XVII, 281 S.
B 62311

Neustadt, R.E.; May, E.R.: Thinking in time. The uses of history for decision-makers. New York: The Free Pr. 1986. XXII, 329 S.
B 62299

The new direction in American politics. Ed.: J.E.Chubb. Washington, D.C.: The Brookings Inst. 1985. XV, 409 S.
B 58070

Reich, R.B.: Tales of a new America. New York: Times Books 1987. XIII, 290 S.
B 62737

Sanchez, J.J.: Index to the Tower Commission Report. Jefferson, N.C.: McFarland 1987. 57 S.
Bc 7546

Unger, F.: Der Reaganismus ist ausgereizt. Präsidentschaftswahlen '88 und politisches System der USA. In: Blätter für deutsche und internationale Politik. Jg.33, 1988. Nr.4. S. 438-450.
BZ 4551:33

L 460 e 11 Verfassung und Recht

Adler, R.: Reckless disregard. Westmore-land v. CBS et al.; Sharon v. Time. New York: Knopf 1986. 243 S.
B 61753

Anderson, A.B.: Pickering, G.W. Confronting the color line. The broken promise of the civil rights movement in Chicago. Athens, Ga.: Univ. of Georgia Pr. 1986. XII, 515 S.
B 62730

Barkan, S.E.: Protesters on trial. Criminal justice in the Southern civil rights and Vietnam antiwar movements. New Brunswick, N.J.: Rutgers Univ. Pr. 1985. XII, 198 S.
B 58747

Bell, M.: The turkey shoot. Tracking the Attica cover-up. New York: Grove Pr. 1985. X, 416 S.
B 59521

Bollinger, L.C.: The tolerant society. Freedom of speech and extremist speech in America. Oxford: Oxford Univ.Pr. 1986. VIII, 295 S.
B 60767

The Civil Rights movement in America. Ed.: C.W. Eagles. Jackson, Miss.: Univ. Pr. of Mississippi 1986. XII, 188 S.
B 62083

Fisher, L.: Constitutional conflicts between Congress and the president. Princeton, N.J.: Princeton Univ.Press 1985. XVIII, 372 S.
B 58133

Forsythe, D.P.: Congress and human rights in U.S. foreign policy: the fate of general legislation. In: Human rights quarterly. Vol.9, 1987. No.3. S. 382-404.
BZ 4753:9

Heller, F.H.: USA. Verfassung und Politik. Köln: Böhlau 1987. 123 S.
Bc 7755

Nouailhat, Y.-H.: La cour suprême et la séparation de l'Eglise et de l'Etat. In: Vingtième siècle. 1988. Nr.19. S. 79-89.
BZ 4941:1988

O'Brien, D.M.: Storm center. The Supreme Court in American politics. New York: Norton 1986. 384 S.
B 61403

Rights of passage. The past and future of the ERA. Ed.: J. Hoff-Wilson. Bloomington, Ind.: Indiana University Press 1986. XX, 140 S.
B 62895

Sidanius, J.: Race and sentence severity. The case of American justice. In: Journal of black studies. Vol.18, 1988. No.3. S. 273-281.
BZ 4607:18

Sundquist, J.L.: Constitutional reform and effective government. Washington, D.C.: The Brookings Inst. 1986. X, 262 S.
B 61728

Todesstrafe in den USA. Hrsg.: ai – Sekt. d.BRD. 2.Aufl. Bonn: Amnesty International, Sektion BRD 1987. 64 S.
D 3629

The tree of liberty. A documentary history of rebellion and political crime in America. Ed.: N.N. Kittrie. Baltimore, Ma.: The John Hopkins Univ. 1986. XLVIII, 714 S.
010373

Williams, J.: Eyes on the prize. America's civil rights years, 1954-1965. New York: Viking 1987. XV, 300 S.
B 62080

Wormuth, F.D.; Firmage, E.B.; Butler, F.P.: To chain the dog of war. The war power of Congress in history and law. Dallas, Tex.: Southern Methodist Univ.Pr. 1986. XI, 347 S.
B 60856

Zanjani, S.; Rocha, G.L.: The ignoble conspiracy. Radicalism on trial in Nevada. Reno, Nev.: Univ. of Nevada Pr. 1986. XV, 209 S.
B 60736

L 460 e 12 Regierung und Verwaltung

Domestic intelligence. Ed.: R. Godson. Lexington: Lexington Books 1986. XII, 290 S.
B 61638

Eaton, J.W.: Card-carrying Americans. Privacy, security and the national ID Card debate. Totowa, N.J.: Rowman & Littlefield 1986. XI, 224 S.
B 60980

Gibbons, W.C.: The U.S. Government and the Vietnam war. Executive and legislative roles and relationships. Pt.1. Princeton, N.J.: Princeton Univ.Press 1986. 363 S.
B 61019

Kokosin, A.A.; Rogov, S.M.: Die grauen Eminenzen. Sicherheitsberater des Weißen Hauses von Kennedy bis Reagan. Berlin: Verlag d.Nation 1987. 373 S.
B 62102

Lamphere, R.J.; Shachtman, T.: The FBI-KGB War. A special agent's story. New York: Random House 1986. 320 S.
B 61168

Lewy, G.: Does America need a Verfassungsschutzbericht? In: Orbis. Vol.31, 1987. No.3. S. 275-292.
BZ 4440:31

Lord, C.: Rethinking the NSC role. In: Comparative strategy. Vol.6, 1987. No.3. S. 241-279.
BZ 4686:6

Natoli, M.D.: American prince, American pauper. The contemporary vice presidency in perspective. Westport, Conn.: Greenwood Press 1985. XIV, 204 S.
B 59325

The Reagan administration and human rights. Ed.: T.E. Yarbrough. New York: Praeger 1985. XI, 266 S.
B 59261

Steiner, G.Y.: Constitutional inequality. Washington, D.C.: The Brookings Inst. 1985. 113 S.
B 57963

– Präsident

Campbell, C.: Managing the presidency. Carter, Reagan, and the search for executive harmony. Pittsburgh, Pa.: Univ.of Pittsburgh Pr. 1986. XX, 310 S.
B 60837

Chief of staff. Twenty-five years of managing the presidency. Ed.: S.Kernell. Berkeley, Calif.: Univ.of California Pr. 1986. XX, 244 S.
B 62592

Fishel, J.: Presidents [and] promises. From campaign pledge to presidential performance. Washington, D.C.: Congressional Quarterly Pr. 1985. XV, 226 S.
B 61496

Flitner, D.: The politics of presidential commissions. Dobbs Ferry, N.Y.: Transnational 1986. XVII, 236 S.
B 61246

Margolis, L.: Executive agreements and presidential power in foreign policy. New York: Praeger 1986. XII, 159 S.
B 61014

Plischke, E.: Diplomat in chief. The president at the summit. New York: Praeger 1986. X, 518 S.
B 60755

The president, the congress and foreign policy. Lanham: Univ.Press of America 1986. XV, 311 S.
B 63058

Problems and prospects. Ed.: K.W. Thompson. Lanham: Univ.Press of America 1986. 144 S.
B 61537

Rabl, K.: Verfassungsrecht und Staatskrise. Das Amt d. Präsidenten d. Vereinigten Staaten von Nordamerika vor u. nach d. zweiten Amtsperiode Richard M. Nixons (1973/74). München: Schweitzer 1985. XXI, 295 S.
B 61962

Sorensen, T.C.: The president and the secretary of State. In: Foreign affairs. Vol.66, 1987. No.2. S. 231-248.
BZ 05149:66

– Regierung

The Ford White House. A Miller Center conference chaired by Herbert J. Storing. Ed.: D.Clinton. Lanham: Univ.Press of America 1986. X, 96 S.
B 61777

Krieger, J.: Reagan, Thatcher, and the politics of decline. Cambridge: Polity Press 1986. VIII, 247 S.
B 60368

Perspectives on the Reagan years. Ed.: J.L. Palmer. Washington, D.C.: The Urban Inst. Pr. 1986. XII, 215 S.
B 62063

Reagan's reign of error. Ed.: M. Green. New York, N.Y.: Pantheon Books 1987. 176 S.
Bc 7941

The role of government in the United States. Ed.: R.E. Leary. Lanham: Univ. Press of America 1985. 245 S.
B 59089

Schweigler, G.: Die Vereinigten Staaten am Ende der Reagan-Ära. In: Europa-Archiv. Jg.43, 1988. Nr.3. S. 59-66.
BZ 4452:43

Steele, R.W.: Propaganda in an open society: the Roosevelt administration and the media, 1933-1941. Westport, Conn.: Greenwood Press 1985. X, 231 S.
B 59332

Villepin, X.de: Les Etats-Unis de Reagan. In: Défense nationale. A.44, 1988. No.7. S. 27-34.
BZ 4460:44

Weeks, A.L.: The Reagan détente. In: Global affairs. Jg.3, 1988. Nr.2. S. 89-107.
BZ 05553:3

L 460 e 13 Parlamente und Wahlen

Abramson, P.R.; Aldrich, J.H.; Rohde, D.W.: Change and continuity in the 1984 elections. Washington, D.C.: Congressional Quarterly Pr. 1986. XVI, 311 S.
B 61497

Bergner, J.T.: Organizing the Congress for national security. In: Comparative strategy. Vol.6, 1987. No.3. S. 281-304.
BZ 4686:6

Collier, E.C.: Foreign policy by reporting requirement. In: The Washington quarterly. Vol.11, 1988. No.1. S. 75-84.
BZ 05351:11

Elections '86. Ed. C. McGuiness. Washington, D.C.: Congressional Quarterly Pr. 1986. 127 S.
Bc 01957

Frantzich, S.E.: Write your congressman. Constituent communications and representation. New York: Praeger 1986. XIII, 157 S.
B 58915

Kendall-Hoar, E.: Campaign '88. In: Journal of defense diplomacy. Vol. 6, 1988. No.1,2. S. 13-19;10-17.
BZ 05545:6

Khoury, N.A.: The Arab lobby: problems and prospects. In: The Middle East journal. Vol.41, 1987. No.3. S. 379-396.
BZ 4463:41

Loewenstein, G.; Sanders, L.T.: Bloc voting, rainbow coalitions, and the Jackson presidential candidacy. A view from Southeast Texas. In: Journal of black studies. Vol.18, 1987. No.1. S. 86-96.
BZ 4607:18

Mintz, F.P.: The liberty lobby and the American right. Race, conspiracy and culture. Westport, Conn.: Greenwood Press 1985. 251 S.
B 61134

Mortsolf, L.A.: The role of interest groups in the U.S. military assistance program, 1972-1982. Ann Arbor, Mich.: UMI 1986. X, 384 S.
B 58210

Southwell, P.L.: Alienation and nonvoting in the United States: crucial interactive effects among independent variables. In: Journal of political and military sociology. Vol.14, 1986. No.2. S. 249-261.
BZ 4724:14

Die USA vor den Präsidentschaftswahlen. In: IPW-Berichte. Jg.17, 1988. H.10. S. 19-27.
BZ 05326:17

Vogler, D.J.; Waldman, S.R.: Congress and democracy. Washington, D.C.: Congressional Quarterly Pr. 1985. X, 176 S.
B 59341

The Washington lobby. 5.ed. Washington, D.C.: The Washington Quarterly 1987. VII, 212 S.
Bc 02044

– **Präsidentenwahlen**

The American elections of 1984. Ed.: A. Ranney. o.O.: Duke Univ.Pr. 1985. XII, 367 S.
B 59087

Before nomination. Our primary problems. Ed.: G.Grassmuck. Washington, D.C.: American Enterprise Inst.for Publ. Policy Research 1985. XVII, 146 S.
B 61240

Brookhiser, R.: The outside story. How democrats and republicans re-elected Reagan. Garden City, N.Y.: Doubleday 1986. IX, 298 S.
B 61167

Campaign speeches of American presidential candidates, 1948-1984. Ed.: G.Bush. New York: Ungar 1985. XII, 343 S.
B 58525

Cavanagh, T.E.: Inside black America. The message of the black vote in the 1984 elections. Washington, D.C.: Joint Center for Political Studies 1985. 74 S.
Bc 7187

The election of 1984. Ed.: M.M. Pomper. Chatham, N.J.: Chatham House Publ. 1985. X,197 S.
B 58084

Germond, J.W.; Witcover, J.: Wake us when it's over. Presidential politics of 1984. New York: Macmillan 1985. XXII, 567 S.
B 58527

Greene, J.R.: The crusade. The presidential election of 1952. Lanham: Univ.Press of America 1985. 345 S.
B 58859

Reiter, H.L.: Selecting the president. The nominating process in transition. Philadelphia: Univ.of Pennsylvania Pr. 1985. XVIII, 192 S.
B 59250

L 460 e 14 Parteien

Bennett, J.T.; DiLorenzo, T.J.: Destroying democracy. How goevernment funds partisan politics. Washington, D.C.: CATO Inst. 1985. XIII, 561 S.
B 59243

Galkin, I.V.; Manykin, A.S.; Pečatnov, V.O.: Dvuchpartijnaja sistema v političeskoj istorii AŠa. In: Voprosy istorii. 1987. No.9. S. 50-67.
BZ 05317:1987

Jay, M.: Permanent exiles. New York: Columbia Univ.Pr. 1985. XX, 328 S.
B 58007

Kayden, X.; Mahe, E.: The party goes on. The persistence of the two-party system in the United States. New York: Basic Books 1985. VI, 240 S.
B 59083

Lassale, J.-P.: Les partis politiques aux Etats-Unis. Paris: Presses Univ.de France 1987. 125 S.
Bc 7451

The life of the parties. Ed.: R.B. Rapoport. Lexington, Ky.: Univ.Pr.of Kentucky 1986. X, 242 S.
B 61501

MacCann, M.W.: taking reform seriously. Perspectives on public interest liberalism. Ithaca, N.Y.: Cornell Univ. 1986. 345 S.
B 61251

Mayhew, D.R.: Placing parties in American politics. Princeton, N.J.: Princeton Univ.Press 1986. 395 S.
B 61492

Political parties in local areas. Ed. W. Crotty. Knoxville, Tenn.: Univ.of Tennessee 1986. XI, 253 S.
B 62743

– Demokraten

Cannon, W.B.: New class politics. The polarization of America and what we can do about it. Washington, D.C.: Inst. for Policy Studies 1986. 137 S.
Bc 7198

Farber, D.: Chicago '68. Chicago, Ill.: Univ.of Chicago Pr. 1988. XXI, 304 S.
B 67075

Ferguson, T.; Rogers, J.: Right turn. The decline of the Democrats and the future of American politics. New York: Hill and Wang 1986. 276 S.
B 61715

Goldman, R.M.: Dilemma and destiny. The Democratic Party in America. Lanham, Md.: Madison Books 1986. XV, 297 S.
B 61502

Granjon, M.-C.: Contestation et démocratie dans l'Amérique du 20ème siècle. In: Vingtième siècle. 1988. Nr.18. S. 43-54.
BZ 4941:1988

Padilla, C.A.: The democrats and the dilemma: morality, interests, and foreign policy, 1988. In: SAIS review. Vol.7, 1987. No.2. S. 77-91.
BZ 05503:7

Schlesinger, A.: A democrat looks at foreign policy. In: Foreign affairs. Vol.66, 1987. No.2. S. 263-283.
BZ 05149:66

– Kommunisten

Ewald, W.B.: McCarthyism and consensus. Lanham: Univ.Press of America VII, 68 S.
B 62084

Schrecker, E.W.: No ivory tower. McCarthyism and the universities. Oxford: Oxford Univ.Pr. 1986. VIII, 437 S.
B 60611

Scoggan, B.; Scoggan, N.: America, wake up! Manassas, Va.: Royalty Publ. Comp. 1986. V, 158 S.
Bc 7501

XXIII. Parteitag der Kommunistischen Partei der USA: 10.bis 13. November 1983. Berlin: Dietz 1985. 233 S.
B 56358

Zur Geschichte der Kommunistischen Partei der USA. 60 Jahre Kampf. Hrsg.: P. Bart. Berlin: Dietz 1986. 708 S.
B 60382

– Konservative

Blumenthal, S.: The rise of the counterestablishment. From conservative ideology to political power. New York: Times Books 1986. XIV, 369 S.
B 61489

Forgács, I.: Neokonzervatív Fordulat az Egyesült Allamokban. Budapest: Kossuth Könyvkiadó 1987. 153 S.
Bc 6874

Koch, B.: USA-Konservative zur außenpolitischen Strategie. In: IPW-Berichte. Jg.17, 1988. H.11. S. 9-14.
BZ 05326:17

Lipset, S.M.: Ist Amerika konservativ? In: Aus Politik und Zeitgeschichte. 1987. B.52. S. 3-11.
BZ 05159:1987

Peele, G.: Revival and reaction. The right in contemporary America. o.O.: o.V. XIII, 266 S.
B 60523

Watt, J.G.; Wead, D.: The courage of a conservative. New York: Simon and Schuster 1985. 221 S.
B 58858

– Linke

Harrington, M.: The next left. New York: Holt 1986. 197 S.
B 61749

Henningsen, M.: Die Linke und die USA. In: L'80. Zeitschrift für Literatur und Politik. 1987. H.41,42. S. 130-144; 146-158.
BZ 4644:1987

Kann, M.E.: Middle class radicalism in Santa Monica. Philadelphia, Pa.: Temple Univ.Pr. 1986. XIV, 322 S.
B 61402

Miller, J.: "Democracy is in the streets". From Port Huron to the siege of Chicago. New York: Simon and Schuster 1987. 431 S.
B 62708

– Sozialisten

Buhle, P.: Marxism in the United States. Remapping the history of the American Left. London: Verso 1987. 299 S.
B 62898

Chester, E.T.: Socialists and the ballot box. New York: Praeger 1985. XIII, 173 S.
B 61130

Howe, I.: Socialism in America. San Diego, Cal.: Harcourt Brace Jovanovich 1985. XII, 225 S.
B 59126

Socialism in the heartland. The Midwestern experience, 1900-1925. Ed.: D.T. Critchlow. Notre Dame, Ind.: Univ. of Notre Dame Pr. 1986. VIII, 221 S.
B 61852

– Terrorismus/Geheimbünde

Hoffman, B.: Terrorism in the United States and the potential threat to nuclear facilities. Santa Monica, Calif.: Rand Corp. 1986. IX, 56 S.
Bc 7087

Joyner, C.C.: In search of an anti-terrorism policy: lessons from the Reagan era. In: Terrorism. Vol.11, 1988. No.1. S. 29-42.
BZ 4688:11

Motley, J.B.: U.S. counterterrorists policy. Ann Arbor, Mich.: UMI 1986. IX, 188 S.
B 58198

Suall, I.; Lowe, D.: Special report: the hate movement today: a chronicle of violence and disarray. In: Terrorism. Vol.10, 1987. No.4. S. 345-364.
BZ 4688:10

Wade, W.C.: The fiery cross. The Ku Klux Klan in America. New York: Simon and Schuster 1987. 526 S.
B 62718

Wapner, P.: Problems of US counter-terrorism: The case of Libya. In: Alternatives. Vol.13, 1988. No.2. S. 271-289.
BZ 4842:13

– **Verschiedene Parteien**

Boyte, H.C.; Booth, H.; Max, S.: Citizen action and the new American populism. Philadelphia, Pa.: Temple Univ.Pr. 1986. X, 215 S.
B 61523

Cannon, J.P.: The Communist League of America 1932-34. Ed.: F. Stanton. New York: Monad Pr. 1985. 439 S.
B 61980

The left academy. Marxist scholarship on American campuses. Ed.: B. Ollman. New York: Praeger 1982-86. VII, 290; XVII, 182; XXIV, 295 S.
B 55646

Lugar, R.G.: A republican looks at foreign policy. In: Foreign affairs. Vol.66, 1987. No.2. S. 249-262.
BZ 05149:66

Mailer, N.: Miami and the siege of Chicago. An informal history of the Republican and Democratic conventions of 1968. New York: Primus 1986. VIII, 223 S.
B 62336

The new populism. The politics of em-powerment. Ed.: H.C. Boyte. Philadel-phia, Pa.: Temple Univ.Pr. 1986. IX, 323 S.
B 62333

A new road for America. The neoliberal movement. Ed.: C. Peters. Lanham: Madison Books 1985. VII, 208 S.
B 57934

The progressive movement 1900-1915. Ed.: R. Hostadter. New York: Simon and Schuster 1986. 185 S.
B 62925

Race, politics, and culture. Critical essays on the radicalism of the 1960s. Ed.: A. Reed. Westport, Conn.: Greenwood Press 1986. XII, 287 S.
B 61431

Tobin, E.M.: Organize or perish. Ameri-ca's independent progressives, 1913-1933. New York: Greenwood Press 1986. XIV, 279 S.
B 60784

L 460 e 20 Außenpolitik

Ables, G.R.: Foreign policy and domestic politics. Lyndon Baines Johnson's view of the Middle East. Ann Arbor, Mich.: UMI 1986. X, 121 S.
B 60117

Alliances in U.S. foreign policy. Issues in the quest for collective defense. Ed.: A.N. Sabrosky. Boulder, Colo.: Westview Press 1988. XV, 150 S.
Bc 7477

Altomare, G.: L'origine e l'espansionismo degli Stati Uniti d'America Fino al 1930. Firenze: Ed. SP 44 1985. XVII, 215 S.
B 62070

Amerikanskij Ekspansionizm. Novejšee vremja. Red.: G.N. Sevost'janov. Moskva: Nauka 1986. 610 S.
B 61677

Barilleaux, R.J.: Executive non-agree-ments and the presidential-congressional struggle in foreign affairs. In: World affairs. Vol.148, 1986. No.4. S. 217-227.
BZ 05509:148

Basler, G.: Außenpolitische Auseinander-setzungen in den USA und ihre Wirkun-gen. In: IPW-Berichte. Jg.17, 1988. H.5. S. 17-24.
BZ 05326:17

Beyme, K.von: Vorbild Amerika? Der Einfluß der amerikanischen Demokratie in der Welt. München: Piper 1986. 175 S.
B 59807

Bundy, M.; Blight, J.G.: October 27, 1962: transcripts of the meetings of the ExComm. In: International security. Vol.12, 1988. No.3. S. 30-92.
BZ 4433:12

Calhoun, F.S.: Power and principle. Armed intervention in Wilsonian foreign policy. Kent: The Kent State Univ.Press 1986. XI, 333 S.
B 61170

Citizen summitry. Keeping the peace when it matters too much to be left to politicians. Ed.: D. Carlson. Los Angeles: Tarcher 1986. 396 S.
B 61918

Cohen, W.I.: Empire without tears. America's foreign relations, 1921-1933. Philadelphia, Pa.: Temple Univ.Pr. 1987. XII, 138 S.
B 62706

Collin, R.H.: Theodore Roosevelt, culture, diplomacy, and expansion. Baton Rouge: Louisiana State Univ.Pr. 1985. X, 246 S.
B 58843

Crabb, C. van Meter: The American approach to foreign policy. Lanham: Univ.Press of America 1985. XVI, 86 S.
B 61417

Crabb, C. van Meter; Mulcahy, K.V.: Presidents and foreign policy making. From FDR to Reagan. Baton Rouge, La.: Louisiana State Univ.Pr. 1986. XIV, 359 S.
B 62310

The diplomacy of human rights. Ed.: D.D. Newsom. Lanham: Univ.Press of America 1986. 240 S.
B 61521

Drechsler, K.: Die USA zwischen Antihitlerkoalition und Kaltem Krieg. Berlin: Akademie-Verlag 1986. 426 S.
B 58094

Dull, J.W.: The politics of American foreign policy. Englewood Cliffs.: Prentice-Hall 1985. VIII, 328 S.
B 61097

Ellings, R.J.: Embargoes and world power. Lessons from American foreign policy. Boulder, Colo.: Westview Press 1985. XVI, 176 S.
B 58914

Ellings, R.J.: Strategic embargoes, economic sanctions, and the structure of world politics. Ann Arbor, Mich.: UMI 1986. XIII, 357 S.
B 58395

Estrangement. America and the world. Ed.: S.J. Ungar. New York: Oxford Univ.Pr. 1985. XII, 347 S.
B 59119

Evaluating U.S. foreign policy. Ed.: J.A. Vasquez. New York: Praeger 1986. 237 S.
B 59578

Foreign policy implementation. Ed.: S. Smith. London: Allen & Unwin 1985. 195 S.
B 57695

Freeland, R.M.: The Truman doctrine and the origins of McCarthyism. New York: New York Univ.Pr. 1985. XX, 419, XII S.
B 60169

Gardner, R.N.: The case for practical internationalism. In: Foreign affairs. Vol.66, 1988. No.4. S. 827-855.
BZ 05149:66

Gowin, J.: Ideologiczno-instytucjonalne uwarunkowania polityki zagranicznej ekipy Ronalda Reagana. In: Sprawy Międzynarodowe. R.41, 1988. No.1. S. 37-56.
BZ 4497:41

Halley, L.: Ancient affections. Ethnic groups and foreign policy. New York: Praeger 1985. VIII, 180 S.
B 59329

Henkin, L.: Foreign affairs and the Constitution. In: Foreign affairs. Vol.66, 1987. No.2. S. 284-310.
BZ 05149:66

Hilsman, R.: The politics of policy making in defense and foreign affairs. Conceptual models and bureaucratic politics. Englewood Cliffs.: Prentice-Hall 1987. IX, 326 S.
B 62764

Hinjari, W.L.: A comparative study of Nigeria's perception of the Soviet Union and the United States' intervention in African states. Ann Arbor, Mich.: UMI 1986. XII, 613 S.
B 60106

Howard, M.: A European perspective on the Reagan years. In: Foreign affairs. Vol.66, 1987/88. No.3. S. 478-493.
BZ 05149:66

Hoyt, E.C.: Law & force in American foreign policy. Lanham: Univ.Press of America 1985. 270 S.
B 58867

Huntington, S.P.: Coping with the Lippmann gap. In: Foreign affairs. Vol.66, 1987/88. No.3. S. 453-477.
BZ 05149:66

In contempt of Congress. The Reagan record of deceit and illegality on Central America. Ed.: P. Brenner. Washington, D.C.: The Central America Crisis Monitoring Team 1985. 68 S.
Bc 6409

The Iran-Contra arms scandal: foreign policy disaster. Ed.: O. Trager. New York, N.Y.: Facts on File Publ. 1988. 216 S.
010621

Karlsson, S.: Oil and the world order. American foreign oil policy. Leamington Spa.: Berg 1986. 308 S.
B 60917

Kenworthy, E.: Where Pennsylvania avenue meets Madison avenue: The selling of foreign policy. In: World policy journal. Vol.5, 1988. No.1. S. 107-127.
BZ 4822:5

Kissinger, H.; Vance, C.: Bipartisan objectives for American foreign policy. In: Foreign affairs. Vol.66, 1987/88. No.5. S. 899-921.
BZ 05149:66

Klunk, B.: Consensus and the American mission. Lanham: Univ.Press of America 1986. XIII, 176 S.
B 61500

Krulak, V.H.: The isolation of the United States. In: Global affairs. Jg.2, 1987. Nr.4. S. 57-66.
BZ 05553:2

Larson, D.W.: Origins of containment. Princeton, N.J.: Princeton Univ.Press 1985. XVI, 380 S.
B 62339

Lebovic, J.H.: National interests and US Foreign aid: the Carter and Reagan years. In: Journal of peace research. Vol.25, 1988. No.2. S. 115-135.
BZ 4372:25

Loeb, P.R.: Hope in hard times. America's peace movement and the Reagan era. Lexington: Lexington Books 1987. IX, 322 S.
B 61292

Luard, E.: Western Europe and the Reagan doctrine. In: International affairs. Vol.63, 1987. No.4. S. 563-574.
BZ 4447:63

May, B.: Reagan und die Entwicklungsländer. Die Auslandshilfepolitik im amerikan. Regierungssystem. München: Oldenbourg 1987. XIV, 271 S.
B 61444

McGovern, G.: The 1988 election: U.S. foreign policy at a watershed. In: Foreign affairs. Vol.66, 1987/88. No.3. S. 614-629.
BZ 05149:66

Mead, W.R.: Mortal splendor. The American empire in transition. Boston, Mass.: Houghton Mifflin 1987. XII, 381 S.
B 62721

Melanson, R.A.; Mayers, D.: Reevaluating Eisenhower. The American foreign policy in the 1950s. Urbana, Ill.: Univ. of Illinois 1987. 277 S.
B 62774

Modern American diplomacy. Ed.: J.M. Carroll. Wilmington, Del.: Scholarly Resources 1986. XIV, 241 S.
B 61729

Montgomery, J.D.: Aftermath: tarnished outcomes of American foreign policy. Dover, Mass.: Auburn House 1986. XVII, 200 S.
B 59242

Müller, C.: Die Menschenrechte als außenpolitisches Ziel. Das Beispiel der amerikanischen Politik der Jahre 1973-1980. Baden-Baden: Nomos-Verlagsges. 1986. 171 S.
B 58389

Palaniandi, M.: Who wants war? New Delhi: Sterlin Publ. 1985. XI, 87 S.
B 59711

Payne, R.J.: Black Americans and the demise of constructive engagement. In: Africa today. Vol.33, 1986. Nos.2 & 3. S. 71-89.
BZ 4407:33

Reagan's leadership and the Atlantic alliance. Views from Europe and America. Ed.: W. Goldstein. Washington: Pergamon-Brassey's 1986. XIII, 209 S.
B 61714

Rubin, B.: Secrets of state. The State Department and the struggle over U.S. foreign policy. Oxford: Oxford Univ.Pr. 1985. IX, 335 S.
B 58283

Said, E.W.: Irangate: a many-sided crisis. In: Journal of Palestine studies. Vol.16, 1987. No.4. S. 27-49.
BZ 4602:16

Sananikone, O.: The world of journals. International affairs journals. In: The Washington quarterly. Vol.11, 1988. No.2. S. 209-214.
BZ 05351:11

Sempa, F.P.: Geopolitics and American strategy: a reassessment. In: Strategic review. Vol.15, 1987. No.2. S. 27-38.
BZ 05071:15

Shaffer, D.E.: The myth of American neutrality from 1937-1941. Ann Arbor, Mich.: UMI 1986. V, 105 S.
B 58195

Smith, G.: Morality, reason, and power. American diplomacy in the Carter years. New York: Hill and Wang 1986. VI, 296 S.
B 61239

U.S. foreign policy. The Reagan imprint. Washington, D.C.: Congressional Quarterly Pr. 1986. X, 177 S.
B 59942

USA. Außenpolitik in der Gegenwart. Hrsg.: C. Montag. Berlin: Staatsverlag der DDR 1986. 286 S.
B 60177

Wasilewski, T.: Koncepcje neoglobalizmu w polityce zagranicznej USA. In: Sprawy Międzynarodowe. R.40, 1987. No.5. S. 22-93; 93-102.
BZ 4497:40

Welch, D.A.; Blight, J.G.: The eleventh hour of the Cuban missile crisis: an introduction to the ExComm transcripts. In: International security. Vol.12, 1988. No.3. S. 5-29.
BZ 4433:12

Wiarda, H.J.: The paralysis of policy: current dilemmas of U.S. foreign policy making. In: World affairs. Vol.149, 1986. No.1. S. 15-20.
BZ 05509:149

Williams, P.: The limits of American power: from Nixon to Reagan. In: International affairs. Vol.63, 1987. No.4. S. 575-587.
BZ 4447:63

Williamson, R.S.: U.S. multilateral diplomacy at the United Nations. In: The Washington quarterly. Vol.9, 1987. No.3. S. 5-18.
BZ 05351:9

Winsor, C.: From Reagan doctrine to detente. In: Global affairs. Jg.3, 1988. Nr.1. S. 52-80.
BZ 05553:3

L 460 e 23 Sicherheitspolitik

American security in a changing world. Ed.: J.R. Goldman. Lanham: Univ.Press of America 1987. V, 322 S.
B 62277

Berkowitz, B.D.: American security. Dilemmas for a modern democracy. New Haven: Yale Univ.Pr. 1986. XVI, 282 S.
B 61012

Blechman, B.M.: U.S. security in the twenty-first century. Boulder, Colo.: Westview Press 1987. XIII, 173 S.
B 61929

Burt, R.R.: Strenght and strategy. U.S. security in the 1990s. In: The Washington quarterly. Vol.11, 1988. No.2. S. 5-13.
BZ 05351:11

Cimbala, S.J.: Artificial intelligence and national security. Lexington: Lexington Books 1987. XIII, 223 S.
B 61449

Görtemaker, M.; Wettig, G.: USA-UdSSR. Dokumente zur Sicherheitspolitik. Opladen: Leske + Budrich 1987. 277 S.
B 61424

The national security. Its theory and practice, 1945-1960. Ed.: N.A. Graebner. Oxford: Oxford Univ.Pr. 1986. XII, 316 S.
B 60663

Rockman, B.A.: Mobilizing political support for U.S. National Security. In: Armed forces and society. Vol.14, 1987. No.1. S. 17-41.
BZ 4418:14

Schoultz, L.: National security and United States policy toward Latin America. Princeton, N.J.: Princeton Univ.Press 1987. XX, 377 S.
B 63287

Security commitments and capabilities. Ed. U. Ra'anan. Hamdon, Conn.: Archon Books 1985. XII, 204 S.
B 58051

Shepherd, W.G.; Shepherd, T.B.: The ultimate deterrent. Foundations of US-USSR security under stable competition. New York: Praeger 1986. X, 137 S.
B 62078

Spillmann, K.R.: Bedrohung und Bedrohungsabwehr aus der Sicht der USA. St. Gallen: Hochschule St. Gallen 1986. 29 S.
Bc 01884

U.S. national security. Ed. D.J. Kaufman. Lexington: Lexington Books 1985. XIV, 584 S.
B 58179

L 460 e 29 Außenpolitische Beziehungen

Scheman, R.L.: Rhetoric and reality: the inter-American system's second century. In: Journal of Interamerican studies and world affairs. Vol.29, 1987. No.3. S. 1-31.
BZ 4608:29

– Äthiopien

Alemu, T.: The unmaking of Ethio-American military relations. Ann Arbor, Mich.: UMI 1986. IX, 462 S.
B 58411

– Afrika

African crisis areas and U.S. foreign policy. Ed.: G.J. Bender. Berkeley, Calif.: Univ.of California Pr. 1985. XIV, 373 S.
B 57991

Böhme, I.; Freitag, W.: Südliches Afrika: Amerikanische-sowjetische Impulse für eine friedliche Lösung? In: Blätter für deutsche und internationale Politik. 1988. Nr.8. S. 976-988.
BZ 4551:1988

Dickson, D.A.: United States foreign policy towards sub-Saharan Africa. Lanham: Univ.Press of America 1985. XIX, 195 S.
B 58341

Laïdi, Z.: Les contraintes d'une rivalité. Les superpuissances et l'Afrique. (1960-1985). Paris: La Découverte 1986. 299 S.
B 59274

Newsum, H.E.; Abegunrin, O.: United States foreign policy towards Southern Africa. Houndmills: MacMillan Pr. 1987. IX, 164 S.
B 60253

Sarfo, K.: United States policy towards local and regional conflicts in Africa. Ann Arbor, Mich.: UMI 1986. V, 238 S.
B 60209

– Afghanistan

Alexiev, A.: U.S. policy and the war in Afghanistan. In: Global affairs. Jg.3, 1988. Nr.1. S. 81-93.
BZ 05553:3

– Asien

Bator, A.: USA-Politik gegen Asien. Strategische Grundzüge nach dem zweiten Weltkrieg. Berlin: Militärverlag der DDR 1986. 255 S.
B 60127

Rostow, W.W.: The United States and the regional organization of Asia and the Pacific, 1965-1985. Austin, Texas: University of Texas Press 1986. XV, 265 S.
B 61420

U.S. leadership in Asia and the Middle East. Ed.: K.W. Thompson. Lanham: Univ.Press of America 1985. X, 146 S.
B 58339

– Bundesrepublik Deutschland

Bitburg in moral and political perspective. Ed.: G.H.Hartman. Bloomington, Ind.: Indiana University Press 1986. XVI, 284 S.
B 59608

Brandstetter, K.J.: Abweichende Überlegungen zum "deutschen Problem". Der deutsch-amerikanische Dauerstreit um die atomare Verfügungsgewalt (IV). In: Blätter für deutsche und internationale Politik. Jg.32, 1987. Nr.11. S. 1420-1445.
BZ 4551:32

Brandstetter, K.J.: Kennedys Nein zur atomaren Bewaffnung der Bundeswehr. In: Blätter für deutsche und internationale Politik. Jg.32, 1987. Nr.8. S. 1085-1101.
BZ 4551:32

Die Bundesrepublik Deutschland und die Vereinigten Staaten von Amerika. Hrsg.: J.A. Cooney. Stuttgart: Klett-Cotta 1985. 370 S.
B 57778

Burns, A.F.: The United States and Germany. A vital partnership. New York: Council on Foreign Relations 1986. XII, 51 S.
B 59940

Hearden, P.J.: Roosevelt confronts Hitler. Dekalb, Ill.: Northern Ill. Univ.Pr. 1987. XII, 328 S.
B 62680

Die USA und Deutschland seit dem Zweiten Weltkrieg. Hrsg.: S. Quandt. Paderborn: Schöningh 1985. 141 S.
B 57340

– Ägypten

Aronson, G.: From sideshow to center stage. U.S. policy toward Egypt 1946-1956. Boulder, Colo.: Rienner 1986. VII, 208 S.
B 59518

Quandt, W.B.: American-Egyptian relations. In: American Arab affairs. 1987. No.22. S. 1-10.
BZ 05520:1987

– China

Coleman, D.J.: Understanding the Chinese revolution. Problems in the U.S. State Department's political reporting. Ann Arbor, Mich.: UMI 1986. VI, 382 S.
B 58401

Goldstein, S.M.; Mathews, J.: Sino-American relations after normalization. New York, N.Y.: Foreign Policy Association 1986. 63 S.
Bc 6887

Pacific-Asian Issues. American and Chinese views. Ed.: R.A. Scalapino. Berkeley, Cal.: University of California 1986. VIII, 289 S.
B 61586

Stolper, T.E.: China, Taiwan, and the offshore islands. Together with an implication for outer Mongolia and Sino-Soviet relations. Armonk, N.Y.: Sharpe 1985. XIII, 170 S.
B 58291

Zanegin, B.N.; Plešakov, K.V.: "Kitajskaja politika" Vašingtona i kongress SŠA. In: Problemy dal'nego vostoka. 1987. No.4. S. 46-59.
BZ 05458:1987

Zanegin, B.N.: Amerikanskij imperializm i Kitaj. In: Problemy dal'nego vostoka. 1986. No.4. S. 45-57.
BZ 05458:1986

– Dritte Welt

East-West rivalry in the Third World. Security issues and regional perspectives. Ed.: R.W. Clawson. Wilmington, Del.: Scholarly Resources 1986. XXV, 348 S.
B 59493

Thornton, T.P.: The challenge to U.S. policy in the Third World. Boulder, Colo.: Westview Press 1986. XIV, 175 S.
B 61451

U.S. foreign policy and the Third World: agenda 1985-86. Ed.: J.W. Sewell. New Brunswick: Transaction Books 1985. X, 238 S.
B 61978

Wilhelmy, M.: La evolución de la multipolaridad. In: Estudios internacionales. Jg.20, 1987. No.79. S. 379-401.
BZ 4936:20

– El Salvador

Diskin, M.; Sharpe, K.: The Impact of U.S. policy in El Salvador, 1979-1985. Berkeley, Calif.: Inst. of International Studies 1986. 67 S.
Bc 6710

– Europa

Drifting together or apart? Ed.: R.C. Eichenberg. Lanham: Univ.Press of America 1986. XX, 196 S.
B 61520

Il dialogo con fli Stati Uniti e il malessere europeo. Bologna: Soc.ed. Il Mulino 1986. 170 S.
Bc 6922

Langer, P.H.: Transatlantic discord and NATO's crisis of cohesion. Washington: Pergamon-Brassey's 1986. VIII, 94 S.
Bc 6705

Moss, K.: The next step in U.S.-European relations. In: The Washington quarterly. Vol.11, 1988. No.2. S. 103-117.
BZ 05351:11

Zahn, P.von: Verlässt uns Amerika? Berlin: Ullstein 1987. 221 S.
B 60744

– Frankreich

Hurstfield, J.G.: America and the French nation, 1939-1945. Chapel Hill, N.C.: The Univ. of North Carolina Pr. 1986. X, 309 S.
B 60855

– Großbritannien

Edmonds, R.: Setting the mould. The United States and Britain 1945-1950. Oxford: Clarendon Press 1986. XXX, 349 S.
B 61298

– Iran

Lytle, M.H.: The origins of the Iranian-American alliance, 1941-1953. New York: Holmes & Meier 1987. XXI, 239 S.
B 62700

Ostrich, R.: US policy initiatives in post-Khomeini Iran: toward a new course in U.S. Iranian relations. In: Global affairs. Jg.2, 1987. Nr.4. S. 119-134.
BZ 05553:2

Patrizia, C.A.: U.S. policy in the Arabian Gulf – a long-term view. In: American Arab affairs. 1987. No.22. S. 45-55.
BZ 05520:1987

Sick, G.: All fall down. America's tragic encounter with Iran. New York: Random House 1985. XIII, 366 S.
B 58251

Wolfgang, K.F.: Irano-American military and political relations during the 1970s. Ann Arbor, Mich.: UMI 1986. IX, 287 S.
B 58200

– Italien

Harper, J.L.: America and the reconstruction of Italy, 1945-1948. Cambridge: Cambridge Univ.Pr. 1986. X, 213 S.
B 60687

Miller, J.E.: The United States and Italy, 1940-1950. The politics and diplomacy of stabilization. Chapel Hill, N.C.: The Univ. of North Carolina Pr. 1986. XIV, 356 S.
B 61494

Sullivan, B.R.: Roosevelt, Mussolini e la guerra d'Etiopia: una lezione sulla diplomazia americana. In: Storia contemporanea. A.19, 1988. Nu.1. S. 85-105.
BZ 4590:19

– Israel

Dynamics of dependence: U.S.-Israeli Relations. Ed.: G. Sheffer. Boulder, Colo.: Westview Press 1987. X, 210 S.
B 61895

Kuniholm, B.R.; Rubner, M.: The Palestinian problem and United States policy. A guide to issues and references. Claremont, Cal.: Regina Books 1985. IX, 157 S.
B 58665

Neff, D.: The beginning of U.S. strategic cooperation with Israel. In: American Arab affairs. 1987. No.21. S. 64-86.
BZ 05520:1987

Novik, N.: The United States and Israel. Domestic determinants of a changing U.S. commitment. Boulder, Colo.: Westview Press 1986. XI, 176 S.
B 59812

Rose, J.: Israel: the hijack state. America's watchdog in the Middle East. London: Bookmarks Publ. 1986. 78 S.
Bc 7159

Sheffer, G.: The United States-Israeli "special relationship". In: The Jerusalem journal of international relations. Vol.9, 1987. No.4. S. 35-44.
BZ 4756:9

– Japan

Brands, H.W.: The United States and the reemergence of independent Japan. In: Pacific affairs. Vol.59, 1986. No.3. S. 387-401.
BZ 4450:59

Homma, N.: Beyond bashing: toward sounder Japan-U.S. ties. In: Japan review of international affairs. Vol.1, 1987. No.2. S. 154-169.
BZ 4926:1

Mansfield, M.: The U.S.-Japan relationship: transition and challenge. In: Japan review of international affairs. Vol.1, 1987. No.2. S. 143-153.
BZ 4926:1

Olsen, E.A.: U.S.- Japan strategic reciprocity: a new international view. Stanford, Cal.: Hoover Institut 1985. 194 S.
B 57604

Packard, G.R.: The coming U.S.- Japan crisis. In: Foreign affairs. Vol.66, 1987. No.2. S. 348-367.
BZ 05149:66

– Jugoslawien

Maurer, P.: United States – Yugoslav relations. A marriage of convenience. Bern: Schweizerische Ost-Institut 1985. 40 S.
Bc 02381

– Kanada

Bromke, A.; Nossal, K.R.: A turning point in U.S.-Canadian relations. In: Foreign affairs. Vol.66, 1987. No.1. S. 150-169.
BZ 05149:66

Fox, W.T.R.: A continent apart. The United States and Canada in world politics. Toronto: University of Toronto Press 1985. XV, 188 S.
B 58399

– Karibik

Cortada, J.N.; Cortada, J.W.: U.S. foreign policy in the Caribbean, Cuba, and Central America. New York: Praeger 1985. XIV, 251 S.
B 60309

Lowenthal, A.: The United States and the Caribbean basin: the politics of national insecurity. In: The Jerusalem journal of international relations. Vol.8, 1987. No.2-3. S. 83-99.
BZ 4756:8

– Kuba

Smith, W.S.: The closest of enemies. A personal and diplomatic account of U.S.-Cuban relations since 1957. New York: Norton 1987. 308 S.
B 61759

Welch, R.E.: Response to revolution. Chapel Hill, N.C.: The Univ. of North Carolina Pr. 1985. IX, 243 S.
B 57984

– Lateinamerika

Black, J.K.: Sentinels of the empire. The United States and Latin American militarism. New York: Greenwood Press 1986. XIX, 240 S.
B 61121

Blasier, C.: The hovering giant. U.S. responses to revolutionary change in Latin America, 1910-1985. Pittsburgh, Pa.: Univ. of Pittsburgh Pr. 1985. XXI, 339 S.
B 60987

Fejes, F.: Imperialism, media, and the good neighbor: new deal foreign policy and United States shortwave broadcasting in Latin America. Norwood, N.J.: Ablex Publ. 1986. X, 190 S.
B 60998

Kryzanek, M.J.: U.S.-Latin American relations. New York: Praeger 1985. XXX, 242 S.
B 59339

Lowenthal, A.E.: Rethinking US interests in the Western hemisphere. In: Journal of Interamerican studies and world affairs. Vol.29, 1987. No.1. S. 1-23.
BZ 4608:29

Molineu, H.: U.S. policy toward Latin America. From regionalism to globalism. Boulder, Colo.: Westview Press 1986. XII, 242 S.
B 61406

– Libyen

ElWarfally, M.G.: U.S. policy toward Libya, 1969-1982. The role of image. Ann Arbor, Mich.: UMI 1986. XII, 378 S.
B 60131

Schumacher, E.: Estados unidos y Libia. In: Politica exterior. Vol.1, 1987. No.2. S. 167-191.
BZ 4911:1

– Mexico

Baer, D.: Mexico: ambivalent ally. In: The Washington quarterly. Vol.10, 1987. No.3. S. 103-113.
BZ 05351:10

– Mittelamerika

Best, E.: US policy and regional security in Central America. Aldershot: IISS/ Gower 1987. 182 S.
B 61968

Cohen, J.; Rogers, J.: Rules of the game: American politics and the Central America movement. Boston, Ma.: South End Pr. 1986. 60 S.
Bc 7410

Confronting revolution. Security through diplomacy in Central America. Ed.: M.J. Blachman. New York, N.Y.: Pantheon Books 1986. IX, 438 S.
B 61034

The continuing crisis. U.S. policy in Central America and the Caribbean. Ed.: M. Falcoff. Washington, D.C.: Ethics and Public Policy Center 1987. XI, 555 S.
B 62279

Cordova, A.: "Pax Americana" in Central America and the international economic crisis. In: Socialism in the world. Jg.9, 1985. No.46. S. 104-115.
BZ 4699:9

Nowak, K.: Polityka administracji Ronalda Reagana w Ameryce Srodkowej. In: Sprawy Międzynarodowe. R.41, 1988. No.2. S. 59-70.
BZ 4497:41

Sauvage, L.: Les États-Unis face à l'Amérique centrale. Paris: Balland 1985. 285 S.
B 58765

Selser, G.: Cinco años de agresiones estadunidenses a Centroamérica y el Caribe. Caracas: Ed. Centauro 1985. 238 S.
Bc 7175

Slater, J.: Dominos in Central America. Will they fall? Does it matter? In: International security. Vol.12, 1987. No.2. S. 105-134.
BZ 4433:12

– NATO

Rosecrance, R.: US relations with NATO. In: The Jerusalem journal of international relations. Vol.8, 1987. No.2-3. S. 1-14.
BZ 4756:8

– Naher/Mittlerer Osten

Chadda, M.: Paradox of power. The United States in Southwest Asia, 1973-1984. Oxford: ABC-Clio 1986. XVI, 278 S.
B 61607

Chomsky, N.: The U.S. and the Middle East. In: Journal of Palestine studies. Vol.16, 1987. No.3. S. 25-42.
BZ 4602:16

Godfried, N.: Economic development and regionalism: United States foreign relations in the Middle East, 1942-1945. In: Journal of contemporary history. Vol.22, 1987. No.3. S. 481-500.
BZ 4552:22

Leeuwen, M.van: Lobbies, Congress and American Middle East policies. In: Orient. Jg.28, 1987. H.2. S. 171-193.
BZ 4663:28

Spiegel, S.L.: The other Arab-Israeli conflict. Making America's Middle East policy, from Truman to Reagan. Chicago, Ill.: Univ.of Chicago Pr. 1985. XVI, 522 S.
B 58157

Stivers, W.: America's confrontation with revolutionary change in the Middle East, 1948-83. London: Macmillan 1986. IX, 132 S.
B 60533

– Namibia

Schroeder, P.: A new Namibian policy for the United States: why it's needed: what it can do. In: Africa today. Vol.33, 1986. Nos.2 & 3. S. 25-46.
BZ 4407:33

– Nicaragua

Robinson, W.I.; Norsworthy, K.: David and Goliath. The U.S. war against Nicaragua. New York: Monthly Review Pr. 1987. 400 S.
B 63029

Soberg, M.S.: Thinking about the next revolution: lessons from US policy in Nicaragua. In: Journal of Interamerican studies and world affairs. Vol.29, 1987. No.1. S. 73-92.
BZ 4608:29

Thompson, C.B.: War by another name: destabilisation in Nicaragua and Mozambique. In: Race and class. Vol.29, No.4. S. 21-44.
BZ 4811:29

– Nigeria

Ate, B.E.: Decolonization and dependence. The development of Nigerian-U.S. relations, 1960-1984. Boulder, Colo.: Westview Press 1987. XVI, 282 S.
B 60989

– Osteuropa

Luers, W.H.: The U.S. and Eastern Europe. In: Foreign affairs. Vol.65, 1987. No.5. S. 976-994.
BZ 05149:65

Luers, W.H.: Die Vereinigten Staaten und Osteuroa. In: Europäische Rundschau. Jg.15, 1987. Nr.4. S. 27-43.
BZ 4615:15

– Panama

Hogan, J.M.: The Panama Canal in American politics. Domestic advocacy and the evolution of policy. Carbondale, Ill.: Southern Illinois Univ.Pr. 1986. VIII, 291 S.
B 61337

– Philippinen

Halle, L.J.: The United States acquires the Philippines: consensus vs. reality. Lanham: Univ.Press of America 1985. XIII, 57 S.
B 59092

– Pazifik

Tow, W.T.: American interests in the Southwest Pacific during a "Post-Anzus" era. In: SAIS review. Vol.7, 1987. No.2. S. 143-158.
BZ 05503:7

– Saudiarabien

Long, D.E.: The United States and Saudi Arabia. Boulder, Colo.: Westview Press 1985. XII, 161 S.
B 58027

– Sozialistische Staaten

Morris, B.S.: Communism, revolution, and American policy. 2.ed. Durham, NC.: Duke Univ.Pr. 1987. XIV, 179 S.
B 62662

– Spanien

Manueco, G.: Relaciones de Espana con Estados Unidos. In: Politica exterior. Vol.1, 1987. No.3. S. 98-111.
BZ 4911:1

– Südamerika

Jervis, D.T.: The United States confronts change in Latin America. Ann Arbor, Mich.: UMI 1986. 439 S.
B 60132

– Südafrika

Coker, C.: The United States and South Africa, 1968-1985. Constructive engagement and its critics. Durham, NC.: Duke Univ.Pr. 1986. XV, 327 S.
B 60749

Danaher, K.: In whose interest? 2.ed. Washington: Inst. for Policy Studies 1985. 279 S.
B 60787

Danaher, K.: The political economy of U.S. policy toward South Africa. Boulder, Colo.: Westview Press VIII, 23 S.
B 57950

Martin, B.L.: Attacking Reagan by way of Pretoria. In: Orbis. Vol.31, 1987. No.3. S. 293-312.
BZ 4440:31

Metz, S.K.: The anti-apartheid movement and the formulation of American policy toward South Africa, 1969-1981. Ann Arbor, Mich.: UMI 1986. VII, 526 S.
B 60133

Schümer, M.: Die amerikanische Politik gegenüber dem südlichen Afrika. Bonn: Europa-Union-Verl. 1986. V, 183 S.
B 58421

– Südasien

Subramanian, R.R.: Nuclear competition in South Asia and U.S. policy. Berkeley, Cal.: University of California 1987. 62 S.
Bc 7408

– Südeuropa

Vukadinović, R.: Polityka USA w regionie Morza Sródziemnego. In: Sprawy Międzynarodowe. R.41, 1988. No.3. S. 41-56.
BZ 4497:41

– Südkorea

Kim, C.B.: U.S. withdrawal decision from South Korea, 1945-1949. Ann Arbor, Mich.: UMI 1986. IV, 314 S.
B 58314

Nam, J.-H.: America's commitment to South Korea. The first decade of the Nixon doctrine. Cambridge: Cambridge Univ.Pr. 1986. X, 218 S.
B 58160

Olsen, E.A.: Korean politics and U.S. policy. In: Asian survey. Vol.27, 1987. No.8. S. 839-861.
BZ 4437:27

United States-Korea relations. Ed.: R.A. Scalapino. Berkeley, Calif.: Inst. of East Asian Studies, Univ. of California 1986. X, 226 S.
B 62278

– Südostasien

Hess, G.R.: The United States' emergence as a Southeast Asian power, 1940-1950. New York: Columbia Univ.Pr. 1987. XI, 448 S.
B 61984

– Thailand

Randolph, R.S.: The United States and Thailand. Alliance dynamics, 1950-1985. Berkeley, Cal.: University of California 1986. 245 S.
B 62240

United States-Thailand relations. Ed.: K.D. Jackson. Berkeley, Calif.: Inst. of East Asian Studies, Univ. of California 1986. XII, 332 S.
B 62280

– Türkei

Campany, R.C.: Turkey and the United States. The arms embargo period. New York: Praeger 1986. VIII, 146 S.
B 60836

Campany, R.C.: U.S.-Turkish relations in the arms embargo period, 1974-1980. Ann Arbor, Mich.: UMI 1986. II, 237 S.
B 58197

– UdSSR

Brzezinski, Z.: The U.S.-Soviet relationship: paradoxes and prospects. In: Strategic review. Vol.15, 1987. No.2. S. 11-18.
BZ 05071:15

Brzezinski, Z.: Game plan. A geostrategic framework for the conduct of the U.S.-Soviet contest. Boston, Mass.: The Atlantic Monthly Pr. 1986. XIV, 288 S.
B 61371

Cohen, S.F.: Sovieticus. American perceptions and Soviet realities. New York: Norton 1985. 160 S.
B 58380

Elleinstein, J.: Goliath contre Goliath. Histoire des relations américano-soviétiques. Paris: Fayard 1986. 550 S.
B 62461

The future of U.S.-U.S.S.R. relations. Lessons from forty years without world war. Ed.: R.K. German. Austin, Tex.: Texas Monthly Pr. 1986. XVIII, 190 S.
B 62076

Der Gipfel von Reykjavik. Dok. d. Reden von (Ronald) Reagan und (Michail) Gorbatschow. Hrsg.: Die Friedensliste. Bonn: o.V. 1986. 15 S.
D 03651

Heinrich, A.: Amerikanisch-sowjetische Annäherung und regionale Konflikte. In: Blätter für deutsche und internationale Politik. Jg.33, 1988. Nr.1. S. 37-53.
BZ 4551:33

Herman, P.F.: Thinking about peace: the conceptualization and conduct of U.S.-Soviet detente. Lanham: Univ.Press of America 1987. XVIII, 231 S.
B 63004

Hyland, W.G.; Kaiser, K.; Kimura, H.: Der Fortgang der Ost-West-Beziehungen. Probleme und Möglichkeiten. Bonn: Europa-Union-Verl. 1986. VIII, 73 S.
Bc 6275

Hyland, W.G.: Regan-Gorbachev III. In: Foreign affairs. Vol.66, 1987. No.1. S. 7-21.
BZ 05149:66

Krieseberg, L.: Consequences of efforts at deescalating the American-Soviet conflict. In: Journal of political and military sociology. Vol.14, 1986. No.2. S. 215-234.
BZ 4724:14

Ledeen, M.A.: Grave new world. New York: Oxford Univ. Press 1985. XII, 244 S.
B 60950

Mal'kov, V.L.: Problema vybora: Ruzvel't i sovetsko-amerikanskie otnošenija v 1943-1945 gg. In: Novaja i novejšaja istorija. 1987. No.1. S. 19-38.
BZ 05334:1987

Mandelbaum, M.; Talbott, S.: Reagan and Gorbachev. New York: Vintage Books 1987. XI, 190 S.
Bc 6892

Private diplomacy with the Soiet Union. Ed.: D.D. Newson. Lanham: Univ.Press of America 1987. XII, 150 S.
B 62995

Public diplomacy: USA versus USSR. Ed.: R.F. Staar. Stanford, Cal.: Hoover Institut 1986. XVII, 305 S.
B 61854

Reassessing the Soviet challenge in Africa. Ed.: M. Clough. Berkeley, Cal.: University of California 1986. XI, 105 S.
Bc 6708

Sectors of mutual benefit in U.S.-Soviet relations. Ed.: N. Jamgotch. Durham, NC.: Duke Univ.Pr. 1985. 252 S.
B 58235

Shared destiny. Fifty years of Soviet-American relations. Ed.: M. Garrison. Boston: Beacon Pr. 1985. XXI, 167 S.
B 58378

Shulman, M.D.: The superpowers: Dance of the dinosaurs. In: Foreign affairs. Vol.66, 1987/88. No.3. S. 494-515.
BZ 05149:66

Stockton, P.: Strategic stability between the superpowers. London: International Inst.for Strategic Studies 1986. 90 S.
Bc 6261

Tinguy, A.de: USA-URSS. La détente. Bruxelles: Ed.Complexe 1985. 252 S.
B 57131

Ury, W.L.: Beyond the hotline. How crisis control can prevent nuclear war. Boston, Mass.: Hozghton Mifflin 1985. XIII, 187 S.
B 57941

Das Verhältnis zur Sowjetunion: zur politischen Strategie der Vereinigten Staaten und der Bundesrepublik Deutschland. Hrsg.: U. Nerlich. Baden-Baden: Nomos-Verlagsges. 1986. 417 S.
B 58348

Weiss, G.: Die Beziehungen zwischen den beiden Großmächten nach Reykjavik: Bestandsaufnahme, Bewertung und Ausblick aus sowjetischer Sicht. Köln: Bundesinst.f.ostwiss.u.intern.Studien 1986. 23 S.
Bc 01972

L 460 f Wehrwesen

Army Manpower Economics. Ed.: C.L. Gilroy. Boulder, Colo.: Westview Press 1986. XVII, 407 S.
B 58521

Conventional Forces and American defense policy. Ed.: S.E. Miller. Princeton, N.J.: Princeton Univ.Press 1986. XVII, 341 S.
B 59651

Fernandez Rojo, F.: La Fuerzas armadas de EE.UU. t sus problemas. In: Ejército. A.49, 1988. No.582. S. 14-20.
BZ 05173:49

Hadley, A.T.: The straw giant. Triumph and failure. New York: Random House 1986. XVII, 314 S.
B 61212

Halloran, R.: To arm a nation. Rebuilding America's endangered defenses. New York: Macmillan 1986. XV, 396 S.
B 61766

Kaufman, D.J.: National security: organizing the Armed Forces. In: Armed forces and society. Vol.14, 1987. No.1. S. 85-112.
BZ 4418:14

Pike, C.W.: A comparative analysis: will the All-Volunteer Force or a universal military training and service program offer the best means of assuring national defense for the United States in the 1980s? Ann Arbor, Mich.: UMI 1986. XI, 319 S.
B 58498

Pillsbury, H.B.: Raising the Armed Forces. In: Armed forces and society. Vol.14, 1987. No.1. S. 65-84.
BZ 4418:14

Sapolsky, H.M.: Equipping the Armed Forces. In: Armed forces and society. Vol.14, 1987. No.1. S. 113-128.
BZ 4418:14

Ullman, H.K.: U.S. conventional force structure at a crossroads. Washington, D.C.: The Center for Strategic and International Studies 1985. 74 S.
Bc 02169

Vale, L.J.: The limits of civil defense in the USA, Switzerland, Britain and the Soviet Union. Basingstoke: Macmillan 1987. XII, 268 S.
B 62488

L 460 f 00 Wehr- und Rüstungspolitik

Allman, T.D.: Un destin ambigu. Paris: Flammarion 1986. 620 S.
B 61062

Audigier, P.: Economie, politique et budget de défense des Etats-Unis. In: Défense nationale. A.43, 1987. No.12. S. 71-86.
BZ 4460:43

Bardaji, R.L.: Reagan y la crisis del control de armamentos. In: Ejército. A.44, 1988. No.580. S. 60-66.
BZ 05173:44

Bottome, E.: The balance of terror.
Nuclear weapons and the illusion of security, 1945-1985. Boston: Beacon Pr. 1986.
XXII, 291 S.
B 61238

Brands, H.W.: A cold war foreign legion?
The Eisenhower administration and the
volunteer freedom corps. In: Military
affairs. Vol.52, 1988. No.1. S. 7-11.
BZ 05148:52

Brühl, R.: Zu den Militärdoktrinen der
USA und der NATO. In: Militär-
geschichte. Jg.27, 1988. Nr.1. S. 66-71.
BZ 4527:27

Bunin, V.N.: Japonija i aziatsko-tichooke-
anskaja strategija Vašingtona. In:
Problemy dal'nego vostoka. 1987. No.2.
S. 36-48.
BZ 05458:1987

Cable, L.E.: Conflict of the myth. The
development of American counterinsurgency doctrine and the Vietnam War.
New York: New York Univ.Pr. 1986. XIII,
307 S.
B 61119

Charisius, A.; Lambrecht, R.; Dorst, K.:
Weltgendarm USA. Der militärische
Interventionismus der USA seit der Jahr-
hundertwende. 3.Aufl. Berlin: Militär-
verlag der DDR 1985. 277 S.
B 58558

A chronology of United States arms control and reduction Initiatives. 1946-1987.
o.O.: United States Information Agency
1987. o.Pag.
Bc 7160

Cimbala, S.J.: Strategic vulnerability: a
conceptual reassessment. In: Armed
forces and society. Vol.14, 1988. No.2.
S. 191-213.
BZ 4418:14

Coates, J.; Kilian, M.: Heavy losses. The
dangerous decline of American defense.
New York: Viking Penguin 1985. X,
430 S.
B 58354

Cordesman, A.H.: US Defence in 1988:
the morning after. In: RUSI journal.
Vol.133, 1988. No.1. S. 29-34.
BZ 05161:133

Creekmore, E.L.: An appraisal of current
United States strategic military policy.
Ann Arbor, Mich.: UMI 1986. XI, 241 S.
B 58502

The deadly connection. Nuclear war and
U.S. intervention. Ed.: J. Gerson. Phila-
delphia, Pa.: New Society Publ. 1986.
XI, 253 S.
B 59259

Epstein, J.M.: The 1987 defense budget.
Washington, D.C.: The Brookings Inst.
1986. VIII, 61 S.
Bc 7088

Epstein, J.M.: The 1988 defense budget.
Washington, D.C.: The Brookings Inst.
1987. VIII, 57 S.
Bc 7809

Feld, W.J.; Wildgen, J.K.: Congress and
national defense. The politics of the
unthinkable. New York: Praeger 1985.
XIII, 126 S.
B 60311

Fukuyama, F.: Asia in a global War. In:
Comparative strategy. Vol.6, 1987. No.4.
S. 387-413.
BZ 4686:6

Garcia Múniz, H.: Apuntes sobre la polí-
tica militar de Estados Unidos en el
Caribe angloparlante. In: Revista
CIDOB d'afers internacionals. 1988.
No.10. S. 25-54.
BZ 4928:1988

Goertzel, T.: Public opinion concerning
military spending in the United States:
1937-1985. In: Journal of political and
military sociology. Vol.15, 1987. No.1.
S. 61-72.
BZ 4724:15

Hart, G.; Lind, W.S.: America can win.
The case for military reform. Bethesda,
Md.: Adler & Adler 1986. XVIII, 301 S.
B 61221

Hosmer, S.T.: Constraints on U.S. strategy in third world conflict. Santa Monica, Calif.: Rand Corp. 1985. XIV, 136 S.
Bc 7392

Lindsay, J.M.: Congress and defense policy: 1961 to 1986. In: Armed forces and society. Vol.13, 1987. No.3. S. 371-401.
BZ 4418:13

Lindsay, J.M.: Congress and the defense budget. In: The Washington quarterly. Vol.11, 1988. No.1. S. 57-74.
BZ 05351:11

Lukes, I.: Managing U.S.-Soviet arms control initiatives: do we speak the same language? In: Comparative strategy. Vol.6, 1987. No.2. S. 165-184.
BZ 4686:6

McNaugher, T.L.: Weapons procurement. The futility of reform. In: International security. Vol.12, 1987. No.2. S. 63-104.
BZ 4433:12

Mosley, H.G.: The arms race. Economic and social consequences. Lexington: Lexington Books 1985. XIV, 203 S.
B 58239

Müller, E.: Rüstungspolitik und Rüstungs-dynamik: Fall USA. Baden-Baden: Nomos-Verlagsges. 1985. 378 S.
B 55905

National security strategy of the United States. Washington, D.C.: White House 1987. III, 41 S.
Bc 02049

Ogarkov, N.V.: Istorija učit bditel'nosti. Moskva: Voenizdat 1985. 96 S.
B 57463

Prados, J.: Pentagon games. Wargames and the American military. New York: Harper & Row 1987. X, 81 S.
Bc 02327

The Reagan defense program. Ed.: S.J. Cimbala. Wilmington, Del.: Scholarly Resources 1986. XXI, 215 S.
B 59522

Reorganizing America's defense. Leadership in war and peace. Ed.: R.J. Art. Washington: Pergamon-Brassey's 1985. XXIV, 436 S.
B 59650

Sarkesian, S.C.: The new battlefield. The United States and unconventional con-flicts. Westport, Conn.: Greenwood Press 1986. XIX, 344 S.
B 61368

Schneider, E.: Causal factors in variations in US postwar defense spending. In: Defense analysis. Vol.4, 1988. No.1. S. 53-79.
BZ 4888:4

Ullrich, S.; Nölting, H.: Tödliche Profitgier. USA-Konzerne auf Hochrüstungskurs. Berlin: Dietz 1986. 80 S.
Bc 7234

L 460 f 02 Wehrorganisation

Boyer, Y.: Le département de la défense des États-Unis: Un anniversaire passé sous silence. In: Défense nationale. A.43, 1987. Oct. S. 13-25.
BZ 4460:43

Englund, J.; Aubin, S.: The JCS and Con-gress: Lessons from France and Great Britain. In: Comparative strategy. Vol.6, 1987. No.3. S. 305-332.
BZ 4686:6

May, E.R.: Die Grenzen des "Overkill". Moral und Politik in der amerikanischen Nuklearrüstung von Truman zu Johnson. In: Defense analysis. Vol.4, 1988. No.1. S. 1-40.
BZ 4888:4

Peterke, J.: Die Funktion der rapid deployment force. Als Instrument der amerikanischen Außenpolitik gegenüber Staaten der Dritten Welt. 2.Aufl. Starn-berg: Forschungsinst.f.Friedenspolitik 1985. 102 S.
Bc 01879

Sabrosky, A.N.; Olson, W.J.: USCENT-COM reconsidered: a case for reform. In: The journal of strategic studies. Vol.10, 1987. No.3. S. 310-330.
BZ 4669:10

Stubbing, R.A.; Mendel, R.A.: The defense game. New York: Harper & Row 1986. XV, 445 S.
B 61490

L 460 f 03 Militärhilfe/Waffenhandel

Ferrari, P.L.; Knopf, J.W.; Madrid, R.L.: U.S. arms exports: policies and contractors. Washington, D.C.: Invest. Responsibility Res. Center 1987. X, 342 S.
010472

Kornbluh, P.: Test case for the Reagan Doctrine: the covert Contra war. In: Third world quarterly. Vol.9, 1987. No.4. S. 1118-1128.
BZ 4843:9

Meyer, L.: Rüstungskontrolle und internationaler Waffenhandel: Folgerungen a. d. Politik Jimmy Carters 1977-79 unt. bes. Berücksichtigung des Mittleren Ostens. Frankfurt: Haag u.Herchen 1986. 306 S.
B 62829

Ray, G.D.: United States arms policies in the Middle East, a case study. Ann Arbor, Mich.: UMI 1986. IV, 89 S.
B 58409

L 460 f 05 Kriegswesen

Arnold, E.: Aktuelle Entwicklungen in der Kriegskunst der USA-Streitkräfte. In: Militärwesen. 1988. H.1. S. 70-78.
BZ 4485:1988

Cimbala, S.J.: U.S.- Soviet command reciprocity: interdependence of survivable leadership. In: Armed forces and society. Vol.13, 1987. No.3. S. 353-369.
BZ 4418:13

Clark, A.A.; Pious, R.M.: Waging war: structural vs. political efficacy. In: Armed forces and society. Vol.14, 1987. No.1. S. 129-147.
BZ 4418:14

Duke, S.: US defense bases in the United Kingdom. A matter for joint decision? Basingstoke: Macmillan 1987. XX, 261 S.
B 62489

George, J.L.: The traid after INF and START. In: United States Naval Institute. Proceedings. Jg.114, 1988. No.5. S. 112-122.
BZ 05163:114

Kaku, M.; Axelrod, D.: To win a nuclear war: the Pentagon's secret war plans. 2.pr. Boston, Ma.: South End Pr. 1987. XI, 357 S.
B 62338

Lewis, W.H.: U.S. bases abroad: the impending crises. In: Global affairs. Jg.3, 1988. Nr.2. S. 108-118.
BZ 05553:3

Louis, J.H.: L'engrenage de la violence. Paris: Payot 1987. 342 S.
B 62395

Phillips, R.L.: Ethics and grand strategy. In: Global affairs. Jg.3, 1988. Nr.2. S. 22-45.
BZ 05553:3

Sagan, S.D.: SIOP-62: the nuclear war plan briefing to President Kennedy. In: International security. Vol.12, 1987. No.1. S. 22-40.
BZ 4433:12

Steinsleger, J.: Bases militares en America Latina. Quito: Ed. El Conej 1986. 160 S.
Bc 7028

Valcárcel, D.: El informe "discriminate Deterrence". In: Politica exterior. Vol.2, 1988. No.5. S. 108-122.
BZ 4911:2

Vlahos, M.: The end of America's postwar ethos. In: Foreign affairs. Vol.66, 1987/88. No.5. S. 1091-1107.
BZ 05149:66

Weapons in space. Ed.: F.A. Long. New York: Norton 1986. 386 S.
B 62324

– Strategie

Barbati, V.: Il confronto strategico Stati Uniti-Unione Sovietica. Analisi comparata di due strategie globali. In: Rivista marittima. A.121, 1988. No.8/9. S. 41-62.
BZ 4453:121

Brzezinski, Z.: America's new geostrategy. In: Foreign affairs. Vol.66, 1988. No.4. S. 680-699.
BZ 05149:66

Cassity, J.D.: American nuclear weapons deterrence policy in the 1970s: external and internal causation. Ann Arbor, Mich.: UMI 1986. 228 S.
B 58501

Dobias, T.; Heidmann, E.: USA-Studie zur Strategie "Differenzierende Abschrekkung". In: Militärwesen. 1988. H.6. S. 59-66.
BZ 4485:1988

Gannon, E.J.: The determination of deterrent policy: the controversy over the role of manned strategic aircraft in the American deterrent arsenal. Ann Arbor, Mich.: UMI 1986. 245 S.
B 58168

Jordan, A.A.: A national strategy for the 1990s. In: The Washington quarterly. Vol.10, 1987. No.3. S. 15-24.
BZ 05351:10

Joxe, A.: La nouvelle grande stratégie américaine et l'Europe. In: Stratégique. 1987. No.3 u.4. S. 77-117; 171-188.
BZ 4694:1987

Klick, A.F.: Formulation of strategy. In: National defense. Vol.71, 1987. No.428. S. 74-82.
BZ 05186:71

Nuechterlein, D.E.: The United States should reorder its priorities in East Asia. In: Naval War College review. Vol.50, 1987. No.4. S. 23-37.
BZ 4634:50

Rostow, E.V.: There is no alternative strategy. In: Global affairs. Jg.3, 1988. Nr.2. S. 1-21.
BZ 05553:3

Rostow, E.V.: Violent peace and the management of power: dilemmas and choices in U.S. policy. In: Naval War College review. Vol.51, 1988. No.1. S. 4-19.
BZ 4634:51

Schmidt, M.; Gießmann, J.: "Discriminate deterrence" – neues USA-Konfrontationskonzept in der Strategiediskussion der NATO. In: IPW-Berichte. Jg.17, 1988. H.5. S. 1-9.
BZ 05326:17

Weinberger, C.W.: Arms reductions and deterrence. In: Foreign affairs. Vol.66, 1988. No.4. S. 700-719.
BZ 05149:66

– SDI

Armstrong, S.; Grier, P.: Strategic Defense Initiative. New York, N.Y.: Foreign Policy Association 1985. 62 S.
Bc 6888

Bardaji, R.: SDI 1983-1986: del mito al logos. In: Revista CIDOB d'afers internacionals. 1986. No.9. S. 5-17.
BZ 4928:1986

Barnaby, F.: What on earth is star wars? A guide to the Strategic Defense Initiative. London: Fourth Estate 1986. 192 S.
B 60801

Borcke, A.von: Die amerikanische sicherheitspolitische Debatte und die Sowjetunion: Die fehlende Dimension. Köln: Bundesinst.f.ostwiss.u.intern.Studien 1986. 158 S.
Bc 01859

Brooks, C.D.: S.D.I.: A new dimension for Israel. In: The journal of social, political and economic studies. Vol.11, 1986. No.4. S. 341-348.
BZ 4670:11

Brown, N.C.: The Strategic Defense Initiative and European security. Santa Monica, Calif.: Rand Corp. 1986. XI, 33 S.
Bc 7387

Chalfont, A.: SDI. The case for the defence. London: Inst. for European Defence a. Strategic Studies 1985. 51 S.
Bc 6736

Empty promise. The growing case against star wars. Ed.: J. Tirman. Boston: Beacon Pr. 1986. XIII, 238 S.
B 62082

Engels, D.; Scheffran, J.; Sieker, E.: Die Front im All. SDI: Weltraumrüstung und atomarer Erstschlag. Köln: Pahl-Rugenstein 1986. 315 S.
B 60112

Ennals, J.R.: Star wars. A question of initiative. Chichester: Wiley 1987. XIV, 236 S.
B 62517

Foster, R.B.: The necessity for strategic defenses. In: Comparative strategy. Vol.6, 1987. No.2. S. 123-144.
BZ 4686:6

Gallois, P.M.: La guerre de cent secondes. Les Etat-Unis, l'Euroe et la guerre des étoiles. Paris: Fayard 1985. 197 S.
B 58773

Guertner, G.L.; Snow, D.M.: The last frontier. An analysis of the Strategic Defense Initiative. Lexington: Lexington Books 1986. XIV, 158 S.
B 61290

L'initiative de défense stratégique et la sécurité de l'Euroe. Paris: Inst. franç.des relations internat. 1986. 210 S.
B 61004

Kent, G.A.; DeValk, R.J.: Strategic Defenses and the transition of assured survival. Santa Monica, Calif.: Rand Corp. 1986. XV, 57 S.
Bc 7385

Kohlmetz, H.: SDI. Ambitionen, Illusionen, Gefahren, Alternativen. Berlin: Dietz 1986. 79 S.
Bc 6876

Lambeth, B.; Lewis, K.: The Kremlin and SDI. In: Foreign affairs. Vol.66, 1988. No.4. S. 755-770.
BZ 05149:66

Mikheyev, D.: The Soviet perspective on strategic defense initiative. Washington: Pergamon-Brassey's 1987. XII, 95 S.
Bc 7079

Nagel, E.J.: Die strategische Verteidigungsinitiative als ethische Frage. Köln: Bachem 1986. 159 S.
B 61301

Park, Y.-O.: The Strategic Defense Initiative and Korea. In: Asian perspective. Vol.10, 1986. No.2. S. 189-208.
BZ 4889:10

Payne, K.B.: Strategic defense. "Star Wars" in perspective. London: Hamilton 1986. XVIII, 250 S.
B 59846

Perspectives on strategic defense. Ed.: S.W. Guerrier. Boulder, Colo.: Westview Press 1987. XVI, 358 S.
B 62037

Promise or peril. The Strategic Defense Initiative. Ed.: Z. Brzezinski. Washington, D.C.: Ethics and Public Policy Center 1986. XI, 479 S.
B 61879

Rhee, K.S.: South Korea's participation in the SDI. In: Armed forces and society. Vol.14, 1988. No.3. S. 391-406.
BZ 4418:14

Rivkin, D.B.: SDI – strategic reality or never-never land? In: Strategic review. Vol.15, 1987. No.3. S. 43-54.
BZ 05071:15

Schreiber, W.: Verhinderung der Weltraumrüstung und die Sicherheit in Europa. In: Militärwesen. 1988. H.4. S. 11-16.
BZ 4485:1988

SDI – Strategic Defense Initiative. Starnberg: Forschungsinst.f.Friedenspolitik
1985. o.Pag.
09938

SDI and U.S. foreign policy. Boulder,
Colo.: Westview Press 1987. XII, 126 S.
Bc 6755

SDI und Eureka. Hrsg.: AStA der WWU
Münster – Friedensreferat. Münster: o.V.
1985. 44 S.
D 03390

SDI: Gefahren. Illusionen, Alternativen.
Red.: D. Pogorshelski. Moskau: Verl.
Neue Zeit 1987. 32 S.
Bc 02975

SDI: Has America told her story to the
world? Washington: Pergamon-Brassey's
1987. XVIII, 75 S.
Bc 7709

Sieker, E.; Zellner, W.: "Strategic Defense
Initiative" – Aufbruch in die falsche
Richung. 12 Behauptungen der SDI-
Befürworter u. ihre Richtigstellung.
Köln: Pahl-Rugenstein 1985. 18 S.
D 3375

Simmons, S.: SDI: a case study in Soviet
negotiating style. In: The journal of
social, political and economic studies.
Vol.12, 1987. No.4. S. 355-373.
BZ 4670:12

Solá Domingo, M. de: SDI: la militariza-
ción del espacio ultraterrestre y el
derecho internacional. In: Revista
CIDOB d'afers internacionals. 1986.
No.9. S. 29-41.
BZ 4928:1986

The star wars controversy. Ed.: S.E.
Miller. Princeton, N.J.: Princeton Univ.
Press 1986. XXI, 327 S.
B 61925

Strategic defences and the future of arms
race. Ed.: J. Holdren. London: Macmillan 1987. XIX, 286 S.
B 62938

The Strategic Defense debate. Can "Star
wars" make us safe? Ed.: C. Snyder.
Philadelphia: Univ.of Pennsylvania Pr.
1986. XX, 247 S.
B 61818

Strategic Defense Initiative. Folly or
future? Ed.: E.Haley. Boulder, Colo.:
Westview Press 1986. IX, 193 S.
B 61010

The Strategic Defense Initiative and
American security. An Aspen Strategy
Group report. Lanham: Univ.Press of
America 1987. XVIII, 64 S.
B 62999

The technology, strategy and politics of
SDI. Ed.: S.J. Cimbala. Boulder, Colo.:
Westview Press 1987. XIV, 252 S.
B 62030

Touchard, G.E.: Désinformation et initiative de défense stratégique. In: Défense
nationale. A.43, 1987. Mai. S. 27-41.
BZ 4460:43

Vilanova, P.: SDI: Dónde estamos? In:
Revista CIDOB d'afers internacionals.
1986. No.9. S. 19-28.
BZ 4928:1986

Vlahos, M.: Strategic defense and the
American ethos. Can the nuclear world
be changed? Boulder, Colo.: Westview
Press 1986. IX, 119 S.
Bc 6593

Waller, C.C.; Bruce, J.T.: SDI's covert re-
orientation. In: Arms control today.
Vol.17, 1987. No.5. S. 2-10.
BZ 05521:17

Wieczorek, W.: Amerykańskie plany
"wojen gwiezdnych" i reakcje ZSRR
(1983-1985). In: Kraje socjalistyczne. T.2,
1986. No.1-4. S. 33-48.
BZ 4956:2

Zuckerman, S. Lord: Star wars in a
nuclear world. London: Kimber 1986.
226 S.
B 60725

L 460 f 05a Geheimer Nachrichtendienst/ Spionage/Abwehr

– CIA

Blum, W.: The CIA. A forgotten history. London: Zed Books 1986. 428 S.
B 61172

The Central Intelligence Agency. Guilford, Conn.: Foreign Intelligence Pr. 1986. 256 S.
010280

Drechsler, K.: Bericht Nr.1. der CIA "Überblick über die Weltsituation im Hinblick auf die Sicherheit der Vereinigten Staaten". In: Militärgeschichte. Jg.27, 1988. Nr.1. S. 79-85.
BZ 4527:27

Epstein, E.J.: Secrets from the CIA archive in Teheran. In: Orbis. Vol.31, 1987. No.1. S. 33-41.
BZ 4440:31

Gates, R.M.: The CIA and American foreign policy. In: Foreign affairs. Vol.66, 1987/88. No.2. S. 215-230.
BZ 05149:66

Jakolev, N.N.: CIA contra UdSSR. Berlin: Dt.Verl.d.Wissenschaften 1985. 220 S.
B 56360

Kovalev, E.V.; Malyscev, V.V.: Terror. Drahtzieher u. Attentäter. Berlin: Militärverlag der DDR 1986. 239 S.
B 61052

Lugo, R.: Happy birthday CIA. La Habana: Ed.de Ciencias Sociales 1985. 208 S.
B 62042

Oseth, J.M.: Regulating U.S. intelligence operations. A study in definition of the National Interest. Lexington, Ky.: Univ. Pr.of Kentucky 1985. XVII, 236 S.
B 58357

Prados, J.: President's secret wars. CIA and Pentagon. New York: Morrow 1986. 480 S.
B 61440

Ranelagh, J.: The agency. The rise and decline of the CIA. New York: Simon and Schuster 1986. 847 S.
BB 62314

Said, E.: L'Irangate, une crise aux multiples facettes. In: Revue d'études palestiniennes. 1986. No.25. S. 97-138.
BZ 4817:1986

Turner, S.: Secrecy and democracy. The CIA in transition. Boston, Mass.: Houghton Mifflin 1985. XII, 304 S.
B 58284

Williams, M.B.: Conflict and crisis: an analysis of the utility of covert action undertaken by the intelligence community. Ann Arbor, Mich.: UMI 1986. VI, 251 S.
B 58499

Woodward, B.: Geheimcode VEIL. Reagan und die geheimen Kriege des CIA. München: Droemer Knaur 1987. 668 S.
B 63468

Yajee, S.B.: CIA Operations against the Third World. New Delhi: Criterion 1985. XII, 175 S.
B 59717

– Geheimdienst

Bamford, J.: NSA. Amerikas geheimster Nachrichtendienst. Zürich: Orell Füssli 1986. 532 S.
B 59788

Breckinridge, S.D.: The CIA and the U.S. intelligence system. Boulder, Colo.: Westview Press 1986. XVIII, 364 S.
B 61433

Corson, W.R.; Crowley, R.T.: The new KGB. Engine of Soviet power. New York: Morrow 1985. 560 S.
B 58526

Herman, J.: Agency Africa: Rygor's Franco-polish network and operation Torch. In: Journal of contemporary history. Vol.22, 1987. No.4. S. 681-706.
BZ 4552:22

Hymoff, E.: The OSS in World War II. New York, N.Y.: Richardson and Steirman 1986. 433 S.
B 62667

Intelligence and intelligence policy in a democratic society. Ed.: S.J. Cimbala. Dobbs Ferry, N.Y.: Transnational 1987. XIV, 262 S.
B 62235

Intelligence and policy. Ed.: R. Godson. Lexington: Lexington Books 1986. XIV, 192 S.
B 61637

Johnson, L.K.: A season of inquiry. The Senate intelligence investigation. Lexington, Ky.: Univ.Pr.of Kentucky 1985. 317 S.
B 58355

Raat, W.D.: US intelligence operations and covert action in Mexico, 1900-1947. In: Journal of contemporary history. Vol.22, 1987. No.4. S. 615-638.
BZ 4552:22

Ransom, H.H.: The intelligence function and the constitution. In: Armed forces and society. Vol.14, 1987. No.1. S. 43-63.
BZ 4418:14

Richelson, J.: American espionage and the Soviet target. New York: Morrow 1987. 383 S.
B 62003

Richelson, J.: The US intelligence community. Cambridge, Mass.: Ballinger 1985. XXV, 358 S.
B 57962

Walker, D.A.: OSS and operations torch. In: Journal of contemporary history. Vol.22, 1987. No.4. S. 667-679.
BZ 4552:22

Wark, W.K.: Great investigators: The public debate on Intelligence in the US after 1945. In: Defense analysis. Vol.3, 1987. No.2. S. 119-132.
BZ 4888:3

L 460 f 10 Heer

Bidwell, B.W.: History of the military intelligence division, department of the army general staff 1775-1941. Frederick, Md.: Univ.Publ.of America 1986. X,625 S.
B 58814

Steitz, C.R.; Booker, H.H.: From these beginnings. Bennington, Vt.: Weapons and Warfare Pr. 1986. 30 S.
Bc 02141

L 460 f 13 Waffengattungen und Dienste

Bolger, D.P.: Dragons at war. 2-34 Infantry in the Mojave. Novato, Calif.: Presidio Pr. 1986. XIII, 338 S.
B 62698

Boyer, Y.: La présence militaire américaine en Europe et la politique de sécurité française. In: Politique étrangère. A.52, 1987. No.3. S. 683-696.
BZ 4449:52

Boyer, Y.: The U.S. military presence in Europe and French security policy. In: The Washington quarterly. Vol.11, 1988. No.2. S. 197-207.
BZ 05351:11

Brown, J.S.: Draftee Division. The 88th Infantry Division in World War II. Lexington, Ky.: Univ.Pr.of Kentucky 1986. XII, 225 S.
B 61931

The corps of engineers: the war against Germany. Washington: Center of Military History 1985. XVII, 608 S.
010168

Enttarnung eines US-Army-Pilotprojekts. D. Bedingungen in Deutschland, unter denen USAREUR leben u. operieren muß. Hrsg.: Verein z. Förderung d. Meinungsvielfalt u. Völkerverständigung... Hanau: Verl. am Freiheitsplatz 1987. o.Pag.
D 03698

Eshel, D.: The U.S. Army light division. Right or wrong? In: National defense. Vol.71, 1987. No.428. S. 51-64.
BZ 05186:71

Feldman, D.L.: Comparative models of civil-military relations and the U.S. army corps of engineers. In: Journal of political and military sociology. Vol.15, 1987. No.2. S. 229-244.
BZ 4724:15

Grow, R.W.: The ten lean years. From the mechanized force (1930) to the armored force (1940). In: Armor. Jg.96, 1987. No.2. S. 25-33.
BZ 05168:96

Irzyk, A.F.: The "name enough" division. In: Armor. Jg.96, 1987. No.4. S. 20-28.
BZ 05168:96

MacKenney, J.E.: Field artillery. Regular army and army reserve. Washington: Center of Military History 1985. VIII, 761 S.
010149

Nam, J.-H.: U.S. Forces in Korea. In: Korea and world affairs. Vol.11, 1987. No.2. S. 268-285.
BZ 4894:11

Nelson, D.J.: A history of U.S. military forces in Germany. Boulder, Colo.: Westview Press 1987. XV, 250 S.
B 61911

Rottmann, G.: US Army Rangers and LRRP Units, 1942-87. London: Osprey Publ. 1987. 64 S.
Bc 02217

Schauer, H.: U.S. rangers. Die Geschichte e. Elitetruppe. Stuttgart: Motorbuch Verl. 1986. 205 S.
B 60250

Stanton, S.L.: Anatomy of a division. The 1st Cav in Vietnam. Novato, Calif.: Presidio Pr. 1987. X,268 S.
B 62711

U.S. Army Ordnance. Research and development in World War II. Bennington, Vt.: Weapons and Warfare Pr. 1986. 25 S.
Bc 02135

– Militärwesen

Against all enemies. Interpretations of American military history from colonial times to the present. Ed.: K.J. Hagan. Westport, Conn.: Greenwood Press 1986. XXII, 393 S.
B 61117

Axelrad, A.S.: Call to conscience. Jews, Judaism, and conscientious objection. Hoboken: KTAV Publ. House 1986. XVIII, 207 S.
B 60948

Binkin, M.: Military technology and defense manpower. Washington, D.C.: The Brookings Inst. 1986. XI, 142 S.
Bc 7085

Clifford, J.G.; Spencer, S.R.: The first peacetime draft. Lawrence, Kan.: Univ.Pr. of Kansas 1986. XV, 320 S.
B 61884

Cohen, E.O.: Citizens and soldiers. Ithaca, N.Y.: Cornell Univ. 1985. 227 S.
B 57959

Danzig, R.; Szanton, P.: National Service: What would it mean. Lexington: Lexington Books 1986. XII, 307 S.
B 61291

Jacobs, J.B.: Socio-legal foundations of civil-military relations. New Brunswick: Transaction Books 1986. IX, 190 S.
B 60669

Life in the rank and file. Enlisted men and women in the armed forces of the United States, Australia, Canada, and the United Kingdom. Ed.: D.R. Segal. Washington: Pergamon-Brassey's 1986. VII, 283 S.
B 59935

Meisner, A.; Russell, L.: Modern American soldier. London: Arms and Armour Pr. 1986. 72 S.
Bc 02283

Scruggs, J.C.; Swerdlow, J.L.: To heal a nation. The Vietnam Veterans Memorial. New York: Harper & Row 1985. 414 S.
B 57999

Temme, L.V.: The educational cost of military service in the 1960s. In: Journal of political and military sociology. Vol.14, 1986. No.2. S. 303-319.
BZ 4724:14

Thompson, L.: Elite unit insignia of the Vietnam War. London: Arms and Armour Pr. 1986. 68 S.
B 60456

L 460 f 20 Marine

Barbati, V.: Il confronto strategico Stati Uniti-URSS. In: Rivista marittima. A.121, 1988. No.7. S. 69-87.
BZ 4453:121

Barbati, V.: La Sesta Vlotta degli Stati Uniti. Un formidabile strumento di pace e di guerra. In: Rivista marittima. A.121, 1988. No.5. S. 35-52.
BZ 4453:121

Beach, E.L.: The United States Navy: 200 years. New York: Holt 1986. XXVI, 564 S.
B 58966

Coletta, P.E.: The American naval heritage. 3.rd.,ed. Lanham: Univ.Press of America 1987. XIII, 641 S.
B 62330

Cruz, D.da: Boot. The inside story of how a few good men became today's marines. New York: St.Martin's Press 1987. XII, 308 S.
B 62763

Dörfer, I.: USAs maritima strategi och Skandinavien. In: Fred och säkerhet. 1986/87. S. 75-97.
BZ 4877:1986/87

Friedman, N.: The maritime strategy and the design of the U.S. Fleet. In: Comparative strategy. Vol.6, 1987. No.4. S. 415-435.
BZ 4686:6

George, J.L.: La nuova strategia navale degli Stati Uniti. In: Rivista marittima. A.120, 1987. No.11. S. 17-32.
BZ 4453:120

Gibert, S.P.: Great power naval strategies in Northeast Asia and the Western Pacific. In: Comparative strategy. Vol.6, 1987. No.4. S. 363-385.
BZ 4686:6

Hanks, R.J.: American sea power and global strategy. Washington: Pergamon-Brassey's 1985. VIII, 97 S.
Bc 7152

Kaufmann, W.W.: A thoroughly efficient navy. Washington, D.C.: The Brookings Inst. 1987. XII, 130 S.
Bc 7407

Lindemalm, M.: USA:s nya "maritime strategy". En presentation och analys. In: Tidskrift i sjöväsendet. Arg.150, 1987. No.1. S. 37-43.
BZ 4494:150

Lockman, R.F.: Trends and issues in U.S. navy manpower. Alexandria, Va.: Center for Naval Analyses 1987. XI, 135 S.
Bc 02306

Miller, V.J.: US submarine losses. In: Warship. Jg.46, 1988. No.46. S. 48-58.
BZ 05525:46

Miller, V.J.: US submarine losses during World War II. In: Warship. Jg.44, 1987. No. S. 204-209.
BZ 05525:44

Pay, D.J.: L'US Navy e la difesa dell'Euroa. In: Rivista italiana difesa. A.7, 1988. No.7. S. 34-46.
BZ 05505:7

Polmar, N.: The US Navy today. Vol.1. London: Arms and Armour Pr. 1985. 72 S.
Bc 02067

Thieme, W.; Mayer, F.: Die sechste Flotte. Die zweischneidige Waffe. Roma: Barbèra 1987. 103 S.
Bc 02177

Truver, S.C.: Gramm-Rudman and the future of the 600-ship fleet. In: United States Naval Institute. Proceedings. Jg.113, 1987. No.5. S. 111-123.
BZ 05163:113

Watson, G.H.: Marketing research and development concepts to the Navy. McLean, Va.: Continental Publ. 1985. Getr. Pag.
B 65798

Wood, R.S.: The conceptual framework for strategic development at the Naval War College. In: Naval War College review. Vol.40, 1987. No.2. S. 4-16.
BZ 4634:40

– Waffengattungen

Adams, M.R.: Ocean station duty. In: Naval history. Vol.1, 1987. No.1/1. S. 28-33.
BZ 05544:1

Campanera, A.; Busquets, C.R.: La nueva vida de los acorazados de la Clase "Iowa". In: Defensa. A.11, 1988. No.118. S. 26-33.
BZ 05344:11

Carrington, T.: Restoring the image of the corps. In: United States Naval Institute. Proceedings. Jg.114, 1988. No.5. S. 94-100.
BZ 05163:114

Cosentino, M.: Mezzi aeronavali del corpo del marines. Panoramica delle acquisizioni recenti e future. In: Rivista marittima. A.120, 1987. No.11. S. 33-43.
BZ 4453:120

Donko, W.: Battleship fever. In: Warship. 1987. No.43. S. 173-183.
BZ 05525:1987

Grove, E.J.: U.S. Navy battleships reactivation – a commentary. In: Naval forces. Vol.8, 1987. No.3. S. 84-90.
BZ 05382:8

Holmes, T.: Seventh fleet supercarriers. US naval air power in the Pacific. London: Osprey Publ. 1987. 127 S.
Bc 02247

Johnson, R.E.: Guardians of the sea. History of the United States Coast Guard, 1915 to the present. Annapolis, Ma.: Naval Inst.Pr. 1987. X, 412 S.
010425

Miller, G.E.: Who needs PALs? In: United States Naval Institute. Proceedings. Jg.114, 1988. No.7. S. 50-61.
BZ 05163:114

Montbazet, J.-P.: Super carriers. US naval air power today. London: Osprey Publ. 1986. 123 S.
Bc 01962

Raven, A.: Fletcher-Class Destroyers. Annapolis: U.S.Naval Inst. 1986. 158 S.
B 61510

Reynolds, C.G.: Voyage of the NC-3. In: Naval history. Vol.1, 1987. No.1/1. S. 34-41.
BZ 05544:1

Rogers, P.D.: Fixing battle damage. In: United States Naval Institute. Proceedings. Jg.114, 1988. No.6. S. 34-40.
BZ 05163:114

Stavridis, J.: Creating ASW. Killing zones. In: United States Naval Institute. Proceedings. Jg.113, 1987. No.10. S. 24-36.
BZ 05163:113

Thieme, W.: An Bord des US-Flugzeugträgers "Nimitz". Die Nase im Wind. In: Flugrevue. 1988. Nr.2. S. 9-15.
BZ 05199:1988

Trotti, J.: Marine air. First to fight. London: Arms and Armour Pr. 1986. XIII, 154 S.
B 59436

Walton, F.E.: Once they were eagles. The man of the Black Sheep Squadron. Lexington, Ky.: Univ. Pr. of Kentucky 1986. XII, 213 S.
B 59505

Young, R.; Griffes, M.; Tomaselli, J.J.: Customs or coast guard. In: United States Naval Institute. Proceedings. Jg.113, 1987. No.8. S. 67-73.
BZ 05163:113

L 460 f 30 Luftwaffe

Angell, D.J.R.: NORAD and binational nuclear alert: consultation and decision-making in the integrated command. In: Defense analysis. Vol.4, 1988. No.2. S. 129-146.
BZ 4888:4

Biggs, B.: The Triple nickles. America's first allblack paratroop unit. Hamden, Conn.: Archon Books 1986. XIII, 92 S.
B 59601

Blair, C.: Ridgway's paratroopers. The American airborne in World War II. New York: Dial Pr. 1985. X, 588 S.
B 59778

Brown, M.E.: B-2 or not B-2? Crisis and choice in the US strategic bomber programme. In: Survival. Vol.30, 1988. No.4. S. 351-366.
BZ 4499:30

Defleur, L.B.; Warner, R.L.: Air Force academy graduates and nongraduates: attitudes and self-concepts. In: Armed forces and society. Vol.13, 1987. No.4. S. 517-533.
BZ 4418:13

Halberstadt, H.: Airborne. Assault from the sky. Novato, Calif.: Presidio Pr. 1988. VIII, 134 S.
Bc 02343

Hennessy, J.A.: The United States Army Air Arm, April 1861 to April 1917. Washington, D.C.: United States Air Force 1985. VII, 260 S.
010076

Jackson, R.: Strike force. The USAF in Britain since 1948. London: Robson Books 1986. 182 S.
B 60436

Kolecko, P.: Luftlandekräfte der Vereinigten Staaten von Amerika (II). In: Truppendienst. Jg.26, 1987. Nr.5. S. 450-458.
BZ 05209:26

MacKenney, J.E.: Air defense artillery. Washington: Center of Military History 1985. VII, 429 S.
B 57497

McCune, T.S.: FAADS: in search of a programme. In: Military technology. Vol.11, 1987. No.10. S. 92-103.
BZ 05107:11

Müller, K.: US Air Forces in Europa. Bollwerk der NATO. Abfangjäger: amerikanische F-15 sichern Europas Luftraum. In: Flugrevue. 1988. Nr.1. S. 8-13.
BZ 05199:1988

Record, J.: Determining future U.S. tactical airlift requirements. Washington: Pergamon-Brassey's 1987. VII, 46 S.
Bc 6974

Rosholt, M.: Days of the Ching Pao. 4.ed. Appleton, Wi.: Selbstverlag 1986. 189 S.
010410

Scutts, J.: Lion in the sky. US 8th Air Force fighter operations, 1942-45. Wellingborough: Stephens 1987. 152 S.
B 62006

Sherry, M.S.: The rise of American air power. The creation of Armageddon. New Haven: Yale Univ.Pr. 1987. XIII, 435 S.
010316

Thompson, L.: United States Airborne Forces, 1940-1986. Poole: Blandford 1986. 128 S.
010501

U.S. strategic air power, 1948-1962. In: International security. Vol.12, 1988. No.12. S. 78-95.
BZ 4433:12

Überlegungen und Fragen zu dem atomaren Zwischenfall in Palomares – 1966. Hrsg.: Arbeits- u. Forschungsstelle Militär, Ökologie u. Planung. Dortmund: o.V. 1986. 27 S.
D 03769

L 460 g Wirtschaft

Agarwal, S.: Super powers and the Third World. Jaipur: Aalekh Publ. 1985. 151 S.
B 59742

Calleo, D.P.; Cleveland, H.van B.; Silk, L.: The dollar and the defense of the West. In: Foreign affairs. Vol.66, 1988. No.4. S. 846-862.
BZ 05149:66

Dacy, D.C.: Foreign aid, war, and economic development. South Vietnam, 1955-1975. Cambridge: Cambridge Univ. Pr. 1986. XIX, 300 S.
B 61332

Dobson, A.P.: US Wartime aid to Britain 1940-1946. London: Croom Helm 1986. 242 S.
B 59383

Fliess, B.A.: Aktuelle Spannungsfelder in den amerikanisch-europäischen Wirtschaftsbeziehungen. In: Aus Politik und Zeitgeschichte. 1987. B.52. S. 25-38.
BZ 05159:1987

Ford, D.: Meltdown. New York: Simon and Schuster 1986. 307 S.
B 61722

Gansler, J.S.: Needed: A U.S. defense industrial strategy. In: International security. Vol.12, 1987. No.2. S. 45-62.
BZ 4433:12

Lambright, W.H.: Presidential management of science and technology. The Johnson presidency. Austin, Texas: Univ. of Texas Pr. 1985. X, 224 S.
B 58852

Making a difference. The Peace Corps at twenty – five. Ed.: M. Viorst. London: Weidenfeld and Nicolson 1986. 218 S.
B 61486

The nuclear waste primer. New York: NIck Lyons Books 1985. V, 90 S.
B 59703

Perez, Y.: La dissuasion par les embargos. Les embargos américains contre l'URSS et leurs conséquences sur les relations transatlantiques. Paris: CIRPES 1985. 134 S.
Bc 7437

Redmon, C.: Come as you are. San Diego, Cal.: Harcourt Brace Jovanovich 1986. 416 S.
B 61658

Rice, G.T.: The bold experiment. JFK's Peace Corps. Notre Dame, Ind.: Univ. of Notre Dame Pr. 1985. XV, 349 S.
B 59343

Rossiter, C.: The bureaucratic struggle for control of U.S. foreign aid. Diplomacy vs. development in Southern Africa. Boulder, Colo.: Westview Press 1985. XIII, 250 S.
B 58298

Sewell, J.W.; Contee, C.E.: Foreign aid and Gramm-Rudman. In: Foreign affairs. Vol.65, 1987. No.5. S. 1015-1036.
BZ 05149:65

Soviet-American horizons on the Pacific. Ed.: J.J. Stephan. Honolulu: Univ. of Hawaii Pr. 1986. XXII, 181 S.
B 59517

U.S. Arab economic relations. Ed.: M.R. Czinkota. New York: Praeger 1985. XLIV, 317 S.
B 62138

Weinbaum, M.G.: Egypt and the politics of U.S. economic aid. Boulder, Colo.: Westview Press 1986. XII, 192 S.
Bc 6500

L 460 g 10 Volkswirtschaft

Andersen, A.F.: Liberating the early American dream. A way to transcent the capitalist/communist dilemma nonviolently. New Brunswick: Transaction Books 1985. VIII, 272 S.
B 61422

Capitalism and equality in America. Ed.:
P.L. Berger. Lanham, Md.: Hamilton Pr.
1987. IX, 306 S.
Bb65845

Kappus, W.: Abrüstung und Wirtschafts-
wachstum. Die Erfahrungen der USA mit
der Rekonversion 1968-1976. Frankfurt:
Campus Verlag 1985. 329 S.
Bb56956

Moffitt, M.: Shocks, deadlocks, and
scorched earth: reaganomics and the
decline of U.S. hegemony. In: World
policy journal. Vol.4, 1987. No.4. S. 553-
582.
BZ 4822:4

Vatter, H.G.: The U.S. economy of World
War II. New York: Columbia Univ.Pr.
1985. X, 198 S.
B 57996

Will, H.: Zum Verlauf des Krisenzyklus in
den USA. In: IPW-Berichte. Jg.17, 1988.
H.4. S. 28-36.
BZ 05326:17

L 460 h Gesellschaft

Bernstein, I.: A caring society. The New
Deal, the worker, and the great depres-
sion. Boston, Mass.: Mifflin 1985. 338 S.
B 58361

Ege, K.: Hunger auch im Silicon Valley –
Studien über Hunger, Armut und Umver-
teilung in den USA. In: 1999. Jg.3, 1988.
Nr.3. S. 27-45.
BZ 4879:3

Evans, S.M.; Boyte, H.C.: Free spaces.
The sources of democratic change in
America. New York: Harper & Row
1986. XI, 228 S.
B 59236

Halfmann, J.: Risk avoidance and
sovereignty: new social movements in the
United States and West Germany. In:
Praxis international. Vol.8, 1988. No.1.
S. 14-25.
BZ 4783:8

Lee, M.A.; Shlain, B.: Acid dreams. The
CIA, LSD, and the sixties rebellion. New
York: Grove Pr. 1985. XXI, 343 S.
B 58877

Mayer, M.: Städtische Bewegungen in den
USA: "Gegenmacht" und Inkorpierung.
In: Prokla. Jg.17, 1987. Nr.3. S. 73-89.
BZ 4613:17

Nitoburg, E.L.: Pervaja mirovaja vojna i
negritjanskaja Amerika. In: Novaja i
novejšaja istorija. 1986. No.6. S. 50-62.
BZ 05334:1986

Piven, F.F.; Cloward, R.A.: Aufstand der
Armen. Frankfurt: Suhrkamp 1986.
XXXIX, 467 S.
B 62163

Rodgers, H.R.: Black Americans and the
feminization of poverty. The intervening
effects of unemployment. In: Journal of
black studies. Vol.17, 1987. No.4. S. 402-
417.
BZ 4607:17

Stevenson, R.J.: Social controls and
martial contingencies: Organizational and
institutional patterns in the U.S. military.
In: Journal of political and military
sociology. Vol.15, 1987. No.2. S. 263-278.
BZ 4724:15

The tenant movement in New York city,
1904-1984. Ed.: R. Lawson. New Brunswick, N.J.: Rutgers Univ.Pr. 1986. XIV,
289 S.
B 61023

L 460 h 10 Bevölkerung und Familie

Beckwith, K.: American women and political participation. The impacts of work,
generation, and feminism. Westport,
Conn.: Greenwood Press 1986. XIV,
185 S.
B 61430

Brown, D.M.: Setting a course. American
women in the 1920s. Boston, Mass.:
Twayne 1987. XIII, 302 S.
B 62661

Burnham, L.; Louie, M.: The impossible marriage: a Marxist critique of socialist feminism. In: Line of March. 1985. H.17. S. 5-128.
BZ 4935:1985

Ferree, M.M.; Hess, B.B.: Controversy and coalition: the new feminist movement. Boston, Mass.: Twayne Publ. 1985. XI, 215 S.
B 58329

Gelb, J.; Palley, M.L.: Women and public policies. Princeton, N.J.: Princeton Univ. Press 1987. XVI, 241 S.
B 62061

Mansbridge, J.J.: Why we lost the ERA. Chicago, Ill.: Univ.of Chicago Pr. 1986. XII, 327 S.
B 61243

Rupp, L.J.; Taylor, V.: Survival in the doldrums. The American women's rights movement, 1945 to the 1960s. Oxford: Oxford Univ.Pr. 1987. IX, 284 S.
B 62317

Shukert, E.B.; Scibetta, B.S.: War brides of World War II. Novato, Calif.: Presidio Pr. 1988. X, 302 S.
B 65782

Women leaders in contemporary U.S. politics. Ed.: F.P. Le Veness. Boulder, Colo.: Rienner 1987. IX, 163 S.
Bc 7080

The women's movement in the United States and Western Europe. Consciousness, political opportunity, and public policy. Ed.: M.F. Katzenstein. Philadelphia, Pa.: Temple Univ.Pr. 1987. VII, 321 S.
B 63012

L 460 h 20 Stand und Arbeit

"Struggle a hard battle". Essays on working-class immigrants. Ed.: D. Hoerder. DeKalb, Ill.: Northern Illinois Univ.Pr. 1986. VI, 375 S.
B 60585

Calvert, J.R.: The divergent paths of the Canadian and American labour movements. In: The Round table. 1987. No.303. S. 378-392.
BZ 4796:1987

Erd, R.: Die amerikanischen Gewerkschaften im New Deal 1933-1937. Frankfurt: Campus Verlag 1986. 225 S.
B 57972

Haymarket Scrapbok. Ed.: D. Roediger. Chicago, Ill.: Kerr 1986. 255 S.
010377

Life and labor: dimensions of American working-class history. Ed.: C.Stephenson. Albany, N.Y.: State Univ. New York Pr. 1986. X, 343 S.
B 61426

Litwack, L.: The American labor movement. New York: Touchstone 1986. XII, 176 S.
B 62928

Powell, A.K.: The next time we strike. Labor in Utah's coal fields, 1900-1933. Logan, Utah: Utah State Univ. Pr. 1985. XIX, 272 S.
B 59074

Rothstein, L.E.: Plant closings. Power, politics, and workers. Dover, Mass.: Auburn House 1986. XV, 201 S.
B 62909

Schulze, P.W.: Gewerkschaftskampf von unten. Amerikan. Automobilarb. im New Deal. Frankfurt: Campus Verlag 1987. IX, 358 S.
B 61189

Sensenig, G.R.: Österreichisch-amerikanische Gewerkschaftsbeziehungen 1945 bis 1950. Köln: Pahl-Rugenstein 1987. 197 S.
Bc 6788

Tomlins, C.L.: The State and the Unions. Labor relations, law, and the organized labor movement in America, 1880-1960. Cambridge: Cambridge Univ. Pr. 1985. XVI, 348 S.
B 57656

Townsend, J.C.: Running the gauntlet. Cultural sources of violence against the I.W.W. New York: Garland 1986. 341 S.
B 63388

Unions in crisis and beyond. Ed.: R. Edwards. Dover, Mass.: Auburn House 1986. XII, 340 S.
B 61411

Unions in transition. Entering the second century. Ed.: S.M. Lipset. San Francisco, Ca.: ICS Press 1986. XVIII, 506 S.
B 63065

L 460 i Geistesleben

Abel, E.: Leaking: who does it? Who benefits? At what cost? New York, N.Y.: Priority Pr. Publ. 1987. VI, 75 S.
Bc 7943

Artists against war and fascism. Papers of the First American Artists' Congress. Ed.: M. Baigell. New Brunswick, N.J.: Rutgers Univ.Pr. 1986. XII, 310 S.
B 61220

Baritz, L.: Backfire. A history of how American culture led us into Vietnam and made us fight the way we did. New York: Morrow 1985. 393 S.
B 58012

Barlett, D.L.; Steele, J.B.: Forevermore. Nuclear waste in America. New York: Norton 1985. 352 S.
B 61252

Blitzer, W.: Between Washington and Jerusalem. Oxford: Oxford Univ.Pr. 1985. XII, 259 S.
B 58864

Eisenhower, D.; Murray, J.: Warwords. U.S. militarism, the catholic right, and the Bulgarian connection. New York: Intern. Publ. 1986. 137 S.
Bc 6702

MacDonald, J.F.: Television and the red menace. The video road to Vietnam. New York: Praeger 1985. XII, 277 S.
B 60615

Phillips, D.E.: Student protest, 1960-1970. An analysis of the issues and speeches. Lanham: Univ.Press of America 1985. XVIII, 573 S.
B 62479

Rielly, J. e.: L'opinion publique américaine et la politique étrangère. In: Politique étrangère. A.52, 1987. No.1. S. 129-147.
BZ 4449:52

Schreiner-Seip, C.: Film- und Informationspolitik als Mittel der nationalen Verteidigung in den USA, 1939-1941. E. Studie ü.d. Umsetzung außenpol. Programme in Filminhalte. Frankfurt: Lang 1985. 438 S.
B 59609

Steinbeck, J.: Once there was a war. New York, N.Y.: Penguin Books 1986. XIX, 232 S.
Bc 6975

Vietnam Front Pages. Ed. H. Drake. New York: Levin 1986. o.Pag.
010266

L 460 k Geschichte

Chafe, W.H.: The unfinished journey. Oxford: Oxford Univ.Pr. 1986. XII, 516 S.
B 58842

Glentc, D.M.: Predstavlenija amerikancev ob operacijach na vostočnom fronte v gody vtoroj mirovoj vojny. In: Voprosy istorii. 1987. No.8. S. 28-48.
BZ 05317:1987

Gould, L.L.: Reform and regulation. American politics from Roosevelt to Wilson. New York, N.Y.: Knopf 1986. X, 226 S.
Bc 7099

Harrington, M.: Taking sides. The education of a militant mind. New York: Holt, Rinehart and Winston 1985. VIII, 278 S.
B 58734

Horn, R.; Schäfer, P.: Geschichte der USA. 1914-1945. Berlin: Dt.Verl.d.Wissenschaften 1986. 298 S.
B 59195

Kennett, L.B.: For the duration... The United States goes to war. Pearl Harbour – 1942. New York: Scribner's 1985. 243 S.
B 57940

Kimball, J.P.: The stab-in-the-back legend and the Vietnam War. In: Armed forces and society. Vol.14, 1988. No.3. S. 433-458.
BZ 4418:14

Kornbluh, P.: The Iran-contra scandal: a postmortem. In: World policy journal. Vol.5, 1988. No.1. S. 129-150.
BZ 4822:5

O'Neill, W.L.: American high. The years of confidence, 1945-1960. New York, N.Y.: The Free Pr. 1986. XI, 321 S.
B 61443

Schlesinger, A.M.: The cycles of American history. Boston, Mass.: Houghton Mifflin 1986. XIII, 498 S.
B 62697

Smith, P.: America enters the world. A people's history of the progressive era and World War I. New York: McGraw-Hill 1985. XIII, 1089 S.
B 58328

Smith, P.: Redeeming the time. A people's history of the 1920s and the new deal. New York: McGraw-Hill 1987. XIII, 1205 S.
B 61797

The story of Lieutenant Colonel Oliver North. His early years,... Washington, D.C.: U.S. News a. World Report 1987. 128 S.
Bc 02120

Tyrrell, I.R.: The absent Marx. Class analysis and liberal history in twentieth-century America. New York: Greenwood Press 1986. XII, 270 S.
B 60758

Winkler, A.M.: Modern America. The United States from World War II to the present. New York: Harper & Row 1985. XII, 238 S.
Bc 6973

Wynn, N.A.: From progressivism to prosperity. World War I and American society. New York: Holmes & Meier 1986. XXII, 268 S.
B 60991

L 460 l Einzelne Länder/Gebiete/Orte

Blakey, G.T.: Hard times and new deal in Kentucky, 1929-1939. Lexington, Ky.: Univ. Pr. of Kentucky 1986. 252 S.
B 59602

Lawson, S.F.: In pursuit of power. Southern Blacks and electoral politics, 1965-1982. New York: Columbia Univ. Pr. 1985. XIX, 391 S.
B 57960

Nash, G.D.: The American West transformed: the impact of the Second World War. Bloomington, Ind.: Indiana University Press 1985. X,304 S.
B 58356

Peake, T.R.: Keeping the dream alive. A history of the Southern Christian Leadership Conference from King to the nineteeneighties. New York, N.Y.: Lang 1987. XIV, 492 S.
B 62399

Pearce, J.E.: Divide and dissent. Kentucky politics, 1930-1963. Lexington, Ky.: Univ. Pr. of Kentucky 1987. VIII, 247 S.
B 62657

Weisman, A.: La Frontera. The United States border with Mexico. San Diego, Cal.: Harcourt Brace Jovanovich 1986. XIII, 200 S.
010253

Zamora, E.: El Movimiento obrero mexicano en el sur de Texas. 1900-1920. México: SEP 1986. 205 S.
Bc 7370

– Städte/Orte

Baldwin, J.: Das Gesicht der Macht bleibt weiß. Hamburg: Hoffmann und Campe 1986. 155 S.
B 59556

Bloom, A.: Prodigal sons. The New York intellectuals and their world. Oxford: Oxford Univ.Pr. 1986. XII, 461 S.
B 62335

Carleton, D.E.: Red Scare! Right wing hysteria, fifties fanaticism and their legacy in Texas. Austin, Tex.: Texas Monthly Pr. 1985. XII, 390 S.
B 58379

Lay, S.: War, revolution and the Ku Klux Klan. A study of intolerance in a border city. El Paso, Tex.: Texas Western Pr. 1985. XI, 201 S.
B 59496

Rieder, J.: Canarsie. The Jews and Italians of Brooklyn against liberalism. Cambridge, Mass.: Harvard Univ.Pr. 1985. VIII, 290 S.
B 57605

Terkel, S.: Chicago. New York, N.Y.: Pantheon Books 1986. 148 S.
B 62275

Wald, A.M.: The New York intellectuals. The rise and decline of the anti-Stalinist left from the 1930s to the 1980s. Chapel Hill, N.C.: Univ. of North Carolina Pr. 1987. XVI, 440 S.
B 62658

Wheaton, E.: Codename Greenkil. The 1979 Greensboro killings. Athens, Ga.: Univ. od Georgia Pr. 1987. X, 328 S.
B 64888

L 490 Westindien/Antillen/ Karibik

Satineau, M.: Contestation politique et revendication nationaliste aux Antilles Françaises. Les élections de 1981. Paris: L'Harmattan 1986. 283 S.
B 61076

L 491 Dominikanische Republik

Black, J.K.: The Dominican republic. Politics and development in an un-sovereign state. Boston: Allen & Unwin 1986. XI, 164 S.
B 60945

Javier García, M.de J.: Mis 20 Años en el Palacio Nacional. Junto a Trujillo y otros gobernantes domonicanos. Santo Domingo: Ed.de Taller 1985. 424 S.
B 58661

Vedovato, C.: Politics, foreign trade and economic development. London: Croom Helm 1986. 191 S.
B 59377

Vega de Boyrie, B.: Nazismo, fascismo y falangismo en la República Dominicana. Santo Domingo: Fundación Cultural Domicana 1985. 415 S.
010162

L 492 Haiti

Cuello Hernández, J.I.: Documentos del conflicto dominico-haitiano de 1937. Santo Domingo: Ed. Taller 1985. 606 S.
09794

Duvalierism since Duvalier. National coalition for Haitian refugees. New York, N.Y.: Americas Watch 1986. IV, 75 S.
Bc 7695

Maingot, A.P.: Haiti: problems of a transi-tion to democracy in an authoritarian soft state. In: Journal of Interamerican studies and world affairs. Vol.28, 1986/87. No.4. S. 75-102.
BZ 4608:28

Nicholls, D.: Haiti in Caribbean context. Ethnicity, economy and revolt. Hound-mills: MacMillan Pr. 1985. X, 282 S.
B 60417

Pierre-Charles, G.: Haiti. A complex situation and an unknown struggle. In: Contemporary marxism. 1986. No.14. S. 21-33.
BZ 4858:1986

L 493 Jamaica

Kaufman, M.: Jamaica under Manley. Dilemmas of socialism and democracy. London: Zed Books 1985. XVI, 282 S.
B 57701

Stephens, E.H.; Stephens, J.D.: Democratic socialism in Jamaica. The political movement and social transformation in dependent capitalism. Houndmills: MacMillan Pr. 1986. XX, 423 S.
B 60398

Stone, C.: Class, state, and democracy in Jamaica. New York: Praeger 1986. XIV, 198 S.
B 60750

L 494 Kuba

L 494 c Biographien

– Castro
Betto, F.; Castro, F.: Nachtgespräche mit Fidel. Autobiographisches- Kuba – Sozialismus. Freiburg: Ed. Exodus 1985. 294 S.
B 59727

Bourne, P.G.: Fidel. A biography of Fidel Castro. New York: Dodd, Mead & Co. 1986. XII, 332 S.
B 62962

Castro, F.; Elliot, J.M.; Dymally, M.M.: Nothing can stop the course of history. New York: Pathfinder Pr. 1986. 258 S.
B 62005

Gonzales, E.; Ronfeldt, D.: Castro, Cuba, and the world. In: Conflict. Vol.7, 1987. No.4. S. 403-430.
BZ 4687:7

Gonzalez, E.; Ronfeldt, D.: Castro, Cuba, and the world. Santa Monica, Calif.: Rand Corp. 1986. XX, 133 S.
Bc 7393

Harnecker, M.: La estrategia política de Fidel. Del Moncada a la victoria. México: Ed. Nuestro Tiempo 1986. 151 S.
Bc 6592

Núñez Jiménez, A.: Unterwegs mit Fidel. Berlin: Dietz 1986. 304 S.
B 59210

Szulc, T.: Fidel. A critical portrait. New York: Morrow 1986. 703 S.
B 62087

– Guevara
Guevara, E.C.: Ausgewählte Werke in Einzelausgaben. Bd.1.2. Dortmund: Weltkreis Verl. 1986/87. 215, 302 S.
B 59952

Guevara, E.: Mein Sohn Che. Hamburg: Verl. am Galgenberg 1986. 409 S.
B 59573

– Marti
Lamore, J.: José Marti e l'Amerique. T.1. Paris: L'Harmattan 1986. 262 S.
B 60598

Turton, P.: José Martí: architect of Cuba's freedom. London: Zed Books 1986. VII, 157 S.
B 60493

– Valladares
Valladares, A.: Against all hope. The prison memoirs of Armando Valladares. London: Hamilton 1986. XIV, 380 S.
B 61810

L 494 e Staat und Politik

Azicri, M.: Twenty-six years of Cuban revolutionary politics. An appraisal. In: Contemporary marxism. 1986. No.14. S. 65-96.
BZ 4858:1986

Chanan, M.: The Cuban image. Cinema and cultural politics in Cuba. London: BFI 1985. 314 S.
B 62896

Erisman, H.M.: Cuba's international relations. The anatomy of a nationalistic foreign policy. Boulder, Colo.: Westview Press 1985. XV, 203 S.
B 58248

Falk, P.S.: Cuba in Africa. In: Foreign affairs. Vol.65, 1987. No.5. S. 1077-1096.
BZ 05149:65

Falk, P.S.: Cuban foreign Policy. Caribbean tempest. Lexington: Lexington Books 1986. XIV, 336 S.
B 59349

Frederick, H.H.: Cuban-American radio wars. Ideology in international telecommunications. Norwood, N.J.: Ablex 1986. VIII, 200 S.
B 61800

Hart Dávalos, A.: Die Spielregeln ändern... Kulturpolitik im Sozialismus. Dortmund: Weltkreis Verl. 1987. 164 S.
Bc 7515

Kahn, O.E.: Cuba's impact in Southern Africa. In: Journal of Interamerican studies and world affairs. Vol.29, 1987. No.3. S. 33-54.
BZ 4608:29

López Segrera, F.: Cuba y Centroamérica. México: Claves Latinoamericanas 1986. 94 S.
Bc 6590

Nozario, O.: Brazil's rapprochement with Cuba: the process and the prospect. In: Journal of Interamerican studies and world affairs. Vol.28, 1986. No.3. S. 67-86.
BZ 4608:28

Thomas, H.: Cuba: The United States and Batista, 1952-1958. In: World affairs. Vol.149, 1987. No.4. S. 169-175.
BZ 05509:149

L 494 f Wehrwesen

Raths, D.E.: Urban and rural guerrilla warfare. The Cuban model. Ann Arbor, Mich.: UMI 1986. III, 170 S.
B 60204

Williams, J.H.: The Cuban paradox (T.1.2). In: National defense. Vol.72, 1987. No.430 u. S. 35-42; S. 41-49.
BZ 05186:72

L 494 g Wirtschaft

Córdova, E.: Castro and the Cuban labor movement. Statecraft and society in a revolutionary period (1959-1961). Lanham: Univ.Press of America 1987. XII, 341 S.
B 62707

Cuba. Revolución y economía. La Habana: Ed.de Ciencias Sociales 1985. 269 S.
B 61550

Marshall, P.: Cuba libre. Breaking the chains? London: Gollancz 1987. VIII, 310 S.
B 61338

Packenham, R.A.: Capitalist dependency and socialist dependency: the case of Cuba. In: Journal of Interamerican studies and world affairs. Vol.28, No.1. S. 59-92.
BZ 4608:28

L 494 k Geschichte

Aron, R.: La guerra fría y la crisis de Cuba (1962). In: Politica exterior. Vol.1, 1987. No.3. S. 175-190.
BZ 4911:1

Bittorf, W.: "Wir werden viele Russen töten". (T.1-4). In: Der Spiegel. Jg.41, 1987. Nr.42-45. S. 196-221; 192-215; 184-208 201-226.
BZ 05140:41

Blight, J.G.; Nye, J.S.; Welch, D.A.: The Cuban missile crisis revisited. In: Foreign affairs. Vol.66, 1987. No.1. S. 170-188.
BZ 05149:66

Del Prado y Salabarria, W.: Cuba: destiny as choice. An historical theory on the political development of Cuba. Miami, Fla.: Ed. Universal 1986. 191 S.
Bc 6565

Griffiths, J.: The Cuban missile crisis.
Hove: Wayland 1986. 78 S.
B 61044

Landau, S.: Asking the right question
about Cuba. In: Race and class. Vol.29,
1987. No.2. S. 53-68.
BZ 4811:29

Pérez, L.A.: Cuba under the Platt
Amendment, 1902-1934. Pittsburgh, Pa.:
Univ. of Pittsburgh Pr. 1986. XVII, 410 S.
B 60833

Pocalyko, M.N.: 25 years after the blink.
In: United States Naval Institute.
Proceedings. Jg.113, 1987. No.9. S. 41-48.
BZ 05163:113

Ricard, S.: L'histoire mythifiée; Theodore
Roosevelt et la conquête de Cuba en
1898. In: Revue d' histoire moderne et
contemporaine. T.34, 1987. No. S. 660-
668.
BZ 4586:34

Russell, B.A.W. Lord: Sieg ohne Waffen.
Was e. einzelner zu tun vermag. Darmstadt: Verl.Darmstädter Blätter 1986.
280 S.
B 62815

The selling of Fidel Castro. The media
and the Cuban revolution. Ed.: W.E.
Ratliff. New Brunswick: Transaction
Books 1987. X,197 S.
B 62734

L 495 Puerto Rico

The political status of Puerto Rico. Ed.:
P.S. Falk. Lexington: Lexington Books
1986. XXXII, 125 S.
B 61216

L 499 Kleine Antillen

MacDonald, S.B.: Trinidad and Tobago.
Democracy and development in the
Caribbean. New York: Praeger 1986. IX,
231 S.
B 61032

L 499.23 Grenada

Pryor, F.L.: Revolutionary Grenada. A
study in political economy. New York:
Praeger 1986. XX, 395 S.
B 61031

Schoenhals, K.P.; Melanson, R.A.: Revolution and intervention in Grenada. The
New Jewel Movement, the United States,
and the Caribbean. Boulder, Colo.: Westview Press 1985. XII, 211 S.
B 58334

L 499.25 Guadeloupe

Moutoussamy, E.: Guadeloupe. Le
mouvement communiste et ses députés
sous la IVe République. Paris: L'Harmattan 1986. 187 S.
B 59722

L 500 Australien und Ozeanien

L 510 Australien

L 510 e Staat und Politik

Ball, D.; Langtry, J.O.; Stevenson, J.D.:
Defend the North. The case for the
Alice-Springs-Darwin railway. Sydney:
Allen & Unwin 1985. 104 S.
B 59254

Brugger, B.; Jaensch, D.: Australian poli-
tics. Theory and practice. Sydney: Allen
& Unwin 1985. XIII, 258 S.
B 60571

Carsten, F.L.: The first Austrian Republic
1918-1938. A study based on British and
Austrian Documents. Aldershot: Gower
1986. 309 S.
B 60906

Fung, E.S.K.; Mackerras, C.: From fear to
friendship. Australia's policies towards
the People's Republic of China, 1966-
1982. London: Univ. of Queensland Pr.
1985. X,351 S.
B 60679

L 510 f Wehrwesen

The ANZAC Connection. Ed.: D. Ball. Sydney: Allen & Unwin 1985. XVI, 169 S.
B 59268

Babbage, R.: Australia and the defence of Papua New Guinea (PNG). In: Australian outlook. Vol.41, 1987. No.2. S. 87-94.
BZ 05446:41

Bley, B.: Das Verteidigungsweißbuch Australiens 1987- militärisches Konzept bis zur Jahrtausendwende. In: Militärwesen. 1988. H.1. S. 64-69.
BZ 4485:1988

Cloughley, B.: Looking down under: a profile of Australia. In: Defence. Vol.18, 1987. No.12. S. 791-799.
BZ 05381:18

Hudson, M.: The importance of alliances... In: Naval forces. Vol.9, 1988. No.17. S. 16-26.
BZ 05382:9

Pratt, G.J.: Institution, occupation and collectivism amongst Australian army officers. In: Journal of political and military sociology. Vol.14, 1986. No.2. S. 291-302.
BZ 4724:14

Rix, A.: Japan's comprehensive security and Australia. In: Australian outlook. Vol.41, 1987. No.2. S. 79-86.
BZ 05446:41

Samuel, P.: Defense flips down under. In: The Washington quarterly. Vol.10, 1987. No.4. S. 113-127.
BZ 05351:10

Schott, D.G.: Australian defence policy 1976-1987. In: Defence force journal. 1987. No.67. S. 12-18.
BZ 4438:1987

Suter, K.D.: Australia's defence debate: the dibb report. In: RUSI journal. Vol.132, 1987. No.4. S. 55-62.
BZ 05161:132

Urquhart, D.A.K.: Australia's defence co-operation programme with the South West Pacific – is it effective? In: Defence force journal. 1988. No.68. S. 41-51.
BZ 4438:1988

Winter, P.D.: Comparing the "Singapore strategy" and "fortress Australia" concepts for Australia's defence in the 1930s. In: Defence force journal. 1987. No.65. S. 29-39.
BZ 4438:1987

L 510 h Gesellschaft

Bassett-Scarfe, L.: Child abuse in military families. In: Defence force journal. 1987. No.67. S. 23-29.
BZ 4438:1987

L 510 k Geschichte

Potts, E.D.; Potts, A.: Yanks down under 1941-45. The American impact on Australia. Melbourne: Oxford Univ.Pr. 1985. XXIII, 455 S.
B 57631

L 520 Neuseeland

Holland, M.: New Zealand's relations with Africa. In: The Round table. 1987. No.303. S. 343-360.
BZ 4796:1987

Johnson, J.V.: "A course contrary to training and inclination" – The Manifesto of the Four Colonels, 1938. In: Defence force journal. 1988. No.68. S. 13-19.
BZ 4438:1988

Kerros, A.: Le cas néo-zélandais. In: Politique étrangère. A.52, 1987. No.1. S. 61-70.
BZ 4449:52

Levine, S.: Nuclear-free zones and alliance diplomacy: the new Zealand experience. In: The Jerusalem journal of international relations. Vol.9, 1987. No.4. S. 1-34.
BZ 4756:9

Political tolerance in context. Boulder,
Colo.: Westview Press 1985. 264 S.
B 57945

Thakur, R.: In defence of New Zealand.
Foreign policy choices in the nuclear age.
Boulder, Colo.: Westview Press 1986. XV,
247 S.
B 60988

L 531 Indonesien

Backer Dirks, F.C.: De Gouvernements
Marine in het voormalige Nederlands
Indie... 1861-1949. Vol.1-3. Weesp: De
Boer Maritiem 1985/86. 336, 359, 330 S.
010337

Crouch, H.: Indonesia: the rise or fall of
Suharto's generals. In: Third world
quarterly. Vol.10, 1988. No.1. S. 160-175.
BZ 4843:10

Ingleson, J.: In search of justice. Workers
and unions in colonial Java, 1908-1926.
Oxford: Oxford Univ.Pr. 1986. XIII,
342 S.
B 62673

Jarvis, H.: Tan Malaka: Revolutionary or
renegade? In: Bulletin of concerned
Asian scholars. Vol.19, 1987. No.1. S. 41-
54.
BZ 05386:19

Khong Cho Oon: The politics of oil in
indonesia. Foreign company – host
government relations. Cambridge:
Cambridge Univ. Pr. 1986. X, 253 S.
B 60316

Klaauw, B. van der; Rijnhout, B.M.: De
militaire Luchtvaart in Nederlands-Indie,
1914-1949. Amsterdam: De Bataafsche
Leeuw 1987. 96 S.
Bc 02308

Landmann, H.: Das Ende der Sukarno-
Ära. Interpretationen zu den Ereignissen
am 1.10.1965 in Indonesien. In: Interna-
tionales Asienforum. Jg.18, 1987. Nr.1-2.
S. 110-131.
BZ 4583:18

Regional dynamics of the Indonesian
revolution. Unity from diversity. Ed.:
A.R. Kahin. Honolulu: Univ. of Hawaii
Pr. 1985. XI, 306 S.
B 58870

Retboll, T.: The East Timor conflict and
Western response. In: Bulletin of con-
cerned Asian scholars. Vol.19, 1987.
No.1. S. 24-40.
BZ 05386:19

Schaarschmidt-Kohl, E.-M.: Die politische
Geschichte der indonesischen Gewerk-
schaftsbewegung bis zur Unabhängigkeit.
Köln: Pahl-Rugenstein 1987. IV, 143 S.
Bc 7423

Wagner, H.: Hoe kwamen de Indonesische
strijdkrachten in de jaren '40 aan
wappens? In: Militaire spectator. Jg.156,
1987. No.11. S. 488-496.
BZ 05134:156

L 531 e Staat und Politik

Emmerson, D.K.: Invisible Indonesia. In:
Foreign affairs. Vol.66, 1987. No.2.
S. 368-387.
BZ 05149:66

Indonesia – appeal for release of prisoners of conscience and commutation of
death sentences. Hrsg.: Amnesty Intern.,
Intern. Secretariat. London: o.V. 1987.
7 S.
D 03825

Indonesia and the rule of law. Twenty
years of "New order" government. Ed.:
H. Thoolen. London: Pinter 1987. XII,
208 S.
B 62574

King, D.Y.: Human rights practices and
the Indonesian middle class. In: Bulletin
of concerned Asian scholars. Vol.19,
1987. No.1. S. 4-13.
BZ 05386:19

Kroef, J.M. van der: Terrorism by public
authority. The case of the death squads of
Indonesia and the Philippines. In:
Current research on peace and violence.
Vol.10, 1987. No.4. S. 143-158.
BZ 05123:10

Liddle, R.W.: Indonesia in 1987. The new order at the height of its power. In: Asian survey. Vol.28, 1988. No.2. S. 180-191.
BZ 4437:28

Liong, L.: Indonesian Muslims and the state: accommodation or revolt? In: Third world quarterly. Vol.10, 1988. No.2. S. 869-896.
BZ 4843:10

MacIntyre, A.J.: Interpreting Indonesian foreign policy. In: Asian survey. Vol.27, 1987. No.5. S. 515-534.
BZ 4437:27

Menon, K.U.: Brunei Darussalam in 1987. Modernizing autocracy. In: Asian survey. Vol.28, 1988. No.2. S. 252-258.
BZ 4437:28

Nusa, P.: The path of suffering: The report of a political prisoner on his journey through various prison camps in Indonesia. In: Bulletin of concerned Asian scholars. Vol.19, 1987. No.1. S. 15-23.
BZ 05386:19

Rogers, M.L.: Depoliticization of Indonesia's political parties: attaining military stability. In: Armed forces and society. Vol.14, 1988. No.2. S. 247-272.
BZ 4418:14

L 532 Philippinen

L 532 a Allgemeines

Kotte, H.: Das Parlament der Straße. Berichte von den Philippinen, 1983-1987. Frankfurt: Fischer Tb.Verl. 1988. 236 S.
Bc 7773

Kunz, H.: Zum Verhältnis von Kirche und Politik auf den Philippinen. Die Rolle der katholischen Kirche beim Macht-wechsel. In: Aus Politik und Zeit-geschichte. 1988. B.25-26. S. 19-29.
BZ 05159:1988

Romulo, C.P.; Romulo, B.D.: Forty years. A Third World soldier at the UN. New York: Greenwood Press 1986. XIX, 220 S.
B 61858

Thomas, S.: Success or failure in the Philippines? In: SAIS review. Vol.7, 1987. No.2. S. 109-125.
BZ 05503:7

L 532 e Staat und Politik

Druckman, D.; Green, J.: Political stability in the Philippines: framework and analy-sis. Denver, Colo.: Univ. of Denver 1986. XIX, 143 S.
Bc 7093

Gregor, J.: Succession in the Philippines: the prevailing alternatives and American interests. In: Atlantic community quarterly. Vol.24, 1986. No.1. S. 19-27.
BZ 05136:24

Hernandez, C.G.: The Philippines in 1987. In: Asian survey. Vol.28, 1988. No.2. S. 229-241.
BZ 4437:28

Weatherbee, D.E.: The Philippines and Asean. Options for Aquino. In: Asian survey. Vol.27, 1987. No.12. S. 1223-1239.
BZ 4437:27

Werning, R.: Berstender Bambus. Be-freiungskampf u. Gesundheitswesen auf d. Philippinen. Frankfurt: Sendler 1986. 188 S.
B 59553

L 532 e 10 Innenpolitik

Awwad, E.: Les Philippines à la croisée des chemins. In: L'Afrique et l'Asie modernes. 1987. No.152. S. 72-87.
BZ 4689:1987

Forest, J.; Forest, N.: Four days in febru-ary. The story of the nonviolent over-throw of the Marcos regime. Basing-stoke: Morgan a. Pickering 1988. 140 S.
Bc 7614

Gregor, J.: After the fall: prospects for democracy after Marcos. In: World affairs. Vol.149, 1987. No.4. S. 195-208.
BZ 05509:149

Hanisch, R.: Die Regierung Aquino zwischen Militärputsch und kommunistischer Rebellion. In: Aus Politik und Zeitgeschichte. 1988. B.25-26. S. 31-45.
BZ 05159:1988

Hunger und Durst nach Gerechtigkeit. Gebete u. Texte aus d. Philippinen. Hrsg.: Ökumenischer Arbeitskr. Philippinen. Hamburg: o.V. 1987. 64 S.
D 3637

Kuschnerus, T.; Werning, R.: Die Philippinen unter Aquino. Facetten e. Machtwechsels. Frankfurt: Isp. Verl. 1987. 142 S.
Bc 7430

Majul, C.: The Moro struggle in the Philippines. In: Third world quarterly. Vol.10, 1988. No.2. S. 897-922.
BZ 4843:10

Philippinen. o.O.: o.V. 1987. 8 Bl.
D 03742

Philippinen. "Demokratie aus der Wundertüte". Hrsg.: R. Werning. Münster: WURF Verl. 1987. 125 S.
Bc 7789

Porter, G.: Counterinsurgency in the Philippines: Aquino was right. In: SAIS review. Vol.7, 1987. No.2. S. 93-108.
BZ 05503:7

Revolution in the Philippines. Ed.: M. Wright. Harlow: Longman 1988. VIII, 150 S.
Bc 8003

Rueland, J.: Die Philippinen. Das Marcos-Erbe. Bonn: Friedrich-Ebert-Stiftung 1986. 82 S.
Bc 6951

Samuel, P.: The evolving character of the Philippines insurgency. In: Global affairs. Jg.3, 1988. Nr.1. S. 94-104.
BZ 05553:3

Villareal, I.Z.: Negotiating with the communists in the Philippines. In: Conflict. Vol.7, 1987. No.4. S. 347-363.
BZ 4687:7

L 532 k Geschichte

Bootsma, N.A.: Buren in de koloniale tijd. De Philippijnen onder Amerikaans bewind... Dordrecht: Foris Publ. 1986. VI, 150 S.
Bc 6773

Crisis in the Philippines. The Marcos era and beyond. Ed.: J. Bresnan. Princeton, N.J.: Princeton Univ.Press 1986. XIV, 284 S.
B 61522

Glaser-Schmidt, E.: "Die Philippinen den Filipinos!". D. amerikan. Debatte üb. d. Wirtschafts- u. Verwaltungspolitik auf d. Philippinen, 1898-1906. Frankfurt: Lang 1986. 494 S.
B 62173

The Philippines reader. A history of colonialism, neocolonialism, dictatorship, and resistance. Ed.: D.B. Schirmer. Boston, Mass.: South End Pr. 1987. XXII, 425 S.
B 62323

Rystad, G.: The Philippine struggle for independence and its effects on American expansionism at the turn of the century. In: Revue internationale d'histoire militaire. 1988. No.65. S. 107-129.
BZ 4454:1988

L 533 Melanesien

Connell, J.: New Caledonia: a crisis of decolonization in the South Pacific. In: The Round table. 1988. No.305. S. 53-66.
BZ 4796:1988

Dagmar, H.; Leunissen, J.: Militaire staatsgrepen in Fiji: achtergronden en een beknopt verslag. In: Internationale spectator. Jg.41, 1987. Nr.11. S. 558-569.
BZ 05223:41

L 533.2 Fidschi-Inseln

Alley, R.: The military coup in Fiji. In: The Round table. 1987. No.304. S. 489-496.
BZ 4796:1987

Fossen, A.B.: Two military coups in Fiji. In: Bulletin of concerned Asian scholars. Vol.19, 1987. No.4. S. 19-31.
BZ 05386:19

Hagan, S.: Race, politics, and the coup in Fiji. In: Bulletin of concerned Asian scholars. Vol.19, 1987. No.4. S. 2-18.
BZ 05386:19

Roy, W.T.: Fiji today, the politics of frustration. In: The Round table. 1988. No.305. S. 45-52.
BZ 4796:1988

L 533.3 Papua Neuguinea

Gault-Williams, M.: Organisasi Papua Merdeka. The free Papua Movement lives. In: Bulletin of concerned Asian scholars. Vol.19, 1987. No.4. S. 32-43.
BZ 05386:19

Osborne, R.: Indonesia's secret war. The guerrilla struggle in Irian Jaya. 2.ed. London: Allen & Unwin 1986. XVI, 213 S.
B 60230

Saffu, Y.: Papua New Guinea in 1987. Wingti's coalition in a disabled system. In: Asian survey. Vol.28, 1988. No.2. S. 242-251.
BZ 4437:28

L 533.5 Neukaledonien

Gomane, J.-P.: Réflexions sur la Nouvelle-Calédonie. In: Défense nationale. A.44, 1988. No.8. S. 109-122.
BZ 4460:44

Vallin, P.: Les "Frances" d'outre-mer. Paris: La pensée universelle 1987. 114 S.
Bc 7732

L 534 Mikronesien

Meller, N.; Meller, T.: Constitutionalism in Micronesia. Honolulu: Univ. of Hawaii Pr. 1985. X, 396 S.
B 59235

Ranney, A.; Penniman, H.R.: Democracy in the islands. The Micronesian plebiscites of 1983. Washington, D.C.: American Enterprise Inst.for Publ.Policy Research 1985. XX, 126 S.
B 59335

Smith, S.C.: The Federated States of Mikronesia: an emerging nation. An overview for Peace Corps Volunteers. Columbia, Md.: Development through Self-Relicance 1986. 78 S.
Bc 02170

L 600 Polargebiete

Albert Ferrero, J.: Geostrategia del Antartico. In: Revista general de marina. T.214 u. 215, 1988. No.6 u.7. S. 157-172 u. S. 17-38.
BZ 4619:214

Antarctic treaty system. Proc. of a workshop held at Beardmore South Field Camp, Antarctica. Washington: National Academy Press 1986. XV, 435 S.
B 61123

Atkeson, E.B.: Fighting subs. Under the ice. In: United States Naval Institute. Proceedings. Jg.113, 1987. No.9. S. 81-87.
BZ 05163:113

Beck, P.: The international politics of Antarctica. London: Croom Helm 1986. 332 S.
B 59755

Besnault, R.: Eléments antarctiques de géostratégie. In: Stratégique. A.32, 1987. No.4. S. 61-118.
BZ 4694:32

Haydon, P.T.: The strategic importance of the Arctic. In: Canadian defence quarterly. Vol.17, 1987/88. No.4. S. 27-34.
BZ 05001:17

LeSchack, L.A.: ComNavForArctic. In: United States Naval Institute. Proceedings. Jg.113, 1987. No.9. S. 74-80.
BZ 05163:113

Moncayo, G.R.: El sistema antartico, evolucion y desafio. In: Revista argentina de Estudios Estrategicos. Jg.3, 1986. No.8. S. 113-125.
BZ 4893:3

Moneta, C.J.: A Antartica e o Atlantico Sul no sistema internacional: Alternativas de conflito e vias de cooperaçao. In: Politica e estratégia. A.4, 1986. No.4. S. 651-663.
BZ 4921:4

Pinochet de la Barra, O.: Negociaciones antárticas de Chile en un mundo cambiante. In: Estudios internacionales. Jg.20, 1987. No.78. S. 210-222.
BZ 4936:20

Salgado Alba, J.: La estrategia defensiva dinamica avanzada. In: Revista general de marina. T.214, 1988. April. S. 505-515.
BZ 4619:214

Schneppen, H.: Die politische Dimension der Arktis. In: Europa-Archiv. Jg.43, 1988. Nr.2. S. 49-58.
BZ 4452:43

Shapley, D.: The seventh continent. Antarctica in a resource age. Washington, D.C.: Resources for the future 1985. XIII, 315 S.
010268

Unger, U.: Abenteuer sowjetischer Flieger. Berlin: Militärverlag der DDR 1987. 198 S.
Bc 7229

Vorfelder, J.: Eispatrouille – Greenpeace in der Antarktis. Reinbek: Rowohlt 1987. 204 S.
Bc 7248

L 700 Weltmeere und Inseln

L 710 Europäische Randmeere

Cuyvers, L.: The strait of Dover. Dordrecht: Nijhoff 1986. XVI, 150 S.
B 58971

Hugemark, B.: Östersjöföreställningar. In: Fred och säkerhet. 1986/87. S. 122-153.
BZ 4877:1986/87

L 720 Mittelmeer

Awwad, E.: Paix et sécurité en Méditerranée. In: L'Afrique et l'Asie modernes. 1987. No.155. S. 77-90.
BZ 4689:1987

Dejeant-Pons, M.: Protection et développement du bassin méditerranéen. Paris: Ed.Economica 1987. 414, V S.
010390

Fenech, D.: The 1987 Maltese election: between Europe and the Mediterranean. In: West European politics. Vol.11, 1988. No.1. S. 133-138.
BZ 4668:11

Kreta. Kleiner militärgeschichtlicher Wegweiser. Herford: Mittler 1986. 124 S.
Bc 6856

Maechling, C.: Crisis at the Turkish straits. In: United States Naval Institute. Proceedings. Jg.114, 1988. No.8. S. 63-71.
BZ 05163:114

Marolles, A.de: Amenazas y tensiones en el Mediterráneo. In: Politica exterior. Vol.1, 1987. No.1. S. 133-144.
BZ 4911:1

Prospects for security in the Mediterranean. Pt.1-3. London: International Inst. for Strategic Studies 1988. 89, 70, 76 S.
Bc 7686

Santoro, C.M.: La sicurezza nel Mediterraneo. In: Politica internazionale. A.16,
1988. No.6. S. 44-50.
BZ 4828:16

Scamaroni, M.-C.: Fred Scamaroni. Paris:
Ed.France-Empire 1986. 238 S.
B 61176

L 730 Atlantik

Cox, W.J.: The Gulf of Mexico: A for-
gotten frontier in the 1980s. In: Naval
War College review. Vol.40, 1987. No.3.
S. 66-76.
BZ 4634:40

Desch, M.C.: Turning the Caribbean
flank: sea-lane vulnerability during a
European war. In: Survival. Vol.29, 1987.
No.6. S. 528-552.
BZ 4499:29

Northern waters. Security and resource
issues. Ed.: C. Archer. London: Croom
Helm 1986. 240 S.
B 60371

L 739 Inseln im Atlantik

Militarization of the non-Hispanic
Caribbean. Ed.: A.H. Young. Boulder,
Colo.: Rienner 1986. IX, 178 S.
B 61758

Moreno, J.A.: Economic crisis in the
Caribbean. From traditional to modern
dependency. The case of the Dominican
Republic. In: Contemporary marxism.
1986. No.14. S. 97-114.
BZ 4858:1986

Schümer, M.: Sao Tomé and Príncipe.
Ausbruch aus der Isolation. Bonn:
Europa-Union-Verl. 1987. XIV, 78 S.
Bc 7064

Stone, C.: Power in the Caribbean basin.
A comparative study of political
economy. Philadelphia, Pa.: Inst. for the
Study of Human Issues 1986. IX, 159 S.
B 57837

L 740 Indischer Ozean

Allen, P.M.: Security and nationalism in
the Indean Ocean. Boulder, Colo.: Westview Press 1987. XI, 260 S.
B 62671

Charpantier, J.: Le pouvoir d'Ali Soilih.
Ngazidja, 1975-1978. In: L'Afrique et
l'Asie modernes. 1988. No.157. S. 70-89.
BZ 4689:1988

Haass, R.N.: Arms control at sea: The
United States and the Soviet Union in
the Indian Ocean, 1977-78. In: The
journal of strategic studies. Vol.10, 1987.
No.2. S. 231-247.
BZ 4669:10

Hayat, S.: Indian Ocean as zone of peace:
changing perspectives. In: Regional
studies. Vol.4, 1986. No.3. S. 28-66.
BZ 4890:4

Indian ocean. Conflict and regional co-
operation. Ed.: A. Majeed. New Delhi:
ABC Publ. House 1986. XIX, 239 S.
B 62726

The Indian Ocean. Perspectives on a
strategic arena. Ed.: W.E. Dowdy.
Durham, NC.: Duke Univ.Pr. 1985. XIV,
613 S.
B 58832

Lee, N.; Hinge, A.: The naval balance in
the Indian-Pacific Ocean region. In:
Naval forces. Vol.7, 1987. No.2. S. 150-
175.
BZ 05382:7

Mülnier, K.: Croix de fer. (Ile Maurice
1941.). Curepipe: Selbstverlag 1987. 29 S.
Bc 01970

Rais, R.B.: The Indian Ocean and the
superpowers. Economic, political and
strategic perspectives. London: Croom
Helm 1986. 215 S.
B 61808

Rama Rao, P.P.: Diego Garcia: towards a
zone of peace. New Delhi: Sterlin Publ.
1985. VIII, 71 S.
B 59709

L 743 Persischer Golf

Epstein, J.M.: Strategy and force planning. The case of the Persian Gulf. Washington, D.C.: The Brookings Inst. 1987. XIII, 169 S.
B 61823

Hameed, M.A.: Saudi Arabia, the West and the security of the Gulf. London: Croom Helm 1986. XXI, 189 S.
B 60638

Mottale, M.M.: The arms buildup in the Persian Gulf. Lanham: Univ.Press of America 1986. VII, 235 S.
B 61209

Nakhleh, E.A.: The Gulf Cooperation Council. Policies, problems and prospects. New York: Praeger 1986. XVIII, 128 S.
B 60779

Peterson, J.E.: Defending Arabia. London: Croom Helm 1986. X, 275 S.
B 59386

Samland, E.-S.: Die regionale Konfiguration weltgesellschaftlicher Konfliktformationen. Am Beisp. d. arab.-pers. Golfes. Frankfurt: Lang 1985. X, 366 S.
B 56953

Troxler, N.N.: The Gulf Cooperation Council: the emergence of an institution. In: Millenium. Journal of international studies. Vol.16, 1987. No.1. S. 1-19.
BZ 4779:16

Twinam, J.W.: U.S. Interests in the Arabian Gulf. In: American Arab affairs. 1987. No.21. S. 1-14.
BZ 05520:1987

US Strategic interests in the Gulf Region. Ed.: W.J. Olson. Boulder, Colo.: Westview Press 1987. XI, 234 S.
B 61285

L 750 Pazifischer Ozean

Asian-Pacific security. Emerging challenges and responses. Ed.: Young Wang Kihl. Boulder, Colo.: Rienner 1986. XIV, 282 S.
B 59484

Bustamante, F.: El Pacifico Sur como espacio de interaccion internacional. Introducción a la problematica desde el punto de vista de la seguridad. Santiago de Chile: Flacso 1986. 88 S.
Bc 02201

Couteau-Bégarie, H.: Géostratégie de Pacifique. Paris: Ed.Economica 1987. 374 S.
B 63981

Eshel, D.: Superpower confrontation – the Pacific. In: Defence update. 1987. No.82. S. 8-18.
BZ 05538:1987

Godement, F.: L'environnement stratégique et politique du Pacifique sud. In: Politique étrangère. A.52, 1987. No.1. S. 21-34.
BZ 4449:52

Gordon, B.K.: Politics and protectionism in the Pacific. London: International Inst.for Strategic Studies 1988. 82 S.
Bc 7629

Hagan, S.: The party system, the Labour Party and the plural society syndrome in Fiji. In: The journal of Commonwealth & comparative politics. Vol.25, 1987. No.2. S. 126-140.
BZ 4408:25

Halizak, E.: Region Pacyfiku w polityce zagranicznej Zwiazku Radzieckiego. In: Sprawy Międzynarodowe. R.40, 1987. No.11. S. 75-88.
BZ 4497:40

Hayes, P.; Zarsky, L.; Bello, W.: American lake. Nuclear peril in the pacific. Harmondsworth: Penguin 1987. XIV, 529 S.
B 62316

Kubalkova, V.; Cruiskshank, A.A.: The study of international relations in the South Pacific. In: Australian outlook. Vol.41, 1987. No.2. S. 110-129.
BZ 05446:41

Labrousse, H.: Le Pacifique et la puissance navale. In: Défense nationale. A.43, 1987. No.8. S. 21-34.
BZ 4460:43

Lee, W.-C.: Is the Pacific basin really coming together? In: World affairs. Vol.149, 1986. No.1. S. 25-33.
BZ 05509:149

Die Militarisierung des Pazifik. Red.: P. Franke. Freiburg, i.Br.: Aktion Dritte Welt 1986. 223 S.
B 58798

Montag, C.; Geyer, H.-M.: USA-Konfrontationspolitik im asiatisch-pazifischen Raum. Berlin: Militärverlag der DDR 1986. 63 S.
Bc 6692

Montenegro, G.: El poder naval en el Pacifico en el siglo XX. o.O.: o.V. 1985. o. Pag.
09953

National security interests in the Pacific Basin. Ed.: C.A. Buss. Stanford, Cal.: Hoover Institut 1985. XXII, 317 S.
B 58128

Nimsdorf, U.: Politik und Rüstung im Pazifik. Starnberg: Informationsbüro f. Friedenspolitik 1987. III, 118 S.
Bc 02017

Olsen, E.A.: The maritime strategy in the Western Pacific. In: Naval War College review. Vol.50, 1987. No.4. S. 38-49.
BZ 4634:50

Le pacifique "nouveau centre du monde". Red.: G. Ordonnaud. 2.Aufl. Paris: Berger-Levrault 1986. 363 S.
B 61070

Schwartz, S.: Brotherhood of the sea: a history of the Sailors' Union of the Pacific, 1885-1985. New Brunswick: Transaction Books 1986. XV, 157 S.
010250

Security within the Pacific Rim. Ed.: D.T. Stuart. Aldershot: Gower 1987. VIII, 166 S.
B 62487

Tichookeanskoe Soobščestvo. Plany i perspectivy. Red.: I.I. Kovalenko. Moskva: Nauka 1987. 347 S.
B 62610

Varas, A.: Percepciones estratégicas del Pacífico Sur. In: Estudios internacionales. Jg.20, 1987. No.80. S. 506-519.
BZ 4936:20

Yang, D.J.: Conflict and cooperation in the North Pacific: the emerging dimensions. Ann Arbor, Mich.: UMI 1986. VII, 352 S.
B 58500

II

FORSCHUNGS-
UND LITERATURBERICHTE

Shanghai Institute for International Studies (SIIS)

by Mao Yinhuan

I. History and Role

The Shanghai Institute for International Studies was founded in 1960. Jin Zhonghua, the late Vice-Mayor of Shanghai and a scholar of world renown, was the Institute's first President. The Institute's staff consisted of approximately 70 members devoted to research on Western European and North American politics. SIIS was forced to close during the "Cultural Revolution" and was reestablished in August 1978. Since then, SIIS has made considerable progress through its intense effort and industriousness. Now, of the roughly 100 staff members, over 70 are full-time researchers, of whom some 20 are senior research fellows.

Li Chuwen, the former Vice-Director of the Hongkong branch of Xinhua News Agency, and Liang Yufan, the former Permanent Vice-Representative of China to the United Nations, are the Institute's Honorary Presidents. Chen Qimao is the President, and Gao Zhaolie, Chen Yixin, and Lu Guilan are the Vice-Presidents.

SIIS conducts research on current international affairs, in particular: new developments and changes in international politics and strategies; features and characteristics of contemporary capitalism; world economy and social progress; and the situation of the related major states and regions. The researchers have written academic papers and monographs, documenting the results of painstaking investigations. SIIS often provides reference works, in the form of monographs, analytical papers, and policy-oriented proposals, to government departments and institutions.

In recent years, the range of research has continuously expanded. SIIS's primary areas of interest include Southeast Asia, South Asia, the Middle East, Western Europe, the Soviet Union, and Eastern Europe. Priority has also increasingly been given to research on the politics and economies of the Asian-Pacific Region.

SIIS is one of the M.A. degree conferring units approved by the Degree Committee of the State Council. Since 1979, the Institute has trained postgraduates. Basic lectures and special courses are given by the Institute's staff and outside experts. Up to now, SIIS has admitted more than 20 postgraduates in the areas of international politics and international organizations. After receiving M.A. degrees, they are assigned to the Institute or other units.

The Institute is supported by a fund comprised of allocations from the Shanghai Municipal Government, donations from domestic and foreign institutions, and income from its consulting business.

II. Organization and Staff

SIIS consists of five departments, engaged in American, Japanese, Asian, Western European, and Soviet/Eastern-European Studies, respectively, as well as a comprehensive researching, editing, and translating department, an information department, a consulting department, and an administrative office.

511

In addition to independent research projects, chosen according to situation and demand, the Institute undertakes some of the key national research issues in the social sciences. It has completed research studies on such topics as "Contemporary economic problems in the United States" and "The development of Federal Germany: economy, society, and external relations."

SIIS's current fields of research are as follows: The Department of American Studies concentrates primarily on the contemporary situation and problems of the US economy, US foreign policy, including its policy in Asia, US relations with the Asian-Pacific Region, US-Soviet relations, Sino-American relations, US-politics and defence policy, and related topics.

The Department of Japanese Studies deals mainly with the Japanese government's economic policies since the end of the Second World War and its external economic relations, Japan's political situation and foreign policy, Japanese-American relations, Japanese-Soviet relations, and Sino-Japanese relations. The Japanese economy after the appreciation of the yen.

The Department of Western European Studies observes chiefly the political and economic situation, social issues, and the evolution of external strategies in Western European countries, particularly Great Britain, France, and the Federal Republic of Germany. The Department's foremost project focuses on the problems and characteristics of capitalism in contemporary Western Europe.

The Department of Soviet/East-European Studies is primarily dedicated to the investigation of the political and economic situation in the Soviet Union and Eastern European countries, particularly on the political and economic reforms in the Soviet Union and Soviet policy in the Asian-Pacific Region. The Department's current project covers the Soviet Union in transition.

The Department of Asian Studies is concerned primarily with the politics, economics, and foreign relations of the Asian-Pacific Region, Western Asia, and South Asia. The Department is currently examining the development experiences of the newly industrializing countries and regions in Asia, the politics and economy of Southeast Asia, and international relations in the Middle East.

The Department of Comprehensive Researching, Editing, and Translating is responsible for trans-regional and comprehensive international studies on such issues as disarmament, international security, economic recession, and energy crises. The Department also edits and publishes academic works.

III. Publications

SIIS issues the following serial publications:

1) The yearbook "Survey of International Affairs" has been produced annually since 1982. It is edited by Chen Qimao, Zhang Jialin, Yu Guanmin, and Ma Yaohui, and published by the Chinese Encyclopedia Publishing House. The "Survey" reviews and analyzes the international situation, changes in international relations, and major events during the preceding year.

2) "World Outlook" is a bi-weekly comprehensive international affairs magazine, of which Chen Qimao is the editor-in-chief and Wang Houkang, Wu Jinan, and Guo Longlong are deputy editors-in-chief. The magazine primarily contains discussions on major current international issues, foreign political, economic, and social trends, studies of China's foreign relations, and international relations.

3) "SIIS Paper" is a monthly publication of English translations of the academic essays written by researchers of the Institute. Yang Jiemian is the editor.

4) "Shanghai Economic News" is published jointly by the West German Friedrich-Ebert-Stiftung and SIIS on a bi-weekly basis. It presents news on the Shanghai economy, especially in the industrial, monetary, and foreign trade fields. It also features background reports and introduces specific policies and laws concerning the city's opening-up to the outside world, foreign investment and enterprises with solely foreign capital, and mixed Chinese-foreign capital ventures or contractual operations.

In addition to the serial publications listed above, the research findings of the Institute are published in the form of books and reports. The books are distributed throughout the country by the publishers. Before its re-establishment, SIIS published mainly translations, however, since then more attention has been given to the Institute's own publications. (For details, see the appended list.)

The Institute's researchers not only publish their work domestically but also in cooperation with their counterparts at foreign institutions. "The Cooperation in the Asian-Pacific Region and the Corresponding Policies of China and Japan" was published in Tokyo with contributions from Guo Zaolie, Fan Yongming, Bi Zhiheng, and Shanyichi Furukawa of the Japan Institute of Developing Economies. "Asian-Pacific Issues: American and Chinese Views" was edited by Chen Qimao and Robert A. Scalapino of the Institute of East Asian Studies at the University of California at Berkeley.

IV. Academic Exchanges and International Contacts

SIIS has cooperative relationships with many research institutions and universities within China and abroad. Among them are the State Council Center for International Studies, the China Institute for International Studies, the Institute of Contemporary International Relations, the Shanghai Center for International Studies, the Institute of World Economic Studies and the Department of International Politics of Fudan University in Shanghai, the Institute for the Study of World Economy of the Shanghai Academy of Social Sciences, and the Institute of Soviet/East-European Studies of the East China University, the Chinese Academy of Social Sciences, the Shanghai Society of International Relations, the Chinese Society of Middle Eastern Studies, the China Institute of Southeast Asian Studies, and other research institutions in China. SIIS's researchers often provide academic papers for or take part in seminars and conferences on international studies.

In recent years, the Institute's academic exchanges and cooperation with foreign research institutions has made considerable progress. Various forms of academic exchanges and cooperation have been undertaken with scholars and research institutions abroad, including lectures and discussions in the Institute with foreign scholars and prominent public figures. The Institute has also frequently sent research fellows to the US, Japan, the Federal Republic of Germany, Hongkong, Southeast Asia, and the Middle East to pursue research, take part in seminars, or act as visiting scholars.

The seminars co-sponsored by various foreign research institutions and SIIS have increased steadily. Academic discussions have furthered SIIS's cooperative relationships with foreign institutions and deepened mutual understanding.

Since 1983, SIIS and the West German Friedrich-Ebert-Stiftung have jointly sponsored three conferences in Shanghai and Bonn on North-South relations, the economy and politics of the European Community in the 1980s and economic cooperation between the EEC and China, and macro-control and market mechanism.

In October 1984, the Austrian Institute of International Politics, the Ludwig-Bolzmann-Institute for Chinese and Southeast Asian Studies, and SIIS held the "China and the European Neutral States" symposium.

From May 1984 to October 1986, SIIS co-sponsored, with the US Pacific Forum, two joint conferences on peace and security issues in the Asian-Pacific Region and Chinese modernization. In May 1985 and September 1986, SIIS and the Institute of East Asian Studies at the University of California at Berkeley jointly organized two conferences on the political and economic situation in the Asian-Pacific Region. Since September 1985, SIIS and Japan's National Institute for Research Advancement have held three conferences on Asian-Pacific issues and Sino-Japanese relations. The Institute and Waseda University in Japan have also conducted two conferences on Asian-Pacific issues.

SIIS has established permanent academic exchange arrangements with foreign research institutions such as the Brookings Institute in the United States, Princeton University's Center of International Studies, the Pacific Forum, the Institute of East Asian Studies at the University of California at Berkeley, Japan's National Institute for Research Advancement, the Institute of Developing Economies, the Japan Institute of International Affairs, the Institute of Social Sciences of Waseda University, and the Friedrich-Ebert-Stiftung and the Kiel Institute of World Economics in West Germany.

V. Books and Reference Material

SIIS has a small and highly specialized library and the Information Department is chiefly responsible for the collection, classification, and analysis of the books and materials. The library contains over 50,000 books of professional interest in Chinese and other languages. It subscribes to approximately 500 newspapers and periodicals, of which about 240 are in English, Japanese, French, Russian, German, and other foreign languages.

SIIS exchanges publications with over 300 universities and institutions in China. In recent years, arrangements for exchanging publications have also been made with many foreign libraries, universities, and research institutions, such as the Library of Congress in the United States, the Foreign Policy Research Institute (US), the Institute of Developing Economies (Japan), the Stockholm International Peace Research Institute (Sweden), the Institute for Research Advancement (Japan), NATO Distribution Unit, the EEC, and the Strategic and Defence Studies Center of the Australian National University.

APPENDIX:
SIIS PUBLICATIONS

1978:

The Four Middle East Wars after World War II; by Ji Guoxing and Chen Hefeng. Shanghai: Shanghai People's Publishing House, 1978.

Aggression and Appeasement – Why did World War II Break Out? Translated by

Gu Ling, Wu Gangba et al. Shanghai: Shanghai People's Publishing House, 1978.

The Russians, by Hendrick Smith, translated by the Editing Group of SIIS. Shanghai: Shanghai Translation Publishing House, October 1978.

1979:

Socialist Self-Government and Economic Development in Yugoslavia, co-edited by Liu Guangqing, Zhang Xianggao, and Zhang Yongwen. Shanghai: Shanghai People's Publishing House, June 1979.

The Middle East Wars (Vols I&II), abridged and translated by the Editing Group of SIIS. Shanghai: Shanghai People's Publishing House: Vol. I: July 1979; Vol. II: March 1980.

1980:

Japan, edited by the Department of International Politics, Fudan University, and SIIS. Shanghai: Shanghai Dictionary Publishing House, July 1980.

1981:

Present at the Creation – My Years in the State Department, by Dean Acheson (US), translated by the Editing Group of SIIS. Shanghai: Shanghai Translation Publishing House, 1981.

Moshe Dayan: The Story of my Life, translated by the Shanghai Institute for International Studies. Shanghai: Shanghai Translation Publishing House, April 1981.

1982:

Survey of International Affairs (1982), edited by the Shanghai Institute for International Studies. Shanghai: Chinese Encyclopedia Publishing House, September 1982.

The United Kingdom of Great Britain and Northern Ireland, edited by the Shanghai Institute for International Studies. Shanghai: Lexicographical Work Publishing House, November 1982.

1983:

Singapore, edited by Xu Xinli et al. Shanghai: Lexicographical Work Publishing House, January 1983.

Survey of International Affairs (1983), edited by the Shanghai Institute for International Studies. Shanghai: Chinese Encyclopedia Publishing House, June 1983.

NATO and the Warsaw Pact Organization: The Two Military Blocs and the Air, edited by Gong Weixin and Liu Guangqing. Shanghai: Shanghai People's Publishing House, June 1983.

Selected Theses on the Western European Economy, edited by Zhu Zhengqi and Zhang Xianggao. Shanghai: Shanghai People's Publishing House, September 1983.

Strive for the Recovery of the World Economy – The Memorandum of the Brandt Commission, translated by Shen Peihan, Ying Feng, and Yang Jiemian et al. Beijing: China Translation Publishing Corporation, October 1983.

1984:

Japan and Asean, by Guo Shaolie. Beijing: Knowledge Publishing House, March 1984.

Survey of International Affairs (1984), edited by the Shanghai Institute for International Studies. Shanghai: Chinese Encyclopedia Publishing House, May 1984.

Today's World, by Zhang Ruizhuang and Yang Jiemian et al. Shanghai: Xueling Publishing House, September 1984.

The Joint Venture in the Soviet Union and Eastern Europe, edited by the Department of Soviet-Eastern European Studies of SIIS. Shanghai: Shanghai Society of International Relations and Shanghai Economic Society, December 1984.

1985:

The Campaign: "One Village Specializing in One Product." The Experiences of Promoting Local Economy in Japan, by Morihiko Hiramatsu (Japan), translated by the Department of Japanese Studies at SIIS. Shanghai: Shanghai Translation Publishing Company, June 1985.

Japan in the New Technical Revolution, edited by Guo Shaoli. Shanghai: Shanghai People's Publishing House, July 1985.

Survey of International Affairs (1985), edited by the Shanghai Institute for International Studies. Shanghai: Chinese Encyclopedia Publishing House, July 1985.

Prospects on the Development of the Asian-Pacific Region and China's Modernization, edited by the Working Group of the Seminar on "Prospects on the Development of the Asian-Pacific and China's Modernization." Shanghai: China Financial and Economic Publishing House, September 1985.

North-South Relations: Problems and Perspectives – Summary of an International Seminar, co-edited by SIIS and the Friedrich-Ebert-Stiftung. Shanghai: China Financial and Economic Publishing House, September 1985.

1986:

Survey of International Affairs (1986), edited by Shanghai Institute for International Studies. Shanghai: Chinese Encyclopedia Publishing House, September 1986.

Macro-Control and Market Mechanism – Selected Theses from the Seminar Sponsored by the Shanghai Institute for International Studies, the Shanghai Association for Economic Structure Reform Studies, and the Friedrich-Ebert-Stiftung of West Germany. Beijing: China Financial and Economic Publishing House, Beijing, December 1986.

1987:

Survey of International Affairs (1) (English Edition), edited by Shanghai Institute for International Studies. Hong Kong: EIA Publishing Co., 1987.

Supply-Side Economics, by Zhang Jialin. Beijing: Economics Science Publishing House, January 1987.

China und die europäischen Neutralen, edited by Gerd Kaminski and Yan Xiaobao. Shanghai Institute for International Studies, April 1987.

The US Economy in Transition, edited by Zhang Jialin. Shanghai: Xueling Publishing House, June 1987.

The Pacific Challenge: Asian-Pacific Economy and its Cultural Background, by Lin Hangjun. Shanghai: Xueling Publishing House, July 1987.

Survey of International Affairs (1987), edited by the Shanghai Institute for International Studies. Shanghai: Chinese Encyclopedia Publishing House, October 1987.

The Wage and Social Security System in the Federal Republic of Germany, by Zhu Zhengqi and Yan Xiaobao. Beijing: People's Publishing House, October 1987.

The History of the Middle East Wars after World War II, co-edited by Ji Guoxing and Chen Hefeng. Beijing: Chinese Social Academic Publishing House, December 1987.

1988:

Survey of International Affairs (1988), edited by the Shanghai Institute for International Studies. Shanghai: Chinese Encyclopedia Publishing House, September 1988.

Das Ungarische Institut für Auswärtige Politik (Magyar Külügyi Intézet)

von László J. Kiss

Das Ungarische Institut für Auswärtige Politik (Magyar Külügyi Intézet, MKI) wurde 1972 vom Ministerrat des Landes geschaffen. Es hat zum Ziel, die internationalen Beziehungen und weltpolitischen Ereignisse zu studieren und zu analysieren. Darüber hinaus soll das Institut einen Beitrag leisten zur Verbesserung der Ost-West-Beziehungen im Klima der sich entfaltenden internationalen Entspannung, und es soll neue Möglichkeiten für die Erforschung der ungarischen Außenpolitik schaffen.

Die Aufgabe des Institutes ist es also einerseits, wichtige Fragen der ungarischen Außenpolitik zu untersuchen, die gesellschaftlich-wirtschaftliche Entwicklung der für Ungarn bedeutenden Regionen und Länder zu studieren und die Entscheidungsprozesse durch wissenschaftliche Analysen zu unterstützen, anderseits aber auch auf dem Gebiet der theoretischen Fragen der internationalen Beziehungen zu forschen. Die Aufsicht über das Institut führt das Außenministerium. Das Ungarische Außenpolitische Institut ist eine der Basiseinrichtungen der Ungarischen Gesellschaft für Politikwissenschaften und arbeitet eng mit in- und ausländischen wissenschaftlichen Einrichtungen zusammen. Die Arbeit des Instituts wird aus dem Regierungshaushalt finanziert; seit 1989 trägt auch die Ungarische Kreditbank zum Unterhalt bei.

Der Aufbau des Institutes

An der Spitze des Institutes steht der Direktor, der für die Tätigkeit des Institutes die Verantwortung trägt. Sein Stellvertreter, der wissenschaftliche Stellvertretende Direktor, ist zugleich der Leiter der Forschungsarbeit. Der Chefredakteur der Zeitschrift des Institutes bekleidet ebenfalls den Rang eines Stellvertretenden Direktors. Die Internationale Tätigkeit des Institutes wird vom wissenschaftlichen Sekretär koordiniert. Die Forscher üben ihre Tätigkeit im Rahmen von wissenschaftlichen Forschungsgruppen aus. Die Entscheidungen des Direktors werden getragen von einem Beirat des Instituts, dem sogenannten Institutsrat, dem leitende Mitarbeiter und Vertreter weiterer gesellschaftlicher Organisationen angehören. Die Forschungsarbeit wird sowohl auf der Grundlage von Jahresarbeitsplänen als auch aufgrund der im Laufe des Jahres anfallenden Aufgaben ausgeführt.

Der Direktor des Institutes ist seit dem 1.Februar 1988 der Politikwissenschaftler Professor Dr. Péter Hardi. Der Wirtschaftswissenschaftler Dr. László Láng, ist stellvertretender Direktor, Frau Dr. Magdolna Nagy-Tóth ist wissenschaftliche Sekretärin und Jószef Balázs Chefredakteur der Institutszeitschrift.

Das Institut ging im vergangenen Jahr von der bisherigen traditionellen Regionalforschung zu einer stärker thematisch-projektbezogenen Forschungstätigkeit über. Auf dieser Grundlage wurde die Forschungstätigkeit im Jahr 1988-89 im Rahmen folgender Arbeitsgruppen ausgeübt:

1. Die Erfahrungen und Lehren der sich in den sozialistischen Ländern vollziehenden Reformprozesse (Sowjetunion, Osteuropa, China). Die Leiterin dieser Forschungsgruppe ist Frau Prof. Dr. Gabriella Izik-Hedri.

2. Komplexe Analyse der europäischen Prozesse (KSZE-Prozeß, "Gemeinsames Europäisches Haus", europäische Integrationsprozesse). Leiter der Forschungsgruppe: Dr. Lázsló J. Kiss.

3. Umfassende Fragen der internationalen Sicherheit, unter besonderer Berücksichtigung der Frage der konventionellen Waffen in Europa (Probleme der Abrüstung und Rüstungskontrolle, Militärdoktrinen, Regionalkonflikte). Leiter dieser Forschungsgruppe: László Tolnay.

4. Politische Erfahrungen und Möglichkeiten der Mitarbeit in internationalen Wirtschaftsinstitutionen (EWG, IMF, GATT, Weltbank). Leiter der Forschungsgruppe: László Láng.

5. Probleme des Umweltschutzes. Leiter der Forschungsgruppe: Prof. Dr. Péter Hardi.

Die Zeitschrift des Institutes

"Külpolitika", Außenpolitik, heißt die theoretisch-politische Zeitschrift, die fünfmal jährlich in ungarischer Sprache erscheint. Chefredakteur ist József Balázs. In der Zeitschrift erscheinen Studien und Artikel prominenter ungarischer und ausländischer Politiker, Politologen und anderer Persönlichkeiten zu außenpolitischen Problemen und theoretischen Fragen der internationalen Beziehungen. Die auf ungarisch und englisch publizierten sog. thematischen Ausgaben beschäftigen sich mit Problemen der internationalen Sicherheit und mit wichtigen Fragen der ungarischen Außenpolitik. Über die in der ungarisch-sprachigen Ausgabe publizierten thematischen Ausgaben veröffentlichen wir kurze Resümees in englischer und russischer Sprache, und einige wichtige Beiträge werden auch in englischsprachigen Sonderdrucken publiziert.

Internationale Beziehungen des Institutes

Das Institut hat ein weitreichendes internationales Beziehungssystem aufgebaut und seine internationale Tätigkeit wächst von Jahr zu Jahr. Es ist zu einem Forum für die zahlreichen renommierten ausländischen Politiker geworden, die Ungarn besuchen, aber auch für Persönlichkeiten des öffentlichen Lebens und alle Wissenschaftler, die hier Vorträge halten und mit ungarischen Experten Gespräche führen. Es bestehen Verträge zur Zusammenarbeit mit zahlreichen sowjetischen, osteuropäischen, westeuropäischen und amerikanischen Instituten sowie auch mit Instituten aus einer Reihe von Entwicklungsländern. Hervorzuheben sind das New Yorker Institute for East-West Strategic Studies, das University of California Institute on Global Conflict and Cooperation und das Center for International and Strategic Studies, das Aachener Zentrum für Europäische Studien, das Laxenburger Österreichische Institut für Internationale Beziehungen, die Moskauer Diplomatische Akademie, das SUTA Institut für die Wirtschaft des sozialistischen Weltsystems und das IMEMO.

Unter den bekanntesten Persönlichkeiten, welche in den vergangenen Jahren unserem Institut einen Besuch abstatteten, sind zu nennen Helmut Schmidt, Max Kampelman, Kenneth Adelman, Alois Mock, David Meller und Helmut Sonnenfeld.

Zu unseren renommierten Gästen gehörten im Jahre 1988 u.a.: Curt Gasteyger, Leiter des Programms für Studien zur internationalen Sicherheit und Strategie der Universität Genf, David Anderson, Direktor des Berliner Aspen-Instituts, Wladimir Schustow, Direktor der wissenschaftlichen Koordinationszentrale des sowjetischen Außeministeriums, Boris Pjadysche, Chefredakteur der Zeitschrift "Meschdunarodnaja Schisn", Jasjit Singh, Direktor des Instituts für Strategische und Verteidigungsstudien in Dehli, Winfried Böttcher, Direktor des Aachener Zentrums für Europäischen Studien (ALES), Mancur Olson, Professor an der Universität Maryland, Otto Graf Lambsdorff, der Vorsitzende der FDP, Axel Zarges, Abgeordneter im Europäischen Parlament.

Unsere Forscher nahmen im Laufe des Jahres an zahlreichen nationalen und internationalen Konferenzen teil. Unter unseren inländischen Veranstaltungen besaß vor allem die am 30.-31. August 1988 in Budapest abgehaltene Roundtable-Konferenz über konventionelle Abrüstung, die das Institut gemeinsam mit dem New Yorker IEWSS veranstaltete, herausragende internationale Bedeutung; sie soll auch in Zukunft fortgeführt werden. Als Ergebnis einer mit zwei Institutionen der University of California, des IGCC und des CISS gemeinsam veranstalteteten erfolgreichen Fachkonferenz planen wir die Errichtung eines osteuropäisches internationalen Konferenzzentrums.

BIBLIOGRAPHIE

Arday, Lajos:

– A magyarországi nemzetiségekre vonatkozó jelenkori kutatások, kutatási eredmények [Forschung, Forschungsergebnisse bezüglich der zeitgenössischen Erforschung über Minderheiten in Ungarn]. In: Nemzetiségi kutatások Magyarországon, Kapitel 1, Budapest: Kultusministerium 1984.

– Nemzetiségi kultura és nemzetiségi politika Magyarországon [Nationalstaatenkultur und Nationalstaatenpolitik in Ungarn]. In: Magyar Tudomány 1985. 11. S. 817-827.

– A balkáni együttmüködés kérdései [Fragen der Zusammenarbeit auf dem Balkan]. In: Földek közötti tenger, Budapest, Zrinyi-Militärverlag 1983, Kapitel 9. S. 264-281.

– Nagy-Britannia Kelet-Európa politikája [Die Osteuropapolitik Großbritanniens]. In: Külpolitika 1987/4. S. 53-72.

– Szlovének Magyarországon [Slowenen in Ungarn]. In: Magyarságkutatás 1987. S. 179-188.

– Madzari i slovenci: sodelovanje in sozitje ob jugoslovenska madzarski neji. Ljubljana 1987. S. 614.

– Adatok, tények a magyarországi nemzetiségekröl [Daten, Fakten über Minderheiten in Ungarn]. Budapest: Kossuth-Verlag 1988. S. 77.

Dr. Fülöp, Mihály:

– Franciaország és Közép-Kelet-Európa [Frankreich und Mittelosteuropa]. In: Külpolitika 1981/5.

– A Külügyminiszterek Tanácsa és a magyar békeszerzödés [Der Rat der Außenminister und der ungarische Friedensvertrag]. In: Külpolitika 1985/4.

– A berlini/potsdami/értekezlet és az európai békerendezés [Die Berliner/Potsdamer Konferenz und die europäische Friedensregelung]. In: Külpolitika 1987/5.

– A Sebestyén-misszió [Die Sebestyén-Mission]. In: Világtörténet 1987/3 und 1988/2.

– Tanulmányok Erdély történetéröl. Petru Groza és a magyar-román határkérdés [Studien über die Geschichte Siebenbürgens. Petru Groza und die ungarisch-rumänische Grenzfrage]. Debrecen, Csokonai Buchverlag 1988.

– Erdély sorsa [Das Schicksal Sieben-
bürgens]. In: Historia 1988/ 2-3.

– A nagyhatalmak vitái Közép- és Délke-
let-Európáról [Diskussionen der Großmächte über Mittel- und Südosteuro-
pa]. In: Párttörténeti Közlemények
1988/1.

– Transylvania and the Great Powers. In:
Danubian Historical Review 1988/2.

– The Council of Foreign Ministers and
the Hungarian Peace Treaty. Tampere:
University Press 1989.

Hardi, Péter:

– Pluralism and socialism. Paper present-
ed to the Bisentennial Symposium.
American Philosophical Society, New
York 1977.

– Szabadon élni: az FKP programterveze-
téről [Frei leben – über den Programmentwurf der FPF]. In: OM Tájékoztató
1977/2. S. 88-100.

– Pluralizmusról, filozófiáról, jövöröl
beszélgetés H. Marcusveval [Über
Pluralismus, Philosophie, Zukunft –
Gespräch mit H. Marcuse]. In: Világosság 1980/64. S. 212-219.

– Why do communist parties advocate
pluralism? In: World Politics 1980/4.
S. 531-552.

– Filozófiai egérfogó [Philosophische
Mausefalle]. In: Világosság 1980/8-9,
S. 501-509.

– Pluralizmus, hatalom, állam [Pluralis-
mus, Macht, Staat]. In: Politikatudo-
mányi Tanulmányok. Budapest,
Kossuth-Verlag 1982.

– Az amerikai társadalom pluralista von-
ásai [Pluralistische Züge der amerikanischen Gesellschaft]. In: Politikatudo-
mányi Füzetek, Budapest, MÜM 1982.
Band 2.

– A liberalizmus szerzödéselméleti kor-
rekciója [Vertragstheoretische Korrek-
tur des Liberalismus]. In: Világosság,
1983/5. S. 284-290.

– Roosevelt és kisérlete [Roosevelt und
sein Versuch]. In: Valóság, 1984/10.
S. 75-85.

– A második szakasz: az Egyesült
Allamok Reagan ujraválasztásának
fényében [Die zweite Phase: die USA
im Lichte der Wiederwahl Reagans].
In: Külpolitika 1985/1. S. 3-32.

– Pluralizmus [Pluralismus], Budapest,
Kossuth-Verlag 1985.

– Középosztályok: hasonulás vagy elkülö-
nülés [Mittelklassen: Anpassung oder
Absonderung]. In: Mozgó Világ 1985/8.
S. 63-67.

– The Geneva Summit: A Hungarian per-
spective. In: The Geneva Summit. The
Institute for East-West Security Studies
Series, New York 1985, S. 9-18.

– The seoncd term: The United States in
the light of Ronald Reagan's re-elec-
tion. In: Studies on Peace Research,
Red.: P. Dunay, Budapest, Hungarian
Academy of Sciences 1986. S. 85-114.

– Remarks on Alternative Security Poli-
cies. In: Studies on peace research.
Red.: P. Dunay, Budapest, Centre for
Peace Resarch Coordination, 1986.
S. 266-272.

– System dynamics and security policy.
In: Technology, Politics and Economics.
Red.: C. Keller, H. Matejka und Zbo-
rovári. Geneva, Graduate Institute of
International Studies 1986. S. 13-22.

– East-West Relations: an East Europan
perspective. In: Improving East-West-
Relations. Milan, Institute for East-
West Security Studies 1986.

– Die Bedeutung der Ost-West-Zusam-
menarbeit für die osteuropäischen Länder. In: Europa-Archiv, 1986/13. S. 383-
392.

– Do ethical concerns hinder arms con-
trol negotiations? In: Arms Control
Negotiations: Dealing with the Ethical
Components, ISA Studies, New York-
Washington 1987, S. 4-44.

– Elnökválasztás az Egyesült Allamokban 1988 [Präsidentschaftswahlen in den Vereinigten Staaten 1988]. In: Külpolitika 1989/1.

Izik-Hedri, Gabriella:

– Über ein ungarisch-österreichisches industrielles Freihandelsabkommen. Wien: Wiener Institut für vergleichende Wirtschaftsforschung, 82/83.

– Compromises in International Relations. In: Development and Peace, 1983/2.

– Die Dialektik der nationalen und internationalen Interessen in der sozialistischen Gemeinschaft. In: Osteuropa, 1985/4.

– Trade policy and East-West relations in the 1980s. In: Külpolitika 1986 (englischsprachige Ausgabe).

– Europe should prepare itself for the 21st century. Hungarian Institute for International Relations 1987.

– Reformok az Európai Közösségben [Reformen in der Europäischen Gemeinschaft]. In: Közgazdasági Szemle, 1986/10.

– New Approach to East-West Economic Relations. In: The Hungarian Economy, 1988/4.

– Theorie und Praxis der Integration in den Europäischen Wirtschaftsgemeinschaften. In: Osteuropa, 1988/2.

– A szocialista együttmüködés távlatai [Perspektiven der sozialistischen Zusammenarbeit]. Budapest, Kossuth-Verlag 1985. 215 Seiten.

– Egy megállapodás története. Magyarország és az Európai Közösség. [Abkommensgeschichte. Ungarn und die EG]. Budapest, Kossuth-Verlag 1988.

Kiss, László J.:

– Ten Years of Hungarian-West German Relations/1963-1973. [A selection from the 1975 and 1976 issues of the periodical Foreign Policy]. S. 130-158.

– A CSU-/Die CSU/Christlich-Soziale Union 1945-1957. In: A kereszténydemokrácia Nyugat-Európában/1944-1957. Budapest, Kossuth-Verlag 1980. S. 263-296.

– Külpolitika, fegyverkezés, biztonságpolitika [Außenpolitik, Rüstung, Sicherheitspolitik]. In: Fegyverkezés és világgazdaság. Budapest, Kossuth-Verlag 1982. S. 196-210.

– Peace research and peace movement. In: International peace research newsletter 1982/4. Vol. XX. No. 4. 1982, S. 3-10.

– Europäische Sicherheit: Interpretationen, Perzeption und Außenpolitik Ungarns. In: Europa-Archiv, 1988/4. S. 95-106.

– Die Rolle Ungarns im europäischen Sicherheitssystem. HSFK-Report, Frankfurt am Main 1987/9.

– 1992: Fordulat az Europa-politikában [1992: Wende in der Europapolitik]. In: Társadalmi Szemle, 1988/12. S. 45-53.

– Interpretation of Security in the Eighties. In: International Security. A special edition of the Hungarian quarterly Foreign Policy, Budapest 1988. S. 19-33.

– Europeanization of Europe – slogan or strategy? [Die Europäisierung Europas – Parole oder Strategie. Anatomie eines politischen Phänomens]. In: Peace and Development, 1982/3. S. 207-244.

– Nyugati szövetségi politika és keletnyugati enyhülés: az NSZK kül – és biztonságpolitikája/1964 – 1984. [Die westliche Allianzpolitik und die Ost-West-Entspannung: Außen- und Sicherheitspolitik der BRD 1964-1984]. In: Külpolitika 1984/5. S. 2-35.

– Comments on the Brandt Report. In: Development and Peace 1981 Spring, S. 230-239.

Kollár, Nóra:

– Az SPD és a demokratikus szocializmus evoluciója [Die SPD und die Evolution des demokratischen Sozialismus]. Herausgeber: Gesellschaftswissenschaftliches Institut des ZK der USAP, Januar 1989.

– Uj Godesberg [Ein neues Godesberg]. In: Külpolitika, 1987/3.

– A szovjet Amerika-politika a 80-as években [Die sowjetische Amerika-Politik in den 80-er Jahren]. In: Külpolitika 1988/3.

– Uj szakasz a helsinki folyamatban [Ein neuer Abschnitt im Helsinki-Prozess]. In: Külpolitika 1989/1.

– Pártok Svájc politikai rendszerében [Parteien im politischen System der Schweiz]. In: Társadalomtudományi Közlemények 1989/1.

Láng, László:

– East-South economic interaction in Third World markets. In: Development and Peace, 5. 1984, 2. S. 4761.

– A változóharmadik világ [Die dritte Welt in Umwandlung. Auswahl aus der Werkstatt der ungarischen Entwicklungsstudien, Redaktion: István Dobozi, László Láng, 1985, 479 S. (Weltwirtschaftliches Forschungsinstitut der Ungarischen Akademie der Wissenschaften, Studien über Entwicklungsländer, Nr. 118).

– Az Észak-déli technológiaátadás formaváltozásai [Formenänderungen des Nord-Süd-Technologietransfers]. In: Közgazdasági Szemle 1985/12. S. 1485-1496.

– A Kelet és a Dél versenye a fejlödö országok piacain – A változó harmadik világ. [Der Ost-Süd-Wettbewerb auf den Märkten der Entwicklungsländer – Die dritte Welt in Umwandlung, Budapest, Akademie der Wissenschaften 1985. S. 73-95.

– Müködötöke-beruházások a fejlödö országokban [Arbeitskapitalinvestitionen in Entwicklungsländern]. In: Külgazdaság, 1986/6. S. 39-52.

– Külgazdasági kapcsolataink fejlesztése a fejlödö országokkal [Entwicklung unserer Außenwirtschaftsbeziehungen mit den Entwicklungsländern]. In: Külpolitika 1986/3, S. 87-101.

– Economic relations between the CMEA 6 and the third world: Can the positive returns be preserved? In: Journal für Entwicklungspolitik 1986/2. S. 51-63.

– East-South versus South-South export performance: an uncertain expansion. In: Development and South-South Cooperation 1986/11. 2. No. S. 98-114.

– Bedolgozók és bedolgoztatók. A nemzetközi alvállalkozások és a követö jellegü müszaki fejlödés [Einarbeiter und Einarbeitende – Internationale Tochterfirmen und die technische Entwicklung mit Folgecharakter]. In: Közgazdasági Szemle 1986/7-8. S. 914-930.

– East-South Economic Interaction in Third World Markets. In: H. Singer et al.: Challenges of South-South Cooperation. New Delhi, Ashish Publishing House 1988. S. 482-508.

– South-South versus East-South Trade Performance: uncertain expansions. Red.: I. Dobozi. In: Politics and Economics of East-South Relations, EADI-Book series, 8., 1988, S. 177-192.

– International Financial Security: Concepts and Outlines. In: Külpolitika, Special Edition 1988. S. 83-101.

Dr. Réti, György:

- Kun Béla és Romanelli. In: Kun Béla emlékülés [Béla Kun und Romanelli]. Budapest, Kossuth-Verlag 1987.

- Az Albán Munkapárt IX. kongresszusáról [Über den 9. Kongress der Albanischen Partei der Arbeit]. In: Nemzetközi Szemle 1987/2.

- A Horthy-rendszer olasz orientációjának kudarca [Der Mißerfolg der italienischen Orientierung des Horthy-Regimes]. In: Mozgó Világ, 1987/2.

- Rodolfo Mosca és Magyarország [Rodolfo Mosca und Ungarn]. In: Valóság 1987/4.

- Az 1934-es római hármasegyezmény elökészitése, aláirásai és következményei [Vorbereitung, Unterzeichnung und Konsequenzen des Dreierpaktes von Rom 1934]. A Berlin-Róma tengely és az Anschluß a magyar-olasz diplomáciai kapcsolatok fényében [Die Berlin-Rom-Achse und der Anschluß im Licht der ungarisch-italienischen diplomatischen Beziehungen]. In: Politika-tudomány 1987/4.

- La politica italiana de regime Horthy. Roma, Clio 1986/4.

- La sicurezza mediterranea nella strategia dei paesi dell'Est. In: Politica Internazionale/Roma 1987/4.

- Histoires du huitième. In Revue de Hongrie 1987/5.

- A magyar-olasz kapcsolatok Müchentöl Kárpát-Ukrajna megszállásáig [Die ungarisch-italienischen Beziehungen von München bis zur Besetzung der Karpatukraine]. In: Politika-Tudomány, 1988/1.

- A magyar-olasz kapcsolatok a II. világháboru elöestéjén [Die ungarisch-italienischen Beziehungen am Vorabend des 2. Weltkrieges]. In: Világtörténelem 1988/3.

- Olasz nagykövet jelentése Horthy István haláláról [Bericht des italienischen Botschafters über den Tod István Horthys]. In: Historia 1988/1.

- Le relazioni ungaro-italiane dall'Anschluß all'occupazione della Rutenia Subcarpatica. In: Il Politico 1988.

- Relaciones patalógicas de un pais debily una potencia grande en Centroamerica: Estados Unidos – El Salvador, Documentos de la Asociacion Mexicana de Estudios Internacionales, Mexico [Dokumente des Kongresses 1988 der Mexikanischen Gesellschaft für Internationale Studien].

- Crisis regional yespacio de maniobra de una potencia grande en el tercer mundo. IMRED. [Publikationen des Matis Romero Institutes für die Ausbildung von Diplomaten].

Tolnay, László:

- Military Balance and Doctrines. In: International Organization of Journalists 1987.

- Tolnay-Szentesi: Az erö mitosza [Der Mythos der Stärke], Budapest, Zrinyi Militärverlag 1985.

- Pirityi-Szentesi-Tolnay: Fenyegetés a jövöböl [Bedrohung aus der Zukunft]. Budapest, Zrinyi Militärverlag 1985.

- Biztonságpolitika az 1980-as években [Sicherheitspolitik in den 80er Jahren]. In: Külpolitika 1986/4.

- Az Egyesült Allamok biztonságpolitikája és az SDI [Die Sicherheitspolitik der Vereinigten Staaten und SDI]. In: Külpolitika 1986/2.

Das Institut für Kriegswissenschaften in Helsinki

von Jussi T. Lappalainen

Einleitung

Mit dem Ende des finnischen Freiheitskrieges im Frühjahr 1918 entstand die Notwendigkeit zur Schaffung einer Untersuchungskommission, die sich der Erforschung des Kriegsgeschehens widmen sollte. Um diese Kommission in ihrer Arbeit zu unterstützen, wurde bereits im Sommer 1918 ein Kriegsarchiv gegründet. Die Organisation einer finnischen Armee in dem jungen, unabhängigen Staat zwang zur Anschaffung zahlreicher Bücher und Schriften, die im Frühjahr 1925 in der soeben errichteten Militärwissenschaftlichen Zentralbibliothek untergebracht wurden.

Das Militärgeschichtliche Büro, das am 1. Januar 1925 dem finnischen Generalstab angegliedert wurde, bedeutete die Weiterführung der Tätigkeit jener Kommission. Das Kriegsarchiv wiederum wurde dem Militärgeschichtlichen Büro unterstellt. Eine Dienstanweisung für beide Dienststellen trat am 17. April 1925 in Kraft. Neben jenen Dienststellen wurde im Jahre 1930 ein Kriegsmuseum eingerichtet. Alle drei Einrichtungen waren wichtig für grundlegende Forschungen der finnischen Militärgeschichte und für die Sammlung von Archivalien bereits vor dem Zweiten Weltkrieg. Auf diese Weise erhielt die finnische militärwissenschaftliche Forschung in der Zeit der Selbständigkeit ihren institutionellen Rahmen, woraus sich später das Institut für Kriegswissenschaften entwickelte.

A. Das Institut für Kriegswissenschaften

1. Geschichte

Die wichtigsten Bereiche der finnischen militärwissenschaftlichen Forschung nach dem Ersten Weltkrieg waren die Naturwissenschaften und die Kriegsgeschichte. Die technisch-naturwissenschaftliche Forschung hat jedoch von Anfang an ihre eigenen Einrichtungen innerhalb der Armee erhalten. Das Militärgeschichtliche Büro, das Kriegsmuseum, die Militärwissenschaftliche Zentralbibliothek und das Kriegsarchiv wurden im Jahre 1952 unter dem Dach eines Militärgeschichtlichen Forschungsinstituts zusammengelegt. Die Hauptaufgabe dieses Instituts war die Erforschung der Kriege zwischen 1939 und 1945.

Eine Forschungsgruppe für Strategie (später: Büro für Strategie) wurde später errichtet und dem Militärgeschichtlichen Forschungsinstitut unterstellt. Das Forschungsinstitut selbst wurde 1971 in Institut für Kriegsgeschichte umbenannt.

Das Institut für Kriegsgeschichte begründete seit 1978 die finnische militärsoziologische Forschung. Hinzu kam die Grundlagenforschung auf den Gebieten der operativen Strategie und Taktik. Außer den Forschungsteams dieser Bereiche haben verschiedenen Projektgruppen zeitweise im Institut gearbeitet.

Um den Unterricht der Streitkräfte und die kriegswissenschaftliche Forschung noch effektiver zu koordinieren, wurde das Institut für Kriegswissenschaften am 1. Januar 1986 der Führungsakademie der Streitkräfte angegliedert.

2. Aufgaben

Das Institut für Kriegswissenschaften gliedert sich in die Bereiche Forschung und Publikationen, Bibliothek sowie Archiv und Museum.

Die Hauptgebiete der Forschung an diesem Institut sind Strategie, Kriegsgeschichte und Soziologie. Darüber hinaus werden schriftliches Material und historische Gegenstände gesammelt, geordnet und die vorhandenen Archivalien auf ihre wissenschaftliche Echtheit geprüft. Die bibliothekarischen Arbeiten unterstützen die Forschung und den Unterricht auf allen Gebieten der Landesverteidigung. Ferner unterrichten Mitglieder des Instituts für Kriegsgeschichte an Ausbildungseinrichtungen der Finnischen Streitkräfte.

3. Publikationen

Das Institut für Kriegsgeschichte hat eine eigene Publikationsreihe, die in erster Linie die Ergebnisse der Forschung auf den Gebieten Kriegsgeschichte und Geschichte des finnischen Militärwesens im Frieden präsentiert. Außerdem gibt dieses Institut die Publikationsreihe A zur Militärsoziologie heraus, die von einem eigenen Forschungsteam zusammengestellt wird. Das Büro für Kriegsgeschichte und das Büro für Strategie verfügen über eigene Publikationsreihen.

B. Das Büro für Strategie

1. Forschung

Das Büro für Strategie betätigt sich im Bereich von Strategie und Sicherheitspolitik und dient dadurch den Planungen und Entscheidungen der finnischen Streitkräfte. Besondere Forschungsbereiche sind die Sicherheitspolitik und die Konzeptionen unterschiedlicher Staaten und Militärbündnisse, sowie die Abrüstung und die Rüstungskontrolle. Das Büro für Strategie unterhält Verbindungen mit in- und ausländischen Einrichtungen auf allen Gebieten der einschlägigen Forschung.

2. Publikationen

Das Büro für Strategie veröffentlicht vier Publikationsreihen:

1) Untersuchungen zur Strategie;
2) Dokumente über Strategie und Sicherheitspolitik;
3) Wissenswertes über Strategie;
4) Forschungsberichte.

Diese Publikationen zählen heute insgesamt 41 Broschüren, die in finnischer Sprache erscheinen.

Die Publikationsreihe 1...4 umfassen in erster Linie Berichte zu Forschungsfragen. Die Publikationsreihe 2 setzt sich aus Übersetzungen von wehrpolitischen und sicherheitspolitischen öffentlichen Dokumenten unterschiedlicher Länder zusammen. Die Publikationsreihe 3 enthält Übersetzungen sicherheitspolitischer Analysen aus Zeitschriften und Zeitungen sowie Wörterverzeichnisse und eine Bibliographie über die Forschungen in diesem Bereich.

C. Das Büro für Kriegsgeschichte

Das Büro für Kriegsgeschichte erforscht die finnische Kriegsgeschichte, publiziert Forschungsergebnisse, hilft den Lehrern für Militärgeschichte an den Ausbildungseinrichtungen der Finnischen Streitkräfte und erteilt Forschern Auskünfte in Fragen der Militärgeschichte. Bei Bedarf verfaßt das Büro für Kriegsgeschichte auch einschlägige Gutachten.

Die Ressourcen des Büros für Kriegsgeschichte sind derzeit auf zwei Projekte konzentriert. Der sogenannte finnische Fortsetzungskrieg 1941-1945 ist der eine Schwerpunkt, und die Forschungsergebnisse hierzu sollen in einem sechs Bände umfassenden Werk publiziert werden. Der andere Schwerpunkt ist eine allgemeine Geschichte der Finnischen Streitkräfte, von der der erste Band (über die Zeit 1918-1939) im Frühjahr 1988 fertiggestellt wurde. Der zweite Band (über die Zeit 1944-1960) wird voraussichtlich 1993 erscheinen.

Neben diesen Forschungsprojekten veröffentlicht das Büro für Kriegsgeschichte eine Publikationsreihe mit Aufsätzen zu unterschiedlichen kriegsgeschichtlichen Themen. Diese Publikationen enthalten sowohl umfassende Monographien als auch Übersetzungen ausländischer Aufsätze, die dadurch finnischen Lesern zugänglich werden.

D. Die Militärwissenschaftliche Zentralbibliothek

Der große Bedarf an militärwissenschaftlicher Literatur in der Zeit zwischen den Weltkriegen konnte im Hinblick auf die Wirtschaftlichkeit und die Effektivität am besten durch eine einschlägige zentralisierte Bibliothek abgedeckt werden. Das war der Anlaß zur Gründung der Militärwissenschaftlichen Zentralbibliothek. Diese Bibliothek diente von Anfang an den Angehörigen der Finnischen Streitkräfte mit Auskünften und Dokumentationen. In Finnland war diese Bibliothek auch dadurch ungewöhnlich, daß sie bereits in den 50er Jahren regelmäßig über den Inhalt wichtiger Zeitschriften informierte. In den letzten Jahrzehnten konzentrieren sich die Dienstleistungen der Bibliothek mehr auf die Bedürfnisse der Militärangehörigen, wenn auch weiterhin Broschüren, die sich an ein breites Publikum wenden, laufend erscheinen.

Die Sammlungen der Militärwissenschaftlichen Zentralbibliothek sind von Anfang an auch solchen Forschern der finnischen Militärgeschichte zugänglich gewesen, die nicht den Finnischen Streitkräften angehören. In dieser Beziehung funktioniert die Bibliothek wie jede andere wissenschaftliche Spezialbibliothek, mit der Einschränkung, daß sie nicht am internationalen Leihverkehr teilnimmt. Die Sammlungen der Bibliothek umfassen gegenwärtig rund viertausend laufende Meter. Etwa 15.000 Bände werden jährlich ausgeliehen.

E. Das Kriegsmuseum

Das Kriegsmuseum, das zentrale Museum der finnischen Streitkräfte, bezieht ganz Finnland in seine Sammeltätigkeit ein. Das Hauptgebäude liegt an der Maurinkatu 1 in Helsinki. Das Kriegsmuseum ist werktags (außer samstags) von 11 bis 15 Uhr geöffnet.

Material und Traditionen, die mit Geschichte der finnischen Armee und der allgemeinen Geschichte des Militärwesens zusammenhängen, werden vom Kriegsmuseum gesammelt, aufbewahrt, untersucht und ausgestellt, Die Sammlungen des Museums umfassen fast 50.000 Museumsstücke, darunter Fahnen, Medaillen, Ausrüstungsstücke, Waffen, Munition und Geräte. Das Fotoarchiv enthält mehr als 40.000 Fotografien.

Das Museum hat feste Ausstellungen, z.B. die Abteilung für die Epoche des schwedischen Reiches, die Abteilung für den Freiheitskrieg-Bürgerkrieg, die Abteilungen für den Winterkrieg 1939-1940, für den Fortsetzungskrieg 1941-1944 und für den Krieg in Lappland 1944-1945. Außerdem verfügen die Marine und die Lufstreitkräfte über eigene Ausstellungsräume. Ferner liegen Ausstellungsstücke aus der Zeit nach dem Zweiten Weltkrieg aus. Hin und wieder werden Sonderausstellungen veranstaltet.

F. Das Kriegsarchiv

Das Kriegsarchiv ist das zentrale Archiv des Verteidigungsministeriums, der Finnischen Streitkräfte und des Grenzschutzwesens. Dokumente und Fotos – auch solche, die von Privatpersonen deponiert werden – werden vom Kriegsarchiv enntgegengenommen und aufbewahrt. Das Kriegsarchiv stellt Behörden und auch Privatpersonen das verwaltete Material zur Verfügung. Die Akten aus der Kriegszeit 1939-1945 machen einen großen Teil der Sammlungen des Kriegsarchivs aus, zur Zeit 18.000 laufende Meter aus einer Gesamtlänge von beinahe 30.000 Metern.

Auch Ausländer können aus dem Kriegsarchiv allgemeine öffentliche Akten entleihen. Dazu ist es notwendig, beim Verteidigungsministerium einen gesonderten Antrag zu stellen. Hinweise hierzu erhalten Benutzer direkt vom Kriegsarchiv.

G. Das Forschungsteam für Militärsoziologie

Die Forschungsgruppe für Militärsoziologie, die dem Institut für Kriegswissenschaften unterstellt ist, unterstützt durch ihre soziologische Forschungen das Ausbildungswesen und die Personalverwaltung der Finnischen Streitkräfte.

Außerdem wird je nach den vorhandenen Ressourcen auch militärsoziologische Grundlagenforschung betrieben, indem Grundbegriffe und Modelle dieses Fachbereichs näher untersucht werden. Das Forschungsteam, das anfangs damit beschäftigt war, u.a. die vorhandenen Forschungsergebnisse zu sammeln und zu analysieren und die militärsoziologische Forschung zu koordinieren (Komitees und Arbeitsgruppen), hat in letzter Zeit empirische Untersuchungen über Grundwehrdienstleistende und Reservisten durchgeführt.

Das Forschungsteam für Militärsoziologie stellt für das Institut für Kriegswissenschaften die Publikationsreihe A der Militärsoziologie zusammen. Sechs Publikationen sind bis jetzt erschienen. Die drei ersten davon waren zusammenfassende Berichte über bereits publizierte ausländische Forschungsergebnisse.

Studien und Dokumente zum Koreakrieg aus der Volksrepublik China

zusammengestellt von Mao Yinhuan

Die folgende Auswahlbibliographie bietet eine Übersicht über Monographien und Materialienbände zum Thema Koreakrieg, die zwischen 1950 und 1986 in der Volksrepublik China entstanden sind. Die Bibliographie wurde von Herrn Professor Mao Yinhuan zusammengestellt. Professor Mao Yinhuan ist stellvertretender Direktor des "Shanghai Institute for International Studies" [siehe seine Vorstellung von SIIS auf S. 511–516]. Ein ausführlicher Bericht über den gegenwärtigen Stand und die Schwerpunkte der Koreakriegs-Forschung in der Volksrepublik China ist für eine der nächsten Ausgaben der Jahresbibliographie vorgesehen.

Chai Chengwen; Zhao Yongtian: Kang Mei yuan Chao jishi [Chronik des Krieges 'Widerstand gegen die USA und Hilfe für Korea']. Beijing: Zhong Gong dang shi ziliao chubanshe 1987.

Chaoxian tingzhan tanpan – Jin Richeng yuanshuai, Peng Dehuai jiangjun yu duifang wanglai xinhan (1951. 6. 30-1953. 4. 1) [Die Waffenstillstandsverhandlungen in Korea – Die Korrespondenz zwischen Marschall Kim Ilsung und General Peng Dehuai (30.6.1951 – 1.4.1953)]. Beijing: Shijie zhishi chubanshe 1953.

Chaoxian tingzhan tanpan wenti [Das Problem der Waffenstillstandsverhandlungen in Korea]. Beijing: Shijie zhishi chubanshe 1951.

Chaoxian tingzhan tanpan wenti (2) [Das Problem der Waffenstillstandsverhandlungen in Korea (2)]. Beijing: Shijie zhishi chubanshe 1952.

Chaoxian tingzhan tanpan wenti (3) [Die Problematik der Waffenstillstandsverhandlungen in Korea (3)]. Beijing: Shijie zhishi chubanshe 1952.

Chaoxian wenti wenjian huibian (2) [Gesammelte Dokumente zur Korea-Frage (2)]. Beijing: Renmin chubanshe 1959.

Chaoxian zhanju yu shijie xingshi [Die Kriegslage in Korea und die globale Lage]. Shanghai: Dagongbao she 1951.

Chaoxian zhanzheng yu shishi xuexi [Der Koreakrieg und das Studium des Zeitgeschehens]. Shanghai: Xinwen ribaoguan 1951.

Chen Hanbo: Chaoxian zhanzheng de xin fazhan [Die neue Entwicklung im Koreakrieg]. Beijing: Shijie zhishi chubanshe 1950.

Chen Hanbo: Chaoxian zhanzheng hou de guoji xingshi [Die internationale Lage nach dem Koreakrieg]. Beijing: Shijie zhishi chubanshe 1950.

Chen Rongfu: Chaoxian zhanzheng yu Zhongguo [Der Koreakrieg und China]. Shanghai: Tongsu wenhua chubanshe 1951.

Chi Meiguo guowuyuan beiwanglu [Zurückweisung des Memorandums des US State Department]. Beijing: Shijie zhishi chubanshe 1958.

Choushi Meidi, bishi Meidi, mieshi Meidi [Den US-Imperialismus hassen, geringschätzen und verachten]. Shanghai: Wenhuibao she 1950.

Deng Chao: Meidi junshi shang de ruodian [Die militärischen Schwachpunkte des US-Imperialismus]. Beijing: Shijie zhishi chubanshe 1950.

Deng Chao: Zhenhan shijie de Chaoxian renmin jiefang zhanzheng [Der welterschütternde Befreiungskampf des koreanischen Volkes]. Beijing: Shijie zhishi chubanshe 1951.

Diaocha zai Chaoxian he Zhongguo de xijunzhan shishi guoji kexue weiyuanhui baogaoshu [Untersuchungsbericht der internationalen Wissenschaftlerkommission zum Bakterienkrieg in Korea und China]. Beijing: Shijie zhishi chubanshe 1952.

Fandui Meidi qinlüe – Fandui Meidi wuzhuang ganshe Zhongguo jiefang Taiwan he qinlüe Chaoxian [Kampf gegen die Aggression des US-Imperialismus – Kampf gegen die bewaffnete Einmischung des US-Imperialismus in die Befreiung Taiwans durch China und gegen seine Invasion in Korea]. Beijing: Zhongguo minzhu tongmeng 1950.

Fandui Meidi qinlüe Yazhou – Chaoxian renmin wei zuguo tongyi er douzheng [Kampf gegen die Aggression des US-Imperialismus in Asien – Das koreanische Volk kämpft für die Einheit des Vaterlandes]. Shanghai: Xinhua shudian 1950.

Fandui Meiguo qinlüe Taiwan Chaoxian xuanchuan shouce (1-7) [Propaganda-Handbuch zum Kampf gegen die US-Aggression in Taiwan und Korea (1-7)]. Shanghai: Xinhua shudian 1950.

Guanche zhixing san da aiguo haozhao [Die drei großen patriotischen Appelle in die Tat umsetzen]. Beijing: Renmin chubanshe 1951.

Guangrong shuyu weida de zuguo he renmin – Zhongguo Renmin Zhiyuanjun gui guo daibiao de guangboci [Ruhm dem großen Vaterland und Volk – Rundfunkansprache eines zurückgekehrten Vertreters der Chinesischen Volksfreiwilligen-Armee]. Shanghai: Renmin chubanshe 1950.

Guanyu Chaoxian tingzhan xieding de wenjian [Dokumente zum Waffenstillstandsabkommen von Korea]. Beijing Renmin chubanshe bianji chuban 1953.

Guo Moruo: Xiang guangrong de Zhongguo Renmin Zhiyuanjun zhijing [Salut an die ruhmreiche Chinesische Volksfreiwilligen-Armee]. Beijing: Renmin chubanshe 1951.

Guoji wenxian xuanji, 1953 [Ausgewählte internationale Dokumente, 1953]. Beijing: Zhongguo renmin waijiao xuehui 1953.

Guoji wenxian xuanji, 1955 (1-4) [Ausgewählte internationale Dokumente (1-4)]. Beijing: Zhongguo renmin waijiao xuehui 1955.

Guoji wenxian xuanji, (6) Chaoxian tingzhan tanpan wenti teji [Ausgewählte internationale Dokumente. (6) Sonderband zum Problem der Waffenstillstandsverhandlungen in Korea]. Beijing: Zhongguo renmin waijiao xuehui, o.J.

Hu Zhongshi: Kang Mei yuan Chao yundong shihua [Populäre Geschichte der Bewegung 'Widerstand gegen die USA und Hilfe für Korea']. Beijing: Zhongguo qingnian chubanshe 1956.

Hua Shan: Chaoxian zhanchang riji [Tagebuch vom Kriegsschauplatz Korea]. Beijing: Xinhua chubanshe 1984.

Ji Long: Heping jiejue Chaoxian wenti de daolu [Der Weg zur friedlichen Lösung der Korea-Frage]. Beijing: Shijie zhishi chubanshe 1956.

Jiechuan Mei diguozhuyi jinxing xijunzhan de zhenxiang [Die Wahrheit über den vom US-Imperialismus geführten Bakterienkrieg enthüllen]. Beijing: Renmin chubanshe 1952.

Jin Zhonghua: Chaoxian tingzhan tanpan yu muqian guoji xingshi [Die Waffenstillstandsverhandlungen in Korea und die gegenwärtige internationale Lage]. Shanghai: Huadong renmin chubanshe 1951.

Jixu jiaqiang kang Mei yuan Chao yundong – Jinian kang Mei yuan Chao yi zhounian [Die Bewegung 'Widerstand gegen die USA und Hilfe für Korea' verstärkt fortsetzen – Zum ersten Jahrestag der Bewegung 'Widerstand gegen die USA und Hilfe für Korea']. Shanghai: Xinwen ribao she bianji chuban 1951.

Kang Mei yuan Chao bao jia wei guo [Widerstand gegen die USA und Hilfe für Korea, die Heimat schützen und das Vaterland verteidigen]. Shanghai: Xinhua shudian 1950.

Kang Mei yuan Chao bao jia wei guo [Widerstand gegen die USA und Hilfe für Korea, die Heimat schützen und das Vaterland verteidigen]. Shanghai: Wenhuibao she 1950.

Kang Mei yuan Chao gushi [Geschichten vom Widerstand gegen die USA und der Hilfe für Korea]. Shanghai: Shanghai renmin chubanshe 1960.

Kang Mei yuan Chao lieshi yong chui bu xiu [Die Namen der Märtyrer des Krieges 'Widerstand gegen die USA und Hilfe für Korea' sind unsterblich]. Shenyang: Liaoning renmin chubanshe 1986.

Kongsu qin Chao Meijun dui wo de baoxing [Anklage gegen die Greueltaten der amerikanischen Korea-Aggressionsarmeen in China]. Beijing: Renmin chubanshe 1950.

Li Jiajian: Chaoxian tingzhan qianhou jianwen [Erlebnisse in Korea zur Zeit des Waffenstillstands-Abschlusses]. Shanghai: Huadong renmin chubanshe 1954.

Li Zhuang: Chaoxian muji ji [Aufzeichnungen eines Augenzeugen in Korea]. Shanghai: Haiyan shudian 1950.

Liao Gailong: Aiguo yundong lunji [Gesammelte Schriften zur patriotischen Bewegung]. Shanghai: Haiyan shudian 1950.

Liao Gailong: Fandui Meiguo qinlüezhe [Kampf gegen die US-Aggressoren]. Beijing: Haiyan shudian 1950.

Ling Dating: Meidi zhanshi ziyuan poushi [Anatomie der militärischen Ressourcen des US-Imperialismus]. Beijing: Xinchao shudian 1951.

Liu Changsheng: Kang Mei yuan Chao bao jia wei guo yundong zhong de Shanghai renmin [Das Volk von Shanghai in der Bewegung 'Widerstand gegen die USA und Hilfe für Korea, die Heimat schützen und das Vaterland verteidigen']. Shanghai: Laodong chubanshe 1951.

Meidi shi keyi bei zhansheng de [Der US-Imperialismus ist besiegbar]. Shanghai: Xinhua shudian 1950.

Pan Fei: Mei diguozhuyi de junshi weiji [Die militärische Krise des US-Imperialismus]. Beijing: Zhongwai chubanshe 1951.

Peng Dehuai zishu [Peng Dehuais Autobiographie]. Beijing: Renmin chubanshe 1981.

Rineiwa huiyi wenjian huibian [Gesammelte Dokumente zur Genfer Konferenz]. Beijing: Shijie zhishi chubanshe 1954.

Shanghai renmin kang Mei yuan Chao xingdong gangling [Das Aktionsprogramm des Volkes von Shanghai in der Bewegung 'Widerstand gegen die USA und Hilfe für Korea']. Shanghai: Laodong chubanshe 1951.

Shen Tianlin: Zhandou de Chaoxian [Korea im Kampf]. Shanghai: Laodong chubanshe 1951.

Shi Ximin: Zhong Chao renmin de shengli zhenhan liao shijie [Der Sieg der Völker Chinas und Koreas hat die Welt erschüttert]. Nanjing: Xinhua ribao she 1951.

Shijie heping lishihui Budapeisi huiyi (1953) [Die Budapester Konferenz des Weltfriedensrates (1953)]. Beijing: Shijie zhishi chubanshe 1953.

Shijie heping yundong wenxian (1949-1953) [Dokumente zur Weltfriedensbewegung (1949-1953)]. Beijing: Shijie zhishi chubanshe 1955.

Sulian daibiao zai Lianheguo fayan xuanji (1-6) [Ausgewählte Reden der sowjetischen Vertreter bei den Vereinten Nationen (1-6)]. Beijing: Shijie zhishi chubanshe 1955-1957.

Wang Tingxing: Chunchi xiangyi de Chaoxian yu Zhongguo [Korea und China in unverbrüchlicher Einheit]. Beijing: Shijie zhishi chubanshe 1951.

Wei kang Mei yuan Chao bao jia wei guo de shensheng renwu er fendou [Kampf für die heilige Sache 'Widerstand gegen die USA und Hilfe für Korea, die Heimat schützen und das Vaterland verteidigen'!]. Shanghai: Shanghai renmin chubanshe 1951.

Wei zuguo er zhan, wei Chaoxian renmin er zhan [Für das Vaterland kämpfen, für das koreanische Volk kämpfen]. Beijing: Renmin chubanshe 1951.

Weida de kang Mei yuan Chao yundong [Die große Bewegung 'Widerstand gegen die USA und Hilfe für Korea']. Beijing: Renmin chubanshe 1954.

Weile Chaoxian de heping tongyi [Für die friedliche Vereinigung Koreas]. Beijing: Shijie zhishi chubanshe 1958.

Xin Bin: Chaoxian zhanju san jieduan [Die drei Etappen des Koreakrieges]. Shanghai: Zhanwang 1951.

Xue Mohong: Chaoxian zhanzheng qianhou de Meidi dui quan Yazhou de qinlüe [Die Aggression des US-Imperialismus in Gesamtasien in der Periode des Koreakrieges]. Beijing: Shijie zhishi chubanshe 1950.

Yan Yu: Meidi weishenme bi bai? [Warum ist die Niederlage des US-Imperialismus unvermeidlich?]. Beijing: Qunzhong chubanshe 1951.

Yazhou ji Taipingyang quyu heping huiyi zhongyao baogao ji jueyi [Wichtige Referate und Resolutionen der Friedenskonferenz der Asien- und Pazifikregion]. Beijing: Qunzhong chubanshe 1952.

Yu Chongwen: Meidi shi zenyang qinlüe Chaoxian de? [Wie kam es zur Aggression des US-Imperialismus in Korea?]. Beijing: Renmin chubanshe 1950.

Yu Weici: Kuaguo Yalujiang dasha Meiguolang [Den Jalu überschreiten, den Wolf USA zur Strecke bringen]. Shanghai: Zhenli shudian 1951.

Zha Ruqiang: Cong shuzi kan shishi [Die Realitäten an den Zahlen messen]. Beijing: Dazhong shudian 1951.

Zhang Ye & Shang Shi: Mei diguozhuyi yinmou fadong de Chaoxian zhanzheng yu di san ci shijie dazhan [Der durch eine Verschwörung des US-Imperialismus entfesselte Koreakrieg und der Dritte Weltkrieg]. Shanghai: Zhongguo tushu zazhi gongsi 1950.

Zheng Hongda: Renshi Meidi [Den US-Imperialismus durchschauen]. Shanghai: Shanghai zazhi chubanshe 1951.

Zhichi Chaoxian renmin fan Mei jiu guo douzheng [Das koreanische Volk in seinem Kampf gegen die USA und zur Rettung des Vaterlandes unterstützen]. Beijing: Shijie zhishi chubanshe 1962.

Zhiyuanjun yingxiong zhuan (1-3) [Biographien der Helden der Chinesischen Volksfreiwilligen-Armee (1-3)]. Beijing: Renmin wenxue chubanshe 1956.

Zhizhi Meiguo qinlüezhe de xijunzhan [Dem Bakterienkrieg der US-Aggressoren Einhalt gebieten]. Beijing: Shijie zhishi chubanshe 1952.

Zhize Meiguo qinlüezhe jinxing xijunzhan de taotian zuixing [Die himmelschreienden Verbrechen des Bakterienkrieges der US-Aggressoren anprangern]. Beijing: Renmin chubanshe 1952.

Zhong Chao renmin de geming youyi [Die revolutionäre Freundschaft der Völker Chinas und Koreas]. Shanghai: Huadong renmin chubanshe 1951.

Zhong Mei guanxi – wenjian he ziliao xuanbian [Die chinesisch-amerikanischen Beziehungen – Ausgewählte Dokumente und Materialien]. Beijing: Beijing renmin chubanshe 1971.

Zhong Mei guanxi ziliao huibian (2) [Materialsammlung zu den chinesisch-amerikanischen Beziehungen (2)]. Beijing: Shijie zhishi chubanshe 1960.

Zhongguo Renmin Zhiyuanjun kang Mei yuan Chao zhanzheng zhengzhi gongzuo [Die politische Arbeit in der Chinesischen Volksfreiwilligen-Armee im Krieg 'Widerstand gegen die USA und Hilfe für Korea']. Beijing: Jiefangjun chubanshe 1985.

Zhongguo Renmin Zhiyuanjun kang Mei yuan Chao zhanzheng zhengzhi gongzuo zongjie [Resümee der politischen Arbeit in der Chinesischen Volksfreiwilligen-Armee im Krieg 'Widerstand gegen die USA und Hilfe für Korea']. Beijing: Jiefangjun chubanshe 1985.

Zhongguo Renmin Zhiyuanjun zhanshi jianbian [Kurzer Abriß der Kampfoperationen der Chinesischen Volksfreiwilligen-Armee]. Beijing: Jiefangjun chubanshe 1986.

Zhou Ren: Meidi shi zhi bei jiechuan liao de zhilaohu [Der US-Imperialismus ist ein demaskierter Papiertiger]. Beijing: Xinchao shudian 1951.

Zhu Tong: Meiguo qin Chao zhanzheng de beican houguo [Die tragischen Folgen des US-Aggressionskrieges in Korea]. Beijing: Shijie zhishi chubanshe 1952.

Palestine in the Second World War

a historiographic review by Yoav Gelber

Palestine was not a battlefield during the Second World War: nevertheless, the war deeply influenced life in the country, and the period has been widely researched in the last four decades. The scholarly work in this field has so far embraced several aspects, most important among them are:

1. The participation of the *Yishuv* (the Jewish community in Palestine) in the war effort;
2. The military threats to the country during the war;
3. The attitude of the *Yishuv* towards the Holocaust;
4. The British White Paper policy and the *Yishuv's* struggle against it.

On the other hand very little has hitherto been accomplished in studying the economic contribution of Palestine generally, and *Yishuv* in particular, to the war effort as well as in analyzing the Arab attitudes towards and participation in the war.

Most books and articles which represent the fruits of this research have been written in Hebrew. Only a small part has been translated into, or was originally written in other languages, mainly in English. In addition to these scholarly works, a vast variety of memoirs, diaries and volumes of documentation has also been published.

The first publications on the *Yishuv's* military war effort appeared in the late 1940s. They were officially initiated or sponsored by the Jewish Agency. The main purpose was to commemorate the dead and record the experiences and achievements of the volunteers in the British army, as well as in secret missions on behalf of the SOE and other clandestine bodies in the Middle East and in Nazi-occupied Europe. The documents and testimonies that had been collected in these early volumes served later as useful source material for the professional historian.

The first scholarly work on the subject was Yehuda Bauer's *Diplomacy of Resistance,* published in Hebrew in the mid-1960s and translated into English in the early 1970s. The semi-official histories of the para-military and underground Jewish organizations in Palestine, the Hagana and the Irgun Zvai Leumi -IZL- (both series were published during the 1960s and 1970s), devoted special volumes to the war years, which described their anti-Axis as well as anti-British activities during this period. A four volumes work by this author on the History of Volunteering for the British Army in World War II was published in the years 1979-1984.

The principal controversies which divided the *Yishuv* in the war years, in favour and against participation in the war effort through enlistment in the British army, persisted in the historiographic evaluation of the period. The essence of that controversy was expressed in the different appreciations of the dangers which threatened the *Yishuv* during the war. Certain circles regarded the local Arab threat as paramount and therefore objected to excessive enlistment since it entailed departure of the country. This approach has been expressed by Uri Brener in his study of 1984: The opposite view, which considered the Axis to be the primary enemies of the *Yishuv,* is advocated by this author in his forthcoming book.

The sensitive issue of the *Yishuv's* attitude to the Holocaust had been avoided by writers of memoirs as well as historians for a long time. Early attempts to reconstruct the development of reactions to the terrible events in Europe commenced in the late 1960s, and several articles were published in Israeli journals in the 1970s and 1980s by writers of the younger generation, culminating in Dina Porat's comprehensive work, published in 1986. In addition to the general problem of the *Yishuv's* reactions and rescue efforts, attention was given to the particular attitudes of various political or ideological movements within Zionism and prominent persons such as Weizmann, Ben-Gurion and others.

This topic is one of the most controversial in modern Jewish historiography. The debate has reflected much of the contemporary polemics over general issues of Zionist ideology and policies between opponents and adherents of the official Zionist line in the 1930s and during the war years. The extreme orthodox-religious writers almost charge the Zionist leadership with responsibility for the Holocaust. The revisionists accuse them for neglecting opportunities of rescue owing to factional considerations. The Communists and other leftist writers criticize particularly the policy of cooperation with the Nazi regime in matters of immigration, legal and illegal, and transfer of Jewish property to Erez Israel. Younger historians, on the other hand, try to interpret the actions and inactions of the war years in terms of the practical capability of the *Yishuv* to offer help; the military limitations imposed by the war situation; political self-restraint due to the aspiration of the Zionist leadership to be recognized as an ally; lack of financial resources and deeply rooted belief in the priority of the Zionist enterprise over all other issues. The disputes are still far from being decided, and will probably persist in the next years.

The Palestinian Arabs position and behavior during the war have so far been treated very little by Israeli and foreign historians, particulary in comparison with the extensive writing on the Arab Revolt in the preceding years. British policies in Palestine, on the other hand, have been intensively discussed by various scholars since the 1950s. Recent contributions to the research of this subject by Michael Cohen, Ronald Zweig and Bernard Wasserstein rely mainly on the official records of the government departments concerned with Palestine, particular the Prime Minister, Foreign and Colonial Offices. Insufficient use has been made of other departments's records, especially the services and the Resident Minister Office.

SELECTED BIBLIOGRAPHY

1. Books

Bauer, Yehuda: Diplomacy and Resistance – A History of Jewish Palestine 1939-1945. Philadelphia 1970.

Bet-Zvi, S.B.: The Post-Ugandan Zionism in the Crisis of the Holocaust – a Study of the Causes of the Zionist Movement's Follies in the Years 1938-1945. Tel Aviv 1976 (Hebrew).

Balck, Edwin: The Transfer Agreement. New York 1985.

Brener, Uri: The Yishuv in the Face of the Invasion Threat 1940-1942. Tel Aviv 1984 (Hebrew).

Brenner, Lenni: Zionism in the Age of the Dictators. London & Westport 1983.

Cohen, Gavriel: Winston Churchill and the Palestine Question 1939-1942. Jerusalem 1976.

Cohen, Michael: Palestine – Retreat from the Mandate: The Making of British Policy 1936-1948. London 1978.

Cohen, Michael: Churchill and the Jews. London 1985.

Gelber, Yoav: Jewish Palestinian Volunteering in the British Army during the Second World War (Hebrew):

Vol.I. Volunteering and its Role in Zionist Policy 1939-1942. Jerusalem 1979.

Vol.II. The Struggle for a Jewish Army. Jerusalem 1981.

Vol.III. The Standard Bearers – The Mission of the Volunteers to the Jewish People. Jerusalem 1983.

Vol.IV. Jewish Volunteers in British Forces. Jerusalem 1984.

Gelber, Yoav: The Defense of Palestine in the Second World War (Hebrew), forthcoming.

Ofer, Dalya: Illegal Immigration during the Holocaust. Jerusalem 1988 (Hebrew).

Porat, Dina: An Entangled Leadership – The Yishuv and the Holocaust, 1942-1945. Tel Aviv 1986 (Hebrew).

Wasserstein, Bernard: Britain and the Jews of Europe. London 1979.

Zweig, Ronald: Britain and Palestine during the Second World War. Suffolk 1986.

2. Unpublished doctoral thesises

Eshkoli, Hava (Wagman): Mapai and the Holocaust 1939-1942. Bar Ilan University, Ramat Gan 1988 (Hebrew).

Nevo, Yosef: The Political Development of the Palestinian Arab National Movement 1939-1945. Tel Aviv University 1977.

Weitz, Yechiam: The Attitude of Mapai towards the Destruction of European Jewry 1939-1945. Hebrew University, Jerusalem 1988 (Hebrew).

3. Principal Articles (in English)

Friling, Tuvia: Ben Gurion and the Holocaust of European Jewry 1939-1945. In: Yad Vashem Studies. XVIII, 1987.

Gelber, Yoav: Zionist Policy and the Fate of European Jewry 1939-1942. In: Yad Vashem Studies. XIII, 1979.

Gelber, Yoav: Zionist Policy and the Fate of European Jewry 1943-1944. In: Studies in Zionism. Vol. III, No. 1, Spring 1983.

Gelber, Yoav: The Mission of the Jewish Parachutists from Palestine in Europe in World War II. In: Studies in Zionism. Vol. VII, No.1, 1986.

Gelber, Yoav: The Defense of Palestine in World War II. In: Studies in Zionism. Vol. VIII, No.1, 1987.

Zweig, Ronald: British Plans for the Evacuation of Palestine in 1941-1942. In: Studies in Zionism. Vol. III, No.2. 1983.

Zweig, Ronald: The political uses of Military Intelligence – Evaluating the Threat of a Jewish Revolt against Britain during the Second World War, in: Langhorn, (ed.): Diplomacy and Intelligence during the Second World War. Cambridge 1985.

In Großbritannien veröffentlichte Literatur über den Nationalsozialismus bzw. das nationalsozialistische Deutschland (1933-1945)

von Angela Schwarz

1. Zum Nationalsozialismus- bzw. Deutschlandbild in Großbritannien

Als die Deutschen 1939/40 in rascher Folge ein europäisches Land nach dem anderen überrannten und sich anschickten, die britischen Inseln zu erobern, erhielt die Frage nach dem Wesen derer, die Großbritanniens Existenz bedrohten, lebenswichtige Bedeutung. Stand die deutsche Bevölkerung geschlossen hinter dem nationalsozialistischen Regime und seiner Politik mit ihren schrecklichen Auswirkungen? Gab es keinen Unterschied zwischen deutsch und nationalsozialistisch und mußte das deutsche Volk als der Feind schlechthin gelten? Oder stützte sich der Nationalsozialismus nur auf eine Minderheit von Fanatikern, während der größte Teil der Deutschen als Mitläufer anzusehen war? Nicht nur auf der Ebene der politischen Entscheidungsträger entspann sich eine kontrovers geführte Diskussion um das Wesen der Deutschen. In ihr wurde einerseits das alte, germanophobe Deutschlandbild mühelos aus der Vergangenheit übernommen; andererseits kamen aber auch deutschfreundliche Einstellungen, deren Ursprünge z.T. bis ins 19. Jahrhundert zurückgehen, zum Ausdruck.

Die Person von Sir Robert Vansittart, bis 1937 Unterstaatssekretär im Foreign Office und bis 1941 Berater der Regierung in diplomatischen Fragen (Chief Diplomatic Adviser to the Government), ferner Autor zahlreicher Artikel, Pamphlete und Bücher, bildete den Kristallisationspunkt für eine zunehmend deutschfeindliche Position. Vansittart hatte sich in den neunziger Jahren des 19. Jahrhunderts als Student in Deutschland ein Bild von den preußisch-militaristischen, chauvinistischen Deutschen gemacht, die getrieben von Grausamkeit, Neid und Selbstmitleid die ihrem Charakter innewohnende Zerstörungswut auf alles richteten, was nicht deutsch und damit minderwertig, nicht erhaltenswert, war. Er sah eine ununterbrochene Kontinuitätslinie vom deutschen Nationalismus und Imperialismus des ausgehenden 19. Jahrhunderts über die Aggressivität der Kriegsjahre 1914-1918 bis hin zur Machtübernahme des Nationalsozialismus und dessen Weg in den Zweiten Weltkrieg.

"Lying and cheating have not been contrary to German honour. Germans have pledged no word without breaking it, have made no treaty without dishonouring it, touched no international faith without soiling it. Hitler is no accident. He is the natural and continuous product of a breed which from the dawn of history has been predatory and bellicose." (Vansittart in: *Black Record. Germans past and present*, London 1941).

Wenn sich auch nicht alle Anhänger eines negativen Deutschlandbildes uneingeschränkt Vansittarts Thesen anschlossen, so sprach er doch in vielen Punkten aus, was nicht wenige Briten dachten. Oft bestätigte seine Charakterisierung das aus der Propaganda des Ersten Weltkriegs stammende Bild vom zivilisationsbedrohenden, barbarischen Hunnen, der den Kontinent heimsucht und somit erfolgreich die aus der Zeit Königin Viktorias tradierte Vorstellung von der natürlichen Allianz zwischen Deutschland und England (Verwandtschaftsbeziehungen der Königshäuser, kulturelle Verflechtungen) verdrängte.

Neben diesem Deutschlandbild, das hauptsächlich von der antideutschen Rechten in Großbritannien getragen wurde, bildete sich in der Zwischenkriegszeit eine zweite Position heraus, welche in der Mehrheit von der politischen Linken und von radikalliberalen Gruppen vertreten wurde. Diese unterschieden zwischen einem "schlechten" Deutschland, als dessen Sinnbild das reaktionäre Junkertum figurierte, und einem "guten" Deutschland, das in ihren Augen von der fortschrittlichen Sozialdemokratie als Träger der Weimarer Republik repräsentiert wurde. Diese Zwei-Deutschland-Theorie bildete die Grundlage für die britische Politik des Appeasement gegenüber Deutschland, die von berechtigten Revisionswünschen (legitimate grievances) der Deutschen ausging, den Versailler Vertrag nicht als in allen Bestimmungen zu erhaltendes Vertragswerk sah und von der Möglichkeit überzeugt war, Deutschland über Verhandlungen und Zugeständnisse zur Kooperation in einer den Frieden garantierenden europäischen Ordnung bewegen zu können.

Während die antideutsche Richtung den Nationalsozialismus als konsequente Fortsetzung des preußischen Chauvinismus, erweitert um brutales Gebaren und rassisches Überlegenheitsgefühl, verstehen konnte und dabei das genuin Neue am Nationalsozialismus übersah, taten sich die Vertreter der prodeutschen Haltung schwerer in der Einschätzung dieses Phänomens sowie auch seines Führers. Hitler galt bei ihnen lange Zeit als ein politisch Gemäßigter innerhalb einer Partei von Extremisten, zwischen denen er vermittelte. Er galt somit als ein Garant einer noch relativ maßvollen Politik. Wenn es gelänge, seine Stellung innerhalb der deutschen Führung zu stärken, was über den Weg der Zugeständnisse seitens der britischen Regierung als möglich galt, glaubten die Appeaser, Deutschland doch noch in ein europäisches Friedenssystem einbeziehen zu können. Dies war eine Annahme, die sich jedoch spätestens mit Kriegsausbruch als Irrtum erwies. Hitler und der Nationalsozialismus hatten sich endgültig diskreditiert. Wie jedoch die deutsche Bevölkerung einzuschätzen war, blieb während des ganzen Krieges, wie eingangs erwähnt, eine vieldiskutierte und wichtige Frage. Ihre Lösung sollte die Grundlage bilden, auf der die Politik der Alliierten gegenüber Deutschland nach 1945 aufbaute.

2. Die Grundlagen des Nationalsozialismusbildes in Großbritannien

Die folgende Bibliographie ist Vorarbeit einer zur Zeit entstehenden Dissertation zum Bild, das sich die Briten in der Zeit des Dritten Reiches vom Nationalsozialismus machten.

Grundlage der Untersuchung sind Berichte britischer Deutschlandreisender, die in den dreißiger Jahren den Nationalsozialismus vor Ort erlebten und diese Erlebnisse in Büchern und Pamphleten einer breiteren Öffentlichkeit zugänglich gemacht haben. Es geht um Reiseerfahrungen im weitesten Sinne, vor allem um die unmittelbare Begegnung mit dem Anderen, um die Konfrontation vorgefaßter Meinungen und Bilder über Deutschland bzw. den Nationalsozialismus mit der "Realität" bzw. einem Ausschnitt derselben, aus der das alte Bild bestätigt, verändert oder vollkommen umgewandelt hervorgehen kann. Es geht schließlich um die Art, wie diese Erfahrung einer interessierten Öffentlichkeit vermittelt wurde.

Es lassen sich zwei Hauptgruppen von Motiven unterscheiden: a) berufliche und b) private Gründe. Von den in Deutschland akkreditierten Diplomaten, den Politikern bei offiziellen oder inoffiziellen Besuchen über die Schar von Journalisten und Korrespondenten, über Intellektuelle unterwegs in Sachen Ideologietourismus und Geschäftsleute, bis hin zu "einfachen" Urlaubsreisenden: Alle genannten Typen des Reisens und des Reisenden waren vertreten. In der Mehrzahl der Fälle bewegten sich die Kontakte der Besucher mit den Gastgebern vor allem auf der offiziellen Ebene, war Berlin der Hauptaufenthaltsort, zumal bei Journalisten und Diplomaten. Aber auch Reisen quer durch Deutschland wurden unternommen, bei denen nicht selten der Wunsch bestimmte, mehr über den "Durchschnittsdeutschen" und dessen Einschätzung der politischen Lage erfahren. Man wollte herausfinden, ob der Nationalsozialismus "a good or a bad thing" sei, eine Frage, die nicht nur im (außen-) politischen Bereich Bedeutung besaß, sondern eine breitere Öffentlichkeit interessierte, wie u.a. auch die Reaktionen auf den italienischen Faschismus und den Sowjetkommunismus in den dreißiger Jahren zeigten.

Gegenstand der Dissertation wird die Frage sein, wie die Begegnung mit einer Realität gewordenen Ideologie erfahren und weitervermittelt wurde.

3. Zur Bibliographie

Die vorliegende Bibliographie enthält die Buch-Literatur, die in der Zeit des Dritten Reiches, in einigen Fällen auch in den Jahren kurz vor der Machtübernahme bzw. unmittelbar nach dem Zusammenbruch 1945, in Großbritannien über den Nationalsozialismus bzw. das nationalsozialistische Deutschland erschienen. Schon allein die Vielzahl der Titel (rund 790) zeigt, daß auch über das Medium Buch eine lebhafte Auseinandersetzung mit diesem neuen Phänomen stattfand.

Ausgangspunkt für die Bibliographie waren die – z.T. recht unvollständigen – Angaben des *English Catalogue of Books* (Bände 11 bis 16), die erweitert und z.T. korrigiert wurden durch die Bearbeitung der entsprechenden Bände des *National Union Catalogue* (pre-1956 imprints) und denen des *British Library Catalogue*. Bei der Durchsicht des *Times Literary Supplement* (Bände 32 bis 44, d.h. die Jahrgänge 1933 bis 1945) ergab sich eine zusätzliche Erweiterung der Bibliographie.

Um bei bestimmten Titeln aus bedeutenden Jahren (1933, 1939, 1945) erkennen zu können, wie sie zeitlich zu dem wichtigsten Ereignis des Jahres standen, wurde durch die Angabe des Erscheinungsmonats das Datum der Veröffentlichung spezifiziert. Einige Einträge sind mit Erläuterungen versehen, die dadurch als vom Titel unabhängig erkennbar sind, daß sie auf deutsch erfolgen.

BIBLIOGRAPHIE

Abbotson, Martin: The liberation of Germany. London: Watts 1939.

Abrahams, Gerald: Retributions. London: W.H. Allen 1941.

The action of the party on state and nation in Germany. As outlined in the German Beamten-Kalender 1937. With a foreword by Gilbert Murray (Friends of Europe publication no 58). London: Friends of Europe 1938.

Aldor, Francis: Germany's "death space": the Polish tragedy. London: Aldor 1940.

Amery, Leopold Stennett: The German colonial claim. London, Edinburgh: Chambers 1939.

Anderson, Evelyn: Hammer or anvil. The story of the German working-class movement. London: Gollancz 1945.

Angell, Sir Norman: Peace with the dictators? A symposium – some conclusions. London: Hamish Hamilton 1938.

Appalling facts. Letters from German concentration camps. London: Lawrence 1934.

Armitage, John (Hg.): Europe in bondage. With a preface by Viscount Cecil. London: Lindsay Drummond 1943.

Armstrong, Hamilton Fish: Europe between wars? London: Macmillan 1934.

Armstrong, Hamilton Fish: Hitler's Reich. The first phase. London: Macmillan 1933.

Artucio, Hugo Fernandez: The Nazi octopus in South America. London: Hale 1943.

Ascoli, Max; Feiler, Arthur: Fascism: who benefits? London: Allen & Unwin 1939.

Ashton, E.B.: The Fascist: his state and his mind. London: Putnam 1937.

Atkins, H.G.: German literature through Nazi eyes. London: Methuen 1941.

Balk, Theodor: The Saar at first hand. London: Lane 1935.

Banse, Ewald: Germany, prepare for war! From the German "Raum und Volk im Weltkriege". London: Lovat Dickson 1934.

Barnes, James Strachey: Fascism. London: Butterworth 1931.

Barnes, James Strachey: The universal aspects of Fascism. London: Williams & Norgate 1929.

Barth, Karl: The Church and the political problem of our day. London: Hodder & Stoughton 1939.

Barth, Karl: The Germans and ourselves. With an introduction by A.R. Vidler. London: Nisbet 1945.

Bartlett, Vernon: Nazi Germany explained. London: Gollancz 1933.

Bartlett, Vernon: This is my life. London: Chatto & Windus 1937.

Bax, Clifford (Hg.): Never again! London: Hutchinson 1942.

Baxter, Arthur Beverley: Men, martyrs and mountebanks. Beverley Baxter's inner story of personalities and events behind the war. London: Hutchinson 1940.

Baxter, Richard: Guilty women [u.a. Frau von Ribbentrop, Frau Göring]. London: Quality Press 1941.

Bayles, William D.: Postmarked Berlin. London: Jarrolds 1942.

Bayles, William David: Caesars in goose step. London: Jarrolds 1941.

Baynes, H.G.: Germany possessed. Introduction by Hermann Rauschning. London: Cape 1941.

Baynes, Norman Hepburn: A short list of books on National Socialism (Historical Association Pamphlet no 125). London: King & Staples 1943.

Baynes, Norman Hepburn: Intellectual liberty and totalitarian claims. The Romanes lecture. Delivered in Rhodes House, June 12, 1942. Oxford: The Clarendon Press 1942.

Baynes, Norman Hepburn (Hg.): The speeches of Adolf Hitler, April 1922 – August 1939; an English translation of representative. passages arranged under subjects (2 Bde.). London: Oxford UP 1942.

Behrend, Hans: The real rulers of Germany. London: Lawrence & Wishart 1939.

Beimler, Hans: Four weeks in the hands of Hitler's hellhounds. The Nazi murder camp of Dachau. With a preface by Fritz Heckert. London: Modern Books 1933.

Bell, George Kennedy Allen (Bishop of Chichester): Germany and the Hitlerite State. London: Gollancz 1944.

Bendiscioli, Mario: Nazism versus Christianity. London: Skeffington 1939.

Bendiscioli, Mario: The new racial paganism. London: Burns, Oates & Washbourne 1939.

Benes, Edward: Nazi barbarism in Czechoslovakia. London: Allen & Unwin 1940.

Bennett, Benjamin: Hitler over Africa. London: Werner Laurie 1939.

Bentwich, Norman: The refugees from Germany: April 1933 to December 1935. London: Allen & Unwin 1936.

Bergmann, Ernst: The 25 theses of the German religion, a catechism. With a foreword by the Rev. F.W. Norwood (Friends of Europe publication no 39). London: Friends of Europe 1936.

Bernadotte, Folke (Count): The fall of the curtain. Last days of the Third Reich. London: Cassell Dezember 1945.

Bernays, Robert: Special correspondent. London: Gollancz 1934.

Bevan, Edwyn: Can Germany be cured? (World Issues no 15). London: Edinburgh House Press 1943.

Beveridge, William Henry (Lord): An urgent message from Germany. London: Pilot Press 1946.

Bienenfeld, F.R.: The Germans and the Jews. London: Secker & Warburg 1940.

Billinger, Karl: All quiet in Germany [Erfahrungen eines deutschen Kommunisten]. London: Gollancz 1935.

Billinger, Karl: Hitler is no fool. London: Hurst & Blackett 1940.

Birch, Lionel: Why they join the Fascists. London: People's Press 1937.

Birley, Robert: The German problem and the responsibility of Britain. The Burge Memorial lecture. London: Student Christian Movement Press 1947.

Bischoff, Ralph F.: Nazi conquest through German culture. London: Oxford UP 1944.

Blake, A.J.: Germany at a glance. A pocket map reader planned to aid, enlighten and interest the individual invader (zweite, überarbeitete Fassung der Erstausgabe von 1915). London: Muller 1944.

Blake, Leonardo: Hitler's last year of power. London: Dakers 1939.

Blood-Ryan, H.W.: Göring, the iron man of Germany. London: Long 1938.

Blood-Ryan, H.W.: Men of Europe's twilight. London: Lindsay Drummond 1942.

Blood-Ryan, H.W.: The great German conspiracy [deutsche Wiederaufrüstung und illegale Wehrausbildung 1919-1939]. London: Lindsay Drummond 1943.

Blyton, W.J.: Anglo-German future. London: Hutchinson 1939.

Blyton, W.J.: Arrows of desire. London: Hutchinson 1938.

Bojano, Filippo: In the wake of the goose-step. London: Cassell 1944.

Bolitho, Gordon: The other Germany. A Heidelberg student's diary. London: Lovat Dickson 1934.

Bonnamaux, C.: Germany speaks. What does she want? London: Wright & Brown 1934.

Böök, M.F.C.: An eyewitness in Germany. London: Lovat Dickson 1933.

Borghi, A.: Mussolini, red and black. With an epilogue, Hitler: Mussolini's disciple. London: Wishart Books 1935.

Borkenau, F.: The New German Empire. Harmondsworth: Penguin 1939.

Borkenau, F.: The totalitarian enemy. London: Faber & Faber 1940.

Borsky, G.: The greatest swindle in the world. The story of the German reparations. With a preface by the Right Hon. Lord Vansittart. London: The New Europe Publishing Company 1942.

Brady, Robert A.: Spirit and structure of German Fascism. With a foreword by Prof. Harold J. Laski. London: Gollancz 1937.

Brailsford, Henry Noel: Germans and Nazis. A reply to "Black Record" (Commonwealth Popular Library no 2). London: ohne Verlag, 1944.

Brailsford, Henry Noel: Making Germany pay? (Peace Aims Pamphlet no 23). London: National Peace Council 1944.

Brailsford, Henry Noel: Our settlement with Germany. Harmondsworth: Penguin 1944.

Braun, R.: Fascism, make or break? German experience since the "June Days". London: Lawrence 1935.

Braunthal, Julius: Need Germany survive? Introduction by Harold J. Laski. London: Gollancz 1943.

Brecht, Arnold: Prelude to silence. The end of the German Republic. London, New York: Oxford UP Mai 1945.

Brinitzer, Carl; Grossbard, Berthe (Hg.): German versus Hun. Foreword by the Rt. Hon. Duff Cooper. London: Allen & Unwin 1941.

Brinitzer, Carl; Grossbarth, Berthe: The Germans by themselves. Foreword by the Rt. Hon. Duff Cooper. London: Allen & Unwin 1940.

Broad, Lewis; Russell, Leonard: The way of the dictators (mit einem einleitenden Brief von Lloyd George). London: Hutchinson 1935.

Brockway, Fenner: German diary. London: Gollancz 1946.

Brooks, Robert Clarkson: Deliver us from the dictators! London: Oxford UP 1935.

Brown, Harrison and others: Our neighbours. Today and yesterday. Germany, France, Russia and the United States. Broadcast lectures by H. Brown E.L. Woodward, A.J. Toynbee, S.K. Ratcliffe. London: Gerald Howe 1933.

Brown, John: I saw for myself. London: Selwyn & Blount 1935.

The Brown Book of the Hitler Terror and the burning of the Reichstag. Prepared by the World Committee for the Victims of German Fascism. London: Gollancz 1933.

Browning, H.: Women under Fascism and Communism. London: Lawrence 1934.

Bruck, Werner Friedrich: Social and economic history of Germany from William II to Hitler, 1888-1938. A comparative study. London: Oxford UP 1938.

Bryant, Arthur Wynne Morgan: Unfinished Victory 1918-1933. London: Macmillan 1940.

Bryant, Arthur Wynne Morgan (Hg.): The man and the hour. Studies of great men of our time. London: P. Allan 1934.

Buell, Raymond L. (Hg.): New governments in Europe. The trend towards dictatorship. London: Nelson 1934.

Buller, Ernestine Amy: Darkness over Germany. London: Longmans 1943.

Bullock, A.L.C. (Hg.): Germany's colonial demands. London: Oxford UP 1939.

Butler, Harold: The lost peace. A personal impression. London: Faber & Faber 1941.

Butler, Rohan d'Olier: The roots of National Socialism 1783-1933. London: Faber & Faber 1941.

Cahen, Fritz Max: Men against Hitler. London: Jarrolds 1939.

Carter, Lady Helen Violet Bonham: Child victims of the New Germany. A protest. London: McCorquodale 1934.

Casson, Herbert Newton: Post-Hitler Europe. London: The Efficiency Magazine 1939.

Causton, Bernard: The moral blitz. War propaganda and Christianity (Searchlight Books no 15). London: Secker & Warburg 1941.

Chakhotin, Sergei: The rape of the masses. The psychology of totalitarian political propaganda. London: Routledge 1940.

Charques, R.D.; Ewen, A.H.: Profits and politics in the post-war world. An economic survey of contemporary history. London: Gollancz 1934.

Chesterton, Ada Elizabeth (Mrs Cecil): Sickle or Swastika? London: Stanley Paul 1935.

Church, volk and state. By German Protestant leaders. With a foreword by Atkinson Lee (Friends of Europe publication no 65). London: Friends of Europe 1938.

Churchill, Randolph S. (Hg.): Arms and the covenant. Speeches by Winston S. Churchill. London: Harrap 1938.

The Church struggle in Germany: a survey of four years, March 1933-July 1937. By an English Protestant. London: Kulturkampf Association 1937.

Clark, R.T.: The fall of the German Republic: a political study. London: Allen & Unwin 1935.

Clarke, R.W.B.: The economic effect of war. London: Allen & Unwin 1940.

Clarkson, A. Kerr: Europe in eclipse. With a preface by J.C.T. Robinson. London: Hale 1942.

Cohen, Joseph L.: Salvaging German Jewry. A guide to those who wish to help. London: Jewish Chronicle 1939.

Cole, G.D.H. and others: What is ahead of us? [Der Aufsatz von Wickham Steed behandelt Deutschland]. London: Allen & Unwin 1937.

Cole, John Alfred: Just back from Germany. London: Faber & Faber 1938.

Confessions: the religious conflict in Germany. With a foreword by the Rev. A.E. Garvie (Friends of Europe publication no 20). London: Friends of Europe 1934.

Coole, W.W.; Potter, M.F. (Hg.) (Pseudonym): Thus spoke Germany. With an introduction by Sir Robert Vansittart [Texte aus dem 19. und 20. Jh.]. London: Routledge 1941.

Cowles, Virginia: Looking for trouble. London: Hamish Hamilton 1941.

Cranston, Maurice William: Non-violence and Germany. London: Peace Pledge Union Februar 1945.

Cross and Swastika. By the Manchester Guardian special correspondent. With a foreword by the Rev. J.S. Whale (Friends of Europe publication no 28). London: Friends of Europe 1935.

Cunningham, Charles: Germany today and tomorrow. London: Unicorn Press 1936.

Czech-Jochberg, Erich: A Nazi view of German history. With a foreword by D.S. Muzzey (Friends of Europe publication no 63.) London: Friends of Europe 1938.

Czechoslovak Ministry of Foreign Affairs, Department of Information: Four fighting years. London: Hutchinson 1943.

Czechoslovak Ministry of Foreign Affairs, Department of Information: Memorandum of the Czechoslovak Government on the reign of terror in Bohemia and Moravia under the regime of Reinhard Heydrich. London: ohne Verlag 1942.

Czechoslovak Ministry of Foreign Affairs, Department of Information: Two years of German oppression in Czechoslovakia. London: ohne Verlag 1941.

Czechoslovak National Committee: German cultural oppression in Czechoslovakia. London: Allen & Unwin 1940.

Dachau. The Nazi hell. From the notes of a former prisoner at the notorious Nazi concentration camp. Arranged by G.R. Kay. London: Aldor 1939.

Dahlberg, Gunnar (Professor): Race, reason and rubbish. An examination of the biological credentials of the Nazi creed. London: Allen & Unwin 1942.

Dalton, H.: Hitler's war before and after. Harmondsworth: Penguin 1940.

Darmstaedter, F.: Germany and Europe. Political tendencies from Frederick the Great to Hitler. London: Methuen 1945.

Davies, Randolph S. (Hg.): Hitler's crazy gang. London: Newman 1940.

Davies, Randolph S.: Women around Hitler. London: Newman 1940.

Dawson, W.H.: Germany under the Treaty. London: Allen & Unwin 1933.

The death of Dollfuss. An official history of the Nazi revolt of July, 1934, in Austria. London: Denis Archer 1935.

Debock, Philip: Holland, Nazi Germany and Great Britain. With a foreword by Colonel C.E. Ponsonby (Friends of Europe publication no 72). London: Friends of Europe 1939.

De Coti, C.: Hitler psycho-analysed. London: Rider & Company 1940.

De Courcy, John: Searchlight on Europe. With a foreword by Lord Phillimore. London: Eyre & Spootiswoode 1940.

De Jong, L.: Holland fights the Nazis. London: Lindsay Drummond 1941.

Dell, Robert: Germany unmasked. London: Hopkinson 1934.

Deuel, Wallace Rankin: People under Hitler. London: Lindsay Drummond 1942.

De Vos, Jean: I was Hitler's slave. As related to Richard Baxter. London: Quality Press 1942.

D'Harcourt, Robert: The German Catholics. London: Burns, Oates & Washbourne 1939.

Dickinson, Robert E.: The German Lebensraum. Harmondsworth: Penguin 1943.

Dickinson, Robert E.: The regions of Germany. London: Kegan Paul 1945.

Dimitrov, Georgi: The working classes against Fascism. London: Lawrence 1935.

Doberer, K.K.: The United States of Germany. London: Lindsay Drummond 1944.

Dobert, Eitel Wolf: Convert to freedom. London: Lane 1941.

Dodd, Martha: My years in Germany. London: Gollancz 1939.

Dodd, William Edward jr.; Dodd, Martha (Hg.): Ambassador Dodd's diary 1933-1938. With an introduction by Charles A. Beard. London: Gollancz 1941.

Dodds, E.R.: Minds in the making (Macmillan War Pamphlets no 14). London: Macmillan 1941.

Domville-Fife, Charles: This is Germany. London: Seeley Service, 1939.

Drucker, Peter F.: The end of economic man. A study of the new totalitarianism. London: Heinemann 1939.

Duff, Shiela Grant: A German protectorate. The Czechs under Nazi rule. London: Macmillan 1942.

Dukes, Sir Paul: An epic of the Gestapo. The story of astrange search. London: Cassell 1940.

Duncan, James: What I saw in Germany. With a foreword by the Baroness von der Goltz. London: Churchman Publishing Company 1936.

Dunning, T.G.: Settlement with Germany. London: Student Christian Movement Press 1943.

Duranty, Walter: Europe: war or peace? London: Hamish Hamilton 1935.

Dutch, Oswald (Pseudonym): Germany's next aims. London: Arnold 1939.

Dutch, Oswald (Pseudonym): Hitler's twelve apostles [Porträts von: von Brauchitsch, Funk, Goebbels, Göring, Hess, Himmler, Ley, Neurath, von Ribbentrop, Rosenberg, Schirach, Streicher]. London: Arnold 1940.

Dutch, Oswald (Pseudonym): Pall over Europe. London: Gollancz 1942.

Dutch, Oswald (Pseudonym): The errant diplomat. The life of Franz von Papen. London: Arnold 1940.

Dutch, Oswald (Pseudonym): Thus died Austria. London: Arnold 1938.

Dutt, R. Palme: Fascism and social revolution. London: Lawrence 1934.

Dutt, R. Palme: World politics 1918-1936. London: Gollancz 1936.

Dyrenforth, J.; Kester, Max: Adolf in Blunderland [Satire]. London: Muller 1939.

E. 7: Death to the Fuehrer. London: Hutchinson 1940.

E. 7: Hitler's spy ring. London: Hurst & Blackett 1940.

Easterman, A.L.: King Carol, Hitler and Lupescu. London: Gollancz 1942.

Ebeling, Dr. Hans: The caste. The political role of the German General Staff between 1918 and 1938. London: The New Europe Publishing Company 1945.

Eden, Anthony: Germany, Great Britain and the League of Nations (Friends of Europe publication no 24). London: Friends of Europe 1935.

Education in Nazi Germany; by two English investigators. London: Kulturkampf Association 1938.

Efimov, Boris: Hitler and his gang. London: Alliance Press April 1945.

Einzig, Paul: Appeasement before, during and after the war. London: Macmillan 1941.

Einzig, Paul: Bloodless invasion (zweite Auflage 1939; Ausdehnung. des deutschen Einflusses im Balkanraum). London: Duckworth 1938.

Einzig, Paul: Can we win the peace? London: Macmillan 1942.

Einzig, Paul: Europe in chains. Harmondsworth: Penguin 1940.

Einzig, Paul: Germany's default: the economics of Hitlerism. London: Macmillan 1934.

Einzig, Paul: Hitler's new order in Europe. London: Macmillan 1941.

Elwin, William: Fascism at work. London: Hopkinson 1934.

The end of Austria: the speeches of Dr. von Schuschnigg and Adolf Hitler (Friends of Europe publication no 61). London: Friends of Europe 1938.

Enemy within. German minorities as a weapon of German policy. London: Hutchinson 1943.

Ensor, R.C.K: Herr Hitler's self-disclosure in "Mein Kampf" (Oxford Pamphlets on World Affairs no 3). London: Oxford UP 1939.

Ensor, R.C.K.: Who Hitler is (Oxford Pamphlets on World Affairs no 20). London: Oxford UP 1939.

Erckner, S. (Pseudonym): Hitler's conspiracy against peace. London: Gollancz 1937.

Erdely, Eugene V.: Germany's first European protectorate. The fate of the Czechs and Slovaks. London: Hale 1942.

Erdely, Eugene V.: Prague braves the hangman. A sequel to "Germany's first protectorate". London: "The Czechoslovak" (Independent Weekly) 1942.

Europe under Hitler: in prospect and in practice. London: Royal Institute of International Affairs 1941.

Evans, Jon: The Nazi new order in Poland. London: Gollancz 1941.

Evening News: Hitler passed this way. 170 pictures from the London Evening News. London: Alabaster, Passmore 1945.

Faulhaber, Cardinal: Judaism, Christianity and Germany. Advent sermons preached in St. Michael's, Munich, in 1933. London: Burns, Oates & Washbourne 1934.

Feder, Gottfried: Hitler's official programme and its fundamental ideas. London: Allen & Unwin 1934.

Felstead, Theodore S.: Under the German heel. London: Newnes 1940.

Fifty facts about Hitler. London: War Facts Press Oktober 1939.

Final report by Sir Nevile Henderson on the circumstances leading to the termination of his mission to Berlin, Sept. 20,1939. London: HMSO 1939.

Fischer, Louis: Stalin and Hitler. The reasons for the results of the Nazi-Bolshevik Pact. Harmondsworth: Penguin 1940.

Fisher, H.A.L.: A history of Europe. London: Eyre & Spottiswoode 1938.

Fisher, H.A.L.; Lindsay, A.D. and others: Background and issues of the war. Six lectures delivered in Oxford during the autumn of 1939. Oxford: The Clarendon Press 1940.

Flannery, Harry W.: Assignment to Berlin. London: Joseph 1942.

Fleming, Peter: The flying visit. With drawings by David Low. London: Cape 1940.

Florinsky, Michael T.: Fascism and National Socialism. A study of the economic and social policies of the totalitarian state. London, New York: Macmillan 1936.

Florinsky, Michael T.: The Saar struggle. London: Macmillan 1935.

Fodor, Marcel William: South of Hitler (zweite, erweiterte Auflage der amerikanischen Erstausgabe, Boston 1937). London: Allen & Unwin 1938.

Fodor, Marcel William: The revolution is on. Introduction by Dorothy Thompson. London: Allen & Unwin 1941.

Foerster, F.W.: Europe and the German question. London: Allen & Unwin 1941.

Forbes, Rosita: Gypsy in the sun. London: Cassell 1944.

Forbes, Rosita: These men I knew. London: Hutchinson 1940.

Forster, E.M.: Nordic twilight (Macmillan War Pamphlets no 3). London: Macmillan 1940.

Fraenkel, Ernst: The Dual State. A contribution to the theory of dictatorship. London: Oxford UP 1941.

Fraenkel, Heinrich; Acland, Richard: The winning of the peace. London: Gollancz 1942.

Fraenkel, Heinrich: Help us Germans to beat the Nazis! London: Gollancz 1941.

Fraenkel, Heinrich: The German people versus Hitler. London: Allen & Unwin 1940.

Fraenkel, Heinrich: The other Germany. London: Lindsay Drummond 1942.

Fraenkel, Heinrich: Vansittart's gift for Goebbels. A German exile's answer to Black Record (Fabian Society Tract no 254). London: The Fabian Society 1941.

Fraenkel, Heinrich (Hg.): Germany's road to democracy. London: Lindsay Drummond 1943.

France talks with Hitler. The story of the Allies' struggle to avert war, based on the diplomatic documents contained in the French Yellow Book. Foreword by Harold Nicolson. London: Hutchinson 1940.

Franck, Harry A.: Vagabonding through changing Germany. London: Appleton-Century 1934.

Fraser, Lindley: Germany between two wars. A study of propaganda and war-guilt. London: Oxford UP 1944.

Fredborg, Arvid: Behind the steel wall. London: Harrap 1944.

Freedom calling. The story of the secret German radio. London: Muller 1939.

The French Yellow Book. Diplomatic documents 1938-1939. London: Hutchinson 1940.

Freund, Richard: Zero hour. Policies of the powers (Deutung der politischen Lage in Europa). London: Methuen 1936.

Frey, Dr. Arthur: Cross and Swastika. The ordeal of the German Evangelical Church. With an introductory chapter by Karl Barth. London: Student Christian Movement Press 1938.

Frischauer, Willi: The Nazis at war. London: Gollancz 1940.

Fromm, Bella: Blood and banquets. A Berlin social diary. London: Geoffrey Bles 1943.

Fromm, Erich: The fear of freedom. London: Routledge & Kegan Paul 1942.

Fry, Joan Mary: In downcast Germany 1919-1933. London: J. Clarke 1944.

Fry, Michael: Hitler's wonderland. London: Murray 1934.

Fuller, John Frederic Charles (General): Towards Armageddon. The defence problem and its solution. London: Lovat Dickson 1937.

Gangulee, Nagendranath (Hg.): The mind and face of Nazi Germany. An anthology with a foreword by Edward Benes. London: Murray 1942.

Garbutt, Reginald: Germany: the truth. London: Rich & Cowan 1939.

Garnett, Maxwell: A lasting peace. With some chapters on the basis of German cooperation. London: Allen & Unwin 1940.

Garvin, J.L.: Hitler and arms (Friends of Europe publication no 1). London: Friends of Europe 1933.

Gawsworth, John: Apes, japes and Hitlerism. A study and bibliography of Wyndham Lewis. London: Unicorn Press 1932.

Gedye, George Eric Rowe: Fallen bastions. The central European tragedy. London: Gollancz 1939.

Gedye, George Eric Rowe and others: We saw it happen. By thirteen correspondents of the New York Times. London: Harrap 1939.

Germanicus (Pseudonym): Germany, the last four years. An independent examination of the results of National Socialism. London: Eyre & Spottiswoode 1937.

The German invasion of Poland. Preface by his Grace the Archbishop of York. London: Hutchinson 1940.

Germany and the Rhineland. London: Royal Institute of International Affairs 1936.

Germany re-arming. A study of the actual situation in Germany (Friends of Europe publication no 5). London: Friends of Europe 1933.

Germany's claim to colonies. London: Royal Institute of International Affairs 1938.

Germany's national religion. With a foreword by G.K. Chesterton (Friends of Europe publication no 13). London: Friends of Europe 1934.

Germany speaks. By 21 leading members of party and state. Preface by Joachim von Ribbentrop. London: Butterworth 1938.

Germany tells the world. An account of four years of Nazi foreign policy, March 1933-March 1937. London: Union of Democratic Control 1937.

Germany without colonies. Foreword by Leopold S. Amery (Friends of Europe publication no 59). London: Friends of Europe 1938.

Gerter, J.W.V.: The master Aryans of Nuremberg. Cambridge: Heffer, 1941.

Geyer, Curt; Loeb, Walter: Gollancz in German wonderland. A refutation of Gollancz's "Shall our children live or die". London, New York: Hutchinson 1942.

Gibbs, Sir Philip: Across the frontiers. London: Joseph 1938.

Gibbs, Sir Philip: European journey. Being a narrative of a journey in France, Switzerland, Italy, Austria, Hungary, Germany, and the Saar in the spring and summer 1934. London: Heinemann. 1934.

Giles, O.C.: The Gestapo (Oxford Pamphlets on World Affairs no 36). London: Oxford UP 1940.

Glasgow, George: Peace with gangsters? London: Cape 1939.

Glen, Douglas: Ribbentrop is still dangerous. London: Rich & Cowan 1941.

Gloag, John: Word warfare. Some aspects of German propaganda and English liberty. London: Nicholson & Watson 1939.

Godden, Gertrude M.: Crescendo Germans 100 B.C.-A.D. 1944. London: Hutchinson 1944.

Godden, Gertrude M.: Murder of a nation. German destruction of Polish culture. Foreword by Sir David Ross. London: Burns, Oates & Washbourne 1943.

Goebbels, Joseph: My part in Germany's fight. London: Hurst & Blackett 1935.

Golding, Louis: A letter to Adolf Hitler. London: Hogarth Press 1932.

Golding, Louis: Hitler through the ages. London: Sovereign Books 1939.

Gollancz, Victor: "Let my people go". Some practical proposals for dealing with Hitler's massacre of the Jews and an appeal to the Britsh public. London: Gollancz 1943.

Gollancz, Victor: Germany revisited. London: Gollancz 1947.

Gollancz, Victor: In darkest Germany (Anhang mit 144 Fotos). London: Gollancz 1947.

Gollancz, Victor: Our threatened values. London: Gollancz 1946.

Gollancz, Victor: Shall our children live or die? A reply to Lord Vansittart on the German problem. London: Gollancz 1942.

Gollancz Victor: What Buchenwald really means. London: Gollancz Mai 1945.

Gooch, G.P. and others: The German mind and outlook. With a summary by Alexander Farquharson (Vorlesungen aus den Jahren 1942 und 1943). London: Chapman & Hall, 1945.

Göring, Hermann: Germany reborn. London: Mathews, 1934.

Göring, Hermann: The political testament of Hermann Göring. A selection of important speeches and articles. London: Long 1939.

Great Britain, Ministry of Information (Hg.): Europe after four years of German domination. London: ohne Verlag 1945.

Great Britain, Ministry of Information (Hg.): German industry in peace and war. London: ohne Verlag 1944.

Great Britain, Ministry of Information (Hg.): Hitler's war on the Catholic Church. London: Spottiswoode Ballantyne & Company 1943.

Great Britain, Ministry of Information (Hg.): How Hitler made the war. London: Eyre & Spottiswoode 1939.

Great Britain, Ministry of Information (Hg.): The thousand-year reich as expounded by Germans themselves, February 1943. London: ohne Verlag 1945.

Green, Margaret M.: Eyes right! A left wing glance at the new Germany. With a foreword by Lord Allen of Hurtwood. London: Christophers 1935.

Greenwood, Harry Powys: Hitler's first year. London: Methuen 1934.

Greenwood, Harry Powys: The German Revolution. London: Routledge 1934.

Grierson, H.J.C.: Carlyle and Hitler: the Adamson lecture University of Manchester 1930, with some additions and modifications. London: Cambridge UP 1933.

Grigg, Sir Edward: Britain looks at Germany. London: Nicholson & Watson 1938.

Grigg, Sir Edward: The faith of an Englishman. London: Macmillan 1936.

Gritzbach, Erich: Hermann Goering: the man and his work. Preface by R. H. Bruce Lockhart. London: Hurst & Blackett 1939.

Gross, Felix: Hitler's girls, guns and gangsters. London: Hurst & Blackett 1941.

Guerlain, Robert: A prisoner in Germany. London: Macmillan 1944.

Guillebaud, Claude William: The economic recovery of Germany from 1933 to the incorporation of Austria in March, 1938. London: Macmillan 1939.

Guillebaud, Claude William: The social policy of Nazi Germany. Cambridge: Cambridge UP 1941.

Guirdham, Dr. Arthur: Revolt against pity. An indictment of the Nazi martyrdom of women. Bognor Regis, London: Crowther, 1943.

Gumpert, Dr. med. Martin: Heil Hunger! Health under Hitler. London: Allen & Unwin 1940.

Gunther, G. von: Von Ribbentrop (How they did it life stories). London: Pallas Publishing Company 1939.

Gunther, John: Inside Europe [langjähriger Korrespondent der Chicago Daily News in Europa]. London: Hamish Hamilton 1936.

Gunther, John: The high cost of Hitler. London: Hamish Hamilton 1939.

Gurian, Waldemar: Hitler and the Christians. London: Sheed & Ward 1936.

Habe, Hans: A thousand shall fall. London: 1942.

Haffner, Sebastian: Germany: Jekyll & Hyde [Analyse des "Hitlerismus"]. London: Secker & Warburg 1940.

Haffner, Sebastian: Offensive against Germany (Searchlight Books no 2). London: Secker & Warburg 1941.

Hagen, Paul: Will Germany crack? With an introduction by Elmer Davies. London: Gollancz 1943.

Hail Hitler! The Nazi speaks to the world. London: Christophers 1934.

Halkett, G.R.: The dear monster [= Deutschland]. London: Cape 1939.

Hambloch, Ernest: Germany rampant. A study in economic militarism. London: Duckworth 1939.

Hamburger, L.: How Nazi Germany has mobilized and controlled Labour. London: Faber & Faber 1941.

Hamilton Cicely Mary: Modern Germanies as seen by an Englishwoman. With a postscript on the Nazi regime (erweiterte Neuauflage von 1931). London: Dent 1933.

Harris, Wilson: Problems of the peace. Cambridge: Cambridge UP 1944.

Harsch, Joseph C.: Pattern of conquest. London: Heinemann 1942.

Hart, W.E.: Hitler's generals. London: Cresset Press 1944.

Hartshorne, Edward Yarnell: German youth and the Nazi dream of victory. London: Oxford UP 1941.

Hartshorne, Edward Yarnell: The German universities and National Socialism. London: Allen & Unwin 1937.

Harvey, Rev. Frederick Brompton: Should Germany be forgiven? A footnote to Lord Vansittart's Black record. London: Epworth Press 1944.

Hastings, Robert: The changing face of Germany. London: Muller 1934.

Hauer, Wilhelm; Heim, Karl; Adam, Karl: Germany's new religion. London: Allen & Unwin 1937.

Hauser, Heinrich: Hitler versus Germany. A survey of present-day Germany from the inside. London: Jarrolds 1940.

Hauser, Heinrich: Once your enemy. Germany between 1914 and the rise of the Third Reich. London: Methuen 1936.

Hearnshaw, F.J.C.: Germany the aggressor. Throughout the ages. With a foreword by Sir Thomas H. Holland. London: Chambers 1940.

Hedin, Sven: Germany and world peace. London: Hutchinson 1937.

Heiden, Konrad: A history of National Socialism. London: Methuen 1934.

Heiden, Konrad: Der Führer. Hitler's rise to power (2 Bde.). London: Gollancz 1944.

Heiden, Konrad: Hitler. A biography. London: Constable 1936.

Heiden, Konrad: One man against Europe. Harmondsworth: Penguin 1939.

Heil! A picture book. Compiled from authentic material. London: Lane 1934.

Heilig, Bruno: Men crucified. London: Eyre & Spottiswoode 1941.

Heinz, Heinz A.: Germany's Hitler. London: Hurst & Blackett 1934.

Hemar, Marian: Adolf the Great. London: New Europe Publishing Company 1943.

Henderson, Sir Nevile: Failure of a mission. Berlin 1937-1939. London: Hodder & Stoughton 1940.

Henri, Ernst: Hitler over Europe? (erweiterte Neuauflage: 1939). London: Dent 1934.

Henri, Ernst: Hitler over Russia? The coming fight between the Fascist and Socialist armies. London: Dent 1936.

Herford, C.H.: The mind of post-war Germany. London: Longmans 1926.

Hessenstein, Alfred: The jokes on Hitler. London: Dent 1939.

Heydon, J.K.: Fascism and providence. London: Sheed & Ward 1939.

Heygate, John: These Germans. London: Hutchinson 1940.

Heyst, Axel: After Hitler. London: Minerva Publishing Company 1940.

Hill, Russell: The struggle for Germany. London, New York: Harper 1947.

Hiller, Kurt (Hg.): After Nazism, democracy? A symposium by four Germans. London: Lindsay Drummond Mai 1945.

Hillson, Norman: I speak of Germany. A plea for Anglo-German friendship. London: Routledge 1937.

Hindle, Wilfred (Hg.): Foreign correspondent. London: Harrap 1939.

Hitler, Adolf: Adolf Hitler's Reichstag speech, 20th Febuary, 1938 (Friends of Europe publication no 60). London: Friends of Europe 1938.

Hitler, Adolf: Germany's foreign policy as stated in "Mein Kampf" by Adolf Hitler. With a foreword by the Duchess of Atholl, M.P. Westminster (Friends of Europe publication no 38). London: Friends of Europe 1936.

Hitler, Adolf: Hitler's thirteen points (Friends of Europe publication no 29). London: Friends of Europe 1935.

Hitler, Adolf: Hitler the man. With a preface by H.W. Nevinson (Friends of Europe publication no 34). London: Friends of Europe 1936.

Hitler, Adolf: My struggle. London: Hurst & Blackett 1933.

Hitler, Adolf: The Nazi party, the state and religion. With a foreword by Hugh Dalton (Friends of Europe publication no 41). London: Friends of Europe 1936.

Hitler, Adolf: The racial conception of the world. With a foreword by Sir Charles Grant Robertson (Friends of Europe publication no 37). London: Friends of Europe 1936.

Hitler, Adolf: The redistribution of the world: Adolf Hitler's Reichstag speech. With a foreword by Viscount Cranborne, M.P. (Friends of Europe publication no 70). London: Friends of Europe 1939.

Hitler, Germany and Europe; by a German diplomat (Friends of Europe publication no 2). London: Friends of Europe 1933.

Hitler has won. With a foreword by G.B. Shaw and C.E.M. Joad (Fact Service Pamphlet). Glasgow: Fact Service 1946.

Hitler's British dupes. Fifty facts. London: War Facts Press 1939.

Hoover, Calvin Bryce: Dictators and democracies. London: Macmillan 1938.

Hoover, Calvin Bryce: Germany enters the Third Reich. London: Macmillan 1933.

Horrabin, J.F.: An atlas of current affairs. London: Gollancz 1934.

The House of Commons and German rearmament: speeches of the Rt. Hon. Stanley Baldwin and the Rt. Hon. Winston Churchill (Friends of Europe publication no 19). London: Friends of Europe 1934.

The House of Commons and the German situation: speeches by the Rt. Hon. J.R. MacDonald, the Rt. Hon. W. Churchill, the Rt. Hon. A. Chamberlain, the Rt. Hon. J. Simon (Publ. no 23). London: Friends of Europe 1935.

Hronek, Jiri: Volcano under Hitler. The underground war in Czechoslovakia. London: "The Czechoslovak" (Independent Weekly) 1941.

Hüffmeier, Heinrich: Rosenberg's German "Mythos". An evangelical answer. With a foreword by the Rev. S.M. Berry (Friends of Europe publication no 26). London: Friends of Europe 1935.

Humphreys, P. Callon: Mind of a tyrant. A psychological study of the character of Hitler. London: Gordon & Gotch, 1940.

Huss, Pierre John: Heil! and farewell. Reminiscences of Nazi Germany. London: Jenkins 1943.

Hutton, Graham: Danubian destiny. A survey after Munich. London: Harrap 1939.

Igra, S.: Germany's national vice. London: Quality Press Februar 1945.

Inside Nazi Germany. Published by the Friends of the German People's Front in London and the Committee of the German Opposition [monatlich ab Oktober 1939]. London: I.N.G. Publications 1939.

Institute of Sociology (Hg.): German mind and outlook. London: Chapman & Hall, Juli 1945.

International Centre of Fascist Studies: A survey of Fascism. The year book of the International Centre of Fascist Studies. London: E. Benn 1928.

In tyrannos. Four centuries of struggle against tyranny in Germany. A symposium. London: Lindsay Drummond 1944.

Isherwood, Christopher: Goodbye to Berlin. London: Hogarth Press 1939.

Jaksch, Wenzel; Kolarz, Walter: England and the last free Germans. The story of a rescue. London: Lincolns-Prager 1941.

Jansen, Jon B.; Weyl, Stefan: The silent war. The underground movement in Germany. With a foreword by Reinhold Niebuhr. London: Long 1943.

Joelson, F.S.: Germany's claim to colonies. London: Hurst & Blackett 1939.

Joesten, Joachim: Denmark's day of doom. London: Gollancz 1939.

John, Evan: Answer to Hitler. Reflections on Hitler's "Mein Kampf" and on some recent events upon the continent of Europe. London: Nicholson & Watson 1939.

John, Evan: Hitler calls this living! By a member of the German Freedom Party. London: Sidgwick & Jackson 1939.

Johnstone, J.C.: Germany: hammer or anvil? London: Hutchinson 1939.

Jones, F. Elwyn: Hitler's drive to the east. London: Gollancz 1937.

Jones, F. Elwyn: The attack from within. Harmondsworth: Penguin 1939.

Jones, F. Elwyn: The battle for peace. London: Gollancz 1938.

Jones, John Walter: The Nazi conception of law (Oxford Pamphlets on World Affairs no 21). Oxford: The Clarendon Press 1939.

Jordan, W.M.: Great Britain, France and the German problem. London: Oxford UP 1943.

Joyce, William: Dictatorship. Published on behalf of the British Union of Fascists. London: National Socialist League 1933.

Joyce, William: National Socialism now. London: National Socialist League 1937.

Kahn, Siegbert: Ten years of Hitler-Fascism. London: I.N.G. Publications 1943.

Kahn, Siegbert: Werewolves, German imperialism. Some facts. Edited by the Free German movement in Great Britain. London: I.N.G. Publications 1945.

Kamitsch, Georg: Des Deutschen Vaterland. Edited by E.K. Osborn. London: Cambridge UP 1937.

Kantorowicz, Hermann: Dictatorships. A sociological study. Cambridge: Heffer 1935.

Keane, Richard (Hg.): Germany – what next? An examination of the German menace in so far as it affects Great Britain. By various writers (u.a. Leo Amery, V. Gordon-Lennox). Harmondsworth: Penguin 1939.

Kennedy, Aubrey Leo: Britain faces Germany. London: Cape 1937.

Kent, Madeleine: I married a German. London: Allen & Unwin 1938.

Kenyon, R.: Fascism and Christianity. London: Industrial Christian Fellowship 1935.

Kerr, Philip C. Walton: Gestapo. London: Hale 1939.

Killanin, Michael (Hg.): Four days (gemeint sind die Ereignisse 25.-29. September 1938). London: Heinemann 1938.

King, Joseph: The German Revolution. Its meaning and menace. With a preface by Viscount Snowden. London: Williams & Norgate 1933.

King-Hall, Stephen: Our own times 1915-1938. A political and economic survey (Aktualisierung der Erstausgabe von 1934). London: Nicholson & Watson 1938.

Kirkpatrick, Clifford: Woman in Nazi Germany. London: Jarrolds 1939.

Kitson, Arthur: Germany as I know it (World Affairs no 4). London: Golden Eagle Publishing Company 1935.

Klein, Catherine: Escape from Berlin. London: Gollancz 1944.

Klotz, Helmut: Germany's secret armaments. London: Jarrolds 1934.

Klotz, Helmut (Hg.): The Berlin diaries: the private journals of a general in the German War Ministry revealing the secret intrigue and political barratry of 1932-1933. London: Jarrolds 1934, 1935.

Kneller, George Frederick: Educational philosophy of National Socialism. London: Oxford UP 1941.

Knickerbocker, H.R.: Germany – Fascist or Soviet? London: Lane 1932.

Knickerbocker, H.R.: Is tomorrow Hitler's. Harmondsworth: Penguin 1942.

Knight, G.E.O.: In defence of Germany [15. [!] Auflage 1934. erschienen]. London: Golden Eagle Publishing Company 1933.

Knop, Werner Gustav John: Beware of the English! German propaganda exposes England. With a foreword by Stephen King-Hall. London: Hamish Hamilton 1939.

Knop, Werner Gustav John: Germany's economic situation in 1939 and her challenge to the world. With a foreword by Captain Oliver Lyttelton (Friends of Europe publication no 71). London: Friends of Europe 1939.

Knox, Ronald: Nazi and Nazarene (Macmillan War Pamphlets no 5). London: Macmillan 1940.

Koehler, Hansjürgen: Inside information. London: Pallas Publishing Company 1940.

Koehler, Hansjürgen: Inside the Gestapo. London: Pallas Publishing Company 1940.

Koffler, Dosio: Vansittartitis, a polemic. London: Hutchinson 1943.

Kohler, Pauline: I was Hitler's maid. London: Long 1940.

Kolnai, Aurel: The war against the west. Preface by Wickham Steed. London: Gollancz 1938.

Kris, Ernst; Speier, Hans: German radio propaganda. Report on home broadcasts during the war. London: Oxford UP 1945.

Kuczynski, Jürgen: The condition of the workers in Great Britain, Germany and the Soviet Union 1932-1938. London: Gollancz 1939.

Kuczynski, Jürgen; Witt, M.: The economics of barbarism. Hitler's new order in Europe. London: Muller 1942.

Kühlmann, R. von: Thoughts on Germany. London: Macmillan 1932.

Kusserow, Wilhelm: The creed of the Nordic race. With a foreword by the Rev. H.S. Coffin (Friends of Europe publication no 31). London: Friends of Europe 1936.

Laird, Stephen; Graebner, Walter: Hitler's Reich and Churchill's Britain. A conversation between Stephen Laird and Walter Graebner. London: Batsford 1942.

Lajos, Ivan: Germany's war chances: as pictured in German official literature. London: Gollancz 1939.

Lambert, Margaret: The Saar plebiscite. London: Faber & Faber 1934.

Landau, Rom: Hitler's paradise. London: Faber & Faber 1941.

Landau, Rom: We have seen evil. A background to war. London: Faber & Faber 1941.

Langhoff, Wolfgang: Rubber truncheon: thirteen months in a concentration camp. With a foreword by Lion Feuchtwanger. London: Constable 1935.

Laski, Harold J.: The Germans – are they human? A reply to Sir Robert Vansittart. London: Gollancz 1941.

Laski, N.: The Jews of Greater Germany: an address. London: Woburn Press 1938.

Layton, Sir Walter: How to deal with Germany. A plan for European peace. London: News Chronicle Publications Department, Oktober 1944.

Lean, E. Tangye: Voices in the darkness. London: Secker & Warburg 1943.

Leers, Johann von: History on a racial basis. With a foreword by Julian Huxley (Friends of Europe publication no 42). London: Friends of Europe 1936.

Leiper, Rev. H.S.: The church-state struggle in Germany. A personal view based on two months' intimate contact with the situation in Europe during August and September 1934 (Friends publication no 21.) London: Friends of Europe 1935.

Leiser, Clara (Hg.): Nazi nuggets. Extracts from the speeches and writings of National Socialist leaders. London: Gollancz 1939.

Lend, Evelyn: The underground struggle in Germany (Fact no 10). London: ohne Verlag 1938.

Lengyel, Emil: Hitler. London: Routledge 1933.

Lengyel, Emil: Millions of dictators. London: Cassell 1936.

Lengyel, Emil: The cauldron boils (über die deutsch-polnischen Beziehungen). London: Grayson & Grayson 1933.

Lennhoff, Eugene: Agents of hell. Himmler's fifth column. London: Hutchinson 1940.

Lennhoff, Eugene: Thousand and one Nazi lies. London: Lincolns-Prager 1940.

Leonhardt, Hans Leo: Nazi conquest of Danzig (amerikanische Ausgabe 1942). London: Cambridge UP 1943.

Lest we forget: photos of German prison camps. London: Associated Newspapers, September 1945.

Letters from the Corsican. A series of communications of Napoleon Bonaparte to Adolf Hitler. London: Heinemann 1941.

Lewis, Arthur: A dream of Adolf Hitler. London: Simpkin 1939.

Lewis, Cleona; McClelland, John C.: Nazi Europe and world trade. London: Faber & Faber 1941.

Lewis, Percy Wyndham: Hitler [Sammlung der in Time and Tide abgedruckten Artikel]. London: Chatto & Windus 1931.

Lewis, Percy Wyndham: Left wings over Europe. London: Cape 1936.

Lewis, Percy Wyndham: The Hitler cult. London: Dent 1939.

Lewis, Percy Wyndham: The Jews – are they human? London: Allen & Unwin 1939.

Lichtenberger, Henri: The Third Reich. With a foreword by Nicholas Murray Butler. London: Duckworth 1938.

Liepmann, Heinz: Fire underground. A narrative of the secret struggle carried on by the illegal organizations in Germany under penalty of death. London: Harrap 1936.

Liepmann, Heinz: Murder made in Germany. A true story of present-day Germany. London: Hamish Hamilton 1934.

Lips, Eva: What Hitler did to us. A personal record of the Third Reich. London: Joseph 1938.

Litten, Irmgard: All the Germans – are they really guilty? London: Gollancz Dezember 1945.

Litten, Irmgard: A mother fights Hitler. London: Allen & Unwin 1940.

Lochner, Louis P.: What about Germany? London: Hodder & Stoughton 1943.

Lockhart, Robert Hamilton Bruce: Guns or butter. War countries and peace countries of Europe revisited. London: Putnam 1938.

Loewenstein, Prince Hubertus: After Hitler's fall: Germany's coming Reich. London: Faber & Faber 1934.

Loewenstein, Prince Hubertus: Conquest of the past [Autobiographie]. London: Faber & Faber 1938.

Loewenstein, Prince Hubertus: The tragedy of a nation. Germany 1918-1934. With a preface by Henry Wickham Steed. London: Faber & Faber 1934.

Londonderry, Charles Stewart Henry-Vane-Tempest (7th Marquess of): Ourselves and Germany. London: Hale 1938.

Londonderry, Charles Stewart Henry-Vane-Tempest (7th Marquess of): Wings of destiny. London: Macmillan 1943.

Lorant, Stefan: I was Hitler's prisoner. Leaves from a prison diary. London: Gollancz 1935.

Lorimer, E.O.: What Hitler wants. Harmondsworth: Penguin 1939.

Lorimer, E.O.: What the German needs. London: Allen & Unwin 1942.

Low, David: Europe since Versailles. A history in one hundred cartoons with a narrative text. Harmondsworth: Penguin 1940.

Lucas, Frank Lawrence: The delights of dictatorship. Cambridge: Heffer 1938.

Ludecke, Kurt Georg Wilhelm: I knew Hitler. The story of a Nazi who escaped the blood purge. London: Jarrolds 1938.

Ludwig, Emil: A new holy alliance. London: Hale 1938.

Ludwig, Emil: How to treat the Germans. London: Hutchinson 1944.

Ludwig, Emil: The Germans. London: Hamish Hamilton 1942.

MacCabe, Joseph: The Vatican and the Nazis (Thinker's Forum no 17). London: Watts 1942.

MacCurdy, John Thompson: Germany, Russia and the future (Current Problems no 23). Cambridge: Cambridge UP 1944.

Macdonald, N.P.: Hitler over Latin America. London: Jarrolds 1940.

MacEwen, Sir Alexander: Towards freedom. A candid survey of fascism, communism and modern democracy. London: Hodge 1939.

MacFarland, Charles Stedman: Across the years. London: Macmillan 1936.

Mackintosh, John: The paths that led to war. Europe 1919-1939. London, Glasgow: Blackie 1940.

Madsen, A.W. (Hg.): Why the German Republic fell. London: Hogarth Press 1941.

Mann, Erika: School for barbarians. Education under the Nazis. With an introduction by Thomas Mann. London: Lindsay Drummond 1939.

Mann, Erika: The lights go down. London: Secker & Warburg 1940.

Manuilsky, D.Z.: Revolutionary Crisis, Fascism and War (13th Plenum of the E.C.C.I.). London: Modern Books 1934.

The man who killed Hitler. London: Werner Laurie 1939.

Marinoff, Irene: The heresy of National Socialism. Foreword by The Most Rev. Richard Downey. London: Burns, Oates & Washbourne 1941.

Martin, Kingsley: Fascism, democracy and the press: "New Statesman" pamphlet. London: New Statesman and Nation 1938.

Marvey, S.M. (Pseudonym): A thousand years of German aggression. London: Barnard & Westwood 1943.

Marx, Fritz Morstein: Government in the Third Reich. London: Mc Graw-Hill 1936.

Maugham, Frederic Herbert (Lord): Lies as allies, or Hitler at war. London, New York: Oxford UP 1941.

Maugham, Frederic Herbert (Lord): The truth about the Munich crisis. London, Toronto: Heinemann 1944.

McCallum, Ronald Buchanan: Public opinion and the last peace. London: Oxford UP 1944.

McDonald, J.G.: The German refugees and the League of Nations. With a foreword by Viscount Cecil (Friends of Europe publication no 32). London: Friends of Europe 1936.

McGovern, William Montgomery: From Luther to Hitler. The history of Fascist-Nazi political philosophy. London: Harrap 1946.

McKenzie, Vernon: Here lies Goebbels! London: Joseph 1940.

Meik, Vivian: Nemesis over Hitler. London: Feature Books 1941.

Meissner, Erich: Germany in peril (1700-1940). London: Oxford UP 1942.

Melchert, Willi: My escape from Germany. London: Hutchinson 1937.

Menne, Bernard: German industry on the warpath. London: Hutchinson 1942.

Micklem, Nathaniel: National Socialism and Christianity (Oxford Pamphlets on World Affairs no 18). Oxford: The Clarendon Press 1939.

Micklem, Nathaniel: National Socialism and the Roman Catholic Church. Being an account of the conflict between the National Socialist Government and the Roman Catholic Church 1933-1938. London: Oxford UP 1939.

Miles (Pseudonym für Walter Löwenheim): Socialism's newstart. A secret German manifesto. Translated from the German "Neu beginnen". Preface by H.N. Brailsford. London: Allen & Unwin 1934.

The military preparedness of German industry (Friends of Europe publication no 6). London: Friends of Europe 1933.

Miller, Douglas: You can't do business with Hitler. London: Hutchinson 1942.

Minshall, Thomas Herbert (Colonel): Future Germany. London: Allen & Unwin 1943.

Minshall, Thomas Herbert (Colonel): On disarming Germany. London: Hutchinson 1945.

Minshall, Thomas Herbert (Colonel): What to do with Germany. London: Allen & Unwin 1941.

Miroslav, J.M.J. (Pseudonym): Ruthless neighbour. A Czech looks at Germany. London, Glasgow: Blackie 1940.

Moeller-van den Bruck, Arthur: Germany's Third Empire. London: Allen & Unwin 1934.

Moen, Lars: Under the iron heel. London: Hale 1941.

Monk, Frank: The legacy of Nazism. London: Macmillan 1944.

Monthly survey of German publications. London: Friends of Europe 1934 ff.

Morrow, Ian F.D.; Sieveking, L.M.: The peace settlement in the German-Polish borderlands. Issued under the auspices of the Royal Institute of International Affairs. London: Oxford UP 1936.

Mosley, Leonard O.: Report from Germany. London: Gollancz Oktober 1945.

Moss, Geoffrey: Standing up to Hitler. London: Joseph 1939.

Moulton, Harold G.; Marlio, Louis: The control of Germany and Japan. London: Faber & Faber 1945.

Mowat, Robert Balmain: Europe in crisis. The political drama in western Europe. London: Arrowsmith 1936.

Mowrer, Edgar Ansel: Germany puts the clock back. London: Lane 1933.

Mowrer, Lilian Thomson: Journalist's wife. London: Heinemann 1938.

Mühlen, Norbert: Hitler's magician: Schacht. London: Routledge 1938.

Müller, A.: Germany's war machine. London: Dent 1936.

Müller, Ludwig (Bishop); Weidemann (Bishop): The Germanisation of the New Testament. With a foreword by the Rev. H.C. Robbins (Friends of Europe publication no 64). London: Friends of Europe 1938.

Munk, Frank: The legacy of Nazism. The economic and social consequences of totalitarianism. London: Macmillan 1944.

Murder in Camp Hohenstein and other stories. A cross current of the Hitler regime (Darstellung der Lage in Nazi-Deutschland aus kommunistischer Sicht). London: Lawrence 1934.

Murphy, James: Adolf Hitler. The drama of his career. London: Chapman & Hall 1934.

Murphy, James: Who sent Rudolf Hess? London: Hutchinson 1941.

Murry, John Middleton: Christocracy. London: Dakers 1942.

Myers, Bessy: Captured. My experiences as an ambulance driver and as a prisoner of the Nazis [gefangen im deutsch-besetzten Frankreich]. London: Harrap 1941.

Namier, Sir Louis Bernstein: Conflicts. Studies in contemporary history. London: Macmillan 1942.

Nathan, Peter: The psychology of Fascism. London: Faber & Faber 1943.

Nazi activities in South West Africa. With a foreword by the Rt. Hon. Lord Lugard (Friends of Europe publication no 43). London: Friends of Europe 1936.

The Nazi conspiracy in Spain, by the editor of "The Brown Book of the Hitler Terror". London: Gollancz 1937.

The Nazi International. With a foreword by Sir John Murray (Friends of Europe publication no 69). London: Friends of Europe 1939.

The Nazi Kultur in Poland. By several authors of necessity temporarily anonymous. For the Polish Ministry of Information. London: HMSO 1945.

Nazi massacres of the Jews and others. Some practical proposals for immediate rescue made by the Archbishop of Canterbury and Lord Rochester in speeches on March 23, 1943. London: Gollancz 1943.

A Nazi school history text book, 1914-1933. With a foreword by Ernest Barker (Friends of Europe publication no 11). London: Friends of Europe 1934.

Necker, Dr. Wilhelm: Hitler's war machine and the invasion of Britain. London: Lindsay Drummond 1941.

Necker, Dr. Wilhelm: Nazi Germany can't win. An exposure of Germany's strategic aims and weaknesses. London: Lindsay Drummond 1939.

Necker, Dr. Wilhelm: The German army of today. London: Lindsay Drummond 1943.

Needham, Joseph: The Nazi attack on international science. London: Watts 1941.

Neumann, Franz: Behemoth. The structure and practice of National Socialism. London: Gollancz 1942.

Newman, Bernard: Danger spots in Europe. London: Hale 1938.

Newman, Bernard: The new Europe.
London: Hale 1942.

Nicolas, M.P.: From Nietzsche down to
Hitler. London: Hodge 1938.

Nicolson, Harold: Why Britain is at war.
Harmondsworth: Penguin 1939.

Niemöller, Martin: From U-boat to concentration camp. With his further story by
the Dean of Chichester. London: Hodge
1939.

Niemöller, Martin: The Gestapo defied:
being the last twenty eight sermons by
Martin Niemöller (zweite Auflage 1942
mit einem Vorwort von Thomas Mann).
London: Hodge 1941.

Nissen, Olaf: Germany – land of substitu-
tion. London: Gifford 1944.

Nizer, Louis: What to do with Germany.
With a foreword by Viscount Maugham.
London: Hamish Hamilton 1944.

Norlin, George: Fascism and citizenship.
London: Oxford UP 1935.

Norlin, George: Hitlerism: why and
whither. Some aspects of a religious revolution. With a foreword by H.A.L. Fisher
(Friends of Europe publication no 22).
London: Friends of Europe 1935.

Nowak, C.F.: Germany's road to ruin.
London: Putnams 1932.

Oakeshott, Michael: The social and political doctrines of contemporary Europe.
Cambridge: Cambridge UP 1939.

Oechsner, Frederick: This is the enemy.
London: Heinemann 1943.

Ogilvie, Vivian: Education under Hitler.
With a foreword by G.P. Gooch (Friends
of Europe publication no 17). London:
Friends of Europe 1934.

Olden, Rudolf: Hitler the pawn. London:
Gollancz 1936.

Olden, Rudolf: Is Germany a hopeless
case? With an introduction by Gilbert
Murray. London: Allen & Unwin 1940.

Olden, Rudolf: Nazi or Junker? London:
ohne Verlag 1934.

Olden, Rudolf: The history of liberty in
Germany. With a foreword by Gilbert
Murray. London: Gollancz 1946.

One year of Hitlerism. By the "Times"
correspondent in Berlin. With a foreword
by Sir Edward Grigg (Friends of Europe
publication no 9). London: Friends of
Europe 1934.

Osborn, Peter: Smash military Germany
for ever. London: Campbell 1940.

Osborn, R.: The psychology of reaction.
London: Gollancz 1938.

Osborne, Sidney: Germany and her Jews.
London: Soncino Press 1939.

Osten, Michael (Pseudonym für Moritz
Goldstein): Führers must fall. A study of
the phenomenon of power from Caesar
to Hitler. London: W.H. Allen 1942.

Otten, Karl: A combine of aggression.
Masses, elite and dictatorship in Germany. London: Allen & Unwin 1942.

Owen, Frank: The three dictators: Mussolini, Stalin, Hitler. London: Allen &
Unwin 1940.

Palmer, Paul: Denmark in Nazi chains.
With a foreword by Vernon Bartlett.
London: Lindsay Drummond 1942.

Paneth, Philip: Czechs against Germans.
London: Nicholson & Watson 1939.

Paneth, Philip: Reshaping Germany's
future. London: Alliance Press 1943.

Papers concerning the treatment of German nationals in Germany 1938-1939.
London: HMSO 1939.

Parmelee, M.: Bolshevism, Fascism and
the Liberal-Democratic State. London:
Chapman & Hall 1935.

Pascal, Roy: The Nazi dictatorship.
London: Routledge 1934.

Patterson, Richard Ferrar: Mein Rant. A summary in light verse of "Mein Kampf" (Parodie). London, Glasgow: Blackie 1940.

Paul, Leslie Allen: The annihilation of man. A study of the crisis in the West. London: Faber & Faber 1944.

Paul, Oscar: Underground Europe calling. London: Gollancz 1942.

The persecution of the Catholic Church in the Third Reich. Facts and documents translated from the German. London: Burns, Oates & Washbourne 1940.

Perth, James Eric Drummond (16th Earl of): Proposal of a liberal party committee under the chairmanship of Perth. Germany after the war. London: Liberal Publications 1944.

Peters, William: In Germany now: diary of impressions August–December 1945. London: Progress Publishing Company 1946.

Petersen, Jan: Germany beneath the surface. London: Hutchinson 1940.

Petersen, Jan: Gestapo trial. London: Gollancz 1939.

Petersen, Jan: Our street. A chronicle written in the heart of Nazi Germany. London: Gollancz 1938.

Petroff, Peter and Irma: The secret of Hitler's victory. London: Hogarth Press 1934.

Phillips, Ernest: Hitler's last hope. London: W.H. Allen 1942.

Pick, F.W.: The art of Dr. Goebbels. London: Hale 1942.

Picton, Harold: From Republican to Nazi Germany. By a "Former British resident in Germany". With a foreword by G.P. Gooch. London: Letchworth 1938.

Picton, Harold: Nazis and Germans. A record of personal experience. London: Allen & Unwin 1940.

Picton, Harold: The ordinary German. A gathering of memories. London: St. Botolph Publishing Company 1948.

Piotrowski, Marian: Adventures of a Polish prisoner. Foreword by Col. Victor Cazalet. London: Lindsay Drummond 1943.

Plutynski, Antoni: The German paradox. A study of German political and economic life, with special consideration of the problem of East Prussia. London: Wishart 1933.

Poland: British and German foreign policy. Speeches by Adolf Hitler and Lord Halifax (Friends of Europe publication no 74). London: Friends of Europe 1939.

Poland and aggressive Hitler-Germany (Friends of Europe publication no 75). London: Friends of Europe 1939.

Pontifex, John: God and Adolf Hitler. London: Wells, Gardner, Darton & Company 1940.

Pope, Ernest R.: Munich playground. London: W.H. Allen 1942.

Preuss, Ernst Gustav: Merchants of death. A sequel to Vansittart's "The German octopus". With a preface by the Rt.Hon. the Lord Vansittart (Win the Peace Pamphlet no 4). London, New York: Hutchinson 1945.

Preuss, Ernst Gustav: The canker of Germany. London: Williams & Norgate 1940.

Price, George Ward: I know these dictators. London: Harrap 1937.

Price, George Ward: Year of reckoning. London: Cassell 1939.

Price, Morgan Philips: Hitler's war and Eastern Europe. London: Allen & Unwin 1940.

The problem of Germany. An interim report by a Chatham House Study Group. London: Royal Institute of International Affairs 1943.

Protestantism in the totalitarian state (Friends of Europe publication no 12). London: Friends of Europe 1934.

The Protestant opposition movement in Germany, 1934-1937. With a foreword by Reinhold Niebuhr (Friends of Europe publication no 55). London: Friends of Europe 1937.

Pyadnitsky, O.: The present situation in Germany. London: Modern Books 1933.

Quigley, H.; Clark, R.T.: Republican Germany. A political and economic study. London: Methuen 1928.

Rader, Melvin: No compromise. The conflict between two worlds. London: Gollancz 1939.

Raleigh, John McCutcheon: Behind the Nazi front. Foreword by F.A. Voight. London: Harrap 1941.

Rauschenplat, Hellmut v.; Monte, Hilda: How to conquer Hitler. A plan of economic and moral warfare on the Nazi homefront. London: Jarrolds 1940.

Rauschenplat, Hellmut von; Monte, Hilda: Help Germany to revolt! A letter to a comrade in the Labour Party. London: Gollancz 1942.

Rauschning, Hermann: Germany's revolution of destruction. London: Heinemann 1939.

Rauschning, Hermann: Hitler's aims in war and peace. London: Heinemann 1940.

Rauschning, Hermann: Hitler speaks. A series of political conversation with Adolf Hitler on his real aims. London: Butterworth 1939.

Rauschning, Hermann: Make and break with the Nazis. Letters on a conservative revolution. London: Secker & Warburg 1941.

Rauschning, Hermann: Makers of destruction. Meetings and talks in revolutionary Germany. London: Eyre & Spottiswoode 1942.

Rauschning, Hermann: The beast from the abyss. London: Heinemann 1941.

Raushenbush, Stephen: The march of Fascism. London: Oxford UP 1939.

Reed, Douglas: Disgrace abounding. London: Cape 1939.

Reed, Douglas: Fire and bomb. A comparison between the burning of the Reichstag and the bomb explosion at Munich. London: Cape 1940.

Reed, Douglas: Insanity Fair. A European cavalcade. London: Cape 1938.

Reed, Douglas: Nemesis? The story of Otto Strasser. London: Cape 1940.

Reed, Douglas: The burning of the Reichstag. London: Gollancz 1934.

Refugee. London: Rich & Cowan 1942.

Reichenau, J.: This man Goebbels (Topics of the moment). London: Pallas Publishing Company 1940.

The Reichstag fire trial. The second "Brown Book of the Hitler Terror". London: Lane 1934.

Reimann, Guenter: Germany: world empire or world revolution. London: Secker & Warburg 1938.

Reimann, Guenter: Patents for Hitler. With an introduction by Greekmore Fath (erste Auflage New York 1942 erschienen). London: Gollancz 1945.

Relief Committee for the Victims of Fascism: Germany today. News from illegal anti-fascist sources (2 Bde). London: ohne Verlag 1938/1939.

Renn, Ludwig: Death without battle. London: Secker & Warburg 1937.

Report from Berlin. By a German Communist. London: I.N.G. Publications 1942.

Reveille, Thomas: The spoil of Europe. The Nazi technique of political and economic conquest. With a foreword by Raymond Gram Swing. London: Allen & Unwin 1942.

Reynolds, Bernard Talbot: Prelude to Hitler. A personal record of ten post-war years in Germany. London: Cape 1933.

Reynolds, Rothay: When freedom shrieked. London: Gollancz 1939.

Richards, Morris: Post-mortem on fascism. London: Social Science Association 1945.

Richter, Werner: Re-educating Germany. London: Cambridge UP 1945.

Ridley, Francis A.: Fascism. What is it? London: Freedom Press 1941.

Ridley, Francis A.: Next year's war? A study of rival imperialisms. London: Secker & Warburg 1936.

Riess, Curt: The Nazis go underground. London: Boardman 1945.

Riess, Curt: The self-betrayed. The doom of the German generals. London, New York: Long 1943.

Ritchie, Eric Moore: The unfinished war. The drama of the Anglo-German conflict in Africa in relation to the future of the British Empire. London: Eyre & Spottiswoode 1940.

Roberts, Granville: The Nazi claims to colonies. London: Murray 1939.

Roberts, Stephen H.: The house that Hitler built. London: Methuen 1937.

Robertson, Sir Malcolm: Hitler's thirteen points: a criticism (Friends of Europe publication no 30). London: Friends of Europe 1935.

Robson, William Alexander: Labour under Nazi rule (Oxford Pamphlets on World Affairs no 33). Oxford: The Clarendon Press 1940.

Roetter, Dr. Friedrich: Might is right. London: Quality Press 1939.

Roll, Erich: Spotlight on Germany. A survey of her economic and political problems. London: Faber & Faber 1933.

Rosenberg, Alfred: "Mythus" I. The worship of race. With a foreword by C.A. Beard (Friends of Europe publication no 46). London: Friends of Europe 1937.

Rosenberg, Alfred: "Mythus" II. The character of the new religion. With a foreword by the Rev. John Arendzen (Friends of Europe publicationno 44). London: Friends of Europe 1936.

Rosenberg, Alfred: "Mythus" III. International implications of the new religion. With a foreword by the Rt. Hon. J.C. Wedgwood (Friends of Europe publication no 48). London: Friends of Europe 1937.

Rosenberg, Alfred: The future of German foreign policy. With a foreword by Sir Bernard Pares (Friends of Europe publication no 49). London: Friends of Europe 1937.

Rosenberg, Arthur: A history of the German Republic. London: Methuen 1936.

Rosenberg's positive Christianity. Rosenberg and the Bible. By German Catholic scholars of the archdiocese of Cologne (Friends of Europe publication no 27). London: Friends of Europe 1935.

Rosinski, Herbert: The German army. London: Hogarth Press 1939.

Rothermere, Viscount: Warnings and predictions. London: Eyre & Spottiswoode 1939.

Russell, William: Berlin Embassy. London: Joseph 1942.

Saran, Mary; Eichler, Willi; Heidorn, Wilhelm; Specht, Minna: Re-making Germany. Preface by James Griffiths. London: International Publishing Company 1945.

Sargeaunt, H.A.; West, Geoffrey: Grand strategy. The search for victory. London: Cape 1942.

Sava, George (Pseudonym für George Alexis Milkomanovich Milkomane): A ring at the door. London: Faber & Faber 1940.

563

Sava, George (Pseudonym für George Alexis Milkomanovich Milkomane): School for war [psychologische, ökonomische und militärische Vorbereitung auf den Krieg durch den Nationalsozialismus]. London: Faber & Faber 1942.

Schacher, Dr. Gerhard: Germany pushes south-east. London: Hurst & Blackett 1938.

Schacher, Dr. Gerhard: Germany pushes west. London: Hurst & Blackett 1939.

Schmitt, Bernadotte Everly: From Versailles to Munich 1918-1938. (Public Policy Pamphlet no 28). Cambridge: Cambridge UP 1939.

Schulze, Kurt; Lewington, H.E.: Adolf Hitler: der Führer des Deutschen Reiches. His life and work. London: Harrap 1935.

Schuman, Frederick Lewis: Hitler and the Nazi dictatorship. A study in social pathology and the politics of Fascism. London: Hale 1936.

Schütz, W.W.; De Sevin, B.: German home front. London: Gollancz 1943.

Schwarzschild, Leopold: Primer of the coming world. London: Hamish Hamilton 1944.

Schwarzschild, Leopold: World in trance. With a foreword by D.W. Brogan. London: Hamish Hamilton 1943.

Segal, Simon: Nazi rule in Poland. London: Hale 1943.

Seidler, Fritz: The bloodless pogrom. London: Gollancz 1934.

Sellon, Hugh: Europe at the crossroads. London: Hutchinson 1938.

Serrarens, P.J.S.: Germany under National Socialism. Oxford: The Catholic Social Guild 1933.

Seton-Watson, Robert William: Britain and the dictators. A survey of post-war British policy. Cambridge: Cambridge UP 1939.

Seton-Watson, Robert William: From Munich to Danzig (dritte und überarbeitete Auflage von "Munich and the dictators"). London: Methuen 1939.

Seton-Watson, Robert William: Munich and the dictators: a sequel to "Britain and the dictators". London: Methuen, März 1939.

Shirer, William: Berlin Diary. The journal of a foreign correspondent 1934-1941. London: Hamish Hamilton 1941.

Shotwell, James T.: What Germany forgot. London: Macmillan 1940.

Shuster, George N.: Like a mighty army: Hitler versus established religion. London: Appleton-Century 1935.

Shuster, George N.: Strong man rules. An interpretation of Germany today. London: Appleton-Century 1934.

Sidgwick, Christopher: German journey. London: Hutchinson 1936.

Sieburg, Friedrich: Germany – my country. London: Cape 1933.

Siemsen, Hans: Hitler Youth. Experiences of a member of the Hitler-Jugend. London: Lindsay Drummond 1940.

Simpson, John Hope: Refugees. A review of the situation since September 1938. London: Royal Institute of International Affairs August 1939.

Simpson, John Hope: Refugees. Preliminary report of a survey. London: Royal Institute of International Affairs Juli 1938.

Simpson, John Hope: The refugee problem: report of a survey. London: Oxford UP 1939.

Sinclair, W.A.: The voice of the Nazi. Being eight broadcast talks given between December 1939 and May 1940. London: Collins 1940.

Singer, Kurt: Göring, Germany's most dangerous man. London: Hutchinson 1940.

Sington, Derrick; Weidenfeld, Arthur: The Goebbels experiment. A study of the Nazi propaganda machine. London: Murray 1942.

Smith, Aubrey Douglas: Guilty Germans? A general history. London: Gollancz 1942.

Smith, Howard K.: Last train from Berlin. London: Cresset Press 1942.

Smith, Patrick (Hg.): The Bishop of Münster and the Nazis: the documents in the case. With a foreword by The Most Rev. Richard Downey. London: Burns, Oates & Washbourne 1942.

Sozialdemokratische Partei Deutschlands: Firm our view. Firm our aim. The London Representative of the German SDP [Übersetzung von "Klar im Erkennen. Klar im Ziel"]. London: ohne Verlag 1939.

Sozialdemokratische Partei Deutschlands: Struggling Refugees. Extract from Sozialistische Mitteilungen. The London Representative of the German SDP. London: ohne Verlag 1942.

Sozialdemokratische Partei Deutschlands: The inner German front. Executive Committee of the German SDP in London. London: ohne Verlag Februar 1944.

Sozialdemokratische Partei Deutschlands: Total war in Hitlerite Germany. Inside information and reports. The London Representative of the German SDP. London: ohne Verlag 1943.

Spartakus: German Communists. With a foreword by Alfred M. Wall. London: Hutchinson 1944.

Spearman, Diana: Modern dictatorship. London: Cape 1939.

Speeches on Germany. With a foreword by Sir Austen Chamberlain (Friends of Europe publication no 7). London: Friends of Europe 1933.

Spellman, Francis Joseph (Archbishop): Action this day. London: Sheed & Ward 1944.

Spengler, Oswald: The hour of decision. Part I: Germany and world-historical evolution. London: Allen & Unwin 1934.

Spiecker, Karl: Germany – from defeat to defeat. With a preface by R.W. Seton-Watson. Amplifying notes by Karl Meyer. London: Macdonald 1944.

Spivak, John L.: Europe under the terror. London: Gollancz 1936.

Spring, Howard: All they like sheep [über politische Propaganda im Dritten Reich]. London: Collins 1940.

Starhemberg, Ernst Rüdiger Prince: Between Hitler and Mussolini (Memoiren). London: Hodder & Stoughton 1942.

Steed, Henry Wickham: Hitler: whence and whither. London: Nisbet 1934.

Steed, Henry Wickham: Our war aims. London: Secker & Warburg 1939.

Steed, Henry Wickham: That bad man. A tale for the young of all ages. London: Macmillan 1942.

Steed, Henry Wickham: The meaning of Hitlerism. London: Nisbet 1934.

Steel, Johannes (Pseudonym): Escape to the present [Autobiographie]. London: Cassell 1937.

Steel, Johannes (Pseudonym): Hitler as Frankenstein. With a preface by Harold J. Laski. London: Wishart 1933.

Stein, Leo (Pseudonym für Leo Rosenstein): I was in hell with Niemöller. London: Long 1942.

Steinberg, Sigfrid Henry: A short history of Germany. Cambridge: Cambridge UP 1944.

Sternberg, Fritz: Germany and the lightning war. London: Faber & Faber 1938.

Stern-Rubarth, Edgar: A short history of the Germans. London: Duckworth 1941.

Stirk, Samuel Dickinson: The Prussian spirit. A survey of German literature and politics, 1914-1940. London: Faber & Faber 1941.

Stoddard, Lothrop: Into the darkness. Nazi Germany today. London: Chapman & Hall 1941.

Stowe, Leland: Nazi Germany means war. London: Faber & Faber 1933.

Stowe, Leland: No other road to freedom. London: Faber & Faber 1942.

Strachey, Celia; John Gustav Werner (Pseudonym für W.G.J. Knop): Fascist Germany explains. London: Gollancz 1934.

Strachey, John: The coming struggle for power. London: Gollancz 1933.

Strachey, John: The menace of Fascism. London: Gollancz 1933.

Strasser, Otto: Germany tomorrow. London: Cape 1940.

Strasser, Otto: Hitler and I. With an introduction by Douglas Reed. London: Cape 1940.

Strasser, Otto: The gangsters around Hitler. London: W.H. Allen 1942.

Street, A.G.: Hitler's whistle. London: Eyre & Spottiswoode 1943.

Sturmthal, Adolf: The tragedy of European labour 1918-1938. London: Gollancz 1944.

Stutterheim, Kurt von: The two Germanys. London: Sidgwick & Jackson 1939.

Szende, Stefan: The promise Hitler kept. London: Gollancz 1945.

Tabor, Paul: The Nazi myth. The real face of the Third Reich. London: Pallas Publishing Company 1939.

Taverner, Eric: These Germans. London: Seeley Service 1937.

Taylor, Alan John Percivale: The course of German history. A survey of the development of Germany since 1815. London: Hamish Hamilton 1945.

Taylor, Alonzo E.: Germany then and now. A contrast between Germany under the Hohenzollern and Germany under Hitler. London: Oxford UP 1941.

Taylor, Gordon: Hitler (How they did it life stories). London: Pallas Publishing Company 1939.

Taylor, Henry J.: Time runs out. London: Collins 1942.

Teeling, Luke William Burke: Crisis for Christianity. London: Gifford, 1939.

Teeling, Luke William Burke: Know thy enemy [über die Schriften und Reden Hitlers]. London: Nicholson & Watson 1939.

Teeling, Luke William Burke: Youth on the Rhine: the problem of the Saar (Friends of Europe publication no 15). London: Friends of Europe 1934.

Teeling, Luke William Burke (Hg.): After the war. A symposium of peace aims. London: Sidgwick & Jackson 1941.

Tell, Rolf: Sound and Fuehrer. Extracts from speeches and pronouncements of National Socialist leaders. London: Hurst & Blackett 1939.

Tell, Rolf: The eternal ger-maniac. Hitler and his spiritual ancestors. London: Allen & Unwin 1942.

Tenenbaum, Edward Adam: National Socialism versus international capitalism (Undergraduate Prize Essays of Yale University, Vol IV). London: Oxford UP 1942.

The Times: Europe under the Nazi scourge. Reprinted from recent articles. London: ohne Verlag 1940.

They would destroy the Church of God. London: Hodder & Stoughton 1941.

Thomas, E.E.: Hitlerism, Communism and the Christian faith. London: Unicorn Press 1935.

Thomas, Katherine: Women in Nazi Germany. London: Gollancz 1943.

Thomas, Norman: Fascism or Socialism? The choice before us. London: Allen & Unwin 1934.

Thompson, L.P.: Can Germany stand the strain? (Oxford Pamphlets on World Affairs no 19). London: Oxford UP 1939.

Thyssen, Fritz: I paid Hitler. London: Hodder & Stoughton 1941.

Tirala, Lothar Gottlieb: Race, mind and soul. An example of the new racial science of Germany. With a foreword by Sir G.E. Smith (Friends of Europe publication no 40). London: Friends of Europe 1936.

Tolischus, Otto D.: They wanted war. London: Hamish Hamilton 1940.

Toller, Ernst: I was a German. An autobiography. London: Lane 1938.

Toller, Ernst: Letters from prison. London: Lane 1936.

Trevor-Roper, Hugh R.: The last days of Hitler. London: Macmillan 1947.

True to type: selection from letters and diaries of German soldiers and civilians. London: Hutchinson, Februar 1945.

Turner, James: Hitler and the Empire. London: Lawrence & Wishart 1937.

Uncensored Germany. Letters and news sent secretly from Germany to the German Freedom Party. London: Sidgwick & Jackson 1940.

Usi Kota (Pseudonym für Carl Brinitzer): Zulu in Germany. The travels of a Zulu reporter amongst the natives of Germany [Satire nach dem Vorbild der "Lettres persanes" von Montesquieu]. London: Gollancz 1938.

Vansittart, Robert Gilbert (Lord): Black Record: Germans past and present. London: Hamish Hamilton 1941.

Vansittart, Robert Gilbert (Lord): Bones of contention. London: Hutchinson 1945.

Vansittart, Robert Gilbert (Lord): Events and shadows. London: Hutchinson 1947.

Vansittart, Robert Gilbert (Lord): Lessons of my life. London: Hutchinson 1943.

Vansittart, Robert Gilbert (Lord): Roots of the trouble. London, Melbourne: Hutchinson 1941.

Vansittart, Robert Gilbert (Lord): The German octopus. The menace of German cartels (Win the Peace Pamphlets no 2). London: Hutchinson, März 1945.

Vansittart, Robert Gilbert (Lord): The leopard and the spots. London, New York: Hutchinson 1944.

Vermeil, Edmond: Germany's three Reichs. Their history and culture. London: Dakers 1944.

Verrina (Pseudonym): The German mentality. London: Allen & Unwin 1940.

Vienot, Pierre: Is Germany finished? London: Faber & Faber 1931.

Villard, Oswald Garrison: Inside Germany. With an epilogue "England at war". London: Constable 1939.

The voice of Britain. Churchmen, statesmen, publicists, doctors, scientists and sportsmen on Hitlerism. London: McCorquodale 1934.

Voigt, Frederick Augustus: Munich and after. A sequel to "Unto Caesar". London: Constable 1939.

Voigt, Frederick Augustus: Unto Caesar. London: Constable 1938.

Wagner, Margaret Seaton: Germany in my time. London: Rich & Cowan 1935.

Waldeck, R.G.: Excellenz X. The leader of tomorrow's Germans. London: Geoffrey Bles 1944.

Waldman, Mark: Goethe and the Jews. A challenge to Hitlerism. London: Putnam 1934.

Wall, Bernard: European note-book. London: Sheed & Ward 1939.

567

Wallner, Peter: By order of the Gestapo. A record of life in Dachau and Buchenwald concentration camps. Foreword by Lord Davies. London: Murray 1941.

Waln, Nora: Reaching for the stars. London: Cresset Press 1939.

Warburg, G.: Six years of Hitler. The Jews under the Nazi regime. London: Allen & Unwin 1939.

Warburg, James P.: Germany: bridge or battleground. London: Heinemann 1947.

Ward, Barbara: The international share-out. Colonies for Italy and Germany? London: Nelson 1938.

Watkins, Frederick Mundell: The failure of constitutional emergency powers under the German Republic. London: Oxford UP 1940.

Weaver, Denis: Front page Europe. London: Cresset Press 1943.

Weaver, Denis: On Hitler's doorstep. London: Hodder & Stoughton 1942.

Weaver, Denis: The diplomacy of the Third Reich. London: Hodder & Stoughton 1941.

Weber, August: A new Germany in a new Europe. With a preface by Captain F.J. Bellenger. London: Lindsay Drummond 1945.

Webster, Nesta H.: Germany and England. London: Boswell Publishing Company 1938.

Weigert, Hans Werner: German geopolitics (America faces the War no 10). London: Oxford UP 1942.

Welles, Sumner: The time for decision. London: Hamish Hamilton 1944.

Wetzlar-Muehlens, P.R.: Field-Marshal Hermann Göring (How they did it life stories). London: Pallas Publishing Company 1938.

Weymouth, Anthony (Hg.): Germany: disease and treatment. Based on memoranda of post-war policy group. London: Hutchinson September 1945.

Wheeler-Bennett, John W.; Heald, Stephen (Hg.): Documents on international affairs, 1935. London: Oxford UP 1936.

White, John Baker: Dover – Nürnberg return. London: Burrup, Mathieson & Company 1937.

Whittlesey, Derwent: German strategy of world conquest. London: Robinson, 1944.

Why I left Germany; by a German Jewish scientist. London: Dent 1934.

Why Nazi? [geschrieben von einem deutschen Juden über die Situation im Reich]. London: Faber & Faber 1933.

Wiener, Peter F.: German with tears. London: Cresset Press 1942.

Wilkinson, Ellen; Conze, Edward: Why Fascism? London: Selwyn & Blount 1934.

Willert, Sir Arthur: The frontiers of England. London: Heinemann 1935.

Williams, Wythe; Parry, Dr. Albert: Riddle of the Reich. London: Hurst & Blackett 1941.

Williamson, Henry: Goodbye west country. London: Putnam 1937.

Wilson, Arnold Talbot: Thoughts and talks, 1935-1937. The diary of a Member of Parliament. London: Longmans 1938.

Wilson, Arnold Talbot: Walks and talks abroad. The diary of a Member of Parliament in 1934-1936 (erweiterte Auflage der Erstausgabe von 1934). London: Oxford UP 1936.

Wilson, Duncan: Germany's "New Order" (Oxford Pamphlets on World Affairs no 46). London: Oxford UP 1941.

Wilson, Hugh: Diplomat between the wars. London: Longmans 1941.

Wiskemann, Elizabeth: Czechs and Germans. London: Oxford UP 1938.

Wiskemann, Elizabeth: Undeclared war. London: Constable 1939.

Wolf, A.: Higher education in Nazi Germany or: Education for world-conquest. London: Methuen 1944.

Wolf, John: Some impressions of Nazi Germany. London: Golden Eagle Publishing Company 1935.

Woodman, Dorothy (Hg.): Hitler rearms: an exposure of Germany's war plans. London: Lane 1934.

Woolf, Leonard: Barbarians at the gate. London: Gollancz 1939.

Woolf, Leonard: Quack, Quack! Anti-fascist essays. London: Hogarth Press 1935.

Woolf, Leonard (Hg.): The intelligent man's way to prevent war. London: Gollancz 1936.

Worsley, R.H.M.: Europe versus America. Implications of the "New Order". London: Cape 1942.

Wrench, Evelyn: I loved Germany. London: Joseph 1940.

Wynne, G.C.: If Germany attacks. The battle in depth in the west. London: Faber & Faber 1940.

The yellow spot. A collection of facts and documents relating to three years persecution of German Jews. London: Gollancz 1936.

Young, Gordon: Outposts of war. London: Hodder & Stoughton 1941.

Zarek, Otto: German Kultur – the proper perspective (Win the Peace Pamphlets). London: Hutchinson 1942.

Zarek, Otto: German odyssey. London: Cape 1943.

Ziegler, Hans Willi (Professor): The new spirit of military education. With a foreword by Major-General Sir Charles Gwynn (Friends of Europe publication no 25). London: Friends of Europe 1935.

Ziemer, Gregor: Education for death. The making of a Nazi. London: Constable 1942.

Ziller, Robert: We make history [Karikaturen von Nazi-Größen]. London: Allen & Unwin 1940.

Zweig, Arnold: Insulted and exiled. The truth about the German Jews. London: Miles 1937.

Photographische Überlieferungen von Propagandakompanien der Waffen-SS

von Thomas Trumpp

I.

Der seit dem Jahre 1962 vom Bundesarchiv verwahrte umfängliche und reichhaltige Bildbestand "Propagandakompanien" (Bild 101, ca. 1.091.000 Nrn.) mit einer Laufzeit von September 1939 bis Oktober 1944 enthält zwei Teilbestände, denen Ausgangsmaterialien (Nitro) als Negative (Bildfilme mit Einzelaufnahmen 24×36 mm) zugrunde liegen: Heer und Luftwaffe (Bild 101 I, ca. 845.000 Nrn.) und Marine (Bild 101 II, ca. 131.000 Nrn.)[1]. Bei dem dritten Teilbestand "Propagandakompanien: Waffen-SS" (Bild 101 III, ca. 115.000 Nrn.) mit einer Laufzeit Mai 1940 bis Mai 1944 handelt es sich um Kontaktstreifen auf Papier (von Kleinbildfilm 24×36 mm). Sie stammen von Aufnahmen, die in Propagandakompanien eingereihte Bildberichterstatter der Waffen-SS während des Zweiten Weltkrieges (SS-Kriegsberichterkompanie: 1939 – Juli 1941, SS-Kriegsberichter-Abteilung: Juli 1941–3. Nov. 1943, SS-Standarte "Kurt Eggers": ab 3. Nov. 1943) entlang und hinter den Fronten gemacht und an das seit Kriegsausbruch dem Oberkommando der Wehrmacht unterstellte Bildpresseamt der Reichsregierung weitergeleitet hatten.

II.

Von diesem Teilbestand Bild 101 III, seinerzeit in dankenswerter Weise von der Bibliothek für Zeitgeschichte (ehem. Weltkriegsbücherei) dem Bundesarchiv als Dauerleihgabe[2] überlassen, liegt nunmehr auch ein Archiv-Findbuch vor, das grundsätzlich alphabetisch nach den insgesamt 122 dokumentierten Kriegsberichtern der Waffen-SS (Kommandeur März 1940 – Mai 1945: Gunter d'Alquen) geordnet ist. Wie bei den Teilbeständen Bild 101 I-II hat auch hier eine Gruppenverzeichnung von Bildgut stattgefunden. Selbst eine umfänglichere und detailliertere Verzeichnung von Bild 101 III kann die jeweilige Vorlage nicht ersetzen, weil ikonische Kodes sich nicht restlos in Sprache transponieren lassen ("Ein Bild sagt mehr als tausend Worte") und der Bildbenutzer dabei stets mehr visuell zu perzeptieren vermag als sich danach mit Worten ausdrücken läßt. Der also nur summarisch verzeichnete Teilbestand Bild 101 III ist durch einen alphabetischen Einheitsindex zusätzlich erschlossen.

Am besten dokumentiert ist der Ostfeldzug bis Mai 1944, danach der Westfeldzug 1940 (besetzter Westen) und der Balkanfeldzug 1941 (besetzter Balkan). Im folgenden möchte ich wiederum[3] – dem bewährten Schema in den Jahresbibliographien der Bibliothek für Zeitgeschichte (K5k = Kriegsschauplätze und Feldzüge des Zweiten Weltkrieges) folgend – jeweils nur einige wenige ausgewählte Beispiele aufzählen:

– I. Ostfeldzug/Ostfront: Sowjetunion:
Süd: Dnjepropetrowsk, Taganrog, Rostow, Krim (Sewastopol, Simferopol), Kaukasus, Räumung und Rückeroberung von Charkow (Paul Hausser), Stalino, Krementschug, Kowel; Mitte: Smolensk, Desna, "Unternehmen Zitadelle" (Kursk, Belgorod); Nord: Dünaburg, Leningrad, Wolchow, Utorgosch, Schlacht an der Lowat, Vorstoß über Demjansk nach Norden bis Lushno, Ilmensee, Vorstoß zu den Waldai-Höhen. Sowjetische

Kriegsgefangene und Flüchtlinge, Kämpfe gegen Partisanen, Juden bei der Arbeit und im Lager, Wisokojew: Gut des Reichsführers-SS Himmler.
- II. Nordeuropa/Nordsee/Nordmeer:
Finnland (Lappland, Karelien),
Norwegen (Lappland).
- III. Westeuropa/Westfront:
Niederlande
Belgien.
Frankreich: Kämpfe am La-Bassée-Kanal bei Béthune, nach dem Durchbruch durch die Weygand-Linie (Somme und untere Aisne), Einnahme von Orléans, Französische Kriegsgefangene und Flüchtlinge; Waffenstillstand im Walde von Compiègne an der Stätte und in dem Eisenbahnwagen des Waffenstillstandes von 1918 (Hitler, Göring, Heß, Himmler, Keitel, Raeder, v. Ribbentrop); Selbstversenkung der im Hafen von Toulon liegenden französischen Schiffe, Ende Nov. 1942.
- IV. Mittelmeerraum:
Balkan.
Albanien.
Bulgarien.
Griechenland (Durchbruch durch den Klidi-Paß).
Jugoslawien: Nach der Einnahme von Belgrad, An der rumänischen Grenze, Kämpfe gegen Partisanen.
Italien.
- V. Sonstige Gebiete (weder Kriegsschauplätze noch Feldzüge): Reichsgebiet: Berlin (Kaserne der Leibstandarte SS – "Adolf Hitler"; Reinhard Heydrich: Staatsakt, Trauerzug, Beisetzung), Führerhauptquartier ("Wolfsschanze"), SS-Junkerschule Tölz[4], Umsiedlung[5] (Reichsgau Wartheland).
Dänemark.
Generalgouvernement: Krakau; Juden in Litzmannstadt (Lodz), Lublin und Radom.
Protektorat Böhmen und Mähren: Reinhard Heydrich: Aufbahrung, Überführung nach Berlin.
Ungarn.
Rumänien: Rumänischer Arbeitsdienst, Umsiedlung[5] (Bessarabien, Bukowina).

Gut überliefert in Bild 101 III sind auch folgende Verbände und Truppen der Waffen-SS, wobei ich auf die bekannte Tessin'sche Gliederung[6] zurückgreife:
- 1. SS-Panzer-Division "Leibstandarte – SS Adolf Hitler" Joseph (Sepp) Dietrich, Theodor Wisch)
- 2. SS-Panzer-Division "Das Reich" (mit "Deutschland") (Paul Hausser, Wilhelm Bittrich, Matthias Kleinheisterkamp, Georg Keppler, Herbert-Ernst Vahl, Walter Krüger, Heinz Lammerding)
- 3. SS-Panzer-Division "Totenkopf" (mit "Estnische") (Theodor Eicke, Matthias Kleinheisterkamp, Georg Keppler, Max Simon, Hermann Priess)
- 4. SS-Polizei-Panzergrenadier-Division (mit "Nederland") (Walter Krüger, Alfred Wünnenberg, Friedrich Wilhelm Bock)
- 5. SS-Panzer-Division "Wiking" (mit "Wallonien" und "Germania") (Felix Steiner, Herbert Gille)
- 6. SS-Gebirgs-Division "Nord" (mit "Flandern", "Langemarck" und "Reinhard Heydrich") (Karl-Maria Demelhuber, Matthias Kleinheisterkamp, Friedrich Wilhelm Krüger)
- 7. SS-Freiwilligen-Gebirgs-Division "Prinz Eugen" (Artur Phleps, Carl Ritter v. Oberkamp)

– 8. SS-Kavallerie-Division "Florian Geyer" (mit SS-Kavallerie-Brigade und SS-Kavallerie-Division) (Hermann-Otto Fegelein, Wilhelm Bittrich, Fritz Freitag)
– 9. SS-Panzer-Division "Hohenstaufen" (Wilhelm Bittrich, Sylvester Stadler)
– 11. SS-Freiwilligen-Panzergrenadier-Division "Nordland" (mit "Norge" und "Danmark") (Fritz v. Scholz)
– 12. SS-Panzer-Division "Hitlerjugend" (Fritz Witt)
– 13. Waffen-Gebirgsdivision der SS "Handschar" (kroat. Nr. 1)
– 14. Waffen-Grenadier-Division der SS (gal. Nr. 1) (Fritz Freitag)
– 15. Waffen-Grenadier-Division der SS (lett. Nr. 1) (Max Hansen)
– 16. SS-Panzer-Grenadier-Division "Reichführer SS" (Max Simon).

Der Teilbestand Bild 101 III, der zum Archivbestand "Propagandakompanien" (Bild 101) gehört, kann mit Unterlagen zweier Dokumentationsbestände des Bundesarchivs ergänzt werden[7]:

– Bild 1 (Biographische Bildsammlung, ca. 284.000 Stck.)[8] Enthält u.a. eine biographische Serie mit Photos von Trägern des Ritterkreuzes des Eisenen Kreuzes (ca. 64.000 Stck., Restüberlieferung in der Bibliothek für Zeitgeschichte), deren Ursprung in der im OKH/Heerespersonalamt geführten Bildkartei der aus dem Heer und Waffen-SS stammenden Ritterkreuzträger liegt.
– Bild 3 (Sachthematische Bildsammlung, ca. 445.000 Stck.) Dokumentiert die V. Hauptabteilung "Nationalsozialistische Herrschaft in Europa, 1939-1945" (ca. 250.000 Photos) wie folgt: A. Politische Geschichte, B. Wirtschaft und Rüstung, C. Truppen- und Formationsgeschichte (Wehrmacht – Heer – Kriegsmarine – Luftwaffe – Waffen/SS-Volkssturm-Kriegsgefangene, Internierte, Deportierte), D. Kriegsschauplätze und Feldzüge, E. Kriegsgegner, F. Verbündete. In C 5 Waffen-SS wird u.a. nachgewiesen: SS-Junkerschule Tölz, Kriegsberichter (u.a. Woscidlo); 1., 2., 3., 4., 5., 8., 9. und 12. SS-Division; Internationale Freiwillige der SS (Bosnier bis Wallonen)[9], Flak im Erdeinsatz.

Parallelüberlieferungen zu Bild 101 III finden sich in folgenden Archivbeständen und -teilbeständen:
– Bild 116/Kurt Daluege (nur 6 Alben)
– Bild 116/47-52: sechs vom Hauptreferat Bildpresse des Reichsministeriums für Volksaufklärung und Propaganda zusammengestellte Alben mit zur Vorlage für Hitler ausgewählten und beschrifteten (große Schreibmaschinentypen) insgesamt 716 Aufnahmen von PK-Kriegsberichtern (darunter 15 SS-Kriegsberichter)
– Bild 121: Sammlung Adolf v. Bomhard (ca. 2.080 Nrn. = Positive, 1937-1944): Kommandant im Hauptamt Ordnungspolizei Ukraine, Befehlshaber der Ordnungspolizei Ukraine, Generalinspekteur der Schulen[10].

Schließlich verfügen über einschlägige (Bild-)Überlieferungen der Waffen-SS:
– Bundesarchiv Abt. IV: Militärarchiv, Wiesentalstraße 10, 7800 Freiburg i. Br.
– Berlin Document Center, Wasserkäfersteig 1, 1000 Berlin 37 (Zehlendorf)
– Militärarchiv Zásmuky in der Tschechoslowakei, mit Kriegsakten der Waffen-SS und SD-Geheimakten
– Imperial War Museum, Lambeth Road, London
– National Archives and Records Service, 8th and Pennsylvania Av., Washington, DC.

III.

Der Bildbestand "Propagandakompanien" (Bild 101, ca. 1.091.000 Nrn.) wurde in den Jahren 1980-1988 von Herrn Archivangestellter Meinrad Nilges unter meiner Anleitung in insgesamt vier Archiv-Findbüchern erschlossen. Neben den üblichen Ordnungs- und Verzeichnungsarbeiten an diesem Bildbestand (Heraussuchen und Zurücklegen der Kontaktstreifen, Recherchen u.a.m.) mußte Herr Nilges insgesamt ca. 1.200 engzeilige DIN A4-Blätter (ca. 50.000 Zeilen) beschreiben. Am Schluß dieser fast neunjährigen gemeinsamen Arbeit fühlen wir uns besonders jenem unbekannten Mönch verbunden, der irgendwann im 14. Jahrhundert in der Einsamkeit seiner Klosterzelle über die mühevolle Abschrift des fast 20.000 Zeilen umfassenden Schachgedichts Konrad von Ammenhausens die Worte setzte: "Hie het dis büchelin ein ende/dez frowent sich mine hende."[11]

Sollte es jemandem bekannt sein, in welchen deutschen oder außerdeutschen Verwahrstellen sich noch Bildüberlieferungen von ehemaligen deutschen Kriegsberichtern (1939-1945), nicht zuletzt von SS-Kriegsberichtern (z.B. im Kriegsarchiv der Waffen-SS auf Schloß Zásmuky, CSSR[12]), befinden, dann wären wir für eine entsprechende Mitteilung äußerst dankbar.

– Bibliothek für Zeitgeschichte, Urbanstraße 19, Postfach 10 54 41, 7000 Stuttgart 1 (Tel. 07 11/23 46 41)
– Archivdirektor Dr. Thomas Trumpp, Bundesarchiv, Potsdamer Straße 1, 5400 Koblenz (Tel.: 02 61/50 53 31).

ANMERKUNGEN

1) Die beiden Teilbestände Bild 101 I-II (ca. 976.000 Nrn.) sind beschrieben in Thomas Trumpp: Photographische Überlieferungen von Propagandakompanien des Zweiten Weltkrieges, Jahresbibliographie der Bibliothek für Zeitgeschichte. Jg. 58, 1986. S. 467-471.

2) Siehe Jürgen Rohwer: Das Foto-Archiv der Bibliothek für Zeitgeschichte, Ein Bericht, Jahresbibliographie der Bibliothek für Zeitgeschichte. Jg. 52, 1980. S. 446.

3) Vgl. Anmerkung 1.

4) Richard Schulze-Kossens: Militärischer Führernachwuchs der Waffen-SS: die Junkerschulen, Osnabrück 1982 (mit umfangreichem Bildmaterial). Dazu kritisch Klaus Buschmann in: Militärgeschichtliche Mitteilungen 36. Jg., 1984, S. 255-256.

5) Unterlagen zur Schulung über Bessarabien, Bukowina und Litauen für 15 SS-Kriegsberichter vom 8. bis 10. Aug. 1940 im Deutschen Ausland-Institut in R 57/869.

6) Georg Tessin: Verbände und Truppen der deutschen Wehrmacht und Waffen-SS im Zweiten Weltkrieg 1939-1945, Bde 1-4, Osnabrück 1973-1977.

7) Zum Unterschied zwischen Archiv- und Dokumentationsbestand vgl. im einzelnen Thomas Trumpp: Zur Geschichte, Struktur und Nutzung der photographischen Überlieferungen des Bundesarchivs, Bildarchiv, Bildsammlung oder Bildagentur? (Mit einer Liste der Bildbestände), Der Archivar Jg. 36, 1983, Sp. 365-379.

8) Vgl. neuerdings Dienstalsterliste der Waffen-SS, SS-Obergruppenführer bis SS-Hauptsturmführer, Stand vom

1. Juli 1944, Neu herausgegeben von Brün Meyer, Osnabrück 1987.

9) Hans Werner Neulen: An deutscher Seite, Internationale Freiwillige von Wehrmacht und Waffen-SS, München 1985.

10) Viele Dokumente aus Bild 101 III finden sich in: Bruce Quarrie, Hitler's Samurai, The Waffen-SS in action, Cambridge 1983 und ders., Hitler's Teutonic Knights, SS Panzers in action, Wellingborough 1986.

11) Nach Joachim Petzold: Das königliche Spiel, Die Kulturgeschichte des Schach, Mit einem Geleitwort von Lothar Schmid, Leipzig 1987, S. 231.

12) Zur Diskussion über die Waffen-SS als "Vierten Wehrmachtsteil" vgl. Bernd Wegner: Hitlers Politische Soldaten, die Waffen-SS 1933-1945, Studien zu Leitbild, Struktur und Funktion einer nationalsozialistischen Elite, 2. Aufl. Paderborn 1983, S. 131, 308, passim.

III
ALPHABETISCHES
VERFASSER-REGISTER

579

581

582

585

586

590

594

600

606

617

618

623